KB038223

상담연구방법론

RESEARCH DESIGN IN COUNSELING

***Research Design in Counseling*, 4th Edition**

P. Paul Heppner
Bruce E. Wampold
Jesse Owen
Mindi N. Thompson
Kenneth T. Wang

ISBN-13: 978-89-6218-396-2

Cengage Learning Korea Ltd.
14F YTN Newsquare 76 Sangamsan-ro
Mapo-gu Seoul 03926 Korea
Tel: (82) 2 330 7000
Fax: (82) 2 330 7001

Cengage Learning is a leading provider of customized learning solutions with office locations around the globe, including Singapore, the United Kingdom, Australia, Mexico, Brazil, and Japan.
Locate your local office at: **www.cengage.com**

Cengage Learning products are represented in Canada by Nelson Education, Ltd.

To learn more about Cengage Learning Solutions, visit
www.cengageasia.com

Printed in Korea
Print Number: 02 Print Year: 2020

상담연구 방법론

이동귀, 박현주, 김동민, 박성현, 서영석, 이동훈, 이희경 공역

4th Edition

P. Paul Heppner | Bruce E. Wampold | Jesse Owen
Mindi N. Thompson | Kenneth T. Wang

RESEARCH DESIGN IN COUNSELING

Andover • Melbourne • Mexico City • Stamford, CT • Toronto • Hong Kong • New Delhi • Seoul • Singapore • Tokyo

옮긴이 소개

이동귀 연세대학교 문과대학 심리학과 교수
박현주 동국대학교 사범대학 교육학과 교수
김동민 중앙대학교 사범대학 교육학과 교수
박성현 서울불교대학원대학교 상담심리학과 교수
서영석 연세대학교 교육과학대학 교육학부 교수
이동훈 성균관대학교 사범대학 교육학과 교수
이희경 가톨릭대학교 사회과학부 심리학전공 교수

상담연구방법론 -제4판-

Research design in Counseling, 4th Edition

제4판 1쇄 발행 | 2017년 2월 27일
제4판 2쇄 발행 | 2020년 8월 10일

지은이 | P. Paul Heppner, Bruce E. Wampold, Jesse Owen, Mindi N. Thompson, Kenneth T. Wang
옮긴이 | 이동귀, 박현주, 김동민, 박성현, 서영석, 이동훈, 이희경
발행인 | 송성헌
발행처 | 센게이지러닝코리아㈜
등록번호 | 제313-2007-000074호(2007.3.19.)
이메일 | asia.infokorea@cengage.com
홈페이지 | www.cengage.co.kr

ISBN-13: 978-89-6218-396-2

공급처 | (주) 피와이메이트
주 소 | 서울시 금천구 가산디지털 2로 53
도서안내 및 주문 | TEL 02) 733-6771-2 FAX 02) 736-4818
E-mail | pys@pybook.co.kr

값 35,000원

나에게 많은 것을 가르쳐준 총명하고 탐구심 많고 열정적인
나의 학생들에게, 그리고 46년간 사랑하는 파트너이자 가장 친한 친구인
Mary에게. 그녀의 사랑과 지지가 내 인생 여정의 중심이 되어주었습니다.

_ P. P. H.

나의 학생들에게. 여러분의 탐구에 대한 열정은 새로움과 영감을
제공해줍니다. 그리고 Anna와 우리 아이들에게. 이들의 사랑과 지지가
모든 것의 바탕이 되어줍니다.

_ B. E. W.

내 인생을 풍요롭게 해 준 나의 학생들에게, 그리고 지난 여러 해에 걸쳐
나에게 끝없는 사랑을 베풀어준 나의 가족과 친구들에게. 마지막으로
나에게 영감을 준 S. A. Fras와 M. F. Hank 박사님에게.

_ J. O.

내 여정에 도움을 준 많은 멘토들, 학생들, 공동연구자들, 가족, 연구 참여자들,
내담자들, 그리고 친구들에게. 그리고 매일 더 행복하게 만들어준
Ben, 당신에게. 감사합니다!

_ M. N. T.

연구를 가르치는 일이 기쁨이 되게 해 준 나의 학생들에게, 그리고
나의 아내, Joanne와 아이들, Justin과 Katelyne에게. 이들은 날마다
경이로운 지원자가 되어주었습니다.

_ K. T. W.

상담을 공부하는 많은 이들에게 '연구'는 여전히 낯설고 버거운 대상이며, 논문 작성을 위해 어쩔 수 없이 연구방법론을 공부하지만 졸업 후 오랫동안 연구와는 담을 쌓는 경우가 적지 않다. 1989년 미국 상담심리학회장으로 취임한 Michael Patton 교수는 그 취임사에서 "(상담) 실무는 과학으로, 그리고 과학은 실무로(Practice into science, science into practice!)"라는 구호 아래 상담 연구와 실무 간의 긴밀한 소통의 중요성을 강조했다. 즉, 과학적으로, 경험적으로 입증되지 못한 상담 접근을 무분별하게 상담 실무에 사용한다면 그 궁극적인 피해는 고스란히 내담자에게 돌아갈 것이며, 반대로 상담 실무와 유리된 단순한 숫자에 갇힌 상담 연구 결과 역시 그 존재 이유를 찾기 어려울 것이다. 상담 연구와 실무는 '비평적 사고를 통한 일련의 가설 검증 과정'이라는 점에서 하나이며 부단한 상호작용을 통해 상담이라는 자동차를 움직이는 두 바퀴라고 할 것이다.

요컨대 상담이 전문적인 학문 분야로 발전하고 상담의 과학성을 증명하기 위해서 상담 연구는 반드시 필요하며, 이를 위해 학문 후속 세대인 학생들을 위한 좋은 상담 연구방법론 교재 역시 절실히 필요하다.

이 책의 원저인 《Research Design in Counseling》은 1992년 Puncky Heppner 박사, Bruce Wampold 박사, Dennis Kivlighan 박사의 저술로 초판이 발매된 이래로 1999년에 2판, 2008년에 3판, 2015년에 4판으로 개정되었다. 25년 가까이 상담 및 상담 관련 분야의 연구방법론 교재로서 각광받아온 이 책을 우리나라에 소개하고 싶은 마음은 항상 있었지만 번역 분량의 방대함과 내용의 전문성으로 인해 엄두를 내지 못하다가, 2015년 4판의 개정 소식에 맞추어 더 이상은 미룰 수 없다는 공감대에 번역 작업에 착수하게 되었다. 이 과정에는 Punkcy Heppner 박사와 사제의 인연을 맺었던 역자 대표 2인(이동귀, 박현주 교수), 그리고 Bruce Wampold 박사의 지도를 받았던 김동민 교수가 중심이 되었고 뜻을 함께 한 여러 동료 교수들의 도움이 있었다. 이 지면을 빌어서 바쁜 일정에도 흔쾌히 번역의 부담을 함께 나누어 주신 공역자들께 깊이 감사드린다.

구체적으로, 이동귀 교수가 저자 서문, 10장, 15장, 23장 및 용어 색인의 번역을, 박현주 교수가 1장, 6장, 11장, 22장을, 김동민 교수가 5장, 12장, 13장, 14장을, 박성현 교수가 16장, 17장, 18장을, 서영석 교수가 19장, 20장, 21장을, 이동훈 교수가 7장, 8장, 9장을, 이희경 교수가 2장, 3장, 4장을 맡아서 번역 작업을 했고, 이동귀 교수와 박현주 교수가 전체 내용을 다듬고 용어를 정리했다. 매끄럽지 못한 번역을 최소화하고자 했지만 여전히 부족한 부분이 있을 수 있으며, 이는 전적으로 역자들의 책임이다.

이 번역서의 출간을 허락해주신 센게이지러닝코리아(주)의 송성헌 사장님과 권오영 과장님, 그리고 이정란 선생님을 포함한 편집부 관계자 여러분께 감사의 마음을 전한다. 모쪼록 이 책이 상담 분야의 연구자들에게 유용한 길라잡이가 되기를 기대한다.

2017년 3월

역자 일동

위대한 발견의 씨앗은 언제나 우리 주위를 떠다니지만
받아들일 준비가 된 마음에만 뿌리를 내린다.

– 조셉 헨리(Joseph Henry)

상담 분야의 많은 부분은 새로운 발견으로 이루어진다. 즉, 사람들이 더 나은, 건강한, 행복한, 그리고 의미 있는 삶을 살아가는 데 도움을 줄 수 있는 새로운 기술을 발견하는 것이다. 갈릴레오가 말했듯이, "일단 발견되면 모든 진리는 이해하기 쉽다. 중요한 것은 그 진리를 발견하는 일이다". 상담 분야는 여러모로 새로운 전문 분야이며 발견해야 할 진리가 여전히 많이 남아있다. 우리는 이 책을 차세대의 발견자, 즉 이 분야의 전문적인 기술을 향상시켜 국내외 많은 사람들에게 도움을 줄 학생들과 연구자들을 위해 집필했다. 이러한 발견 과정은 이 전공의 성장과 번영 그리고 생산성에 굉장히 중요하고, 이 분야의 청지기가 될 차세대의 상담 실무자와 학자들에게도 매우 중요하다. 또한 과학적인 비평적 사고는 상담과 상담심리학에 대한 우리의 지식 기반을 확장시키는 데 필요하다. 우리는 이 책이 학생들의 과학적 사고를 향상시켜줄 기반을 제공하고 그들이 새로운 발견을 하는 데 일조하기를 기대한다.

차세대의 상담자와 상담심리학자들이 탐구적이며, 열정적이고, 유능한 연구자가 되도록 가르치는 과정에는 몇 가지 어려움이 있다. 우선, 대부분의 학생들이 교육학이나 심리학의 교양 수업을 통해 연구 방법을 접하고 배우게 된다는 것이다. 이러한 수업에서 활용되는 예시들은 다른 학문에 뿌리를 두고 있기 때문에 거리가 있거나 때로는 적절하지 않다. 이처럼 상담 분야의 학생들은 추상적이거나, 전형적인 상담 연구 영역 밖에서 연구방법론을 배우게 되기 때문에 많은 경우 연구 방법의 유용성이나 이를 최대한 활용하는 방법을 알지 못한다. 그렇기 때문에 우리는 차세대의 상담자와 상담심리학자들에게 와 닿는 예시를 들어가며 연구 방법을 교육해야 할 것이다. 또한, 상담학과 학생들이 임상심리학이나 고등교육과 같은 타 분야에 적용된 내용으로 연구 방법을 배우게 될 경우, 그들은 상담 분야의 최신 문헌이나 현재 활발히 활동 중인 상담학자들이 사용하는 창의적인 연구법에 대해 배우지 못하게 된다. 이러한 지식과 역할 모형의 결여로 인해 상담 또는 상담심리학과 학생들이 우리 분야의 중요한 연구 주제를 잘 모르고 심지어 흥미조차 느끼기 어렵게 된다. 비록 이 책이 모든 상담 연구를 포괄하는 것은 아니지만 연구 방법의 탄탄한 기초를 제공한다. 이뿐만 아니라, 이 책은 우리 분야의 선도적인 연구자에 대한 내용과 더불어, 학생들에게 최근 상담 연구의 전반적인 주제를 폭넓고 깊이 있게 설명한다.

《상담연구방법론》 4판은 이전 판들에 대한 상당한 개정을 통해 완성되었다. 앞의 세 판이 학생과 교수진들에게 좋은 평가를 받았기 때문에, 우리는 기본 내용과 범위는 그대로 두었다. 하지만 이번 판은 상담과 상담심리학계에서 저명한 다섯 저자들의 작업을 반영했다. 이 판에서도 Heppner와 Wampold는 이 성공적인 교재에 대한 근본적인 비전을 지속적으로 제시했고, 상담 연구 분야를 선도하는 유망주 세 명과 공동으로 작업했다. 집필진의 전문 분야를 결합함으로써 생산적인 연구자와 학자들의 연구 설계에 대한 깊고 풍부한 개념적 이해를 제공할 수 있으며, 양적 연구와 질적 연구를 비롯한 모든 설계의 장단점을 인정하는 것에 주안점을 두었다. 각 장은 각기 다른 연구 설계를 활용하는 데 필요한 최신 정보를 담고 있음은 물론, 학생들이 연구 설계에 대한 지식을 확장하고, 최신 상담 연구 동향에 맞춰 응용할 수 있게끔 유익하고 구체적인 예시를 제시했다. 이 책은 단 하나의 연구 설계만을 고집하지 않는다. 오히려, 다루어지는 질문의 종류와 기존의 연구 문헌에 내재된 장단점을 고려하는 것이 필요함을 강조한다. 또한, 각 장은 3판 이래 추가된 새로운 정보를 반영하기 위해 수정되고 새롭게 보완되었다.

이 책은 대학원생들에게 질적 연구와 양적 연구 방법의 복잡성에 대해 교육할 목적으로 집필되었다. 또한, 학생들이 자신의 학업에 적극적으로 참여하도록, 각 장에 여러 질문과 적용 목록을 각기 다른 세 종류의 표(연구 여정, 연구 응용, 실제 연구에 적용하기)에 넣어 표시했다. 각 장은 학생들의 학습과 기억력 증진을 위해 다양한 종류의 촉진 질문으로 마무리된다. 우리는 독자들이 이러한 질문 활용을 통해 각 장에 대한 인식과 이해를 심화하기를 권장한다. 이와 같은 숙고와 다른 학생들과의 논의를 통해, 비평적 사고력 그리고 엄정한 연구를 설계하는 능력이 학생들이 이 분야의 중요 논점에 대해 사고하는 방식과 더 깊이 있게 통합될 수 있다.

우리는 학생들이 학식 있고 능숙한 실력을 갖춘 연구자가 될 수 있도록 기초적인 내용을 체계화하는 데 도움을 주고자 이 책의 장들을 네 개의 주요 범주로 재정리함으로써 극적인 변화를 이루었다. 1부는 과학의 철학, 연구의 윤리적 문제, 연구 훈련, 학술적 글쓰기를 목표로 네 개의 장으로 구성했다. 우리 분야의 지식 기반을 구축하고 탄탄하게 다지기 위해서, 학생들이 과학의 역할과 관련된 기본적인 철학과 윤리적 문제를 빠르게 이해하는 것은 매우 중요하다. 일례로, 3장 윤리에서는 학생들이 모든 연구 단계를 통틀어 유념해야 하는 윤리 문제에 관한 많은 정보를 제공한다. 과학과 윤리는 불가분의 관계이며, 이 장은 이 둘의 관계를 설명하기 위해 더 많은 예시를 제시했다. 또한 2장에서는 대학원 연구 훈련과 관련된 사항에만 전적으로 집중하며, 상담과 상담심리학에서의 과학과 연구, 이 두 측면에 대한 우려 사항과 오해를 다루었다. 우리는 이 주제와 관련해서 현재 진행중인 연구를 강조할 뿐만 아니라, 가장 중요하게, 연구 능력의 습득이 학생의 발전에 어떠한 함의를 주는지에 대해서도 논의했다. 게다가, 우리는 이 장에 경험 많은 다양한 연구팀의 이야기를 포함했다. 그들은 연구 여정의 중요한 측면을 나눠주었고, 우리는 이러한 내용을 포함하게 되어 매우 기쁘다. 그들은 자신의 연구 분야의 전문가가 되어가는 과정에서 경험하게 되는 기쁨과 두려움에 대해 마음을 열고 솔직하게 말해주었다. 4장은 과학자와 상담 실무자 모두에게 핵심적인 전문적 글쓰기 능력에 초점을 두었다. 실제로 상당량의 연구가 수행되고 있지만, 많은 경우, 연구 질문이 우수하거나 심지어 잘 설계된 연구조차도 학술지에 출간되지 못한다. 물론, 좋은 연구 질문과 잘 설계된 연구는 분명 필수적인 요소들이지만, 연구 묘사와 결과 설명을 정확히 하기 위해서는 뛰어난 글쓰기 능력이 필요하다. 이 장은 학생과 연구자들이 과학적 글쓰기 특유의 기술을 습득할 수 있도록 도와주는 것을 목표로 했다. 우리는 글쓰기 과정에 한층 더 주의를 기울일 필요가 있다고 생각한다. 그리고 중요한 주제를 가슴으로 느끼면서도, 어떻게 하면 글을 과학적이고, 명확하고, 간결하게 작성할 수 있게 되는지에 관심을 가져야 한다고 믿는다.

2부는 어떤 연구라도 그 기반을 확립할 수 있도록 여섯 개의 장으로 구성했다. 따라서 우리는 학생들이 가장 흥미롭게 여기는 주제를 발견하고 조작적 정의를 내리는 것, 연구 설계 선택 시 이상과 현실의 균형을 이루는 것, 그리고 연구에 있어 타당도의 핵심적 역할에 초점을 맞추었다. 또한 우리는 모집단에 대한 문제를 집중적으로 다루었고, 우리가 어떤 대상을 연구하는지는 지식 기반의 창출이나 그 반대의 측면에서 매우 중요하다는 것을 강조했다. 일례로, 9장의 다양한 조망들에서 우리는 미국인을 바탕으로 하는 연구를 비롯해 다양한 문화와 국가의 표본을 대상으로 하는 연구, 즉 다양한 사람을 상대로 하는 연구와 관련된 여러 개념 및 방법론적으로 고려할 점들을 논의했다. 이 장은 크게 확장되었으며, 다중정체성과 정체성 간의 교차점 등의 폭넓은 관점을 취하는 것의 중요성을 강조했다. 우리는 다양성 문제를 더욱 강력하게 강조하기 위해 다른 장들도 크게 수정했다. 이는 다양한 사람들에 대한 지식의 폭이 확장되는 것과 나날이 복잡해지는 상담 현장의 모습을 보여주기 위함이다. 마지막으로, 우리는 척도개발을 다룬 10장에서 척도개발의 중요한 역할을 강조하고, 우리 연구에 가장 중점이 되는 구성개념을 어떻게 조작화할 수 있는지 설명했다. 강력한 연구란, 우리가 구성개념을 얼마나 정확히 측정할 수 있는지에 달려있다. 우리는 학생들에게 기존의 척도가 그들 연구의 중요한 구성개념을 정확히 측정하기에 충분한지 신중하게 검토할 것을 권장한다. 적절한 평가 도구가 없다면, 한 걸음 물러나, 측정하고 싶은 구성개념의 새로운 척도를 개발하는 것이 좋은 대안이 될 수 있다고 제안한다. 이 장은 또한 손쉽게 따라할 수 있는 지침을 제공하며, 실제적인 사례를 통해 척도개발에 대한 연구자의 오해를 불식하고, 기존의 도구에 내재된 심리측정적 속성(신뢰도와 타당도)에 대한 이해를 증진하고 싶은 사람들에게 지침이 되어준다. 요약하면, 이 모든 장들은 학생들의 연구 기반이 탄탄해질 수 있도록 조력하는 것을 목표로 하고 있다.

3부에서는 일곱 개의 주요 설계에 대한 심도 있는 논의를 제시했다. 우리가 소개하는 연구 설계의 범위는 포괄적이며, 양적 연구와 질적 연구를 비롯해 단일 피험자 연구 설계와 설문연구도 포함된다. 예를 들어, 11장의 진(眞)실험 설계에서는 이 설계가 지닌 강점을 논하고, 집단 간 설계와 집단 내 설계의 강점에 대해 구체적으로 다루었다. 또한, 12장의 준(準)실험 설계에서는 종단연구 설계를 비롯한 응용 장면에서 관찰되는 관련성들에 대해 논의했다. 13장의 양적 기술 설계는 현상을 묘사하고, 설명하고, 예측하는 것의 효용성에 대해 논했다. 이 장은 또한 매개변인과 조절변인을 검증하는 것이 중요하다는 가장 최신의 입장과 글 일부를 포함하고 있다. 그리고 회귀 모형군에 속하는 모든 설계에 대한 최신 정보를 제공했다. 통계 방법은 3부를 통틀어 통합되어 있다.

비록 이 책의 강점은 양적 연구 설계의 복잡한 내용을 많이 다뤘다는 것이지만, 4판의 16장에서는 질적 연구에 대한 내용을 갱신하고 확장한 부분을 크게 포함했다. 이 장은 질적 연구에 대한 정의를 명확히 규정하고, 이를 구성주의와 비평이론 패러다임 내에 배치했다. 이 장은 상담 연구에 폭넓게 적용될 수 있는 질적 조사의 세 가지 방략인 근거이론, 현상학, 합의적 질적 연구를 설명했다. 게다가 이 장은 통상적으로 사용되는 자료 수집과 분석 방략을 논했고, 추후 질적 방법 연구에 참고할 수 있는 폭넓은 참고문헌을 제시했다. 요약하면, 이 장은 질적 연구의 강력한 필요성을 보여줄 뿐만 아니라, 상담과 상담심리학에서 가장 일반적으로 사용되는 질적 연구 방법에 대한 상세한 설명을 제공했다. 이는 학생들에게 질적 연구 방법의 우수한 입문서가 될 것이다. 덧붙여 17장에서는 양적 및 질적 연구 방법을 결합한 혼합 설계에 대한 개념적 설명을 탄탄하게 제공했을 뿐만 아니라, 혼합 설계의 위력을 예시하는 여러 연구를 포함했다.

4부에서는 특히 독립변인을 둘러싼 복잡한 특성들과, 종속변인으로 의도한 결과를 능숙하게 측정하는 것과 같은, 다양한 방법론적인 문제를 다루었다. 그뿐만 아니라, 우리는 상담 성과 연구와 직접적으로 관련된 방법론적 문제에 대해 논했고 상담과 심리치료의 효과에 관한 가장 최신 정보를 제공했다. 예를 들어, 21장의 과정 연구에서는 상담이 효과가 있기 위한 방법과 이유를 살펴보는 가장 최신 연구에 초점을 맞추었다. 프로그램 평가를 다룬 22장에서는 과학과 실무를 다수의 사람을 돕기 위해 만들어진 실생활 프로그램에 응용했다. 상담 분야는 갈수록 더욱 더 프로그램과 시스템 수준에서의 개입과 사회 변화를 강조하고 있다. 프로그램 평가를 진행하고 개입의 효과성을 검토하는 업무는 많은 상담자들의 직무에 굉장히 중요한 부분을 차지한다. 이 장은 프로그램 평가 분야에 대한 많은 통찰을 제공하며, 프로그램과 서비스의 효과를 평가하는 연구자에게 방대한 정보와 지원을 제공했다. 마지막 23장에서는 굉장히 중요한 방법론적 주제, 즉 연구자, 실험자, 참여자와 같은 다양한 출처로부터 오차 변량을 생성하는 (다양한) 편향에 대해 집중적으로 다루었다. 특히 중요하게도, 이 장은 편향을 강조할 뿐만 아니라, 이러한 영향을 최소한으로 막는 방략을 제안했다.

이 책이 완성될 수 있도록 도와주신 많은 분들께 감사한다. 우리는 특히 이번 판을 개정하는 데 필요한 모든 기술을 지원하고, 인내하며, 도움을 준 센게이지러닝(주)의 직원들에게 감사를 표한다. 우리는 또한 이 모든 과정에 큰 도움이 된 Julie Martinez의 지도에 깊이 감사한다. 비록 지난 몇 년간 상당한 직원의 변동이 있었지만, 이 책을 향한 Claire Verduin의 초창기 비전은 4판에도 고스란히 담겨있으며, 이 책의 초판을 발전시킨 그녀의 뛰어난 판단력은 각별한 주목을 받아 마땅하다. 덧붙여, 연구 설계의 중요한 주제들에 대해 폭넓은 깊이를 더해준 여러 장의 공동 저자들인 Germaine Awad, Matrese Benkofske, Kevin Cokley, 이동귀(Dong-Gwi Lee), 임현우(Hyun-Woo Lim), Yu-Wei Wang 박사들에게 특히 감사한다. 그리고 연구자로 성장하는 여정의 일부를 기꺼이 공유해준 연구자들에게도 감사한다. 그들의 목소리는 연구자가 되어가는 발달 과정을 설명할 때 큰 보탬이 되었다. 또한 우리는 이 책이 각자에게 어떠한 도움을 주었는지, 그리고 어느 부분에 더 많은 예시와 제안이 필요한지 이 책에 대한 의견을 보내준 수많은 분들께 감사한다.

마지막으로 이 교재에 인용된 모든 논문과 책의 저자들께 감사를 표한다. 양질의 연구 수행에 대한 그들의 헌신은 이 분야에 중요한 새로운 지식을 제공할 뿐 아니라, 의미 있는 연구를 능숙히 수행하는 방법에 대한 유익한 모형을 제공했다.

미국의 민속학자인 Zora Neale Hurston이 언급한 대로, "연구란 형식을 갖춘 호기심이다. 목적을 가지고 꼬치꼬치 캐묻고 파고드는 작업이다." 우리는 이 책의 내용이 "목적을 가지고 꼬치꼬치 캐묻고 파고드는 작업"과 인류의 진보를 위한 중요한 진리를 발견하는 데 필요한 여러 유용한 도구를 제공하기를 희망한다.

Heppner, Wampold, Owen, Thompson, Wang

옮긴이 머리말 • vii
지은이 머리말 • ix

PART 1 철학, 윤리, 훈련, 전문적 문제

CHAPTER 1 과학과 상담의 철학: 왜 상담에서 과학이 중요한가 • 2

지식의 근원 • 4
앎의 방식으로서 과학 • 5
인간 행동의 철학적 기반 • 6
실증주의 • 6 탈실증주의 • 8 구성주의 • 9 비판이론 • 10 철학적 기반에 대한 요약 • 11
상담과 상담심리학에 과학적 방법 적용 • 11
상담 분야에서 이론의 역할 • 13
이론에 기초한 연구 • 14 이론에 기초한 상담 실제 • 14 과학과 상담 실제의 통합 • 16
과학적 · 비판적 사고의 역할 • 17
요약 및 결론 • 18

CHAPTER 2 연구 훈련: 즐거움과 도전들 • 20

과학과 실무 • 21
과학자–실무자 모형 • 21 근거 기반 실무 • 22 과학과 실무 훈련 • 24
연구 능력 습득의 즐거움과 도전들 • 26
연구 훈련을 위한 모형 • 35
모형의 구성개념 • 36 모형 검증 • 43 연구 유능성: 누락된 구성개념 • 43
과학적 훈련 확장의 필요성 • 44
기본적인 과학적 사고 기술의 훈련 • 44 기본적인 연구 적용 기술의 훈련 • 46
요약 및 결론 • 47 촉진 질문 • 49

CHAPTER 3 상담 연구에서의 윤리: 윤리적인 사람이 되는 것과 옳은 일을 하는 것 • 50

기본적인 윤리 원칙 • 51
무해성 • 52 선행 • 52 자율성 • 53 정의 • 54 충실성/진실성 • 54
학술 작업과 관련된 윤리적 쟁점들 • 55
연구의 실행 • 56
결과 보고 • 57
중복 출판 및 단편적 출판 • 59
출판 업적 • 60
표절 • 64
참여자와 관련된 윤리적 쟁점 • 66
위험과 이득 • 68
사전 동의 • 71
기만과 해명 • 75
비밀 유지와 사생활 • 77
처치 문제 • 81
윤리적 딜레마에 대응하기 • 82
요약 및 결론 • 89 촉진 질문 • 90

CHAPTER 4 전문적 글쓰기: 과학자와 실무자를 위한 필수적인 기술 • 91

우리는 왜 글을 쓰는가 • 92
글쓰기의 어려움과 방략 • 92
연구 보고서 작성하기 • 94
제목 • 95 초록 • 96 서론 • 96 방법 • 98 결과 • 102 논의 • 103
연구 보고서 작성을 위한 일반 원칙 • 105
원칙 1: 유익할 것 • 105 원칙 2: 솔직해질 것 • 105 원칙 3: 과장하지 말 것 • 106
원칙 4: 논리적이고 조직화될 것 • 106
원고 투고 과정 • 107
요약 및 결론 • 108 촉진 연습 • 108

PART 2 시작하기: 연구를 위한 토대 확립하기

CHAPTER 5 관심사를 정하고 주제 구체화하기: 완벽한 연구란 존재하지 않는다 • 112

연구 주제 정하기 • 112
연구문제와 가설 제시하기 • 119
조작적으로 정의하기 • 124
연구변인 규정하기 • 125
자료를 수집하고 분석하기 • 126
요약 및 결론 • 126 촉진 질문 • 127

CHAPTER 6 연구 설계의 선택: 이상과 실제의 균형 • 128

과학적 탐구와 연구 설계 • 128
연구 설계 미신 • 129
연구 설계의 분류 • 131

실험 통제와 일반화 • 133
실험 통제 • 133　일반화 • 134
연구 설계의 분류 • 135
기술적 실험실 연구 • 135　기술적 현장 연구 • 137　실험적 실험실 연구 • 138　실험적 현장 연구 • 139
연구 설계의 선택에 대하여 • 140
요인 1: 특정한 연구문제에 대해 현재 존재하는 지식 기반 • 140
요인 2: 연구 설계를 통해서 기존의 지식 기반의 발전에 대해 도출되는 추론 • 141
요인 3: 연구 설계와 관련되는 자원과 비용 • 142
요인 4: 특정 연구 설계의 타당도에 대한 위협 • 143
요인 5: 요인 1~4의 조합 또는 적합도 • 144
방법론적 다양성의 중요성 • 145
요약 및 결론 • 147　**촉진 질문** • 147

CHAPTER 7 연구에서의 타당도 문제: 그 모든 것의 핵심 • 149

네 가지 유형의 타당도와 각각의 위험성 • 149
타당도의 유형에 대한 개관 • 152　통계적 결론 타당도에 대한 위협 • 153
내적 타당도에 대한 위협 • 159　구성 타당도에 대한 위협 • 167　외적 타당도에 대한 위협 • 174
요약 및 결론 • 177　**촉진 질문** • 178

CHAPTER 8 모집단 문제: 누구를 연구하는지는 매우 중요하다 • 179

표본추출이론 • 180
참여자 선택에 관한 실제적인 고려사항 • 184
목표 모집단 정의하기 • 185　참여자 풀 만들기 • 186　참여자 선택하기 • 188
무작위 선택을 할 수 없을 때 타당도 확립하기 • 188　참여자 수 결정하기 • 191
외적 타당도와 모집단 문제 • 195
외적 타당도 연구에 요인 설계의 사용 • 195
모집단에 관계없이 일반화 가능성을 탐구할 때의 고려사항 • 196
요약 및 결론 • 201　**촉진 질문** • 202

CHAPTER 9 다양성 관점: 개념적 · 방법론적 고려 • 203

다문화변인 조작화하기 • 206
인종, 민족, 문화 • 206　성, 성별, 섹슈얼리티, 성적 지향성 • 209
사회적 계급, 사회경제적 지위, 사회적 지위 • 211
연구 설계 고려사항 • 212
이론에 기반을 둔 연구 대 기술적 연구 • 213　원격 설명 대 인접 설명 • 216
조절변인과 매개변인 • 217　내적 타당도에 대한 위협 • 218
방법론적 어려움: 연구 전반에 걸친 문화적 고려사항 • 222
연구문제 개념화하기 • 222　목표 모집단에 맞는 적절한 연구 설계 선택하기 • 226
표본 추출, 참여자 모집 및 자료 수집 • 228　측정 문제 • 233　연구 결과의 해석과 논의 • 236
요약 및 결론 • 237　**촉진 질문** • 238

CHAPTER 10 척도개발: 가장 근본적인 도구 • 239

척도개발에 관한 일곱 가지 미신 • 240
미신 1: 문항 제작은 몇 주 내에 가능하다 • 240
미신 2: 문항은 광범위한 문헌 고찰 없이 쉽게 제작 가능하다 • 240
미신 3: 가능할 때마다 편의 표본을 사용한다 • 241
미신 4: 요인 분석만으로 척도의 타당도에 대한 충분한 증거를 제공한다 • 241
미신 5: 서구 문화에서 개발된 매우 양호한 심리측정적 속성을 지닌 척도는 범문화적으로 타당하다 • 242
미신 6: 직역만으로 언어적 및 문화적 동등성을 보장한다 • 243
미신 7: 리커트 평정 척도와 같은 척도의 구조적 요소는 여러 문화권에서 보편적이다 • 244
척도개발 단계 • 245
1단계: 관심을 둔 구성개념에 대해 개념화하고 조작화하기 • 246
2단계: 문헌 고찰 수행하기 • 246
3단계: 문항, 지표 및 응답 양식 만들기 • 247
4단계: 내용 분석 수행, 예비검사, 문항 수정 및 문항 실시하기 • 249
5단계: 표집 및 자료 수집 • 250
6단계: 필요시 척도 번역 및 역번역하기 • 251
7단계: 최종문항 확정하기 및 척도 길이를 최적화하기 • 252
8단계: 척도의 심리측정적 속성을 검증하기 • 255
9단계: 고급 문항평가 또는 척도의 정련화 • 257
요약 및 결론 • 260　**촉진 질문** • 260

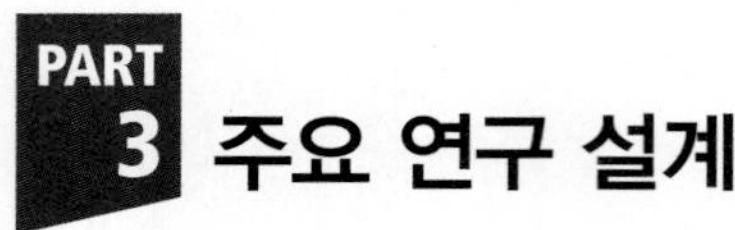

PART 3 주요 연구 설계

CHAPTER 11 진실험 설계: 집단 간 설계와 참여자 내 설계의 힘 • 264

참여자 할당 • 266

집단 간 설계 • 267

두 가지 일반적인 실험 집단 간 설계 • 267 통제집단의 사용 • 274 요인 설계 • 276

종속 표본 설계 • 278

참여자 내 설계 • 281

교차 설계 • 281 강점과 한계점 • 283

요약 및 결론 • 286 **촉진 질문** • 287

CHAPTER 12 준실험 설계와 종단 설계: 응용 장면에서 관계 검토하기 • 288

역사적 개관 • 289

준실험 설계를 선택할 때 고려해야 할 점 • 290

비용 • 291 참여자 선발 • 291 윤리적 고려 • 293 적절한 통제집단 이용 불가능 • 293

비동등 집단 설계 • 294 해석할 수 없는 비동등 집단 설계 • 295 해석 가능한 비동등 집단 설계 • 297

동년배 설계 • 302

시계열 설계 • 305

단순 단절 시계열 • 306 비동등 종속변인을 활용하는 단절 시계열 • 307

시계열에서 공존 분석을 검토하는 설계 • 309 상담 연구에 시계열 설계의 예 • 309

요약 및 결론 • 310 **촉진 질문** • 311

CHAPTER 13 양적 기술 설계: 현상에 대한 기술, 설명, 예측 • 312

조사 또는 역학 연구 설계 • 314

조사 연구의 예 • 315 조사 연구에서 설계 문제 • 316

변인 중심 상관 연구 설계 • 321
단순 상관 • 321 중다회귀 • 323 조절 효과와 매개 효과 검증 • 326
사람 중심 연구 설계 • 332
군집 분석 • 333 잠재 범주/프로파일 분석 • 336 성장 혼합 모델링 • 336
요약 및 결론 • 338 **촉진 질문** • 339

CHAPTER 14 모의 연구: 실험 통제 극대화하기 • 340

역사적 개관 • 340
모의 연구의 예 • 343
모의 연구의 장점 • 345
모의 연구의 약점 • 346
모의 연구의 일반화 가능성을 평가하는 데 고려해야 할 변인들 • 347
내담자 변인 • 349 상담자 변인 • 350 상담 과정과 장면 • 352
실제와 더욱 유사하게 모의 연구하기 • 353
존재하는 지식 기반에서 모의 연구의 유용성 평가 • 354
요약 및 결론 • 355 **촉진 질문** • 356

CHAPTER 15 단일 피험자 설계: 표본 크기 1의 풍부함으로부터 배우기 • 358

단일 피험자 설계에 대한 역사적 조망 • 360
비통제 사례 연구 대 집중적 단일 피험자 양적 설계 • 362
단일 피험자 실험 설계 • 366
단일 피험자 실험 설계의 공통적 특징 • 366 중다 기저선 설계 • 374
단일 피험자 설계의 장점과 제한점 • 377
단일 피험자 설계의 장점 • 377 단일 피험자 설계의 제한점 • 382
요약 및 결론 • 383 **촉진 질문** • 385

CHAPTER 16 질적 연구: 심층적 탐구로부터의 복잡성과 풍부함 • 386

질적 연구란 무엇인가 • 386
질적 연구에 대한 미신과 사실 • 388
질적 방법과 상담 연구 • 389
질적 연구 과정의 단계 • 391
1단계: 다문화적 주체로서의 연구자 • 391
2단계: 이론적(해석적) 패러다임과 관점 • 393
3단계: 조사 방략과 해석 패러다임 • 395
4단계: 자료 수집과 분석 방법 • 396
5단계: 해석과 평가의 기술, 실제, 그리고 정치학 • 405
질적 연구 조사 방략의 네 가지 예 • 410
근거이론 • 411 현상학 • 419 합의적 질적 연구 • 425
참여적 행위 연구/지역사회 기반 참여 연구 • 433
요약 및 결론 • 438 촉진 질문 • 483

CHAPTER 17 혼합 방법 설계: 질적 설계와 양적 설계의 만남 • 439

혼합 방법 연구의 정의 • 440
혼합 방법 설계의 이점과 난점 • 441
혼합 방법 연구 수행의 이점 • 441 혼합 방법 연구 수행의 난점 • 442
언제 혼합 방법 연구 설계를 사용할 것인가 • 444
새로운 연구문제들을 다룰 수 있는 능력을 시도하고, 개발하며, 개선하기 위하여 • 444
지식을 보완하고, 확충하고, 확장하기 위하여 • 445
혼합 방법 연구 수행 단계 • 446
1단계: 연구문제, 질문 및 목적 확인하기 • 447
2단계: 혼합 방법을 사용하는 근거 분명히 밝히기 • 447
3단계: 연구를 안내할 패러다임 결정하기 • 448
4단계: 혼합 방법 설계 결정하기 • 449
5단계: 연구를 평가하고 출판 준비하기 • 452
상담과 상담심리학에서 혼합 방법 연구의 사례 • 452
요약 및 결론 • 456 촉진 질문 • 456

PART 4 방법론적 문제

CHAPTER 18 독립변인: 연구의 추동자 • 458

독립변인의 조작화 • 459
조건 결정하기 • 459 관심 있는 구성개념 적절히 반영하기 • 460
조건들 간의 차이를 제한하기 • 462 조건들의 현저한 차이 확립하기 • 464
조작 점검 • 465
결과 해석 • 468
통계적으로 유의한 결과 • 468 통계적으로 유의하지 않은 결과 • 470
상태변인 • 470
요약 및 결론 • 472 촉진 질문 • 473

CHAPTER 19 종속변인: 의도한 성과를 능숙하게 측정하기 • 474

종속변인을 조작적으로 정의하기 • 476
심리측정적인 문제 • 476
신뢰도 • 477 무선 반응 오차 • 478 특정 오차 • 479 일시적 오차 • 479 평정자 간 불일치 • 480
채점 및 기록 오차 • 481 혼입 오차 • 481 신뢰도 추정치 해석하기 • 482
신뢰도를 평가하는 기준 • 483 신뢰도 추정치 계산하기 • 484
낮은 신뢰도가 변인 간 상관에 미치는 영향 • 486
타당도 • 489
구성개념 타당도를 향상시키기 위해 다수의 척도 사용하기 • 491
방법 변량 제거하기 • 495
반응성 • 498
절차상 고려해야 할 것들 • 499
자료 수집 방법 • 501
자기보고 • 501 타인의 평정, 사건에 대한 평정 • 504 행동 관찰 • 505 생리적 지표 • 506
면접 • 507 투사기법 • 508 눈치채지 않게 실시하는 측정 • 508
요약 및 결론 • 510 촉진 질문 • 511

CHAPTER 20 상담 성과 연구: 상담은 효과가 있는가 • 512

상담에서의 초기 성과 연구 • 513
성과 연구 수행 방략 • 515
일괄 처치 방략 • 515 해체 방략 • 517 추가 방략 • 518 파라미터 방략 • 518
'공통요인' 통제집단 • 519 비교 성과 방략 • 521 조절 설계 • 522
성과 연구 수행에서의 방법론적 논점 • 523
포함 및 배제 기준 • 523 처치의 적절성 평가하기: 충실도, 역량, 구분 • 524 변화 측정하기 • 527
상담자 효과 • 533
요약 및 결론 • 535 촉진 질문 • 536

CHAPTER 21 과정 연구: 상담은 어떻게, 왜 효과가 있는가 • 537

상담 과정 연구란 무엇인가 • 538
초기 과정 연구 • 539
과정 연구에서의 방법론적 논점 • 540
어디서부터 시작해야 하는가 • 541 무엇을 측정할 것인가 • 542
누구의 관점에 초점을 맞출 것인가 • 543 얼마나 많이 측정할 것인가 • 545
과정 연구에서의 연구 설계 • 546
양적 상담 과정 설계 • 547 상관 상담 과정 설계 • 551 종단 상담 과정 설계 • 556
질적 상담 과정 설계 • 558 연구 설계가 자료 분석과 만나다 • 558
요약 및 결론 • 563 촉진 질문 • 563

CHAPTER 22 프로그램 평가: 과학과 상담 실제를 실제 삶에 적용하기 • 565

프로그램 평가 • 565
프로그램 평가의 단계 • 569
1단계: 평가의 경계 세우기 • 569
2단계: 적절한 평가 방법 선택하기 • 573
3단계: 정보를 수집하고 분석하기 • 587

4단계: 프로그램 결과를 보고하고 보고서 배부하기 • 591
평가의 종결 • 594
요약 및 결론 • 595 **촉진 질문** • 596

23 편향: 조사자, 실험자, 참여자에서 비롯되는 오차 변량 • 597

조사자 및 실험자 편향 • 598
실험자 속성 • 601 조사자 및 실험자의 기대 • 603 연구 설계 및 절차 • 606
참여자 편향 • 611
요구특성 • 612 참여자 특성 • 613 자신의 경험을 보고하는 참여자의 능력 • 615
참여자 편향을 줄이는 방략 • 617
요약 및 결론 • 620 **촉진 질문** • 621

참고문헌*
찾아 보기 • 622

* 참고문헌은 지면 제한상 센게이지러닝 홈페이지(www.cengage.co.kr) 자료실에 올렸으니 참고하십시오.

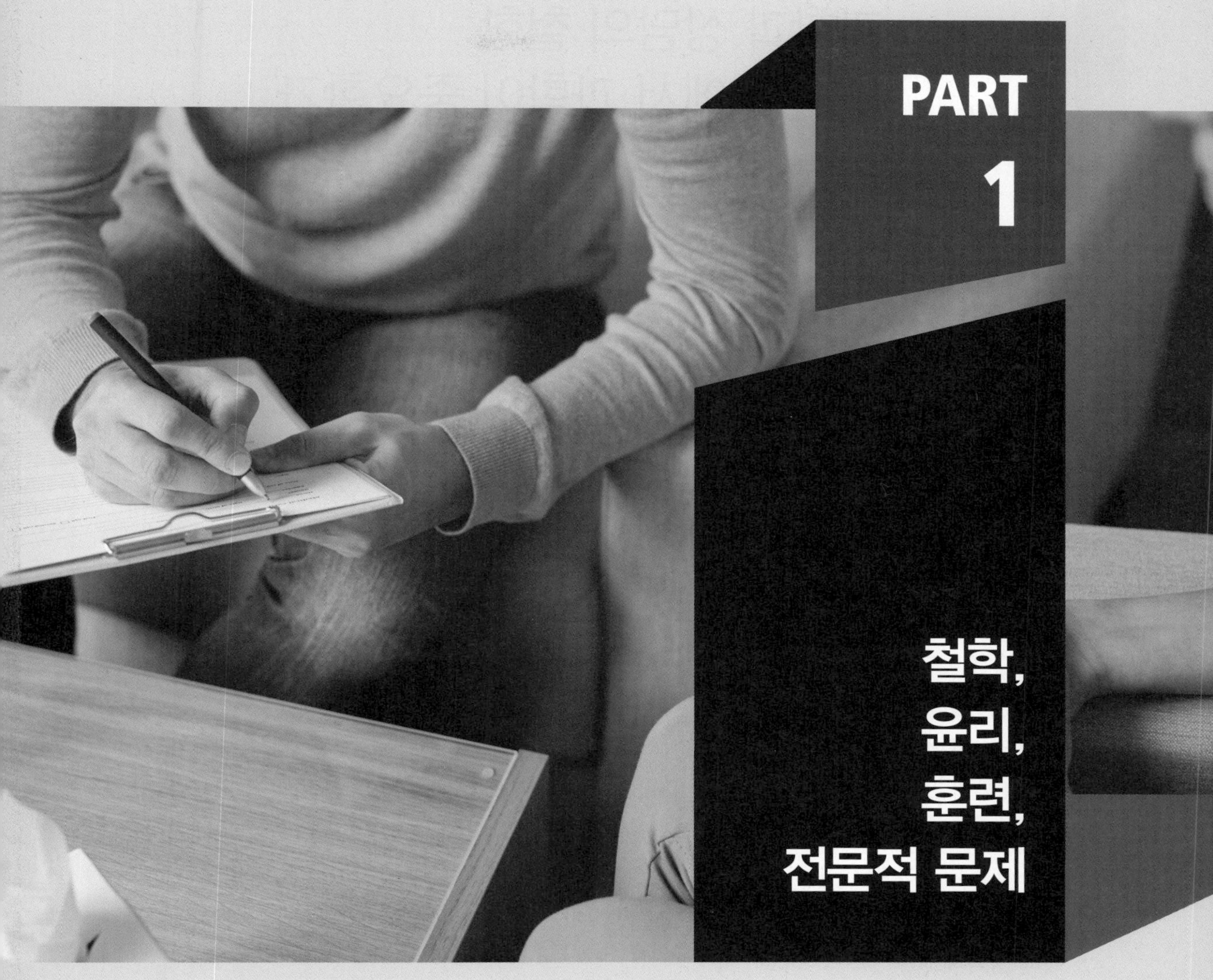

PART 1

철학, 윤리, 훈련, 전문적 문제

CHAPTER 1_ 과학과 상담의 철학: 왜 상담에서 과학이 중요한가

CHAPTER 2_ 연구 훈련 : 즐거움과 도전들

CHAPTER 3_ 상담 연구에서의 윤리: 윤리적인 사람이 되는 것과 옳은 일을 하는 것

CHAPTER 4_ 전문적 글쓰기: 과학자와 실무자를 위한 필수적인 기술

CHAPTER

과학과 상담의 철학: 왜 상담에서 과학이 중요한가

상담과 상담 심리는 임상 실제에 적용되는 과학의 통합, 또는 상담 실제에 과학의 통합과 과학에 상담 실제의 통합에 그 기초를 두고 있다(예: Benjamin & Baker, 2003; Packard, 2009). 우리는 근거에 기반을 둔 세계에 살고 있으며, 자신의 상담이 근거에 기반을 두고 있음을 확실하게 하기 위해서 상담자들은 과학적 방법뿐만 아니라 근거에 기반을 둔 연구 결과에 대해서도 잘 알고 있어야 한다. 현대 사회에서 근거에 기반을 두지 않은 상담이나 치료를 하는 상담자 또는 심리학자는 자기 자신과 내담자들을 위험에 처하게 하는 것이다. 실제로 많은 사람들이 과학적 지식 없이 상담이나 치료를 하는 것은 근본적으로 윤리적이지 않다고 주장했다(예: 심리학에서 근거 기반 치료에 대한 미국 심리학회 학회장 주도 대책위원회, 2006; Baker, McFall, & Shoham, 2008).

상담자와 상담심리학자는 상담 서비스를 찾는 사람들의 복지를 증진시키고 내담자를 위해로부터 보호할 책임이 있다(예: Lambert, Bergin, & Collins, 1977). 따라서 전문가로서 우리는 인간 본성에 대한 지식을 최신 정보로 계속 보강하고 확장하며, 치료적 개입의 효과성을 지속적으로 평가해야 한다. 이를 통해서 내담자들이 효과적인 치료를 받도록 할 수 있다. 아래 박스에 진로 계획에 도움을 받고자 상담을 찾은 남편과 아내의 실제 사례에 대해 생각해보자.

실제 연구에 적용하기 1.1

접수면접을 자세하게 받고 이들에게 진로 계획 컴퓨터 프로그램이 실시되었다. 남편과 아내 모두 프로그램을 마치고 나서 자신들이 정확하게 동일한 결과를 받았다는 사실에 매우 놀랐다. Johnston, Buescher와 Heppner(1988)는 이를 다음과 같이 기술했다.

> 컴퓨터 프로그램을 면밀하게 검토한 결과, 당일 프로그램을 처음으로 사용한 사람에 대해서는 정확한 점수가 산출되는 것으로 나타났다. 그러나 당일 프로그램을 두 번째 사용한 사람부터 그 이

후에 사용한 사람들은 처음 사용한 사람의 결과와 동일한 결과를 받고 있었다. 컴퓨터를 끌 때까지 첫 번째 사용자의 결과가 계속해서 나타난 것이다. 즉, 당일 최초로 프로그램을 사용한 사람을 제외한 다른 모든 사용자들은 정확하지 않은 결과를 받고 있었다. 그 결과로 우리는 내담자들에게 타당하지 않은 결과를 받았다는 것을 전화로 알리는 데 많은 시간을 들여야 했다. 프로그램 제작자에게 우리의 충격을 전달한 뒤에 우리가 들은 이야기는, 단지 "아, 네. 저희도 그 문제를 한 달 전에 발견했고요, 새로운 디스크에는 문제를 해결했습니다. 새 프로그램 디스크를 보내드릴게요." 였다. 얼마나 많은 다른 진로 센터들이 이 오류를 발견하지 못하고 잘못된 결과를 산출하는 프로그램을 계속해서 사용했을지는 아무도 모를 일이다. (p. 40)

이 예는 면밀한 평가를 통해서도 잡아내지 못했던 컴퓨터 프로그래밍 오류를 보여준다. 이 외에도 정보가 너무 오래되어서, 상담자의 처치가 비효율적이거나 적절하지 않아서, 또는 인간 행동과 변화 과정에 대한 잘못된 지식으로 인해 내담자가 최선의 치료를 받지 못하는 예들은 많이 열거할 수 있다.

여러 학자와 상담자들이 과학과 상담 실제가 계속해서 통합될 것을 지지했다(예: Heppner et al., 2000; Neimeyer & Diamond, 2001; Stoltenberg et al., 2000; Watkins, 1994). 과학과 상담 실제의 통합이 필요한 이유는, 이를 통해서 상담자들은 자신의 임상 경험에 통합할 수 있는 최근의 지식을 유지하고, 또한 연구자들은 상담을 찾는 내담자들과 일반 대중에게 적용 가능성이 높은 지식을 탐구하는 데 앞장서게 된다는 데 있다. 과학과 상담 실제의 결합을 통해서 학생들과 전문가들 모두 상담 분야의 지식을 높일 수 있고 사회적 · 정책적으로 중요한 문제에 직접 영향을 미칠 수 있는 연구를 수행하게 된다(Heppner et al., 2000; Krumboltz, 2002).

이 책에서 우리는 과학적 방법과 연구 설계의 기초를 심도 있게 다룰 것이다. 과학과 상담 실제의 통합을 강조하면서 독자에게 연구 설계의 기초를 안내하는 것이 이 책의 목적이다. 또한 이 책을 통해서 우리는 상담과 상담심리학에서 일반적으로 사용되는 다양한 연구 설계의 강점과 약점을 논의한다. 이 책에서는 연구 주제 설정, 변인의 조작, 특정 연구문제에 가장 잘 맞는 연구 설계의 선택, 연구 결과 평가, 그리고 연구 출판과 관련된 부분까지 연구의 전체 과정을 독자에게 안내할 것이다. 또한 서로 다른 문화적 맥락에서 과학적 지식의 산출과 관련되는 오차, 편차, 복잡성에 대해 논의한다. 끝으로 상담과 상담심리학 분야에서 출판된 다양한 연구물을 사용해서 서로 다른 연구 설계를 보여주고 연구에 내재한 복잡성을 구체적으로 기술할 것이다.

이 장에서는 지식의 서로 다른 근원에 대해 알아보고, 상담 분야에서 신뢰할 수 있는 지식 기반을 개발하는 기제로서 과학적 탐구를 소개한다. 우리는 상담과 상담심리학 분야에서 근거 기반 지식을 개발하는 것이 매우 중요하다고 믿는다. 먼저 과학의 네 가지 철학적 기반을 살펴보고, 과학과 상담 실제의 방향을 이끄는 데 있어서 이론의 핵심적 역할을 강조한다. 또한 과학과 상담 실제의 통합이 상담과 상담심리학에서 대학원 수련 프로그램의 기초라는 점을 강조한다. 따라서 대학원 수련의 핵심 결과로서 과학적 사고 또는 비판적 사고가 가지는 중요한 역할에 대해 강조하며, 이것이 이 책의 중요한 목적이기도 하다.

지식의 근원

19세기 미국의 수학자, 철학자이자 논리학자인 Charles Peirce는 앎의 방법, 또는 '고정된 신념(fixing belief)'의 방식에는 적어도 네 가지가 있다고 말했다(Buchler, 1955). 첫 번째 앎의 방법은 고집(tenacity)의 방법이다. 즉, 누군가가 확고하게 믿는 신념이 진실이라는 것이다. 이 '진실'은 우리가 그것이 진실이라고 항상 알아왔기 때문에 진실인 것으로 알려져 있으며, 이러한 '진실'을 자주 반복하는 것이 그 타당성을 높이는 것으로 보인다(Kerlinger & Lee, 2000). 두 번째 앎의 방법은 권위(authority)의 방법이다. 여기에서 권위는 인간의 권위(예: 미국 대통령, 유명한 심리학자)가 될 수도 있고 초인간의 권위가 될 수도 있다(예: 신, 절대자). 임상 슈퍼바이저와 같은 권위자가 그렇다고 말하면 그것이 '진실'이 되는 것이다. 세 번째 앎의 방법은 선험적(a priori) 방법 또는 직관(intuition)의 방법이다(예: Cohen & Nagel, 1934). 이 방법은 이치에 맞고 이전에 진실로 믿어졌던 것이 실제로 진실이라는 것이다. 네 번째 앎의 방법은 과학적(scientific) 방법이다. 이는 경험적 검증을 통해 확인할 수 있는 사실을 세우는 것이다. 다섯 번째 앎의 방법은 Buchler의 네 가지 앎의 방법에는 포함되지 않았던 것으로, 세상에서 자신의 직접적인 경험을 통해서 배우는 지식을 말한다. 수많은 경험을 통해서 개인은 세계에 대한 '실제(reality)'를 구축한다. 그 사람이 세계에 대해 지각하는 것 중 일부는 유사한 경험을 한 다른 사람의 지각과 일치하겠지만 다른 부분도 있을 것이다.

우리의 삶이 굉장히 복잡하고 일상생활을 하는 데 있어서도 엄청난 양의 지식이 필요하다는 것을 생각해보면, 사람들은 이 다섯 가지 앎의 방식을 모두 사용해서 '진실'을 알게 될 것이다. Popper(1962)는 영국학사원(British Academy)에서 한 연례 철학 강연인 〈지식과 무지의 근원(On the Sources of Knowledge and of Ignorance)〉에서, 지식의 근원은 다양하지만 모든 지식의 근원에 오차가 존재할 수 있다고 했다. Popper(1962)는 "다른 사람의 이론이나 추측을 비판함으로써, 그리고 우리가 스스로 그렇게 할 수 있도록 훈련한다면 우리 자신의 이론이나 추측을 비판함으로써"(p. 26) 오차를 탐지하고 줄이는 것이 우리의 임무가 되어야 한다고 주장했다. 비판과 분석 없이 어느 한 유형의 지식에만 의존하는 것은 위험할 수 있다. 한정된 정보에 기초한 상태에서 개인의 편향이 생길 수 있고 경험은 왜곡될 수 있으며, 이는 다시 정확하지 않은 결론으로 이어질 수 있다. 따라서 우리는 이 다섯 가지 앎의 방식 모두에 오차가 있을 수 있다는 것을 기억해야 한다.

앎의 방식으로서 과학

라틴어에서 온 '과학(science)'이라는 말은 '지식'을 의미한다. 그러나 과학의 진정한 의미 혹은 정의는 오랫동안 논쟁의 대상이 되었으며 수없이 많은 관점이 존재한다. Ziman(1968)의 주장은 이를 잘 나타낸다. "'과학이란 무엇인가?'라는 질문에 대답하고자 하는 것은 인생의 의미를 말하려고 하는 것만큼 주제넘은 것이다."(p. 1) 과학은 철학, 종교, 예술, 문학, 신화와 같이 다양한 관점 중 하나를 대표하며, 인간의 본질을 기술하고 설명하고자 한다는 점에 있어서 지식의 근원(Buchler, 1955)이다.

Pedhazur와 Schmelkin(1991)에 따르면, 대답에 도달하는 방법이라는 지점에서 과학이 인간 본질을 기술하는 다른 분야들과 가장 확연하게 구별될 수 있다. 《과학적 발견의 논리(The Logic of Scientific Discovery)》(1959)의 시작 부분에서 Popper는 과학자를 다음과 같이 기술했다.

> 이론가든 실험자든, 과학자란 진술 또는 진술 체계를 제시하고 이를 단계별로 검증한다. 특히 실험 과학 분야에서 과학자는 가설 또는 이론 체계를 세우고, 관찰과 실험을 통해서 이를 경험에 견주어 검증한다. 나는 이러한 과정에 논리적 분석을 세우는 것이 과학적 발견의 논리 또는 지식의 논리가 해야 하는 과제라고 제안한다. 즉, 경험 과학의 방법을 분석하는 것이다.

Popper는 이와 같은 방식으로 과학자의 과제와 방법을 기술했다. 그는 과학이 귀납적(과학에서 도출된 결론은 절대적이라기보다는 확률적이다)이기도 하다고 제안하면서 Hume의 연역적 관점(일반적 규칙이 존재하며 이 규칙을 발견하는 것이 과제라는 관점)을 반박했다. Popper는 지식이 절대 합목적성(finality)으로 결정될 수 없으며, 지식은 계속된 검증과 반박의 가능성을 가질 수 있고 그래야 한다고 주장하면서 Kant의 실증주의적(positivist) 관점에도 의문을 제기했다.

과학과 과학적 방법에 대한 보다 최근의 기술에서는 1900년대 초반부터 중반까지 이어져왔던 관점이 확장된다. 이 접근에서는 과학자를 객관적 관찰자로 기술하며 과학자는 '진실'을 발견하기 위한 과학적 방법을 사용하는 데 있어서 조직적이고 독립적이다. 예를 들면, Lakatos(1976)는 Popper의 지식이론을 수학 원리에 적용하며 확장시켰다. Lakatos는 어떤 원리도 최종이거나 완벽하지 않으며, 원리에 어긋나는 예가 아직 발견되지 않은 상태라고 주장했다. 따라서 그는 지식의 축적이 시간, 증거, 반대 예시와 함께 이루어져야 한다고 주장했다. 즉, Lakatos는 연구에 대한 프로그램 관점을 주장했으며 시간의 흐름에 따른 지식의 발달을 주장했다.

우리는 비판적 태도 또는 추론(비판적 탐구)을 유지하는 것이 과학자의 핵심적 요소라고 본다. 과학적 탐구는 연구 결과에 대한 비판적 태도와 연구 결과에 기초한 해석을 통해서 이해되어야 한다. 아마도 과학적 탐구는 영원히 끝나지 않는 점근법(successive approximation)의 과정이라고 기술할 수 있다. 이 과정에서 과학자는 불확실성에 대한 인내, 질문하고자 하는 의지와 능력, 다른 가능한 결론을 다룰 수 있는 능력을 가지고 경험적 검증을 수행하게 된다.

즉, 과학자는 오차를 줄이고 신뢰할 수 있는 '앎의 방법(ways of knowing)'을 개발하기 위한 노력으로 과학적 방법을 사용한다. 또는 자료를 수집하고 평가하는 것에 대한 일련의 가정과 표준화된 규칙을 사용한다. 자료를 수집함으로써 연구자는 자신의 생각을 경험적으로 검증할 수 있다. 과학적 접근에는 두 가지 기본 기능이 있다(예: Kerlinger, 1986; Kerlinger & Lee, 2000). 첫 번째 기능은 지식을 진보시키고, 새로운 발견을 하고, 사실을 학습하는 것이다. 두 번째 기능은 사건 간의 관련성을 확립하고 이론을 개발함으로써 전문가들이 미래 사건을 예측할 수 있도록 돕는 것이다.

인간 행동의 철학적 기반

철학적 기반은 우리가 세계를 이해하는 것을 안내하고 과학자가 연구를 수행하는 방법에 영향을 미친다. 여기에서 우리는 과학의 네 가지 철학적 기반인 실증주의, 탈실증주의, 구성주의, 비판이론에 대해서 간략하게 논의한다. 이 네 가지 철학적 기반은 때로 개별적인 철학으로 논의되기도 하지만, 여러 개의 패러다임이 때로 '상호교배(interbreed)'한다는 것을 이해하는 것이 중요하며(Lincoln & Guba, 2000, p. 146) 이들 간의 경계는 계속해서 변하고 있다. 이를 염두에 두고 우리는 존재론(ontology), 인식론(epistemology), 방법론(methodologies)의 세 가지 차원에서의 가정에 따라서 네 가지 패러다임을 간략하게 논의한다(표 1.1).

실증주의

실증주의(positivism)는 물리 과학에서 전통적으로 가르쳤던 과학적 방법에 가장 근접하는 패러다임이다. 이 패러다임에 따르면, 우리는 우주의 본질을 알 수 있으며 과학자의 목표는 우주에 있는 사물을 지배하는 자연 법칙을 발견하는 것이다. 예를 들면, 중력, 자기력, 전기를 설명하는 물리적 법칙들은, 시간과 공간 모두에서 보편적인 우주에 대한 법칙이라고 볼 수 있다. 이 패러다임의 핵심 원칙은 '진실'이 존재하며, 충분한 시간과 뛰어난 과학자들과 정교한 방법이 주어진다면 그 진실을 밝히는 발견을 할 수 있다는 것이다. 이와 같은 실증주의 영역에서 과학자는 '객관적(objective)'이다. 즉, 과학자는 자신이 연구하는 세계에 영향을 미치지 않으며 이로부터 영향을 받지도 않는다. 일련의 실험은 누가 이를 수

표 1.1 철학적 기반의 주요 원리

	존재론	인식론	방법론
	• 실제의 존재	• 알고자 하는 자와 지식의 관계	• 세계에 대한 지식을 알아가는 과정
실증주의	• '실제로 존재하는' 실제가 있다. • 진실은 존재하며 알 수 있다. • 이분법적 결론이 가능하다.	• 과학은 객관적이다. • 과학자는 연구에 영향을 미치지 않으며 연구의 영향을 받지 않는다.	• 과학적 방법 • 가설–연역적 과정 • 절대적 진실은 발견될 수 있다. • 선형적
탈실증주의	• '실제로 존재하는' 실제가 있다. • 진실은 절대로 완전히 알 수 없다. • 체계가 복잡하므로 이분법적 결론은 가능하지 않다.	• 모든 연구에는 결점이 있다. • 과학자는 연구에 영향을 미치는 편견을 가지고 있다.	• 과학적 방법 • 가설–연역적 과정 • 선형적 • 확률에 기초한 추론에 의존
구성주의	• '실제로 존재하는' 실제 또는 절대적 진실은 없다. • 예측 또는 예측의 검증은 없다. • 세계에 대한 생각은 인간의 마음에서 구성된다. • 지각(perceptions)이 실제다.	• 구성(constructions)은 (1) 연구자와 참여자 또는 (2) 연구자와 참여자의 세계 간의 상호작용을 통해서만이 이해될 수 있다.	• 자료로서 해석학에 의존 • 논리적 토론(참여자와 연구자의 상호작용)이 자료의 해석에 매우 중요하다. • 순환적
비판이론	• 사회적 구성은 사회적, 정치적, 문화적, 역사적, 경제적 세력에 의해 형성된다. • 사회적 구성은 오랜 시간 동안 사회적 맥락 안에서 내재된 권력 구조에서 기인한다.	• 사회적 구성은 연구자와 참여자의 내면에 깊이 내재되어 있다. • 연구자의 가치는 질문에서 매우 중요하다. • 연구자와 참여자는 관계를 형성한다.	• 구성은 해석 과정을 통해서 수정되거나 변화된다. • 해석은 억압에서 해방될 수 있도록 하는 사회적 행동을 촉진한다. • 논리적 토론을 사용해서 구성을 변화시킨다. • 순환적

행하는지 여부와 관계없이 동일한 결과와 결론을 가져온다고 기대할 수 있다. 물론 몇몇 과학자들은 다른 과학자보다 더 통찰력이 있고 창조적이지만, 결국 과학계에 명백한 결과를 일구어내는 것은 실험을 통해서다.

과학적 방법에는 정교하게 정의된 단계가 있다. 먼저 과학자는 우주의 본질에 대한 예측을 한다. 그리고 과학자는 자신의 예측을 확증하거나 또는 확증하지 않는 결과가 나오도록 실험을 설계한다. 직접적인 관찰에 기반을 두거나 직접적인 관찰과 관련되는 진술문에만 지식을 담을 수 있다. 자료가 예측과 일치하면 예측은 검증된다. 자료가 예측과 일치하지 않으면 과학자는 자신이 연구한 현상이 예측을 따르지 않는다고 결론을 내린다. 이러한 가설–연역적(hypothetico-deductive) 과정이 실증주의의 특징이다. 다시 말하면, 가설을 검증하는 것으로부터 결론이 이끌어진다.

실증 연구에는 다음과 같은 다른 중요한 특징도 있다. 첫째, 관계는 대개 인과성(causality)으로 표현된다. 즉, X는 Y를 일으킨다. 둘째, 이론은 환원주의적(reductionistic)이다. 즉, 복잡한 과정은 보다 쉽게 연구될 수 있는 간단한 하위 과정으로 쪼개서 이를 이해한다. 셋째, 법칙은 수학으로 표현되며, 측정은 양적 측정으로 이루어지고, 결론은 이분법적이다(자료는 예측과 일치하거나 일치하지 않거나 둘 중 하나다). 실증주의에 따르면 인간의 본질은 법칙을 따르며, 사실 또는 지식의 축적을 통해서 어떤 법칙이 진실인지 또는 진실이 아닌지에 대한 결론이 도출될 것이다. 그리고 과학의 목적은 변인들 간의 인과관계를 파악하는 것이다. 이는 인간 행동에 대한 이론을 개발한다는 과학의 전반적인 목적에 큰 기여를 한다. 인간 행동에 대한 이론은 관찰에 기반을 두고 연역적 논리로 연결된 지식의 네트워크로 구성된다.

탈실증주의

탈실증주의(postpositivism)는 현실이 '실제로' 존재하며 '진실'의 발견을 목표로 한다는 신념에서 실증주의와 맥을 같이 한다. 그러나 탈실증주의자들은 진실을 완전하게 알 수 없으며, 따라서 진실에 대한 절대적 명제보다는 확률적 진술문이 우리가 최대로 할 수 있는 것임을 인식한다. 예를 들어, 사회과학 연구의 기저에 있는 확률 모형은 이러한 확률적 해석으로 가득 차 있다. 통계 검증과 연관되는 p 값은 영가설(null hypothesis)이 참이라는 가정이 주어졌을 때 이에 대한 확률을 나타낸다. 통계 검증은 우리의 결과를 경쟁 가설과 구별할 수 있다고 확실하게 결론을 내릴 수 없다고 본다. 우리가 영가설을 기각하면, 즉 통계적으로 유의한 결과를 얻으면 우리는 우리가 잘못된 결론을 내렸을 작은 확률이 있는 상태에서 대안 가설을 채택하기로 결정하는 것이다. 또한 절대적인 '진실'을 알 수 없다는 신념이 탈실증주의의 특징이기 때문에 실증주의적 · 과학적 방법의 논리는 수정된다. 탈실증주의 패러다임에서는 이론이 예측을 낳고, 진실에 대한 기술은 추론이 확률적임을 받아들이는 방식으로 수정된다. 자료가 예측과 일치한다면 '진실'에 대한 정확한 기술로서 이론에 대한 확신은 높아진다.

어떤 연구에서 예측과 일관되는 결과를 얻었고 따라서 예측이 또 한 번 검증을 통과했을 때 이를 **'확증된다**(corroborated)'고 한다. 반면 이론적으로 추론된 예측과 자료가 일관적이지 않고 그 연구가 타당하다면, 이론은 확증되지 못한다. 여러 번의 연구에서 계속해서 예측과 일관적인 결과를 얻지 못한다면, 이 연구들은 이론을 수정하거나 버려야 하는 증거가 된다. 탈실증주의 연구의 목표는 일련의 연구를 통해서 진실에 가장 근접한 기술을 하는 것이다. 예를 들면, 흡연이 건강에 유해한 여러 결과를 가져온다는 것을 증명하기 위해서는, 다양한 유형의 연구(예: 수동적 설계, 실험용 동물을 사용한 실험 연구)를 여러 번 수행하는 것이 필요하다.

탈실증주의는 또한 과학적 과정에 오차와 편차가 있음을 인정한다. 예를 들면, 고전적 검사이론(classical test theory)에서는 관찰 점수가 '진점수(true score)'(또는 어떤 사람이 가지고 있는 특징의 실제 양)와 오차(error)의 합으로 이루어진다는 가설을 기반으로 한다. 이러한 무선 오차로 인해서 우리가 어떤 구성개념을 평가하는 것이 불완전하게 된다. 탈실증주의는 모든 연구에는 약점과 한계가 있으며 모든 연구에 오차와 편차가 영향을 끼칠 수 있음을 인정한다. 끝으로 탈실증주의에서는 연구자가 연구 과정에 영향을 끼칠 수 있음을 인정한다. 따라서 진실은 명명백백한 것이 아니며, 오히려 과학계에서 조정되어야 한다. 동료 평가의 과정은 과학적 연구의 결론의 타당성이 해석의 여지가 있음을 인정하는 것이며, 연구 결과가 어떤 분야에 지식을 더하는지 그렇지 않는지를 결정하는 것은 주장의 진실성에 대한 과학자의 의견임을 인정하는 것이다.

구성주의

구성주의(constructivism) 패러다임에서는 '진실'과 '실제'에 대한 개념보다는 세계에 대한 생각, 특히 사회적 세계에 대한 생각이 개인의 마음에서 구성된다는 것을 지지한다. 구성주의자들은 개인이 물리적 · 사회적 환경과 상호작용하면서 개인의 경험에 기초해서 이러한 구성(constructions)이 형성되며, 구성은 문화적 맥락에서 형성되고, 구성은 개별적(idiosyncratic)일 수 있음을 인정한다. 구성은 간단하기도 하고 복잡하기도 하며, 단순하기도 하고 정교하기도 하며, 정보가 많지 않을 수도 있고 정보가 많을 수도 있다. 그러나 구성은 맞거나 틀린 것으로 증명될 수 없다.

구성주의자들은 어떤 사건 자체가 현실을 정의하기보다는, 한 체계의 참여자들이 그 사건에 부여하는 의미가 현실을 정의한다고 본다. 괴롭힘을 당했던 사람의 예를 생각해보자. 구성주의자들은 사건(괴롭힘)의 실제로 일어난 일이라는 것은 인정하지만, 사회적 관계와 행동을 결정하는 데 있어서 중요한 것은 개인이 그 사건에 부여하는 의미라고 주장한다. 사회적 구성은 환경과의 상호작용을 통해 발전되며, 환경과의 상호작용에 대한 심적 표상과 이에 대한 해석을 포함한다. 그러므로 연구자와 참여자는 서로 연결되어있다. 따라서 연구 참여자의 구성은 그 사람의 내면에 있기 때문에 연구자와 참여자의 상호작용, 또는 연구자와 참여자의 세계와의 상호작용을 통해서만이 이해될 수 있다.

구성주의자들은 참여자의 구성에 대한 이해를 촉진하기 위해 해석학(hermeneutics)과 논리적 토론(dialectics)을 사용한다. 해석학은 자료를 해석하는 행위를 말한다. 여기에서 자료는 언어, 행동, 문자, 인공물(artifacts) 등과 같은 인간의 행동이나 사고의 측면이 될 수 있다. 구성주의자는 이러한 자료를 사용해서 참여자의 구성을 기술하는 해석을 개발해야 한다. 구성자의자들은 또한 자료 해석에 있어서 논리적 토론에도 주목하는데, 논리적 토론은 참여자와 연구자의 상호작용을 말한다. 가장 기초적인 수준에서 상호작용은 언어가 교환되는 대화이며 언어의 해석을 통해서 구성을 이해하게 된다. 일반적으로 비판이론과 연관되기도 하는 다음 수준의 상호작용에서의 교환은 이러한 구성을 논의하는 것을 말한다. 예를 들면, 연구자가 자신의 해석을 참여자와 같이 나누게 된다. 논리적 토론의 마지막 단계에서는 해석의 과정을 통해서 구성을 새롭게 다듬거나 변화가 이루어지게 된다.

구성주의 패러다임에서는 예측(가설적 진실에 기초한 예언)도 존재하지 않으며 예측의 검증도 존재하지 않는다. 자료를 수집하는 목적은 자료가 예측과 일관적인지를 결정하는 것이 아니다. 그보다는 자료의 해석을 통해서 연구자는 자신이 예상하지 못했던 방향으로 해석을 하게 되고, 이는 연구자로 하여금 이미 수집된 자료를 다시 해석하거나 또는 자료를 더 수집하게 만든다. 때로 이는 연구를 처음 시작했을 때 생각하지 못했던 방식으로 이루어진다. 따라서 구성주의자들과 비판 이론가들은 그들의 방법이 순환적(recursive)이라는 것, 즉 결과와 방법이 서로 영향을 미친다는 것을 인정한다.

비판이론

비판이론(critical theory)은 인간의 사회적 구성(social constructions)이 환경에 있는 사회적, 정치적, 문화적, 역사적, 경제적 세력에 의해 형성되며, 특히 권력자들이 만들어낸 세력의 영향을 받는다고 본다. 시간이 지나면서 구성은 현실의 모양을 갖춘다. 즉, 사회적 맥락에서 만들어진 사회적 현실이 진실인 것으로 간주된다. 구성은 사회(연구자 자신도 포함)에 아주 깊숙이 묻혀있기 때문에 이러한 구성이 사회적 맥락에 만연하고 이것이 진실이 아니라는 것 자체를 이해하기 매우 어렵다. 어떤 예를 들든지 논란의 대상이 될 수밖에 없다. 예를 들면, 아이를 낳기 위해 한 남성과 한 여성이 부부가 되는(이성 간의 결혼) 일부일처제가 '당연하다'는 것은 사회적으로 도출된 명제다. 비판 이론가들은 결혼이 필요하고 사회적 질서를 위해 중요하다고 말할 수 있다는 것을 일단 인정하지만, 결혼은 하나의 제도로서 사회 체계에 의해 만들어졌다고 주장한다. 비판 이론가들은 동성 결혼이나 일부다처제와 같은 결혼의 다른 형태가 존재하고, 결혼하고자 하는 '자연스러운' 성향이 존재한다는 '진실'은 근거가 없다고 주장한다.

비판이론에서 연구자와 참여자는 어떤 관계를 형성하며, 연구 활동에서 연구자의 가치가 매우 중요하다. 비판이론에서 질문(inquiry)은 구성을 변화시키는 대화의 수준을 말한다. 이는 구성주의에서 논리적 토론의 세 번째 단계를 말한다. 즉, 연구는 연구자와 참여자의 간의 대화인데, 이 대화를 통해서 참여자는 세계에 대한 자신의 이해가 사회 질서의 계율로부터 나왔으며 이 계율이 바뀔 수 있고 바뀌어야 한다는 것을 깨닫게 된다. 즉, 비판이론의 목적은 참여자들이 구조를 바꿀 수 없는 진실이 아니라 사회적으로 구성된 신념이라는 것을 인식하도록 돕는 것이다. 이러한 과정 속에서 개인은 논리적 토론을 통해서 사회 질서를 변화시키기 위해 사회적 행동이 필요하고 이를 통해서 억압(예: 인종우월주의, 계급우월주의, 이성애자 우월주의, 성차별주의)에서 해방될 수 있다는 것을 이해하게 된다.

학자들은 "비판이론이 하나만 있는 것은 아니지만" "다양한 비판이론에는 공통점이 있다"고 주장한다(예: Ponterotto, 2005b, p. 130). 예를 들면, 여성주의이론은 비판이론의 영역에 있는 것으로 간주된다. 여성주의이론은 여성의 전통적인 역할이 사회적으로 결정되며, 사회의 권력이 남성에게 주어져 있고, 이러한 사회적 현실이 변화될 수 있다고 주장한다. 여성주의의 목적은 사람들의 인식을 일깨우는 것이며, 이를 통해서 사람들이 현재 사회적 상황을 가져온 역사적 맥락을 이해하고, 변화의 전통적 역할과 규범을 거부하는 방향으로 움직이는 것이다. 몇몇 비판 이론가들은 이러한 세계관이 사회적 행동보다 더 큰 것을 의미한다고 주장했다. 사회적 행동은 가장 성공적으로 이루어진다고 하더라도 사회를 변화시키는 정도지만, 이러한 세계관에는 현재의 사회 구조를 다른 사회 구조로 획기적으로 교체하는 급진적 변화가 필요하다.

철학적 기반에 대한 요약

인류의 시작 이래로 철학자들은 지식과 앎에 대한 생각을 고찰해왔다. 이 네 가지 패러다임 중 어느 것이 맞는지, 더 적절한지, 더 좋은지, 더 유용한지를 '증명하는' 것은 불가능하고 또 무의미하다. 각 패러다임은 세계를 이해하는 서로 다른 체계이며, 논리적 방법이든 경험적 방법이든 어떤 방법을 사용해도 어떤 패러다임이 더 우월하다는 것을 증명할 수 없다. 과학의 철학적 기반에 대한 논쟁은 매우 복잡하며, 인간의 본성에 대한 관점, 연구 방법의 적절성, 연구 내용, 연구 결과의 유용성과 밀접하게 연결되어 있다. 그럼에도 불구하고 어떤 연구 접근이 연구문제에 적절한지에 대한 확신을 가지기 위해서는 다양한 패러다임의 철학적 기반을 이해하는 것이 매우 중요하다. 몇몇 학자들(예: Morrow, Rakhasha, & Castaneda, 2001)은 연구자가 신념 체계, 가치, 성격, 연구 설계에 대한 지식에 따라서 연구 패러다임을 선택할 것을 권장했다.

상담과 상담심리학에 과학적 방법 적용

과학적 방법은 믿을 수 있고 효과적인 지식에 기여하는 기제를 제공한다. 이렇게 생성된 지식은 다시 사람들의 성장과 긍정적 변화를 촉진하는 상담에 적용된다. 상담 분야에서 과학적 방법의 목표는 다면적이다. 상담에서 과학적 방법의 목표는 지식을 증진시키고, 새로운 발견을 하고, 인간 행동에 대한 이해를 높이고, 상담 실제에서 문제를 해결하는 지식을 사용하는 것이다. 상담 영역에서 관심의 대상이 되는 현상이 관찰 가능한 사건과 주관적인 자기보고 경험을 모두 포함하기 때문에 연구자들은 광범위한 현상학적 또는 자기보고 변인들을 연구한다.

상담 분야의 많은 학자들이 연구 결과가 상담자와 일반 대중과 얼마나 관련되는지에 따라서 연구의 적절성을 평가할 수 있다고 주장한 것은 놀라운 일이 아니다(Krumboltz & Mitchell, 1979; Zimbardo, 2004). 과학적 연구는 광범위한 인간 행동을 기술하고 이해할 수 있는 자료를 제공함으로써 인간 행동에 대한 지식 기반과 이해를 증진시킬 수 있다. 이러한 인간 행동에 대한 이해는 상담, 사회적 지지, 자문과 같은 개입을 통해 인간 행동을 변화시키는 능력에 기여한다.

상담 작업에서 일어나는 질문이나 문제뿐만 아니라 중요한 사회적 요구 역시 상담 분야에서 지식의 확대의 방향을 주도한다. 예를 들면, 현재 중요한 질문 중 하나는 심리치료의 효과성이 일반 요인과 관련되는지 또는 특정 요소와 관련되는지의 문제다(예: Wampold & Imel, 2015). 또한 즉각적으로 주의를 기울여야 하는 현재 사회적 필요성에 따라서 연구가 이루어지기도 한다. 이를테면 사회적으로 소외된 집단을 사회적으로 옹호하고 사회 정의를 구현하는 문제가 있을 수 있다(Speight & Vera, 2003; Toporek, Gerstein, Fouad, Roysircar, & Israel, 2005; Toporek, Kwan, & Williams, 2012 참고). 예를 들면, 최근 이민에 대한 미국 내 혹은 국제적 관심의 증가와 법령의 효과로 인해 상담 분야에서 이와 관련된 연구가 크게 발전했다(Yakushko & Morgan, 2012).

상담 분야를 정의하는 일반적 요소 중 하나는, 개인의 행동을 환경의 함수로 개념화한다는 것이다(Fretz, 1982). 사람은 혼자 생각하고 느끼고 행동하지 않으며, 풍부한 개인적 · 사회적 역사의 맥락에서 생각하고 느끼고 행동한다. 개인이 보다 넓은 사회적 · 개인적 환경 안에서 어떻게 상호작용하는지에 대한 이해를 높이는 연구는 상담 분야의 지식 개발에서 매우 중요하다. 따라서 과학의 목적은 개인에 대한 지식뿐만 아니라, 더 큰 개인적 · 사회적 · 문화적 · 역사적 맥락과 개인의 상호작용에 대한 지식을 확장하는 것이다. 실제로, 보다 큰 사회적 · 문화적 · 역사적 맥락을 고려하지 않는 것은 현재 행동을 이해하는 데 있어서 중요한 요소를 고려하지 않는 것이며, 효과적이지 않고 적절하지 않은 치료적 개입과 비윤리적 행동으로 이어질 수 있다는 목소리는 계속 제기되어왔다(APA, 2003; Toporek, Kwan, & Williams, 2012).

과학적 방법을 사용해서 앎을 얻는 데에는 비용이 따른다. 경험 연구를 수행하는 데에는 상당한 시간, 에너지, 자원이 소비된다. 내면의 복잡한 인지적 · 정서적 과정을 경험적으로 검증한다는 것은 어렵고 모호한 과제다. 특정한 과정이나 변인을 파악하고자 할 때 우리는 때로 기계적이 되고 게슈탈트(Gestalt)나 전체적인 그림을 놓치기도 한다. 또 때로는 우리의 연구 방법이 정교하지 않아서, 실제 과정에 대해서 별다르게 알려주지 못하는 결론을 내리기도 한다. 한 걸음 더 나아가서 문화적으로 동질적인 표본이나 주류 문화에 기초한 이론에 의존해서 결론을 내리는 것은 소수 집단의 구성원인 사람들에게 적절하지 않은 해석과 위해한 결과를 가져올 수 있다.

이러한 과제와 한계에도 불구하고, 우리는 과학적이지 않은 근거에 기초해서 어떤 분야를 세우는 것의 위험성이 훨씬 더 크다고 본다. 따라서 어떤 분야를 세우는 지식은 경험적 검증이나 양적 검증을 할 수 있는 객관적이고 검증 가능한 정보에 기초를 두어야 한다. 이러한 방식으로 '진실'을 확립하는 데 사용하는 방법은 자체적으로 자기교정적인 과정을 가지고 있다. 각각의 경험적 검증은 이전 선행 연구 결과와 독립적이며, 각각의 연구는 선행 지식을 확증하거나 확증하지 않게 된다.

요약하면, 한 분야의 지식은 주관적이고 검증이 불가능하기보다는 경험 연구에 근거를 두고 검증 가능해야 한다. 과학적 방법에 비용이 많이 들고 문제가 없는 것은 아니지만, 과학적 방법을 사용하지 않고 조력 분야(helping profession)를 세우는 것은 매우 위험하다. 견고한 과학적 기반이 없다면 그리고 연구와 치료적 개입의 방향을 이끄는 이론을 중요하게 여기지 않는다면, 상담 분야 전체에 대한 신뢰도는 심각한 위협을 받을 것이다.

상담 분야에서 이론의 역할

이론가들은 사건들 간의 일반적인 관계와 조건적 진술을 세우고자 하고, 이는 상담자나 치료자들이 현상을 이해하도록 돕는다. 이론은 주어진 심리적 현상의 기저에 있는 역동에 대한 설명을 구조화하고 이해하는 기제를 제공한다는 측면에서 과학과 관련된다(Karr & Larson, 2005; Strong, 1991). 이론은 또한 인간 행동을 개념화하고 내담자와 상담 작업에 적용할 수 있는 검증 가능한 가설을 개발하는 도구를 제공한다는 측면에서 상담 실제의 방향을 이끈다.

과학에서 이론의 또 다른 중요한 역할은, 이론이 가설 개발과 검증의 기반을 제공한다는 것이다(Tracey & Glidden-Tracey, 1999). De Groot(1969)은 이론을 "현실의 영역과 관련되며 논리적으로 서로 연결되고 충돌하지 않는 진술, 생각, 개념의 체계이고, 여기에서 검증 가능한 가설을 뽑아낼 수 있는 방식으로 형성되어 있는 체계"(p. 4)라고 정의했다. 이와 같이 이론은 과학자들이 논리적 추론을 이해하고 검증 가능한 가설을 개발할 수 있는 기반으로 작동한다(Forster, 2000; Karr & Larson, 2005).

인간 행동을 예측하고자 하는 광범위한 이론을 개발하는 것은 매우 어렵지만, 그럼에도 불구하고 상담 전문가들이 사실과 지식을 이론적 틀로 조직화하고 이것이 인간 행동에 대한 보다 복잡하고 조건적인 모형의 요소로 사용될 수 있도록 하는 것은 매우 유용하다. 개인에 대한 구체적인 정보로 평가될 수 있는 일련의 조건적 진술로 구성된 이론적 틀을 통해서 개인의 행동을 설명하고 예측하는 것에 요구되는 특수성과 복잡성을 모두 가질 수 있다. 이러한 방법으로 이론은 과학과 상담 실제의 원동력이 되며, 과학과 상담 실제는 이론을 상세하게 발전시킨다. 이 두 가지 기능에 대해 논의하면 다음과 같다.

이론에 기초한 연구

많은 학자들이 이론에 기초한 연구를 수행하는 것의 중요성을 강조한다. 예를 들면, Meehl(1978)은 연구자들이 의미 있는 질문을 던지도록 이끄는 데 있어서 이론의 유용성을 지지했으며, Strong(1991)은 이론이 "수많은 서로 연결되지 않은 사실들이 전해 내려오는" 함정에 빠지지 않는 방법을 제공한다고 제안했다. 이론에 기초한 연구란 이론을 사용해서 가설을 생성하고 개발하는 방향을 세우는 것을 말하며, 이는 가설 검증과 관찰로 이어진다. 자료에서 얻은 결과는 발견의 맥락을 통해서 해석된다(Strong, 1991). 이러한 방식으로 연구는 이론을 자세하게 발전시키고 개선한다. 이론에 초점을 두고 과학을 지식의 지속적인 축적으로 보는 것(Kline, 2009)은 과학의 가치를 프로그램화(化)로 본 Lakatos(1976)의 관점과 일관적이다. 저자들 역시 이론을 개발하고 구체화하고 정교화하는 것이 과학의 핵심적인 목표라고 보며, 탄탄한 이론보다 더 유용한 것은 거의 없다고 주장한다.

상담에서 이론에 기초한 연구의 위치에 대한 우려의 목소리가 제기되고 있다. Karr와 Larson(2005)은 1990년부터 1999년 동안 《상담심리학 저널(Journal of Counseling Psychology; JCD)》, 《직업발달 저널(Journal of Career Development)》, 《직업 행동 저널(Journal of Vocational Behavior)》의 세 개의 주요 상담 학술지 문헌에 대한 리뷰에서, 이 세 학술지에 출판된 경험적 · 양적 논문들 중에서 이들이 이론에 기초한 연구로 간주하는 기준을 충족하는 연구가 반이 되지 않는다는 것을 보였다. 이들은 이 시기에 출판된 경험적 · 양적 논문의 57%가 이론적 · 개념적 틀이 부족하다는 결론을 내렸다.

진로심리학(vocational psychology)은 상담 연구 분야에서 이론에 기초한 접근으로 주목을 받아온 분야이다. 예를 들면, 진로 흥미 영역에 대한 Holland의 육각형 모형(RIASEC)은 이론의 시작 이래로 많은 경험 연구를 산출했다(Swanson & Gore, 2000). 이론에 기초한 연구의 순환적 과정과 일관적으로 Holland의 육각형 모형은 오랜 시간에 걸쳐 검증되었으며 여러 문화에서 진로 흥미 구조에 대한 검증에 따라서 개선되었다(예: Wilkins, Ramkissoon, & Tracey, 2013; Zhang, Kube, Wang, & Tracey, 2013).

이론에 기초한 상담 실제

이론에 기초한 상담 실제를 통해서 상담 전문가들 역시 자신이 이론에 기반을 둔 치료적 개입을 하고 있다는 것을 확인할 수 있다. 이는 상담 개입이 과학적 근거에 기반을 두고 있다는 것을 확신할 수 있도록 한다. 심리치료이론은 내담자의 심리적 현상의 특징과 진행 과정을 설명하는 틀을 제공한다. 심리치료이론은 또한 치료에 대한 상담 전문가의 접근을 제시한다.

Pepinsky와 Pepinsky(1954)는 과학적 방법에 기초한 상담자 사고의 처방적 모형(prescriptive model)을 제시했다. Strohmer와 Newman(1983)은 이 모형을 다음과 같이 요약했다.

> 상담자는 내담자를 관찰하고, 내담자의 현재 상태와 인과적 추론에 대해 추론을 만들고, 이러한 추론에 기초해서 내담자에 대해 잠정적인 판단을 내린다. 그리고 상담자는 내담자에 대한 잠정적 판단을 가설로 해서 내담자에 대한 관찰로 이 가설을 검증하는 실험 방식으로 상담을 진행한다. 이러한 일련의 잠정적 판단과 이 판단에 기초한 검증을 통해서 상담자는 내담자에 대한 가설적 모형을 만든다. 이 모형은 내담자에 대한 예측(예: 어떤 치료적 접근이 가장 적절한지)을 하는 기초로 작동한다. (p. 557)

요약하면, 상담자는 (1) 내담자가 제시하는 자료에 (2) 기반을 두고 가설을 만듦으로써 과학적 모형 또는 비판적 사고 모형을 통합하고 (3) 가설을 경험적으로 검증해서 (4) 내담자에 대한 예측을 하는 데 (5) 사용할 수 있는 모형을 개발한다. 이러한 접근의 핵심은 이것이 **자료에 근거한 경험적 방법**이며, 따라서 개인의 편향이나 주관을 줄일 수 있다.

Pepinsky와 Pepinsky의 초기 논문 이후 많은 사람들이 과학적 방법에 기초를 둔 임상 작업 접근을 제시했다(예: Sticker, 2007). 근거 기반 치료(evidence-based practice) 정책은 심리치료자의 상담 실제가 이론과 연구에 기반을 둘 것을 요구하고 있다(APA Presidential Task Force on Evidence-Based Practice, 2006). 과학과 상담 실제의 통합을 강조하는 상담 분야의 특징을 나타내는 것이 심리치료 결과 연구다. 구체적으로 심리치료 결과 연구는 '상담 개입이 효과적이라는 것을 어떻게 알 수 있는가?'라는 질문에 대한 답을 구하고자 한다. 이 질문을 통해서 많은 연구들이 치료 개입, 치료 효과, 일반 요인, 내담자의 긍정적 결과에 기여하는 상황 매개 요인을 파악하고자 했다(예: Wampold & Imel, 2015). 이러한 연구 결과에서 축적된 근거를 바탕으로, 어떤 치료적 개입이 어떤 조건에서 효과적인 결과를 가져오는지에 대해서 단순히 슈퍼바이저나 강사와 같은 어떤 한 사람의 의견에 의존하는 것은 충분하지 않다는 것이 입증되었다. 우리는 상담 분야가 기초를 두고 있는 지식을 세우기 위해 탄탄한 연구 방법에 의존해야 한다.

요약하면, 상담 분야의 과학과 상담 실제에서 이론은 매우 중요한 핵심적 역할을 한다. 우리는 모두 이론을 가지고 있으며, 이론은 연구자와 상담자로서 우리의 관점을 지배한다. 이 책에서 독자들은 어떻게 이론을 살펴보고, 이론을 검증하고, 이론을 개발하는지(예: 근거이론)에 대해 배울 것이다. 그러나 가장 중요한 것은, 상담 분야의 기반이 과학과 상담 실제의 조합 또는 통합이라는 것이다.

과학과 상담 실제의 통합

과학과 상담 실제의 통합은 대학원 훈련 프로그램의 기초다. 여기에서 기본 가정은, 과학과 상담 실제에 대한 훈련을 모두 받은 학생이, 그 사람의 직업이 과학과 상담 실제의 연속선상에서 어디에 위치하든 상관없이 전문가로서의 준비 수준이 더 높다는 것이다. 상담 분야의 대학원 훈련 프로그램에 입학하는 학생들은 보통 과학자-실무자의 연속선에서 광범위한 흥미를 가지고 시작한다. 이 흥미는 대학원 훈련과 직업을 거치면서 변하기도 한다.

훈련 모형 대부분의 대학원 훈련 프로그램에서 과학자-실무자 모형(scientist-practitioner model)을 채택하고 있다. 임상심리학자와 상담심리학자의 훈련에 대한 미국 최초의 학술대회는 1949년과 1950년에 콜로라도 주 볼더(Boulder)와 미시간 주 앤아버(Ann Arbor)에서 각각 개최되었다(보다 자세한 역사적 개요는 Baker & Benjamin, 2000을 참고하라). 볼더 학술대회의 주요 목적은 넓은 의미의 과학자-실무자 훈련 모형을 개발하는 것이었으며, 이는 이후 볼더 모형으로 알려진다(Raimy, 1950). 볼더 모형의 창시자들은 학생들이 연구를 수행하고 상담자 기술을 배우도록 훈련될 필요가 있다는 철학을 강조했다. 연구와 상담 기술의 통합은 이후 연구와 상담 실제에 대한 단단한 기초가 될 것으로 생각되었다. 상담심리학 분야는 이후 여러 차례에 걸쳐서 과학자-실무자 모형에 대한 헌신을 강조했는데, 1951년 노스웨스턴 학술대회(Whiteley, 1984), 1964년 그레이스톤 학술대회(Thompson & Super, 1964), 1987년 애틀랜타 학술대회(Meara et al., 1988)를 거쳐서 1990년대로 이어졌다(Watkins, 1994). Meara와 동료들은 과학자-실무자 모형을 다음과 같이 기술했다.

> 과학자-실무자 모형은 이론, 과학, 상담 실제가 서로가 서로를 의존하고 있음을 받아들이는, 지식에 대한 통합적 접근이다. 이 모형은 인간 경험에 대한 체계적이고 사려 깊은 분석과 그러한 분석으로 얻어진 지식과 태도의 현명한 적용을 강조한다. 이러한 방식으로 상담 전문가가 하는 모든 활동에서 학문적 탐구와 비판적 사고의 태도는 핵심적인 것으로 간주된다. (p. 368)

대학원 훈련에 대한 다른 모형들도 등장했다. 예를 들면, 지역 임상 과학자 모형(local clinical scientist model)이 과학과 상담 실제를 연결하는 대안 모형으로 제시되었으며, 상담자 훈련을 강조하는 여러 프로그램들이 이 모형을 받아들였다(Stricker & Trierweiler, 1995). 이 모형에서는 임상가에게 연구 문헌에서 배운 것을 자신의 상담 작업에 적용하고, 또 내담자와의 상담 작업에서 증거를 대할 때 "엄정한 질문, 비판적 사고, 상상력, 강력한 의심, 변화에 대한 열린 자세"(Stricker, 2007, p. 86)를 통한 과학적 태도를 지니도록 한다. 지역 임상 과학자 모형은 임상가가 내담자와 상담할 때 상담 회기에서 어떻게 가설을 발전시키고 검증할 것인지에 초점을 맞춘다. 지역 임상 과학자는 개별 내담자를 모형에 대한 검증으로, 상담실을 연구 실험실로 대한다. 그리고 여러 임상가들이 모여서 서로 협력해서 임상 작업에서 자료를 모으고, 자료를 서로 공유하고, 개별 내담자로부터 얻은 결과를 쌓아나간다.

심리과학협회(Association for Psychological Science) 역시 임상 과학 훈련 프로그램에 대한 공인 절차를 받아들이는 방향으로 전환했다. 임상 과학 모형은 "과학에 기반을 두고 있고, 과학자에 의해 수행되며, 과학적 증거의 엄격한 기준으로 설명될 수 있는"(McFall, 1990) 훈련을 강조한다. 임상 과학 모형을 지지하는 사람들은 다른 훈련 모형들이 상담 실제의 훈련의 초점에 있어서, 효과적인 상담 실제에 정보를 제공하는 과학의 사용과 과학 문헌의 결과를 적절하게 이해하고 통합하는 상담자의 능력에 대한 탄탄하고 목적이 뚜렷한 훈련에서 멀어졌다고 주장한다.

각각의 훈련 모형들은 훈련에서 특정하게 강조하는 부분이 서로 다르며 각 훈련 모형의 장점은 일부 학자들의 논쟁의 주제기도 했다(예: Sanchez & Turner, 2003). 그러나 훈련 모형들은 모두 공통적으로 과학과 상담 실제의 상호 보완적 관계를 잘 이해하는 상담 전문가의 훈련에 헌신한다. 나아가 훈련 모형들은 모든 상담 전문 활동의 기초를 형성하는 과학적 사고 또는 비판적 사고를 기반으로 하고 있다.

과학적 · 비판적 사고의 역할

과학적 · 비판적 사고는 대학원 훈련의 핵심적 결과물이다. 대학원 훈련의 가장 중요한 결과물은, 훈련을 받은 졸업생이 연구 활동이나 상담 활동을 실제로 할 때에만 과학적 · 비판적 사고를 사용하기보다는 모든 전문적 활동에서 과학적 · 비판적 사고를 사용할 수 있는지의 문제다. 과학적 사고는 통제된 방법을 사용한 탐구와 논리적 추론을 말하며, 일반적으로 어떤 가설을 검증하는 목적으로 자료를 구하기 위해 사용된다. 대학원생들은 문제를 개념화하기 위해 문제에 대해 비판적으로 사고하는 방법론적 기술을 가지고 문제를 해결하도록 훈련받는다.

전문적 상담자의 매우 중요한 특징은 매일매일 행하는 전문적 상담 활동에 과학적 사고를 통합하는 것이다(예: Gambrill, 2005; Pepinsky & Pepinsky, 1954). 과학적 사고는 상담 과정을 평가하는 것뿐만 아니라 상담자가 상담을 하면서 특정한 내담자에 대해서 어떻게 정보를 처리할 것인지에 있어서도 결정적인 역할을 한다. 상담 전공 대학원에서 가장 중요한 작업은 비판적 사고 기술을 습득하고, 편향, 고정관념, 가정을 줄이면서 정보를 파악하고 정리하는 능력, 가설을 설정하는 능력, 자료를 모으는 능력, 정보에 기초한 결정을 내리는 능력을 습득하는 것이다.

연구 결과 사람들은 주의를 집중하는 정보의 유형에 있어서 선택적이고 편견을 가지고 있으며 '객관적 컴퓨터'처럼 생각하지 않는다는 것을 분명히 보여준다(예: Gambrill, 1990, 2005; Nisbett & Ross, 1980). 특히 사람들은 기존에 가지고 있는 신념을 확증하는 정보에 주의를 기울이거나 또는 기존에 가지고 있는 신념에 반하는 정보를 신뢰하지 않는다(예: Kahneman & Tversky, 1973; Kahneman & Tversky, 1979). 우리의 세계관은 문화의 영향에서 벗어나기 어려우며, 우리의 세계관은 또한 인종/민족, 나이, 성별, 사회 계급, 성적 지향성, 능력을 포함한 다양한 특징과 정체성에 대한 고정관념과 가정의 영향을 받기 쉽다(예: APA, 2003). 이러한 편견들은 앞으로 이 책에서 논의할 다른 요인들과 함께, 심리치료자가 내담자에 대한 정보를 처리하는 데 문제 요인으로 이어진다. Tracey, Wampold, Lichtenberg와 Goodyear(2014)는 심리치료자들이 수많은 오차를 범하기 쉬우며, 특히 내담자와의 상담 작업에서 자신의 전문성 수준을 평가하는 데 있어서 그러하다고 주장했다. 이 연구자들은 특히 심리치료자들이 어떤 것이 사실일 수도 있고 사실이 아닐 수도 있다는 과학적 접근을 취하고, 사후 확증 편향(hindsight bias)을 과도하게 사용하는 것을 피하고, 내담자들과의 상담 작업에서 가설 검증을 사용할 필요성에 대해 설명했다. 따라서 내담자들과의 전문적 작업에서 위해(harm)를 방지하기 위해 우리가 비판적으로 사고하고 과학적 문헌을 사용해서 상담을 진행하는 것이 매우 중요하다.

전문 연구 문헌의 적극적인 소비자가 되는 것은 대학원 훈련에서 기본적으로 기대되는 것이다(예: Goodyear & Benton, 1986). 연구 문헌을 읽는 것은 우리의 사고에 영향을 미치며, 상담 과정에 대한 개념화를 보다 정교하게 하고, 치료적 개입에 방향과 정보를 제공한다. 이 책에서 독자들은 어떻게 연구 문헌을 사용하고, 연구 결과를 어떻게 평가하고, 자신의 전문적 상담과 연구 활동에서 지식을 어떻게 사용할 것인지를 배울 것이다.

요약 및 결론

상담은 사람들의 광범위하고 다양한 개인적 문제, 교육 · 진로와 관련된 문제들을 돕는다. 상담자는 자신이 실제 사람들, 매우 중요한 정보를 필요로 하거나 또는 심리적 고통을 겪고 있고 전문적 도움을 필요로 하는 사람들과 상담 작업을 하고 있다는 것을 잘 인식해야 한다. 이 장에서 우리는 지식을 습득하는 여러 가지 방법에 대해 논의했다. 어떤 전문 분야가 믿을 수 있고 신뢰할 만하며 효과적이기 위해서는 권위, 권위적인 인물의 명령, 또는 주관적 의견보다는 믿을 수 있는 지식 기반에 기초를 두고 세워져야 한다.

과학은 앎의 방식과 전문 분야의 관련 지식 기반을 형성하는 방식을 나타낸다. 우리는 상담 분야에 적합한 지식 기반을 세우는 가장 좋은 방식에 대해서 논쟁할 수 있다. 그러나 관점에 관계없이 상담 분야가 기초를 두는 지식을 발전시키는 것에 과학이 핵심적 역할을 한다는 것을 이해하는 것이 매우 중요하다. 상담 분야를 계속해서 발전시키기 위한 강력한 과학의 힘이 없으면 상담 분야는 눈에 띄게 약화될 것이다. 따라서 다양한 형태의 상담 실제와 관련되는 광범위한 지식을 계속해서 개선하기 위해 상담 분야가 과학의 발전을 보호하고 촉진하는 것이 필요하다.

과학이 관련 지식 기반의 발전을 촉진하지만, 상담 분야의 구성원들이 지식 기반을 주의 깊게 적용하고 어떤 특정 지식 분야가 서로 다른 개인적 · 역사적 맥락에 걸쳐서 적용될 수 있는 '진실'을 나타낸다고 자동적으로 가정하지 않는 것이 매우 중요하다. 실제로 상담 연구와 상담 실제에서 의식적 · 무의식적으로 보편적인 진실을 가정할 때 위험은 더 커진다. 따라서 연구자는 충분히 입증된 연구 결과를 다른 사회적 · 문화적 맥락에 적용할 때에도 경계를 늦추지 말아야 한다.

이 장을 요약하면서 우리는 두 가지 중요한 결론을 강조하고자 한다. 첫째, 상담 분야의 건강, 성장, 생존을 위해서 과학의 역할은 매우 중요하다. 둘째, 다양한 내담자의 발전을 촉진하기 위해 상담 전문가들이 과학적 지식을 적절하게 적용하는 능력을 가지는 것이 핵심적이다. 과학적으로 사고하고 가정, 편차, 선입견에 대해 의문을 가지는 것이 매우 중요하다. 2장에서는 이러한 목적을 달성하기 위한 단계에 대해 개관한다.

2
CHAPTER

연구 훈련: 즐거움과 도전들

숙련된 도예가가 되는 것과 같이, 복잡한 작업들에 진정으로 숙련되기 위해서는 많은 시간이 소요된다. 예를 들어, 일본에서는 견습생이 15~20개의 동일한 형태의 꽃병을 지속적으로 만드는 특정한 기술을 얻기 위해서 몇 달 동안 같은 형태의 꽃병을 만드는 것이 흔한 일이다. 전문지식은 발달을 촉진하는 환경 속에서 점차 성장해간다.

이 장에서 우리는 숙련된 연구자가 되는 과정과 훈련 환경들의 유형을 논의하는데, 이는 학생들이 필요한 기술과 태도들을 획득하는 데 많은 도움이 되리라 생각된다. 상담 분야에 있는 많은 학생들에게 대학원이란 연구와 연구 설계에 입문하는 첫 단계이며, 이는 새로운 경험에서 동반되는 즐거움부터 불안까지의 다양한 정서적 반응을 불러일으킨다. 우리는 학생들이 창의성에 대한 열정, 복잡한 기술을 배우려는 의지, 그리고 전문 분야에 대한 새로운 지식을 생성하는 것의 즐거움을 지니고 연구에 접근할 수 있도록 준비시키고자 한다. 또한, 개인의 주요 관심사는 아닐 수 있지만, 학위를 얻거나 상담에서 전문가가 되는 등의 목표를 달성하는 데 필요한 전문적인 기술을 학습하는 과정에서 발생할 수 있는 불안감에 대한 인식이 증진되기를 바란다.

우리는 이 장에서 네 개의 주제들을 다룬다. 첫째, 과학자－실무자 모형과 근거 기반 실무라는 주제에 기반을 두어 과학이 어떻게 상담 및 심리학 훈련과 상호작용하는지에 대해 간략한 개관을 제시한다. 둘째, 연구 능력을 획득하는 발달 과정, 특히 즐거움뿐 아니라 도전 및 두려움과 관련된 몇 가지 주제를 확인하고 논의한다. 셋째, 상담자와 상담심리학자가 사람들을 유능하고 열정적이며 생산적인 연구자가 되도록 훈련시킬 수 있는 방법을 논의한다. 이 부분에서 우리는 연구 훈련에 대해 알려진 것들, 그리고 훈련 환경이 어떻게 학생들로 하여금 연구에 대해 배우고, 연구 결과물을 사용하고 생성하기 위한 기회가 될 수 있는지를 논의한다. 넷째, 과학적인 사고 기술뿐 아니라 연구 적용 기술을 포함하는 과학적 훈련의 개념 확장 방법을 논의한다. 가장 중요한 것은, 이 장을 통해 우리는 숙련된 연구자 및 과학자가 되기 위한 단계별 기술을 습득하는 발달 과정을 강조한다.

과학과 실무

과학자-실무자 모형

상담에서 연구와 실무 사이의 틈새를 연결 짓는 것은 중요한 주제이다(Murray, 2009). 1장에서 언급했듯이, 많은 상담 분야에서의 대학원 훈련 프로그램들은 **과학자-실무자 모형**(scientist-practitioner model)을 옹호한다. 기본적으로 이 모형은 과학적인 활동과 실무 활동 모두에서의 훈련으로 구성된다. 기본 가정은 과학과 실무 모두에서 훈련된 학생들이 상담 전문직에서의 다양한 요구에 보다 더 잘 준비될 것이라는 점이다. 과학적인 활동들은 과학론, 양적 및 질적 설계와 방법, 통계, 평가(evaluation), 상담 연구 문헌, 연구 과제에 대한 관여에 초점을 두는 과정들을 포함한다(Larson & Besett-Alesch, 2000). 실무지향적인 측면은 상담 방법, 상담이론, 성격, 평가(assessment), 다양한 실습 경험에 대한 관여에 중점을 두는 과정들을 포함한다. 상담에서 대학원 훈련 프로그램에 입문할 때 학생들은 전형적으로 과학자-실무자를 아우르는 넓은 범위의 관심사를 갖는다. 이 관심사들은 종종 시간이 지나면서 바뀌는데, 이는 대학원 훈련 과정에서뿐만 아니라 직업 생활에서도 그러하다. 그러므로 학생들은 시간이 지나면서 직업이 변화할 수 있다는 점을 고려하여 자신을 보다 폭넓게 준비시킬 필요가 있다.

과학자-실무자 모형은 60년 전으로 거슬러 올라간다. 임상심리학자들은 볼더 모형이라고 불리기도 하는 과학자-실무자 훈련 모형을 개발했다(Raimy, 1950).

Meara 등(1988)은 과학자-실무자 모형을 다음과 같이 간결하게 표현했다.

> 심리학자들은, 그들의 일이 무엇이든지 간에 전문가들이고, 자신의 일이 과학적인 것이라는 태도를 가지고 있다. 과학자-전문가 모형은 이론, 연구, 그리고 실무의 상호의존성을 인정하는 지식에 대한 통합된 접근이다. 이 모형은 인간의 경험들을 체계적이고 사려 깊게 분석하고, 이러한 분석으로부터 얻어진 지식과 자세를 신중하게 적용하는 것을 강조한다. 학술적인 탐구 자세는 과학자-전문가 모형에서 훈련받은 이들의 모든 활동에서 매우 중요하다. 이 모형은 다양한 연구 방법, 평가 기술, 개입 방략을 아우른다. 상담심리학자는 개인들, 집단들, 그리고 체계들(가족들을 포함하는)의 최적의 발달을 촉진시키고, 그들에게 지장을 주는 심리적 어려움에 대한 치료를 제공하기 위해 심리학적 지식을 추구하고 적용하는 것에 관여된다. 이러한 목표를 시행하기 위해서, 과학자-전문가 심리학자들은 심리학적 현상의 관찰에 기초한 과학적 접근을 채택한다. 이 접근은 이론적인 구성개념과 명제를 발생시키고, 이는 '가설'로 검증된다(Claiborn, 1987; Pepinsky & Pepinsky, 1954). (p. 368)

과학자-실무자 모형은 대부분의 상담심리학 프로그램들, 특히 프로그램 설명에서 과학자-실무자 모형을 언급하고 있는 프로그램들 중 73%를 차지하는 우세한 모형이었다

(Horn et al., 2007). 그러나 수년을 지나오면서 몇몇 비평이 있었는데, 특히 초반에는 과학자-실무자 모형의 활용에 대한 것이었고, 이는 오늘날에도 학생들이 고민하는 부분일 것이다. 여기에는 대부분의 임상가들이 연구에서 발견된 것들을 실제 실무에 적용하는가와 같은 질문들을 포함한다. 게다가 대학원 훈련은 전문가 활동들에서 과학적 활동들을 적절하게 포함하지 않으며, 역으로 과학적 활동들에는 전문가 활동들이 적절히 포함되어 있지 않다(예: Stoltenberg et al., 2000). 몇몇 사람들은 수행되는 연구의 유형이 임상가의 현실과 거리가 너무 멀다고 생각할 수도 있고(예: Howard, 1984), 또는 우리의 연구 방법이 상담 현상을 무의미한 것으로 만든다고 생각할 수도 있다(예: Goldman, 1976). 또 다른 요인은 대학원 프로그램에 입학한 학생들이 대개 사회적인 혹은 대인관계적인 관심사를 가지고 있다는 점이 될 수 있다(예: Magoon & Holland, 1984).

따라서 다른 훈련 모형들이 출현했다. 이 모형들은 과학과 실무의 통합이라는 핵심적 목표를 공유하고 있지만, 차이점을 갖는다. 예를 들어, **실무자-학자 모형**(practitioner-scholar model)은 실무 훈련을 보다 강조하고, 전문적인 심리학과 및 Psy.D 학위의 획득과 밀접하게 관련이 되었다. 이 모형은 또한 지역 임상 과학자(Stricker & Trierweiler, 1995) 및 실무 기반 근거(practice-based evidence)(Barkham & Mellor-Clark, 2000)의 개념과 유사한데, 이는 자료를 수집하고 임상적인 가설을 검증하기 위해 임상적인 작업 및 내담자 관찰을 활용하는 것을 강조한다. 과학 실무 훈련 스펙트럼의 또 다른 측면에는 **임상적 과학 모형**(clinical science model)(Academy of Psychological Clinical Science, 2014)이 있는데, 이것은 이론 면에서 과학자-실무자 모형과 유사하지만, 과학에 보다 강조점을 두고 있고, 임상 과학의 발전에 경험적인 접근을 사용한다.

심리학 분야에서 과학의 중요성은 감소하지 않았고, 오히려 지난 몇십 년간 증가해왔다. 정신건강 실무에서는 과학적 발견들을 활용할 것을 점차 강조해왔다. 따라서 학생들은 권위적인 지시로 인해 연구로부터 얻는 지식을 단순히 받아들이기보다는 연구의 발견들을 비판적으로 평가하는 과학적 기술을 갖는 것이 중요하다(Stoltenberg et al., 2000). 과학자-실무자 모형을 정신건강 분야의 현재 동향과 통합하는 것은 중요하다. 따라서 과학자-실무자 모형이 보다 잘 이행될 수 있기 위한 방법에 대한 제언들이 존재한다(Stoltenberg et al., 2000 참고). Chwalisz(2003)는 근거 기반 실무(evidence-based practice)가 21세기에 과학적인 실무자의 훈련을 위한 틀(framework)이라고 제안했다. 심리학에서의 근거 기반 실무 운동은 지난 십 년을 거쳐 오면서 주요 초점이 되었다.

근거 기반 실무

건강관리 시스템과 정책으로부터 과학과 심리학 실무를 통합하려는 요구가 증가되면서 근거 기반 실무가 심리학과 정신건강 분야의 중요한 길잡이가 되었다(Baker, McFall, &

Shoham, 2008). 심리학에서의 근거 기반 실무(evidence-based practice in psychology: EBPP. 이하 EBPP)는 "환자의 특성, 문화, 및 선호도 맥락에서 임상적인 전문지식을 갖춘 최고의 유용한 연구의 통합이다"(APA Presidential Task Force on Evidence-Based Practice, 2006, p. 273). 의학 분야는 어떻게 EBPP가 임상 실무에서 연구를 활용해 환자의 개선을 형성해 왔는지를 보여주는 대표적인 예시이다(Woolf & Atkins, 2001). EBPP는 특정 장애들 혹은 문제들을 다루는 경험적으로 지지된 치료들(empirically supported treatments: ESTs. 이하 ESTs)보다 더 포괄적인 개념이다. ESTs는 치료 접근에 초점을 두는 반면에, EBPP는 내담자를 위한 최상의 가능한 결과를 획득하기 위해서 내담자와 치료를 설명하는 연구 근거의 활용을 함께 고려한다. 더 나아가, EBPP는 평가, 사례 공식화, 상담 관계들과 같은 임상/상담 측면들의 보다 넓은 영역을 포함한다.

2006년 근거 기반 실무에 대한 미국 심리학회장 특별 전문위원회에서 연구 근거, 임상적 전문 지식 및 환자 특성이 최상의 실무를 이끄는 중요한 요인으로 강조되었다. 연구 근거에 관해서는 개입 방략들, 평가, 임상적인 문제들, 내담자 집단에 관한 광범위한 과학적 결과들이 모두 포함된다. 치료 효능, 효과성, 비용 효율성, 비용 이득, 역학, 치료 활용과 같은 다양한 유형의 연구 근거들이 최상의 심리학적 실무에 대한 정보를 알아내는 데 기여하는 요인으로 인정되었다. EBPP는 또한 치료 방법(Nathan & Gorman, 2007), 상담자/치료자(Wampold, 2001), 치료 관계(Norcross, 2002), 내담자(Bohart & Tallman, 1999) 요인이 모두 정신건강 실무자로 하여금 심리학적 실무에서 최상의 결과를 달성하도록 하는 중요한 요소들이며, 이 측면들 중 어떤 것이든지 간과되어서는 안 된다는 것을 강조한다.

임상적 전문성 또한 EBPP에서 중요한 요소이다(APA Presidential Task Force on Evidence-Based Practice, 2006). 내담자의 특성, 배경, 현존하는 논점, 선호도에 기반을 둔 최상의 연구 근거를 확인하는 데 있어서 상담자와 심리학자는 필수적인 요인들로 간주된다. 따라서 상담자와 심리학자는 실무자로서뿐만 아니라, 과학자로서도 훈련을 받기 때문에 그들의 실무는 과학적 문헌에 의해서도 영향을 받는다. 내담자 특성, 문화, 그리고 선호도는 또한 EBPP에서 중요한 부분들이다. 상담자와 심리학자는 효과적인 실무에 대한 지침을 제공할 때 어떤 것이 누구에게 작용되는지를 고려해야 한다. EBPP는 성별, 성적 지향성, 문화, 민족, 인종, 연령, 종교, 국적, 장애 상태 등과 같은 내담자의 특성들에 주의를 요구한다. 또한, 내담자의 가치, 종교적 믿음, 세계관, 목표, 치료에 대한 선호도 또한 내담자를 위한 최상의 치료를 결정하고 활용할 때 중요하게 여겨진다.

미국 심리학회와 많은 훈련 프로그램들이 EBPP를 지지해왔음에도 불구하고, EBPP에 대한 저항 역시 존재했다. Lilienfeld 등(2013)은 임상심리학자들이 지닌 EBPP에 대한 반대의 근원을 조사했고, 이를 6개 항목으로 요약했다.

(1) 임상가들로 하여금 내담자 변화가 여러 대립되는 설명들 대신에 개입 그 자체에 기인한다는 잘못된 결론에 이르게 할 수 있는 순진한 현실주의(naïve realism), (2) 근거 기반 치료의 적용을 방해할 수 있는 인간 본성에 관한 뿌리 깊은 오해(예: 초기 경험의 인과적 우세성에 대한 잘못된 믿음들), (3) 집단 확률을 개개인에게 적용하는 것에 대한 통계적 오해, (4) 검증되지 않은 치료의 지지자들보다 회의론자에 대해 입증 의무를 잘못 할당하는 것, (5) EBP가 수반하는 것에 대한 광범위한 잘못된 묘사(mischaracterization), (6) 증가하는 심리치료 결과 문헌을 평가하는 것에서 많은 실무자들이 겪는 불편함과 유사한 실용적, 교육적, 사고방식의 장애물들(Lilienfeld, Ritschel, Lynn, Cautin, & Latzman, 2013). (p. 883)

반대 의견들을 설명하는 것과 더불어, Lilinefeld 등(2013)은 훈련을 받고 있는 학생들에게 이러한 반대 의견들을 다루는 방법을 제안했다. 그들은 학생들로 하여금 자신이 확증편향, 사후과잉편향, 착각의 상관성과 같은 인지적인 편향에 영향을 받을 수 있다는 사실을 더 잘 인식할 것을 제안했다. 또한 대학 강사들이 정확한 정보를 전달하는 것만은 아니기에, 부정확한 정보들, 특히 인간 본성에 관한 오해들을 바로잡아줄 것을 강조했다. 그들은 또한 학생들에게 단순히 치료 기술을 수행하는 '방법(hows)'을 가르치기보다는, 이러한 접근들이 효과적인 치료로 자리잡아온 '이유(whys)'를 가르쳐야 한다고 주장했다. 요약하면, Lilienfeld 등은 정신건강 분야에서 학생들의 비판적인 사고와 과학적 훈련의 중요성을 강조했다. EBPP에 관한 보다 자세한 정보와 EBPP에 대한 반대와 관련된 사항은 근거 기반 실무에 대한 미국 심리학회장 특별 전문위원회(2006)와 Lilienfeld 등(2013)을 보기 바란다.

과학과 실무 훈련

연구와 실무에서의 초점은 두 가지 모두를 강조하는 훈련 프로그램들에 중요한 주제였다. 때때로 모형은 과학과 실무 활동의 수행을 50 대 50으로 분할한 것으로 해석되었다. 이상적인 형태(암묵적으로 50%의 실무자와 50%의 과학자/연구자)의 모형은 현실에서는 보기 드문 것일 수 있다. Gelso(1979)는 학생들이 스스로 과학자-실무자 연속선에서 관련 활동들을 수행하면서 적합한 장소를 찾을 것이라는 기대를 가지고 학생들을 두 영역(그들의 관심사에 따라 다양한 수준에서)에서 훈련시키는 것이 보다 현실적인 것일 수 있다고 제안했다. 따라서 한 학생은 20 대 80의 분할을 선호할 수 있고, 또 다른 학생은 75 대 25 분할을 선택할 수 있다. 때로는 과학 혹은 실무 어느 하나에 암묵적인 가치를 둘 수도 있다. 예를 들어, 일부 교육자들은 실무보다 과학을 더 선호할 수도 있으므로 과학적 추구가 완비된 학술 위치를 취득했을 때 이를 '최고의' 직업으로 여기며 더 큰 만족을 느낄 수 있다. 우리는 과학과 실무 양자 모두 상담 전문직에서 매우 가치 있는 활동이며, 과학과 실무 모두에서 학생들이 유능해질 수 있도록 훈련시킬 때 보다 더 강력한 전문직이 될 수 있다고 (또한 그래야만 살아남을 수 있다고) 생각된다. 요약하면, 이러한 수행의 연속선을 따라 다양한 지점에 동등하게 가치를 부여하는 것이 중요하다.

우리는 과학적인 혹은 비판적인 사고의 측면에서 과학자－실무자 모형의 **핵심**을 개념화하고자 한다. 즉, 과학적인 혹은 비판적인 사고의 역할이란 넓은 범위의 과학과 실무 활동의 중심적인 결과라 할 수 있다. 대학원생이 과학 혹은 실무 활동 중 어디에 관여할 것인지 선택하는 것보다는 그가 선택한 전문적인 활동에서 과학적 혹은 비판적인 사고를 활용할 수 있는지가 더 중요하다. 예를 들어, 상담 센터 직원은 직접적인 내담자 서비스에 우선적으로 관여될 수 있고, 하나의 프로그램 평가 프로젝트에 관여될 수도 있다(22장 참고). 이는 **전문적 활동**에서 5% 대 95%의 과학－실무 분할로 볼 수 있다. 또한, 교수진이 상담 센터에서 직접적인 서비스 업무를 갖는다면 이는 전문적인 활동에서 75% 대 25%의 과학－실무 분할로 볼 수 있다. 이에 더 나아가, 연구의 역할 또한 질적으로 다를 수 있다. Gelso와 Fretz(2001)는 상담자의 연구 기능에 관한 3수준 모형을 제안했다. 첫 번째는 기본 수준으로서 내담자와의 작업에서 연구 결과를 사용하고 적용할 수 있는 것을 포함한다. 두 번째 수준은 내담자와 작업을 하는 동안에 가설을 수립하고 검증하기 위해 비판적 사고를 사용할 수 있는 것을 포함한다. 세 번째 수준은 경험적인 연구들을 수행하고 이에 대한 결과를 제시할 수 있는 것을 포함한다. 과학자－실무자 연속선에 따라 한 개인이 선택하는 전문적인 활동의 유형에 상관없이, 우리는 상담자가 그들의 실무 및 과학 활동 내에서 과학적 사고를 활용할 수 있도록 한다.

Baker, MaFall과 Shoham(2008)은 적절한 과학적 훈련과 과학적 지식 활용의 결여가 임상심리학 분야(또한, 정신건강 전문직을 반영하는)의 발달에 주요한 문제가 되어왔음을 제안했다.

> 임상 및 공공 보건에서 임상심리학자들이 보다 중요한 영향을 달성하는 데 실패하는 것은 과학의 역할에 대해서 그들이 가진 깊은 양면성과 적절한 과학적 훈련의 결여 때문일 수 있다. 즉, 임상심리학자들이 연구의 근거보다는 개인적인 임상 경험을 더 중요시하고, 모호한 심리측정적 근거에 기반을 둔 평가 방법을 사용하고, 효과성에 대한 강력한 근거가 제시된 개입을 사용하지 않는 것을 의미한다. 임상심리학은 실무자들이 주로 과학 발생 이전의 태도로 작업을 해왔던 역사를 가지고 있다는 점에서 의학과 유사하다. 1900년대 초기에 의학이 과학적인 개선을 하기 전에 의사들은 전형적으로 오늘날의 많은 임상심리학자들이 가진 자세(과학적인 연구 결과보다는 개인적인 임상 경험을 더 중요시하는)와 유사한 태도를 보였다. (p. 67)

결국, 연구로 인하여 상담 실무가 강화되었다는 점은 의심할 여지가 없다. 실무자가 구체적인 근거를 들 수는 없을지라도, 그의 대학원 훈련은 성격이론에서부터 개입 방략에 이르는 엄청난 양의 연구 자료에 기초했을 것이다. 과정은 다소 느릴 수 있지만, 자료는 결국 그 영역에서의 실용적인 지식을 발전시킨다. 과학적인 방법과 연구는 하나의 영역을 발전시키는 것에서 나아가 더 큰 도움을 제공할 수 있다. 또한, 과학과 실무 모두에서의 훈련은 보다 통합되었을 뿐 아니라 상담 전문직에서 모든 과학과 실무 활동의 핵심이라 할 수 있는 비판적 사고를 보다 강조함으로써 더 정교해졌다. 과학자－실무자 모형에서의 훈련 강화에 대한 여러 제언들과 EBPP가 어떻게 21세기에 과학자－실무자 훈련에 대한 뼈대가 되었는지에 관한 보다 많은 정보를 얻고자 한다면 Chwalisz(2003)를 참고하도록 한다.

연구 능력 습득의 즐거움과 도전들

학생들은 연구 훈련에 대해 다양하게 반응할 수 있는데, 이러한 정서적 반응들은 사실상 대학원 훈련 과정을 거치고 오랜 세월이 지나면서 변화할 수 있다(표 2.1).

때때로 학생들은 자신의 연구로부터 새롭고 유용한 정보를 발견하는 즐거움에 고무될 수 있다. 그러나 때때로는 연구와 관련된 세부 사항들에 따분해하고 불만스러워할 수도 있다. 게다가, 어떤 학생들은 부정적인 혼잣말, 꾸물거림, 완벽주의적 경향들, '당위적인(shoulds)' 생각들(예: '나는 수학을 더 잘해야 한다.')과 같은 장애물들을 경험할 것 수 있다(Heppner & Heppner, 2004 참고).

연구 능력 습득의 발달 과정은 상당한 시간을 필요로 하는데, 사실상 몇 년이 걸릴 수도 있고 이는 종종 학생들에 따라 다르게 나타난다. 이 장을 통해 다수의 연구 능력을 습득하는 과정에 대해서 경험이 많고 숙련된 연구자들이 지닌 몇 가지 의견을 제시한다. 우리는 이들이 자신의 발달 여정에 대한 솔직한 관점을 제공해준 것에 대해 감사함을 가진다.

이 장을 통한 그들의 여정에서의 모습은 연구 능력을 습득하는 발달 과정에서의 다양한 측면들을 묘사하고 있다. 이 글의 저자로서 경험들을 수집하면서, 우리는 많은 학생들이 연구 및 과학과 관련된 기술들을 적절하게 학습할 수 있는지에 대한 다음과 같은 질문을 관찰했다. '어떻게 내가, 대학원생에 불과한데 좋은 연구 아이디어를 내놓을 수 있는가?' '만일 내 연구에서 내가 실수를 해서 학위를 끝내지 못하면 어떡하지?' '통계는 나를 두렵게 해. 만일 내가 자료를 분석하면서 실수하면 어떡하지?' 우리는 이러한 질문들과 두려움이 발달적으로 자연스러운 일이라고 주장한다. 우리는 연구와 관련된 부정적인 정서적, 인지적 요소에 대해 논의하는 것이 필수적이라고 믿기 때문에, 첫째 절은 이처럼 학생들의 흔한 반응들, 즉 (1) 수행 불안과 효능감, (2) 연구 대(對) 실무로 잘못 양분된 개념, (3) 연구자로서의 자신과 과학에 대한 전반적인 믿음에 초점을 맞춘다.

수행 불안과 효능감 학생들과 함께 작업했던 경험을 토대로 우리는 수행 불안이 핵심적이

표 2.1 연구에 대한 학생들의 흔한 반응과 우리의 제안

학생의 감정	우리의 제안
나는 의미 있는 연구를 수행할 만큼 충분한 지식이 없다.	연구 프로젝트를 돕겠다고 자원하고, 천천히 차근차근 보다 발전된 기술들을 배운다.
나는 엉터리고, 정말 어떻게 연구를 해야 할지 모른다.	연구에 대해 불안해하며 의심하는 것은 자연스러운 일이다. 이들은 주로 경험해보지 못한 것들에서 기인한다.
만일 내가 실수를 하거나 부정확한 결과를 보고하면 어쩌지?	일련의 배우는 과정이라 생각하고; 자신에게 보다 숙련된 기술을 배우고 개발할 수 있는 시간을 허용한다.
내 연구를 쓰다가 막히는 부분이 있을 때 지쳐버릴까 두렵다.	연구와 사고 기술을 습득하는 것은 오랜 기간이 걸린다. 가끔은 당신에게 문헌에 대해 더 많은 지식이 필요함을 알려주는 징후일 수 있다.
내 결과들이 통계적으로 유의하지 않을까봐 두렵다.	계획적인 연구는 종종 시간이 흐르면서 향상된 지식으로 귀결된다. 유의하지 않은 결과들 또한 도움이 되는 정보이다.
전체적인 학위논문 과정은 압도적이고, 지루하고, 오래 걸리며, 불안을 유발하고, 혼란스럽고, 복잡해 보인다.	당신이 연구에 더 많이 몰두할수록, 더 높은 자기효능감을 느낄 것이다.
난 단지 실무를 하고 싶고, 과학/연구에는 관심이 없다.	연구 과정뿐 아니라 연구 문헌에 대해 배우는 것에 열린 마음을 가지라.
과학 = 통계	과학과 연구는 통계를 사용하는 양적 연구보다 범위가 더 넓다. 비판적 사고가 과학의 핵심이다.
나는 상담에서의 연구가 전문직에서의 차이를 만들 수 있다는 것을 믿지 않는다.	누적되는 지식 기반에 대해 더 잘 이해하기 위해 문헌 고찰과 메타 분석 논문을 읽는다.
과학은 너무 지적이고 인지적이며, 실제 사람들의 경험과 관련이 없다.	당신이 더 많은 연구 활동을 경험해볼수록, 연구에 더 흥미를 가지게 되고, 따라서 연구가 지닌 역할에 대한 더 높은 가치를 부여할 수 있다.

고 중대한 정서적 주제라는 것을 발견했다. 예를 들어, 다음과 같은 자기개방을 포함한다.

'혼자서는 어떠한 의미 있는 연구도 수행할 수 없을 만큼 충분히 알지 못해요. 어떻게 내가 학위논문을 쓸 수 있겠어요?' '제가 할 수 있는 연구는 쓸모없을 만큼 너무 간단하고 단조로울 거예요.' '나의 생각으로 연구를 구성하는 것에서부터 나는 부족함을 느껴요.' '통계와 연구 설계 과정을 완수할지라도 막상 어떤 연구를 시작하면, 어떻게 연구를 해야 하는지 정말 모르는 엉터리인 내 자신을 발견할 거예요.' '내가 실수하고 부정확한 결과를 보고하면 어쩌죠?' '나는 예전에 작문에서 애를 먹었었기 때문에 그 부분에서 또다시 막힌다면 지쳐버릴까 겁이 나요.' '내 결과들이 통계적으로 유의하지 않아서 내 모든 노력과 시간이 모두 헛수고가 될까봐 두려워요.' '저는 다른 학생들이 논문으로 고통받는 것을 봤어요. 그래서 연구를 하는 전체적인 과정이 압도적이고, 지루하고, 오래 걸리고, 불안을 유발하고, 혼란스럽고, 복잡하게 보여요.'

대표적으로 대학원에 입문하는 학생의 상황에서 이러한 유사한 감정들을 고려해보는 것이 중요하다. 대부분의 대학원생들은 타인을 도와본 경험이 적게 혹은 많이 있어서 결과적으로 상담과 다른 실무 활동에서 분명히 이득을 얻을 수 있다. 또한, 우리 대부분에게는 타인을 돕는 것이란 개인적으로 보상이 되는 경험이고, 학생들은 이러한 보상 개념을 이해하고 있다. 그러나 이와 반대로, 대부분 학생들의 과학적 경험은 매우 적다. 대부분의 학생들은 자신이 전문적인 논문을 출간함으로써 전문직에 기여할 것이라고는 생각하지 않는다. 만일 어떤 학생이 적게나마 연구 경험이 있다면, 자신의 기술과 능력에 관한 타당한 의구심을 가질 수 있을 것이다. 사실상, 교수진에게도 수행 불안과 자신의 효능감에 대한 의구심을 경험하는 것은 흔한 일이다(예: 연구 여정 2.1).

이는 연구와 사고 기술을 습득하는 것이 어느 날 갑자기 일어나는 것이 아니라 오랜 기간이 걸린다는 점을 시사한다. 사실상, 전문적인 수행이란 의도를 가지고 실습에 적극적으로 참여하는 것을 말한다. 여기에서 실습은 특정 과제에 대한 훈련을 받고, 즉각적인 피드백을 받으며, 평가와 문제 해결, 행동을 개선하는 시간을 가지는 것을 말한다(Ericsson, 2008).

연구 여정 2.1

연구 능력을 발달시키는 것은 하나의 단일한 사건이 아닌 느린 여정이다. 중간에 어떤 목표를 성취하면 또 다른 목표가 빠르게 수면 위로 올라오는데, 이는 오랜 시간 동안 교수로 일한 사람에게조차 그러하다. 나는 평생 학습에 전념해야 한다. 이것은 인생 전반에 해당되지만 연구자로서 나의 삶에도 적용된다. 내 일의 중요성이나 나의 프로젝트 수행 능력에 대해 타인으로부터 언제나 격려하는 말을 들었던 것은 아니다. 초임 교수 때 나는 내가 받았던 부정적인 메시지에 집중했다. 부정적인 말만 하는 사람들의 말을 걸러내고 나의 연구를 강화시킬 수 있는 성장 영역들을 확인함으로써 내 생각에 중요한 방식으로 연구 문헌에 기여할 수 있게 되기까지는 상당한 기간이 소요되었다. 나는 나의 행동과 생각을 믿는 법을 배워야 했다. 나의 연구와 유사한 연구를 하는 사람들로부터 피드백을 구함으로써 나의 행동과 생각을 믿는 법을 배울 수 있었다. 이들은 나의 연구를 이해했고, 따라서 건설적인 방향으로 연구의 강점과 한계점을 파악할 수 있었다. 이제 나는 좋은 연구자가 되기 위해서는 많은 정보원들로부터 피드백과 조언을 받는 것이 필요하다는 것을 이해한다. 연구 프로젝트를 개발하는 데 도움을 받기 위해서는, 자신의 작업을 타인과 공유하고 모든 단계에서 피드백을 얻는 것이 절대적으로 반드시 필요하다. 오랜 시간에 걸쳐서 나는 어떤 프로젝트가 초기 개념화 단계에서 아직 개발되지 않은 상태에 있어도 괜찮다는 것을 배웠다. 사람들은 내가 시작한 지점에서 나를 판단하지 않고, 그보다는 내가 어떻게 끝을 맺었는지를 보고 나를 판단한다. 즉, 내가 어떻게 다른 사람들의 아이디어와 제안을 통합했고 오랜 시간 동안 연구 프로젝트가 얼마나 발전했는지를 보고 나를 판단한다. 이를 아는 것은 나에게 실수하고 배우고 성장하는 공간을 제공했다.

- Helen Neville, Ph.D.

학생들은 연구 설계에 대한 지식을 습득하고 적용하기 시작하면서, 우리는 학생들이 초기에 가졌던 두려움을 넘어서 연구에 대한 실제적인 즐거움을 갖게 되는 것에 깊은 감명을 받았다. 우리는 종종 "나는 사실 이 연구 과정을 즐기고 있어요.", "나는 내가 연구자가 될 것이라고는 생각해본 적이 없어요. 이제 나는 진로 목표를 다시 생각하기 시작했어요.", "이 연구 일은 전염성이 있어요. 나는 연구에 관해 정말 많이 생각하기 시작했고, 이제 자료를 수집하고 싶어요!"라는 말을 들었다(예: 연구 여정 2.2). 요약하면, 주요한 점은 대학원생 초반에는 실무자 활동에 비해서 연구 및 과학에 관한 정보를 상당히 적게 가지고 있다. 그러나 학생들이 연구 활동 경험을 더 많이 함으로써 연구에 대한 관심이 증가하고(특히 만일 이것이 훈련 초기에 이루어진다면), 연구의 역할에 대한 더 높은 가치를 부여한다는 근거가 있다(예: Gelso, Baumann, Chui, & Savela, 2013).

연구 여정 2.2

내가 대학원을 시작했을 때, 나의 꿈은 상담 센터장이 되는 것이었다. 연구는 내가 꿈꾸던 길이 아니었으며, 내가 전문 학술지에 연구를 게재할 수 있을 것이라고는 전혀 생각하지 못했다. 그러나 이후 수업 과정에서의 연구 경험들, 특히 나의 박사 과정 지도교수인 David N. Dixon과 함께 한 연구 경험을 통해서 나의 진로 방향을 학계 쪽으로 전환하게 되었다. 논문 게재에서 성공을 얻은 뒤 몇 년이 지나, 나는 가장 중요한 목표로서 특정한 주제에 대한 체계적인 학업을 통해 지식을 축적하는 것, 그리고 그 다음으로 이론을 개발하는 것임을 깨달았다. 여러 해가 지난 뒤, 나는 나의 연구 주제를 둘러싼 맥락의 중요성에 대해 보다 충분히 깨달았는데, 특히 참여자들의 문화적 맥락에서 많은 변인들(나이, 사회경제적 지위, 인종)이 우리의 연구 발견에 중요한 영향을 미쳤음을 깨달았다. 나는 또한 우리의 연구 노력만으로는 미래에 필요한 지식 기반을 만들어내는 데 충분하지 않다는 점, 따라서 저널 편집장의 세계관과 힘, 편집국, 우리의 전문 분야의 요직에 있는 사람들이 미래의 지식 베이스의 창출에 중요한 역할을 해왔다는 것을 깨달았다. 이 깨달음은 나로 하여금 다수의 전문적 역할들(예: 편집위원회, 편집장 임무, 전문적 조직에 관여하고 요직을 맡는 것)을 하도록 이끌었고, 이 모든 것은 상담심리학에서 지식 기반을 개선하고 사회적 정의를 증진시키는 것을 목표로 했다. 끝으로, 나는 우리의 전문직에서 중요하게 가치 있는 것들 중 하나는 많은 사람들의 발달을 촉진할 수 있는 이론과 지식 기반을 산출하기 위해 다양한 파트너들과 손을 잡을 수 있는 방법들이라고 생각한다.

- Puncky Heppner, Ph.D.

수행 불안에 대해서는, 우선 학생들에게 연구와 관련된 불안과 의구심을 자연스러운 일이라고 인정하도록 조언하고자 한다. 그리고 새로운 유능성(이 경우에는 연구 유능성)을 습득하는 발달 과정 중에 있다고 생각하라. 둘째, 우리는 학생들이 다양한 연구 유능성을 천천히 개발해가기 위해 연구 프로젝트에 참여할 것을 추천한다. 우리는 연구 효능감을 생성할 수 있는 가장 좋은 방법으로 연구 기술들을 배우고 수행해보는 것이라 믿는다. 예를 들어, 학생들은 기본적인 연구 기술을 배우기 위해 연구 프로젝트를 돕겠다고 자원할 수도 있고, 보다 숙련된 기술을 차근차근히 배워나갈 수도 있다(예: 연구 여정 2.3). 본질적으로, 우리의 경험과 연구 모두에서 제안하고자 했던 것은 연구에 더 많이 관여하는 학생들이 더 많은 자기효능감(self-efficacy)을 경험하는 경향이 있다는 것이다. 연구 수행에 대한 효과성을 더 많이 경험하는 학생은 훈련 환경과 연구 관심에 대해 보다 긍정적으로 여긴다(Gelso et al., 2013; Kahn, 2001).

연구 여정 2.3

나는 운이 좋게도 1996년, 산타바바라의 캘리포니아대학교에 있는 상담심리학과 Donald Atkinson 교수님의 지도를 받는 제자가 되었다. 나는 교수님과의 작업을 통해 연구의 힘을 배웠다. 즉, 좋은 연구 작업은 우리의 전문직과 사회에 중요한 변화들(예: 다문화주의에 대한 관심 증가)로 이어질 수 있다. 그 시간 동안 나의 연구 훈련은 연구 방법과 통계 분야의 여러 수업들을 통해 점차 더 굳건해졌다. (한편, 나는 연구 방법 강의에서 이 책의 초판을 사용했는데 매우 도움이 되었다) 그러나 가장 중요한 것은, 그날그날 갖는 교수님과 다른 학생들과의 여러 연구 스터디들이었는데, 이는 나에게 연구의 복잡함, 문제 개념화에서부터 시작하는 것, 연구 설계로 이동하는 것, 자료 수집, 자료 분석, 그리고 원고 게재를 가르쳐주었다. 지나고 나서 보니, 나는 대개 '실천을 통해서 배웠다'. 그리고 좋은 연구자가 될 수 있는 마술적인 공식이 따로 있는 것이 아니라는 것을 이해하게 되었고, 연구에 대해서 열정을 가진 좋은 사람들을 만나게 되었다. 현시점에서, 나는 종신 재직권을 가진 정교수이고 《아시아계 미국인 심리학 저널(Asian American Journal of Psychology)》의 편집장으로서 연구에서의 성공이란 호기심이 많고 지식이 많은 연구자들이 공통의 목표를 위해 함께 작업하는 것이라고 생각한다. 따라서 나의 제언은 다음과 같다. '연구팀에 관여하고 참여하라, 당신이 관심 있는 주제로 연구하라, 그리고 과정을 즐기는 것을 잊지 말라. 결과는 저절로 나타날 것이다.'

- Bryan S. K. Kim, Ph.D.

위협, 보람 없는 훈련 및 환멸 다양한 이유에서, 학생들의 연구 훈련이 때로는 보람이 적고, 위협적이며, 환멸감으로 귀결될 수 있다. 학생들에게 몇 년 동안 접해야 하는 학업 및 연구에서의 요구사항들에 대해 양면성과 불안을 가지고 대학원에 입학하는 것은 흔한 일이다. 많은 학생들은 강사와 교수들에게 겁을 먹는데, 특히 통계와 연구방법론과 같이 상담 실무와 직접적으로 관련이 적은 것으로 높은 유능감을 느끼기 어려운 분야의 수업을 가르치는 이들에게 더욱 그러하다. 게다가, 그들의 논문을 위해 혁신적인 연구 주제를 찾아내는 아이디어는 상당히 버겁다. 측정도구를 발견하고 자료를 수집하는 것, 통계 분석,

그리고 이 모든 것들을 논문에 기술하는 것은 고사하고, 연구를 위해 적절한 연구 질문들을 만들어내는 것은 너무 어렵다! 연구를 둘러싼 불안으로 인해 프로그램과 훈련이 상당히 위협적으로 느껴질 수도 있다. 불행하게도, 학생들이 연구와 과학을 조금이라도 경험하게 되면, 한 번의 안 좋은 경험은 수많은 태도와 동기적인 부분에서 손상을 초래할 수 있고, 학생들을 미래의 과학적인 활동들로부터 멀어지게 할 수 있다.

전문직은 지난 20년을 지나오면서 연구 훈련의 강화에 많은 진전을 보았다. 학생들의 정서적인 반응, 가치, 그리고 개인적인 차이, 및 훈련 환경을 고려하는 것은 학생의 연구 효능감의 발달을 지속적으로 강화할 것으로 보인다. 또한, 문화적인 가치로 인해서 타인의 도움 없이는 연구 집단을 탐색하거나 참여하기가 더욱 어려운 일부 소수 인종 및 국제 학생들에게는 문화적인 가치와 사회적 유대감을 함께 고려하는 것이 특히 중요한 주제일 수 있다.

과학 대 실무의 잘못된 이분법적 개념화 또 다른 발달적 주제는 과학과 연구 그리고 실무에 관해서 이들 관계에 대해 학생들이 어떻게 개념화하는지이다. 흔히 이야기하기를, '나는 단지 실무가 하고 싶어요. 나는 연구(과학)에 관심이 없어요.'라고 한다. 때때로 과학적 성취는 상담에서의 응용 직업으로부터 완전히 구분되어 잘못 개념화된다. 즉, 과학 대 실무라는 잘못된 이분법이 구축된 것이다. 사실상 과학과 실무는 서로 상호작용한다. 우리는 두 영역 모두에서 기술을 개발하는 학생들이 상담 전문직의 직무에 더 나은 능력을 갖추게 될 것이라고 믿는다(예: 연구 여정 2.4).

연구 여정 2.4

내가 학부 공부를 시작했을 때, 나는 탐정 형사가 되고 싶었다. 실제로 그 꿈을 이루지는 않았지만, 미스터리한 것들에 대한 해결책을 찾고자 하는 동기는 그대로이다. 연구를 할 때 세상이 원래 내가 생각했던 것보다 훨씬 복잡하다는 것을 빠르게 깨달았다. 또한, 복합적인 질문들의 복잡한 해결책들은 서로 동등하게 유효한 답들이었다. 이러한 과정은 내가 연구를 하도록 이끌었지만, 동시에 많은 가능성과 막대한 양의 정보는 당황스럽기까지도 하다. 이것은 내가 나의 학생들로부터 듣는 공통적인 주제이다. 하지만 나는 두 가지 포부를 발견했다. (1) 상담자, 연구자, 및 내담자 등 다른 이들과 함께 작업하여 어떠한 주제에 대해서 내가 생각하는 방식을 확장하는 것에 확신을 갖고, 가장 중요한 사람들의 인생 경험에 연결되어 머무르는 것이다. 그리고 (2) 특정한 질문으로 씨름함으로써 각 연구가 감당할 만하다는 것을 인지하는 것. 이리하여, 각 연구는 진행 중인 대화에 말을 보태는 것과 유사하고, 연구 의제를 개발하거나 혹은 복합적인 연구들을 동일한 영역에서 실시함으로써 대화가 지속되도록 만든다. 나는 이 과정이 매우 기쁘고 보람차다는 것을 발견했다!

- Jesse Owen, Ph.D.

게다가, 상담 분야에서 대학원 일의 특징 중 한 가지는 비판적인 사고 기술, 낮은 편향, 고정관념, 가정을 가지고 정보를 감별하고 처리하고, 가설을 세우고, 자료를 모으고, 정확히 알고 결정을 내리는 능력을 습득하는 것이다. 이러한 비판적 사고 기술들은 실무와 과학 영역 모두에서 필수적이다. 높은 비판적 사고 능력은 숙련된 치료자들(동료들에 의해서 치료에 특출하게 숙련된 자로 확인된 자들)이 지닌 주요 특성으로 발견되었다(Jennings & Skovholt, 2015; Ronnestad & Skovholt, 2013; Skovholt, 2012). 다른 국가에서 숙련된 치료자들의 특성을 조사한 여섯 개 연구의 질적인 메타 분석에서는, 숙련된 치료자들이 내담자의 현재 문제에 대해 보다 정교하고 복합적인 개념화를 수립했음을 발견했다(Jennings & Skovholt, 2015). 모든 연구에서 숙련된 치료자들에게 확인된 중요한 주제는 인지적 복합성 및 복잡한 개념화 능력이었다. 이 능력은 숙고, 피드백, 타인을 가르치는 과정에서 끊임없이 습득함으로써 발달된다.

한 가지 조언은 연구와 과학에 대해 제한된 개념화를 피하고, 연구와 과학이 실무자에게 필요한지 혹은 불필요한지에 대해 너무 섣부른 판단을 내리지 말라는 것이다(Skovholt, 2012). 그보다는 실무지향적인 학생들이 연구 문헌뿐만 아니라 연구 과정에 대해서도 배우고, 이러한 경험들이 어떻게 실무적인 정보를 제공하고, 상담 유능성을 향상시킬 수 있는지에 대해서 열린 마음을 가져보기를 고무한다. 과학적 방법은 우리의 모든 전문적 활동들과 연구, 그리고 실무에 관해 탐구하는 통제된 방식을 구축하는 하나의 도구이다.

연구자로서의 자신과 전반적인 과학에 대한 불신 유능한 연구자가 되는 과정에 대한 중요한 믿음은 의미 있는 연구를 수행할 수 있는 개인의 능력에 대한 믿음뿐 아니라 연구의 유용성, 즉 그 연구가 전문직의 지식 베이스에 기여하고, 우리의 연구가 내담자의 삶에 차이를 만들 수 있다는 것에 대한 믿음이다(예: 연구 여정 2.5).

연구 여정 2.5

연구란 변화를 만들어내는 잠재력을 가졌기 때문에 이러한 연구에 관여하는 것은 나의 과업에서 의미 있는 측면이고, 연구 과정에 내재된 장애물들과 마주했을 때에도 끈질기게 지속할 수 있도록 하는 동기를 부여한다. 생물학과 사회학을 전공으로, 그리고 여성학을 부전공으로 대학을 졸업한 후에, 나는 도심의 학대 여성 쉼터에서 일을 했다. 쉼터에서 나는, 자신과 자녀들을 위해서 비폭력적인 삶을 만들기 위해 투쟁하는 여성과 가해자에게 다시 되돌아가는 여성들 간의 어떠한 차이점이 있는지에 대해 관심을 가지게 되었다. 부분적으로는, 중대한 사회적 문제를 이해하고자 하는 이러한 욕구가 나로 하여금 석사 학위를 받도록 동기를 부여했고, 나는 내 논문에서 학대받은 여성에 대한 쉼터 직원의 지각에 관해 초점을 두었다. 나는 쉼터에서의 내 일이 나의 연구에 영향을 미치고, 또 내 연구가 내 일에 영향을 미치는 방식이 만족스러웠다. 또한 나는 사람들을 개별적으로 돕는 것이 나에게 보상이 된다는 것을 알게 되었고, 나의 연구 발견들을 다른 사람들과 나눔으로써 변화를 만들어낼 수 있었던 것 같다. 나의 박사 프로그램은 경제적인 자급자족을 달성하도록 여성을 돕는 것을 포함하여, 현실적인 적용점들을 가지는 관심 주제들에 대한 연구 기회를 갖게 됨으로써 연구에 대한 나의 열정을 굳혔다. 나는 때때로 연구의 요소들(예: 얻기 어려운 표집들로부터 자료를 수집하는 것)과 씨름을 한다. 그러나 고통스러운 것은 잠시이며 이는 곧 얼마 지나지 않아 연구의 다음 단계는 새롭고 흥미진진한 도전(예: 자료 분석)을 가져다준다. 또한, 연구팀에서 학생들 그리고 동료들과 함께 일하는 것은 연구 과정을 아주 즐겁고 잊지 못할 모험으로 만든다.

- Karen O'Brien, Ph.D.

학생들은 주로 처음부터 연구자로서 효능감을 경험하지 못하며, 상담에서 진행되는 우리의 연구가 전문 분야에서 변화를 만들어낸다고 믿지 않는다. 대부분의 신입생들은 전문 영역에서의 과학의 역할에 대해 이해가 부족하고, 전문직에서의 오랜 경험이 없기 때문에 선행 연구들이 전문 분야에 얼마나 기여했는지 알 수 없다. 이와 유사하게, 학생들은 연구 혹은 내담자에 대한 사고방식의 하나로서 과학적 방법의 유용성을 명확하게 이해하지 못한다. 마지막으로, 학생은 전형적으로 경험이 부족하기 때문에 연구에 참여하고, 전문적인 문헌을 읽고, 경험적인 발견들이 지닌 함의를 고려해봄으로써 내담자와 적용 문제에 관한 이해를 확장하는 것이 어렵다. 이로써 하나의 불행한 결과는, 학생들이 때때로 이러한 공백을 '과학=통계'와 같은 잘못된 정보로 채운다는 것이다. 혹은 학생들이 '과학은 너무 지적이고, 인지적이며, 실제 사람들의 경험과 관련되지 않는다.'라고 믿거나, 혹은 '과학적 방법은 너무 기계적이고 환원주의적이라 실제 인간 행동의 복잡성을 연구하기에는 적절하게 사용될 수 없다.'라고 믿는다. 반대로, 노련한 연구자들은 의미 있는 연구 수행의 도전들과 연구로부터 얻을 수 있는 지식의 축적이 점진적이지만 꾸준하지는 않음을 이해한다. 어떤 하나의 연구가 전문 분야에 중대한 영향을 미치는 일은 드물지라도, 체계적인 연구가 종종 시간이 지나면서 지식의 증가로 귀결됨으로써 중요한 결과들을 획득할 수는 있다. 예를 들어, 《미국 심리학회 상담심리학 핸드북(APA Handbook of Counseling Psychology)》(Fouad, Carter, & Subich, 2012)의 여러 장들은 아주 많은 문헌 리뷰에 기초했고, 지식의 창출뿐 아니라, 상담 관련 구성개념들의 보다 정교한 개념화를 강조함에 있어 연구가 응용되는 바를 아주 잘 반영했다.

창의적이며 다양한 활동을 하는 연구자인 Clara Hill은 연구자로서 자신의 발전 과정에 관해 이야기해줄 것을 제안받았다. 그녀의 이야기는 그녀가 어떻게 결정을 내리고, 연구 과정이 얼마나 복잡할 수 있으며, 또한 '연구에 대한 신념의 위기'에서 어떻게 대처했는지를 묘사한다.

일련의 연구들 이후에, 나는 연구에 대한 위기를 겪었다. 나는 종신 재직권을 취득했고, 첫째 아이를 가졌으며, 30세에 접어들었다. 그때 나는 모든 것들에 의문을 갖기 시작했다. 내 연구에서 너무 많은 결함을 볼 수 있었기 때문에, 나는 내 일에 많은 의구심이 들었다. '확실한 정보(hard information)'를 얻기 위해서 상당히 많은 시간이 걸렸다. 나는 수많은 나의 연구 결과들을 기억할 수도 없었다. 게다가, 나는 상담자의 어떤 행동들이 내담자로 하여금 변화를 일으키는 데 유용했는지 이해하는 것은 고사하고, 상담 과정에서 어떤 변화가 일어났는지 기술하는 것조차 한심하게 느껴졌다. 나는 상담이 연구를 진행하기에는 너무 복잡했다는 사실에 절망을 느꼈다. 나는 이전에 나의 연구에 대해 많은 의구심을 가지기는 했지만, 이는 대부분 나의 연구 능력에 관한 자기확신과 연관된다. 이러한 위기는 연구가 상담 과정에 대한 질문에 답하는 데 실용적이었는지에 대한 나의 판단 여부와 굉장한 관련이 있을 것이다. (Hill, 1984, p. 105)

Hill의 비화는 많은 학생들과 교수들에게 이해를 도울 뿐 아니라 안도감을 준다. 우리는 학생들이, 어쩌면 첫 연구방법론 수업 중에, 이 논문을 읽어보길 강력히 권한다. 우리는 연구의 역할에 관해서 Hill의 좌절, 기쁨, 부족함, 의심이 학생들에게 깊이 공감된다는 사실을 발견했다. 자신만의 방식으로 연구를 수행하는 데 있어서 Hill이 발전시킨 자신감은 유용한 의미를 제공할 뿐만 아니라, 숙련되고 유능한 연구자가 되는 데 있어서 학생들과 교수진의 발달 과정을 밝게 비춰준다.

우리의 경험으로부터 연구자들은 의의가 있고 중요한 연구를 수행하는 데 효능감을 느끼는 것뿐 아니라, 자신의 연구가 중요하여 전문적인 지식 베이스에 유용한 정보로서 기여하고, 전문 분야와 내담자의 삶에 변화를 만들 수 있다는 것을 지각하기 시작하는 것 또한 대단히 중요하다. 이러한 믿음들은 종종 자신의 연구가 실제 환경에서 어떤 영향을 끼치게 되었는지 알게 되거나, 당신의 연구 결과를 다른 사람이 사용하거나, 당신의 연구가 이후 다른 중요한 질문들에 도움이 되거나, 혹은 당신의 연구 발견이 실무에 지닌 함의를 발견하면서 얻는 결과이다.

또한 다른 사람들의 연구가 미치는 영향을 배울 수 있는 전문적인 문헌을 읽음으로써 연구의 응용에 대한 신념이 생길 수 있다. 학생들은 문헌을 읽고 그것에 대해 숙고할 뿐 아니라, 특정한 문헌 고찰(review)들을 읽어보기 바란다[《상담 심리학자(The Counseling Psychologist)》의 〈주요 공헌(Major Contributions)〉이나 《심리학 논평(Psychological Bulletin)》의 문헌 고찰 논문을 보라]. 또한, 자신에게 정말로 중요한 주제에 대한 연구 수행에 관여해보길 권한다. 이러한 주제들은 당신이 정말 관심이 있거나 혹은 어떤 면에서는 당신의 개인적인 가치들을 반영하는 것일 수도 있다(예: 연구 여정 2.6).

연구 여정 2.6

나는 최고의 연구자들이 대개 자신의 연구에 대해 유대감과 열정을 가지고 있다고 확고히 믿는다. 나는 아프리카계 미국인 남성으로서 백인 대학 환경에서 학업을 잘 수행하기 위해 분투하고, 이와 동시에 나의 환경에 대한 역사와 문화에 대해 좀 더 배우도록 노력했던 나의 경험들을 이해하도록 돕기 위해 연구 프로그램을 개발했다. 나 자신, 그리고 나와 같은 다른 사람들의 경험들을 더 잘 이해하려는 욕구는 나로 하여금 나의 첫 게재 논문과 다른 여러 논문들, 그리고 책을 쓰도록 이끌었다. 모든 이들은 글을 쓰고 연구를 수행하는 것에서 어떠한 순간에 어려움을 경험했고, 무언가를 게재하려고 시도하는 데서 거절을 경험하기도 했다. 나는 성공적으로 연구 프로젝트를 수행하고, 논문을 게재할 수 있는 사람들이 항상 '가장 똑똑한' 것이 아니라 회복력이 높은 사람들이라는 것을 배웠다.

- Kevin Cokley, Ph.D.

연구 훈련을 위한 모형

이 절의 목적은 연구 훈련을 강화하는 데 중요한 여러 요인들을 논의하는 것이다. 우리의 목표는 무엇이 연구 훈련의 주요 구성요소가 되는지에 대해 학생들이 잘 알게 하고, 이러

그림 2.1 Kahn(2001)의 수정된 구조 모형에서 모수 추정치들

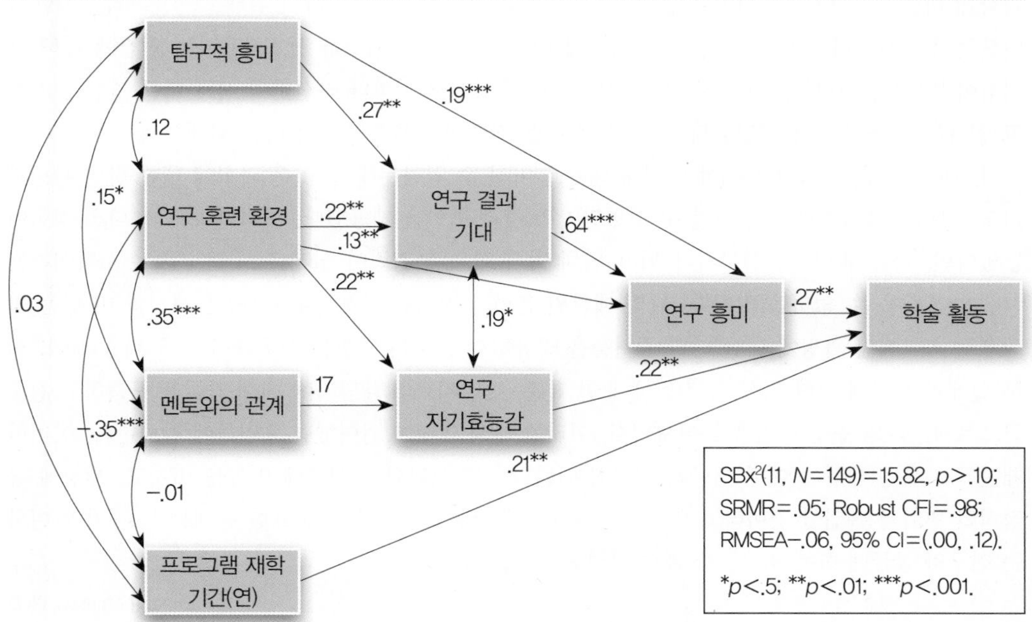

출처: Kahn, J. H. (2001). Predicting the scholarly activity of counseling psychology students: A refinement and extension. *Journal of Counseling Psychology, 48*, 344-354. doi:10.1037/0022-0167.48.3.344.

한 중요한 발달 과정에서 추가적인 관심과 연구를 촉진하는 것이다. 효과적인 연구 훈련에 관한 최종적인(culminated) 연구에 기초하여, Kahn(2001)은 그림 2.1에 제시된 다양한 변인들이 포함된 모형을 제안했다.

우리는 이 모형과 이를 지지하는 경험적 근거들을 논의할 것이고, 모형에 포함되지 않은 연구 훈련의 또 다른 중요한 측면들 몇 가지를 추가할 것이다. 이 모형의 중요한 구성개념을 논의하면서 시작한다. (1) 탐구적 흥미, (2) 연구 훈련 환경, (3) 멘토와의 관계, (4) 연구 결과 기대, (5) 연구 자기효능감, (6) 연구 흥미, (7) 학술 활동, (8) 프로그램 재학 기간.

모형의 구성개념

탐구적 흥미 상담 및 상담심리학 전공인 대부분의 학생들은 Holland(1992)의 세 가지 성격 유형인 사회형(social), 예술형(artistic), 혹은 탐구형(investigative) 중 하나로 분류될 수 있다. 연구 결과, 상담 전공 학생들의 성격 유형은 연구 및 연구 수업에 대한 흥미 수준, 다양한 수준의 연구 초점을 가지고 대학원 프로그램의 유형을 선택하는 것, 그리고 연구 생산성과 관련이 있었다(Mallinckrodt et al., 1990; Tinsley, Tinsley, Boone, & Shim-Li, 1993). 특히, 탐구형인 학생들은 연구 활동에 좀 더 관심이 있었고, 결과적으로 더 많은

연구 여정 2.7

과학에 대한 나의 열정은 어린 시절부터 내가 다양한 질문들을 검증하기 위해 스스로 작은 '실험'을 만드는 것에서부터 비롯되었다. 나는 세상에 대해서, 그리고 세상과 상호작용하는 인간에 대해 호기심이 많았다. 어린 나이에 나는 또한 사람들이 세상에서 저마다 자신만의 서로 다른 경험을 가지고 있다는 것을 강하게 깨달았다. 나는 인간이란 기회의 불평등을 가진다는 점에서 평등하다고 보았다. 대학을 몇 번 옮긴 후에야 마침내 대학을 마칠 수 있었는데, 그곳은 과학에 대한 나의 관심과 기술, 그리고 효능감을 번성시킬 수 있었던 멘토링과 조언을 제공했다. 이러한 도움과 나의 경험이 없었다면, 나는 과학자–실무자가 되기 위해 박사 학위나 경력이 실제로 도움이 되는 사항이라는 사실을 깨달을 수 없었을 것이다. 나의 대학원 훈련과 경력을 통해, 다른 사람들에게 의미 있는 방식으로 과학적인 과정에 대한 나의 즐거움을 공유하려는 나의 열정은 계속해서 꽃을 피웠다(예: 연구 설계와 분석에 대한 지식, 조직화에 관한 자문, 심리치료의 내담자에 대해 가설을 구축하고 검증함으로써). 나의 연구 여정을 돌아보면서, 이러한 나의 여정에 기여했던 요인들에 감사한다. 이러한 개인적인 특성(세상에 대해 대단히 호기심이 많다), 믿음(과학이 실무에 영향을 미치고, 세상에 긍정적인 변화를 촉진할 것이라고 믿는다), 가치(기회, 타인과의 접촉, 중요한 문제들)는 내가 참여하는 연구와 궁금해 하는 의문들을 계속 형성했다.

- Mindi Thompson, Ph.D.

연구를 생산하는 것으로 나타났다(예: 연구 여정 2.7). 그래서 Kahn(2001)은 학생들의 탐구 흥미가 연구 결과에 대한 기대와 연구 관심에 직접적으로 관련이 있고, 이는 연구 생산성과 관련될 것임을 발견했다. 특히, 탐구형은 연구에 보다 더 많은 흥미가 있고, 사회형은 관심이 덜하다고 가정된다.

연구 훈련 환경 Gelso, Baumann, Chui와 Savela(2013)는 연구를 향한 긍정적인 태도들을 촉진하는 대학원생 훈련 프로그램의 10개 구성요소를 논의했다. 이 구성요소들은 연구 훈련 환경의 중요한 특징들로 밝혀졌다. (1) 교수진의 과학적인 행동 모델링, (2) 공식적인 혹은 비공식적인 과학적 행동에 대한 긍정적 강화, (3) 연구 초기에 위협감을 최소화하여 연구에 참여, (4) 과학을 사회적 · 대인관계적 경험으로서 일부분 강조하는 것, (5) 모든 연구는 제한적이고 결함이 있음을 강조, (6) 연구에 대한 다양한 접근들을 가르치고 가치를 부여하는 것, (7) 학생들이 발전하여 준비가 되었을 때, 연구 아이디어를 내면에서 찾을 수 있도록 가르치는 것, (8) 과학과 실무의 결합, (9) 관련 통계와 설계의 논리, (10) 실무 현장에서 연구가 어떻게 적용될 수 있는지 가르치는 것.

10개의 구성요소들이 포함된 긍정적인 훈련 환경은 가능한 한 이른 시기에, 그리고 흥미롭고, 참여적이며, 학생들의 기술 수준과 일치되는 방식으로 학생들을 연구에 참여시키는 환경을 만드는 하나의 예가 될 수 있다. 많은 상담 전공 학생들은 사회적으로 지향되어 있고, 조언의 형태를 통해 연구의 사회적 측면을 증가시키며, 연구팀은 학생들의 노력을 끌어당길 수 있는 힘을 증가시킬 수 있다. 연구 집단에서, 다양한 수준의 학생들은 자신이 편안하게 느끼고 무언가를 기여할 수 있는 범위에 참여할 수 있다. 연구 조언과 모델링은 단지 기술을 전달하는 것 이상으로, 연구에서 시행착오를 경험할 때 즐거움과 좌절 모두를 포함하는 건강한 태도를 보여주는 연구 멘토가 되는 것을 의미한다. 연구 과정에서 학생들에게 솔직한 감정을 표현하는 것은 그들의 흥미를 구축시킬 수 있는 중요한 부분이다. 학습에 대해 위협적이지 않은 환경을 제공하는 것이 중요하다. 학생들은 완벽한 연구를 설계하는 것에 압박감을 느끼지 말아야 하며, 오히려 그들의 질문을 표현할 수 있는 연구를 창출하도록 동기 부여되어야 한다. 또한 많은 상담 전공 학생들은 통계를 별로 좋아하지 않고, 연구에 대한 관심이 낮은데, 이는 그들이 연구하는 것을 통계적인 조사를 위한 것이라고 동일시하기 때문이다. 일부 학생들은 양적인 방법에 끌릴 수도 혹은 질적인 방법에 끌릴 수도 있는데, 이러한 선호도는 존중되어야 한다. 학생들이 즐거워하는 방법을 활용함으로써 도움을 얻는 것뿐만 아니라, 연구 영역 역시 다양한 방법을 통해 이득을 얻도록 해야 한다(Gelso et al., 1988). 과학과 실무의 진정한 통합은 연구를 좀 더 매력적으로 만들 수 있고, 특히 실무에 주된 관심이 있는 다수의 학생들에게 그러할 것이다. 임상 경험을 통해 성찰하고자 하는 기대는 과학과 실무의 결합의 한 예이다. 자신의 주제에 깊은 관심을 가진 학생들은, 연구에 좀 더 편리한 주제를 선정하여 프로그램을 마치고자 동기부여된 학생들보다 논문을 더 빨리 끝낸다. 모든 연구 환경이 이상적인 것은 아니며, 그러한 환경을 꾸려나가는 것은 중요하다(예: 연구 여정 2.8).

연구 여정 2.8

나는 아시아 이민 가족들에 대한 지역사회에 초점을 둔 연구를 수행하고, 이 연구를 지역사회 기구들과 교회들에 전파하는 것을 목표로 대학원에 지원했다. 그러나 나는 대학원 프로그램에서 그러한 연구 기회를 얻지 못한 채 대학원을 마쳤다. 이에 대해 낙담하기보다는, 내가 할 수 있는 것들을 확인하여 보다 주류 연구인 개인차에 대한 연구를 진행해나갔다. 그러나 한편으로는 소수 인종 심리학 연구를 읽고, 소수 인종에 관한 보고서를 쓰고, 아시아계 미국인 심리학회(Asian American Psychological Association)의 회원들을 통해 지지와 영감을 확인함으로써 나의 관심사를 유지해나갔다. 나의 꿈은 잠시 미루어졌지만, 태양 아래 건포도처럼 마르지는 않았다(Langston Hughes에게 경의를 표한다). 나는 연구들을 반복해서 상상하고 또 다시 상상했다. 그리고 마침내 원래 내가 가졌던 연구 관심사를 해낼 기회가 생겼을 때 깊은 안도감과 행복감을 느낌과 동시에 겁나기도 했다. 내가 정말 준비가 되었을까? 내가 할 수 있을까? 삶의 대부분이 그러하듯, 당신은 그냥 해야 하고 멈추지 말아야 한다. 당신이 좀 더 잘할 수 있도록 계속 밀어붙여라. 실수로부터 배우고, 다른 사람들과 협조하라. 과감하게 변화해보라. 그러나 당신의 결정을 지킬 수 있도록 확신을 가져야 한다. 현재 나의 연구 프로그램은 내가 가졌던 원래의 연구 관심사와 일치할 뿐만 아니라, 더 나아지기 위해 늘 변화하고 있다. 당신은 연구 경력에 대한 열정을 가지고 헌신할 필요가 있지만, 당신의 방식에 얽매이지는 말아야 한다. 새로운 아이디어와 기회들에 적응적이고 개방적이도록 해야 한다.

- Richard Lee, Ph.D.

Gelso 등(Gelso et al., 1996; Kahn & Gelso, 1997; Royalty et al., 1986)은 훈련 환경의 9개 요소들이 조작적으로 정의된 도구를 개발했다(Research Training Environment Scale: RTES, 개정판인 RTES-R). 이 측면들이 서로 독립적이지는 않기 때문에, Kahn과 Miller(2000)는 이후에 RTES-R의 단축 버전을 개발했다. 이는 RTES-R에 의해 조작화된 9개 측면들에 기저가 되는 2개의 상위요인들을 포함한다. 첫 번째 요인은 **교육적 차원**(instructional dimension)으로 명명되었는데, 이는 대학원 훈련의 교육과정 요소들을 포함하는 측면이다. 여기에는 통계와 설계의 논리를 가르치는 것, 성찰하는 것을 가르치는 것, 실험에도 결함이 존재함을 가르치는 것, 다양한 접근들을 가르치는 것, 과학과 실무의 결합을 가르치는 것이 포함된다. 두 번째 요인은 **대인관계적 차원**(interpersonal dimension)으로 명명되었으며, 구성요소들로서 훈련을 시키는 사람과 훈련을 받는 사람의 상호작용을 포함한다. 이는 모델링, 강화하기, 초기에 학생을 관여시키기, 사회적 경험으로써 과학을 수행해보기가 포함된다. 연구 환경의 9개 구성요소들이 통계적으로는 두 개의 요인으로 줄일 수는 있지만, 개별적인 구성요소들의 평가를 통해 연구자가 숙련되고 동기부여된 연구의 사용자 및 산출자의 발달을 촉진하기 위해 교육과정과 경험을 어떻게 구성하는지 알 수 있다. 이런 점에서, 우리는 연구 훈련에 관여하는 전문가들이 상담 연구에서 영향력 있는 논문인 Gelso(1979)의 논문과, 연구 훈련 환경의 중요성을 지지하는 지난 30년간의 경험적 근거에 대한 Gelso 등(2013)의 문헌 고찰 논문을 읽어보기를 추천한다.

멘토와의 관계 연구 훈련 환경과 유사하게, 멘토와 대학원생들의 관계는 연구 결과와 관련이 있는 중요한 측면이다(예: 연구 여정 2.9). 학생들이 받는 연구 멘토링의 질은 환경에서 대단히 중요한 측면으로, 연구에 대한 학생들의 태도 및 연구 자기효능감(research self-efficacy)과 관련이 있다고 밝혀졌다(Hollingsworth & Fassinger, 2002; Morrison & Lent, 2014). 한 질적 연구는 멘토링 관계에 대한 학생의 만족과 관련되는 4개의 주요 요인들을 확인했다. (1) 자신만의 조언자를 선택하는 능력, (2) 조언자와 개인적인 만남 및 집단 회의를 갖는 빈도, (3) 조언 관계에서 갈등을 어떻게 다루는지, (4) 조언 관계와 관련되는 이득과 비용(Schlosser, Knox, Moskovitz, & Hill, 2003). Schlosser 등은 16명의 참여자들을 대상으로, 조언자와의 관계에 대해 만족하는지($n=10$) 혹은 불만족 하는지($n=16$)를 기준으로 분류했다. 만족하는 학생들의 대부분은 조언자를 선택할 수 있는 선택권이 있었지만, 불만족하는 모든 학생들에게는 선택권이 조언자에게 할당되었다. 조언자와의 미팅에 관해서는, 만족하는 학생들은 조언자와 개인적으로 혹은 집단으로 회의를 자주 가졌지만, 불만족하는 학생들은 전반적으로 드물게(예: 한 학기에 1~2회) 사적인 미팅을 가졌다. 만족하는 학생들은 조언 관계에서의 갈등을 보다 개방적으로 다루었고, 어려운 주제들을 표현했다. 반면에 불만족하는 학생들은 갈등을 피하려고 했다. 불만족한 모든 학생들은 조언자와의 관계 밖에서, 즉 외부 자원에서 도움을 얻었다고 보고했고, 만족하는 학생들 중

연구 여정 2.9

박사 훈련이 끝나가고 논문 연구를 시작할 때, 대학원에서의 멘토 중 한 분인 Puncky Heppner와의 만남이 생생하게 기억난다. 이 만남은 나에게 아직도 생생한데, 왜냐하면 연구 경력을 위해서 기초를 어떻게 세울 수 있는지에 대해 그가 해준 조언이 나에게 매우 도움이 되었기 때문이다. 그는 나에게 체계적인 방식으로 발전시켜나갈 수 있는 영역에서 논문 연구를 진행할 것을 제안했고, 이 영역은 나의 관심을 계속 유지해주면서 현대 문헌의 공백을 채워주었다. 이러한 경험과 존경하는 멘토들로부터 가르침을 받은 많은 순간들은 나에게 중요한 깨달음을 제공했다. 즉, 초보 연구자로서 즉각적인 결과물을 산출하기는 어렵기 때문에, 연구를 한다는 것이 인내, 끈기, 계획을 가지고 멘토로부터 조언을 얻는 과정으로서 특별한 시간으로 작동한다는 것이었다.

- Lisa Flores, Ph.D.

에서는 단지 일부만이 그들의 조언자가 자신의 요구를 채워줄 수 없을 때 외부 자원을 찾았다고 보고했다. 이러한 발견들은 긍정적인 조언 관계의 발전에 대한 중요한 통찰을 제공한다.

연구 자기효능감 학업 및 경력 흥미와 선택에 대한 사회 인지적 모형들은 자기효능감이 직접적이고 간접적인 경험과 목표 유지의 관계를 매개한다고 가정한다(Lent, Brown, & Hackett, 1994). 연구 자기효능감은 다양한 연구 관련 과제들을 성공적으로 마칠 수 있는 개인의 능력에 대한 자신감으로 정의된다(Kahn & Schlosser, 2014). 연구 자기효능감은 관심사를 구축하고 개인의 연구 목표를 형성하는 통합적인 부분이다(예: 연구 여정 2.10). 상담 학생들의 연구 자기효능감을 평가하는 도구가 몇 가지 개발되어있다. 이 척도들 중에서 연구 자기효능감 척도(Self-Efficacy in Research Measure: SERM)(Phillips & Russell, 1994)는 연구 자기효능감을 측정하는 데 널리 사용되는 것이다(Gelso & Lent, 2000). 연구 자기효능감 척도에는 연구 설계, 실무 연구 기술, 글쓰기, 연구 기술의 양적인 측면을 측정하는 4개의 하위요인들이 포함된다(척도 문항 목록에 대해서는 표 2.2 참고). 이 척도

연구 여정 2.10

대만 유학생으로 미국에서 장학생으로 있을 때, 나의 연구 여정은 어려움에 직면했다. 나는 Kuo-Shu Yang 교수님의 조교로서 중국 토착 심리학 연구를 수행하며 이에 대해 관심을 갖게 되었다. 나는 단순히 서양 연구의 발견을 활용하는 것과는 반대로 나의 문화적 맥락에 대해 배우고 있는 것에 깊은 흥미를 갖게 되었다. 나의 첫 번째 도전은, 미국에서 중국인에 대한 나의 연구를 수행하는 동안 중국의 문화적 맥락을 어떻게 포함시킬 수 있을지였다. 나는 여러 문화에 걸친 완벽주의를 연구하도록 지지해준 Robert B. Slaney 박사님이 지도교수가 되어 내가 사사받는 특혜를 누렸다. 두 번째 도전은 제2언어인 영어로 학술 작업을 하는 것이었다. 작문은 결코 쉽지 않았지만, 작성해보고, 수정하고, 다시 쓰는 과정을 통해 배우고 개선해나갔다. 이 과정은 나로 하여금 연구 설계, 개념화, 연구 분석들이 작문 기술보다는 질적인 연구 수행에 보다 더 필수적이라는 것을 상기시켜주었다. 나의 연구 효능감은 통계 분석 기술을 활용함으로써 커졌는데, 이것은 연구에 대한 관심을 더 강하게 촉진시켰고, 마침내 학업적인 경력을 이루어나가도록 이끌었다. 발전하는 연구자로서 내가 배운 중요한 것 중의 하나는, 대부분의 학자들이 상대적인 강점과 약점을 가지고 있다는 것이다. 나의 강점들을 활용하고, 나의 보다 약한 부분들을 인내하는 것이 나에게는 중요하다. 단순히 결과에 초점을 맞추기보다는 나의 성장과 발전에 초점을 맞추는 것이 다시 한 번 도움이 되었다. 멘토의 지도를 받고, 나의 학습 방향을 재정립하는 것은 내가 발전하는 데 큰 도움이 되었다. 또한 내가 가진 점을 보완하는 기술을 가진 사람들과 협동하는 것은 연구를 보다 쉽고 더 재미있게 해주었다.

- Kenneth Wang, Ph.D.

표 2.2 연구 자기효능감 척도(Phillips & Russell, 1994)

아래 문항들은 연구와 관련된 과제들이다. 다음의 과제들을 성공적으로 수행할 수 있는 능력에 대해 확신하는 정도를 표시하라. 각 척도는 0~9점이며, 0점은 전혀 확신하지 않음, 9점은 전적으로 확신함을 나타낸다.

1	2	3	4	5	6	7	8	9
전혀 확신하지 않음							**전적으로 확신함**	

1. 연구에 대한 적합한 주제를 선택하는 것
2. 어떤 통계를 사용해야 하는지 아는 것
3. 적절한 개수의 주제들을 마련하는 것
4. 학회에 제출할 논문을 작성하는 것
5. 논문 게재를 위한 연구 논문에서 연구 방법과 결과 부분을 작성하는 것
6. 컴퓨터 시스템에서 자료를 다룰 수 있는 것
7. 학위 논문에서 논의 부분을 작성하는 것
8. 연구 프로젝트 기간 동안 기록을 보관하는 것
9. 자료를 수집하는 것
10. 비전형적인 방법들을 사용하여 실험을 설계하는 것(예: 일상생활 연구, 인공두뇌학적 접근, 현상학적 접근)
11. 전형적인 방법들을 사용하여 실험을 설계하는 것(예: 실험 설계, 준실험 설계).
12. 연구를 위해 시간을 들이는 것
13. 박사 논문에서 서론과 문헌 고찰 부분을 작성하는 것
14. 연구 관심 영역의 문헌들을 고찰하는 것
15. 논문 게재를 위해 연구 보고서의 도입과 논의 부분을 작성하는 것
16. 연구 관심 영역에서 현재 일하고 있는 연구자들과 접촉하는 것
17. 통계적 가정의 위반을 피하는 것
18. 박사 논문에서 연구 방법 및 결과를 작성하는 것
19. 초급 통계를 사용하는 것(예: t 검증, ANOVA, 상관)
20. 학사 · 석사 논문에서 도입과 문헌 리뷰를 작성하는 것
21. 타당도에 대한 위협을 통제하는 것
22. 가설을 공식화하는 것
23. 학사 · 석사 논문에서 연구 방법과 결과를 작성하는 것
24. 필요한 도움을 위해 자원들을 활용하는 것
25. 컴퓨터 인쇄물을 이해하는 것
26. 학위 논문을 방어하는 것
27. 다변량 통계를 사용하는 것(예: 중다회귀, 요인 분석)
28. 통계 패키지를 사용하는 것(예: SPSS-X, SAS)
29. 주어진 모집단에서 참여자들의 표집을 선택하는 것
30. 신뢰할 수 있고 타당한 도구들을 선택하는 것
31. 컴퓨터 통계 프로그램들을 작성하는 것
32. 연구를 위한 재원을 얻는 것
33. 관심 있는 변인들을 조작화하는 것

채점:
각 하위요인 점수들끼리 합산하거나, 33개 문항들을 모두 합하여 총점 계산.
연구 설계 기술 = 1, 10, 11, 21, 22, 29, 30, 33
실무 연구 기술 = 3, 8, 9, 12, 16, 24, 26, 32
양적 및 컴퓨터 기술 = 2, 6, 17, 19, 25, 27, 28, 31
작문 기술 = 4, 5, 7, 13, 14, 15, 18, 20, 23

는 당신의 연구 자기효능감을 평가하는 도구로 사용될 수 있다. Kahn(2001)은 이 사회 인지적 모형들과 이 영역의 선행 연구에 기초하여(예: Brown et al., 1996; Phillips & Russell, 1994 참고), 연구 훈련 환경과 멘토 관계가 연구 자기효능감을 예측하고, 이는 결과적으로 학술 활동을 예측할 수 있음을 발견했다.

연구 결과 기대 연구 수행의 결과에 대한 학생의 기대 또한 연구 경험과 관련되는 변인이다. 이 기대는 연구 수행에 대해 어떻게 지각하고 있는지를 포함하며, 학생들의 미래 경력 혹은 취업 기회에 영향을 미친다. 반면에, 부정적인 기대는 연구에 관여하는 것이 상담 기술을 강화시킬 수 있는 기회나 여가 활동 시간을 방해하는 것으로 생각될 수 있다. 연구 결과에 대한 기대는 개인이 가진 연구에 대한 흥미와 연구 자기효능감 수준과 관련이 있다고 밝혀졌다(Bishop & Bieschke, 1998).

연구 흥미 Kahn(2001)은 연구 흥미가 앞서 언급된 다양한 연구 관련 예측변인들과 학업 활동 간의 관계를 매개한다고 가정했다. 즉, 성격 유형과 연구 생산성의 관계의 확립은 흥미에 달려있다는 것이다. 탐구형은 연구에 좀 더 흥미가 있기 때문에 연구와 관련된 목표를 가지고 있으며 좀 더 많은 연구를 해낸다. 또한 다수준 분석은 긍정적인 연구 훈련 환경을 가진 상담 프로그램이 학생들의 연구 흥미를 더 촉진시킨다는 것을 보여주었다(Kahn & Schlosser, 2010).

학술 활동 Kahn의 모형(2001)의 결과 구성개념은 학술 활동인데, 이는 게재된 논문, 미간행된 경험적 원고, 원고 제출 및 진행 중인 연구, 출간했거나 출간 중인 것, 그리고 학회 참석과 관련되는 과거의 성취들뿐만 아니라, 자료 수집 혹은 자료 분석과 같이 현재 관여하고 있는 것들을 아울러 폭넓게 정의된다. 상담 프로그램 졸업자들의 연구 생산성이 낮다는 조사 결과로 인하여, 오랜 세월 동안 연구 생산성이 결과변인으로 간주되었다.

연구 생산성을 목표점으로 보는 것에 대해서는 다소 논란이 많다. 연구 생산성의 증가는 이 영역의 지도자들에 의해 옹호되어왔다. 그러나 우리는 대학원 전후로 게재된 연구의 양은 훈련 프로그램의 질을 나타내는 주된 지표가 될 수 없다고 생각한다. 우리는 학생들이 질적인 연구를 수행할 수 있고(또한 자신의 학위논문에서도 그러하며), 현명하게 연구를 수행하며, 과학적 주제를 설득력 있게 숙고하고, 충분한 정보에 입각한 관점에서 연구와 실무의 균형을 잡고, 과학적 방법을 인정하고 가치부여를 할 수 있으며, 다양한 범위의 연구 및 응용 맥락에서 비판적 사고 기술을 적용할 수 있는 숙련된 연구자가 되어야 한다고 생각한다. Hill(1997)은 교수 지위에 있거나 논문을 많이 게재한 제자들이 적다는 이유로 그들을 부적절한 연구 멘토로 판단하지는 말아야 한다고 언급했다.

프로그램 재학 기간 Kahn(2001)은 또한 학생들이 받는 연구 훈련의 양은 학생들이 프로그램에 관여하는 기간과 연관되며, 이는 그들의 학술 활동과 직접적인 관련이 있다는 것을 발견했다. 이것은 연구 기술이 발달하는 데 얼마나 시간이 걸리는지에 대해 우리가 언급했던 것을 고려하는 중요한 요인이고, 학생들은 이러한 발달 과정을 자신의 연구 능력과 잠재력을 평가하는 것으로 간주해야 한다.

실제 연구에 적용하기 2.1

연구 기술의 4개 측면들에서 당신의 자기효능감을 평가하기 위해, 표 2.2에 제시된 연구 효능감 척도를 실시하라. 자신에 대해 배운 점은 무엇인가? 과학적 훈련에 대해 당신이 가지고 있던 걱정들, 장애물들, 그리고 두려움과 관련하여 연구 자기효능감 척도의 결과는 어떠한가? 당신의 연구 기술의 발달을 강화하기 위하여 당신이 취할 수 있는 단계는 무엇인가?

모형 검증

Kahn(2001)은 경로 모형을 검증했고, 그림 2.1에 그 결과를 제시했다. 모형의 다양한 측면들은 유용했다. 연구 자기효능감 및 연구 결과 기대와 마찬가지로 연구 흥미가 중요한 매개 개념으로 나타났다. 4개의 예측 요인들(탐구적 흥미, 연구 훈련 환경, 멘토와의 관계, 연구 기간)은 학술 활동의 예측과 직접적으로 혹은 간접적으로 관련되었다. 이 요인들 중에, 연구 훈련 환경은 연구 결과 기대와 자기효능감을 거쳐서 학술 활동을 가장 많이 예측하는 것으로 나타났다. 멘토와의 관계는 연구 자기효능감을 통해 학술 활동과 유의하게 관련이 있었다. 프로그램 기간은 학술 활동과 직접적으로 관련이 있었고, 이는 복합적인 연구 경험들의 중요성을 시사한다. 이러한 연구는 학생들이 연구 흥미와 자기효능감을 갖는 것의 중요함을 밝혀주며, 이러한 연구 환경과 멘토링이 흥미와 자기효능감을 촉진시키는 데 도움이 된다는 근거를 제공한다. 보다 자세한 내용은 Kahn(2001)의 연구와 Kahn과 Scott(1997)의 연구를 참고하라.

연구 유능성: 누락된 구성개념

저자들이 볼 때 Kahn(2001)의 모형 개념에서 누락된 구성개념은 연구 유능성이다. 상담자와 상담심리학자로서 우리는 긍정적인 태도와 자기효능감을 촉진하는 환경을 어떻게 구성할 수 있는지에 힘쓴다. 그러나 연구를 수행하고 활용하는 것에서 유능감을 갖는 것 또한 질 높은 연구를 산출하는 데 있어 중요하다. Wampold(1986b)는 상담 연구에서 대표적인 훈련 프로그램이 다양한 통계적 절차들을 학생들에게 가르치지 않는다는 것을 발견했다. 게다가, Royalty와 Reising(1986)은 전문가들이 통계적인 기술 및 컴퓨터 기술을 제외한 연구 기술에서만 자신 있어 한다는 것을 발견했다. 이 두 가지 기술은 연구 생산성과 관련성이 높았다. 비록 대학원 프로그램이 설문 응답자들이 지닌 기술 수준에 적절하게 기여했다고 답했을지라도, 그들은 직업 활동에서 점차 자신감을 잃어갔고, 졸업 후에도 연구 기술을 보강하려는 것 같지는 않았다. 자기효능감은 연구에 대한 긍정적인 태도를 촉진하는 연구 환경에서 일부 기인하지만, 이것은 또한 유능성을 기반으로 형성된다.

통계 및 설계에서의 유능성에 대한 경험적 근거에 기반을 두어, Wampold(1986b, p. 44)는 설계 및 통계 유능성을 다음과 같이 열거했다. (1) 세팅에 적절한 고전적 실험 설계, 준실험 설계, 단일 참여자 설계, 조사 설계, 질적 설계를 포함하는(그러나 여기에 제한되지는 않는) 설계에 대한 지식, (2) 타당도, 표집 방법, 검증력과 같은 설계에 관한 주제들에 대한 이해, (3) 상담 연구에서 흔하게 사용되는 통계 분석에 대한 지식, (4) 가정의 역할, 가설 검증 방략, 확인적 분석 대(對) 탐색적 분석과 같은 통계적인 주제들에 대한 이해, (5) 적절한 때에 컴퓨터로 분석을 실시할 수 있는 능력. 이 책과 통계 수업들, 그리고 또 다른 경험들이 독자들에게 이러한 유능성들을 제공하기를 바란다. 또한, 작성 기술은 학생을 성장시키는 데 중요한 기술인데, 이 책의 마지막 장에 Heppner와 Heppner(2004)의 방법으로 보다 자세한 내용을 수록했다.

과학적 훈련 확장의 필요성

대부분의 상담자 훈련 프로그램들은 다양한 연구 유능성의 발달을 촉진하는 것을 목표로 하는 요소들을 훈련한다(예: 연구 설계, 통계). 그러나 우리는 주의를 기울일 만한 두 개의 부가적인 유능성들을 논의하고자 한다. 그것은 기본적인 과학적 혹은 비판적 사고 기술들과 기본적인 연구 적용 기술들이다.

기본적인 과학적 사고 기술의 훈련

모든 상담자들은 과학자-실무자 연속선상에서 어디에 위치하는지와 상관없이, 기본적인 과학적 사고 기술 혹은 비판적 사고 기술들을 필요로 한다. 과학적 사고란, 탐구와 추론의 통제된 방법을 말하고, 전형적으로 가설 검증을 목적으로 자료를 수집하는 것이다. 전문적인 상담자의 핵심적인 특성은, 매일의 전문적인 실무 활동에서 과학적 사고를 통합하는 것이다(예: Gambrill, 2005; Pepinsky & Pepinsky, 1954). 과학적 사고는 상담자가 상담뿐 아니라 상담 과정을 평가하는 동안 특정한 내담자에 대한 정보를 처리하는 도구일 수 있다.

개인이 어떻게 사고하는지는 대단히 복잡한 과정이다. 인간이 주로 합리적인 방식과 비합리적인 방식, 체계적이고 비체계적인 방식, 그리고 선형적이고 비선형적인 방식으로 사고하고 정보를 처리한다는 것은 점점 명확해지고 있다. 게다가, 한 개인의 인지적 과정, 즉 한 사람이 어떻게 생각하는지는 그 사람의 정서적 과정 및 행동과 상호작용하고, 그렇게 함으로써 복합적인 삼원적 과정을 창출한다는 근거가 존재한다(Heppner & Krauskopf, 1987). 연구는 사람들이 '객관적인 컴퓨터'처럼 생각하기보다는, 자신이 가진 정보의 유형에 선택적 혹은 편향된 방식으로 사고한다는 것을 명백히 나타냈다(Garb, 1988). 특히, 사람들은 종종 자신의 믿음을 확고하게 하는 정보에 주의를 기울이거나 혹은 이에 반대되는 정보를 무시한다. 게다가, 대부분의 치료자들과 상담자들은 내담자와 작업하는 동안 결정을 내릴 때 과학보다는 자신의 개인적인 경험에 보다 비중을 둔다(Stewart & Chambless, 2007). 이러한 편향들은 전문적인 상담자가 내담자에 대한 정보를 처리하고 자신의 직무의 효과성을 평가할 때 문제점으로 이어질 수 있다.

Carl Rogers는 이러한 상담자 편향의 위험성을 매우 잘 인지하고 있었다. 1955년에 그는 자신이 내담자에 대해 "창의적으로 형성된 주관적 예감들에 관해 자기 자신을 기만할 수 있다."(p. 275)는 것을 관찰했다. 그는 과학적인 방법이 하나의 사고방식으로서 "객관적인 사실을 가지고 한 사람의 주관적 감정들, 예감들 혹은 가설들"(p. 275)을 확인하도록 이끈다고 믿었다. Rogers는 '이런 의미인가요?' 혹은 '그것이 이런 것일까요?'라고 내담자에게 질문함으로써 매우 직접적으로 확인하곤 했다. Rogers는 때때로 한 단계 더 나아가 상담자와 내담자 간의 대화를 분석하기 위해 인터뷰 기록을 공개하는 방법을 개발했다. 몇 년 후 그는 이러한 축어록을 분석하기 위해 인터뷰의 즉시성에서 한 발 물러섬으로써 특정한 내담자 혹은 상담 과정에 대해 배우면서 매우 흥미로워했다(Rogers, January 1984, P. P. Heppner와 L. A. Lee와의 개인적 교신).

과학적 사고의 훈련은 상담 결과의 평가에 특히 중요할 수 있다. Lilienfeld 등(2014)은 정신건강 제공자들이 어떻게 편향될 수 있는지에 대한 예시를 제공한다.

> 임상적으로 우울한 내담자가 심리치료를 받고, 두 달 후에 심각한 증상에서 벗어난다. 그녀의 증상 개선은 치료에 기인한 것인가?
>
> 정확한 답을 '우리는 알 수 없다'. 한편, 과학적으로 지지된 심리치료들이 다수의 정신건강에서 겪는 어려움들을 경감시킬 수 있다는 점을 보고했다(Barlow, 2004). 따라서 내담자의 개선은 최소한 부분적으로는 개입에 기인한 것일 수 있다. 또 다른 면에서는, 대부분의 정신건강 전문가들이 알고 있듯이, 올바르게 타당화된 측정도구, 무선화된 통제집단, 그리고 맹목 관찰(blinded observation)과 같이, 추론의 오류에 대항하는 방법론적인 도구가 없이는 치료의 효과성에 대해 타당한 결론을 내릴 수 없다(Gambrill, 2012). 경험이

> 많은 임상가와 연구자들조차 이러한 추론적 근거가 불충분할 때, 치료가 효과적이었다고 결론을 내리는 오류에 쉽게 빠질 수 있다. 그들은 내담자를 위한 치료의 효과성을 평가할 때 그리고 특정한 학파나 심리치료 양식의 효과성을 평가할 때 이러한 실수를 할 수 있다. (p. 355)

따라서 과학적 사고와 방법론의 훈련은 상담자가 개인적인 혹은 주관적인 편향을 적게 가지면서 보다 객관적으로 상담 개입의 효과성을 평가할 수 있도록 돕는다.

최근에 상담자의 훈련과 실무의 질을 높이기 위해 경험적으로 타당화된 치료들이나 근거 기반 실무에 대한 거센 움직임이 있었다(McHugh & Barlow, 2010; Norcross, 2011; Waehler, Kalodner, Wampold, & Lichtenberg, 2000). 과학적 사고는 비전문가와 상담자를 구별해주는 중요한 특성인데, 이는 과학적 사고의 자기교정적 특성 때문이다. 즉, 비전문가는 자신의 세계관의 선입견에 기반을 두어 자신이 보거나 들은 것에 맞추는 경향이 있는 반면, 잘 훈련된 상담자들은 과학적 근거에 기초하여, 자신의 가정이나 관찰을 변화 가능한 것으로 유연하게 바라보아야 한다(Lilienfeld et al., 2014).

이와 같이, 과학자로서의 상담자와 과학자의 차이는 절차보다는 목표에 관한 것이다. 우리는 보다 통합된 과학자 – 실무자 모형과 관련이 있는 훈련 결과들을 반영함으로써, 기본적인 과학적 사고 기술에 대해 보다 철저한 훈련을 추구하는 것이 가치 있는 것이라고 믿는다. 과학적 사고의 발달을 촉진하기 위해, 특히 실무지향적인 학생들에게 도움이 되기 위해 Hoshmand(1994)는 연구 슈퍼비전에 대한 실무지향적 접근을 개발했다. 그녀의 경험들은 실무지향적 접근이 학생들의 흥미를 유발하고, 실무와 관련되는 학술 연구에 기여하도록 준비시킨다는 결론을 내렸다. 현 시점에서, 학생들의 서로 다른 유형을 위해 상이한 접근들의 효과성에 더 많은 관심이 요구된다. 따라서 비판적 사고, 가설 검증, 다른 과학적 방법론들은 훈련의 모든 측면들로 통합되어야 한다.

기본적인 연구 적용 기술의 훈련

상담 연구 문헌은 내담자 집단, 상담 과정, 그리고 결과, 평가, 개입, 위기 개입, 전문적 주제, 인간 행동, 그리고 다양한 특정 주제에 관한 정보를 포함한다(상담 전문직과 관련된 다양한 주제를 보려면 Fouad 등(2012)이 편집한 《미국 심리학회 상담심리학 핸드북》을 참고하라). 이러한 정보는 상담 연구와 실무에 종사하는 사람이라면 누구에게나 명백히 필수적인 것들이다. 이는 또한 실무자들이 특정한 내담자 문제를 다루는 데 도움이 되는 대단히 유용한 데이터베이스 혹은 도구가 될 수 있다. 지속적으로 변화하는 세상에서, 상담자의 지식 베이스는 빠르게 뒤쳐질 수 있다. 따라서 현장에 있는 상담자들은 새로운 내담자 문제를 효과적으로 다룰 수 있도록 지속적으로 자신을 훈련시킬 필요가 있다.

전문적인 연구 문헌은 특정한 내담자 문제들에 대한 유용한 정보를 제공하고, 추가적인 연구에 대한 주제들을 제안한다. 또한, 문헌을 읽는 것은 상담자의 사고에 영향을 미칠 수 있고, 상담 과정에 대한 개념화를 정교하게 개선할 수 있다. 따라서 상담 분야의 모든 대학원생들에게 기본적인 활동이란 적극적인 연구 소비자가 되는 것일 수 있다. 연구 문헌을 어떻게 사용하는지 배우는 것(예: 각기 다른 저널의 논문 유형에 친숙해지는 것, 가장 효율적으로 정보에 접근하는 방법을 배우는 것) 그리고 개인의 문제 해결 방략의 일부로서 문헌을 활용하는 것은 자연스레 일어나는 일이 아닌, 특정한 훈련에 참여함으로써 일어날 수 있다.

요약 및 결론

미래의 연구자들을 훈련하는 사람은 바로 현재의 학생들이다. 이 장에서 우리는 연구 훈련과 관련되는 몇 가지 기본적인 주제들을 논의했다. 이것이 연구에 대한 긍정적인 태도를 형성하고, 미래 연구자들과 미래의 훈련자들을 위한 연구 유능성을 증진시키는 데 도움이 되길 바란다.

우리는 상담 훈련뿐 아니라 모든 상담자들의 전문적 활동에서 과학과 실무 영역이 한층 더 통합될 수 있다고 믿는다. 미래에 대한 Carl Rogers의 희망은 연구자들이 어떤 영역에서 실무를 수행할 수 있고, 또한 실무자들이 연구에 참여할 수 있다는 것으로써 이는 통합의 한 유형을 나타낸다. 우리는 또한 과학적 연구 훈련이 과학적 사고와 기본적 연구 적용 기술의 강화로 확장된다고 제안했다. 우리의 개인적인 경험에서, 많은 상담 실무 기간 동안 관찰함으로써 우리의 연구를 명확하게 촉진시켰다. 게다가 우리가 경험한 것은 경험적 근거 하에 사고하고, 연구 문헌의 새로운 아이디어를 적용함으로써 우리의 사고와 상담기술들이 연마되고, 확장되며, 강화된다는 것이다. 통합은 또한 주로 연구지향적인 사람과 실무지향적인 사람 간의 다른 수준에서 일어날 수 있다. 어떤 점에서는, 상담 과정에서 뛰어난 관찰력 가진 사람들이 상담 실무에 깊이 관여하는 사람들이다. 전형적인 연구자가 그러한 실무자들과 협동적인 관계를 구축하는 것은 당연한 일이다. 요약하면, 우리는 과학 및 실무 지향적인 전문 활동들이 보다 완전한 두 영역 간의 통합을 통해 강화될 수 있다고 생각한다.

우리는 또한 과학적 훈련에서의 기본적인 주제가 과학적 사고임을 주장했다. 이러한 결과는 과학적 기술뿐 아니라 과학적 가치들을 요구한다. 후자 역시 훈련에서 중요한 목표이고 구체적인 주의가 필요하다. 아마도 과학 철학, 연구 방법, 그리고 느리지만 꾸준한 지식의 축적, 학생 개인의 연구 경험의 형태로 말이다.

학술적 탐구의 태도는 과학적 사고를 넘어서 호기심, 연구하고자 하는 마음, 건강한 회의주의, 탐구, 그리고 배우고자 하는 욕구를 포함한다(예: 연구 여정 2.11). 모든 상담 전문가들은 자신의 경력을 통해 얻은 지식의 경계를 확장하고, 전문 분야의 지식 베이스를 확장하는 개척자로 볼 수 있다. 상담 및 발달 영역의 선구자들은 성취에 의해, 그리고 부분적으로는 지적인 발견에 대한 기쁨, 즉 "새로운 것을 알고자 하는 목마름"(Pepinsky & Claiborn, 1985, p. 7)에 의해 동기부여되었다고 보고한다.

연구 여정 2.11

상담 연구자로서 나의 경력을 되돌아보면, 나는 무엇보다 호기심에 의해 연구를 해왔던 것을 보며 만족감을 느낀다. 호기심은 무언가를 알고자 하는 욕구로, 철저한 조사로 현상에 관한 일관된 이야기가 나타날 때까지 탐구하고, 연구를 설계하며, 자료를 조사하는 것이다. 심리치료 이야기는 정확히 내가 기대했던 것은 아니지만, 과학이 무엇에 관한 것인가에 대한 것, 즉 기대되지 않은 무언가를 발견하는 것이다. 많은 시간 동안, 나는 어떤 문제들에 대하여 어떤 형태의 심리치료가 좀 더 과학적이고 효과적인지 믿었으며 학생들에게 이를 가르쳤다. 그러나 내가 심리치료에 대한 과정과 결과에 대한 근거를 조사했을 때, 심리치료의 과학적 기초라고 알려진 것들이 무너져버렸다. 그래서 나는 이러한 주제들을 좀 더 깊이 조사하기 위해 메타 분석과 자연주의적 심리치료 자료들의 분석을 실시했다. 서로 다른 영역들에서 여러 유형의 설계들로부터 나온 근거들은 서로 다른 이야기를 펼치고 있었다. 하지만 어떤 이야기였는가? 현존하는 심리치료이론과 일치하지 않는 근거를 관찰하는 것은 충분하지 않았다. 이러한 근거는 대인적인 설명을 요구했는데, 이는 현존하는 연구의 근거를 인색하게 설명하고 후속 연구에 의해 생성된 근거를 예측하는 새로운 이론을 의미한다. 이는 나로 하여금 진화심리학, 인류학, 사회심리학, 신경심리학, 위약 연구, 종교학, 역학 등을 좀 더 광범위하게 읽어보도록 했다. 이러한 탐구는 대단히 흥미로웠고, 심리치료의 맥락적 모형 개발로 이어졌다. 우리는 이러한 노력에 겸손해야 해야 하는데 그 이유는 과학의 진보로 인해서 현존하는 이론들을 더 이상 사용하지 않거나 더 나은 것들로 대체시킬 수 있기 때문이다, 그것이 우리가 기대한 것이 아닐지라도 이는 불가피할 수 있다.

- Bruce Wampold, Ph.D.

전문적인 학술 탐구의 개척자 태도를 유지하는 것은 또한 하나의 삶의 방식이 될 수 있다. Enos Mills는 지금은 로키 산맥 국립공원으로 알려진 콜로라도 산악지대의 초기 개척자였다. 다음의 인용문에서, Mills(1924)는 선구자의 삶의 질에 대해 기술하고 있다. 그는 미국 서부에서 선구적인 사람으로 불리지만, 그가 언급한 삶의 질은 학술적인 탐구를 통해 전문적 지식을 발견하는 태도에도 적용이 된다.

> 삶을 개척하는 사람들은 대개 아주 운이 좋은 사람들이다. 그들은 지루한 실존으로 고통받지 않는다. 매 시간은 혁신적인 생각과 행동을 촉구하는 기회들로 가득 차 있다. 이 행동들은 탐험을 매력 있게 만드는데, 이것이 그들의 삶을 강하고, 진실하고, 달콤하게 만든다. 그들의 나날은 열망과 안식으로 가득 차 있으며, 행복하게 일을 수행한다. 개척자의 삶은 희망차고 그들의 미래는 모든 가능성을 지닌다. (p. 9)

우리는 상담 전문직의 삶이 당신이 선구자가 되는 좋은 곳이길, 그리고 과학적 사고가 당신을 즐겁게 해주고 다양한 내담자들에게 이익이 되는 것을 발견하게 하여 당신의 삶을 풍요롭게 해주길 희망한다.

실제 연구에 적용하기 2.2

다양한 연구자들의 연구의 즐거움과 도전에 대해 읽고 난 후, 이들 중에서 당신에게 특별히 기억에 남는 여정이 있는가? 만약 있다면, 그 여정의 어떤 측면이 혹은 어떤 식으로 도움이 되었는가?

촉진 질문

연구 훈련을 되돌아보기

1. 과학적 사고가 실무와 과학 활동 모두에 어떻게 유용할 것이라고 생각하는가?
2. 당신의 상담 실무에 과학적 사고를 포함시키기 위해 당신이 할 수 있는 활동 다섯 가지를 찾아보라.
3. 상담 전문 분야에 과학과 실무를 통합하는 것에서 가장 중요한 이점은 무엇이라고 생각하는가?
4. 연구자 그리고/혹은 실무자가 된다는 것에 관하여 당신 자신이 어떻게 보이는가?
5. 상담자로서 당신의 미래에 대해 열정을 느끼는가? 당신이 가장 흥미 있어 하는 영역에서 당신이 할 일들을 강화하는 데 연구가 도움이 될 수 있는 방법은 어떤 것인가?
6. 과학적 훈련에 대해 당신이 가진 걱정, 장애물, 두려움은 무엇인가?
7. 질문 6에서 떠오른 반응들을 살펴보라. 당신이 이러한 반응을 가지고 있다고 생각하는 이유가 무엇인가?

3
CHAPTER

상담 연구에서의 윤리: 윤리적인 사람이 되는 것과 옳은 일을 하는 것

윤리적 원칙들은 상담 전문 분야의 중심에 있다. 이것은 우리 분야를 안내하고, 타인과 함께하는 방식을 형성하며, 상담 연구의 필수적인 질문에 답을 할 때 방향을 알려주는 가치적인 표현이다. 윤리 원칙들은 타인의 권리와 존엄성을 알려주고, 우리의 직업 생활에서 도덕적 나침반의 역할을 한다. 게다가, 윤리적 원칙들은 연구자가 자신의 가치를 굽히지 않고 목표를 달성하도록 돕고, 윤리는 여러 가치들이 충돌할 때 결정을 내리도록 돕는다(Kitchener & Anderson, 2011). 우리는 윤리가 다름 아닌 연구 수행에 있어 가장 중요한 것이라고 믿는다. 연구에서 윤리의 중요성 때문에, 이 장을 이 책의 초반에 배치했다. 그리하여 윤리적 추론은 연구에서 기본적인 설계를 고려하는 단계에 통합되었다. 실제로, 연구는 상담 훈련 프로그램을 받는 학생들이 그들의 전문적 역할에 있어서 윤리적인 훈련을 필수적인 것으로 간주한다(Wilson & Ranft, 1993). 상담 연구자가 되는 것은 기술적인 연구 설계 기술과 윤리적 자각의 섬세한 혼합을 내포하는데, 윤리적 자각을 통해 연구 능력이 강화될 뿐만 아니라, 연구 참여자, 공동 연구자, 전문직, 그리고 사회를 포함하여, 지식 창출에 기여하는 사람들을 존중하는 방식으로 수행된다.

이 장에서 우리는 두 가지의 일반적 범주에 기반을 두어 연구자의 책임감에 초점을 둔다. 이는 학술 작업과 관련되는 윤리적 쟁점들, 그리고 참여자와 관련되는 윤리적 쟁점들이다. 오늘날의 다면적인 세계에서, 이러한 쟁점들은 지난 수십 년간 상상하지 못했던 복잡성을 지녀왔다. 그러나 연구자로서 우리는 경험적인 정보와 이론, 전문 지식, 그리고 윤리적/법적 지침에 기초하여 최선의 결정을 내릴 수 있어야 한다. 이러한 결정들은 때로 불완전하고 상충하는 정보로 만들어지지만 연구자들은 이러한 어려운 결정을 내리는 것에서 자유로울 수 없고, 최종 결정을 내리기 위해 권위(예: 윤리적 원칙, 교수)에만 오로지 의존할 수도 없다(King & Kitchener, 2002; Owen & Lindley, 2010). 따라서 이 장에서 우리의 주된 목표는 (1) 상담 연구에 수반되는 흔한 윤리적 쟁점들을 소개하고, (2) 때로는 명확한 해답을 가지고 있지 않은 현실적인 윤리적 딜레마의 복잡성을 강조하고, (3) 엄격한 연구 설계를 위한 윤리적 반영성(ethical reflectivity)을 강조하는 의사결정 접근에 대해 논의하는 것이다.

이 장의 첫 번째 절은 기본적인 윤리 원칙뿐 아니라, 우리의 전문적 가치들의 핵심을 형성하는 덕목 윤리에 대해 논의한다. 특히, 무해성, 선행, 자율성, 정의, 충실성/진실성과 같은 기본적인 윤리 원칙들에 대해 논의한다. 또한, 미국 심리학회(American Psychological Association: APA)와 미국 상담학회(American Counseling Association: ACA)에서 제공되었던 윤리적 지침들을 소개한다. 두 번째 절에서는 학술 작업, 특히 (1) 연구 실행, (2) 결과 보고, (3) 중복 출판 및 단편 출판, (4) 출판 업적, (5) 표절에 대해 논의한다. 세 번째 절에서는 참여와 관련되는 윤리적 쟁점들, 즉 (1) 위험과 이득, (2) 사전 동의, (3) 기만과 해명, (4) 비밀유지와 사생활, (5) 처치 문제에 대한 특수한 고려사항을 논의한다. 마지막 절에서는 연구를 수행하는 과정에서 겪을 수 있는 윤리적 딜레마를 다룰 때 연구자가 도움을 받을 수 있는 윤리적 의사결정 모형을 소개한다.

기본적인 윤리 원칙

윤리에 관해서 전문가의 의사결정을 촉진하기 위해, 미국 상담학회(ACA)와 미국 심리학회(APA)는 윤리 원칙들 혹은 지침들을 개발했다. 이는 《윤리 강령(Code of Ethics: CE)》(ACA, 2014), 그리고 《심리학자의 윤리 원칙(Ethical Principles of Psychologist: EPP)》(APA, 2010)이다. 부록 A와 부록 B에 이러한 원칙들이 제시되어있는데, 이는 이 장에서 윤리적 쟁점에 대한 논의를 할 때 언급될 것이다. 《윤리 강령》과 《심리학자의 윤리 원칙》 모두 새로운 사회의 발전과 우리 분야의 집단적인 윤리 지식의 진보에 기초하여 지속적으로 변화함으로써 개선해나가는 중이다. 그러나 이 문서들의 중요한 부분은 오랜 세월이 지나도 남아있는 일반적이고 기본적인 윤리적 원칙들이다. 본질적으로, 기본적인 윤리적 원칙은 실제 적용하는 데 많은 영향을 미칠 수 있고, 특정한 원칙들이 명확하지 않거나, 부적절하거나 혹은 불완전할 때에 지침을 제공할 수 있다. 또한, 상담 전문직을 윤리의 법칙 개념에서 서로 다르게 정의되는 딜레마로부터 기본적인 윤리 지침을 적용하고 확인하는 데 초점을 두는 것으로 이전시킬 수 있다(Kitchener & Anderson, 2011).

무해성, 선행, 자율성, 정의, 충실성/진실성의 다섯 가지 기본적 윤리 원칙들에 초점을 맞춘다. 우리는 윤리적 쟁점들의 핵심을 명확히 하고, 전문가 윤리 강령에 대한 이해를 돕기 위해 일반적 원칙들을 간단히 논의한다. 이러한 기본적인 윤리 원칙들에 대한 보다 풍부한 논의에 관심이 있는 독자들은 Beauchamp와 Childress(2001), Kitchener와 Anderson(2011), 그리고 Koocher와 Keith-Spiegel(2008)을 읽어보기 바란다.

무해성

Diener와 Crandall은 그들의 대표 저서인 《사회 및 행동 연구에서의 윤리(Ethics in Social and Behavioral Research)》(1978)에서, "사회과학자를 위한 가장 기본적인 지침은 참여자들이 연구에 참여하여 피해를 입지 않는 것이다."(p. 17)라고 간결하게 결론을 내렸다. 이러한 원칙은 무해성(nonmaleficence)의 원칙(무엇보다도 해를 끼치지 말아야 한다)으로 불려왔다(Beauchamp & Childress, 2001). 이것은 의도적인 해를 가하지 않는 것, 그리고 타인을 해칠 위험을 피하는 것을 포함한다. 피해란 의도적으로 또는 비의도적으로 일어날 수 있기 때문에, 연구자는 연구 프로젝트를 설계하고 실행함에 있어 깊이 생각하고 주의를 기울여 계획하고 행동해야 하는 책임이 있다.

비록 이는 현재에서 상식으로 여겨지지만, 이전에 과학이란 이름으로 연구자들이 해를 가하던 역사가 존재했다. 지금은 연구윤리심의위원회(IRB)와 같은 피해를 예방하기 위한 안전장치가 존재하지만, 아직도 연구자들은 미묘한 방식으로 피해를 가할 수 있다. 예를 들어, 어떤 연구자가 이성 관계의 질이 아동기의 경험과 관련이 있는지에 대해 궁금해서 성인의 이성 관계에 대한 연구를 한다고 가정해보자. 이 연구자는 아동기 성적 학대 경험에 대한 질문지를 사용했다. 그 질문들은 어떤 참여자들에게 부정적인 사고와 감정들을 유발할 수 있고, 이로써 피해를 야기할 수 있다. 참여자에게 끼칠 수 있는 잠재적 영향을 고려해볼 때, 대부분의 윤리학자들은 만일 누군가에게 해를 끼치는 것 혹은 도울 수 있는 것 사이에서 반드시 둘 중 하나를 선택해야 한다면, 가장 강력한 의무는 해를 피하는 것이라고 주장했다(예: Beauchamp & Childress, 2001; Kitchener & Anderson, 2011). Diener와 Crandall(1978)은 만일 자발적인 참여자가 연구에 대해 모두 인지하여 참여했고, 이로써 얻는 이익이 중대한 것일 때에만 무해성의 원칙이 대체될 수 있다고 주장했다. 따라서 앞의 예에서 연구자들은 참여자들의 복지를 보호하는 방법을 고려하고, 연구에서의 잠재적인 이득이 발생 가능한 불편감을 타당화하는지를 살펴볼 필요가 있을 것이다.

선행

윤리적으로 행하는 것은 피해를 막을 것뿐 아니라, 타인의 건강과 복지에 기여하는 것을 포함한다(Beauchamp & Childress, 2001). 타인을 위해 좋은 일을 하는 것이 선행(beneficence)이다. 이 중요한 윤리 원칙은 상담의 본질적인 목표로, 사람들이 자신의 힘으로는 풀 수 없었던 문제를 해결하도록 돕는다. 게다가, 선행은 미국 심리학회와 미국 상담학회에서 옹호하는 윤리적 원칙의 핵심으로 여겨진다. 《심리학자의 윤리 원칙》의 서문에서, 윤리 강령은 "개인과 조직, 그리고 사회의 환경을 개선한다."(APA, 2010b, p. 3)라는 원칙을 강조했다. 이와 마찬가지로, 《윤리 강령》의 서문에서는 "전 생애의 인간 발달을 증진한다."(ACA, 2014, p. 3)라는 전문직의 핵심을 선언하고 있다.

선행의 본질은 유능성이다. 만일 우리의 가치가 타인을 돕는 것이라면, 특히 우리의 서비스에 의지하기 위해 오는 이가 도움이 필요한 사람이라면, 우리는 가능한 유능하게 그 사람을 도울 의무를 가진다. 이는 서비스 전달, 전문적 훈련, 그리고 연구에 대한 다양한 함의를 갖는다. 연구에 관해서, 선행 원칙은 상담자의 유능성을 발전시키고, 내담자들을 위한 이익을 최대화할 수 있는 연구를 수행할 것을 요구한다. 그러기 위해서는, 연구자들이 적극적이고, 이타적이며, 연구 참여자들과 지역사회에 '되돌려주는(gives back)' 집단/지역사회지향적인 접근을 가질 필요가 있다. 예를 들어, 한 연구팀이 소수 인종인 내담자들의 우울을 치료할 수 있는 방법을 입증하는 연구를 수행한다고 가정해보자. 만일 그들이 연구 결과를 출판하지 못했다면, 이러한 실패는 선행 원칙을 내재적으로 만족시키지 못하는 것이다. 요약하면, 선행의 중요한 측면은, 연구에 기반을 두며 그 결과가 지역사회에 이익을 제공하기에 적합한 적극적이고 이타적인 접근을 취하는지에 대한 것이다(Ponterotto & Casas, 1991).

자율성

자율성(autonomy)의 원칙은 행위의 자유와 선택의 자유를 포함하여 개인의 행동 방침을 스스로 선택할 수 있는 자유에 중점을 둔다(Kitchener & Anderson, 2011). 자율성의 원칙은 미국의 정책 기관, 법, 문화에 스며들어있다. 여러모로, 자율성은 심리학적 연구에 자율적으로 참여할 수 있는 참여자의 권리, 혹은 반대로 거절할 수 있는 권리의 초석이다. 제2차 세계대전 이후 뉘른베르크 재판 이래로, 자율성의 원칙이 연구에서 더 크게 주목을 받았다. 이러한 주목의 중심에는 사전 동의에 대한 언급, 특정한 연구 프로젝트에 대한 잠재적 사안들을 교육하는 것이 있었고, 이로써 참가여부에 대해서 정보에 입각한 결정을 내릴 수 있게 했다. 연구에서의 자율성에 대해 결정을 내리는 것은 어려울 수 있다. 만일 연구자들이 연구의 참여함을 보장하기 위해 **모든** 설문 문항들을 반드시 완료해야 한다는 명령을 내린다면 자율성 원칙을 만족시키는가? 아니면, 학부 교수가 대학생활에 대한 학생들의 태도에 대해 연구하고 싶어서 학생들에게 설문을 완료하도록 요청한다. 이런 경우, 학생들은 **실제로** 거절할 수 있는 자율성을 가지고 있는가? 교수가 학생의 자율성에 충분히 영향을 미칠 수 있는 학점을 마음대로 할 수 있는 권한이 있다면? 궁극적으로, 연구자들은 참여자들과의 관계에 대해 그리고, 참여자들의 자율성에 어떻게 영향을 미칠 수 있는지에 대해 인지할 필요가 있다.

정의

정의(justice)의 원칙은 공정성, 정직함, 형평성을 내포한다(Kitchener & Anderson, 2011). 어느 사회든 재화와 용역의 양은 한정되어있기 때문에, 사람들 사이의 갈등은 존재할 수밖에 없다. 따라서 무엇이 공정한 것인지 결정하는 사법 체계의 일부분으로서 많은 법들이 개발되었다. 본질적으로, 정의의 원칙은 사람들이 공평하다는 가정에 기초한다. 그러므로 아리스토텔레스에 의해 처음 제안되었듯이, 같은 것은 공평하게 대우받아야 하고, 다른 것은 오직 관련된 차이점에 비례하여 다르게 대우를 받아야 한다(Beauchamp & Childress, 2001). 예를 들어, 모두에게 한 회기당 500달러에 치료적 서비스를 제공하는 것이 공정한 것인가? 일부 내담자들은 이를 쉽게 지불할 여유가 있겠지만, 다른 이들에겐 어려울 수 있다. 이런 경우 내담자의 수입에 기초하여 서비스 요금을 제안하는 정책이 더 나을 수 있다(예: 차등제). 정의의 원칙은 또한 수행되는 연구의 유형에 적용된다. 예를 들어, 만일 주로 중산층 이상의 사회경제적 지위를 가진 백인 내담자들이 상담 치료 연구에 포함되는 것이 정의로운 것인가? 정의의 개념은 또한 개인의 노고에 대한 보상과 노고의 산물에 대한 소유를 내포한다. 예를 들어, 저자들이 논문 출판에서 기여한 바에 대해 적절한 보상을 받거나, 혹은 노고에 대해 다른 형태로 전해지는 것이다(예: 회담, 매체).

충실성/진실성

충실성/진실성(fidelity/veracity)의 원칙은 충실함, 신뢰성, 약속 혹은 합의를 지키는 것, 충실성(loyalty)을 내포한다(Ramsey, 1970). 이 원칙은 상담자–내담자, 학생–교사, 연구자–참여자를 포함한 대인관계에 직접적으로 적용된다. 계약을 이행하지 않는 것(예: 기만하거나 혹은 비밀을 어김으로써)은 상호간에 합의된 관계 내에 있는 또 다른 개인의 선택을 침해하는 폭력일 수 있다. 충실성과 신뢰성은 상담과 같이 남을 돕는 직업에서 가장 중요한 것이다. 충실성의 원칙은 전문직의 평판뿐 아니라 상담자, 슈퍼바이저, 자문가, 교육자, 그리고 연구자와 같은 전문가 개인에게도 중요하다. 장기 상담(예: 50회기 상담) 연구를 수행하는 한 연구자의 예를 생각해보자. 만일 30주 후에 연구자가 연구를 그만두게 되어서, 모든 내담자를 다른 상담자들에게 의뢰한다면, 의뢰 그 자체는 좋은 조치일 수 있어도, 이 연구자는 초기에 내담자와 합의한 의무를 유지하지 않았다는 점에서 문제가 있을 수 있다. 연구자가 충실성/진실성의 원칙의 침해를 피하기 위해 해야 하는 옵션은 무엇인가?

기본적인 윤리적 원칙들을 동시에 저울질하는 것은 또한 복잡할 수 있다. 실무를 위해, 다음의 사례 예시에서 기본적인 윤리 원칙을 적용해보라.

실제 연구에 적용하기 3.1

당신은 시험 불안증을 가진 대학생들을 위해 새롭게 매뉴얼화된 치료의 효과를 검증하는 심리치료 연구를 진행하는 치료자이다. 모든 참여자들은 10주 프로그램을 시작하기 전에 적절한 참여자인지 평가하기 위하여 심사를 거쳤다. 당신 연구의 내담자 중 1명은 19세의 라틴계 미국인 여성인데, 세 번째 회기에 불안 관련 아동기 외상 및 우울의 경험을 밝혔다. 이에 대해서 그녀는 대안적인 서비스를 받을 만한 여유가 없었기 때문에 사전 심사 중에 이를 개방하지 못했으며, 또한 10회기 동안에 치료자가 충분히 이를 다룰 수 있을 것이라고 생각했기 때문이라고 당신에게 알렸다. 하지만 당신에게는 훈련을 받는 동안 치료 매뉴얼을 벗어나면 안 된다는 의무가 있었다.

질문

1. 기본적인 윤리 원칙에 기초하여 당신은 어떻게 할 것인가? 어떤 원칙들이 가장 중요한가?
2. 이 사례에서 당신이 결정을 내리기 위해 어떤 조치를 취할 것인가? 당신이 듣고 싶은 다른 정보는 무엇인가?

학술 작업과 관련된 윤리적 쟁점들

인간 행동에 대한 연구는 지속적인 변화와 진전을 보인다. 이러한 진보는 상담자들이 "행동에 대해서 증가하는 과학적 및 전문적 지식과 자신 및 타인에 대한 이해에 충실하다."(《심리학자의 윤리 원칙》 서문, p. 3)라는 것을 반영한다. 상담에서 과학적 노력의 기본적인 목적 중 하나는 상담 전문직을 가치 있게 하는 주제들에 대한 우리가 지닌 지식을 증진시키는 것이고, "사회적 및 문화적 맥락에서 다양성을 존중하고, 사람들의 고유성, 가치, 존엄성, 및 잠재력을 지지하는 다문화적 접근을 수용하고 다양성을 존중하는 방식으로 행하는 것이다."(《윤리 강령》 서문, p. 3). 정확한 정보는 전문직의 지식베이스를 증진시키는 반면에 잘못된 정보는 이를 왜곡하거나 변조시킬 수 있다고 주장할 수 있다. 요약하면, 전문직 내에서 과학의 역할을 고려해볼 때, 과학자들은 "완전하게 정직한 태도로 노력하는"(Drew, 1980, pp. 58–59) 책임을 가진다. 여러 요인들이 일반적인 연구자들에게 많은 부담을 줄 수 있지만(예: 논문 출판 압박이나 피로), 연구자들은 정확하고 신뢰할 수 있는, 그리고 유용한 정보로 우리의 지식 베이스를 확장하기 위해 과학자의 궁극적 목적에 초점을 두어야 한다. 만일 연구자들이 이러한 필수적인 목표를 잃어버린다면 그들은 연구를 수행할 권리가 없고, 우리가 돕고자 하는 사람들과 전문직을 방해할 수 있다.

정확한 정보의 제공 및 지식 베이스의 확장과 관련된 목표가 때때로 타인 및 사회의 복지 증진과 조화로울 수 없다는 것에 주의해야 한다. 연구가 기존의 지식 베이스를 확장하여 원자 폭탄으로 이어졌고, 이것이 제2차 세계대전에서 연합군 승리에 도움을 주었지만,

수많은 사람들의 죽음을 초래했기 때문에 그 연구가 많은 무고한 사람들의 복지를 증진시켰다고 보기엔 어렵다. Seeman(1969)는 다음과 같은 적절한 결론을 내렸다.

> 인간 역사에서 히로시마의 존재란 지식적인 것만으로 충분하지 않으며, '무엇을 위한 지식인가?'라는 질문을 반드시 물어야 한다는 예를 보여준다. 만일 심리학적 지식이 한 개인이 맺는 관계에서 어떠한 근본적인 인간성을 넘어선다면 그에 대한 대가는 매우 클 수 있다. (p. 1028)

이와 비슷하게, Jensen(1969, 1985)이 발표했던 연구는, 아프리카계 미국인들이 지적으로 더 열등하다는 것을 보여주었다(그리고 여기에는 자료가 편향되었는지에 대한 상당한 논란이 있었다). Jensen의 결론은 시간이 지나면서 지지되지 않았으며(예: Sternberg, 1982), 아프리카계 미국인들의 복지를 증진시키지 못했다. 요약하면, 필수적인 점은 보다 많은 정보가 필연적으로 인간 복지를 촉진시키는 것은 아니라는 것이다. 최소한, 우리의 지식 베이스를 확장하는 것은 옳고 그름에 대해 보다 깊이 있는 도덕적 쟁점을 불러일으킨다(Kitchener & Anderson, 2011). 따라서 지식 베이스의 확장과 인간 복지 증진이라는 외견상 간단한 목표로부터 때로는 복합성 및 모순점도 함께 주목해야 한다.

다음으로 5개 문제들을 고려하여 정확한 정보를 제공해야 하는 연구자의 책임에 관한 함의를 논의할 것이다. 이는 연구의 실행, 결과 보고, 중복 출판 및 단편적 출판, 출판 업적, 표절의 문제이다.

연구의 실행

타당한 지식 기반을 구축하기 위해서는 연구가 적절하게 실행되어야 한다. 연구자는 정확하고 신뢰할 수 있는 연구 조사를 계획하고 시행해야 할 책임을 가진다(《윤리 강령》, G.1). 또한 연구자는 윤리적 허용성을 평가하고, 과학적 가치와 참여자의 권리에 중점을 둠으로써 연구의 모든 측면을 주의 깊고 세심한 태도로 수행하여 어떤 식으로든 결과가 오해의 소지가 될 가능성을 최소화하도록 해야 하는 책임이 있다. 따라서 방법론적인 편향과 오차를 줄이기 위해 연구자는 대상 집단에 대한 정확하고 세심한 이해를 갖는 것이 필수적이다. 자신이 성공적으로 연구를 시행하는 유능성이 있다는 것을 연구자들은 어떻게 알 수 있을까?

다음의 예를 생각해보자.

연구를 수행하는 것은 전형적으로 다양한 과제들을 포함하기에 여러 세부 사항들에 대한 많은 주의가 요구될 수 있다. 전형적인 절차적 과제는 참여자와 접촉하는 것, 실험적 조건을 배치하는 것, 조건들에 참여자들을 무선적으로 할당하는 것, 평가도구를 찾고 모

실제 연구에 적용하기 3.2

Bill은 사회공포증과 씨름하고 있는 내담자들을 위해 인지행동치료의 효과에 대해 상담 연구를 진행하고 있다. Bill은 인지행동치료에 대해 집중적으로 훈련을 받았지만, 경력에서 그는 단지 두어 명의 내담자를 만나본 경험만 있을 뿐이었다. 또한, 그는 다른 접근보다 자신이 배운 인지행동치료가 가장 나은 접근이라고 느꼈기 때문에 이에 대해 연구를 하고 싶어 했다. 따라서 그는 내담자가 집단 세팅에서 영화를 보는 집단치료에서 인지행동치료의 효과를 탐색했다.

질문

1. 이 사례에서 가장 중요한 주제는 무엇인가?
2. Bill은 이 연구를 유능하게 실행할 수 있는가? 왜 그런가, 혹은 왜 그렇지 않은가?

으는 것, 도구들을 활용하는 것, 자료를 부호화하는 것, 컴퓨터에 자료를 입력하는 것, 자료를 분석하는 것을 포함한다. 이러한 주요 과제 안에는 질문들을 수집하고, 원래의 자료 항목들에 대조하여 부호화된 자료의 정확성을 점검하는 것, 자료 입력의 오류를 점검하는 것과 같은 무수히 많은 단계와 과정들이 있다. 요약하면, 연구자는 프로젝트에서 많은 과제들을 접하게 되는데, 이들을 정확하고 신뢰성 있게 수행해야 하는 책임이 있다. 연구자가 연구 보조자와 같이 다른 사람을 고용한다고 하더라도, 이 과정에 대한 궁극적인 책임은 연구자에게 있다. 연구 보조자는 유용한 자원이 될 수는 있지만, 전형적으로 밀접한 지도 감독이 필요하다. 실제로, 연구자들은 그들과 일하는 보조자들을 능숙하게 다룰 뿐 아니라 윤리적으로 대우해야 하는 책임 역시 있다.

결과 보고

연구의 결과를 보고하는 것은 외견상 간단한 과제일지라도, 책임과 복잡성을 수반한다. 이 영역은 선행, 무해성, 정의, 충실성/진실성을 포함하는 여러 기본적인 윤리 원칙들을 포함한다. 예를 들어, 연구자는 정확하게 보고하고, 연구 결과의 오용을 예방할 책임이 있다(《심리학자의 윤리 원칙》, 8.10; 《윤리 강령》, G.4). 이는 연구자가 발견한 것을 정직하게 보고하고, 독자에게 명확하고 이해 가능한 방식으로 제시해야 한다는 것을 내포한다.

연구자들은 결과를 제시함에 있어 여러 과제들을 갖게 된다. 초기에 연구자들은 연구가 어떻게 실행되었는지에 대한 사실을 제시해야 한다. 완벽한 연구란 없기 때문에 연구자들은 연구를 실시했던 접근을 기술하고(일반적으로 논문의 방법 부분에서 보고된다), 연구의 한계를 기술해야 한다(일반적으로 논문의 논의 부분에서 보고된다). 한계에 대한 논의는 특히 연구의 발견이 특정한 집단(예: 성별, 인종/민족, 국가적 근원, 성적 지향성, 사회적 계층)에게 덜 호의적일 때 중요할 수 있다. 때때로 연구자들은 한계점을 논의하면 결과가 약화되고, 전문 저널에 출판하는 것이 방해받을 것이라 믿는다. 그러나 연구자의 목표는 관심 있는 현상에 대해 가장 정확한 정보를 제공하는 것이라는 점을 잊으면 안 된다. 한계를 명시하는 것은 오히려 전문직에 도움이 되며 미래의 연구자들에게도 도움이 될 수 있다. 만약 연구의 한계가 실제로 결과의 출판 가능성을 상당히 감소시킨다면, 전문직에서의 장기적인 관심을 유지하기 위해 이를 출판하려 하지 않을 것이다. 즉, 부당한 정보를 숨기거나 기만하는 것은 과학자의 장기적인 목표와는 다소 상반된다.

다음으로, 연구자들은 솔직하고 투명한 태도로 연구 결과를 제시할 필요가 있다(일반적으로 논문의 결과 부분에서 보고된다). 예를 들어, 연구자들은 결과에 대한 기본적인 기술적 정보뿐 아니라 연구자들이 어떻게 분석을 실시했는지에 대한 기술을 제시해야 한다. 마지막으로, 연구자들은 자신의 발견을 정확하게 해석해야 하는 책임 또한 가지고 있다(일반적으로 논문의 논의 부분에서 제시된다). 때때로 연구자들은 그들의 자료가 본인들의 가설을 확증하거나 혹은 잘 알려진 연구자의 이론을 지지한다면 보다 더 큰 가치를 가지게 될 것이라고 믿는다. 아마 대부분의 출간된 연구들이 통계적으로 유의한 결과를 보고한다는 것은 사실일 것이다. 그러나 연구자는 자료가 특정한 이론을 지지하는지 혹은 그렇지 못하는지에 대한 책임을 가지고 있는 것이 아니라는 점에 주목해야 한다. 그 이론이 정확하지 않을 수도 있기 때문이다. Carl Rogers가 언급한 것처럼 "사실은 언제나 친숙하다."라는 말은, 주어진 가설들을 지지하지 않는 자료에 대해서는 좋지 않은 느낌이 들어서 옳지 않다는 의미를 내포한다(P. P. Heppner와 L. A. Lee의 개인적 교신, 1983년 1월). 그러므로 연구자의 의무는, 어떠한 선입견, 예측 혹은 사적인 욕구에 굴하지 않고 결과를 정직하게 보고하는 것이다. 이것은 또한 그 결과들이 일반화될 것 같은 사람들에게 명확히하는 것 또한 포함한다. 예를 들어, 남성이 우세한 표집으로부터 나온 결과는 여성이나 성 전환자, 혹은 성별에 순응하지 않는(gender nonconforming) 정체성을 가진 사람들에게 일반화할 수 없다는 점에 주의하는 것이 좋은 윤리적 실천이다.

또한 연구자는 연구 결과가 공유된 후에는, 자격을 갖춘 다른 연구자들이 해당 연구를 점검하고 확인하고 싶어 할 경우 이들에게 원자료가 가용적일 수 있도록 해야 하는 책임을 가진다(《심리학자의 윤리 원칙》, 8.14; 《윤리 강령》, G.4.e). 따라서 연구자에게 연구가 출판된 이후 전형적으로 5~7년 동안 원자료 저장을 필요로 한다.

아마 가장 심각한 문제들 중 하나는 자료의 의도적인 위조일 것이다. 사기성 자료를 생성하는 것은 명백히 비윤리적이다(《심리학자의 윤리 원칙》, 8.10). 사기성 자료를 지어내는 기본적인 방법은 다음과 같은 세 가지가 있다. (1) 실제 자료 수집 없이 발견을 날조하는 것, (2) 원하는 결과에 보다 가까워 보이도록 실제 발견들을 조작하거나 수정하는 것, (3) 원치 않는 혹은 부합하지 않는 정보들을 지우기 위해 실제 발견들을 포장하는 것

(Koocher & Keith-Spiegel, 2008). 연구의 발견들을 조작하는 것은 자신이 계획했던 것처럼 사후 발견들(post hoc findings)을 제시하는 것 또한 포함한다. 이러한 위조는 명백하게 전문 분야에 잘못된 정보를 제공하는 것이고, 혼란과 오해를 가중시킬 수 있다. 불행하게도, 많은 사기성 연구의 예들이 과학계에 보고되었고(Koocher & Keith-Spiegel, 2008 참고), 일반적인 매체에서 주의를 끌고 의회 조사를 촉발했다(Broad & Wade, 1982).

아마도 자료 위조에 대해 가장 많이 알려진 것은 영국 심리학자인 Cyril Burt의 연구인데, 일란성 쌍생아에 대한 연구로서 국제적으로 읽히고 인용되었다. Burt는 저명한 과학자로, 그의 연구가 인정되어 1946년 기사 작위를 수여받았다(Drew, 1980). 그러나 Burt가 선천적인 지능에 관한 자신의 이론을 지지하는 것에 대한 타당하지 않고 허구적인 자료를 출판한 사실이 사후에 드러났다. 이러한 위조는 여러 해 동안 심리학을 잘못 이끌어왔을 뿐 아니라, 해당 전문 분야를 난처하게 만든 주요 원천이 되었다.

자료의 위조는 '과학적 책임'의 상실을 나타내며(Keith-Spiegel & Koocher, 1985, p. 364), 인간 복지 향상에 도움이 되지 않는다. 과학의 목표는 개인적 보상과 단기적인 소득의 추구로 인해 무시되었다. 개인적인 인정을 추구하거나 출판의 압박, 예를 들어 논문 출판이냐 소멸이냐의 딜레마(publish-or perish dilemma)가 연구자의 동기를 일그러뜨릴 수 있을지라도, 가장 중요한 장려책으로 아마 보조금 확보를 적용할 수 있다. 놀라운 연구 결과를 생성하는 연구자들은 종종 보조금을 수여받는다. 보조금 갱신은 지속적인 연구 수행과 새로운 경지를 개척하는 것의 여하에 달려있다. 그러나 때때로 과학의 기본 목적, 즉 전문 분야의 지식 베이스를 확장하는 것을 추구하는 데서 길을 잃는다. 특히 우리 연구의 대부분이 도움을 필요로 하는 사람들에 대한 심리학적 서비스를 개선하는 것에 목적을 두고 있기 때문에, 자료의 위조는 상담 전문직에 부정적인 결과로 귀결된다. 따라서 자료의 위조는 혼란을 만들어내는 것 이상의 영향을 미칠 수 있다. 또한 사람들의 실제 삶에 영향을 미치는 것으로써 상담의 효과성을 감소시킬 수 있다.

중복 출판 및 단편적 출판

또 다른 쟁점은 자료의 중복 출판과 관련된다(《윤리 강령》, G.5.g). 명백하게 각기 다른 저널의 논문에 동일한 자료를 출판하는 것은 몇 가지 문제들을 일으킨다. 중복 출판은 특정한 주제에 대해 확인된 것보다 더 많은 정보가 있는 것 같은 인상을 준다. 한 논문이 새로운 이완 훈련 기술과 스트레스 관리 간의 관계를 한 학회에 보고하고, 얼마 지나지 않아 또 다른 논문이 다른 학회지에 동일한 결과를 보고한다고 가정해보자. 두 번째 논문은 첫 번째 연구를 반복한 것이고, 이 새로운 이완 훈련 기술이 스트레스 관리에 효과가 있다는 것이 강력한 발견이라는 인상을 준다. 그러나 실제로는 이 두 개의 논문이 단지 하나의 자료를 전달한 것이고, 이와 같이 중복에 대한 지각은 부정확한 것이다. 게다가, 중복 출판은 학회 지면과 비평가 및 편집자들의 시간과 같은 가치 있는 자원들을 낭비시킨다. 따라서 "심리학자들은 이전에 출판되었던 자료를 원자료인 것처럼 출판해서는 안 된다"(《심리학자의 윤리 원칙》, 8.13). 이 쟁점은 여러 연구자들이 자료를 공유하여 작업한 경우에 좀 더 복잡해진다. 예를 들어, 몇몇 대규모 데이터베이스가 연구자들에게 가용한 경우, 여러 연구자들이 동일한 자료로 유사한 이야기(혹은 같은 질문)를 한다면, 반복 출판에 대한 의도성은 적을지라도 방금 기술한 것과 같은 상황이 된다.

이와 관련된 쟁점은 어떤 것을 단편적 출판이라 부르는지에 대한 것이다. 단편적인 혹은 파편적인 출판은 동일한 자료에서 약간씩 다른 연구들을 출판하는 것을 포함한다. 단편적 출판은 중복 출판과 동일할 수는 있지만, 반드시 동일한 것은 아니다. 예를 들어, 우울, 무망감, 자살 사고의 관계에 대해 결과를 보고한 하나의 연구가 있고, 두 번째 연구는 동일한 자료에서 우울, 무망감, 자살 사고, 그리고 비합리적 신념의 관계에 대해 보고를 한다면 단편적인 출판일 가능성이 있다.

단편적 출판의 금지는 새로운 이론이나 방법론을 검증하기 위해 출판된 자료를 재분석하는 것을 포함하지는 않는다(APA, 1994). 마찬가지로, 특히 자료 수집에 시간차를 두는 것이 중요할 때 대규모 종단 연구로부터 다양한 보고들이 나오는 때가 있다. 이와 유사하게, 때로 연구들이 이론적으로 혹은 개념적으로 구분되어서 하나의 논문에서 그 자료들이 의미 있게 조합될 수 없다면 수많은 자료에서 나오는 다양한 보고들은 정당하다고 여겨진다. 그러나 연구 발표를 까다롭게 집행하는 것은 바람직하며, 가능하면 그렇게 되어야 한다고 생각된다.

저자들이 동일한 자료로부터 다수의 논문을 출판하는 경우를 명확히 확인하는 것은 강력하게 추천된다. 게다가, 저자들은 다중 출판의 가능성을 편집자에게 알리고, 가급적이면 관련 논문을 제공함으로써 편집자들이 단편적 출판을 고려하여 제대로 알고 결정할 수 있게 해야 한다. 의심스러운 경우에는 학회지 편집자 및 동료들에게 자문을 구하라.

출판 업적

연구자들은 프로젝트에 기여한 것에 대한 공을 적절하고 정확하게 배분해야 할 책임을 가진다(《심리학자의 윤리 원칙》, 8.12; 《윤리 강령》, G.5). 출판 업적에 포함되는 주제는 기본적 윤리 원칙 중, 정의와 충실성/진실성의 원칙과 우선적으로 관련된다. 한편으로는 출판 업적을 배분하는 것이 복잡하지 않고 간단한 과정처럼 보일 수도 있다. 적게 기여한 사람은 각주에 알리고, 반면에 주로 공헌한 사람들은 저작권을 주고 얼마나 기여했는지 순위에 나열한다. 실제로, 이러한 결정들은 굉장히 복잡한데, 이는 주로 공헌(contribution)이라는 용어를 둘러싼 모호성 때문이다. 무엇이 중요하지 않은 공헌과 주요 공헌을 구분하는가? 어떤 이는 프로젝트에 가장 많은 시간 동안 기여한 사람이 제1저자의 자격이 있다고 주장하는 반면에 다른 이는 전문 지식, 혹은 위계 서열이 저자 순위를 결정해야 한다고 주장한다. 혹은 그 연구에 아이디어를 제공한 사람이 제1저자가 되어야 한다고 생각했다. 저자 순위를 결정하는 것은 저자들이 주로 각기 다른 활동에 관여될 때 어려워진다. 예를 들어, 저자들이 각각 원고 작성, 결과 분석, 자료 수집, 연구 설계, 연구 수행의 지도 감독과 같은 활동에 관여하는 경우이다. 출판 업적을 배분하는 것은 연구자들이 이 모든 공헌들이 공평하게 중요한지, 혹은 몇몇 공헌이 다른 것보다 더 비중 있게 간주되어야 하는지를 논쟁할 때 더 복잡해진다.

출판 업적을 정확하게 배분하는 것은 몇 가지 이유에서 중요하다. 가장 중요한 첫 번째는 연구에 관여한 모든 사람들의 공헌이 공적으로 알려지는 것, 즉 마땅한 사람에게 공을 돌리는 것이 중요하다는 것이다(《심리학자의 윤리 원칙》, 8.12; 《윤리 강령》, G.5). 게다가 출판 업적은 대학원 입학, 전문직 취업, 그리고 승진의 기회를 얻도록 도움으로써 종종 한 개인의 전문 경력에 중요하다. 또한, 개인의 전문적 공헌에 대한 공적인 인정은 학구적인 결과물의 금전적인 보상이 낮은 것에 대해 "심리적으로 보상하는(psychic reward)" 역할을 할 수 있다(Koocher & Keith-Spiegel, 2008). 때때로 출판물에서의 저자 순위는 중요한데, 왜냐하면 제1저자가 다른 저자들보다 학술적인 작업에 대해 더 많은 인정을 받기 때문이다. 예를 들어, 제1저자만이 사회과학 인용 색인(Social Science Citation Index: SSCI)과 같은 인용 목록에서 표기되어 인정을 받을 것이다. 그래서 저자 순위를 결정하는 것은 경력과 관련된 주제들과 관련이 된다.

《심리학자의 윤리 원칙》과 《윤리 기준(Ethical Standards)》은 이러한 주제들 대부분을 모호하게 표현한다. 《미국 심리학회 출판 지침(The Publication Manual of the American Psychological Association)》(2010a)은 원고 기술, 연구 질문 혹은 가설 공식화, 연구 설계, 통계 분석의 조직화와 실시, 결과 해석 혹은 기술을 포함하는 주요 공헌들과 같은 보다 많은 지침을 제공한다. 출판에 '적게 기여한 것(minor contribution)'은 각주에 삽입하는 것으로 제안된다. 전형적으로 보다 적은 전문적 공헌이란, 편집의 피드백을 제공하는 것, 설계나 통계적인 질문에 자문하는 것, 평가자 혹은 심사자의 역할, 개입 관리, 자료 수집 또는 입력, 광범위한 보조 업무, 그리고 연구와 관련된 개념적인 아이디어를 생성하는 것(예: 향후 연구에 대한 방향)과 같은 활동들이 포함된다. 유급 연구 보조원들은 그들의 기여에 대한 보상을 받는다. 따라서 보통은 도입 부분의 각주에서 다음과 같이 표기된다(대개 논문의 첫 장의 하단에서 볼 수 있다). "저자들은 통계적 지원에 대해 김통계, 편집 의견에 대해 이문법과 박비판에게 감사의 말씀을 전한다". 보통, 이러한 공헌자들은 더 적게 기여했지만 중요한 측면에서 저자들을 도와주었기 때문에, 이들을 공개적으로 인정하는 것이 중요하다. 그러나 저자는 각주에서 이들에게 감사를 표현하기 전에 이들로부터 먼저 허가를 받아야 한다. 각주의 또 다른 유형은 연구를 후원한 자금의 원천을 공개적으로 알리는 것이다. 이는 '이 연구는 제1저자가 국립정신건강연구소로부터 받은 연구비의 지원을 받았음'이라고 알릴 수 있다(참고문헌에 연구비 번호를 작성한다).

주요 공헌자와 보다 적게 공헌한 사람을 어떻게 구별하는지, 다수의 저자들의 순위는 어떻게 결정하는지에 대하여 《심리학자의 윤리 원칙》과 《윤리 강령》에서 명확하게 명시하고 있는 것은 아니다. 《심리학자의 윤리 원칙》은 "주요 저자 및 출판 업적은 저자들의 상대적 지위와 상관없이, 개인이 관여한 바에 대해 비교적 과학적이고 전문적인 기여도를 정확하게 반영한다."고 언급하고 있다(8.12). Spiegel과 Keith-Spiegel(1970)은 저작권 결정에 대한 의견을 조사하기 위해 700명이 넘는 전문가를 조사했다. 그들의 연구에서 다음과 같은 준거들에 대한 형식적인 동향은 있지만 확실하게 합의가 된 것은 아님을 발견했다. (1) 가설과 설계의 생성, (2) 원고 작성, (3) 절차 구축과 자료 수집, (4) 자료 분석. 공헌은 연구자들이 소요한 시간의 양이 아니라, 그들의 학술적인 중요성에 따라 가치 있게 여겨지는 경향이 있다. 게다가, 두 가지 연구에서 응답자들은 전문적 지위를 결정적 변인으로 평정하지 않았다(Bridgewater, Bornstein, & Walkenbach, 1981; Spiegel & Keith-Spiegel, 1970). 이는 학위나 지위보다는 가치가 전문적 공헌의 더 우세한 결정 요인임을 시사한다. 말하자면, 저자들의 목록은 각 개인이 나열된 순서대로 그 연구에서 주요한 학술적 공헌을 했는지를 포함해야 한다.

다음의 예를 생각해보자.

실제 연구에 적용하기 3.3

당신은 개강일에 연구 가능성을 논의하기 위해서 슈퍼바이저를 만났다. 그녀는 소근육 운동에서 소진의 효과를 조사하는 프로젝트를 위해 자료 수집과 자료 입력을 도와달라고 당신을 초대했다. 학기 내내 당신은 매 3시간마다 소근육 운동 과제를 운영하는 동안, 24시간 동안 깨어 있는 참여자들에게 연구 실험을 수없이 많이 실시했다. 그러고 나서 150명의 참여자로부터 얻은 자료를 입력하고 자료 분석을 도왔다. 다음 학기에 슈퍼바이저가 참고 문헌 부분을 검토해달라고 요청하여 보게 된 원고에서 당신의 이름이 공동저자로 포함되지 않은 것을 보고 매우 놀라며 화가 났다.

질문

1. 이 사례에서 학생에게 저작권을 주어야 하는가?
2. 슈퍼바이저와 슈퍼바이지는 이 상황을 다른 방식으로 어떻게 다룰 수 있을까?

(저자가 여러 명인 경우) 저자의 순위는 전형적으로, 학술적 공헌의 정도에 차이가 있음을 반영한다. 즉, 프로젝트에 가장 많이 기여한 사람은 주요 혹은 제1저자가 되어야 하고,

다른 사람들은 상대적인 공헌 순위에 따라 나열된다. 저자 및 저자 순위를 결정하는 과정은 아마 그 결과만큼이나 중요할 것이다. 저작권을 결정하는 데 애매모호하기 때문에 저자들은 저자 순서에 대해 서로 다른 의견을 가질 수 있다. 저작권이 제1저자와 같은 한 사람에 의해 결정이 될 때는 저자들이 무시당했다거나 기만당했다는 느낌이 크게 받을 수 있다. 따라서 상호적인 의사결정 과정이 바람직하고, 가급적이면 이 쟁점의 논의에 관여된 사람들의 의견이 일치하는 방향이 바람직하다. 그러나 저자들 간의 권력 수준이 상이할 경우에는(예: 교수－학생), 이러한 과정은 도전적일 수 있다.

때로는 연구의 마무리 단계, 그리고 학술지나 전문 학술대회의 편집 검토를 위한 원고 제출 바로 전에 저자 순위가 결정된다. 이때 저작권 배분을 하는 것은 각자가 실제로 기여한 양이 어느 정도인지에 따라 평가하는 것이 가능하다는 점에서 장점일 수 있다. 반면 단점은 사후 실망(after-the-fact disappointments)이다. 예를 들면, 한 사람이 제1저자가 되고 싶어 하고 기대했지만, 순위가 어떻게 결정되는지 혹은 다른 저자들은 얼마나 기여했는지 알 수가 없었다. 혹은 더 안 좋은 상황으로 다음과 같은 예시가 있다. 어떤 사람이 자신의 학술적 공헌이 저자로서의 자질에 충분했다고 생각했는데, 연구가 끝난 후에 자신의 공헌이 별로 중요하지 않게 여겨졌고, 따라서 각주에 언급만 된 경우이다.

또 다른 방략(사전 방략)은 연구의 실행 전에 저작권을 배분하는 것이다. 이것의 이점은 사전에 미리 관련 주제를 논의하고 명확히 할 수 있는 기회를 통해, 모든 참여자들이 충분하게 알고 의사결정 및 합의가 이루어질 수 있다는 것이다. 그러나 단점으로는 초기에 동의된 것보다 한 개인이 상당히 많이 혹은 더 적게 기여할 수 있다는 것이다. 혹은 경험이 부족한 연구자가 필요한 과제와 기술의 측면에서 자신의 임무에 대해 명확하게 이해하지 않고 자신이 제1저자 또는 제2저자가 되고 싶을 수 있다.

세 번째 방략은 사전 방략과 사후 방략을 조합하는 것이다. 연구가 실시되기 전에 저자 문제와 관련된 주제들을 논의하고, 잠정적인 저자 순서를 구축하고, 모든 과제들이 끝난 후에 초기에 정한 순위의 정확도를 평가한다. 이 방략은 두 방략의 이점을 제공하고, 단점과 실망감을 최소화할 수 있다.

마지막 방략은 우연에 의해 저자 순위를 배치하는 것이다(예: 제비뽑기). 이 방략은 각 연구자가 동등하게 기여했고, 그들의 공헌을 변별하는 것이 그야말로 불가능해 보일 때 사용된다. 이때 어떠한 저자 순위라도 제1저자와 마지막 저자 모두의 공헌이 잘못 매겨진 것처럼 보일 수 있다. 따라서 저자들은 순서를 배치하는 임의적인 방법을 사용할 수 있다. 만일 이 방략이 사용되면, 도입 각주에서는 저자 순위가 우연에 의해 결정되었음을 알려야 한다. 예를 들어, 이름을 가나다순으로 나열하는 방법으로 저자 순위를 배치하는 것은 무선적인 방법이 아닐 것이다('한'씨 성을 가진 사람들에게 물어보라).

출판 보상과 관련된 한 가지 매우 복잡한 쟁점은 대학원생의 학위 논문과 관련된다. 종종 대학원생은 많은 시간과 노력, 그리고 때로는 많은 돈을 투자했기 때문에, 프로젝트에 많은 것을 기여했다고 느낀다. 격려해주기, 연구 설계에 대한 기술적 지원, 주요 해석적 의견 개발하기, 자금 및 기타 지원 제공, 원고의 주요 부분 작성하기가 지도교수의 기여에 포함될 수 있다. 그러나 이것이 대학 내에서의 교육과 훈련 역할에서 얼마나 비중을 차지하는지 명확하지 않다. 만일 교수가 연구 과제의 대부분을 대학원생이 수행하게 하고 출판 업적, 특히 제1저자를 하겠다고 요구한다면, 이는 정말로 대학원생을 착취하는 것일 수 있다. 《심리학자의 윤리 원칙》은 "예외적인 상황들을 제외하고, 학생의 박사학위 논문에 주로 기초해서 쓴 논문일 경우, 여러 저자들 중에서 학생이 주요 저자로 표기된다"(8.12). 이와 유사하게 《윤리 강령》은 "실질적으로 학생들의 연구과제, 프로젝트, 학위 논문에 기반을 두었거나 혹은 학생들이 주된 기여를 해온 논문이었다면 학생들이 주 저자로 표기된다"(G.5). 실제로, 미국 심리학회 윤리 위원회(1983)는 박사학위 논문에 대해서 명확하게 기록했고, 이 지침은 학부/석사 학위 논문에도 동등하게 관련된다. 지침은 다음과 같다.

1. 제2저작권은 학위논문의 지도교수에게만 허용된다.
2. 만일 지도교수가 주요 변인들을 지정했거나, 중요한 해석적 의견을 제시하거나, 혹은 데이터베이스를 제공했을 경우, 제2저작권은 의무적인 것으로 간주될 수 있다.
3. 만일 지도교수가 일반적인 관심 영역을 지정하거나, 설계 및 측정 절차 개발에 실질적으로 관여하거나, 또는 출판된 보고서의 논평에 많은 기여를 한다면, 제2저작권은 예의이다.
4. 지도교수가 단지 격려, 물리적 시설, 재정적인 지원, 비평, 혹은 편집적인 기여만을 제공했을 경우, 제2저작권은 허용되지 않는다.
5. 모든 사례에서 출판물 작성을 착수하기 전, 그리고 제출이 이루어지는 시점에 동의가 재검토되어야 한다. 만일 의견이 일치하지 않으면 위 지침을 사용하여 제3자를 통해 이 문제가 해결되어야만 한다.

표절

연구자들은 다른 원저자의 기여를 인정하고, 타인의 업적과 자신의 학술적 통찰을 명확하게 구별할 책임을 지닌다(《심리학자의 윤리 원칙》, 8.11; 《윤리 강령》, G.5.b). 즉, 이러한 주제들은 주로 정의, 충실성/진실성, 무해성에 대한 기본적 윤리 원칙에 관련된다. 표절은 다른 사람의 업적을 문자 그대로 복제하는 식으로 직접적으로 발생하거나 혹은 제대로 된 출처 없이 타인의 연구로부터 아이디어를 베끼는 것과 같이 덜 명확하게 일어날 수 있다. 인용 표시와 적절한 출처 형식은 다른 논문에서 문단을 문자 그대로 인용할 때 사용되어야 한다. 다른 논문의 문장을 다른 표현으로 바꾸는 것은 원전의 출처를 포함해야 한다. 앞서 제시된 표절의 두 사례에서, 원저자는 자신의 업적에 대한 적절한 인정 혹은 보상을 받지 못한다. Keith-Spiegel과 Koocher(1985)는 이 문제에 대해 명확히 묘사했다.

> 제대로 된 허가나 인용 권한 없이 타인의 본래 업적을 복제하는 것은 피해자에게 종종 '심리적 강도 사건'으로 경험된다. 이것은 귀가해서 TV 세트와 스테레오를 도난당했음을 발견함으로써 표출되는 분노와 같은 종류의 감정을 유발한다. 표절자가 타인의 글을 자신의 글처럼 사용하여 재정적인 보상이나 인정을 얻을 때 그 모욕은 여전히 클 것이다. 독자들 또한 오해하게 되고, 어떤 의미로는 사취당하는 것이다. 앞서 출판된 것을 표절하거나 공정하지 않게 사용하는 것은 심리학자가 저지를 수 있는 보다 심각한 윤리적 위반에 속한다. (p. 356)

표절은 여러 수준에서 일어날 수 있다. 연구자가 부주의하여 필수적인 인용을 빠뜨릴 수도 있고, 혹은 충분히 사려 깊거나 성실하지 못하여 그럴 수도 있다. 이러한 경우의 표절은 비의도적이고 실수에 의한 것이다. 또 다른 수준은 때로 연구자의 아이디어들 중에서 무엇이 원조인지를 규명하기에 어려운 것과 관련된다. 예를 들어, 연구자가 20년 동안 한 영역에서 글을 읽고 쓴 후에, 다양한 원천들에서 나온 아이디어들을 복합적인 지식 기반에 혼합할 수 있다. 어느 날 연구자는 새로운 아이디어처럼 보이는 것을 상상하고 이를 출판할 수 있다. 그러나 실제로 그 '통찰'은 이미 몇 년 전에 출판된 것이었다. 연구자는 단지 원래의 원천을 기억하지 못한 것이었다. 혹은, 연구자들이 함께 작업하여 아이디어를 공유하고 각자의 아이디어를 구축했기 때문에 아이디어의 소유권이 불명확해질 수 있다. 때때로 약간 다른 영역들에서 종사하는 연구자들은 공통적인 업무를 알지 못하는 상태에서 서로의 아이디어를 복제할 수 있다. 이런 유형의 표절은 통제하기가 어렵다. 연구자는 인용을 깜박하는 것이 이상적이지 못한 조건을 형성할 수 있다는 것을 인정하며 가능한 한 양심적일 필요가 있다.

표절의 마지막 수준은, 자신이 본래의 공헌자인 것처럼 표현하려는 동기를 가지고 타인의 글을 문자 그대로 복사하거나 아이디어를 복제하는 것인데, 그렇지 않다는 것을 아주 잘 알면서 그렇게 하는 것이다. 이런 상황에서 표절자는 고의적인 선택들을 제어하고 고른다.

요점은 타인의 공헌을 인정하는 것이 기본적으로 공정성과 진실성의 문제라는 것이다. 본질적으로, 보상이 주어져야 하는 곳에 감사를 주는 것이다. 원저자를 표기하지 않는 것은 다소 작은 문제로 보일 수 있지만, 이것은 꽤 중요한 것이다. 당신이 새로운 개념적 모형을 만들고 구축하면서 2~3년 동안 정말 열심히 연구를 했다고 상상해보라. 자연스럽게 당신은 이 성과에 매우 자부심을 가질 것이다. 그러다가 누군가가 이와 유사한 모형을 출판하고, 이 사람이 혁신적인 모형을 개발한 것에 대해서 보상을 받는다. 공정성과 진실성에 더하여, 이전 연구자들의 업적에 대해 (조촐하게) 경의를 표하는 문제 또한 존재한다. 역사적 관점에서, 자신보다 앞섰던 연구자를 인정하는 것뿐 아니라, 자신의 연구가 잘 들어맞는 보다 큰 그림을 인정하는 것은 중요하다. 정부가 표절을 과학에서의 위법 행위로 생각하며, 모든 경우의 의심스러운 표절을 조사하고 적절한 곳에 제재를 가하는 기관을 고용한다는 점을 명심하자.

참여자와 관련된 윤리적 쟁점

모든 심리학 및 상담 연구에서 중대한 문제는 연구에 참가하는 사람들의 존엄성과 복지이다. 윤리적 연구자의 목표는 참여자와 공정하고, 명확하고, 분명한 동의를 구축하고, 그래서 실험에 참여하기로 한 결정이 자발적이고, 알고 있는 상태에서, 현명하게 이루어지는 것이다(Kitchener & Anderson, 2011; Koocher & Keith-Spiegel, 2008). 이런 식으로 참여자들은 특정한 실험에 참여하는 것과 관련되는 이익과 위험 요소들에 관해 강요받지 않고 충분히 정보를 안 상태에서 결정을 내린다. 참여자에 대한 처치에 함의된 가장 기본적인 윤리 원칙들은 무해성, 자율성, 충실성이다.

역사적으로, 연구에 참여하는 사람들의 존엄성과 복지가 언제나 가장 중요한 관심사가 되었던 것은 아니다. 아마도 참여자 학대의 가장 악명 높은 예시는 나치 전쟁 포로수용소에서 제2차 세계대전 중에 수행된 실험들일 것이다. 여기에서 많은 수감자들은 치사량의 화학물과 다양한 수준의 신체적 학대로 죽었다. 의사들은 심각한 동상(참여자를 결빙 온도에 노출시켰다), 감염된 상처, 말라리아와 발진티푸스처럼 치명적인 질병(참여자들을 전염성 있는 세균에 노출시켰다)을 효과적으로 치료하는 방법과 같은 주제에 대해 연구를 실시했다(Stricker, 1982). 다행스럽게도 제2차 세계대전의 종결에 이루어진 뉘른베르크 재판에서 이러한 잔학한 연구를 했던 23명의 의사들이 재판을 받았다. 그리고 이것은 연구 참여자들에 대한 윤리적 처치의 지침을 마련하는 초기 원동력이 되었다. 사실상, 뉘른베르크 강령(Nuremberg Code)이 연구에서 인간 대상과 관련되는 이후의 윤리적 원칙들에 대한 기초가 되었다(Koocher & Keith-Spiegel, 2008). 불행하게도, 또 다른 연구의 비극적 사건들이 관심과 추가적인 규제의 필요성을 불러일으켰다.

1962년에, 셀 수 없이 많은 신생아 기형으로 인해 탈리도마이드 스캔들이 대중의 관심을 받았다. 결과적으로, 미국 식품의약청은 약물 및 기타 물질에 대해 엄격히 통제된 실험 관하여 보다 더 강력한 규제를 도입했다(Stricker, 1982). 얼마 지나지 않아, 대중의 관심은 뉴욕 브루클린의 한 병원에서 수행된 프로그램에 초점이 맞춰졌다. 이 프로그램은 이질적인 세포를 거부할 수 있는 신체 능력을 조사하기 위한 연구의 일부로, 만성적인 질병을 가진 22명의 환자들에게 암 세포를 주입했다. 환자들은 프로그램 참여에 대해 고지를 받지 못했다. 이 프로그램과 또 다른 연구에는 극도의 쇼크 처치 조건이 포함되어 있으며 참여자들은 매독과 같은 질병에 걸리게 하여, 연구 참여의 사전 동의와 관련된 윤리적 문제들에 대하여 대중의 인식을 높이게 했다. 그 뒤에, 사전 동의에 대한 문제가 확고해졌고, 연구 참여자들에 대한 의무사항들이 보다 더 명확하게 만들어졌다(Stricker, 1982).

또 다른 끔찍한 예시는 Tuskegee 매독 실험으로 미국 공중위생국이 최대 600명의 저소득층 아프리카계 미국인 남성을 모집하여 1930년대부터 1970년대까지 수행되었다. 최대 400명의 참여자들이 연구에 앞서 매독으로 진단을 받았다. 연구자들은 모든 참여자들에게 약간의 의학적인 치료를 제공했지만, 매독을 가지고 있다는 것을 전혀 알리지 않았고, 이들의 매독을 치료하지 않았다. 1940년대 후반에 페니실린은 매독 치료의 핵심 기준이었다. 이 40년간의 연구는 비극적인 죽음과 또 다른 사람들(예: 배우자와 자녀들)로의 질병 확산을 야기했다. 명백하게, 이 연구는 많은 윤리적 원칙들을 위반한 것이고, 연구자의 도덕적 품성에 대한 질문들을 불러일으킨다(Brandon, Iaasc, & LaVeist, 2005).

심리학과 교육학 연구에서 인간 및 동물 참여자의 권리에 대한 인식과 민감성이 증가되면서 연구의 규정에서 중요한 변화들이 있었다. 주요 변화들 중 하나는, 생의학 연구와 행동 연구의 인간 참여자들을 보호하기 위하여 연구윤리 심의위원회(IRBs) 및 윤리 지도 프로그램을 구축한 것이다. 초기에 연구윤리 심의위원회는 미국 보건교육복지부(현재는 보건복지부)에 재정 지원을 신청한 모든 연구에 대하여 연구계획서를 사전 심사하고 잠재적인 위험과 이득을 평가하는 5인의 패널로 구성되었다. 연구윤리 심의위원회가 이러한 기능을 여전히 수행하고 있지만, 지금은 대부분의 기관들이 관례적으로 대학 연구윤리 심의위원회에서 위원들이 모든 연구 계획서를 심사하고 있다. 본질적으로 전형적인 대학 연구윤리 심의위원회는 프로젝트들이 인간 참여자의 건강, 복지, 안전, 권리, 특권에 관하여 보건교육복지부가 공표한 규정과 정책들을 준수한다는 것을 증명한다. 일반적인 절차는 연구자로 하여금 연구의 목적, 필요한 참여자의 유형, 사전 동의 절차, 자료 수집 방법, 연구비 출처를 포함하여 연구에 관한 기본적인 정보를 요약한 서식을 완성하고 이를 따르게 한다. 구체적인 자격 요건과 절차에 대해서는 자신이 소속된 학교의 연구윤리 심의위원회에 문의하기 바란다.

연구 프로젝트의 윤리성을 평가하는 데 있어 핵심적인 쟁점은 참여자에 관여되는 위험과 이득에 관한 것인데, 이를 완벽하게 확인하는 것은 어려울 수 있다. 또한, 참여자들이 연구에 대해서 충분히 인지하고 이를 잘 알고 있는 상태에서 자발적으로 참여를 결정했는지(동의된 고지)를 평가하는 것이 중요하다. 이 절에서 우리는 인간 참여자를 사용하는 것과 관련된 여러 가지 복잡한 문제들을 논의한다. 구체적으로, 위험과 이득, 동의, 기만과 해명, 비밀 유지와 사생활, 처치를 포함하는 쟁점들을 논의한다.

위험과 이득

잠재적인 피해와 위험을 평가하는 것은 어렵고, 때로는 애매모호한 과정이다. 모든 실험에는 어느 수준이든 위험이 존재한다(심지어 아주 작더라도). 그렇다면 위험 혹은 피해가 크다는 것은 어느 정도인가? 몇몇 연구에서는, 특정한 구성개념을 충분히 연구하기 위해서는 기만이 필요하며, 만일 참여자들이 사실을 다 알게 되면 실험의 타당성이 유의하게 감소될 수 있다. 따라서 기만 없이는 인간 행동의 어떤 측면들에 관한 지식에 접근한다는 것이 어려울 수 있다. 그러나 기만은 사전 동의와 자율성 및 충실성의 기본적 원칙들과 충돌한다. 이 절은 연구에 참여하는 사람들의 존엄성과 복지를 보호하는 것과 관련되는 쟁점을 논의함으로써 보다 더 자세한 사항에서 이러한 문제들에 초점을 맞춘다.

윤리적 연구자들의 목표는 참여자의 존엄성과 복지를 지키면서(무해성 및 자율성의 원칙) 새로운 지식을 창출하는 연구를 수행하는 것(선행의 원칙)이다. 그러나 모든 연구자들은 모든 실험에서 아주 작더라도 어떠한 위험이 존재할 수 있기 때문에 이 두 원칙의 균형을 고려할 필요가 있다. 그렇다면 위험 혹은 피해가 크다는 것은 어느 정도인가?

어떤 식으로든 참여자들에게 피해를 주지 않고 싶은 것은 당연한 이치다. 특히 상담 연구자에게는 대개 인간의 고통을 완화하는 것이 목표이다. 따라서 피해를 가하는 것은 전문적인 상담자의 즉각적이고 장기적인 목표와 대조되는 것이다. 그러나 피해는 여러 방식으로 분명해질 수 있다. 가장 명백한 것은 제2차 세계대전에서 행해진 나치 연구에서처럼 신체적인 피해 또는 죽음을 포함한다. 그러나 당혹감, 짜증, 분노, 신체적 · 정서적 고통, 자존감의 상실, 스트레스 악화, 치료의 지연, 수면 박탈, 타인의 존중 상실, 부정적인 낙인, 사생활 침해, 개인적 존중에 대한 피해, 실직, 민사 또는 형사상의 책임 또한 피해에 해당된다. 피해를 예측하는 데 있어 어려움은 사람들마다 동일한 실험 조건에 너무나 다양한 방식으로 반응할 수 있다는 것이다. 예를 들어, 대부분의 내담자들은 자신이 받게 될 상담에 대해 어떤 기대를 하는지를 매우 편안하게 평정할 수 있다. 심지어 어떤 내담자는 이를 즐길 수도 있다. 그러나 소수의 내담자들은 이러한 활동에 참가하는 것으로 인해 심리적 고통이나 당혹감, 심지어 죄책감을 경험할 수도 있다. 때때로 문화 간 차이는 의도치 않은 반응에 기여하고, 이는 해당 쟁점의 복잡성을 분명히 드러내준다. 연구자들은 일반적인 감각에서뿐 아니라, 참여자의 세계관과 문화적 배경에 대해서도 고려하여 피해를 평가할 필요가 있다. 모든 실험에는 어느 수준이든 위험이 존재한다(심지어 아주 작더라도). 그렇다면 위험 혹은 피해가 크다는 것은 어느 정도인가?

연구자는 잠재적인 참여자를 보호하기 위해 잠재적인 위험을 확인하고 이를 제거하거나 최소화할 책임이 있다(《심리학자의 윤리 원칙》, 8.02; 《윤리 강령》, G.1). 전문가 윤리 강령은 연구자가 참여자의 관여에 대한 잠재적 위험들을 주의 깊게 평가하고, 연구에서 일어날 수 있는 신체적 · 정신적 불편, 피해, 위험으로부터 참여자를 보호하기 위한 대비책을 강구해야 함을 제안한다(《심리학자의 윤리 원칙》, 3.04; 《윤리 강령》, G.1). 이 문장에서 함의하는 것은, 연구자가 연구와 관련된 어떠한 부정적인 결과들을 가능한 최대로 탐지하고 제거함으로써 위험을 줄이고 피해를 예방하는 책임이 있다는 것이다.

잠재적인 위험을 평가하는 것에 내재하는 문제들 중 하나는 이 과제가 종종 주관적이고, 모호하고, 가능성의 평가를 수반한다는 점이다. 전형적으로 실험적인 조건이 스트레스가 될지 아닐지에 대하여 사전에, 경험적이고 객관적인 자료를 가지고 있지 않다(그리고 이러한 자료를 수집하려면 참여자에 대한 실험을 집행해야 한다). 게다가, 해가 될 수도 있는 스트레스의 유형과 수준은 여러 문화 및 개인들 간에 다양할 수 있고 모호하다. 즉, 한 문화에서 어떤 것이 해가 될 것이라 지각되는 것은 또 다른 문화에서는 피해라고 지각되지 않을 수 있다. 따라서 피해를 평가하는 것은 다문화적인 민감성을 수반할 수 있다. 즉, 위험 평가는 어렵고, 수량화하기가 불가능할 수도 있다.

이 과제의 어려움, 모호성, 불완전성을 인정하여, 연구 실시를 승인하기 위한 최소 두 가지 주요 방략이 존재하는데, 이들은 전형적으로 연구윤리 심의위원회로부터 제시된 것이다. 첫 번째 방략은 연구에서 최적의 위험/이득의 비율을 추정하는 것이다. 이 비교는 연구에서 생길 수 있는 잠재적인 이익을 잠재적 위험에 비례하여 만들어져야 한다. 이는 다음의 3단계 과정을 포함한다. (1) 위험 평가, (2) 이익 평가, (3) 위험과 이익의 비교. 예를 들어, 만일 한 연구의 잠재적 이익이 잠재적 위험을 무릅쓸 만큼 더 크거나, 혹은 실험적인 절차의 불이행이 참여자들을 더 큰 위험에 노출시킬 수 있다면, 이 연구는 윤리적으로 수용할 만하다고 고려된다. 그러나 특정한 연구로부터 발생되는 이득을 평가하는 것 또한 어렵고 모호한 과제이다. 이 평가는 '누구를 위한 이익인가?'라는 질문으로 복잡해진다. 참여자들은 직접적으로 이익을 제공받거나, 전문 분야의 지식 기반이 증진됨으로써 보다 더 큰 집단에 이익이 되어야 한다. 몇몇 사람들은 단일 연구에서 얻어지는 이익이 매우 적을 수도 있지만, 시간이 지나면서 체계적인 연구가 전문 분야의 지식 기반을 증가시킨다고 주장할 수 있다. 그럼에도 불구하고, 개인적 이익과 사회적 이익의 균형을 맞추는 것은 어려운 과제다. 게다가 연구자들이 연구의 이익에 관해 과대 편향될 수 있기 때문에 비용/이익의 비율을 판단하는 데 불리한 위치에 있다는 주장이 나올 수 있다(Diener & Crandall, 1978). 요약하면, 위험/이득 비율의 원칙이 매력적일 수 있지만, 이를 실무에서 적용하는 것은 어렵다. 그럼에도 불구하고, 위험/이익 비율은 특정한 연구에 관련된 윤리적 쟁점을 평가하는 하나의 유용한 방략이다.

두 번째 방략은 위험을 최소화하거나 피해의 가능성을 줄이는 몇 가지 절차를 포함한다. 상당한 위험에 대한 가능성이 나타날 때마다, 연구자는 또 다른 가능한 설계나 절차를 찾아야 한다. 연구자는 대안적인 설계를 사용하여 동일하거나 혹은 유사한 지식을 얻을 수 있는 가능성을 철저히 다룰 필요가 있다. 동료들과의 상의는 대안적인 설계나 절차에 관한 아이디어를 얻게 할 뿐 아니라, 위험 및 이익을 평가하는 데 있어 대안적인 관점을 얻을 수 있는 대표적인 방법이다.

동료와의 상의는 사회적으로 민감한 연구 혹은 문화 간 논점 또는 다문화적 논점들에 대한 연구, 그리고 연구자 편향이 하나의 요인이 될 수 있는 연구를 계획할 때 특히 중요하다. 연구자들은 개인 혹은 집단이 영향받을 것으로 보이는 것에 대한 지식에 관한 자문을 구할 의무를 지닌다(《심리학자의 윤리 원칙》, 2.01; 《윤리 강령》, G.1). 윤리적 쟁점에 관한 연구자의 문제 해결은 종종 다양한 동료들과의 연속적인 협의에 의해 활발해지고 촉진될 수 있다. 자문 과정은 현재 우리가 앞서 언급했던 대학 연구윤리 심의위원회 혹은 인간 참여자 검토 위원회(human subject review committee)와 같은 많은 기관에서 공식화되었다. 대학 연구윤리 심의위원회는 위험 평가와 가능한 대안적 설계를 제안함에 있어 추가적인 관점을 제공하는 매우 가치 있는 기능을 수행한다. 그렇게 해야 한다는 것을 요구받지는 않을지라도, 연구자들이 이러한 위원회로부터 피드백을 구하도록 독려받는다.

연구자는 위험을 최소화할 수 있는 또 다른 방략에 관여할 수 있다. 우리는 앞서, 위험 및 이익의 평가에서 발생하는 문제들 중 하나가 충분히 알고 결정할 수 있는 경험적 자료가 부족하다는 점이라는 것을 언급했다. 따라서 또 하나의 방략은 보다 위험 및 이익에 대한 보다 정확한 평가를 촉진하기 위하여, 소규모 참여자를 사용하거나 역할연기와 같은 보다 안전한 경로를 통해 약간의 자료를 수집하는 것이다. 예를 들어, 연구자와 연구 보조자가 질문에 대한 실험적 절차들을 역할연기를 하고, 대안적 절차를 탐색해볼 수도 있다. 아마도 동료들은 절차를 검토하는 참여자의 역할을 수행하도록 요청받거나 잠재적인 위험 요소들에 대해 피드백을 제공할 수도 있다. 동료들은 종종 윤리적 문제 및 설계 주제에 관한 자신의 지식에 비추어 참여자로서의 경험을 논의할 수 있기 때문에 매우 유용한 피드백을 제공할 수 있다. 이러한 역할극으로 얻어진 결과에 의해(즉, 위험 요소들이 많이 나타나지 않는다면), 연구자는 그다음 단계로 2~5인의 참여자로 매우 작은 규모의 사전 실험 연구를 수행해볼 수 있다. 이와 같은 사전 실험에서는 연구자가 실험 절차들을 매우 주의 깊게 감찰해야 할 뿐 아니라, 참여자의 경험에 대해 상세히 인터뷰하고 대안적인 절차들을 위한 제안을 구해야 한다. 사전 연구의 피드백은 매우 가치 있고, 그 활용도는 경시되어서는 안 된다. 또한, 동일한 절차를 사용한 선행 연구로부터 얻은 자료는 위험 수준을 평가하는 데 매우 유용할 수 있다. 예를 들어, 연구자들은 연구 대상이 어떠한 피해를 경험했는지 묻기 위해 실험 후 평가를 사용할 수 있다. 요약하면, 역할극과 사전 연구는 위험 및 이익을 평가할 수 있는 최소한의 자료를 제공한다. 추가적인 자료는 실제 실험을 주의 깊게 모니터링하고 무선적으로 선택된 참여자들을 인터뷰하여 얻을 수도 있다. 이 두 기법 모두 실험이 끝난 후 직후와 며칠이 지난 후 실시된다. 연구자는 대학 연구윤리 심의위원회에서 연구가 승인된 시점에서 연구의 잠재적 위험에 대한 평가를 중단해서는 안 된다. 그보다는 방심하지 않고 위험과 이익을 지속적으로 평가해야 한다.

위험을 최소화하는 또 다른 방략은, 특정한 연구를 위해 참여자들을 선별하고 관련된 위험에 보다 저항력이 있는 특정한 특성을 가진 참여자들만 선택하는 것이다(혹은 연구에서 위험에 처할 수 있는 참여자들은 제외시키는 것)(Diener & Crandall, 1978; Kitchener & Anderson, 2011). 예를 들어, 매우 낮은 자존감을 지닌 우울한 내담자들이 다른 학생들로부터 많은 대인관계에 관한 피드백을 받는 장기간의 연구에 참여할 경우 위험이 증가할 수 있다. 이와 관련하여, 특정한 집단(예: 아동, 정신과 환자들, 혹은 독방에 감금된 수감자들 등)은 한 집단으로서 신중히 고려해볼 가치가 있다.

요약하면, 윤리적인 연구자의 목표는 참여자들의 존엄과 복지를 지키면서 새로운 지식을 창출하는 연구를 수행하는 것이다. 따라서 연구자의 주된 과제는 잠재적인 위험을 주의 깊게 평가하고 이러한 위험 요소들을 최소화하거나 제거하는 모든 시도를 하는 것이다. 연구 수행을 승인받기 위한 두 가지 방략이 논의되었다. (1) 연구의 위험/이익의 비율을 평가하고 따져보는 것, (2) 잠재적 위험을 평가하고, 최소화하거나 제거할 수 있는 다양한 절차들을 사용하는 것. 그러나 비용과 위험의 평가는 많은 모호함이 종종 들어간다는 점, 특히 문화 간 상황 및 다문화적인 상황에서는 더욱 그러하다는 점에 주목하는 것이 중요하다. 연구자는 이 중요한 과제에의 불완전성과 충돌하고 갈등을 경험할 수 있다. 자문이 적극 권장된다.

다음의 예를 생각해보자.

실제 연구에 적용하기 3.4

당신은 2학년 학생들의 읽기 개입에 대해 사전 평가와 사후 평가를 실시하고 있다. 연구에 참여하는 모든 아동의 부모에게 동의를 받았다. 개입이 완료된 후에, 사후 평가를 시작하는데, 한 학생당 30분의 시간이 걸린다. 9세의 아프리카계 미국인 소녀인 Lilly를 만나서 평가의 반을 진행하는데, Lilly가 소리 내어 읽는 것이 자신을 난처하게 만든다고 말하면서 울기 시작했다. 당신이 그녀에게 그냥 최선을 다해보라고 말을 했는데도 그녀는 계속 고통스러워했다. 그녀의 엄마가 괜찮다고 동의했다고 해서 당신은 이 평가를 지속해야 할지 확신이 서지 않는다.

질문

연구자가 이러한 상황을 피할 수 있도록 이와 다르게 할 수 있는 것이 무엇인가?

사전 동의

연구자가 잠재적 위험을 주의 깊게 평가하고 참여자의 존엄과 복지를 지키면서 자신의 질문에 대한 답을 얻기 위하여 최선의 설계를 개발한 후에, 연구자는 실험에 대해 공정하고,

명확하고, 분명한 동의로 참여자에게 접근할 준비가 된다(사전 동의). 사전 동의는 자율성과 충실성/진실성의 기본적 윤리 원칙과 관련된다. 동의란 참여자에게 특정한 연구에 참여할 것인지, 말 것인지를 결정할 기회를 주는 과정을 말한다. 이는 단순히 참여자에게 참여할 것인지의 여부를 묻기 때문에 꽤 단순한 문제로 보일 수 있지만, 여러 요인들에 의해 동의를 얻는 과정이 꽤 복잡해진다.

전문가 윤리 강령은 연구자가 참여자들에게 사전 동의를 얻을 책임이 있음을 명시하고 있다(《심리학자의 윤리 원칙》, 6.11; 《윤리 강령》, G.2). 연구자는 잠재적 참여자들과 특정한 유형의 관계를 발전시키고자 한다. 따라서 연구에 앞서 의무사항, 위험 요소, 책임을 분명히 하는 명확하고 공정한 동의를 구축하게 마련이다.

Turnbull(1977)은 수용력, 정보, 자발성이라는 3개의 주요 요소들의 측면에서, 이 특별한 관계의 동의에 대해 논의했다. **수용력**(capacity)은 정보를 처리하고, 법정 연령 자격 및 능력 기준들이라는 두 가지 사안들에 관여할 수 있는 참여자의 능력을 말한다. 18세 이하인 사람들은 법적으로 의사 결정을 내릴 수 있다고 여겨지지 않으며, 따라서 이러한 경우에 필요한 수용력을 가지고 있지 않다. 자율성의 원칙은 아동 대상 연구를 실시할 때 어려운 쟁점들을 불러일으킨다(《심리학자의 윤리 원칙》, 3.10, 8.20). 아동은 수용력이 제한되기 때문에, 아동으로부터 충분히 합리적인 동의를 얻기가 불가능하다(Kitchener & Anderson, 2011; Ramsey, 1970). 게다가, 아동의 부모나 법적인 보호자는 아동이 합리적으로 참여를 할지의 여부를 결정할 수 있을지에 대해서 알 수 없다. 연방 규정은 아동의 동의(참여에 대한 동의로 정의된다)가 연령과, 성숙도, 심리적 상태를 고려하여 아동이 동의를 할 수 있는 능력이 있다는 대학 연구윤리 심의위원회의 판단을 필요로 한다는 점을 명시하고 있다. 우리가 상담 연구자들에게 제안하는 바는, 아동(그리고 아동의 부모 혹은 보호자들)에게 그들이 이해할 수 있는 언어로, 아동이 연구 과정에서 해야 하는 것이 무엇이고, 가능할 때 마다 참여 동의를 확보하도록 요청받게 될 것이라는 점을 설명해야 한다는 것이다.

능력(ability)은 전형적으로 정신적 유능성을 말하며, 이것은 정신적 수용력의 감소로 인해 위험에 처할 수 있는 개인을 보호한다. 자율성(autonomy) 또한 하나의 쟁점이다. 만일 연구자가 자활 능력이 결여된 성인을 대상으로 한다면, 부모나 법적 보호자로부터 동의를 얻어야 한다. 따라서 우리는 가능하다면 수용력이 감소된 성인에게도 동의를 얻도록 제안한다. 요약하면, 동의의 핵심적인 요소는, 특정한 연구에 참여하는 것의 장점과 문제점에 대해 정보를 처리할 수 있는 수용력과 관련된다.

동의의 두 번째 주요 요소는 잠재적 참여자들이 연구에 대해 얻게 될 **정보**의 유형과 관련된다(《심리학자의 윤리 원칙》, 8.04; 《윤리 강령》, G.2). 참여자들에게 연구와 관련된 모든 정보들이 주어져야 하고, 그리하여 참여자들이 참가하는 것의 장점과 책임에 대해 잘 알고 결정할 수 있어야 한다. 따라서 참여자들에게 자세한 정보를 제공하는 것뿐 아니라, 참여자들이 이를 처리할 수 있는 시간을 주는 것이 중요하다(Kitchener & Anderson, 2011; Turnbull, 1977). 따라서 이러한 정보들은 일반적인 용어로(전문적 용어가 없이) 이해 가능하게 표현되어야 한다. Drew(1980)는 이러한 문제를 충분성(fullness)과 효과성(effectiveness)이라고 지칭했다. 충분성의 필요조건을 충족하기 위해서는 제시되는 정보가 무엇에 관한 연구인지, 참여자가 요청받게 될 것이 무엇인지(공부 습관에 대한 두 개의 질문지를 완성한다와 같은)에 대한 설명을 포함되어야 한다. 이것은 어떠한 유형의 녹음이나 사진 기록에 대한 논의를 포함해야 한다(《심리학자의 윤리 원칙》, 8.03). 또한, 설명은 연구에 관련되는 가능한 위험 요소들이나 잠재적인 피해에 대한 논의뿐 아니라, 참여해서 생길 수 있는 잠재적인 이득에 관한 논의도 포함해야 한다. 기만하는 경우와 같이, 충분한 공개를 못할 경우 이후에 논의할 추가적인 보호 장치가 필요하다. 또한 정보는 참여자들의 특정한 세계관에서 이해 가능해야 한다.

동의의 세 번째 요소는 **자발성**(voluntariness)이다. 동의는 어떠한 표면적인 혹은 암묵적인 강제, 압력 혹은 과도한 유혹 없이 주어져야만 한다(《심리학자의 윤리 원칙》, 8.06). 수업에 참여하거나 기관에 살고 있어서, 혹은 치료 집단의 일부이거나 개인 치료를 받고 있기 때문에 학생에게 참여를 요구하는 것이 강제의 예시에 포함된다. 예를 들어, 만일 연구에 참여하지 않으면 공개적으로 굴욕감을 주거나, 참여에 대한 권유로 과도한 돈 혹은 다른 재정적인 보상을 주는 것, 반복적으로 내담자와 접촉하여 참여를 권유하는 것, 참여에 동의했던 다른 내담자들을 보여줌으로써 지나친 사회적 압력을 가하는 것이다. 대학 수업 과정(대규모 심리학 개론 수업과 같은)은 때때로 추가 점수를 제안하거나 연구 참여에 대해 요구한다. 이러한 상황에서는 그들의 자율성을 보호하기 위해서 연구 참여에 대하여 가능한 대안들을 학생들에게 제안하는 것이 필수적이다. 자발성 또한 상담 맥락에서 복잡한 사안이 될 수 있다. 예를 들어, 치료자가 내담자에게 참여를 요청하는 상황은 지나친 영향을 주는 요소를 포함할 수 있다(예: 치료자가 매우 호감이 가는 사람이거나 혹은 내담자가 취약하여 '좋은 내담자'가 되길 원하는 경우). 요약하면, 동의의 주요 측면은 참여자들에게 참여에 대해 강요할 수 있는 노골적이거나 혹은 미묘한 요인들에서 자유로운 상태에서 자발적으로 참가를 결정할 수 있는 것이다.

자발성의 개념은 잠재적 참여자가 연구에 참여하기를 결정할 때 끝나는 것이 아니다. 이것은 전체 연구 과정에서 지속된다. 따라서 참여자들은 연구가 시작되기 전에 언제라도 실험에서 철수할 수 있는 권리가 있고, 초기에 했던 동의가 구속력이 있는 것이 아니라는 것에 대한 정보를 제공받는다. Koocher와 Keith-Spiegel(2008)은 현명한 연구자가 스트레스를 주는 조건하에서 수집된 자료의 유용성과 타당성이 염려되는 상황에 지속적인 참여를 강제하기보다는, 참여자들의 중단에 영향을 줄 수 있는 불편감이나 불안의 징후를 감지할 것이라는 점을 관찰했다.

아래 예시를 보자. 시나리오에는 다양한 윤리적 문제들이 관련되어 있는데, 이것이 요인 가능한지에 대해 고민해보라.

실제 연구에 적용하기 3.5

당신은 도시의 사회경제적 지위가 낮은 지역사회에서 가족체계 대처 양식을 조사하는 연구를 실시하고 있다. 각 90분 동안 지속되는 3회의 면접 회기를 받도록 참여자들에게 요청했다. 이 지역사회는 과거에 기만적인 연구가 실시된 적이 있기 때문에, 당연하게도 연구에 대해 전반적인 불신을 가지고 있다. 당신의 조언자는 참여에 대해 재정적인 장려금을 제공하라고 제안한다. 가족들은 참여에 대한 보상으로, 그리고 필요한 경우 차비와 자녀 양육을 충당할 수 있도록 회기당 100달러를 제공받는다.

질문

1. 이 예시에서 윤리적인 고려사항은 무엇인가?
2. 당신은 이 사례가 용인 가능한 것이라고 생각하는가? 왜 그런가, 혹은 왜 그렇지 않은가?

상담 연구에 참여자들을 선발하는 것에 있어 중요한 윤리적 고려사항은 참여자들의 동의와 관련된다. 잠재적인 참여자들이 연구에 대한 정보를 처리할 수 있는 수용력을 가지고 있고, 연구의 내용 및 절차들에 대한 완전하고 효과적인 정보를 받는 것, 그리고 외부적인 강제적 요인 없이 자발적으로 참여의 장점을 결정할 수 있는 것이 중요하다.

앞서 언급했듯이, 동의서는 관례적인 일이다. 그러나 다음과 같은 몇 가지 예외적인 경우가 존재한다. 대중 행동 관찰, 익명 기록 자료 연구, 그리고 특정한 유형의 조사와 면접 절차와 같은 몇 가지 범주의 연구들은 전형적으로 이러한 필요조건들에서 예외적인 것이라 여겨진다. 참여자들은 최소한의 위험으로 언급된 것보다 더 많은 위험이 있을 수 있다는 것(참여자가 일상에서 마주할 수 있는 것보다 더 많은 위험 요소가 있을 수 있다)을 명시한 공식적인 동의 서식에 사인을 하도록 요청받는다. 참여자에 대한 위험 요소가 최소한으로 포함된 연구일지라도, 오해를 피하고 연구자 자신을 보호하기 위해서 동의서를 받는 것이 바람직하다. 문화 간 쟁점이 동의서를 얻는 과정에서 혼란과 오해를 불러일으킬 수 있다는 점을 기억하는 것이 중요하다. 이는 동의서를 얻는 동안 이러한 문제들에 대해 민감성이 필요함을 또 한 번 강조한다.

구체적으로, 아래 요소들이 동의서 형식에 포함된다.

- 연구를 실시하는 사람(들)의 이름, 전화 번호, 주소, 그리고 추가적인 정보나 질문을 위해 연락할 수 있는 사람, 만일 연구자가 학생이라면 참여자에게 연구와 관련된 피해를 입었을 때 연락할 수 있는 교수진의 이름, 전화번호, 주소

- 연구의 제목, 목적, 전반적인 설명에 덧붙여, 해당 연구가 포함하는 사항들에 대한 진술문
- 필요한 시간의 양, 이후에 참여자들과 연락한다는 어떠한 계획들을 포함한 절차에 대한 설명
- 참여자에게 주어지는 어떠한 합당하게 예측 가능한 위험 요소들이나 불편함들에 대한 설명
- 합당하게 기대될 수 있는 참여자 혹은 타인에 대한 이익에 관한 설명
- 처치 혹은 치료를 포함하는 경우, 적절한 대안적 절차 혹은 처치 과정에 대한 설명, 그리고 만약 있다면, 이것이 참여자에게 이점이 될 수 있다는 점에 대한 진술문
- 비밀이 유지될 수 있는 범위를 설명하는 진술문
- 연구의 결과가 출판되거나 정부 혹은 연구비 지원 기관에 보고될 수 있다는 점에 대한 진술문
- 참여자 자발적이며, 참여자는 어떠한 불이익 없이 언제라도 참여를 중단할 수 있다는 점을 명시하는 진술문
- 최소한의 위험 요소 이상을 포함하는 연구에 대해, 만일 피해가 발생할 경우 보상이나 의학적 치료가 가능한지에 대한 설명

성인을 위한 전형적인 동의서 서식의 예가 이 장 말미에 예시 A로 제시되어 있고, 아동을 위한 서식은 예시 B로 제시되어 있다(적절한 언어 수준을 주의하라).

기만과 해명

기만(deception)은 상당한 주목을 받아왔고, 많은 논쟁의 논점이었다(《심리학자의 윤리 원칙》, 8.07; 《윤리 강령》, G.2). 심리학 연구에서의 기만은 실험 혹은 연구에 포함된 절차들의 본질에 대해 잠재적 참여자들에게 잘못된 정보를 주거나 정보를 주지 않는 것을 말한다. 따라서 기만은 연구에 포함하는 사실들을 작위 혹은 무작위로 와전하는 것을 말한다. 예를 들어, 연구자가 연구에 대한 정보를 주지 않거나 누락할 수 있고, 그리하여 어떤 방식으로 연구의 본질을 위장할 수 있다. 혹은 연구자가 어떤 방식으로 참여자를 기만할 수 있는 작위적인 행위로 의도적으로 잘못된 정보를 제공할 수 있다. 어느 쪽이든 기만은 자율성, 충실성, 그리고 어느 정도는 무해성에 대한 기본적 윤리 원칙들과 관련된다.

기만에 다양한 유형 및 수준이 있음을 주의하는 것이 중요하다. 아마 가장 단순하고 유순한 수준은, 실험자가 연구를 정확히 설명했지만 관련된 자세한 사항들이 너무 많아서 이에 대한 모든 사실들을 밝히지 않는 것이다. 혹은 실험자가 실험의 본질을 정확하게 밝

혔지만, 참여자의 편향을 방지하기 위해서 가설을 밝히지 않는 것이다. 이러한 누락 행위는 대개 참여자를 괴롭히지 않는다. 이러한 경우는 전형적으로 연구의 모든 측면들(연구자의 가설 또는 모든 실험 조건에 대한 완전한 설명을 포함한다)에 대해 완전하게 밝힐 수 없다는 것이 인정된다. 사실, 이러한 정보를 밝히는 것은 편향을 일으키거나 연구 결과에 혼입될 수 있다(23장 참고). 그러나 다른 유형의 기만은 중대한 방식으로 참여자를 오해하게 만들고, 종종 참여자들을 속았다거나 헷갈리는 느낌을 받게 한다. 예를 들어, 실패 후에 따르는 행동을 조사하기 위해서 참여자들이 문제 해결 시험에 실패했다(그리고 참여자의 점수가 5%에 위치한다)는 말을 들을 수 있다. 실제로는 참여자의 시험 점수가 나쁘지 않았지만, 단지 가짜 정보가 주어진 것이다. 기만을 둘러싼 대부분의 주요 논란은 참여자들을 완전히 오해하게 하는 이러한 상황들을 포함한다. 여기에서 우리는 이러한 기만의 예들에 초점을 맞출 것이다.

기만을 사용하는 것은 특정한 연구의 핵심에 대해서 잠재적인 대상들에게 충분한 정보를 주는 것과 상반된다. 그러나 때로 기만은 설득의 과정과 같은 특정한 현상을 적절하게 조사하기 위하여 심리학 연구에 필요하다. 구체적으로 상담에서 사회적 영향의 과정에 대한 연구에서, 어떤 참여자들은 신념의 변화와 관련된 변인들을 조사하는 연구라는 말을 사전에 듣는다면 특정한 신념이나 태도를 바꾸지 않는 경향이 있을 수 있다. 이러한 경우에는 기만을 사용하지 않으면 상담에서의 태도 변화 과정과 유사하지 않거나 일반화 가능성이 없는 연구 결과를 야기한다.

기만은 특히 상담 연구자들에게 곤란한 영향을 미칠 수 있다(Schmidt & Meara, 1984). 상담 관계의 핵심요소는 상담자 신뢰성에 대한 지각이다. 기만은 신뢰성에 대한 내담자의 지각과 작업동맹을 파괴할 수 있다. 따라서 치료적인 고려사항 때문에 실제 상담 과정을 조사하는 연구자들은 기만과 관련된 추가적인 고려사항과 결과들을 반드시 다루어야 한다. 우리의 관점은 연구자들이 가능하면 기만을 피해야 한다는 것이다. 특히, "심리학자들은 연구가 신체적인 통증 혹은 심각한 정서적 고통을 야기할 것으로 예측되는 연구에 대해서 참여자를 속이지 말아야 한다"(《심리학자의 윤리 원칙》, 8.07, p. 11). 게다가 억압당하는 집단에게 특정한 유형의 기만을 사용하는 것은 매우 의심스러운 것이다. 그럼에도 불구하고, 우리는 몇 가지 예외적인 상황에서는 기만이 허용될 수 있다고 생각한다. 구체적으로 보면, 위험이 매우 적으며 연구로부터 얻는 이익이 사회적으로 중요하거나 참여자에게 직접적인 이익이 있을 경우, 기만은 허용될 수 있다. 또한, 기만을 사용하는 연구를 실시하기 전에, 연구자는 (1) 그 연구가 지닌 과학적이고 교육적이며, 응용적인 가치에 의해 기만적인 기법을 사용하는 것이 정당화되는지 밝히고, (2) "효과적인 대안으로서 기만하지 않는 절차가 실행 가능하지 않다는 점"(《심리학자의 윤리 원칙》, 8.07, p. 11)을 밝혀야 하는 책임이 있다. 따라서 피해의 범위 혹은 양은 중요한 고려사항이다. 말하자면, 만일 연구자가 기만을 사용하기로 결정한다면, 연구 참여자의 복지와 존엄성을 보호하기 위하여 추가적인 책임과 보호 장치가 필요하고, 연구자는 잠재적인 결과와 참여자에게 가해지는 위험 요소들을 주의 깊게 평가해야만 한다. 끝으로 상담 관계의 본질을 고려해 볼 때, 실제 내담자와의 상담에서 기만을 사용하는 것은 대부분 정당하지 않은 것으로 보인다.

만일 기만이 정당화된 경우라면, 연구자는 연구의 본질에 대해 참여자에게 설명하고, 실험 내에서 가능한 빨리 어떠한 오해라도 제거해야 하는 책임이 있다(《심리학자의 윤리 원칙》, 8.07; 《윤리 강령》, G.2). 충분한 설명을 제공하는 것을 흔히 사후설명(debriefing)이라고 한다. 교육적인 장면에서 만일 학생들이 연구 점수를 얻고 심리학적 연구에 대해 배우기 위해 참여자의 역할을 수행한다면, 해명은 교육적인 논점을 강조해야 한다. 상실 반응에 대한 비전문가의 지각에 영향을 주는 변인들을 조사하는 모의 연구를 위한 구두 사후 해명 및 서면 사후 해명의 예를 이 장의 말미에 예시 C와 예시 D로 제시했다. 이 연구는 추가 점수를 얻는 학부생들에게 실시되었기 때문에, 해명에서 교육적인 요소들을 잘 강조하고 있다. 또한, 해당 예시는 모의 연구에서 사용되는 최소 수준의 기만에 대한 필요를 설명한다.

해명의 효과성이 명확하지 않고, 아마도 각 연구 혹은 연구자에게 다양하다는 점에 주의하는 것이 중요하다. 게다가 몇몇 사례에서 해명은 그 자체로 스트레스나 피해를 만들어낼 수 있다. 예를 들어, 만일 연구자가 사전에 자기개념이 매우 높거나 낮은 참여자를 두 집단 선택했다면, 이러한 정보가 어떤 참여자들에게 잘 받아들여지지 않을 수 있다. 이러한 점에서, Baumrind(1976)는 해명을 "부과된 통찰(inflicted insight)"이라고 했다. 또 다른 상황에서 참여자들은 자신이 속았다는 것 때문에 분노를 느낄 수도 있다. 따라서 때로는 해명이 추가적인 문제들을 더하고 연구자가 씨름해야 하는 까다로운 상황을 야기한다.

비밀 유지와 사생활

연구자는 참여자들에게 많은 정보를 묻는데, 이처럼 매우 사적인 특성이 공개적으로 노출되면 매우 해로울 수 있다. 종종 연구자들은 참여자로부터 정직한 반응의 가능성을 증가시키기 위해 비밀 유지를 약속한다. 만일 참여자가 비밀 유지에 동의한다면 충실성, 자율성, 그리고 어떤 면에서는 무해성의 원칙에서, 내담자의 복지를 보장하기 위해 참여자가 개방하는 어떠한 정보라도 보호되어야만 한다. 전문적 윤리 강령은 참여자의 사생활을 보호하기 위해 주의를 기울여야 한다는 점을 명확히 명시하고 있다(《심리학자의 윤리 원칙》, 6.02; 《윤리 강령》, G.2).

참여자의 익명성 혹은 비밀을 유지하는 것은 이제 상담 연구에서 일반적인 기준이다. 개별적인 참여자와 자료를 연결시킬 만한 아무런 식별 인자(identifiers)가 없을 때 익명성이 존재한다. 종종 연구자들은 참여자의 이름 대신에 부호화된 명칭을 부여한다. 따라서 참여자의 반응은 익명성이 있고, 연구자조차 참여자를 확인할 수 없다. 어떤 때는 연구자가 자료를 수집하고 참여자의 이름을 묻는다. 이러한 연구에 포함된 정보에 대해서 연구자들은 비밀을 유지할 의무가 있다. 만일 이름이 사용된다면, 자료가 코딩 시트로 변환될 때 부호 숫자가 참여자들에게 할당되며, 참여자의 이름이 포함된 그 질문지는 파기될 것이다. 만일 다른 실험자(예: 연구 보조원)가 자료에 접근할 경우, 비밀 유지 계획에 따라 참여자들에게 이것이 설명되어야 한다(그리고 대개 이러한 사항이 동의서에서 언급된다). 또한 현장에서 연구자들은 사회적 환경에서 참여자의 사생활을 보호하기 위하여 자료 수집에 대한 침입을 최소화하는 데 민감해야 한다.

Schmidt와 Meara(1984)는 비밀 유지가 상담 관계에서 핵심적이기 때문에, 상담 연구자들이 비밀 유지에 특별히 민감해야 할 필요가 있고, 특히 대학 상담 센터와 같은 기관에서 수행되는 연구에 대해서는 더욱 그러해야 한다고 언급했다. 예를 들어, 연구자들은 소규모의 치료 집단(예: 섭식 장애 집단 혹은 30대 이상을 위한 의식함양 집단)에 참가하는 참여자를 식별할 수도 있는 인구통계학적 정보가 공개되는 것에 민감해져야 한다. 작은 대학에서, 인구통계학적 정보는 내담자를 쉽게 알아볼 수 있게 한다. 이와 비슷하게, 소수의 참여자를 사용하는 집중적 단일 피험자 설계 혹은 참여자 내 설계를 사용하는 연구 또한 특성 식별에 대한 민감성이 요구된다. 특정한 내담자를 자세히 묘사해야 할 필요가 있다면 사실과 유사한 가상의 정보를 제공하여 어떠한 보고가 이루어지든 표면적으로는 이것을 나타낼 수 있도록 하는 것이 바람직하다. 때때로 연구자들은 자료가 어떻게 사용될 것인지 참여자들에게 알린다. 이러한 경우 연구자들은 어떠한 비밀 위반을 줄이기 위해 연구 결과의 설명문에 대해 내담자에게 피드백 및 서명된 승인을 얻는다.

또 하나의 비밀 유지와 관련된 쟁점은 내담자가 이미 한 기관에서 치료가 시작된 후에 특정한 치료 절차의 어떤 측면에 대해 연구하기를 원할 때 발생한다. 한 대학 상담 센터에서 적극적인 이완훈련 프로그램이 실시되고, 여기에 학생, 직원, 교수진들이 참여하도록 독려를 받았다고 가정해보자. 내담자들은 비밀유지에 대한 통상적인 확신을 가지고 이 프로그램에 참여한다. 상담 학부에 소속된 한 연구자(이 기관의 외부인)는 치료 프로그램의 어떤 면에 대한 평가와 이완 훈련에 있어 특정한 개인차 변인(대처양식과 같은)의 영향을 조사하는 것에 관심이 있다. 이러한 경우, 처음에는 내담자들이 비밀유지에 대해 확신을 하고 있었지만, 그 기관의 외부인인 연구자에게 내담자의 이름이 드러나는 순간 비밀유지가 위반되는 것이다. 어떤 내담자는 이러한 서비스를 받는다는 사실을 누군가 안다는 것에 동의한 적이 없기 때문에, 기관 내에서 연구자에게 자신이 식별될 경우 사생활을 침해당했다는 느낌을 가질 수도 있다. 이와 유사하게, 한 연구자가 특정한 절차의 연구에 참여하기를 동의한 상담 센터 내담자에게 연구를 실시해야 한다면, 연구자는 기관의 내담자 파일에 담긴 정보들이 아니라, 내담자가 개방하거나 제공한 정보 또는 자료에만 접근하도록 제한된다(Keith-Spiegel & Koocher, 2008 참고). 요약하면, 상담 연구자들은 때로 이중 책임을 가지는데, 이는 연구 노력과 관련되는 비밀 유지 사안뿐 아니라, 일반적인 치료적 관계에 내재된 비밀 유지 사안에도 민감할 필요가 있다.

아래의 예시를 보고, 이러한 결과를 피하기 위해 어떻게 할 수 있을지 생각해보자.

실제 연구에 적용하기 3.6

당신은 교사 효능감에 관한 질적 연구를 실시하고 있다. 당신은 면접을 진행하기 위해 작은 지방의 초등학교에 소속된 20명의 교사를 만난다. 학교 당국에 지원받지 못한다는 느낌, 낮은 독해/수학 점수에 대한 좌절, 초임 교사들에게 공통되는 불안감 등 많은 논점들이 발견되었다. 당신의 논문이 유명한 교육학회지에 출판이 되고 난 몇 주 후, 당신이 면접했던 교사들 중 한명으로부터 전화를 받았다. 그는 말하길, 학교 이름을 비밀로 했음에도 불구하고 '중서부, 시골 마을, 새로운 교장이 있는'과 같은 기술 때문에, 학교에서 연구 보조원을 목격했던 것을 기억하는 지역주민과 더불어 몇몇 지역주민들이 논문에서 학교를 알아보았다는 것이다. 지역주민들은 독해/수학 점수의 낙제에 대한 보고에 충격을 받았고, 자녀들의 출석을 중단하겠다고 위협하면서 교장에게 항의를 했다. 결국 교장은 가장 낮은 시험 점수를 보인 세 명의 교사를 해고했고, 새 직원을 고용하겠다고 약속했다.

질문

1. 이 예시에서 가장 두드러지는 윤리적 원칙은 무엇인가?
2. 연구자는 윤리 원칙을 위반했는가? 왜 그런가, 혹은 왜 그렇지 않은가?
3. 이러한 결과를 피하기 위하여 다르게 해볼 수 있는 것은 무엇인가?

연구 장면에서의 비밀과 사생활 문제는 참여자들 및 다른 개인들의 복지를 보장하기 위한 심리학자의 의무와도 교차하므로 연구자에게 윤리적 딜레마를 야기할 수 있다. 가장 주목할 만한 예시는 연구 과정 중에 참여자의 살인 및 자살 의도가 명백해지는 경우이다. 예를 들어, 관례적으로 상담 연구자들은 벡 우울 질문지(Beck Depression Inventory: BDI)와 같은 여러 방법으로 참여자들의 심리적 적응을 평가한다(Beck et al., 1961). 이러한 경우에 벡 우울 질문지에서 높은 점수를 받은 참여자를 연구자가 발견했을 때 어려운 문제는 무엇을 해야 할지와 관련된다. 혹은 연구자가 자살 의도를 조사하고 있고, 자살 사고 척도(Scale for Suicide Ideation: SSI)(Schotte & Clum, 1982)를 실시하는 중에 1명 혹은 그 이상의 참여자가 이 척도에서 매우 높은 점수를 받았음을 알게 되었다고 가정해보자. 참여자가 자기 혹은 어떤 이가 법을 위반한 것에 대한 책임을 지게 된다는 정보를 밝힐 때 또 다른 윤리적 딜레마가 일어날 수 있다. 말하자면, 때때로 상담 연구자는 특정한 참여자나 혹은 다른 사람들의 전반적인 안녕감에 대해 상당한 우려를 야기하거나, 형사 혹은 민사상의 책임을 초래하는 정보를 얻을 수 있다.

특정한 참여자의 안녕에 대한 관심은 사생활에 대한 개인의 권리의 측면에서 또한 고려되어야 한다. 특정한 조사 이후에 벡 우울 질문지 점수가 매우 높은 참여자를 마주했을 때, 연구자는 참여자에게 '심리치료가 아니라 심리학 실험에 참여하기로 동의했다.'고 퉁명스러운 답변을 받았다. 어떤 참여자들은 집단 장면 내에서 주의를 받으면 난처함을 느낄 수 있다. 확실히, 다른 참여자에게 비밀 유지를 어기는 것을 피하고 특정한 참여자를 고립시키는 것들에 민감해지기 위해 조심해야 한다.

또한 특정한 참여자의 안녕에 대한 관심은 참여자에 대해 연구자가 가지고 있는 정보의 양에 비례하여 고려되어야 한다. 한 연구자는 어떤 염려를 야기하는 자료를 단지 하나만 가지고 있을 수 있는 반면(벡 우울 질문지 점수), 또 다른 연구자는 걱정할 만한 상당한 이유를 강력히 시사하는 보다 광범위한 정보(예: 설문지 자료, 면접 자료, 환경적 스트레스 요인에 관한 정보, 과거 자살 시도에 관한 지식)를 가지고 있을 수 있다.

명확하게, 상담 연구자는 연구를 넘어서는 윤리적 의무들을 가지고 있다. 게다가 각 상황은 약간 다른 맥락을 나타내며, 약간 다른 개입을 요구한다. 연구자는 근거의 강도, 사생활에 대한 개인의 권리, 해당 주제로 참여자에게 접근할 경우 생기는 결과, 인간 복지 증진에 대한 의무를 다룸으로써 복잡한 결정에 직면한다. 현재 몇몇 대학 연구윤리 심사위원회에서는 참여자가 자신 혹은 타인에 대한 위험을 신호하는 정보를 밝힐 경우 비밀 유지가 파기될 수 있음을 가리키는 문장을 동의서에 포함할 것을 요구한다. 또 다른 방략은 연구 설문지에 통상적으로 수반되는 심리학적으로 민감한 속성에 대한 자료를 수집하는 연구자들을 위한 것이다. 설문지에서 개인적 특성에 관해 묻고, 설문에서 경험되는 감정들에 대해 논의할 수 있도록 참여자들을 강하게 독려한다. 그리고 대학 상담 센터 혹은 지역사회 정신보건 센터의 주소 및 전화번호와 같은 가용한 자원들이 제시되어야 한다. 또한, 설문지를 실시하기 전에 구두 안내 또한 할 수 있다. 다음 단락은 자살 사고 척도의 도입 부분으로서, 이러한 계약을 촉진하기 위해 고안된 글의 예시이다.

> 아래 설문지는 자살과 종종 관련되는 여러 사고와 감정, 태도와 행동에 관해 묻는 것입니다. 우리는 대학생이 자살에 관해 어떻게 생각하는지에 대해 관심이 있습니다. 이는 드문 일이 아니며, 일부 통계 자료에 따르면, 전체 인구의 70% 이상이 사실상 한 번 혹은 그 이상으로 자살을 고려하는 것으로 추정됩니다. 그러나 당신에게 심리적인 고통을 초래하는 자살 사고에 있어 상담 서비스가 유용하다는 것을 당신이 인지하길 원합니다. 상담에 관해 알아보고자 한다면 상담 센터[주소 및 전화번호] 혹은 심리치료 클리닉[주소 및 전화번호]에 연락할 수 있습니다. 만약 이 검사에서 당신의 점수가 심각하게 자살을 고려한다는 것을 가리킬 경우, 우리의 우려를 표하고 상담을 권고하기 위하여 연락할 것입니다. (Dixon, 1989, p. 42)

처치 문제

과거에는 2개 이상의 참여자 집단을 비교하기 위해 흔히 집단 간 설계를 사용했다. 한 집단은 특정한 처치를 받고, 다른 집단은 치료 대신 위약을 받거나 처치를 지연하는 것이다. 이런 설계가 방법론적으로 엄격할지라도, 치료를 필요로 하는 사람들에게 처치를 하지 않는 것과 관련되는 윤리적 문제들이 나타날 수 있다. 대기자 명단 혹은 위약 집단에 속한 내담자들은 위험한 상황에서 지속적으로 분투함으로써 위험에 처할 수 있다. 따라서 상대적인 치료에 관한 질문의 연구에 관심이 있는 연구자들은 종종 부가적인 윤리적 쟁점을 검토해야 한다.

중대한 문제들 중 하나는 처치 억제(withholding treatment)의 필요성과 관련된다. 일반적으로, 효과적이라고 알려진 처치가 있는데 참여자들에게 이를 행하지 않은 경우 심각한 윤리적 문제를 일으킨다. 그러나 잘 알려지지 않은 효과성을 지닌 개입을 처치하지 않는 것에 대해서는 우려가 덜하다. 연구자는 특정한 치료와 무처치 집단을 비교할 필요성을 조사할 수 있다. 또한 연구자는 관심 있는 치료를 잘 알려진 치료와 비교하는 것과 같은 대안을 고려할 수도 있다. 혹은 참여자 내 설계와 같이 대안적인 설계에서 치료 대조를 조사할 수 있다. 말하자면, 기만 사용에 대한 지침과 같이, 연구자들은 잠재적 위험 요소를 평가하고 치료 질문에 대해 답하기 위한 대안적인 설계를 고려해야 한다.

실험에 포함된 참여자의 유형 또한 고려사항이다. Kazdin(2002)은 지역사회에서 지원을 받은 자발적 내담자가 위기 개입 센터의 내담자보다 대기자 집단에 더 적절할 수 있다고 주장했다. 잠재적 위험의 평가는 참여자를 끌어온 장면에 대한 평가뿐 아니라, 참여자의 현재 문제(예: 우울 대 자기표현성)의 유형 및 심각도에 대한 고려사항을 포함한다.

Kazdin(2002)은 만약 참여자가 지연된 치료의 본질이라 할 수 있는 대기자 명단에서 온 경우에 그를 치료 지연 집단에 배치하는 것이 좀 더 윤리적으로 적절할 수 있다고 제안했다. 예를 들어, 많은 기관들이 직원에 의해 충족될 수 있는 수준보다 서비스 요구가 더 가중되기 때문에 대기자 명단을 가지고 있다. 따라서 치료 연구는 대기자 명단의 내담자를 실험 조건(치료 조건과 치료 지연 조건)에 무선적으로 할당함으로써 실시될 수 있다. 이러한 경우에는 몇몇 내담자들이 기관의 대기자 명단에 있는 것보다 사실상 더 일찍 치료를 받게 된다.

또 다른 윤리적 고려 사항으로 치료 지연 조건에서 주목할 만한 것은 이것이 사전 동의와 궁극적인 치료 제공을 포함한다는 점이다. 윤리적으로, 참여자들이 치료 지연 집단에 할당될 수 있는 가능성이 있다면 연구 이전에 이에 대해 안내를 받아야 한다. 그러면 참여자들이 연구에 참여할 것인지 아닌지를 결정할 수 있다. 또한 치료 지연 집단에 속한 참여자들은 실험이 종료된 후에 치료를 받을 권리를 부여받으며, 실험 집단과 동일한 질의 치료를 받을 자격이 있다.

요약하면, 위약 혹은 치료 지연 조건을 사용하는 상담 연구자들은 부가적인 윤리적 쟁점들을 주의 깊게 검토해야 한다. 기만 사용에 대한 지침과 같이, 우리는 연구자들이 위험을 최소화하는 방안으로서 잠재적 위험 요소들을 평가하고 대안적인 설계를 고려할 것을 제안한다.

윤리적 딜레마에 대응하기

연구자들이 모든 경우에 윤리적이지는 않다는 점을 기억하는 것이 중요하다. 사실, 거의 모든 연구자들이 연구의 어떤 측면에서는 잘 모르는 상태로 관여한다. 때때로 윤리적 문제를 예측할 수 없거나, 부적절하게 예측하거나, 혹은 연구자가 경험이 없어서 윤리 강령을 불완전하게 이해하고 있을 수도 있다. 또는 윤리 강령에 모호함이 있을 수 있기 때문에, 미숙한 연구자들은 미심쩍은 결정을 내릴 수도 있다. 위반은 민감성, 지식 혹은 경험의 부족 때문에 가장 빈번하게 발생한다. 이것은 위반을 용납하자는 것이 아니라, 간과와 실수가 일어난다는 점을 인정하자는 것이다. 우리는 연구를 윤리적으로 실시하고, 전문적인 책임을 유지하는 데 있어 서로를 지속적으로 교육함으로써 서로를 도울 수 있다. 따라서 윤리적 쟁점과 딜레마에 대해 서로 이야기를 나누고, 특히 우리를 불편하게 하는 사건을 목격했을 때 이야기를 나누는 것이 중요하다. 또한 윤리적 딜레마에 대항하기 위해 하나의 틀을 가지는 것이 상담자에게 유용할 수 있다.

Kitchener와 Anderson(2011)은 윤리적 딜레마에 대한 대응을 위한 9개 원칙들을 제안했고, 우리는 여기에서 이 원칙들을 약간 개정한 버전을 제시했다. 윤리적 딜레마를 겪기 전에, 상담자들은 자신의 문화적 가치, 신념, 도덕 추론(moral reasoning)을 검토해야 한다. 이 과정을 돕기 위한 연습은 수년간 이루어졌던 논문들(예: Milgram의 연구)을 읽고, 참여자의 윤리적, 도덕적 처치에 대한 개인적 반응들에 대해 숙고해보는 것(예: '나의 부정적인 반응 혹은 호의적인 반응은 어디서 오는가?')이다. 윤리적 태도에 대해 가장 최근에(바라건대) 출판된 연구를 보면, 각 상담자에게 '중요한 가치(bottom line)'가 무엇인지를 알아내는 것이 유용할 수 있다고 한다. 이러한 신념 및 가치들은 궁극적으로 윤리적 딜레마가 어떻게 해석되는지에 영향을 미칠 것이다(Kitchener & Anderson, 2011).

윤리적 딜레마에 마주했을 때, 그 상황에 침착하게 숙고하는 것이 중요하다. 대부분의 경우 즉각적인 반응은 필요가 없다. 그보다는 계획적인, 심사숙고적인 반응이 더 유익할 수 있다. 그다음, 가용한 모든 정보들을 검토하는 것이 중요하다. 이 과정에서는 근거의 신뢰성뿐 아니라 근거를 따져볼 때의 개인적 편향들을 고려하는 것이 중요하다(예: '어떤 근거가 다른 것보다 신빙성이 있다면, 그 근거가 아마도 자신의 신념을 확증해주기 때문이지는 않은가?'). 또한 상담자들은 더 나은 결정을 하는 데 필요할 수 있는 정보에 대해 궁금증을 가져야 한다. 많은 경우에 더 많은 정보가 발견될 수 있다.

가용한 정보가 수집된 후, 다음 단계는 가능한 선택사항과 결과들의 범위를 고려하는 것이다(Kitchener & Anderson, 2011). 예를 들어, 윤리적인 문제를 피할 수 있는 대안적인 연구 설계가 존재하는가? 선택사항 목록을 엮는 것은 성급하게 하나의 결정을 배제하지 않기 위한 유용한 연습이 될 수 있다. 각 선택사항에 대해서, 상담자들은 윤리 강령을 참고하고 각 선택사항이 기본적인 윤리 원칙들에 적합한지를 평가해야 한다. 항상 그 과정에 영향을 미칠 수 있는 잠재적 의사결정과 관련된 법적인 쟁점들이 존재할 수 있다.

잠재적인 선택사항들이 구축되고 다양한 법적 · 윤리적 사안들이 고려되었다면, 그 다음 단계는 해당 선택사항의 잠재적 결과에 대해 생각해보고 계획을 세우는 것이다(Kitchener & Anderson, 2011). 변증법적 과정은 선택사항의 재평가에 유용할 수 있다. 예를 들어, 상담자들은 특정한 결정에 대해 변론하는 과정을 겪을 수 있고(혹은 윤리적 딜레마를 다루기 위해 접근하거나), 그 결정에 대해 반론하는 과정을 겪을 수도 있다(M. Leach, 개인 교신, 2014년 3월 14일). 이것이 상담자로 하여금 확증적 사고 과정들을 좌절시킬 수 있는 방식으로 자신의 의사결정에 도전하게끔 독려할 것이다. 또한, 윤리적 딜레마를 다룰 때의 경험들을 연장자 및 신뢰할 수 있는 동료들과 상의하는 것은 거의 대부분 언제나 이 단계에서 권장된다. 의사결정의 선택에 따라, 구체적인 계획을 세우고 실행해야 한다(Kitchener & Anderson, 2011). 이러한 과정 전체를 거치는 동안 상담자들은 그 과정들을 기록해야 한다. 이후에, 상담자들은 그 과정을 숙고해보고 얼마나 그 결과가 상황에 잘 맞는지를 판단해야 한다. 피드백을 사용하는 것은 임상적인 의사결정에서 전문 분야의 개발을 조력하는 데 중요하다(Tracey et al., 2014). 다른 의사결정 모형들이 있으며 관심 있는 독자들은 Koocher와 Keith-Spiegel(2008)을 참고하도록 한다. 이들은 윤리적 상황에 대응하는 데 있어 선택사항(그리고 제재)의 범위에 대한 훌륭한 지침을 제공한다. 부록에 있는 《심리학자의 윤리 원칙》과 윤리 기준 강령, 《미국 심리학회 출판 지침》(APA, 2010a)을 검토해보길 권한다. 가장 중요한 것은, 의심스러울 때마다 신뢰할 수 있고 지식이 많은 동료들, 그리고 교수들과 상의하는 것이다.

예시 A 연구 참여자 역할에 대한 동의[1]

1. 나는 이 연구에 참여하는 것에 동의합니다. 이 연구는 Mary Heppner 박사와 Meghan Davidson이 시행하고 미주리대학교에서 지원을 받습니다. Heppner 박사는 부교수이며,

1. 이 동의서의 초기 버전은 Meghan Davidson가 작성한 것이다. 이 책의 3판에서 이 장이 집필되었을 때 Meghan은 미주리콜롬비아대학교의 상담심리학 박사과정 학생이었다.

Meghan Davidson은 교육 및 상담심리학부의 박사과정 학생입니다. 나는 이 연구의 실시에 있어 다른 사람들이 Mary Heppner 박사와 Meghan Davidson을 보조할 것임을 이해했습니다.

2. 나아가, 나는 다음 사항을 이해했습니다.

a. 목적: 이 연구의 목적은 새로운 공감 측정도구의 타당도와 신뢰도를 연구하는 것입니다.

b. 요건: 이 연구에서 나의 역할은 내가 타인을 공감하는 방식을 측정하기 위해 설계된 지필 설문지를 완성하는 것입니다. 대학 강의실에서 학생들이 이 설문조사를 완료할 것입니다.

c. 소요 시간: 총 소요 시간은 최대 25분이 될 것입니다.

d. 자발적 참여: 내가 참여한 것은 전적으로 자발적인 것입니다. 연구가 시작된 이후라도 나는 언제든 자유롭게 그만둘 수 있습니다. 나는 연구가 시작된 후 그만둘 수 있는 권리가 있으며, 즉 이 연구에서 더 이상 참여하지 않기로 결정할 수 있는 권리가 있습니다. 연구자들이 나에게 모든 문항에 응답하도록 요청할지라도, 내가 단순히 답하길 원치 않는 어떠한 문항이든지 건너뛸 수 있음을 이해했습니다. (나는 어떤 문항을 건너뛴 이유를 설명할 필요는 없습니다.) 어떠한 경우라도 내가 불참하거나 혹은 설문을 완성하지 않은 것에 대해 부정적인 영향은 없습니다.

e. 새로운 발전: 나는 이 연구 과정 중에 발생하는 어떠한 새로운 정보를 듣게 될 것이고, 이것이 이 연구에 참여하고자 하는 나의 의지에 영향을 미칠 수 있습니다.

f. 이익: 나는 공감에 대해 보다 더 잘 설명되어 있는 사후 해명서를 받게 될 것입니다. 사람들이 어떻게 타인을 이해하고 관계를 맺는지에 대해 과학적인 이해가 증진되는 형태로 나 자신과 다른 사람들에게 전반적인 이익이 올 것입니다.

g. 보호: 나를 보호하기 위하여 다음과 같은 예방 조치들이 시행될 것임을 이해했습니다. (1) 조사에서 나의 이름 혹은 다른 식별 정보를 묻지 않을 것이며 나의 반응들은 완전히 익명성이 보장됩니다. (2) 나에게 구체적인 사건을 묘사하도록 요청하는 설문지는 없습니다. (3) 어떠한 이유에서든지 언제든 연구 참여를 자유롭게 중단할 수 있습니다. (4) 연구자가 모든 문항에 답하길 바랄지라도, 내가 너무 예민해지거나 스트레스를 받게 하는 질문 혹은 문항을 발견할 경우 마음대로 건너뛸 수 있습니다. (5) 이 연구 결과가 출판될 때에는 총량 자료(예: 집단 평균)만 보고될 것입니다.

3. 이 연구에 관한 나의 질문에 답변을 들었습니다. 만일 추가적인 질문이 생기면 아래의 연락처로 연락할 수 있습니다.

Mary Heppner 박사

주소: 16 Hill Hall Department of Educational and Counseling Psychology University of Missouri Columbia, MO 65211

연구실 전화: (573) 882-8574

이메일: HeppnerM@missouri.edu

Meghan Davidson

주소: 16 Hill Hall Department of Educational and Counseling Psychology University of Missouri

이메일: mmd75b@mizzou.edu

연구윤리 심의위원회

주소: Jesse Hall University of Missouri Columbia, MO 65211

전화: 882−9585

서명: ______________________________

날짜: ______________________________

예시 B 청소년 동의서 서식 샘플(아동)[2]

당신은 미주리컬럼비아대학교에서 대학원생이 실시하는 연구에 참여하기 위해 초대되었습니다. 참여자로서 다음의 글을 읽고 이해해야 합니다. 참여에 대해 동의하게 전에 어떠한 것이든 질문하시기 바랍니다.

1. 프로젝트의 목적: 이 연구 프로젝트의 목적은 연애 관계에서의 건강한 관계와 성적 강요에 대한 고등학교 학생들의 태도를 측정하는 새로운 설문지를 개발하는 것입니다. 이 설문조사가 연애 관계에서의 성적 강요에 대한 교육 프로그램의 평가에 사용되길 바랍니다. 당신의 태도, 신념, 그리고 자신의 개인적인 경험들을 포함하는 정보에 대해 질문을 받을 것임을 기억하십시오.

2. 참여 절차와 지침
   a. 당신은 동의서(이 페이지)를 받게 될 것이며, 당신에게 질문이 있을 때 그에 대한 답변을 듣고 나면, 설문을 작성하게 됩니다.
   b. 당신이 제공한 정보는 완벽하게 익명이 보장됩니다. 즉, 당신의 이름은 어디에도 남지 않을 것입니다.
   c. 설문조사를 완료하는 데 걸리는 시간은 30분 정도입니다.

3. 참여의 이익 및 위험 요소
   a. 이 연구에 참여함으로써 생기는 위험 요소는 일상에서 당신이 경험하는 것보다 더 크지는 않습니다. 설문지의 어떤 문항들을 읽고 답하면서 약간의 불편감을 느낄 수 있습니다. 그러나 다시 한 번 말하자면, 이 불편감은 당신이 교실에서, 또는 다른 활동에서

2. 이 동의서의 초기 버전은 Meghan Davidson가 작성한 것이다. 이 책의 3판에서 이 장이 집필되었을 때 Meghan은 미주리콜롬비아 대학교의 상담심리학 박사과정 학생이었다.

겪을 수 있는 것보다 크지 않습니다.

b. 또한 당신은 이 프로젝트에 참여함으로써 몇 가지 이익을 경험할 수 있습니다. 여기에는 중요한 연구에 도움이 되면서 긍정적인 감정을 경험하는 것이 있을 수 있습니다.

c. 설문조사를 완성하면 콜롬비아 몰의 어느 가게에서든지 사용 가능한 상품권에 당첨될 수 있는 복권을 드립니다.

4. 거절 혹은 중단할 권리: 당신의 참여는 자발적인 것이며, 참여하길 원하지 않을 경우에 어떠한 벌점도 없습니다. 이는 당신이 언제든지 그만둘 수 있고 특정한 질문에 답하지 않기로 결정할 수 있다는 것을 의미합니다.

5. 참여자로서의 권리: 당신은 이 연구 프로젝트에 대한 어떤 질문이든지 답변을 들을 권리가 있습니다. 질문이 있다면 다음에 제시된 사람들에게 연락해주세요.

Meghan Davidson, M. A.

주소: 16 Hill Hall Department of Educational and Counseling Psychology University of Missouri Columbia, MO 65211

전화: (573) 884-4328

Mary Heppner, Ph.D.

주소: 16 Hill Hall Department of Educational and Counseling Psychology University of Missouri Columbia, MO 65211

전화: (573) 882-8574

연구 참여와 관한 추가적인 정보를 얻고 싶다면, 미주리대학교 컬럼비아 캠퍼스 연구윤리심의위원회 사무실, 882-9585로 연락하시기 바랍니다.

6. 참여 동의

서명: ______________________________

날짜: ______________________________

예시 C 구두 사후설명[3]

이것으로 연구를 마치겠습니다. 협조해주셔서 정말 감사합니다. 이제 연구를 마치면서, 이 연구의 전체적인 목적에 대해 좀 더 설명해드리고자 합니다. 편향된 반응을 방지하기 위해 이전에는 이에 대해 설명해드릴 수 없었습니다. 첫째, 이 연구는 '인터뷰 방식' 이상의 것을 다루고

3. 이 구두 사후 해명의 초기 버전은 Carol Atwood가 작성한 것이다. 이 책의 1판에서 이 장이 집필되었을 때 Carol은 미주리콜롬비아 대학교의 임상심리학 박사과정 학생이었다.

있습니다. 우리는 사별하고 우울한 사람에 대한 대학생들의 인상에 대해 관심이 있습니다. 구체적으로, 우리는 사별한 사람에 대한 당신의 개인적인 반응, 그리고 무엇이 병리적인 애도 혹은 정상적인 애도인지에 대한 당신의 태도를 알아내고자 했습니다. 우리가 정확히 무엇을 찾고 있는지 사전에 사람들이 알지 못하길 바랐는데, 그 이유는 이것이 누가 실험에 참여할지 혹은 어떻게 답변할지에 대해 영향을 미칠 수 있기 때문입니다. 당신이 참가하기 전에 이에 대해 좀 더 충분히 설명할 수 없었던 점에 대해 유감스럽게 생각하고 있습니다. 우리가 이러한 정보를 당신에게 알리지 못했던 이유에 대해 당신이 존중해주시고, 학우들에게는 이 점에 대해 알리지 말아주시길 바랍니다.

당신은 중년의 미망인의 녹음테이프를 들을 것이라는 지시를 받았습니다. 몇몇 사람은 그녀가 3주 전에 사별했다고 들었고, 또 몇몇 사람은 2년 전에 사별했다고 들었습니다. 만일 당신이 이 설명을 들었다면, 당신은 실험집단에 속한 것입니다. 실직한 사람의 녹음테이프를 들을 것이라는 지시를 받았다면, 당신은 통제집단에 속한 것입니다. 추가적으로, 몇몇 사람들은 우울한 여성의 테이프를 들었고, 다른 사람들은 우울하지 않은 여성의 테이프를 들었습니다. 우리는 참여자들이 남성 혹은 여성인지에 따라 다양한 조건에서의 답변에서 차이가 있는지를 조사할 것입니다.

이제 당신은 이 실험에 더 이상 참여하지 않을 것임을 알려드리고자 합니다. 오늘 이 자리를 마치고 나면 당신의 참여는 종료됩니다. 당신이 혹시 재참여할 수 있는지에 대대해 아는 것은 매우 중요한데, 이는 당신이 테이프에서 들었던 여성을 만날 의향이 있는지의 여부를 알 수 있기 때문입니다.

다음으로, 이것은 모의실험이라는 점을 설명해 드리겠습니다. 이는 당신이 테이프로 들었던 사람들은 사전에 쓰인 대본대로 연기한 것임을 의미합니다. 이것의 목적은 매번 새로운 집단이 들은 대화가 마지막 집단이 들었던 대화와 정확히 같게 하려는 것입니다. 이는 실험을 더 잘 통제하게 해주고, 당신의 답변에서 미지의 영향을 제거하는 데 도움이 됩니다.

오늘 참여해주셔서 감사합니다. 이 방을 나선 뒤 어느 누구하고도 이 실험에 대해 이야기하지 않는 것이 중요합니다. 만일 나중에 이 연구에 참여할 분들이 연구 목적이나 절차를 알게 되면 그들의 답변이 편향될 수 있습니다. 이는 우리로 하여금 잘못된 결과를 보고하게 만들 수 있습니다. 우리의 연구가 실제로 사별한 사람들에게 언젠가 도움이 될 수 있기를 희망하기 때문에, 이는 중대한 문제입니다. 모쪼록 다른 사람들도 당신이 오늘 했던 것처럼 기여할 수 있는 기회를 주시기 바랍니다.

질문 있으십니까? [질문을 위해 잠시 멈춤] 연구 카드에 서명을 해드릴 테니 가셔도 됩니다. 다른 질문이 있는 분을 위해 잠시 기다리겠습니다.

만일 사별이나 우울증을 다루기에 어려움이 있는 분이 계시다면, 제가 우리 대학의 심리 클리닉과 상담 센터의 전화번호를 가지고 있으니 끝날 때 드리겠습니다.

예시 D 서면 사후설명[4]

이것은 당신이 이미 들었던 구두 사후설명 이외에, 이 연구 프로젝트의 목적을 추가적으로 설명하는 것입니다. 여기에서는 독립변인과 종속변인, 연구 가설을 설명할 것입니다. 당신의 친구들 중 누구와도(이들이 이후 참여자들과 무심코 대화할 수도 있습니다), 또는 현재 참석한 실험자와도 이 정보에 대해 상의하지 않는 것이 중요합니다. 실험자는 실험에 영향을 미치지 않기 위해서 가설에 대한 맹목(정보를 알지 못하는) 상태를 유지해야 합니다. 어떤 질문이 있다면 Carol Atwood, 484-1676으로 연락할 수 있습니다(응답이 없다면 메시지를 남겨주세요). 이것을 다 읽었다면 바로 서명을 하고, 주어진 봉투에 다시 넣어주시고 봉해주세요. 협조에 감사드립니다.

1. **프로젝트의 본질:** 이 프로젝트는 사회 심리학의 주요 연구 영역인 '태도와 사회적 지각'과 관련됩니다.

2. **관련 연구 결과:** 무엇이 건강한 애도 반응이며 무엇이 건강하지 않은 애도 반응인지에 대한 비전문가의 관점, 그리고 비전문가가 사별을 거부하거나 피할지의 여부에 대한 선행 연구가 많지 않습니다. Vernon(1970)은 참여자들에게 자신이 알고 있는 사람이 최근에 사별했다면, 그에게 어떻게 반응할지를 물었습니다. 참여자의 1/4만이 자발적으로 죽음에 대해 언급할 것이며, 다른 1/4은 전혀 죽음에 대해 언급하지 않기를 원한다고 했습니다. Lopata(1973), Glick, Weiss와 Parkes(1974)와 같은 다른 연구자들은 미망인이 자신을 인터뷰하게 함으로써 간접적으로 이 질문을 다루었습니다. 이들은 남편의 죽음 이후에 관계에서 긴장을 경험하거나, 친구들과 절교하는 경험을 했다고 보고했습니다.

3. **독립변인:** 이 실험의 변인들은 연구자가 조작하거나 통제했습니다. 이 프로젝트에는 3개의 독립변인이 있습니다. 첫 번째는 참여자의 성별입니다. 우리는 남성 참여자와 여성 참여자의 반응에서 차이를 알아볼 것입니다. 두 번째는 우울 조건(테이프에서 들리는 여성이 우울한지 혹은 우울하지 않은지)입니다. 세 번째는 '사별 상태'입니다. 즉, 테이프의 여성은 당신이 받은 지시문에 따라, 최근에 미망인이 된 사람이거나, 미망인이 된 지 오래된 사람, 혹은 미망인이 아닌 사람(실직)으로 나뉩니다.

4. **종속변인:** 독립변인의 조작에 대한 효과를 측정했습니다. 이 프로젝트에서 종속변인은 당신이 완료한 설문지로 구성됩니다. 우리는 당신이 테이프에서 들은 여성을 얼마나 거부하는지, 미망인에 대한 당신의 사회적 지각이 어떤 것인지, 당신이 그녀를 얼마나 병리적이라고 생각하는지를 알아내고자 했습니다.

5. **가설:** 이 프로젝트에서 다음과 같은 연구 질문을 조사했는데, 이 정보를 오늘의 실험자에

4. 이 구두 해명의 초기 버전은 Carol Atwood가 작성한 것이다. 이 책의 1판에서 이 장이 집필되었을 때, Carol은 미주리콜롬비아대학교의 임상심리학 박사과정생이었다.

게 말하지 않기 바랍니다.

A. 테이프의 여성이 최근 사별, 기간이 오래된 사별, 사별하지 않은 조건에 따라 정서적 장애에 대한 대학생의 판단은 어떻게 다른가? 테이프의 여성이 우울 혹은 우울하지 않은 조건에 따라 장애 평정에 어떤 차이가 나타나는가?

B. 대학생은 사별한 사람 혹은 사별하지 않은 사람을 더 많이 거부하는가? 이러한 거부 반응은 여성의 우울하거나 우울하지 않은 조건에 의해 영향을 받는가?

C. 참여자의 성별(남성 혹은 여성)은 참여자의 반응에 영향을 미치는가?

6. **통제 절차:** 오차 또는 원치 않는 변량을 줄이기 위한 절차입니다. 이 연구에서, 실험 조건에 참여자들을 무선 할당했으며, 참여자를 성별에 따라 무선 할당하는 것은 불가능했습니다. 다른 통제 절차는 실험자가 연구 가설에 대한 맹목 상태를 유지했던 것, 실험 전에 실제 목적에 대해 참여자에게 정보를 주지 않은 것, 테이프에 연기자를 사용하는 모의 절차를 사용한 것, 통제집단은 미망인도 아니고 우울하지도 않은 여성의 목소리를 듣게 한 것입니다.

나는 '스트레스성 생활 경험들에 대한 반응' 연구의 성격에 관한 위 정보를 읽었습니다. 나는 이 정보를 잠재적인 향후의 참여자들과 현재 실험자에게 공개하지 않는 것에 동의합니다.

이름[정자(正字)]: ________________________

서명: ________________________

날짜: ________________________

요약 및 결론

우리는 윤리가 연구 수행에 중요한 것이며, 사실상 연구 사업 전체에 윤리가 존재한다고 주장했다. 개략적으로 말하자면, 윤리는 "수행의 방향을 제시하는 일련의 지침들"(Keith-Spiegel & Koocher, 1985, p. xiii)이다. 상담자에게 있어 윤리에 대한 연구는 보다 더 큰 전문 영역, 다른 전문가들, 그리고 우리의 연구에 참여하는 사람들과 교류할 수 있는 방향을 제공한다. 또한, 우리가 연구를 어떻게 설계하고 수행하는지는 자율성, 공정성, 타인의 복지의 향상, 신의, 그리고 무엇보다 타인에 대한 위험을 피하는 것과 같은 우리의 기본적인 가치들을 반영한다. 때로는 우리가 시간을 아끼기 위해 절차를 생략하는 것처럼 일상적인 것이 우리의 기본적인 가치들을 무색하게 하는 것 같다. 그러나 상담 전문직의 건강과 장수는 정직함과 공정함 같은 기본적인 가치들에 달려있음을 마음에 새기는 것이 중요하다. 이러한 가치들은 여러 상황에서, 특히 연구에 대해서 대학원 훈련 전체 과정을 통해 강조되어야 한다. 이들은 우리 행동의 어떠한 다른 측면들 보다 더 우리가 누구이며 연구에서 무엇을 하는지에 대해서 더 많이 전달할 수 있다.

촉진 질문

연구 과정에서의 윤리적 문제

이 장에서, 우리는 연구자가 연구 참여자, 동료, 상담 전문직, 그리고 전체 사회에 대한 윤리적 책임을 인지하는 것이 필수적이라는 것을 지속적으로 주장했다. 이러한 연습의 목적은 참여자와 학술적인 업무에 관련된 윤리적 문제에 대하여 추가적인 사고를 촉진하는 것이다. 연구 과정과 관련되는 윤리적 쟁점들과 책임에 대하여 보다 깊은 이해를 위해, 다음의 질문을 생각해보고, 답을 적고, 수업에서 동료들과 함께 당신의 답에 대해 논의해보길 권한다.

1. 단순히 규칙적인 윤리 개념에 의존하는 것보다 기본적인 윤리 원칙들을 습득하는 것에 초점을 맞추는 데 기능적이어야 하는 이유가 무엇인가?
2. 문화적 맥락 내에서 수행된 연구의 발견을 자료가 어디서 수집되었는지에 따라 해석하는 것이 중요한 이유를 설명하라. 연구자가 문화적 맥락의 적절한 준거 없이 자신의 발견을 오해석할 때 발생하는 문제들을 최소 세 가지로 제시할 수 있는가?
3. 당신의 관점에서, 사기성 자료를 출판할 경우 생기는 가장 심각한 결과는 무엇인가?
4. Carl Rogers가 "자료는 언제나 우호적이다."라고 했던 말의 의미는 무엇이라고 생각하는가?
5. 원고의 저자 순서를 결정하는 가장 좋은 방략은 무엇이라고 생각하는가? 그 이유는 무엇인가?
6. 당신은 상담 연구에서 기만이 용인될 만한 경우가 있다고 생각하는가? 기만이 절대 허용되어서는 안 되는 경우는 어떤 것인가?
7. 연구자의 편향이 문화를 제대로 고려하지 않은 다문화 연구를 초래할 수 있는 두 가지 상황을 찾아보라.
8. 비밀 유지와 익명성의 차이점은 무엇인가?
9. 윤리적 문제가 일어날 때 관련된 사람들과 직접적으로 이야기하는 것을 권고하는 이유가 무엇이라고 생각하는가?

전문적 글쓰기: 과학자와 실무자를 위한 필수적인 기술

과학적인 글쓰기는 실무자와 과학자에게 요구되는 필수적인 기술이다. 과학적으로 글을 쓰는 능력은 대학원 훈련 프로그램의 핵심적인 결과물이다. 모든 사람들이 처음에 한 번쯤은 글쓰기에 어려움을 가지고 있다는 점을 인정하는 것은 중요하다. 그것은 '작가의 벽(writer's block)', 피로, 특히 복잡한 작문 과제 혹은 결과물에 대한 두려움과 우려 때문일 수 있다(예: '내가 실수를 하면 모두가 알게 될 거야.', '내가 해야 하는 말은 중요한 것이 아니야.', '만일 내가 완벽하게 이것을 쓸 수 없다면 아무것도 쓰지 않을 거야.') 글쓰기와 관련된 이러한 두려움과 우려는 특히 미숙한 저자들에게 더 극심하다. 그러나 베테랑 저자들조차도 글쓰기에 관한 두려움과 불안을 경험한다. 작문은 연습, 피드백, 성공적인 작문 모형의 분석, 편집으로 학습할 수 있는 기술이다.

작문은 개인적이며, 작문이 출간되는 출판의 제약에 따라 양식이 다양하다. 예를 들어, 미국 심리학회(APA)는 《미국 심리학회 출판 지침》(APA, 2010a)에서, 미국 심리학회 학회지에 제출한 원고에 요구되는 요소들을 자세하게 제시하고 있다. 이 참고도서는 상담 및 관련 전문 학술지에 출판하는 저자들에게 필수적인 책이다. 한편으로는, 대학원들도 저마다의 학위 논문에 대한 서식 및 양식 요건들을 가지고 있다(학위 논문 작성에 대한 더 많은 정보에 대해서는 Heppner & Heppner, 2004를 참고하라). 심리 평가 보고서 작성을 위한 지침들 또한 출판되었다. 미국 교육연구학회(American Educational Research Association: AERA), 미국 심리학회, 미국 교육측정학회(National Council on Measurement in Education: NCME)가 공동으로 개발한 교육 및 심리 검사 표준(Standards for Educational and Psychological Testing)(2014)을 참고하도록 한다. 임상 분야에서는 종종 사례 보고, 종결 요약, 내담자의 소통방식에 관한 그들만의 작문 방식을 지닌다.

전문적 글쓰기의 모든 형식들이 포함된 수많은 세부 사항들을 하나의 장에 다루기는 불가능하다. 따라서 이 장의 목표는 과학적 글쓰기와 관련된 기본 요소들과 논점들을 소개하는 것이다. 상담자와 심리학자들이 글을 쓰는 이유를 설명하며, 글을 쓸 때 겪는 여러 어려움들을 밝히고 몇 가지 작문 방략들을 소개한다. 그 다음, 독자들이 연구 보고서를 작성할 수 있는 준비를 갖추고, 연구 문헌의 현명한 소비자가 되기 위해 적절하게 문헌을 평가하는 능력을 갖도록 연구 보고서 작성에 포함된 기술적인 측면에 대한 설명을 제공할 것이다.

우리는 왜 글을 쓰는가

글쓰기는 하나의 탐구 방법이다(Richardson, 2000). 글을 쓰는 과정은 주제에 대한 새로운 이해를 발전시키게 하고, 한 영역에서 우리가 알고 있는 지식을 확증하게 함으로써 더 깊이 있는 배움을 촉진한다. 또한 주제에 대해 더 깊이 있게 조사하게 하여 새로운 지각을 촉진하고 창의성과 사고를 고무시킨다(Runco & Pritzker, 1999). 우리가 심리 평가 보고서를 쓸 때는 평가 도구에 대한 최신 정보와 내담자에 대한 적용점을 고려하라는 요구를 받는다. 그 다음에는, 평가를 통해 얻어진 내담자 자료들을 기반으로 이러한 지식을 고찰해야 한다. 우리가 보고서에 이러한 정보들을 요약하기 때문에, 내담자에 대한 이해의 폭과 깊이가 필연적으로 증가한다. 마찬가지로, 우리가 연구 보고서를 작성할 때 해당 주제에 대한 최신 문헌을 재검토하고, 일관된 전체로 여러 생각들을 조직화하며, 현재 가진 정보들을 연구로부터 얻어진 새로운 지식과 종합해야 한다(Newell, 2000).

또한 글쓰기는 정보를 종합하고 새로운 관점을 창출하도록 함으로써 교육 능력과 실무 능력을 향상시킨다. 이런 식으로 글쓰기가 전문 분야에 지식을 기부할 수 있다. 작문 프로젝트에 관여하는 것은 상담자와 심리학자들에게 전문적 커뮤니티를 발전시킬 수 있는 기회를 제공한다. 이는 여러 기관, 지역, 그리고 학문 간의 협동에 원천이 된다. 교수진을 희망하는 사람들에게는 과학적 글쓰기가 종신 재직권과 승진에 중요한 요인일 수 있다.

글쓰기의 어려움과 방략

전통적인 지식과는 반대로, 많은 저자들은 글쓰기가 만만치 않은 작업임을 깨닫는다. 확실히, '작가의 벽'이라는 개념은 집필 활동을 하는 많은 커뮤니티 안에서 유명한 설화가 되었다. 이 용어가 자주 사용되지만, 아마도 글쓰기에 대한 어떤 장애물을 가리키는 사회적인 구성개념으로 여겨질 수 있다(Greyser, 2014). Cvetokovich(2013)는 학자들 사이에서의 작가의 벽을 지적이고, 개인적이며, 정치적이라고 기술했다. 그녀는 지적 조건을 존중하고, 벽을 작가 스스로의 것이 아닌 기관적이고 사회정치적인 제도의 산물로써 객관화시키고, 우리 자신에게 친절하게 대하고, 지원적인 지역사회를 개발하는 것을 제안했다.

Rockquemore와 Laszloffy(2008)는 3개의 기본적인 범주에 따라 글쓰기에 대한 공통적인 어려움을 상세히 열거했는데, 이는 기술적 오류, 외부적 현실, 심리적 장애물이다. 기술적 오류는 특정한 기술 혹은 기법이 없어서 생긴 결과로서 여러 분투들을 포함한다. 즉, 글을 쓸 수 있는 특정한 시간을 따로 떼어놓는 것에 실패하는 것, 시간 및 공간 면에서 체계화되어 있지 않아서 그다음에 할 일이 무엇인지 알 수 없는 것, 너무 복잡하고 구체적이거나 측정 가능하지 않은 과제 목록에 의존하는 것, 과제를 완성하는 데 얼마나 오래 걸리는지 과소평가하는 것 등을 포함하며, 여기에 제한되는 것은 아니다. 위 저자들은 행동을 수정하거나 특정한 기술을 획득하는 것이 이러한 기술 결핍들을 쉽게 다룰 수 있게 한다고 주장했다. 예를 들어, 그들은 주마다 과제의 계획을 세우기 위해 달력 사용하기, 달력에 매일 글쓰기 시간의 일정 잡기, 글쓰기 시간을 추적하기와 같은 방법을 권했다. 외부적 현실은 당신의 통제를 벗어나는 상황적인 혹은 환경적인 요인들이라고 표현하는 것이 가장 적절하다. 일할 수 있는 능력을 제한하는 건강 문제나 새로운 자녀 혹은 나이 든 가족 구성원과 같은 삶의 변화들이 여기에 해당된다. 이러한 어려움들은 일반적으로 생활환경에 적응하는 동안 인내심과 작업량의 재분배 또는 과제 위임에서의 창의력을 요구한다.

심리적 장애물은 좀 더 복잡하기 때문에, 이를 대처하는 데 더 많은 시간과 주의가 요구된다. 이는 학업적인 완벽주의, 연구 및 글쓰기와 관련하여 영향력을 빼앗기는 느낌들, 글쓰기로 인해 '노출되는(exposed)' 것에 대한 두려움, 타당성의 위기(crisis of legitimacy), 자신의 장기적인 비전이나 목표에 관한 명확성 부족, 비현실적으로 높은 기대와 같은 다양한 경험들을 포함한다. 여러 저자들이 이러한 글쓰기에 대한 심리적, 정서적 어려움들을 다루는 방략에 대해 광범위하게 저술했다(더 많은 정보에 대해서는 Cvetokovich, 2013; Heppner & Heppner, 2004; Greyser, 2014; Lamott, 1995; Rockquemore & Laszloffy, 2008을 참고하라).

다작 작가의 행동 패턴에 대해 전문가들은 일상의 글쓰기 습관을 발전시키는 것이 중요하다고 강조했다(예: 월요일~금요일, 30~60분의 글쓰기). Furman과 Kinn(2012)이 지적했듯이, 글쓰기에 있어서 "한결 같은 꾸준함이 탁월한 재능을 이긴다(consistency beats brilliance)"(p. 26). Robert Boice(1989)는 자신의 글쓰기 워크숍에 참석한 교수들을 대상으로 이를 지지하는 근거를 제시했다. 참여자들은 세 집단으로 나뉘었다. 1 집단은 워크숍 전의 자신의 글쓰기 습관을 유지했다. 2 집단은 일일 글쓰기를 하고, 자신의 글쓰기 시간을 추적했다. 3 집단은 일일 글쓰기를 하고, 자신의 글쓰기 시간을 관리했으며, 주 단위로 자신의 글을 다른 사람에게 보여주는 의무를 가졌다. 1년 뒤에, 1 집단의 참여자들은 평균 17페이지를 작성했고, 2 집단은 평균 64페이지를, 3 집단은 평균 157페이지를 작성했다.

아주 뛰어난 몇몇 사람을 제외하고, 저자들은 글쓰기 과제를 완성하기 위해 재작성하고 편집할 필요가 있었다. 저자들마다 각기 다른 방법을 사용했다. 예를 들어, 어떤 저자는 세련된 결과물을 만들기 위해 가능한 빠르게, 그리고 아주 많은 교정 과정에 매달렸다.

반면, 다른 이들은 주의 깊게 초고를 쓰고 교정에 드는 시간을 최소화했다. 어떤 사람들은 교정 전에 초고에 대해 심사숙고하는 것을 선호했고, 또 다른 이들은 최종 결과물을 가능한 한 빠르게 진행시켰다. 개인의 특정한 접근이 다양하더라도, 자신의 글을 어떻게 편집하는지 배우고 피드백을 얻는 것은 효과적으로 글을 쓰기 위해서 요구되는 중요한 기술이었다.

저자들은 종종 프로젝트에 너무 열중하여 객관성을 잃어버린다. 저자들은 자신의 연구에 대해 논의하고, 세밀하게 생각해본 뒤에 연구에 대한 설명이 확실하고 간명하며, 자신의 합리성이 그럴듯하다고 확신할 수 있다. 그러나 다른 사람은 이들과 매우 다른 관점을 가질 수 있다. 모든 저자들은 글을 쓰고 수정하는 과정에서 자신의 연구를 읽고 비판해줄 수 있는 동료들 혹은 조언자들과 함께 하기를 강력하게 권한다. 글쓰기 향상을 얻기 위해(극찬이 아니라) 건설적이고 비판적인 피드백을 줄 수 있는 사람을 선택하는 것이 좋다. 독자들의 유형이 달라 서로 다른 유형의 피드백을 제시한다. 예를 들어, 해당 영역의 내용을 잘 아는 사람은 내용 중심의 피드백을 주고, 내용을 잘 모르는 사람은 전체적인 논리 혹은 작성 방법에 관한 객관적인 피드백을 줄 수 있다. 그러므로 글쓰기를 강화하기 위해 요구되는 피드백을 제공하는 데 잘 맞는 독자들에게 요청하는 것이 중요하다. Rockquemore(2012)는 학술적 글쓰기를 위한 지침에서, 초기에 그리고 자주 피드백을 얻을 것을 조언한다. 그녀는 원고 제출 준비가 되었다고 여기기 전까지 1명의 저자가 많은 시간을 투자하기보다는, 전체 과정에서 피드백을 얻기 위해 글쓰기의 여러 단계(예: 0~25% 완성, 26~50% 완성, 51~75% 완성, 76~100% 완성 단계)에서 재검토할 수 있는 독자 커뮤니티를 구축하기를 권한다.

꾸물거리는 것과 관련된 문제들은 학업적인 저자들에게 만연하다. 우리들 중 다수는 글쓰기에 전념하는 것을 피하려고 연구 수행이나 임상 실무에 관여하는 것을 선호할 것이다. 감히 말하건대, 한 번쯤은 모든 연구자들이 연구 보고서를 작성하는 것에 대해 고뇌하게 될 것이다. '동병상련'이라는 말보다는 이런 제언을 주고 싶다. 글을 쓰자! 당신이 글을 형편없이 쓴다고 생각할지라도 어쨌든 글을 쓰자! 초고는 바뀌거나 폐기할 수 있다. 사실상, 대개 초고를 교정하는 것이 첫 초고를 만들어내는 것보다는 훨씬 쉽다. 몇 페이지를 써보고 그것이 쓸 만한지는 나중에 결정하자. 한 번 시작하면 글쓰기는 점점 쉬워진다.

연구 보고서 작성하기

연구 결과가 서술된 보고서 외의 방식으로 알려질 수 있지만(학회 발표와 같은 형태로), 상담 및 상담심리학 영역에서는 연구 보고서가 새로운 지식 전파에 매우 중요한 기제이다. 학술 논문, 책, 학위 논문, 학회 발표 요약문(보다 적은 규모의)은 상담 연구의 영구적

표 4.1 연구 보고서의 주요 부분의 핵심적인 요소

제목	연구 주제, 변인들, 설계, 결과가 10~12개 단어로 요약된다.
초록	연구 보고서의 요약문. 가설, 방법(참여자, 측정, 재료들, 설계, 절차), 결과, 결론을 100~150개 단어로 기술한다.
서론	연구 보고서의 목적을 명확하게 하는 이론적 또는 개념적 근거의 기술. 과거 경험적 발견들과 이론적 근거에 대한 자세한 리뷰는 제안된 가설(양적 설계) 혹은 연구 질문(질적 설계)을 위한 틀을 제공한다.
방법	연구 수행에 사용된 참여자, 재료, 절차, 설계에 대한 요약
결과	자료 및 분석 결과 요약
논의(또는 결론)	선행 연구 및 이론의 맥락에서 연구의 발견들을 요약하는 것. 연구의 제한점, 향후 방향, 함의에 대한 개관
참고문헌	글에서 인용된 모든 원천들의 최종 목록

인 기록들이다. 이러한 원천들 중 하나에서 연구가 논의되지 않으면, 어떤 연구자가 특정 주제에 대해 관심이 있다고 해도 그에 대해 배울 수 없을 것이다. 따라서 명확하고 유익한 연구 보고서를 준비하는 것은 연구 과정에서 중요한 단계이다.

연구 보고서의 정확한 구조화는 연구의 의도이자 본질인 출판에 따라 다양하다. 그럼에도 불구하고, 상담 학술지를 정독하면 논문들이 전형적으로 표 4.1에 간략하게 제시한 것과 같은 형식에 따라 조직화된다는 것을 알 수 있다. 각 부분에 대한 보다 자세한 설명을 통해 독자들을 지침을 제공하는 다양한 자원들이 있다(예: 《미국 심리학회 출판 지침》, 2010). 이 장의 목적은 연구 보고서 부분에 대한 간단한 개관을 제공하고, 연구 설계와 관련되는 측면들에서의 특정한 주안점을 제시하는 것이다.

우리가 연속적으로 이러한 구성요소들을 논하지만, 모든 부분들이 '연구 질문 그리고/혹은 가설'이라는 하나의 공통적인 초점에 의해 결합되는 것임을 기억하라. 이 공통적 초점은 각 부분을 잇는 실이며, 독자가 그 연구 전체를 이해하게 한다. 다른 말로 하면, 연구 보고서의 각 부분은 다른 모든 부분들과 일관되어야 한다.

제목

가장 좋은 연구 제목은 보고서가 독자들에게 접근이 용이하고, 원고에 대한 독자적인 설명을 제공하는 것이다. Bem(2003)은 제목이 자료에 의해 유도되어야 하고, 연구에 대한 가장 중요한 설명을 포함해야 한다고 주장했다. 제목은 주제, 변인들, 설계, 결과를 간결하게 기술하면서(대부분의 출처에 따르면 10~12개 단어) 그 연구를 정확하게 요약해야 한다. 이러한 이유에서, 많은 저자들은 원고가 거의 완성된 후에 제목을 작성하라고 제안

한다. 많은 사용자들이 출판물 색인 서비스(예: *PsychLit*, *PsychInfo*)에 나타나는 제목에 기초해서 원고를 읽을지 말지 결정하기 때문에 제목을 세심하게 선택하는 것은 중요하다.

초록

초록은 일반적으로 120~150개 단어를 초과하지 않게 연구 보고서를 간단히 요약하는 것이다.

또한 초록은 제목 다음으로 논문 색인 및 검색에 사용되어 연구 보고서에서 가장 자주 읽히는 부분이다. 따라서 초록은 간결하고, 정확하며, 포괄적이어야 한다. 조사 중인 문제, 참여자 및 설계 관련 특성들, 결과(가설 또는 연구 질문과 관련된 것), 결론을 포함하여 원고의 각 주요 부분들의 내용을 1~2개 문장으로 요약해야 한다.

초록은 그 자체로 완성된 상태여야 한다. 즉, 독자가 초록을 이해하기 위해 보고서의 다른 부분에 의지할 필요가 없어야 한다는 것이다. 그러므로 축약어나 두문자는 피하고, 독특하고 기술적인 용어를 설명하는 것이 중요하다. 정확하고, 유익하고, 간결해야 할 필요성을 고려해볼 때, 많은 독자들(예: Bem, 2003; Kazdin, 1995)에게 초록은 가장 쓰기 어려운 부분 중 하나라고 보이기에 이 부분을 가장 나중에 쓰기를 제안한다.

서론

연구 보고서의 서론은 연구를 위한 장을 마련하는 것이다(표 4.2). 이는 독자가 연구문제에 초점을 맞추게 하고, 연구에 대한 근거를 구축하며, 가능한 구체적으로 연구에서 검증

표 4.2 연구 응용: 서론에서 대답해야 되는 질문

질문	(✓)
이 주제를 연구해야 하는 이유가 왜 중요한가?	
이 주제와 관련되는 선행 연구(경험적, 이론적 연구)는 무엇인가?	
이 선행 연구가 저자의 연구 질문 그리고/또는 가설에 논리적으로 어떻게 연결되는가?	
이 질문을 어떻게 연구할 것인가?	
이 연구를 유용하거나 중요하게, 또는 흥미롭게 만드는 최신 이론, 연구, 혹은 적용은 무엇인가?	
설계, 초점, 혹은 방법 면에서, 이 연구가 이 영역에 필요하다고 할 수 있는 연구의 차이점 혹은 독특성은 무엇인가?	
구성개념들을 조작하고 평가하는 것에 관한 근거가 명확한가?	
목적, 예측, 가설은 무엇이었는가?	

되는 가설과 탐색되는 연구 질문을 보여준다. 표 4.2의 질문 목록은 독자들에게 서론 작성을 안내하기 위하여 제시한 것이다.

이러한 질문들에 답하기 위해서, 연구 보고서의 서론은 전형적으로 (1) 문제의 소개, (2) 연구를 위한 틀 개발, (3) 연구 질문 그리고/또는 가설 진술의 세 가지 요소를 포함한다. 서론의 첫 번째 요소는 독자로 하여금 주제에 초점을 맞추게 하고, 연구가 중요한 이유를 밝히고자 해당 주제 영역에 대해 개략적인 진술을 하는 것이다. 그다음 저자는 관심 주제에 가장 관련이 있는 이론적 · 경험적 자료의 리뷰로 범위를 좁힌다. 그다음은 연구를 위한 틀 혹은 근거에 대한 설명으로 이어지거나 서론의 두 번째 요소로 이어진다.

근거에 대한 틀은 경험적인 결과들과 이론의 논리적 연결성을 통해 구축되며, 이는 비판적이고 해답이 나오지 않은(아직까지는) 연구 질문으로 이어진다. 우리는 상당히 의도적으로 '**문헌 리뷰**(literature review)'라는 고전적인 용어를 사용하지 않으려고 한다. 왜냐하면 문헌 리뷰라는 말은 연구 결과들을 상당한 정도로 통합하고 종합하면서 연구 개요를 제시하는 것을 의미하기(적어도 몇몇 사람들에게는) 때문이다. 이와는 대조적으로 '**틀**(framework)'이라는 것은 어느 정도 논리적인 방식으로 연결된 요소들로 구성된다.

이론적 틀 개발에 인용된 문헌은 특정 연구에 적절해야 한다. 선행 연구에 대한 어떠한 논의든지, 당신의 연구에 근거를 구축하는 해당 연구의 적절한 측면들만을 기술한다. 이러한 측면들은 종종 선행 연구로부터 얻은 결과들과 연관되고, 방법론적인 주제들(예: 참여자의 유형), 설계, 통계적 검증에 대한 논의를 포함한다. 예를 들어, 당신의 연구의 이론적 근거로 적절한 경우를 제외하고는, 참고문헌에서 참여자 수에 대해 언급하지 않을 것이다. 만약 언급한다면 이는 당신이 선행 연구에 대한 효과 검증이 불충분하게 이루어진 것 같다고 생각했기 때문일 것이다. 이전 발견들과 이론들에 대한 논의는 논리적으로 밀접하게 관련되어야 할 필요가 있다. 당신이 특정한 연구 혹은 이론을 논할 때, 틀에 대한 논의의 목적은 독자들에게 명확하게 제시되어야 하며, 재검토된 자료 또한 통합되어야 한다. 종종 연구들은 모순된 발견들을 야기한다. 서론에서 이러한 불일치에 대한 이유에 대해 추측하고, 이를(그리고 그 이면에 있는 이유들) 당신의 연구와 어떻게 관련지을 것인지에 대해 보여주어야 한다.

만일 틀이 적절하게 개발되었다면, 현재 연구의 목적(혹은 서론의 세 번째 구성요소)이 명확해져야 한다. 한 가지 목적은 선행 연구에서의 불일치를 조정하는 것일 수 있다. 이러한 경우 연구는 모순적인 발견들이 얻어진 것에 대한 이유를 설명할 것이다. 또 다른 목적은 비상담 영역으로부터 얻은 결과들을 상담 영역의 문제에 적용하는 것일 수 있다. 심지어 연구의 목적은 다른 표집에서 선행 연구의 결과들을 확장하는 것일 수도 있다. 사례가 믿음직스러울 때, 하나의 불가피한 결론이 존재할 수 있다. 이와 유사하게, 독자가 잘 기술된 서론의 끝 부분에 도달할 무렵에는, 앞으로 연구될 정확한 연구 질문 그리고/또는 가설을 알아볼 수 있어야 한다. 연구 질문 그리고/또는 가설은 서론 전체를 통해 틀로

그림 4.1 원고의 각 부분들에 대한 모래시계 그림

부터 논리적으로 생겨나야 한다. 연구 질문들은 전형적으로 연구의 목적이 예측적이기보다는 탐구적일 때 기술적이고 질적인 연구에 사용된다. 양적 연구에서는 연구 가설이 중요한 이론적 질문에 대한 비판적인 검증으로써 사용되어야 한다. 연구 가설은 발견된 관계가 이론적 예측들과 어떻게 관련되는지를 모호하지 않고 명확하게 진술되어야 한다. 물론, 가설이 구체적일 수 있는지의 정도는 이론의 특수성에 달려있다. 연구 질문과 가설에 대한 보다 심도 깊은 논의에 대해서는 Heppner와 Heppner(2004)를 참고한다.

서론과 관련해서 보고서 작성 지침에서 흔히 제안되는 한 가지 방식은 모래시계 방식이다. 그림 4.1에 묘사되었듯이, 서론은 모래시계 혹은 깔때기의 윗부분을 포함하고 있다. 방법과 결과 부분은 특정 연구에서 가장 좁고 구체적인 것으로, 종종 모래시계의 중앙으로 묘사된다. 논의 부분은 모래시계의 맨 아래 부분 혹은 깔때기를 반전시킨 부분을 제공한다.

방법

방법 부분은 연구가 어떻게 실행되었는지에 대한 모든 측면들을 포함하는 것으로, 연구 질문 혹은 가설이 어떻게 조사되었는지를 기술한다. 독자가 연구의 타당성을 평가하고 그 연구를 반복 검증할 수 있게 하기 위해 충분한 세부 사항을 기술하는 것이 요구된다. 방법론적인 고려사항들은 중요한 규준이며 그것에 의해 비평가와 편집자들이 원고를 거절할지에 대한 결정을 내린다(Hoyt & Mallinckrodt, 2012). 이러한 이유에서, 연구 설계, 측정 도구, 분석은 확실해야 하고, 방법 부분은 잘 써져야 한다.

방법 부분은 전형적으로 몇 가지 세부 항목들로 구분된다. 여기에는 참여자, 측정(변인 또는 도구), 재료(materials), 절차가 포함된다. 세부 항목은 연구의 본질에 따라 결정되며, 연구 설계, 분석, 코딩, 자료 축소를 포함할 수 있다. 방법 부분의 조직화는 연구의 본질에 크게 달려있다. 세부 항목의 순서는 바뀔 수 있지만(예: 설계가 첫 번째로 제시되거나 혹은 마지막에 제시될 수 있다), 서로 잘 맞아야 한다. 잘 쓰인 방법 부분을 읽은 뒤에는, 이 연구가 정확히 무엇을 그리고 어떻게 완성되었는지에 대해 매우 명료한 그림을 독자가 가질 수 있어야 한다.

참여자 참여자 세부 항목은 최소한 (1) 총 참여자 수, (2) 참여자 선발과 선택 절차, (3) 참여자의 특성들을 나타내야 한다. 참여자 정보는 어느 정도의 영역들(연령, 교육 수준, 성별, 인종, 거주 지역, 사전 기능 수준을 포함하며, 연구에 따라 국한되지 않는다. 이 주제에 대한 논의는 8장을 참고하라)과 함께 세부적으로 제시해야 한다. 이러한 수준의 세부 사항을 제시하는 것은 독자로 하여금 연구의 외적 타당도 혹은 일반화 가능성을 평가하도록 해준다.

질적 연구에서는, 연구자들에 대한 기술과 그들의 편향 역시 요약된다. 세부 사항이 포함된 정도는 출판 수단 및 질적 조사 방법에 따라 다양할 수 있다(16장 참고). 그러나 전반적으로, 연구 과정에 앞서서 그리고 연구 과정 동안에 연구팀이 사전에 가졌던 가정 및 편향에 관한 요약을 나타낸다. 또한 각 연구자에 대한 간략한 기술 및 관련된 인구통계학적 특성이 상세히 다루어진다. 이러한 기술은 연구자들을 연구 작업에 배치시키기 위한 노력의 일환으로 제공된다.

측정(변인 또는 도구) 측정 세부 항목의 목적은 연구 질문 그리고/또는 가설에 대한 구성개념들을 조작화(operationalize)하는 것이다. 참여자의 반응들을 조사 도구로 활용하는 양적인 연구에서는, 이 세부 항목에 각 도구에 대한 논의, 각 도구의 채점 특징에 대한 개요, 도구의 심리측정적 근거에 대한 기술이 포함된다(보다 심층적인 리뷰에 대해서는 Heppner & Heppner, 2004를 참고하라). 신뢰도와 타당도 추정치에 대한 진술은 그 추정치가 계산된 맥락을 언급해야 한다(예: 인용된 연구의 모집단). 이 세부 항목에서 다양한 원천들이 인용되는데, 이것은 저자로 하여금 구성개념 조작화에 관한 결정을 정당화하게끔 해주기 때문에 흔한 것이다. 그러나 만일 중요한 구성개념의 조작화가 논란이 많다면, 이러한 쟁점에 대한 논의가 아마도 (틀 개발의 한 부분으로서) 서론에 가장 잘 맞을 것이다. 만일 연구자가 종속변인의 부적절한 조작화 때문에 한 이론을 확증하려는 선행 연구의 시도가 성공적이지 못했다는 주장을 한다면, 현재 연구는 다른 도구를 사용하여 종속변인을 조작화할 수 있다. 표 4.3의 체크리스트를 사용하면 당신이 각 도구의 사용에 관해 충분한 세부 사항을 포함했음을 확증하는 데 도움이 될 것이다.

표 4.3 연구 응용: 양적 연구에서 각 도구 또는 질문지를 위한 체크리스트

요소	질문지 1 (✓)	질문지 2 (✓)	질문지 3 (✓)	질문지 4 (✓)
도구 이름				
두문자어				
저자(들)				
핵심 인용구 (지침서, 논문, 또는 다른 주요 원천)				
그 도구가 평가하는 구성개념에 대한 간략한 기술				
문항 수				
문항의 유형(예: 리커트 방식)				
예시 문항				
요인들 혹은 하위요인들, 그리고 이들의 (적용 가능한) 정의				
채점 방향 표시(높은 점수가 가리키는 것은 ________이고, 낮은 점수가 가리키는 것은 ________이다)				
타당도를 지지하는 근거				
신뢰도를 지지하는 근거				

처치 혹은 다른 실험적 연구에서, 독립변인의 조작화는 필수적이다. 각 조건 혹은 처치는 충분히 자세하게 기술되어야 관심이 있는 독자가 연구에 사용된 처치 혹은 조건을 반복 검증할 수 있기 때문이다. 만약 특정한 처치 개입을 충분히 설명하는 데 너무 많은 세부 사항이 필요하다면, 각주를 통해 확인할 수 있는 세부적인 치료 지침이 개발될 수도 있다.

질적 연구와 기술적 연구에서는, 활용된 질적 조사 방법에 따라 이 세부 항목 및 내용의 표시가 다양해질 것이다. 예를 들어, **면접 지침**(interview protocol) 또는 **면접 자료**(interview materials)가 이 세부 항목에 대한 표시로 사용될 수 있다. 이 세부 항목에는 일반적으로 질문 및 선택된 탐색 질문(probes)에 대한 근거를 포함하여, 연구에 사용된 정보 수집 절차에 관한 정보를 제시한다. 또한, 시간이 지남에 따라 질문 및 탐색 질문이 과정이 진화하도록 허용된 범위에 대해 연구자들이 결정한 과정이 이 세부 항목에 포함될 수 있다. 또한 면접 자료가 어떻게 기록되었는지에 대한 세부 사항(예: 연구 과정에서 구술한 내용을 글로 옮기는 단계, 면접 기록에 대한 책임을 지는 사람은 누구인지, 면접은 말 그대로 표기되었는지 아니면 요약 형식으로 기록되었는지)이 요약된다. 마지막으로, 프로젝트에서 활용된 자료의 다른 원천들(예: 현장 기록) 역시 이 세부 항목에 기술될 수 있다.

재료 재료 세부 항목은 (측정 또는 도구 외에) 연구에 사용된 재료들을 기술한다. 예를 들어, 만일 연구에서 두뇌 활동을 평가하기 위해 기능적 자기공명 영상기록(fMRI)을 사용하거나, 코르티솔 수준을 측정하기 위해 타액 샘플을 사용한다면, 이러한 재료들에 대한 설명이 포함되어야 한다. 이러한 충분한 정보가 제공됨으로써 독립적인 연구자가 재료를 재현하고 연구를 반복 검증할 수 있어야 한다. 세부적인 설명의 수준은 출판 수단에 따라 다양하게 요구된다. 어떤 곳은 온라인 출판물에서 보다 자세한 설명을 제공하고 추가적인 정보 또는 재료는 각주에 표시하도록 할 수 있다.

절차 절차 세부 항목은 참여자가 연구에서 완료한 단계를 기술한다. 일반적으로 이것은 시간순으로 조직화하고, 연구의 시작과 끝에 참여자와 상호작용한 것과 관련된 정보들을 포함한다. 참여자가 어떻게 선발되었는지 혹은 연구를 어떻게 알게 되었는지, 연구에 참여자를 포함한 기준과 선별 과정, 연구에 대해 참여자와 공유한 정보, 연구윤리심의위원회 승인 및 윤리적 원칙의 고수(예: 고지된 동의 절차), 반응률, 소모율, 참여자가 어떤 환경하에 참여하게 되는지(예: 경제적 보수, 추가 학점, 이외 장려금) 등의 세부 사항들이 포함되나, 여기에 제한되지는 않는다. 또한 부가적인 세부 사항들은 사용된 연구 설계에 달려있다. 예를 들어, 만일 연구가 실험 설계 또는 준실험 설계를 사용했다면, 독립변인 조건들에 참여자를 할당하는 것에 대한 정보와 실험적인 조작 절차를 제시해야 한다. 질적 연구에서는 면접 시간, 면접이 수행된 장소, 면접자에 관한 세부 사항들에 관한 정보를 포함할 수 있다.

설계(설계 및 분석) 이 세부 항목은 독자에게 전체적인 연구 설계에 대한 명확한 이해를 제공한다. 설계와 연구 질문 또는 가설의 연결성은 명확해야 한다. 이 세부 항목을 읽고 난 뒤 독자들로 하여금 연구 질문이 검증된 가설을 어떻게 그리고 왜 탐구했는지에 대해 이해할 수 있어야 한다. 설계 및 분석 세부 항목은 무엇을 했고, 어떻게 이것을 했고, 자료는 어떻게 분석이 되었는지에 대한 매우 명확한 그림을 제공하기 위해, 그리고 독자들에게 결과를 제시할 준비를 시키기 위해 충분한 정보를 포함해야 한다.

절차 및 분석 세부 항목에 포함된 구체적인 정보는 연구의 본질에 달려있다. 양적 설계에서는 자료 분석에 관한 부가적인 정보가 자세하게 제시될 수 있다. 예를 들어, 충분한 검증력에 요구되는 참여자 수를 결정하기 위해 검증력 분석의 결과가 제시되거나, 자료 삭제에 활용된 절차가 자세히 설명될 수도 있다. 또는 결측치 처리에 관련되는 결정이 설명되거나, 부호화 절차가 구체화될 수 있다. 또한 복잡한 자료 분석 절차들을 개관할 수도 있다. 연구 가설은 특정한 분석적 검증과 연결될 수 있다. 예를 들어, 요인 설계를 위해 요인들을 명명해야 하고, 한 요인 내 여러 조건들이 표시되어야 하며, 요인들의 본질(예: 요인 간 대 요인 내, 또는 무선 대 혼합)이 언급되어야 한다.

예를 들어, 요인 설계를 위해서는 요인들을 명명해야 하고, 한 요인 내 조건의 개수를 표시해야 하며, 요인들의 본질(예: 개인 간 요인 대 개인 내 요인, 무선 대 고정)을 언급해야 한다. 만일 분석을 언급했으면(예: 요인 설계에 이원변량 분석을 적용했다), 그다음은 '분석' 세부 항목을 포함해야 한다. 종종(특히 학위논문에서는) 연구 가설들을 '[연구 가설 진술]이라는 연구 가설을 검증하기 위해, 이원변량 분석을 실시했다. [요인들을 설명하고, 종속변인 표시한다.] F 검증이 통계적으로 유의하여 상호작용이 있음을 예측했다.'와 같이 조작화된 형식으로 재진술한다.

질적 연구의 설계 및 분석 세부 항목은 일반적으로 자료 코딩, 분석, 해석에 대한 개인이 사용한 접근의 근거를 개략적으로 설명한다. 연구자 또는 연구팀이 자료를 조사했던 절차를 포함하여, 자료 분석 절차를 기술한다. 또한 다각화(triangulation), 구성원 검토 절차, 참여자 피드백, 자료의 처치의 근거를 제공하기 위하여, 연구팀의 훈련, 부호화 절차, (해당된다면) 감사 이용과 관련된 과정들이 이 부분에 포함될 수 있다.

결과

결과 부분의 목적은 연구에 사용된 분석의 결과를 요약하는 것이다. 결과 부분을 작성하는 방식은 연구방법론에 따라 달라질 수 있지만, 결과 부분은 그 연구로부터 얻은 발견의 개관을 독자에게 제공하기 위해 설계된다. 결과 부분은 발견들을 보고해야 하지만, 결과에 대한 논의와 해석은 논의 부분을 위해 남겨둔다. 결과 부분의 조직화는 적절하게 제목을 붙인 세부 항목에 의해 촉진될 수 있다(예: 양적 연구에서는 '요약 통계', '가설 검증'으로, 질적 연구에서는 '치료자의 개인적 경험과 역전이'와 같이 발견으로부터 끌어낸 주제를 사용한다).

결과들은 종종 표 또는 그림으로 표시하는데, 이는 결과와 관련된 세부 사항들을 최소한의 지면을 사용하여 이해할 수 있을 때 유용하다. 중요한 결과를 글에 배치시키는 것은 결과를 표에 잘 구성하는 것보다 훨씬 더 어렵다. 그림은 특히 조절 효과 검증에서의 상호작용이나, 근거이론 조사에서 나온 제안된 이론적 틀과 같은 결과의 패턴을 보여주는 데 유용하다. 저자는 표 또는 그림에 독자가 주목하게 하고, 그 안에 포함된 정보를 독자에게 알려야 한다(예: '표 1에 제시한 것과 같이, 3(처치)×2(성별) 변량 분석의 주 효과는 통계적으로 유의했다.').

양적 연구의 결과 부분은 크게 두 부분을 포함한다. 첫 번째는 연구 설계 절차를 지지하는 근거와 자료 분석에 특정 통계적 검증을 사용하게 된 근거를 제시한다(예: 통계적 검증의 가정들 간의 일치, 조작 확인, 결측치를 다루는 절차)(Bem, 2003). 두 번째 부분은 일반적으로 두 가지 유형의 결과를 보고한다. (1) 자료 선별, 요약 통계, 사전 분석의 결과, (2) 연구 가설 검증의 결과. 주요 변인들의 평균, 표준편차, 그리고 모든 편인들의 상관 매

표 4.4 연구 응용: 가설 검증 서식

단계	(✓)
1. 진술된 가설을 회상하라.	
2. 가설을 조작화하라.	
3. 진술된 가설들이 자료에 의해 지지되는지 보여준다.	
4. 통계적 검증 결과에 기초하여 수치를 제시하고, 독자에게 (관련된) 표를 참고하게 한다.	
5. 추가적인 세부 사항을 좀 더 자세히 제시하거나 또는 결과에 단서를 달고 독자에게 (관련된) 표 또는 그림을 참고하게 한다.	
6. 결과를 요약한다.	

트릭스가 요약 자료의 일부로 종종 표시된다. 연구 가설에 특정적인 결과들은 원고 초반에 언급된 연구 가설에 통계적 검증 결과를 연결할 수 있도록 조직해야 한다. 가설과 통계적 검증 간의 일대일 관련성이 존재해야 한다.

결과 부분의 기술적인 본질을 고려해볼 때, Bem(2003) 같은 저자들은 "결과 부분을 영어 문장으로 쓰라"(p. 197)고 주의를 준다. 특히, 그는 가설 검증의 결과를 제시할 때 표 4.4와 같은 서식을 제안한다.

미국 심리학회의 통계추론에 대한 특별 전문위원회(Wilkinson & Task Force on Statistical Inference, 1991)는 효과 크기가 연구 결과의 아주 좋은 요약을 제공하게 하므로 통계검증에 포함되어야 한다고 주장된다. 《미국 심리학회 출판 지침》(APA, 2010)은 이 제안을 6판에 포함했고, 글과 표에 통계적 검증 보고에 대한 세부 사항을 제시했다. 유의 수준 외에 정보를 보고하지 못하면 독자에게 결과를 입증하고, (효과 크기 또는 검증력과 같은) 다른 지표들을 계산하고, 메타 분석을 실시하는 것이 어렵거나 불가능해진다.

질적 연구에서는, 결과 부분이 선택된 탐구 방략에 따라 다양해질 것이다(예: 근거이론, 합의된 질적 연구, 현상학/해석학). 세부 항목의 내용뿐 아니라 표 또는 그림의 사용 또한 연구의 본질에 따라 달라질 것이다(세부 내용은 16장을 참고하라). 그러나 대부분의 질적인 결과 부분은 서술적 양식을 사용한 주제 혹은 영역들의 예를 들기 위해 면접 혹은 현장 노트로부터 얻은 참여자 자료와 인용에 대한 상세한 기술을 포함할 것이다. 일반적으로, 질적 원고에서 결과 부분의 길이는 양적 원고에서보다 더 길다. 이러한 이유에서, 많은 학술지들이 양적 원고 및 질적 원고에 대한 페이지 제한을 다르게 제시한다.

논의

논의 부분은 저자로 하여금 결과에 대해 부연하게 하고, 이 주제의 선행 연구 및 이론 맥

표 4.5 연구 응용: 논의 세부 항목을 위한 체크리스트

질문	(✓)
1. 이 연구의 주요 발견들은 무엇인가?	
2. 이 발견들이 이론 및 이전의 경험적 연구에 얼마나 들어맞는가?	
3. 이 발견들이 얼마나 이론을 확장하고, 지지하는가? 또는 반박하는가?	
4. 이 발견들을 설명할 수 있는 대안적인 설명은 무엇이 있는가?	
5. 현재 연구의 한계점은 무엇인가(예: 표집, 방법론, 자료 분석 방략, 측정)?	
6. 이 연구의 결과에 기초한 새로운 연구지향점으로는 무엇이 있는가?	
7. 이 연구의 결과로부터 도출할 수 있는 함의들은 무엇인가(예: 실무, 훈련, 교육)?	
8. 전반적인 요약 또는 결론 서술은 무엇인가?	

락에서 결과를 평가하게 한다. 이 부분은 일반적으로 (1) 자료 분석의 결과 설명, (2) (양적 원고에서) 자료가 연구 가설을 지지하는지의 여부, (3) 현존하는 이론과 연구 대신의 발견에 대한 해석 및 결론에 대한 기술, (4) 연구의 한계에 대한 정직한 개관, (5) 향후 연구를 위한 방향 논의, (6) 연구로부터 끌어낼 수 있는 함의에 대한 논의를 포함한다. 서론 부분의 중심이 되었던 주제들은 현재 연구 결과를 맥락과 관련짓기 위하여 논의 부분에 통합될 수 있다. 이 절의 서론에서 논의되었던 모래시계 비유를 사용하여, 논의는 연구 결과에 대해서 좁은 개관으로 시작했던 서론 부분의 흐름을 뒤집고, 선행 연구 및 이론에 연구 결과를 부합시킴으로써 그 의미를 확장하고, 연구의 한계에 따라 결과에 대한 대안적인 설명이나 규정을 제공하고, 연구 결과에 대한 추수 연구 및 함의를 논의함으로써 결론을 짓는다.

모든 결과의 논의는 한계점의 진술을 포함해야 하고, 이는 전형적으로 표집(예: 표집의 이질성, 낮은 검증력, 지리학적 제한), 절차(예: 축소, 포함/제외 기준에 의해 영향을 받는 선발 절차), 측정[예: 측정의 비(非)신뢰성, 통계적 검증의 가정에 대한 위반], 연구 설계(예: 연구의 모의 성격, 혼입, 인과성을 의미할 수 있는지 여부)와 관련된다. 완벽한 연구는 존재하지 않음을 기억하라. 한계점에 대해 솔직히 밝히고, 한계점이 있음에도 불구하고 결과가 어떻게 해석 가능한지 논의하는 것이 가장 좋다. 종종 논의는 이론 및 실제에 대한 연구의 함의를 논의하는 것으로 끝난다. 종합해보면, 논의 부분의 요소들은 흔히 표 4.5의 사항들을 포함한다.

연구 보고서 작성을 위한 일반 원칙

연구 보고서 작성에 대한 일반적인 원칙들을 확인하는 것이 어렵지만, 우리는 4개의 일반적인 경험적 규칙을 강조할 수 있다. (1) 유익할 것, (2) 솔직할 것, (3) 과장하지 말 것, (4) 논리적이고 조직화할 것.

원칙 1: 유익할 것

연구 보고서의 목적은 독자들에게 연구에 대해서 알리는 것이다. 당신이 설명하는 것을 독자들이 이해할 수 있도록 충분한 설명을 제공하라. 하지만 독자들이 세부 사항에 너무 빠지게 해서는 안 된다. 물론 출판 수단 또한 세부 사항의 수준을 결정할 수 있다. 학위논문은 최대한의 세부 설명을 요구한다(그리고 더 긴 원고를 허용한다). 세부 사항의 수준 및 전체적인 보고서 양식을 결정할 때 출판 수단과 의도된 독자에 대해 충분히 아는 것이 중요하다. 다수의 출판 수단들은 저자를 위한 설명에 대한 종합적인 설명뿐 아니라 학술지의 목적에 대한 개요를 그들의 웹사이트에 제시한다.

어떤 보고서에서든지, 중심적인 초점을 논의하고 여담은 최소화하라. 명백하게, 당신이 했던 모든 것을 보고해야 하는 것은 아니지만, 독자들이 연구를 이해하는 데 필요한 정보는 제공해야 한다. 자극 재료들의 준비는 종종 여러 연속적인 개발 단계를 수반한다. 이 모든 반복을 설명할 필요는 없다. 대신에, 저자들은 최종 산물을 기술하고, 개발 과정을 요약할 수 있다. 이와 유사하게, 당신이 내린 결정을 진술할 때(예: '3개의 이상치가 분석에서 제외되었다.') 그 결정을 내리게 된 근거도 설명해야 한다(예: 'Mahalanobis 거리 통계 분석에 기초했다.').

원칙 2: 솔직해질 것

이 책 전체에서 반복적으로 논의했듯이, 모든 연구는 결점을 가지고 있다(Gelso, 1979). 만일 그러할 기회가 있다고 해도 연구자가 연구를 변경하지 않는 것은 드문 일이다. 저자들은 결점들을 숨기려고 하기보다는, 솔직해져야 하고 연구의 제한점으로 인한 영향을 논의해야 한다. 숨겨진 결점의 징후는 둔감한 언어, 난해한 통계적 검증(부적절한 타당화를 동반하는), 제외된 정보, 과장된 정당화이다. 위험 신호는 종종 출판을 위해 제출된 원고에 대해 숨겨진 결점을 드러내거나, 또는 저자가 어떤 한계에 대해 솔직하지 않다는 점에 대해 어렴풋한(직관적인) 감각을 가지고 있는 비평가에 의해 제기된다.

결점은 기본적인 결정을 필요하게 만든다. 만일 결점이 연구에 치명적이라면(예: 최소화될 수 없는 혼입), 연구를 시간이 걸리는 학습 경험으로 간주하는 것이 최선이다. 만일 결점이 문제가 되지만 그럼에도 불구하고 연구 결과가 유익하다면, 저자는 이 결점이 해석에 어떻게 영향을 미치는지 설명하고, 현재의 발견을 확장하기 위하여 향후 지향점을 강조하며, 결점에도 불구하고 그 연구가 기여한 점을 상세히 설명해야 한다. 물론 결점이 치명적인지에 대한 최종 결정은 타인(예: 학위논문 심사위원, 편집자, 비평가)에 의해 내려진다.

원칙 3: 과장하지 말 것

모든 연구가 그 분야의 흐름을 다소 변화시킬 것이라는 널리 공유된 경향성이 존재한다. 작성된 보고서로 표현될 때, 연구의 중요성에 대해 정당하지 않은 주장으로 나타난다. 하나의 연구가 연구나 임상 실제와 따로 떨어져있거나 그 흐름을 바꾸기에 충분한 경우는 정말 흔치 않다. 6장에서 논의되겠지만, 연구는 (대안적이거나 또는 모순적인 근거를 포함하여) 근거가 시간이 지남에 따라 축적되고 우리의 지식을 추가하는 점진적이고 순환적인 노력으로 보는 것이 가장 적절하다.

지지되지 않는 진술은 원고의 논의 부분에 가장 자주 나타난다. 자신의 연구 결과에 기초하여 실무자들이 실무를 변화시켜야 한다거나 연구자들이 어떤 이론적 입장을 포기해야 한다고 진술하는 것을 삼가도록 한다. 만일 당신이 한 입장에 대해 강하게 느껴진다면, '이 연구의 결과뿐 아니라 선행 연구들(이 연구들을 인용하고)은 X 이론이 Y 방식에서 재고되어야 함을 시사한다.'와 같이 제안할 수 있다.

과장과 관련된 한 가지 주제는 다른 저자의 작업에 대한 평가에도 영향을 미친다. 일반적으로, 타인에 대해 과하게 비판적이 되는 것은 바람직하지 않다. 다시 말하면, 과학적인 공동체가 다양한 학파의 가치와 연구자의 기여에 대해 판단을 내린다. 의견의 차이를 지적하는 것은 수용 가능하지만, 요령껏 해야 한다.

원칙 4: 논리적이고 조직화될 것

작성된 보고서는 사실에 대한 나열이 아닌, 하나의 입장에 관한 표현이다. 저자들은 연구에 대해 견고한 근거가 존재하기 때문에 결과가 정당화되었다는 점을 독자들에게 설득해야 한다. 이전에 우리가 언급했듯이, 연구 질문은 검토된 문헌을 고려하여 정당화되어야 하고, 논리적이고 조직화된 서론을 통해 연구 질문을 입증해야 한다.

다음 사항들은 조직화를 이루는 데 도움이 될 수 있는 일반적인 방략들이다. 첫째, 보고서의 다양한 부분들을 열거할 뿐 아니라, 논리적인 조직화를 깔끔하게 요약하는 개요를 기술하는 것으로 시작한다. 우리가 발견한 한 가지 유용한 방략은 유사한 방법을 사용했던 출판된 원고를 검토하는 것이다(예: 만일 당신이 척도개발 연구를 요약하는 보고서를 작성하고 있다면, 척도 연구에 대한 출판 논문의 전체적인 구조를 검토하는 것이 유용할 수 있다). 둘째, 복잡한 자료에 대한 조직도와 요약을 제공하라. 특히 독자들에게 어떤 부분을 유심히 봐야 하는지, 어떻게 정리해볼 수 있을지에 대해서 알려주어야 한다. 그리고 만일 필요하다면 끝부분에 세부적인 설명을 요약하라. 셋째, 원고를 조직하고 핵심 요소들을 독자들에게 강조하기 위해 제목을 사용한다. 마지막으로, 두 개의 다른 주제들 또는 논리적 주장들이 어떻게 연결되는지 강조하기 위해 주제들 사이의 전환 진술(transition statement)을 포함시킨다(Heppner & Heppner, 2004 참고).

원고 투고 과정

연구 보고서를 완성한 뒤 심사를 위해 논문을 투고한다. 원고 투고 과정은 일련의 단계들을 포함한다. 많은 단계들이 '보편적인' 것으로 여겨질 수 있지만, 각 출판 수단은 고수해야 하는 특정한 세목들을 가지고 있다(예: 원고 길이, 원고 서식). 학술지에 원고를 제출하기 위한 단계들에 대한 설명은 각 학술지의 웹페이지에 열거되어 있다. 거기에는 원고 제출 포털에 대한 링크를 포함해서 제출에 대한 설명들이 제시되어 있다. 모든 단계들에 대한 자세한 개관은 이 책의 영역 밖이지만, 원고 제출의 공통적인 특성뿐 아니라 제출의 가능한 결과들을 강조하고자 한다.

동료심사 학술지(peer reviewed journals)에 원고를 제출하여 얻을 수 있는 4개의 흔한 결과에는 게재 불가, 수정 후 재심사(revise and resubmit), 조건부 게재가(provisional acceptance), 게재(acceptance)가 있다. 조건부 게재가 판정을 받은 원고는 편집자가 출판에 적합하다고 여긴 것이지만, 공식적으로 원고가 게재되기 전에 약간의 수정 사항(일반적으로 핵심적인 것보다는 양식에서의 수정 사항)을 요청할 수 있다. 반면, 게재 판정을 받은 원고는 출판을 정당화하기에 질적으로 충분하다고 결정된 것이다. 그러나 원고가 게재가 판정을 받았을 때, 저자가 논문의 출판에 앞서 완료해야 하는 몇 가지 단계들이 아직 남아 있다는 점에 주의하는 것이 중요하다(예: 저작권 양도, 출판 기관의 편집 직원의 질문에 대한 응답). Hoyt와 Mallinkrodt(2012)는 《상담심리학 저널》에서 편집장으로 일할 때, 치명적인 결점 대 해결 가능한 결점들에 대한 기준을 사용하여 원고들을 검토하고 비평한다고 주장했다. 수정을 통해 해결 가능한 것으로 결정된 결점들은 일반적으로 '수정 후 재심사' 판정을 받은 원고로 바뀐다. 반면에, 치명적인 결점으로 결정된 것은 연구 설계 때문에 많은 수정을 거치더라도 결점을 다룰 수 없을 것이라 생각되므로 '게재 불가' 평가를 받는다.

요약 및 결론

연구 보고서는 연구의 결과들이 널리 알려지는 수단이기 때문에 연구 노력이 중요하다. 문제에 대한 진술에서부터 결과 논의까지, 전체적인 연구 과정이 연구 보고서에 요약된다. 일관적으로 조직화되고 잘 쓰인 보고서는 연구가 과학적 커뮤니티에 영향을 미칠 수 있는 가능성을 증가시킨다.

연구 보고서의 조직화는 다양할지라도, 대부분의 보고서는 제목, 초록, 서론, 방법의 기술, 결과 제시, 논의 또는 결론을 포함한다. 대부분은 이러한 부분들의 내용이 그 연구의 설계에 의해 결정된다. 우리 각자가 가진 스타일에 따라 보고서를 작성하는 스타일이 다양하고, 우리가 의도한 것을 전달하기 위해 출판 기관에 따라 변경한다. 전문적인 글쓰기는 연습 및 피드백이 몇 년이나 걸리는 복잡한 기술이다. 게다가, 개인의 의사소통 양식을 내포하는 기술이다. 꾸물거림과 그 외 회피 패턴들은 미숙한 저자와 숙련된 저자들에게 비슷한 흔한 반응이다. 개인의 전문적인 글쓰기를 향상시키는 가장 효과적인 방략들 중 하나는, 성공적인 저자와 가까이 작업하고, 초고를 쓰고, 피드백을 받으며, 다시 작성하고 글을 다듬는 것이다. 대학원생이 교수진과 함께 전문적인 글쓰기 기술과 일반적인 연구 기술을 강화하기 위해 함께 집필하면서 2~3년을 보내는 것은 이례적인 일이 아니다. 우리는 학생들이 자신의 글에 대해 적극적으로 피드백을 구하고, 인정받는 저자들과 공동 집필하는 경험을 갖기를 강하게 권고한다.

촉진 연습

논문에서 서론 작성하기

설득력 있는 서론의 작성에 대해 배우는 것은 어렵다. 우리는 이 복잡한 기술을 학습하는 데 도움이 되는 활동을 발견했다. 이는 한 학급, 또는 4~6명의 소집단에서 실행하기에 적절하다. 만일 이 활동을 이끌어주거나 집단이 함께 활동을 진행하도록 도와주는 과학적인 글쓰기의 전문 지식을 가진 교수 조언자 또는 상급 수준을 가진 학생이 당신 가까이 있다면 가장 좋을 것이다. 우리는 한 학급 형식으로 이 활동을 기술할 것이지만, 한 학생이 작문 기술이 좀 더 우수하여 집단 구성원들에게 적절한 피드백을 줄 수 있다면 학생 소집단에도 적용이 가능할 수 있다. 부가적으로, 이 활동은 총 7단계 모두를 완수하거나 이 단계들 중 몇 개만 할 수도 있다.

1. 첫째, 지도자가 선택한 최신 학술지의 논문에서 서론을 비평한다.
2. 그다음, 강화 훈련으로서, 각 학생들은 자신의 관심 영역의 논문에서 서론을 비평하고, 지도자로부터 자신의 비평에 대한 피드백을 받는다.
3. 다음 훈련은 다른 7개의 논문을 인용한 서론을 포함하는 출판 논문을 가지고 한다(단, 책이나 책의 일부는 안 된다). 학생들에게는 그 서론 부분과 인용된 7개 논문들 없이, 그 출판 논문을 준다.
4. 다음 훈련은 7개의 인용된 논문과 출판 논문(서론 없이)을 읽는 것이다. 다음 시간에 출판 논문의 서론을 구성하는 데 사용될 수 있었던 다양한 구조들을 논의한다(서론의 논리, 문단과 문단이 서로 어떻게 이어지는지, 가설을 위해 이들이 어떻게 구축되었는지 등). 이 논의에서, 그 서론을 작성하는 정확한 방법은 없음을 강조하지만, 학생들이 하나의 공통적인 구조를 합의한다.
5. 다음 훈련은 각 학생이 APA 양식(《미국 심리

학회 출판 지침》에 따라)으로 논리적인 가설로 이어지는 서론을 작성해보는데, 지지하는 근거로는 7개 논문만을 사용하도록 한다(한 주 내에 완성하도록 한다). 지도자는 1주 내에 모든 수준(문법, 문장 구조, 문단 구조, 논리, 적절한 인용 등)에서 피드백을 제공하여 보고서에 성적을 매긴다.

6. 마지막으로, 학생들은 지도자의 피드백에 따라 서론을 수정한다. 수정본은 지도자가 다시 평가한다.
7. 마지막으로, 서론 원본을 학급에서 비평한다.

PART 2

시작하기: 연구를 위한 토대 확립하기

CHAPTER 5_ 관심사를 정하고 주제 구체화하기: 완벽한 연구란 존재하지 않는다

CHAPTER 6_ 연구 설계의 선택: 이상과 실제의 균형

CHAPTER 7_ 연구에서의 타당도 문제: 모든 것의 핵심

CHAPTER 8_ 모집단 문제: 누구를 연구하는지는 매우 중요하다

CHAPTER 9_ 다양성의 관점: 개념적 · 방법론적 고려사항

CHAPTER 10_ 척도개발: 가장 근본적인 도구

관심사를 정하고 주제 구체화하기: 완벽한 연구란 존재하지 않는다

이 장의 목적은 연구 주제를 선택하고 연구 아이디어를 검증할 수 있는 가설로 발전시켜 나가는 과정에 대해 대략적으로 살펴보는 것이다. 이 장에서는 이 과정의 다섯 가지 주요 요소가 기술될 것이다. 다섯 가지 주요 요소란 연구 주제 정하기, 연구문제와 가설 제시하기, 조작적으로 정의하기, 연구변인 규정하기, 자료를 수집하고 분석하기다(그림 5.1). 이 다섯 가지 요소에 대해서는 각각의 절로 나누어 제시할 것이다. 그러나 실제에 있어서는 이 요소들은 서로 관련되어있다. 연구자들은 주제를 정하는 데서부터 자료를 수집하는 데까지의 전 과정에서 이 요소 모두와 관련된 생각과 계획을 고려한다.

연구 주제 정하기

연구자가 연구 아이디어를 개발하는 데는 다양한 경험이 필요할 것이다. 때로는 다양한

그림 5.1 다섯 가지 주요 요소

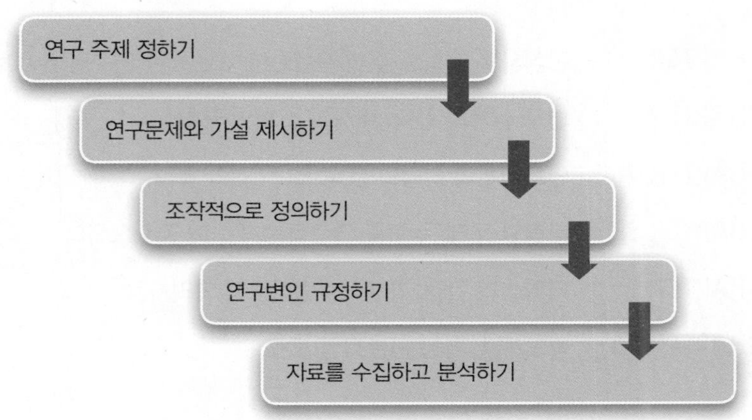

출처의 정보를 새로운 방식으로 통합하는 등의 창의성이 필요할 것이다. 종종 성공적인 석사학위 논문과 박사학위 논문은 새로운 변인을 검토하거나 다른 집단으로부터 자료를 수집함으로써, 또는 새로운 방법을 활용함으로써 이전의 잘 확립된 연구를 한 단계 더 확장하기도 한다(Heppner & Heppner, 2004). 새로운 지식을 형성하는 데 중요한 역할을 할 수 있는 혁신적 아이디어와 주제를 정하는 것은 흥분되는 일이다. 어느 누구도 이전에는 이런 생각을 하지 않았다고 생각해보면 신이 날 것이다(짧은 시간 동안이라도!).

경험이 일천한 연구자에게는 연구 아이디어를 개발하는 것이 때로는 어려워 보일 수도 있을 것이다. 이전에 어느 누구도 생각하지 못했던 독창적인 연구 아이디어를 개발한다는 생각에 당혹해할 것이다. 전형적으로 경험이 풍부한 연구자는 연구 아이디어를 개발하는 데 어려움이 거의 없다. 사실, 노련한 연구자는 너무 많은 연구 아이디어를 가지고 있다. 그래서 어떤 아이디어를 선택할지를 결정하는 것이 더 어려운 문제일 것이다.

경험 많은 연구자를 경험이 일천한 연구자와 구분하는 몇 가지 특징이 있다. 일반적으로 경험이 풍부한 연구자는 한 가지 주제에 관한 것뿐만 아니라 몇 가지 다른 주제에 관하여 큰 지식 기반(knowledge base)을 가지고 있다. 이런 연구자는 연구 주제에 관한 정보를 정교한 방법으로 처리할 가능성이 높다. 즉, 가장 중요한 결과가 무엇인지를 찾아내고, 연구 결과를 통합하며, 한 가지 아이디어를 다른 아이디어와 연결시키며, 아이디어를 정교화하거나 새로운 방식으로 확장한다. 또한 경험 많은 상담 연구자는 자신의 상담 경험으로부터 충분한 양의 정보를 확보하는데, 이런 상담 경험은 많은 아이디어와 가설의 원천이 된다. 노련한 연구자는 연구 설계, 방법론, 평가, 통계, 자료 수집, 자료 분석, 보고서 작성하기와 같이 연구를 수행하는 데 필요한 기술에 대해 정통하다. 이 모든 지식은 특정 연구 프로젝트에 관한 많은 정보를 정교하고 때로는 혁신적인 방법으로 처리하도록 촉진하는 중요한 도구가 된다. 이와 똑같은 정도로 중요하다고 여겨지는 한 가지는 연구 수행에 대한 충분한 자기효능감일 것이다. 경험 많은 연구자는 자신이 연구를 효과적으로 수행할 수 있다는 자신을 가지고 있다.

이와는 대조적으로 경험이 일천한 연구자는 구체적인 연구 주제에 대해 훨씬 적은 양의 지식을 가지고 있으며, 종종 가장 중요한 또는 적절한 정보가 무엇인지를 찾는 데 어려움을 겪는다. 초보자는 상담 경험이 적으며, 상담 과정에 대해 아직 충분히 개발된 개념화를 갖고 있지 못하다. 경험이 적은 연구자는 다양한 연구 활동(예: 참여자의 모집과 자료 수집)에 대한 모호한 느낌만을 가지고 있으며, 아마도 연구 수행에 대한 자신의 능력에 대해 의문을 품고 있을 것이다. 사실, 많은 상담 프로그램들이 학생들에게 연구 수행을 위한 잘 고안된 지침을 제공하지 못하고 있어서 연구 과정이 다소 비밀스럽다는 인상을 주고 있다. Drew(1980)는 단과 대학이나 학과의 카탈로그에 석사 학위 논문이나 박사 학위 논문 작성에 대한 설명이 제시되어야 한다고 했다. 전형적으로, 학위논문은 '그 분야에 독창적으로 기여해야 한다.'와 같은 문장으로 기술되어 있다. 글자 그대로 보면, 독창적이라는 단어는 학생이 완전히 새로운 아이디어를 개발해야 한다는 점에서 과한 불안을 불러일으킬 수 있다. 더구나 그 아이디어는 '그 분야에 기여'해야 하는데, 이는 더욱 큰 부담을 야기한다. 처음부터 그 분야에 기여할 수 있다고 믿는 학생은 거의 없을 것이다. 어쨌거나 우리는 과학에 관해 이야기하고 있다. 경험이 일천한 연구자는 종종 '독창적인 기여'를 너무나 광범위하게 해석한다. 그래서 새로운 구성개념을 측정하기 위한 새로운 평가도구를 제작하려 하거나 이전에 수집되지 못했던 자료를 수집하기 위한 새로운 연구방법론을 만들어내려 함으로써, 또는 이전에 해결할 수 없었던 문제를 다루기 위한 새로운 통계 절차를 고안해내려 함으로써 새로운 주제 영역을 개척하려 한다. 그러나 대부분의 경험 있는 연구자조차 자신의 전 생애 경력을 통해 이것들을 할 수 있다면 대단한 성취를 한 것으로 느낄 것이다. 독창적인 기여란 의미는 단순히 현재의 연구를 다른 모집단으로 확대하거나 개념적 모형을 경험적으로 검증하는 것, 두 변인 사이의 관계에 영향을 미칠 수 있는 배후의 변인을 한층 깊게 검토하는 것, 어떤 측정도구의 속성을 평가하는 것, 연구 간 결과가 일치하지 않을 때 반복하여 검증하는 것, 과거 연구의 한계에 대해 설명하는 것 등이 될 수 있다. 간단히 말해서, 경험이 일천한 연구자는 독창적인 기여라는 말에 너무 많은 의미를 부여한다. 초급 연구 설계 과목을 수강하는 대학원생은 '좋은' 연구 주제와 '좋은' 연구 아이디어를 결정하는 방법에 대해 묻곤 하는데, 이는 놀라운 일이 아니다. 이들은 특정 아이디어가 학위논문용으로 '충분'한지에 대해서도 종종 질문하는데, 이 또한 놀라운 일이 아니다.

이 장에서는 초보 연구자가 연구 주제를 정할 수 있도록 몇 가지 제안을 하려 한다. 본질적으로 이 과업은 (1) 의미 있는 방식으로 이 분야의 지식에 기여할 수 있고, (2) 주제에 대해 더 많은 것을 학습하고 탐색하도록 학생들을 자극하고 동기화시킬 수 있는 일반 주제 영역을 결정하는 것이다. 대부분의 초보 상담 연구자는 현재까지의 지식(body of knowledge)과 최신의 연구 방향에 대해 더 많이 학습할 필요가 있다. 그래서 학생들에게 그냥 앉아서 연구 주제에 관해 열심히 생각해보라고 권하지 않는다. 이상적인 연구 질문이 스스로 나타나길 기대하기보다는 좀 더 적극적인, 정보 수집 접근을 취해보기를 권한다.

실제 연구에 적용하기 5.1

브레인스토밍(brainstorm)을 통해 당신의 흥미를 자극하고 동기화시키는 주제 목록을 작성해보라. 이 목록에 어떤 패턴이 있는가? 각 주제가 당신의 흥미를 끄는 정도를 평정해보라(1 = 낮음, 10 = 높음).

가능한 연구 주제를 찾는 첫 단계는 상담 분야 안팎 모두에서 이전 연구에 관한 정보를 수집하기 시작하는 것이다(표 5.1). 연구자는 전문 학술지와 책을 광범위하게 읽어야

표 5.1 연구 주제를 정하는 방략

- 상담 주제를 전반적으로 검토하기
- 문헌 개관 논문과 핸드북 읽기
- 연구비 지원 기관 웹사이트를 통해서 주제를 탐색하기
- 교수진과 동료와 주제에 대해 이야기하기
- 학회 발표에 참석하기
- 지도 교수와 상의하기
- 관찰, 고찰, 아이디어를 적어두기
- 기존의 연구를 비판하기
- 자신의 흥미, 가치, 동기에 대해 생각해보기

한다. 광범위하게 읽는 것은 어떤 것이 출판되고 있는지에 대해 정보를 줄 뿐 아니라 어떤 주제가 당신에게 가장 흥미롭게 느껴지는지를 명확히 해줄 것이다. 때로는 상담 문헌에 대한 일반적인 개관을 읽는 것이 유용할 것이다[상담 분야에 관련된 다양한 주제에 대한 개관을 보려면 Fouad, Carter와 Subich(2012)가 편집한 《미국 심리학회 상담심리학 핸드북》을 보라]. 다른 하나의 방략은 특정한 주제에 초점을 맞춘 문헌 개관 논문을 찾아보는 것이다[《심리학 논평》은 평가적이고 통합적인 개관 논문을 게재하는 학술지다. 스트레스를 주는 삶의 변화에 대한 대처 및 심리적 적응에 관한 메타 분석적 개관의 좋은 예를 보려면 Cheng, Lau와 Chan(2014)을 보라. 개인주의와 집단주의에 관한 이론적 가정을 평가한 Oyserman, Coon과 Kemmelmeier(2002)는 또 다른 훌륭한 예이다]. 특정 주제에 관한 책 또한 유용한 자원이다. 예를 들면, 소수 민족/인종에 관한 연구를 수행하는 데 관심을 가진 학생이라면 Leong, Comas-Díaz, Nagayama Hall, McLoyd와 Trimble(2014)의 《미국 심리학회 다문화 심리학 핸드북(APA Handbook of Multicultural Psychology)》을 읽는 것이 좋을 것이다. 간단히 말해, 적절한 문헌 읽기와 같이 시간이 걸릴 수밖에 없는 과정을 대체할 수 있는 것은 없다. 처음에는 대체적인 윤곽을 파악하기 위해 초록을 꼼꼼하게 읽고, 6주 또는 그 이상의 기간 동안은 최소 일주일에 5시간 이상 학술지를 읽고 탐색하는 데 시간을 보내는 것이 좋을 것이다.

어떤 연구가 이루어졌는지를 검토하는 것에 더하여, 연구비 지원 기관이 어떤 주제를 연구할 가치가 있는 새롭고 중요한 주제로 보고 있는지에 대한 감을 가지는 것 또한 중요할 것이다. 연구비 지원기관들이 가치 있게 보고 있는 주제가 어떤 것인지에 대해 보다 잘 이해하기 위한 첫 단계는 그 기관들의 웹사이트를 살펴보는 것이다. 웹사이트의 내용은 대체로 현재 가장 의미 있는 것으로 여겨지는 사회적 논점을 반영하고 있다. 국립과학재단(The National Science Foundation: NFC)(http://www.nsf.gov/funding/), 국립보건원

(National Institutes of Health: NIH)(http://www.grants.nih.gov/grants/oer.htm), 교육과학연구원(Institute of Educational Sciences: IES)(http://ies.ed.gov/funding/) 등이 연방 수준의 중요한 연구비 지원기관이다. 그리고 American Psychological Foundation(APF)(http://www.apa.org/apf/funding/grants/index.aspx), Robert Wood Johnson Foundation(http://www.rwjf.org/en/grants/what-we-fund.html), John Templeton Foundation(http://www.templeton.org/what-we-fund/core-funding-areas)과 같은 연구비 지원재단이 있다. 이런 기관들이 지원하는 연구들을 검토해보면 어떤 것을 사회적으로 시급하게 요구되는 주제로 보고 있는지 대략 알 수 있을 것이다.

재학 중인 곳의 교수 및 학생 자원을 이용하는 것도 하나의 방법이다. 간단하게 보이지만 이러한 방법은 종종 유용한 정보를 제공해준다. 이런 사람들과 그들의 과거와 현재 연구 프로젝트에 대해 이야기를 나누어보라. 현재 이들이 가장 큰 흥미를 가지고 있는 것은 무엇인가? 이들이 최근 참석한 전국 또는 지방의 학회에서 가장 큰 관심을 가졌던 아이디어는 무엇이었는가? Heppner와 Heppner(2004)는 그 분야의 전문가로부터 자문을 받아볼 것을 추천한다. 이들이 추천하는 문헌을 읽고 다시 한 번 이들과 논의를 해보라.

당신의 지도교수 또는 연구 슈퍼바이저 또한 매우 중요한 자원이 된다. 지도교수의 주 역할은 학생의 학위논문 작성을 촉진하는 것이다. 그래서 다른 하나의 방략은 지도교수의 연구에 참여하여 지도교수와 밀접하게 작업함으로써 연구 훈련을 받은 것이다. 이는 일종의 도제식 훈련 모형이다. 이 방략이 갖는 한 가지 이점은 적절한 문헌, 연구해볼 만한 아이디어, 방법, 절차, 장애(obstacles) 등에 대한 파악을 당신의 지도교수가 보다 용이하게 촉진할 수 있다는 것이다(Heppner & Heppner, 2004).

단순히 앉아서 열심히 생각만 하는 것은 별로 추천할 만한 방법이 아니라고 앞서 언급했다. 그러나 광범위한 자료를 수집한 다음에는 생각하고 숙고해볼 것을 추천한다. 특정 분야의 연구에 관해 당신이 좋아하는 점과 싫어하는 점은 무엇인가? 어떤 연구에서 당신을 불편하게 하는 것이 있다면 그것에 관심을 집중해보라. 뭔가 빠졌는가? 어떻게 그 연구를 개선할 수 있을까? 당신 자신의 관찰과 신념을 당신 연구의 주제로 가져오도록 노력해보라. 많은 경험 있는 상담자들은 한 주제(예: 상담자 슈퍼비전 과정 또는 상담자 자기개방)에 대한 자신의 관찰을 아이디어의 원천으로 활용한다. 그러나 이런 방법을 경험이 일천한 상담자나 연구자가 활용하기에는 위험이 있다. 경험 부족으로 관찰의 신뢰성이 떨어질 수 있기 때문이다. 반성과 브레인스토밍을 촉진하기 위해 아이디어, 관찰, 질문을 기록해두면 도움이 될 것이다.

이전의 연구를 읽고 생각하는 동안 최소한 네 가지 논점을 염두에 두는 것이 필요하다. 연구의 유용성(중요한 사회적 요구를 반영하는 현실적인 질문에 답하는 데 있어서), 당신의 관심, 이전 연구물에 기반을 두는 방법, 그리고 이론의 역할이 그것이다. 아마도 연구를 수행하는 기본 이유 중 하나는 어떤 식으로든 긴급한 사회적 요구에 대해 답함으로써 사람들에게 도움이 되는 지식 토대를 개발하고자 하는 것이다. 상담이라는 직업 영역이 사회로부터 가치 있는 것으로 평가받기 위해서는 우리의 연구가 사회의 중요한 논점과 문제를 다루어야 할 것이다. 그래서 우리는 연구 주제를 정하기 위해 현재 가장 의미 있는 사회 논점 중 몇 가지를 깊이 생각해보기를 학생들에게 권한다. 예를 들면, 어떤 연구자는 알코올 남용 문제를 가진 개인을 치료하는 효과적인 개입 방법에 관한 질문을 가지고 있을 수 있다. 알코올 남용은 많은 관심을 받아온 연구 주제이며 수많은 심리사회적 개입 방법의 효과성(efficacy)에 관한 연구를 자극해왔다(Donoghue, Patton, Phillips, Deluca, & Drummond, 2014). 또 다른 연구자는 효과가 증진되도록 여러 처치 프로그램(예: 분노 관리, 약물 남용, 또는 양육기술 훈련)이나 아웃리치 프로그램(예: 성폭력 예방이나 알코올 인식 프로그램)을 개선할 수 있는지에 관심을 가지고 있을 것이다. 기관의 장이나 다른 조력 전문가가 자신의 서비스를 개선하기 위해 더 많은 정보를 필요로 하는 중요한 질문들을 가지고 있는가? 아마도 진로지원센터의 장이라면 온라인 웹비너(webinars)가 비용대비 효과적인 훈련 방법인지 알고 싶어 할 것이다(Yates, 2014). 예를 들면, Yates는 15명의 진로 조언자를 대상으로 시행한 일련의 온라인 웹비너를 질적 방법으로 평가했다. 그 결과, 동료들 간 상호작용이 없다는 것이 한계점으로 지적되었다. 그럼에도 불구하고 대부분의 참여자들에게 훈련이 유익했던 것으로 나타났다. 간단히 말하자면, 해결되지 않은 사회 문제나 상담의 응용 측면에 대한 질문은 연구 주제의 풍부한 원천이다.

어떤 주제가 당신에게 가장 중요한지 계속 평가하는 것 또한 필요하다. 연구를 해보도록 당신을 동기화시키는 주제가 있는가? 또는 당신의 믿음이나 가치관 때문에 특별히 연구를 수행해보고 싶은 주제가 있는가? 이전의 연구들이 간과한 중요한 주제가 있는가? 간단히 말해, 당신을 동기화시키거나 헌신하도록 만드는 연구 주제를 추구하는 것은 당신에게 지적 자극과 심리적 에너지를 제공해줄 것이다. 이러한 자극과 에너지는 연구와 관련한 여러 가지 일들을 수행하는 동안 당신을 지탱해줄 것이다.

또한 많은 상담 연구가 이전 연구의 결과를 확장하는 형태를 가지고 있다는 것을 인지하는 것이 중요하다. 전형적으로 연구(research)는 각각의 개별 연구(study)가 하나 또는 두 개의 새로운 정보를 추가함으로써 앞으로 나아간다. 그래서 연구자는 하나 또는 두 개의 새로운 구성개념을 추가하거나 어느 구성개념에 대한 새로운 평가도구를 개발함으로써 이전 연구를 확장할 수 있다. 때때로 연구자는 선행 연구에서 사용된 것과 유사한 자료 수집 방법을 사용하거나 3~4편의 연구에서 활용된 적 있는 도구를 사용한다. 결국, '독창적 기여'를 위해 너무 많은 것을 하려 하지 말고, 소수의 구성개념을 대상으로 한 탐구에 초점을 두라는 것이 핵심이다. 대체로 상담에 관한 우리의 지식은 이전 연구의 토대 위에 작은 것 하나를 추가함으로써 조금씩 증가한다. 퍼즐은 특정 주제에 관한 연구 문헌을 기술하는 비유로 사용된다. 퍼즐의 개별 조각은 개별 연구를 나타낸다. 개별 조각을 맞추어 전체 퍼즐을 완성해야 어떤 주제 영역에 대한 전반적인 이해가 가능하다. 자신의 연구는 전체 그림을 이루는 퍼즐의 한 조각이라는 점을 스스로에게 재확인시키라. 어느 한 주제에 관한 모든 것을 다루는 전반적인 연구를 설계해야 한다는 생각은 버리는 것이 좋겠다.

상담 연구의 다수는 성격, 인간 행동, 그리고 변화 과정에 관한 이론을 적용하거나 검증하는 것이다. 이론을 검증하는 것은 상담 분야에 중요한 공헌이 될 수 있다. 왜냐하면 이론을 정교화하는 데 도움이 되기 때문인데, 특히 많은 이론이 다양한 모집단을 대상으로 검증되지 않고 있기 때문이다(Heppner & Heppner, 2004). 예를 들면, Stanley Strong(1968)은 상담을 사회적 영향 과정으로 개념화하고, 사회심리학 분야의 설득에 관한 이론과 연구를 활용하여 상담에서의 사회적 영향에 관한 두 국면 모형을 개발하였다. 이후 많은 연구가 상담에서의 사회적 영향 과정 또는 설득에 대해 검토했다(리뷰를 보려면 Corrigan, Dell, Lewis, & Schmidt, 1980; Heppner & Claiborn, 1989; Heppner & Dixon, 1981; Heppner & Frazier, 1992; Hoyt, 1996; Strong, Welsh, Corcoran, & Hoyt, 1992를 보라). 상담 연구에 영향을 미치고 있는 다른 이론 관점은 심리치료에 관한 맥락 모형이다(Wampold & Imel, 2015).

때때로 새로운 모형 또는 이론은 일련의 서로 다른 연구들(bodies of research)을 통합하여 만들어진다. 예를 들면, McCarn과 Fassinger(1996)는 성소수자 정체성 문헌, 인종/민족 정체성 문헌, 정체성 발달에 관련된 성별(gender) 논점에 관한 문헌을 통합하여 레즈비언 정체성 형성 모형을 개발했다. 이후 수많은 연구 방향이 제안되었다. 연구는 서로 경쟁하는 이론들이나 동일 현상에 대한 서로 다른 개념화를 검증하기도 하고 때로는 확장하기도 한다. 예를 들면, 1971년 Cross는 흑인 정체성 모형을 발표했다. 이 모형은 정교하게 수정되었을 뿐 아니라 경험적으로도 검증되었다(예: Cross, 1978; Corss & Vandiver, 2001; Elion, Wang, Slaney, & French, 2012; Helms, 1990; Helms & Parham, 1996; Nghe & Mahlik, 2001; Parham, 1989; Parham & Helms, 1981, 1985b). 이후 몇 년간에 걸쳐 백인 정체성 모형이 제안되어 치열한 논쟁이 벌어지고, 경험적으로 검증되었다(예: Carr & Caskie, 2010; Gushue & Carter, 2000; Helms, 1990; Johnson & Jackson Williams, 2014; Rowe & Atkinson, 1995; Rowe, Bennett, & Atkinson, 1994; Thompson, 1994).

때로는 한 주제에 관한 이론과 연구가 다른 관련된 주제로 확장될 수도 있다. 예를 들면, 여성의 진로발달은 한동안 이론적 모형(예: 사회인지진로이론)(Lent, Brown, & Hackett, 1994)과 경험적 연구(예: August, 2011; Betz & Fitzgerald, 1987; Farmer, Wardrop, Anderson, & Risinger, 1995; Fassinger, 1990; Harmon, 1997; Lindstrom, Harwick, Poppen, & Doren, 2012; Walsh & Heppner, 2006) 모두의 초점이었다. 여성의 진로발달 모형은 레즈비언 진로발달에 관한 경험적 연구와 통합되어 소수자 집단 진로발달 모형 개발에 활용되었다(Morgan & Brown, 1991). 진로발달에 관한 이 모형은 신체적으로 그리고 감각적으로 장애를 가지고 있지만 높은 성취를 보이는 여성의 진로발달로 확장되었다(Noonan et al., 2004). 그래서 연구 주제를 정하는 다른 하나의 방략은 상담에 도

그림 5.2 주제에 대한 브레인스토밍

움이 될 직한 이론들(상담 분야 내의 문헌에서 발견되는 이론이건 상담 분야 외의 문헌에서 발견되는 이론이건)을 검토하는 것이다.

실제 연구에 적용하기 5.2

브레인스토밍을 통해 개발된 주제 목록(그림 5.2)을 좁혀서 연구를 수행하기 원하는 2~3개의 주제를 결정(당신의 관심과 그 의의/중요성에 토대를 두고)할 수 있는가? 당신이 학문적 노력을 기울인다면 얼마나 자부심을 느낄 것인지 그리고 이 주제가 얼마나 의미가 있는지라는 관점에서 각각의 주제를 평가해보라(1 = 낮음, 10 = 높음). 각 주제에 대해 그런 평정을 한 이유를 제시해보라.

요약하면, 연구 프로젝트를 위한 아이디어는 광범위한 원천으로부터 나올 수 있다. 학생들이 연구의 세계로 입문할 때 지금까지 소개한 방략의 조합을 활용하는 것이 유용할 것이다.

연구문제와 가설 제시하기

연구의 목적은 질문에 답하고, 시급한 사회적 문제를 드러내며 상담에 대한 이론을 정교화하여 궁극적으로 이 분야에 기존의 지식 기반에 더하는 것이다. 당신이 연구하기를 원하는 주제를 정하는 것과 연구를 안내할 수 있는 구체적인 연구 질문 또는 가설을 개발하는 것은 다른 일이다. 사실 대부분의 경우 경험이 일천한 연구자에게 검증할 수 있는 연구 질문을 개발하는 것은 매우 어려운 일이다.

가능한 연구 주제(예: 상담자 슈퍼비전)를 정하고 난 후에는 그 주제에 대한 선행 연구에 정통해야 한다. 아마도 공식적으로 리뷰 논문을 작성할 수 있을 정도가 되어야 할 것이다. 최근 연구 결과와 선행 연구의 한계, 그리고 앞으로의 연구를 위한 연구자의 제언을 확인하는 등의 노력을 통해 그 주제에 관해 철저히 파악하는 것 외에 다른 방법이 없을 것이다. 앞서 언급했듯이 구체적인 연구 아이디어를 개발한다는 것은 일련의 연구를 논리적으로 한 단계 더 연장하는 것(예: 문화적 배경이 다른 슈퍼바이저–슈퍼바이지 쌍인 경우에 있어서 효과적인 슈퍼비전 요인이 무엇인지를 탐색하는 것)을 의미한다. 그래서 핵심 연구 또는 좋은 리뷰 문헌을 검토하는 것이 필수적이다. 그런 문헌의 논의 부분에 특히 주의를 집중하라. 앞으로 필요한 연구가 어떤 것인지 또는 그다음의 논리적 단계에 대한 명확한 논의가 제시되어 있기 때문이다. 연구자는 종종 이러한 필요를 '앞으로의 연구는 ~해야 한다(future research should).' 또는 '앞으로의 연구는 ~을 검토해야 할 것이다(additional research might examine).'와 같이 표현한다. 이런 제안이 연구 아이디어 개발의 기초가 될 수 있을 것이다.

연구 주제에 관한 많은 논문을 읽고 난 후에는 선행 연구에서 활용된 구성개념에 더 많은 관심을 기울여야 한다. 이 분야의 연구자들에게 어떤 변인 또는 과정이 중요한가? 연구자들은 어떤 질문을 제기해왔는가? **연구문제**(research questions)는 주제 영역을 개발하는 데 있어서 핵심 요소가 되며, 본질적으로 구성개념들 간의 관계를 탐색하는 질문이다. 예를 들면, '내담자의 역기능 수준은 상담에서 형성된 작업동맹에 영향을 미치는가?'는 연구질문이다. 반대로, **연구 가설**(research hypothesis)은 '역기능 수준이 높을수록 내담자는 낮은 작업동맹을 형성할 것이다.'와 같이 구성개념들 간 기대되는 관계를 나타낸다는 점에서 더욱 구체적이다. 때로는 질문과 가설 사이의 차이가 분명하지 않을 수도 있다. 그러나 가설은 기대되는 관계를 구체적으로 진술한 것이라는 점을 기억하고 있자.

우리의 경험에 따르면 학생들은 몇 가지 이유로 연구문제와 가설을 개발하는 데 어려움을 가지는 것 같다. 학생들은 자신의 연구에 관한 이론적 구조를 가지고 있지 못하기 때문에 경험적으로 검증하거나 선행 연구를 확장하는 적절한 연구 가설을 개념화하는 데 어려움을 갖는 것 같다. 연구문제와 가설은 이론으로부터 연역된다(Tracey & Glidden-Tracey, 1999; Wampold, Davis, & Good, 1990). 다른 이유로는 학생들이 검증하거나 측정할 방법이 없는 구성개념을 선택한다는 것이다. 한 예로, 어느 박사과정 학생은 자신이 규정한 대로의 상담자 힘(power)과 자율성을 평가할 수 없어서 어쩔 줄 몰라 하고 있었다. 때때로 학생들은 연구 주제 이상으로 깊이 생각해보지 않고 어떤 구성개념에 가장 관심을 가지고 있는지 자문하지 않는다. 그래서 그들은 '사회적 매체와 정신건강'에 관심이 있다는 것 이상으로 더 구체적이지 못하다. 학생들은 또한 구체적인 구성개념을 결정하는 데 주저하며 의식적 또는 무의식적 이유로 미루거나 지연시킨다. 경험이 부족한 연구자 대부분은 연구문제와 가설을 개발하는 데 있어서 이러한 어려움을 겪는다. 그런 어려움은 추가적인 독

표 5.2 연구문제의 유형

기술 질문: 얼마나 많이, 얼마나 자주, 몇 퍼센트 등과 같은 질문으로 관심변인을 기술

차이 질문: 집단 간 또는 연구 참여자 내 비교

관계 질문: 둘 또는 그 이상의 구성개념이 서로 어떻게 관련되어 있는지 조사

서나 생각이 필요함을 시사한다. 연구자가 연구문제 또는 가설, 그리고 연구에서 찾으려는 것을 정확하게 명료화하지 않은 채 참여자와 평가 도구를 선택하면 심각한 오류를 낳을 수 있다.

Drew(1980)는 기술, 차이, 관계라는 세 가지 연구 질문의 범주를 고안했다(표 5.2). 기술 질문(descriptive questions)은 본질적으로 특정 현상이나 사건이 어떤 것인지를 묻는다. 우리는 종종 사건을 기술하기 위한 면접, 설문지, 또는 검사를 통해 정보를 수집하고, 이를 이용하여 답할 수 있는 상담 사건이나 현상에 대해 질문을 제기한다. 이런 연구에서 실험적 조작은 사용되지 않는다.

기술 연구 질문을 검토하는 많은 유형의 연구들이 있기 때문에 몇 개의 예만 제시할 것이다. 어떤 연구자는 상담자에게 분노를 불러일으키는 사건 유형을 기술하기 위해 설문지를 활용할 것이다(Fremont & Anderson, 1986). 또는 여러 성적 지향성을 가진 사람들로 구성된 집단에서 남성 동성애자가 경험하는 것을 알아보기 위해 질적 방법을 활용할 것이다(Provence, Rochlen, Chester, & Smith, 2014). 또 다른 질적 연구는 상담에서 인종 문제에 관한 치료자의 경험을 이해하기 위해 면접을 활용할 것이다(Knox, Burkard, Johnson, Suzuki, & Ponterotto, 2003). 유사하게 Swagler와 Ellis(2003)는 미국에 있는 대만 대학원 유학생의 횡문화적 적응을 연구하기 위해 면접을 활용했다. 그 결과 언어 장벽, 영어 말하기에 대한 자신감, 사회 계약, 문화 차이와 같은 주제(themes)를 추출했다. 이후 이와 같은 구성개념들 간 관계에 대한 더 완전한 개념화를 위해 초점 집단 면접을 실시했다. 만약 연구자가 인종적 그리고 민족적 소수자 출신 심리학자의 전문적 욕구와 경험을 알기 원한다면, 정보 수집을 위한 설문조사가 유용한 방략일 것이다. Constantine, Quintana, Leung과 Phelps(1995)가 바로 이전 방략을 사용했다. 조사 연구의 다른 한 예로는 상담센터를 이용하는 내담자들이 갖고 있는 종교 및 영적 관심의 분포를 검토한 Johnson과 Hayes(2003)의 연구를 들 수 있다. 이 밖에 사람들이나 사건이 어떻게 범주화될 수 있는지를 기술하기 위해 요인 분석(Tinsley & Tinsley, 1987) 또는 군집 분석(Borgen & Barnett, 1987)과 같은 통계적 절차를 이용한다. 그 예로, 연구자들은 아프리카계 미국인(Worrell, Andretta, & Woodland, 2014)과 중남미계 미국인(Chavez-Korell & Torres, 2014)이 보이는 서로 다른 인종 정체감 프로파일을 기술하기 위해 군집 분석을 활용해왔다. 유사하게, Kim, Li와 Ng(2005)은 요인 분석을 활용하여 상담에서 중요한 역할을 하는 문화 가치 고

수(adherence)를 측정하기 위해 아시아계 미국인 다차원 가치 척도(Asian American Values Scale – Multidimensional: AAVS – M)를 개발했다. Wei, Alvarez, Ku, Russell과 Bonett(2010) 또한 차별에 대한 대처 척도(CDS)를 개발하기 위해 요인 분석을 활용했다. 이 연구에서 연구자들은 확인적 요인 분석을 활용하여 그들의 초기 요인구조(initial factor structure)를 지지하는 증거를 제시했다. 기술 연구는 13장과 16장에서 좀 더 자세히 논의될 것이고, 척도 제작에 관해서는 10장에서 논의될 것이다.

차이 질문(difference questions)은 집단 간 차이가 있는지 또는 집단 내 차이가 있는지를 묻는다. 이런 질문의 핵심적 특성은 '비교'다. 이런 연구 질문은 집단에 초점을 두는 경향이 있다. 이때 집단은 특정 차원에서 서로 다르거나 다른 처치를 받는다. 예를 들면, Mallinckrodt와 Helms(1986)는 차이 질문을 제시하여, 신체적으로 장애를 가진 상담자들이 정상적인 상담자에 비해 특정한 측면에서의 강점이 있는지를 알아보았다. 유사하게, Wang(2010)은 아시아계 미국인과 유럽계 미국인 간 완벽주의 및 지각된 가족 완벽주의를 비교했다. 이런 인구학적 변인에 기반을 둔 집단 비교뿐만 아니라 조작된 변인(예: 개입, 처치 조건)에 있어서의 차이 비교에 초점을 둔 연구도 있다. 예를 들면, Martens, Smith와 Murphy(2013)는 위험 음주 가능성이 있는 대학생들을 대상으로 하는 단기 동기강화 면담들에 대해 검토했다. 그들은 개별화된 규범적 피드백을 받는 집단, 예방 행동 방략 피드백을 받는 집단, 일반적인 음주 교육을 받는 집단이 음주와 관련한 결과(drinking outcome)에서 서로 다른지 비교했다. 그 결과 알코올 사용 감소에 있어서 개별화된 규범적 피드백을 받는 집단이 다른 두 집단에 비해 보다 효과적이었다. 차이 질문은 종종 집단 간 설계와 집단 내 설계(11장)에서 주로 활용된다.

관계 질문(relationship questions)은 둘 이상의 구성개념이 관련된 정도 또는 함께 변화하는 정도를 탐색한다. 이런 질문에서는 상관 통계 방법이나 보다 복잡한 회귀 분석이 활용된다. 예를 들면, Rochlen, Land와 Wong(2004)은 남성의 제한된 정서성과 온라인 및 대면 상담에 대한 지각을 검토했다. 이들은 더 낮은 제한적 정서성을 가진 남성이 높은 제한적 정서성을 가진 남성에 비해 대면 상담에 대해 더 우호적이라는 것을 발견했다. 유사하게, Smith와 Ingram(2004)은 직장 내 이성애주의(heterosexism), 비지지적 사회적 상호작용과 레즈비언/게이/양성애자의 적응 간의 관계를 연구했다. Good 등(1995)은 성역할 갈등 척도(O'Neil, Helms, Gable, David, & Wrightsman, 1986)의 구성개념 타당도를 평가하기 위해 성역할 갈등과 몇 개의 검사도구(예: 남성성에 관한 태도, 친밀성에 대한 두려움, 사회적 바람직성) 간의 상관을 검토했다. Cournoyer와 Mahalik(1995)는 복수의 변인 간 관계를 검토하기 위한 다변인 분석 방법 중 하나인 정준분석(canonical analysis)을 활용하여 이 영역의 연구를 확장했다. 관계 연구 질문은 13장에서 보다 자세하게 논의될 것이다.

검증 가능한 연구 질문의 요건은 무엇인가? 연구 질문은 (1) 측정 가능한 (2) 둘 이상의 구성개념 간 관계에 관한 (3) 질문을 제기한다. 첫째, 그 질문은 애매하지 않게 그리고 명료하게 질문 형식으로 진술되어야 한다. 둘째, 연구 질문은 둘 이상의 구성개념 간 관계에 대한 것이어야 한다. 즉, 구성개념 A가 구성개념 B와 관련되어 있는지를 질문해야 한다. (특정한 관계가 제시된다면, 그 연구 질문은 가설이 된다.) 이 두 번째 준거는 대체로 차이 및 관계 질문과 관련된다. 반면 기술 질문은 정보를 수집하거나 범주화하는 것과 관련이 있다. 마지막으로, 구성개념 사이의 관계가 검토되어야 할 뿐만 아니라 그 관계도 측정할 수 있는 것이어야 한다.

예를 들면, '슈퍼비전은 효과적인가?'와 같은 연구 질문을 살펴보자. 누군가는 즉각적으로 '무엇에 효과적이라는 말인가?'라는 질문을 제기할 것이다. 연구자는 내담자 문제를 개념화하는 것과 관련한 수련생 스트레스 수준을 낮춘다는 의미의 슈퍼비전 효과에 관심이 있는가, 아니면 개입에 대한 슈퍼비전 효과에 관심이 있는가? 간단히 말하면, 이와 같은 질문은 구체성을 결여하고 있다. 이제 Wiley와 Ray(1986)의 연구 질문을 살펴보자. 이들은 수련의 전 과정에 걸친 슈퍼비전 성격의 변화에 관심을 갖고 있었다. 특히, 이들은 상담 수련생의 발달 수준에 관한 Stoltenberg(1981)의 상담자 복잡성 모형을 검증하는 데 관심이 있었다. (Stoltenberg는 상담 수련생이 대학원 수준의 훈련을 받는 동안 예측할 수 있는 방향으로 발달하며, 상담 슈퍼비전 환경이 수련생의 욕구에 맞도록 조정되어야 한다고 제안했다.) Wiley와 Ray는 세 가지 구체적인 연구 질문을 생성했다. 각각의 질문은 둘 이상의 구성개념 간 관계에 관한 것이었으며, 측정할 수 있거나 검증할 수 있는 것이었다. 일례로 이들의 질문 중 하나는 '사람-환경 매칭 수준이 높은 슈퍼비전 쌍은 매칭 수준이 낮은 쌍보다 어느 정도나 더 높은 수준의 만족과 학습을 보고하는가?'였다. 사람-환경 매칭이라는 구성개념은 슈퍼비전 수준 척도(Supervision Level Scale)라는 평가도구를 통해 구체적으로 조작화되었다(operationalized). 마찬가지로 만족과 학습도 간단한 성과 질문지를 통해 조작되었다. 덧붙이면, Wiley와 Ray는 슈퍼바이지와 슈퍼비전 환경에 대한 발달적 개념화를 지지하는 결과를 얻었다. 그러나 이 연구에서 만족도와 학습 평정치의 평균은 사람-환경의 일치에 따른 차이를 보이지는 않았다.

요약하면, 검증 가능한 연구문제 또는 가설의 기능은 실험적 탐구를 위한 방향을 제시해준다. 검증 가능한 연구문제 또는 가설은 주제를 규정할 뿐만 아니라 그 주제 내 관심이 되는 특정한 구성개념들을 또한 규정한다. 검증 가능한 연구 질문 작성을 위한 더 많은 예시를 보려면 Heppner와 Heppner(2004)를 보라. 연구자가 구체적인 연구문제 또는 가설을 개발한 후에는 어떤 도구를 사용할지, 자료 수집을 어떻게 할지, 어떤 연구 참여자를 활용할지 등에 관한 결정으로 넘어가야 한다. 이와 같은 방법론적 결정 중 많은 것이 연구자의 구체적인 문제 또는 가설에 달려있다.

연구문제가 연구를 설계하기 위한 방향을 제공한다 할지라도 형성 단계에서는 애초의 연구문제를 수정하거나 변경하는 것이 흔히 발생하는 일이라는 것(연구자가 설계와 방법론을 계속 발전시키고 있기 때문이다)을 염두에 둘 필요가 있다. 연구자는 측정 문제 또는 참여자 가용성의 문제에 직면할 수 있는데, 이런 것들 때문에 조금 다른 연구문제로 변경될 수 있다. 또한 연구자는 그 연구 주제에서 추가적인 복잡성을 나타내는 새로운 자료를 발견할 수도 있을 것이다. 그래서 이에 따른 연구문제의 수정이 요구될 수도 있을 것이다. 간단히 말하자면, 연구 설계의 형성 단계에서는 여러 가지 이유로 연구자가 더 많은 정보를 처리해야 하며, 연구문제를 수정하거나 보다 더 명료화해야 하는 경우가 발생할 수 있다.

조작적으로 정의하기

연구문제 또는 가설이 형성되면, 여기에 사용되는 모든 용어 또는 구성개념은 연구 아이디어가 경험적으로 검증될 수 있도록 구체적으로 정의되어야 한다. 보다 구체적으로 말해, 각각의 구성개념은 조작적으로 정의되어야 한다. 이는 바로 이 실험에서 그 구성개념을 측정하는 데 필수적인 조작 또는 행위를 구체화해야 한다는 의미이다. Kerlinger(1986)는 조작적 정의를 연구 절차가 진행되는 동안 변인을 측정하거나 조작하기 위해 연구자가 해야 하는 것을 상세하게 설명한 매뉴얼과 같은 것이라 했다.

예를 들면, 슈퍼비전의 발달 모형에 대해서 많은 연구 관심이 있었다. 이 모형은 결국 수련생의 기술과 슈퍼비전 욕구가 수련생의 발달 수준에 따라 변화해간다는 것이다(Ellis, Ladany, Krengel, & Schult, 1996; Holloway, 1987, 1992, 1995 참고). 여기서 중요한 논점 중 하나는 발달 수준을 어떻게 조작적으로 정의할 것인가 하는 것이다. 초기 연구자들은 실습을 막 시작하는 학생, 고급 수준의 실습을 하고 있는 학생, 박사 수준의 인턴과 같이 학생의 훈련 수준을 발달 수준으로 조작적 정의를 했다(Heppner & Roehlke, 1984; Reising & Daniels, 1983; Worthington, 1984). 그래서 발달 수준은 훈련 수준이라는 관점에서 구체적으로 또는 조작적으로 정의되었다.

조작적 정의의 일차적 기능은 특정한 연구에 관련된 구성개념을 정의하는 것이다. 한편으로 조작적 정의는 현상에 대한 실제적인 정의(working definition)를 제공한다(Kazdin, 1980). 연구자가 어떤 구성개념에 대해 연구하지만 기존의 것과는 다른 조작적 정의를 내릴 경우 문제가 발생한다. 상담 수련생의 발달 수준을 한 예로 살펴보자. 초기 연구들에서는 발달 수준을 수련생 수준으로 정의한 반면(Reising & Daniels, 1983) Wiley와 Ray(1986)는 5개의 차원에 따라 훈련생의 발달 수준을 평가하는 척도인 슈퍼비전 수준 척도상에서 슈퍼바이저의 평정치로 정의했다. Wiley와 Ray의 정의는 보다 구체적이며, Stoltenberg(1981)의 이론 모형에 토대를 두고 있다. 흥미롭게도, Wilely와 Ray는 발달 수준에 대한 이 두 정의가 수련생들을 다른 범주로 분류한다는 것을 발견했다.

이 예는 같은 구성개념에 대한 서로 다른 조작적 정의의 문제를 보여준다. 연구 정보가 몇 개의 연구를 통해 축적되면 서로 다른 조작적 정의 때문에 슈퍼바이지 발달 수준에 대한 정보를 요약하기가 어려워진다. 서로 다른 조작적 정의는 때때로 매우 다른 결과를 산출하기도 한다. 이 점은 초보 연구자가 알아야 하는 매우 중요한 사항이다. 왜냐하면 특정 연구의 결과는 그 연구에서 사용된 조작적 정의에 따라 제한되거나 특정되어야 하기 때문이다. 슈퍼비전 연구처럼 한 주제 내 연구가 진척되고 더욱 복잡해지면, 지식이 축적되고 연구자가 더 노련해짐에 따라 조작적 정의도 수정의 과정을 밟게 된다는 것을 알아야 한다.

연구변인 규정하기

지금까지 변인에 대한 일반적인 이야기를 했다. 종종 연구에서 변인을 기술하기 위한 용어에 관해 혼돈과 논쟁이 존재한다. 이 책에서 우리는 연구 설계에 사용되는 여러 유형의 변인을 기술하는 구체적인 용어를 사용함으로써 이 같은 혼돈을 줄이기를 희망한다. 구체적으로 **독립변인**(18장 참고)이라는 용어와 **종속변인**(19장 참고)이라는 용어는 서로 다른 유형의 변인을 정의하는 데 실험 연구와 기술 연구 모두에서 사용되어왔다. 진실험 설계(11장 참고)에서 연구자는 한 변인 또는 변인 세트를 체계적으로 변화시킴으로써, 그리고 다른 한 변인 또는 변인 세트에 나타나는 결과를 검토함으로써 인과관계를 검증하려 한다. 이런 실험에서 변화되는 변인을 독립변인이라 한다. 더 구체적으로, 독립변인은 연구에서 조작(manipulated)되거나 통제되는 변인이다. 일반적으로 실험은 독립변인의 둘 또는 그 이상의 수준(예: 처치와 비처치)과 관련이 있는데, 독립변인의 수준은 때때로 조건(conditions)이라 불린다. 예를 들면, 우울증에 대한 인지치료와 대인관계치료의 효과를 비교하는 연구에서 치료의 유형(인지 대 대인관계)은 독립변인이 될 것이다.

독립변인을 조작하여 나타나는 효과를 검토하기 위해, 그에 수반되는 다른 변인, 즉 종속변인의 변화가 관찰된다. 실험 연구에서 종속변인의 변화는 독립변인의 변화에 의해 영향을 받는 것으로 간주된다. 앞의 예에서 인지치료 대 대인관계치료 사이의 비교는 종속변인을 측정하여 이루어진다.

종속변인의 한 예는 표준화 검사에 나타난 우울증 점수이다(예: MMPI 우울 척도). 진실험 설계에서 종속변인의 변화는 독립변인의 조작이 원인이 되어 발생한다. 그래서 **독립변인**과 **종속변인**이라는 용어는 인과적 함의를 가지고 있다. 이런 용어는 때때로 비실험 연구의 변인을 기술하는 데도 사용된다. 예를 들면, 회귀방정식에서 예측변인은 때때로 독립변인이라 불리고, 준거변인은 종속변인라고 불린다. 이 용어에 함의된 인과성이라는 의미 때문에 혼동이 발생할 수 있다. 이런 혼란을 줄이기 위해 실험 연구의 변인을 지칭할 때만 **독립변인**과 **종속변인**이라는 용어를 사용할 것이다. 물론 예외는 있을 것이다. 독립변인과 종속변인은 18장과 19장에서 보다 자세히 논의될 것이다.

자료를 수집하고 분석하기

연구 질문이나 가설에서 언급된 구성개념을 조작적으로 정의하고 연구 설계를 결정하면 연구자는 자료를 수집한다. 자료 수집의 실제 과정은 여러 단계로 구성된다. 즉, 목표 모집단을 정의하기, 참여자 풀을 만들기, 참여자를 선택하기, 참여자 수를 결정하기 등인데 더 자세한 것은 8장과 16장에서 논의될 것이다. 이와 더불어, 자료 수집을 위한 결정들은 실험 설계에 달려있다. 그래서 연구의 설계가 제일 먼저 결정되어야 하는데, 이 책의 나머지 장에서 일차적으로 초점을 두고 있는 사항이다. 자료 분석이라는 마지막 단계는 질적 연구 방법 책에서뿐만 아니라 다양한 통계 책들에서 논의된다. 이 책에서 분석과 관련한 논점 몇 가지가 간략히 논의될 것이다.

자료가 수집되면 그에 대한 의미가 만들어져야 한다. 자료는 일반적으로 참여자의 특성을 나타내는 숫자로 제시된다. 자료는 연구 질문이나 가설을 검증하려는 분명한 목적으로 요약되고 분석된다. 구체적으로, 자료는 가설화된 관계가 존재하는지를 결정하기 위해 검토된다. 필연적으로 연구의 과정 동안 결정들이 내려질 필요가 있다. 이때 다양한 대안적 방법들이 애초의 질문에 답하는 당신의 능력에 어떤 영향을 미칠 것인지를 항상 생각하라. 일련의 행동이 애초의 연구 질문을 명확하게 해줄 것인가 아니면 오히려 더 이해하기 어렵게 할 것인가?

요약 및 결론

이 장의 목적은 연구의 주제를 선정하고 연구 아이디어를 검증 가능한 가설로 개발하는 과정에 대해 개관하려는 것이다. 연구 질문 또는 가설을 개발하고, 구체적인 변인을 규정하며 변인을 조작화하는(operationalize) 것과 같이 일반적인 주제를 일련의 구체적이고 검증 가능한 연구 가설로 좁히는 데는 많은 노력이 필요하다. 전형적으로 연구자는 해당 연구문헌을 읽고 특정 주제를 개발하면서, 생각들과 계획을 이런 모든 노력들에 골고루 배치한다. 그 결과는 구체적이고 잘 정의된 그리고 명확히 표현된 연구 가설이 되어야 한다.

경험이 비교적 일천한 연구자가 잘못된 출발을 하여, 최종 연구 가설과 질문을 다듬을 때 연구 프로젝트의 여러 측면을 수정하는 것은 정상적이고 오히려 기대되는 것이라는 점을 강조하고 싶다. 때때로 학생들은 연구 방법, 통계학, 상담이론 과목을 듣기만 하면 모든 문제가 해결되는 연구 질문을 산출할 수 있어야 한다는 견해를 갖는다. 만약 자신이 오류 없이 수행하지 못하면 연구자로서의 역량이 의문시될 뿐만 아니라 연구 경력을 갖거나 학위과정을 완수하기 위한 '필수적인 무언가'를 가지지 못한 것이 분명할 것이라고 생각한다. 학생이 얼마나 많은 과목을 수강했는지와 상관없이 대학원 학생이 전문 연구자이기를 기대할 이유는 없다. 오히려 자신의 처음 연구를 훈련의 기회로 생각하는 것이 더 유용할 것이다.

모든 연구는 한 가지 이상의 한계(통제집단의 부재 또는 일반화 가능성에 대한 우려와 같은)를 갖고 있다는 점을 아는 것이 또한 중요하다. 특히 초보 연구자에게는 더욱 그렇다. Gelso(1979)는 이러한 현상을 거품 가설(bubble hypothesis)이라 명명하고 모든 연구가 오류나 약점을 가지고 있다고 주장했다. 때때로 경험이 일천한 연구자는 완전한 연구나 학위논문을 만들겠다는 시도를 함으로써 스스로 문제를 만든다. 그러나 실제 완전한 연구란 존재하지 않는다. 그래서 경험이 일천한 연구자는 새로운 정보 하나를 제공할 수 있는 연구를 하겠다는 목표를 간직할 필요가 있다. 상담 영역에서 우리가 가진 대부분의 지식은 각 개별 연구가 산출하는 한두 개의 정보를 추가함으로써(각각의 연구가 그 이전 연구의 토대 위에 비교적 작은 것을 더하는 방식으로) 증가한다. 시간이 지나서 이런 작은 단편들이 축적되면 특정 주제에 대한 우리의 지식은 비약적으로 증가한다.

촉진 질문

가능한 연구 주제에 관해 숙고해보기

이 연습의 목적은 가능한 연구 주제에 대한 숙고를 증진시키기 위함이다. 이 질문에 대해 당장 답하거나, 상담 관련 학술지에서 최근 논문들을 몇 시간 검토하고 난 후 다음 질문에 대해 생각해볼 수도 있을 것이다.

1. 당신은 관심이 가는 몇 가지 연구 주제를 선정했다. 이제 이 각각의 주제에 관한 문헌을 찾을 수 있게 도움을 줄 수 있는 자원을 가능한 한 많이 열거해보라.
2. 이 주제에 관해 더 많은 학습을 할 수 있도록 도와줄 수 있는 사람은 누구인가?
3. 이전의 질문에 대한 당신의 답은 무엇인가? 추가적으로 더 검토해볼 만한 것으로 생각되는 2~3개의 주제에 대해 우선순위를 정하고 순서대로 제시해보라.
4. 마지막으로, 며칠 시간을 갖고 가장 우선순위가 높은 주제를 탐색하라. 이 주제에 대한 몇 개의 최신 논문을 찾아보고, 이 주제와 관련하여 동료나 교수님과 논의하여 이 주제에 대한 추가적인 정보를 수집하라. 이제 이 주제에 대해 어떻게 평가하는가? 당신의 관심이 증가했는가, 아니면 감소했는가? 왜 그런가?

CHAPTER 6

연구 설계의 선택: 이상과 실제의 균형

이 장은 일반적으로 연구 설계(research design)라고 불리는 것과 관련되는 몇 가지 문제를 살펴보는 것을 목적으로 한다. 첫째 절에서는 과학적 탐구를 추구하는 데 있어서 방향을 제시하는 도구나 틀로서 연구 설계를 정의하는 것으로 시작한다. 여기에서 연구의 핵심 개념인 우리의 자료에서 추론이나 결론을 이끌어내는 것에 대해 간략하게 소개한다. 자료는 양적 자료일 수도 있고 질적 자료일 수도 있다. 두 번째 절에서는 하나의 연구 설계가 태생적으로 다른 연구 설계보다 '더 좋다'는 결론을 말하는 '연구 설계 미신(research design myth)'과 관련된 문제에 대해 논의한다.

세 번째 절에서는 연구 설계를 분류하는 방식을 소개한다. 여기에서 양적 방법, 질적 방법, 혼합 방법 설계에 대해 설명할 것이다. 연구 설계의 선택에서 실험 통제(experimental control)와 연구 결과의 일반화(generalizability)의 균형을 강조하는 양적 연구의 한 분류 체계를 소개한다. 마지막 절에서는 여러 가지 고려 사항에 기초해서 연구 설계를 선택하는 문제로 다시 돌아간다. 여기에서 우리는 다양한 요인들, 특히 선행 연구 지식, 연구자가 가지고 있는 자원, 조사하는 연구문제의 유형이 서로 부합하는 정도를 고려하지 않고 특정 연구 설계의 장점에만 초점을 두는 것은 적절하지 않다고 제안한다. 끝으로 모든 연구에 내재되어 있는 단점에 대해 살펴보고 연구 설계에서 방법론적 다양성을 지지하는 것에 대해 논의한다.

과학적 탐구와 연구 설계

1장에서 우리는 과학의 역할을 한 전문 분야의 지식 기반과 이론적 기초를 확대하는 것으로 보았다. 과학적 방법은 체계적이고 통제된 연구 방법을 통해서 신뢰할 수 있는 지식 기반을 세우는 데 사용되는 지식의 원천으로 설명했다. 우리는 이 장에서 과학을 이끄는 중요한 도구로서 연구 설계를 소개함으로써 이러한 논의를 확장한다.

전통적으로 학자들은 모든 연구의 근간을 형성하는 세 가지 요소(연구의 3요소)를 확인했다. 구체적으로 연구의 3요소는 (1) 설계, (2) 측정, (3) 분석으로 이루어진다. 설계(design)는 연구의 구조와 실행에 대한 개념적 틀을 제공한다. Trochim과 Donnelly(2007)는 연구 설계의 다섯 가지 중요한 요소로 표본, 조건, 집단이나 조건에 할당하는 방법, 자료 수집, 연구 절차의 시의성을 강조했다. 측정(measurement)은 연구 관심변인을 파악하고 변인을 조작적으로 정의함으로써 변인이 표본으로 측정될 수 있도록 하고, 분석에 사용되는 자료를 모으는 것이다. 분석(analysis)은 가설을 검증하기 위해 통계 도구를 사용하거나(양적 연구에서) 연구문제를 조사하기 위해 부호화 방략을 사용하는(질적 연구에서) 것이다. 측정과 분석 절차는 이어지는 장에서 보다 깊이 있게 설명되지만, 연구 설계와 관련되는 측면에서 이 장에서도 소개한다.

많은 연구자들이 연구의 3요소 개념에 이론을 포함할 필요가 있음을 제안했다(예: Tracey & Glidden-Tracey, 1999; Trochim & Land, 1982; Wampold, Davis, & Good, 1990). Tracey와 Glidden-Tracey는 연구자들이 이론, 설계, 측정, 분석 요소들을 하나의 통합된 전체로 생각하는 합리적 연구의 반복 모형을 제안했다. 다른 연구자들과 유사하게, 이 연구자들도 연구의 요소들이 서로에게 영향을 미치며 요소들을 순환적이고 반복적인 것으로 간주해야 한다고 주장했다. 다시 말하면, 설계, 측정, 분석, 이론은 계속해서 서로 연결되어 있으며 서로 정보를 제공한다는 것이다. 이런 방식으로 연구 과정의 각 요소(설계, 측정, 분석, 이론)는 상호 관련되고 서로에 대해 함의를 가진다. 실제로 Tracey와 Glidden-Tracey(1999)는 이러한 연구의 네 가지 요소를 개별적인 것으로 보고 다루는 것이 상담 연구 문헌의 큰 문제라고 제안했다. 전체적으로 보면, 우리가 연구 과정의 각 단계에서 보다 많은 정보와 목적을 가지고 결정을 내리면서 연구 과정의 요소들이 서로 관련된다고 볼 때 과학이 향상된다.

연구 설계 미신

과학자의 기본 과제는, 현상을 기술하고 구성개념 간의 관계를 파악하면서 동시에 다른 가능한 경쟁 가설(rival hypotheses)이나 설명들을 가능한 한 많이 배제하는 방식으로 연구를 설계하는 것이다. 연구 설계의 목적은 간단하게 표현하면, 많은 형태의 편향(bias)과 혼입변인들(confounding variables)이 어떤 현상이나 구성개념을 이해하는 것을 왜곡시킬 수 있지만 그럼에도 불구하고 현상이나 구성개념을 보다 완전하게 이해하는 것이다. 연구 설계는 연구의 틀을 세우기 위해 연구자가 사용하는 도구이며, 연구를 실행하기 위한 계획이나 절차를 세우는 것을 말한다. 서로 다른 연구 설계들은 서로 다른 장점과 단점이 있으며, 각 연구 설계는 서로 다른 유형의 편차, 왜곡, 또는 오차를 줄이게 된다. 때로 편향은 오차(error), 오차 변량(error variance), 또는 잡음변인(noise)라고 불린다. 따라서 연구에서 내려야 하는 가장 중요한 결정 중 하나는, 연구자가 특정한 연구문제를 연구할 수 있는 장점과 단점을 가진 연구 설계, 또한 연구자가 경쟁 가설이나 경쟁 설명을 가능한 많이 제외할 수 있는 연구 설계를 선택하는 것이다.

실제 연구에 적용하기 6.1

아마도 비유를 들어서 설명하는 것이 도움이 될 것이다. 인류가 곡식을 수확하기 시작한 이래로, 낟알(쌀)과 깔깔하고 거칠고 먹을 수 없는 부분인 겉껍질(쌀겨)을 분리해야 할 필요가 있었다. 쌀겨는 쌀을 소화하는 데 방해가 된다. 이와 비슷하게 연구자는 자신의 연구문제에서 관심의 대상인 구성개념(쌀)을 분리해내고 그 구성개념을 오염시키거나 혼입하거나 왜곡시킬 수 있는 다른 구성개념들(쌀겨)을 가능한 한 제거하고 싶어 한다. 쌀과 쌀겨를 분리하는 비유가 지나치게 단순화한 것이기는 하지만 이는 과학적 방법의 핵심 과제를 보여준다. 과학적 방법의 핵심 과제는 연구하고자 하는 구성개념을 분리시키고 경쟁 가설을 배제하면서 동시에 그 구성개념에 대해 유용한 결론을 내리려고 노력하는 것이다. 연구자는 어떻게 '쌀겨'로부터 '쌀'을 분리할 것인가? 이를 위한 연구자의 기본 도구가 연구 설계라고 하는 것이다.

불행한 일이지만, 연구자들이 어떤 연구 설계가 다른 설계보다 '더 좋다'고 가정하는 것을 흔히 볼 수 있다. 예를 들면, 과거에 연구자들은 다음과 같은 질문을 연구했다. 상담/심리치료가 효과가 있는가? 가장 좋은 유형의 상담은 무엇인가? 어떤 내담자가 심리치료에서 가장 도움을 많이 받는가? 이 세 가지 질문의 공통점은, 이들이 Kiesler(1966)가 획일성 미신(uniform myth)이라고 명명한 가정을 내포하고 있다는 것이다. 획일성 미신이란, 우리가 심리치료 개입이 표준(동일한) 치료자에 의해서 동질적인(동일한) 집단의 내담자에게 일관적인(동일한) 방식으로 적용되는 표준(동일한) 기술이라고 가정하면서 상담을 지나치게 단순화했다고 본다. Kiesler는 이러한 획일성 미신이 심리치료를 이해하는 과정을 크게 저해했다고 보았다. 그는 연구자들이 이와는 다른 질문인, 서로 다른 장면에서 특정한 유형의 내담자를 위한 가장 좋은 유형의 처치가 무엇인가? 라는 질문에 대해 연구할 것을 주장했다.

획일성 미신이 상담에서 연구를 저해해왔고 계속해서 저해하고 있다는 것에는 의심의 여지가 없다. 우리는 상담 연구자들이 연구 설계에 대해서도, 약간은 미묘하지만 연구를 방해하는 획일성 미신을 가지고 있다고 본다. 우리는 이를 '연구 설계 미신'이라고 한다. 연구 설계 미신은 하나의 설계가 본질적으로 다른 설계에 비해 '더 좋다'는 신념을 말한다.

연구 설계 미신은 학생들이나 심지어 숙련된 연구자들로 하여금 그들이 연구하는 연구문제의 유형과 상관없이 하나의 옳은 유형, 또는 가장 좋은 유형의 연구 설계가 있다고 가정하게 만든다. 우리는 연구자들이 연구 설계를 연구자가 특정한 연구문제를 조사할 수 있도록 돕는 도구로 볼 것을 권한다. 목수가 고유한 기능을 가진 서로 다른 종류의 많은 도구들(망치, 펜치, 드라이버)을 가지고 있듯이, 서로 다른 연구 설계들은 서로 다른 종류의 기능을 한다. 예를 들어, 목수가 널빤지에 커다란 못을 박고 싶다면 망치가 좋은 도구가 될 것이다. 그렇지만 이것이 목수가 도구가 필요할 때마다 망치를 사용하는 것이 현명한 방략임을 의미하는 것은 아니다. 망치를 가지고 널빤지에서 못을 제거하려면 훨씬 시간이 많이 걸릴 것이다. 이와 유사하게, 가장 좋은 단일한 연구 설계가 있다고 가정하는 것은 지나치게 단순한 생각이다. 예를 들면, 심리치료 과정과 결과 연구에서 심리치료 연구자들은 상대적으로 최근에 와서야 치료자의 영향에 주의를 기울이기 시작했다. 그 이전에는 많은 연구들이 치료 효과성에 초점을 맞추고 상담 결과에 심리치료자가 미치는 영향에 대해서는 무시했다. 연구자들은(예: Serlin, Wampold, & Levin, 2003; Wampold & Serlin, 2000) 심리치료 결과를 살펴보는 연구 설계에서 치료자를 관련 변인으로 고려하지 않은 것과 관련되는 문제점을 강조했다.

앞서 언급했듯이 연구 설계는 연구 과정의 네 가지 주요 요소(설계, 측정, 분석, 이론) 중 하나다. 연구 설계에 대한 결정은 연구 주제 분야에 대한 현존하는 이론적 · 경험적 지식, 제안된 연구 방법, 분석을 고려해서 이와 같이 이루어져야 한다. 연구가 의도하는 목적 역시 연구 설계 선택에서 매우 중요하다. 우리는 연구자들이 '무엇이 가장 좋은 연구 설계인가?'를 묻지 말고, 그 대신 '지금 이 특정한 문제에 대해서 가장 좋은 연구 설계는 무엇인가?'라고 묻기를 권한다.

연구 설계의 분류

연구 설계와 방법은 계속해서 진화하고 있으며, 이는 이 책 전체에 걸쳐서 논의될 것이다. 연구 설계의 다양한 분류를 고려하는 데 있어서, 각 연구 설계의 강점과 약점을 이해하고 이를 통해 연구문제에 가장 적합한 연구 설계를 선택하는 것이 매우 중요하다. 이 절에서 우리는 과거와 현재에 사용되는 몇 가지 연구 설계 분류를 간략하게 개관한다.

역사적으로 연구 설계에 대한 광범위한 분류는 여러 가지로 기술되었다. 예를 들면, 1963년에 Campbell과 Stanley(1963)는 전(前)실험 설계(preexperimental designs), 실험 설계(experimental designs), 준(準)실험 설계(quasi-experimental designs)의 분류에 따라서 연구 설계를 논의했다. 1980년에 Kazdin은 실험 설계, 준실험 설계, 상관 설계로 연구 설계를 분류했다. 다른 사람들은 일반적으로 연구에서 질적 설계(qualitative designs), 양적 설계(quantitative designs), 혼합 방법 설계(mixed methods designs)를 사용하는지에 따라 연구 설계를 논의한다.

질적 설계는(16장에서 보다 자세하게 논의한다) 연구문제를 이해하기 위해 자연주의적이고 해석적 접근에 의존한다. 연구는 본질적으로 탐색적이며, 의미를 밝히기 위해 연구자와 탐색의 대상 간의 관계에 의존한다. Denzin과 Lincoln(2011)에 의하면, 사회과학에서 질적 연구자는 "사회적 경험이 어떻게 생성되고 의미를 부여받는지"(Denzin & Lincoln, 2011, p. 8)를 이해하고자 한다. 양적 설계와 달리 질적 설계는 면접, 관찰, 기록물(artifacts. 예: 역사적 기록, 언론 기록, 내담자 기록 검토)을 통해 이해하고자 하며, 일반적으로 의미의 해석을 위해 자료에 대한 풍부한 기술을 얻을 수 있다. 질적 방법론은 개인이 사회적 경험과 자신이 살고 있는 현실을 창조하고 의미를 부여하는 과정을 강조한다.

이와는 대조적으로 양적 방법론은 상대적으로 많은 수의 연구 참여자들에 대한 법칙 정립적 자료(nomothetic data)를 산출하고 평균을 구하는 방식을 통해서 구성개념 간의 관계에 대한 큰 그림을 그린다. 양적 연구는 탈실증적 패러다임과 가장 가까운 것으로 볼 수 있으며 1장에서 논의된 과학적 방법을 사용해서 연구 가설들을 검증하고자 한다. 질적 설계가 '언어 자료(language data)'를 사용하는 데 반해서 양적 설계는 주로 '수 자료(numbers data)'에 의존한다. 이러한 수 자료는 일반적으로 다양한 통계 검증을 통해 분석되며(이 책 전체를 통해서 검토할 것이다), 이후 표본에서 모집으로 추론이 도출된다.

혼합 방법 설계(17장에서 보다 자세하게 논의될 것이다)는 질적 설계와 양적 설계의 요소를 모두 사용한다. 단일 연구에서 질적 방법과 양적 방법을 같이 사용함으로써 수집되고 분석되는 자료에 대해 여러 가지 관점을 제공한다(Creswell, 1994). 몇몇 연구자들은(예: Creswell, 1994; Greene, Caracelli, & Graham, 1989) 혼합 방법 설계를 사용해서 연구자가 질적 방법과 양적 방법을 통해서 연구 결과가 수렴되는 정도를 평가할 수 있고, 연구 관심의 대상이 되는 현상에 대해 상호 보완적이고 보다 깊이 있는 이해를 가능하게 한다는 점에서 혼합 방법 설계의 장점을 주장했다.

과학에 대한 전통적인 관점(특히 물리 과학에서 차용한 관점)에서는 양적 설계, 특히 실험적 실험실 설계(experimental laboratory designs)의 우월성을 가정한다. 특히, 이 관점은 가장 엄정한, 따라서 '최고의' 지식은 무선화(randomization)와 통제집단을 사용하는 엄격하게 통제된 양적 실험 연구에서 얻을 수 있다고 제안한다. 이러한 관점에 따르면, 연구 설계에는 암묵적 위계가 존재한다. 실험 설계가 가장 상위에 있고, 준실험 설계와 상관 연구 설계가 가운데에, 그리고 기술 연구 설계와 질적 연구 설계가 위계의 가장 아래에 있다. 우리는 이와 같은 가정에 동의하지 않으며, 연구 설계의 선택은 연구의 대상이 되는 현상 및 연구문제에 부합해야 한다고 주장한다(예: Ford, 1984; Howard, 1982, 1984; Patton, 1984; Polkinghorne, 1984).

연구자들은 각 연구 설계의 장점과 한계를 고려한 후에 연구를 시작할 것을 권한다. 각 연구 설계의 장점과 한계는 다음 절에서 논의될 것이다. 연구 설계에 대한 고려는, '내가 무엇을 말할 수 있다고 바라는가?'(Tracey & Glidden-Tracey, 1999)라는 질문에 대한 조심스러운 반영과 함께 연구 설계의 선택의 방향을 이끌어야 한다.

실험 통제와 일반화

연구 설계의 선택에 있어서 의미를 가지는 두 가지 중요한 문제는 실험 통제(experimental control)와 일반화(generalizability)다. 연구 설계를 이 두 가지 문제만으로 개념화하는 것은 지나치게 단순화시키는 것임을 우리는 인식하고 있다(6장 참고). 그리고 이 두 가지 문제는 1장에서 자세하게 다루었던 실증주의와 탈실증주의 패러다임을 가장 밀접하게 따른다. 그러나 이 두 가지 문제에 대한 기본적인 이해는 다양한 연구 설계의 기본적인 강점과 한계를 고려하는 아주 기초적인 틀을 제공한다.

실험 통제

이러한 상반 관계(trade-off)의 한쪽 측면을 고려하면, 연구자는 자신의 연구문제를 정확하게 연구하기 위해 가능한 한 실험 통제를 많이 사용하는 특정 실험 설계를 사용할 수 있다. 실험 통제를 통해서 연구자는 변인들 간의 인과관계에 대해서 추론할 수 있으며, 이는 연구의 내적 타당도(internal validity)라고 불린다(내적 타당도는 7장에서 자세하게 논의된다). 실험 통제 수준이 높은 연구는 일반적으로 목표 모집으로부터 연구 참여자의 무선 선택(random selection), 연구 참여자를 집단에 무선 할당(random assignment), 독립변인(들)의 조작(manipulation)을 사용한다. 이를 통해 의도하는 목적은 연구자가 인과성에 대한 추론할 수 있도록 충분한 통제를 하는 것이다. 실험 통제 수준이 낮은 연구는 처치의 무선 할당이 없거나(준실험 연구의 경우와 같이) 독립변인의 조작이 없다(상관 연구 설계의 경우와 같이). 실험 통제 수준이 낮은 연구에서 연구자는 관계에 대한 추론을 할 수는 있지만 인과성에 대한 추론을 할 수는 없다.

과학자는 표본 자료에서 모집으로 정확한 인과적 추론을 하기 위한 노력의 일환으로 가능한 한 실험 통제를 많이 하는 것이 가능한 연구 설계를 선택할 수 있다. Kerlinger(1986)는 이 과정을 'MAXMINCON' 원리라고 기술했다. 첫째, 연구자는 연구문제와 관련된 변인(들)의 변량을 **최대화**(maximize)하도록 노력해야 한다. 둘째, 연구자는 측정이나 연구 참여자의 개인차로 인한 무선변인의 오차 변량을 **최소화**(minimize)하도록 노력해야 한다. 셋째, 연구자는 연구변인에 영향을 미치거나 편향시킬 수 있는 외재변인(extraneous variables) 또는 원하지 않는 변인의 변량을 **통제**(control)하도록 노력해야 한다. MAXMINCON 원리는 전통적 실험 연구(집단 간 설계 또는 집단 내 설계)에 가장 직접적으로 적용되지만, Kerlinger의 원리의 핵심은 다른 연구 설계에도 적용된다. 구체적으로, 이 원리는 외재변인을 통제하고, 오차 변량을 최소화하고, 주요 변인(들)과 관련된 변인을 최대화함으로써, 연구문제를 가장 정확하고 완전하게 연구하는 것의 중요성을 강조한다.

일반화

이와 동시에, 상담은 무엇보다도 응용 분야라는 것을 강조하는 것이 중요하다. 따라서 연구자가 연구하고자 하는 현상이 상담과 어떤 식으로든 관련을 가지는 것이 중요하다. 실험 통제가 연구 설계의 중심 요소지만, 두 번째로 중요한 문제는 연구 결과를 응용 장면에 일반화하는 것이며, 이는 연구의 외적 타당도(external validity)라고 불린다. 따라서 과학자는 응용 장면이나 실제 장면에 적용 가능성이 높은 연구 결과에 가장 흥미를 가질 수 있다. 일반화 또는 외적 타당도(7장에서 자세하게 논의된다)를 강조하도록 설계된 연구는 실제 장면에 바탕을 두고 있다. 예를 들면, 연구에서 자연 발생적인 상황에 있는 모집단에서 연구 참여자를 선발할 수 있다. 심리치료 연구에서 이는 상담 기관에서 경험이 많은 치료자와 상담을 하고 있는 실제 내담자들을 연구 참여자로 사용하는 것으로 나타난다. 진로 상담 연구에서 이는 전공이나 진로 선택에서 실제로 결정을 내리지 못하고 있는 학생들을 연구 참여자로 사용하는 것으로 나타난다. 이러한 연구에서 도출된 추론은 실제 심리치료나 진로 상담 적용에 있어서 일반화 가능성이 더 높다.

상담과 같은 응용 분야에서는 완전한 실험 통제는 때로는 어려우며, 때로는 불가능하고, 때로는 비윤리적이기도 하다. 예를 들어, 내담자들 간에 개인차로 인한 오차 또는 '잡음변인'을 최소화하는 것이 불가능할 수 있다. 예를 들면, 흑인계 미국인인 내담자는 백인 심리치료자와의 작업동맹에 대해 백인 내담자와는 다르게 지각할 것이다. 또한 특정한 처치 개입이나 실험 조작과 연관되는 윤리적 딜레마가 있을 수 있다(21장에서 자세하게 논의된다). 연구 설계와 관련되는 윤리적 딜레마의 예로, 무선화된 임상 실험(randomized clinical trials)에서 대기자 통제집단이나 심리적 위약 집단(예: 낮은 공감 조건)의 사용을 들 수 있다. 특히 연구자가 연구 참여자들에게 그들의 위약 처치가 실제로 적정한 치료 형태라고 설득한다면, 연구 참여자들에게 해를 입힐 가능성이 있다. 이와 유사하게, 대기자 통제집단에 배정된 연구 참여자들의 경우 처치를 받기 전에 기다려야 하므로(어떤 경우에는 몇 달 동안) 역시 연구 참여자가 해를 입을 가능성이 있다. 또한, 연구의 맥락은 통제를 최대화하는 방향으로 가는 단계와 함께 점점 더 단순화되고 인공적이 될 가능성이 높다. 따라서 실험 통제는 고통을 겪고 있고 심리적 도움을 필요로 하는 실제 사람들의 삶에 관여하는 연구에 관심을 가진 응용 연구자들에게는 일종의 방해물이 될 수 있다.

그림 6.1 내적 타당도와 외적 타당도의 수준에 따라 분류한 연구 설계의 유형

		내적 타당도 높음	내적 타당도 낮음
외적 타당도	높음	실험적 현장 연구	기술적 현장 연구
	낮음	실험적 실험실 연구	기술적 실험실 연구

연구 설계의 분류

Gelso(1979)는 외적 타당도와 내적 타당도의 개념을 사용해서 연구 설계 유형론을 만들었다. 그는 상담 연구를 두 가지 차원에서 조직할 수 있다고 제안했다. 첫째, 연구는 통제(내적 타당도)에서 높거나 낮을 수 있다. 둘째, 연구는 현장 또는 실험실 장면에서(외적 타당도) 수행될 수 있다. 그의 행렬에 의하면, 연구 설계에는 기술적 실험실 연구, 기술적 현장 연구, 실험적 실험실 연구, 실험적 현장 연구라는 네 가지 유형이 있다. 우리는 이러한 분류가 과도하게 단순하다는 것을 인정한다. 그럼에도 불구하고 다양한 연구 설계 유형의 장점과 한계를 고려하기 시작하는 기본적인 방법으로서 이 네 가지 설계를 요약한다. 그림 6.1은 Gelso(1979)의 2(높은 내적 타당도 대 낮은 내적 타당도)×2(높은 외적 타당도 대 낮은 외적 타당도) 연구 설계 행렬을 약간 수정한 것이다.

기술적 실험실 연구

기술적 실험실 연구(descriptive laboratory studies)의 특징은 실험 통제(예: 무선화나 독립변인의 조작)를 사용하지 않고 일종의 실험실 장면에서 수행되는 연구다. 기술적 실험실 연구는 실제 장면을 몇 가지 방식으로 비슷하게 만든 모의 장면을 사용하기 때문에 외적 타당도가 낮다. 예를 들면, 상담 과정의 측면에 대한 연구에서 학부생을 내담자로, 상담 수련생을 상담자로 사용할 수 있다. 이러한 '상담'은 실제 내담자와 경험이 많은 심리치료자 간에 일어나는 상담과 비슷할 수도 있고 비슷하지 않을 수도 있다. 다른 말로 표현하면, 이러한 유형의 연구 결과를 실제 심리치료에 일반화할 수 있는 정도에 대해서 분명히 의문점이 있다는 것이다.

기술적 실험실 연구는 또한 독립변인의 조작이나 처치에 대한 연구 참여자의 무선화와

같은 실험 통제가 없기 때문에 내적 타당도가 낮다. 그 대신, 기술적 실험실 연구는 사건에 대한 관찰과 기술을 사용한다. 예를 들면, 어떤 연구자가 내담자가 치료자의 개입에 반응하는 빈도와 깊이를 알아보고 싶다고 하자. 이를 위해 연구자는 상담자 반응을 조작하기보다는 자연스럽게 일어나는 현상을 연구할 것이다.

기술적 실험실 연구의 경우 내적 타당도와 외적 타당도 모두 낮지만, 두 가지 장점이 있다. 첫째, 연구자가 몇몇 외재변인을 조작하지 않기로 한다고 하더라도, 실험실 상황이 연구자로 하여금 이러한 외재변인을 어느 정도 통제하는 것을 가능하게 한다. 또한 이 연구설계에서는 자료를 좀 더 수월하게 수집할 수 있고, 심리치료 연구에 적용했을 때 연구자는 내담자가 받는 치료적 도움에 좋지 않은 영향을 미칠 것을 걱정하지 않으면서 연구문제를 탐색하는 자유를 가질 수 있다. 둘째, 연구자는 기술적 실험실 장면을 사용해서 현장이나 실제 장면에서 연구하기 어려운 몇몇 현상을 연구할 수 있다. 이런 현상들을 현장이나 실제 장면에서 연구하고자 한다면, 자료 수집 과정이 너무 방대하고 소모적이어서 자료 수집 과정 자체가 연구하고자 하는 현상을 바꾸게 되고 현상은 더 이상 자연스럽거나 실제가 아닌 것이 된다.

기술적 실험실 연구는 오늘날 연구 문헌에서는 그다지 많이 사용되지 않는다. 우리는 이 연구 설계의 장점과 한계를 보여주기 위해서 이 연구 설계를 사용한 오래된 연구 예를 제시한다. 상담 면접에서 도움이 되는 사건과 도움이 되지 않는 사건에 대한 Elliott(1985)의 연구는 기술적 실험실 연구의 좋은 예다. 그는 상담 수련생에게 모집된 내담자를 대상으로 면접을 하도록 했다. 면접이 끝난 뒤에 내담자는 면접 테이프를 보면서 각각의 상담자 반응이 도움이 되는 정도를 9점 척도로 평정했다. 각각의 상담자–내담자 쌍에서 추출된 가장 도움이 되는 상담자 반응과 가장 도움이 되지 않는 상담자 반응을 추출했고, 평정자들이 이 반응들을 유형으로 분류했다. 그리고 군집 분석을 사용해서 반응들을 유형으로 만들었다. 이러한 방식으로 Elliott는 초기 상담 면접에서 도움이 되는 사건과 도움이 되지 않는 사건에 대한 분류 체계를 개발할 수 있었다.

이 연구는 상담자 반응을 조작하지 않았기 때문에 내적 타당도가 낮다. 상담자 반응을 조작하기보다는, 반응이 도움이 되는 정도에 대한 사후 평정에 기초해서 도움이 되는 반응과 도움이 되지 않는 반응으로 분류되었다. 또한 이 연구는 상담 수련생과 모집된 내담자가 연구 참여자였고 비디오테이프를 사용한 회상 절차로 인해 상담의 일부 측면이 바뀌었을 수 있기 때문에 외적 타당도가 낮다. 그러나 이 연구는 내담자가 지각하는 상담자 반응이 도움이 되는 정도라고 하는, 상담 과정에서 중요한 개념에 대해서 우리의 이해를 높이는 중요한 정보를 제공한다.

기술적 현장 연구

기술적 현장 연구(descriptive field studies)는 실험 통제(무선화, 변인의 조작)을 사용하지 않으며 실제 현장에서 수행되는 연구다. 기술적 현장 연구는 관심의 대상이 되는 모집단으로부터 연구 참여자 표본을 직접 추출할 수 있기 때문에 외적 타당도가 높다. 예를 들면, 심리치료 연구에서는 실제 치료자와 상담하고 있는 실제 내담자를 대상으로 한 연구를 의미한다. 기술적 현장 연구는 변인들이 조작되기보다는 실제로 일어나는 그대로 연구되기 때문에 내적 타당도가 낮다.

어떤 연구가 실제로 외적 타당도가 높기 위해서는, 자료 수집 절차가 일상적인 절차를 크게 변화시키면 안 된다. 이러한 유형의 연구의 가장 일반적인 두 가지 예는, 정기적으로 수집하는 자료(예: 기관 정책의 일환으로 수집)를 사용하는 회상 연구(retrospective studies)와 개인 상담을 대상으로 한 단일 피험자 연구(single-subject studies)다. 기술적 현장 연구를 대표하는 고전적인 연구는 Menninger 프로젝트(Wallenstein, 1989)로, 1,000시간 이상 분석을 받은 환자들을 대상으로 35년에 걸쳐서 상담의 효과성을 검증한 대규모 (상담 효과) 연구다. 이 연구에서 내담자-치료자 쌍은 상담이 공식적으로 종결된 이후에만 선택되었다. Wallenstein이 말했듯이, 내담자와 치료자는 치료가 진행되는 동안 어떤 사례가 분석이 될지 전혀 모르는 상태였다. 또한 이 연구는 치료가 진행되는 동안 정기적으로 수집된 자료만을 사용했다. 이 연구에서는 실험 통제를 사용하지 않았기 때문에 역사와 선택의 위협(이 용어들에 대해서는 7장에서 자세하게 설명된다)과 같은 내적 타당도에 대한 여러 가지 문제가 제기되었다. 이 연구의 결과는 제안을 하는 선에서 끝나지만, 실제 상담 장면을 대상으로 한 연구의 성격으로 인해 외적 타당도와 적용 가능성이 높기 때문에 연구 결과가 상당히 흥미롭다.

이 유형의 연구 설계를 사용한 최근의 예는 기술적 현장 연구의 장점과 단점을 보여준다. Minami 등(2009)은 대학 상담 센터에서 수집한 보관 기록 자료를 사용해서 치료 효과성을 연구했다. 연구자들은 8년에 걸쳐서 6,099명의 내담자들이 결과 질문지-45.2 (Outcome Questionnaire-45.2: OQ-45. 자기보고식의 전반적인 심리적 기능에 대한 질문지)에 응답한 보관 기록 자료를 분석했다. 그 후 이 내담자들의 치료 향상 정도를, 성인을 대상으로 동일한 질문지를 사용한 임상 실험에서 도출된 효과성 기준(efficacy benchmark)과 비교했다. 연구 결과, 대학 상담 센터에서 나온 효과가 임상 실험의 치료 효과와 유사한 것으로 나타났다. 또한, 연구 결과에서 표본 내담자들의 몇 가지 특징이 더 좋지 않은 치료 효과에 기여한 것으로 나타났다. 예를 들면, 물질 사용 문제를 보인 내담자들과 별거 또는 이혼한 내담자들이 물질 사용 문제를 보고하지 않은 내담자들과 결혼이나 동거 중인 내담자들에 비해서 치료 효과가 더 낮았다. 이 연구는 연구 참여자의 수가 많고 실제 장면에서 수집된 자료를 사용했기 때문에 외적 타당도가 높다. 동시에 이 연구의 분석에 사용한 자료는 연구 결과에 영향을 미쳤을 수 있는 몇 가지 관련 정보(예: 진단, 향정신성 의약품의 사용)가 빠져 있다. 또한, 이 연구에서는 변인의 조작이 없었기 때문에 연구의 내적 타당도가 낮다. 따라서 치료자의 기법이나 내담자의 특징이 치료 결과에 미쳤을 효과에 대해서 인과적 진술을 하는 것이 가능하지 않다.

실험적 실험실 연구

실험적 실험실 연구(experimental laboratory studies)의 특징은 독립변인을 조작하고 실험실 장면에서 수행된다는 것이다. 실험적 실험실 연구는 연구자가 실제 장면에서 연구 참여자를 관찰하기보다는 자연 발생적인 장면과 유사한 상황을 만들기 때문에 외적 타당도가 낮다. 실험적 실험실 연구는 연구자가 처치 조건에 연구 참여자를 무선적으로 할당할 수 있고 하나 또는 그 이상의 독립변인을 조작할 수 있기 때문에 종종 내적 타당도가 높다. 이러한 연구는 내적 타당도가 높기 때문에 연구자가 연구 결과에 기초해서 인과성에 대해서 추론할 수 있다. 실험적 실험실 연구에 있어서 중요한 질문은 인과성에 대한 추론이 관심의 대상이 되는 모집단과 장면에 일반화될 수 있는 정도다.

Kim, Wollburg와 Roth(2012)의 연구는 실험적 실험실 연구의 몇 가지 장점과 한계점을 전형적으로 보여준다. 연구자들은 공황장애 진단 기준을 충족하는 사람들의 표본을 대상으로 서로 반대되는 두 가지 호흡 치료의 효과성을 연구하는 것에 관심을 두었다. 연구자들은 이론에서 제안한 것과 선행 경험 연구에서 도출된 결과 간의 불일치를 다루기 위해 연구를 설계했다. 한편에서는 몇몇 연구들에서 사람들이 이산화탄소 수준이 올라가면서 불안할 때 호흡 항진(hyperventilating)을 멈추도록 가르치는 것을 지지하는 결과가 나타났다. 다른 한편 오(誤)질식 경보 이론(false-suffocation alarm theory)에서는 불안의 결과로 호흡 항진을 보이는 사람들을 위한 가장 좋은 치료는 이산화탄소 수준을 낮추는 것이라고 제안한다. 이 연구는 학술 연구 클리닉에서 수행되었다. 연구자들은 공황장애에 대한 정신장애 진단 및 통계 편람(DSM) 기준을 충족하는 74명의 환자들을 세 집단(호흡 치료 A, 호흡 치료 B, 나중에 호흡 치료 A와 B 중에서 한 가지 치료를 받게 되는 대기자 통제집단)에 무선 할당했다. 치료 효과는 공황장애 심각도 척도(Panic Disorder Severity Scale)로 측정되었다. 연구 결과 두 호흡 치료 집단에서는 치료를 받은 뒤 한 달이 지난 시점과 6개월이 지난 시점에서 공황장애 심각도가 효과적으로 낮아진 것으로 나타났다. 실험 통제를 사용했기 때문에(예: 통제집단 사용, 집단에 무선 할당) 연구자들은 두 개의 호흡 치료가 공황 증상의 심각도에 영향을 미친 것으로 어느 정도 확신을 가지고 결론을 내릴 수 있었다. 따라서 이 연구는 높은 정도의 내적 타당도가 있다. 연구 참여자 선정의 조건이 제한적임을 고려할 때 이 연구의 외적 타당도는 낮다. 구체적으로 이 연구에 관심을 나타낸 369명 중에서 74명만이 연구 참여 기준을 만족시켰다. 여기에서 연구 참여 기준은, 연구 참여자는 대기자 통제집단에 할당되면 8주 동안 치료가 연기되는 가능성을 받아들이며, 다양한 다른 정신건강 진단이나 증상을 보였던 사람들은 연구 참여에서 제외되었고, 자살 가능성을 보고한 사람들도 제외되었다. 이러한 실험 통제로 인해 이 연구의 결과가 이러한 제한이 없는 사람들에게 일반화될 수 있는지를 결정할 수 있는 정도가 제한적이다.

실험적 현장 연구

실험적 현장 연구(experimental field studies)는 독립변인을 조작하고 실제 장면에서 수행되는 연구다. 실험적 현장 연구는 처치 조건의 무선 할당과 독립변인의 통제를 통해서 인과성을 연구하고자 한다. 이러한 실험 통제로 인해 연구는 자연 발생적인 실제 장면을 탐색하는 것에서 멀어진다. 이로 인해 실험적 현장 연구의 외적 타당도는 가장 높게 평가하더라도 중간 정도이다. 연구자는 현장에서 실험실과 같은 수준의 통제를 할 수 없으므로, 실험적 현장 연구의 내적 타당도는 가장 높게 평가하더라도 중간 정도이다. 따라서 실험적 현장 연구는 단일 연구에서 얻을 수 있는 인과성에 대한 추론과 일반화의 최상의 조합이 가능하다. 동시에 실험적 현장 연구는 실험적 실험실 연구와 동일한 수준의 인과성에 대한 확신을 얻을 수도 없고 기술적 현장 연구와 동일한 수준의 일반화에 대한 확신도 얻을 수 없다.

Addis 등(2004)의 연구는 실험적 현장 연구의 예를 보여준다. 연구자들은 관리 의료 회사를 통해서 치료를 찾아온 내담자들을 두 개의 치료 조건 중 하나에 무선 할당했다. 구체적으로 설명하면, 치료를 받으러 온 주요 이유가 공황장애로 확인된 내담자 80명이 (1) 최근에 매뉴얼에 기초한 경험적으로 지지된 치료에 대한 훈련을 받은 치료자 또는 (2) 일반적인 방식으로 치료를 진행하는 치료자 중 한 사람에게 배정되었다. 치료 효과는 다양한 정신건강 질문지와 훈련된 치료자가 진행한 구조화된 면접 평정으로 측정되었다. 연구 결과 두 조건 모두에서 내담자들이 치료 전에 비해서 치료 후에 유의하게 변화했다. 또한 치료 결과에서 공황 통제 치료 조건(매뉴얼에 기초한 치료)의 내담자들이 일반 치료 조건의 내담자들보다 약간 더 좋아진 것으로 나타났다. 이 연구는 관리 의료 회사를 통해서 치료를 받으러 온 실제 내담자들과 숙련된 치료자를 활용했으므로 외적 타당도가 강조되었다. 치료를 받기 전에 평가를 했고 실험 절차(녹음)에 대한 반응이 있었을 가능성으로 인해 외적 타당도에 대한 위협이 존재했다. 내담자를 치료 조건에 무선 할당했으므로 내적 타당도가 강조되었다. 이 연구는 실험적 현장 연구를 수행하기 위해 연구자가 외적 타당도와 내적 타당도에서 희생해야 하는 것을 보여주는 좋은 예다. 실험적 현장 연구를 수행하고자 하는 연구자들은 집단 간 설계(between-groups designs)와 참여자 내 설계(within-subjects designs)에 대해 설명하는 11장과 준실험 설계(quasi-experimental designs)를 설명하는 12장을 읽기 바란다.

연구 설계의 선택에 대하여

이제 가장 좋은 연구 설계를 선택하는 문제로 돌아와 보자. 상담 분야를 전체적으로 보았을 때 미리 정해진 가장 좋은 연구 설계는 존재하지 않는다. 어떤 주제 영역의 역사에서 특정한 시기에 특정한 연구문제에 접근하는 데 있어서 보다 유용하거나 유용하지 않은 방식이 있을 수 있다.

우리는 특정한 연구문제를 연구하는 데 있어서 특정한 연구 설계의 유용성은 다음의 다섯 가지 요인들의 함수라고 제안한다. 첫째, 연구자는 특정한 연구문제에 대해 현재 존재하는 지식 기반을 검토해야 한다. 둘째, 연구자는 현재 존재하는 지식 기반을 발전시키기 위해 선행 연구에서 사용된 연구 설계의 유형과 선행 연구에서 도출된 추론을 고려해야 한다. 셋째, 연구자는 사용 가능한 자원을 고려해야 한다. 넷째, 특정한 연구 설계의 타당도에 대한 구체적인 위협을 평가해야 한다. 마지막으로, 선행 연구 지식(요인 1과 요인 2), 고려하고 있는 연구 설계(요인 4), 연구자의 자원(요인 3) 간의 적합도를 평가하기 위해 앞서 제시된 네 가지 요인들을 통합적으로 고려해야 한다.

요인 1: 특정한 연구문제에 대해 현재 존재하는 지식 기반

특정한 문제에 대한 연구는 현재 존재하는 경험 연구와 이론적 지식 기반 내에서 수행된다. 따라서 연구자가 특정한 주제 영역에 대해 선행 연구가 제안하는 바가 무엇인지, 그리고 탐색되지 않은 연구문제에는 어떤 것이 있는지를 분명하게 알아야 한다. 연구자가 특정한 연구문제를 만드는 데 있어서 기존의 문헌에 어떤 지식이 더해지는지를 묻는 것이 중요하다. 동시에 연구자는 연구문제에 대한 답을 구하는 데 필요한 지식을 제공할 연구 설계의 유형을 결정해야 한다.

예를 들면, 해당 연구 문헌에서 거의 주목을 받지 못했던 주제에 대해서는 질적 연구가 가장 유용한 지식이나 기본적인 이해를 줄 수 있다. 우리가 알고 있는 것이 거의 없는 새로운 주제(예: 에볼라 바이러스에 대한 사람들의 반응, 에볼라 바이러스 돌발로 인한 격리 경험)에 대해 연구하고 있을 때 질적 연구가 특히 유용할 수 있다. 질적 연구는 또한 우리가 보다 폭넓은 지식을 가지고 있는 더 큰 주제에 대한 특정한 측면을 연구하고 싶을 때에도 유용할 수 있다. 예를 들면, 거의 수천 개에 달하는 광대한 심리치료 연구 문헌에서, 우리는 특정한 정체성 요인에 대해서는 거의 알지 못할 수 있다(예: 심리치료 맥락에서 사회 계급에 대한 내담자 또는 치료자의 경험에 대한 이해)(Thompson, Cole, & Nitzarim, 2012; Thompson et al., 2015). 이러한 연구문제를 다루는 연구는 치료 과정과 관련되는 구체적인 경험(예: 사회 계급)을 이해함으로써 이미 존재하는 광대한 심리치료 문헌에 지식을 더한다. 이 광대한 심리치료 지식에 질적 연구가 기여하는 방식에 대한 또 다른 예는, 성공적인 내담자 결과에 기여하는 구체적인 요인을 이해하도록 설계된 연구다. 달리 말하면, 구체적인 치료에 대한 근거를 세운 과학적 연구 문헌은 이미 많이 존재하지만, 우리는 긍정적 치료 결과에 기여하는 치료의 특정한 측면에 대해서는 알고 있는 것이 거의 없다. 따라서 Wampold와 Imel(2015)은 치료 효과가 있는 것으로 알려진 특정한 치료를 분석하도록 설계된 질적 연구가, 특정한 심리치료 맥락에서 특정한 내담자에게 긍정적인 치료 결과를 가져오는 데 기여하는 우리 지식의 성장을 위한 중요한 다음 단계라고 제안했다.

따라서 연구 설계의 유용성은 우리가 더 많은 정보를 얻고 싶어 하는 질문과 관련된 특정 영역에 대한 기존 연구 지식의 맥락에서 연구자에 의해 평가되어야 할 필요가 있다. 구체적으로, 우리는 연구문제와 설계를 선택하는 방향에 있어서 다음의 질문을 고려할 것을 제안한다.

연구 응용: 연구의 잠재적 기여

연구 설계의 선택에서 고려할 '큰 질문'	연구의 잠재적 기여
이 영역에 대해서 아직 알려지지 않은 가장 중요한 것은 무엇인가?	
무엇이 당신의 관심을 끄는가?	
심리치료자와 내담자에게 임상적으로 유용한 것은 무엇인가?	
사람들의 삶에 긍정적인 영향을 미칠 가능성이 있는 지식은 무엇인가?	
내가 무엇을 말할 수 있기를 바라는가?	

요인 2: 연구 설계를 통해서 기존의 지식 기반의 발전에 대해 도출되는 추론

연구자들은 연구 설계의 선택에 있어서 기존의 지식 기반의 발전에서 도출된 추론을 고려해야 한다. 연구자가 사용하는 설계의 유형이 지식 기반을 발전하고 확장하는 것에 있어서 만들어질 수 있는 추론의 유형에 영향을 미친다. 예를 들면, 특정한 주제가 실험실 장면에서 주로 연구되었다면, 현장 장면에 초점을 맞춘 연구가 그 연구 주제의 외적 타당도에 대한 문제를 다루는 데 유용한 지식을 제공할 것이다(예: Heppner & Claiborn, 1989). 또는, 어떤 주제가 엄격하게 통제된 실험 연구를 통해서 광범위하게 연구가 이루어졌다면, 특정한 정체성을 나타내는 사람들 간에 현상의 경험을 연구하는 기술 연구가 유용한 정보를 추가로 제공할 것이다.

어떤 영역에 대해서 특정한 연구 설계에 과도하게 의존하는 것은 불균형적이고 취약한 지식 기반을 초래할 수 있다. 예를 들면, 심리치료 문헌에서 무선 임상 실험에 의존한 많은 연구들은 심리치료가 어떻게 작동하는지에 대해서 거의 말해준 것이 없다. 따라서 연구자들은 지식 생성과 확장에 기여할 수 있는 연구를 가능하게 하는 설계를 선택하도록 한다.

이 과정을 겪고 있는 초보 연구자를 돕기 위해, 우리는 연구자들이 자신의 연구 주제에 대한 기존 논문의 방법 부분을 주의 깊게 읽고 각각의 연구에 사용된 연구 설계를 메모할 것을 권한다. 특정한 주제 영역에 대해서 어떤 설계가 사용되었는지, 또 과도하게 사용되었는지 여부가 분명하게 드러날 것이다.

요인 3: 연구 설계와 관련되는 자원과 비용

실용적인 고려 또한 특정한 연구 설계의 선택에 영향을 미친다. 특히, 서로 다른 연구 설계에 대해서 서로 다른 자원이 요구되고 서로 분명하게 구별되는 비용이 들어간다. 모든 연구 설계는 특정한 비용(예: 재정, 시간, 연구를 수행하는 물리적인 실험실이나 임상 공간, 기술)과 전문성(예: 자료 수집에 필요한 소프트웨어 또는 컴퓨터 프로그램에 대한 친숙 정도, 자료 분석, 개입 기술)을 요구한다.

예를 들면, 어떤 연구자가 상담자 기법과 작업동맹에 대한 내담자의 지각 간의 관계를 연구하는 데 기술적 현장 연구가 필요하다고 결정했다고 하자. 이 연구자는 상관 연구를 사용할지, 집중적인 단일 피험자 설계를 사용할지, 작업동맹에 대한 내담자의 지각에 대한 근거이론(grounded theory) 연구를 사용할지 결정해야 한다. 이 연구자는 가용한 자원을 검토한 뒤에 이러한 연구 설계 선택지에서 결정을 할 수 있다. 우리는 몇 가지 예와 전반적인 시간에 대한 추정치를 제시한다. 시간에 대한 모든 추정치들은 단순히 일반적인 가이드로 제시하는 것이며 각 단계에 요구되는 실제 시간은 지리적 지역, 선발 장소에 대한 접근성, 특정 선발 기준, 연구팀의 규모와 같은 유인들에 따라서 매우 다양할 수 있다. 예를 들면, 상관 연구를 하기 위해서 연구자는 30~50쌍의 내담자-상담자 쌍을 구해야 할 것이다. 이 정도 규모의 내담자-상담자 쌍을 구하기 위해서는 상당한 노력이 필요하지만(예: 3~5개월), 자료 분석은 상당히 쉽고 수월하게 할 수 있다(예: 3주 미만). 집중적인 단일 피험자 설계를 하기 위해서는 내담자-상담자 쌍은 한 쌍만 있으면 되지만(연구 참여자를 구하는 것은 상대적으로 쉬우며, 시간은 아마도 1개월 정도 소요될 것임) 상당히 관여도가 높고 강도 높은 자료 분석 과정이 요구된다(예: 몇 개월 정도). 근거이론 연구는 연구자와 한 번 또는 한 번 이상의 면접에 참여하는 10~15쌍의 내담자-상담자 쌍을 선발하는 것이 요구되며(아마도 1~3개월) 강도 높은 자료 분석 과정이 요구된다(예: 아마도 하나의 연구팀이 몇 개월에 거쳐서 매주 연구 모임을 가지게 된다). 따라서 연구자는 연구가 가능하고 관심이 있는 문제를 다룰 수 있도록 하는 설계를 선택하는 것과 관련되는 실용적인 자원과 비용을 고려해야 한다.

요인 4: 특정 연구 설계의 타당도에 대한 위협

연구 설계를 선택에 있어서 연구자는 또한 각각의 연구 설계에 내재된 한계 또는 위협이 있고, 그러한 한계가 연구에서 도출될 수 있는 결론에 미치는 영향을 인정해야 한다. 타당도에 대한 구체적인 위협은 7장에서 상당히 깊이 있게 논의된다. 우리는 여기에서 연구 설계의 선택과 관련되는 개념을 소개한다.

지금까지 반복해서 제시했듯이, 모든 연구 설계는 강점과 약점이 있으며 완벽한 연구 설계는 없다. Gelso(1979)는 거품 가설(bubble hypothesis)의 이미지, 또는 모든 연구에는 어떤 방식으로든 결점이 있다는 인식을 사용해서 이를 기술했다. 거품 가설을 설명하면서 Gelso는 연구를 하는 것이 자동차의 전방 유리창에 스티커를 붙이려고 하는 것과 유사하다고 제안했다. 스티커와 유리창 사이에 공기 거품이 생기면, 차 주인은 거품을 없애기 위해서 거품을 누른다. 그렇지만 차 주인이 아무리 열심히 애를 써도 공기 거품은 다른 곳에 다시 생긴다. 거품을 없애는 유일한 방법은 스티커를 떼어내는 것이지만, 그러면 스티커가 없어지게 된다. 이와 비슷한 개념으로, 모든 연구와 모든 연구 설계는 어느 곳이든 결점(공기 거품)이 있다. 서로 다른 연구 설계들은 서로 다른 한계점과 강점이 있지만(서로 다른 연구 설계들은 서로 다른 위치에 공기 거품이 있지만), 어떤 연구 설계도 거품을 완전히 제거할 수 없다. 연구자는 연구를 중단하거나(스티커를 떼어내거나) 아니면 공기 거품의 크기와 위치를 잘 알고 있어야 한다. Reason(1998)은 연구자들이 연구에 대한 다양한 위협에도 불구하고 연구를 지속할 것을 옹호했다. 그는 다음과 같이 말한다.

> 인간의 탐구에서 정확하게 틀리는 것보다는 대략 옳은 것이 더 낫다. 또한, 조급하게 '정확'하려고 하면서 모든 것에서 꼼짝달싹 못하기보다는, 어느 정도 편향과 부정확함을 인정하면서 인간 행동에 대한 중요한 질문에 대한 탐구를 시작하고 수행하는 것이 더 낫다. (p. 229)

거품 가설은, 만일 어떤 학문 분야에서 단일 유형의 연구 설계가 계속 사용되어왔다면 그 분야의 연구에서 각각의 연구들이 비슷한 결점이나 위협을 가지게 될 것이라는 것을 분명하게 보여준다. 반대로 여러 가지 연구 설계들이 사용된다면, 각각의 연구 설계는 서로 다른 위협을 가지게 되고, 이러한 연구들이 축적된다면 연구 주제에 대한 보다 분명하고 정확한 그림을 그리는 효과를 얻을 것이다. 이러한 방식으로 본다면 특정한 시점에서 특정 연구 설계의 유용성은, 그 연구문제를 예전부터 다루었던 연구들에서 위협의 위치에 의해 결정된다. 이렇게 볼 때 모든 유형의 연구 설계는 가치가 있다고 할 수 있다. 동일한 연구문제를 여러 가지 연구 설계 방략을 사용해서 연구할 때, 또는 패러다임의 다양성(뒷부분에서 더 자세하게 논의된다)을 통해서 지식이 발전할 수 있다.

우리는 초보 연구자들이 아래의 표를 사용해서 기존 연구 문헌을 검토하고 연구 설계를 선택할 것을 제안한다. 당신이 관심을 가진 주제와 관련된 연구를 발견하고 읽을 때, 우리는 당신이 검토하는 각각의 연구에 대해서 다음의 정보를 기록할 것을 권한다.

연구 응용: 당신의 연구와 관련된 연구 문헌 검토

주제와 관련된 출판된 문헌 (인용)	사용된 연구 설계의 유형	연구 설계에 기초해서 도출된 이 연구의 추론의 강점과 한계점	나의 연구에서 기존 연구를 확장할 수 있는 가능한 방법
문헌 1			
문헌 2			
문헌 3			
…			

요인 5: 요인 1~4의 조합 또는 적합도

연구자들은 특정한 연구를 위한 설계를 선택할 때 요인 1~4의 중요성을 고려하는 것이 중요하다. 네 가지 요인 각각이 서로 상호적으로 영향을 미치기 때문에, 이들을 통합해서 고려하는 것이 핵심적이다. 예를 들면, 연구자는 기존 지식을 이해하기 위해서뿐만 아니라 지식을 확장하는 가능한 방법을 이해하기 위해서 연구 주제와 관련된 문헌과 친숙해야 한다(요인 1). 동시에 연구자는 연구에서 도출될 수 있는 추론의 유형을 결정해야 할 것이다(요인 2). 그리고 연구자는 요인 1과 요인 2에 기초해서 관련 비용과 각 연구 설계와 관련되는 위협의 측면에서 가능한 연구 설계들을 고려할 것이다. 최종적으로, 각각의 요인과 이들의 상호작용을 고려하는 것이 연구 설계의 최종 선택에 도달하도록 할 것이다.

여기에서 우리는 초보 연구자들이 어떤 영역에서 특정한 연구 설계를 사용하는 것의 장점과 단점을 평가하는 과정에서, 앞서 제시된 표를 사용해서 연구 문헌을 검토해서 모은 정보를 사용할 것을 제안한다. 구체적으로 이 단계에서는 당신이 하고자 하는 연구의 목적을 파악하고, 연구 분야에 새로운 지식을 추가하는 구체적인 연구문제(질적 연구 설계의 경우) 또는 구체적인 연구 가설(양적 연구 설계의 경우)을 파악하는 것이 중요하다. 당신이 관심을 가진 주제를 다룰 수 있도록 하는 잠정적인 연구 설계를 고려하면서, 당신은 또한 예산, 시간, 다른 자원으로 인한 실제적인 고려와 더불어서 당신의 연구의 잠재적 한계를 염두에 두어야 한다. 아래의 표를 사용해서 당신의 선택 과정을 기록하는 것이 유용할 수 있다.

연구 응용: 당신의 연구와 관련된 실제적 고려와 한계

연구 목적	잠정적 연구문제(질적 설계) 또는 연구 가설(양적 설계)	잠정적 연구 설계	내적 타당도와 외적 타당도에 대한 잠정적 위협	연구 설계의 실제적 고려(예: 재정, 시간, 에너지, 다른 자원)
연구 아이디어 1				
연구 아이디어 2				
연구 아이디어 3				
연구 아이디어 ...				

방법론적 다양성의 중요성

수십 년 동안 상담 분야 안팎에서 다양한 범위의 연구 설계들이 사용될 때 해당 분야가 강해진다는 것이 지지를 받았다. 많은 연구자들(예: Creswell, 1994; Goldman, 1982; Hanson et al., 2005; Harmon, 1982; Haverkamp, Morrow, & Ponterotto, 2005; Hoshmand, 1989; Howard, 1982, 1983, 1984; Polkinghorne, 1984; Ponterotto, 2005; Tashakkori & Teddlie, 2003)이 방법론적 다양성을 지지했다. 우리는 연구문제를 연구하는 데 있어서 연구 설계의 사용에서 더 많은 창의성과 유연성이 필요하다는 것에 동의한다.

여러 가지 방법의 사용은 상담 문헌의 중요한 발전에 반드시 필요하다. 이는 상담 분야가 내담자와의 실제 상담 작업 및 사회적 문제와 관련이 있는 연구문제와 주제를 다루는 능력을 높이는 것을 가능하게 한다. 실제로 미국 심리학회(2003)가 제시한 심리학자를 위한 다문화 교육, 훈련, 연구, 실제, 조직 변화에 대한 지침에서는, 연구자들이 다문화 연구를 수행할 때 여러 가지 방법을 사용할 필요성을 강조했다. 이 지침에서는 다음과 같이 말한다.

> 문화 중심적 심리학 연구자들은 다양한 형태의 탐색에서 적절한 기초를 추구하고 문화적으로 다양한 모집단에 적용되는 연구 패러다임의 강점과 한계점을 모두 이해하는 것이 좋다. …… 연구자들은 특정한 문화와 언어를 가진 모집단의 사람들의 세계관과 인생 양식을 가장 효과적으로 보완하는 연구 방법을 인식하고 통합하고자 노력해야 한다. 예를 들면, 양적 연구 방법과 질적 연구 방법을 들 수 있다. (p. 389)

각각의 연구에 내재한 단점을 다루기 위해 여러 가지 연구 설계의 사용을 지지하는 논의에서는, 좋지 않은 연구를 할 가능성에 대해 조심하는 것이 중요하다. 모든 종류의 연구 문헌에는 허술하게 설계되고 수행된 연구가 있으며, 따라서 방법론적 다양성을 추구하는 모든 움직임에는 탄탄한 연구에 대한 강조가 포함되어야 한다. 완벽한 연구와 같은 것은 존재하지 않지만, 이 책 전체에 제시된 핵심 개념의 학습을 통해서 독자들이 상담 분야 연구의 진보에 기여하는 준비가 잘 되기를 희망한다.

특정한 주제에 대한 프로그램 연구는 우리의 지식 기반을 확장하는 데 유용하다. 다른 말로 표현하면, 동일한 또는 서로 다른 연구자들이 특정한 주제에 대해 일련의 연구를 진행하면서 계속해서 우리의 지식 기반을 확장하는 것이 매우 바람직하다. 우리가 논의했듯이, 완벽한 연구는 없으며 각각의 연구 설계는 단점이 있다. 어떤 연구 주제에 대한 프로그램 연구를 통해서 한 연구에서의 단점이 또 다른 연구(이 연구도 역시 단점이 있겠지만)에 의해 다루어질 수 있다. 이러한 방식으로, 서로 고립된 연구들이 진행되기보다는 일련의 서로 연관된 연구들이 서로를 보완해 나가면서 보다 유용한 지식 기반을 축적할 수 있다.

프로그램 연구의 좋은 예는 심리치료 문헌에서 찾을 수 있다. 오랜 기간에 걸쳐서 연구자들은 다양한 연구 설계를 사용해서 심리치료에서 무엇이 작동하는지에 대한 질문을 다루어왔다. 특히 치료의 효과성을 세우고자 하는 노력에서 무선 임상 실험(randomized clinical trials)의 사용이 인기를 누렸다. 시간이 지나면서 이 분야의 연구에서 연구들 간의 치료 효과를 비교하기 위해 연구자들이 메타 분석 방법을 사용하는 것이 가능해졌다(예: Bell, Marcus, & Goodlad, 2013; Cuijpers et al., 2012; Del Re, Flückiger, Horvath, Symonds, & Wampold, 2012; Shimokawa, Lambert, & Smart, 2010). 심리치료 과정과 효과와 관련된 구성개념 간의 관계를 이해하기 위해 상관 연구 설계 역시 계속 사용되었다(예: 치료 동맹과 치료 결과 간의 연관성)(Friedlander, Escudero, Heatherington, & Diamond, 2011; Horvath, Del re, Flückiger, & Symonds, 2011; Shirk, Karver, & Brown, 2011). 또한 연구자들(예: Ladany, Hill, Thompson, & O'Brien, 2004)은 예를 들면, 치료 동맹과 관련한 치료자의 침묵의 사용을 이해하기 위해 질적 연구 설계를 사용했다. 보다 최근에 연구자들(예: Flückiger, Del Re, Wampold, Symonds, & Horvath, 2012)은 치료 동맹과 치료 결과의 관계에서 잠재적 조절변인을 살펴보기 위해 다층 모형(multilevel modeling) 설계를 사용해서 지식을 추가했다. 어떤 측면에서 여러 가지 방법을 사용한 프로그램 연구는 특정 연구 결과에 대한 지식의 수렴(convergence of knowledge)에 기여했다. 동시에 새로운 지식은 예전 연구들이 제기한 문제를 수정하기도 했다(Wampold & Imel, 2015 참고).

요약 및 결론

이 장에서는 과학과 과학적인 방법에 대한 논의를 기본적인 연구 설계로 확장시켰다. 연구자의 기본 과제는 구성개념 간의 관계를 파악하고 동시에 가능한 한 많은 경쟁 가설들을 제거하는 방식으로 연구를 설계하는 것이다. Kerlinger(1986)는 이를 MAXMINCON 원리라고 불렀다. 연구 설계는 연구를 위한 계획과 구조를 말한다. 연구 설계는 일정한 종류의 오차를 줄이면서 동시에 연구자가 연구 관심변인에 대한 경험적 증거(자료)를 얻을 수 있도록 돕는 틀을 제공한다.

우리는 연구 설계와 관련된 두 가지 핵심 문제인 실험 통제와 일반화에 대해 논의했고, 연구자가 서로 다른 유형의 연구 설계에서 선택할 때 고려해야 할 네 가지 요인을 강조했다. 우리는 내적 타당도와 외적 타당도가 독립적이지 않지만 그렇다고 양립 불가능한 것은 아니며 특히 여러 개의 연구를 포괄해서 생각해보면 더욱 그러하다. 우리는 여러 연구에 걸쳐서 내적 타당도와 외적 타당도의 장점을 최대화할 수 있도록 설계된 프로그램 연구가 필요하다. 나아가 이러한 연구들의 조합 속에서, 이론적 문제를 확장하는 데 있어서 실험 연구의 유용한 위치도 확보된다. Stone(1984)이 주장했듯이, "즉각적인 응용에 대해 집착하는 것은 [이론적 이해를 확장하는] 중요한 연구를 일축하는 결과를 가져올 수 있다"(p. 108). 즉, 우리는 연구의 균형에 대한 필요성을 강조하는 것이다. 자연적 연구(naturalistic research)와 같은 일정한 유형의 연구를 소홀하게 여기는 연구 스타일은 일정한 유형의 지식을 얻을 가능성을 줄어들게 만들기 때문에 위험하다고 본다.

우리는 또한 특정한 연구 설계의 적합성은, 그 연구 설계가 가지고 있는 타당도에 대한 위협에 의해 결정될 뿐만 아니라 선행 연구와 기존 지식 기반이 제공하는 맥락에 의해서도 결정된다고 제안한다. 연구자는 어떤 연구의 타당도에 대한 위협을 평가하는 것과 함께, 기존 연구들의 내용, 그 주제에 대한 기존 지식 기반을 만드는 데 사용된 연구 설계의 유형, 연구에 가용한 자원을 고려할 필요가 있다. 연구자는 자신의 연구문제의 필요성과 일치하는 강점과 약점을 가진 연구 설계를 선택해야 한다. 이는 그 연구문제에 대해 이루어진 연구들 속에서 지금 이 시점에서 필요한 종류의 지식을 제공하는 연구 설계다. 이러한 방식으로 일련의 연구들은 각각 서로 다른 강점과 약점을 가지면서 우리의 지식 기반을 크게 넓힐 것이다. 따라서 상담 분야에서 폭넓은 지식 기반을 구축하기 위해 패러다임 다양성을 강조하는 프로그램 연구를 강력하게 권한다.

촉진 질문

다음의 연습문제들은 학생들이 이 장에서 학습한 내용을 적용해보고 서로 다른 유형의 연구 설계들의 장점과 단점을 보다 깊이 탐색하도록 돕기 위해 만들어졌다.

당신의 연구 관심사를 연구하기 위해 서로 다른 유형의 연구 설계를 사용하기

때로 연구자는 동일한 종류의 연구 설계를 반복적으로 사용해서 어떤 주제를 연구한다. (모의 연구 방법론을 과도하게 사용한 결과에 대해 14장을 참고하라) 자신이 어떤 종류의 연구를 하고 싶은지 결정하기 위해서, 초기에는 광범위한 연구 설계를 고려하는 것이 유용하다. 다음의 연습문제의 목적은 당신이 관심을 가지고 있는 연구 주제에 대해서 서로 다른 종류의 연구 설계들을 가지고 연구를 개념화하는 연습을 하는 것이다.

1. 당신이 관심을 가지고 있는 연구 주제에 대해서 기술적 실험실 설계를 사용해서 연구를 구상한다.
   a. 이 연구가 의도하는 목적은 무엇인가?
   b. 연구를 수행하기 위해 사용하고자 하는 방법을 기술한다.
   c. 이 연구의 내적 타당도와 외적 타당도는 높은가, 아니면 낮은가?
   d. 이 연구를 통해서 어떤 결과가 나올 것으로 예측하는가?
   e. 이 연구를 통해서 당신이 내린 결론에 대해서, 연구 설계의 강점과 한계점은 무엇인가?
2. 당신이 관심을 가지고 있는 연구 주제에 대해서 기술적 현장 설계를 사용해서 연구를 구상한다.
   a. 이 연구가 의도하는 목적은 무엇인가?
   b. 연구를 수행하기 위해 사용하고자 하는 방법을 기술한다.
   c. 이 연구의 내적 타당도와 외적 타당도는 높은가, 아니면 낮은가?
   d. 이 연구를 통해서 어떤 결과가 나올 것으로 예측하는가?
   e. 이 연구를 통해서 당신이 내린 결론에 대해서, 연구 설계의 강점과 한계점은 무엇인가?
3. 당신이 관심을 가지고 있는 연구 주제에 대해서 실험적 실험실 설계를 사용해서 연구를 구상한다.
   a. 이 연구가 의도하는 목적은 무엇인가?
   b. 연구를 수행하기 위해 사용하고자 하는 방법을 기술한다.
   c. 이 연구의 내적 타당도와 외적 타당도는 높은가, 아니면 낮은가?
   d. 이 연구를 통해서 어떤 결과가 나올 것으로 예측하는가?
   e. 이 연구를 통해서 당신이 내린 결론에 대해서, 연구 설계의 강점과 한계점은 무엇인가?
4. 당신이 관심을 가지고 있는 연구 주제에 대해서 실험적 현장 설계를 사용해서 연구를 구상한다.
   a. 이 연구가 의도하는 목적은 무엇인가?
   b. 연구를 수행하기 위해 사용하고자 하는 방법을 기술한다.
   c. 이 연구의 내적 타당도와 외적 타당도는 높은가, 아니면 낮은가?
   d. 이 연구를 통해서 어떤 결과가 나올 것으로 예측하는가?
   e. 이 연구를 통해서 당신이 내린 결론에 대해서, 연구 설계의 강점과 한계점은 무엇인가?

7
CHAPTER

연구에서의 타당도 문제: 그 모든 것의 핵심

연구문제에 대한 타당한 결론을 도출하기 위해서, 연구자는 연구 결과에 대안적인 설명이 가능할 가능성을 최소화하도록 연구를 설계해야 한다. 6장에서는 내적 타당도와 외적 타당도 간의 균형에 대하여 논의했다면, 이번 장에서는 특정한 연구 설계의 타당도를 평가하는 과정에서 연구자의 네 가지의 주요 추론들에 관하여 더욱 자세하게 분석할 것이다. 구체적으로, 이번 장의 목표는 (1) 통계적 결론 타당도(통계 분석을 통해 올바른 결론에 다다르는 정도), (2) 내적 타당도(인과관계라고 결론지을 수 있는 확실성의 정도) (3) 구성 타당도(선택된 변인이 가설적 구성개념을 측정한 정도), (4) 외적 타당도(관계가 일반화될 수 있는 정도)를 다루는 방법에 대하여 정의하고 논의하는 것이다.

네 가지 유형의 타당도와 각각의 위험성

5장에서는 연구 과정의 개요를 제시하였다. 이론, 임상 경험, 관찰에 근거해서, 연구자는 먼저 하나 혹은 일련의 연구 가설들을 명시한다. 연구 가설이 구성개념들 간 관계에 대한 추측이라는 것을 상기해보자. 다음 단계는 그 구성개념들이 측정될 수 있도록 그것들을 조작적으로 정의하는 것이다. 진실험 설계에서 독립변인은 종속변인에 미치는 효과를 측정하기 위해 연구자에 의하여 조작된다. 통계 방법은 그 조작이 가설적 효과를 가지고 있는지를 연구자가 결정하도록 도움을 준다(그러나 항상 그런 것은 아니다).

연구 응용 7.1

하나의 예시로, 다음의 예를 고려해보자. 연구자는 사회 불안에 대한 인지치료의 성공은 제한적이라고 의심하는데 그 이유는 그 개입 방법이 행동 상황으로까지 일반화되지 못하기 때문이다. 연구자는 인지치료에 실제 행동연습(in vivo behavioral exercises)을 추가하면 치료의 효과가 증가할 것이라고 가정한다. 실제 행동연습은 내담자가 낯선 사람에게 먼저 미소를 짓고, 나중에 그 사람과 짧은 대화를 하며, 마지막으로 사회적 만남을 준비하는 일련의 점진적인 상황을 포함하는 과제를 설계함으로써 신중하게 조작되었다. 사회 불안에 대한 조작적 정의는 참여자들이 실험에서 만나도록 연구자가 준비한 낯선 사람(실험 협조자)과 이야기를 나눈 후에 그들이 경험한 불안 수준을 (허구의) ABC 불안 검사상에서 보고한 결과로 이루어졌다. 독립변인은 참여자들이 인지치료 집단 혹은 실제 행동연습을 더한 인지치료 집단 중 한 가지에 무선 할당되도록 조작되었다. 나아가, 40명의 참여자가 무작위로 (1) 사회 불안을 다루는 프로그램에 대한 광고에 응답한 사람과, (2) 임상 인터뷰에서 연구자들에게 사회 불안이 있다고 평가된 사람 중에서 선발되었다고 가정해보자. 10주 프로그램이 진행된 이후, ABC 불안 검사와 실험 협조자를 이용하여 불안 수준을 측정했는데, 통계 검증에서 가설대로 집단 간의 유의한 차이가 있었던 것으로 드러났다. 즉, ABC 불안 검사에서 나타난 불안의 평균 수준은 실제 행동연습이 추가된 집단이 더 낮았으며, 이러한 차이가 우연에 의해 발생할 확률은 낮다.

이러한 결과에 만족한 연구자는 (1) 독립변인과 종속변인 사이에 진(true) 관계가 존재한다. 즉, 인지행동치료와 실제 행동연습 집단이 인지행동치료 집단에 비해 ABC 불안 검사 점수가 상당히 낮았다. (2) 독립변인의 조작으로 실제로 불안 검사 점수가 서로 다르게 나타났다. 실제 행동연습이 불안 검사 점수를 떨어뜨리는 원인이었다. (3) 실제 행동연습은 사회 불안에 대한 인지치료의 효과성을 증가시키고, (4) 이러한 결과는 사회적으로 불안을 느끼는 참여자들에게 일반적으로 적용 가능하다(단지 이번 연구의 참여자들에게만 해당하는 것이 아니다)라고 결론을 내렸다. 이러한 결론은, 더 구체적으로 이 추론은 이 경우에는 더 합리적으로 보인다. 하지만 어느 연구에서든 결점은 항상 있기 마련이고, 이러한 추론들 중 하나 혹은 그 이상은 틀릴 수 있음을 명심하는 것이 적합하다. 잠시 시간을 가지고 인지치료에 더하여 실제 행동연습을 한 집단이 더 낮은 불안 점수를 보인 이유에 대해 다른 설명이 가능한지 생각해보자.

실제로 상황이 어떻게 존재하는지를 반영하는 추론의 정도를 타당도(validity)라고 부른다. 실제 행동연습이 정말로 불안감을 감소시킨다면, 앞서 예시에서 연구자가 제시한 추론은 타당하다. 이 장의 목표는 연구자들과 상담 연구에 참여하는 사람들이 특정 연구에서 내리는 추론에 대한 예상되는 타당도를 평가해볼 수 있는 타당도의 원리들을 토론해보는 것이다. 타당도의 위협요인들을 검토할 때 염두에 두어야 할 몇 가지 고려사항들이 있다.

첫 번째 문제는, 타당도의 세부적인 개념적 특성과 위협요인들이 연구의 본질적 속성으로 확고하게 정립되지 않았다는 점이다. 이러한 개념들은 과학 철학과 깊게 관련되어 있는데, 연구를 수행하고 연구 결과에 대해서 추론하는 것의 의미가 무엇인지를 철학자들이 오랜 기간 생각해오면서 진화해왔다. 그러므로 그것은 그 자체로 타당도의 범주에 들거나 중요한 설명이라고 할 수는 없다. 대신, 중요한 것은 타당도의 위협요인에 대한 이해가 합리적인 가능성에 근거한 결론을 이끌어내고, 그 결론을 통해 이루어진 결정이 궁극적으로 사람들을 이롭게 하는 임상적인 활동과 정책으로 이어지는 연구를 이끌 것이다. 연구의 타당도를 이해하는 방법에는 여러 가지가 있지만, Shadish, Cook, Campbell에 의하여 2002년에 제시된 체계가 이러한 진화의 현재 상황을 대표한다. Shadish 등은 타당성을 네 가지로 분류하는 분류 체계를 만들어냈다. 그 네 가지는 통계적 결론 타당도, 내적 타당도, 구성 타당도, 외적 타당도이다. 이 분류 체계는 Campbell과 Stanley의 내적 · 외적 타당성에 대한 연구(1963)에서부터 유래되었으며 추후에 Cook과 Campbell(1979)에 의하여 다듬어졌다. 타당도에 대한 다른 논의는 Brachat과 Glass(1968), Reichardt(2011), Wampold, Davis, Good(1990) 등에 의하여 제시되어왔다.

두 번째 문제는 어떠한 연구도 도달한 결론에 대한 타당성을 위협하는 모든 요소들을 제거하기란 불가능하다는 것이다. 타당도에 대한 위협이 연구의 결과를 완전히 믿을 수 없을 정도가 아니라면, 연구의 결론은 잠정적으로 받아들여질 수 있기 때문에 그 연구는 과학적으로 여전히 유효할 것이다. 후속 연구들은 초기 연구에서 있었던 타당도 위협을 제거하는 방식으로 설계되어야 할 것이다. 축적된 연구들을 통하여, 결론에 대한 위협들은 제거할 수 있으며 강력한 논지가 만들어질 수 있다. 예를 들어, 흡연과 건강에 대한 어떠한 연구도 명확하게 흡연과 질병 사이의 인과관계를 규명하지 못했다. 그러나 많은 연구를 통해 축적된 수천 건의 자료들은 거의 절대적인 확신 속에 이 결론에 대한 어떠한 위협도 제거한다. (한 때 담배 회사의 연구소에서는 흡연과 질병 간의 명확한 인과관계를 보여주는 과학적 연구가 없다고 주장했는데, 그것만 따로 떼놓고 보면 그것은 사실이지만, 이는 누적된 증거를 무시한 것이다.)

세 번째 문제는 여기서 논의되는 대부분의 위협은 어느 연구에서든 다소 제시될 수 있는 문제이다. 그러나 여기서 더욱 중요한 것은 특정 연구에서 위협의 발생 가능성에 대한 확인과 그 위협이 결론에 미치는 함의이다. 그러므로 만약 위협이 그럴 듯하며, 그 위협이 결론을 지지하는 조건을 만들어냈다면 결론의 타당도는 의심의 여지가 있다. 그러나 어떤 위협들은 그것이 논리적으로는 타당할지라도 수긍할 수 없다. 육상 선수에게 육상 선수로서의 경력을 끝낼 만한 무릎 부상과 관련된 우울증을 감소시킬 수 있는 효과적인 치료법이 발견되었고 그 치료법이 경력을 끝낼 만한 정형외과 부상의 치료에 유용한 것으로 결론이 났다는 상황을 가정해보자. 기술적으로 그 실험이 정형외과적인 무릎이 아닌 정형외과 부상을 가진 참여자를 포함하지 않았지만, 우울증 또는 우울증 치료법이 무릎 부상을 가진 환자와 어깨 부상을 가진 환자와 다를 것이라는 이유는 거의 없다. 그러므로 비록 어떤 위협이 존재하더라도, 그 결론의 타당성이 떨어질 가능성은 낮다.

네 번째 문제는 연구의 설계와 실행 단계에서 간혹 이루어지는 상충관계이다. 인과론적 추론(내적 타당도)과 통계적 결론 타당도 둘 다를 증가시키는 설계는 아마 표본에서 모집단으로의 추론을 일반화하는 데 있어서의 확실성(외적 타당도)이나 연산의 의미(구성 타당도)를 감소시킬 것이다. 마찬가지로, 표본에서 모집단으로의 추론의 확실성과 구성개념에 대한 확실성을 증가시키는 설계는 관계 또는 인과성의 정도에 대한 추론의 확실성을 감소시킬 것이다. 요점은, 이러한 네 가지 유형의 추론과 관련해서뿐만 아니라 다른 요인들과 관련해서도 다른 유형의 연구 설계에는 아마 상충관계가 존재할 것이라는 점이다. 6장에서 서술했듯이, Gelso(1979)는 이러한 상충관계를 스티커 밑의 기포를 제거하려는 행위에 비유하였다. 한 공간의 기포를 제거하는 것은 다른 어느 곳에 새로운 기포를 만들어낼 수밖에 없는 것이다. 그럼에도 불구하고, 기포는 피할 수가 없기 때문에 연구로부터 비롯된 결론에 크게 의문을 던지는 기포를 피하고 싶어도 어쩔 수가 없다.

마지막 문제는 연구를 소비하는 사람뿐만 아니라 연구를 수행하는 사람과 설계하는 사람에게도 타당도의 고려는 중요하다는 것이다. 연구를 설계하는 연구자는 연구를 수행하기 전에, 심지어 그 연구를 할지 말지 여부에 대한 결정을 내리기 전에 가능한 각각의 위협을 고려해야 한다. 연구의 설계는 타당도 위협을 감소시키는 방향으로 수정되어야 하며 때때로는 다양한 위협을 다양한 보조적인 것들이 다루기 위해서 포함될 수 있다. 이러한 측면은 이 책 전체에서 논의된다. 물론, 그 연구가 타당한 결론을 만들어낼 것이라는 확신은 없다. 왜냐하면 비록 연구자의 최선의 노력에도 예상하지 못했던 일들이 언제나 일어나기 때문이다. 게다가, 결과의 출판과 보급은 결론이 타당함을 보장해주는 것은 아니기 때문에 연구의 소비자는 연구와는 독립적으로 이러한 타당성 위협을 면밀히 조사해야 한다. 예를 들어, 약물 사용을 줄이기 위한 D.A.R.E.(Drug Abuse Resistance Education, 약물 오남용 저항 교육, 경찰관이 제공하는 교실 수업 프로그램)의 경우에서 볼 수 있듯이 개입이 때때로 효과적이라는 일반적으로 수용되는 결론이 틀리기도 한다(예: Thombs, 2000).

타당도의 유형에 대한 개관

우리는 불안에 대한 예시(연구 응용 7.1)를 들어 연구자들이 내린 네 가지 주요 추론을 조사해봄으로써 Shadish 등(2002)이 제시한 네 가지 범주에 대해 다루어볼 것이다. 이 연구에서 사용된 실제 행동연습과 ABC 불안 검사의 점수 간에 관계가 있는지에 대한 첫 번째 질문을 떠올려보자. 우리의 예에서, 독립변인과 종속변인 간에 통계적으로 유의한 관련이 있었다. 종종, 연구를 해석할 때 자주 하게 되는 주된 추론 중 하나는, 연구에서 변인들 간의 관계가 있는지에 대한 것이다. 연구자는 아마 변인들 간의 관계가 존재하거나 존재하지 않는다는 결론을 내리게 될 것이다. **통계적 결론 타당도**(statistical conclusion validity)

는 이러한 관계에 대하여 올바른 결론에 연구자가 다다를 수 있는 정도를 의미한다.

연구를 해석함에 있어서 두 번째 주된 추론은 다음의 질문에 답해보는 것이다. 변인들 간에 관계가 있다면, 그것이 인과관계라고 말할 수 있는가? 불안에 대한 예시에서, 연구자들은 두 개의 집단 간의 불안 수준의 통계적으로 유의한 차이가 행동연습이라는 활동의 추가 때문이라고 결론지었다. **내적 타당도**(internal validity)는 변인들 간의 인과관계의 존재에 대해 말할 수 있는 확신의 정도를 의미한다.

선택된 변인들이 가설적 구성개념의 본질을 포착해내고 대표하는 것은 중요하다. 만약 연구 구성개념의 조작화(operationalization)가 적절하다면, 독립변인과 종속변인에 의한 인과관계는 연구 가설에서 사용된 구성개념의 인과관계에 대한 진술을 정당화해준다. 만약 구성개념이 적절하게 측정되지 않았다면, 더욱 복잡한 문제가 존재하게 될 것이다. 따라서 **구성 타당도**(construct validity)는 연구에서 사용된 측정변인들이 가설화된 구성개념들을 대표하는 정도를 측정하는 개념이다.

연구자와 임상가에게 어떤 가치가 있기 위해서는, 가설적 구성개념 간의 인과관계가 특정 연구에서의 단위(항상 그런 것은 아니지만 일반적으로 사람), 처치, 결과 및 조건들이 일반화될 수 있어야 한다. 우리의 가상의 예시에서처럼, 어느 정도까지 다른 사회적인 불안을 경험하는 사람들에게 실제 행동연습의 사용이 일반화될 수 있을까? **외적 타당도**(external validity)는 인과관계가 단위, 처치, 결과와 조건에 관계없이 일반화될 수 있는 정도를 의미한다.

통계적 결론 타당도에 대한 위협

이 절에서는 통계적 결론 타당도를 정의하고 이 타당도의 유형과 관련한 아홉 가지 위협에 대해 기술한다. 그러나 그 전에 먼저 우리는 상담 연구에서 통계학의 역할을 면밀히 살펴볼 필요가 있다. 비록 대부분의 학생들은 연구 설계와 별도로 통계학을 공부하지만, 통계적 분석이 연구 과정의 많은 부분 중의 단지 한 부분일 뿐이라는 것을 깨닫는 것은 중요하다. 일반적으로, 통계적 검증은 연구의 변인들 간의 관계가 실제로 존재하는지 여부를 조사하는 데 이용된다. 불안에 관한 예시에서 두 집단의 독립표본 t 검증이 실행된 것처럼 말이다.

전통적으로, 통계적 검증은 두 가지의 대립되는 가설들을 검증하기 위하여 이용되었다. **영가설**(null hypothesis)과 **대안 가설**(alternative hypothesis)이 그것이다. 보통, 영가설은 연구에서 변인들 간에 아무 관계가 없다고 예측한다. 대안 가설은 변인들 간에 어떤 참의 관계가 있다고 진술한다(이는 일반적으로 연구자가 존재할 것이라고 믿을 만한 이유가 있는 관계를 말한다). 불안감에 관한 예시에서, 영가설은 ABC 불안 검사에서, 실제 행동연습을 수행한 사람들의 평균 점수와 실제 행동연습을 하지 않은 사람들의 평균 점수가 같다고 보는 것이다. 대안 가설은 실제 행동연습을 수행한 사람들의 평균 불안 점수가 실제 행동연습을 하지 않은 사람들의 점수보다 낮을 것이라는 것이다. 영가설의 기각과 대안 가설의 수용은 실제 행동연습이 인지치료의 효과성을 높여준다는 가설에 신뢰성을 제공한다.

확률이론에 기반을 둔 통계적 검증은 변인들 간에 관계가 없다는 영가설을 기각할지, 아니면 변인들 간에 관계가 있다는 대안 가설을 채택할지 여부에 대해 제시하기 위하여 이용된다. 불안의 예시에서 통계적으로 유의한 t 검증(p 값이 0.5 이하로 설정되었다고 하자)은 독립변인과 종속변인 간에 참 관계(true relationship)가 존재한다고 수월하게 믿을 수 있다는 것을 나타낸다. 그러나 이 결론에도 오류가 존재할 가능성은 있다. 즉, 비록 통계적으로 유의한 결과가 표집 오차로 인한 것일 수 있기 때문에, 관계가 없다는 영가설이 옳을 수도 있다. 0.05의 유의 수준이라는 관계가 참일 가능성으로 잘못 결론을 내릴 확률이 100 중에 5보다 낮다는 것을 나타낸다. 참인 관계가 존재한다고 잘못 결론지을 가능성을 **1종 오류**(type Ⅰ error)라고 부른다(영가설을 실제로 수락해야 함에도 불구하고 기각하는 것). 1종 오류는 특히 문제의 소지가 있는데, 어떠한 변화가 일어나고 있지 않음에도 무언가가 일어나고 있다고 결과적으로 주장하기 때문이다. 예를 들어 불안 실험에서의 1종 오류는 실제 행동연습이 도움이 되지 않음에도 불구하고 도움이 된다는 믿음을 갖게 만든다.

또 다른 유형의 오류는 어떤 관계도 존재하지 않는다고 잘못된 결론을 내릴 수 있다. 불안의 예시에서 t 검증이 통계적으로 유의하지 않다고 결론이 난 상황을 가정하자. 이 경우 연구자들은 독립변인이 종속변인과 관계가 있었다는 결론을 내릴 수 없다. 그럼에도 불구하고, 연구자가 발견하지 못한 여러 가지 이유 중의 어느 한 가지 때문에, 그 두 변인들 간에 참 관계가 존재할 가능성이 있다. 두 변인 간에 아무런 관계가 없다고 잘못 결론지을 확률을 **2종 오류**(type Ⅱ error)라고 부른다. 두 번째 유형의 오류가 발생하는 주된 이유 중의 하나는, 참여자의 반응의 변산성이 참 관계가 존재하는지를 모호하게 만드는 경향이 있기 때문이다. 종종 **오차 변량**(error variance)이라고 불리는 이러한 변산성은, 라디오 수신자에게 가는 참 신호를 모호하게 만드는 수신기의 잡음과 같은 것으로 생각될 수 있다. 비록 실제 신호가 매우 강력하더라도, 심한 전자 뇌우가 누군가가 좋아하는 프로그램을 듣지 못하게 할 정도로 충분한 잡음을 만들어낼 수도 있다. 오차 변량을 만들어내는 조건은 통계적 결론 타당도에 위협이 될 수 있다.

1종 오류와 2종 오류를 피하고자 할 때에는 거기에 상충관계가 존재한다는 것에 유의할 필요가 있다. 표 7.1을 통해 우리는 어떻게 이 두 유형의 오류가 연관되어 있는지, 그리고 그들의 관계가 검증력(참된 관계가 존재한다고 올바른 결론을 내리는 것)과 어떠한 관계가 있는지 설명했다. 이에 덧붙여, 우리는 상충관계를 설명하고, 어떠한 오류를 강조할지를 결정하는 방법을 설명하기 위해 무게를 재는 저울에 이를 비유해보고자 한다. 목욕탕에 있는 저울처럼 저울은 완벽하지 않으며 약간의 소소한 오류가 있을 수 있다. 종종 그

표 7.1 1종 오류와 2종 오류

		진실	
		영가설(H_0)이 참	영가설(H_0)이 거짓
판단	영가설 기각 [효과를 주장]	1종 오류(α) [긍정 오류]	옳은 결정 [긍정 참]
	영가설 수용 [효과가 없다고 주장]	옳은 결정 [부정 참]	2종 오류(β) [부정 오류]

러한 저울들은 조정 기능을 가지고 있다. 우리가 물건이 가득 찬 상자를 다른 나라에 보내는 상황을 가정해보자. 우리의 목표는 개별 상자당 10킬로그램을 넘지 않는 선에서 가능한 한 많은 상자에 물건을 상자에 채워 넣는 것이다(10킬로그램을 넘는 경우 추가 요금이 발생한다). 우리 저울도 동네 우체국에 있는 저울과 마찬가지로 오차가 발생할 가능성이 존재한다. 따라서 우리에게 있는 저울과 우체국 배송 센터의 저울 둘 다 측정상의 오차 때문에 무게가 다르게 나올 수 있음을 염두에 두어야 한다. 측정 오차 때문에 무게가 10킬로그램을 초과해 추가 요금을 결제하는 상황을 피하기 위하여, 우리는 실제 무게보다 약간 보수적으로 저울을 설정할 수 있다. 반대로, 만약 우리가 추가 요금에 대한 고려 없이 상자에 가능한 한 많이 물건을 채워 넣기를 원한다면, 저울의 설정을 아까와는 다른 방향으로 조정해야 할 것이다. 이렇게 무게를 측정하는 두 가지 방략은 연구자가 1종 오류와 2종 오류의 비용과 편익 중 어느 쪽에 더 무게를 두어야 하는지 확인하는 방법과 유사하다. 1종 오류와 2종 오류는 반대의 관계를 지니고 있다. 1종 오류에 대한 기준을 더욱 엄격하게 설정할수록, 2종 오류의 기준은 관대해질 수밖에 없다. 그러므로 연구자는 실제로 효과가 없을 때 효과가 있다고 결론 내리는 것(1종 오류)을 피하는 것이 더 중요한지, 효과가 있을 때 효과를 감지하지 못하는 것(2종 오류)을 피하는 것이 더 중요한지 결정을 내릴 필요가 있다.

통계적으로 유의한 결과가 참 관계의 존재를 가리킨다고 결코 확신할 수 없다. 마찬가지로 유의적이지 않은 결과가 어떤 관계도 존재하지 않음을 가리킨다고 절대적으로 말하기는 어렵다. 그럼에도 불구하고 여러 요인들과 위협들은 변인들 간의 참 관계가 존재하거나 존재하지 않다고 결론을 내릴 때 신뢰도를 떨어트릴 수 있다.

남은 부분에서는 통계적 결론 타당도를 위협하는 다양한 위협들에 대하여 이야기할 것이다. 각각의 위협을 처리하는 방법에 대한 요약은 표 7.2를 참고하라.

낮은 통계적 검증력 검증력이란, 실제로 참 관계가 존재하려면 참 관계가 있다고 올바른

표 7.2 통계적 타당도의 위협

위협	예시	위협을 최소화하는 방법
낮은 검증력	실제 효과를 탐지하기에 불충분한 표본 크기	충분한 표본 크기를 결정해서 검증력 분석을 시행한다.
위반된 가정	한 연구에서 동일한 치료자로 부터 상담을 받는 내담자들 사이의 의존을 무시	통계적 검증의 가정을 충족시키는지 검토하고 준수한다.
투망질식 검증(fishing)과 오류율에 관한 문제	구체적인 가설 없이 자료를 가지고 많은 통계 검증 시행	통계 검증을 위해 구체적 가설을 설정하고 다중 검정에 대한 유의 수준을 조절한다.
신뢰할 수 없는 측정치	척도의 낮은 내적 일치도	연구 표본과 비슷한 수의 모집단으로 설정된 적절한 신뢰도 추정치를 가진 척도를 사용한다.
범위 제한	천장 효과나 바닥 효과를 가진 측정도구	대상 모집단에 적절한 측정도구를 사용한다.
신뢰할 수 없는 처치 시행	처치가 시행되는 방법에서의 차이	처치 시행 방법을 표준화한다.
실험 조건에 따른 외재 변량	상이한 조건에서 처치 과제 수행에 참여한 참여자들	결과에 영향을 미칠 수 있는 다양한 요인들을 확인하고 조정한다.
단위의 이질성	이질적으로 구성된 표본들의 상이한 친숙성의 수준	결과에 영향을 미치는 요인들을 통제하기 위해 통계적 절차와 설계 방법을 사용한다.
부정확한 효과 크기 추정치	통계 결과에 영향을 미치는 극단치(outlier)	극단치와 그 영향을 검토한다.

결론을 내릴 확률을 의미한다. 즉, 검증력이란 간단하게 1종에서 2종 오류율을 차감한 것이다. 쉽게 말하면, 만약 참 관계가 있다면, 우리는 이러한 관계를 탐지할 수 있는 연구를 설계하고자 할 것이다. 낮은 검증력을 가진 연구는 실제 참 관계가 존재할 때 어떤 관계도 존재하지 않는다라는 결론을 종종 내리기도 한다. 불충분한 검증력은 대부분 너무 적은 수의 참여자를 이용하는 데서 비롯되곤 한다.

예를 들어, 참여자가 10명 이하인 연구에서 영가설이 거짓일 때(어떤 관계가 존재할 때 어떤 관계가 있다고 결론 내리는) 통계적으로 유의한 결론을 얻을 확률은 매우 적을 것이다. 검증력은 8장에서 더욱 자세하게 다룰 것이다. 이번 장에서는 불충분한 통계적 검증력이 통계적 결론 타당도에 위협이 되며, 연구를 설계할 때 검증력 분석을 사용하여 적정한 표본 크기를 결정하는 것이 중요하다는 것에 대해서만은 주지하자.

통계 검정에서 가정 위반 모든 통계 검정은 다양한 가정에 일반적으로 의존한다. 예를 들면, 일반적으로 전통적인 모수적 검정은 점수가 정상 분포를 이룬다는 가정에 의존한다. 가정에 위배될 경우, 연구자와 연구 소비자는 1종과 2종 오류의 확률에 대해 그릇된 판단을 내릴 수 있다. 예를 들어, 만약 통계 검증에서 p 값의 수준이 .05로 설정되고 그 검증이 통계적으로 유의할 때($p<.05$), 일반적으로 참 관계가 있다고 잘못 결론지을 수 있는 확률이 5% 미만이라고 사람들은 믿는다. 그러나 가정이 위배되었다면, 잘못된 결론을 내릴 확률이 더욱 커질 것이다. 그러므로 1종과 2종 오류가 발생할 확률이 증가하기 때문에 통계적 결론 타당도는 감소할 수밖에 없다. 다시 설명하면, 대부분의 모수 통계 검정의 가정은 관찰치와 무관하다. 예를 들어, 동일한 상담자를 만나는 내담자들 사이의 의존성을 무시함으로써 이러한 가정이 위반되면, 특정한 치료법이 효과적이라는 잘못된 결론을 내릴 확률이 극적으로 증가한다(Wampold & Serlin, 2000). 그러므로 우리는 당신이 통계 검정의 가정과 그 가정을 위반함으로써 나타나는 결과에 대해 알아야 한다고 충고한다.

투망질식 검증과 오류율에 관한 문제 앞서 논의했던 것처럼, 연구자가 어떠한 한 가지 통계적 분석을 이용할 때, 실제로 어떤 관계가 존재한다고 잘못된 결론을 내릴 확률이 항상 존재한다. 이러한 오류를 만들 확률은 그 검증을 위해 선택된 유의 수준에 따라서 설정된다(예: $p<.05$ 또는 5% 확률). 그러나 이러한 오류의 가능성은 하나 이상의 검증이 수행될 때 더욱 급속하게 증가한다. 예를 들어, 만약에 10개의 통계적 검증이 실행된다고 하면, 최소한 하나의 1종 오류(어떤 관계가 존재한다고 잘못 결론내리는)가 발생할 가능성은 5%가 아닌 최대 40%까지 증가할 수 있다(오류율의 편차에 대한 계산과 및 논의는 Romano & Lehmann, 2005; Shaffer, 1995를 참고하라). 요점은, 연구자가 많은 통계적 검증을 수행할 때 어떤 검증은 우연에 의해 통계적으로 유의할 수 있으며, 이는 통계적 결론 비(非)타당도의 근원이 되는 잘못된 해석으로 이어질 수 있다는 것이다. 때때로 연구자들은 투망질식 검증(fishing)을 한다. 투망질식 검증이란 구체적인 가설 없이 자료를 가지고 많은 통계적 검증을 수행하는 것을 의미한다. 이러한 절차는 우연적인 사건을 참 관계인 것으로 오도할 가능성이 있어서 1종 오류를 발생시킬 확률을 증가시킨다. 통계 검증을 연구의 가설에 부합시키는 것이 바람직하며(Wampold et al., 1990), 때때로 수행되는 검증의 수에 따라 p 값을 조정하는 것이 좋다.

신뢰할 수 없는 측정치 신뢰할 수 없는 측정치는 오차 변량을 발생시키며 어떤 상황의 진정한 상태를 보기 어렵게 만든다. 따라서 이러한 측정치는 다른 측정치와 관련될 수 없을 것으로 예상된다. 예를 들어, 당신이 몸무게를 측정할 때마다 매번 매우 다른 수치를 욕조의 저울이 보여준다고 생각해보라(무작위로 나타난다). 이러한 저울에서 얻어진 수치는 어떤 방법으로도 다른 수치들(예: 섭취 열량)과 관련될 가능성은 없다. 그러므로 신뢰할 수 없는 측청치는 통계적 결론 타당도에 또 다른 위협을 가하고, 연구 표본과 비슷한 모집단으로 확립된 적절한 신뢰도 추정치가 있는 측정도구를 선택하는 것이 이러한 타당도 위협을 최소화하는 하나의 방법이다. 신뢰도와 이것이 연구 결과에 미치는 영향은 19장에서 다시 다룰 것이다.

범위의 제한 변인의 제한된 범위는 다른 변인들과의 관계를 감소시킨다. 제한된 범위는 변인을 측정하는 도구가 상한(천장 효과)이나 하한(바닥 효과)에서 측정되는 구성개념에 민감하지 않기 때문에 종종 발생한다. 예를 들어, 연구자가 상담 교육생들의 인지적 복잡성과 그들의 사례 개념화의 정교함 간의 관계를 알아내길 원하고, 대부분의 연습생들이 받은 점수가 최대 허용 점수나 그 근처에서 인지 복합성을 측정하는 도구를 사용한다고 가정해보자. 비록 교육생의 인지적 복합성과 사례 개념화의 정교함 사이에 참 관계가 있더라도, 통계 검정은 영가설을 기각할 것 같지는 않다. 범위의 제한은 종종 병리적 문제를 측정하도록 설계된 도구가 비임상 집단에 사용될 때 종종 발생한다.

신뢰할 수 없는 처치 시행 비록 연구자가 조심스럽게 특정한 처치를 했음에도, 여전히 다양한 방식으로 그 처치가 전달되거나 실행될 가능성이 있다. 예를 들어, 우리의 가상 연구에서 실제 행동연습에 대한 과제가 다양한 방법으로 부여될 수 있다. 집단 상담자들 중 한 명은 내담자들에게 어떠한 설명도 없이 회기 끝에 글로 쓴 자료를 과제로 제시한 반면, 또 다른 상담자는 내담자들에게 자세하게 이유를 설명했을 수 있다. 이러한 차이는 독립변인과 종속변인들 간의 참 관계를 흐리게 만드는 통제되지 않은 변산성을 만들어내는 경향이 있다. 그러므로 신뢰할 수 없는 처치 시행은 또 다른 통계적 결론 타당도에 위협이 되는 요소라고 할 수 있다. 처치의 표준화는 바람직하며 더욱 자세한 사항은 18장에서 제시될 것이다.

실험 조건에 따른 외재 변량 반응에서 변산성을 이끄는 어떠한 측면의 실험 설정은 오차 변량을 증가시키고 사실 관계를 흐린다. 불안 실험에 관한 가상의 예시에서, 행동연습이 수행된 상황은 통제되지 못했다. 어떤 참여자들은 독신자들이 가는 술집에서, 어떤 이들은 직장에서, 심지어 슈퍼마켓에서까지 연습을 수행한 참여자도 있었다. 이러한 상황들의 차이는 반응의 변산성으로 이어질 가능성이 있으며, 이는 다시 오차 변량을 증가시키고 통계적 결론 타당도에 위협을 가한다. 연구 설계나 통계 절차를 수행 시에 이러한 외재변인들이 다루어져야 한다.

단위의 이질성 실험 단위의 차이 또한 반응의 변산성을 초래할 수 있다. 예를 들어, 불안 연구의 예시에서, 신체적으로 매력적인 참여자들은 그렇지 않은 참여자들보다 행동연습에서 더 많은 성공을 경험했을 수 있다. 그러므로 매력의 차이는 반응의 변산성을 증대시키는 쪽으로 작용했을 것이며, 오차 변량을 증가시켰을 것이다(그리고 이것은 다시 참 관계를 흐린다). 이러한 관점으로 볼 때, 내적 타당도 측면에서는 동질 표본(예: 모든 참여자가 동일한 매력을 가졌을 때)이 이질 표본(예: 참여자들이 다양한 매력을 가졌을 때)보다 선호된다. 그러나 동질 표본을 통해 얻은 결과는 비슷한 특성을 가진 집단에 대해서만 대략 일반화될 수 있다(8장 참고). 그리고 이는 결국 외적 타당도를 제한하게 된다. 어느 정도까지는 통계적 절차(예: 공변량 분석)나 어떤 설계상의 특성(대응과 같은)이 이질적인 집단에서의 개인의 매력 수준과 같은 성가신 요인들에서 비롯되는 분산을 제거할 수 있다(Rutherford, 2012; Wampold & Drew, 1990 참고). 단위가 꼭 사람은 아니다. 학업 성취도 연구에서 학교나 교수법에 관한 효과성에서의 이질성은 오류를 증가시킨다.

부정확한 효과 크기 추정 연구에서 탐지되는 효과를 부정확하게 추정했을 때의 경우이다. 예를 들면, 특히 적은 표본에서 상관계수는 극단치에 의하여 심각한 영향을 받을 수 있다. 따라서 두 개의 측정도구에서 극단적인 점수들은 가진 한 단위는 실제 상관이 존재하지 않음에도 상당한 크기의 상관으로 이끌 것이다. 어떤 통계는 일관되게 집단 효과를 과대평가한다는 점에서 편향되었다. 그 경우가 R^2(중다회귀에서 설명되는 분산의 비율에 대한 표본의 비율)인데, 특히 적은 표본에서 R^2을 보고하게 되면 독립변인과 결과변인 간의 관계를 과장해서 제공하게 된다.

내적 타당도에 대한 위협

내적 타당도는 경쟁 가설을 제거하는 동시에 변인들 간의 인과관계를 추론할 수 있는 신뢰도를 나타낸다. 내적 타당도는 연구의 가장 기본적인 측면인 관심 있는 변인들 간의 관계와 관련되어 있다(일반적으로 독립변인과 종속변인). 따라서 실험 연구에서의 내적 타당도는 독립변인이 종속변인의 원인이 되는지에 초점을 맞춘다. 앞의 예시에서 실제 행동연습이 처치집단의 불안 점수를 낮춘 것인가, 아니면 이러한 결과에 대해 다른 설명이 가능한가? 상황의 참모습을 아는 사람은 아무도 없기에 내적 타당도는 결과에 대한 대안적 설명이 제거될 수 있는 정도에 의해서 평가된다. 대안적 설명이 더 많이 제거될수록, 내적 타당도는 더욱 더 높아진다. 측정치가 명백해짐에 따라서 내적 타당도는 무작위로 선별된 참여자, 집단이나 처치의 무선 할당, 독립변인의 조작, 측정기간의 결정을 통해 얻어지는 것과 같이 실험 통제와 더욱 직접적으로 관련되어있다. 내적 타당도에 대한 논의는 매우 기본적인 세 가지 연구 설계를 면밀히 살펴보는 것으로부터 시작한다. 그러고 나서 내적 타당도에 위협을 주는 아홉 가지 사항들에 대하여 심도 있게 살펴볼 것이다.

내적 타당도를 설명하기 위해서는, 그림 7.1에 도식화된 세 가지의 설계를 고려해보자. 관찰치 아래에 쓰인 숫자들은 다양한 측정치의 순서를 표시하기 위함이며(예: Ob_1, Ob_2)

그림 7.1 세 가지 가능한 연구 설계

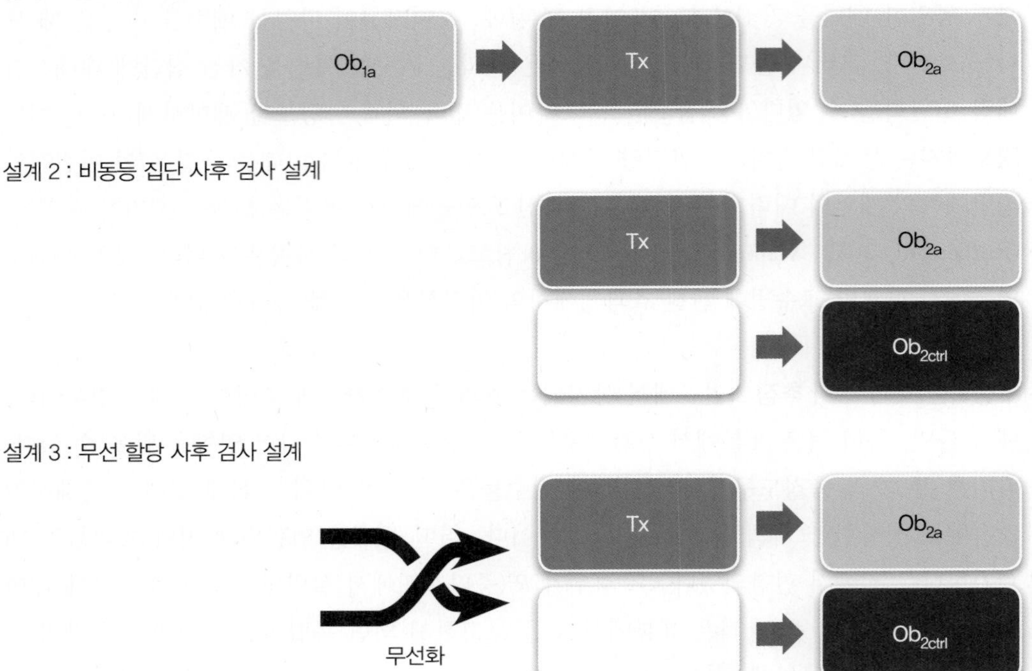

주: Ob = 관찰, Tx = 처치, a = 개입집단, ctrl = 통제집단

연구 응용 7.2

5학년들을 대상으로 성적 학대라는 주제의 심리교육 개입의 효능을 검증하기 위한 연구 설계를 생각해보자. 사전 검사는 성적 학대에 관한 30문항의 검사라고 가정해보자(예: '낯선 사람이 당신의 수영복 안을 만져도 되는지 묻는다면 어떻게 하겠는가?'). 인형극, 놀이, 토론, 워크북으로 구성된 심리교육 개입은 한 학년 동안 진행된다. 학년 말에 그 검사는 다시 시행된다.

우리는 사후 검사 점수가 사전 검사 점수보다 높을 것이라고 예상한다($Ob_{2a} > Ob_{1a}$). 이 관계가 관찰되었다고 가정해보자. 일반적으로 심리교육 프로그램 실행 전보다 후에 참여자들의 점수가 높았다. 질문은 '심리교육 프로그램이 검사 점수 상승의 원인인 것일까?'이다. (잠시 시간을 가지고 이 상승에 대한 대안적 설명들을 생각해보자.)

사실상 많은 대안적 설명이 가능하다. 아마도 한 학년 동안 참여자들은 부모, 친구, 텔레비전을 통해 성적 학대에 대해 배웠을 것이다. 아니면 그들은 그전에 검사를 한 번 해본 적이 있어서 질문지에 익숙하기 때문에 두 번째 검사에서 더 높은 점수를 얻었을 수도 있다. 아니면 그 학년 동안 읽기 능력이 향상되어 질문을 더 잘 이해할 수 있었기 때문에 좋은 점수를 받았을 수도 있다. 분명 이 예시에는 인과성과 관련된 수많은 문제점들이 있다. 당신은 또 다른 대안 설명들이 있는가?

관찰치 아래 문자들은 처치집단(Ob_a)과 통제집단(Ob_{ctrl})을 차별화하기 위함이다. 첫 번째 설계는 단일집단 사전사후 설계로(Campbell & Stanley, 1963), 참여자들(Ob_{1a})을 관찰하고, 처치 시행(Tx)을 하며, 실험 이후 참여자들 관찰(Ob_{2a})을 포함한다.

첫 번째 연구 설계에 있어서의 문제점 중 하나는 처치를 받은 참여자들의 수행이 처치를 받지 않은 참여자들의 수행에 비교되지 않았다. 그림 7.1 설계 2를 보면, 참여자들의 집단이 처치를 받는 집단과 처치를 받지 않는 두 집단이 있다. 처치 이후에 관찰치는 만들어진다. 심리교육 프로그램이 Chris Jones의 반에서는 실시되고 Dale Wong의 반에서는 실시되지 않는다고 가정해보자. 만약 그 심리교육 프로그램이 지식을 향상시킨다면, 우리는 Dale의 반에서보다 Chris의 반(Ob_{2a})에서 점수가 더 높은 것이라고 기대할 수 있을 것이다 ($Ob_{2a} > Ob_{2ctrl}$). 이번에도 심리교육 프로그램이 이러한 차이의 원인이라고 할 수 있을까? 대답은 '아마도 그럴 것이다'이지만, 여러 가지 다양한 대안적 설명들이 가능하다. 가장 문제가 되는 것은 개입이 시작되기 전에 성적 학대에 대하여 Chris의 반이 이미 많은 것을 알고 있었을 수 있다는 것이다. Chris의 반이 우수반이기에 더 나은 학생들로 배치될 수도 있으며, Dale의 반에 배정된 학생들은 행동 · 정서 문제를 가진 학생들일 수도 있다. 기본적으로 여기에서의 문제는 개입 이전에 두 반의 학생들을 비교하는 것이 적절한지 알거나 추측할 수 있는 방법이 없다는 데 있다(여기에는 Chris가 자신의 학생들과 성적 학대에 대해 논의한 적이 있었을 수도 있는 다른 문제가 있을 수 있다).

집단을 비교하는 데 가장 좋은 방법은 참여자들을 집단에 무선 할당하는 것이다. 이어지는 장에서 더욱 자세하게 무선 할당에 대해서 다루지만, 그 원칙은 각각의 참여자들이 어떠한 집단에 할당될 가능성이 또 다른 집단에 할당될 가능성과 같아야 한다는 것이다. 또 다른 방식으로 말하면, 참여자들은 집단의 구성을 편향시킬 수 있는 어떠한 체계적인 방법으로 배치되어서는 안 된다는 것이다(무선 할당은 집단 간에 초기에 어떤 차이가 발생할 가능성이 있다는 것을 명심해야 한다. 이것이 표집 오차로 통계 검증에서 설명할 것이다). 그림 7.1의 설계 3에는 참여자들이 무선 할당된 두 집단이 있다. 예를 들어, 학생들은 처치집단(심리교육 프로그램을 받는 집단)에 무선 할당되거나 처치를 받지 않는 집단(비처치 통제집단으로, 이 경우에는 다른 집단이 심리교육 프로그램을 받는 동안 그들은 스터디 시간을 가질 수 있다)에 할당되었다. 이제, 기대한 점수의 패턴을 얻었을 때 ($Ob_{2a} > Ob_{2ctrl}$), 심리교육 프로그램으로 인해 높은 점수가 가능하다는 결론을 내리는 것에 대한 다른 대안적 설명을 찾는 것은 더 어려워지게 된다. 그러나 여전히 어떤 대안적 설명은 존재할 수 있다. 만약에 처치집단의 어떤 학생이 성적 학대를 경험한 적이 있고, 이것이 처치 동안 매우 감정적인 토론으로 이어졌다면, 이러한 경험과 이로 인한 토론이 심리교육 프로그램의 내용보다 처치집단이 높은 점수를 받은 데 더 큰 기여를 했을 수 있다.

앞에서 소개된 불안 연구(연구 응용 7.1)는 실험 설계 3의 예시이다. 이것을 무선 할당 사후 검사 설계(randomized posttest-only design)라 한다. 여기에서 하나의 집단은 인지치료

표 7.3 내적 타당도에 대한 위협

위협	예시	위협을 최소화하는 방법
애매모호한 시간 선행	기억을 통해 다른 관계된 변인들과 동시에 측정된 선행 변인	기억의 한계를 언급하고, 종단 적이고 다층적인 설계를 이용한다.
선발	선발 방법에 의해 처치 시행 전 집단 차이가 존재	가능한 한 무선 할당을 한다.
이력(우연한 사건의 영향)	처치 동안 결과에 영향을 미쳤을지도 모르는 사건의 발생	짧은 처치 기간, 그리고 고립된 참여자들로 구성된 두 집단을 이용한다.
성숙 효과	변화에 대한 교란 요인으로서의 자연적인 발달	성숙으로 인한 변화를 처리하고 조정하기 위해 두 집단을 이용한다.
회귀	우울 사전 검사 점수가 극단적으로 높아서 선택된 참여자들의 점수는 후속 검사에서 평균으로 회귀할 가능성이 있다.	통제집단을 사용하여, 평균으로 회귀하는 것을 조정한다.
탈락(차별적 탈락)	두 집단에서 탈락되는 참여자들의 이유가 다르고 결과 비교에 영향을 미친다.	사전 검사를 실시하고 탈락 문제를 다룬다.
검사 효과	동일한 검사를 여러 차례 실시했을 경우에 결과에 영향을 미칠 수 있다.	변인을 측정할 수 있는 다른 대안적인 방식을 사용한다. 검사로 인한 차이를 조정하고 처리하기 위해 두 집단을 이용한다.
측정도구	측정도구 및 절차에서의 변화	다양한 시점에서 측정의 일관성을 검토한다.
부가적 · 상호작용적 효과	여러 요인들 간의 상호작용 효과	예방 가능한 상호작예방 가능한 잠재적인 상호작용을 탐색한다.용의 가능성을 살펴본다.

와 실제 행동연습을 시행했으며 반면에 다른 집단은 인지치료만 받았다. 이러한 방식에서 통계적으로 유의한 차이는 자연스럽게 실제 행동연습의 추가 여부에 따라 나타난다(비록 이러한 귀인에 대한 약간의 위협이 있지만).

우리는 여태껏 내적 타당도에 대한 위협을 살펴보았다. 다음에 내용들은 A라는 어떤 변인이 B라는 어떤 변인의 원인이라는 결론을 내리는 데 위협이 될 수 있다는 점을 명심하라. 각각의 위협을 다루는 방법을 표 7.3에 요약하였다.

애매모호한 시간의 선행 이전의 예에서, 독립변인은 종속변인에 미치는 영향을 판단하기 위하여 조작되었다. 만약 연구의 내적 타당도에 미치는 위협이 제거되었더라도, 독립변인의 조작은 종속변인에서 부수적인 변화를 일으키는 것 같다. 그 역은 성립하지 않지만 말이다. 그러나 독립변인이 조작되지 않은 설계에서 그 방향은 명확하지 않다. 상담에서 상담자의 공감과 내담자의 치료 이득을 살펴보는 연구를 고려해보자. 몇몇 연구는 이러한 두 변인 간에 긍정적인 관계를 발견하였다(예: Kwon & Jo, 2012). 상담자의 공감이 내담자의 진전을 가능하게 만들었을까? 아니면 내담자의 진전에 효과를 것이 상담자로 하여금 더욱 공감하게 만들었을까? 다른 경우에, 가설의 원인은 시간적으로 효과를 분명히 선행하지만, 원인의 측정이 과거를 회상하도록 평가가 이루어졌다. 또 다른 예로는, 가정환경 요인이 완벽주의의 발전으로 이어졌다는 가설을 수립했는데(예: DiPrima, Ashby, Gnilka, & Noble, 2011), 여기에서 시간의 선행은 명확하다. 그러나 만약 가족 환경이 완벽주의적인 성향과 공존하는 것으로 측정된다면(가정환경에 대한 과거 회상), 측정된 것이 시간적으로 완벽주의적인 특성에 앞선다고 말하기는 불분명할 것이다. 이 주제는 21장에서 상담 과정 연구와 관련해서 다시 논의될 것이다.

선발 선발은 처치의 실행 이전부터 존재하는 집단들의 차이를 의미한다. 어떤 특정 집단 소속에 기초하여, 참여자들이 초기에 선택될 때 선발은 종종 위협이 된다. 즉, 참여자들은 기존에 어떤 특정 집단의 소속이기 때문에 특정한 처치집단이나 통제집단에 배정된다. 설계 2는 선발의 위협에 영향을 받는다. 우리의 예시를 기억해보면(연구 응용 7.2), Chris의 반의 학생들은 Dale의 반의 학생들과 아마 매우 달랐을 수 있고, 그렇다면 측정된 차이 ($Ob_{2a} > Ob_{1ctrl}$)는 처치에 의한 것이라기보다는 애초에 존재하는 차이에서 기인한다고 보는 것이 옳을 것이다. 피험자들을 집단에 무선 할당하는 과정이 없을 때 선발의 문제는 언제나 연구의 내적 타당도에 잠재적으로 심각한 위협이 된다.

이력(우연한 사건의 영향) 처치가 실행되고 있을 때나 일어나거나 관찰에 영향을 미칠 수 있는 사건을 의미한다. 이력은 실험 참여자들의 학교 직장 또는 가정생활에서의 사건을 지칭한다(예: TV 프로그램, 뉴스 기사, 학기말 과제, 가족 구성원의 죽음 등). 우리의 예시에서 이력은 설계 1에 위협이 되는데, 실험 개입이 이루어지는 동안 성적 학대에 관한 TV 스페셜이 방영되었을 수 있기 때문이다. 그렇다면 성적학대에 관한 지식의 상승이 지식이 증진된 원인이 심리교육 프로그램에 의해서인지 아니면 TV 스페셜에 의해서 인지 알 수 가 없다.

이력을 통제하는 주요 방법은 두 개의 집단을 사용해서(설계 2와 3에서처럼) 어떠한 사건이 두 집단에 동일하게 (또는 거의 동일하게) 영향을 미치도록 하는 것이다. 우리의 예시에서 처치집단과 통제집단의 실험 참여자들이 TV 스페셜에 접근할 동등한 기회를 가졌다면 이러한 위협도 동등해질 것이다. 이력의 위협을 동등화하였다. (설계 2에서 한 반의 학생들이 숙제가 늘었거나 그 집단의 특별한 이유로 다른 반보다 더 늦게까지 자지 않고 있었다면 늦은 밤에 방영된 TV 스페셜을 더 쉽게 이용했을지도 모른다.) 연구자가 이러한 노력을 하더라도 여전히 어떠한 사건이 단 하나의 집단에게만 영향을 끼칠 수 있다. 하나의 집단에만 영향을 미치는 이러한 사건을 우리는 국지적 이력이라 부른다.

이력에 의한 위협은 다양한 방법을 통하여 감소될 수 있다. 첫째로, 집단에 관한 관찰은 동시에 이루어져야 한다. 예를 들어, 설계 3에서 Ob_{2a}와 Ob_{2ctrl}은 동시에 일어나야 한다. 한 집단의 관찰을 늦추게 되면 한 집단은 검사를 끝냈지만 다른 집단은 검사를 받기 전에 어떤 중요한 일이 일어날 수 있는 가능성을 열어두어 국지적 이력으로 인한 위협이 발생할 수 있다. 둘째로, 처치 기간이 짧을수록 그러한 국지적 이력이 일어날 가능성은 줄어든다. 셋째로, 처치 기간 동안 참여자들이 격리될 수 있다면, 외생 사건이 그들에게 영향을 미칠 가능성이 감소될 수 있다. 이는 한 명의 심사위원을 격리하는 것과 비슷하지만, 자연적인 상황에 있는 참여자들에게 적용하기에는 매우 어려움이 있다.

성숙 성숙은 사전 검사와 사후 검사 사이에 결과에 영향을 미칠 수 있는 참여자들에게서 일어나는 정상적인 발달상의 변화를 의미하는 용어이다. 확실히 신체 능력이나 정신 능력은 이러한 성숙에 의해 영향을 크게 받는다. 설계 1은 성숙의 위협에 특히 취약한데, 특히 Ob_{1a}와 Ob_{2a} 간의 시간 간격이 길수록 이러한 위협은 커진다. 예를 들어, 한 연구에서의 처치가 3학년 학생들의 체력을 증진시키는 1년 단위의 프로그램이라고 할 때, 체력을 증진시키는 것($Ob_{2a} > Ob_{1a}$)은 처치 효과라기보다 자연적인 성숙에서 비롯될 가능성이 크다.

설계 3에서 Ob_{2a}와 Ob_{2ctrl}이 동시에 발생한다면 성숙을 통제한다. 이러한 연구 설계에서 실험 참여자들은 집단에 무선 할당되는데 그렇게 함으로써 실험이 시작되기 이전에 집단 간 비교가 가능하게 된다. 이렇게 함으로써 각 집단의 참여자들은 성숙의 비율이 동일하게 될 것이다.

회귀 회귀란 일반적으로 사전 검사에서 낮은 점수를 받은 참여자가 사후 검사에서 높은 점수를 받고, 사전 검사에서 높은 점수를 받은 참여자가 사후 검사에서 낮은 점수를 받는 사실 때문에 점수에서 발생하는 변화를 말한다. (이러한 이유로, 회귀는 종종 '평균으로의 회귀'라고 불린다) 예를 들어, 야구 경기의 타격왕을 떠올려보자. 확실히 그는 엄청난 타자이기 때문에 그러한 타이틀을 획득했을 것이다. 여전히 어떤 특정한 해의 타율이 부분적으로는 운이 좋아서일지도 모른다. 아마도 봄에 따뜻한 날씨의 고향에서 휴식을 가졌을 수도 있고, 라인업 상의 다음 선수가 성적이 아주 좋았을 수 있다(그래서 상대 팀에서 그 선수에게 공을 던질 수 없었을 것이다), 그가 부상이 완전히 없었을 수도 있고, 운이 좋아서 그가 친 공들이 외야수가 뻗은 글러브를 피해갔을 수도 있으며, 그의 개인적 삶이 안정되었을 수도 있다. 이러한 모든 요소들이 내년에도 유리하게 작용하기는 어려울 것이고, 그에게 다시 좋은 해가 온다고 하더라도 다시 타격왕이 되지는 못할 것이라고 예측하는 것이 논리적이다(실제로 타격왕을 다음 해에 다시 하는 것은 드물다). 이와 비슷하게, 처음에 낮은 점수를 기록한 누군가는 다음 시즌에는 높은 점수를 기록할 것이다.

특히 어떤 변인들의 점수가 극단적인 연구 참여자를 선별할 때, 회귀는 문제가 된다(예: 높은 수준의 우울). 만약 극단적으로 낮은 점수의 참여자들이 선발된다면, 그들이 어떠한 처치를 받았든 받지 않았든지 간에 상관없이 사후 검사에서 높은 점수를 받는 것을 예상할 수 있다. 그림 7.1.에서 설계 1을 다시 한 번 고려해보자. 연구를 위해 우울 검사에서 어떤 준거 점수 이상에 해당하는 연구 참여자들을 선발했다고 가정해보자(높은 점수는 더 높은 수준의 우울을 나타낸다). 이후에 이어지는 검사(사후 검사)에서 이 연구 참여자들이 일반적으로 그들이 그 이전에 했던 것보다 더 낮은 점수(더 낮은 수준의 우울)를 기록했다. 그러므로 통계적으로 사전 검사와 사후 검사의 유의한 차이($Ob_{1a} > Ob_{2a}$)는 전적으로 통계적 회귀에 의한 것이라고 할 수 있다. 설계 3은 참여자들이 무선 할당되고(점수가 비교 가능해진다), 이로 인해 두 집단의 평균으로의 회귀는 거의 비슷할 것이기 때문에 회귀를 통제한다.

탈락 탈락은 연구에서 탈락되는 참여자의 효과를 의미한다. 탈락은 특히 치명적인 위협이 될 수 있는데 모든 연구 설계에 영향을 끼칠 수 있으며 그 심각성을 평가하기가 매우 어렵기 때문이다. 연구 참여자가 실험에서 탈락하게 되면 사후 검사에 남아있는 수치들은 연구를 대표할 수 없게 된다. 예를 들어, 우울한 실험 참여자가 있는 설계 1을 고려해보자. 만약 가장 우울이 심한 연구 참여자들이 탈락된다면, 가장 극단적인 점수들이 더 이상 존재하지 않으므로 사후 검사에서 관측치는 우울이 낮아진 것처럼 나타날 수 있다. 그러므로 사후 검사에 남아있는 관찰치가 대표적이지 못한다는 사실 때문에 $Ob_{1a} > Ob_{2a}$라는 사실이 매우 명확해진다(이 경우에, 탈락된 사람들의 사전 검사 점수는 분석에 포함되지 않을 것이지만 이것을 논의하는 이유는 탈락에 수반되는 문제를 보여준다).

하나 이상의 집단이 관련이 있고 그 집단들의 탈락을 비교할 수 없을 때 **차별적 탈락**이 존재한다고 말한다. 지금까지 논의되었던 내적 타당도에 대한 대부분의 위협에 설계 3이 영향을 받지 않지만 차별적 탈락의 영향을 받는다. 차별적 탈락이 어떻게 영향을 끼칠 수 있는지 제시하기 위하여 설계 3에 몇 가지를 적용해보자. 첫째로, 참여자들이 처치집단과 통제집단에 무선 할당된 심리교육 예시(연구 응용 7.2)를 생각해보자. 처치집단에서 5명의 참여자들이 학교 전학을 간 반면에 통제집단에서는 누구도 그런 일이 없었다. 그 5명의 참여자가 그 집단 참여자들을 대표한다면, 그들의 제외가 결과에 어떤 영향도 미치지 못할 것이다(검증력을 감소시키고, 가정의 위반에 보다 예민한 검사를 실시하는 것이 아니다).

이제 설계 3을 가상적인 불안 연구를 통해 살펴보자(연구 응용 7.1). 한 집단은 인지치료와 실제 연습행동을 하였고 다른 집단은 인지치료만 받은 상황을 다시 떠올려보자. 그 연습은 당연히 불안을 유발하기 때문에, 가장 불안한 참여자들이 완전히 연습을 끝내기보다는 인지치료와 행동연습을 수행하는 집단(처치집단)에서 탈락될 수 있다(드물지 않은 회피 반응). 첫 집단에서 떨어져나간 참여자들이 가장 불안감을 느끼는 참여자들이기 때문에 그들의 탈락은 그 집단의 불안 점수를 감소시킬 것이고(O_{2a}를 감소시킨다), 그 탈락은 처치집단에 유리하도록 집단 간 유의한 차이($Ob_{2a} > Ob_{2ctrl}$)를 나타내는 원인이 될 수 있다. 그러므로 집단 비교와 함께 사전 및 사후 검사에서의 점수 변화를 다루기 위해 가능하다면 두 집단의 사전 검사 점수를 확보하는 것이 중요하다. 차별적 탈락의 영향은 종종 사전 연구를 실시함으로써 측정할 수 있다. 연구 결과에 탈락이 미치는 영향에 자세한 사항은 20장을 참고하라.

검사 검사는 한 번 이상 검사를 실시함에 따라 하나의 검사에서 발생하는 점수의 변화를 말한다. 검사가 익숙해지고 이전 문항과 응답이 기억나는 등의 이유로 참여자들의 점수가 증가하는 경향이 있다. 예를 들어, 참여자들에게 문제 해결 개입 이전과 이후 둘 다 글자 수수께끼 과제를 수행하라고 요청할 수 있다. 그러나 첫 번째 글자 수수께끼 과제에서 수행이 처치의 영향과는 무관하게 사후 검사에서 수행 향상의 이유가 될 수 있다. 검사는 설계 1에 위협이 되는데 사전 검사에서 사후 검사로 가면서 점수의 증가는 그 검사를 두 번째로 실시하기 때문이다. 검사의 영향은 사전 검사가 주어질 때 항상 고려되어야 한다. 설계 2나 설계 3에서 실험 참여자들은 단지 한 차례 검사를 수행하기 때문에 검사는 위협이 되지 않는다.

도구화 측정도구는 연구의 과정에서 측정 장치나 절차에서의 변화를 말한다. 누군가는 아마 '검사는 검사일 뿐이다.'라고 생각을 하기 때문에 그 특성이 사전 연구와 사후 연구에서 변화하지 않을 수 있다. 검사를 수반하지 않는 측정을 통해 점수가 얻어지는 경우도 있다. 예를 들어, 관찰이나 인터뷰, 그리고 전자나 기계 장비 등을 통해서 얻어질 때가 있다. 객관적인 '평정자(coder)'에 의한 관찰도 연구의 과정 중에 체계적으로 '변화'하는 것으로 알려져 있다(Kazdin, 2003). 종종 평정자들도 평가 과정에 대한 경험이 증가하면서 정의가 바뀌는데, 결국 그들의 평가 행동이 시간이 지나면서 바뀌게 된다. 전자 기기들은 날씨에 민감해 그에 따라 변화하는 경향이 있다. 심지어 지필 검사조차 측정도구의 위협으로부터 벗어날 수 없다. 특히 그 연구가 주관적으로 채점이 될 때는 검사의 점수가 사전 검사에서 사후 검사로 가면서 체계적으로 바뀔 수 있다.

내적 타당도를 위협하는 부가적 · 상호작용적 효과 지금까지 논의했던 내적 타당도를 위협하는 많은 요인들이 함께 영향을 미칠 수 있다. 심리교육 예시에서 설계 2를 고려해보자. Chris와 Dale의 반에 참여자들이 무선 할당되지 않았더라도 그들의 모든 관련된 특성들(예: 지능, 사전 지식, 동기, 사회경제적 지위 등)이 대략적으로 동일하다고 가정해보자. 또한 지난밤에 성적 학대에 관한 TV 프로그램이 지역 방송국에서 방영했다고 가정해보자. 여기에서 집단 간 비교가 가능하기 때문에 선발이 위협이 되지 않을 것이다. TV 프로그램이 방영되었을 때 양측 집단이 모두 TV를 볼 수 있으므로 이력도 위협이 되지 않는다

(Ob_{2a}와 Ob_{2c}가 동시에 발생한다고 가정하자). 그러나 선발과 이력은 서로 상호작용을 할 수 있다. Dale 반 학생들은 선생님이 내준 많은 양의 숙제를 밤늦게까지 하느라 TV프로그램이 방영될 때 깨어있었을 수도 있다. 이 예시에서, 통제집단의 점수는 이력과 선발의 상호작용으로 인해 향상할 수 있고 처치의 효과를 모호하게 할 수 있다. 이러한 상호작용은 처치집단에서 관찰된 효과가 TV 프로그램 때문인지 심리교육 처치 때문인지 확인하는 데 어려움을 줄 수 있다.

구성 타당도에 대한 위협

구성 타당도(construct validity)는 연구자가 측정하고자 하는 구성개념을 독립변인과 종속변인이 얼마나 잘 반영하는지를 말한다. 구성 타당도는 척도 개발에 있어서 중요한 문제이다(10장 참고). 어떤 구성개념에 대해서 애매모호하면 교란이 존재한다. 더 엄밀히 따지면, 교란은 논리적 교란 또는 통계적으로 가설적 구성개념과 차별화될 수 없는 대체 구성개념을 의미한다.

연구 응용 7.3

개인적인 문제를 지닌 남성 내담자는 여성 상담자를 선호한다고 연구자가 가정하고 남성 내담자들을 2개 집단 중 하나에 무선 할당했다고 가정해보자. 하나의 집단은 여성 상담자의 이름과 사진이 있는 글을 읽는 반면, 다른 집단은 남성 상담자의 이름과 사진이 있는 글을 읽는다. 글을 읽은 이후에, 각각의 내담자들에게 자신의 문제해결을 위해 상담자를 만나고자 하는 의향이 얼마나 있는지에 대하여 답하게 하였다. 예상한 대로 내담자들은 여성 상담자를 더 선호한다는 결과가 나온 상황을 가정하자(더 나아가 통계적 결론 타당도와 내적 타당도가 적절하다고 가정하자). 논리적인 결론은 남성 내담자가 개인적 문제에 대해 상담 하는 데 여성 상담자를 선호한다는 것이다. 그러나 여기에는 대안적인 설명이 가능하다. 사진에서 남성 상담자보다 여성 상담자가 신체적으로 더욱 매력적일 수 있다. 이 결과에서, 여성 상담자를 만나고자 하는 욕구는 성별의 문제라기보다는 개인적인 매력 때문일 가능성이 있다. 이러한 대안적 설명을 다룰 수 있는 연구를 설계할 수 있는 방법들에 대해 잠시 생각해보자.

이 예시(연구 응용 7.3)에서 두 개의 구성개념(성별과 신체적인 매력도)들은 간섭되어 있다. 구성 타당도는 독립변인과 종속변인 모두와 밀접한 관련이 있다. 독립변인과 관련하여, 그 집단들은 관심 차원에 따라 바뀌어야 하지만 다른 차원에서는 체계적으로 바뀌어서는 안 된다. 독립변인이 성별을 조작화하기로 했다면(앞서 우리의 예시처럼), 아마 그

표 7.4 구성 타당도의 위협

위협	예시	위협을 최소화하는 방법
명료하지 못한 설명	구성개념을 조작화하는 데 명료성이 부족하다.	구성개념의 중요하거나 필수적인 요소에 대해 신중하고 합리적인 분석을 수행한다.
구성개념 교란	하나의 구성개념(성별)을 조작화할 때 우연히 다른 구성개념(매력도)의 조작화한다.	두 구성개념이 어떻게 연관되어 있는지 조사하고 중립화할 수 있는 방법을 찾는다(두 성별의 매력도 수준을 비교한다).
단일 조작 편향	어떤 구성개념을 측정하기 위해 한 가지 도구만 사용한다.	구성개념을 측정하기 위해 다양한 표본과 도구를 이용한다.
단일 방법 편향	구성개념을 측정하기 위해 단일 방법(자기보고)을 사용한다.	구성개념을 측정하기 위해 다양한 방법(자기보고와 다른 보고 방법)을 이용한다.
수준에 따른 구성개념의 교란	전문성이 제한된 수준의 참여자만 확보한다(예: 초보 상담자).	예를 들면 다양한 초보 상담자와 노련한 상담자를 포함하여 참여자들 사이의 전문 지식수준을 확장한다.
처치에 민감한 요인구조	처치의 의도된 효과와는 다르게 처치를 받는다는 사실이 참여자의 반응에 영향을 미친다(처치 장면에 있다는 것이 참여자로 하여금 검사 도구가 측정하는 것에 더욱 민감하게 만든다).	이러한 상호작용을 탐지하는 것은 어렵지만 위협이 확인된다면 연구 결과의 한계로 다룬다.
반응적인 자기보고 변화	처치 조건에 할당되었다는 것 때문에 자기보고를 왜곡한다.	객관적인 평가자나 다른 비반응적 검사 도구를 이용한다.
실험 상황에 대한 반응	연구자가 무엇을 원하는지 파악한 후 연구자의 의도에 맞게 반응하거나 예상되는 연구 결과와는 반대로 참여자	연구 목적을 애매모호하게 만들거나 참여자들이 처치 조건에 있는 것을 모르게 한다.
실험자의 기대	실험자가 참여자와 대화하거나 상호작용하는 동안 의식적으로든 무의식적으로든 결과에 영향을 미친다.	실험자에게 연구의 목적을 애매모호하게 알리거나 처치 조건에 있는 것을 모르게 한다.
신기성과 방해	신기성으로 인한 흥분과 기대가 참여자들의 반응에 영향을 미칠 수 있다.	연구 결과에 영향을 미치는 신기성과 방해 효과를 탐지하기는 어려울 수 있지만, 이러한 위협이 우려된다면 연구 결과의 한계로 다룬다.
처치의 보상적 동등화	대안적인 처치나 서비스를 다른 곳에서 찾는 통제집단의 참여자	그게 발생했을 때 확인하거나나 예방하는 방법을 설계하고 결과를 분석할 때 이 요인을 설명한다.
보상 경쟁	처치집단의 참여자들보다 더 나은 수행을 하기 위한 통제집단 참여자들의 노력	그것이 발생했을 때 알아차리거나 예방하는 방법을 설계하고 결과를 분석할 때 이 요인을 설명하라.
분개함으로 인한 사기저하	처지집단(또는 통제집단)에 있는 것을 덜 선호하는 참여자는 사기가 저하되고 수행이 감소하는 경향이 있다.	그게 발생했을 때 확인하거나나 예방하는 방법을 설계하고 결과를 분석할 때 이 요인을 설명한다.
처치 내용 누설	한 집단에 전달된 처치가 은연중에 다른 집단에 퍼지게 된다.	통제집단의 참여자들에게 처치 내용이 누설되는 것을 예방하는 방법을 설계한다.

집단들은 이 차원에서는 달라야 하지만(우리의 예시의 경우) 다른 차원에서 달라서는 안 된다(신체적인 매력도처럼). 비슷하게, 종속변인 또는 변인들은 그들이 측정하고자 의도하는 것만 측정해야 하며 관련이 없는 요인들을 측정해서는 안 된다.

여기서 우리는 간단히 Shadish 등(2002)이 기술한 대로 구성 타당도에 대한 위협에 대해 검토해보자. 이러한 위협은 두 가지 주요 집단으로 분류된다. 구성개념 과소대표성(construct underrepresentation)과 잉여 구성개념 무관성(surplus construct irrelevancies)이 그것이다. 구성개념 과소대표성은 구성개념의 모든 중요한 측면들을 통합하는 데 실패했을 때 발생한다. 반면에 잉여 구성개념 무관성은 구성개념의 무의미한 측면을 일부로 포함시킬 때 발생한다. 이런 비유를 생각해보자. 우리가 너무 큰 구멍의 어망을 사용한다면 우리가 잡으려고 하는 물고기들을 놓치게 될 것이다(구성개념 과소대표성). 그리고 우리가 너무 작은 구멍의 어망을 사용한다면 원하지 않는 작은 크기의 물고기들만 잡게 될 것이다(잉여 구성개념 무관성). 많은 점에서 구성 타당도에 대한 탐색은 마치 우리가 딱 원하는 물고기를 잡기 위한 알맞은 구멍을 가진 어망을 찾아내는 것과 같다고 할 수 있다. 각각의 위협을 처리하는 방법에 대한 요약은 표 7.4를 참고하라.

구성개념에 대해 명료하지 못한 불충분한 설명 구성개념을 조작하기 위해, 우리는 먼저 구성개념의 중요한 또는 필수적인 요소들에 대해 신중하고 합리적인 분석을 수행해야 한다. 구성개념이 명료하지 않은 데서 오는 구성 타당도에 대한 위협은 그러한 분석이 이루어지지 않을 때 발생한다. 이것이 구성개념 과소대표성의 예이다. 어떤 구성개념을 적절하게 조작화하기 위해서는, 구성개념이 명확하게 정의되어야 한다. 구성개념이 이름으로만 거론되고 자세하게 논의되지 않았을 때에, 무엇을 의도하는지 정확하게 확인하기가 어려울 때가 있다. 배우자 학대는 신체적 및 언어적 공격, 어떤 신체적 행위, 해를 입히려는 의도를 가진 신체적 행위를 의미할 수 있다. 구성개념의 특성에 대한 결정이 임의적이어서는 안 된다. 연구 가설이 이론을 따를 수 있는 적절한 정의가 필요하다. 더욱이, 구성개념에 대한 결론이 축적될 수 있도록 선행 연구와 일관되게 구성개념을 정의하는 것이 또한 중요하다.

구성개념 교란 이전에 기술했듯이, 잉여 구성개념 무관성의 예시에서처럼 구성개념 교란은 구성개념의 조작화가 우연히 또 다른 구성개념을 조작화할 때 일어난다. 앞서 제시한 예시에서, 성별은 개인적인 매력도와 함께 간섭되었다. 교란은 순수하게 조작을 설계하는 것을 어렵게 하고 외재 구성개념이 은연중에 연구에 영향을 미칠 수 있기 때문에 문제가 된다.

단일 조작 편향 단일 조작 편향은 독립변인 수준의 단일 전형이나 종속변인에 대한 단일 측정의 문제를 나타낸다. 단일 조작은 종종 구성개념의 본질이 단일 전형이나 단일 측정으로 잡아낼 수 없을 때 문제가 된다. 단일 조작은 구성개념을 과소평가하고 무관한 내용을 담고 있는 경향이 크다.

독립변인의 단일 조작은 각 처치에서 단지 단 하나의 전형이 사용될 때 야기될 수 있다. 예를 들어, 이전에 언급한 성별 연구에서, 여성 상담자 집단의 모든 참여자들은 동일한 이름의 상담자에 대한 설명을 읽고 동일한 사진을 검토했다. 이보다는 몇 가지 설명과 남성과 여성의 이름과 사진들을 선호했을 것이다. 종속변인과 관련하여 단일 측정은 구성개념을 적절하게 반영하지 못한다. ABC 불안 검사가 어느 정도까지는 사회적 불안을 반영하겠지만 완벽하게 반영하지는 못한다. 사회적 불안과 관련된 다른 도구를 추가함으로써 그 구성개념은 더욱 완벽하게 조작화된다. 구성개념을 조작하기 위한 종속변인을 측정하기 위해 다양한 도구를 사용하는 것에 대안 이론적 기반은 통계 및 측정에서 찾아볼 수 있다. 19장에서는 이러한 기반들에 대해 개념적으로 논의할 것이다.

단일 방법 편향 이전에 말했듯이, 다양한 검사 도구들이 어떤 구성개념의 본질을 잡아내는 데 중요하다. 그러나 만약 모든 종속변인들이 동일한 방법을 사용한다면 거기에 편향이 존재할 수 있다. 예를 들어, 자기 보고식 측정은 종종 공통적인 응답자 편향을 공유한다. 만약 참여자가 모든 자기 보고 검사들에서 사회적으로 바람직한 방법으로 응답한다면 일관된 편향이 존재한다. 만약 두 개의 구성개념이 동일한 방법으로 측정된다면(예: 자기 보고), 변인 간의 상관관계는 구성개념 간의 참 상관관계라기보다는 방법의 차이로 인해 발생할 수 있다. 예를 들어, 우울을 평가하기 위해 자기 보고만을 사용하기보다는 우울에 대해 치료자와 관찰자 보고를 사용해서 내담자 자기 보고와 함께 사용하면 더 효과적일 것이다.

단일 방법 편향은 독립변인에도 적용될 수 있다. 글로 쓴 설명과 이름, 사진을 제시하는 것(각각에 대한 다양한 전형)은 한 가지 방법을 사용해서 성별을 조작화한다. 질문은 남게 된다. 다른 방법(예: 상담자의 비디오테이프)을 사용해서 성별이 조작화되어도 연구 결과는 비슷할까?

구성개념의 수준에 따른 구성개념 교란 연속적인 구성개념은 분명한 별개의 전형들로 조작화된다. 예를 들어, 상담자의 경험 수준은 종종 처치 연구에서 독립변인이 된다. 경험은 넓은 범위의 연속변인이다. 선택된 경험 수준이 연속선상에서 가장 하단(예: 초보 상담자, 석사 학위를 소지하고 있거나 일차 연습 과정에 있는 상담자)이나 가장 상단(예: 10, 15, 또는 20년의 경험이 있는 박사급 상담자)에 있다면, 경험이 상담의 결과에 영향을 미치지 않는다고 결론을 내릴 수 있다. 구성개념 과소대표성의 다른 예로서 제한된 구성개념의 수준이 선택되면, 그 구성개념은 구성개념의 수준들로 교란된다.

처치에 민감한 요인구조 앞서 논의했던 대로, 측정도구는 내적 타당도와 관련해 문제가 될 수 있다. 그러나 처치의 전달이 의도된 처치 효과와는 별개로 참여자들의 반응에 영향을 미치는 경우가 있다. 때때로 처치는 측정도구의 요인구조를 바꿀 정도로 참여자들을 측정도구와 관련하여 민감하게 만든다. 예를 들어, 우울증을 측정하는 도구가 치료받지 않은 우울한 사람을 관리할 땐 일차원일 수 있다. 특히 심리교육적인 요소와 함께 치료가 제공된 이후에, 내담자들은 그들의 우울 양상을 멜랑콜리, 활동에서의 즐거움의 상실, 섭식과 수면, 비합리적인 생각 등과 관련하여 구별할 수 있게 되면서 다차원적인 측정도구가 만들어진다. 그러므로 치료 이후에 그들은 민감해지게 되며 우울에 대한 인식이 커지면서 하위 척도에서 더 높은 점수를 기록하게 된다. 예를 들어, 치료를 받은 실험 참여자의 우울 도구에서의 총점은 그 처치가 활동 수준에는 영향을 미치지 않고 멜랑콜리에만 영향을 미친다는 사실을 제대로 제시해주지 못할 수 있다.

반응적인 자기 보고 변화 실험에 대한 배치 전후로 기능에 대한 자기 보고는 변화에 대해 왜곡된 보고로 이어질 수 있다. 예를 들어, 임상 실험에서 치료에 참여할 수 있는 자격을 얻길 희망하는 참여자는 처치에 배치된다면 빠르게 없어져 버릴 증상을 과장되게 보고할 실험집단에 대한 처치의 효능은 사실상 자기보고에 기인한다. 반면에, 통제집단의 대기명단에 배정된 참여자들은 연구자들이 그들이 치료받지 못한 채 악화되는 걸 그대로 두지는 않을 것이라는 믿음 때문에 실제로 증상을 과장되게 보고할 수 있다. 이러한 시나리오에 따르면, 실험집단에 대한 처치의 효능은 사실상 반응적인 자기보고에 기인한다. 사후검사 또한 소급적으로 치료에 반응할 수 있다. 일련의 인지행동치료 과정을 완료하고 부적응적 인지에 관한 문항으로 구성된 우울 검사를 실시한 내담자는 치료로 인해 이러한 사고가 부적절하다는 것을 인식하기 때문에 우울 검사에 호의적으로 반응할 수도 있다. 반면 정신 역동치료나 경험적 치료를 받은 내담자들에게서 동일한 소급 효과가 발생하지 않을 수 있다. 이러한 위협에 대한 한 가지 해결책은 객관적인 평가자에 의해 실시되는 검사 도구나 다른 비반응적인 검사 도구를 사용하는 것이다(Webb, Campbell, Schwartz, & Sechrest, 1966 Webb, Campbell, Schwartz, Sechrest, & Grove, 1981 참고).

실험 상황에 대한 반응 실험 상황에 대한 반응은 참여자들이 처치 조건에서 우연히 발생한 실험 상황이 어떤 측면에 대해 참여자들이 반응할 때 발생한다(호손 효과, Hawthorne effect)(Landsberger, 1957). 때때로 참여자들은 연구자가 원하는 것이 무엇인지 이해하려고 시도하며(때때로 **가설 추측**이라 불린다), 예상되는 연구 결과대로 반응하거나, 그 반대로 반응한다. 가설 추측에 있어서 가장 문제가 되는 것들 중에 하나는 그것이 언제 발생하고, 얼마나 자주 발생하며, 방향과 효과의 폭을 결정하기가 매우 어렵다는 것이다. 예를 들어, 성별에 관한 연구에서 가설이 특정한 성별의 상담자를 만나려는 참여자의 의지와 관련이 있다고 참여자가 추측한다면, 참여자들은 자신들이 개방적이거나 성차별주의자가 아님을 보여주려고 하거나, 연구자를 만족시키는 특정한 방식으로 행동했을 가능성이 높다. 실험 상황에 대한 반응은 그 처치가 효과적일 것이라는 기대 때문에 발생하는 의약계의 플라시보 효과와 관련이 있다. 원하는 처치나 또는 실험적 처치에 배치되는 것은 참여자들에게 그 처치가 효과적일 것이라는 기대감을 높여주어, 결국 내담자들에게 긍정적인 영향을 미쳐, 치료의 실제 구성요소와는 무관한 치료 효과를 만들어낸다.

비록 결함과 문제가 있지만, 실험 상황에 대한 반응을 감소시킬 수 있는 몇몇 방안들이 있다(Rosnow & Rosenthal, 1997). 첫 번째로, 실험자는 연구의 목적을 애매모호하게 만들어서, 어떤 처치가 다른 처치보다 더 나은 효과가 있다는 기대에 대한 암시를 모호하게 만들 수 있다. 하지만 이러한 실험자의 행동은 연구자는 참여자들이 연구 참여에 동의하기 전에 연구의 목적에 대해 설명하도록 권고하는 윤리적인 원칙 때문에 사전 동의의 완전성을 감소시킨다(이러한 윤리적 문제에 대한 논의는 3장을 참고하라). 취할 수 있는 또 다른 행동은 참여자들이 처치를 눈치채지 않게 하는 것인데, 이렇게 함으로써 참여자들은 그들이 플라시보 알약을 먹었는지 실제 약을 받았는지 알 수 없게 된다.

실험자의 기대 비록 실험자들은 객관적인 과학자로 종종 묘사되곤 하지만, 이것은 사실이 아니라는 증거가 있다. 그들은 종종 특정 결과를 찾기를 열망하며, 이러한 편향성은 실험 참여자들에게 미묘하게(때로는 미묘하지 않게) 전달되기 마련이다. 예를 들어, 실험자가 처치 연구에서 상담자 역할을 겸할 때, 실험자는 내담자에게서 자신이 가치 있다고 생각하는 처치의 효과가 나타나기를 간절히 원할 수 있다. 이러한 일이 일어났을 때, 인과적 요소가 처치의 결과인지 혹은 기대 때문인지 알 수 있는 방법이 없다. 이러한 불확실성은 연구의 구성 타당도를 위협한다. 실험자의 기대는 23장에서 더욱 자세하게 다룰 것이다.

신기성과 방해 효과 인간은 호기심에 반응하는 존재이며, 이러한 현상은 연구에서 참여자들이 새로운 실험 상황에 대처하는 방법에 영향을 줄 수 있다. 새로움은 연구 참여자들에게 영향을 미칠 수 있는 짜릿함과 기대의 분위기를 만들어낸다. 예를 들어, 처음으로 선택적 세로토닌 재흡수 억제제(SSRI) 계열의 항우울 · 항불안제(프로작)가 1980년대에 소개되었을 때, 이 약들은 기적의 치료제로 환영받았고 그 당시 임상 실험에 등록한 피험자는 SSRI 이후 세대의 임상 실험에 등록한 피험자들과는 매우 다른 의미를 지녔다. 그러나 때때로 신기성은 일상적인 행동을 방해하며 유해한 효과를 만들어낸다. 타당성에 대한 많은 위협들처럼 신기성과 방해의 영향이 처치를 강화시킬지 약화시킬지 아는 것은 어렵다.

처치의 보상적 동등화 대부분의 상담자들은 통제집단의 참여자들이 프로그램 참여를 보류하는 것을 자연히 꺼려한다. 직 · 간접적으로 연구와 관련된 사람들이 통제집단의 참여자들에게 일정 유형의 도움을 제공함으로써 처치를 받지 않는 집단에 보상하려 할 때, 처치의 보상적 동등화가 존재한다고 말할 수 있으며 내적 타당도에 위협을 가하는 요소로 작용한다. 상담 장면에서, 통제집단의 참여자들은 종종 다른 곳에서 도움을 찾곤 한다(성직자, 다른 상담 서비스 등). 학교 장면에서 통제집단이 마음에 들지 않는 관리자들은 소풍이나 영화 등과 같은 일반적이지 않는 경험을 제공한다. 이러한 경험은 실험 참여자들의 점수에 영향을 미칠 수 있는데, 특히 종속변인이 불특정한 경우에 그렇다(예: 자아개념).

보상 경쟁 보상 경쟁은 통제집단의 참여자들이 '더 낫지 않다면 똑같이 좋다.'는 것을 증명하기 위하여 처치집단의 참여자들을 능가하기 위한 통제집단 참여자들의 노력을 나타낸다. 참여자들의 수행 결과가 여러 사람들에게 알려지고, 수행의 결과가 좋지 않은 것으로 알려졌을 때 자주 타당도에 대한 위협이 발생한다. 이 위협을 설명하기 위해 정신건강 센터에 있는 상담자들이 처치집단이나 통제집단에 무선 할당된 상황을 가정해보자. 처치는 원기회복 과정에 대한 진단, 평가, 서비스 제공으로 구성되어있다. 상담자들은 과정이 중요한 게 아닌 부차적이며, 자신들의 격에 떨어진다는 것을 알고 자신들은 이러한 과정이 필요 없다는 것을 증명하기로 결심한다. 따라서 통제집단의 참여자들은 이 방면에서 유능하다는 것을 증명하기 위해 추가적인 노력을 하게 된다.

분개함으로 인한 사기저하 분개한 사기저하 현상이란 여러 가지 점에서 보상 경쟁의 반대되는 개념이다. 더 나은 성과를 달성하기 위해 열심히 노력하는 것이 아니라, 덜 바람직한 처치집단(혹은 통제집단)의 참여자들은 종종 사기가 저하되어 수행이 감소하는 경향이 있다. 예를 들어, 우울 연구의 참여자가 통제집단에 배정될 수 있음을 통보받았더라도, 통제집단에 실제로 배정되면 평소보다 더 우울함을 느낄 수 있다. 자신의 세계에서 강화물에 대한 거의 통제가 거의 불가능하다는 느낌이 되풀이해서 갖게 된다. 통제집단 참여자들의 사기저하는 이러한 참여자들의 우울 수준을 증가시킨다. 따라서 사후 검사에서 점수 간 차이($Ob_2 < Ob_{2crtl}$)는 처치의 효과성이라기보다는 통제집단 참여자들의 사기저하 때문일 수 있다.

처치 내용의 누설 때때로 한 집단에 전달된 처치는 은연중에 다른 집단으로 전달될 수 있다. 이는 처치가 주로 정보를 제공하는 형태로 이루어지며 많은 관심을 갖는 처치인 경우에 특히 그렇다. 성적 학대에 대한 연구를 가정해보자. 이러한 주제에 관련한 것들 때문에 처치집단의 학생들은 통제집단의 학생들과 이에 대하여 논의할 수 있고, 이는 처치가 두 집단 모두에게 효과적으로 전달될 수 있다. 처치 내용의 누설은 처치가 효과적일 때에도 집단 간 차이를 발견하는 것을 어렵게 만든다.

외적 타당도에 대한 위협

외적 타당도(external validity)는 연구 결과의 일반화 가능성을 의미한다. 어떤 단위(보통은 사람)의 집단, 조건, 처치, 결과에 연구의 결과가 적용될 수 있는가? 종종 외적 타당도는 연구에 참여하지 않은 사람들이나 사람들의 유형에 연구 결과가 얼마나 잘 지지될 수 있는지에 국한된다. 그러나 다양한 조건이나 처치, 결과에 적절한 탄탄한 결론을 원한다는 것을 이해하는 것이 중요하다(Shadish et al., 2002).

전통적으로, 모집단으로부터의 표본을 조사함으로써 사람에 대한 외적 타당도에 접근하였다. 우선 사람의 모집단이 정의되고, 두 번째로 모집단으로부터 무선 표본이 이루어진다. 확보된 표본으로 수행된 연구 결과에 근거하여 모집단에 대한 결론 내린다. 불행히도 실제로나 또는 근접하게나마 무선 표집은 드문 경우에만 가능하다. 사회적 불안을 가진 참여자들에 대한 연구를 생각해보자. 미국 내에서 사회적 불안을 가지고 있는 모든 사람들로부터 무선 표본을 추출한다는 것은 불가능하다. 표집의 개념과 무선 표집이 불가능할 때 내리는 추론에 대해선 8장에서 논의해보자.

Cook과 Campbell(1979)은 모집단에 대한 일반화와 전체 모집단에 대한 일반화를 포함함으로써 외적 타당도의 개념을 넓혔다. 잘 정의된 모집단에서의 무선 표집은 모집단에 대한 일반화 가능성을 높인다. 그러나 참 무선 표집은 드물게 수행되기 때문에, 모집단에 대한 일반화는 어렵다. 실무적으로 더욱 중요한 문제는 서로 다른 모집단에 대한 연구 결과의 일반화 가능성이다. 사회적 불안 예시에서 인지치료에 행동연습을 추가한 것이 인지치료만을 행하는 것보다 사회적 불안을 줄이는 데 있어 더욱 효과적이라는 사실을 발견했다고 가정해보자. (통계적 결론 타당도, 내적 타당도, 구성 타당도가 유효한 추론을 내리는 데 적절하다.) 어떤 모집단들에 대해서 이 연구 결과가 일반화될 수 있을까? 사회 불안을 가진 모든 참여자들에게 동등하게 적용될 수 있을까? 남녀노소, 그리고 다양한 소수집단까지도 가능할까? 또 다양한 장소(사교 모임, 공공장소)에서 참여자들에게 이러한 결

표 7.5 외적 타당도의 쟁점

외적 타당도 유형	예시
단위	사람의 특성(예: 성별, 인종, 민족적 배경, 경험 수준, 역기능의 정도, 지능) 또는 학교 · 학급(예: 공립 · 사립, 학년)
처치	임상 실험의 조건과 처치 준수 수준 대(對) 지역 시설에서의 조건과 처치 준수 수준 특정한 처치 수련을 받은 선발된 상담자 대 지역사회에서 일반 상담자
결과	특정 도구에 의해 측정된 결과(특정한 자기보고식 우울 척도) 대 다른 측정도구나 방법에 의해 측정된 결과(심리학자에 의한 진단)
환경	상이한 환경(예: 대학상담 센터, 지역사회 정신건강 센터, 병원, 개인 상담시설, 학교)

과가 적용되는지, 참여자들과는 다른 연령대의 사람들에게도, 우울함 사람뿐만 아니라 잘 지내는 사람에게도 적용되는지, 인지행동치료 이외의 처치(실제 행동연습이 과정경험치료 효과를 증진시킬까?)에도 적용되는지 등의 무수한 질문이 존재할 수 있다.

모집단 전체에 대한 일반화 가능성은 상담 연구자들에게 특히 관심 있는 주제이다. 어떤 환경에서 어떤 유형의 환자들에게 어떤 유형의 처치를 제시할 것인지 결정하는 것은 중요하다. 우리는 연구 결과에 대한 일반화 가능성을 제한하는 외적 타당도에 미치는 네 가지 위협에 대해 짧게 논의해볼 것이다. 외적 타당도와 관련된 쟁점들의 예시는 표 7.5를 참고하라.

단위 단위가 사람일 때, 상담 연구와 관련되는 변인들은 성별, 인종, 민족 배경, 경험 수준, 역기능의 정도, 지능, 인지 양식, 성격, 문화 적응의 정도, 그리고 성적 편향성 등을 포함한다. 모집단이 연구될 때 다양한 선택이 존재한다. 모집단을 선택할 때 고려되는 사항들은 8장에서 논의될 것이다. 요약하면, 다양한 범주의 사람들에 대해서 종속변인과 독립변인 간의 인과관계를 조사할 때 연구에서 외적 타당도는 강화된다.

단위는 사람일 필요는 없다. 예를 들어, 학교 수준에서의 개입은 학급을 구성단위로 삼을 수도 있다. 질문은 연구가 수행된 학교 또는 그 학교와 유사하거나 유사하지 않은 다른 학교의 학급에서도 연구 결과가 적용될 수 있는가이다.

처치 변화 처치가 효과적이기 위해서는 임상 실험에서처럼 정확히 처치가 이루어져야 하는가? 임상 실험에서의 처치는 치료에 대해 슈퍼비전과 수련을 받았고 치료 지침을 준수하도록 요구받은 치료자들에 의해 실시되었다. 질문은 그 처치가 치료 지침을 준수하지 않을 수도 있고, 다른 처치 기법을 사용하는 지역사회의 치료자들에 의해 실시되었을 때도 동일한 효과가 있는가이다.

결과 이는 행동 및 증상 결과를 활용해왔던 행동치료의 지지자들과 성격과 안녕감 측정도구들을 더욱 활용했던 정신역동치료 지지자들 사이에서 논쟁의 원인이 되어왔던 문제이다. 일련의 측정도구로부터 얻어진 결과들이 다른 일련의 측정도구들로부터 측정될 수 있는 결과에 적용 가능한가? 비슷한 논쟁이 학교에서 제한된 학업 성취 결과를 지지하는 사람들과 시민의식과 이타주의, 창의성, 일반적 문제 해결 기술 등과 관련된 변인들을 포함하는 넓은 범위의 학업 성취를 지지하는 사람들 사이에서 있다. 종종 연구들에서 중요한 구성개념들이 무시되고 설계가 되는데, 문제는 이러한 구성개념들이 심리학적 궁금증의 가장 흥미로운 부분이 될 수 있다. 상담자 유형에 대한 소수 집단의 선호도에 관한 많은 조사들이 있었다(예: Chang & Yoon, 2011; Coleman, Wampold, & Casali, 1995). 그러나 대부분의 이러한 연구에서 놓친 것은 상담 성과에 관련되는 구성개념들이었다. (아시아계 미국인 내담자가 아시아계 미국인 상담자를 선호한다는 사실은 아시아계 미국인이 가장 바람직한 성과를 가져올 것이라는 것을 암시하는가?) 이 주제에 대한 메타 분석 연구는 상담자가 자신과 동일 인종이기를 선호한다는 것과 자신과 동일 인종의 상담자를 다른 인종의 상담자에 비해 더욱 긍정적으로 인식한다는 것이다. 그러나 연구 결과는 상담의 성과에 인종의 일치가 이점이 되지 못한다는 사실 또한 밝혀졌다(Cabral & Smith, 2011). 그러므로 연구에서 사용된 구성개념의 제한은 연구의 구성 타당도에 위협요인이 된다.

환경 대학상담 센터에서 얻은 연구 결과가 지역사회 정신건강 센터, 병원, 또는 개인 상담소까지 얼마나 일반화될 수 있을까? 이러한 환경들 간에는 명확한 차이들이 존재하며, 연구 결과가 이러한 전체 환경들에 필연적으로 일반화가 된다고 믿을 만한 이유도 없다. 많은 연구들이 상담 센터에서 수행되었는데, 직원들이 의욕적이고 관심을 가지고 있으며 능동적이기 때문에 그럴 수 있다. 하지만 다른 환경들과 이 환경이 구별될 수 있는 요소들이 있다. 따라서 연구의 외적 타당도는 독립변인과 종속변인의 관계가 서로 다른 환경에서 면밀히 검토될 때 강화된다.

요약 및 결론

이 장에서 우리는 네 가지 타당도에 대하여 상당히 자세하게 논의했다. 통계적 결론 타당도는 연구 주제의 변인들 간의 관계에 대하여 연구자가 올바른 결론에 다다를 수 있는 정도를 의미한다. 내적 타당도는 변인들 간에 인과관계가 존재하는지에 대하여 진술할 수 있는 정도를 의미한다. 구성 타당도는 연구에서 측정된 변인이 의도된 구성개념을 대표하는 정도를 의미한다. 마지막으로, 외적 타당도는 변인들 간의 관계가 현재 연구를 넘어서 다른 단위(보통 사람), 환경, 처치, 결과에 일반화될 수 있는 정도를 의미한다. 비록 이러한 네 가지 유형의 타당도에 대해 완벽한 확신을 가지고 수립할 수는 없겠지만, 연구자들은 가능한 한 많은 타당도에 대한 위협들을 제거함으로써 타당도의 추정치를 수립하려고 노력한다. 가장 중요한 것은, 다른 유형의 설계들은 일반적으로 네 가지 타당도와 관련하여 상충관계를 나타낸다.

네 가지 유형의 타당도 각각에 대한 다양한 범위의 위협들이 존재한다. 위협의 심각성을 어떻게 측정할 수 있을까? 예시에서, 통계 검정은 어떤 위협이 문제가 되는지 여부를 결정하는 데 이용될 수 있다. 예를 들어, 사전 검사가 시행되면, 연구에서 중도 탈락한 참여자들 간의 차이가 남아있는 참여자들과 통계적으로 비교 가능하다. 또는 외적 타당도는 독립변인과 사람, 상황, 시간변인 간의 통계적 상호작용을 면밀히 조사함으로써 측정될 수 있다.

타당도를 평가하는 두 번째 방법은 위협의 발생 가능성을 논리적으로 조사해보는 것이다. 어떤 경우에는 직접적인 증거가 없는 상황에서조차도 특정한 위협이 문제가 될 가능성이 거의 없다. 예를 들어, 비록 성숙이 어떤 연구 설계에서 위협으로 작용할 수 있지만 만약 처치가 단지 1시간만 진행되는 것이라면 참여자들은 그 시간 동안에 상당한 성숙의 가능성은 매우 낮을 것이다. 또는 만약 사전 검사가 공통적으로 사용되는 검사이고 처치가 장기간 이루어질 경우, 검사와 처치의 상호작용은 아마 결과에 거의 영향을 미치지 못할 것이다. 만약 참여자들이 낯선 외부인이며 만날 기회가 없다면 처치의 누설 가능성은 거의 없을 것이다.

위협을 통제하는 몇 가지 측면을 연구에 포함시킴으로써 타당도의 위협을 줄이는 게 가능하다. 남녀 상담자들의 사진이 참여자들에게 제시된 연구의 예시를 생각해보자. 개인적인 매력이 이 연구에서 잠재적 교란 요소였음을 상기해보자. 교란 요소를 통제하기 위해 연구자들은 평가자들에게 다양한 사진들에 대한 개인적인 매력을 측정하도록 하고, 집단 전체에서 사진의 매력도가 일정하도록 사진과 참여자들을 짝지어야 한다.

요약하면, 타당도에 대한 우리의 논의는 연구에서 이루어진 추론의 유형과 연구의 타당도를 평가하기 위한 틀을 제시해준다. 다양한 위협이 제시되었다는 사실은 많은 것들이 어떠한 연구를 강화하거나 약화시킬 수 있다는 것을 의미한다. 타당도에 대한 위협으로부터 자유로운 연구 설계는 없다는 것이 Gelso(1979)의 기포 가설의 이론의 핵심이다. 연구의 목표는 연구에 대한 위협을 최소화하는 방향으로 설계, 수행하는 것이며 해석 가능한 결과물을 얻을 가능성을 유지하는 것이다. 이러한 점에서, 실증적 연구가 필요한 이유는 서로를 기반으로 삼을 수 있고, 연구에 존재하는 위협이 후속 연구에서 제거될 수 있기 때문이다. 시간 경과에 따라 유사한 변인들을 조사하는 주제를 가지는 실증적인 연구는 상담 전문가들의 과학적 질문 내에서 유용한 지식 기반을 창조하는 데 필수적이다.

촉진 질문

타당도 문제

1. 당신의 관심 분야에서 두 개의 연구를 선택하라.
   a. 연구자가 내린 주요 결론을 확인하라.
   b. 그 결론의 타당도를 위협할 가능성이 있는 세 가지 위협을 확인하라.
   c. 이 연구가 어떻게 이러한 위협을 더 잘 제거할 수 있었는지 토론하라.
2. 한 연구자가 인종과 민족의 정체성에 관한 연구에 관심이 있다. 이 연구자는 자신이 대학에 다니는 소수 민족을 표본으로 사용한다. 이 표본을 사용함에 있어 중요한 타당도의 고려사항은 무엇인가?
3. 실험 연구는 종종 외재변인를 통제하고 실험 통제를 하고자 하는 욕구로 인해 실제 상황에 적용될 수 없다는 이유로 비판받고 있다. 이러한 논쟁의 양측 입장을 논의하라(왜 실험연구가 중요하고 왜 그 결과를 사용할 수 없는가?).
4. 동일한 질문을 담고 있는 여러 연구를 찾기 위해 문헌을 고찰하라. 높은 내적 타당도와 낮은 외적 타당도를 가진 연구와 낮은 내적 타당도와 높은 외적 타당도를 가진 또 다른 연구를 확인하라. 각각 내적 타당도와 외적 타당도의 균형을 어떻게 처리했는지 토론하라. 어떤 연구가 더 유익한가? 마지막으로 지식 기반을 구축하기 위해 어떻게 연구들은 서로 보완하는가?

8 CHAPTER

모집단 문제: 누구를 연구하는지는 매우 중요하다

실험 참여자들을 선택하는 것, 모집단이라 불리는 참여자들로 이루어진 자료를 기반으로 결과를 일반화하는 것 등의 많은 복잡한 사항을 우리는 **모집단 문제**(population issues)라 부른다. 학생 연구자들이 우리에게 가장 자주 묻는 질문 중 하나는 아마도 '실험 참여자는 얼마나 많아야 할까요?'라는 질문일 것이다. 그보다 질문 빈도는 낮지만 아마 더 중요한 질문은 연구의 결과가 다른 맥락에 얼마나 적용 가능할 것인지와 관련될 것이다. 예를 들어, 치료 연구 결과가 정신건강 기관에서 볼 수 있는 유형의 환자들에게도 적용 가능할까? 결혼 만족도에 관한 연구가 다양한 민족이나 인종 집단에게도 타당한 정보를 제공할까? 특정한 연구에 편의 표본(convenience sample)(예: 학부생)을 사용하는 것이 적절할까? 이를 비롯한 많은 관련 질문들에 대한 답은 우리가 모집단에 관한 문제를 이해할 때에만 찾을 수 있다.

이 장은 모집단의 문제가 상담에서의 연구 설계와 해석에 어떻게 악영향을 미치는지에 초점을 둘 것이다. 성공적인 상담 연구를 위해 가장 중요한 모집단의 문제는 (1) 어떠한 유형의 참여자를 사용하는지, (2) 얼마나 많은 실험 참여자가 연구에 필요한지, (3) 각기 다른 유형의 참여자들을 설계와 분석에서 어떻게 다루어야 하는지, (4) 어느 정도가 되어야 일반화가 가능하다고 볼 수 있는지를 포함한다.

연구를 위해 실험 참여자를 고르는 것은 일반적으로 관심 있는 모집단에서 표본을 추출하는 것을 포함한다. 표본추출이론에 근거하여 모집단에서 추출된 표본을 사용하기 때문에 우리는 이 주제에 대해 먼저 논의할 것이다. 그리고 참여자들을 선택하는 데 수반되는 실용적인 문제에 관해 살펴볼 것인데, 여기에는 (1) 목표가 되는 모집단을 정의하는 것, (2) 참여자 풀(pool)을 만드는 것, (3) 참여자를 선택하는 것, (4) 무작위 선택이 부재한 상황에서 연구의 타당성을 확실하게 정립하는 것, (5) 참여자의 수를 결정하는 것을 포함한다. 마지막으로, 우리는 개인이나 상태변인과 관련된 요소를 포함하는 요인 설계를 고려함으로써 외적 타당도와 모집단의 문제의 관계에 대하여 면밀히 검토해볼 것이다.

표본추출이론

연구를 위해 참여자를 선택하는 것은 일반적으로 관심 있는 모집단에서 표본을 추출하는 것을 포함한다. 예를 들어, 연구자에게 동성애 혐오증(homophobia)이 연구하기에 흥미 있다고 해서 모든 미국인들에게 동성애 혐오증에 관한 설문조사를 실시하는 것은 너무 번거로울 것이다. 그러므로 연구자는 대신에 미국인 모집단 전체를 반영할 것으로 기대되는 참여자들의 표본을 뽑아 연구를 진행한다. 예를 들어, Poteat, Mereish, DiGiovanni와 Koenig(2011)은 얼마나 일반적인 괴롭힘과 동성애 혐오적 괴롭힘이 청소년들의 심리사회적이고 교육적인 문제에 영향을 미치는지에 관한 연구를 진행하였다. 연구자들은 데인 카운티 청소년 평가(Dane County Youth Assessment: DCYA) 프로젝트에서 얻은 자료를 사용하였는데, 이 자료는 위스콘신 주에 있는 45개의 공립학교 중 43개의 공립학교에 재학 중인 7~12학년 학생들을 대상으로 수집되었다. 연구의 목적은 이러한 표본에서 일반적인 미국 청소년에 관한 결론을 도출하는 것이었다. 그러나 후에 기술되겠지만, 여러 가지 현실적인 우려들로 인해 위와 같은 시도가 이 연구를 비롯한 다른 연구에서 성공적으로 수행되었는지에 의문이 생기게 된다.

표본추출이론을 통해 특정 연구를 위하여 참여자를 선택하는 것의 함의와 과정을 이해할 수 있다. 우리는 간단하게 표본추출이론에 대하여 의논해보고, 실제 삶에 적용될 때의 제

그림 8.1 모집단으로부터 표본 선정하기

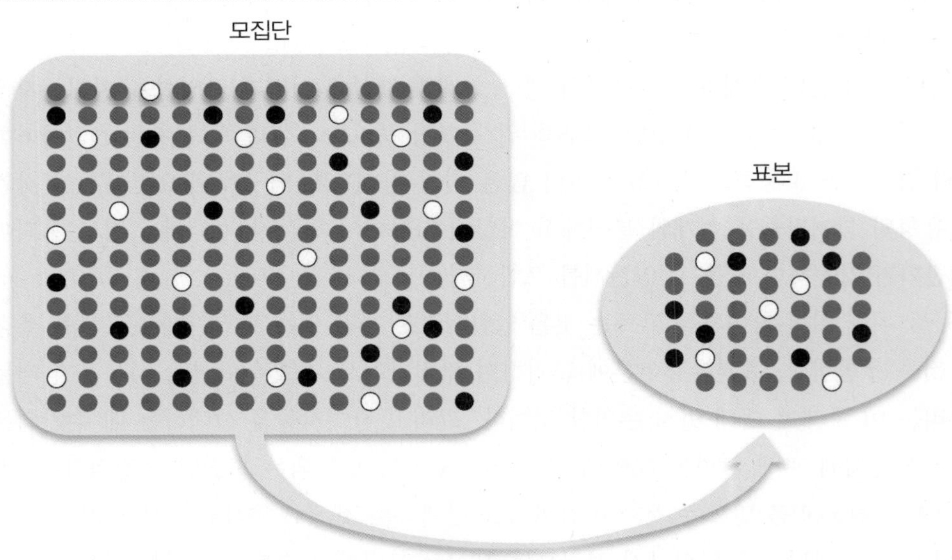

약과 이후에 연구자가 마주할 수 있는 부수적인 문제들에 대하여 더 자세히 설명할 것이다. 표본추출이론의 정수는 더 큰 표본이나 전체 모집단을 반영하는 적절한 표본을 선택하는 것을 포함한다(그림 8.1). 우리는 일반적으로 모집단을 청소년들이나 상담 센터를 찾는 대학생들 또는 훈련 중인 상담자와 같이 잘 정의된 사람들의 집단으로 생각하고는 한다. 그러나 실제로 모집단은 일련의 관찰치(observations, 관찰 결과)이다. 바꿔 말하면, 모집단을 구성하는 사람들 자신이 아니라 사람들이 나타내는 관찰치(혹은 점수들)에 초점을 두어야 한다. 모집단의 중요한 부분은 사람이든 관찰치든 무엇이든지 간에 표본에서 얻은 연구 결과가 모집단에 적용될 수 있는지의 여부이다. 필연적으로 상담 연구는 제한된 수의 참여자와 함께 진행될 수밖에 없으며, 이러한 특정 참여자들에 대한 결과만이 주요 관심사다. 대부분의 연구의 목적은 이러한 참여자들로부터 얻어진 관찰치가 보다 큰 모집단으로 일반화될 수 있는지 여부이다. 즉, 소수의 관찰치를 기반으로 하는 모집단에 대한 어떤 추론들은 이루어진다.

모집단에 대한 추론은 모집단에서 선택된 표본을 기반으로 하여 이루어진다. 엄밀하게 말하자면, 표본은 모집단의 부분집합이며, 이는 곧, 표본의 관찰치는 모집단을 구성하는 관찰치의 집합에서 추출된다는 것이다. 이러한 과정을 표본추출이라고 부른다. 다시 말하자면, 관찰치의 모집단에 대한 추론은 표본의 관찰치에서 추출된다. 모집단에 대한 추론의 타당성은 얼마나 표본이 실제로 모집단을 잘 대표하는지에 달려있다. 대표성은 보다 심화된 설명을 요하는 복잡한 개념이다.

확실히, 아이비리그 대학들에서 20명의 남성을 선택해 그들의 벡 우울 질문지(BDI) 점수를 기록하는 것은 전국의 모든 대학생들의 벡 우울 질문지 점수를 대표하기에는 좋지 않을 것이다. 어떤 점에서 전체 모집단과 체계적으로 다른 표본은 **편향되었다**(biased)고 일컬어진다. 더욱 기술적으로 말하자면, 편향된 표본은 모집단에서의 모든 관찰치가 선택될 가능성이 동일하지 않은 방법으로 선택된 표본이라 할 수 있다. 아이비리그 남성들의 예에서, 표본이 편향되었는데 여학생들은 남학생들처럼 선택될 가능성이 아예 없었으며(여성을 선택할 확률이 0이었다), 또한 비(非)아이비리그 학생들은 선택될 가능성이 아이비리그의 학생들과 같지 않았다. 그러나 곧 설명하겠지만, 표본 편향은 방금 말한 것보다 더 교묘한 방식으로 이루어지곤 한다.

편향되지 않은 표본은 무작위 표본이다. 즉, 각 모집단의 관찰치가 선택될 가능성이 동등한 표본이라는 것이다. 논리적으로는, 무작위 표본은 각 관찰치에 연속적인 숫자(1,2,3……)를 할당하고, 그 후 난수표에서 숫자를 선택하거나 컴퓨터 기반의 난수 생성기를 사용해 관찰치를 선택함으로써 추출할 수 있다. 모든 대학생들 중 20명의 표본을 무작위로 뽑으려면, 각각의 학생이 8자리 숫자에 할당되고, 컴퓨터가 20개의 8자리 무작위 난수를 만들고, 생성된 숫자에 해당하는 학생들의 벡 우울 질문지 점수가 표본을 구성할 것이다. 명확하게, 이러한 방법은 노력이 필요한 과정이지만(그리고 현실적으로는 절대 달성될 수 없다), 이것은 무작위 선택을 활용할 때 연구자들이 많이 추구하는 이상을 보여준다.

비록 무작위 표본 추출이 체계적 편향은 제거할지라도, 무작위 표본이 모집단의 대표라고 확실히 보장할 수는 없다. 대표성을 이해하기 위해서, 그리고 표본에서 모집단으로의 추론이 어떻게 이루어지는지를 이해하기 위해서, 우리는 이제 표본추출이론의 몇몇 기본적인 원리들에 대하여 논의해볼 것이다. 평균값이 100인 모집단을 생각해보자(모집단의 관찰치의 평균이 100이다). 일반적으로 이것을 μ=100으로 표시하며, 그리스 기호인 μ(뮤)는 모수치를 나타낸다. 연구자들은 무작위로 25개의 표본을 선택하고, 25개 관찰치의 평균인 *M*이 100에 가깝다면(예: *M*=103.04), 어떤 면에서 이 표본은 대표성이 있다고 할 수 있다. 만약 25개 관찰치의 평균값이 100과 동떨어져 있다면(예: *M*=91.64), 그 표본은 대표성이 없다고 말할 수 있다.

이러한 가정은 전부 논리적으로 보일 수 있지만 현실 세계에서 연구자들은 모수치를 알지 못하는 상황에서 단지 한 표본만을 선택했을 뿐이다. 그러므로 얼마나 그 주어진 표본이 실제로 대표성을 지니는지는 아무도 모른다. 다행히도 통계적 이론들은 획득된 평균이 특정한 모집단의 값에서 임의적이지만 수용 가능한 거리(이 장의 후반부에 더 자세한 이야기가 나온다)를 가질 확률을 계산이 가능하게 해줌으로써 우리를 도와줄 수 있다. 작은 규모의 표본(20명의 대학생)보다는 큰 규모의 표본(2,000명의 대학생)의 대표성이 높다는 것을 명심해야 한다.

우리는 이제 7장과 11장에 나왔던 무작위 추출에 대한 우리의 이전 논의와 특정한 연구 설계의 맥락에서의 무작위 선택을 통합할 것이다. 사후 통제집단 설계(a posttest-only control-group design)의 사례를 생각해보자(11장 참고). 연구자들이 혁신적인 치료의 효능에 대하여 실험하고 있다고 해보자. 우리가 관심 있는 두 모집단은 혁신적인 치료를 받은 개인들의 모집단과 치료를 받지 않은 개인들의 모집단이다. 잘 정의된 모집단에서 30명의 참여자들이 무작위로 선택된다고 해보자. 연구자들은 얼마나 그 표본이 모집단을 잘 대표할지 알 수 없다. 그들이 아는 것은 참여자들이 무작위로 선택되었기 때문에 체계적인 편향은 존재하지 않다는 것뿐이다. 다음 단계는 30명의 참여자들을 2개 집단으로 15명씩 무선 할당하는 것이다. 치료 집단의 참여자들이 치료를 받고, 약간의 시간이 지난 후에 치료 집단과 통제집단의 참여자들은 실험에 임한다. 이때 중요한 것을 알아야 한다. 치료 집단의 15개 관찰치는 **치료를 받아온** 모집단의 개인 관찰치의 가설적 모집단에서 무작위로 선택되었다고 여겨진다는 것이다. 이를 다음과 같은 방식으로 생각해보자. 잘 정의된 모집단에서의 모든 사람들은 치료받을 가능성이 있다. 이론적으로, 이 사람들 모두는 치료를 받고 다음으로 실험에 임할 수도 있다. 치료 집단의 집단 15개의 관찰치(사후 점수)는 마치 모든 사람들이 치료를 받은 것처럼, 모든 사람들의 사후 점수의 가설적 모집단에서 무작위로 선택되었다고 간주된다. 통제집단에서의 15개의 관찰치는 치료를 받지 않은 사람

그림 8.2 가설적인 사후 통제집단 설계에서 표본이 어떻게 개념화될 수 있는가?

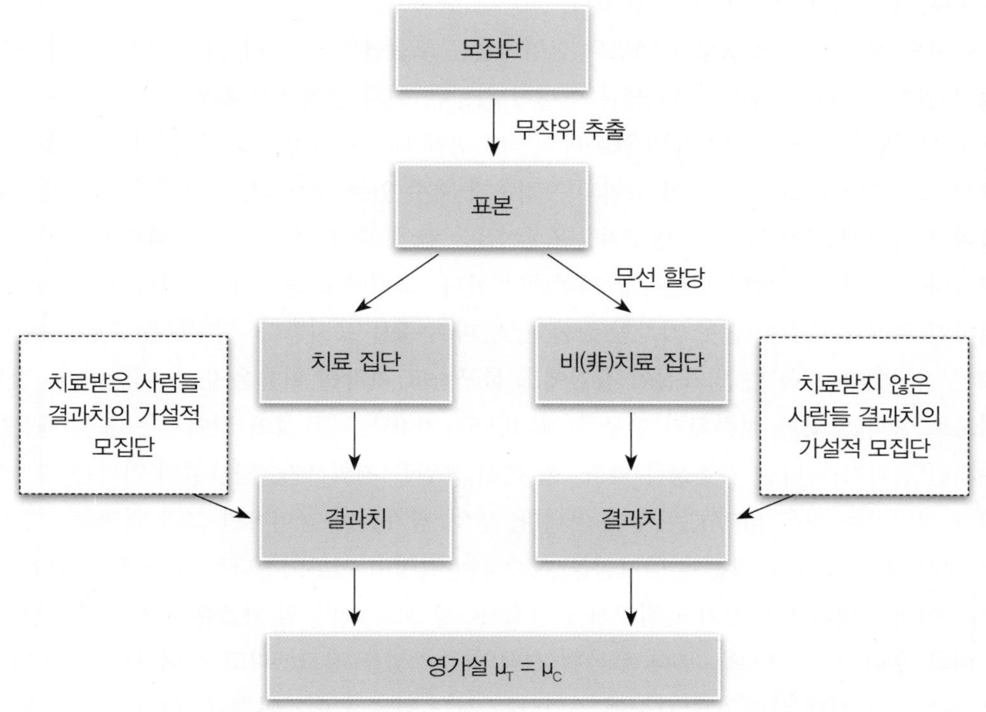

들의 사후 점수의 가설적 모집단에서 무작위로 선택되었다고 간주된다. 그림 8.2가 이러한 개념을 자세하게 설명하고 있다. 이러한 사항들은 임상 연구(의학과 심리학 연구 모두에서)의 대부분에 깔려있는 주요한 가정이다. 그러나 일반적으로 심리학연구나 임상실험에 이용되는 표본들이 결과가 보통 일반화하는 모집단을 완전히 대표하지 못한다고 믿을 만한 충분한 증거들이 있다.

다음으로, 우리는 실험 설계와 통계 가설의 검증에 대하여 중요한 점이 무엇인지 논의해볼 것이다. 이전 사례에서 영가설은 치료될 수 있다고 가정한 모든 개인의 모집단 평균(population mean)이 치료되지 않은 모든 개인의 모집단 평균과 같다는 것이다(기호로는 $\mu_T - \mu_C = 0$으로 표현될 수 있다). 적절한 대립 가설(높은 점수가 높은 수준의 기능을 가리킨다고 가정한다면)은 치료될 수 있다고 가정한 모든 개인들의 모집단 평균이 치료되지 않은 모든 개인들의 모집단 평균보다 크다는 것이다($\mu_T > \mu_C$.). 만약 통계 검정(여기서는 두 집단 독립 t 검증)의 결과가 유의하다면, 대립가설이 지지되고 영가설은 기각된다. 통계적 가정은 모수치의 관점에서 쓰인 것이므로, 연구자들은 영가설을 기각하고 대립가설을 수용할 것인지를 결정함으로써, 표본의 점수를 기반으로 **모집단의 관찰치**를 추측한다. 이 예시에서, 만약 영가설이 기각되고 대립 가설이 수용되었다면(통계적으로 유의한 t 검증에 기초했다고 하면), 연구자는 치료를 받은 사람들의 점수의 평균이 치료받지 않은 사람들의 점수의 평균보다 일반적으로 높다고 결론내릴 것이다. 그러나 표본이 대표적이지 않았기 때문에 이러한 결론은 틀릴 수 있다.

아마도 치료 집단에 배정된 15명의 참여자들은 모집단의 다른 사람들에 비해 어떤 측면에서 훨씬 뛰어났을 수도 있다(물론 이러한 사항은 위의 설계에서 확인할 수는 없다). 아마도 모집단의 특정 부분집합이 표본에서 적절하게 대표되지 않았을 수 있다(심리학 연구에서 소수 인종과 소수 민족이 소외되는 경우가 자주 있는 것처럼). 연구자가 연구 결과를 이러한 집단에 일반화할 때, 연구자들은 두 집단 간에 관심 있는 변인의 체계적인 차이가 없거나 있더라도 희박한 정도라고 가정해야 한다. 그럼에도 불구하고, 이러한 확률을 방지하기 위해 영가설을 잘못 기각할 확률인, 알파 수준을 표시한다. 알파(1종 오류)가 0.05로 설정되었다고 하면, 영가설이 참임에도 불구하고 기각될 확률은 0.05 미만이다. 전통적으로 알파는 낮게 설정되기 때문에(예: 0.05나 0.01), 대표성이 떨어지는 표본 때문에 유의한 결과가 나타날 가능성은 낮다. 이 핵심 요점을 기억하자. 영가설의 기각은 영가설이 거짓이라는 것을 의미하는 것이 아니다. 만약 영가설이 참이라면 그런 결과를 얻는다는 것이 매우 드물기 때문에 영가설을 기각하는 결정이 이루어졌다는 것을 의미한다. 그러나 여전히 영가설이 참이고 결과가 표본오차(1종 오류) 때문일 확률은 적지만 존재한다.

비록 우리가 모집단으로부터 무작위 선택의 중요성을 강조했다고 하더라도, 응용연구에서 무작위 선택은 거의 불가능에 가깝다는 것을 짚고 넘어가야겠다. 상담 분야의 학술지들을 숙독해보면, 무작위 표본 추출이 거의 이용되지 않는다는 사실을 분명히 알 수 있다. 예를 들어, Poteat 등(2011)의 연구에서 사용된 데인 카운티 청소년 평가 자료는 위스콘신 주의 특정 카운티에서 얻은, 즉 한 지역에 한정되는 특성을 가진 자료이다. 실제적인 이유로 인해, 연구를 위해 전국에서 참여자를 선택하는 것은 불가능하다. 연구자들은 지역에서 내담자를 선택할 정도만 되어도 운이 좋은 것이다. 심지어 무작위 선택이 실용적으로 이용 가능하다고 해도(예: 미국 심리학회 17분과 구성원의 설문), 추출된 모든 사람들이 참가하는 것은 아니기 때문에 결국 편향이 생길 것이다. 예를 들어, 45개의 공립학교 중에 2개 학교는 데인 카운티 청소년 평가 연구에 참여하지 않았다. 연구자들은 연구 참여자들과 참여하지 않은 사람들이 중요한 측면에서 얼마나 다른지에 관한 수많은 가설을 제시할지도 모른다. 다음 절에서 우리는 무작위 표본 추출 없이 연구를 진행하는 절차와 관련된 출석 문제에 관해 살펴볼 것이다.

참여자 선택에 관한 실제적인 고려사항

만약 참된 무작위 표본 추출이 가능하다면, 연구자는 목표 모집단을 정의하고, 모집단의 모든 사람들을 확인할 것이며, 그 집단에서 무작위로 사람을 선택할 것이다. 그러나 우리가 말했듯이, 이러한 절차는 대부분의 설계된 맥락을 제외하고는 실용적이지 못하다. 이 절에서 우리는 연구 참여자 선택에서의 실제적인 문제를 다루기 위해 (1) 목표 모집단을 정의하는 것, (2) 참여자 풀(pool)을 만드는 것, (3) 참여자들을 선택하는 것, (4) 무작위 추출이 불가능할 때 타당도를 정립하는 것, (5) 참여자의 수를 결정하는 주제를 다룰 것이다.

실제 연구에 적용하기 8.1

당신이 연구하고 싶은 연구 주제를 생각해보라. 자료 수집을 한다고 할 때 가장 먼저 떠오르는 목표 모집단은 무엇인가? 이 목표 모집단의 인구통계학적 요인과(예: 성별, 나이, 인종 등), 환경(예: 대학, 학교, 병원 등)을 간단히 기술해보라. 어느 요인들로 인해 당신은 이 목표 모집단을 선택했는가? 당신의 연구를 위해 이 목표 모집단에서 자료를 수집하는 것이 얼마나 가능한가?

목표 모집단 정의하기

참여자를 선택하는 데 있어서 첫 번째 단계는 목표 모집단 또는 연구자가 일반화하고자 하는 모집단을 정의하는 것이다. 기술적으로 **모집단**(population)은 관찰치의 집합을 의미하지만, 모집단은 사람의 특성에 의해서 정의되는 것이 더 일반적이다. 연구자는 이러한 정의에서 많은 다양한 특성을 주의 깊게 고려해야 하는데, 궁극적으로 이러한 특성들이 연구 결과가 일반화될 집단을 정의하기 때문이다.

특성을 정의할 때 아마 진단적 범주, 성별, 민족, 나이, 성적 지향, 출신 지역, 종교, 현재의 문제, 결혼 상태, 사회경제적 지위와 같은 것들이 포함할 것이다. 예를 들어, 우울증에 대한 종교 기반의 행동 활성화 개입을 사용한 연구에서, Armento, McNulty와 Hopko(2012)는 참여자들을 경증의 우울(벡 우울 질문지-II에서 14점 혹은 그 이상의 점수를 받았다)과, 자살 의도나 정신증이 없는 학부생으로 제한하였다. 우울증에 대한 약물 치료를 받고 있거나 불안공존이 있는 참여자들은 포함되었다. 이에 더해, 다수가 기독교인(n=47)이고 무신론자가 2명, 유대인이 1명으로 확인되었지만, 개인의 종교적 지향성에 대한 제한은 없었다.

목표 모집단을 정의하는 데 한 가지 중요한 문제는 모집단이 얼마나 이질적일지를 결정하는 데 있다. 이질적인 모집단은 연구의 결과가 일반화될 수 있는 넓은 범위의 다양한 특성들을 포함하고 있기 때문에 바람직하지만, 반대로 동질적인 모집단은 결과의 일반화될 수 있는 정도를 제한한다. Armento 등(2012)은 모집단을 학부생으로 제한함으로써, 연구의 결과가 일반화될 수 있는 정도를 제한하였다. 그 연구는 무직 노동자와 같은, 다른 집단의 우울증에 대해 종교 기반의 행동 활성화 개입이 효능이 있는지는 밝혀주지는 못한다. 그럼에도 불구하고, 이질적인 모집단에도 문제는 있다. 하나의 예를 들면, 이질적인 모집단의 다양한 하위집단에 연구의 결과가 어떻게 적용될지는 불투명하다(이 주제는 나중에 다시 살펴볼 것이다). 더욱이, 집단의 그러한 본질로 인해, 이질적인 모집단은 반응에서 상당한 변동성을 보이며, 동질적인 모집단보다 오차 변량이 더 크고, 이는 결과적으로 통계적 검증 결과가 덜 강력한 것이다. 다시 말하면, 연구 설계 시 이루어지는 대부분의 의사결정에서처럼, 모집단의 이질성이 어느 정도가 최적인지를 결정하는 것은 탐구하는 문제의 본질에 달려있다. Kerlinger의 MAXMINCON 원리에 의하면, 이는 일반화 가능성을 넓히기 위한 분산을 최대화할지, 아니면 개인차로 인한 무작위 오류를 통제하기 위해 집단 내 분산을 최소화할지의 선택의 문제이다.

이러한 현상의 실제 사례로서 다음의 두 예시를 고려해보자. 우울증 치료에 관한 협동 연구 프로토콜(Treatment of Depression Collaborative Research Protocol: TDCRP)의 연구 결과에 따르면 국립정신건강센터(National Institute of Mental Health: NIMH)가 예산을 지원한 대규모 치료 실험 결과가 미국에서의 그 치료에 관한 의사결정에 치료 의사결정에 큰 영향을 미쳤다고 한다(Elkin, Shea, & Watkins, 1989). 또한, 심리적 절차의 증진 및 보급 대책위원회(Task Force for the Promotion and Dissemination of Psychological Procedures: TFPDPP)는 경험적으로 지지되는 치료(Empirically Supported Treatments: ESTs)의 목록을 만들고 모든 실무 심리학자들이 이를 사용해야 한다고 주장하였다(TFPDPP, 1995). 그러나 이 두 사례들은 절대적으로 백인 미국인, 중산층 표본의 결과에 근거하고 있다. 이러한 발견이 비(非)백인 미국인이나 비중산층 표본에게 얼마나 일반화될 수 있을지는 매우 의심스럽다. 그러므로 다양한 집단의 진단적 범주, 성별, 민족, 나이, 성적 지향, 출신 지역, 종교, 현재의 문제, 결혼 상태 그리고 사회경제적 지위와 같은 각기 다른 차원들을 고려하여 연구를 수행하는 것이 중요하다. 미국 사회의 소외계층에 대한 차별의 한 형태인, 건강 불평등의 문제를 상담심리학자들이 다루어야 한다는 관심과 요구가 점점 증가하고 있다(Buki & Selem, 2012).

참여자 풀 만들기

목표 모집단을 정의한 이후에, 연구자는 이러한 정의에 모두 적합하고 접근 가능한 사람들의 집단을 확인해야 한다. 이러한 집단이 참여자 풀(participant pool)이라고 불린다. 목표 모집단이 대학 상담 센터의 내담자라고 가정해보자. 그러한 모든 내담자를 확인하는 것은 불가능하기 때문에 참여자 풀은 종종 연구자의 주변에 있는 참여자들로 제한되곤 한다.

참여자 풀은 연구자가 소속된 대학의 상담 센터의 내담자들로 구성될 수 있으며, 이는 드문 일은 아니다(Choi, Buskey, & Johnson, 2010 참고). 그러나 가능한 참여자들의 부분 집합으로만 참여자 풀을 제한하는 것은 다양한 편향을 야기한다. 이 경우에는 사회경제적 요인, 민족이나 가치관을 포함한 지리적 문제가 야기될 수 있다. Choi 등의 연구에서, 참여자들은 '미국 동북부 지역의 중형 대학 상담 센터'의 내담자들이었다. 이 연구의 결과를 어떤 아이비리그 소속의 대학처럼 대형 중서부 대학이나 남부 캘리포니아 대학의 상담 센터 내담자들에게도 적용할 수 있을까? 참여자 풀을 제한하는 것은 모집단을 제한하는 것이다. 그러므로 엄밀히 말해서 Choi 등의 연구는 특정한 동북부 지역 대학들의 상담 센터 내담자들에게만 일반화가 가능한 연구이다.

특정한 참여자 풀을 제한하는 것이 연구의 일반화 가능성에 제약을 가하는지를 알 수 있는 경험적인 방법은 없지만 참여자 풀에서 배제된 잠재적 참여자들을 조사해볼 수 있다. 확실히, 이는 실행 가능한 해결책이 아닌데 왜냐하면 만약 이러한 참여자들이 연구자에게 접근이 가능했다면 이들은 아마 연구 초기에 모집단에 포함되었을 것이기 때문이다. 그러므로 연구자는 참여자 풀을 제한하는 것이 연구 결과에 영향을 미치지 않는다는 주장을 뒷받침하기 위해서는 증거가 필요하다. 참여자 풀을 제한하기 위해서는 배경 지식과 선행 연구가 중요하다. 예를 들어, 신체적 스트레스에 대한 생리적 반응은 어떤 국가에서 지역에 따라 다르지 않을 것이라고 예상되는 반면에, 낙태에 대한 태도는 굉장히 다를 수 있다. 물론 참여자 풀의 제한이 지리학적 기준만으로 결정되지는 않는다. 종종 참여자들은 지역의 정신건강 기관 센터, 학부 대학생의 참여자 풀, 학교 등에서 모집된다.

실제로 거의 모든 표본에 편향이 존재할 것이다. 그러나 만약 연구에서 몇몇 모집단을 반복적으로 무시하게 된다면, 우리는 상담과 상담심리학 분야의 지식의 체계적인 편향을 들여오고 증진하는 것이나 다름없을 것이다. 즉, 문헌이 미국의 백인 학부생의 정신건강에 대한 정보는 많이 제공할 수 있지만, 소외 집단인 라틴계 이민자, 유럽계 국제 학생, 무슬림 신앙을 가진 여성에게는 적용되지 못할 것이다. 따라서 연구가 주로 대다수 집단인 편의 표본만을 사용하는 데서 확장될 필요가 있다. 다양한 인구 집단에게 적용되고 도움을 줄 수 있는 지식을 획득하기 위해서는 연구가 참여자 풀을 제한하지 않는 것이 아니라, 쉽게 접근할 수 없는 소외 집단에까지 관심의 초점을 확장하는 것이 필요하다.

어떤 의미에서, 모든 참여자 풀은 제한되어있다. 왜냐하면 연구의 참여자들은 자발적으로 참가해야 하며, 모든 참여자 풀은 목표 모집단의 정의에 부합해야 하기 때문이다. 자발적인 참여자들은 비자발적 참여자들과는 상당히 다르기 때문에 여기서 편향이 시작된다. 연구자들은 비자발적 참여자들에 비해 자발적 참여자들이 더 나은 수준의 교육을 받았으며, 사회적 인정에 대한 더욱 강한 욕구를 지니고, 더욱 지적이며 덜 권위적이고, 더욱 적응을 잘하며 그리고 더욱 자극을 찾는 경향이 있음을 발견한다(Rosenthal & Rosnow, 1969).

참여자 풀을 구성하는 데 있어서 또 다른 복잡한 요인은 목표 모집단의 정의에 포함되는 특성의 존재나 강도가 쉽게 명백히 드러나지 않기 때문에 검증이 요구될 수 있다는 점이다. 예를 들어, 우울한 학부 대학생을 대상으로 한 Armento 등(2012)의 연구에서 많은 잠재적 참여자들의 우울증 수준을 평가하는 절차가 필요했다. 250명이 넘는 학생들에게 적어도 경증 우울증을 가지고 있는 사람이 누구인지 확인하기 위해서 벡 우울 질문지(BDI-Ⅱ) 검사를 수행해야 했다.

참여자 선택하기

다음 단계는 연구에 참여할 참여자 풀에서 참여자를 결정하는 것이다. 이상적으로는 연구 참여자들은 참여자 풀에서 무작위로 선택된다. 예를 들어, 만약 참여자 풀이 특정 대학의 상담 센터에 도움을 받기 원하는 학생들로 구성되어있다면 연구자는 그 학생들 각각에게 숫자를 부여하고 컴퓨터 기반의 난수 생성기나 난수표의 도움을 받아 실험에 필요한 참여자들을 무작위로 선택한다. 그러나 심지어 이러한 과정도 실제적으로는 어려움이 있을 수 있다. 종종 연구자들은 상담 과정에서 동일한 단계에 있는 참여자를 원하지만, 충분히 자격을 갖춘 내담자들이 없다면 연구자는 참여 가능한 참여자들을 모집하게 될 것이다. 예를 들어, Choi 등(2010)은 접수면접과 사례 종료 이전에 대학 상담 센터 내담자들에게 설문조사를 완료하도록 했다. 충분한 표본을 얻기 위하여, 연구자들은 센터에 방문한 모든 내담자들을 연구 참여를 위해 초청했다. 총 520명 중 424명이 참여에 동의하고 접수면접 전 설문조사에 답했지만 83명만이 사례 종료 후 설문조사에 답했다. 그러므로 참여 가능한 모든 참여자들이 이미 사용되었기 때문에 이 연구에서는 참여자 풀에서의 무작위 선택이 일어나지 못했으며, 탈락 또한 문제다.

무작위 선택을 할 수 없을 때 타당도 확립하기

비록 무작위 선택이 역사적으로는 연구 표본의 결과를 보다 큰 모집단으로 일반화하는 데 결정적인 한 요소로 고려되었다 하더라도(Serlin, 1987), 무작위 추출이 상담 연구의 전형은 아니다. 그럼에도 불구하고, 이용 가능한 표본은 우리의 연구 목적을 다루는 데 충분할 수 있다. '충분하다(enough good)'는 원칙은 비무작위적 표본이 특정한 모집단으로 일반화가 가능한 특성을 가질 수 있다는 것을 명기하였다. 따라서 무작위 표집이 아닌 방법으로 표본을 추출된 경우, "표본과 유사한 가설적 모집단에 대해 타당한 추론이 가능하다"(p. 300). 이러한 점에서 일반화는 통계적이라기보다는 합리적이다.

그러나 합리성을 기반으로 하는 일반화는 이론에 기초해야 한다(Serlin, 1987). 두 개의 경력개발이론을 이용하여 이를 설명할 것이다. 먼저, 직업 유형에 관한 Holland의 이론(1997)은 개인의 경력 선택과 만족감의 정도가 그들의 성격 유형과 관련되어있다고 주장한다. 이 이론을 검증하기 위해서는 넓은 범위의 진로 선택과 성격 유형에 관한 표본이 이상적이다. 각기 다른 전공을 가진 대학생들은 현재 진로 흥미를 탐색하는 데 몰두해있고 초기 진로의사 결정 단계에 있기 때문에 이 표본을 사용하는 것이 적절해 보일 것이다. 그러므로 학부생들은 타당한 추론을 가능하게 하는 충분한 표본이 될 것이다. 둘째로, Super의 직업개발이론(1980)은 다양한 생애 단계와 다양한 진로 개발 과제를 연결시킨다. 이 이론은 출생부터 은퇴까지 이르는 생애 단계를 다루는 것에 초점을 둔다. 따라서 전 생애 문제를 다루기 때문에 대학생 표본을 이용하는 것은 여기서 충분하지 않을 수 있다. 요약하면, 학부 대학생들은 Holland의 직업유형이론을 살피는 데 '충분하지'만 Super의 직업개발이론을 다루기에는 '충분하지' 못하다. Poteat 등(2011)의 동성애 혐오 피해(victimization)에 관한 연구에서는, 표본이 미국이나 전 세계 모든 청소년들을 일반적인 모집단으로 충분히 대표할 수는 없지만, 일반 혹은 동성애 혐오 피해가 압도적으로 백인인 중서부 공립학교에 다니는 청소년들의 심리사회성 및 교육적 발달에 영향을 미친다는 결과를 보여주기에는 '충분'할 수 있다.

따라서 무작위 표본 추출이 불가능한 상황에서 연구자들은 연구 참여자들의 특성을 파악하는 데 많은 노력을 쏟아야 한다. 연구자들은 참여자들의 특성이 적절한 가설적 모집단으로 일반화할 수 있다는 것을 증명해야 하는 것은 연구자의 몫이다. 상담 연구는 현재 일반화 가능성이 제한된 연구를 피하고 실제 내담자들을 대상으로 현장 연구 쪽으로 움직임을 보이고 있다. 따라서 불안 조사 연구에서(치료 연구를 포함하여), 상담 장면에 나타나지 않은, 경증 불안을 가진 학부생보다 불안치료를 받고자 하는 내담자가 더 선호된다.

물론 치료를 받고자 하는 내담자를 모집하는 것은 학부생을 모집하는 것보다 훨씬 어려운 일이다. 연구자들은 범주적 상태변인에 의해 구분된 집단의 차이에 대해 일반화할 때 특별히 주의를 기울여야 한다. 이러한 어려움을 이해하기 위하여, 먼저 통제집단과 치료집단을 비교하는 진실험 설계(true experimental design)를 고려해보자. 이러한 연구 설계에서 통제집단과 치료 집단에서 나타나는 차이의 원인은 내적 타당도에 관한 질문이다. 만약 연구가 잘 설계되었다면(특히 실험 대상자들이 무선 할당되었다면), 효과가 상대적으로 분명하게 치료에 의한 것이다.

결과의 일반화 가능성은 외적 타당도에 관한 문제이다. 예를 들어, Armento 등(2012)은 우울에 대한 종교 기반 행동 활성화 개입의 효능을 살펴보았다. 47명의 기독교인이 포함된 50명의 대학생을 대상으로 한 연구 결과는 기독교인이 압도적인 표본에 극히 제한된다. 이러한 문제를 다루기 위하여, 압도적으로 기독교인이 많은 그들의 표본이 그들이 정의한 모집단의 구성을 잘 반영하는지를 살펴보는 것이 도움이 된다. 예를 들어, 그림 8.1을 사용하여 설명하자면, 한 가지 특정 특성(예: 종교, 인종)을 가진 사람의 다양한 유형을 나타내는 검정, 회색, 흰색 점들의 비율이 모집단과 표본 간에 같은지를 조사하는 것이 중요할 것이다. 검정색 점이 기독교인을, 회색 점이 무슬림을, 그리고 흰색 점이 불교 신자를 의미한다고 가정해보자. 표본의 종교적 분포가 모집단의 종교적 분포를 잘 대표하는지 확인하기 위하여 우리는 카이제곱 검증을 통해 이 세 종교 집단에서 개인의 비율이 표본과 모집단 간에 통계적으로 다른지를 살펴볼 것이다. 만약 이 세 종교 집단에서의 비율이 표본과 모집단 간에 같다면, 우리는 표본이 우리가 관심 있는 모집단을 대표한다고 더욱 확신할 수 있을 것이다. 만약 그렇지 않다면, 우리는 표본으로부터 얻은 결과가 모집단으로 일반화될 수 있다고 말하기 어렵다. 그럼에도 불구하고 Armento의 연구는 중요한 공헌을 하였는데 주로 기독교인으로 이루어진 이러한 표본에서는 치료가 적어도 효과적이었음을 밝혔기 때문이다. 후속 연구에서 이 개입이 다른 집단(예: 불교 신자, 이슬람교 신자)에게도 또한 효과적인지 밝혀내면 될 것이다.

이제 백인 미국인 청소년과 아프리카계 미국인 청소년의 학업 성취도, 스트레스, 불안감을 비교하고자 하는 가설상태 연구가 있다고 하자. 백인 미국인 학생들과 아프리카계 미국인 학생들의 표본은 모두 한 학교에서 얻어졌는데, 두 집단 간 불안과 스트레스, 성취 수준에서 유의한 차이가 있었다고 가정해보자. 무선 할당이 아니었기 때문에, 두 모집단은 인종을 제외하고도, 사회경제적 지위나, 가족 상태, 부모의 개입과 감독 정도, 지역사회의 범죄율 등 과 같은 많은 특성에서 차이가 있을 수 있다. 따라서 종속변인들에서의 차이를 인종으로만 귀인하기는 어려우며, 그 때문에 표집 방법이 내적, 외적 타당도 둘 다에서 문제를 일으킨다. 두 집단의 차이가 언급된 특성들 때문일 수 있다. 연구자들이 이 요인들이 일정하게 유지되는 표본을 골랐다면(그렇게 하기는 정말 어렵지만) 집단 간 차이는 없었을 것이다. 여기서 중요한 것은 상태변인이 사용될 때, 외적 타당도와 마찬가지로 내적 타당도의 문제가 발생한다. 반면, 어떤 연구가 참 독립변인(true independent variable)을 포함했다면, 연구 결과의 일반화 가능성이 참여자의 특성에 따라 달라지기 때문에 외적 타당도만이 잠재적으로 문제가 될 수 있다. 그러므로 연구자들은 표본의 중요한 특성을 문서화하는 데 주의를 기울여야 한다. 미국 내 연구에서 인종과 민족이 일반화 가능성에서 언제나 중요한 고려사항이라는 점을 감안하여, Ponterotto와 Casas(1991)는 다음과 같이 제안하였다.

> 단순히 표본의 인종 구성과 평균 연령을 아는 것만으로는 연구 결과의 일반화 가능성을 평가하기에는 충분하지 않다. 표본을 완전히 묘사하라. 연령의 평균과 중앙값, 교육 수준(이민자의 경우에는 교육받은 곳), 사회경제적 지위, 성별, 선호하는 언어와 이민자 표본에서 문화 적응의 정도, 인종 정체성 발달 정도, 연구의 지리적 지역, 그리고 당신이 생각하기에 독자들이 연구의 결과를 해석할 때 고려할 것이라 생각되는 모든 특성들을 보아야 한다. 경험적으로 보면, 표본을 정확하게 기술할수록 결과의 일반화 가능성을 결정할 때 당신은 더욱 정확할 수 있다. (p. 107)

국립보건원(NIH)의 하위 모집단 포함에 관한 지침은 연구에서 성별과 인종 · 민족이 중요한 상태변인임을 나타내고 있다. 지침은 다음과 같다.

> 이 정책의 가장 중요한 목표는 국립보건원이 지원하는 모든 임상연구에서 여성과 소수인종을 적절히 포함하는 것을 확인하는 것이다. 국립보건원의 지원을 받은 임상연구는 장애와 질병에 취약한 위험 집단을 포함해야 하며, 연구 참여자의 성별, 인종, 민족적 분포가 연구의 과학적 목적을 달성하는 데 요구되는 모집단을 확실하게 반영해야 한다. (국립보건원, 2013, 일반적인 국립보건원 포괄 정책 조항, 조항 1)

분명히 인종과 민족 집단의 적절한 표본을 모집하는 것은 종종 어려울 수 있다. 인종 소수자뿐만 아니라 경제적으로 불이익을 받고 있는 집단을 대상으로 한 연구에 대한 조언과 지침이 있어왔다. 더 자세한 정보를 원하는 사람들에게는, Knight, Roosa와 Umaña-Taylor(2009)와 Trimble과 Fisher(2005)의 안내서가 좋은 참고자료가 될 것이다.

미국 내 다양한 집단에 관한 논의뿐만 아니라, 상담심리학 분야는 점차적으로 세계화에 대한 필요를 느끼고 주체적으로 다양한 집단의 사람들에게 관심을 갖고 있다(Marsella & Pedersen, 2004). 즉, 대부분의 심리학 연구는 미국 내의 표본을 대상으로 진행되었다는 것이다. 이러한 문제와 관련하여, Arnett(2008)는 미국 심리학회의 산하 학회지에 출판된 논문들의 저자들과 연구 표본의 국적을 분석하였다. 그는 미국 심리학회의 학회지들이 세계 인구의 5%만을 차치하는 미국 인구에만 지나치게 좁게 초점을 맞추고 있다고 결론 내렸다. Arnett는 "세계 인구의 대부분이 미국인과는 다른 조건에서 생활하고 있으며, 이는 미국 심리학 연구가 인류를 얼마나 잘 대표할 수 있을지에 대한 의문을 야기한다."(p. 602)고 주장하였다. 그러므로 그는 '무시된 95%'의 세계인들을 연구할 것을 촉구하였다. 전 세계의 다양한 집단에 대한 연구 지침으로, Yang(2000)은 단일 문화뿐만 아니라 토착적 접근법을 이용하여 문화 간 비교를 하는 모형을 제안하여 더 균형 잡힌 국제적 심리학을 성취하고자 하였다. 또한, Ægisdóttir, Gerstein과 Çinarbaş(2008)는 편견, 동등, 상담에서의 비교문화 연구의 번역에 관한 방법론적 문제에 관한 지침을 제시하였다. 그리고 《비교문화 상담에 관한 국제적인 안내서: 세계의 문화적 가정과 실제(International Handbook of Cross-cultural Counseling: Cultural Assumptions and Practices Worldwide)》(Gerstein, Heppner, Ægisdóttir, Leung, & Norsworthy, 2009)라는 저서 또한 국제적인 시각에서 상담과 관련된 다양한 쟁점들을 다룰 수 있는 좋은 참고자료가 될 것이다.

참여자 수 결정하기

참여자의 수가 증가할수록 그 표본이 모집단을 대표할 가능성도 증대되기 때문에 참여자의 수가 중요하다. '얼마나 많은 참여자가 필요한가?'라는 질문은 통계적 검증력의 개념과 매우 밀접하게 관련되어있다. 대립 가설이 참일 때 영가설이 기각될 확률 또는 효과가 실제로 존재할 때 효과를 찾아낼 확률을 검증력이라고 한다는 사실을 기억해보자. 효과적인 치료가 주어졌더라도, 통제집단과 치료 집단을 비교하는 연구 결과가 꼭 통계적으로 유의한 결과로 이어지는 것은 아니다. 효과가 있다고 하더라도(대립 가설이 참이다), 통계 검증 결과는 유의할 정도로 충분히 크지 않을 수 있다(영가설이 기각되지 않는다). 일반적으로, 검증력이 클수록, 연구는 더 좋아진다(검증력을 높일 수 있는 요인에 대해 논의한 후지만, 이러한 일반적인 규칙에 대한 주의사항에 대해 이야기할 것이다).

검증력은 (1) 사용된 특별한 통계 검증, (2) 알파 수준, (3) 통계적 검증의 방향성, (4) 효과의 크기, (5) 참여자의 수에 의하여 결정된다. 비록 이러한 요인들에 대해 깊게 논의하기 위해서는 설계 이상으로 통계 문제가 개입되지만, '얼마나 많은 참여자가 필요한가?'라는 질문에 답하기 전에 먼저 통계에 대한 기본적인 이해가 필요하다(보다 더 완벽한 논의는 Cohen, 1988; Kraemer & Thiemann, 1987; Wampold & Drew, 1990에서 찾아볼 수 있다).

검증력이 결정되기 전에, 연구자는 반드시 통계적 검증 방법을 선택해야 한다. 어떤 상황에서 적절한 통계적 검증 방법은 보통 여러 가지가 있다. 예를 들어, 두 개의 치료 집단과 하나의 통제집단에 대한 설계에서는 변량 분석이 가장 빈번하게 사용된다. 그러나 비모수적인 방법이 필요하다면, 이 경우에는 Kruskall-Wallis 검증이 적절할 것이다. 상이한 검증 방법의 사용은 검증력이 다르게 나타날 수 있는데, 이 주제는 이 책의 범위를 넘어선다(Bradley, 1968 참고). 중요한 것은 각각의 특정한 검증 방법에서 검증력을 계산해야 한다는 것이다.

검증력에 영향을 미치는 또 다른 요인은 알파 수준이다. 만약 연구자가 알파 수준을 보수적으로, 즉 1%로 설정하였다면, 영가설을 기각하기는 더욱 어려워지며 검증력은 감소한다. 그러므로 연구자는 영가설을 기각하는 오류를 범하지 않으려고(알파 수준을 낮게 설정했을 때) 검증력을 희생하게 된다.

검증의 지향성 또한 검증력에 영향을 미친다. 만약 양방 검증(등가적)을 사용한다면, 연구자는 양쪽 방향에서 영가설을 기각할 옵션을 사용하는 것이다. 이것은 연구자가 양방향의 결과에 모두 관심을 가질 때나 방향에 대해 확신이 없을 때 유용하다. 예를 들어, 2개의 치료법을 비교할 때 A 치료가 우월한지 B 치료가 우월한지를 아는 것이 중요하다. 그러나 양방향 검증은 검증력을 떨어뜨릴 수 있다. 이러한 경우에는 어느 한 방향이나 그 반대 방향이 특정되었을 때보다 연구의 효과를 탐지하기가 어렵기 때문이다. 일방(부등가적) 검정은 효과가 기대된 방향일 때 더욱 강력하다. 예를 들어, 통제집단과 비교하여 치료의 효능에 관해 연구하고자 할 때, 치료가 제공될 경우가 더 효과적인 지를 검증하는 것이 이치에 맞다 (보통 치료가 제공되지 않는 경우보다 덜 효과적인지에는 결코 사람들이 관심이 없을 것이다). 검증 방향을 특정함으로써(치료가 제공되지 않는 경우보다 더 월등하다는), 연구자는 통계적 검증력을 높일 수 있다.

검증 시 가장 어려운 요소는 실제 효과의 크기를 구체화하는 것이다. 어떤 치료가 매우 효과적일 때, 치료의 효과는 상대적으로 탐지하기 쉽고 따라서 검증력은 높다. 예를 들어, 만약 우울증 치료가 자기비하 진술을 시간당 평균 20회에서 0회로 줄인다면, 통계적으로 유의한 결과를 달성하는 것은 쉽다. 그러나 만약 평균 20회에서 18회로 감소한다면, 이 작은 변화를 탐지하기는 어려울 것이다. 연구 이전에 효과의 크기를 구체화하는 것은 문제다. 만약 누군가가 어떠한 연구 이전에 효과의 크기를 안다면 그 연구를 진행할 필요가 없을 것이다. 그럼에도 불구하고, 참여자의 수를 정하기 전에 효과 크기는 반드시 규정되어야 한다. 효과 크기는 다양한 방법으로 규정될 수 있다. 첫째, 관련 분야의 선행 연구는 효과의 크기에 대한 단서를 제공해주곤 한다. 예를 들어, 만약 시험 불안에 대한 인지행동치료의 효과가 특정 크기라는 것이 알려지면, 그 수행 불안에 대한 인지행동치료의 효과가 대략적으로는 동일한 크기라고 기대하는 것이 합리적이다. 효과 크기를 규정하는 두 번째 방법은, 실제적이고 임상적 중요성을 가진다고 여겨지는 효과 크기를 구체화하는 것이다. 예를 들면, 치료 집단과 통제집단이 개입된 치료 연구에서, 연구자는 치료받지 않는 사람들의 평균을 초과하는 치료받은 사람들의 백분율을 규정하고 싶어 할 수도 있다. 정상 분포를 사용하면, 효과 크기 1.0은 치료의 마지막 시점에 치료 집단의 84%가 통제집단의 평균보다 더 잘 적응하였으며(정상성 가정), 효과 크기 1.5는 93%가 통제집단의 평균보다 더 잘 기능함을 가리키고, 그리고 효과 크기 2.0은 치료 집단의 98%가 통제집단의 평균보다 더 잘 기능한다는 것을 가리킨다. 효과 크기를 임상적 개선의 지수로 변환하면 효과가 어느 정도로 커야 임상적인 유의성을 가지는지 추측할 수 있다. 마지막으로, 많은 고려 끝에 Cohen(1998)은 효과 크기를 작음, 중간, 큼의 세 범주의 크기로 분류하였다. 이러한 분류를 통해 연구자는 이 3개의 효과 크기를 탐지하는 데 필요한 참여자의 수를 결정할 수 있다. 물론 연구자들은 여전히 연구가 탐지해야 할 세 가지 효과 크기 중 하나를 규정해야 한다. 게다가 Cohen의 효과 크기의 결정은 임의적이고 모든 사회, 행동 연구 분야에 동일하게 적용할 수는 없다. 그럼에도 불구하고 어떤 다른 지침이 부재한 상황에서 많은 연구자들은 중간 크기의 효과를 규정해왔다.

실험에서 얼마나 많은 참여자들이 필요한지를 결정하기 전에 필요한 마지막 사항은 원하는 검증력의 수준이다. 임의적이긴 해도, .80의 검증력이 표준으로 받아들여지고 있다. .80의 검증력은 확률의 정도를 말한다. 즉, 80%의 확률로 규정된 효과의 크기가 탐지된다는 것이다(검증이 통계적으로 유의할 것이다). 이는 또한 실제로는 효과가 있지만, 통계적으로 유의한 결과가 나타나지 않을 확률이 사실상 20%라는 것을 의미한다.

일단 연구자가 통계적 검증방법을 선택하고, 일방 검정을 할지 양방 검정을 실시할지를 선택하고, 알파 값을 설정하고, 바람직한 검증력의 수준을 규정하며, 탐지하려는 효과 크기를 결정했다면, 연구자는 규정된 검증력의 수준을 얻는 데 필요한 참여자의 수를 확인할 수 있을 것이다.

연구에 필요한 수의 참여자를 계산하는 것이 가능한 컴퓨터 프로그램도 있다. G*Power(Faul, Erdfelder, Lang, & Buchner, 2007)는 이러한 목적을 위해 사용되는 흔한 무료 소프트웨어로 인터넷 웹사이트(http://www.gpower.hhu.de/en.html)에서 다운받을 수 있다. PowerUp!은 탐지 가능한 효과 크기의 최소 수준과 실험과 준실험 설계 연구에서의 최소 표본 크기를 계산해주는 또 다른 프로그램이다(Dong, Maynard, 2013). 이러한 소프트웨어들은 상대적으로 사용하기 쉽다. 예를 들어, G*Power는 사용자들에게 (1) 사용될 통계적 분석의 종류를 선택하게 하고, (2) 효과 크기와 알파 수준, 원하는 검증력의 예상치를 입력하도록 한다. 그러면 G*Power는 필요한 표본 크기를 계산해줄 것이다. 이러한 프로그램을 통해서 연구자는 쉽게 효과 크기와 요구되는 검증력과 필요한 표본 크기를 결정할 수 있다.

표본 크기 결정과 관련하여 몇 가지 주의해야 할 것들이 있다. 모든 절차는 선택한 통계적 검증의 가정이 충족되었다고 가정한다. 가정이 위반되었을 때, 보통 검증력은 감소한다는 것을 유의하자. 둘째, 비록 연구자가 종종 표본크기에 관해, 중다회귀에서는 1개의 변인당 참여자 10명, 요인 설계에서는 셀당 참여자 15명, 구조방정식 모형에서는 각각의 자유 모수치당 5~10명의 참여자와 같은 경험 법칙을 들었다고 할지라도(Bentler & Chou, 1987), 그러한 법칙들은 과도하게 단순화되었거나 오도할 수 있다는 것을 명심하자. 어떤 경우에는, 변인당 10명 미만의 참여자가 필요한 경우도 있으며, 어떤 경우에는 10명이 훨씬 넘는 참여자가 필요한 경우도 있다. 셋째, 연구의 참여자가 더 많을수록 좋다는 일반적인 법칙 또한 잘못되었다. 확실히 연구자는 특정한 효과 크기를 탐지하기 위한 적절한 확률을 얻기 위해(80%라고 해보자) 충분한 수의 참여자를 확보하고자 할 것이다. 그러나 너무 많은 참여자를 사용하면 너무 작은 효과 크기가 탐지될 가능성이 높아진다(Meehl, 1978에 이 문제에 관해 아주 좋은 논의를 해주었다). 작은 효과도 흥미로울 수 있지만, 그러한 경우 연구자들이 실제로는 사소한 결과에도 무언가 중요한 일이 일어난 것으로 믿는 경우가 있다. 표본이 충분히 클 때, 연구자는 말하자면 tv 시청 시간과 신발 사이즈 간에도 유의한(사실은 의미가 없음에도) 상관관계를 발견하게 될지도 모른다. http://www.worldvaluessurvey.org에서 세계 가치관 설문지(World Values Survey) 자료를 받아(n>200,000) 유의한 관계가 없는 2개의 변인을 찾아보는 시도를 해보면 흥미로울 것이다. 예를 들어, 회귀분석 문제로, 많은 수의 참여자들을 대상으로 한 연구 결과가 통계적으로 유의하다고 하더라도 종속변인의 변량을 2%만을 설명한 수 있다면, 이는 심리학적 과정에 대한 우리의 이해에 어떤 도움도 되지 못한다. 사소한 효과에도 통계적 유의성이 나타날 수 있기 때문에, 연구자들이 유의 수준뿐만 아니라 효과 크기와 검증력을 보고하도록 권고된다(Shadish, Cook, & Campbell, 2002).

외적 타당도와 모집단 문제

외적 타당도가 사람(예: 청소년, 대학생, 미국 국적의 흑인, 동성애자 남성 등), 장소(예: 대학 상담 센터, 입원 병원 장면, 정신건강센터 등), 또는 시간(예: 1960년대, 1990년대, 2000년대 등)에 관계없이 연구 결과의 일반화할 수 있는 가능성이라고 언급했던 점을 기억해보자. 연구 결과의 외적 타당도를 높일 수 있는 가장 직접적인 방법은 설계에 시간이나 장소, 사람을 대표하는 변인을 포함하는 것이다. 사람이 누구든지 간에 연구 결과를 일반화할 수 있다는 쟁점들이 상담 연구에서는 가장 의미가 있기 때문에, 다음에는 이러한 쟁점들을 설명하고 이 쟁점들이 어떻게 여러 장소와 시간으로까지 확장될 수 있을지를 보여줄 것이다. 우리는 먼저 모집단 쟁점들이 요인 설계 내에서 다루어질 수 있는지 기술할 것이며, 그 후에는 요인 설계에서의 외적 타당도를 연구할 때의 몇 가지 일반적인 고려사항들에 대하여 논의할 것이다. 여기서 요인 설계에 대해 논의하지만 그것이 모집단 쟁점들을 살펴볼 수 있는 유일한 설계는 아니라는 사실에 주목하자.

외적 타당도 연구에 요인 설계의 사용

연구 결과가 다양한 집단의 사람들에게까지 적용될 수 있는지를 결정하기 위해서, 요인 설계를 만들 때 사람과 관련된 상태변인이 설계에 포함될 수 있다(11장 참고). 하나의 독립변인(3개 수준)과 사람 관련 상태변인(2개 수준)으로 이루어진 요인 설계를 생각해보자. 예를 들어, 3개 수준의 독립변인은 3개의 치료법이며, 사람 관련 2개 수준의 상태변인은 성별이라고 가정해보자. 이 요인 설계의 주 효과와 상호작용 효과에 대한 해석을 통해 그 결과의 일반성이 어떻게 다양한 사람들에게 적용될 수 있는지를 알아볼 수 있다.

어떤 치료도 효과가 없었다고 밝혀진 상황을 가정해보자. 즉, 한 치료가 다른 치료보다 더 효과적이라고 이야기하기에는 증거가 불충분했다. 외적 타당도는 이러한 연구 결과가 남성과 여성에게 동일하게 적용되는지에 대답해줄 수 있다. 성별의 주 효과가 없었을 수 있다(예: 치료 방법에 관계없이 성별 효과가 없다). 그러나 상호작용 효과가 있다는 것은(예: 내담자의 성별에 따라 특정 치료의 효과가 다른가?) 외적 타당도와 관련된 쟁점을 명확하게 보여준다. 예를 들어, A 치료는 남성에게 가장 효과적인 반면에 C 치료는 여성에게 가장 효과적인 것으로 드러난 경우, 연구 결과가 성별에 관계없이 일반화될 수 없다는 것을 보여준다. 사람변인에 관한 고려는 연구 결과를 정확히 이해하는 데 필수적이다.

덧붙여 말하면, 상담 분야의 문헌에서 성별과 인종 · 민족변인들에 대한 관심은 커져가고 있다. 게다가 이 장의 서두에 설명했듯이, 사람변인의 범주는 성별, 인종, 민족성을 뛰어넘어 다양하게 있다(예: 성적 지향, 국적, 종교, 사회적 지위, 장애 여부). 그리고 이러한 다양한 문화적 인구 통계적 요인들은 개인의 심리적 과정에 유의한 영향을 미칠 수 있다. 이런 모든 요인들을 단일 연구에서 설명하기는 불가능하지만, 각기 다른 모집단을 대상으로 이러한 요인들의 다양한 효과를 조사하는 연구가 시간이 흐르면서 축적된다면, 보다 더 미묘한 차이를 설명할 수 있는 지식을 축적할 수 있을 것이다.

이러한 논의에서 도출될 수 있는 일반 원칙은, 한 설계 내에서 외적 타당도가 조사될 때(상태변인으로 사람을 포함함으로써) 상호작용 효과가 가장 흥미롭다는 것이다. 상호작용 효과는 사람변인과 사람변인의 수준이 상호작용하여 다른 결과를 산출하는 것을 보여준다. 교육학 연구 배경을 가진 연구자들은 이러한 현상이 적성-치료 상호작용 연구에서 필수적인 현상이라고 인식한다.

상담의 몇몇 이론적 모형은 맥락적 · 개인적 요인들을 고려하는 것의 중요성을 강조한다. 예를 들어, 국가 간 문화 역량(Cross National Cultural Competence: CNCC) 모형은 (1) 성격, 태도, 대처법, (2) 몰입 경험, (3) 국제 경험의 정신적 처리과정 모두 요인들이 개인의 문화적 역량, 구체적으로 국가 간 동일한 수준의 인식, 지식, 기술에 영향을 미칠 수 있음을 이론화하였다. 즉, 국가 간 문화 역량은 모든 개인의 문화적 역량을 갖는 것은 아니며, 역량 수준의 차이는 다양한 개인적, 환경적 요인과 관련될 수 있음을 강조한다. 더욱이, 문화적 역량을 증대시키는 개입이 모두에게 동일하게 효과적이지는 않을 수 있다. 그러므로 개입의 효과를 연구할 때는, 개인 및 환경 요인을 고려하는 것이 중요하다. 다음은 다양성 인식에 대한 다문화 훈련이 다양한 유형의 사람들에게(예: 백인 대 소수 인종) 그 효과 수준이 다르다는 것을 보여주는 예시이다.

Chao, Wei, Good과 Flores(2011)는 다문화 인식에 대한 다문화 훈련과 인종 · 민족성(예: 백인 대 소수인 종) 간에 유의한 상호작용 효과를 발견했다. 낮은 수준의 훈련을 받은 학생들에서는, 소수 인종 훈련생들이 백인 훈련생들에 비해 유의하게 높은 다문화 인식을 보였지만, 높은 수준의 훈련을 받은 학생들에서는, 백인과 소수 인종 학생들 간에 유의한 차이가 없었다. 다시 말해서, 인종 · 민족적 소수자들은 훈련 수준에 관계없이 이미 높은 수준의 다문화 인식을 가지고 있기 때문에, 더 많은 훈련은 소수 인종 학생들이 아니라 백인 학생들의 다문화 인식을 증진시킬 수 있다는 것이다. 이 연구는 특정한 훈련의 유형이 각기 다른 집단의 사람들에게 다양한 유형의 효과를 가질 수 있다는 것을 설명한다.

여기까지 우리는 상호작용 효과에 방점을 둔 요인 설계의 관점에서 외적 타당도를 논의하였다. 그러나 상호작용 효과의 조사는 요인 설계(그리고 동시에 나타나는 변량 분석)에만 국한되지 않는다. 예를 들어, 회귀 분석 또한 상호작용 효과를 잘 수용하므로 외적 타당도는 분석과는 무관하게 독립변인과 개인변인의 상호작용에 관련되어있다.

모집단에 관계없이 일반화 가능성을 탐구할 때의 고려사항

외적 타당도에 대한 요인 설계 접근법이 단순한 것처럼 보이지만, 집단 차이에 대한 몇 가지 쟁점이 있다. 중요하고 해결하기 어려운 한 가지 쟁점은 개인, 장소, 시간과 관련된 변인들의 선택이다. 더욱이 연구자는 외적 타당도에 중요한 상호작용의 효과가 다른 조사되지 않은 사람이나 장소, 시간 변인으로 인해 나타난 것인지를 알 수가 없다. 여기에서, 우리는 (1) 어떠한 변인을 분석할지 선택하는 것, (2) 집단 간 차이에 내재하는 과정을 이해하는 것의 중요성, (3) 표본에서의 다양한 집단들의 구성 비율, (4) 집단 비교와 관련한 철학적 쟁점, (5) 다양한 연구를 통해 외적 타당도를 설정하는 것에 대한 주제들을 살펴볼 것이다.

어떠한 모집단 변인을 조사할 것인지 결정하는 것은 어려운 일이다. 성별, 민족성, 성적 지향성, 사회경제적 지위, 인종, 나이, 장애 정도, 지능, 성격 유형, 치료 유형 등 설계에는 말 그대로 수백 가지의 변인들이 고려된다. 우리가 보았듯이 이러한 변인의 대부분은 상태변인이며, 표집이 내적 및 외적 타당도와 밀접하게 연관되어있다. 게다가, 대부분의 중요한 상태변인 중 어떤 것은 아직 정확히 정의되지 못하고 있다. 예를 들어, 인종이 미국 사회에서 중요한 측면일지라도, 여전히 인종에 대한 과학적 근거의 부재와 어떻게 그 인종이 정의되어야 할 것인지에 대한 논쟁들이 계속되고 있다(Leong & Eccles, 2010). 마지막으로, 비록 변인들이 잘 정의되고 측정될 수 있다 하더라도, 관련 구성개념이 더 중요할 수 있다. 예를 들어, 성별과 인종은 상담 연구에서 종종 등장하지만, 성 역할 지향이 생물학적 성보다 더욱 중요할 수도 있으며 또한 문화 적응의 정도나 민족 정체성이 민족성보다 더욱 중요할 수 있다. 많은 심리학자들이 인종과 민족성에 대한 단순한 개념에 대해 이러한 대안들을 제시하였으며, 연구자들은 상담 연구에서의 다양한 문화적 도구 틀의 사용과 관련하여 중요하고 생산적인 논의에 참여하고 있다(예: Knight, Roosa, & Umana-Taylor, 2009; Ponterotto & Grieger, 2008; Spanierman & Poteat, 2005). 이 시점에서, 우리는 평상시에는 언급을 삼가던 사항들을 다룰 필요가 있다. 외적 타당도와 변인들을 선택할 경우 정보를 제공할 수 있어야 한다. 만약 선행 연구나 이론 또는 상식을 통해 성별이 중요한 변인이면, 그것을 연구 설계에 추가해야 한다. 그 대신, 변인을 추가할 만한 강력한 이유가 없다면 변인들을 추가하는 것은 현명하지 못하다.

상담 분야는 상담과 심리적 기능에 있어서 인종, 민족, 문화의 역할을 이해하는 것에 대해 매우 강조해왔다. 인종, 민족, 문화 요인은 어디에나 있기 때문에, 연구자들은 이러한 영역을 탐구하도록 격려받는다. 주어진 연구가 직접적으로는 인종, 민족, 문화에 초점을 둔 연구인지 아닌지는, 이러한 요인들이 행동이나 연구에 미치는 영향을 이해해야 한다. 예를 들어, 양육 방식과 가족 관계는 문화에 따라 다를 수 있으며 심리적 안녕감에 다른 효과를 미칠 수 있다. 그리고 인종(예: 아프라카계 미국인과 백인 미국인)에 따른 차이를 비교하는 데 초점을 맞춘 연구를 수행하는 것은 하나의 구체적인 인종(예: 아프리카계 미국인) 내의 특정한 구성개념들을 이해하는 것과는 완전히 다르다. 연구가 어떻게 설계되었는지는 연구에서 얻어진 지식과 지식의 유형에 영향을 미치게 될 것이다.

집단 차이 내의 복잡함을 이해하는 것이 중요하다. 범주 상태변인(예: 아프리카계 미국인과 백인 미국인 집단)의 차이에 의해서 만들어진 두 개의 집단을 비교할 때 내재된 문제들에 대해 우리는 암시해왔다. 집단 간 차이를 살펴볼 때 개입된 쟁점이 매우 중요하기 때문에, 우리는 그 쟁점들을 다시 한 번, 약간 다른 방식으로 살펴볼 것이다. 이전의 예시는 아프리카계 미국인과 백인 미국인 청소년 간의 스트레스와 불안감, 학업에서의 차이에 관한 것이었다. 이러한 연구의 목적은 두 모집단 간의 평균 차이를 확인하는 것이었다(예: 두 집단의 불안 수준의 평균에서 차이가 있는가?). 가장 지속적이지만 논쟁거리가 되는 심리학에서의 연구 결과 중 하나는 이러한 비교이다. 즉, 전통적인 지능 검사에서 나타난 집단 차이를 의미한다.

우리가 강조하고자 하는 것은 단순히 몇몇 변인에서 집단 간의 차이를 확인하는 것은 유용성 면에서 제한되어있다는 것이다. 궁극적으로, 우리 연구의 중요한 목표는 집단 여부에 관계없이 또는 집단 내 차이에 내재하는 심리적 과정의 이해를 증진시키는 것이다.

집단 간의 차이가 발견되었을 때, 다음과 같은 중요한 질문이 떠오른다. 이러한 차이를 일으키는 심리사회적 과정이 두 집단에서 동일한가? A, B 두 집단이 있다고 가정해보자. 그 두 집단은 어떤 구성개념, 즉 반사회적 행동에서 확실히 차이를 보인다고(A 집단> B 집단) 가정해보자. 중요한 퍼즐의 조각은 반사회적 행동으로 이끄는 요인들이 양 집단에서 동일한지 여부를 결정하는 것이다. 부적절한 부모 감독이 반사회적 행동에서 중요한 인과적 구성개념임을 안다고 한다면, 다음과 같은 질문이 가능하다. 'A 집단의 학업적 성취가 높은 이유가 더욱 적절한 부모의 감독 때문일까, 아니면 독특하게 A 집단에만 영향을 미치고 B 집단에는 영향을 미치지 않는 또 다른 변인이 있기 때문일까?' 몇몇 대규모 자료에 대한 재분석을 한 결과 Rowe, Vazsonyi, Flannery(1994)는 학업 성취와 행동과 관련해서 발달 과정에서 인종적 유사성을 발견했다. 즉, 그들은 학업 성취와 행동을 예측했던 변인들이 두 집단 모두 공통적이었으며, 집단에 걸쳐 일반적이며, 어떤 변인도 특정한 인종 집단에 독특하게 중요하지 않다는 것을 발견했다.

만약 연구자들이 집단 간의 차이를 살펴보고자 한다면, 이러한 차이를 만드는 과정을 이해하는 것이 결과를 해석하는 데 있어서 매우 중요할 것이다. 기본적으로 모집단들에 대한 조사를 통해 인과적 요인들이 동일하다는 것을 알았다면, 개입의 효능은 비슷할 것이다. 만약 인과적 요소가 비슷하지 않다면 집단에 특화된 개입이 필요하게 될 것이다. 문화에 특화된 교육적, 심리학적 개입의 효능을 정립하기 위해서는 더 많은 연구가 필요하다.

집단 간 차이에 대한 체계적인 조사의 한 예로서, Fouad(2002)는 직업 흥미에 관한 스트롱 흥미 검사(Strong Interest Inventory: SII)와 RIASEC 모형의 교차 문화 타당도를 조사했는데, 직업 흥미의 유사성과 흥미의 구조를 지지해주는 기본적인 증거를 보여주었다. 이러한 발견들은 우리의 문화 간 직업 흥미에 대한 우리의 이해를 증진시키는 데 크게 공헌하였다. 게다가 특정한 문화적 차이를 설명하는 기저의 요인들을 살펴보기 위한 후속 연구들이 추가로 진행되었다. 예를 들어, 여성들이 공학 분야에 남아있는지 떠나는지에 영향을 미치는 요인들이 질적 연구(Fouad, Fitzpatrick, & Liu, 2011)와 양적 연구(Singh et al., 2013)를 통하여 탐색되었다. Fouad 등은 자녀에 대한 같은 가족에 대한 책임감이 여성들이 공학 분야를 떠나는 주된 이유 중 하나임을 발견하였다. Singh 등의 연구는 여성 공학자들의 자기효능감 및 성과에 대한 기대가 직장에서의 발전 기회(조직의 지원의 형태)가 연관되어 있다는 것을 발견하였다.

각기 다른 집단에서 나타나는 독특한 과정의 예시로, Eugster와 Wampold(1996)는 상담 회기에서 전반적인 평가를 예측하는 요인들이 상담자와 내담자에게서 다르다는 것을 밝혀냈다. 비록 내담자와 치료자가 몇몇 공통요인이 있지만, 연구자들은 내담자의 전반적인 회기 평가가 상담자의 대인관계 스타일과 실제 관계에 대한 인식과는 정적 상관이 있는 반면, 상담자의 평가는 자신이 지각한 전문성과 정적인 상관을, 실제 관계에 대한 인식과는 부적으로 상관관계가 있다는 것을 발견했다. 이러한 차이는 회귀방정식에서의 차이를 통계적으로 검증함으로써 증명되었다. 이 연구의 목적은 내담자와 상담자 간의 회기 평가에 대한 평균 차이가 있다는 것을 확인하는 데 있는 것이 아니라, 이러한 평가의 기반을 형성하는 요인들이 서로 다른지를 확인하는 데에 있다.

실제 연구에 적용하기 8.2

이 장의 초반에 제시되었던 연구 주제로 다시 한 번 되돌아가보자. 만약 당신이 다른 목표 모집단을 선택했다면 연구 결과가 다를 것이라고 예상하는가? 그 이유는 무엇인가? 당신의 연구 주제에서 연구를 조사하는 데 의미 있거나 흥미로울 수 있는 모집단을 2개 대안으로 확인해보라. 이러한 두 개의 대안적 모집단에서 자료를 모으는 것이 가능한가? 당신이 자료 수집 과정에서 맞닥뜨릴 수 있는 어려움들을 나열해보라.

집단 간 차이에 관련된 또 다른 쟁점은 요인 설계에 상태변인을 포함할 때 할당된 참여자의 비율에 관련한 것이다. 요인 설계에서 각 셀마다 같은 수의 참여자를 배정하는 것이 바람직하다고 여겨지는데, 이러한 점에서 주 효과와 상호작용 효과는 독립적이다(변량 분석의 가정이 충족되었다는 조건하에)(Wampold & Drew, 1990 참고). 따라서 각 유형에 동일한 수의 참여자가 선택(혹은 모집)되어야 한다. 예를 들어, 동일한 수의 남성과 여성이 모집되어서 세 가지의 치료 방법에 무선 할당되어야 한다. 성별에 관한 연구에 있어, 이는 문제가 되지 않는다. 그러나 다양한 사람변인의 기본 비율이 다를 때는, 개념적(또한 통계적)인 문제가 발생한다. 예를 들어, 어떤 표본에서 백인 미국인과 미국 인디언의 수를 동일하게 선택하는 것은 미국의 전체 인구를 대표하지 못할 것이다(미국 인디언의 구성 비율이 백인 미국인보다 훨씬 더 적다는 것이다). 만약 누군가가 다양한 유형의 TV 정치 광고가 백인 미국인과 미국인 인디언의 투표 선호도에 영향을 어떻게 미치는지에 대하여 조사하는 연구를 실행하고자 한다면, 동일한 숫자의 사람들이 선택되어야 한다. 이 연구의 결과는 아마 이론적으로 흥미로울 것이며 실제 정치 캠페인 방략에 적용 가능할 것이다. 그러나 만약 누군가가 투표 예상 결과를 알기 위해 여론조사를 원한다면 그는 표본에서 미국 인디언과 백인 미국인의 수를 동일하게 함으로써 표본을 편향되게 하고 싶지 않을 것이다. 일반적으로, 이론적 현상이나 치료의 효능을 살펴보는 실험적 연구는 참여자의 수를 동등하게 해야 한다. 그러나 사회에서의 변인 간의 관계를 조사하고자 하는 연구에서, 다양한 사람 변인들의 비율이 모집단의 비율을 반영하도록 참여자들이 선택되어야 한다는 것이다. 요약하자면, 연구문제의 특성에 따라 집단 간 참여자의 수를 동등하게 유지하는지의 여부가 결정된다.

외적 타당도에 대한 요인 설계 접근법은 다양한 계층의 사람들에 대한 철학적 함의를 가진다. 보통 연구는 다수가 우세한 표본을 대상으로 하거나(예: 백인 미국인), 다수 표본과 소수 표본을 대조하는 사람변인들을 포함한다(예: 백인 미국인 대 아프리카계 미국인). 후자의 설계는 백인 미국인이 기준이라는 가정을 다소 포함하고 있으며 다른 모든 집단은 그 기준에 대조되는 것으로 치부한다(Delgado-Romero, Galván, & Maschino, 2005; Heppner, Casas, Carter, & Stone, 2000). 또한 이러한 각 집단이 모두 동질적이라고 가정한다. 아프리카계 미국인은 다양한 인구로 구성되어 있어서 다양성, 즉 문화 동조 수준, 인종 정체성, 세대 상태(generational status)(Delgado-Romero, Galván, & Maschino, 2005; Heppner et al., 2000 참고)가 연구 설계에서 고려되어야 한다. 더욱이, 어떤 현상들은 문화 특수성을 띠고 있기 때문에, 다양한 집단을 비교하는 설계는 최적의 방법이 아니며 민감성이 떨어진다. 예를 들어, 소수 인종들은 정신건강 클리닉을 충분히 활용하지 않는데, 이는 서비스 제공자들이 크게 걱정하는 부분이기도 하다. 이러한 이유는 인종 간 차이보다는 인종 내 과정을 탐구함으로써 이해할 수 있다. 설명하자면, 인종 차이에 관한 비교연구는 다양한 인종 집단들의 이용률에 관한 정보만을 제공해준다. 그러나 왜 특정 집단이 정신 건강 서비스를 충분히 활용하지 않는지를 이해하기 위해서는, 관심 있는 특정 집단 내에서 과소 활용으로 이끌 수 있는 잠재적인 이유들(예: 태도, 차별에 대한 인식, 낙인, 접근성)을 살펴볼 수 있도록 연구를 설계해야 한다.

외적 타당도는 보통 여러 연구를 사용함으로써 확립된다. 예를 들어, 단일 참여자 설계는 사람변인을 포함하지 못하는데 오직 한 사람 또는 소수의 참여자가 사용되기 때문이다. 그러므로 연구자들은 체계적 반복검증(systematic replication)이라는 방략을 사용하는데(Barlow & Hersen, 1984), 이는 단일 요소를 달리 하며 실험을 반복하는 것을 포함한다. 체계적 반복법의 개념은 집단 연구에도 적용될 수 있다. 예를 들어, 한 집단에는 여성 참여자들만 있고 다른 집단에는 남성 참여자들만 있는 다른 두 집단에서 상호작용 효과가 있을 수 있다. 그러나 이러한 방략에는 단점이 존재한다. 진정한 반복은 달성되기에 어려우며, 그러므로 두 연구 간 차이는 참여자들이 다른 유형 때문에 생긴 것이 아니라 다른 요소에 의한 것일 수 있다. 그뿐만 아니라 한 연구에서의 외적 타당도에 대한 조사는 상호작용 효과의 크기를 직접적으로 추정할 수 있게 해주는데, 이 절차는 체계적 반복검증 방략에서는 사용이 불가능하다.

요약 및 결론

모집단 문제는 상담과 상담심리학의 연구 설계와 해석에 영향을 미친다. 어떤 연구의 진행에서 중요한 쟁점은 보다 넓은 변화의 목표 모집단으로부터 참여자의 표본을 선택하는 것이다. (1) 목표 모집단(연구자가 일반화하고자 하는 모집단)을 정의하고 (2) 목표 모집단의 정의에 맞는 참여자들을 선택하는 데는 상당한 주의가 필요하다.

이론적으로는, 연구 결과의 일반화 가능성은 모집단에서 표본을 무작위로 선택함으로써 가능하다. 대부분의 상담 연구에서는 실제적인 제약으로, 참된 무작위 추출을 통해 표집이 되는 경우는 드물다. 대신에 연구자들은 종종 목표 모집단과 비슷한 특성을 지니는 비(非)무작위 표본을 이용하며, 그 후 연구 결과가 같은 특성을 지닌 모집단에 적용된다고 합리적 주장을 한다.

마지막으로, 참여자를 선택할 때 중요한 쟁점은 연구에서 관심 있는 구성개념 간의 관계를 적절하게 검증하기 위해 얼마나 많은 참여자가 필요한지 결정하는 것이다. 참여자의 수는 통계적 검증력이나 대립가설이 사실일 때 영가설을 기각할 확률과 관련이 있다. 통계적 검증력을 추정하는 것과 관련하여(그러므로 필요한 참여자의 수) 우리는 (1) 특정한 통계적 검증 방법의 사용, (2) 알파 수준, (3) 통계 검증의 방향성, (4) 효과 크기에 대하여 논의하였다.

그러므로 연구자들은 연구를 위해 참여자를 선택할 때 여러 가지 의사 결정을 해야 한다. 일반적으로 연구자들은 어떤 특정한 연구결과를 더 큰 모집단으로 일반화 하는 데에 관심이 있는데, 이게 외적 타당도의 핵심이다. 외적 타당도는 또한 사람, 장소, 시간에 관계없이 연구 결과를 일반화할 수 있는 것과 관련된다. 연구 결과의 외적 타당도를 증가시키기 위한 가장 직접적인 방법은 적절한 사람, 장소, 시간을 대표할 수 있는 변인을 설계에 포함하는 것임을 제시하였다. 이러한 점에서 외적 타당도는 독립변인과 사람, 장소, 시간과 관련된 변인 간의 상호작용을 검토함으로써 알아볼 수 있다.

상담은 다양한 시점의, 다양한 환경에 있는, 다양한 유형의 사람들을 돕기 위해 고안된 응용 직종이므로 외적 타당도는 매우 중요하다. 지나치게 자주, 주로 백인 미국인의 대학 학부생으로 구성된 편의 표본들이 상담 연구에서 사용된다. 우리는 상담 직종에 필요한 더 넓은 데이터베이스를 개발하기 위해서, 상담 연구의 외적 타당도를 넓히기 위한 노력을 할 것을 강하게 권한다.

촉진 질문

모집단 문제에 관한 연습

1. 2개의 우울치료법의 상대적인 효능을 고려하고 있다. 결과 해석을 고려할 때 어떤 모집단 쟁점이 중요한가?
2. 무작위 선택과 무선 할당의 차이점에 대해 논의해보라. 이 개념들이 연구의 타당도와 어떤 관계가 있는가?
3. 상담 관련된 학회지에서 최근 발행 호를 골라보라. 그 호의 연구에서 사용된 표본을 설명하고 연구 목적과 관련하여 표본의 적절성에 대해 점수를 매겨보라.
4. 경력 개발과 관련된 이론적 가설을 증명하는 연구를 설계한다고 가정해보라. 모집단 정의와 참여자 모집과 관련된 쟁점에 대해 논의하라.
5. 특정한 주제에서의 집단 차이를 더 잘 이해하기 위해 당신이 조사하고 싶은 모집단 상태변인(예: 성별, 성적 지향, 인종)을 선택하라. 집단 차이를 비교하고 해석할 때 고려해야 할 쟁점을 논의해보라.

다양성 관점: 개념적 · 방법론적 고려

_ Kevin O. Cokley, Germine H. Awad 공저

상담과 상담심리학 연구의 두드러진 특징 중의 하나는 다문화주의에 대한 강조이다. "순수한 의미의 다문화주의는 인종, 민족, 언어, 성적 지향성, 성별, 나이, 장애 여부, 계층 상태, 교육, 종교적 · 영적 지향성, 다른 문화적 차원의 넓은 범위를 인정하는 것이다. 이러한 모든 것들은 개인의 민족적 · 인종적 정체성과 개인 정체성의 중요한 측면이며 심리학자들은 이러한 문화의 모든 차원과 관련된 주제에 대해 인식하도록 격려된다. 이에 더해 각 문화적 차원은 독특한 주제와 관심사를 가지고 있다."(APA, 2002, pp. 9-10). 이 책 전체를 통해서 논의되었듯이 상담자들과 심리학자들은 점차 증가하고 있는 다양한 문화적 배경을 가진 내담자들에게 정신건강 서비스를 제공할 때 문화적으로 유능해야 한다. 상담자들과 심리학자들은 또한 문화적 요소에 대한 수용성과 치료의 관점에서 연구를 수행하고 비판적으로 평가해야 한다.

상담 분야뿐 아니라 심리학 전반에서도 다양한 문화적 관점을 고려하는 것이 상대적으로 최근임을 학생들이 이해하는 것이 중요하다. 예를 들어, Bernal, Cumba-Aviles와 Rodriguez-Qunitana(2014)는 약 1999년까지 문화, 인종, 민족, 언어가 심리학 연구 전반에서 그다지 큰 관심을 받지 못했음을 보았다. 많은 학자들은 대부분의 심리학 문헌들이 인종, 민족, 문화와 같은 요소들을 대개 고려하지 않았음을 주목했다(Bernal & Scharró-del-Río, 2001; Burlew, 2003; Hall, 2001; Lau, Chang, & Okazaki, 2010; Miranda, Nakamura, & Bernal, 2003; Ponterotto & Mallinckrodt, 2007; Sue & Sue, 2003; Wyatt et al., 2003). 그리고 문화나 인종과 같은 요소들이 고려될 때는 종종 방해변인으로 처리되곤 했다(S. Sue, 1999).

그러나 특히 지난 15년간, 상담과 심리학 전반 내에서 다양한 배경을 가진 집단에 초점이 맞추어지기 시작했고, 사회운동이 이를 촉발시켰다(Hall, 2014). Pedersen(1991)은 처음으로 다문화 심리학을 심리학의 '네 번째 세력'으로 기술했으며, 현재 이 개념은 널리 받아들여지고 있다. 예를 들어, 미국 심리학협회(American Psychological Society: APS)

나 미국 심리학회(APA), 미국 상담학회(ACA)와 같은 미국 내의 전문 상담 및 심리학 기구에서 다문화 쟁점에 대한 관심은 이미 광범위하고 명백하다. 게다가 미국 심리학회와 같은 이러한 기관들 내의 많은 분과학회들도 여러 가지 다양성 주제들에 초점을 맞추고 있다(예: 9분과, 17분과, 35분과, 36분과, 44분과, 45분과, 51분과, 52분과). 상담, 상담심리, 보다 넓은 범위의 심리학 주요 학술지들(예: 《상담심리학 저널》, 《상담 및 발달 저널(Journal of Counseling and Development: JCD)》, 《상담 심리학자》는 다문화와 비교 문화 논점을 연구하는 다양한 논문들을 정기적으로 출판하고 있다. 게다가, 《문화적 다양성과 소수 민족 심리학(Cultural Diversity and Ethnic Minority Psychology)》, 《성적 지향성과 성별 다양성의 심리학(Psychology of Sexual Orientation and Gender Diversity)》, 《분기별 여성 심리학(Psychology of Women Quarterly)》, 《남성과 남자다움(Men and Masculinity)》, 《심리학의 국제적 관점(International Perspectives in Psychology)》을 포함해서 다문화와 비교 문화 주제에 특히 구체적으로 초점을 맞춘 다양한 학술지들이 있다. 다문화 심리학에 대한 많은 개론 서적 역시 저술되었다. 예를 들면, Leong(2014)은 《미국 심리학회 다문화 심리학 핸드북》이라는 인상적인 책은 출간했다. 나아가 흑인 심리학자 학회(Association of Black Psychologists), 아시아계 미국인 심리학회, 여성심리학회(Association for Women in Psychology), 라틴인 심리학회(National Latino Psychological Association), 인디언 심리학자회(Society of Indian Psychologists)와 같은 다양한 집단에 전적으로 초점을 맞추는 심리학 단체들이 매우 많다. 이러한 기구들 각각 그들의 관점을 강조하는 학술지들을 출간한다.

마찬가지로 전문적인 단체들 역시 우리 분야에서의 다문화적 관점의 성장에 지대한 영향을 끼쳤다(Hall, 2014 참고). 예를 들어, 2003년에 미국 심리학회는 '심리학자들을 위한 다문화 교육, 훈련, 연구, 실무, 조직의 변화에 대한 지침'을 출간했으며, 2006년에는 '다문화 지침의 시행에 대한 미국 심리학회 특별 전문위원회 보고서'를 출간했다. 2004년에 미국 심리학회는 국제 심리학에서의 문화와 성별 인식에 대한 결의라는 책을 출간했다. 따라서 미국 심리학회 내 프로그램 승인 지침은 훈련 프로그램 전반에 대해 다양한 다문화적 관점을 요구한다.

David, Okazaki와 Giroux(2014)는 소수 집단, 인종차별주의, 억압, 민족 정체성과 같은 주요 용어들을 PsycINFO 데이터베이스 내에서 두 시점을 비교함으로써 다양성 문제에 대한 중요한 관점의 변화를 훌륭하게 설명했다. 1950년부터 1959년까지 10년 동안 해당 단어들이 546회 검색되었던 반면에, 2000~2009년의 10년 동안에는 35,006회 검색되었다(2011년 7월 14일 기준). 다문화 문헌의 이러한 성장을 반영해서, Leong(2014년의 책임 편집자)은 3권의 《미국 심리학회 다문화 심리학 핸드북》을 발간했다. 요약하면, Bernal 등(2014)이 수행한 2000년 이전의 다문화 문헌에 대한 평가는 다소 실망적이었지만, 지난 15년간의 진전은 상당히 긍정적이었으며, "특히 중요한 진전들이 1999년 이후로 이루어졌다"(Bernal et al., 2014, p. 106).

그럼에도 불구하고 다문화주의를 어떻게 개념화할 것인지에 대한 논의는 지금도 문헌에서 계속되고 있다. 몇몇 학자들과 실무자들(예: Fukuyama, 1990; Robinson & Howard-Hamilton, 2000; Sue & Sue, 2003)은 다문화를 인종, 민족, 성별, 성적 지향성, 종교, 사회경제적 지위, 장애에 국한하지 않고 사회적으로 소외되거나 사람들 간의 차이를 불러오는 다른 요소들까지 포함하는 개념으로 넓게 정의하였다. 반면, 몇몇 학자들(예: Carter, 1995; Helms, 1994; Helms & Cook, 1999)은 인종에 초점을 맞추는 보다 좁은 접근 방식을 제안했는데, 이는 이 저자들이 다문화주의에 대한 광범위한 정의는 인종이라는 어려운 문제에 대해 초점을 맞추는 것을 피하거나 이를 모호하게 만든다고 주장하기 때문이었다. 또 다른 사람들은 좁은 방식의 접근 방식(Atkinson, 2004)과 넓은 방식의 접근 방식(Atkinson & Hackett, 2004)을 모두 사용할 것을 주장했다.

이 책과 같은 연구 설계 입문서에서는 몇몇 방법론적 주제들이 특정한 집단에 더 적절할 수 있겠지만, 우리의 주요 목표는 넓은 범위의 다양한 집단들을 대상으로 연구를 실행하는 데 적절한 여러 가지 방법론적인 논점들을 다루는 것이다. 따라서 우리의 목표는 특정 집단을 위한 구체적인 연구 의제(agenda)를 제시하는 것이 아니라 특정한 연구를 개념화하는 것으로부터 시작해서 연구 결과를 해석하는 것까지, 수많은 방법론적 쟁점들을 고려할 때 초보 다문화 연구자들을 돕는 것이다. 이 장에서는 다양한 표본에 대한 연구와 관련된 수많은 개념적, 방법론적 논점에 대하여 논의할 것이다.

이 장의 첫 번째 절에서는 문헌에서 주로 서로 연결되는 (그리고 혼란스러운) 다양한 집단의 정체성을 조작하는 방법들과 정의에 대하여 논의한다. 이 장에서 다문화 연구와 관련된 모든 정체성을 모두 검토하는 것은 이 장의 범위를 넘어선다. 실제로 이 주제는 책 전체에서 다루는 주제이기도 하다(예: Ponterotto, Casas, Suzuki, & Alexander, 2010; Sue & Sue, 2012). 그 대신, 우리는 상담과 심리학 문헌에서 흔히 사용되어왔지만 혼동스러운 몇 개 집단의 정체성을 정의하고 기술할 것이다. 이는 (1) 인종, 민족, 문화, (2) 생물학적 성, 성별, 섹슈얼리티, 성적 지향 정체성, (3) 사회적 계급, 사회경제적 지위(SES), 사회적 지위가 이에 해당된다. 우리가 이해해야 하는 중요한 논점은 이러한 용어들을 정의하기가 매우 어려우며 때로 느슨하고 상호 교환적으로 사용되며, 이 때문에 이들을 과학적으로 연구하는 것이 매우 어렵다는 점이다.

이 장의 두 번째 절에서는 다문화 연구의 수행과 관련된 몇 가지 연구 설계에서의 주요 고려사항들에 초점을 둔다. 첫 번째로 기술적이고 이론 지향적인 연구의 사용에 대하여 논의해볼 것이다. 그리고 우리는 다문화적 구성개념을 포함하는 연구를 수행하고 설계할 때 인접변인(관찰된 현상을 보다 직접적이고 간명하게 설명하는 심리적 특징)보다는 원격변인(distal variable, 예: 관찰된 현상을 그 자체로 직접적으로 설명하지 않는 인구통계학적 특징)에 의존하는 문제들에 대하여 소개할 것이다. 다음으로, 특정한 다문화 주제에 대한 이해 수준을 증진시키기 위해 다문화 연구 설계에서 인접변인들을 매개변인이나 조절변인으로 사용하는 것의 잠재적인 유용성들에 대해서도 논의해볼 것이다. 마지막으로, 다문화 연구의 설계에서 특히 나타날 수 있는 연구의 내적 타당도를 위협하는 다섯 가지에 대해서 논의한다.

세 번째 절과 마지막 절에서는 방법론적 어려움에 대해서 초점을 맞춘다. 다문화 연구를 수행할 때 생길 수 있는 몇몇 방법론적 어려움들에 대해 논의하고, 이러한 독특한 어려움들을 다루는 데 제안할 것이다. 이러한 논의 안에서, 우리는 다문화 연구에서 내적 타당도 및 외적 타당도에 관련된 중요한 고려사항들을 강조할 것이다. 이러한 어려움을 다루기 위해서 창의적인 접근을 이해하고 사용하며, 궁극적으로 다양하고 충분히 드러나지 않은 배경에 있는 사람들과 실무를 할 때 그 정보를 제공하는 것이 중요하다.

마지막으로 우리는 상담과 상담심리학 분야에서 문화적으로 다양한 표본에 대한 좀 더 깊은 심리학적 통찰을 위하여 다양한 문화적 집단에 대한 상당히 많은 연구들이 이루어질 필요가 있음을 강조하면서 이 장을 마무리한다.

다문화변인 조작화하기

다문화 연구에서 중심 개념을 조작화하고 정의하는 것은 매우 중요하다. 왜냐하면 심리학 현상들은 종종 집단 간에 변형이 존재하기 때문이다. 이러한 개념들에 관한 의미 있는 해석을 하기 전에, 연구자는 개념이 실제로 의미하는 것은 무엇인지에 대한 명확한 정의를 내릴 필요가 있다. 여러 학자들이 강조해왔듯이(예: Betancourt & Lopez, 1993; Diemer et al., 2013; Moradi, Mohr, Worthington, & Fassinger, 2009), 특히 문제가 되는 것은 이러한 개념들이 불분명하게 정의되어있으며 심리학 관점에서만 이해되어왔다는 것이다. 명확한 조작적 정의의 부재로 인해 용어들은 상호 교환적으로 사용되고, 누가 연구에 참여했는지에 관한 혼란을 야기하며, 연구 결과의 해석을 오도한다. 이 절에서 우리의 목표는 독자들에게 여러 가지 넓은 범주들을 소개하고 명확한 조작적 정의를 제시하는 것이다. 이러한 논의에서 우리는 각각의 다문화변인들과 관련된 역사적, 사회정치적, 심리학적 함의를 고려하여, 변인을 정의하고 측정하는 데에 내재된 어려움을 강조할 것이다.

인종, 민족, 문화

인종 인종은 "……식별 가능한 신체적 특성 또는 눈에 보이는 체질, 행동적 차이에 근거하여 모든 인간을 집단으로 잠정적으로 분류한 것"(Carter, 1995, p. 15), "……피부색이나, 신체적 특징, 때로는 언어와 같은 생물학적 또는 가시적인 특성들에 근거해서 특정 인종 집단에 개인을 소속시키는 사회경제적인 표식"(Carter, 1995, p. 15), "……종의 다른 구성원들과 신체적 특성에서 특징적 차이가 있는 동종의, 지형학적으로 고립된 인종 집단"(Zuckerman, 1990, p. 1297)으로 정의된다. 인종에 대한 정의는 대부분 생물학적 요소를 포함하는데, 이는 사람들이 비슷한 신체적 특성이나 행동적 경향에 의하여 집단으로 분류될 수 있다는 가정에 근거한다. 이러한 집단들은 일반적으로 몽골 인종, 코카서스 인종, 흑색 인종으로 분류되어왔다. 몽골 인종의 정의는 그들의 조상이 동아시아에서 태어난 사람이며 코카서스 인종과 흑색 인종의 정의는 선조가 각각 유럽, 아프리카의 사하라 남쪽에서 온 사람들로 정의된다(Rushton, 2000). 그러나 인종 분류학의 창시는 명백하게 비과학적인 방법으로 이루어졌다(Gould, 1994). 실제로 어떤 합의된 인종 분류 체계는 존재하지 않는다.

어떤 신체적인 특성이 선천적이고 배타적으로 조합되는 신체적인 특성은 없다(예: '검은' 피부는 항상 두꺼운 입술과 연관되지는 않는다, '흰 피부'가 항상 직모와 연관되지는 않는다). 대부분의 사회과학자들은 인종을 생물학적인 실재라기보다는 사람을 구분하고 영구적인 권력관계와 사회적 불공평을 영구화하기 위해 사용된 사회적 구성개념이라고 보았다. 몇몇 연구자들이 인종을 생물학적 실체로 보는 것에 대한 문제를 오래전부터 논의해왔다(Atkinson, 2004; Betancourt & Lopez, 1993; Helms & Cook, 1999; Zuckerman, 1990). 대신에, 학자들은 인종이 사회적 구성개념으로 가장 잘 기술된다고 했다. 왜냐하면 식별 가능한 인종 집단의 한 부분으로 지각될 때 실질적인 사회적 결과가 존재하기 때문이다. 이러한 결과는 편견과 차별의 대상이 되는 것을 포함하며, 이는 삶과 정신건강의 질에 장기적인 함의를 주기 때문이다.

민족 인종과 비슷하게, 민족이나 민족 집단의 정의에 대한 합의나 일관성 역시 존재하지 않았다. Carter(1995)는 민족 집단을 "개인의 국가의 기원, 종교에 대한 소속, 또는 사회적으로나 지리학적으로 정의된 집단의 또 다른 유형"(p. 13)이라고 정의했다. Betancourt와 Lopez(1993)는 민족을 "……공통적인 국적, 문화 또는 언어에 의해 특징 지워지는 집단"(p. 7)이라고 정의한 반면에 Helms와 Cook(1999)은 인종의 완곡한 표현으로서 민족을 특징지었으며, 민족을 "개인이 기억하는 가장 오래된 조상의 국가, 지역 또는 부족의 기원이고 조상으로부터 전해내려오는 관습, 전통, 의식(주관적 문화)"(p. 19)이라고 정의했다. Phinney(1996)는 **민족**이라는 용어를 인종을 포함해서 사용했으며 민족을 문화의 기원과 인종을 기초로 한 넓은 범위의 사람들의 집단을 의미하는 것으로 사용했다.

또한 민족을 해석하는 데 넓고 좁은 해석이 존재한다(예: Atkinson, 2004). 민족을 문화적 특성과 신체적 특징을 공유하는 것으로 본다면, 민족이라는 단어가 넓게 해석되는 것이다. 이러한 민족에 대한 해석은 인종에서 사용되는 것과 비슷한 방법이다(Atkinson). 민족이 문화적 특성과 차이로 제한될 때에는, 민족에 대한 좁은 해석이 사용된다. 우리의 관점으로는 민족에 대한 넓은 의미의 해석은 문제가 있는데, 그럴 경우 특정 민족에 소속되는 표식을 신체적으로 눈에 띄는 특징에 주로 의존하게 되고 민족이라는 소속감에 중요한 역할을 하는 것으로 믿어지는 문화적, 심리적 과정을 최소화하기 때문이다.

문화 문화는 아마도 이 세 가지 용어들(인종, 민족, 문화) 중 가장 정의하기 어려운 용어인데 다양한 심리학, 인류학, 사회학 문헌들에서 문화에 대한 백 가지가 넘는 다양한 정의가 존재하기 때문이다. 그 정의가 겹치는 경우가 많지만, 몇 가지 핵심적인 차이가 존재한다는 데에 주목하는 것이 중요하다. 이러한 차이들은 종종 학자들이 문화를 심리학적으로 정의하는지, 인류학적으로 정의하는지, 사회학적으로 정의하는지에 달려있다. 예를 들어, 객관적인 문화에 초점을 맞출 때에는 인위적으로 만들어진 환경적 요소(빌딩, 길, 집, 도구 등)(Herskovits, 1955)에 중점을 두어야 한다. 반면에, 주관적인 문화는 가치와 신념, 태도, 역할 정의를 강조한다(Triandis, 1972). 따라서 상담자와 상담심리학자들은 주관적 문화에 관심을 갖는 경향이 있다. Helms와 Cook(1999)은 문화에 대한 심리학적 정의를 제공한다. "……가치, 신념, 언어, 의식, 전통, 그리고 어떤 사회적 집단 내의 한 세대에서 다른 세대로 전해져 내려온 다른 행동들"(p. 24). Matsumoto(2000) 또한 심리학적 정의를 사용해서 문화를 다음과 같이 정의했다.

> 문화는 명시적이든 명시적이지 않든, 생존을 보장하기 위하여 집단에 의해 정립된 태도와 가치, 신념, 규준, 행동을 포함하는 하나의 역동적인 규칙 체계로 비교적 안정적이지만 시간이 흐르면서 잠재적으로 변화할 가능성이 있으며, 세대 간에 소통되고, 한 집단 내에서 공유되지만 집단 내에서 특정 개인이 조금씩 다르게 갖고 있는 체계이다. (p. 24)

민족과 비슷하게, 문화에도 넓은 해석과 좁은 해석이 동시에 존재한다. 넓게 해석하면 문화는 그 집단만의 가치와 규준, 행동 체계를 갖춘 사회적으로 정의할 수 있는 어느 집단이든 포괄한다. 그러므로 문화는 민족 집단, 남성과 여성, 게이, 레즈비언, 양성애자, 트랜스젠더인 개인들, 종교, 장애인, 사회경제적 상태를 포함하지만, 여기에 국한되지는 않는다. 좁은 의미에서 문화는 국가를 포함한다(예: 미국, 이집트, 필리핀). 더욱 좁게 보자면 문화는 특정한 민족 집단을 의미한다(예: 원주민, 멕시코 미국인). 그리고 이보다 더 좁게 보자면, 문화는 비슷한 관습이나 정체성을 공유하는 특정한 지형학적인 지역 내에 거주하는 특정한 민족 집단을 지칭한다(예: 미국의 중서부 지역에 거주하고 있는 1세대 몽족 여성).

이렇게 개념들이 중복되고 호환적으로 사용되기 때문에 매우 혼란스러울 수 있다. 그림 9.1은 이러한 개념의 공유된 변량과 공유되지 않은 변량을 표현해준다. 신체적인 특징들이 민족 집단의 지위를 나타내는 주요 지표가 될 때, 인종과 민족은 변량을 공유한다. 즉, 그것들은 호환적으로 사용된다. 인종과 문화가 겹칠 때에는 인종의 세계관이 만들어지는데, 그것은 인간 집단을 배타적으로 분류하고, 이러한 인간 집단을 우수하거나 열등한 것

그림 9.1 인종, 민족, 문화

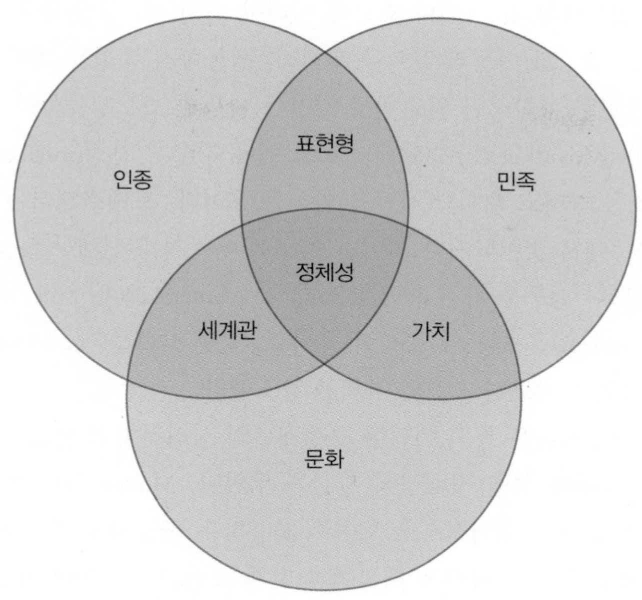

출처: Adapted from Create-Avenn system at www.venndiagram.com, 2004 Kevin Cokley, Ph.D., kcokley@siu.edu.

으로 서열화하고, 신체적인 특징들을 심리적인 특성으로 연관시키며, 심리적인 특성이 유전적이고 변하지 않으며 신에 의해서 결정되었다는 것이다(Smedley, 1999). 주관적인 문화(예: 가치, 신념, 태도, 규준, 행동)에 초점을 맞추면, 민족과 문화는 중복된다. 인종과 민족, 문화의 조합은 집단 정체성에 기여한다.

성, 성별, 섹슈얼리티, 성적 지향성

유사하게, 성(sex) 및 성별(gender)과 관련된 구성개념을 개념화하고 정의하는 데 어려움이 있다. Moradi 등(2009)은 "현존하는 문헌에서 이러한 구성개념을 설명하는 데에 사용되는 언어와 표식이 정확하지 않을 뿐더러 성, 성별, 성별 표현, 성별 정체성, 트랜스젠더, 성변형, 섹슈얼리티, 성적 지향성, 섹슈얼리티, 성적 지향 정체성과 같이 개별적이지만 중복되는 구성개념들의 구별하는 데에 대한 합의가 부족하다(예: Chung & Katayama, 1996; Currah & Minter, 2000; Green, 2000; Worthington, Savoy, Dillon, & Vernaglia, 2002)."(p. 6)는 것에 주목했다. 각 구성개념에 대한 충분한 검토는 이 장에서 다루고자 하는 범위를 넘어선다. 여기에서의 우리의 목표는(인종, 민족, 문화에서와 마찬가지로) 다문화 연구자들과 관련해서 중요한 고려사항들을 강조하고, 이러한 주제들에 관심을 갖고 있는 사람들에게 이 영역에서의 수많은 논점들에 대해 주의 깊게 검토하고 고려하도록 격려하는 것이다.

성, 간성, 성별 및 트랜스젠더 역사적으로, 연구자들은 성(sex)과 성별(gender)을 상호 교환적으로 연구에서 이용해왔다. 그러나 최근에 이러한 변인(성, 성별)들은 구분되기 시작했다. 정의에서, 성은 남성과 여성과 같이 해부학적, 생물학적 특성을 의미하며, 성별은 "남성성, 여성성과 관련된 문화적인 원인에서 기인하는 특성으로 생물학적 성과는 구분되는 용어(Green, 2000)"(Moradi et al., 2009, p. 6)로 이용되었다. 간성(intersex)은 남성과 여성의 성적 신체 구조를 가지고 태어난 사람을 말하는 용어다. 트랜스젠더는 "성별에 대한 사회의 지배적인 규준에서 벗어나거나 벗어난 것으로 여겨지는 신체구조, 외양, 정체성, 신념, 성격 특성, 태도나 행동을 가진 사람"(Currah & Minter, 2000, p. 17)이라고 정의된다. 성별 변형(gender variant)은 최근에 등장한 용어로, 몇몇 사람들(예: Moradi et al.)은 보다 광범위하고 포괄적인 용어로서 그것의 가치를 강조했다.

상담과 심리학 연구자들은 특히 이러한 구성개념의 심리적이고 사회적인 측면, 즉 성별 표현(gender expression)과 성별 정체성에 관심을 두었다. Moradi 등(2009)은 성별 표현을 특정인이 다른 사람들에게 대외적으로 보여주고자 하는 행동과 특징으로 기술했다. 이러한 점에서, 성별 표현은 자기 자신을 세상에 어떻게 표현할 것인지에 대한 개인의 결정을 담아내며 복장이나 머리 스타일, 패션 스타일, 화장 사용과 같은 행동들을 포함할 수 있다. 성별 정체성(gender identity)은 하나의 특정한 성별 표현을 의도적으로 주장하기 위한 개인의 결정을 의미하는 용어이다. 이러한 점에서, 성별 정체성은 행동 특징과 자기 자신의 의식에 관한 개인의 결정을 담아낸다.

섹슈얼리티, 성 정체성, 성적 지향 정체성 섹슈얼리티는 인간에게서 성적 행동의 가장 넓은 범주로 간주된다. 섹슈얼리티는 성적 행동과, 성적 가치, 성 행위에 대한 선호와 성적 요구에 관련된 것을 포함한다(Moradi et al., 2009). 성 정체성(sexual identity)은 좀 더 좁은 구성개념인데, 자신의 정체성을 수용하고 스스로 이름표를 붙이는 것과 같이 섹슈얼리티를 자신과 관련된 것으로 주장하는 것을 포함한다. 성적 지향성(sexual orientation)이나 성적 지향 정체성(sexual orientation identity)은 보다 구체적인 구성개념으로, Moradi 등(2009)은 이를 다음과 같은 방식으로 정의했다.

> **성적 지향성**은 섹슈얼리티에 대한 구체적인 표현으로 성별에 기초해서 다른 사람에게 성적, 감정적, 상대적인 성향이 표현된다. 반면에 **성적 지향 정체성**은 이러한 성향들을 속으로나 겉으로 의식적으로 주장하는 것이다(성적 지향성, 성 정체성, 성적 지향성 정체성 간의 구분에 대한 철저한 논의에 대해서는 Worthington & Mohr, 2002, and Worthington et al., 2002를 참고하라). (p. 6)

인종, 민족, 문화처럼, 이렇게 명확하지만 서로 관련된 구성개념들을 어떻게 가장 잘 정의하고 측정할 수 있는지에 대해 수많은 관점들이 존재한다. 게다가, 이러한 구성개념들을 정의하고 측정하려는 시도가 정치적이고 개인적인 함의를 가진다는 것도 사실이다. 실제로, 이러한 긴장과 불일치는 이렇게 급성장하는 연구와 이론 분야의 문헌을 검토할 때 특히 뚜렷하게 나타난다. 예를 들어, 본질주의(essentialism)와 사회구성주의(social constructionism)에서처럼, 본성과 양육 간에도 분명한 긴장이 존재한다. 현실적인 관점에서, 이는 지금은 구시대적인 것이 되었지만, 역사적으로 심리측정 방법에 근거한 검사 도구들에 의존하는 것에 대한 도전이다. 예를 들어, 킨제이 척도(Kinsey Scale)는 이성애와 동성애가 연속선상의 양 극단에 위치한 개념이고 양성애가 가운데에 위치해있는 것으로 이해한다.

사회적 계급, 사회경제적 지위, 사회적 지위

사회적 계급, 사회경제적 지위 및 사회적 지위는 심리학 문헌과 상담심리학 문헌에서 상호 교환적으로 사용되어온 용어이다. 실제로, 1981년부터 2000년까지 3개 주요 상담 관련 학술지[《다문화 상담과 발달 저널(Journal of Multicultural Counseling and Development)》, 《상담 및 발달 저널》, 《상담심리학 저널》]에 대한 내용 분석 결과 Liu 등(2004)은 사회적 계급을 설명하는 데 484개의 서로 다른 용어가 사용되었음을 발견했다. 사회적 계급과 관련된 변인을 정의하고 측정할 때 내재되어있는 어려움에 대한 관심의 증가는 상담과 심리학 연구자들 사이에서 커져가는 근심거리가 되어왔다(예: Diemer et al., 2013; Liu et al., 2004; Thompson & Subich, 2011). 인종, 민족 및 문화, 그리고 성, 성별, 성적 지향 정체성에서처럼, 학자들은 이렇게 서로 관련되지만 고유한 구성개념에 대한 조작화와 측정이 더욱 세련될 필요가 있음을 주장해왔다. 이 절에서 우리의 의도는 독자들에게 사회적 계급에 관련된 변인들을 연구에 통합시킬 때 고려되어야 할 복잡함에 대해서 소개하는 것이다.

사회적 계급 Diemer 등(2013)은 사회적 계급(social class)이 "경제-사회-문화 위계 내에서 개인 또는 집단의 상대적인 위치를 표현하는 보다 상위 구성개념"(p. 79)으로 가장 잘 정의될 수 있다고 제안했다. 따라서 사회적 계층은 아마 사회경제적 지위 또는 지각된 사회적 지위와 같은 보다 좁은 구성개념을 포함하는 포괄적 용어로 볼 수 있다.

사회경제적 지위 사회경제적 지위(socioeconomic status: SES)는 권력, 평판, 자원의 통제와 관련된 위계 내에서 개인의 위치를 나타내는 지표로서 기술되어왔다(Diemer & Ali, 2009). 이러한 점에서, 사회경제적 지위는 다양한 범주의 측정을 통해 평가될 수 있는 상대적으로 객관적인 지표로 간주된다. 특히, 사회경제적 지위는 평판의 수준 또는 자원에 대한 접근성을 통해 대부분 측정되어왔다(Duncan & Magnuson, 2003). 구체적으로 말하면, 위신은 평판의 순위, 교육적 달성 수준, 소득 수준, 부와 함께 직업의 범주화를 통하여 직업적 평판을 묻는 항목을 통해 측정할 수 있다. 자원을 측정하는 방법은 절대적이고 상대적인 빈곤 수준을 평가한다. 예를 들어, 연구자들은 공공지원을 받는 요건(예: 식료품 할인 구매권, 주택 보조금, 빈곤한 가정을 위한 일시 지원(TANF) 원조, 무상 또는 할인된 가격의 학교 급식), 물질적 어려움(예: 재정적 어려움, 식량 불안정), 또는 이웃의 특성(예: 빈곤선 이하에서 살고 있는 가구의 백분율)에 근거해 개인을 범주화할 수 있다. 종합하면, 사회경제적 지위는 인구학적이며, 범주적이고, 객관적 지표를 사용한다.

주관적 또는 지각된 사회적 지위 다른 한편으로, 주관적 사회적 지위(Subjective Social Status: SSS)와 지각된 사회적 지위(Perceived Social Status: PSS)는 더욱 질적인 접근 방법을 사용하여 사회 내에서 다른 사람들과 비교해서 사회적 위치에 대한 개인의 인식을 다룬다(Liu et al., 2004). 그러므로 이러한 측정은 사회 계급의 다면적이고 심리적인 이해에 근거하면, 계층화된 위계 체계에서 특정한 위치를 차지하는 것에 대한 사회적이고 심리적 측면의 결과가 있다고 가정한다(Fouad & Brown, 2000; Diemer et al., 2013; Thompson & Subich, 2011). 즉, 이러한 개념화는 예를 들면, 높은 소득을 가진 개인은 자기 자신이 높은 사회적 지위를 갖고 있거나 또는 동일한 소득 수준을 가진 다른 사람들(예: 보수가 좋은 환경미화원)과 정서적, 심리적 동일시를 하지 않을 것으로 여겨진다.

지난 십 년간 지각된 사회적 지위와 주관적 사회적 지위를 측정하는 몇 가지 새로운 도구들이 등장했다. 예를 들어, Adler 등(2000)은 사회계층 사다리를 개발해서 지역사회 내에서 다른 사람들과 비교해 자기 자신이 어느 사다리 가로대에 있다고 생각하는지를 물었다. 다른 연구자들은 빈곤층, 노동자 계급, 중산층과 같이 사회 계층 세계관 모형(social class worldview model: SCWM)(Liu et al., 2004)과 같은 이론적 설명과 연결된 사회계급 관련 범주들 내에서 자기인식을 확장한다. 마지막으로 지각된 사회적 지위에 대한 몇몇 새로운 도구들은 다른 사람들과 비교해서 사회적 위신, 사회적 권력, 경제적 자원에 대한 접근성을 개인의 지각을 통해 측정하고자 한다(예: Thompson & Subich, 2007, 2011). 이 연구 영역은 여전히 초기 단계에 있으며 이론적으로 일관된 측정 방법을 개발하기 위한 지속적인 노력이 요구된다.

요약하면, 이 절에서 우리는 상담과 상담심리학 분야의 다문화 연구에서 이용되는 몇 가지 일반적인 변인들에 대한 조작적 정의를 제공하려고 했다. 변인의 조작적 정의 및 그 변인들에 대한 측정은 연구와 연구 결과들의 해석에 있어 중요한 함의를 지닌다.

연구 설계 고려사항

이 절에서는 다양한 모집단을 대상으로 상이한 연구 설계를 활용할 때 고려해야 할 세 가지 주요 사항에 대하여 다룬다. 첫째, 우리는 이론에 기반(theory-driven)을 둔 연구와 기술적(Descriptive Research) 연구를 비교해서 논의한다. 이것은 논의할 만한 가치가 있는 다양한 집단 내에서 상당히 복잡한 매우 중요한 쟁점이다. 둘째, 우리는 다양한 집단 내에서 인간의 행동을 설명하기 위해 인접변인과 원격변인의 사용에 대해 논의한다. 과거에 다양한 집단에 대한 몇몇 연구들은 원격변인에 지나치게 의존했기 때문에 충분한 정보를 제공하지 못했다. 셋째, 다양한 집단 내에서 지식 기반을 확장시키기 위하여 조절변인과 매개변인 사용의 유용성에 대해서 논의한다. 마지막으로, 특히 다문화 연구에서 문제가 되는 내적 타당도에 대한 여러 가지 위협들에 대하여 다루어볼 것이다.

문화적 변인들이 관여된 연구는 많은 이름으로 통한다(예: 다양성 연구, 비교문화 연구, 소수 민족 연구, 다문화 연구). 비교문화(cross-cultural) 연구는 어떠한 행동의 측면이 문화적으로 특수한 것인지(emic, 문화내부적), 어떠한 행동의 측면이 문화 전반에 걸쳐 보편적인지(etic, 문화일반적) 결정하는 데 관심을 갖는다(Matsumoto, 1994). 일반적으로, 비교문화 연구자는 두 개 혹은 그 이상의 국가 간의 행동을 분석하는 데 흥미를 가진다. 《비교문화 심리학회지(Journal of cross-cultural psychology)》는 비교문화 연구 출간에 전념한다. 반대로, 《심리학의 국제적 관점: 연구, 실제, 자문(International Perspectives in Psychology: Research, Practice, Consultation)》에서는 심리학적 관점에서 전 세계의 인간 행동을 살펴보는 연구를 출판하는데, 문화를 비교하는 것뿐만 아니라 서로 다른 문화에서의 심리 과정을 이해하고자 한다. 본질적으로, 이 학술지는 맥락으로 이해되고, 문화적으로 내부적인 심리 과학의 사용을 증진하는 논문을 출판한다.

다문화(multicultural) 연구는 미국 내에서 살고 있는 집단들을 연구한다(예: 흑인계 미국인, 라틴인). 이 장의 시작 부분에서 언급했듯이, 상담과 심리학의 모든 학술지들은 성별과 같은 특정한 다문화적인 주제뿐만 아니라[예: 《분기별 여성 심리학》, 《성과 동성애자 연구(Gender and Queer Studies)》] 다문화 연구에 매진한다(예: 《다문화 상담과 발달 저널》, 《문화적 다양성과 소수 민족 심리학》). 또한, 서로 다른 국가나 문화적 맥락 내에서 진행된 다문화와 문화 연구가 상담 학술지에 발간되기도 한다(예: 《상담심리학 저널》, 《상담 및 발달 저널》).

이론에 기반을 둔 연구 대 기술적 연구

> 좋은 이론만큼이나 실용적인 것은 없다.
>
> – Kurt Lewin

현대 사회 심리학의 아버지라고 불리는 Kurt Lewin은 인간의 행동이 개인의 특성과 개인의 환경 또는 사회적 상황 모두의 결과라고 주장한 장이론(field theory)으로 잘 알려져 있다. 기호로 나타내면 그의 장이론은 $B=f(P, E)$ (B=행동, P=성격, E=환경)으로 나타낼 수 있다. 자주 인용되는 Lewin의 장이론은 이론에 기반을 둔 연구를 이끌어가는 추진력이다. 과거에는 다문화 연구의 대부분이 비(非)이론적이고 주로 기술적이라는 우려가 존재해왔다(Betancourt & Lopez, 1993).

이러한 비판들이 부분적으로는 타당할지도 모르지만, 먼저 다음의 두 가지 논점을 고려하는 것이 중요하다. 첫 번째 논점은 소수 민족 연구에서 이야기되고 있는 사회역사적 맥락이다. 초기 연구는 소수 민족을 병리화했는데, 인종적 · 민족적 소수자를 열등한 사람들로 간주하는 유전적 결핍 모형에서 근거한 것이었다(Sue & Sue, 2003). 이는 후에 '문화적 결핍 모형'으로 대체되었는데, 이는 민족 · 인종 소수자의 문제를 백인 중산층 문화의 결핍에서 그 원인을 찾을 수 있다고 가정하는 것으로, 이는 "소수 집단의 열등감 미신"(Sue & Sue, p. 56)을 영속화시켰다. 현재의 시대정신은 문화적 다양성 모형을 강조한다. 이는 소수 집단이 꼭 다수 집단을 표준으로서 비교할 필요가 없으며(예: 백인계 미국인과 아시아계 미국인), 오히려 문화 집단은 그들 자신의 문화적 관점에서 이해되어야 한다는 주장을 견지한다.

요약하면, 다문화 연구는 소수 민족 집단에 대한 병리학적이거나 결핍에 지향적이지 않는 연구를 수행할 필요성에서 생겨났다. 여러 가지 측면에서 다문화 연구의 원래 목적은 오직 인종과 민족 소수 집단을 대상으로 수행된 초기 연구의 많은 부정적인 성격을 반박하기 위해서였다. 이를 위해서 많은 연구들이 인종 · 민족 소수자 집단에 대해 기술적 정보를 전달하는 데 초점을 맞추었으며, 그들이 어떻게 백인계 미국인과 다른지에 대해 병리적이지 않은 용어로 기술하는 것에 집중했다.

두 번째로 고려할 논점은 특정한 연구 주제에 대해 기존의 지식수준이다. 몇 가지 주제는 다양한 집단과 광범위한 연구가 이루어지지 않았기 때문에 현재의 지식 기반은 상당히

연구 응용: 잠재적인 연구 질문과 이와 관련된 연구 설계

관심 있는 연구 질문	연구 설계 유형
미국에 거주하는 아프리카계 미국인들은 어떻게 우울을 경험하는가?	질적 연구
미국에 거주하는 아시아계 미국인들의 우울증 유병률은 어떠한가?	기술적 연구
미국에 거주하는 흑인계 미국인과 라틴계미국인들 간에 우울증 수준에서 의미 있는 차이가 있는가?	추론 통계치를 이용한 비(非)이론적인 연구
미국에 거주하는 특정 인종 · 민족 집단에 따라 우울 수준에 차이가 있는 이유는 무엇인가?	이론 기반 연구
정체성의 교차(구체적으로 성별, 세대 지위, 민족)가 미국에 살고 있는 라틴계 사람들의 우울 경험에 어떻게 영향을 미치는가?	질적 연구 또는 기술 연구
미국계 인디언들(뉴멕시코, 타오스, 푸에블로 부족 출신)의 개인적 · 가족 가치가 이들의 우울증 비율에 어떻게 영향을 미치는가?	(원격변인보다) 인접변인을 사용한 이론 기반 연구

좁다(예: 트랜스젠더 청소년에 대한 개입의 효능, 몽족 여성들의 경력 개발). 6장에서 제안했듯이, 질적 연구와 비(非)이론적이며 기술적 연구는 특히 지식 기반이 작은 연구 주제에서 많은 정보를 제공할 수 있다. 이러한 연구의 결과들은 미래에 이론 기반의 연구를 수행하는 데 기초 지식을 제공한다.

예를 들어, 다문화 연구자들에게 흥미로운 주제인 인종 · 민족 소수 집단에서의 우울증 비율을 고려해보자.

위의 표는 다문화 연구가 시간이 지나면서 어떻게 진보하는지 그 과정을 보여준다. 이 사례에서, 연구자들은 단순히 자신을 소수 인종 · 민족 집단에 속한다고 생각하는 개인이 어떻게 우울을 경험하는지 혹은 우울의 유병률은 어떤지 혹은 어떤 집단은 다른 집단과 다르게 경험하는지를 이해하는 것으로부터 시작할 수 있다. 질적 연구(더 자세한 설명은 16장 참고), 준실험 연구(12장 참고), 또는 양적 기술 연구 설계(13장 참고)는 연구자들에게 이러한 문제들을 탐색할 시작점을 제공할 수 있다. 연구 방향의 대다수의 시작 단계는 질적 연구와 비이론적 기술 연구에 의존한다. 무수히 많은 연구가 수행되고 이러한 연구들 사이에 경향이 발견된 이후에, 연구자들은 단순히 연구 결과를 기록하고 기술하기보다 왜 이러한 경향이나 차이가 존재하는지를 조사하는 연구를 설계할 것이다. 연구자들이 보다 의미 있게 이러한 질문들에 대해 연구하기 위해서는 (1) 우울의 본질에 관한 기초 지식이나 이론의 습득, (2) 다양한 민족 출신의 개인에 해당하는 스트레스와 적응 문제에 대한 지식 · 이론의 습득, (3) 관심을 갖는 민족 집단의 역사와 문화적 가치 · 역동성에 대한 상당한 지식의 습득, (4) 스트레스, 적응, 소수자 문제, 역사, 문화적 가치와 역동성이 어떻게 상호작용해서 해당 민족 집단에서 우울증 비율에 영향을 미칠 수 있는지에 대한 경험적 · 이론적 이해를 하는 것이 가장 유용할 것이다. 요약하면, 연구자들은 이전의 경험적 문헌이나 현존하는 이론에 대해 충분히 알고 있어야 하며, 왜 그러한 차이들이 존재하는지에 대해 가설을 지금 세워야 다.

앞서 제시한 예를 사용해서 연구자가 우울의 원인을 이해하기 위해 인지이론을 사용한다고 가정해보자. 연구자는 우울에 있어서 인종 차이는 또래, 이웃, 직장 동료, 다른 사람들(예: 경찰)과의 서로 다른 사회적 경험의 결과이며, 이는 환경에 대한 서로 상이한 인지적 평가를 가져온다는 가설을 세울 수 있다. 연구자는 그때 그 이론이 주장하는 특정한 가설을 검증하는 인지적인 연구를 진행할 것이다. 연구자들이 이러한 가설을 검증할 수 있도록 자료들이 수집되고 분석될 것이다.

분명 실증적인 주제의 연구라면 연구는 여기에서 멈추지 않으며, 오히려 지속적으로 확장되고 개선될 것이다. 연구 질문의 성격에 따라서 다양한 연구 설계가 활용될 수 있다. 질적 연구와 기술적 연구 설계를 포함한 연구 설계들이, 미묘한 차이나 중첩되는 실재를 좀 더 탐색하기 위해 다시 사용될 수 있다(예: 연구자들은 인종 · 민족 집단에서 우울 수준이 성별과 세대 지위와 같은 다른 요인들과 관련해서 변한다는 것에 주목할 수 있다). 실제로, 학자들과 실무자들은 다문화 연구가 계속 발전해나감에 따라 중첩되는 실재에 대해 보다 많은 관심을 기울일 것을 요구해왔다. 연구는 또한 원격변인에 대한 설명(예: 민족 집단에 대한 소속감)에 초점을 맞추는 것에서 보다 인접변인에 대한 설명으로 부분에 초점을 맞춤으로써(예: 자신의 민족 집단과의 동일시, 개인적 가치와 가족 가치) 발전할 수 있다. 우리는 이러한 두 가지 용어의 차이에 대하여 다음 절에서 보다 깊이 논의하고자 한다.

원격 설명 대 인접 설명

연구의 중요한 기능은 인간행동의 인과관계를 규명하는 것이다(1장 참고). 여기에서는 다문화 연구에서의 원격 설명과 인접 설명 사이의 중요한 차이에 대하여 강조하고자 한다. 앞서 언급했듯이 소수 인종, 민족에 대한 연구는 특성상 주로 기술적이라는 이유에서 비판받아왔다. 기술적(descriptive)인 연구는 특성상 행동의 차이를 설명하기 위하여 항상 원격 요인에 의존한다. **원격**(distal)이라는 단어는 본질에서 가장 멀리 떨어져있음을 의미한다. 원격 요인은 그 자체로 관찰된 현상을 직접적으로 설명하지는 못한다. 원격 요인은 그 특성상 심리적 변인이 아니며, 인구통계학적 변인인 경우가 많다. 예를 들어, 연구자가 자료를 수집할 때, 연구자들은 대개는 인구통계학적 정보를 포함한다. 인구통계학적 정보는 보통 인종, 민족, 성, 사회경제적 지위, 나이 등과 같은 인구통계적인 특징에 대한 정보를 포함한다. 연구자가 자신의 자료를 분석할 때에는, 일반적으로 기술 통계치가 가장 먼저 분석된다. 관심이 있는 변인이나 구성개념의 평균값을 계산하고 그 뒤에 추리 통계를 사용해서 인구통계적 집단 간에 통계적으로 유의한 차이가 있는지 비교한다. 차이가 발견되면 연구자는 종종 그 차이의 원인이 인구통계학적 변인 그 자체에 있다고 간주한다.

앞서 우울의 예로 다시 돌아가서, 라틴계 사람들이 다른 인종 집단에 비해 심각하게 높은 우울 수치를 보였다고 가정해보자. 연구자는 이러한 차이를 **문화적 차이**에서 기인하는 것으로 여길 것이다. 즉, 연구자는 관찰된 차이에 대한 필요 충분한 설명으로 참여자들의 민족 부류에 따른 자기보고식 응답에 의존한다. 그러나 Phinney(1996)가 민족 분류는 부정확하고 임의적인 특성 때문에 문제가 많다고 주장했듯이, 그 차이의 원인을 민족으로 귀인하는 것은 충분하지 않다. Phinney는 민족 범주 또는 민족성이 심리적인 차원이 있다고 언급하였다. 그녀는 인종이 문화, 정체성, 혹은 소수자 지위로 여겨질 수 있으며, 각 차원 하나의 구체적인 심리적 영향을 미친다고 주장하였다.

소수 민족 연구가 무르익으면서 이 연구는 순수하게 기술적 연구로부터 벗어나고, 원격 설명에 의존한 연구에서 인접 설명과 함께 보다 이론 기반의 연구에 의존하는 연구로 바뀌어 가기 시작했다. **인접**이라는 단어는 본질에 가까이 위치해있음을 의미한다. 인접 요인은 관찰된 현상을 더 직접적이고 보수적으로 설명하는 요인이다. 원격 요인과는 다르게 인접 요인은 대개는 그 특성이 그 성격이 심리적이다. Cokely(2004)는 관찰된 현상에 대해 집단 간 차이를 설명하는 인접 설명 또는 원격 설명으로서 변인의 행렬을 제공했다.

원격 설명과 인접 설명

원격 설명	인접 설명
인종 정체성	인종
민족 정체성	민족
세계관	문화
문화 적응	성(性)
가치	나이
의사소통 양식	사회경제적 지위*
영성 · 종교성	교육
개인주의 · 집단주의	세대 상태
독립성 · 상호의존성	학력
가족 내 역할	전공

* 단순히 인구통계학적 범주변인(예: 낮음, 중간, 높음)으로 사용된다면, 사회경제적 지위는 원격 설명이다. 그러나 인종 및 민족 차이가 관찰되고 이 차이가 사회경제적 지위의 차이로 가장 잘 설명된다면, 사회경제적 지위는 인접 설명으로 사용될 수 있다.

이전 예시를 사용하면, 민족의 심리적 차원으로서 민족 정체성은, 특정 민족 집단의 구성원으로서 미국 내 거주하는 개인들의 우울증의 차이를 설명하는 것으로 가설화될 수 있는 인접 요인이다. 그러나 우리는 민족 정체성이 우울의 차이를 설명하지 않는다는 것을 발견하였다. 대신 그 차이는 두 집단의 삶에서의 가치와 가족 역할의 중요성에 의한 것일 수 있다. 예를 들어, 우리는 라틴계 사람들 중에서 많은 사람들이 경제적으로 많은 수의 가족 구성원들을 부양하고 있고 자신의 교육과 경력 개발을 추구하면서 가족이나 지역사회에 무언가를 제공해주고자 하는 욕구로 인해 죄책감을 느낀다는 것을 발견할 수 있다. 따라서 민족성이라는 원격 요인이 왜 민족 집단들 간에 우울증의 차이가 존재하는지 충분히 설명해주지는 못하지만, 인접 요인(예: 가족 역할)은 이러한 차이에 대하여 구체적인 이유를 제공할 수 있다. 요약하면, 연구자들은 관찰된 현상을 설명하기 위해 원격 요인을 넘어서 인접 요인을 사용하는 것이 중요하다는 것을 발견했다.

조절변인과 매개변인

13장에서 조절변인과 매개변인을 더 자세하게 다룰 것이다. 간단하게 말해서 조절변인은 예측변인(독립변인)과 준거변인(종속변인) 간의 관계의 방향이나 강도에 영향을 주는 변인을 의미한다. 조절변인은 일반적으로 '언제' 또는 '누구를 대상으로' 한 변인이 결과변인의 가장 강력한 원인이 되거나 예측한다는 질문과 연관된다(Frazier, Tix, & Barron, 2004). 조절변인은 범주변인(예: 인종, 민족, 성)이거나 연속변인(예: 수입, 우울의 정도)(MacKinnon, 2008)일 수 있다. 연구자가 기술적인 방식으로 인종이나 민족성과 같은 원격변인들을 사용하는 것을 벗어나서 변인이 어떻게 예측변인과 결과변인 간의 관계의 방향이나 강도를 변화시키는지 구체적으로 알고자 할 경우, 원격변인이 조절변인으로써 사용된다. 예를 들어, Carter, Mollen과 Smith(2014)는 선행 연구와 소수자 스트레스 이론(Meyer, 1995)에 기초해서, 통제 소재가 레즈비언, 게이, 양성애자에게 직장 내 편견을 불러일으켰던 사건과 심리적 고통 간의 관계를 조절한다는 가설을 세웠다. 연구 결과 통제 소재가 이 관계를 조절하는 것으로 나타났다. 즉, 낮은 수준의 통제 소재를 가진 참여자(더 많은 내부 통제 소재)보다 높은 수준의 통제 소재를 가진 참여자(더 많은 외부 통제 소재)들에게서 직장 편견과 심리적 고통과의 관계가 유의했다. 연구자들은 그들의 발견을 "내부 통제 소재가 일반인 대상뿐만 아니라, 레즈비언, 게이, 양성애자에게도 중요한 회복탄력성 요인으로 작용할 수 있다."(p. 173)고 해석했다.

매개변인은 예측변인과 준거변인 간에 관계를 설명하는 변인이다. 매개변인은 대개는 '어떻게' 또는 '왜'라는 예측변인이 준거변인의 원인이 되거나 예측을 하는지를 밝히는 것이다(Frazier et al., 2004; MacKinnon, 2008). 이미 확립된 관계에 대한 매개변인을 검증하는 연구는 특정 변인에 대한 우리의 이해를 넓힐 수 있으며 개입에 대한 정보를 제공한다. 예를 들어, Cramer, Miller, Amacker와 Burks(2013)는 이데올로기와 편견에 대해 이중 과정 인지동기 모형(DPM)(Duckitt, 2001; Duckitt & Sibley, 2009)을 적용해서, 대학생을 대상으로 개방성(성격 특징)과 반(反)게이 편견의 관계에서 우파 권위주의(right-wing authoritarianism: RWA)의 매개 효과를 연구했다. Cramer 등은 우파적 권위주의가 개방성과 반(反)게이 편견 사이의 부적 관계를 매개한다는 것을 발견했다. 즉, 그들은 "우리의 발견은 우파 권위주의 신념 구조가 대학생 집단에서 경직, 상상력이 부족한 사고와 반게이 편견 사이의 연결고리를 설명할 수 있다는 것을 보여준다. 반대로 상상력이 풍부한 생각(예: 현재 상황에 대한 대안적 · 사회적 조건에 대한 생각)을 촉진하는 것이 권위주의적 이데올로기, 결국 반게이 편견의 확산을 막는 데 특히 훌륭한 방략이 될 수 있다."(p. 68)고 결론 내렸다.

내적 타당도에 대한 위협

7장에서 논의했듯이, 내적 타당도는 연구에서 정확한 결론을 위해서 특히 중요하며, 구체적으로 연구자가 특정 연구에서 변인들 사이에 인과관계를 추론할 수 있는 정도를 의미한다. 가능한 경쟁 가설이 제거될 때 연구가 적절한 내적 타당도를 지닌다고 한다. 그럴듯한 경쟁 가설이 제거되지 않을 때 내적 타당도에 대한 위협이 발생한다. 이러한 위협들 중 몇 가지는 다양성 표본을 대상으로 연구를 수행할 때 보다 중요해진다. 우리는 간단히 선발, 국지적 역사, 탈락, 검증 효과, 성숙 다섯 가지 위협에 대해 논의할 것이다.

선발 선발은 내적 타당도에 가장 치명적인 위협 중의 하나이다. 연구에서 사용되는 표본의 선발은 집단 소속에 기초한 비교 연구를 통해 자료(표본 추출)를 분석하는 다문화 연구에서 특히 문제가 될 수 있다. 때때로 특정 문화나 소수자 집단에 소속되었다는 이유로 사람들이 선발된다(트랜스젠더로 파악된 사람들이 레즈비언이나 게이에 비해서 높은 수준의 정신건강 증상을 보고할 것이라는 가설을 검토하기 위해 설계된 연구). 불행히도, 다른 경우에는 분석이 사후에 실시된다(연구자가 이론에 기초한 가설 없이 어떤 종류의 통계 분석을 수행하기에 충분한 참여자들을 확보했다는 것을 알게 된 후). 선발 위협이 내적 타당도에 특히 위험한 이유 중 하나는, 문화를 무선 할당할 수 없다는 것이다(예: 인종, 민족, 성). 그러므로 선발 편향은 이런 유형의 연구에 내재되어있다. 또 다른 이유는 인종이나 집단에 대한 소속이 수많은 문화적 변인들에 대한 대용으로 사용된다는 것이다. 앞서 논의했듯이, 다문화 집단들 간에 발견되는 차이는, 차이를 실제로 설명할 수 있는 인접변인이 아닌 집단에 대한 소속으로 귀인되는 잘못된 경우가 많다. 7장에서 설명했듯이, 선발 편향은 또한 다른 위협들과 상호작용해서 연구 결과에 영향을 미칠 수 있다.

국지적 역사 다문화 연구에서 또 다른 특히 관련된 위협은 국지적 역사이다. 다음의 예를 살펴보자.

실제 연구에 적용하기 9.1

어떤 연구자가 대학 캠퍼스에서 다문화 집단의 이해와 인식을 높이기 위해 2주간의 대규모 다양성 훈련을 실시한다고 가정해보자. 개입을 하기 이전에 사전 검사가 이루어졌으며 일련의 워크숍 이후 사후 검사가 예정되어있다. 워크숍 참여자의 대다수가 백인, 흑인, 라틴계 학생으로 확인되었다고 생각해보자. 개입이 이루어지는 동안, 금요일 밤에 흑인 대학생이 대학 경찰에 의해 하우스 파티를 중단하라는 통보를 받은 사건이 발생했다고 가정해보자. 흑인 대학생 사교클럽의 구성원 중 한 명이 경찰관과 언쟁을 벌이고 사람들을 집에 보내는 것을 거부했다고 생각해보자. 그러면서 그는 같은 구역의 백인 대학생 사교클럽 역시 파티를 벌이고 있지만 귀가 조치를 받지 않았음을 언급했다. 흑인 남학생이 명백하게 분노를 표출했기 때문에 경찰관은 위급함을 느끼고, 학생들을 진압하기 위해 곤봉을 사용했다. 이 사건이 학교 신문에 공론화되지는 않았지만, 이 소식은 모든 흑인계 학생들과 교수들에게 들불처럼 퍼져나갔다. 많은 백인계 학생들과 라틴계 학생들은 이러한 사건이 발생한 것에 대해 모르는 것처럼 보였다. 다양성 훈련이 종료되고 사후 검사를 실시했을 때, 흑인계 학생들의 점수는 유의하게 감소했다. 즉, 인식, 지식, 다른 집단에 대한 수용이 감소한 것으로 나타난 반면, 백인계 학생들과 라틴계 학생들의 점수는 반대로 증가한 결과를 보였다.

이 사례에서, 만약 연구자가 이러한 사건이 발생했다는 것을 알지 못했다면, 연구자는 흑인계 학생들에게 개입 효과가 없었으며 반면 백인계 학생들과 라틴계 학생들에게는 개입이 성공적이었다고 결론내릴 것이다. 그러나 이러한 결론은 타당하지 않으며 국지적 역사(예: 흑인 학생 기숙사에서의 사건)의 위협과 선발-역사 상호작용의 위협(예: 연구 참여자들과 흑인 학생 기숙사 사건의 상호작용)을 보여준다.

탈락 앞의 예에서 발생할 수 있는 또 다른 위협은 탈락이다. 좀 더 구체적으로, 연구에 계속 참여하는 대신, 흑인 학생들은 발생한 사건에 대해 매우 분노해서 그 결과 연구에 참여하지 않기로 하는 상황이 발생했다고 가정해보자(연구에서 중도 탈락). 사후 검사에서 참여자 구성의 변화로 인해 이러한 사건들 또한 타당하지 않은 결론으로 이끌 수 있다.

검사 내적 타당도를 위협하는 검사 효과 역시 다문화 연구에서 특히 만연해있다. 다음의 예를 고려해보자.

실제 연구에 적용하기 9.2

어떤 연구자가 영어가 모국어가 아닌 사람들의 표본을 대상으로 지역 커뮤니티 센터에서 직업 탐색 자기효능감의 수준을 높이기 위해 개입을 사용하기로 결정했다. 사전 사후 검사 연구 설계를 사용해서, 연구자는 직업 탐색 자기효능감 수준을 높이기 위한 4주간의 개입을 시행하기 전후로 직업 탐색 자기효능감의 수준을 검사한다. 그 다음 연구자는 사전 검사 점수와 사후 검사 점수의 차이를 연구해서 개입이 효과적인지 판단한다.

만약 참여자가 개인이 개입이 이루어지는 동안에 한 번 이상 검사를 받았다면, 검사 위협의 가능성이 있다. 이 예에서, 참여자가 사전 검사 질문지를 마친 첫 번째 시기에, 이들은 모든 항목을 이해하지 못했을 수 있다. 그러나 사후 검사에서 동일한 질문지에 반복적으로 노출된 이후에는, 질문지에 사용된 언어들을 이해하기 시작할 것이다. 그 결과로, 이들의 사전 검사 점수와 사후 검사 점수 간에는 유의한 차이가 있을 것이다. 그러나 이러한 차이가 개입으로 인한 것으로 결론내리는 것은 타당하지 않을 것이다. 점수의 차이는 개입의 효과성 때문이라기보다는 실제로는 영어 구사 능력의 수준이 높아졌거나 질문지 항목에 반복적으로 노출되었기 때문일 수 있다.

성숙 이와 유사하게 문화 적응의 수준 역시 다문화 연구에서 내적 타당도에 성숙 위협을 가져올 수 있다. 다음의 예를 살펴보자.

실제 연구에 적용하기 9.3

이민자 여성에 대한 가정 폭력을 예방하기 위해 개입이 설계되었다고 가정해보자. 개입은 자기주장 훈련과 미국의 가정 폭력 법률에 대한 교육으로 이루어진다. 또한 개입은 개인적 관계와 관련된 여러 가지 요인들을 평가하는 3년 종단 연구의 일부로, 참여자들은 6개월마다 연구자와 연락이 되어서 일련의 검사지를 작성한다. 거의 모든 자료 수집 시점에서 참여자들의 자기주장 수준이나 가정 폭력에 관한 법률에 관한 지식수준이 증가했다.

만약 연구자가 개입이 참여자들의 가정 폭력 법률에 대한 지식수준과 자기주장 수준을 향상시키는 데 성공적이었다고 결론을 내린다면, 그들의 결론은 타당하지 않을 것이다. 구체적으로, 연구자들은 참여자들의 미국 내 거주 기간이 길수록, 문화적응 수준도 증가한다는 사실을 고려하지 않았다(성숙). 어떤 여성들은 가정 폭력이 보다 일반적이고, 학대로부터 여성을 보호하는 법률이 존재하지 않거나 실행되지 않는 가부장적인 사회의 출신일 수 있다. 시간이 흐르면서 그 여성들이 미국 문화에 대해 많은 것을 학습했다면, 이 여성들 또한 자신들이 거주했던 이전 국가에서 받아들여졌던 것들이 미국에서는 일상적이지 않다는 것을 배우게 되었을 수 있다.

요약하면, 상담과 상담심리학 연구자들은 필수적으로 그들이 연구하는 모든 집단에 관하여 강한 지식 기반을 구축해야 한다. 하나의 집단에 기초한 이론이나 관련된 지식을 다른 집단에 적용하고 싶은 유혹이 때로 있겠지만, 이러한 일반화 가능성의 가정들이 실제로 진실인지를 질문해보는 것이 중요하다. 견고한 지식 기반과 추후 이론을 구축하기 위해서 다양성 모집단을 대상으로 서로 다른 연구 설계를 활용한 광범위한 연구들이 필요하다.

우리는 두 가지의 논점에 대하여 강조하고자 한다. 첫째, 특정한 집단 내에서 언제, 어떤 조건하에서 한 변인이 다른 변인을 유발하고 예측할 수 있는지 연구자가 일관되게 확인할 수 있을 때, 특정한 집단 내에서 특정한 주제에 대한 이해의 수준이 크게 높아질 것이다. 둘째, 연구자가 인접변인을 사용해서 예측변인과 준거변인의 관계를 설명할 수 있을 때, 연구의 구체성이 증가할 뿐만 아니라 그 인접변인은 특정 모집단 내의 개입 연구에 사용될 수 있다.

방법론적 어려움: 연구 전반에 걸친 문화적 고려사항

이 절에서는 다양한 집단에 초점을 두는 연구자들이 종종 마주치는 방법론적 어려움에 대해서 다룬다. 우리는 연구 아이디어나 연구 질문의 초기 개념화에서 시작해서 연구 결과의 해석과 논의에 이르기까지 5개 주제에서 나타나는 어려움에 대해 논의할 것이다. 우리의 목적은 상담과 상담심리학을 전공하는 학생들에게 관심의 대상이 되는 모든 집단에 대해서 연구의 방향을 안내하는 구체적 정보를 제공하는 것이다. 이 절의 논의에서 가장 핵심적인 주제는 연구 중인 특정 집단의 모든 측면에 스며들어있는 문화적 맥락(예: 문화적 가치, 맥락적 역동에 초점을 맞추는 것의 중요성이다.

문화적 맥락을 포함하는 것은 다양한 다문화와 비교문화 집단을 대상으로 엄격하고 의미 있는 연구를 수행하기 위해 매우 중요하다(예: Bernal et al., 2014; Heppner, 2008; Sue, 1999). 심리학 전반에서 인간행동을 이해하는 데(Ivey, 1977) 문화의 역할이 매우 중요함을 증진시키는 데 상담심리학이 선두적인 역할을 해왔다고 하더라도, 상담심리학의 초기 연구에서, 그리고 심리학 전체의 초기 연구에서 문화의 중심성은 그다지 분명하지 않았다. 일반적으로, 미국에서(그리고 여러 서구 나라들에서) 발전된 심리학은 보다 넓은 사회적 · 문화적 맥락에서 개인의 행동을 이해하기보다 개인 수준의 설명에 보다 초점을 맞춰왔다.

우리에게는 개인 내에서 일어나는 행동에서 문화적 맥락 내에서 일어나는 행동으로 초점을 바꾸는 기본적인 패러다임의 변화가 필요하다. 문화적 맥락을 인정하고 포함하는 것은 연구의 내적, 외적 타당도 모두를 다루는 데 중요한 역할을 한다. 게다가 그것은 또한 모든 심리학 이론과 구성개념이 여러 문화적 맥락에서 보편적이라는 견해를 부인할 것이다. 본질적으로, 개인적 행동에서 문화적 맥락 내에서 상호의존적인 행동으로의 초점의 변화는 인간 심리에 대한 더욱 복잡한 이해를 가능하게 해줄 것이고, 궁극적으로는 상이한 문화적 맥락에서 나타나는 인간행동에 대한 보다 전반적인 이해를 높여줄 것이다. 요약하면, 우리는 연구 설계와 방법에 대해 기본적으로 이해해야 할 뿐만 아니라, 다양한 집단에서의 모든 인간행동을 둘러싼 문화적 맥락을 깊은 수준까지 이해하는 것이 중요하다.

연구문제 개념화하기

이 책에서 지금까지 논의했듯이, 연구하고자 하는 특정한 연구문제를 파악하는 것은 상당한 시간이 소요되며, 그 주제에 대한 전문적 문헌을 읽는 것을 포함할 뿐만 아니라 다른 전문가들과 논의하는 것, 인생 경험을 돌아보는 것, 연장자들 및 다른 구성원들과 이야기를 나누는 것 등을 포함한다. 이상적으로, 연구문제는 목표 집단 내의 기존 문헌과 관련된 기존 이론뿐만 아니라, 개인적 지식과 지역사회 지도자들과의 견고한 협력 관계를 수립하는 것에 기초해야 한다(Trimble, Scharrón-del-Río, & Casillas, 2014 참고). 그러나 때로 새로운 주제에 대한 기존 문헌은 상대적으로 빈약할 수 있으며, 보통 기존 이론들은 주로 백인 미국인 참여자들을 대상으로 이루어져 있다. 따라서 이전에 소외되었던 집단에 대해서 새로운 일련의 연구들을 수행할 때, 기존의 전문적 문헌은 상대적으로 제한적일 수 있다. 결과적으로 연구문제를 형성할 때 특정 연구문제를 개념화하기 위해 광범위한 정보와 이론들이 사용될 수 있다. 이러한 배양 단계 동안 연구문제는 여러 번 바뀔 수 있다. 어떠한 목표 집단을 대상으로 한 연구라도 목표 집단을 둘러싼 문화적 맥락과도 밀접하게 연결되어있다는 것이 중요하다. 연구자들은 광범위한 현존 문헌(예: 사회학, 성별 연구, 흑인 연구, 역사적 기록물), 개인적 경험, 지역사회 지도자 및 동료나 친구들과 논의를 통해 연구문제를 이끌어낼 수 있으며, 새로운 분야에서 최신 연구문제를 최초로 개념화하기 위해 심리학 문헌에 국한해서 살펴볼 필요는 없다.

비교 연구 방략에 대한 초기의 의존 초기의 연구 방략은 다수의 백인 집단과 다양한 집단의 구성원들을 여러 가지 심리적 변인들을 사용하여 비교하는 것이었다. 이러한 연구 유형을 비교 연구 구조라고 한다. 그러나 집단 간 비교를 수행하기 이전에, 이론적 기반이 명확한 근거를 가지고 집단을 비교하도록 해야 한다. 이뿐만 아니라 왜, 어느 집단을 비교할지를 심사숙고하는 것이 매우 중요하다. 과거에 가장 일반적인 연구 방략 중 하나는 백인 미국인 집단을 소수 인종 · 민족 집단, 특히 아프리카 미국인 집단과 비교하는 것이다. 이러한 연구들이 보통 이론에 기반을 둔 연구였을지라도, 심리학 이론의 대부분은 비(非)백인은 거의 포함되지 않은 백인 표본을 이용해서 개발되었다는 것을 이해하는 것이 중요하다. 그러므로 이러한 연구는 백인 미국인 표본에 기반을 둔 다양한 심리적 구성개념에 대하여 다양한 집단에 속한 사람들이 다수의 백인 미국인 집단과 어떻게 비교될 수 있는지를 연구했다. 결과적으로 이렇게 결정적인 결점이 있는 연구들은 학문적 기반에 거의 기여하지 못했고, 때로는 다양한 집단에 대한 고정관념을 지지하는 역할을 하기도 했다.

Daudi Ajani Ya Azibo(1988)는 1980년대 후반에 교수 채용 면접에 참여한 자신의 경험에 비추어 비교 연구 구조의 만연함을 보여주는 생생한 예시를 공유했다. 아프리카계 미국인에 규준을 맞춘 문화특정적인 도구를 사용한 경험 연구에 대한 두 번의 학술 발표에서 그는 다음과 같은 질문을 받았다. “왜 백인 통제집단을 사용하지 않았는가?” 이에 대한 대답으로 Azibo는 “무엇을 통제하기 위해 백인집단이 있어야 하는가?”라고 질문했고, 이에 대한 대답을 듣지 못했다. 백인 미국인이 최고의 기준, 규준, 또는 다른 집단들이 비교되어야 하는 기준이라는 이러한 태도는 불행히도 수십 년간이나 깊게 뿌리박힌 편향이다. 나아가 과학은 정치와 무관하지도 않으며, 중립적이지도 않다(Guthrie, 1998). 이는 연구가 민족 집단을 포함할 때 가장 잘 드러나는데, 백인 인구가 우세하게 포함된 연구보다 이러한 연구 결과의 일반화 가능성에 더 많은 의문이 제기된다(Sue, 1999). Azibo(1988)는 “백인 또는 유럽인들이 더 이상 사람의 심리를 판단하는 기준이 아니다."(1997, pp. 97–98)라는 Khatib와 Nobbles의 말을 인용하며 자신의 논점을 강조했다.

이 장의 초반부에서, 우리는 범주/원격 상태변인(예: 인종)에서의 차이에 의해 구성된 두 집단을 비교하는 데 있어 내재된 문제들에 대하여 심도 있게 다루었다. 이와 유사하게, Azibo(1988)는 두 개의 서로 다른 민족 집단을 비교할 때 특히 그 비교가 백인과 소수 민족 집단을 비교하는 것일 때, '인종' 집단들이 특히 문화와 같은 모든 관련 변인들에 있어서 동일하게 보정이 될 때에만 적절하다고 제안했다.

우리의 입장에서, 민족 집단의 비교에 대한 Azibo의 입장은 강력하고 방법론적으로 탄탄하다. 이러한 논리적 결론을 고려해보면, 민족 집단이 동등하지 않을 때, 민족 집단에 대한 어떠한 비교도 결코 적절할 수 없을 것이다. 모든 관련 변인들이 동등한 민족 집단을 찾는 것은 실질적으로 불가능한데, 왜냐하면 연구자들은 민족 집단의 생각, 신념, 태도, 행동에 영향을 미치는 편견 및 차별에 경험과 역사에서의 차이를 통제할 수 없기 때문이다. 나아가 Azibo는 연구에서 심리적 구성개념이 사용될 때마다 문화는 언제나 관련될 수 밖에 없다고 했다.

본질적으로 비교 연구 구조는 소수 민족 집단의 역사가 백인 미국인을 '규준 집단'으로 해서 비교하기 때문에 비난을 받아왔다. 집단을 비교할 때는 명확한 이론적 근거와 연구문제가 있어야 한다(예: 어떤 현상이 집단 간에 어떻게 서로 다른 방식으로 나타나는지를 더 잘 이해하기 위해서). 소수자 집단이 우세한 집단과 어떻게 다른지를 비교하면 연구에서 은연중에 지배적인 관점을 견지하게 되기 때문이다(Awad & Cokley, 2009; Cokley & Awad, 2013). 오늘날 이러한 비교는 일반적으로 필요하다고 받아들여지지 않는다. 왜냐하면 다양성 집단 그 자체에서 심리적 구성개념을 연구하는 것이 더 많은 정보를 제공하기 때문이다.

특정 집단 내에서 심리적 구성개념 이해하기 연구문제나 연구 가설의 개발이 이후의 연구 단계를 이끌어줄 수 있기 때문에, 연구대상들의 문화적 맥락과 관련되어 있고 적절하고 관련성 있는 연구문제를 개발하기 위해 조심스럽게 충분한 정보들을 고려하는 것이 중요하다. 종종 학생들과 숙련된 전문가들은 그들이 의도한 집단의 문화적 맥락에 대한 충분한 지식이 부족하다고 느낄 수 있으며, 따라서 연구문제를 개발할 준비가 되어있지 않다고 느낄 수 있다. 심지어, 연구하고자 하는 다양한 집단 소속의 연구자들조차 목표 집단 내에 존재하는 수많은 문화적 가치를 완전하게 알고 있지 않다고 느낄 수 있다. 예를 들면, 남성 게이 학자는 아마 레즈비언 · 게이 · 양성애자 · 트랜스젠더 · 퀴어(LGBTQ) 커뮤니티와 관련된 주제의 연구에 흥미를 느낄 수 있으며 특히 LGBTQ 사람들이 직장 환경에서 자신의 성적 지향 정체성에 대해 얼마나 개방되어있는지 정도에 대해 관심을 가질 수 있다. 이 학자는 자신이 동부 도시 환경의 게이 남성에 대한 연구문제를 설정하는 데에는 적합하지만, 남서부 지방의 시골에서 이 연구문제를 설정하는 데에는 준비가 덜 되어있다고 느낄 수 있다.

먼저 자신의 연구문제를 신중하게 선택하는 것뿐만 아니라 해당 연구를 민감하고 유능하게 수행할 수 있는 자신의 지식을 평가하는 것 역시 매우 중요하다는 것을 강조하고자 한다. 때로 연구자들은 특정한 집단이나 사회에 자신도 모르게 해를 끼칠 수도 있다. 또한 연구문제를 설정하는 단계에 연구하고자 하는 다양한 모집단의 구성원들을 조심성 있고 민감하게 포함하는 것이 얼마나 중요한지 역시 강조하고자 한다. 이를 통해 연구자들은 더욱 적절하고 문화적으로 민감한 연구문제를 얻을 수 있고, 이는 더욱 더 유용한 결과로 이어진다. 이러한 유형의 문화적 자문은 상담심리학의 유용성을 증진시키기 위해 중요하다. 지역사회의 이해 관계자들은 종종 연구문제에 대해 더 민감할 뿐만 아니라, 어떤 특정집단을 이해하는데 있어서 중요하고 관련성 있는 주제에 초점을 두는 연구문제의 개발을 궁극적으로 증진시키기도 한다. 연구자들은 Trimble 등(2014)을 주의 깊게 검토해야 한다.

Kanagui-Muñoz의 2015년 최근 박사논문은 이러한 과정을 잘 설명하고 있다. 그녀는 심리학에서 대처가 가장 폭넓게 연구되는 구성개념 중 하나이지만, 연구는 주로 백인 미국인의 행동을 반영했다는 것을 알고 있었다. 따라서 그녀는 라틴계 여성과 남성의 대처 행동을 살펴봄으로써, 라틴계 집단만의 독특한 대처 행동을 이해하고, 라틴계 여성과 남성의 대처 행동에 대한 개념화와 평가를 확장시키고자 했다. 여러 달 동안 그녀는 부모님, 노인들, 라틴계 지역사회의 다른 구성원들, 그리고 지도교수와 많은 이야기를 나누었다. 이러한 논의와 현존하는 관련 문헌에 대한 검토에 기초한 결과 라틴계 사람들의 대처 방식에 대한 광범위한 평가가 필요하다는 점이 분명해졌다. 결과적으로 그녀는 라틴계 사람들을 위한 새로운 대처 행동 질문지를 개발하기로 하고, 이를 라틴계 여성과 남성에 대한 문화적 자산 대처 도구(Cultural Wealth Coping Scale for Latina/os)라고 명명했다. 요약하면, Kanagui-Muñoz는 기존의 대처 문헌뿐만 아니라 자신의 목표 집단과 관련되는 대처 문헌을 구체적으로 검토함으로써 많은 정보를 수집했다. 이에 더해서 그녀는 자신의 생각을 보다 정교화하기 위하여 다양한 분야의 사람들에게 자문을 구했다. 몇 달의 정보 수집 기간 이후에, 그리고 문화적 자산 자원에 대한 이론적 모형에 기초해서, 그녀의 목표는 라틴계 사람들을 위한 심리 측정 방법론이 탄탄한 대처 질문지를 만드는 것이었다. 그리고 그녀는 이 질문지가 심리 적응의 여러 가지 지표뿐만 아니라(구성 타당도 추정치를 제공하기 위해), 다른 잘 정립된 대처 질문지와도 관련될 것(공존 타당도 추정치를 제공하기 위해)으로 예측했다. 따라서 이러한 연구의 목적은 다른 민족 집단과 비교할 필요 없이 라틴계 집단 내에서 두드러지는 심리적 구성개념을 이해하는 것이었다.

목표 모집단에 맞는 적절한 연구 설계 선택하기

때로 학생들은 연구를 수행할 때 어떤 유형의 연구 설계를 선택해야 하는지를 결정하는 데 어려움을 느낀다. 우리는 이 책에서 선택된 연구 설계 유형은 존재하는 지식 기반 내에서 자신이 연구하고자 하는 연구문제나 연구 가설에 대한 가장 좋은 대답을 할 수 있는 설계여야 한다고 강조했다. 그리고 어느 정도의 확신을 가지고 결론을 도출하기 위해서, 연구 설계에서 가능한 많은 대안 가설이나 외재변인을 줄이는 것 역시 중요하다.

때로 다양한 집단을 대상으로 하는 주제에 관한 연구는 연구자들에게 어려움을 준다. 본질적으로 어떤 연구 주제와 집단은 역사적으로 주목을 거의 받지 못했기 때문에, 복잡한 가설이 있는 엄격한 양적 연구를 설계하는 것은 어려울 수 있다. 예를 들어, 조그마한 중서부 지역에서 일하는 필리핀계 이민자들의 문화 간 적응에 관한 연구는, 해당 연구 주제에 대한 연구의 상대적인 부족과 이 집단에 대해 타당화된 적절한 심리적 도구의 부재로 인해 어려울 수 있다. 이와 유사하게 이 집단이 속한 문화적 맥락에 따라 개발된 이론이 거의 없어서, 이에 가설을 수립하는 것이 어려울 수 있다. 이러한 상황에서는, 질적 연구 방법이 이런 흥미로운 심리적 현상에 대한 정보를 얻기에 가장 적절한 연구 방략이 될 수 있다.

Hsieh(2012)는 바로 이 주제에 대해서 박사논문으로 질적 연구를 수행했다. 그녀는 백인 미국인과 결혼해서 미주리 주 중부의 작은 농촌 지역에 거주하는 필리핀계 이민자들의 대처와 심리적 적응을 연구했다. 그녀의 연구 결과는 필리핀계 여성들의 순환적이고 역동적인 대처 과정에 대한 맥락화된 정보를 제공했다. 필리핀계 여성의 경험에서 핵심적이고 반복되는 주제는 여러 계속되는 고난에 대한 대처와 적응이었다. 생태학적 관점에서 보았을 때, 필리핀계 여성들은 미국 시골의 기후뿐만 아니라, 그들 자신의 기대와 태도, 백인 미국인 남성과의 결혼생활, 직장과 지역사회 관계의 맥락에서 적응의 어려움을 마주했다. 이어서 그녀는 필리핀 여성들이 자신들을 둘러싼 수많은 문화적응 요구에 반응하기 위해 광범위한 대처 행동에 의존했다는 것을 발견했다. 효과적이고 긍정적인 대처 경험들이 시간이 지나면서 축적되었고, 이는 시골 지역에서 살면서 경험하는 광범위한 스트레스 유발 요인(예: 경제적 어려움, 인종 편견, 두 개의 문화 간의 협상)에 대한 필리핀 여성들의 계속되는 대처 노력을 더욱 촉진시켰다. 본질적으로, 이러한 질적 연구는 미국 대학생 표본에 근거한 횡단 연구에서 자주 놓쳐버린 이민자들의 적응, 대처, 사회문화적 맥락에서의 결과에 대한 관점을 맥락화시켜준다. 나아가 그녀의 박사논문에서 제시된 개념적 모형은 개인의 대처 경험에서 상호작용적이고 양방향적인 역동을 강조했다는 점에서 최근의 대처 모형과 일관된다(Heppner, Wei, Neville, & Kanagui-Muñoz, 2014; Wang & Heppner, 2011). 요약하면, Hsieh의 연구와 같은 질적 방법론들은 독특한 목표 모집단에 대한 풍부한 정보의 수집을 가능하게 하며, 이는 결과적으로 추후 양적 연구문제를 위한 기반을 쌓는 데 도움이 될 수 있다.

때때로 연구자들은 주제와 이와 관련된 연구 설계가 그들의 연구문제에 가장 잘 답할 수 있는 설계여서가 아니라, 그것들이 특정한 방법론적 · 통계적 절차와 관련해 보다 편리하기 때문이다. 따라서 가장 강력하고 적절한 연구문제를 만들고 이러한 연구문제가 연구 설계를 선택하는 것이 아니라 절차상의 편안함이 결정 요인이 되어버린다. 이러한 관습은 자신의 집에서 모든 보수 작업을 할 때마다 동일한 도구를 선택하는 것과 유사하다. 하지만 분명히 때로 망치가 필요할 때도 있고 드라이버가 필요할 때도 있다. 우리는 연구자들이 연구문제와 연구 가설뿐만 아니라 문화적으로 특정한 기존의 집단을 위한 지식 기반과 적절한 도구들을 이용하여 연구의 방향을 제시할 것을 주장한다.

1장에서 논의했듯이, 일반적인 연구 설계 유형에는 실험 설계, 준실험 설계, 상관 설계 세 가지가 있다. 또한 다른 장에서 어떻게 각각의 설계가 그것의 강점과 약점을 지니는지를 강조했다. 연구 설계 유형을 선택할 때, 연구자는 기존의 지식 기반, 그들의 연구하는 집단의 문화적 맥락, 어떻게 그것이 특정 설계의 강점 및 약점과 관련되는지를 주의 깊게 고려하는 것이 특히 중요하다.

심리학에서 다양성 집단에 대한 연구가 상대적으로 새로운 분야이기 때문에, 과학의 목표가 보다 기술적인 데에 집중하는 것이 때로 도움이 될 수 있다. 본질적으로, 특정한 분야에 대해서 잘 알지 못할 때, 중요한 첫 걸음은 우리가 추후에 이론을 수립할 수 있고, 필요한 평가 도구를 개발할 수 있고, 양적 연구를 수행할 수 있도록 기술적 정보를 모으는 것이다. 현재 심리학에서 한 예는, 뇌 지도와 심리적 특질에 대해 수행된 기술적 작업의 양이다. 이러한 분야가 초기 단계이기 때문에, 특정 자극에 노출되었을 때 뇌의 어떤 영역이 활성화되는지에 대한 기록이 상당히 많이 필요하다. 요약하면 연구자들이 더욱 복잡하고 인과적 관계를 연구하기 이전에 때로 주제와 집단에 대한 기술적 연구가 초기 단계에 필요하다.

역사적으로 심리학에서 연구는 내적 타당도(예: 측정도구의 심리측정적 특성)를 매우 강조했으며, 외적 타당도(연구 결과가 다른 표본, 또는 다른 모집단에 얼마나 일반화 가능한가)(Sue, 1999)에 대해서는 덜 강조하는 사람들이 있었다. 이와 유사하게, 예전 심리학 연구의 대부분은 심리학 개론 수업에서 모집한 참여자들로서 주로 백인 미국인 학부생이며 대학 교육을 받을 특권을 누리고 있는 대학생들을 대상으로 이루어졌다. 따라서 특정한 주제나 집단에 대해 기존의 연구 내에서 사용된 연구 설계의 유형은 다른 집단들에 대해서는 다른 특정 연구 설계의 필요성을 암시한다.

때로 연구문제에 대답하기 위해 양적 연구 설계를 사용해야 할지 질적 연구 설계를 사용해야 할지 어려움을 겪을 때, 한 가지 대안은 두 가지 모두를 사용하는 것이다. 이러한 방략은 혼합 방법론(mixed methods)(17장 참고)이라고 명명되며, 특정한 연구문제에 대하여 보다 완벽하게 대답하기 위해 단일 연구에서 양적 접근과 질적 접근 두 가지 방법을 사용한다. 즉, 혼합 방법론의 강점은 새로운 영역을 탐색할 때 보다 유용한 질적 방법과 일반화 가능성이 높은 양적 방법을 함께 사용한다는 것이다. 혼합 방법의 또 다른 강점은 이전에 혼란스러운 연구 결과들을 명료하게 할 수 있는 기회가 된다는 것이다(이러한 연구의 예시에 대해서는 17장을 참고하라). 다양성 집단에 대해 상대적으로 빈약한 문헌을 고려했을 때, 혼합 방법론은 때때로 유용한 연구 설계가 될 수 있다.

표본 추출, 참여자 모집 및 자료 수집

우리가 누구를 대상으로 연구하는지는 중요하다. Arnett(2008)는 세계 인구의 5%만을 차지하는 미국인 표본을 주 대상으로 하는 미국 심리학의 패권을 가리키는 자료를 제시하면서 이러한 논점을 제기했다. 그는 우리의 심리학적 지식 기반은 전체 인류를 반영하지 못하며 세계의 나머지와는 크게 다른 모집단만을 반영하고 있다고 주장했다. 그는 95%의 세계 인구를 무시하고 문화적 맥락을 무시하는 것은 구성개념의 보편성에 대한 잘못된 가정으로 이끌 수 있다고 주장했다. 인간의 적응과 심리적 기능을 기술하고 이해하기 위해서 백인 대학생 표본을 과도하게 추출하고 있다는 비슷한 주장도 제기되었다. 상이한 문화적 맥락에 대한 모든 인간 행동의 범위를 다루는 연구는 분명히 상담과 상담심리학에서 요구되며, 더욱 광범위하게는 일반 심리학에서도 요구될 것이다.

8장에서, 연구 참여자들 또는 표본을 얻는 것과 관련된 주제들에 대해서 논의했다. 기본적으로 연구자들은 구체적인 기준(예: 연령, 성별, 민족)을 가지고 목표 집단을 정의하고, 이러한 사람들을 연구에 참여시키기 위한 방략을 개발한다. 예전에는, 목표 집단은 모호하게 '학부생'으로 정의되었는데, 이는 표본에 대한 모호함, 그리고 나이 많은 학생들이나 소수 민족 · 인종과 같은 하위집단으로 어떻게 일반화될 수 있는지에 대한 모호함을 일으켰다.

연구자들은 연구 표본이 자신들이 원하는 기준을 충족한다는 것을 확실하게 하기 위해서, 특정한 포함 기준과 배제 기준을 구체화할 것이다. 이러한 기준들에 근거해서 연구자의 목표 집단이 결정된다. 여기에 더해서, 연구 결과로부터 탄탄한 결론을 도출하기 위해서 이러한 목표 집단으로부터 대표 표본이 필요하다. 때로 연구자들은 폭넓은 목표 집단을 설정하는데, 이를 통해 충분히 큰 대규모 표본에서 자료를 수집할 수 있게 된다. 그러나 때로 매우 방대한 표본은 표본 내에서 문화적 차이를 흐리게 할 수 있다. 예를 들면, 라틴계 사람이라는 단어는 일반적으로 특정한 표본을 나타내기 위하여 사용된다. 그러나 이러한 표식은 매우 다른 사회문화적 역사, 신념, 관습을 가진 사람들을 하나로 묶는다. 따라서 모든 라틴계 사람들의 하위집단을 연구하는 것이 미국 내 라틴계 사람들의 표본을 더욱 잘 대표할 수 있겠지만, 이러한 표본 추출 과정(아마도 연구 주제에 따라서 달라진다)은 그러한 넓은 집단 내에 존재하는 중요한 문화적 차이들을 모호하게 만들 수도 있다.

가끔은 충분히 좁은 목표 집단을 확인하는 것과 충분한 수의 참여자에 접근하는 것 간에 긴장이 있기도 하다.

마찬가지로 상당수의 연구들이 미국에서 공부하기 위해 문화 경계선을 넘어온 유학생들의 적응을 연구했다(예: Wang, Heppner, Wang, & Zhu, 2015). 문헌에서 대부분의 연구들(충분한 검증력을 위해 표본 크기를 증가시키기 위해서)은 목표 집단을 모든 국제 학생들을 포함하는 것으로 확인했다. 예를 들어, 몇몇 연구들은 외모가 백인으로 보이며 원어민 구사자(예: 캐나다 또는 영어를 구사하는 유럽 출신의 학생들)를 중국이나 노르웨이, 아프리카의 보츠와나와 같은 다른 나라 출신의 학생들과 같이 포함시켰다. 다양한 문화에 걸쳐있는, 이렇게 넓은 목표 집단에서 이렇게 이질적인 표본들이 관심이 있는 구성개념들에 관하여 비(非)일관적이며 오류의 가능성이 존재하는 결론을 이끌어내는지를 목격하기는 쉬운 일이다(예: 유학생에 대한 그러한 표본 추출 문제에 대해서는 Zhang & Goodson을 참고하라). 요약하면, 연구의 측정에서 상당한 변동성을 초래하는 표본 내부의, 상당한 문화적 차이에서 오는 변동성을 제거하기 위해서는 연구자가 제시된 가설을 면밀히 조사하도록 목표 집단을 신중히 설정하는 것이 매우 중요하다.

8장에서 논의했듯이, 양적 연구를 설계하는 연구자들은 종종 '몇 명의 참여자가 필요한가?'에 관심을 둔다, 또는 조금 더 구체적으로 말하면 '참 효과가 존재한다면 그 효과를 발견하기 위해 몇 명의 참여자가 필요한가?'라는 질문에 초점을 맞추곤 한다(이러한 질문은 종종 통계적 검증력이라고 불린다). 본질적으로, 연구자들이 자신의 연구 가설을 적절하게 실험하기 위해 충분한 검증력을 가질 수 있을까? 불충분한 통계적 검증력은 참여자 수가 낮은 비율로 대표되고 '접근하기 힘든' 지역의 사람들을 연구할 때 심각한 위협이 될 수 있다. 그러므로 소규모 표본은 자료로부터 명확한 결론을 이끌어내는 것을 어렵게 한다. 비록 목표 집단을 확인하는 것은 다양성과 관련된 연구에서 특히 중요하지만, 목표 모집단 확인 이후의 주된 문제점은 연구에 실제로 참여할 충분한 표본을 수집하는 것이다. 왜 잠재적 참여자들이 특정 연구에 참여하기를 원하지 않는지에 대해서는 무수히 많은 이유가 있다. 예를 들면, 연구자가 미국에 거주하는 불법의 이민자들을 연구하기로 결정했을 때 그 사람들을 모집하는 데 모집 장벽이 존재하는 것처럼 말이다(예: 언어, 법적 문제, 잠재적인 자료 유출과 관련된 사전 동의 문제, 연구자에 대한 불신). 이러한 문제점들은 연구자가 필요한 표본 규모를 얻기 어렵게 한다. 게다가 이러한 어려움들은 연구자가 정체성 간의 교차(예: 불법 체류자이면서 게이, 레즈비언, 양성애자인 사람들)를 설명하려 시도할 때 특히 더욱 악화될 수 있다. 우리의 연구가 몇몇 소수 집단을 억압하는 데 사용된 과거 역사가 있기 때문에 잠재적 참여자들은 심리학 연구에 참여하는 것을 주저하게 하고 냉소적이게 된다. 재정적으로 어려움을 겪고 있어서 가족을 돌보기에도 힘이 드는 사람들에게는, 시간이 매우 가치 있는 재화일 수 있어 저 연구에 참여하는 데 드는 시간이 그들의 직업이나 가족보다 더 우선시될 수 없는 경우도 있다. 교통수단이 제한된 누군가에게는 연구 장소에 단순히 도착하는 것 자체가 매우 어려운 일일 수 있으며, 누군가에게는 대학이라는 환경에 들어오는 것 자체가 불편하고 참여를 꺼리게 할 수 있다.

비록 다양한 표본에서 자료를 수집하는 것은 매우 어려운 일이지만, 불가능한 것도 아니다. 이 절에서 우리는 소수 집단의 자료 수집과 참여자들의 모집과 관련된 여덟 가지의 제안들에 관해 살펴볼 것이며 이는 연구자가 목표 집단으로부터 자료를 수집하고 성공적으로 참여자들을 모집하려는 연구자의 계획에 큰 도움이 될 것이다.

인내와 열정 우리의 첫 번째 제안은 대부분의 연구 노력에 적용되는 것이기는 하지만, 성공적으로 참여자들을 모집하는 데 심각한 어려움이 있을 때 가장 중요한 제안일 것이다. 연구자가 다양한 자료 수집 방략을 시도하고 실패가 반복되면, 인내심이라는 요소는 상당히 중요해진다. 개인의 가치, 신념, 열정은 목표 집단에 대한 중요한 연구를 수행할 때 겪는 고난을 견뎌내는 데 아주 중요하다. 우리는 가정폭력 피해 여성들의 쉼터와 노숙자들, 불법체류 노동자들에게서 자료를 성공적으로 수집한 학생들을 본 적이 있다. 이 목표 집단들에 접근하기가 어려웠고, 충분히 자료를 모으기 전까지 여러 차례 시도했어야 했다. 이렇게 학생들이 자료를 수집하기까지 고난을 인내했던 이유는 그들의 열정과 헌신(예: 특정 집단에 대한 그들의 이야기가 알려질 수 있도록 사회적 정의실현을 위한), 그리고 그들에게 중요한 방법으로 심리학 문헌들을 넓혀보고자 하는 헌신 때문이었다. 즉, 연구자가 열정을 가진 목표 집단에 대해 연구 주제를 가지고 시작하는 것은 매우 중요하며, 필요한 표본을 얻고 연구를 성공적으로 끝마치기 위해서도 이는 굉장히 중요하다.

목표 집단 내에서 사회적 관계 만들기 우리는 연구자들에게 그들이 연구하고자 하는 커뮤니티의 구성원들과 관계를 형성하기를 강력하게 권고하는데, 이는 하나의 중요한 윤리적인 고려사항이다(Trimble et al., 2014 참고). 이는 문화적으로 '내부자'나 '외부자'로 인식될 수 있는 연구자들 모두에게 목표 모집단 내에서 일정 수준의 신뢰를 형성하는 게 특히 유용하다. 말할 필요도 없이 연구자들은 목표 집단의 구성원들에게 자신들의 의도에 대해 솔직해야 할 뿐만 아니라, 사전 동의, 비밀보장, 손익 평가와 관련된 기관 연구윤리 위원회의 지침을 따라야 한다. 또한 목표 집단의 구성원과 신뢰를 형성하기 위해서는 상당한 시간과 노력이 필요하다는 것을 인지해야 한다. 좋은 관계는 시간이 지나면서 만들어지기 때문이다. 목표 집단 내의 지도자들은 종종 자료 수집과 관련된 여러 활동에 도움을 줄 수 있다. 예를 들어, 지역의 지도자들은 때로는 자료 수집 과정에서 관련된 언어 문제들을 해결해줄 뿐만 아니라 문화적으로 적합한 수집 과정에 대한 피드백을 제공해주는 경우가 많다. 때로는 목표 집단의 구성원들에게 연락을 하는 데 목표 집단의 구성원들과 함께 일하는 지역사회 기관장들이 매우 도움이 될 수도 있다. 추가적으로 연구자들은 소셜 미디어나 목표 모집단의 구성원들이 포함된 집단이나 조직의 리스트서브(listservs, 조직 내 전자

우편 시스템)를 활용해볼 수도 있다. 때로는 목표 집단 내 지도자들의 공개적인 지지를 받는 것도 유용하다.

소셜 네트워크 활용하기 학생들이나 사회 초년생인 연구자들은 잠재적인 참여자 모집 장소를 확보할 만한 곳이 거의 없다고 생각한다. 그들은 방금 막 새로운 지역사회로 옮겨왔기 때문에 아직 필요한 사회적 연결망을 충분히 구축하지 못했다. 우리는 연구자들에게 먼저 주변 친구들이나 아는 사람들을 떠올려보라고 조언한다. 또는 현재 커뮤니티 내의 사람들이나 또는 그들이 과거에 거주했던 커뮤니티, 전문 조직, 잠재적으로 교회, 체육관과 같은 곳도 해당될 수 있다. 그리고 우리는 연구자들이 자신의 사회적 인맥을 조금 더 넓게 그려볼 것을 조언한다. 예를 들면, 그들의 친구들 중 누군가는 자료 수집에 도움을 줄 수 있을 만한 누군가를 알고 있을지도 모르기 때문이다. 예를 들어, 아프리카계 미국인 커뮤니티 내에서 대처 행동에서 종교성의 역할을 연구하기를 원하는 학생의 경우를 살펴보자. 비록 그녀는 이 커뮤니티 내에 인맥이 없지만, 자료를 수집하는 데 도움을 줄 수 있는 목사를 소개해줄 수 있는 친구와 지인이 있었다. 또한 누군가가 현재 거주하고 있는 커뮤니티에서만 자료 수집을 해야 한다고 생각할 필요는 없다. 예를 들면, 우리 학생들 중 하나는 그녀의 고향으로 돌아가, 그 지역에서 이전의 사회적 인맥들과 이야기를 나누었고, 이렇게 함으로써 그 커뮤니티 내에서 성공적으로 자료를 수집할 수 있었다.

당신의 연구가 집단에 어떻게 이익을 줄 수 있는지 명확하게 하기 당신의 연구가 단지 특정한 표본을 '이용'하거나, 가져온다고만 생각하기보다는, 그 연구가 어떻게 참여자들과 그들의 커뮤니티에 이익을 줄 수 있고, 줄 것인지를 생각해보자. 예를 들어, Heppner와 Heppner(2004)는 잠재적 이점들을 다음과 같이 확인했다. (1) 학술 연구기관의 목적에 신뢰성을 높일 수 있는 연결망을 제공하는 것, (2) 기관의 대의를 지지할 수 있는 연구비를 그 기관이 지원하는 데에 쓰일 수 있는 자료를 제공하는 것, (3) 기관의 관계자들이 학회에서 공동 발표할 수 있는 기회를 제공하는 것, (4) 연구기관이 구성원들의 질문에 답하고, 문제를 해결하거나 해소하는 것을 돕는 것, (5) 기관에 그들이 필요한 경험적 자료를 제공하여, 단체의 임무와 역할을 더 잘 수행하고, 그들이 연구하고자 했던 집단을 더 잘 도울 수 있도록 하는 것. 연구자는 때로 특정한 연구 프로젝트가 어떻게 타인에게 도움이 될 수 있는지 신중하게 고려해봄으로써, 참여자 모집을 위한 설득력 있는 주장을 준비할 수 있으며, 결국에는 목표 집단을 다양한 방식으로 도울 수 있는 상호호혜 관계를 형성할 수 있게 된다.

보상하기 연구자들은 돌려주는 것 없이, 오직 자신의 이익만을 위해서 다양한 표본을 '이용하기만' 한다는 비판을 받아왔다. 이는 어떤 표본을 대상으로 어떤 유형의 연구를 하든지 간에 언제나 중요한 문제지만, 특히 취약계층 모집단을 연구할 때 더 중요하다. 연구 결과가 목표 집단의 구성원들에게 얼마나 도움을 줄 수 있을지 고려해보라. 최소한의 의미에서 보상하기는 참여자들에게 연구 결과라도 알려주는 것이다. 보상하기는 연구자가 개인의 시간을 할애해서, 참여자들이 관심을 가질 수 있는 유익한 주제에 대해 발표하는 것 등을 의미한다. 본질적으로 보상하기는 종류와 규모면에서 상호 이익이 되는 관계에 대한 노력을 의미하며 어떤 경우는 수년간 계속될 수 있다.

인터넷을 통해서 정보 수집하기 우리 사회의 일부는 여전히 인터넷에 접근하기가 쉽지 않고, 다른 많은 사람들은 온라인 인터뷰에 참여할 시간이 없다고 하더라도, 어떤 프로젝트에서 인터넷은 전국 단위의, 심지어는 전 세계적인 표본에 접근할 수 있는 기회가 된다. 그러므로 연구자들이 인터넷을 통해 목표 집단에 대한 자료를 수집할 수 있는 기회를 조사해보는 것은 중요하다. 동시에, 어떤 유형의 사람들이 인터넷을 통한 자료 수집에 참여하고 어떤 사람들은 참여하지 않을지를 고려하는 것 또한 중요하다. 그러한 자발적 참여자들이 연구자의 목표 집단을 잘 대표할 수 있을까? 인터넷 응답자들이 심각한 방식으로 연구 결과를 편향(예: 인터넷에 접근할 수 있는 사람들만이 반응할 가능성)되게 하지는 않을까?

소수 목표 집단의 보호 소수 집단에 속하는 실험 참여자들에게는 종종 연구 참여에 대한 요청이 쏟아지곤 한다. 예를 들어, 많은 상담 훈련 석 · 박사 프로그램은 매년 유색인종, 성소수자 학생들, 국제 학생들에게 누군가의 학위논문을 위한 설문지를 요청하는 수많은 요구를 받는다. 하지만 위와 같은 특정한 특성에 부합하는 상담 과정 참여자들의 수는 매년 제한되어있다. 그렇기에 연구자들은 다양한 목표 집단에 대한 수요를 염두에 두어야 할 필요가 있으며 그 연구 자료의 사용에 대해 적절한 판단이 필요하다.

자료 수집과 관련한 문화적 민감성 문제 연구자들은 목표 집단의 문화적 맥락에 민감해야 하며, 그에 따라 자료를 모아야 한다. 예를 들어, 문화적 민감성을 고려한다면 자료가 전통적인 대학 강의실에서 수집하던 것과는 다른 방식으로 수집되어야 할 것이다. 목표 집단에 소속된 몇몇 참여자들은 대학 장면에서의 연구 참가를 불편해할 수 있으며, 참여자들의 집과의 거리 때문에 자료 수집이 심각하게 어려울 수도 있다. 어떤 경우에는 참여자의 집에서 자료를 수집하는 것이 적절할 수도 있지만, 다른 경우에는 이것이 완전히 부적절할 수도 있다. 민감성은 자료 수집을 위한 자료를 개발할 때 사용될 문화적으로 민감한 언어를 개발하기 위해서도 필요하다. 어떤 상황에서는, 조사자는 목표 집단의 사람들에게 조사자가 무심하거나, 자기중심적이거나, 건방진 사람으로 인식되는 것을 피하기 위해 목표 집단의 사회적 예절 규범에 부합하는 적절한 사회적 행동을 해야 할 수도 있다. 목표

집단의 문화적 내부자에게 자문을 구할 것을 강력히 추천한다.

요약하면, 상담과 상담심리학에서 목표 집단을 확인하고, 대표 표본을 얻고, 다양성을 가진 표본의 모집과 자료 수집을 할 때에는 문화적으로 민감한 다양한 문제들을 고려해야 한다. 심리학계에서는 수년간 거의 대학 학부생 집단만을 대상으로 자료를 수집해왔기 때문에, 우리는 가끔 경직된 사고를 하거나, 참여자들의 문화적 맥락을 무시하기도 했다. 다양한 집단을 대상으로 한 연구가 상담과 상담심리학에서 점점 많아지고 있기 때문에, 우리는 모집과 자료 수집과 관련된 모든 활동에서 참여자들의 문화적 맥락에 세심하게 주의를 기울일 것을 권고한다.

측정 문제

5장에서, 우리는 구성개념을 정의하는 과정을 더욱 구체적이고 측정 가능한 변인들을 확인하는 작업이라고 논의했다. 이 책의 뒷부분(18장과 19장)에서 우리는 연구와 관련되는 변인을 측정하는 데 있어서 발생하는 측정과 관련된 여러 가지의 쟁점을 살펴볼 것이다(예: 독립변인과 종속변인). 많은 점에서 어떤 특정한 연구의 강점은 연구에서 구성개념을 측정하기 위해 사용된 측정도구에 달려있으며, 질적 연구에서는 조사 중에 어떻게 구성개념을 정의하고 조작하는지에 달려있다. 즉, 측정도구의 적절한 타당도와 신뢰도는 모든 연구에서 절대적이다. 그러나 이제까지의 측정도구들은 주로 중산층 백인 참여자들을 규준으로 만들어졌기 때문에, 다양한 집단을 대상으로 문화적으로 민감한 연구를 수행하고자 할 때에는 추가적인 문제가 야기된다. 그러므로 다양성을 가진 집단과 연구를 할 때, 관심 있는 특정 목표 집단에 대한 수용 가능한 신뢰도와 타당도 추정치를 가진 문화적으로 적절하고 민감한 도구들을 찾는 것이 어려울 수 있다. 요약하면, 문화적으로 부적절한 검사 도구를 사용하게 되면, 오차 변량이 증가되고, 여러 변인들 간의 유의한 관계를 오도할 수 있다.

구성 타당도가 잠재적인 연구 도구, 연구변인들(독립변인과 종속변인)이 측정하고자 하는 구성개념들을 측정하는지의 정도를 의미한다(18장, 19장 참고). 심리적 구성개념이 다양한 문화 집단 전체에 일반화될 수 있는지, 그리고 특히 관심의 대상인 다양성을 가진 목표 집단에 일반화될 수 있는지 여부를 조사하는 것은 중요하다. 미국에서 개발된 기존의 측정도구들이 백인 미국인을 규준 집단으로 하여 개발되었기 때문에, 관심 있는 검사 도구가 초기 규준 집단과 동일한 구성개념을 새로운 목표 집단에서 측정하는지를 확인하는 것이 필요하다. (검사 도구가 원래 모집단의 요인구조, 타당도, 신뢰도 추정치와 동일한가?)

예를 들어, 자아(self)라는 구성개념을 고려해보자. 서양처럼 개인주의 문화에서 자아는 개인의 욕구, 능력, 동기와 권리로 구성된 독립적이고 유한한 실재로 인식된다. 그러나 집단주의적 문화에서 자아는 집단의 일부분으로 집단에 맞도록 사회화되는 상호의존적이며 무한한 실재로 인식된다(Matsumoto, 2000). 전통적으로 서구 문화에서 자존감은 자아에 대한 개인주의적 개념에 의해 조작화되었다. 이러한 측정도구(예: 자아를 개인을 넘어서는 것으로 확장시킨다)를 자아에 대해 더욱 집단주의적 관점을 소유하고 있는 자아에 대해 더욱 집단주의적 관점을 소유하고 있는 집단주의 집단의 표본에서 사용하는 것은, 매우 부적절하며 구성개념에 대한 해석을 오류로 이끌 것이다.

요약하면, 구성개념은 모든 문화 집단에서 동일하지 않으며, 그러므로 어떤 특정한 검사 도구(예: 자존감)에 관련된 의미는 동일하거나 동일하지 않을 수 있다는 사실은 자명하다. 도구의 신뢰도와 타당도 추정치가 관심 갖는 목표 집단에서도 수용 가능한지를 결정하기 위해서는, 구체적으로 심리 측정 정보(다양한 타당도와 신뢰도 추정치)를 조사해야 한다. 예를 들어, 검사 도구를 주로 백인 대학생을 기반으로 만들었다면, 초기와 추후의 심리측정 정보를 조사해야 한다. 그뿐만 아니라, 연구자의 목표 집단(혹은 목표 집단과 문화적으로 비슷한 다른 목표 집단)에 대한 적절한 심리측정 정보를 조사해야 한다. 즉, 연구자는 특정한 검사 도구가 의도된 목표 집단에 대해서도 구성 타당도(다른 적절한 심리측정적 특성뿐만 아니라)를 가지는지 결정하기 위해 노력해야 한다.

나중에 10장에서 논의하겠지만, 수많은 통계적 검증을 통해 특정 집단에 대한 측정도구가 적절한지에 대한 심리측정 정보를 확인할 수 있다. 예를 들어, 특정 측정도구의 요인구조를 검증하기 위한 요인 분석, 특정한 집단이 어떤 특정 문항들에 대해 반응하는 정도를 측정하는 차별문항 기능, 측정 불변성을 살펴보는 Brown(2006)의 4단계 과정 등이 있다. 연구를 통해 하나의 문화적 맥락에서 개발된 구성개념이 다른 문화적 맥락에서도 동일하게 타당할 때도 있지만 그렇지 않은 경우도 있는 것으로 밝혀졌다(예: Tian, Heppner, & Hou, 2014 참고).

낮은 내적 일관도는 보통 특정 표본에서 검사 도구가 제대로 기능하고 있지 않다는 첫 번째 신호 중 하나다. 신뢰도 추정치가 낮은 이유는 여러 가지가 있을 수 있지만, 새로운 목표 집단을 대상으로 한 연구에서 신뢰도가 낮게 나타나는 이유는, 조사중인 구성개념이 고려중인 목표 집단에서 다른 의미를 가질 때 나타나는 타당도 문제가 깊이 반영되기 때문일 수 있다.

몇몇 연구자들은 본 조사를 수행하기 이전에 광범위한 예비 실험을 사용한다. 체계적인 예비 실험을 통해 본 연구에서 나타나는 문제들을 완화할 수 있다. 예를 들어, 집단 간에 문화적 차이가 있는지를 확인하기 위해 측정하고자 하는 구성개념에 대해 참여자들에게 어떻게 이해하고 있는지 물어볼 수 있다. 만일 유사한 목표 집단을 대상으로 연구가 수행되지 않았다면, 관심 있는 목표 집단을 이용하여 그 도구에 대한 자료를 먼저 수집하고, 요인 분석을 통하여 요인구조가 원래 표본과 동일한지 확인하는 것이 필요하다. 이에 더해, 새로운 목표 집단을 대상으로 이 도구의 다른 신뢰도나 타당도를 알아보는 추가 정보 수집이 이상적이다. 우리의 측정도구들이 현재 이 시점에서 제한적이기 때문에, 어떤 연구자들은 먼저 척도를 개발하고 타당화 연구를 수행해서 관심 있는 특정 구성개념을 측정하기 위해 심리측정 방법론적으로 튼튼한 검사 도구를 개발하기도 한다.

비록 다양한 통계적 분석 방법들이 구성 타당도를 측정할 수 있는 유용한 도구를 제공하지만, 통계적 분석만이 구성 타당도를 결정하는 유일한 방법이 되어서는 안 된다(Byrne, 2014; Byrne & Watkins, 2003; 7장, 10장 참고). 실제로, 어떤 측정도구에서는 오류의 원인을 규명할 수도 있지만, 오류의 원인이 제대로 규명되지 않는 경우가 많다. 예를 들어, 어떤 하나의 검사 도구가 상이한 문화 집단에 대해서 구성개념의 모든 중요한 측면을 다루지 못하기 때문에, 이로 인해 어떤 집단에서는 구성개념이 제대로 대표되지 못할 수 있다(Shadish et al., 2002). 예를 들면, 어떤 연구자가 플로리다 마이애미에 사는 멕시코계 미국인 표본을 규준으로 하여 개발한 차별 척도를 미국에 거주하는 모든 멕시코계 미국인들에게 사용할 수 있다고 생각하기 쉽다. 그러나 이러한 가정은 멕시코계 미국인들이 경험하는 차별의 영향이 지역에 따라 차이가 있을 수 있기 때문에 문제가 될 수 있다(예: 도시와 시골, 이웃의 가난 및 폭력 수준, 2개 국어로 제공되는 공공 교육). 그러므로 구성개념은 그 자체로 검사 도구의 속성이라기보다는, 오히려 특정 집단에서의 점수 해석(그리고 이러한 해석에 기초한 조치)에 적용된다. 한 집단에서의 타당한 해석이 다른 집단에 대해 연구를 수행할 때와 다른 맥락에서는 타당하지 않을 수도 있다(Hoyt, Warbasse, & Chu, 2006).

예를 들어, 어떤 연구자가 미국에 거주하는 시크교도들의 차별 경험과 정신건강 증상과의 관계에 관심이 있다고 가정해보자. 연구자는 다른 민족 집단을 대상으로 타당화된 기존의 차별 척도를 쓰고 싶은 유혹이 있더라도, 그 척도를 시크교도들로 이루어진 표본에서 사용하는 것이 적절한지를 신중하게 고려해야 한다. 독특한 문화적, 맥락적 경험이 차별 경험과 관련될 수 있기 때문이다(예: 종교적 관례, 시크교도 커뮤니티와 언론의 묘사, 음식 옷차림에 대한). 더욱이, 조사하려고 하는 집단과 다른 집단을 규준으로 만든 척도를 이용해서 관심 있는 변인들 간의 관계를 확인하기 위해 사용되는 경우, 척도의 신뢰도가 문제가 될 수 있다. 13장에서 더 자세히 다루어지겠지만, 이러한 척도들은 오차 변량에 더 취약하며, 연구 변인들 간의 실제 관계를 오도할 수도 있다.

요약하면, 여러 상이한 문화적 맥락에 걸쳐, 다른 신뢰도와 타당도뿐만 아니라 구성 타당도를 고려하는 것이 이러한 연구의 소비자들과 연구자들의 관심을 받을 만한 가치가 있다. 문화적으로 상이한 다양한 집단들에 대해 검사 도구가 사용될 때 타당도와 신뢰도에 대한 많은 위협 고려하면, 이러한 진술을 특히 중요하다. 그러므로 특정 연구에서 관심 있는 특정한 목표 집단을 대상으로 구성개념을 측정하고자 할 때는 수용할 만한 타당도와 신뢰도를 가진 측정도구를 선택하는 것이 매우 중요하다.

연구 결과의 해석과 논의

어떤 연구 논문이든 간에 논의 부분은 연구자가 참여자들의 문화적 맥락을 충분히 잘 알고, 연구 결과를 이러한 맥락 내에서 이해하는 것이 매우 중요하다. 논의 부분은 독자들이 이 연구의 결과를 이해하고, 이러한 결과가 목표 집단 내에서 무엇을 의미하며, 이것이 목표 집단과 작업할 때 어떠한 함의를 가지는지를 이해할 수 있게 해주는 바로 그 부분이다. 비록 다소 솔직한 표현이지만, 때때로 이는 사실상 많은 이유로 완수하기 힘들다. 첫째, 수많은 다양성 집단과 심리적 주제에 관한 문헌이 상대적으로 매우 제한적이며, 어떤 때는 이론 개발조차 제한적이다. 이러한 과제는 유사성과 공통점이 쉽게 확인되는 기존의 선행 연구 100건을 토대로 논의를 쓰는 것보다 훨씬 어려운 일이다. 둘째로, 때로 조사자들은 주로 절대적으로 많은 백인 미국인을 대상으로 한 문헌을 토대로 특정한 주제에 대한 소외 집단들의 연구 결과를 해석할 수 있다. 어떤 때는 이러한 방법이 유용할 수 있지만, 어떤 때는 이러한 분석은 연구 결과를 특정한 목표 집단과 관련된 문화적 가치 내에서 이해할 필요성을 간과하게 만든다. 셋째로, 학회지의 편집자들과, 심사위원들은 연구자들에게 기존의 문헌과 관련하여 연구 결과를 논의하라고 요구하는 경우가 있으며, 이는 기존 연구가 대상으로 한 집단과 다른 집단을 대상으로 연구가 수행되었을 때도 자주 일어난다. 이러한 제안이 가끔은 유용할지 모르지만, 우리가 보기에 연구자들이 기존의 이론적 모형에 맞추기 위해 연구 결과를 '왜곡하거나 방향을 수정하지' 않는 것이 중요하다. 상이한 문화 집단에 따라 유사한 심리적 구성개념에 대한 경험적 결과가 다를 수 있다고 생각한다. 이러한 차이를 확인하고 수용하는 것이 중요할 뿐만 아니라, 이러한 발견은 궁극적으로는 여러 문화적 맥락에서의 인간 행동을 더 깊게 이해할 수 있도록 해주고, 우리로 하여금 더 좋은 심리학자가 될 수 있도록 돕는다.

본질적으로, 논의 부분은 저자가 연구 결과를 조사하고 논의할 수 있는 부분이고, 연구 참여자들의 문화적 맥락에 근거해 연구 결과를 해석하고. 결론뿐만 아니라 연구 결과로부터 추론을 이끌어내는 부분이다. 게다가 《미국 심리학회 출판 지침》(APA, 2010)에 의하면 저자는 연구 결과의 이론적이며 응용적 함의 모두를 강조하고, 결론을 맥락화하고 명료화해야 한다. 비록 명확히 언급되진 않았지만, 후자는 목표 집단의 문화적 맥락 안에서 특히 중요한 것으로 보인다. 결국 연구 저자는 일반적으로 그들의 목표 집단에 대해 많은 전문적 지식을 이용해서, 특정한 문화적 맥락 내에서 그들의 연구 결과의 의미를 설명하는 것이 그들의 책임이다. 이에 더해 저자는 이러한 특정한 주제의 연구를 확장하기 위해, 후속 연구 방향에 대한 그들의 지식과 이해를 공유하기에 특히 유리한 위치에 있을 수 있다.

목표 집단의 구성원에게 연구 결과를 어떻게 이해했는지를 묻는 것이 때로는 매우 유용할 수 있다. 이러한 절차는 질적 연구에서는 종종 수행되지만 양적 연구에서는 거의 수행되지 않는다. 그러나 특히 소수 집단을 대상으로 한 새로운 연구에서는 연구 결과에 대해 문화적 조언자들에게 자문을 구하는 것은 연구 결과를 더욱 정확하게 해석할 수 있도록 도와줄 뿐만 아니라 복잡한 특정한 문화의 역동성을 더욱 이해할 수 있도록 해준다. 예를 들어, 이 책의 저자 중 한 명은 아시아계 박사과정 학생들과 함께 동아시아인의 대처 행동 척도를 개발했다. 요인 분석구조가 그 당시 백인 미국인 연구자들이 이해하기에는 매우 어려운 어떤 요인을 제시했다. 그 팀에게 자문을 구한 결과, 연구자들은 완전히 결과를 이해할 수 있었다(그래, 그게 바로 우리가 한 거야!). 요약하면, '우리는 우리가 알지 못하는 것은 모른다.'는 것을 기억해야 한다. 게다가 이 이야기는 단순히 문화적으로 다양한 팀의 강점을 강조할 뿐만 아니라 연구의 결과를 해석하고 논의할 때 특히 목표 집단의 구성원들에게 자문을 구하는 것이 중요함을 보여준다.

요약하면, 다양성 집단을 대상으로 연구를 할 때는, 수많은 방법론적인 문제와 난관을 고려해야 한다. 다른 저자들이 이러한 쟁점을 제기했지만(Bernal et al., 2014, pp. 105-123), 다양성 집단을 조사할 때 방법론적인 난관들을 다루기 위해 많은 작업이 필요하다. Bernal 등이 "우리가 보기에 현재 가장 핵심적인 쟁점은 연구의 모든 면을 조사하는 포괄적인 노력을 통해 연구 방법의 탈식민지화이다."라고 강하게 말한 것처럼 말이다(p. 107). 문화적 인식이 커져가고, 우리의 훈련 프로그램에서 지식과 기술이 개발되고, 그러한 지식이 점차 적용되면, 심리학에서 더 강력하고 포괄적인 지식 기반이 발전하게 되면서 상담과 상담심리학 분야에서 새로운 지식 기반을 마련할 뿐만 아니라, 인간 행동의 더욱 복잡하고 맥락적인 개념화를 가능하게 한다고 믿는다.

요약 및 결론

이상적인 세계에서라면 다문화 연구에 관한 장은 존재할 필요도 없을 것이다. 이 장에서 제기된 모든 쟁점들을 방법론적으로 훌륭하고 과학적으로 엄격한 연구에서는 주목할 것이다. 그러나 우리는 다소 불완전한 세계에 살고 있으며 연구자들이 살고 있는 사회에서 근시안적인 마음가짐이 존재하는 것처럼 연구자들은 편향(의도적이거든 비의도적이거든)이 있을 수밖에 없다. 학자들과 과학자들, 연구자들 사이에서 다문화 구성개념이 일관되게 정의된 적이 없었다. 모든 심리학 연구의 기본 전제는 사용된 구성개념이 조작적으로 정의된다는 것이다. 민족, 사회적 지위, 성별과 같은 구성개념은 본질적으로 심리학적이다. 그것들은 관찰자와 피관찰자 간의 주관적이고, 현상학적인 세계의 중요한 일부분이다.

어떤 정체성(예: 성별, 민족, 종교)에 따라 우연히 다양성 표본에 접근하게 된 연구자들은 편리함을 위해서 비교 연구 패러다임에 근거하여 단순히 사후 분석을 수행하고 싶어 할 수도 있다. 이러한 접근의 문제는 이러한 접근이 기본적으로 기술적이며 비이론적이기 때문에 기저의 인과관계에 대한 사고를 거의 반영하지 못한다는 것이다. 이러한 접근법을 차용한 연구자는 자신도 모르게 다문화 연구를 영속적으로 소외시킨다는 것이다. 다른 연구의 분야와 마찬가지로 소수민족 연구의 초기 단계는 기존에 정립된 심리적 이론이나 원리에 따라 수행되지 않고, 주로 기술적 연구였다. 다문화 연구자들은 백인, 종종 중산층 남성을 이용해 만들어진 전통적 심리학 이론과 원리를 마땅히 비판해왔으며, 연구 결과를 다른 집단에 적용하는 외적 타당도에 심각한 문제가 있을 수 있다는 쟁점을 제기했다. 문화일반적 접근과 문화차별적 접근 둘 다 중요하다. 우리가 공유하는 인류애적 가치 때문에, 우리 모두는 온갖 인간의 정서를 경험하면서 살아간다(예: 행복, 사랑, 슬픔, 우울, 불안, 분노, 질투, 자신감). 그러나 이러한 정서의 표현과 표명이 종종 언제나 잘 이해되지 않는 문화적 렌즈를 통해 걸러지곤 한다.

명백하게 다문화에 초점을 맞춘 연구에서는, 행동에서 관찰된 차이를 설명하기 위해서 원격변인보다는 인접변인을 이용하는 것이 매우 중요하다. 연구자는 매개변인과 조절변인을 사용함으로써, 이론적으로나 방법론적으로 더 세련되어질 수 있으며, 특정 주제에 대해 다문화 연구의 관심 주제를 진전시킬 수 있다.

마지막으로 우리는 다문화 연구에서 나타날 수 있는 타당도 문제와 위협에 대한 예를 제시했다. 심리학 연구에서 타당도 문제를 제기하는 주요 목적은 연구의 결과가 타당한지를 확인하기 위해서다. 다문화 연구자들은 종종 타당도에 관한 우려를 하기 때문에 문화적으로 다양한 사람들에게 적절한 타당한 심리적 통찰을 제공하기 위하여 최선을 다해서 반성적으로 그들의 작업을 비판할 것이다.

촉진 질문

통합 연습

이 연습의 목적은 이 장에 제시된 내용들을 활용하고 통합하는 것이다. 학생들은 다음의 각 질문에 대답하고 자신의 대답을 동료들과 논의한다.

1. 인종, 민족, 문화라는 단어들을 상호교차해서 사용하는 것이 왜 문제가 되는가?
2 다문화 연구에서 행동에 대한 원격 설명과 인접 설명의 차이는 무엇인가?
3. 어떤 연구자가 지능검사 점수에서 인종의 차이가 있다는 가설을 세운다. 이 가설을 지지하기 위해 이 연구자는 어떤 문제를 다룰 필요가 있으며, 어떤 근거가 제시되어야 하는가?
4. 다문화 연구에서 기술 연구와 이론 기반 연구를 수행할 때 장점과 단점은 무엇인가?
5. 연구에서 타당도의 범주로 문화 타당도를 추가하는 것의 장점과 단점은 무엇인가?
6. 보다 문화적으로 유능한 연구를 수행할 수 있는 방법에는 어떤 것들이 있는가?
7. 이 장에서 논의된 타당도 문제와 어떤 사람이 수행하고자 하는 문화적으로 유능한 연구가 서로 충돌하는 상황(한 유형의 타당도를 희생하면서 다른 유형의 타당도를 높이는 것)을 생각해보자.

10 CHAPTER

척도개발: 가장 근본적인 도구

_ 이동귀, 임현우 공저

척도개발은 상담심리연구 분야에서 널리 사용되는 연구방법론이다(Worthington & Whittaker, 2006). 상담 연구에서 '척도(scale)'라는 용어는 흔히 "총점으로 합산되는 일군의 문항들로 직접적인 수단으로 쉽게 관찰될 수 없는 이론적인 변인의 수준을 드러내는 데 목적이 있다"(Devellis, 2012, p. 11). 예를 들면, 문화 적응이라는 개념을 측정하기 위해 이와 관련된 여러 문항들에 대한 응답들이 하나의 점수로 합산되어 총체적인 문화적응 수준을 반영한다. 한 변인을 측정하기 위해 여러 문항으로 구성된 척도를 사용하는 것은 단일 문항으로 평정하는 것(예: 응답자들에게 단순히 문화적응 수준을 1~10점으로 평가하도록 요청하는 것)에 비해 여러 이점들이 있다. 여러 문항을 사용하여 한 구성개념을 평가하는 것은 그 개념의 다양한 측면을 포함할 수 있고 또한 여러 문항에 걸쳐서 반응의 일관성이 있는지를 설명할 수 있다. 그러나 모든 척도 문항들이 동등하지는 않다. 한 척도 내에서 어떤 문항은 다른 문항들보다 그 개념을 보다 정확하게 반영할 수 있다. 즉, 정확하고 신뢰할 만한 측정치들도 있고 빈약한 측정치들도 있다. 상담 연구에서 척도는 심리적 구성개념을 측정하는 도구이고 엄정한 과학은 심리적 구성개념에 대한 엄정한 측정의 토대위에서 구축된다. 반대로, 빈약한 측정치를 사용하는 것은 문제를 유발하고 왜곡된 과학적 지식으로 이끄는 부정확한 결과를 양산한다. 빌딩을 세우는 것을 예로 들어보자. 만약 집을 짓는 데 부정확한 줄자가 사용된다면 심각한 구조상의 문제를 야기할 수 있고 결국 집이 무너지는 결과로 이어질 수도 있다. 유사하게, 척도개발은 엄정한 상담 연구의 핵심적인 토대이다.

척도는 두 가지 유형 중 하나로 분류될 수 있다(Pett, Lackey, & Sullivan, 2003). 첫째는 준거 관련 척도(a criterion-referenced scale)인데, 이는 개인의 능력(예: 성취 검사)을 측정한다. 둘째는 규준 관련 척도(a norm-referenced scale)인데, 이는 개인이 특정한 구성개념의 차원상에서 어디에 위치하는지를 변별하기 위한 것으로 흔히 "연속된 점수상에서 기술된다"(예: 성격 혹은 적성검사)(pp. 14-15). 상담 분야에서 이루어지는 대부분의 척도개발은 후자(개인차를 측정하는 척도)이다. 따라서 이 장에서는 규준 관련 척도를 중심으로 논의한다.

이 장의 목적은 척도개발 과정을 명료화하는 것이다. 첫째, 척도개발 과정과 관련해서 흔히 관찰되는 오해와 미신에 대해 주목할 것이다. 이어서 전형적인 척도개발 단계를 학술논문의 예와 함께 논의할 것이다. 통계 분석(예: 다양한 척도법, 요인 분석)에 대한 심화된 논의는 이 장의 범위를 넘어서는 것이므로, 이 부분에 관심이 있는 독자는 다른 문헌(예: Dawis, 2000; Devellis, 2012; Heppner & Heppner, 2004; Pett et al., 2003)을 참고하기 바란다.

척도개발에 관한 일곱 가지 미신

이 절에서는 연구자들이 척도개발에서 자신도 모르게 가정하는 일곱 가지 흔한 미신에 대해 논의할 것이다. 처음 네 가지 미신은 척도개발 과정 전반에 관한 것이고 나머지 세 가지의 미신은 척도개발과 관련된 문화비교 혹은 다문화 측면에서 고려할 점들에 관한 것이다.

미신 1: 문항 제작은 몇 주 내에 가능하다

연구자들은 마감 기한이 닥쳐서 고도의 집중력을 발휘한다면 단기간에 척도 문항을 개발할 수 있다고 믿는 경향이 있다. 그러나 이러한 흔한 미신은 척도개발의 고되고 시간소모적인 과정에 대한 이해 부족에서 기인한다. 일례로, 문항 생성 과정 자체가 직선적이지 않다. 연구자들은 종종 여러 번에 걸쳐서 문항의 의미나 초점을 분명하게 하기 위해 문항을 더하고 빼고 수정한다. 이러한 반복 과정은 심지어 예비검사 후에도 불가피하며 수정 작업에는 상당한 시간과 노력을 요한다. 예를 들면, 문항 개발에 6개월에서 1~2년이 걸리는 경우도 드물지 않다. 좋은 척도는 그 문항이 좋을 때만 가능하며 문항 개발을 서두르다 보면 종종 실망스러운 결과를 맞이하게 된다. 문항 개발의 고된 과정에 관해서는 이 장의 뒤에 예들을 제시한다. 독자들이 척도개발, 특히 문항 생성, 예비검사, 그리고 필요시 번역 및 역번역과 같은 복잡한 과정을 이해하는 것이 매우 중요하다.

미신 2: 문항은 광범위한 문헌 고찰 없이 쉽게 제작 가능하다

때로 연구자들은 문항의 내용과 초점에 대해 논의하는 몇 번의 연구 모임을 통해 문항을 생성할 수 있다고 믿는 경향이 있다. 하지만 이것은 명백히 사실이 아니다. 좋은 척도는 구성개념에 대한 분명한 정의와 조작적인 기술을 요하며(Devellis, 2012; Pett et al., 2003;

Worthington & Whittaker, 2006), 이는 신중한 숙고, 구성개념에 대한 분명한 정의, 광범위한 문헌고찰을 통해서만 가능하다. 이러한 시간과 에너지 소모 과정을 대체할 수 있는 것은 아무것도 없다. 요약하면, 문헌고찰은 매우 중요한데 그 이유는 이 과정이 해당 구성개념에 대한 탄탄한 이론적 · 개념적 토대 그리고 유사한 개념에 대한 선행 연구 결과에서 나온 풍부한 정보를 제공할 수 있기 때문이다. 이 장의 뒤에 문항 개발 과정에서 적절한 문헌고찰의 예를 제시한다.

미신 3: 가능할 때마다 편의 표본을 사용한다

연구자들은 흔히 큰 연구 프로젝트(예: 학위논문, 연구 제안서)의 한 요소로 척도개발을 하게 된다. 따라서 많은 이들이 자료 수집을 빨리 하기를 원한다. 많은 연구자들이 자신이 개발한 척도의 심리측정적인 속성을 검증하기 위해 편의적인 표본(예: 심리학 학부생들 대상)을 사용하는 것은 놀라운 일이 아니다. 비록 대학생 표본이 어떤 경우(예: 대학생의 진로결정 양식을 측정하도록 고안된 척도개발)에는 적절할 수도 있지만 항상 적절한 것은 아니다. 예를 들면, 만일 연구자가 꾸물거리는 성격 특성을 측정하는 새로운 척도를 개발하고 싶다면 성격 특성으로서의 꾸물거림(학교 장면에 국한된 꾸물거림이 아니라)에 적절한 문항을 고안하는 것뿐 아니라 대학생보다는 보다 광범위한 대상에 이 도구를 실시해야만 한다. 또한 심리학을 수강하는 학생들이 모든 대학생을 대표하는 것도 아니다. 같은 맥락에서 심지어 심리학 전공 학부생을 대상으로 해도 해당 척도의 외적 타당도, 즉 일반화 가능성은 인종 및 민족과 같은 다른 요인에 의해 훼손될 수 있다. Alexander와 Suzuki(2001)는 다문화 문제에 대한 민감성 부족에서 기인하는 평가와 측정 과정상의 편향에 대해 경고하면서 다양한 인종 및 민족의 모집단을 대표할 수 있는 표본을 구하는 것이 중요함을 강조했다.

미신 4: 요인 분석만으로 척도의 타당도에 대한 충분한 증거를 제공한다

비록 요인 분석 기법과 관련된 통계적 진전이 연구자로 하여금 척도의 잠재구조를 검증하고 이를 통해 구성 타당도를 측정할 수 있는 유용한 방법을 제공했지만 요인 분석만으로는 충분한 타당도 추정치를 제공할 수 없다. 때로 연구자들은 수렴 및 변별 타당도 추정치와 같은 타당도 검증에 필수적인 단계를 건너뛰곤 한다. 예를 들어, 때로 연구자들은 연구 질문지를 가능한 짧게 만들기 위해 수렴 및 변별 타당도를 측정하는 추가적인 측정치를 배제한다. 그러나 이러한 접근은 내적 및 구성 타당도의 측면에서 심각한 문제를 야기할 수 있다(7장에서 제시한 다양한 타당도 문제에 대한 논의를 참고하라). 예를 들면, 만일 척도가 전문적인 도움을 추구하는 태도를 측정하도록 고안되어 있는데 변별 타당도를 측정하기 위한 사회적 바람직성 척도를 질문지에 함께 포함하지 않는다면, 그 문항이 원래 계획한 구성개념을 실제로 측정하고 있는지 아니면 응답자가 단순히 사회적으로 바람직한 방식으로 반응했는지를 변별하기 어렵다. 척도의 변별 타당도는 해당 척도와 사회적 바람직성 측정치 간의 낮은 상관계수로 확립될 수 있다. 유사하게, 특정 척도가 개인의 우울 수준을 측정하도록 고안되었다면 이 척도의 수렴 타당도(예: 공존 타당도 혹은 예언 타당도) 추정치를 검증하는 것이 요긴한데, 그 방법은 광범위하게 사용되는 우울 척도(예: 벡 우울 질문지)를 질문지에 추가로 포함시키는 것이다. 새로 개발한 우울 척도의 수렴 타당도를 확립하기 위해서는 두 우울 측정치 간에 높은 상관이 나오는 것이 바람직하다. 수렴 및 변별 타당도를 측정하는 예가 이 장의 뒤에 제시된다. 요약하면, 새로운 질문지의 타당도를 확립하기 위해서는 요인 분석을 실시하는 것에 더해서 수렴 및 변별 타당도 측정치를 포함하는 것이 핵심이다.

미신 5: 서구 문화에서 개발된 매우 양호한 심리측정적 속성을 지닌 척도는 범문화적으로 타당하다

때로 연구자들은 서구 문화에서 타당한 척도가 다른 문화권의 사람들에게도 적절할 것이라고 잘못 가정한다. 하지만 신중한 번역 및 역번역 과정이 있을 경우에만 비교문화적(혹은 횡단문화적, cross-cultural) 동등성이 보장될 수 있다. 한 척도 문항을 번역하고 역번역하는 것은 단지 그 문항들이 다른 언어로 적절하게 번역되었다는 것을 의미할 뿐 그 문항/척도가 다른 문화에서 얼마나 타당한지의 추정치를 제공하지는 않는다. 다른 문화권에서 특정 척도의 적절한 번역본을 검증했을 때 원래 척도의 요인구조가 반복 검증되거나 또는 비슷한 요인구조를 보였다면 이러한 결과는 구성 타당도의 한 추정치를 제공하는 것으로 볼 수 있고 그 척도는 다른 문화권에서도 적절할 가능성이 있다. 그러나 한 척도에 대한 요인 분석에서의 성공적인 결과가 항상 두 가지 척도(서구 문화에서 원래 개발된 척도와 비(非)서구 문화에서 번역된 척도)의 동등성을 보장하는 것은 아니다. 척도로 측정되는 모든 심리적 구성개념은 문화의 영향을 받는다. 특정한 목표 대상에 대해 한 문화권에서 개발된 척도는 특정한 문화 집단의 신념과 가정들에 기초하고 있고 이는 다른 문화권에서 그 구성개념에 대한 신념 및 가정과는 유사할 수도 혹은 다를 수도 있다. 따라서 한 척도의 비교문화적인 타당도를 제공하는 것뿐 아니라 다른 문화권에서 해당 척도의 문화적 의미를 이해하려고 노력하는 것이 중요하다.

일례로, 이동귀, 박현주, 신윤정, Dawn Graham(2005)은 한국 대학생을 대상으로 미국에서 개발된 Frost의 다차원적 완벽주의 척도(Frost, Marten, Lahart, & Rosenblate, 1990)에 대해 탐색적 요인 분석을 실시했다. Frost와 동료들은 6개의 하위척도를 보고했는데, (1) 실수에 대한 염려, (2) 수행에 대한 의심, (3) 조직화, (4) 부모의 기대, (5) 부모의 비난, (6) 개인적 기준이 그것이다. 비록 5요인 해법이 몇몇 서구 문화에서도 발견되었지만(예: Harvey, Pallant, & Harvey, 2004; Stumpf & Parker, 2000), 이동귀 등의 탐색적 요인 분석 결과는 부모의 기대와 부모의 비난이 하나의 새로운 요인(부모의 압력)으로 묶이는 5요인 구조를 지지했다. 말하자면, 부모의 비난 요인이 한국에서는 거의 사라진 것이다. 비슷한 결과가 홍콩에서 중국인 청소년 표본을 대상으로 연구한 Cheng, Chong 및 Wong(1999)에서도 보고되었다. 따라서 부모의 비난에 요인에 해당하는 대부분의 문항은 삭제되었는데, 이는 아시아인 표본을 대상으로 한두 연구에서 발견된 문화적으로 독특한 요인구조를 시사한다.

요약하면, 하나의 척도가 신중하게 번역 및 역번역되었다고 해도 그 척도의 요인구조는 다른 문화적인 맥락에 따라 변할 수 있다. 이러한 결과는 흔히 척도로 측정되는 심리적 구성개념이 문화적 맥락에 따라서 다를 수 있음을 의미한다. 더불어, 연구 결과, 때로 한 척도에서 특정한 요인에 속하는 문항이 두 문화에 걸쳐서 꽤 유사하거나 혹은 거의 동질적일 수 있지만 다소 다른 구성개념을 반영할 수도 있는 것으로 나타났다. 예를 들어, Tian, Heppner 및 Hou(2014)는 문제해결 척도(PSI)의 한 요인(개인 통제)이 미국과 중국에서 거의 동질적인 것으로 나타났지만 중국 문화에서는 그 척도의 이름을 '정서적 통제'로 변경하는 것이 보다 정확함을 발견했다. 말하자면, 한 문화에서 개발된 척도는 추가적인 자료 없이 다른 문화적 맥락에서 그대로 사용되어서는 안 된다.

미신 6: 직역만으로 언어적 및 문화적 동등성을 보장한다

한 척도의 개별 문항이나 지시문에 대한 어의적, 즉 단어 대입적 직역은 언어적 및 문화적 동등성을 보장할 수 없다. 적절한 번역 및 역번역을 하고 번역된 문항이 해당 문화에서 어떻게 해석되는지에 대해 해당 문화권에 속하는 전문가의 자문을 받는 것이 중요하다. 단순한 어의적 번역은 때로 예기치 않은 결과를 초래할 수 있다. 예를 들어, **자존감**은 문화 간에 보편적이지 않고 특정한 언어에서만 존재할 수 있다. 이 점을 검증하기 위해 저자 중 한 사람이 구글 번역기를 사용하여 **자존감**이라는 영어 단어를 다른 언어(예: 중국어, 스페인어, 페르시아어)로 번역하고 원어민으로 하여금 역번역하게 요청했다. 그들은 자존감과 일부 관련 있는 용어와 개념을 확인했지만 **자존감**이 내포하는 개념과는 차이가 있었다. 앞서 언급한 언어권에서는 서구 문화 맥락 혹은 영어에서 개념화하는 방식으로 자존감을 정확하게 반영하는 구체적인 용어가 존재하지 않았다. 유사하게, '효도/공경'이라는 말과 같은 고유한 개념은 문화적 맥락에 따라 다른 의미와 중요성을 지닐 수 있다.

더욱이 문화 간 문장구조 및 문법 또한 다를 수 있는데 이러한 점은 번역을 할 때 어려움을 더한다. 예를 들면, 어떤 언어에서는 직역을 하면 종속절[예: 만일(if)~, ~한 때(when)]을 원래 언어에서와는 다른 위치에 놓게 되고 이는 다른 의미로 귀결될 수 있다.

더 나아가 한 문장에 두 가지 내용이 포함되면 상황은 더 복잡해질 수 있다. 다음은 집단주의자 대처 양식 질문지(Heppner et al., 2006)의 초기 문항 중의 하나이다. 이 문항은 문항 자체의 모호성 및 번역상의 잠재적인 문제로 인해서 추후 수정되었다.

— 문항: 가족의 수치심을 피하기 위해, 그 어려웠던 사건 및 그 사건에 대한 내 감정에 대해 단지 소수의 사람들에게만 이야기한다.

이 문항은 두 가지 요소(가족 수치심의 회피와 그 스트레스 사건에 대해 단지 소수의 사람에게만 말한다.)를 포함하고 있고, 따라서 응답자들은 둘 중 어떤 내용에 대해 반응할지 혼란스러울 수 있다. 예를 들면, 아마도 한 응답자는 어떤 대가를 치루더라도 가족의 수치심을 피하기를 원할 수 있지만 실제로는 어떤 친구에게도 비밀을 털어놓지 않을 것이다. 하지만 이 응답자는 문항의 첫 번째 부분은 자신에게 해당되지만 두 번째 부분은 해당되지 않기 때문에 어떻게 대답해야 할지 곧 혼란스러워질 수 있다. 따라서 연구자들은 둘 혹은 그 이상의 요소를 포함하는 문항을 만들지 않도록 유의해야 한다.

미신 7: 리커트 평정 척도와 같은 척도의 구조적 요소는 여러 문화권에서 보편적이다

리커트 척도(Likert, 1932)는 가장 널리 사용되는 척도법 중의 하나인데 흔히 "일군의 긍정 혹은 부정 단어 진술문에 이어서 응답자가 해당 진술문에 어느 정도로 동의하는지, 동의하지 않는지를 선택지에 표시하는 것"(Pett et al., 2003, p. 32)으로 구성된다. 널리 알려져 있고 연구자들과 학생들은 대개 이 응답체계가 5~6개 수준을 나타내는 선택지로 구성된 척도이기 때문에 보편적으로 사용된다고 믿는다. 불행히도 늘 그런 것은 아니다. 문헌을 살펴보면 어떤 동아시아인들은 흔히 척도의 중간점에 체크하는 경향성이 높다(Chen, Lee, & Stevenson, 1995; Chia, Allred, & Jerzak, 1997; Gibbons, Hamby, & Dennis, 1997). 이러한 경향성은 아마도 아시아인들이 응답을 할 때 극단적으로 반응하는 것을 피하기 위해, 예를 들면 5점 척도에서 3점 정도에 체크하는 특성으로 나타난다. 가운데 체크하는 선택지를 없애기 위해서는 짝수로 구성된 리커트 선택지(예: 4점 혹은 6점 척도)를 사용하는 것이 한 방법일 수 있다.

실제 연구에 적용하기 10.1

이 장에 기술된 척도개발의 일곱 가지 미신 중 어떤 것이 당신에게 인상적인가? 그 미신에 대해 생각함으로써 당신이 알게 된 새로운 내용은 무엇인가?

척도개발 단계

지금까지 척도개발에 관한 흔한 미신에 대해 강조했다. 이 장의 나머지 부분에서 우리는 전형적인 척도개발 단계를 특히 비교문화 혹은 다문화적 맥락에서 간략하게 논의한다. 더 많은 정보를 원하는 독자는 DeVellis(2012), Kline(2005), Patten(2001), Pett 등(2003), Worthington과 Whittaker(2006)를 참고하기 바란다.

집단주의자 대처양식 질문지(Collectivist Coping Styles Inventory: CCS)를 Heppner 등(2006)이 개발했던 과정에 대해 간략하게 설명하는 것이 도움이 될 것이다. 집단주의자 대처양식 질문지 개발 과정은 척도개발 과정의 복잡성을 보여줄 뿐 아니라 척도개발에서 비교문화적 혹은 다문화적 고려가 중요함을 강조한다.

첫째, 위 연구자들은 연구팀을 구성했는데, 이 팀에는 2명의 미국인 상담심리학 박사, 미국 상담심리프로그램에서 수학하는 3명의 아시아 출신 박사과정 학생(1명의 대만인과 2명의 한국인), 그리고 대만에 거주하는 1명의 대학교수가 참여했다. 연구팀이 대처양식 질문지의 문항을 개발하고, 논의하고, 정련하고, 예비검사하고, 최종 문항을 확정하는 데 1년 정도가 소요되었다. 문항 생성 과정에서 많은 논의가 있었고 문항에 대한 정련화 작업이 이루어졌다. 예를 들면, 13개의 이론에 기초한 범주(이 장의 뒤에 기술됨)에 걸쳐서 70개 초기 문항을 도출하고 이에 대해 수많은 논의, 아이디어 회의 후 수정 과정을 거쳤다. 이 70개 문항이 아시아 문화권에서 적절한지에 대해 8명의 아시아 출신 대학원생들을 대상으로 예비검사를 실시했다. 척도의 문화적 적절성에 대해 대만에 있는 학자들과 수많은 개인 교신 및 자문 과정을 거치는 것 역시 이루어졌다. 아울러 최종 대처양식 질문지 문항에 대해 대만에서도 사용할 수 있도록 번역과 역번역 작업을 실시했다. 번역 과정은 언어적 동등성과 문화적 적절성에 관해 참여한 모든 사람이 동의할 때까지 반복되었다.

표 10.1 척도개발 단계

1. 관심을 둔 구성개념에 대해 개념화하고 조작화하기
2. 문헌 고찰 수행하기
3. 문항, 지표 및 응답 양식 만들기
4. 내용 분석 수행, 예비검사, 문항 수정 및 문항 실시하기
5. 표집 및 자료 수집
6. 척도 번역하기 및 필요시 역번역하기
7. 최종 문항 확정하기 및 척도 길이를 최적화하기
8. 척도의 심리측정적 속성을 검증하기
9. 고급 문항 평가 또는 척도의 정련화(精練化)

게다가 연구팀은 많은 시간을 들여 흔한 스트레스 사건 혹은 트라우마 사건에 대해 문화적으로 적절한 범주를 포함하기 위해 노력했다. 예를 들면, 사회적 배척 또는 학업 실패와 같은 문제가 17개 스트레스 혹은 트라우마 사건에 포함되었는데, 이는 이러한 사건들이 대인간 조화가 특히 강조되고 학교 환경에서 치열한 경쟁이 만연한 아시아에서 특히 트라우마로 지각될 수 있기 때문이다. 대처양식 질문지의 구성 타당도(예: 요인 분석 및 심리측정적 속성) 검증에 관한 세부 사항은 Heppner 등(2006)에서 확인할 수 있다.

다음 절에서 우리는 척도개발의 아홉 가지 단계에 대해 설명한다(표 10.1 참고).

1단계: 관심을 둔 구성개념에 대해 개념화하고 조작화하기

척도개발의 첫 단계는 관심을 둔 구성개념을 발견하는 것이다. 새로운 척도를 개발하기로 결심하기 전에 연구자는 (1) 새로운 척도개발의 필요성 및 적절한 대상(모집단) 평가, (2) 구성개념의 내용에 대한 개념화 및 조작적 정의 기술, (3) 척도의 효용성과 정의의 적절성에 대해 다른 동료들에게 자문 구하기를 고려해야 한다. 정의가 조작화되기 위해서 그 구성개념은 측정할 수 있는 진술문 형태로 기술되어야 한다. 예를 들어, Wang, Wei, Zhao, Chuang 및 Li(2015)는 다른 나라에서 생활하는 유학생들이 경험하는 상실을 측정하는 척도를 개발했다. 비교문화적 상실이라는 개념은 현실에서 구체적으로 경험하는 상실(예: 고국의 음식, 가족을 대면해서 만나기)과 비구체적인 상실(예: 소원한 느낌, 적절한 지식의 부재)을 포함하도록 개념화되었다. 구성개념에 대한 개념화와 조작화를 위해서는 연구 대상 모집단에 대한 연구자의 광범위한 지식이 필요하다.

2단계: 문헌 고찰 수행하기

연구자가 연구대상이 되는 개념과 관련이 있는 문헌과 이론에 기초해서 척도개발을 하는 것이 중요하다. 아마도 이전 연구자들도 동일한 혹은 밀접하게 관련된 구성개념을 측정하는 척도를 만들었을 것이다. 대개, 선행 연구는 연구자로 하여금 관심을 둔 그 구성개념을 이해하는 데 도움을 줄 뿐 아니라 해당 구성개념에 대해 이미 존재하는 지식의 장점과 한계점을 이해하도록 도와준다. 종종, 연구자는 문항 개발을 위해서 이론을 활용하는데, 특히 문항이 속하는 여러 영역들을 생성하는 데 지침이 된다. 따라서 구성개념을 개념화한 후 그다음 단계는 그 구성개념에 대한 지식을 늘리기 위해 적절한 문헌을 찾는 것이고 동시에 문항 생성 단계에 지침이 되는 적절한 이론을 찾는 것이다.

Heppner와 Heppner(2004)는 "유의하라! 당신이 문헌조사를 위한 시간을 계획할 때 그 과정은 비직선적(혹은 비선형적)이기 때문에 다시 문헌을 재조사하는 과정에 필요한 여분의 시간을 사전에 계획하라. 이러한 종류의 비직선적인 과정은 일반적으로 당신이 (1) 복잡한 주제를 비평적으로 분석하고 있고, (2) 당신이 연구에 대한 개념화를 정련화하고 있음을 의미한다."(p. 56)라고 언급함으로써 문헌 조사 과정에 내재된 비직선적인 특성을 이해하는 것이 중요함을 강조하고 있다. 또한 Pett 등(2003)은 문헌고찰을 이끄는 질문과 평가 기준을 개발하는 실용적인 지침을 제공하고 있다.

> 그 구성개념이 출간된 학술 논문에서 이를 어떻게 개념적 및 조작적으로 정의하고 있는가? 이 구성개념을 검증하는 것에 관해 저자가 어떤 종류의 그리고 얼마나 많은 염려를 하고 있는가? 그 논문에서 (그 구성개념에 대한) 구체적인 실증적 지표들이 나열되어 있는가? 그 저자가 그 구성개념을 연구한 다른 저자들을 인용하고 있는가? (p. 21)

예를 들어, Heppner 등(2006)의 집단주의자 대처양식 질문지 프로젝트에서 그들이 측정하고자 하는 구성개념에 대한 적절한 문헌과 이론적 배경을 확인하는 것이 핵심적인 과제였는데, 왜냐하면 이를 통해 그 구성개념과 관련된 적절한 이론을 확인할 수 있었기 때문이었다. 예를 들어, 집단주의자 대처양식 질문지 척도는 세 개의 이론적 · 개념적 배경 또는 선행 연구 결과를 바탕으로 하고 있다. (1) Kim, Atkinson 및 Yang(1999)이 아시아인의 가치에 대해 연구한 것, (2) Weisz, Rothbaum 및 Blackburn(1984)이 제시한 일차 통제 및 이차 통제의 개념, (3) Zeidner와 Saklofske(1996)가 제안한 대처의 적응 모형이 그것이다. 더욱이 Heppner 등은 그 구성개념(집단주의자 대처양식)이 어떻게 Weisz 등의 제안한 일차 통제(개인이 자신의 현실에 직접 영향을 가함으로써 통제감을 얻는 것)와 이차 통제(개인이 자신의 현실을 다르게 바라보거나 동화하는 방식으로 통제감을 얻는 것)로부터 도출되었는지를 설명했다. 이는 대처양식 질문지 프로젝트에서 문항을 생성할 때 중요한 요소였는데 그 이유는 연구자의 목적이 아시아인에게 고유한 광범위한 대처 문항들을 개발하는 것이었기 때문이다. 여기에는 일차 통제(서구의 대처 도구에서 현저한)뿐 아니라 이차 통제와 관련된 문항이 포함되었다.

3단계: 문항, 지표 및 응답 양식 만들기

문항 생성은 척도개발의 중요 단계인데 그 이유는 빈약한 문항은 척도의 구성 타당도를 훼손시킬 위험이 있고 이는 그 척도를 사용하기를 원하는 후속 연구자들을 잘못된 방향으로 이끌 수 있기 때문이다. 일반적으로, 신중한 문항 생성에는 여러 달이 소요된다. 문항의 질은 종종 다음과 같은 여러 가지 방식으로 향상될 수 있다. (1) 문항을 견고한 문헌 고찰, 개념 모형 또는 이론에 기초하여 개발하기, (2) 해당 구성개념의 전형적인 차원이나 지표를 확인하기 위해 적절한 집단의 사람들을 대상으로 초점 집단 혹은 면접과 같은 질적 방법을 사용하기, (3) 개념적 및 언어적으로 명료한 문항을 기술하기 등. Kline(2005)은 문항 기술에 대한 다음과 같은 아홉 가지 규칙을 제안했다. (1) 각 문항별로 단지 하나의 중심 생각을 다룰 것, (2) 정확하게 기술할 것, (3) 간결하게 기술할 것, (4) 이상한 표현이나 애매한 구성개념을 피할 것, (5) 관련성이 없는 정보를 피할 것, (6) 긍정 언어로 쓴 문항을 제시할 것, (7) 이중 부정 문장을 피할 것, (8) **모두** 또는 **아무것도**와 같은 단어를 피할 것, (9) **자주** 또는 **때때로**와 같은 중간 정도를 표현하는 단어를 피할 것. (pp. 34–35)

DeVellis(2012) 또한 척도 문항 개발과 관련된 몇 가지 부가적인 지침을 제공했다. 그는 초기 문항 풀(pool)이 최종 척도의 3~4배 정도 되는 것이 드물지 않다고 했다. DeVellis는 문항의 가독성을 검토할 것을 제안했는데 이를 통해 대상 집단(모집단)을 위한 적절한 문항을 기술할 수 있다. 예를 들어, 아동을 위한 척도를 개발할 때, 문항에 사용되는 단어는 그들의 읽기 수준에 알맞아야 한다. 읽기 수준을 확인하는 프로그램(예: Microsoft Word)들이 있다. 제기될 수 있는 마지막 논점은 긍정 문장과 부정 문장을 함께 포함하는 것과 관련된다. 비록 다른 전문가들이 이 주제에 관해 동의하지 않을 수도 있지만 DeVellis는 반대 방향으로 기술된 문항(역산 문항)을 포함하는 것의 단점이 장점보다 크다고 제안했다. 관련해서 제기된 문제들은 다음과 같다. (1) 문항의 방향이 반대로 되어 있으면 특히 긴 질문지에 답하는 응답자들은 혼란스러울 수 있고, (2) 반대 방향으로 기술된 문항은 종종 빈약하게 기술될 수 있다(척도개발에 대한 보다 세부적인 논의나 제안점을 보기 위해서는 DeVellis, 2012를 참고하라).

아시아인의 가치 척도를 개발하기 위한 Bryan Kim 등(1999)의 연구를 검토해보자. 구체적으로, 연구자들은 먼저 문헌 고찰에 근거해서 10개의 아시아인의 가치와 60개의 진술문을 생성했다. 그다음, 그들은 확인된 아시아인의 가치 차원과 진술문에 대해 미국 심리학회 45분과(인종적 소수자 문제에 대한 심리학적 연구 사회)에 속하는 103명의 심리학자들로부터 피드백을 구했다. 끝으로 Kim 등은 아시아인의 가치 차원과 진술문을 생성하기 위해 초점 토의 집단을 운영했다. 이러한 다각적인 과정을 거쳐서 14개의 아시안인의 가치와 202개의 아시아인 가치 척도 문항이 도출되었다. 이 연구자들은 다각적인 문항 생성 방법을 사용하여 척도에 대한 양호한 문항을 개발할 수 있었다.

더 나아가, 문항과 응답 양식의 명료성을 확보하기 위해서 연구자들은 부정 혹은 이중 부정 문항을 피해야 한다. 이는 모든 척도개발 프로젝트에 적용될 수 있는 것이지만 번역을 요하는 비교문화적인 연구에서는 특히 중요하다. Patten(2011, p. 11)에서 수정된 다음 예를 고려해보자.

문항: '나는 사고가 어떻게 일어났는지에 대한 반추를 **멈출 수가 없다**.'

1. 매우 드물게 2. 드물게 3. 때때로 4. 자주 5. 매우 자주

응답자는 혼란스러울 수 있는데, 그 이유는 문항 자체에 부정적인 진술문(~할 수 없다)과 선택지 또한 부정어(드물게)를 포함하고 있기 때문이다. 더욱이, 응답자가 다른 언어를 사용하는 문화권에서 왔을 경우 더 혼란스러울 수 있다. 연구자가 매우 설득적인 이유를

제시하지 못한다면 특히 비교문화적인 맥락에서는 부정 및 이중 부정 문항을 사용하지 않는 것이 바람직하다.

실제 연구에 적용하기 10.2

당신이 개발하고 싶은 척도의 구성개념을 생각해보라. 그 구성개념을 반영할 수 있는 문항 예는 어떤 것이 있을까? 그 척도의 더 많은 문항을 생성하기 위한 방법에는 어떤 것이 있을까?

4단계: 내용 분석 수행, 예비검사, 문항 수정 및 문항 실시하기

문항의 목록을 단지 개발하는 것 이상의 작업이 필요하다. 문항 내용의 타당성에 대한 신뢰수준과는 별도로, 많은 체계적 또는 비체계적 오류들 때문에 응답자들은 연구자들이 원래 의도했던 방식과는 상당히 다른 방식으로 문항을 인식/해석할 수 있다. 해당 척도의 구성 타당도(그 척도가 원래 측정하려고 했던 것을 잘 측정하고 있는지의 문제)를 증진하기 위해서 연구자들에게 다음의 지침을 권한다. (1) 내용 분석을 실시하고 해당 분야 전문가의 자문을 구할 것과 (2) 문항의 기술 방식에 어떤 문제가 있는지 문항에 대한 예비검사를 할 것. Pinterits, Poteat 및 Spanierman(2009)에서 나온 다음 예는 내용 분석의 중요성을 보여준다. Pinterits 등은 백인의 특권의식에 관한 태도를 측정하는 척도를 개발했다. 연구자들은 문항의 내용 타당도를 확인하기 위해 해당 분야 5명의 전문가로부터 자문을 구했다. 다음은 Pinterits 등의 연구에서 발췌한 것이다.

> 내용 타당도를 증진하기 위해, 백인의 특권의식 문제에 관한 전문성이 있는 5명의 미국인 심리학자 및 교육학자(1명의 흑인과 4명의 백인)가 각 문항 내용의 적절성을 5점 리커트 척도(1: 전혀 적절하거나 명료하지 않음, 5: 매우 적절하며 명료함)상에서 평정했다. 평균 3점 이하로 평가된 문항들은 삭제되거나 수정되어서 111개 문항이 남았다. 23개 문항은 반응 편향을 줄이기 위해서 역산되었다. 최초 생성된 많은 문항들이 이중적인 내용을 담고 있어서(한 문항 내에 백인 특권의식의 여러 측면을 언급하고 있다) 척도개발에 전문성이 있는 저자 중 2명이 각각 독자적으로 이를 검토했고 이중적인 내용을 담고 있는 문항을 분리하는 방향으로 수정하고 중첩된 문항은 삭제했다. 이를 통해 문항의 명료성과 간명성이 증진되었다. (p. 419)

내용 타당도에 더해서 문항에 대한 예비검사는 문항개발에서 중요한 또 다른 활동이다. 예비검사는 연구 참여자에게 단지 참여자로서 문항에 응답하는 것뿐 아니라 문항에서 명확하지 않거나 애매한 요소를 발견하도록 하는 것이다. 때때로 이는 연구 참여자에게 애매한 용어 부분에 0표를 하도록 하거나, 기술된 부분 중 어떤 부분이 혼란스럽거나 애매한지 이야기하도록 하거나 또는 문항을 증진하기 위해 직접 대안적인 문항을 써보도록 함으로써 이루어진다. 이런 방략을 사용하기 위해서 연구 참여자들에게 수행할 과제를 명확하게 하는 의미에서 매우 구체적인 지시문을 제시하거나 또는 각 문항 밑에 의견을 직접 적을 수 있도록 충분한 여백을 제시한다. 이런 방식으로 예비검사는 연구자로 하여금 응답자에게 잘못 이해되거나 불명확한 문항을 발견하도록 하는 강력한 도구를 제공한다. 다음은 Juntunen과 Wettersten(2006)에서 발췌한 예이다. 이 저자들은 해당 영역 전문가들에게 자문하기 전에 예비검사를 사용했다는 점에 주목할 필요가 있다. 이러한 방략은 영역 전문가가 문항을 검토하기 전에 문항 내의 모호함을 먼저 줄이려는 시도이다.

> 우리는 궁극적으로 초기 문항 풀을 위한 28개의 문항을 선정했다. 우리는 각 문항을 평서문으로 구성했고 리커트 척도 응답 양식을 선택했다. 그다음 우리는 28개 문장으로 이루어진 작업 희망 척도를 북미 중부 커뮤니티에 속하는 개인으로 구성된 예비 표본에게 실시했다. 비록 이 방식은 전문가 검토 단계로 바로 이행하라고 제안한 DeVellis(2003)의 제안과는 다소 다르지만 우리는 빈약하게 구성된 문항을 발견하고 문항의 보유, 삭제, 혹은 수정에 대한 결정을 돕는 초기 심리측정적인 정보를 얻기 위한 예비 연구를 실시했다. (p. 97)

요약하면, 내용 분석과 예비검사는 저자들로 하여금 그들의 문항을 조탁하고 수정하도록 돕는다. 독자들은 이러한 수정 과정이 전혀 직선적이거나 분명한 것이 아니라는 점을 기억할 필요가 있다. 때때로 연구자들은 보다 분명한 내용을 담은 문항을 얻기 위해서 수없이 문항을 반복 수정한다.

5단계: 표집 및 자료 수집

표집은 해당 연구 결과를 일반화하기를 원하는 관심 대상(모집단)의 표본을 발견하는 것과 관련되며 자료 수집은 해당 연구 참여자로부터 자료를 실제로 수집하는 것을 의미한다. 연구자들은 먼저 다음 사항을 고려해야 한다. (1) 그 표본이 관심을 둔 모집단을 잘 대표하는가, 아니면 단지 편의적인 표본인가? (2) 표본 크기(사례 수)가 적절한가?(예: 요인 분석을 하기 위해서는 적어도 250~300명의 사례가 필요하다. 세부 내용을 위해서는 Tabachnick와 Fidell, 2001을 참고하라). 표집의 문제는 매우 중요하다. 예를 들어, Heppner 등(2006)이 집단주의자 대처양식 질문지를 개발하고 타당화할 때, 그들은 트라우마 사건에 대한 아시아인 고유의 대처 양식을 평가하기 위해 동아시안 표본을 구체적으로 선정했다. 자료 수집 절차에서 대만의 24개 대학이 참여했다. 대학생 표본은 이 연구에서는 적절했는데 그 이유는 흔한 스트레스 및 트라우마 사건 가운데 여러 개의 범주가 학업과 관련된 상황을 평가했기 때문이다. 또한 연구팀이 대만 대학생의 표본을 지역적으로 잘 대표하기 위해 대만의 4개 지역(북쪽, 남쪽, 중부 및 동쪽)으로부터 자료를 수집했음에 주목할 필요가 있다. 이것은 매우 중요한데 그 이유는 지역이야말로 대만에서 인구통계학적인 특징을 가장 잘 구별해주는 요인이기 때문이다. 자료 수집 절차에서는 대만에 있는 대학교수 1명과 연구팀에 속하는 1명의 연구자의 엄청난 노력이 들어갔는데, 이는 '편의적인' 표본에서 자료를 수집하는 것과는 거리가 멀다. 그 결과, 대만 전역에 걸친 대학생들이 이 연구에 참여했다. 표집과 선별 절차에 대한 추가 정보를 위해서는 Kline(2005)을 참고하라.

자료 수집 역시 척도개발의 중요한 단계이다. 흔히 수행하는 자료 수집 방법은 일군의 연구 참여자에게 설문지를 배부하는 것이다. 인터넷 기반 질문지가 점점 증가하는 추세인데 이는 지역적으로 제한되지 않고 신속하고 경제적이며 쉽게 통계 분석 프로그램에서 자료를 읽을 수 있다는 분명한 장점이 있기 때문이다. 그러나 이 방법의 단점 역시 고려할 필요가 있다. 즉, 어떤 사람들에게는 인터넷 접근이 제한될 수 있고, 응답 회수율이 낮은 문제가 있고 개인정보나 비밀보장의 측면에서 문제가 있을 수 있다(보다 세부적인 논의를 위해서는 Wright, 2005를 참고하라). 질문지 방법에 대한 추가 정보를 위해서는 이 책의 13장, Dillman(2000), 그리고 Heppner와 Heppner(2004)를 참고하라.

6단계: 필요시 척도 번역 및 역번역하기

번역 그리고 언어적 및 문화적 동등성과 관련된 문제는 아무리 강조해도 지나치지 않다. 이 단계에 대한 이해 부족은 척도의 측정 오차를 야기할 뿐 아니라 독자들이 해당 척도를 여러 문화권에 일반화하는 데 있어서 잘못된 방향으로 이끌 수 있다. 문화비교 연구에서 구성개념에 대한 번역 및 역번역의 질을 증진시키기 위한 논의를 담은 참고문헌으로는 Ægisdóttir, Gerstein 및 Çinarbas(2008), Van de Vijver와 Leung(1997), Mallinckrodt와 Wang(2004)이 있다. 이 참고문헌들은 동등화 문제와 같은 비교문화 연구의 난점을 논의하고 있다. 특히 Mallinckrodt와 Wang은 원래 도구를 번역한 척도에서의 동등성(예: 내용, 의미적, 기술적, 준거, 개념적 동등성)을 증진하기 위한 절차에 대한 세밀한 논의를 했다.

다음은 Mallinckrodt와 Wang(2004)에서 발췌한 것으로 번역 및 역번역에서 언어적 및 문화적 동등성을 보장하기 위해 그들이 사용한 역번역 과정 절차에 관한 것이다. 이 연구자들이 그들이 중국어로 번역하고 싶은 척도의 원저자로부터 번역에 대한 허가를 얻는 것으로부터 시작하고 있음에 주목하라. 이는 한 척도의 비교문화적 타당화의 윤리와 관련된 중요한 단계이다.

이 연구는 친밀한 관계 경험 척도(ECRS)의 원 개발자(Brennan, Clark, & Shaver, 1998)로부터 해당 도구 사용에 대한 허가(P. R. Shaver와의 개인 교신 2002년 3월 5일)로부터 시작한다. 그다음 상담심리학 박사과정에 있고 영어에도 능통한 2명의 중국인(1명은 남성, 다른 1명은 여성)이 각자 독자적으로 ECRS를 중국어(대만과 중국 본토의 공식어인 Mandarin)로 번역했다. 이 단계에서 2명의 초기 번역에서 세 가지 불일치가 발견되었다. (1) '애인'에 대한 적절한 중국어 어구, (2) 영어로 된 ECRS에서 단수로 된 '파트너'를 복수 '파트너들'로 옮김으로써 생길 수 있는 문제, (3) '기분이 안 좋음' 또는 '화가 남'과 같은 정서를 담은 기술문에 대한 단일한 중국어 형용사를 찾는 것. 새로운 번역문에 대한 합의가 이루어질 때까지 두 번역문 사이의 불일치에 대한 세밀한 논의와 불일치 해소 과정이 진행되었다. 그다음, ECRS에 대한 첫 번째 중국어 번역문에 대해 이중언어에 능통하고 전공이 번역과 해석인 한 대만인 대학원생으로 하여금 역번역하도록 했다. 그녀는 ECRS 영어 척도에 대해 전혀 알지 못하는 상태였다. 그다음, 상담심리학 박사과정에 있고 ECRS에 대해 친숙한 영어 원어민 1명이 역번역된 것과 원래 영어로 된 척도 문항을 하나하나씩 지시문과 함께 비교하고 두 척도 간에 의미가 동등한지를 평가했다. 두 번에 걸쳐서 이러한 과정이 반복되었다. 이 과정 다음에 역번역본과 원래 ECRS 척도 간의 (전반적인) 동등성을 평가했다. 최종 중국어본은 ECRS－C로 명명되었다. ECRS와 ECRS－C의 동등성을 평가한 계량적 절차가 연구의 결과 부분에 기술되어 있다. (p. 372)

7단계: 최종문항 확정하기 및 척도 길이를 최적화하기

최종적으로 확정된 척도 문항에 대한 요인 분석(탐색적 및 확인적 요인 분석 둘 다)을 실시하는 것은 척도개발 과정에서 중요한 단계이다. 요인 분석은 "이론 및 도구개발 그리고 확립된 도구를 특정한 모집단에 실시할 때의 구성 타당도를 평가하는"(Pett et al., 2003, p. 3) 일련의 통계절차이다. 이는 대개 두 가지 유형이 있는데, (1) 탐색적 요인 분석(EFA)과 (2) 확인적 요인 분석(CFA)이 그것이다. 탐색적 요인 분석은 "연구자가 얼마나 많은 요인(혹은 기저에 있는 잠재적인 차원)이 있는지 모를 때 일련의 특징, 지표 또는 문항 간의 상호 관련성을 설명하기 위해 필요하다"(Pett et al., p. 3). 반면 확인적 요인 분석은 연구자가 "일련의 확인된 요인 간에 가설화된 조직(연구자가 해당 구성개념의 기저에 있는 구조나 차원을 이미 알고 있다)이 실제 자료에 부합되는 정도를 평가"(Pett et al., p. 4)하기를 원할 때 사용한다. 흔히 연구자는 한 구성개념의 기저에 있는 요인구조를 확인하기 위해 한 표본을 대상으로 탐색적 요인 분석을 먼저 실시하고 그다음 이 요인구조를 확인적 요인 분석을 사용하여 다른 표본에 교차 타당화하려고 한다. 예를 들면, 한 연구자가 사회정의 및 사회 변호(advocacy)에 관한 믿음을 50개 문항으로 측정하는 질문지를 신중하게 개발하려고 한다. 요인 분석은 이 50개 문항이 이론적으로 의미 있는 범주로 함께 묶이는 방식을 확인할 수 있는데, 분석 결과, 30개 문항으로 이루어진 5개의 분명한 요인으로 나타났다. 즉, 요인 분석은 많은 수의 문항(또는 변인) 간의 상호관계를 탐색하고 그 정보를 소규모의 공통된 기저 차원 혹은 요인으로 묶어서 요약하는 것이다. 이러한 차원 혹은 요인은 기저의 심리적 구성개념에 해당한다고 가정된다. 따라서 요인 분석의 근본적인 목적은 원래 문항이나 변인에 기저하는 공통적인 차원에서 보이는 기저의 심리적 구성개념을 찾는 것이다(Hair et al., 1987). 이 과정은 실제로 꽤 복잡하다. 요인 분석에 관한 개념적 및 통계적 문제를 충분히 이해하기 위해서 독자는 이러한 과정에 관한 보다 완전한 정보를 제공하는 다음의 참고문헌을 참고하기 바란다. (1) 통계 패키지 SPSS를 사용한 탐색적 요인 분석을 위한 Pett 등(2003), (2) SPSS 문법(syntax) 제시와 아울러 탐색적 요인 분석과 확인적 요인 분석의 개념적 이해 및 적용에 관한 Thompson(2004), (3) 요인 분석 결과 보고와 관련된 실질적인 지침과 예들을 보려면 Heppner와 Heppner(2004) 책에서 이동귀와 박현주가 공저한 장.

일반적으로, 탐색적 요인 분석을 실시할 때, 특히 새로운 척도개발을 위해서 두 가지 점을 언급할 필요가 있다. 첫째, 연구자는 주성분 분석(PCA) 대신 공통요인 분석(CA)을 사용할 필요가 있는데, 그 이유는 공통요인 분석이 "문항이 오차와 함께 측정된다는 것" (Kline, 2005, p. 258)을 가정하는 요인구조에 대한 보다 현실적인 추정을 제공하기 때문이다. 둘째, 보유해야 할 요인수를 보다 객관적으로 결정하기 위해 평행 분석(Hayton, Allen, & Scarpello, 2004)을 사용할 것을 권한다.

EFA 분석을 하면, 대개 원래의 척도 문항 중 상당수가 삭제되고 EFA에서 확인된 요인과 강한 상관을 보이는 문항들만 남는다. 이 척도 문항들이 최종 문항으로 확정되고 다음 단계의 타당화, 즉 해당 척도의 심리측정적 속성을 검증하게 된다. 만일 다른 표본이 가능하다면(대개 이 경우를 추천) 연구자는 요인구조를 교차타당화하기 위해 CFA도 실시할 것이다. 가능하면 EFA와 CFA를 실시할 때 동일한 추정 방법을 사용할 것을 권한다 (Brown, 2006).

척도 문항 선정을 위한 요인 분석을 실시하는 과정을 예시하기 위해 우리는 Wang 등 (2015)이 비교문화적 상실 척도를 개발한 연구를 예로 들 것이다. 그들이 척도에 사용할 양호한 문항을 선정하기 위해 탐색적 요인 분석을 사용했을 뿐 아니라 척도 길이를 최적화하려고 애썼다는 점에 주목하라. 즉, 이 연구자들의 목적은 견고한 심리측정적 속성을 지니면서도 가능한 길이가 짧은 척도를 개발함으로써 응답자의 부담을 줄이는 것이었다.

> 우리는 먼저 262명의 표본을 대상으로 문항 선정을 위해 탐색적 요인 분석을 실시했다. 탐색적 요인 분석과 확인적 요인 분석을 할 때 일관적인 방법을 사용하라는 Brown(2006)의 지침에 따라 모든 요인 분석은 Mplus 7 프로그램의 엄정한 최대우도법(MLR)을 추정 방법으로, 그리고 회전 방법으로는 Geomin을 사용하여 실시했다. 요인수를 결정하기 위해,

> 우리는 평행 분석을 실시했는데 이는 이 표본의 초기 고유치(eigenvalues)와 무선적인(실제 자료와는 무관한) 자료로부터 생성된 고유치를 비교하는 것이다. 그 결과 3요인 해법이 제안되었다. 처음에 문항 풀을 만들 때 4개의 영역을 가정했기 때문에 3~4요인 해법에 대해 요인 분석을 했다. 이때 29개 문항에 대해 중다요인 모형에서 요인 간 상관이 기대되었기 때문에 사각회전 방법, 즉 Geomin을 사용했다(Brown, 2006). 가장 해석할 만한 해법은 3요인 사각회전 해법이었다. (중략) 이 3요인은 문항 풀을 개발할 때 사용했던 4개의 범주와 전반적으로 일관적이었지만 2개의 범주가 하나의 요인으로 병합되어서 총 3개(소속-역능감, 국가적 특권의식, 고국의 친숙성에 대한 접근)로 나타났다. 더욱이, 우리의 목적이 각 요인별로 4~6개 정도 되는 간략한 척도를 만드는 것이었기 때문에 우리는 수정지수와 유의한 교차부하량을 기준으로 어떤 문항을 보유할 것인지를 결정했다. 문항과 잔차 간의 상관을 제안하는 수정지수를 사용한 결과, 우리는 요인과 관련되는 변량을 넘어서 내용이 중첩되는 문항 쌍들을 확인할 수 있었다. 상대적으로 중첩되는 문항을 제거함으로써 동일한 요인을 측정하는 보다 다양한 문항이 남게 되었다. 일련의 탐색적 요인 분석을 통해서 우리는 14개 문항으로 된 최종 CCLS를 보유했다(소속-역능감 6개 문항, 국가적 특권의식 4개 문항, 고국의 친숙성에 대한 접근 4개 문항). (p. 46)

탐색적 요인 분석 결과에 이어서 Wang 등(2015)은 탐색적 요인 분석을 통해 발견된 초기 요인구조를 타당화하기 위해 별도의 표본에 대해 확인적 요인 분석을 실시했다. 확인적 요인 분석 모형의 적합도 지수를 통해, 실제 자료가 요인구조에 적합한지에 대한 결론을 내릴 수 있다. 아래에서 이 연구자들이 경쟁적인 확인적 요인 분석 모형들을 함께 검토했음에 주목하라.

> MLR을 추정방법으로, 그리고 Geomin을 회전방법으로 하여 CCLS의 측정적인 특징을 교차타당화하기 위해 Mplus 7 프로그램을 사용하여 256명의 표본에 대해 확인적 요인 분석을 실시했다. 이 확인적 요인 분석 모형은 탐색적 요인 분석 결과에 기초하여 14개의 CCLS 문항을 해당 요인에 부하되도록 제한했다. 요인들에 대해 표준화된 요인부하량의 범위는 소속-역능감의 경우 .61~.85, 국가적 특권의식의 경우 .52~.72, 그리고 고국의 친숙성에 대한 접근의 경우 .53~.79였다. 3요인 사각회전 모형에 대한 적합도 통계치는 CFI가 .971, SRMR이 .038, RMSEA가 .041로 매우 양호한 것으로 나타났다. 우리는 또한 3개의 경쟁 모형을 검토했는데, 3요인 직교 모형, 2수준 요인 모형(각 문항이 비교문화적 상실이라는 일반 요인과 3개의 직교적인 하위 요인 중 하나에 동시에 부하되는 모형)과 1요인 모형이 그것이다. 총 4개 모형에 대한 적합도 지수는 표 4에 제시되어 있다. CFI, SRMR, RMSEA에 관한 일반적인 지침을 감안할 때, 3요인 사각회전 모형과 2수준 요인 모형 모두 양호한 적합도를 보였지만 3요인 직교 모형과 1요인 모형은 적합도 지수가 좋지 않았다. 3요인 사각회전 모형과 2수준 요인 모형을 비교하기 위해, 우리는 Akaike 정보

기준(AIC)을 검토했다. AIC 숫자가 다소 더 적은 3요인 사각회전 모형이 더 나았지만 2수준 요인 모형이 CFI 수치가 다소 높고 SRMR 수치가 조금 더 낮았다. (p. 49)

8단계: 척도의 심리측정적 속성을 검증하기

모든 새로운 척도의 심리측정적 속성을 확립하는 것이 중요하다. 이것은 신뢰도 추정치(예: 알파 계수 및 검사-재검사 신뢰도)와 다양한 종류의 타당도(예: 수렴 및 변별 타당도 그리고 증분 타당도)를 검토함으로써 이루어진다. 신뢰도 추정치에 관해서, 알파 계수[흔히 크론바흐(Cronbach) 알파 계수로 불린다]는 연구자에게 일련의 문항 간에 동질성 혹은 내적 일관성의 정도에 관한 정보를 제공한다. 비록 적당한 알파 계수의 크기에 관해 많은 이가 동의하는 절단점(cutoff)은 없지만 종종 사회과학에서는 .70 이상을 선호한다. 다른 신뢰도의 추정치 역시 고려할 필요가 있는데, 검사-재검사 신뢰도 계수는 연구자에게 해당 척도가 시간에 걸쳐서 얼마나 안정성이 있는지를 알려준다. 사전 검사와 사후 검사 사이의 시간 간격은 최소한 2주 이상이 필요하고 한 달 정도가 선호된다. 검사-재검사 신뢰도를 보고할 때(예: $r = .80$) 구체적인 시간 간격을 제시하는 것(예: 2주)이 중요한데, 그 이유는 시간 간격이 길수록(예: 2주 대 2년) 일반적으로 상관 정도가 낮기 때문이다.

타당도 추정치, 흔히 수렴 및 변별 타당도가 또한 척도개발에서 중요하다. 다음은 Neville, Lilly, Duran, Lee 및 Browne(2000)이 개발한 도구의 수렴 및 변별 타당도를 확립하기 위한 시도를 예시한 것이다. 이 연구자들은 먼저 인종 편견 없는 태도 척도(Color-Blind Racial Attitudes Scale: CoBRAS)의 공존 타당도를 두 가지 많이 사용되는 사회 정의 태도, 즉 정의로운 세상에 대한 전반적인 신념 척도(Global Belief in a Just World Scale: GBJWS)(Lipkus, 1991) 및 정의로운 세상에 대한 다차원적 신념 척도(Multidimensional Belief in a Just World Scale: MBJWS)(Furnham & Procter, 1988)와의 상관계수를 계산함으로써 검토했다. 그들은 이 두 척도들과의 상관의 크기가 중간에서 큰 정도로 나타날 것으로 기대했다. 게다가, 그들은 CoBRAS의 변별 타당도를 Marlowe-Crowne 사회적 바람직성 척도(MCSDS)(W. M. Reynolds, 1982)와의 상관을 계산함으로써 검토했는데 작은 크기의 상관을 기대했다. 다음은 Neville 등의 연구로부터 발췌한 것이다. 두 가지 점에 주목할 만하다. 첫째, CoBRAS의 변별 타당도를 확립하기 위해 연구자들은 MCSDS 단축형(13개 문항 참-거짓 형태의 문항)을 사용했는데, 이 척도는 과거에 널리 사용되었던 사회적 바람직성의 측정치이다. 최근에는 사회적 바람직성의 다른 측정치인 20개 문항으로 구성된 인상 형성(관객에게 의도적으로 자신을 보여주려는 경향성) 척도가 보다 더 많이 사용되는데, 이 척도는 바람직한 응답에 대한 균형 잡힌 질문지(Balanced Inventory of Desirable Responding: BIDR)(Paulhus, 1984, 1991)의 하위척도이다(BIDR의 심리측정적인 속성에 관심 있는 독자는 Paulhus, 1991을 참고하라). 둘째, Neville 등이 CoBRAS의 한 요인과

MCSDS 간에 유의한 상관을 발견했음에 주목하라. 이것은 이상적인 상황은 아닌데, 왜냐하면 이 결과가 CoBRAS의 일부 문항에서 응답자의 반응이 사회적 바람직성과 관련됨을 의미하기 때문이다. 그러나 이 결과가 CoBRAS의 유용성을 부정하는 것은 아닌데, 그 이유는 이 상관에 의해 설명되는 변량의 크기가 매우 작기 때문이다(.20×.20×100%=4%). 이 통계치를 '결정계수(coefficient of determination)'라고 하는데 "이는 X와 Y 변인이 얼마나 많은 변량을 공유하는지의 지표"(Cohen, Swerdlik, & Phillips, 1996, p. 133)를 의미한다. 우리는 연구자들이 자신이 개발한 새로운 측정도구와 사회적 바람직성 간의 상관이 통계적으로 유의할 때 공유되는 변량의 크기를 함께 보고할 것을 권한다.

공존 타당도

CoBRAS의 공존 타당도를 조사하기 위해 CoBRAS 요인들과 두 개의 정의로운 사회에 대한 신념 척도들 간의 상관을 검토했다. 그 결과, GBJW, MBJWS-사회정치적 하위척도(SS), CoBRAS의 세 요인, 그리고 CoBRAS 척도 총점 간에 유의한 상관이 나타났다. 상관 크기의 범위는 .39(기관 차별과 GBJW)에서 .61(MBJWS, 인종 특권의식, 그리고 CoBRAS 총점 간에)이었다.

변별 타당도

변별 타당도 추정치를 제공하기 위해 CoBRAS 요인들과 MCSDS 간의 상관을 검토했다. 결과는 일반적으로 MCSDS와 CoBRAS 요인들 간에 강한 상관은 나타나지 않았다. 한 개의 유의한 상관관계가 나타났는데 그것은 MCSDS와 노골적인 인종 문제 간의 상관(r=.20)이었다. 그러나 최대의 설명 변량은 4%였다. (p. 65)

증분 타당도(incremental validity)는 한 척도가 다른 예측변인(대개 유사한 구성개념을 측정하는 기존의 척도)이 특정한 결과변인에 대해 예측력을 더 추가해주는지를 평가한다. Haynes와 Lench(2003)는 더 나아가 증분 타당도를 "변화에 대한 민감성, 진단적 효능감, 내용 타당도, 처치 설계 및 성과, 그리고 수렴 타당도와 같은 여러 차원에서 평가할 수 있다."(p. 456)고 제안했다. 상담 관련 연구에서 사용되는 가장 흔한 형태는 증분 준거 타당도이다. 다음은 Wei, Alvarez, Ku, Russell과 Bonett(2010)의 연구에서 발췌한 것인데 이 연구자들은 차별에 대한 대처 척도(CDS)의 증분 타당도를 평가했다.

CDS의 증분 타당도를 조사하기 위해 위계적 회귀 분석을 실시했다. COPE 단축형으로 평가한 4개의 모든 대처 방략(적극적 대처, 자기비난, 약물 사용, 행동적 이탈)을 회귀 분석의 1단계에 투입하고 5개의 CDS 하위척도(교육/변호, 내면화, 약물 및 알코올 사용, 저항, 거리두기)를 2단계에 투입했다. (중략) 5개의 CDS 하위척도는 COPE 단축형이 우울을 설명하는 변량을 넘어서 5%의 추가변량을 설명했다, $\Delta F(5, 209)=3.05$, $\Delta R^2=.05$, $p=.011$. (중략) 삶의 만족도에 대해서 5개의 CSD 하위척도들은 일반적인 대처 측정치가 설명하는 변량을 넘어서 6%의 추가변량을 설명했다, $\Delta F(5, 209) = 3.30$, $\Delta R^2 = .06$, $p = .007$. 내면화 및 저항 하위척도는 삶의 만족도를 고유하게 그리고 유의하게 예측했다. 유사하게, 모든 5개 CDS 하위척도는 자존감을 예측할 때 5%의 증분변량을 추가적으로 설명했다. (중략) 이러한 결과는 일반적인 대처 방략을 넘어서 CDS의 증분 타당도를 입증한 것이다. (p. 339)

9단계: 고급 문항평가 또는 척도의 정련화

문항반응이론(Item-Response Theory: IRT)은 척도 문항을 평가하는 고급 접근으로 최근에 이에 대한 관심이 커지고 있다. Devellis는 고전적인 이론들에 비해 문항반응이론에 기초한 측정 접근들의 차별적인 주요 특징을 다음 세 가지로 강조했다. (1) 척도 전체보다 개별 문항에 초점을 두는 것, (2) 문항이 특정 속성을 측정하는 수준을 확인하는 능력, (3) 문항–척도 특성을 예시하기 위해 시각적인 그래픽을 활용. 문항반응이론이 제공하는 이러한 특징에 기초해서 이 접근법은 문항의 난이도, 문항의 변별성, 그리고 긍정오류(false positives)에 대한 추측을 평가할 수 있게 해준다. 문항의 난이도를 평가하는 것이 문항반응이론의 중요한 부분이기 때문에 정답과 오답이 있는 객관식 질문을 사용하는 성취검사(예: SAT, GRE)와 같은 측정도구에서 가장 많이 사용된다. 문항반응이론은 개인의 응답 패턴(예: 정확함 대 부정확함)을 개인의 능력 수준을 결정하기 위한 다양한 난이도의 문항들과 연관시킨다. 그러나 문항 수행에 관한 문항반응이론의 초점은 상담 연구에서 사용되는 규준 관련 척도의 문항을 평가하는 데에도 사용될 수 있다. 예를 들어, 우울 척도 문항을 평가하기 위해 문항반응이론을 사용하여 연구자는 특정한 문항에 반응하는 다양한 수준의 우울한 개인들의 확률을 확인할 수 있다. 예를 들어, '나는 삶을 끝내는 것에 대해 생각해왔다.'와 같은 문항은 보통에서 높은 수준의 우울한 사람이 응답할 만한 것이다. 그러나 '나는 슬프다.'와 같은 문항은 매우 낮은 정도로 우울한 사람들도 반응할 법하다. 더욱이 문항반응이론 접근을 통해서 다양한 우울의 심각도 수준을 변별해내는 척도 문항의 능력 또한 평가될 수 있다. 예를 들면, '나는 슬프다.'라는 문항은 낮은 수준의 우울한 기분을 변별할 것이다(예: 전혀 우울하지 않은 사람과 약간 우울한 사람들 간의 변별). 그러나 이 문항은 높은 수준의 우울한 사람들은 잘 변별하지 못할 것이다(예: 심각하게 우울한 사람과 중간 정도로 우울한 사람). 반대로, '나는 삶을 끝내는 것에 대해 생각해왔다.'는 문장은 약한 우울과 비(非)우울 개인들을 변별하는 것보다는 중간 정도의 우울과 심각한 우울을 경험하는 개인을 더 잘 변별할 것이다. 더욱이, 문항반응이론은 또한 다양한 집단의 개인들(예: 성별, 인종, 국적)이 특정 척도 문항에 다르게 반응하는지를 검사하는 데도 사용될 수 있다. 이 기능은 척도와 문항들이 인구통계학적 혹은 문화적 변인에 따라서 동등한지를 잘 평가할 수 있게 해준다.

규준 관련 척도를 사용한 상담 연구에서 문항반응이론은 탐색적 요인 분석과 확인적 요인 분석을 통해 개발된 척도를 추가적으로 정련(精練)하는 데에도 매우 자주 사용된다. 예를 들어, 심리증상에 대한 상담 센터 평가 단축형(CCAPS) 척도를 개발한 Locke 등(2012)의 연구에서 연구자들은 원래 척도의 문항수를 62개에서 34개 문항으로 줄였다. Locke 등은 보유할 가장 좋은 문항을 결정하는 각 문항의 수행력을 검사하기 위해 문항반응이론을 사용했다. 다음은 이 연구자들이 더 잘 기능하는 우울 하위척도 문항을 확인하는 과정과 각 문항이 다른 정보를 제공하는 방식을 설명하는 그래프 부분을 발췌한 것이다.

> — 우울 하위 요인에 대한 문항반응이론 문항 정보 추정 결과가 [그림 10.1]에 제시되어 있다. CTT 문항 분석 결과와 일관적으로 문항반응이론 문항 정보 역시 문항 13, 24, 27, 45가 우울 하위 요인에 가장 잘 기능하는 문항들이었다. 이 문항들은 중간 범위의 잠재 특질(우울)에 대해 가장 많은 정보를 제공했다. 반면에, 문항 65는 기대 이하였고 따라서 단축형에서 삭제되었다. 이 문항은 특성 수준에서 많은 정보를 제공하지 못했다. (중략) [그림 10.1]은 문항 15, 32, 41, 55에 대한 문항 정보 곡선에서와 마찬가지로 문항 11, 61, 70에

그림 10.1 추정된 문항 정보: CCAPS–우울 하위척도

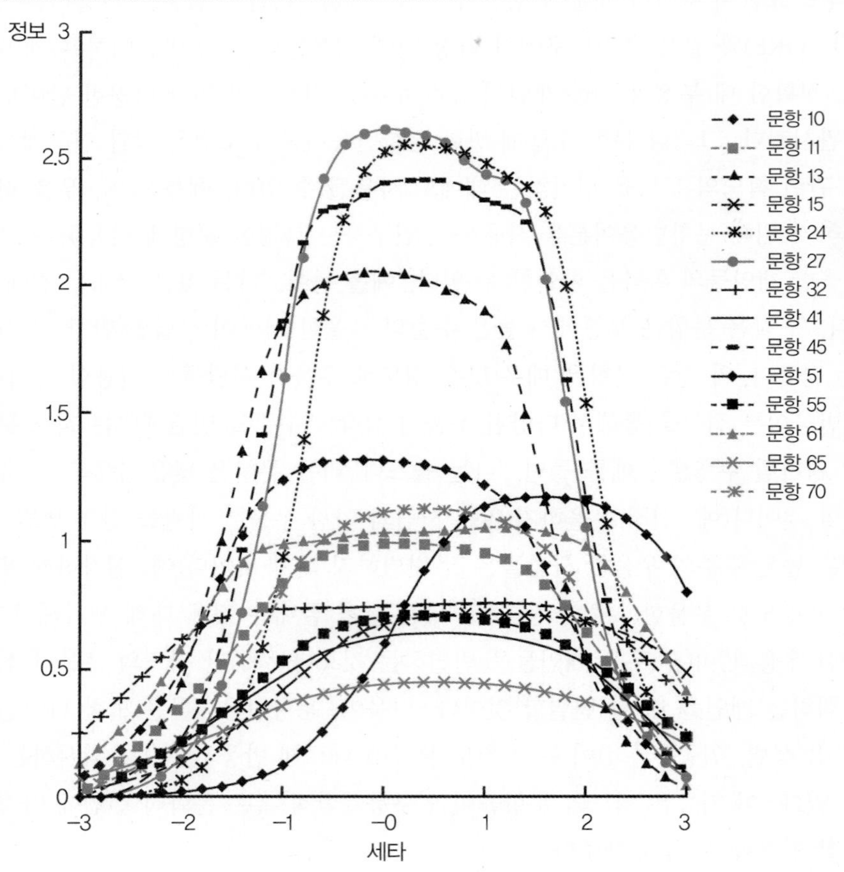

> 대한 문항 정보 곡선이 거의 중첩됨을 보여준다. 이처럼 거의 중첩되는 문항 정보 곡선은 그 문항들이 잠재 특질의 유사한 범위에서는 유사한 양의 정보를 제공함을 시사한다. 더욱이 문항 10과 51은 제공하는 정보량의 측면에서 비슷하다. 그러나 문항 10에 대한 문항 정보 곡선은 잠재 특질 연속선상의 중간에서 최고 수준에 도달하는 반면 문항 51은 부적으로 편포되어 있는데, 이는 문항 51이 잠재 특질의 상부 범위에서 보다 많은 정보를 제공하는 반면 문항 10은 가운데 범위에서 최고의 정보를 제공함을 의미한다. (p. 155)

고전적 검사이론을 사용한 다른 분석과 문항반응이론 결과를 함께 고려하여 문항 11, 13, 24, 27, 45, 51은 CCAPS－34 단축형에 잔류했다. 앞서 언급한 것처럼, 문항 13, 24, 27, 45는 이들이 중간 정도의 우울을 지닌 개인들을 변별할 수 있기 때문에 가장 잘 기능하는 문항들이다(그래프에서 볼 수 있듯이 가운데 범위에서 최고를 이루는 가파른 종 모양 곡선이 있다). 이러한 4개의 가장 잘 기능하는 문항들에 더해서 문항 11과 51은 각각 일군의 중첩되는 문항들을 대표하며 이 또한 보유되었다. 특히 문항 51이 포함되었는데 그 이유는 이 문항이 상부 범위에서 더 많은 정보를 제공했기 때문(우울 연속선의 높은 수준에서 최고치를 보인다)이며 이는 자살 사고를 평가하기에 척도의 임상적 효용성 측면에서 중요해 보인다. 이것은 각 문항의 구체적인 특성(예: 개인을 변별하는 능력과 잠재변인을 나타내는 연속선상의 어느 부분에서 문항이 최고로 정보를 제공하는지)을 검사하는 데 문항반응이론을 사용하는 이점에 대한 예시이다. 이 연구는 문항반응이론이 척도를 정련화하는 상담 연구에서 가장 흔히 사용되는 방식의 예를 제공한다.

척도개발 과정, 특히 능력을 측정하는 척도개발(예: SAT, GRE)에서 문항반응이론이 사용될 수 있는 보다 정교화된 방식이 또한 존재한다. 문항반응이론은 질문에 정확하게 답하는 다양한 능력 수준(문항의 난이도)에서 개인들의 확률에 대한 정보를 제동한다. 따라서 수검자의 능력 수준에 순응된 컴퓨터용 순응 검사가 문항반응이론을 통해서 개발되었다. 컴퓨터용 순응 검사는 수검자의 응답에 기초하여 질문을 제시한다. 만일 수검자가 한 질문에 대해 올바르게 응답했다면 다음에는 보다 어려운 질문이 제시될 것이다. 반면 만일 수검자가 질문에 대해 부정확한 응답을 했다면 보다 쉬운 문제가 제시될 것이다. 이러한 유형의 검사의 주목적은 수검자의 능력 수준을 결정하는 것이다. 그러나 문항반응이론을 사용하는 이러한 보다 정교한 방식은 이 장의 범위를 벗어나는 것이다. 문항반응이론에 관해서 보다 더 알고 싶은 사람은 치료자 유능감을 평가하는 온라인 측정도구의 세 가지 동등한 본을 개발하기 위해서 문항반응이론을 사용한 Cooper 등(2015)의 연구 예, 인종 정체성 측정도구의 문항 난이도와 문항 적합도를 검사한 Sussman, Beaujean, Worrell 및 Watson(2013)의 연구 예, 기존 측정도구의 단축형을 개발한 연구 예(Kim & Hong, 2004; Peters, Sunderland, Andrews, Rapee, & Mattick, 2012), 그리고 IRT에 관한 다른 참고문헌(DeVellis, 2012; Embretson & Reise, 2000; Thomas, 2011)을 참고하기 바란다.

요약 및 결론

연구자들이 자신도 모르게 가정하는 다음 일곱 가지 흔한 미신에 대해 논의했다. (1) 문항 제작은 몇 주 안에 가능하다, (2) 문항은 광범위한 문헌 고찰 없이 쉽게 제작 가능하다, (3) 가능할 때마다 편의적인 표본을 사용한다, (4) 요인 분석만으로 척도의 타당도에 대한 충분한 증거를 제공한다, (5) 서구 문화에서 개발된 매우 양호한 심리측정적 속성을 지닌 척도는 범문화적으로 타당하다, (6) 어의적인 번역(직역)만으로 언어적 및 문화적 동등성을 보장한다, (7) 리커트 평정 척도와 같은 척도의 구조적 요소는 여러 문화권에서 보편적이다. 더욱이 상담 분야에서 개발된 여러 질문지(예: 집단주의자 대처 양식 질문지와 CoBRAS)의 예와 더불어 척도개발의 일곱 가지 단계에 대한 우리의 논의는 특히 비교문화적(횡단문화적) 및 다문화 맥락에서 자기 자신의 척도를 개발하는 연구자와 학생들을 안내하고 있다.

교육학 및 심리학 일반에서 새로운 척도를 개발하는 것은 매우 중요한데, 그 이유는 심리측정적으로 양호한 질문지는 다음과 같은 측면에서 유용한 도구를 제공하기 때문이다. (1) 성격, 태도, 인지, 정서 및 행동과 같은 다양한 영역에 걸쳐서 개인차의 평가, 그리고 (2) 그러한 영역과 심리적 적응 간의 관련성에 대한 검사. 더 나아가, 상담심리 연구에서 척도는 중요하며, 상담 분야에 유관한 새로운 구성개념에 대한 평가와 이해를 촉진하는 심리측정적으로 양호한 평가방법의 발달을 촉진한다. 또한 어떤 구성개념을 평가하기 위해 개발한 한 척도가 그 척도가 개발된 문화적 맥락에 영향을 받는다는 것을 이해하는 것이 매우 중요하다. Heppner(2006)는 문화적으로 예민한 척도를 개발하는 데 특히 관련되는 요인으로 다음을 제안했다. (1) 자문화 중심주의, (2) 타인의 세계관을 수용하기 어려워함, (3) 문화 간 차이를 단순한 차이로 받아들이기, (4) 보편적인 가정들. 상담 분야 학자들과 학생들이 척도개발의 복잡한 본질에 대해 더 많이 자각하게 되고 다른 문화적 맥락에서 새로운 질문지를 개발할 때 다문화적 및 비교문화적 조망을 가질 수 있기를 바란다.

촉진 질문

척도개발에 대한 22개 문항 체크 목록

다음은 척도개발 프로젝트를 수행할 때 사용될 수 있는 문항 목록이다.

당신은 ……

1. 측정하고 싶은 구성개념이나 현상을 발견했는가?
2. 비슷한 구성개념이나 현상을 측정하는 다른 도구를 찾아보았는가?
3. 새로운 척도를 개발하는 것의 장단점을 검토했는가?
4. 이 프로젝트에 관하여 동료에게 자문을 구했는가?
5. 대상 모집단을 결정했는가?
6. 측정될 진술문과 함께 그 구성개념을 정의했는가?
7. 광범위한 문헌고찰을 했는가?
8. 중다 문항 생성 방법(예: 초점 토의 집단, 면접)을 검토했는가?
9. 8번 문항에서 제시한 다양한 방법 및 이론에 바탕을 두고 분명하고 충분한 수의 문항을 생성했는가?
10. 응답 양식과 지시문을 분명하게 작성했는가?

11. 해당 영역의 전문가에게 내용 분석을 의뢰하고 예비검사를 통해서 문항을 정련했는가?
12. 필요시, 원저자의 허가를 받고 번역 및 역번역을 실시했는가?
13. 문항, 응답 양식, 지시문, 그리고 필요한 인구통계학적 정보를 포함한 질문지를 최종 확정했는가?
14. 충분한 연구 참여자를 포함한 적절한 대표적 표본을 발견했는가?
15. 수렴 및 변별 타당도 추정치를 제공하는 질문지들을 확인했는가?
16. 기관심사위원회(IRB)로부터 허가를 얻었는가?
17. 적당한 자료 수집 방법을 검토했는가?
18. 자료를 통계 패키지(예: SPSS, SAS)에 입력하고 자료를 정리했는가?
19. 기술통계(예: 평균, 표준편차)를 계산했는가?
20. 구성개념의 요인구조를 확인하고 평행 분석을 포함한 일련의 탐색적 요인 분석을 통해 문항을 최종 확정했는가?
21. 추가적인 자료를 수집하고 확인적 요인 분석을 통해 요인구조의 안정성을 검사하고 추가적인 타당도 추정치를 촉진하기 위해 다른 질문지를 실시했는가?
22. 상관계수를 계산함으로써 신뢰도 추정치(내적 일관성, 예: 알파 계수)와 다양한 타당도 추정치(예: 수렴 및 변별 타당도)를 결정했는가?

PART 3

주요 연구 설계

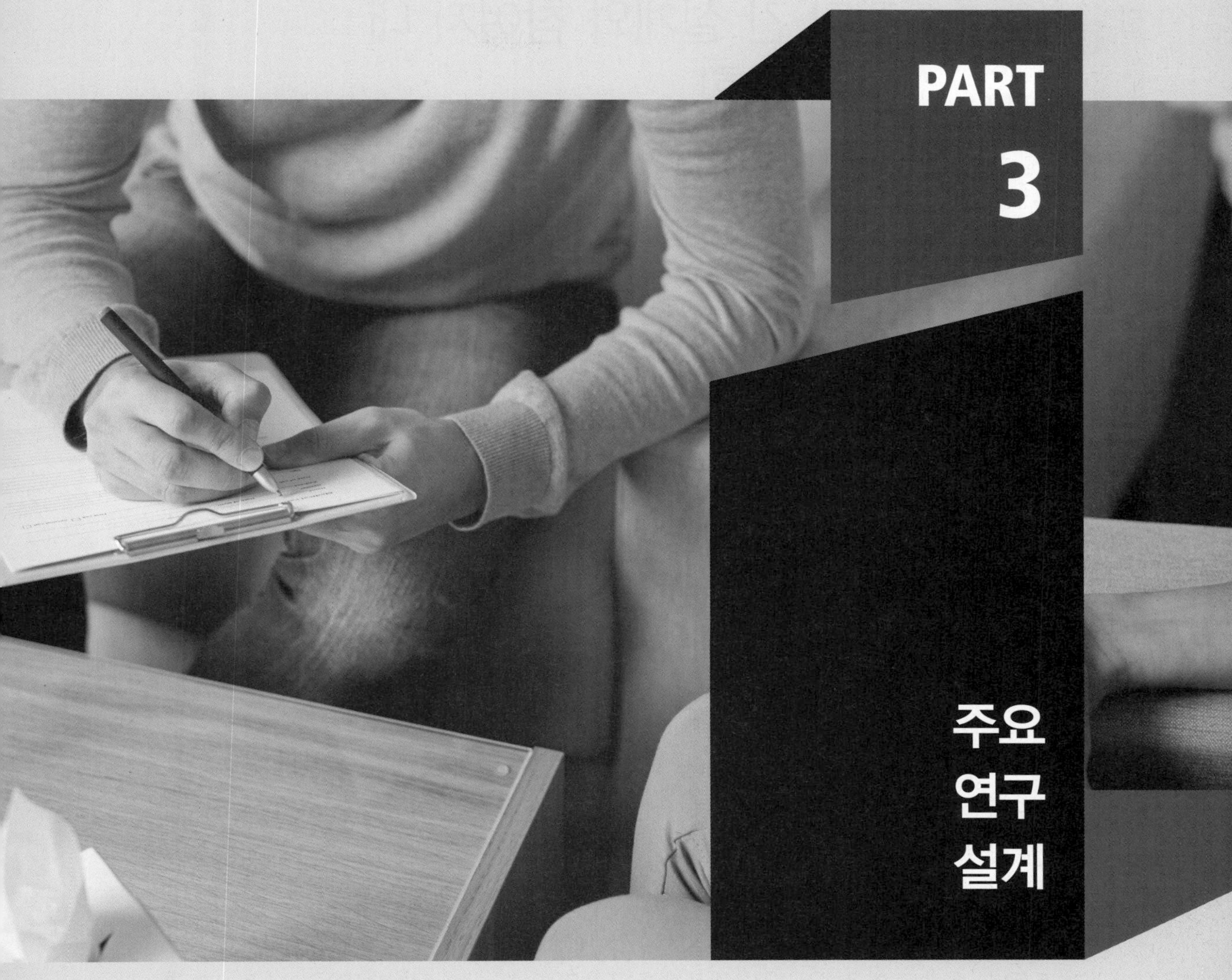

CHAPTER 11_ 진실험 설계: 집단 간 설계와 참여자 내 설계의 힘

CHAPTER 12_ 준실험 설계와 종단 설계: 응용 장면에서 관계 검토하기

CHAPTER 13_ 양적 기술 설계: 현상에 대한 기술, 설명, 예측

CHAPTER 14_ 모의 연구: 실험 통제를 극대화하기

CHAPTER 15_ 단일 피험자 설계: 표본 크기 1의 풍부함으로부터 배우기

CHAPTER 16_ 질적 연구: 심층적 탐구로부터의 복잡성과 풍부함

CHAPTER 17_ 혼합 방법 설계: 질적 설계와 양적 설계의 만남

진실험 설계: 집단 간 설계와 참여자 내 설계의 힘

상담에서 많은 연구문제는, '상담자가 하고 있는 상담이 효과적인가?'라고 하는 아주 기본적인 질문과 관련된다. 과연 상담은 사람들의 삶의 일부분을 돕고 있는가? 사설 상담소, 대학 상담 센터, 초 · 중 · 고등학교, 대학 연구직 등 어디에서 일하든 우리는 다양한 방식으로 사람들을 돕는 전문 직업이며, 우리는 우리가 하고 있는 것이 실제로 긍정적인 영향을 미치는지 알고 싶어 한다. 섭식장애가 있는 십대들을 위한 심리교육 집단이든, 고등학교에서 소수 집단 구성원들이 겪고 있는 차별과 관련된 인식을 높이기 위한 학급 수준에서의 개입이든, 아니면 개인 내담자를 대상으로 사용하는 특정한 처치든, 우리가 대답하고자 하는 가장 기본적인 질문은 우리의 치료적 개입이 효과적인가라는 질문이다. 이러한 연구문제를 다루기 위해 우리가 사용할 수 있는 가장 엄격한 연구 설계 중 몇 가지가, 우리가 집단 간 설계(between-groups designs)와 참여자 내 설계(within-subjects designs)라고 부르는 연구 설계이며, 이 두 가지 연구 설계는 때로 진실험 설계(true experimental designs)라고 불린다.

5장과 6장에서 연구의 목적은, 관심 있는 구성개념들 간의 관계를 독립시키고 구성개념을 독립변인과 종속변인으로 조작하며 동시에 편향, 오염, 오차의 원인을 제거하는 것이라고 했다. 아마도 연구에서 가장 핵심적인 규칙은 Kerlinger의 MAXMINCON 원리로 표현될 수 있는데, 이는 연구자는 연구와 관련된 변인의 체계적 변량을 최대화하고, 오차 변량을 최소화하며, 외재변인을 통제하도록 노력해야 한다는 것이다. 외재변인과 오차 변량은 독립변인이 종속변인에 미치는 효과를 가리거나 분명하지 않게 만들 수 있다.

이 장에서는 집단 간 설계와 참여자 내 설계를 논의한다. 이 두 가지 연구 설계는 때로 진실험 설계라고 불리는데, 왜냐하면 이 연구 설계들이 실험 통제, 외재변인의 최소화, 내적 타당도를 강조하기 때문이다. 진실험 설계를 정의하는 두 가지 핵심 요소인 무선 할당과 독립변인의 조작을 통해 이러한 강조가 이루어진다. 진실험 설계라고 하는 단어가 때로 무겁고 불길한 느낌을 전달하기 때문에 학생들은 때로 진실험 설계에 겁을 먹기도 하지만, 실제로 이 연구 설계는 그렇게 복잡하지 않다. 실제 연구 설계보다 명칭이 더 무거울 뿐이다. 진실험 설계는 보통 집단 간 설계와 참여자 내 설계로 나누어진다.

집단 간 설계는 일반적으로 MAXMINCON 원리를 고수한다. 처치 간의 차이는 처치(독립변인)를 더 강하게 하거나 때로 과장함으로써 최대화할 수 있다. 따라서 연구자는 50분 동안 상담자 자기개방을 5회 한다든지 15분 동안 상담자가 내담자에게 영향을 미치는 시도를 3회 하는 것과 같이 극단적인 처치의 효과를 살펴볼 수 있다. 또한 집단 간 설계는 처치 조건의 무선 할당과 독립변인의 조작을 통해서 외재변인을 통제하고 오차 변량을 최소화하며, 동시에 다른 요인들을 통제하도록 설계될 수 있다.

집단 간 설계의 핵심적 특징은 엄격하게 통제된 실험 조건하에서 2개 또는 2개 이상의 집단들에 걸쳐서 변인들을 비교하는 것이다. 초기 상담 연구에서 일반적인 비교 집단은, 연구에서 사용되는 처치를 받지 않는 집단인 일종의 통제집단이었다. 그 후로 실험 처치 간의 차이를 비교하기 시작했다. 집단들을 적절하게 비교하기 위해서는 실험 전에 집단들이 중요한 측면에서 차이가 나지 않는 것이 필요했다. 따라서 내적 타당도에 대한 위협을 줄이기 위해 개인차 변인, 인구학적 변인, 상황변인의 측면에서 집단 간의 초기 차이들은 실험 조작 전에 최소화되어야 한다. 집단 간 설계에서는 동질 집단의 비교를 강조하기 때문에 연구 참여자를 집단에 배정하는 것이 매우 중요한 고려사항이다. 실제로 집단 간 설계를 정의하는 주요 특징 중 하나는 연구 참여자를 서로 다른 처치 조건에 무선 할당하는 것이다. 요약하면 집단 간 설계는 강력한 연구 도구이며 때로 가장 선호되는 연구 설계다(Kazdin, 2003; Kerlinger, 1986; Shadish et al., 2002).

참여자 내 설계의 가장 큰 특징은, 모든 연구 참여자들이 모든 처치 조건에 노출되기 때문에 각각의 연구 참여자가 스스로의 통제 역할을 함으로써 개인 변산으로 인한 오차 변량을 최소화하고자 하는 것이다. 참여자 내 설계는 처치 순서가 무선 할당되기 때문에 또 다른 유형의 진실험 설계다. 집단 간 설계에서 일어나는 무선 할당이 서로 다른 치료 조건의 배정이라면, 참여자 내 설계에서 나타나는 무선 할당은 처치가 시행되는 순서의 배정이다.

예를 들면, 어떤 연구자가 빈곤과 사회 정의 문제와 관련되는 연구 참여자의 공감을 높이는 데 유용할 수 있는 비디오 2개를 연구에서 사용하고자 한다. 참여자 내 설계에서는 모든 연구 참여자들이 비디오 2개를 모두 보지만, 동시에 보지는 않는다. 예를 들면, 한 집단의 연구 참여자들은 Tx_1(1번 비디오)을 먼저 받고 Tx_2(2번 비디오)를 받고, 다른 집단의 연구 참여자들은 반대의 순서로 Tx_2(2번 비디오)를 먼저 받고 그다음에 Tx_1(1번 비디오)을 받는다. 이와는 대조적으로 집단 간 설계를 이용하면 한 집단의 연구 참여자들은 TX_1(1번 비디오)만 받고 다른 집단의 연구 참여자들은 Tx_2(2번 비디오)만을 받는다. 집단 간 설계와 참여자 내 설계에서 연구 참여자들은 처치의 순서(참여자 내 설계) 또는 처치 조건(집단 간 설계)을 무선적으로 할당받는 것이다. 따라서 참여자 내 설계에서 비교되는 것은 각각의 치료 조건이 적용되는 서로 다른 시기 간의 비교다. 반면에 집단 간 설계에서 비교되는 것은 서로 다른 처치 조건을 받은 집단 간의 비교다.

참여자 할당

진실험 설계의 가장 두드러진 특징은 연구 참여자의 무선 할당이다. 따라서 집단 간 설계와 참여자 내 설계의 다양한 유형을 소개하기 전에 이 문제를 먼저 논의하고자 한다. 실험이나 측정을 시작하기 전에 비교되는 집단의 사람들이 중요한 측면에서 서로 다르지 않음을 확인하는 것이 중요하다. 사람들을 집단에 배정하는 것이 의도하는 결과는 실험 전에 집단 간에 체계적인 차이를 제거하는 것이다. 이를 통해서 실험 이후에 하나 또는 그 이상의 집단에서 어떤 변화가 측정된다면, 이 변화의 원인을 독립변인에 귀인할 수 있다. 따라서 연구 참여자들은 편향되지 않고 외재변인이 없는 방식으로 집단에 할당되어야 한다.

비교 가능한 집단을 만드는 가장 효과적인 방법은 연구 참여자들을 무작위로, 또는 각각의 연구 참여자들이 각각의 집단에 배정되는 확률이 동일한 방식으로 집단에 배정하는 것이다. 이런 방식으로 배정하는 것은 집단 간에 참여자 변량의 알려진 원천과 알려지지 않은 원천을 동일하게 만듦으로, 외재변인이 연구에 편향을 유발하지 않는다.

연구 참여자들을 집단에 무선 할당하는 데에는 많은 절차가 있다. 이는 연구 참여자를 집단에 할당하는 순서를 결정하기 위해 엑셀 프로그램(RANDBETWEEN 기능을 사용)이나 온라인 프로그램(예: www.random.org, www.psychicscience.org/randomlist.aspx)을 사용해서 무선 숫자를 생성함으로써 가능하다. 무선 할당이 각각의 집단에 동일하지 않은 수의 참여자를 배정하는 결과가 나올 가능성이 높다는 것에 주목한다. 통계 목적에서 볼 때 집단 간에 참여자 수가 동일한 것이 더 좋다. 이 문제를 다루기 위해, Kazdin(2003)은 집단의 수에 기초해서 연구 참여자를 묶음(block)으로 배정하는 것을 제안했다. 예를 들면, 세 집단으로 이루어진 연구에서 세 명의 연구 참여자를 한 묶음으로 보면, 연구자는 한 묶음에서 1명의 연구 참여자를 세 집단 중 하나에 무선 할당하게 된다. 이러한 절차는 참여자들이 실험을 순차적으로 또는 서로 다른 시기에 시작하는 경우에 특히 유용하다.

상담 연구에서 연구자는 연구를 시작하는 시점에서 표본을 파악하고 표본을 활용할 수 있게 된다. 예를 들면, 한 연구자에게 자기주장 훈련이나 집단치료와 같은 어떤 종류의 처치집단에 참여자 가능하고 관심을 표명한 20명의 참여자가 있다고 하자. 이런 상황에서 연구자는 참여자의 숫자, 이들의 이름, 나이와 성별과 같은 참여자의 일반적인 특징을 알게 된다. Underwood(1966)는 이러한 유형의 참여자 풀(pool)을 포로형(captive)이라고 이름 붙였다. 이런 상황에서 무선 숫자 목록을 사용하거나 아니면 모자에서 이름을 뽑는 방식을 통해서 무선 할당은 한 번에 쉽게 이루어진다. 그러나 상담 연구에서 연구자가 연구 시작 시점에서 전체 표본을 가지고 있지 않고 순차적 할당(sequential assignment)을 해야 하는 경우가 많다(Underwood, 1966). 예를 들면, 연구자가 상담 전에 가지고 있는 두 가지 유형의 정보가 치료에 대한 내담자의 기대에 미치는 영향에 대해 연구하고 있다고 하자. 대부분의 상담 센터에서 상담을 시작하는 내담자들은 하루에 몇 명밖에 없으므로, 매일 하루에 몇 명씩 내담자들을 상담 전에 가지는 두 가지 유형의 정보 조건에 무선 할당하게 된다. 이 경우에 내담자들은 일종의 무선화 과정을 통해서 이들이 상담을 시작할 때 두 가지 처치 중 하나에 할당하게 된다.

집단 간 설계

이 절에서는 먼저 두 가지 구체적인 집단 간 설계의 강점과 약점에 대해 논의할 것이다. 집단 간 설계의 주요 초점이 처치집단 간의 비교 또는 처치집단과 통제집단의 비교에 있으므로(통제집단이 있는 것이 반드시 요구되지 않는다는 것에 주목한다), 두 번째 절에서는 통제집단과 관련된 문제들을 논의할 것이다. 세 번째 절에서는 요인 설계(factorial designs)로 불리는, 두 개 또는 두 개 이상의 독립변인을 포함한 보다 복잡한 설계에 대해 논의할 것이다. 마지막 절에서는 짝짓기(matching)와 종속 표본 설계와 관련된 문제에 대해 논의할 것이다.

두 가지 일반적인 실험 집단 간 설계

가장 일반적으로 논의되는 실험 집단 간 설계에 대해 논의할 것이다. 연구 설계에서 다양한 과정을 나타내기 위해 다음의 기호를 사용할 것이다. Ob는 '관찰(observation)' 또는 종속변인으로 사용할 자료를 모으는 시점을 가리킨다. Tx는 집단이 실험변인에 노출되는 것을 가리키며, 때로는 일종의 치료 개입을 집단이 받는 것을 가리킨다. 궁극적으로 Ob의 목적은 Tx의 효과를 측정하는 것이다. Ob와 Tx 뒤에 나오는 첫 번째 첨자는 발생 순서를 나타낸다. Ob_1은 첫 번째 관찰을 나타내고 Ob_2는 두 번째 관찰을 나타내는 방식이다. Ob와 Tx 뒤에 나오는 두 번째 첨자는 할당된 조건을 가리킨다. Ob_{1a}는 A 처치집단의 첫 번째 관찰을 나타내고, Ob_{2ctrl}은 통제집단의 두 번째 관찰을 나타낸다.

두 가지 연구 설계에 대해 각각 설명한 뒤에, 각 연구 설계의 장점과 단점에 대해서 특히 타당도 문제와 관련해서 논의할 것이다(표 11.1). 이 두 가지 연구 설계는 하나의 독립변인을 사용한다는 것으로 가장 쉽게 개념화된다는 것이 중요하다. 예를 들면, 독립변인은 처치와 처치를 받지 않음(통제집단)의 두 가지 처치 조건을 나타낼 수 있으며, 또는 두 가지 수준이 있을 수 있다.

표 11.1 서로 다른 집단 간 설계의 장점과 단점

설계	장점	단점
집단 간 설계 전체	• 다양한 위협(예: 역사, 성숙, 도구화, 검사 효과)을 통제함으로써 내적 타당도를 확보	• 다른 모집단이나 비(非)실험 장면에 일반화가 제한적
사후 검사 설계	• 사전 검사가 없기 때문에 비용 절감 • 사전 검사 민감화를 제거	• 처치 이전에 집단 동등성에 대한 정보가 제한적
사전–사후 검사 설계	• 사전 검사 점수를 통제할 수 있음 • 사전 검사 점수를 통해 사례를 선택/제거할 수 있음 • 사전 검사 점수로 연구 참여자를 기술할 수 있음 • 사전 검사 점수로 개인 수행을 검토할 수 있음	• 사전 검사 민감화

그림 11.1 사후 검사 통제집단 설계

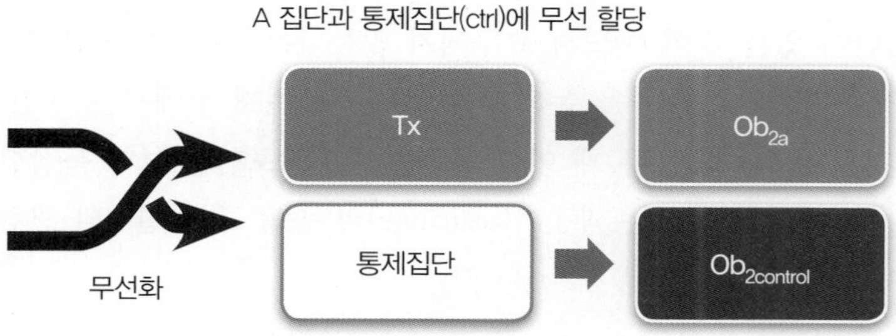

사후 검사 통제집단 설계 사후 검사 통제집단 설계(posttest-only control group design)를 기호로 도식화하면 그림 11.1과 같이 개념화할 수 있다. 이 연구 설계의 가장 기초적인 형태에서는 두 집단에 참여자를 무선 할당하고, 한 집단의 참여자들은 처치에 노출되고 다른 집단의 참여자들은 통제집단의 역할을 하며 처치를 받지 않는다. 두 집단 모두에게 사후 검사를 하지만 두 집단 모두 사전 검사를 하지 않는다. 이 연구 설계의 기본적인 목적은 독립변인인 Tx가 종속변인에 미치는 효과를 Ob_{2a}와 Ob_{2ctrl}의 관찰을 통해서 검증하는 것이다.

강점 사후 검사 통제집단 설계는 집단 간 설계의 가장 기초적인 형태지만, 내적 타당도에 대한 위협을 대부분 통제한다. 다음에 설명하는 내적 타당도의 강점은 다른 집단 간 설계에도 적용된다. 예를 들면, Ob_{2a}와 Ob_{2ctrl}이 동시에 일어나기 때문에 역사는 두 집단에 동일한 영향을 미쳤을 것이다. 마찬가지로 성숙, 도구화, 검사 효과, 회귀 역시 실험집단과 통제집단에 동일하게 반영되었을 것으로 예상되기 때문에 통제된다고 볼 수 있다. 예를 들어, 극단적인 점수가 있었다면 통제집단이 실험집단과 비슷한 정도로 회귀할 것으로

예상할 수 있다.

많은 점에서 사후 검사 통제집단 설계는 전형적인 실험 설계이며, 독립변인에서 종속변인으로 가는 인과적 관계로 귀인하는 데 필요한 특징들을 가장 잘 반영한다(Shadish et al., 2002). Ob_{2a}와 Ob_{2ctrl}의 차이는 처치 시기가 끝난 뒤에 처치를 받은 참여자들이 처치를 받지 않은 참여자들과 차이를 보이는 정도를 반영한다. 물론 처치가 실제로 효과적이라는 주장을 정당화하기 위해서는 종속변인에서 관찰된 차이가 통계적으로 유의해야 한다(타당도 문제에 대한 자세한 논의에 대해서는 7장을 참고하라).

사후 검사 통제집단 설계는 단순하지만, 이 단순함에 대한 염려가 있다. 사후 검사 통제집단 설계에 대한 주된 염려는 종속변인이 처치가 끝나고 난 뒤에 한 번만 측정되기 때문에 실제 변화에 대한 주장을 할 수 없다는 것이다. 다시 말하면, 처치집단이 치료를 받기 전에 이들의 기능 수준에 대비해서 향상했음을 보여줄 수 있는 증거가 없다. 그러나 우리가 보기에 가장 중요한 것은 치료를 받은 사람들의 기능 수준(Ob_{2a})과 치료를 받지 않은 사람들의 기능 수준(Ob_{2ctrl})을 비교하는 것이지, 치료를 받기 전과 치료를 받은 뒤의 변화가 아니다. 왜냐하면 변화는 다른 요인으로 인해 일어날 수 있기 때문이다(예: 우울증은 순환 장애이기 때문에 우울한 사람들은 일반적으로 덜 우울해진다). 실험의 논리적인 측면에서 볼 때 처치 전 기능 수준에 대한 평가가 반드시 필요한 것은 아니다. 따라서 사전 검사가 사용되지 않는다.

따라서 사후 검사 통제집단 설계의 장점 중 하나는 사전 검사가 필요하지 않다는 것이다. 실질적인 측면에서 보면 참여자에게 반복해서 검사를 실시하는 것이 때로 참여자를 귀찮게 하며 연구자에게 더 많은 시간과 노력을 요구한다. 또한 사전 검사를 실시하지 않음으로써 사전 검사 점수와 사후 검사 점수를 모두 구해야 할 필요가 없고, 따라서 참여자가 익명으로 응답하는 것이 가능하며 참여자 반응의 비밀을 보장할 수 있다. 사후 검사 통제집단 설계의 또 다른 장점은 사전 검사 민감화(pretest sensitization)를 제거한다는 것이다. (사전 검사 민감화에 대해서는 사전-사후 검사 통제집단 설계의 약점 부분에서 보다 자세하게 다룰 것이다.)

단점 이 연구 설계에서 사전 검사가 없다는 것으로 인해 연구자가 사용할 수 있는 정보가 제한적이다. 예를 들면, 처치 이전에 집단의 동등성이 실제로 무선 할당을 통해 확립되었는지 확인할 수 있다든지 처치 이전에 연구 참여자의 기능 수준에 대한 정보와 같은 것을 알 수 없다. 사전 검사의 사용에 대한 보다 자세한 주장은 사전-사후 검사 통제집단 설계의 논의 부분에 제시된다.

사후 검사 통제집단 설계가 일반적으로 내적 타당도가 있는 실험 설계로 여겨지지만, 다른 집단 간 설계와 마찬가지로 외적 타당도와 관련된 문제, 즉 선택과 처치의 상호작용 문제가 있다(Shadish et al., 2002). 내적 타당도의 측면에서는 참여자들이 집단에 무선적으로 할당되기 때문에 참여자의 선택은 위협이 아니다. 그러나 외적 타당도의 측면에서는 연구 결과를 다른 모집단에 일반화할 수 있는지를 알 수 없다. 예를 들면, 어떤 처치(예: 진로 계획 워크숍)가 특정 표본(예: 직업 경험이 더 많은 성인 대학생)에게만 효과적일 수 있다. 외적 타당도에 대한 또 하나의 위협은 실험 상황에 대한 반응성과 관련된다. 즉, 연구 참여자는 그들이 실험 상황에 있기 때문에 아마도 편향된 방식이나 사회적으로 바람직한 방식으로 다르게 반응할 수 있다. 이는 연구 결과의 일반화를 다시 한 번 위협한다. 상담은 응용 분야이기 때문에 우리는 외적 타당도를 특히 중요하게 여기며, 외적 타당도에 대한 이런 위협과 다른 위협을 심각하게 고려할 가치가 있다(외적 타당도 문제에 대한 보다 자세한 논의는 7장과 8장을 참고하라).

끝으로 이 연구 설계와 관련된 실제적인 문제는 시간과 관련된 문제이다. 역사의 효과를 적절하게 통제하기 위해서 연구자는 실험 회기와 통제 회기를 동시에 실시해야 한다. 이렇게 동시에 실시해야 하는 조건이 때로 연구자에게 엄청난 시간과 노력의 부담을 준다. 그렇지만 만약 연구자가 실험 회기와 통제 회기를 한 달 간격을 두고 실시한다면 역사 효과가 통제될 수 없다. 실험 회기와 통제 회기의 실시의 시간 간격이 클수록 역사 효과가 혼입될 가능성은 더 높아진다. 역사 효과의 예에 대한 보다 자세한 설명에 대해서는 7장을 참고하라.

연구 예시 정신과 환자를 대상으로 음악 치료가 자기(self)와 경험된 낙인에 미치는 효과를 이해하는 목적으로 수행된 연구에서 사후 검사 통제집단 설계를 사용했다. Silverman (2013)은 음악 치료가 정신과 환자의 낙인 수준을 줄일 수 있는지에 대한 연구에 관심을 가졌다. Silverman은 집단 간 사후 검사 통제집단 설계를 사용해서 낙인을 줄이는 세 가지 조건의 효과를 비교했다. (1) 음악 치료 조건, (2) 교육 조건, (3) 대기자 통제집단 조건. 연구 참여자들(N=83)은 군집을 통해서 세 가지 조건 중 하나에 무선적으로 할당되었다. 연구 결과, 대기자 통제집단에 비해서 음악 치료 집단의 참여자들이 노출(자기낙인), 차별(경험된 낙인), 전반적 낙인(합산 점수)의 측정치에서 더 낮은 사후 검사 점수를 보고했다. 그러나 교육 집단의 낙인 점수는 음악 치료 집단이나 대기자 통제집단과 유의한 차이가 나타나지 않았다. 요약하면, 음악 치료는 정신과 환자들이 자기개방이나 다른 사람들로부터 지각된 차별의 형태로 가지고 있는 낙인을 줄이는 데 효과적인 접근인 것으로 나타났다. 이 연구는 사후 검사 통제집단 설계를 사용해서 어떤 치료적 개입의 효과를 연구한 예다.

사전-사후 검사 통제집단 설계 사전-사후 검사 통제집단 설계(pretest-posttest control group design)를 기호로 도식화하면 그림 11.2와 같이 개념화할 수 있다. 이 연구 설계에서는 두 개(또는 그 이상) 집단에 참여자를 무선 할당하고, 한 집단은 처치를 받고 다른 집단

그림 11.2 사전–사후 검사 통제집단 설계

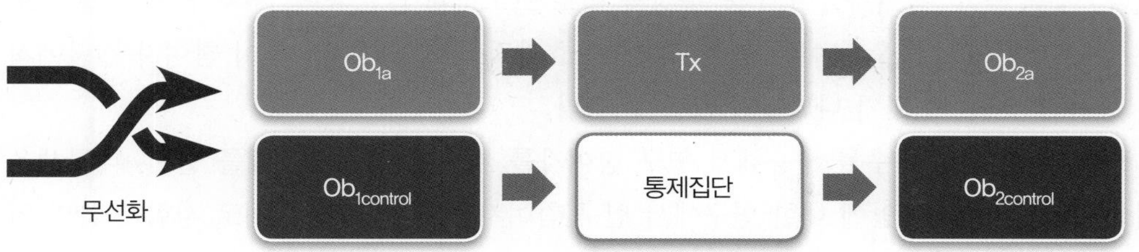

은 처치를 받지 않는 통제집단의 역할을 한다. 두 집단 모두 사전 검사와 사후 검사를 받는다. 이 연구 설계의 목적은 종속변인인 Ob_{2a}와 Ob_{2ctrl}의 차이에 반영되는 독립변인 Tx의 효과를 검증하는 것이다.

강점 이 연구 설계는 Shadish 등(2002)이 논의한 내적 타당도에 대한 위협을 대부분 통제하며, 이런 점에서 사후 검사 통제집단 설계와 유사하다. 이 연구 설계의 고유한 장점은 사전 검사의 사용이다. 사전 검사를 통해서 연구자는 독립변인의 효과에 대한 타당한 추론을 도출하는 데 도움이 되는 다양한 분석을 할 수 있다.

사전 검사를 실시하는 가장 중요한 이유 중 하나는, 사전 검사 점수를 사용해서 종속변인의 변량을 줄일 수 있으며, 따라서 보다 검증력이 높은 통계 검증을 할 수 있다. 이는 MAXMINCON 원리에 비추어볼 때 오차 변량을 최소화하려는 방략이다. 종속변인의 변량의 대부분은 참여자의 개인차로 인한 것이다. 참여자의 사전기능 수준을 앎으로써 연구자는 공변량 분석(analysis of covariance)과 같은 통계 방법을 사용해서 사후 검사의 변량에서 사전 검사의 변량을 제거할 수 있다. 이러한 절차를 사용하면 바람직한 수준의 통계적 검증력(statistical power)을 얻기 위해 필요한 참여자의 수를 상당히 줄일 수 있다(Porter & Raudenbush, 1987). 물론 이 경우에 사전 검사가 사후 검사와 동일한 검사일 필요는 없다. 그러나 공변량 분석을 실시하기 위해서는 사전 검사와 사후 검사 간에 상관관계가 있어야 한다.

사전 검사를 실시하는 또 다른 중요한 이유는 사전 검사의 사용으로 인해 내적 타당도에 대한 사후 위협을 제거할 수 있기 때문이다. 이런 면에서 사전 검사를 사용하는 한 가지 방략은 그만두거나 중도 탈락하는 참여자들과 끝까지 남아 있는 참여자들을 비교하는 것이다. 만약 통제집단보다 처치집단에서 참여자들이 더 많이 빠져 나간다면, 이러한 차별적 감손(differential attrition)은 특히 심각한 위협이다. 그러나 사전 검사 점수에서 중도 탈락 참여자들과 끝까지 남은 참여자들이 유의한 차이를 보이지 않았다면, 차별적 감손에 대한 우려는 줄어든다.

사전 검사는 참여자를 선발하거나 선발하지 않는 데에도 사용될 수 있다. 예를 들어, 우울에 대한 연구에서 연구자는 중간 정도 우울을 보이는 참여자들만을 선발하고 싶을 수 있다. 예를 들어, 참여자들이 우울 증상을 별로 보고하지 않는다면, 처치가 중간 정도 또는 심한 정도의 우울을 보이는 참여자들에게 효과적이라고 하더라도 이 참여자 집단에서는 종속변인에서 변화가 나타나지 않을 수 있다.

또한 사전 검사 점수를 사용해서 연구 참여자를 기술할 수 있다. 예를 들면, 대학생을 대상으로 한 시험 불안에 대한 연구에서 연구 참여자들(대학생)이 실제로 시험 불안의 영향을 받고 있는 내담자들을 대표하는지 알아보기 위해서는 이들의 불안 수준을 기술하는 것이 중요할 것이다.

끝으로 연구자는 사전–사후 검사 점수를 사용해서 특정 참여자의 개별 수행을 알아볼 수 있다. Kazdin(2003)은 이러한 방식으로 연구자가 치료적 개입에서 가장 도움을 많이 받은 참여자들과 가장 도움을 받지 않은 참여자들을 살펴볼 수 있다고 제안했다. 이와 같은 방식으로 참여자들을 파악하고 여기에 관련되는 일화 정보를 더하면 추후 연구에 대한 가설을 제시할 수 있을 것이다. 요약하면, 사전 검사는 연구자에게 추가 정보를 제공하며 이를 통해 추후 연구 방향에 대한 몇 가지 단초 역시 제공한다고 볼 수 있다.

사전 검사의 장점으로 자주 논의되는 것 중 두 가지는 논란의 대상이 된다. 첫 번째는 처치가 효과적인 정도를 알아보기 위해 사전 검사 점수와 사후 검사 점수를 비교하는 것이다. 사전 검사 측정치에서 사후 검사 측정치로 추론하는 것의 문제는, 사전 검사 점수와 사후 검사 점수를 비교해서 처치가 효과적인 정도를 추론하는 것에 대한 경쟁 가설이 너무 많다는 것이다. 이러한 이유로 '증가 점수(gain scores)'(사전 검사와 사후 검사의 차이)는 일반적으로 통계 분석에서 추천되지 않는다. 그 대신 연구자가 사후 검사의 차이에 대해서만 추론하는 것에 한정하는 것이 더 좋은데, 왜냐하면 추론에 대한 위협이 더 작기 때문이다. 다르게 표현하면, 통계학자들은 사후 검사 점수 분석에서 사전 검사를 공변량으로 사용할 것을 권한다(Huck & McLean, 1975 참고). 이 기법은 개인 간의 오차 변량을 조정하거나 줄일 수 있다.

사전 검사 점수 사용에 대한 두 번째 논쟁점을 알아보자. 무선 할당은 두 집단에 개인차를 무선적으로 분배함으로써 선택이나 할당으로 인해 있을 수 있는 체계적 편차를 제거하는 수단임을 기억할 것이다. 그렇지만 두 집단이 모든 측면에서 정확하게 동일하지는 않을 것이다. 무선 오차로 인해 집단 간에는 어떤 차이가 존재할 것이다. 종종 무선 할당이 성공했는지, 즉 집단이 실제로 비교 가능한지를 확인하고자 하는 경향이 있다. 이를 위해 연구자는 처치 전에 집단 간에 유의한 차이가 있는지 확인하기 위해 예비 분석으로 사전 검사 점수를 살펴볼 수 있다. 이 과정이 상당히 타당해 보이지만 이러한 비교를 간단하지 않게 만드는 몇 가지 복잡한 문제들이 있다(Wampold & Drew, 1990).

첫째, 무선 할당이 실패했다는 결정을 내리려면 얼마나 큰 차이가 나타나야 하는가? 표본 크기가 작은 경우 두 집단의 사전 점수 간에 통계적으로 유의한 차이를 얻기 어렵다. 그러나 표본 크기가 클 경우 표본 간의 차이가 상대적으로 작아도 통계적으로 유의한 결과가 나올 가능성이 높다. 둘째, 사전 검사 점수는 측정하는 특정한 특징에서 있을 수 있는 차이만을 나타낸다. 연령, 성별, 지능, 학력 및 그 외 측정되지 않은 여러 가지 다른 변인들에서 차이는 어떠한가? 셋째, 처치 전에 아주 많은 요인들이 비교되었다면 우연에 의해서 어떤 차이가 나타날 것이다.

요약하면, 독립변인을 도입하기 전에 집단 간의 차이를 제거하는 데 있어서 무선 할당의 효과를 확인하는 것이 상당히 그럴듯해 보이지만, 여러 가지 복잡한 문제로 인해 두 집단이 '동일하다'고 완전히 확실하게 결론을 내리기는 어렵다. 이 절차에 대해서 여러 가지 문제와 논란이 존재한다.

이와 관련해서, 가외 요인이 집단 간에 동일하게 분포되어 있음을 확인하고 싶다면, 또 다른 대안은 짝짓는 절차(matching procedures)를 사용하는 것이다. 예를 들어, 지능에 대해서 집단을 동일하게 하기 위해 처치집단과 통제집단의 연구 참여자들을 지능에 대해서 짝지을 수 있다. 짝짓는 과정과 이것의 장점과 단점은 종속 표본 설계 부분에서 논의한다.

단점 사전-사후 검사 통제집단 설계의 고유한 장점인 사전 검사가 역설적으로 이 설계의 주요 단점이다. 사전 검사 실시는 연구 참여자를 특정한 처치에 민감하게 만들지 않는 것으로 가정된다. 2집단 사전-사후 통제집단 설계에서 한 검사를 처치집단에 반복해서 실시하는 효과(Ob_{1a}에서 Ob_{2a})는 통제집단 역시 동일하다(Ob_{1ctrl}에서 Ob_{2ctrl}). 따라서 반복 검사 실시 효과는 내적 타당도에 대한 위협이 아니다.

그러나 사전 검사는 외적 타당도, 즉 연구 결과를 다른 표본으로 일반화하는 것과 관련해서 잠재적인 민감화 효과가 있을 수 있다. 따라서 사후 검사에서 나타난 변화가 집단이 사전 검사에 의해 민감화된 것의 영향인지는 분명하지 않다. 즉, Tx가 Ob_{2a}에 미치는 효과가 Ob_{1a}의 민감화 효과가 없어도 동일하게 나타날 것인지가 분명하지 않다. 예를 들면, 강간에 대한 태도에 대한 사전 검사 질문지 실시로 인해 참여자는 이 문제에 대해 사전에 생각해볼 수 있을 뿐 아니라 이어지는 처치(예: 데이트 강간에 대한 인식 증진 워크숍)에서도 정보 처리를 다른 방식으로 할 수 있다. 처치는 그 자체의 효과가 있을 수도 있고 없을 수도 있지만, 처치와 사전 검사의 상호작용 효과로 인해 사후 검사에서 상당히 큰 변화가 나타날 수 있다. 만일 치료자가 사전 검사를 실시하지 않고 워크숍을 실시했고 이로 인해 원래 생각했던 것보다 처치 효과가 훨씬 약하게 나타났다면, 이는 실질적인 문제가 될 수 있다. 연구자가 사전-사후 검사 통제집단 설계를 사용한다면, 연구 결과를 일반화하는 데 있어서 주의를 기울여야 하며, 이와 같은 민감화 문제를 명확하게 논의해야 한다.

연구 예시 Shechtman과 Pastor(2005)는 집단 간 사전-사후 검사 설계를 사용하여, 이스

라엘에 있는 학습장애 아동 센터에서 초등학교 학생 200명을 대상으로 제공된 두 가지 유형의 집단 처치의 효과성을 평가했다. 구체적으로, 연구자들은 학생들이 개별적인 학습 도움만을 받는 것과 비교해서 인지행동치료 집단이나 인간중심치료 집단을 받을 때 학습과 심리사회적인 면에서 더 좋은 결과를 보이는지에 관심이 있었다. 연구 결과 어떤 형태든지 집단치료를 같이 받는 것이 개별 학습 도움을 받는 것보다 학업(읽기와 수학), 심리적 적응, 사회적 적응에서 모두 더 큰 향상을 보였다. 또한 인간중심치료 집단이 인지행동치료 집단보다 더 좋은 결과를 보인 것으로 나타났다. 이러한 향상은 사전 검사와 사후 검사를 실시한 모든 측정치에서 나타났으며, 3개월 후 이루어진 추수 검사에서도 대부분 차이가 유지되었다. 연구자들은 이 결과를 아이들의 학업 실패에 초점을 두지 않고 일반적인 근심거리와 정서를 다루는 것이 그 자체로 건설적임을 제안하는 것으로 해석했다 (Shechtman & Pastor, 2005).

사전–사후 검사 통제집단 설계의 다른 예를 알아보기 위해 Cheng, Tsui와 Lam(2015)의 연구를 살펴본다. 이들은 이 설계를 사용해서 홍콩의 의료 관련 종사자들의 스트레스를 줄이기 위한 감사 개입의 효과성을 평가했다. 연구 참여자들은 (1) 직업 관련 감사 일기를 쓴 집단, (2) 직업 관련 귀찮은 일에 대한 일기를 쓴 집단, (3) 통제집단의 세 집단 중 하나에 배정되었다. 연구 결과 감사 개입 집단의 참여자들이 다른 두 집단에 비해서 시간이 지나면서 스트레스와 우울 증상이 유의하게 더 많이 감소한 것으로 나타났다. 마찬가지로 Lemberger와 Clemens(2012)는 도시 중심의 흑인계 미국인 초등학생들을 대상으로 통제집단과 비교했을 때 소집단 상담 개입의 효과를 연구했다. 연구 결과 소집단 상담 개입을 받은 참여자들이 통제집단에 비해서 초인지 기술과 학교에 대한 소속감이 유의하게 높은 것으로 나타났다.

실제 연구에 적용하기 11.1

당신에게 흥미 있는 연구 주제를 정한다. 두 가지 집단 간 설계인 사후 검사 통제집단 설계와 사전–사후 검사 통제집단 설계를 사용해서 당신의 연구문제를 어떻게 연구할 것인지 제안한다. 각각의 연구 설계를 사용하는 것의 개념적 · 실제적 장점과 단점을 논의한다. 당신의 연구에 대해 가장 적절한 연구 설계를 정한다.

통제집단의 사용

지금까지 논의된 연구 설계에는 통제집단이 포함되었다. 통제집단을 포함시키는 목적은 처치를 받은 참여자와 처치를 받지 않은 참여자를 비교하는 것이다. 이런 방식으로 비(非)

처치와 비교해서 처치의 효과를 결정할 수 있다. 그러나 통제집단의 사용이 보장되지 않는 경우도 있다. 예를 들어, 처치를 필요로 하는 참여자 또는 처치가 효과가 있는 것으로 알려진 상태에 있는 참여자에게 처치를 하지 않는 것은 연구 윤리에 어긋난다. 또 다른 예로, 새로운 위기 개입 기법에 대한 연구에서 자살 위험성이 있는 내담자들을 통제집단으로 하는 것은 연구 윤리에 어긋나는 것이다. 연구문제 자체가 처치를 하지 않는 것과 관련되지 않을 수도 있다. 서로 다른 두 가지 유형의 치료적 접근의 상대적인 효과성을 비교하는 연구를 하기 위해서는 통제집단이 필요하지 않다. 그러나 통제집단을 포함하면 두 가지 치료 방법이 치료를 받지 않는 것보다 더 효과적인지에 대한 추가 질문에 답할 수 있을 것이다.

어떤 연구문제를 통제집단을 필요로 하지 않지만, 많은 연구들이 논리적으로 통제집단의 사용을 요구한다. **통제집단**(control group)이란 일반적으로 연구에서 결과를 산출하도록 설계된 개입(또는 처치)을 받지 않는 집단을 말한다. 예를 들어, 알코올 남용을 위해 설계된 개입이 알코올 사용 수준에 대한 개인적 피드백(규준 집단과 비교한 비율)을 받는 것이라면, 통제집단은 추가적인 정보를 전혀 받지 않거나 또는 관련 없는 정보(예: 키나 몸무게에 대한 비율)를 받는다. 이것이 연구자가 개입을 전혀 제공하지 않는다는 것을 의미한다고 해도 통제집단의 참여자들은 대안적 개입이나 다른 곳(예: 인터넷)에서 정보를 구할 수 있다는 것을 인식해야 한다.

때로 어떤 처치도 받지 않는 집단을 꾸리는 것은 실질적으로 그리고 윤리적으로 어렵다. 하지만 **대기자 통제집단**(waiting-list control group)을 사용함으로써 대안적 통제조건을 구할 수 있다. 일반적으로 연구 참여자들은 처치 조건이나 대기자 통제집단 중 하나에 무선으로 할당된다. 처치 단계의 마지막과 사후 검사에서 대기자 통제집단의 참여자를 대상으로 처치가 이루어진다. 사전-사후 검사 통제집단 설계나 또는 사후 검사 통제집단 설계에서 대기자 통제집단을 대상으로 이루어진 처치는 연구 결과의 신뢰도를 검증하거나(Kazdin, 2003) 준실험 설계의 타당도에 대한 위협을 배제하기 위해(Shadish et al., 2002) 분석될 수 있다. 대기자 통제집단의 한 가지 단점은 통제집단 참여자에 대한 장기간 추수연구가 어렵다는 것이다(왜냐하면 그때쯤에는 통제집단 참여자가 처치를 받기 때문이다). 또 다른 단점은 대기자 통제집단의 참여자들이 결국에는 처치를 받지만 처치가 어느 정도 늦어진다는 것이다(20장 참고).

또 다른 유형의 통제집단은 **위약(僞藥) 통제집단**(placebo control group)이다. 위약 통제집단의 참여자들은 그들이 제대로 된 처치를 받고 있다고 믿고 있지만, 실제로 그들이 받는 처치는 구체적이지 않고 효과가 없는 것으로 간주된다. 예를 들면, 집단상담 결과 연구에서 위약 조건에 있는 참여자들은 적극적인 집단상담이 아닌 토론 집단일 수 있다. 위약 통제집단을 포함하는 것의 정당성은 이를 통해서 연구자는 내담자 기대, 주의, 다른 불특정 측면으로 인한 효과로부터 처치의 특정한 효과를 분리할 수 있다는 것이다. 몇몇 연구자들은 상담 과정의 주요 효과가 불특정 요인에서 기인한다고 주장한다(Wampold, 2001). 위약 통제집단을 포함시키는 것은 내담자에게는 그럴듯하게 보이지만 처치의 주요 측면이 없는 조건하에서 얻어진 효과보다 실제 처치의 효과가 더 큰지 여부를 결정할 수 있게 한다.

통제집단의 마지막 유형은 **짝지어진 통제집단**(matched control group)이다. 짝지어진 통제집단의 참여자들은 처치집단의 참여자들과 일정한 방식으로 짝지어진다. 이러한 유형의 연구 설계의 주요 목적은 짝지어진 요인(matching factor)으로 인한 변량을 줄이는 것이다(이것에 대해서는 이 장의 후반부에 있는 종속 표본 설계에서 논의된다).

요인 설계

요인 설계(factorial designs)는 둘 또는 그 이상의 독립변인을 사용해서 이들이 종속변인에 미치는 독립 효과와 상호작용 효과를 연구할 때 사용된다. 요인 설계는 앞서 설명한 설계들에 독립변인을 추가함으로써 이를 확장한 설계다. 요인 설계에서는 독립변인의 수준을 단위(cell)로 도식화함으로써 설계를 시각적으로 제시하는 것이 더 유용하다. 예를 들면, 어떤 연구자가 고등학생들을 대상으로 비교 문화 인식(cross-cultural awareness)을 증진하도록 설계된 두 가지 개입의 효과성을 검증하는 데 관심이 있다고 하자. 두 가지 개입(Tx_1과 Tx_2)과 처치를 받지 않는 통제집단을 만든다. 추가로 연구자는 남학생과 여학생이 처치에 서로 다르게 반응하는지를 살펴보는 데 관심이 있다. 이 연구는 2(성별: 남성과 여성) × 3(Tx_1, Tx_2, 통제집단) 사후 검사 설계로 6개 단위로 구성된다. 이를 도식화한 것이 그림 11.3이며 각각의 단위에는 사후 검사로 문화 인식 점수가 사용된다.

이 가설적인 예에서 높은 사후 검사 문화 인식 점수로 인해서 남학생에 대해서 하나의 개입(Tx_1 문화 인식 점수=20)이 다른 개입(Tx_2 문화 인식 점수=10)보다 더 효과적인 것으로 나타났다고 하자. 반대로, 여학생에서는 이와 반대의 양상이 나타났다. Tx_2 개입을 받은 여학생이(Tx_2 문화 인식 점수=15) Tx_1 개입을 받은 여학생(Tx_1 문화 인식 점수=8)보다 더 높은 사후 검사 문화 인식 점수를 받은 것이다. 다른 식으로 독립변인이 2개이고

그림 11.3 요인 설계의 예

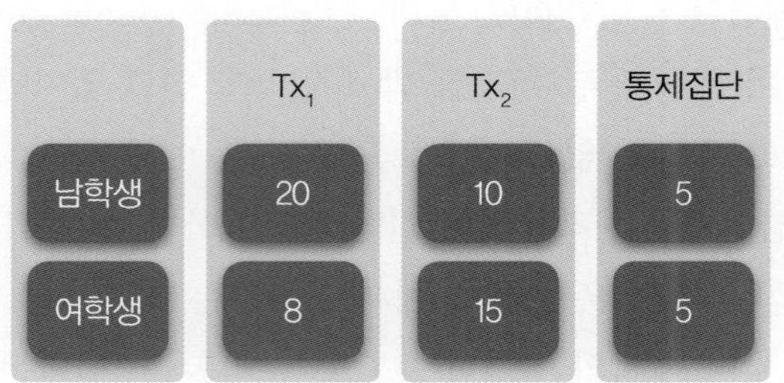

	Tx_1	Tx_2	통제집단
남학생	20	10	5
여학생	8	15	5

각 독립변인에 세 가지 수준 또는 세 가지 조건이 있다면 이는 9개 단위로 구성된 3×3 설계가 될 것이다.

강점 요인 설계의 고유한 강점 또는 이점은 이 설계가 두 개 또는 그 이상의 독립변인의 효과를 검증하며, 종속변인에 대한 이들 각각의 상호작용을 검증한다는 것이다. 요인 설계는 두 개 또는 그 이상의 독립변인을 동시에 검증하기 때문에 단일 독립변인 설계보다 더 많은 정보를 제공한다.

우리의 가설적 연구에서 연구자는 두 가지 개입이 종속변인에 효과가 있는지와 함께 참여자의 성별이 종속변인에 효과가 있는지를 연구할 수 있다. 종속변인에 대한 독립변인의 효과는 종종 주 효과(main effect)라고 불린다. 요인 설계에서 이와 같이 동시에 여러 검증을 하는 효율성이 있기 때문에 연구자는 흔히 한 연구에서 독립변인을 두 개, 세 개, 심지어 네 개를 검증하기도 한다. 일반적으로 이렇게 추가되는 독립변인은 사람(성격)변인이다.

보다 중요하게 요인 설계는 연구자가 독립변인들의 상호작용을 살펴보는 것을 가능하게 한다. 상호작용이란 하나의 독립변인의 효과가 하나 또는 그 이상의 다른 독립변인의 수준들에 따라 달라지는 것을 의미한다. 우리의 가설적 연구에서 연구자는 두 가지 개입이 모든 참여자들에게 동일한 효과를 미치지 않는다는 것을 발견할 수 있으며, 하나의 개입이 남학생에게 보다 효과적인 반면, 또 다른 하나의 개입은 여학생에게 보다 효과적임을 발견할 수 있다. 따라서 요인 설계는 하나 이상의 독립변인의 효과를 연구하기 때문에 더 많은 정보를 제공할 뿐만 아니라 독립변인들이 결합된 효과에 대한 보다 복합적인 정보를 제공한다.

요인 설계의 또 다른 장점은 설계에 추가되는 두 번째 독립변인이 종속변인과 예상한 방향대로 관련된다면, 종속변인에서 설명되지 않은 변량이 감소한다는 것이다. 종속변인에서 설명되지 않은 변량의 감소는 다시 한 번 Kerlinger의 MAXMINCON과 관련되는데, 이는 본질적으로 요인 설계를 분석하는 통계 검증의 검증력을 높인다(예: 변량 분석에서 분모인 F 비율이 감소한다).

어떤 면에서 우리의 가상적 예에서는 요인 설계가 어떻게 변인들 간의 관계에 대한 중요한 조건을 제공할 수 있는지를 보여준다. 요인 설계는 참여자의 성별, 개입의 유형, 내담자의 나이, 또는 내담자의 문제해결 양식과 같이 어떤 처치가 작동할 수 있는 조건들에 대한 몇 가지 답을 제공한다. 단일 변인 연구는 하나의 변인(처치)가 효과가 있는지를 가장 자주 연구하는 반면, 요인 설계는 실제 삶의 복잡성과 유사한 보다 복합적인 질문들을 연구한다.

단점 언뜻 생각하기에 정보가 더 많을수록 더 좋다고 생각할 수 있지만, 연구 설계에 더 많은 변인들이 더해지면서 이에 따른 비용에 대해서 고려하는 것도 중요하다. 변인을 추가하게 되면 연구 결과는 보다 복잡하게 되고 때로는 너무 복잡해진다. 2×2 설계에서 연구자는 A 변인의 두 가지 수준의 주 효과, B 변인의 두 가지 수준의 주 효과, A 변인과 B 변인의 상호작용을 살펴본다. 2(A)×2(B)×2(C) 설계에서 연구자는 A, B, C 변인 각각의 두 가지 수준의 주 효과, A와 B, B와 C의 이원 상호작용(two-way interaction), A, B, C의 삼원 상호작용(three-way interaction)을 살펴보게 된다. 세 개, 네 개, 또는 그 이상의 독립변인들 간의 복잡한 상호작용은 일반적으로 해석이 어려우며, 연구 결과도 명확하지 않다. 연구자는 단지 독립변인을 하나 이상 설정하기 위해 독립변인을 추가해서는 안 된다. 연구문제에 대해 충분한 생각을 한 뒤에 이론적 · 경험적 근거에 기초해서 독립변인을 주의 깊게 선택할 필요가 있다.

요인 설계의 또 다른 단점은 장점의 동전의 양면과 같다. 추가로 독립변인이 설계에 더해지고 이 추가된 변인들이 종속변인과 관련되지 않는 것으로 나타난다면, 몇몇 통계 검증의 검증력이 감소될 수 있다. 독립변인이 지위변인(예: 상담자의 성별)이고 조작되지 않았다면 도출될 수 있는 결론이 복잡해진다(8장 참고).

연구 예시 Merrill, Reid, Carey와 Carey(2014)는 알코올 사용을 줄이는 데 있어서 단기 동기적 개입의 효과성에 대해서 성별과 우울 수준의 조절 효과를 연구했다. 연구자들은 개입의 삼원 상호작용 효과를 발견했다. 여성에 대해서 우울 수준이 낮은 집단은 통제집단과 비교했을 때 단기 동기적 개입 이후에 알코올 사용이 더 많이 감소했다. 반면 우울 수준이 높은 여성들은 통제집단과 비교해서 차별적 향상을 보이지 않았다. 반면에 우울 수준이 높은 남성들은 단기 동기적 개입 이후에 주당 음주량이 감소한 반면, 우울 수준이 낮은 남성들은 통제집단과 비교해서 차별적 향상이 나타나지 않았다. 이 연구 결과는 알코올 남용에 대한 단기 동기적 개입의 효과성은 성별과 우울 수준에 따라서 참여자 간에 다르다는 것을 나타낸다.

종속 표본 설계

종속 표본 설계(dependent samples designs)는 앞서 설명한 참여자의 무선 할당과 관련된 몇몇 문제들을 다루고자 하는 집단 간 설계의 한 유형이다. 종속 표본 설계는 특정한 외재변인(예: 지능이나 심리 기능 수준)이 연구 결과에 있어서 중요하다는 가정에 기초한다. 이 맥락에서 중요성은 두 가지 방식으로 정의될 수 있다.

첫째, 해당 변인은 연구의 대상이 되는 현상을 이해하는 데 이론적으로 중요할 수 있다. 이 경우 해당 변인은 그 자체로 연구되어야 한다. 예를 들면, 지능이 이론적으로 중요한 변인으로 생각된다면 요인 설계에서 독립변인으로 연구에 포함되어야 한다. 이런 방식으

표 11.2 종속 표본 설계에서 참여자를 처치집단과 통제집단에 할당하기

참여자 쌍	처치집단		통제집단	
1	S_{11}	은	S_{12}	와 짝지어진다.
2	S_{21}	은	S_{22}	와 짝지어진다.
3	S_{31}	은	S_{32}	와 짝지어진다.
___	___		___	
___	___		___	
___	___		___	
N	S_{n1}	은	S_{n2}	와 짝지어진다.

주: 짝지은 참여자들은 사전 검사 점수가 비교 가능하다.

로 지능과 처치(또는 다른 독립변인)의 상호작용 효과뿐만 아니라 지능의 주 효과 역시 결정될 수 있다.

둘째, 변인이 그 자체로 흥미롭지 않다면 가외변인(nuisance variable)으로 명명되는 것이 가장 좋을 수 있다. 가외 요인은 명백하게 연구되지는 않지만(요인 설계에 독립변인으로 포함시킴으로써), 가외 요인이 알려지지 않은 방식으로 연구 결과에 영향을 미칠 수 있기 때문에 실험의 설계에서 중요한 고려 대상이 된다. 예를 들면, 서로 다른 심리적 기능을 보이는 내담자들에 대한 처치의 효과성이 중대한 연구문제는 아니라는 의미에서 심리적 기능의 사전 검사 수준은 연구자에게 관심의 대상이 아닐 수 있다. 그럼에도 불구하고 심리적 기능이 연구 결과를 혼입하지 않도록 처치집단과 통제집단이 심리적 기능 수준에서 비교 가능하도록 하는 것이 바람직하다. 때로 혼입변인의 효과를 줄이는 유용한 방법은 잠재적인 혼입변인의 사전 검사 점수에 기초해서 참여자를 짝지은 후 짝지은 참여자 중 한 사람을 처치집단에 무선적으로 할당하고 남은 사람을 통제집단에 할당하는 것이다. 이 방법은 표 11.2에 제시되어 있다. 결과적으로 두 개의 표본은 종속된다. 이와 같은 방법으로 연구자는 두 개 집단의 심리적 기능 수준이 비교 가능하다는 것에 대해서 어느 정도 확신할 수 있다. 더 중요한 것은, 가외 요인이 예상된 방향으로 종속변인과 관련된다면, 가외변인의 변량이 결과변인의 변량에서 제거될 수 있고, 이는 결과적으로 보다 검증력이 높은 통계 검증을 할 수 있다(Wampold & Drew, 1990). 이런 유형의 설계에 대한 전형적인 통계 검증은 종속 표본 t 검증이다(때때로 짝지은 t 검증 또는 상관 t 검증으로 불린다).

본질적으로 종속 표본 t 검증은 공변량 분석과 동일한 목적을 달성한다. 즉, 설명되지 않은 변량을 줄이고 검증력이 더 높은 검증을 할 수 있다. 공변량 분석에서는 참여자들이 짝지어지지 않아도 되며, 설명되지 않은 변량의 감소는 실험 설계에 의해 통계적으로 이루어진다. 종속 표본 설계는 비교 가능한 참여자들을 짝지음으로써 불확실성을 줄인다. 높은 사전 검사 점수를 받은 2명의 참여자는 사후 검사에서 역시 높은 점수를 받을 가능

성이 높다. 이 짝지어진 2명의 참여자들이 사후 검사에서 차이를 보인다면 이는 아마도 처치(및 다른 통제되지 않은 요인)에 기인한 것이다.

종속 표본은 다른 방식으로도 만들 수 있다. 때로 일란성 쌍둥이와 같은 자연적인 쌍이 사용된다. 일란성 쌍둥이는 동일한 유전자를 가지고 있기 때문에 이런 쌍을 사용하는 것은 모든 유전 요인을 동일하게 만든다. 자연적인 쌍의 다른 예로는 동배자(상담 연구자에게는 적용되지 않은 경우가 많다)(일반적으로 동물에 대해서 한 배에서 나온 여러 마리의 새끼—옮긴이), 결혼한 배우자, 형제 등이 있다.

두 개의 종속 표본은 두 개 이상의 집단을 포함하는 것으로 확대될 수 있다(예: 두 개의 처치집단과 하나의 통제집단). 일반적으로 종속(dependency)은 짝지음이나 반복 측정(repeated measures)을 통해 만들어진다(이런 연구를 위해 충분한 숫자의 일란성 쌍둥이를 찾는 것은 어려울 수 있다!). 예를 들면, Fitzgerald, Chronister, Forrest와 Brown(2013)은 남성 수감자를 대상으로 한 취업 중심 집단상담 개입인 OPTIONS의 효과에 관심이 있었다. OPTIONS의 목적은 수감자들의 진로 탐색, 직업 관련 기술, 진로 가능성에 대한 지식, 목표 계획, 자원의 파악을 높이는 것이다. 연구자들은 나이와 출소일이 상담 개입 결과에 영향을 미칠 것이라고 보았다. 따라서 나이와 출소일에 있어서 처치집단과 통제집단 간의 동등성을 확실하게 하기 위해, 참여자들은 처치집단이나 통제집단에 무선 할당되기 전에 먼저 이 두 개의 변인에 대해서 짝지어졌다. 2명 이상의 참여자들이 짝지어져서 처치 또는 통제조건에 할당될 경우 이 설계를 무선화된 구획 설계(randomized block design)라고 한다. 짝지어진 참여자들의 각각의 집단을 구획(block)이라고 하며, 각 구획에 속한 참여자들이 실험 조건에 무선적으로 할당된다. 무선화된 구획 설계는 보통 혼합 모형 변량 분석(a mixed model analysis of variance)을 사용해서 분석된다(Wampold & Drew, 1990 참고).

요약하면, 짝지음은 종속변인에 효과를 미치는 것으로 알려지거나 간주되는 가외 요인을 통제하는 방법이다. 종속 표본 설계는 통계 검증의 검증력을 높이는 강력한 도구다. 적절하게 사용된다면 이 설계를 사용해서 연구자는 훨씬 더 적은 참여자를 가지고 동일한 목표를 이룰 수 있다.

마지막으로 한 가지 사항을 짚고 넘어가자. 상담 연구에서 많은 경우에 참여자를 집단에 무선적으로 할당하는 것은 가능하지 않다. 예를 들면, 연구자가 서로 다른 수준의 상담 경험을 가진 상담자들(초급 실습생, 고급 실습생, 박사 과정 인턴, 선임 상담자)에게 내담자를 무선적으로 할당하려고 한다면 윤리적 문제가 제기될 것이다. 만일 상담자에게 내담자가 무선적으로 할당된다면, 복잡한 심리적 문제가 있는 내담자가 이런 내담자와 치료적으로 작업할 준비가 되지 않은 경험이 적은 상담자에게 할당될 가능성이 있다. 이러한 응용 상황에서는 무선화로 인해 실험적으로 문제를 해결하기보다는 더 많은 실질적 문제들이 생길 수 있다. 때로 연구자들은 내담자들이 나이, 성별, 주 호소 문제, 성격변인과 같은 여러 가지 차원에 대해서 동등하다(짝지어졌다)는 것을 보여주려고 한다. 이렇게 사후 방식으로 짝짓는 것은 내담자를 비교하는 데 있어서 몇 가지 차원을 배제하는 것을 가능하게 하지만, 알려지거나 알려지지 않은 많은 변인들이 그저 통제되지 않은 상태로 남겨진다는 것을 인식하는 것이 중요하다. 따라서 이러한 현장 설계의 단점은 알려지지 않은 변인들이 연구 중인 변인들 간의 관련성을 혼입할 수 있다는 것이다.

참여자 내 설계

이 장의 후반부에서는 참여자 내 설계(within-subjects designs)에 대해 알아본다. 참여자 내 설계의 가장 큰 특징은, 각각의 연구 참여자가 자기 자신의 통제 역할을 하도록 함으로써 개인 변산으로 인한 오차 변량을 최소화하고자 한다는 것이다. 집단 간 설계와 유사한 점은, 참여자들이 집단이나 처치에 무선 할당되고 독립변인이 조작된다. 참여자 내 설계의 고유한 특징은 모든 참여자들이 모든 처치 조건에 노출된다는 것이다. 이 설계에서 무선 할당은 사람들을 서로 다른 처치 순서에 배정하는 것이다.

이 절에서는 먼저 두 가지 참여자 내 설계인 교차 설계(crossover designs)와 순서 균형 교차 설계(counterbalanced crossover designs)에 대한 개요를 소개한다. 그 뒤에 이러한 참여자 내 설계의 강점과 한계에 대해 논의할 것이다.

교차 설계

어떤 연구자가 종속변인인 진로 상담 내담자의 진로 성숙도에 대해서 스트롱 흥미 검사 해석과 직업 가계도(work genograms)의 두 가지 처치(독립변인)의 효과를 비교하고 싶어 한다고 하자. 연구자는 그림 11.4에 제시된 것과 같이 참여자 내 설계를 사용할 수 있다. Ob_1, Ob_2, Ob_3는 서로 다른 관찰을 나타내며, 이 경우에는 강점 자기효능감 척도(Strengths Self-Efficacy Scale)와 같은 진로 질문지의 실시를 나타낸다(Tsai, Chaichanasakul, Zhao, Flores, & Lopez, 2014 참고). Tx_1은 검사 해석 처치를 나타내고 Tx_2는 가계도 처치를 나타낸다.

이러한 설계를 교차 설계라고 한다. 일반적으로 연구의 중반부쯤에 모든 참여자들이 또 다른 실험 조건으로 옮겨진다(교차된다). 연구자가 진로 미결정자인 성인 20명을 대상으

그림 11.4 교차 설계

로 그림에 제시된 것처럼 연구를 수행한다고 하자. 연구자가 진로 성숙도에서 Ob_1과 Ob_2의 변화가 Ob_2와 Ob_3의 변화보다 유의하게 더 크다는 것을 발견했다고 하자($p < .01$). 연구자는 진로 성숙도를 높이는 데 있어서 검사 해석보다 가계도 처치가 더 좋다는 결론을 내릴 수 있는가? 이 설계에 있는 내적 타당도에 대한 위협으로 인해 이러한 결론을 내리기는 상당히 어렵다. 내적 타당도에 대한 위협에는 역사(검사 실시 기간 사이에 참여자에게 일어났을 수 있는 사건들), 성숙(정상적인 발달이 일어났을 수 있다), 순서 효과(order effects. 가계도 처치가 두 번째 처치로 제시될 때 더 효과적일 수 있다), 연쇄 효과(sequence effects. 가계도 처치는 스트롱 흥미 검사 뒤에 제시되어서 검사 해석에 추가될 때에만 효과적이다) 등이 있다. 실제로 참여자 내 설계에서 가장 큰 어려움은 혼입 효과 또는 연쇄 효과의 가능성이다. 순서 효과는 처치 그 자체보다 처치가 전달되는 순서(첫 번째 또는 세 번째와 같은 서수)가 종속변인에서의 변화를 설명할 수 있다는 것이다. 연쇄 효과는 처치(또는 실험 조건)의 서열 순서로 인한 처치의 상호작용을 말한다. 즉, Tx_1 처치가 Tx_2 처치보다 앞서 제시될 때와 Tx_2 처치의 뒤에 제시될 때 효과가 서로 다를 수 있다.

순서 균형 교차 설계 연구자는 내적 타당도의 위협인 연쇄 효과를 어떻게 통제할 수 있는가? 이러한 위협을 통제하는 데 사용되는 주요 기제 중 하나가 순서 균형(counterbalancing)이다. 순서 균형은 조건의 순서의 '균형을 맞추는(balancing)' 것이다. 그림 11.5는 순서 균형 교차 설계에 대한 그림을 보여준다.

참여자들은 두 집단 A와 B에 무선 할당된다. 그림에서 Tx_1과 Tx_2는 두 가지 처치를 나타내고, Ob는 서로 다른 관찰 시기를 나타낸다. Ob_{1a}와 Ob_{1b}는 사전 검사 평가를 가리키고, Ob_{2a}와 Ob_{2b}는 교차 시점에서 평가를 가리키며, Ob_{3a}와 Ob_{3b}는 실험이 끝날 때 검사를 가리킨다. 따라서 A 집단과 B 집단은 처치를 받는 순서에서만 달라진다. 이 경우 순서 균형은 연쇄 효과 또한 통제한다. 집단 A 집단에 있어서 Tx_1은 Tx_2보다 먼저 실시되는 반면 B 집단에 대해서는 Tx_2가 Tx_1보다 먼저 실시된다.

순서 균형과 관련해서 두 가지를 인식하는 것이 중요하다. 첫째, 순서 균형을 사용함으

그림 11.5 순서 균형 교차 설계

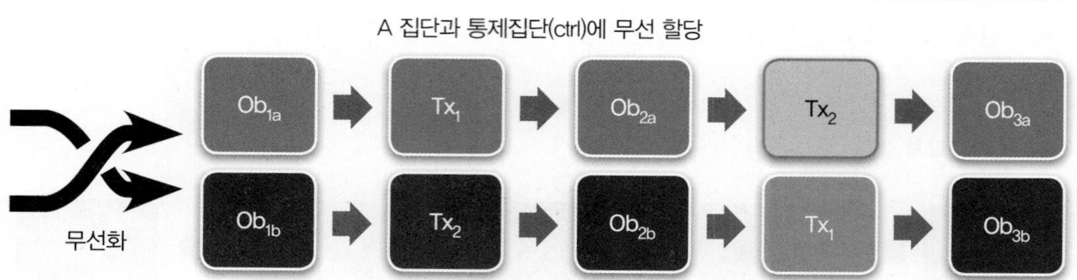

로써 연구자는 몇몇 간단한 통계 절차를 사용해서 처치 조건의 순서가 종속변인의 차이에 영향을 미쳤는지를 알 수 있다. 예를 들면, Tx_1 처치가 첫 번째로 실시되었는지 또는 두 번째로 실시되었는지 여부에 따라서 Tx_1 처치의 효과가 다른지는 Ob_{2a}와 Ob_{3b}에 대한 단순 t 검증을 통해 알 수 있다. Tx_2 처치에 대해서도 비슷한 분석을 Ob_{3a}와 Ob_{2b}에 대한 단순 t 검증으로 할 수 있다. 이와 같은 분석은 현재 연구에 있어서도 중요할 뿐 아니라, 향후 연구자들이 순서 효과나 연쇄 효과에 대해 알 수 있기 위해서도 중요하다. 둘째, 순서 균형을 통해서 순서 효과가 존재한다고 하더라도 (앞의 예에서 알 수 있듯이) 이 효과들이 두 가지 처치 모두에 대해서 '균형을 맞췄다' 또는 동등하다고 할 수 있으며 따라서 순서 효과가 통제된다고 할 수 있다.

Piet, Hougaard, Hecksher와 Rosenberg(2010)는 순서 균형 교차 설계를 사용해서 사회 공포증이 있는 젊은 성인들을 대상으로 한 집단 마음챙김 기반 인지치료와 집단 인지행동치료의 효과를 알아보았다. 26명의 참여자 중에서 무선적으로 할당된 14명은 8회기로 구성된 집단 마음챙김 기반 인지치료를 먼저 받고 그 뒤에 12회기로 구성된 집단 인지행동치료를 받았다. 나머지 12명의 내담자들은 집단 인지행동치료를 먼저 받고 그 뒤에 마음챙김 기반 인지치료를 받았다. 참여자들의 사회 불안, 불안 증상, 대인관계 문제 수준이 (1) 처치 이전, (2) 첫 번째 처치 모듈 이후, (3) 두 가지 처치가 모두 끝난 후, (4) 처치 후 6개월 후, (5) 12개월 후에 평가되었다. 연구 결과, 마음챙김 기반 인지치료가 중간~높은 정도의 처치 이전–처치 이후 효과 크기를 보였지만, 인지행동치료와 유의하게 다르지 않았다. 마음챙김 기반 인지치료를 먼저 받은 집단과 인지행동치료를 먼저 받은 집단 모두 첫 번째와 두 번째 처치 이후 6개월 뒤의 추수 평가에서도 계속 향상된 것으로 나타났다. 이러한 연구 결과는 사회 불안을 경험하는 젊은 성인을 대상으로 인지행동치료와 같이 실시되는 마음챙김 기반 인지치료가 효과적인 처치임을 제안한다.

실제 연구에 적용하기 11.2

진실험 설계의 두 가지 주요 분류인 집단 간 설계와 참여자 내 설계의 차이에 대해 간략하게 기술한다. 당신이 흥미를 가지고 있는 연구 주제를 정하고 집단 간 설계 또는 참여자 내 설계 중에서 어느 것이 더 적절한지를 논의한다. 또한 이 두 가지 설계가 당신의 연구문제를 다루는 데 있어서 차이가 있는가?

강점과 한계점

여기에서는 특정한 연구문제에 대해서 참여자 내 설계의 적절성에 영향을 미칠 수 있는 참여자 내 설계의 강점과 약점에 대한 다섯 가지 문제를 논의할 것이다. 이 다섯 가지 문제는 (1) 실험 통제, (2) 통계적 검증력, (3) 시간, (4) 순서 효과, (5) 몇몇 독립변인의 제한이다.

실험 통제 전통적인 참여자 내 설계는 처치의 무선 할당과 독립변인의 조작을 하기 때문에 강력한 설계다. 실험자는 이 설계를 사용해서 높은 수준의 실험 통제를 할 수 있으며, 순서 균형 교차 설계를 사용하면 내적 타당도에 대한 위협이 낮은 편이다. 또한 참여자 내 설계는 각 참여자를 자신의 통제로 사용함으로써 정상적인 개인 변산으로 인한 오차 변량을 최소화할 수 있다. 개인 오차 변량의 감소는 참여자 내 설계의 주목할 만한 강점이며, 연구자가 특히 이러한 오차를 줄이고자 한다면 참여자 내 설계를 고려할 수 있다.

통계적 검증력 모든 참여자가 독립변인의 모든 수준을 경험하기 때문에 통계적 관점에서 몇 가지 강점이 있다. 일반적으로 연구자는 순서 균형 교차 설계에서 절반 정도의 참여자를 사용하고도 집단 간 설계와 동일한 수준의 통계적 검증력을 유지할 수 있다(이 부분에 대한 보다 자세한 통계적 논의에 대해서는 Kerlinger, 1986을 참고하라).

시간 참여자 내 설계가 더 적은 참여자를 사용해서 집단 간 설계와 유사한 수준의 통계적 검증력을 얻을 수 있다는 장점이 있지만, 이로 인한 상쇄 조건(trade-off)은 참여자 내 설계 연구를 수행하는 데 시간이 오래 걸린다는 것이다. 어떤 연구팀이 우울 치료에 있어서 대인관계접근과 인지행동 접근을 비교하려고 한다고 하자. 그리고 이 연구팀이 우울증이 있는 내담자 24명을 선발했다고 하자. 연구팀이 집단 간 설계를 사용하기로 한다면, 12명의 참여자를 12회기의 대인관계 처치 조건에 무선적으로 할당하고, 나머지 12명의 참여자를 12회기의 인지행동치료 조건에 할당할 수 있다. 이 설계를 사용하면 12주 뒤에 연구팀은 처치를 실행하고 자료를 모을 것이다. 만일 연구팀이 12명의 내담자를 대상으로 참여자 내 설계를 사용한다면, 연구팀은 무선적으로 할당된 6명의 내담자에게는 먼저 12회기의 대인관계치료를 받고 이어서 12회기의 인지행동치료를 받게 하고, 나머지 6명의 내담자에게는 반대의 순서로 치료를 받도록 할 것이다. 연구팀은 처치를 실행하고 자료를 수집하는 데 있어서 집단 간 설계에 비해서 12주가 더 필요할 것이다. 따라서 때로 중요하게 고려해야 할 사항은 참여자의 수와 필요한 시간 간의 상쇄 조건이다. 하지만 우리는 연구자들이 시간 요인으로 인해서 피험자 내 설계를 지나치게 빨리 간과하지 않기를 바란다.

순서 효과 앞서 논의했듯이, 참여자 내 설계의 특수한 문제는 순서 효과다. 순서 효과는 내적 타당도에 대한 위협이다. 순서 균형 교차 설계와 같이 순서 효과가 통제된다고 하더라도, 처치의 순서가 종속변인에 영향을 미쳤는지를 확인하는 것은 여전히 중요하다. 때로 순서 균형이 순서로 인한 효과를 평준화했기 때문에 연구자가 순서 효과를 무시할 수 있는 것으로 가정된다. 그러나 이러한 방략은 '특정한 연구에서 순서 효과가 있었는가?'와 같은 기본 질문에 대해 어떤 정보도 제공하지 못한다. 이와 같은 정보는 미래에 연구자들이 유사한 주제에 대한 연구를 설계할 때 유용할 수 있다. 마찬가지로 치료자들 역시 치료적 개입을 최대화하도록 계획하는 데 있어서 처치의 효과가 어떤 차이를 가져오는지 알고 싶을 수 있다.

변인의 제한 참여자 내 설계의 사용에서 마지막 고려 사항은 몇몇 독립변인의 제한이다. 참여자 내 설계에서는 몇 가지 독립변인을 사용하는 것이 가능하지 않을 수 있다. 예를 들면, 주어진 처치가 효과적이라는 기대를 도입하고 이어서 해당 처치가 효과적이지 않을 것이라는 기대를 도입하는 것은 불가능하다. 또는 두 가지 처치가 서로 양립 가능하지 않을 수 있다. Kazdin(2003)은 체계적 둔감화와 홍수 기법의 갈등적 접근을 예로 들었다. 참여자 내 설계를 고려하는 연구자는 여러 가지 처치들이 서로에 대해 가지는 효과를 면밀하게 살펴보는 것이 중요하다. 개별 참여자들이 모든 처치를 받는다는 것을 고려할 때, 실험자는 여러 가지 처치들의 조합이 현실적이고 공정하게 실행될 수 있는지를 평가해야 한다. 끝으로, 몇몇 성격, 인구학적, 신체적 특징들에 대한 변인들은 주어진 실험의 동일한 참여자에서 변하지 않을 수 있다. 예를 들면, 참여자는 남성이자 동시에 여성 참여자일 수 없으며, 시골이자 동시에 도시 출신일 수 없다. 따라서 이런 변인들은 참여자 내 설계를 사용해서 연구할 수 없다.

참여자 내 설계의 한계로 인해 특정 연구에 이 설계를 사용하는 것이 처음에는 제한적으로 보인다고 해서 참여자 내 설계의 유용성을 무시하지 않는 것 또한 중요하다. 예를 들면, 행동치료와 정신역동치료의 근본적인 차이에 기초해서 특정한 참여자들을 대상으로 이 두 가지 치료적 지향성을 비교할 수 없다는 결론을 쉽게 내릴 수 있다. 그러나 Stiles, Shapiro와 Firth-Cozens(1988)는 참여자 내 설계를 사용해서 각각 8회기로 구성된 탐색적(대인관계-정신역동) 치료와 처방적(인지행동) 치료를 성공적으로 비교했다. 상담 연구자들 사이에는 치료 오염에 대한 걱정이 있거나 심지어 만연하지만, 이 연구는 우리가 교차 효과를 공정하게 평가하고 참여자 내 설계에 대한 우리의 생각에서 창조적일 것을 제의한다.

요약 및 결론

진실험 설계에는 집단 간 설계와 참여자 내 설계의 두 가지 유형이 있다. 두 가지 유형의 설계에서 모두 처치의 무선 할당과 독립변인의 조작이 있기 때문에 이를 진실험이라고 한다. 집단 간 설계에서는 무선 할당을 통해서 참여자들을 처치 조건에 할당하고 실험집단과 통제집단을 만든다. 이와는 반대로 참여자 내 설계에서는 모든 참여자들이 모든 처치 조건에 노출된다. 따라서 참여자 내 설계의 궁극적인 목적은 각 참여자에게 있어서 서로 다른 처치의 효과를 비교하는 것이다. 두 설계는 모두 Kerlinger의 MAXMINCON 원리를 따른다. 집단 간 설계와 참여자 내 설계 모두에 있어서 참여자의 무선화가 핵심적 특징이기 때문에 우리는 참여자 할당과 집단 등가성을 논의했다.

집단 간 설계에 대해서는 사후 검사 통제집단 설계와 사전-사후 검사 통제집단 설계에 대해 논의했다. 이 실험 설계들은 많은 경쟁 가설을 배제할 수 있기 때문에 강력한 설계다. 각 설계는 내적 타당도에 대한 모든 일반적인 위협을 통제한다. 이 설계들의 핵심 특징은 참여자의 무선 할당이다. 참여자를 집단에 무선 할당하는 것은 내적 타당도에 있어서 통제의 중요한 원천이다. 이러한 설계에서 일반적으로 통제집단이 사용되기 때문에, 무처치 통제집단, 대기자 통제집단, 위약 집단, 짝지어진 통제집단과 같은 서로 다른 유형의 통제집단과 관련되는 문제들을 논의했다.

우리는 또한 두 가지 전통적인 참여자 내 설계인 교차 설계와 순서 균형 교차 설계에 대해 설명했다. 이 설계들은 둘 또는 그 이상의 집단의 참여자들을 비교하지만, 집단 간 설계와는 다른 방식으로 비교한다. 교차 설계에서는 모든 참여자들이 보통 연구의 중반 정도에 다른 실험 조건으로 옮겨진다. 순서 효과로 인한 편차를 줄이는 한 가지 방법으로 이 설계에 순서 균형이 도입되었다. 우리는 전통적인 참여자 내 설계에 특수한 다섯 가지 문제가 특정한 연구문제를 연구하는 데 있어서 참여자 내 설계의 유용성에 영향을 미칠 수 있다고 제안한다. 이는 (1) 실험 통제(특히 개인 참여자 변산과 관련해서), (2) 통계적 검증력, (3) 시간, (4) 순서 효과, (5) 몇몇 독립변인의 제한이다. 특히 우리는 연구자들이 전통적인 참여자 내 설계의 적용에 있어서 창의적일 것을 격려한다. 요약하면, 참여자 내 설계는 인과관계를 확인하는 강력한 수단을 제공한다. 이 설계의 강점은 오차 변량을 줄일 수 있고(각각의 연구 참여자를 자기 자신의 통제로 사용함으로써) 특정한 연구에 필요한 참여자의 수가 더 적다는 것이다.

분명한 것은, 상담 분야에 종사하는 사람들이 관심을 가지는 연구문제를 연구하는 데 있어서 집단 간 설계와 참여자 내 설계가 유용한 설계라는 것이다. 이 설계들은 유용하며 광범위한 연구문제에 적용할 수 있다. 그러나 상담 연구자들이 주어진 연구문제의 유형과 필요한 참여자의 유형에 따라서 이러한 연구 설계의 강점과 한계점을 평가하는 것이 중요하다. 상담에서 많은 연구문제가 응용적 성격을 띤다는 것을 고려할 때, 연구자는 가장 필요로 하는 정보를 제공하는 데 있어서 진실험 설계의 유용성을 평가하면서 외적 타당도와 관련된 광범위한 문제를 주의 깊게 고려할 필요가 있다. 또한, 윤리적 제한으로 인해서 많은 경우에 참여자를 집단에 무선 할당할 수 없다. 이를테면 다양한 수준의 성적 괴롭힘의 효과에 대한 연구를 예로 생각해볼 수 있다. 우리는 학생들이 다양한 연구문제의 성격과 관련해서 다양한 설계의 강점과 약점을 고려할 것을 장려한다. 다르게 표현하면, 연구 설계의 유용성은 연구문제, 기존 지식 기반, 내적 타당도와 외적 타당도 문제의 맥락에서 평가될 필요가 있다.

촉진 질문

집단 간 설계와 참여자 내 설계

이 연습은 집단 간 실험 설계와 참여자 내 실험 설계에 대한 반영을 증진하도록 설계되었다. 이 장을 읽은 후, 다음의 질문에 대한 답을 쓴다. 그리고 같은 수업의 수강생과 함께 당신의 반응에 대해 토의한다.

1. 교수와 수강생들에게 집단 간 설계와 참여자 내 설계의 유용성에 대한 자신의 인식을 말한다. 어떤 장점과 단점이 제일 먼저 떠오르는가? 다른 사람들이 집단 간 설계와 참여자 내 설계의 단점에 대해 말할 때 반영되는 응답의 양상이 있는가?
2. 집단 간 설계와 참여자 내 설계의 주요 강점과 약점을 비교한다. 이 두 가지 설계 중 하나가 다른 하나보다 더 좋은 설계라고 주장할 수 있는가?
3. 진실험 설계를 정의하는 핵심 요소들은 무엇인가?
4. 무선화는 진실험 설계의 요소다. 집단 간 설계와 참여자 내 설계에서 무선화가 어떻게 다르게 적용되는지 설명한다.
5. 통제집단 사용의 장점과 단점에 대한 목록을 만든다. 당신이 기록한 모든 문제들 중에서 당신이 관심을 가지고 있는 연구문제에 적용할 때 가장 중요한 방법론적 문제라고 생각하는 것을 하나 고를 수 있는가?
6. 상담 초창기에는 더 많은 집단 간 설계와 참여자 내 설계가 사용되었다. 지금은 주요 학술지에서 이러한 설계의 좋은 예를 찾기 어렵다. 이런 경향이 왜 있다고 생각하며 이것이 상담 분야에서 가지는 의미가 무엇이라고 생각하는가?

12
CHAPTER

준실험 설계와 종단 설계: 응용 장면에서 관계 검토하기

11장에서 논의했듯이 진실험 설계는 내적 타당도에 대한 많은 위협 요인을 제거하거나 통제한다는 점에서 매우 유용하다 할 수 있다. 진실험 설계의 가장 큰 특성은 연구대상을 처치 조건에 무선 할당한다는 것인데, 바로 이것 때문에 내적 타당도에 대한 많은 위협 요인을 연구자가 통제할 수 있다. 진실험 설계는 연구 참여자를 처치 조건에 무선 할당한다는 것, 독립변인을 조작할 수 있다는 것, 그리고 집단 간 비교한다는 것을 특징으로 한다. 그러나 여러 가지 이유로 연구자가 항상 진실험 설계를 활용할 수 있는 것은 아니다.

많은 상담 연구는 현장에서 수행된다, 이 때문에 연구자가 설계에 대해 가지고 있는 통제의 정도가 제한된다. 예를 들면, 많은 성폭력 사건이 고등학교에서 발생한다. 그러나 이에 대한 예방적 개입이 고등학교에서 있었다는 보고는 거의 없다. Hillenbrand-Gunn, Heppner, Mauch와 Park(2004)는 고등학교 장면에서 성폭력 예방 개입의 효과를 평가하는 데 관심이 있었다. 그러나 학교 특성이 갖는 제약 때문에 서로 다른 학급에 소속되어 있는 학생들을 처치집단과 통제집단으로 무선 할당하는 것은 어려웠다. 이런 점은 이와 같은 현장 연구에서 자주 발생한다. 그래서 이들은 준실험 설계를 선택하여 실험집단과 통제집단이 되어준 고등학교 학급을 대상으로 3회기로 구성된 처치를 실시했다. 이 연구의 이론적 틀은 사회규범이론(social norms theory)이었는데(Berkowitz, 2003), 이 이론은 또래의 사회적 영향이란 또래의 실제 행동과 믿음(실제 규범)보다는 또래가 할 것으로 그리고 믿을 것으로 생각하는 것(지각된 규범)에 기반을 두고 있다고 주장한다.

실험집단의 학생들은 아는 사람에 의한 성폭행에 관한 3회기로 구성된 처치에 참여했다. 이 처치는 국부적인 사회 규범을 통합한 것이었다. 통제집단은 일상적인 학급 활동을 했다. 가설대로 성폭력에 대한 태도에 관하여 또래가 자기 스스로에게 한 사전 검사 평정과 참여자가 자신의 또래에게 한 평정은 유의하게 달랐다(후자의 평정치가 더 나빴다). 더구나 실험집단 참여자의 또래에 대한 평정은 처치 후 유의하게 더 정확해졌는데, 이는 이들이 또래를 성적 공격에 대해 덜 지지적이라고 보고 있음을 나타낸다. 사후 검사에서 실험집단은 통제집단에 비해 유의하게 감소된 성폭력 지지 태도를 보였다. 이러한 결과는 4주 후의 추수 검사 때까지 유지되었다. 추가적인 연구가 필요하지만, 이 준실험 연구는 고등학교 장면에서 성폭력 예방에 관한 유용한 정보를 제공해줄 수 있었다. 그리고 이 연구 결과가 미국 중서부의 도시 지역 고등학교 학생들에게 일반화될 가능성도 높은 것으로 간주될 수 있을 것이다.

현장에서 진실험 설계 조건을 충족시키는 것은 어려운 일이다. 특히 집단에 대한 무선 할당 조건은 더 충족시키기 어렵다. 응용 연구에서 발생하는 이런 어려움에 대해 준실험 설계는 좀 더 융통성이 있다. 진실험 설계처럼 준실험 설계는 하나 또는 그 이상의 독립변인을 조작할 수 있지만 연구 참여자를 조건에 무선 할당하지는 않는다. 준실험 설계에는 이런 융통성이 있지만, 동시에 한계도 있다. 그럼에도 불구하고 이 설계를 창의적으로 활용하고 통제와 통계적 절차를 적절히 사용하면 준실험 설계는 응용 연구자들에게 매우 유용할 수 있다.

이 장에서 우리는 이런 유형의 설계에 대한 역사적 맥락을 제공해주는 초기 준실험 설계를 먼저 소개할 것이다. 그다음, 준실험 설계가 적절한 경우에 대해 논의해볼 것이다. 다음으로 준실험 설계 내의 대표적인 두 연구 설계인 비(非)동등 집단 설계(nonequivalent group design)와 시계열 설계(time-series design)에 대해 초점을 두고 논의할 것이다. 비동등 집단 설계에서는 비무선적으로 형성된 집단 사이의 비교가 이루어진다. 구체적으로 우리는 해석이 불가능한 세 유형의 설계, 네 유형의 해석 가능한 비동등 집단 설계, 동년배 설계(cohort designs)에 대해 논의할 것인데, 이들은 비동등 집단 설계 내의 한 특수한 사례라 할 수 있다. 마지막으로 우리는 시계열 설계에 대해 논의할 것인데, 이 설계는 시간의 경과에 따른 복수의 관찰을 그 특징으로 한다.

역사적 개관

준실험 설계는 1950년대와 1960년대에 심리치료 및 상담 연구자들이 씨름하고 있었던 가장 중요하지만 몹시도 혼란스러운 질문에 답하기 위해 광범위하게 활용되었다. 그 질문은 '상담은 효과가 있는가?' 하는 것이었다. 이 질문에 답하기 위해 우리는 상담을 받은 내담자와 상담을 받지 않은 내담자를 비교할 필요가 있다. 상담의 효과에 대한 가장 엄격한 검증(내적 타당도라는 관점에서)은 내담자를 처치 조건(상담을 받는)과 비처치 통제 조건에 무선 할당하는 설계를 활용하는 것이다. 비처치 조건에 내담자를 무선 할당하는 것은 실제로는 서비스를 제공하지 않는 것인데, 이는 당연히 연구자에게 윤리적 문제를 불러일으킨다. 이런 유형의 윤리적 딜레마를 피하기 위해 초기 상담 연구자들은 상담의 효과를 비교할 수 있는 다른 참여자 집단을 찾으려 했다.

상담 성과에 대한 많은 초기 연구들이 준실험 설계를 활용했다. 예를 들면, Klingelhofer (1954)는 학사경고를 받은 학생을 대상으로 하여 학업 조언이 학업 성취(학점)에 영향을 미치는지 알아보고자 했다. 그는 이 연구에서 세 집단의 학생을 비교했는데, 이들은 모두 학사경고를 받고 있었다. 한 집단은 회기당 1시간이 소요되는 4회기의 상담을 받았으며, 두 번째 집단은 1회기의 상담만 받았다. 세 번째 집단은 상담을 받지 않았다. 학생들은 1회기 또는 4회기의 상담을 받는 상담 조건에 무선 할당되었다. 통제집단의 학생들은 그 이전 연도에 학사경고를 받은 학생들 가운데 선정되었다. 결국, Klingelhofer의 연구는 진실험 설계와 준실험 설계 모두의 요소를 갖고 있었다. 1회기의 상담을 받는 집단과 4회기의 상담을 받는 집단 사이의 비교는 연구 참여자를 처치 조건에 무선 할당한다는 점, 처치 변인을 조작할 수 있다는 점, 그리고 집단 간 비교를 한다는 점 때문에 진실험 설계라 할 수 있다. 상담을 받은 학생들과 상담을 받지 않은 학생들 간 비교는 학생들이 각 조건에 무선 할당되지 않았기 때문에 준실험 설계였다. 이와 같은 특정한 유형의 준실험 설계는 동년배 설계(cohort design)라 불린다. 이 연구 전년도에 학사경고를 받았던 학생들이 첫 번째 동년배 집단이고, 실험 기간 동안 경고를 받은 상태에 있던 학생들이 두 번째 동년배 집단이다. Klingelhofer는 학사경고를 결정하는 규정이 두 해에 걸쳐 동일했기 때문에 두 개의 동년배 집단의 학생들이 비슷할 것이라 가정했다.

이 연구의 결과, 1회기의 상담을 받는 집단과 4회기의 상담을 받는 집단 간 이후의 학점 평균에 유의한 차이가 없었다. 그러나 상담을 받은 집단과 상담을 받지 않은 집단 간에는 유의한 차이가 나타났다. 이 연구 결과는 조심스럽게 해석되어야 한다. 왜냐하면 알 수 없는 선택 요인(selection factor) 또는 학사경고 상태에 있는 기간 동안 일어난 서로 다른 역사적 사건(historical events)에 기인한 두 개의 동년배 집단의 학생들 간 처치 전 차이가 존재했을 가능성이 있기 때문이다. 이런 한계에도 불구하고, 상담의 효과에 대한 Klingelhofer의 연구는 1950년대와 1960년대의 준실험적 상담 연구의 전형을 보여준다. 부분적으로 무선화라는 것에 내재된 제한(restrictions) 때문에 이 설계는 오늘날에도 여전히 활용되고 있다.

준실험 설계를 선택할 때 고려해야 할 점

어떤 상황에서 진실험 설계가 아니라 준실험 설계가 적절할까? 우리는 이 장을 통해 선발(selection)이 준실험 설계의 적절성과 유용성을 탐색하는 데 핵심 변인이라고 주장한다. 여기서는 준실험 설계를 선택하게 하는 네 가지 이유에 대해 논의한다. 이 네 가지 이유는 (1) 비용, (2) 선발 문제, (3) 윤리적 문제, (4) 적절한 통제집단을 사용할 수 없음이다.

비용

진실험 설계를 사용하지 않는 가장 그럴듯한 이유 중 하나는 비용이다. 진실험 연구를 수행하는 데는 많은 시간과 자원이 소요된다. 진실험 설계에서 연구자는 참여자가 처치집단 또는 통제집단으로 참여하는 것에 대해 대가를 지불해야 한다. 역으로, 처치 장면, 교실, 또는 사람들이 모이는 장소에서 자연적으로 발생하는 차이를 평가하는 것이 훨씬 비용이 적게 든다. 예를 들면, 앞서 설명한 성폭력 예방 연구에서, 연구자가 진실험 설계를 사용하기로 결정했다면, 무선 할당 후 사전 검사, 세 번의 회기, 사후 검사, 한 달 후의 추수 검사에 기꺼이 자신의 시간을 내줄 수 있는 30～40명의 참여자를 구할 수 있어야 했을 것이다. 이는 많은 시간을 투자해야 하는 일이어서 대부분의 참여자에게 시간과 관여에 대한 보상이 주어질 필요도 있었을 것이다. 실험 설계가 보다 엄격한 설계이지만 때로는 비용 때문에 사용을 망설이게 된다. 연구자는 더 적은 비용으로 연구를 수행하기 위해 실험 통제를 일정 부분 희생하기도 한다.

실제 연구에 적용하기 12.1

Tommy는 인지행동치료(CBT)와 대인관계치료(IPT)의 효과를 평가하는 연구를 수행하고 있다. 이 연구를 위해 4명의 치료자를 확보하고 있다(2명은 CBT, 나머지 2명은 IPT). 비용과 처치 시간의 지연 문제 때문에 생태 모형에 기반을 두고 내담자들을 4명 중 1명의 치료자에게 배당하기로 했다(치료자 1이 첫 내담자에게 할당되고, 치료자 2는 두 번째 내담자에 할당되는 식의 로테이션 체제이다. 치료자 스케줄에 빈 곳이 생기면 새 내담자를 할당한다). 예를 들면, Tommy는 왜 내담자가 치료자 1에 할당되어야 하는지, 아니면 치료자 4에 할당되어야 하는지에 관한 뚜렷한 이유가 없기 때문에 이 과정이 '거의 무선 할당(pretty much random)'과 동일하다고 주장한다.

질문

1. 이와 같이 하는 것을 실험 설계라 할 수 있는가? 그 이유는?
2. 이 연구의 내적 타당도를 증진시키기 위해 Tommy가 더 할 수 있는 일은 무엇일까?

참여자 선발

실험 설계의 핵심은 참여자들을 다양한 처치 조건에 무선 할당하는 것이다. 이상적으로 연구자는 참여자 풀(participants pool)을 모집하고, 이들을 처치집단과 통제집단에 무선 할당한다. 이와 같은 절차는 사전에 준비된 절차에 따라 이루어진다. 그러나 현장연구에서 발생하는 수많은 문제 때문에 참여자 선발은 어렵고 복잡한 과정을 요한다. 예를 들어, 몇몇 참여자들은 처치집단에 올 수 있는 시간이 이른 오후에 한정될 것이다. 이와 같은 시간의 가용성 문제는 응용 연구에서 중요한 문제로 등장한다. 이 경우, 앞의 예에서처럼 고등학교 학급과 같은 이미 존재하는 집단을 활용하는 준실험 연구가 보다 현실적인 방법이 될 수 있다.

현장에 따라서는 참여자를 실험집단과 통제집단에 무선 할당하는 것이 부적절할 수 있다. 예를 들어, 어떤 연구자는 집단상담에서 회기 요약(치료자가 다음 회기 전에 각 집단 구성원에게 우편으로 보내는 직전 회기에 대한 요약)이 회기의 질 및 집단 구성원의 관여에 미치는 영향을 알아보고자 할 것이다(Yalom, 2005). 집단 지도자라면 내담자를 무선 할당한다는 데 동의하지 않을 것이다. 왜냐하면 서로 양립할 수 있는 다양한 구성원으로 구성된 집단(a compatible mixture)을 형성하기 위해 구성원을 선발하는 것은 집단상담에 필요한 최적의 처치 환경을 창조하기 위해 집단 지도자가 내리는 중요한 결정들 중 하나이기 때문이다. 실제로, 집단 지도자들은 구성원을 무선 할당하는 것을 효과적인 처치 절차로 간주하지 않을 것이다. 그래서 연구자는 이미 형성된 집단을 사용할 수밖에 없을 것이다. 이 경우 연구자는 두 집단에는 요약을 활용하고 다른 두 집단에는 요약을 활용하지 않을 것이다. 이후 연구자는 회기의 질 및 구성원 관여의 정도에 대한 평정치를 처치 조건 간 비교할 수 있을 것이다. 이 설계는 독립변인을 조작한다는 점(요약을 활용함과 요약을 활용하지 않음)과 처치 조건 간 비교를 한다는 점, 그러나 참여자를 처치 조건에 무선 할당하지 않는다는 점에서 준실험 설계가 될 것이다.

그러나 이 예는 또한 준실험 설계의 단점이라 할 수 있는 것도 보여준다. 이 예에서 구성원들은 선발되었고 집단은 한 가지 이유(지각된 상호 양립 가능성)로 구성되었다. 만약 연구자가 집단 간 차이를 발견한다면, 하나의 가능한 설명은 독립변인(집단 요약)의 효과지만 다른 똑같이 가능한 설명은 집단 구성원과 관련된 선발 문제가 될 것이다. 아마 요약문을 받아 보는 집단의 지도자는 집단을 구성하는 데 훨씬 더 효과적이었을 것이다. 이 경우, 두 조건 간 차이는 실험 조작이 아니라 내담자의 차이를 반영할 것이다. 간단히 말하면, 때로는 이미 존재하는 집단을 활용하는 것이 보다 적절할 수 있다. 왜냐하면 결과의 일반화 가능성을 증진시킬 수 있기 때문이다. 그러나 역으로 말해서 연구자는 이미 존재하는 집단(학교의 학급, 병원의 병동, 또는 치료집단)을 사용할 때마다 이런 집단이 특정한 이유로 형성되었으며, 이들 간에 발견되는 차이는 실험 조작보다는 선발 과정과 더 관련이 있을 수 있다는 점을 항상 의식해야 한다.

선발은 다른 변인들과 상호작용을 통한 간접 효과를 가질 수 있다(Kazdin, 2003). 선발과 위협의 상호작용(a selection by threat interaction) 효과는 내적 타당도에 대한 위협이 처치 조건에 따라 달리 작용할 때 나타난다. 예를 들면, 집단 회기 요약 예에서 집단 지도자는 집단을 형성하기 위해 매우 다른 선발 기준을 사용할 수 있었을 것이다. 처치 조건(요약을 제공받는)의 집단 지도자는 집단 구성을 위해 수동-의존적인 내담자만을 선발했을 수 있을 것이다(이런 내담자가 집단상담을 통해 가장 많은 효과를 볼 수 있을 것이라 믿으면서). 반면 통제조건의 집단 지도자는 다양한 대인관계 스타일을 가진 내담자를 선발했을 수 있다(이질적인 집단이 더 나은 결과를 보일 것이라 믿으면서). 만약 수동-의존적인 내담자가 다른 대인관계 스타일을 가진 내담자보다 더 빠른 속도로 성숙한다면, 선발-성숙 상호작용이 관찰된 조건들 간 차이를 설명할 것이다. 이와 유사하게 역사(history), 검사(testing), 회귀(regression), 탈락(mortality), 또는 다른 요인들이 선발과 상호작용하여 조건들 간 차이를 낳을 수 있다(7장). 결국, 연구자는 이미 존재하는 집단이 처음부터 가지고 있는 편향(biases)과 그런 집단의 편리성 및 필요성 간의 균형을 고려해야 한다.

윤리적 고려

어떤 연구는 즉각적인 서비스를 필요로 하는 참여자들(상담 또는 의학적 도움을 필요로 하는)에 초점을 둔다. 예를 들어, 연구자들은 유방암과 같은 자주 발생하지 않는 현상을 연구할 것이다. 특정한 병원을 찾아오는 환자를 충분히 확보하여 이들을 집단에 무선 할당하기까지는 시간이 걸릴 것이다. 결론적으로 집단에 무선 할당할 더 많은 수의 환자를 기다리는 동안 치료를 유예하는 것은 윤리적 문제를 불러일으킨다. 준실험 설계에서는 특정 장면에 이미 존재하는 원래 상태 집단(intact group)을 활용할 수 있다. 무선 할당이 가능하지 않을 경우, 이 장에서 기술하는 방법을 활용하여 다른 통제 방법들을 연구 설계에 녹아들게 할 수 있다.

연구 응용 12.1

다음과 같은 딜레마에 대해 생각해보자. 치료가 경험적으로 지지된다는 것을 알고 있는 상황에서 통제(무처치)집단을 계속 활용하는 것은 윤리적인가?

질문

1. 새로운 상담방법이 아무런 처치를 받지 않는 것보다 더 낫다는 것을 보여주는 것은 어떤 조건일 때 윤리적인가(또는 비윤리적인가)?
2. 이 딜레마에 대해 여러 입장을 고려해보자. 그렇게 하는 것이 윤리적이라는 것을 정당화할 수 있는 논리는 무엇인가?
3. 질문 2에 대한 당신의 생각을 더욱 깊어지게 하려면 3장을 참고하라. 그리고 이 질문과 관련한 윤리적 논점을 모두 찾아 제시해보라.

적절한 통제집단 이용 불가능

적절한 통제집단 또는 비교집단을 이용할 수 없는 상황에서 처치 또는 개입의 효과를 연구해야 하는 경우가 있다. 이런 상황에서 연구자는 개입 또는 처치 전과 후의 관찰치를 비교하여 효과를 추리할 수 있다. 이런 설계는 시계열 설계라 불리는데, 시간의 경과에 따른 복수의 관찰과 특정 시점에서 처치의 도입을 요구한다. 시계열 설계에서 연구자는 하나 이상의 독립변인을 조작할 수 있고 또 조작한다. 그러나 집단으로의 무선 할당이나 집단 간 비교(between-groups comparison)는 없다.

요약하면 준실험 설계를 요하는 많은 조건들이 존재한다. 준실험 설계에서는 진실험 설계에서보다 통제의 정도가 약하기 때문에 연구 결과 해석의 명확성 정도도 약하다. MAXMINCON 원리의 관점에서 보면, 준실험 설계를 활용하는 연구자는 독립변인에서의 차이를 최대화하거나 측정과 관련한 오차 변량을 최소화할 수 있다. 그러나 처치 조건에 대한 무선 할당이 없기 때문에 이 연구자가 내적 타당도에 대한 모든 위협 요인을 통제할 수 있는 것은 아니다. 우리는 준실험 설계의 유용성이 초기 집단을 형성하는 데 활용된 선발 준거를 연구자가 얼마나 철저하게 검토하고 통제하는지와 직접적으로 관련되어 있다는 것을 이 장 전체를 통해 이야기하려고 한다.

비동등 집단 설계

이 절에서는 주요 준실험 설계 중 한 가지인 비(非)동등 집단 설계(nonequivalent groups design)에 대해 살펴볼 것이다. 비동등 집단 설계에서는 비무선적으로 형성된 집단 간 비교가 이루어진다. 연구 참여자들이 일반적으로 연구가 수행되기 전에 집단에 할당되기 때문에 이 집단들은 동등하지 못하다고 할 수 있다. 바로 이 점 때문에 각 집단은 개입 전 이미 몇 가지 점에서 차이가 날 것이다(Kazdin, 2003). 예를 들어, 어떤 연구자가 상담이 개시되기 전에 상담에 대한 정보를 제공해주는 비디오테이프의 효과를 검토하기 원한다고 하자. 이 연구자는 이런 비디오테이프를 이용하는 상담소를 찾을 수 있을 것이고, 이 상담소의 중도탈락률을 이런 유형의 비디오테이프를 활용하지 않는 상담소의 중도탈락률과 비교할 수 있을 것이다. 두 상담소의 내담자들은 중도탈락률과 관련되어 있을 가능성이 있는 많은 변인(예: 인종이나 사회경제적 지위)에 있어서 차이가 있을 것이기 때문에 두 상담소의 내담자는 비동등 집단이라 할 수 있다. 비동등 집단 설계의 유용성은 부분적으로 연구자가 비동등 집단들 간 가능한 상담 전 차이에 대해 얼마나 알고 있는지와 관련되어 있다.

이런 유형의 준실험 설계는 다양한 훈련 모형이 수련 중인 상담자에 미치는 영향을 연구하는 데 도움이 된다. 예를 들어, Crews 등(2005)은 무선 할당을 사용하지 않는 사전-사후 검사 설계를 활용하여 상담 수행에 미치는 상담자 성격 특성의 역할에 대해 조사했다. 수련 중인 상담자에게 자기감찰(self-monitoring) 수준을 결정하기 위해 사전 검사(Skilled Counseling Scale: SCS)가 실시되었고, 이후 대인과정 회상(interpersonal process recall: IPR) 조건과 능숙한 상담 훈련 모형(a skilled counseling training model: SCTM) 중 한 가지 훈련 조건을 스스로 선택하게 했다. 이 연구의 목적은 두 개의 서로 다른 종류의 훈련이 다른 수준의 자기감찰 성향을 가진 상담자에게 미치는 영향을 알아보는 것이었다. 분석 결과, SCS 척도의 사전 검사 점수 또는 사후 검사 점수에서 통계적으로 유의한 차이가 없었다. 또한 IPR과 SCTM 집단 모두 SCS 척도 점수의 향상을 보였다. 그러나 SCTM 집단은 IPR 집단보다 유의하게 큰 향상을 보였다.

이 설계를 보다 더 자세히 검토하기 위해 비동등 집단 준실험 설계의 다이어그램을 그릴 수 있다. 'Non R'이라는 것은 참여자를 집단에 무선 할당하지 않는다는 것을 나타낸다. X는 독립변인 또는 처치를 나타내고, O는 종속변인의 관찰을 나타낸다.

해석할 수 없는 비동등 집단 설계

내적 타당도에 대한 여러 가지 위협 때문에 해석이 불가능한 세 가지 설계로 비동등 집단 설계에 대한 논의를 시작할 것이다. 이런 설계를 제시하는 이유는 독자에게 이런 설계의 단점을 볼 수 있게 하고, 동시에 보다 해석 가능한 비동등 집단 설계와 비교하기 위해서이다. 세 가지 해석할 수 없는 설계란 (1) 사후 검사만 있는 단일 집단 설계(one-group posttest-only design), (2) 복수의 처치를 비교하는 사후 검사만 있는 비동등 설계(posttest-only nonequivalent design comparing multiple active treatments), (3) 단일 집단 사전-사후 검사 설계(one-group pretest-posttest design)를 말한다.

사후 검사만 있는 단일 집단 설계를 다음과 같이 표시할 수 있다.

$$X_1 \; O_1$$

이 설계에서 종속변인에 대한 관찰은 참여자가 처치를 받은 후에야 이루어진다. 이 설계는 해석이 불가능하다. 왜냐하면 어떤 변화가 일어났는지 추론할 방법이 없기 때문이다. 더구나 통제집단이 없기 때문에 성숙 또는 역사로 인한 영향이 있는지를 알아내는 것이 불가능하다.

사후 검사 점수만 비교하는 비동등 설계를 다음과 같이 표시할 수 있다.

$$\begin{array}{lll} \text{Non R} & X & O_1 \\ \text{Non R} & & O_2 \end{array}$$

이 설계에서 두 집단은 비무선적 방식으로 형성된다. 첫 집단의 참여자는 실험 처치(X)를 받지만, 두 번째 집단의 참여자는 어떠한 처치도 받지 않는다. 변화는 사후 검사 점수(O_1

과 O_2)를 비교함으로써 측정된다.

사후 검사 점수만 비교하는 비동등 설계가 처치집단과 통제집단을 비교하는 데만 한정될 필요가 없다는 것에 주의할 필요가 있다. 둘 이상의 처치가 이런 유형의 설계를 통해 비교될 수 있다. 다음은 세 개 처치의 사후 검사 점수만 비교하는 비동등 설계를 다이어그램으로 나타낸 것이다.

$$\text{Non R } X_1 \; O_1$$
$$\text{Non R } X_2 \; O_2$$
$$\text{Non R } X_3 \; O_3$$

다시 말하지만, 집단은 무선 할당을 통해 형성된 것이 아니다. 세 집단의 참여자를 대상으로 처치(X_1, X_2, X_3)를 하고, 이후 사후 검사(O_1, O_2, O_3)를 통해 결과를 평가한다.

본질적으로 사후 검사 점수만 비교하는 비동등 설계는 특히 약하다고 할 수 있다. 왜냐하면 실험결과를 개입으로 귀인하기 어렵기 때문이다. 참여자를 집단으로 무선 할당할 수 없기 때문에 처치 전에 집단이 여러 중요한 차원 중 어느 것에서 차이가 있을 가능성을 배제할 수 없다. 전형적으로 특정한 기준에 의해 학생은 학급에 할당되고, 내담자는 집단에 할당된다. 이와 같은 사실은 우리가 접하는 대부분의 집단들이 처치 전 몇 가지 차원에서(어떤 경우에는 많은 차원에서) 차이가 있을 것이라는 것을 시사한다. 그래서 사후 검사 점수만 비교하는 비동등 설계의 한 가지 문제는 처치 전에 존재할 가능성이 있는 집단차에 대한 정보를 확보할 수 없다는 것이다.

다음 예를 검토해보자. 한 연구팀은 학급을 단위로 하는 프로그램이 아동의 우울을 감소시키는 데 유용한지를 검토하기 원한다. 연구팀은 한 학교의 6학년 두 반을 선택해서 한 반에는 처치를 하고, 다른 한 반에는 처치를 하지 않을 것이다. 한 달 후 연구팀은 학생들의 우울 수준을 평가할 것이다. 그리고 처치를 받은 학생들이 좀 더 낮은 우울 수준을 보였다고 하자. 이러한 결과는 아마 처치의 효과를 나타내거나, 처치 전에 이미 존재했던 학급 간 우울 수준의 차이를 반영하는 것일 수도 있다. 이 학교의 교장이 학생들을 사회적 기술 수준에 따라 학급에 할당했을 수도 있다. 여러 연구들은 사회적 기술 수준과 우울 간의 관계를 보고하고 있다(Lewinsohn, Mischel, Chapel, & Barton, 1980 참고). 사전 검사가 없기 때문에 처음부터 우울 수준에 차이가 있었는지는 알 수 없다. 통제집단의 학생들이 더 낮은 수준의 사회적 기술을 가지고 있었고, 그에 따라 처음부터 더 높은 수준의 우울을 경험하고 있었다는 것은 충분히 가능한 시나리오다. 그러나 실제로 그랬는지는 평가할 수 없었다.

세 번째 유형의 해석 불가능한 설계는 단일 집단 사전–사후 검사 설계이다. 이 설계를 다음과 같이 표현할 수 있다.

$$O_1 \ X \ O_2$$

이 설계에서는 사전 검사 관찰치(O_1)가 기록되고, 이후 처치가 시행되며, 사후 검사 관찰이 이루어진다. 이 설계는 사후 검사만 있는 단일 집단 설계보다는 낫다. 왜냐하면 사전-사후 검사 점수를 비교함으로써 변화가 일어났는지를 결정할 수 있기 때문이다. 그러나 이 변화의 가능한 원인은 여전히 애매모호하다. 예를 들어, 처치가 관찰된 변화를 발생시킬 수 있지만, 역사(사전 검사와 사후 검사 사이에 발생한 사건들) 또한 그 변화를 야기할 수도 있을 것이다. 달리 말해, 특정한 문제로 인해 개입 또는 처치가 이루어졌다면 사후 검사 점수는 평균으로의 통계적 회귀로 인해 향상되었을 수 있다. 또 다른 하나의 가능한 원인으로는 성숙을 들 수 있을 것이다. 이 경우, 변화는 처치와는 상관이 없고 단순히 성장과 발달을 반영한 것이 된다. 비교집단이 없다면, 내적 타당도에 대한 이런저런 위협을 배제하는 것이 불가능하다.

해석 가능한 비동등 집단 설계

이제 해석 가능한 비동등 설계를 논의해보자. 비동등 설계로는 (1) 사전-사후 검사 설계, (2) 대리 사전 검사 도구를 활용한 비동등 집단 설계, (3) 추가적인 사전 검사를 활용한 사전-사후 검사 비동등 집단 설계, (4) 역(逆)처치(reversed-treatment) 사전-사후 검사 비동등 집단 설계가 있다.

앞서의 4개 비동등 집단 설계보다 더 유용한 설계는 해석 가능한 사전-사후 검사 비동등 집단 설계이다. 이 설계는 다음과 같이 표현된다.

$$\begin{array}{l} \text{Non R } O_1 \ X \ O_2 \\ \text{Non R } O_3 \quad\ \ O_4 \end{array}$$

이 설계에서 참여자들은 비무선적으로 집단에 할당되고 종속변인의 사전 검사가 실시된다. 한 집단이 비교(통제)집단이 되는 동안 다른 집단은 실험 처치를 받는다. 이 설계는 반드시 처치집단과 통제집단을 비교해야 하는 데만이 아니라, 둘 이상의 처치집단을 비교하는 데에도 활용될 수 있다. 이 설계는 사후 검사만 있는 비동등 집단 설계보다 더욱 강력하고 해석 가능하다. 처치 전 가능한 차이를 검토할 수 있기 때문이다. 예를 들면, 이 설계를 활용하는 연구자는 종속변인에 있어서 참여자들이 유사한지를 평가할 수 있다. 나아가 종속변인과 관련되어 있을 수 있는 다른 변인에 있어서의 유사성도 평가할 수 있다. 그러나 연구자는 종속변인(그리고 다른 평가된 변인들)의 사전 검사 동등성이 의도하고 있는 종속변인의 변화에 중요하게 작용할지 모르는 차원 모두에서 동등하다는 것은 아니라는 점을 기억해야 한다. 그러나 사전 검사 동등성이 검증되면, 좀 더 확신을 가지고 사후 검사에서 관찰된 집단 간 차이를 선발에 따른 차이가 아니라 실험 조작에 따른 차이로 귀인할 수 있다. 또한 일반적으로 O_1과 O_3가 정확하게 같은 값이 아니라는 점에 주의할 필요가 있다. $O_1 \neq O_3$가 아닌 경우, 연구자는 '충분히 가까운' 점수를 결정해야 한다. 두 집단이 사전 검사 점수에서 동등한지를 결정하는 한 가지 방법은 '$O_1 - O_3$가 규준집단에 나타난 O의 1표준편차를 초과할 때'와 같이 미리 '큰' 차이를 결정해두는 것이다. 이제 연구자는 $O_1 \neq O_3$가 이 수치보다 더 큰지를 알기 위해 통계적 검증 방법을 사용할 수 있다. 만약, 더 크지 않다면 연구자는 두 집단이 사전 검사에서 동등하다는 결론을 내릴 수 있다(이 특정 측정치에 한해서!).

사전-사후 검사 비동등 집단 설계에서 관찰된 집단 간 차이가 역사, 성숙, 또는 검사와 같은 요인으로 귀인될 수 있을 것 같지는 않다. 그러나 선발과 위협의 상호작용이 내적 타당도에 대한 위협이 될 수 있다. 달리 말하면, 한 사건이 특정 집단에 소속된 참여자들에게만 영향을 주거나 또는 다른 집단에 소속된 참여자들에 주는 영향과는 다른 영향을 이들에게 줄 수도 있을 것이다. 예를 들면, 선발 편향으로 인해 특정 집단에 소속된 참여자들은 다른 집단에 소속된 참여자들보다 더 빨리 성숙한다든지 또는 특정 역사적 사건을 조우할 가능성이 더 높을 수 있다. 사전-사후 검사 비동등 집단 설계는 또한 외적 타당도에 문제를 가질 수 있다. 서로 다른 집단에 소속된 참여자들이 사전 검사의 민감화 효과(sensitizing effect of the pretest)에 기초하여 개입에 반응할 수 있기 때문이다. 또한 한 집단에 소속된 참여자들이 다른 집단에 소속된 참여자들과는 다르게 사전 검사에 반응할 수 있다. 그러나 사전 검사의 민감화로 인한 편향은 처치 전 동등성에 대한 검증 없이 결과를 해석하는 문제에 비하면 사소하다.

때때로 연구자들은 비동등 집단 설계에서 참여자들에게 사전 검사를 실시할 수 없거나 실시하지 않는 것을 원할 수 있다. 이런 일은 사전 검사의 민감화 효과에 대한 우려가 있거나, 기록 자료(archival data)를 활용하고 있어서 사전 검사를 실시하는 것이 가능하지 않을 때 발생한다. 이 경우 연구자는 대리 사전 검사 도구(proxy pretest measure)를 활용한 비동등 집단 설계를 선택할 수 있을 것이다. 대리 사전 검사란 종속변인 측정도구와 유사하지만 동일하지는 않아서 처치에 대해 참여자들을 민감화시키지 않는 것이어야 한다. 이 설계를 다음과 같이 표현할 수 있다.

$$\text{Non R } O_{A1} \text{ X } O_{B2}$$
$$\text{Non R } O_{A1} \quad\; O_{B2}$$

이 설계에서 A와 B는 한 검사의 두 양식 또는 유사한 구성개념을 측정하도록 설계된 두 검사를 나타낸다. 집단은 비무선적으로 형성되고 대리 사전 검사(O_{A1})는 두 집단 모두에 실시된다. 이후, 한 집단은 실험 처치(X)를 받는다. 그리고 두 집단 모두에게 사전 검사와는 다른 도구로 사후 검사(O_{B2})가 실시된다. 이 설계의 가치는 사후 검사 도구와 개념적으로 그리고 경험적으로 관련된 사전 검사 도구(O_{A1})를 발견할 수 있는 연구자의 능력에 달려있다.

예를 들어, 어떤 연구자들이 상담자 훈련을 위한 새로운 방법을 검토하고자 한다고 하자. 이들은 이 연구에 기꺼이 참여할 두 개의 훈련 프로그램을 찾고, 이 중 한 프로그램에 새로운 방법을 도입하게 한다. 일 년이 끝나갈 무렵 연구자는 두 프로그램의 학생들에게 지필식 상담 기술 검사를 실시하여 처치 프로그램에 소속된 학생들의 점수가 더 높다는 것을 발견한다. 그러나 연구자는 처치 전 있을지 모르는 상담 기술 수준의 차이를 우려한다. GRE 시험 점수와 지필식 상담 기술 검사의 점수가 상관($r = .80$)된다는 것을 연구자가 알게 되었다고 하자(실제 GRE 점수는 상담 기술을 예측하지 못하지만 예시를 위해 그렇다고 하자). 이 경우, 연구자는 처치 전 GRE 점수(O_{A1})를 이용하여 두 프로그램에 소속된 학생들 간 있을지 모르는 처치 전 차이를 검토할 수 있다.

사전–사후 검사 비동등 집단 설계는 추가적인 사전 검사를 도입하여 더 강력해질 수 있다. 이 설계를 다음과 같이 표현할 수 있다.

$$\text{Non R } O_1\ O_2\ X\ O_3$$
$$\text{Non R } O_1\ O_2\quad\ O_3$$

이 설계는 해석 가능성을 증진시키기 위해 두 번째 사전 검사를 추가한다는 것을 제외하면 사전–사후 검사 비동등 집단 설계와 유사하다. 사전–사후 검사 비동등 집단 설계의 내적 타당도에 대한 주 위협은 선발과 성숙의 상호작용이다. 달리 말하면, 두 집단에 소속된 참여자들이 선발과 관련한 특성들 때문에 다른 비율로 성숙할 수 있다. 두 번째 사전 검사를 도입하면 연구자는 이런 가능성을 검토할 수 있게 된다. 즉, 처치집단과 통제집단 간 $|O_1 - O_2|$의 차이는 집단들이 서로 다른 비율로 성숙하고 있는지를 검토하는 데 활용될 수 있고 비동등 집단 설계의 해석 가능성을 향상시킨다. 그러나 상담 문헌들을 살펴보면 두 번의 사전 검사가 사용되는 경우는 거의 없다는 것을 알 수 있다. 비동등 집단 설계의 활용을 고려하고 있는 연구자들이라면 두 번째 사전 검사의 추가를 고려해보라고 권고한다.

다음으로 역(逆)처치(reversed-treatment) 사전–사후 검사 비동등 집단 설계를 살펴볼 것인데, 이 설계 역시 상담 연구에서는 거의 활용되지 않고 있다. 이 설계는 보다 더 강력한 비동등 집단 설계들 중 하나이기 때문에 여기서 다루기로 했다. 이 설계의 강점에 대한 이해가 이 설계의 활용을 촉진할 것으로 기대한다. 이 설계는 다음과 같이 표현된다.

$$\text{Non R } O_1 \; X^{+} \; O_2$$
$$\text{Non R } O_1 \; X^{-} \; O_2$$

이 설계에서 X^{+}는 사후 검사(O_2)에서 어느 한 방향으로 영향을 미칠 것으로 기대되는 처치를 나타내고, X^{-}는 그 반대 방향으로 영향을 미칠 것으로 기대되는 처치를 나타낸다.

예를 들어, 어떤 연구자가 구조(structure)는 생산적인 집단 발달과 관련되어 있을 것이라는 가설을 검증하기 원한다고 하자. 어떤 치료학파는 구조의 결여가 불안을 증가시키고, 또 불안은 생산적인 작업이 일어나도록 하는 데 필수적인 것이어서 애매함이 치료를 향상시킨다고 주장한다. 다른 학파는 불안이 집단 작업을 방해하므로 집단 구성원이 경험하는 불안을 감소시키기 위해 구조가 활용되어야 한다고 주장한다. 이 가설을 검증하기 위해 연구자는 두 개 집단의 내담자로부터 집단 상호작용의 질에 대한 사전 검사 점수와 사후 검사 점수를 수집한다. 한 집단의 내담자에게는 집단 절차에 관1명확한 정보를 제공한다. 이 집단은 불안을 더 적게 경험할 것이고 그래서 질적으로 더 낮은 수준의 상호작용을 나타낼 것이라는 가설이 설정된다. 다른 집단에게는 애매한 정보를 제공한다. 이 집단은 보다 많은 불안을 경험할 것이고 질적으로 더 높은 수준의 상호작용을 보일 것이라는 가설이 설정된다. 사후 검사 점수는 집단 상호작용의 질적 수준이 예측된 방향으로 움직였는지를 검토하는 데 사용될 것이다. 두 집단의 내담자들이 서로 다른 반대 방향으로 성숙해나갈 것으로 상상하기는 쉽지 않을 것이다. 그래서 그런 가설을 가진 이 설계는 내적 타당도에 대한 선발×성숙(선발과 성숙의 상호작용) 위협을 크게 낮출 것이다.

역(逆)처치 설계는 윤리적 문제를 야기할 수 있다. 예를 들어, 내담자를 더 우울하게 만드는 처치를 시행하는 것은 비윤리적이다. 그러므로 많은 종속변인의 연구에 있어서 이런 역설계는 부적절할 것이다. 역처치 설계를 사용하고자 하는 연구자는 많은 생각을 해야 하며 창의적이어야 한다.

Shadish 등(2002)은 몇 가지 다른 비동등 집단 설계에 대해 설명했다(예: 반복 처치). 이런 설계는 상담 연구에서 거의 활용되고 있지 않아서 이 장에서 소개하지는 않을 것이다. 관심 있는 독자는 Shadish 등(2002)을 보라. 잘 활용되지 않고 있는 설계뿐만 아니라 비동등 집단 설계에 따른 통계적 분석 방법에 대해서도 잘 설명하고 있다.

실제 연구에 적용하기 12.2

다음 예에서 어떤 설계가 제안되고 있는지 답해보라. Alejandro는 상담자 훈련에 관한 새로운 접근 방법의 효과를 검증하고자 한다. 이 접근은 인지 복잡성에 대한 초점과 전문가의 의사결정 과정에 대한 꼼꼼한 검토를 통합한 것이다. 그는 기본 수준의 면접 기술을 가르치는 두 반을 표본으로 이용한다. 그는 학생들을 각 반에 무선 할당하지 않는다. 너무 어렵고 현실적이지 못하기 때문이다. 한 반은 수업이 오전에 있고 다른 한 반은 저녁에 있다. 저녁 반의 학생들에 비해 오전 반 학생들은 대부분이 전일제 일을 가지고 있지 않은 어린 학생들로 구성되어 있다. Alejandro는 학기가 시작되기 전에 학생들을 대상으로 의사결정 능력과 인지 복잡성 검사를 실시한다. 이후 그는 저녁 반에만 새로운 접근 방법으로 수업을 진행한다. 학기 말에 가서는 다시 한 번 검사를 실시한다. 마지막으로 그는 그해 말에 다시 검사를 실시한다.

질문

1. 어떤 설계인가?
2. 이 설계의 강점은 무엇인가?
3. 이 연구의 타당도에 대한 잠재적 위협 요인은 무엇인가?
4. 보다 엄격한 연구로 만들기 위해 무엇을 할 수 있는가?

비동등 집단 설계의 예 Owen 등(2014)은 작업동맹에 대한 두 가지 독립변인의 효과를 알아보기 위해 대리 사전 검사를 활용한 비동등 집단 설계를 활용했다. 이 연구에서 독립변인은 내담자-상담자 인종 짝짓기(matching)와 인종/민족 미시공격(microaggressions)에 관한 내담자 지각에 대한 논의(예: 그렇다—미시공격 경험에 대해 내담자와 상담자가 논의한다; 아니다—미시공격 경험이 없다)였다. 인종/민족 미시공격은 상대방의 인종 또는 민족에 대한 미묘하고 때로는 애매한 방식의 비하, 부정적인 코멘트, 또는 무시(invalidations)를 말한다(Sue et al., 2007). 또한 이 두 변인의 상호작용 효과도 검증되었다. 내담자는 물론이고 미시공격 경험에 대한 논의 여부도 상담자에게 무선 할당되지 않았다. 내담자-상담자 민족 짝짓기와 미시공격 경험에 대한 논의 여부는 비동등 집단을 형성하는 데 활용되었다. Owen 등은 민족 짝짓기가 이루어지지 않은 내담자-상담자 쌍이 상담에 대한 문화적 기대를 덜 공유하며 높은 수준의 작업동맹을 형성할 가능성도 낮을 것이라는 가설을 설정했다. 또한 미시공격에 대한 논의를 한 내담자-상담자 쌍은 논의를 하지 않은 쌍보다 더 높은 수준의 작업동맹을 형성할 것이라는 가설을 설정했다. 그러나 연구자들은 미시공격을 경험하지 않았던 내담자-상담자 쌍이 더 강력한 작업동맹을 형성할 것이라고 믿었다. 마지막으로 민족 짝짓기가 이루어지지 않은 내담자-상담자 쌍 가운데 미시공격 경험을 논의하지 않은 경우 가장 낮은 수준의 작업동맹 평정을 할 것이라고 연구자들은 믿었다.

이 연구에서 자료는 대학상담 센터에서 상담을 종결한 인종/민족 소수자인 내담자 120명으로부터 얻어졌다. 이 연구의 설계에서 회기 수와 내담자의 심리적 안녕이라는 두 개의 대리 사전 검사가 활용되었다. 구체적으로 대리 사전 검사는 분석에서 공변인(covariate)으로 활용되었다. 이렇게 함으로써 연구자는 상담자-내담자 짝짓기와 인종/민족 미시공격 지각의 분석에 영향을 미쳤을 수도 있는 몇 가지 처치 차이를 통제하고자 했다. 분석 결과, 인종적으로 짝짓기가 되지 않은 쌍과 짝짓기가 된 쌍은 내담자가 평정한 작업동맹에 유의한 차이가 없었다. 미시공격 경험을 논의하지 않은 내담자는 미시공격 경험을 논의했거나 경험하지 않은 내담자에 비해 더 낮은 동맹을 보였다.

Owen 등(2014)의 연구는 비동등 집단 설계를 활용한 하나의 좋은 예이다. 상담의 전 과정을 추적하는 것보다 처치의 끝 무렵에 내담자의 지각에 접근하는 것은 확실히 비용(시간과 돈)이 적게 드는 방법이었다. 또한 상담에서 그런 부정적 경험을 논의하도록 내담자를 무선화하는 것은 비윤리적일 수 있었는데, 이를 피할 수 있었다. 이 연구의 또 다른 강점은 선발에 있어서의 차이 가능성을 검토하기 위해 대리 사전 검사 변인을 활용한 것이었다. 이 연구의 약점은 선발 효과의 가능성이다. 한 예로, 왜 내담자가 특정 치료자에 할당되었는지, 또는 왜 어떤 상담자–내담자 쌍은 미시공격에 대한 논의를 했는지에 대해 우리는 모른다. 달리 말하면, 이 연구에서 검토된 조건(내담자–상담자 인종 짝짓기와 미시공격에 대한 논의)은 연구 결과에 영향을 주었을지도 모르는 알려지지 않은 몇 가지 요인을 토대로 형성되었을 수 있다.

동년배 설계

동년배 설계(cohort designs)는 비동등 집단 설계의 특수한 경우로 유사한 환경을 공유하는 인접한 동년배 집단을 활용한다. 예를 들면, 어느 해 특정한 학교의 6학년은 다음 해의 6학년과 유사할 것이다. 동년배 설계에서는 처치를 받는 혹은 받지 않는 인접 동년배 집단 간의 비교 가능성 때문에 인과 추론이 가능하다(Shadish et al., 2002). 그러나 동년배 설계에서 비교 가능성은 무선 할당을 하는 실험에서의 그것만큼 높지는 못할 것이다. 그럼에도 불구하고 동년배 집단들은 다른 비동등 집단 설계에서의 집단들보다 더 유사할 것이기 때문에 동년배 설계는 상대적인 이점을 가지고 있다.

연구자가 동년배 집단에 영향을 미칠 수 있는 조건에 관해 가능한 한 많은 지식을 가지고 있는 것이 중요하다. 동년배 설계는 연구자가 두 동년배 집단이 처치를 제외하면 사실상 유사한 환경을 공유하고 있다는 것을 개념적으로 그리고 경험적으로 주장할 수 있을 때 강력해진다. 예를 들어, 특정 학교에서 연속적인 해의 6학년생들은 유사할 가능성이 높을 것이다. 그러나 그 두 해 사이에 학군 경계가 새로 설정된다거나 새로운 사립학교가 생겨서 좀 더 부유한 학생들이 옮겨간다면 유사성 가능성을 확신할 수 없을 것이다.

세 유형의 동년배 설계가 상담 연구에서 활용되고 있다. 첫 번째 설계는 사후 검사만 있는 동년배 설계인데, 다음과 같이 표현된다.

$$
\begin{array}{l}
O_1 \\
\hline
\quad\quad X\ O_2
\end{array}
$$

이 설계에서 점선은 두 집단이 연속적인 동년배 집단으로 비동등 집단이 아니라는 것을 나타낸다. O_1은 첫 번째 동년배 집단에게 사후 검사가 실시된다는 것을 나타낸다. 반면 O_2는 동일한 사후 검사가 두 번째 동년배 집단에게 실시된다는 것을 나타낸다. 여기서 각 동년배 집단이 다른 학년도에 형성되었기 때문에 검사가 실시되는 연도가 다르다는 점에 주목하라. 그러나 학교의 학사 일정에 따른 비슷한 시점에서 사후 검사가 실시된다.

Slate와 Jones(1989)는 아동용 웩슬러 지능검사(WISC-R)의 채점 방법을 가르치는 새로운 방법의 효과를 검증하기 위해 사후 검사만 있는 동년배 설계를 활용했다. 한 동년배 학생들은 가을 학기에 개설된 지능검사 수업을 수강했고, 다른 동년배 학생들은 봄에 개설된 수업을 수강했다. 가을 학기 동년배는 표준적인 채점 훈련을 받았고, 봄 학기 동년배는 새로운 방법의 훈련을 받았다. 분석 결과, 봄 학기 동년배 학생들이 가을 학기 동년배 학생들에 비해 더 적은 수의 채점 실수를 한 것으로 나타났다. Slate와 Jones는 새로운 훈련 방법이 효과적이라고 결론 내렸다. 이들은 가을 학기와 봄 학기 동년배 학생들이 훈련 전에는 유사하다고 가정했는데, 처치 전 차이의 가능한 원천을 검토하여 그 가정을 지지했다. 예를 들면, 두 동년배 집단 간 성별 구성, GRE 점수, 학점이 유사하다는 것을 발견했다.

두 번째 설계는 분할 처치(partitioned treatment)를 가진 사후 검사만 있는 동년배 집단 설계인데, 다음과 같이 표현된다.

$$
\begin{array}{l}
O_1 \\
\text{- - - - -} \\
\quad X_1\ O_{2a} \\
\quad X_2\ O_{2b}
\end{array}
$$

O_1은 첫 번째 동년배 집단에게 실시한 사후 검사를 나타내고, X_1은 첫 번째 수준의 처치를 나타낸다. X_2는 두 번째 수준의 처치를 나타내며 O_{2b}는 처치 수준에 상관없이 두 번째 동년배 집단에 실시한 사후 검사를 나타낸다. 결국, 사후 검사만 있는 동년배 설계는 처치를 분할함으로써 더 강력해진다. 처치를 분할한다는 것은 한 동년배 집단 내 서로 다른 집단의 참여자에게 처치의 양을 달리하여 제공한다는 의미이다.

Slate와 Jones(1989)의 연구에서 두 번째 동년배 학생 중 일부는 새로운 채점 절차를 두 시간 동안 연습하고, 나머지 학생들은 네 시간 동안 연습했다고 하자. Slate와 Jones는 이 두 집단을 분리하여 각각 결과를 분석할 수 있었을 것이다. 네 시간 동안 연습한 학생들(O_3)이 두 시간 동안 연습한 학생들(O_2)에 비해 유의하게 적은 수의 채점 실수를 했다면, 그리고 처치를 받은 동년배 집단이 처치를 받지 않은 동년배 집단보다 더 적은 수의 채점 실수를 했다면, 처치 효과성(efficacy)에 대한 주장을 더 강하게 할 수 있을 것이다. 더구나, 이 결과는 필요한 훈련의 양에 대한 추가적인 정보를 제공해줄 것이다. 요약하면, 사후 검사만 있는 동년배 설계는 사후 검사만 있는 비동등 집단 설계에 비해 상대적인 강점이 있다. 내담자는 양을 달리하여 제공되는 상담 처치의 다양한 측면을 경험하므로 우리는 사후 검사만 있는 동년배 설계의 내적 타당도를 강화하기 위한 방법으로 분할을 활용할 것을 연구자에게 추천한다.

세 번째 동년배 설계는 처치 전후 동년배 설계인데, 다음과 같이 표현된다.

$$\begin{array}{l} O_1\ O_2 \\ \text{- - - - - - - - -} \\ \qquad\qquad O_3\ X\ O_4 \end{array}$$

첫 번째 동년배에게는 사전 검사(O_1)와 사후 검사(O_2)가 실시되고, 두 번째 동년배에게는 사전 검사(O_3), 처치(X), 사후 검사(O_4)가 실시된다. 사후 검사만 있는 동년배 설계에 대한 사전–사후 검사 동년배 설계의 이점은 처치 전 두 동년배 집단이 유사했다는 것을 사전 검사를 통해 더 강하게 확신할 수 있다는 것이다. 또한 사전 검사 점수를 공변량 분석의 공변인으로 활용하면 더 강력한 통계적 검증이 될 수 있다. 이 설계의 약점은 사전 검사가 처치에 대한 민감성을 증가시키기 때문에 외적 타당도에 위협이 된다는 것이다. 즉, 사전 검사를 받는다는 것 자체가 참여자를 민감하게 만들어서 사후 검사 점수에 차이를 낳게 한다. 대부분의 경우, 사전 검사를 활용하여 처치 전 집단의 비교 가능성을 검토하는 것은 구성 타당도에 대해 위협이 되는 것을 감수할 만큼 그 이점이 크다.

동년배 설계의 예 Miller 등(2006)은 근로자 지원 프로그램(EAP)의 일환으로 6,424명의 내담자에게 실시된 피드백 활용 치료(feedback informed therapy)의 효과를 알아보는 데 준실험 동년배 설계를 활용했다. 첫 번째 동년배 집단의 내담자는 일상적인 처치를 받았다. 이 내담자들은 각 회기 전에 성과평정척도(Outcome Rating Scale)로 평정을 했는데, 이 척도는 심리적 스트레스/안녕감을 측정한다(Miller et al., 2003). 이 첫 번째 동년배는 통제집단이었고, 첫 회기부터 마지막 회기까지의 변화는 사전 검사 점수–사후 검사 점수로 정의되었다. 다음으로 EAP 주관 기관은 상담자들이 내담자의 피드백을 활용하도록 훈련했다. 이렇게 함으로써 상담자에게 내담자의 심리적 안녕감/스트레스의 진척 상황에 관해 논의하도록 했다. 나아가 치료 관계에 대해서도 논의하도록 했다.

기저선 평가는 6개월 동안 지속되었다. 실행 국면도 또한 6개월간 지속되었다. 그리고 계속적인 평가 국면은 12개월간 지속되었다. 실제로는, 두 개의 서로 구분되는 동년배 집단이 존재했다. 하나는 기저선 동년배이고 다른 하나는 실행/지속 평가 동년배이다. 기저선 동년배는 긍정적인 변화를 보였지만 절대적 효과의 크기는 크지 않았다(Cohen's d=.37). 실행 동년배와 지속 평가 동년배는 각각 기저선 동년배보다 거의 두 배에 가까운 효과의 크기를 나타내었다(d=.62, .79). 결국, 이 결과는 모든 동년배 집단의 참여자들이 유의하게 증가된 안녕감을 보였고, 실행 및 지속 평가 동년배는 그보다 더 증가된 효과를 경험했다는 것을 나타낸다. 그럼에도 불구하고 무엇이 이런 사전-사후 효과의 원인(예: 성숙, 검사 민감화)인지, 또는 훈련이 결과에 영향을 미친 것인지 분명하지 않다. 따라서 이 연구 결과의 원인 요인을 검토하기 위한 추가적인 연구가 필요하다. 요약하면, 이 연구는 동년배 모형이 대규모로 실행될 수 있는지를 보여주는 좋은 예라 할 수 있다. 더욱이 이 연구는 한 기관의 프로그램 평가가 실행될 수 있는지를 보여주는 훌륭한 예라 할 수 있다(22장 참고).

요약하면, Miller 등(2006)의 연구는 세심하게 설계되어 실행된 것이다. 연구자들은 원래부터 나누어져 있는 집단을 이용하여 훈련을 실시한 집단과 훈련을 실시하지 않은 집단이라는 동년배 집단을 형성했다. 이들은 사전 검사 동등성 문제를 검토하기 위해 복수의 측정도구를 활용하여 동년배 집단을 비교했는데, 이를 통해 설계를 더욱 향상시켰다. 돌이켜보면, 이들은 통제집단을 활용할 수도 있었을 것이다. 예를 들면, 이들은 실행 국면 동안 피드백을 제공하지 않는 내담자들을 모집할 수도 있었을 것이다. 이 참여자들은 동일한 시간 프레임 내 처치집단 참여자와 비교될 수 있었을 것이다. 이러한 유형의 통제는 결과를 검토하는 데 있어서 시간 경과에 따른 효과를 검토하는 데 활용될 수 있었을 것이다.

시계열 설계

시계열 설계의 특성은 시간의 흐름에 따른 복수의 관찰이라는 것이다. 이런 관찰은 동일 참여자(예: 각 상담 회기 후 작업동맹에 대한 내담자의 평가) 또는 유사 참여자를 대상으로 한다(예: 월별 상담 센터에 도움을 요청하는 내담자 수). 단절 시계열(interrupted time-series) 설계에서는 처치가 일련의 관찰 중 몇몇 지점에서 시행된다. 처치가 일어나는 시점을 계열의 단절(interruption)이라 한다. 단절 시계열 설계의 논리는 처치 또는 단절 전후의 관찰을 비교하는 것이다. 처치가 효과가 있다면, 단절 전과 후의 관찰치에 있어서 차이가 있어야 한다. 차이의 증거로 단절 전과 후의 관찰치를 비교하는 논리가 단순하고 명확하다고 해도 통계적 분석은 복잡하다. 더 자세한 사항에 대해서는 Shadish 등(2002)을 보라.

이 절에서는 단절 시계열 설계에 대한 논리적 분석에 초점을 둘 것이다(단일 사례 설계에 적용된 시계열에 대한 논의는 15장을 보라). 그다음 절에서는 상담 연구자들이 연구를 계획할 때 이런 설계를 우선 고려하도록 자극할 수 있기를 기대하면서 두 개의 시계열 설계에 대해 제시한다.

단순 단절 시계열

가장 기본적인 시계열 설계는 단순 단절 시계열인데, 다음과 같이 표현된다.

$$O_1\ O_2\ O_3\ O_4\ O_5\ O_6\ X\ O_7\ O_8\ O_9\ O_{10}\ O_{11}\ O_{12}$$

처치(X)가 시행되기 전($O_1 - O_6$)과 후($O_7 - O_{12}$)에 복수의 관찰이 이루어진다. 이 다이어그램에서 처치 전과 후 같은 수의 관찰이 이루어지지만, 반드시 같아야 하는 것은 아니다.

단절 시계열 설계는 앞서 기술한 준실험 설계에 비해 두 가지 이점이 있다. 첫째, 시계열 설계는 처치가 실시되기 전에 발생할지 모르는 성숙에 기인한 변화를 찾아낼 수 있게 해준다. 연구자는 처치 전 관찰에서 변화 여부를 검토함으로써 성숙에 기인한 변화를 찾아낼 수 있다. 만약 성숙에 기인한 변화가 발견된다면, 이런 변화는 통계적 분석을 통해 통제될 수 있어서 처치 효과에 대한 더 강력한 검증을 할 수 있게 해준다. 두 번째 이점은 이 설계는 시기적인 경향(seasonal trends)에 대한 분석을 가능하게 해준다. 대체로 상담 연구의 자료는 시간의 흐름에 따라 체계적으로 변한다. 예를 들면, 명절을 전후한 시점이 되면 평소보다 더 많은 내담자들이 상담을 찾는다. 만약 연구자가 내담자의 상담 서비스 활용에 영향을 미치는 개입의 효과를 검증하려 할 때, 이런 유형의 체계적 변화를 고려하는 것이 중요하다는 것은 명약관화하다. 시계열 설계에서 통계적 분석 또한 이런 유형의 체계적 변산을 통제할 수 있다.

불행하게도 단절 시계열 설계에서 활용되는 통계 분석 방법은 매우 복잡해서 많은 전문성을 요구한다(Shadish et al., 2002; Shadish et al., 2013). 시계열 자료를 분석하는 데 있어서 핵심 문제 중 하나는 자기상관(autocorrelation) 문제를 처리하는 것이다. 자기상관은 어떤 점수의 계열에서 각각의 점수가 그 계열의 평균 점수보다 바로 직전의 점수와 더 유사할 때 발생한다. 점수들이 자기상관을 가질 때 오차 변량은 축소되고, 단절 전과 후의 점수를 비교하는 t 값은 확대된다. 그래서 연구자들은 자기상관 문제를 처리하기 위해 복잡한 통계 방법을 개발했다.

단순 단절 시계열 설계의 한 예로, 어느 대학의 상담 센터장이 학사 일정의 진행에 따라 점점 더 늘어가는 상담 대기 인원수에 관심을 가졌다고 하자. 그는 센터의 주 상담 접근을 시간제한 모형으로 바꾸기로 결정하고, 이런 변화가 센터의 상담 대기 인원수에 미치는 효과를 경험적으로 평가해보기로 했다. 상담 센터는 그해 9월부터 시간제한 모형을 적용할 수 있었다. 그는 직전 3년간 월별 상담 대기 인원수와 그해의 대기 인원수를 검토할 수 있었다. 이 설계에서 요구되는 분석은 시간제한 모형을 적용하기 전과 후 상담 대기 인원수의 비교가 될 것이다.

비동등 종속변인을 활용하는 단절 시계열

단순 단절 시계열 설계에 있어서 내적 타당도를 위협하는 요인들 중 하나는 역사일 것이다. 달리 말하면, 처치 외 다른 요인이 연구자의 관찰치에 영향을 줄 수 있다. 그런 위협을 감소시킬 수 있는 한 가지 방법은 두 번째 종속변인을 추가하는 것이다. 두 번째 시계열 설계는 바로 그것이며, 비(非)동등 종속변인을 활용하는 단절 시계열 설계(interrupted time series with nonequivalent dependent variables)라고 불린다. 이 설계는 다음과 같이 표현된다.

$$O_{A1}\ O_{A2}\ O_{A3}\ O_{A4}\ X\ O_{A5}\ O_{A6}\ O_{A7}\ O_{A8}$$
$$O_{B1}\ O_{B2}\ O_{B3}\ O_{B4}\ X\ O_{B5}\ O_{B6}\ O_{B7}\ O_{B8}$$

이 설계에서 O_A는 첫 번째 종속변인이고 O_B는 두 번째 종속변인을 나타낸다. 이것 외에는 단순 단절 시계열 설계와 동일하다. O_A 계열에서는 처치 시점에 단절을 보이지만 O_B계열에서는 단절을 보이지 않는다면, 처치 효과의 내적 타당도는 증대된다. 달리 말해, 역사가 하나의 종속변인에는 작용하지만 개념적으로 연관된 다른 변인에는 작용하지 않을 가능성은 높지 않을 것이다. 이 설계의 활용과 관련한 한 가지 중요한 문제는 이론적으로 처치의 영향을 받지 않을 두 번째 종속변인을 선택하는 것이다.

단순 단절 시계열 설계에서 연구자는, 예를 들면 매월 서비스를 요청하는 내담자의 수와 같은 두 번째 관찰 세트(set)를 추가할 수 있다. 시간제한 모형이 도입된 시점에서 상담 대기자 수(O_A)는 중단을 보이지만 서비스를 요청하는 내담자 수(O_B)는 유사한 중단을 보이지 않는다면, 상담 센터장은 시간제한 모형의 도입이 대기자 수 감소의 원인이 되었다고 결론 내릴 수 있을 것이다. 역사가 이 효과의 원인이 될 가능성은 거의 없다. 왜냐하면, 역사는 서비스를 요청하는 내담자 수에도 영향을 미쳤을 것이기 때문이다.

비동등 종속변인을 동반하는 고전적 단절 시계열 설계를 활용하여 연구를 수행한 Kivlighan(1990)은 상담 훈련에 있어서 현장 슈퍼비전(live supervision)의 효과를 조사했다. 훈련초기 상담 수련생들은 연구를 위해 모집된 내담자를 1회기 50분씩 총 4회를 보았다. 좀 더 숙련된 박사과정 상담 수련생들이 이들에게 현장 슈퍼비전을 실시했다. 이 슈퍼비전은 일방경 뒤에서 상담 면접을 관찰하다가 어떤 한 시점에 상담 회기가 진행 중인 상담실에 들어가 상담 과정에 대해 논평을 하고 상담자에게 방향을 제공하는 것이었다. 이 연구에서 관찰은 상담자 진술 각각을 평정하는 것이었다. 훈련된 평정자가 상담자 진술 각각을 인지－정서 차원과 즉시성 차원(내담자－상담자 관계에 대한 진술 대 상담 경험 이외의 것에 대한 진술) 모두에서 평정했다. 활용된 대인관계 훈련 모형을 토대로, Kivlighan은 중단(슈퍼바이저가 상담실에 들어간다) 이후 상담자의 진술은 인지적 특성은 줄고 보

그림 12.1 현장 슈퍼비전 전과 후의 상담자 상보성(complementarity)

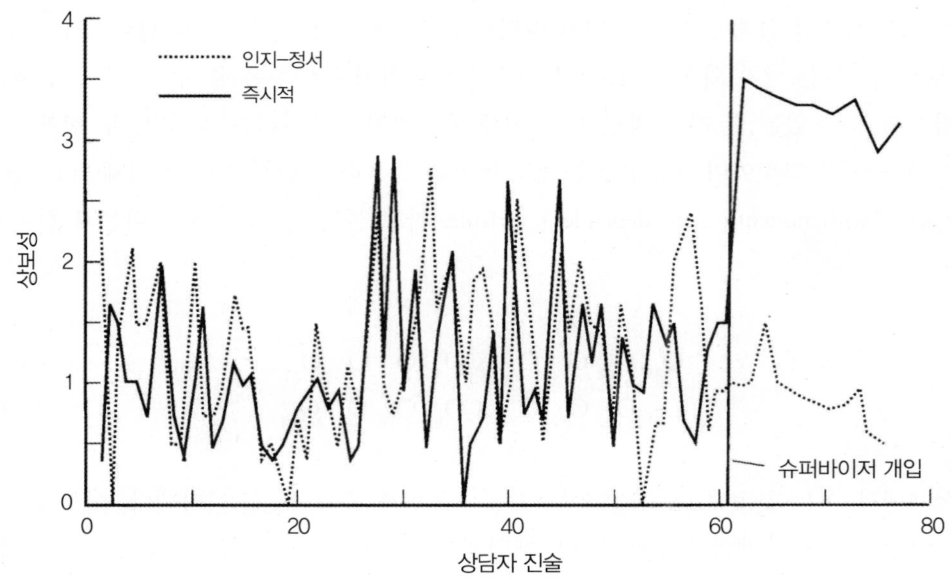

다 즉시적이 될 것이라고 예측했다.

그림 12.1은 어느 한 상담자-내담자 면접 동안 나타난 진술에 대해 슈퍼바이저가 평정한 결과를 나타낸 것이다. 슈퍼바이저는 60번째와 61번째 진술 사이에 개입했다. 이 그래프에 대한 시각적 검토 결과는 슈퍼바이저 개입 이후 상담자의 진술이 보다 즉시적이 되며 덜 인지적이 된다는 것을 시사한다. 이 시계열에 대한 통계 분석 결과를 토대로 Kivlighan(1990)은 현장 슈퍼비전 개입이 보다 정서적이고 즉시적인 진술을 활용하도록 초보 상담자들에게 영향을 미친다고 결론 내렸다.

이 연구는 상담 과정 연구에 단절 시계열 분석이 유용하게 활용될 수 있다는 것을 보여준다. Kivlighan(1990)은 두 개의 종속변인을 활용하여 관찰된 변화가 역사의 개입으로 발생한 것이 아니라는 주장의 개연성을 더욱 강화했다. 다른 상담자-내담자-슈퍼바이저 쌍(triads)을 대상으로 이 분석을 반복했다면 연구는 더욱 강력해질 수 있었을 것이다. 이렇게 함으로써 결과의 일반화 가능성을 높일 수 있었을 것이다.

연구 응용 12.2

Trisha는 2주간의 마음 챙김 개입이 내담자의 정서에, 특히 불안에 영향을 미칠 수 있는지 검증하기를 원한다. 이 개입은 이완, 자신의 주위와 신체 반응에 대한 인식, 그리고 호흡 통제에 초점을 두고 있다. 그녀는 이 연구를 대학생을 대상으로 실시하려 한다. 중간고사와 기말고사로 인해 발생할 수 있는 불안을 고려하면 처치 전 복수의 평가가 바람직하다고 그녀는 느끼고 있다. 그녀는 단절 시계열 설계를 이용하기로 결정한다. 이 설계가 자신의 연구문제에 적합하다고 생각하기 때문이다. 그러나 Trisha는 이 모든 것을 다 충족시키는 데 어려움을 느끼고 있어서 당신에게 도움을 요청한다.

질문

1. 첫째, O와 X로 이 연구를 표현해보라.
2. 추가적인 종속변인으로 어떤 것을 제안할 수 있는가?
3. 연구 결과에 영향을 미칠 수 있는 혼입변인으로 어떤 것이 있는가?
4. Trisha의 질문을 검증하기 위해 이 연구를 어떻게 다르게 설계할 수 있을까?

시계열에서 공존 분석을 검토하는 설계

때때로 상담 연구자는 시계열에서 처치 효과뿐 아니라 한 변인에 있어서의 변화가 이후 다른 변인에 있어서의 변화로 인과적으로 이어지는지에 관심을 가질 수 있을 것이다. 이 때 연구자는 시간의 흐름과 함께 두 개의 종속변인을 관찰할 것이다. 그 한 예로 '상담자의 자기개방 수준에서의 변화가 내담자의 자기개방 수준에 영향을 미치는가?'를 들 수 있다. 이 유형의 분석은 시계열에서의 공존(concomitance) 분석이라 불리는데, 다음과 같이 표현된다.

$$O_{A1}\ O_{A2}\ O_{A3}\ O_{A4}\ X\ O_{A5}\ O_{A6}\ O_{A7}\ O_{A8}$$
$$O_{B1}\ O_{B2}\ O_{B3}\ O_{B4}\ X\ O_{B5}\ O_{B6}\ O_{B7}\ O_{B8}$$

본질적으로 연구자는 시간의 흐름과 함께 두 개의 종속변인을 관찰한다. 이 예에서 연구자는 상담자의 자기개방 수준이 내담자의 자기개방 수준 패턴으로부터 획득한 예측 가능성 이상으로 내담자의 자기개방 수준에 예측 가능성을 추가하는지를 검토할 것이다. Cook과 Campbell(1979)은 시계열에서의 통계적 공존 분석을 소개하고 있다.

상담 연구에 시계열 설계의 예

기술의 발전과 함께 많은 기관들은 내담자의 기능에 대한 매 회기 자료를 수집할 수 있게 되었다. 이를 통해 기관들은 자연적인 시계열 설계를 가질 수 있어서 몇 가지 흥미로운 질문에 답할 수 있다. 예를 들면, Baldwin 등(2009)은 시계열 분석을 활용하여 내담자가 참석한 회기 수에 따라 심리적 스트레스의 변화 비율이 어떻게 변하는지 검토했다. Baldwin 등은 결과 질문지-45(Outcome Questionnaire-45)(Lambert et al., 1996)를 통해 심리적 스트레스를 평가했다. 앞서 Miller 등의 연구에서처럼 내담자는 각 회기 전에 이 척도에 평정했다. 연구 참여자는 대학 상담 센터에서 상담을 받은 4,676명의 내담자들이었다. 첫 번째 관찰 계열은 심리적 스트레스에 대한 내담자의 주별 평정치였다. 주 예측변인은 참석한 총 회기 수였다. 시계열 분석 결과 심리적 스트레스의 변화율은 참석한 총 회기 수에 따라 변화하는 것으로 나타났다. 즉, 더 많은 회기에 참석한 내담자는 더 적은 수의 회기에 참석한 내담자에 비해 더 늦은 변화율을 경험했다. 이 결과는 변화율이 내담자에 따라 다르며, 참석한 회기 수가 적은 내담자일수록 더 빠른 변화를 경험한다는 것을 나타낸다. 더구나 어떤 내담자는 유의한 향상을 위해 더 많은 회기를 필요로 한다.

요약 및 결론

준실험 설계와 시계열 설계는 현대 상담 연구에서 일정 부분을 맡고 있다고 우리는 믿는다. 이 설계들은 응용 장면에서 '관계'를 검토하는 데 특히 유용하다. 상담심리학자와 상담자들에게 실제 내담자, 근로자, 학생을 대상으로 연구를 한다는 것이 중요하다. 연구의 어떤 단계에서는 잘 통제된 진실험 설계가 매우 중요하지만 응용심리학자로서 우리가 가진 대다수 연구 질문의 성격상 현장에서 자료를 수집할 수밖에 없다. 진실험 설계는 다양한 논리적, 방법론적, 윤리적 이유로 이러한 장면에서는 불가능하다. 특히 실제 임상 집단이나 장면을 이용하지 않은 연구의 결과는 실제 장면에서 반복 연구를 해보는 것이 중요하다. 실제 장면에서 준실험 설계 또는 시계열 설계를 활용한 연구가 일련의 연구들에서 최종점이 될 수 있을 것이다.

준실험 설계와 시계열 설계는 결과의 해석에 문제가 있기 때문에 연구자가 최대한 주의를 해야 한다. 우리는 상담 연구에서 사후 검사만 있는 비동등 집단 설계만은 사용하지 말 것을 권고한다. 앞서 논의했듯이 사전 검사 동등성을 평가할 방법이 없기 때문에 이 설계에서 나온 결과는 해석이 불가능하다. 더구나 사전 검사-사후 검사 비동등 설계를 활용할 때 연구자는 자연적으로 발생하는 집단이 어떻게 형성되었는지에 주의를 기울여야 한다. 응용 장면에서는 집단이 형성되는 어떤 기반이 있게 마련이다. 연구자가 집단이 형성되는 토대를 더 많이 이해하면 할수록 처음부터 존재하는 차이를 더 잘 통제할 수 있다. 이는 분석에서 선택변인(selection variable)을 공변인으로 투입함으로써 성취될 수 있다.

사전-사후 검사 비동등 집단 설계 또는 동년배 설계를 활용할 때, 연구자가 처치 전 동등성을 조사하기 위해 복수의 사전 검사 도구 또는 복수의 측정을 활용하는 것이 좋다. 복수의 측정도구나 측정 횟수를 활용하면 처치 전 조건 간 동등성에 대해 더 강력히 말할 수 있다. 또한 동년배 설계를 활용할 때 서로 다른 시간대 동안 참여자에게 일어나는 모든 것에 있어서 사소한 차이(실험 조작 외)라도 찾으려고 하는 것이 필요하다.

마지막으로 우리는 상담 연구자들이 시계열 설계를 잘 이용하지 않는다고 생각한다. 이 설계는 새롭고 혁신적인 프로그램을 평가하는 데 특히 유용할 수 있다. 시계열 설계는 종종 모집단으로부터 표집된 단일 사례를 연구하는 데 활용되기 때문에 이 설계의 외적 타당도에 관한 의문이 존재한다. 그러므로 연구자는 연구를 계획할 때 반복연구를 고려해야 한다.

주의 깊게 설계된 준실험 설계는 자연적으로 발

생하는 장면에서 심리적 현상에 대한 중요한 지식을 제공해줄 수 있다. 이 설계에는 어쩔 수 없는 타당도 위협 요인이 존재하지만 이들 중 많은 것이 설계와 통계적 기법으로 통제될 수 있다.

촉진 질문

준실험 설계

이 연습은 준실험 설계에 대해 숙고해보도록 하기 위해 설계되었다. 이 장을 읽고 다음 질문에 대한 답을 생각해보라.

1. 준실험 설계에 대해 어떻게 생각하는지 교수나 동료들과 함께 이야기해보라. 어떤 이점과 약점이 먼저 이야기되는가? 준실험 설계에 대해 논의할 때 이들이 이야기하는 약점에 어떤 패턴이 있는가?
2. 왜 어떤 준실험 설계는 해석이 불가능한가? 어떤 설계 요소가 있으면 해석이 가능해질 수 있는가?
3. 준실험 설계를 이용하고자 할 때 우려되는 한 문제는 원래 상태(intact) 집단이다. 이 집단을 활용하는 것과 관련한 타당도를 높이기 위해 무엇을 할 수 있는가?
4. 준실험 설계를 활용하여 연구할 수 있는 두 가지 연구 질문을 제시해보라. 이 질문과 관련한 연구를 수행하기 위해 어떤 유형의 준실험 설계를 사용하려 하는가? 이 장에서 활용한 기호 표시를 이용하여 설계를 다이어그램으로 나타내보라.
5. 당신 연구의 내적 타당도에 대한 위협을 줄이기 위해 어떤 안전장치를 사용하려고 하는가?
6. 상담의 초기 역사에서 준실험 설계는 빈번히 활용되었다. 그러나 현재 대표적인 상담 학술지에서 준실험 설계의 좋은 예를 찾기는 매우 어렵다. 어떤 요인 때문에 이런 변화가 일어났다고 생각하는가?

13 CHAPTER

양적 기술 설계: 현상에 대한 기술, 설명, 예측

과학의 목적은 기술, 설명, 예측이다. 그래서 기술 설계(descriptive designs)는 특정 현상의 존재를 기술하고 그 특징을 파악하는 데 중요한 역할을 한다. 1장에서 주장했듯이 설계의 가치는 설계 그 자체에 내재된 것이 아니다. 그보다는 특정 분야 내의 지적 상태와 구체적인 질문에 의존한다고 할 수 있다. 기술 설계는 과학 탐구의 과정, 특히 어떤 현상에 대한 탐구의 초기 국면에서 독특하고 중요한 기능을 한다. 실험 설계와는 달리 기술 설계에서는 변인들 간 가능한 관계를 연구자가 빨리 그리고 비교적 쉽게 기술할 수 있다. 기술 연구는 인과관계의 존재를 배제할 수 있다. 변인 간 상관이 존재하지 않는다면 인과관계도 존재할 수 없기 때문이다. 또한 기술 연구는 종종 이론적 추론을 검증하는 데 활용되고 있다. 그래서 이론에 기반 한 연구 질문을 갖는 것이 필수적이다. 더구나, 기술 연구는 그 다음에 수행될 실험 설계를 통해 검토될 수 있는 변인 간 가능한 인과관계를 시사할 수 있다.

예를 들면, 상담자로서 우리는 종종 대학 캠퍼스 내 상담 서비스의 이용과 상담실을 찾아오는 학생들의 유형에 관심을 갖는다(Nordberg, Hayes, McAleavey, Castonguay, & Locke, 2013 참고). 이런 정보는 상담 처치와 예방 프로그램을 개발하는 데 매우 유용하다. 그래서 우리 연구의 매우 중요한 역할은 관심 현상의 **발생을 기술하는** 것이다. 또한 우리는 레즈비언, 게이, 양성애자에 대한 이성애자의 지식과 태도의 차원과 같은 특정 현상에 대한 **특성을 기술하고** 싶어 한다(Worthington, Dillon, & Becker-Schutte, 2005). 마찬가지로 우리는 종종 아프리카계 미국 학생들의 인종 정체성과 안녕감 간의 관계(Whittaker & Neville, 2010 참고)와 같이 둘 또는 그 이상의 변인 간 **관계를 기술하는** 것이 유용하다는 것을 안다. 요약하면, 이런 기술 정보는 다양한 현상에 대한 이해를 증진시키며, 이런 지식은 나아가 다양한 상담 개입의 효과를 증진시키는 데 활용될 수 있을 것이다. 그래서 기술 설계는 상담자들에게 매우 중요하고 유용한 연구 방략이다. 그래서 여러 상담 학술지에서 흔히 발견할 수 있다.

역사적으로 연구 설계에 관한 교과서들은 기술 설계에 많은 관심을 기울이지 못했다. 이런 관심의 결여는 소위 '순수 과학 미신'에 부분적으로 기인하는 것 같다. 순수 과학 미신에 따르면 진실험 설계만이 '옳은' 또는 '최선의' 과학 연구 방식이라고 주장한다. 더구나, 과학은 서로 경쟁하는 이론을 비교하는 것뿐만 아니라 이론의 검증과 확인을 강조한다(Hoyt & Mallinckrodt, 2012). Greenberg(1986a)은 상담심리학은 발견지향적 패러다임을 강조해야 한다고 주장했다. 그에 따르면 상담 연구자들은 통제된 집단 간 비교 실험을 필두로 한 경험주의 전통에 지나치게 경도되어있다. 그 결과 연구자들은 관심 현상에 대해 충분히 알기도 전에 변인을 조작하고 통제하려는 시도를 한다. 부적절하게 기술된 현상이 종종 엄격한 검증의 대상이 되어 실망스러운 결과를 산출한다. 어떤 현상을 설명하는 데 있어서 한 이론의 적절성을 검증하려면, 현상에 대한 믿을 만한 세세한 기술이 필요하다. 확실히 기술 설계는 과학적 과정에서 중요한 역할을 하는데, 오늘날 이 설계의 빈번한 사용은 이런 사실을 반영한다. Hoyt와 Mallinckrodt 또한 개인 특성(예: 인종 정체성, 자기효능감, 애착 스타일)과 관계 속성(예: 부모에 대한 지각, 치료 동맹)의 효과에 대한 연구에 상담 연구자들이 점점 더 관심을 보이고 있다고 지적했다. 이런 특성들은 실험적으로 조작될 수 없다.

기술 연구의 유용성은 현상을 기술하는 데 활용되는 평가 또는 측정도구의 질에 달려있다. 어떤 현상의 모든 경우를 관찰하는 것은 불가능하다. 대신에 연구자들은 모집단에서 추출된 표본에서 그 현상을 주의 깊게 연구한다. 그래서 관찰의 신뢰도와 타당도 그리고 표본의 일반화 가능성(외적 타당도)이 기술 연구의 두 핵심 논점이 된다. 얼핏 보면, 이 책에서 강조해온 MAXMINCON 원리가 기술 연구에 반대되는 것처럼 보일 수 있다. 예를 들어, 실험 통제를 하면, 이로 인해 연구자가 기술하려고 하는 자연적인 현상이 방해를 받거나 변할 수 있다. 실제 기술 연구에서 많은 변인들은 통제되지 않는다. 그래서 원인-결과 진술이 부적절하다. 다른 한편, 연구자는 측정 오차를 최소화하기 위해 최대한 신중하게 관찰을 한다. 이로 인해 오차 변량을 감소시킬 수 있다. 그래서 관찰의 질이 기술 설계의 핵심이라 할 수 있다. 마찬가지로 기술 설계를 활용하는 연구자는 외재변인의 영향과 편향을 줄이기 위해 실험 통제를 실시하는데, 무선 표집이 이를 가능하게 한다. 이 장에서 기술 설계의 몇 가지 유형을 살펴보는데, 그때 우리는 측정, 관찰, 표집을 강조할 것이다.

이 장의 목적은 기술 설계의 세 가지 주요 유형을 소개하려는 것이다. 기술 설계의 세 가지 주요 유형이란 (1) 조사 또는 역학 연구, (2) 변인 중심 연구, (3) 사람 중심 연구를 말한다. 간단히 말하자면, 역학 또는 조사 설계는 모집단에 있어서의 태도와 행동의 발생을 특징짓기 위한 연구 방략이다. 변인 중심 연구는 변인 간 관계를 검토하고, 사람 중심 연구는 공통적인 속성을 공유하는 집단을 규정한다(Laursen & Hoff, 2006; Muthén & Muthén, 2000).

조사 또는 역학 연구 설계

조사 연구는 사회과학에서 가장 오래되고 가장 널리 활용되는 연구 방법 중 하나이다. 설문의 활용을 추적해보면 고대 이집트까지 거슬러 올라간다. 18세기 영국에서는 사회 상황을 평가하기 위해 설문조사가 실시되었다(Glock, 1967). 오늘날 설문조사는 빈번하게 수행되는데, 특히 의견조사나 정치적 견해를 알아보는 데 흔히 활용되고 있다.

조사 연구의 기본적 목적은 특정 모집단 내(예: 한국 대학생)에서 어느 변인의 빈도 또는 속성(예: 음주의 빈도와 정도)을 기록하려는 것이다. 설문은 사실, 의견, 태도, 행동을 규정하기 위해 그리고 이들 간의 관계를 규정하기 위해 전형적으로 자기보고를 활용한다. 자료는 질문지, 우편으로 보낸 질문지, 전화 면접, 대면 면접, 또는 온라인 웹사이트를 통해 수집된다. 조사 연구의 기능은 현상을 기술, 설명, 탐색하려는 것이다(Sapsford, 2006). 기술 연구는 현상 또는 변인에 대한 기본적 정보를 제공해준다(예: 대학 캠퍼스 내 강간의 빈도). 설명적(explanatory) 연구는 현상의 발생(예: 대학 캠퍼스 내 강간)을 설명할 가능성이 있는 변인들(예: 여성에 대한 신념, 또는 신체 공격의 허용에 대한 신념)을 규정하려 한다. 조사 연구는 가설과 추측(예: 대학 캠퍼스 내 강간과 관련된 요인)을 검증하는 데 활용될 수 있다.

조사 연구는 특정한 학생집단의 욕구를 조사하는 데 활용되어왔다. 학생 욕구를 조사한 예는 외국인 학생들의 상담 서비스 활용과 정신건강 욕구 조사(Hyun, Quinn, Madon, & Lustig, 2007)와 수감되어 있는 엄마들의 진로상담 욕구 조사(Laux et al., 2011)가 있다. 이 연구들은 어느 한 시점에서 참여자들의 욕구를 조사한 것이다. 이 연구 결과들은 참여자들의 욕구에 대한 단면적인 정보는 제공하지만, 시간의 경과에 따라 발생할 수 있는 변화는 설명하지 못한다.

조사 연구는 시간의 경과에 따른 욕구와 지각의 변화를 알아보기 위한 훌륭한 방략이다. 예를 들면, 진로발달에 관한 어느 종단연구는 일단의 학생 집단을 초등학교 2학년 때부터 고교 졸업 후 5년까지 추적했다(Helwig, 2008). 시간의 경과에 따른 지각이 비교되었다. 연구 결과, 고등학교 졸업 후 5년이 경과한 시점에서 참여자들은 고등학교 재학 중 받았던 진로 조언(career direction)과 준비(preparation)가 재학 중일 때에 비해 도움이 덜 되는 것으로 지각했다. 종단 접근을 활용하면 변화에 대한 정보를 얻을 수 있다. 비유를 통해 종단 비교와 횡단 비교를 설명하자면, 횡단 조사 연구는 특정 시점의 이미지를 제공하는 사진과 같고, 종단 연구는 시간의 경과에 따라 변화가 어떻게 일어나는지를 기록하는 비디오를 찍는 것과 같다.

조사 연구는 한 모집단 내 욕구와 문제의 존재를 기록하는 데 국한되지 않는다. 사실 광범위한 유형의 행동 또는 변인이 이런 유형의 접근을 통해 기술될 수 있고 집단 비교 또한 수행될 수 있다. 예를 들면, Lam, Tracz와 Lucy(2013)는 다양한 인구학적 변인에 걸쳐 상담 수련생들의 자기효능감 수준을 조사했다. 이들은 성별 또는 연령별에 있어서는 유의한 차이를 발견하지 못했지만 인종 집단 간에 있어서는 유의한 차이를 발견했다. 구체적으로 아시아계와 백인 학생들이 다른 인종 집단보다 더 낮은 수준의 상담 자기효능감을 보고했다.

조사 연구의 한 가지 중요한 기여는 특정 집단 내 문제의 패턴, 원인, 결과를 연구하는 것인데, 이를 역학 연구라 한다. 이런 유형의 연구 방법은 특정 모집단 내 공중보건 문제와 관련한 위험요인을 찾아내는 데 활용된다. 역학 연구를 활용한 고전적 예는 콜레라(물과 음식 섭취를 통해 감염되는 소장 장애)의 확산을 멈추기 위해 이 접근을 활용했던 John Snow다. John Snow는 현대 역학연구의 아버지로 알려져 있다. Snow는 설문 자료를 통해 콜레라로 인한 사망률이 특정 지역에서 유의하게 더 높다는 것을 발견했다. 그는 이 정보를 활용하여 감염의 발원을 추적하여 특정 물 펌프를 지목하였다. 이후 염소를 사용하여 물을 정화하고 펌프 핸들을 제거한 후에는 발병이 멈추었다. 그래서 역학 연구의 결과는 예방 개입을 개발하는 데 활용될 수 있다. 다음은 역학 연구의 한 예인데, 조사 연구 설계와 관련된 몇 가지 주요 문제에 대해 설명할 때 활용할 것이다.

조사 연구의 예

Cook, Alegria, Lin과 Guo(2009)의 연구는 라틴계 미국인의 정신건강과 관련된 요인들을 검토하기 위해 역학 연구 자료를 활용했다. 이 연구의 목적은 라틴계 이민자의 정신과적 장애 가능성을 예측하는 미국 체류 기간과 관련된 변인들을 미국에서 태어난 라틴계 미국인과 비교해서 조사하는 것이었다. 선행 연구에 의하면, 라틴계 이민자들은 미국에서 태어난 라틴계 미국인보다 더 양호한 정신건강 상태를 유지하고 있지만 미국 체류 기간이 길어짐에 비례하여 정신건강 상태가 악화된다(Alegría et al., 2008). 또한 라틴인 집단에서 외국 태생은 더 낮은 수준의 정신과적 장애에 기여한다. 그래서 이 연구는 미국 출생 라틴계 미국인과 라틴계 이민자 간 정신건강 문제를 가진 비율이 다르다는 것과 관련된 요인들을 검토하기 위해 NLAAS(National Latino and Asian American Study)의 설문 자료를 활용했다.

NLAAS는 성, 연령, 교육, 혼인 상태, 지리적 분포 측면에서 미국 인구를 반영한 2002~2003년 설문조사에서 수집된 2,554명의 라틴인들의 자료로 구성되어있다. NLAAS 표본에는 인구조사 자료보다 더 많은 수의 라틴계 이민자와 수입이 더 낮은 응답자가 포함되었다. 아마도 인구조사에서는 이민자 수를 적게 세고 비공식적인 체류자를 포함시키지 않았기 때문일 것이다. 자료는 NLAAS 배터리를 실시한 면접자들로부터 수집되었다. Cook 등(2009)은 라틴계 이민자들의 정신건강 상태가 더 양호한 것은 단순히 이민자 지위 때문이 아니라 미국 출생 라틴계 미국인에 비해 지각된 차별과 가족 갈등의 경험이 더 적다는 점 때문이라는 것을 발견했다. Cook 등은 미국에서 더 오래 살았던 라틴계 미국인들이 경험하는 더 높은 수준의 지각된 차별은 그들이 더 빈번히 문화 간 상호작용을 해왔을 뿐 아니라 불공평과 차별적 대우에 대한 보다 타당한 지각을 가지고 있다는 사실과 관련되어있을 것으로 추론했다. 또한 미국에 체류한 기간이 오래될수록 원래 살았던 곳의 문화에서 보호 요인으로 기능했던 가족 구성원 간 가까운 유대 관계는 약화된다. 더구나 증가하는 가족 구성원과의 세대 간 갈등은 시간의 경과와 함께 미국 문화에 더 잘 조율된 가치와 규범을 발달시킨 결과일 수 있다. 요약하면, 이 연구는 정신건강 문제의 원인과 관련된 요인을 탐색하기 위해 국가적인 설문조사 자료를 활용한 하나의 훌륭한 예이다.

조사 연구에서 설계 문제

조사 연구의 수행에 있어서 최소 4개의 주요 활동이 포함된다. 4개의 주요 활동은 (1) 정의된 모집단을 위한 연구 질문 개발하기, (2) 조사 도구를 개발하거나 선택하기, (3) 자료 수집 방법을 선택하고 개발하기, (4) 자료를 분석하기이다. 우리는 연구자의 질문에 조사 설계를 맞추는 것과 관련한 적절한 활동을 5장과 6장에서, 표본을 추출하는 것과 관련한 활동은 8장에서, 도구를 구성하는 것과 관련한 활동은 10장에서 논의했다. 19장에서는 도구를 선택하고 자료 수집 방법을 개발하는 것에 대해 논의할 것이다. 조사 연구를 계획하기 위해서는 이 모든 장들을 참고해야 할 것이다.

정의된 모집단을 위한 연구 질문 조사 연구의 본질은 표본으로부터 모집단에 대한 기술을 추론해내는 것이다. 조사 연구는 연구문제와 관련된 표준화된 질문들을 체계적으로 참여자에게 묻는 것이다(Sapsford, 2006). 연구문제의 일부로 모집단이 정의된다. 예를 들면, NLAAS는 라틴계와 아시아계 미국인에 초점을 두고 이 두 인종 집단의 전체 모집단을 나타내는 미국 출생자와 이민자 모두를 포함시키려 했다. 조사 연구의 실제 설계에서는 진실험 설계나 준실험 설계에서와는 달리 연구자가 미리 집단을 형성시키지 않는다. 집단이 비교를 위해 형성될 수는 있지만(예: 미국 출생자 대 이민자), 설문은 정의된 표본 전체에게 실시된다. 예를 들어, 미국 출생자와 이민자를 비교하려는 결정을 미리 내릴 때조차 연구자는 표본 모집단(sample population)에서 이들 참여자를 찾는다. 그러나 NLASS 설문조사는 아시아계 미국인과 라틴계 미국인이라는 두 집단으로부터 목적적으로 표집했다. 이런 유형의 목적 표집을 할 때조차 연구자는 진실험 설계나 준실험 설계 연구에서처럼 참여자를 이 집단 아니면 저 집단에 할당할 수 없다. 그리고 조사 설계에서 독립변인에 대한 조작이 필수적으로 요구되는 것은 아니다. 그러나 가끔 조작이 조사 연구의 부분으로 통합될 수는 있다. 예를 들어, 질문 또는 정보 세트(예: 핵심 인물의 성 또는 인종이 조작되는 사례 시나리오)를 제시하고 반응을 비교할 수 있을 것이다. 갤럽 의견 조사에서는 동일한 질문을 달리 표현, 제시하여 그 반응을 비교할 수 있을 것이다.

질문지 조사를 위한 질문지 개발/선택을 위해 기존 질문지의 심리측정학적인 속성을 주의 깊게 고려할 필요가 있다(19장 참고). 예를 들어, NLAAS에서 활용된 질문지 배터리는 강력한 안면 타당도와 내적 신뢰도를 가지고 있으며, 아시아계 미국인과 라틴계 집단에게 활용되고 있는 기존의 측정도구들로부터 선택된 것이었다. 그러나 어떤 연구들은 특정한 조사 연구를 위해 특별히 개발된 새로운 문항을 사용한다. 새로운 질문 문항을 개발하기 위한 절차는 매우 중요하다. 그러나 많은 경우 새로운 질문 문항을 개발하는 것이 쉽게 빨리 할 수 있는 일이라고 오해한다. 독자들에게 10장에 제시한 문항 작성하기, 내용 분석하기, 문항에 대한 예비검사(piloting items)와 같은 단계뿐만 아니라 질문지 구성, 편의 표집, 문화 관련 쟁점에 대한 논의를 참고해볼 것을 권한다.

모집단을 대상으로 한 조사 연구에서는 몇 가지 독특한 어려움이 제기될 수 있다. Ponterotto와 Casas(1991)는 문화적으로, 언어적으로 그리고/또는 경제적으로 다양한 집단들을 대상으로 하는 조사 설계를 활용할 때 상담 연구자가 고려해야 하는 문제들에 대해 논의했다. 첫 번째 문제는 질문지를 현재의 집단에 맞도록 어떻게 변경할지에 관한 것이다. 응답자는 연구자가 의도한 바와 같은 방식으로 질문을 이해할까? 어떤 문항은 연구자가 조사하기를 원하는 그 집단의 사람들에게 무례한 것이 아닌가? 잠재적 응답자는 그 형식에 반응하는 방법을 알까? Ponterotto와 Casas에 의하면 모집단을 대표하는 예비조사용 표본을 대상으로 실시한 사전 검사에서 문항의 언어와 형식을 검토함으로써 이런 질문들에 대한 답이 추출될 수 있다. 이들은 가독성, 소요 시간 등을 검토하기 위해 목표 표본의 약 5%를 대상으로 질문지 예비조사가 실시되어야 한다고 제안했다. 예비조사가 실시될 때, 응답자 인터뷰도 시행되어야 한다. 문항이 의미가 있는지, 명확한지, 그리고 연구의 목적상 적절한 것인지를 확인할 필요가 있기 때문이다. 이 예비조사 단계는 모든 질문지에 적용되어야 한다. 이제까지 조사된 적 없는 모집단을 연구할 때는 특히 그러하다.

Ponterotto와 Casas(1991)가 제기한 두 번째 문제는 영어를 모르는 참여자들에 대한 연구와 관련이 있다. 이 경우, 연구자는 문항을 참여자의 모국어로 번역해야 한다. 예를 들어, 이민자들을 NLAAS에 포함시키려는 노력으로 질문지들이 스페인어와 아시아 국가들의 언어로 조심스럽게 번역되었다. 불행하게도 이 번역과정은 명확하지도 간단하지도 않다(10장 참고, Mallinckrodt & Wang, 2004; Ægisdóttir, Gerstein, & Çinarbaş, 2008 참고). 간단히 말해서 우리는 여기서 두 가지 논점, 즉 번역/역번역과 탈중심화(decentering)를 조명하고자 한다. 역번역에서는 이중언어를 구사하는 사람이 먼저 원본을 다른 언어로 번역한다. 이 번역이 완료되면, 다른 이중언어 구사자가 번역된 문항을 다시 영어로 번역한다. 원본과 역번역본 간 차이가 나는 부분이 확인되면 교정이 가해진다. 탈중심화는 기능적 그리고 문화적 의미가 동등한지에 관한 논점을 말한다. 탈중심화에서 연구자는 어떤 한 언어가 중심이 아니라는 것을 확인하려 한다. 탈중심화를 성취하기 위해 연구자는 두 개본의 질문지를 이중언어 구사자에게 검토하게 하여 문항의 기능적 그리고 문화적 동등성을 비교하게 한다.

자료 수집 조사 연구가 모집단을 기술하는 데 그 목적이 있는 만큼 자료는 전체 모집단 또는 모집단을 대표하는 표본으로부터 체계적으로 수집되어야 한다. 대부분의 경우, 전체 모집단의 각 개인을 대상으로 하는 것보다는 표본으로부터 자료를 수집하는 것이 훨씬 더 현실적이다. 그러나 표본이 전체 모집단을 대표할 수 있는지가 핵심 논점이다. 예를 들면, 라틴계 미국인들이 심리적인 장애를 가지고 있는 경우가 얼마나 되는지를 알기 원한다면, 표본은 성, 지역, 연령, 출신국, 사회경제적 지위 등에 걸쳐 대표적이어야 한다. 만약 표집 과정이 어느 한 집단(예: 영어를 능숙하게 구사하는 사람들)에 초점을 맞추면서 다른 집단(예: 영어를 모국어로 하지 않는 이민자들)을 무시하면 그 결과는 편향적일 수 있다. 왜냐하면, 미국 체류 기간과 이민자 지위(이들 또한 영어 유창성과 관련된다)가 심리장애의 가능성과 관련되어 있기 때문이다(Alegría et al., 2008). 그러므로 표집 절차는 유병률을 조사하는 연구를 수행하는 데 있어서 핵심이 되는 단계 중 하나라 할 수 있다.

무선 표집은 모든 조사 연구에 걸쳐 중요한 논점이다. 잠재적인 참여자가 연구에 참여하도록 초대되는 기회가 동일하다는 것은 중요하다. 그러나 연구 설계상의 여러 요인(예: 온라인 설문에 대한 접근 가능성, 특정 시간대 동안 면접이 가능한지 여부, 자발성) 때문에 진정한 무선 표집을 실시하는 데 제한이 있게 된다. 이런 표집 논점은 8장에서 보다 자세히 논의되었다.

다른 접근은 층화(stratified) 무선 표집일 것이다. 이 표집은 몇 개의 특성을 감안한다. 이 방법은 먼저 공유된 속성 또는 특성(예: 남성과 여성)에 토대를 두고 모집단을 보다 작은 집단의 층(strata)으로 나눈다. 이후 전체 모집단 대비 각 집단의 비율적 크기에 맞추어 각 집단의 표본을 추출한다. 예를 들면, 여성은 전체 모집단에서 약 55%를 차지한다. 1,000명의 참여자를 목표 표본 수라고 하면 여성들 가운데 550명이 무선적으로 선발될 것이고 남성 가운데 450명이 선발될 것이다. 층화 무선 표집 방법의 한 가지 장점은 전체 모집단을 대표하는 핵심 특성을 확보할 수 있다는 것이다.

조사 연구에서 자료를 수집하는 가장 빈번한 방법은 자기보고식 질문지, 특히 우편 또는 온라인 질문지를 이용하는 것이다. 이런 조사의 주된 이점은 자료 수집이 용이하다는 것이다. 특히 표본이 넓은 지역에 걸쳐 분포할 때 그렇다(이 경우 현장에서 자료를 수집하기는 어려울 것이다). 반면 가장 큰 약점은 설문에 대한 응답을 완료하게 해서 회수하는 데 있어서의 어려움이다. 예를 들면, 종종 첫 우편을 통한 회수율은 30%에 불과한데, 이 때문에 결과의 외적 타당도에 의문이 제기된다. 참여자 대부분이 응답하지 않았다면, 여기에는 무슨 이유가 있는 것이 아닌가? 이들의 응답은 응답한 30%의 응답과 다를 것인가? 회수율 30%로부터 결과를 목표 모집단에 안정적으로 일반화하기는 어려울 것이다. 우편을 통한 조사에서 회수율이 매우 중요한 논점이기 때문에 연구자는 일반적으로 질문지에 응답을 완료하여(질문지를 짧게 하기) 제출하는 것(우편을 통한 방법일 경우 우표와 회신 주소가 미리 기재된 봉투를 동봉한다)을 쉽게 하려 노력한다. 일반적으로 응답을 독려하는 두 세트의 편지 또는 전자우편이 발송된다. 전형적으로 처음 우편을 보낸 2~3주 후 추수 독려 메시지가 발송되고, 그다음 2~3주 후에 최종 메시지가 발송된다. 일반적으로 첫 설문지 발송에서 30~40% 정도의 회수율을 보이고, 두 번의 연속적인 추수 메시지 발송에서 각각 20%와 10%의 회수율을 보인다. 이미 학술지에 게재된 몇몇 조사 연구는 40% 미만의 회수율을 토대로 결과를 보고했지만, 일반적으로 최소 50% 정도의 회수율을 '적정한' 것으로 간주한다(Baddie, 2001).

현재 널리 행해지고 있는 자료 수집 방법 중 하나는 온라인 웹사이트를 통한 것이다. 이런 자료 수집 방법은 미국 내에 있든 아니든 목표 모집단 내 광범위한 개인들이 질문에 응답할 수 있다는 것이다. 그 결과 연구자는 전통적인 자료 수집 방법을 이용했을 때보다 더 큰 자료 세트를 획득할 수 있다. 특히 제한된 모집단을 대상으로 할 경우 더욱 그렇다. 반대로 온라인 질문지에 응답한 참여자들의 대표성을 확인하는 것에는 어려움이 있다. 더구나 온라인 질문지에 대한 반응 비율은 종이 질문지에 대한 반응 비율보다 낮은 것으로 보고되고 있다(Shih & Fan, 2008). 더구나 리스트서브(listservs)를 통해 참여자 모집을 위한 전자우편을 발송하기 때문에 누가 이 전자우편을 받았는지 그리고 이 중 누가 실제로 그 메시지를 읽었는지를 알기 어렵다. 그래서 이 경우 참여율을 추정하는 것은 거의 불가능하다. 사회 매체 또한 연구 참여자를 모집하는 일반적인 방법이 되고 있다. 사회 매체, 리스트서버, 입소문을 활용한 눈덩이 방법을 통해서는 연구자가 온라인 질문지에 대한 응답에 누가 참여하는지에 대한 통제권을 거의 가질 수 없다. 그러므로 분석을 실시하기에 앞서 자료를 선별하는 것이 필수적이다. 참여자들이 준거에 맞는지를 확인하기 위해 몇몇 인구학적 변인을 포함시키는 것, 그리고 참여자들이 문항을 주의 깊게 읽었는지를 보기 위해 타당도 검증 문항(예: 이 문항에는 '매우 동의함'에만 표시해주세요)을 포함시키는 것 등은 자료 검증 과정에 도움이 될 수 있는 방법들이다.

온라인을 통한 자료 수집이 일반화되었지만, 크라우드소싱(crowdsourcing. 대중과 아웃소싱의 합성어로 인터넷을 통한 대중의 참여로 해결책을 얻는 방법—옮긴이) 또한 점점 더 많이 활용되고 있으며 연구 자료를 수집하는 데도 활용되고 있다. 크라우드소싱은 온라인 커뮤니티에서 참여자에게 부탁하여 서비스(예: 유용한 정보, 아이디어, 피드백)를 얻는 방법이다. amazon.com에서 운영하는 MTurk(Mechanical Tuck)는 가장 흔히 활용되는 크라우드소싱 서비스이다. MTurk는 조건에 맞는 연구 참여자에게 빠르고 쉽게 그리고 적은 비용으로 접근할 수 있게 해주는 온라인 시스템이다(Goodman, Cryder, & Cheema, 2013). MTurk 서비스를 통해 제공되는 응답자 자료의 질을 검토한 연구도 있다. 예를 들면, MTurk 참여자들은 일반적으로 학생 또는 지역사회 표본과 비교하여 신뢰할 수 있고 일관성 있는 반응을 하는 것으로 나타났다(Goodman et al., 2013). 더구나 MTurk의 임상 및 비임상 집단 또한 질 좋은 반응을 하는 것으로 나타났다(Shapiro, Chandler, & Mueller, 2013). 그러나 MTurk 참여자들은 다른 참여자들에 비해 보다 내향적이고(Goodman et al., 2013), 더 낮은 자아존중감을 가지고 있으며(Goodman et al., 2013), 스트레스를 표현하려는 동기가 더 강한 것(Shapiro et al., 2013)으로 나타났다. 그래서 다른 온라인 연구들처럼 MTurk 참여자들을 사전에 점검하여 연구의 핵심 준거에 맞도록 하는 것이 중요하다. 또한 MTurk 참여자들이 가지고 있는 것으로 보고된 독특한 특성을 고려하고, 이런 접근을 통해 자료를 수집하는 것이 적절한 것인지를 결정하는 것도 중요하다.

소수자 집단을 대상으로 질문지를 배포하고 수집하는 일 또한 독특한 어려움을 갖고 있다. Ponterotto와 Casas(1991)도 언급했듯이, 어떤 사회경제적 그리고/또는 문화 집단은 백인 중류층을 대표하는 연구자를 신뢰하지 않을 수 있고, 아마도 반응에 있어서 보다 방어적일 수 있다. 그러므로 이 참여자 집단을 대상으로 적절한 반응 비율을 얻는 것은 좀 더 큰 문제일 것이다. Ponterotto와 Casas가 제안했듯이, 낮은 반응 비율의 원인을 확인할 수 있는 것이 중요할 것이다. 이상적으로는 연구자가 반응 집단과 비반응 집단을 구분하는 특성을 결정하기 위해 각 집단을 무선 표집하여 면접을 해보아야 할 것이다.

자료 분석 마지막 단계는 자료 분석이다. 자료 분석을 위한 시작점은 표본의 적절성을 검토하는 것이다. 이 작업은 표본이 몇 가지 중요한 차원에서 모집단과 얼마나 닮아있는지를 검토하는 것이다. 이 작업에서 고려되는 예시적 질문은 '표본에서의 남녀 비율(또는 인종/민족 소수자와 백인)이 모집단에서의 비율과 유사한가?'이다. NLAAS는 여러 인구학적 차원에서 센서스 자료와 비교되었다. 종단 연구를 수행할 때 특별히 중요하게 검토해야 하는 점은 반응자와 비반응자(예: 연구에서 중도탈락한 사람들)를 비교하는 것이다. 예를 들어, 대학생 집단을 활용할 때 반응자와 비반응자는 성, 학년, 전공, 학점 등에 따라 다른가? 이런 유형의 표본 검토를 수행한 뒤에라야 자료를 분석하고 해석해야 한다.

NLAAS와 같은 국가적 조사는 일반적으로 많은 인구학적 정보와 몇 가지 구성개념을 나타내는 다수의 변인을 포함하고 있다. 그러므로 많은 연구 질문이 동일한 대규모 자료 세트를 활용하여 검토될 수 있다. 예를 들어, 만약 어떤 연구가 참여자의 지역 코드나 주소를 포함시켰다면, 연구자는 그것으로부터 경제적 그리고 사회적 자료를 얻을 수 있다. 이를 위치 정보 등록(geocoding)이라 한다. 위치 정보 등록은 특정 지역에 대한 더 많은 기술 정보(예: 인구, 수입, 인종 구성)를 얻기 위해 특정 지리학적 좌표(예: 주소, 우편번호)를 활용한다. 이 방법은 참여자의 이웃에 대한 인구학적 정보(예: 인구, 소수자 비율, 수입 중앙치)를 조사하는 연구에 활용되고 있다. 위치 정보 등록을 위해 활용되는 온라인 프로그램으로는 연방재정국조사위원회(Federal Financial Institutions Examination Council, https://geomap.ffiec.gov/FFIEC GeocMap/GeocodeMap1.aspx)와 미국 인구조사국(the U. S. Census Bureau. http://geocoding.geo.census.gov/geocoder/)이 제공하는 것을 들 수 있다. 특정 주소를 입력하면 이 프로그램이 관련된 인구학적 자료를 제공해줄 것이다. 이 정보는 이웃 효과를 검토하는 데 활용될 수 있다. 물론 각 연구는 전체 자료 세트 내에서 특정 변인을 활용하는 독특한 연구문제를 가지고 있어야 할 것이다. 예를 들면, NLASS는 50편이 넘는 출판물을 산출했다(the Center for Multicultural Mental Health Research, 2014 webpage의 출판물 목록을 보라). 요약하면, 대규모 자료 세트를 활용하는 것은 새로운 자료를 수집할 필요 없이 연구를 수행할 수 있는 좋은 방법이다. 당신의 연구 관심과 관련이 있는 국가 규모의 기존 자료 세트를 탐색하는 것은 도움이 될 것이다.

실제 연구에 적용하기 13.1

NLAAS와 같이 공공이 이용할 수 있는 대규모 자료를 찾을 수 있는지 온라인 검색을 해보라. 이 자료에 포함된 변인의 유형을 탐색해보라. 이 변인들을 통해 제기할 수 있는 연구문제 두 개를 만들어 보라.

변인 중심 상관 연구 설계

상관 설계는 둘 또는 그 이상의 변인 간 관계를 검토하는 데 활용된다. 이변인 또는 다변인 공변량을 활용하는 많은 통계적 분석법이 있다. 여기에는 단순 상관, 중다회귀 분석, 구조방정식 모형, 조절 효과와 매개 효과의 검증 등이 포함된다. 이 절에서는 좀 더 빈번히 활용되는 변인 중심 상관 설계를 소개할 것이다. 몇몇 빈번히 활용되는 통계적 분석법과 각각의 분석 방법을 통해 답할 수 있는 연구문제를 표 13.1에 열거했다.

단순 상관

단순 상관 설계는 두 변인(예: 우울과 사회 기술) 간 관계를 검토하고, 그 관계를 기술하기 위한 통계 분석 방법(전형적으로 피어슨 적률상관)을 활용한다. 상관계수 r은 두 변인 간 선형관계의 정도를 나타내는 지수이다. 한 변인(x)이 증가하면, 두 번째 변인(y)도 증가한다고 하자. 그러면 x와 y가 함께 변하며 '강력한 정적(positive) 관계'를 갖는다. 만약 x 점수가 y 점수와 함께 변하지 않으면, 우리는 x와 y 사이에 관계가 없다고 말한다. 두 점수 간 상관계수는 +1.00(매우 강력한 정적 관계)에서 –1.00(매우 강한 부적 관계) 사이

표 13.1 통계 분석 방법과 연구문제

통계 분석 방법	답하고자 하는 질문
상관 분석	두 변인 간 관계의 방향과 강도
중다회귀 분석	여러 예측변인들이 한 준거변인과 어떻게 관련되어 있을까?
경로 분석	여러 예측변인들과 종속변인들이 한 모형에서 동시적으로 관련되어 있을까?
구조방정식 모형	복수의 외현변인을 통해 추정한 잠재변인들을 이용한 한 모형에서 여러 예측변인들과 종속변인들이 어떻게 관련되어 있을까?
군집 분석	활용된 변인을 토대로 참여자들을 어떻게 서로 다른 집단으로 분류할 수 있을까?
잠재 범주/프로파일 분석	활용된 변인들을 토대로 참여자들을 어떻게 서로 다른 잠재 범주로 분류할 수 있는가(확률 점수를 이용하여)?
성장 혼합 모델링	시간의 경과에 따라 한 변인이 어떻게 변해 가는지에 관한 참여자들의 프로파일을 토대로 어떻게 참여자들을 서로 다른 잠재 범주들로 분류할 수 있는가?
분산 분석	어떤 한 변인에 관해 집단들이 어떻게 비교되는가?

의 값을 갖는다. 두 변인 간 공유되는 분산의 양은 상관의 제곱이다. 그래서 x와 y 사이의 상관이 +.5라면 두 변인 간 공유되는 분산은 25%$(.5)^2$가 된다. 과거(Cook & Campbell, 1979 참고)에는 이 설계를 수동 설계(passive design)라 지칭했다. 연구자가 무선 또는 비무선 할당을 통해 집단 또는 조건을 적극적으로 형성할 수도 없고 독립변인을 적극적으로 조작할 수도 없기 때문이다. 다음은 어떤 연구에서 활용된 단순 상관 분석의 예이다.

French와 Neville(2013)은 흑인과 백인 10대들의 성적 강제(sexual coercion)와 심리적 건강 및 행동적 건강과의 관계를 검토했다. 이들은 서로 다른 유형의 성적 강제를 검토하고, 성적 강제를 나타내는 지수를 고안했다. 연구자들은 이 연구에서 몇 가지 문제를 조사했다. 그중 한 가지는 "성적인 강제 경험과 심리적 건강 및 행동적 건강 사이에 관계가 있는가?"(French & Neville, 2013, p. 1198)였다. 분석 결과, 흑인 참여자의 경우 성적 강제 지수와 거의 모든 성적 강제 유형(언어적, 약물에 의해 촉진된, 물리적)은 심리적 결과(자아존중감, 심리적 스트레스) 및 행동적 결과(성적 위험 감수)와 다소간 관련이 있는 것으로 나타났다. 연구자들은 백인 참여자의 경우 모든 유형의 강제는 위험한 성적 행동과 정적인 상관을 가지며(r=.21 ~ .37), 성적 강제 지수와 신체적 강제는 자아존중감과 부적 상관(r=−.21 ~ −.22)을, 그리고 심리적 스트레스와는 정적 상관(r=.22 ~ .23)을 가진다는 것을 발견했다. 요약하면, 이 연구의 상관 설계 측면은 French와 Neville에게 두 변인 집단(백인과 흑인 10대 여성 청소년에 있어서 성적 강제와 심리적 및 행동적 건강) 간 관계의 정도를 기술할 수 있게 해주었다.

우리는 상관설계의 활용을 위해 보다 심화된 사항을 언급하려 한다. Cole, Lazarick과 Howard(1987)는 상담에서 대부분의 상관연구(실험 연구는 물론이고)가 변인 간 관계를 과소평가했다고 주장한다. 연구자들이 구성개념 또는 잠재변인에 있어서 한 개인의 위치를 나타내주는 것으로 가정되며, 일반적으로 검사도구로부터 유래된 점수라고 할 수 있는 외현변인(manifest variable)만을 검토하기 때문이다. 그러나 외현변인(예: 벡 우울 질문지 점수)은 측정 오차를 포함하고 있기 때문에 두 외현변인 사이의 관계는 측정도구들의 신뢰도와 두 변인 간 관계의 함수라 할 수 있다. Cole 등은 외현변인이 측정할 것으로 가정되는 변인 사이의 관계를 결정하기 위한 더 나은 방법을 기술했다.

보다 구체적으로 Cole 등(1987)은 관심 구성개념들이 복수의 방법으로 평가되어야 하며, 구성개념 간 또는 잠재변인 간 관계를 조사하는 데 확인적 요인 분석이 활용되어야 한다고 제안했다. 예를 들어, Cole 등은 우울과 사회 기술 사이의 관계를 평가하는 데 관심이 있었다. 단순 상관 설계를 통해 우울 척도와 사회 기술 척도 점수 사이의 관계를 검토할 수도 있었다. 그러나 연구자들은 네 가지 방법, 즉 자기보고, 연구자의 행동 평정, 면접, 그리고 중요한 타인의 평정으로 각 구성개념을 평가했다. Cole 등은 4개의 측정도구를 통틀어 우울과 사회 기술 간 평균 −.25의 상관을 보고했다. 확인적 요인 분석을 통해 우울과 사회 기술 간 관계를 추정했을 때는 상관이 −.85로 증가했다. 결국, Cole 등은 피어슨 적률상관계수를 사용했을 때는 사회 기술이 우울 변량의 6%$(-.25)^2$만을 설명하지만, 확인적 요인 분석을 활용했을 때는 약 72%$(-.85)^2$을 설명한다는 것을 발견했다.

요약하면, Cole 등(1987)은 상관설계의 분석에서 외현변인이 아니라 잠재변인을 활용할 것을 제안하는 중요한 방법론적 논의를 했다. 비록 단순 상관 설계가 **변인**(예: 우울 척도의 점수)을 활용하는 유용한 정보를 제공하지만, 잠재변인을 활용하는 보다 정교한 분석이 **구성개념에 대한 진점수 추정치**(예: 우울의 잠재변인)를 제공할 수 있다. 왜냐하면 잠재변인은 다수의 방법과 원천으로부터 평가되어 측정 오차가 최소화된 것이기 때문이다. 잠재변인을 활용하는 이런 통계 방법은 이 장의 후반부에 논의할 서로 다른 유형의 분석(예: 구조방정식 모형)에 적용될 수 있다. 그러나 이런 유형의 상관에 기반을 둔 분석 방법이 인과적 설명을 제공하는 것은 아니라는 점에 주목하기 바란다.

중다회귀

상관은 두 변인 간 관계를 나타낸다. 그러나 대부분의 경우 연구자들은 두 개 이상의 변인 간 관계를 기술하고 싶어 한다. 예를 들면, 이를 연구하는 데 있어서 '단순히 *x*와 *y*의 상관을 아는 것보다 *a*, *b*, *c*(*x*와 함께)를 포함시키는 것이 더 강력하지 않을까?'라는 질문을 할 수 있다. 대부분의 경우 그렇다고 답할 수 있을 것이다. 그래서 중다회귀가 상담 문헌에서 점점 더 자주 보이고 있다. 여기에서는 복수의 변인 간 관계를 기술하는 우리의 능력을 증가시키는 한 가지 방법이라 할 수 있는 중다회귀에 대해 간략히 소개할 것이다(Cohen & Cohen, 1983; Hair et al., 1987; Wampold & Freund, 1987).

중다회귀는 종속변인의 변산에서 하나 또는 그 이상의 예측변인의 개별적 그리고 집단적 기여를 연구하기 위한 통계적 방법이다(Wampold & Freund, 1987). 한마디로, 중다회귀는 복수의 예측변인이 하나의 '종속(준거)'변인과 어떻게 관련되는지를 기술하는 데 활용될 수 있다. 그래서 연구자는 준거변인을 예측한다는 말을 자주 하고, 준거를 정확하게 예측할 수 있는 정도를 논의한다. '종속'변인과 복수의 '독립'변인 사이의 관계는 중다상관계수 *R*로 표현된다. *R*은 복수의 예측변인 점수가 종속변인의 실제 점수와 얼마나 잘 상응하는지(correspond)를 나타낸다. 중다상관계수의 제곱(R^2)은 독립변인들에 의해 설명되는 종속변인의 분산 비율이 된다. 여기서 '설명된다'라는 말은 반드시 인과관계를 함의하는 것이라기보다는 독립변인의 변산과 종속변인의 관련을 의미하는 것이다(Wampold & Freund, 1987).

우리는 회귀방정식에 예측변인을 투입하는 두 가지 방법, 즉 동시적 회귀와 위계적 회귀에 대해 논의할 것이다. 각각의 방법은 약간씩 다른 목적을 가지고 있으며 다른 결과를 산출한다. 그래서 연구자는 각 방법의 강점과 약점을 잘 알고 있어야 한다(Wampold & Freund, 1987 참고). **동시적 회기 분석**(simultaneous regression)에서는 모든 예측변인이 회귀방정식에 동시에 투입된다. 동시적 회귀는 한 예측변인 투입 전에 다른 예측변인을 투입해야 하는 이유가 없고, 연구자가 준거변인의 예측에 **독특하**게 기여하는 각 예측변인의 변산 정도(예측변인들이 공유하는 분산을 제거하고 난 후)를 알기 원할 때 활용된다. 예를 들면, Asner-Self와 Marotta(2005)는 동시적 회귀를 활용하여 전쟁 관련 외상에 노출되었던 68명의 중앙아메리카 이민자들의 심리적 스트레스에 대한 예측변인을 검토했다. 이들은 미국에서 가장 빨리 증가하는 이민자 집단 중 하나가 전쟁으로 피폐해진 중앙아메리카 출신자들이라는 점에 주목했다(Marotta & Garcia, 2003). 이들은 발달적 혼란의 결과라고 생각되는 불신, 정체성 혼란, 고립이 우울, 불안, 외상성 스트레스(PTS)를 예측할 것인지를 검토하는 데 관심이 있었다. 무선 표집 절차가 바람직하지만, 여러 이유로 이런저런 이민자 집단에서 사람들을 모집하기는 어려웠다. 그래서 눈덩이 표집이나 전단지를 통해 자원자들을 모집하였다(Asner-Self & Marotta, 2005). 이 연구자들은 세 개의 예측변인(불신, 정체성 혼란, 고립)을 사용하여 이들 중 어느 것이라도 심리적 스트레스 지표(우울, 불안, PTS)를 예측하는지를 결정하기 위해 세 개의 회귀 분석을 실시했다.

그 결과, 세 개의 예측변인은 세 개의 스트레스 변인 변량의 32~51%를 설명하는 것으로 나타났다. 그러나 스트레스를 예측하는 데 있어서 세 예측변인이 모두 동일하게 효과적이지는 않았다. 불신과 정체성 혼란 모두 참여자의 우울 증상과 관련이 있었지만, 정체성 혼란은 다른 예측변인의 영향을 제거(partial out)한 후에 불안과 PTS를 유의하게 예측했다. 그래서 연구자들은 "중앙아메리카 출신자들의 정체성이 유동적일수록 이들은 우울과 불안을 경험하거나 PTS 관련 증상을 보고할 가능성이 높다."(p.165)고 결론 내렸다. 이 연구는 준거변인을 가장 잘 예측하는 독립변인을 동시적 회귀 분석이 어떻게 찾아내는지를 예시해준다. 또한 이 연구는 상담자들이 이민자 집단의 정체성 혼란을 인지해야 할 필요성뿐만 아니라 문화적으로 민감하게 개입할 필요성도 잘 보여준다(Asner-Self & Marotta, 2005).

위계적 회귀 분석(hierarchical regression)에서 연구자는 어떤 이유를 가지고 변인의 투입순서를 미리 결정한다(연구 적절성, 인과적 우선성, 또는 이론적 배경). 위계적 회귀는 또한 다음 절에서 기술할 조절과 상호작용 효과를 검증하는 데 활용된다. *y* 변인을 예측하는 데 있어서 *b* 변인(예: 사회경제적 지위)이 설명하는 것 이상의 뭔가를 *a* 변인(예: 한 부모 가정 여부)이 추가하는지 여부에 관심이 있을 때 위계적 회귀 분석을 활용할 수 있다. 예를 들면, 편부모 가정 여부는 병리변인을 예측할 것이다. 그러나 다른 인구통계학적 변인(예: 사회경제적 지위)이 먼저 투입되고 그다음 이 변인이 투입되면, 이 변인이 더 이상 병리를 유의하게 예측하지 못할 것이다. 이 경우, 병리를 예측하는 것은 한 부모 여부가 아니라 한 부모 여부와 상관된 사회경제적 지위일 것이다. 다음은 위계적 회귀 분석을 활용하는 연구의 한 예이다.

Piña-Watson, Jimenez와 Ojeda(2014)는 이론적 틀로 안녕감에 대한 사회인지이론(SCTW)(Lent, 2004)을 활용하여 진로결정 자기효능감, 지각된 교육 관련 장벽, 독립적 자기구인(self-construal)이 배경 맥락 요인인 멕시코계 미국인 여대생의 세대 지위(generational status)와 사회경제적 지위 이상으로 삶의 만족을 예측하는지 검증했다. 이들은 세 단계의 위계적 선형 회귀 분석을 실시했다. 1단계에서는 인구학적 변인(지각된 사회경제적 지위와 세대 지위)의 예언적 역할을 검토했다. 2단계에서는 독립적 자기구인을 추가했고, 3단계에서는 진로 관련 변인들(예: 지각된 교육 관련 장벽과 진로결정 자기효능감)을 회기 모형에 투입했다. 두 인구학적 변인과 삶의 만족이 갖는 중다 *R*은 유의하지 않았다($R^2 = .02$). 독립적인 자기구인이 추가되었을 때, R^2는 .21로 증가했다. 이 결과는 인구학적 변인이 설명하는 변량 이상의 추가적인 변량을 독립적 자기구인이 설명한다는 것을 가리킨다. 3단계에서 진로 관련 변인들이 추가되었을 때, R^2은 .31로 증가했다. 이는 지각된 교육 관련 장벽과 진로결정 자기효능감이 이전의 두 단계에서 설명된 삶의 만족 분산보다 10%를 더 설명한다는 것을 가리킨다. Piña-Watson 등은 위계적 모형을 활용하여 삶의 만족을 예측하는 변인들 사이의 관계에 대해 보다 폭넓은 검증을 수행할 수 있었다. 그리고 맥락 배경 요인 이상으로 자기구인, 진로결정 자기효능감, 지각된 교육 관련 장벽이 갖는 중요한 역할을 보여주었다.

중다회귀의 유용성을 평가하는 데 있어서 분석 결과가 상관 자료를 바탕으로 한다는 점을 기억하는 것이 중요하다. 중다회귀 설계에서는 실험 설계 용어(**종속변인**과 **독립변인**)가 사용된다. 그러나 우리는 **준거변인**(criterion)과 **예측변인**(predictor)이라는 용어를 선호한다. 이 용어가 이런 유형의 변인에 대해 보다 잘 기술하는 것으로 보이기 때문이다. 그러나 이런 변인이 독립변인과 종속변인으로 지칭되더라도 얻어진 결과는 인과(causal)가 아니라 관계적(relational)이라는 점에 주의해야 한다. 마찬가지로 어떤 것을 준거변인으로 하고 어떤 것을 예측변인으로 하는지는 늘 임의적이라는 점도 기억해야 한다. 달리 말하면, 인과성은 예측으로부터 추론될 수 없다. 그리고 이런 설계를 통해 나타난 결과를 인과적으로 진술하는 것은 가능하지 않다. 중다회귀는 둘 또는 그 이상의 변인 간 관계를 기술하고 예측하는 데 적절하다. 많은 변인의 전체 설명력뿐 아니라 특히 증분(incremental) 설명력을 검토하는 데 유용하다(Hair et al., 1987). 아마도 연구자가 주의해야 할 핵심적인 사항은 부적절한 표본 크기일 것이다(Wampold & Freund, 1987 참고). 그리고 방법론적인 절차(예: 초등학생들에 있어서 신발 크기와 독해력 간 정적 상관이 발생하는데, 이는 실은 나이 때문에 생겨나는 것이다. 더 나이가 든 아이들이 더 큰 신발을 신고 독해도 더 잘 한다)에 기인하는 허위(spurious) 결과도 여기에 추가될 것이다.

조절 효과와 매개 효과 검증

앞서 논의했듯이, 작업동맹에 대한 내담자 평정과 상담 성과와 관련이 있다는 것을 아는 것과 같이 한 변인이 다른 변인과 상관이 있는지를 아는 것은 유용하다. 그러나 많은 경우, 상담자가 이해해야 하는 변인들 간에는 더 복잡한 관계가 있다. 이런 더 복잡한 관계는 상담자의 이해를 증진시킬 뿐만 아니라 상담 연구와 이론을 선도한다. 변인 간 조절 효과와 매개 효과를 검토하는 것은 변인 간 더 복잡한 관계를 이해하기 위해 흔히 활용되는 두 개의 연구 방략이다(Frazier, Tix, & Barron, 2004).

종종 연구자들은 매개와 조절을 혼동하는데, 그 차이를 아는 것이 중요하다(Baron & Kenny, 1986; Frazier et al., 2004 참고). 먼저 조절변인을 논의하고, 이후 매개변인을 논의

그림 13.1 조절변인과 매개변인

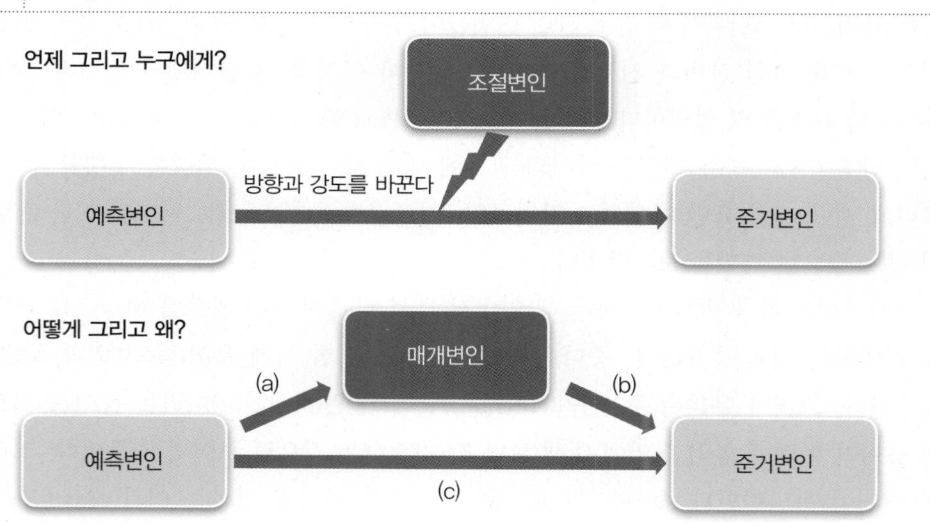

할 것이다. 그림 13.1은 각각을 그림으로 나타낸 것이다. 조절변인은 예측변인과 준거변인 사이의 관계 방향 또는 강도에 영향을 미친다. 반면 매개변인은 예측변인과 준거변인을 연결한다.

조절변인 "조절변인과 관련한 질문은 한 변인이 결과변인(outcome variable)을 가장 강하게 예측하는 혹은 발생시키는(causes) 것은 '언제' 또는 '누구에게'에 관한 것이다"(Frazier et al., 2004, p. 116). 핵심적으로, 조절변인은 예측변인(독립변인)과 준거변인(종속변인) 사이의 관계 방향 그리고/또는 강도에 영향을 미치는 변인이다(Baron & Kenny, 1986). 달리 말하면, 조절변인은 예측변인과 준거변인의 관계를 변화시키며, 본질적으로 예측변인과 조절변인 사이의 상호작용이다. 그래서 조절변인은 "상호작용과 다르지 않다"(Frazier et al., p. 116).

조절 관계를 보여주는 한 고전적 예는 사회적 지지 연구에서 지배적인 스트레스 완충 가설이다. 이 모형에 따르면, 사회적 지지는 부정적 생활 사건(예: 배우자의 죽음)과 우울 사이의 관계를 조절할 것으로 예측된다. 이 예에서 부정적 생활 사건은 예측변인이고, 사회적 지지는 조절변인, 그리고 우울은 준거변인이다. 부정적 생활 사건은 우울과 이론적으로 관련된다. 그러나 사회적 지지는 이 관계에 변경을 가져온다. 낮은 수준의 사회적 지지를 받는 사람들은 경험하는 생활 사건이 부정적일수록 우울 수준도 높다. 그러나 높은 수준의 사회적 지지를 받는 사람들은 부정적 생활 사건과 우울 사이의 관계가 변경된다. 즉, 많은 사회적 지지를 받는 사람에게 있어서는 부정적 생활 사건이 반드시 더 높은 수준의 우울로 이어지지는 않는다. 그래서 우울을 예측하는 데 있어서 부정적 생활 사건과 사회적 지지 사이에는 상호작용이 있다. 이 예는 '누구에게' 부정적 생활 사건이 더 높은 수준의 우울과 관련되는지(낮은 수준의 사회적 지지를 받는 사람들)를 잘 보여준다.

조절변인은 범주형[예: 성(性), 개입 유형]이 될 수도 있고 연속형(예: 사회적 지지의 양)이 될 수도 있다. 조절 효과를 검증하기 위한 적절한 통계 분석 방법은 조절변인과 예측변인의 속성이 범주형인지 아니면 연속형인지에 따라 달라진다. 조절 효과에 대한 분석 절차의 한 예로 예측변인들이 연속형일 때 활용되는 통계 분석 방법을 기술해보자. 두 변인이 모두 연속형일 때, 조절 효과는 위계적 회귀 분석에서 두 예측변인 간 상호작용 효과를 통해 검증된다. 회귀 분석의 첫 단계에서 두 예측변인 모두 준거변인을 예측하는 회귀 방정식에 투입된다. 이 첫 단계에서 두 예측변인의 조합이 설명하는 준거변인의 분산비율(the amount of variability)을 나타내는 R^2이 산출된다. 회귀 분석의 두 번째 단계에서 예측변인의 곱(또는 상호작용)이 회귀방정식에 투입된다. 이 두 번째 단계 후, 새로운 R^2이 얻어진다. 이 값은 예측변인들 및 이들 간 상호작용의 조합으로 설명되는 준거변인의 분산비율을 나타낸다. 회귀의 첫 단계에서 얻어진 R^2 값과 두 번째 단계에서 얻어진 R^2 값 사이의 차이는 상호작용이 주 효과 이상(over and above the main effects)으로 예측하는 준거변인의 분산비율이다. 첫 단계와 두 번째 단계에서 산출된 R^2 값의 차이가 유의하다면 조절 효과가 존재한다. 더 자세한 통계적 절차와 설계에 대한 정보를 원하면 Frazier 등(2004)을 참고하도록 한다.

앞서 11장에서는 진실험 설계에서 활용된 조절변인의 예에 더해서, 다음에 차별과 외상 후 스트레스 증상 간의 관계를 사회적 연결감(social connectedness)이 조절하는지를 검토한 연구의 예를 제시한다.

Carter(2007)는 인종에 따른 외상 후 스트레스라는 것을 제안했는데, 이는 이전의 연구들을 통해 지지되고 있었다. 연구들은 아시아인/아시아계 미국인, 아프리카계 미국인, 멕시코계 미국인 학생들에 있어서 지각된 인종 차별과 외상 후 스트레스 증상 사이에 관련이 있음을 시사하고 있었다(Pieterse, Carter, Evans, & Walter, 2010; Flores, Tschann, Dimas, Pasch, & de Groat, 2010). 그러나 Wei, Wang, Heppner와 Du(2012)는 사회적 연결감이 차별과 외상 후 스트레스 증상 간의 관계에 영향을 미치는지를 검증하고자 했다. 특히, 이들은 이중 문화(bicultural) 경험이 있는 중국인 유학생을 대상으로 미국 주류사회 그리고 중국인 커뮤니티 각각과 사회적 연결감이 보호 요인으로 작용하는지 검증하고자 했다. Wei 등은 외상 후 스트레스 증상을 예측하는 데 있어서 사회적으로 연결되어있는 두 다른 문화(주류 사회 및 민족 지역사회)가 차별의 효과를 차별적으로 조절 또는 무력화하는지 검토하고자 했다. 그래서 Wei 등은 조절 효과를 검증하기 위해 위계적 회귀 분석을 활용했다. 예측변인은 차별이었다. 조절변인은 사회적으로 연결된 두 다른 문화(주류 사회 및 민족 지역사회)였고, 준거변인은 외상 후 스트레스 증상이었다. 또한 Wei 등은 외상 후 스트레스 증상에만 초점을 두기 위해 참여자의 일반 스트레스 수준을 통제하고자 했다. 그래서 이들은 일반 스트레스(공변인)를 먼저 투입했다. 두 번째 단계에서는 차별을 투입했다. 세 번째 단계에서는 사회적 연결감이 있는 두 문화를 투입했다. 마지막 단계에서는 주류 사회와 연결감×차별 그리고 중국인 지역사회와 연결감×차별 항을 각각 투입하여 첫 세 단계 이상의 상호작용 효과가 있는지를 검증했다. 분석 결과, 중국인 지역사회와 연결감만이 외상 후 스트레스 증상에 미치는 차별의 영향을 일반 스트레스 이상으로 조절하는 것으로 나타났다. Wei 등은 높은 수준으로 민족 사회와 연결되어 있는 중국인 유학생에 있어서는 지각된 인종 차별과 외상 후 스트레스 증상 간의 관계 강도가 더 약해진다는 것을 발견했다. 달리 말해, 자신의 민족 지역사회와 연결되어 있다는 것은 차별이 주는 악영향으로부터 중국인 유학생을 어느 정도 보호하였다.

이 연구는 두 변인(이 경우 사회적 연결감과 차별) 간 상호작용이 준거변인(이 경우, 외상 후 스트레스 증상)을 예측하기 위해 어떻게 검증될 수 있는지를 보여주는 좋은 예이다. 더구나, 이 연구의 결과는 예측변인(예: 사회적 연결감, 차별)과 준거변인 간 1차(first-order) 관계를 검토하는 것뿐 아니라 예측변인 간 상호작용도 검토하는 것이 중요하다는 것을 보여준다. 마지막으로 이 연구는 지각된 차별의 부정적 효과를 조절하는 구체적인 기제가 무엇인지를 결정하는 데 보다 복잡한 회귀 분석 방법을 어떻게 활용하는지를 잘 예시해준다. 이 분석 결과는 중국인 유학생을 대상으로 하는 예방과 치료적 개입에 대한 직접적인 함의를 제공해준다.

매개변인 이제 매개변인에 초점을 맞추어 보자. 매개변인은 '어떻게' 또는 '왜' 한 변인이 준거변인을 예측하거나 불러일으키는지를 나타낸다(Frazier et al., 2004). 즉, 매개변인은 예측변인과 준거변인 간 관계를 설명하는 변인이다(Baron & Kenny, 1986). 더 구체적으로 말하면, 매개변인은 예측변인이 준거변인에 영향을 미치는 기제라 할 수 있다. 이런 유형의 연구 방략은 상담에서 목표(target)로 삼을 수 있는 중요한 배후의 기제를 확인하는 데 도움을 준다. 상담 과정에서 왜 그리고 어떻게 변화가 일어나는지를 알면 상담자는 변화를 이끌어내는 핵심 요소를 규정할 수 있고 그래서 변화과정을 최적화할 수 있게 된다 (Kazdin, 2009).

예를 들면, 인지치료는 내담자의 인지적 생각을 변경시키는 과정을 통해 치료적 성과를 달성한다고 주장한다. 이 예에서 개입이란 인지 변화를 이끌어내도록 생각의 틀을 재구조화하는 데 초점을 둔다. 이 경우 인지 변화는 개입과 치료 성과 간의 매개변인이 될 것이다.

그림 13.1은 Baron과 Kenny(1986)의 논문에서 제시된 매개에 대한 경로 모형을 수정한 것이다. 이 경로 모형은 세 변인 간 세 개의 경로 또는 관계를 나타낸다. 경로 [a]는 예측변인과 매개변인 간의 관계를 나타낸다. 경로 [b]는 매개변인과 준거변인 간 관계를 나타내고, 경로 [c]는 매개변인의 효과를 통제했을 때 예측변인과 준거변인 간 관계를 나타낸다. 어떤 변인이 매개변인이라는 것을 보이기 위해서는 Baron과 Kenny의 고전적 모형에 따른 다음 네 가지 조건을 충족시켜야 한다. (1) 예측변인과 준거변인 사이의 관계가 통계적으로 유의해야 한다. (2) 예측변인과 매개변인 사이의 관계가 유의해야 한다. (3) 매개변인과 준거변인의 관계가 통계적으로 유의해야 한다. (4) 세 변인 모두를 포함하는 경로 모형에서 예측변인과 준거변인 사이의 관계(이전 단계에서 유의했던)가 매개변인이 모형에 추가되었을 때 유의하게 감소된다. 매개변인이 모형에 추가되었을 때 만약 예측변인과 준거변인 사이의 직접 경로가 0과 다르지 않다면, 매개가 발생했다는 가장 강력한 증거가 된다. 이를 **완전 매개변인**이라 한다. 매개변인이 모형에 추가되었을 때 예측변인과 준거변인 간의 직접 경로가 0보다 유의하게 큰 것으로 남아있다면, 매개변인은 **부분 매개변인**이 된다. 매개를 검증하는 고전 모형에서 Baron과 Kenny는 위에 제시된 네 가지 조건을 검증하는 일련의 회귀 분석을 수행할 것을 제안했다(설계와 통계에 대한 더 자세한 정보를 위해 Frazier et al., 2004를 참고하라). 그러나 매개를 검증하는 부트스트래핑(bootstapping)과 같은 보다 고급의 방법이 존재한다(MacKinnon, Lockwood, Hoffman, West, & Sheets, 2002; Mallinckrodt, Abraham, Wei, & Russell, 2006 참고).

매개변인을 설명하기 위해 상담 문헌에서 발췌한 한 가지 예를 들어보자. 예를 들면, 아프리카계 미국인, 백인 여성, 레즈비언, 게이, 양성애자와 같이 이전에 소외되었던 집단에 있어서 편견 및 차별과 더 높은 수준의 심리적 스트레스 사이의 관련에 대해 점증하는 경험 증거들이 있다(예: Corning, 2002; Moradi & Subich, 2003; Waldo, 1999). 그러나 Moradi와 Hasan(2004)은 점점 더 많은 차별을 경험해오고 있는 집단인 아랍계 미국인을 대상으로 편견 스트레스와 심리적 고통 사이의 연결을 검토한 증거가 부족하다는 것에 주목했다. 이론과 몇몇 이전의 연구 결과를 바탕으로 이들은 아랍계 미국인들의 개인 통제(personal control)가 지각된 차별 및 자아존중감과 심리적 고통 사이의 관계를 매개한다는 가설을 세웠다. 분석 결과 지각된 차별과 심리적 고통 간에 관계(r=.32)가 존재하는 것으로 나타났다. 더구나 이들은 개인 통제가 지각된 차별과 심리적 고통을 부분매개하고 자아존중감과의 관계를 완전매개한다는 것을 발견했다. 그래서 지각된 차별 사건의 배후에서 통제의 상실이 중요한 역할을 하여 아랍계 미국인들의 자아존중감을 감소시키고 심리적 고통을 증가시키는 것으로 보인다.

다른 하나의 예로, Wei, Vogel, Ku와 Zakalik(2005)은 서로 다른 유형의 정서조절이 애착유형과 심리적 고통 간의 관계를 매개하는지를 검증하는 데 관심이 있었다. 보다 구체적으로 살펴보면, 이론과 선행 연구를 바탕으로 (1) 애착불안과 부정적 정서 또는 대인관계 문제 사이의 관련은 정서적 반응성(부정적 감정에 지나치게 반응하는 것)에 의해 매개되고, (2) 애착회피와 부정적 정서 또는 대인관계 문제의 관련은 정서적 단절(부정적 감정을 억압하는 것)에 의해 매개될 것이라는 가설을 세웠다. 분석 결과는 두 가설을 모두 지지했다. 그리고 애착과 심리적 고통 사이의 관련이 단순한 직접 관계가 아니라 매개하는 심리적 과정이 존재하는 것임을 나타내는 점증하는 증거를 또한 지지했다(예: Wei, Heppner, & Mallinckrodt, 2003). 이 연구의 결과는 불안과 회피 애착 유형을 가진 사람들은 서로 다른 정서 조절 방략을 활용한다는 것을 시사한다. 이 연구는 임상가가 불안과 회피 애착 유형을 가진 사람들이 부적응적 정서에 대해 사용하는 조절 방략의 단기적인, 그리고 장기적인 이점을 인식하여 이들을 도울 수 있다는 것을 시사한다.

부연하자면, Moradi와 Hasan(2004)은 경로 분석을 활용한 반면 Wei 등(2005)은 구조방정식 모형(SEM)이라는 통계 분석 방법을 활용했다. SEM은 매개 모형 검증을 위해 요구되는 간접 효과와 직접 효과를 동시에 검증할 수 있게 해준다. 두 방법의 주된 차이는 SEM이 잠재변인을 사용한다는 데 있다(복수의 지표/측정치를 활용하여 잠재 구성개념을 나타낸다). 역으로 말하면, 경로 분석 방법은 변인을 나타내기 위해 단 하나의 측정도구로부터 산출된 점수를 활용한다. 두 연구에서 연구자들은 가설화된 변인 간의 관계를 나타내는 그림을 제공했다(더 세부적인 사항에 대해서는 원 논문을 보라. 그리고 SEM을 활용할 때 결과 부분을 작성하는 방법에 대해서는 Heppner & Heppner, 2004를 참고하라).

잠재변인을 활용하면 측정 오차를 모델링하여 잠재 구성개념들 사이의 관계를 나타내는 비편향(unbiased) 추정치를 계산해낼 수 있다는 장점이 있다. 이 방법은 하나의 잠재 구성개념과 복수의 측정치 간의 상관을 허용함으로써 측정의 정확성을 향상시킨다. 그림 13.2는 잠재변인(원으로 표시된)이 어떻게 복수의 외현변인(사각형으로 표시된)으로부터 유도되는지를 시각적으로 보여준다. 이 예에서, 연구의 목적은 가족 위험요인과 음주 문제 사이의 관련을 매개하는 보호 행동 그리고 성격과 음주 문제 사이의 관련을 완전 매개하는 음주 동기(drinking motives)의 동시적 관계를 검증하는 것이었다(SEM에 관한 더 자

그림 13.2 SEM 모형의 예

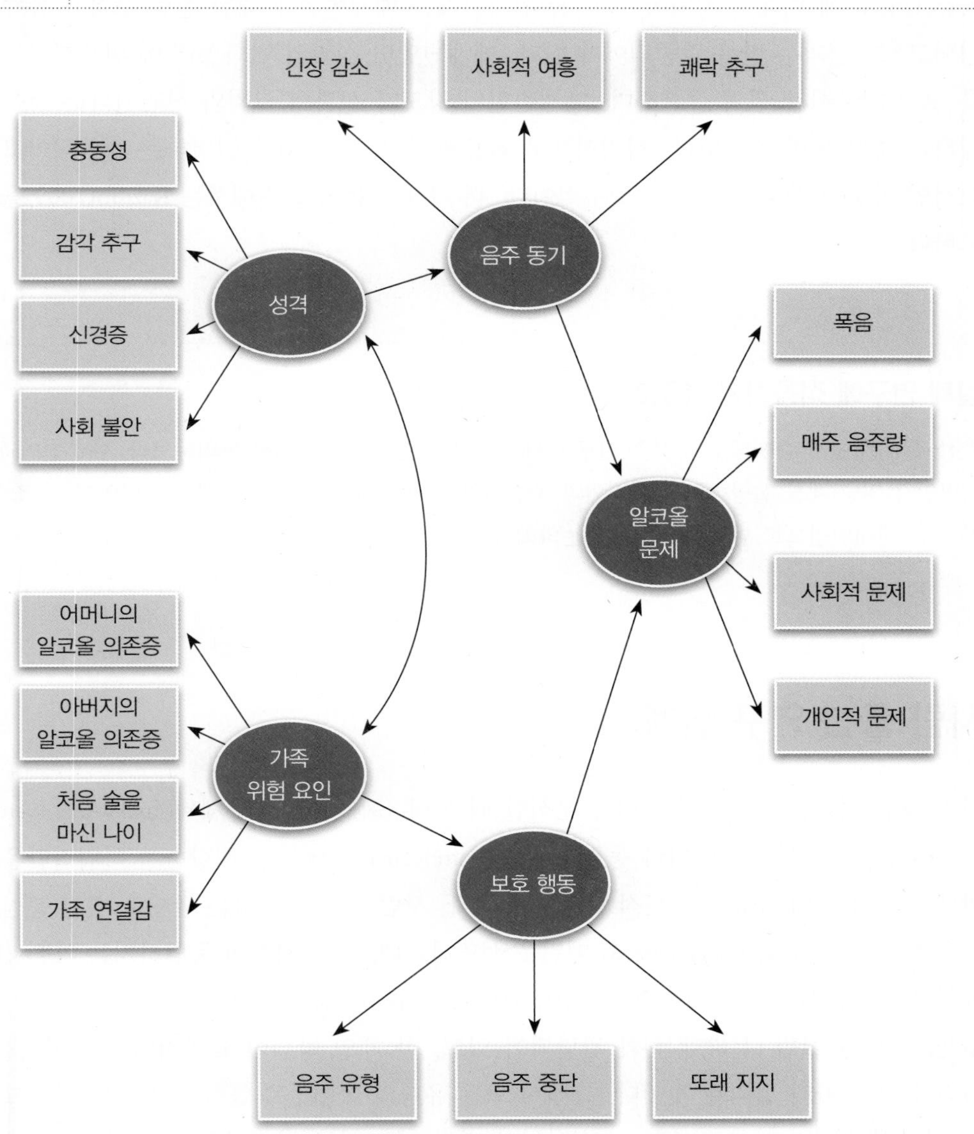

출처: Martens, M. P. (2005). The use of structural equation modeling in counseling psychology research. *The Counseling Psychologist, 33*, 269–298. doi:10.1177/0011000004272260.

세한 정보와 활용에 대해서는 Martens, 2005; Martens & Haase, 2006을 참고하라).

매개변인을 검증하는 통계 분석 방법을 활용한 연구들을 예로 제시했지만 치료적 변화가 일어나는 기제를 설명하는 타당한 증거를 제시하기 위한 과정은 복잡하고 종종 일련의 연구를 필요로 한다. Kazdin(2009)은 치료적 변화의 기제와 매개변인을 나타내 보이기 위한 몇 가지 지침을 제공했다. 일곱 가지 사항이 제안되었는데, (1) 강력한 관련, (2) 특정성, (3) 일관성, (4) 실험 조작, (5) 시간적 선후 관계(time line), (6) 변화도(gradient), (7) 그럴듯함 또는 정합성이 그것이다. 보다 구체적으로, 개입, 매개변인, 성과 간 명확하게 특정된 관계가 그럴듯한 구성개념들에 비추어 검증되고, 그 관계는 강력한 상관(associations)에 의해 지지되어야 한다. 인과관계는 매개변인에 대한 실험 조작을 통해 확립되고, 그 결과는 반복 검증되어야 한다. 매개변인이 성과의 변화 이전에 발생한다는 것을 보여주는 시간 선이 중요하며, 매개변인의 강도가 성과의 크기와 상관된다는 것을 지지하는 증거 또한 중요하다. 직접적으로 검증될 수 있는 기제를 설명하는 정합적이고 합리적인 과정을 가지는 것 또한 필수적이다. 더 자세한 논의를 위해서는 Kazdin(2009)을 참고하라.

실제 연구에 적용하기 13.2

관심 주제 내에서 수행해보고 싶은 연구의 예측변인과 준거변인에 대해 논의해보라. 예측변인과 준거변인 간의 기제를 설명하는 매개변인과 조절변인을 제시해보라. 당신이 제시한 변인이 왜 조절변인 또는 매개변인으로 범주화되었는지 논의해보라.

사람 중심 연구 설계

사람 중심 접근은 이질적인 집단을 분석할 때 특히 유용하다. 분류체계(taxonomic system)는 자료를 단순화할 뿐 아니라 동질성 미신(homogeneity myth)에 대항하여 하위집단을 찾아내는 것과 같이 중요한 이론적 함의를 가진다. 사람 중심 접근과는 반대로 변인 중심 접근은 변인들 간 통합된(aggregated) 패턴을 설명하는데, 모든 사람이 동일하지는 않은 세상에서 특히 그 설명력이 제한된다. 아이들의 학업적 어려움은 다양한 문제(예: 학습장애, 우울, 주의력 결핍, 문제행동)와 관련되어 있고, 한 개입 방법이 효과적인지는 아이들이 가진 문제에 따라 달라질 것이다. 그래서 모든 유형의 아이들을 통합한 자료를 가지고 어떤 개입 방법의 효과를 검증할 것이 아니라 먼저 서로 다른 이면의 문제(아이들의 하위집단)를 규명하는 것이 더 도움이 될 것이다. 그러므로 사람 중심 접근을 활용하면 연구자가 유사한 또는 다른 유형의 집단을 찾아낼 수 있다. 더욱이 이런 유형이 규정된 후에는 집단 간 비교가 가능해진다.

사실, 모든 과학은 공통적으로 받아들여지는 기술과 분류를 바탕으로 시작한다. 이 절에서 우리는 사람 중심 접근에 활용되는 세 가지 유형의 분석 방법, 즉 군집 분석, 잠재 범주/프로파일 분석, 성장 혼합 분석을 소개할 것이다. 상담 분야의 연구물을 예로 제시하면서 각각의 분석 방법을 개관할 것이다.

군집 분석

종종 우리는 상담에서 내담자 또는 상담자와 같은 자연적 유형화 또는 집단화를 할 수 있기를 원할 것이다. 군집 분석은 사람들을 하위집단으로 분류하는 데 빈번히 활용되는데, 상담 연구에서 개인차를 연구하는 데 매우 유용하다. 본질적으로 군집 분석은 유사한 것들을 규정하고 하위집단으로 범주화하여 자료를 축소하는 다변인 통계 방법이다(Hair et al., 1987; Hair & Black, 2000). Borgen과 Barnett(1987)은 군집 분석의 세 가지 목적을 강조했다. 즉, 탐색(특정 구조 또는 집단들을 발견하기), 확인(이론을 바탕으로 이미 존재하는 범주를 검증하기), 단순화(복잡한 자료를 단순 구조로 축소하기)가 그것이다. 군집 분석은 대상(예: 상담자 진술), 사람(예: 상담 센터 내담자), 또는 변인(예: 검사 문항)을 범주화하는 데 활용될 수 있다(Borgen & Barnett, 1987).

군집 분석은 인접성을 바탕으로 한 방법이다. 간단히 말하자면, 이 분석은 각각이 거리 공간에서 서로 얼마나 가까운지를 바탕으로 거리를 계산하여 사람(또는 대상, 변인)을 분류하는 방법이다. 군집 분석의 과정에 대한 논의는 이 책의 범위를 넘어서는 것이다. 관심 있는 독자는 Hair와 Black(2000)을 참고하라. 아마 가장 중요한 결정들 중 하나는 적절한 도구를 선택하는 것이다. 이 결정은 군집 분석에서 보다 중요하다. 왜냐하면 도구(instruments)는 대상들 간 유사성을 측정하는 수단이기 때문이다. 대상은 측정되는 방식에서만 유사한 것으로 결정될 수 있다. 자료가 수집된 후, 연구자는 군집 분석과 관련한 통계 절차를 진행할 수 있다.

군집 분석에서 연구자는 군집의 수를 몇 개로 할 것인지와 군집의 명칭을 무엇이라 할 것인지를 결정해야 한다. 군집 분석은 많은 가능한 군집 해법(solution)을 산출한다. 연구자가 자료에 가장 적합한 해법을 결정해야 한다. 일반적인 지침이 있지만(Hair & Black, 2000), 실제 군집의 수는 이론에 의해 지지를 받아야 하는 주관적인 결정이다. 군집의 수에 대한 결정을 내린 후, 연구자는 군집의 명칭을 결정한다. 이를 위해 연구자는 군집을 형성하는 사람들을 검토하고 기저에 있는 동질성이나 구성개념을 파악한다. 이러1명명 과정 역시 주관적이며, 군집의 명칭이나 해석에 대한 불일치가 발생할 수 있다. 요약하면, 군집 분석은 매우 강력한 범주화 기법이 될 수 있다.

다음에서 사람들을 분류하는 방법으로 군집 분석을 활용한 몇 가지 연구의 예를 제시할 것이다. 이 예들은 개인차에 대한 우리의 이해를 증진시킬 뿐 아니라, 각기 다른 사람들을 위해 맞춤형의 심리사회적 개입 방법을 개발할 수 있는 방법을 상담자나 상담심리학자에게 제안하기도 한다.

완벽주의는 긍정적인 측면과 부정적인 측면을 모두 갖춘 다차원적인 구성개념이다. Hamachek(1978)는 완벽주의의 다른 유형(신경증적이다 대 건강하다)을 개념화하기도 했다. 달리 말해, 부적응적 완벽주의자도 존재하고 적응적 완벽주의자도 존재한다. 정상적 또는 적응적 완벽주의자는 높은 기준을 세워서 수월성을 추구하도록 자신을 동기화한다(Rice & Slaney, 2002). 그러나 신경증적이거나 부적응적 완벽주의자는 자신의 기준을 엄격히 고수하며, 지나치게 자기비판적이어서 스스로를 이 기준에 못 미치는 것으로 지각한다(Shafran & Mansell, 2001). Rice와 Slaney(2002)는 군집 분석을 사용해서 학생들을 적응적 완벽주의자, 부적응적 완벽주의자, 비(非)완벽주의자로 분류할 수 있었는데, 이 결과는 Hamachek의 이론 모형을 지지한다. 이 초기 연구는 서로 다른 완벽주의자의 유형을 연구하는 일련의 연구들을 점화하는 불꽃이 되었다. 예를 들면, Grzegorek, Slaney, Franze와 Rice(2004)는 적응적 완벽주의자, 부적응적 완벽주의자, 비완벽주의자라는 세 군집을 발견한 선행 연구를 반복하여 검증하려 했다. 분산 분석을 활용한 세 집단의 비교에서 부적응적 완벽주의자는 더 높은 수준의 자기비판과 우울을 보고했으며, 역으로 적응적 완벽주의자는 더 높은 자아존중감을 보고했다. Grzegorek 등의 연구는 군집에 대한 개념화를 토대로 이론에서 유도된 가설을 검증한 좋은 예이며, 또한 완벽주의 척도의 구성개념 타당도 추정치를 제공한다.

군집 분석을 수행한 연구의 두 번째 예는 Whittaker와 Neville(2010)의 연구이다. 이들은 크로스 인종 정체감 척도(Cross Racial Identity Scale: CRIS)(Worrell, Vandiver, Cross, & Fhagen-Smith, 2004)를 활용하여 317명의 흑인 대학생들을 범주화했다. 군집 분석 과정에서 6개의 CRIS 하위척도가 변인으로 활용되었다. 6개의 하위척도는 접촉 전 동화(Preencounter Assimilation: PA. 예: '나는 어느 한 인종 집단의 구성이라기보다는 그냥 미국인이다.'), 접촉 전 잘못된 교육(Preencounter Miseducaton: PM. 예: '흑인은 열심히 일하는 것보다는 좋은 시간을 갖는 데 더 가치를 둔다.'), 접촉 전 자기혐오(Preencounter Self-Hatred: PSH. 예: '솔직히 말하면, 나는 내가 흑인이라는 것이 싫다.'), 백인 혐오 몰두－출현(Immersion-Emersion Anti-White: IEAW. 예: '나는 백인들 모두에게 증오와 경멸감을 갖고 있다.'), 내면화된 흑인 중심성(Internalization Afrocentric: IA. 예: '나는 흑인 중심의 관점에서 세상을 보고 생각한다.'), 내면화된 다문화적 포용성(Internalization Multiculturalists Inclusive: IMCI. 예: '다문화주의자로서 나는 히스패닉, 아시아계 미국인, 백인, 유태인, 게이, 레즈비언 등 많은 집단과 연결되어 있다.')이다. 군집 분석 결과, 6개의 CRIS 하위척도 점수의 프로파일을 바탕으로 낮은 인종주의 부각(Salience), 다문화주

그림 13.3 CRIS 하위척도를 기반으로 한 프로파일

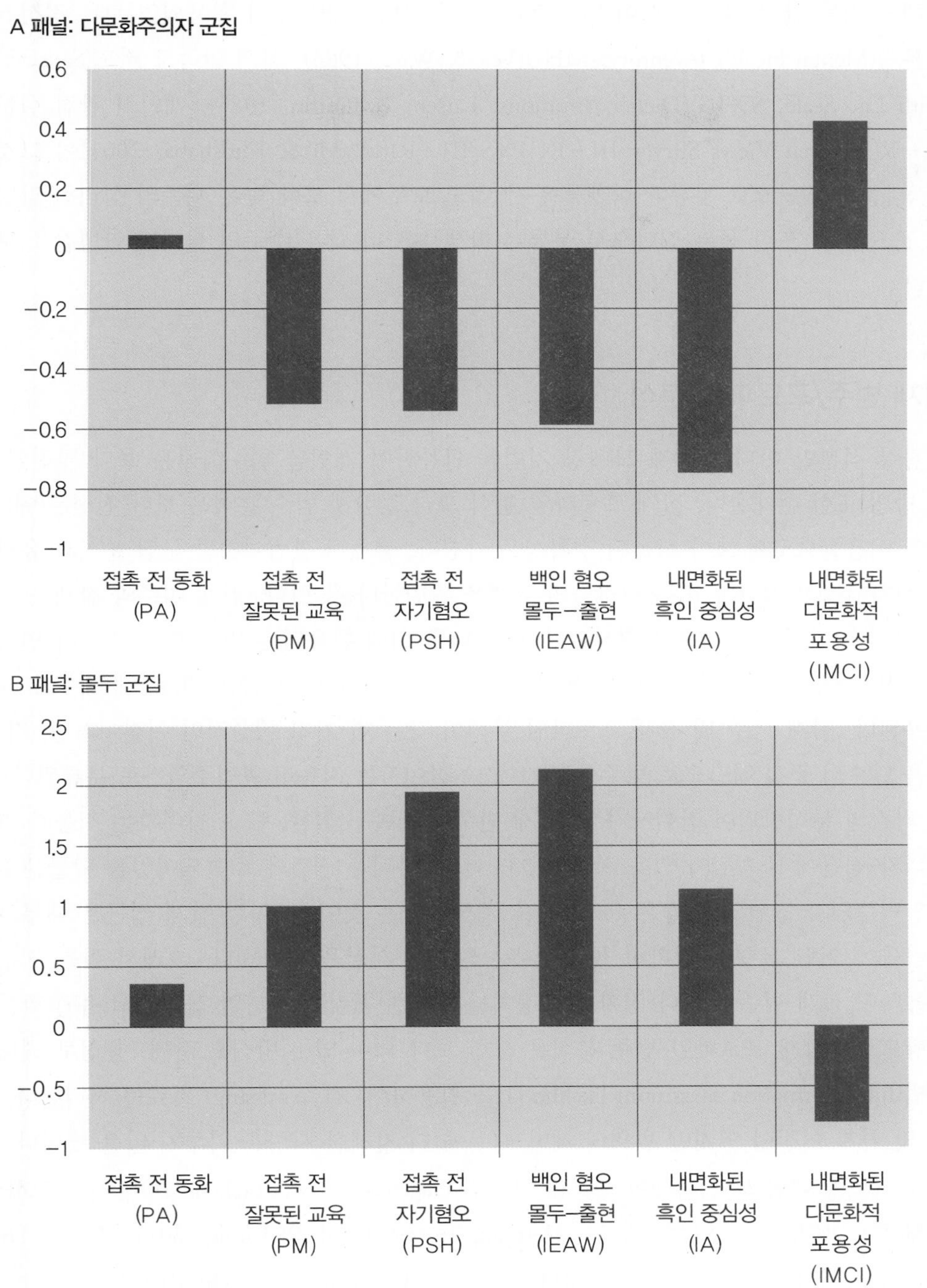

출처: French, B. H., & Neville, H. A. (2013). Sexual coercion among black and white teenagers: Sexual stereotypes and psychobehavioral correlates. *The Counseling Psychologist, 41*(8), 1186–1212. doi:10.1177/0011000012461379.

의자, 자기증오, 몰두(immersion), 흑인 중심(Afrocentric)의 5개 군집이 선택되었다(그림 13.3은 다문화 및 몰두 군집의 프로파일 예를 나타낸 것이다).

Whittaker와 Neville(2010)의 연구에서 5개의 군집이 추출된 후, 분산 분석(ANOVA)을 통해 군집들 간 심리적 속성이 비교되었다. 세 개의 측정도구가 활용되었는데, 정신건강 질문지(Mental Health Inventory: MHI)(Veit & Ware, 1983), 삶의 만족도 척도(Satisfaction With Life Scale: SWLS)(Diener, Emmons, Larsen, & Griffin, 1985), 개인적 관점 설문지 III－R(Personal Views Survey III－R: PVS III－R)(Maddi & Khoshaba, 2001)이 그것이다. 다문화 집단으로 분류된 학생들은 세 척도 모두에서 보다 높은 수준의 심리적 안녕감을 보고했다. 또한 몰두 집단으로 분류된 학생들은 더 낮은 수준의 심리적 안녕감을 보고했다.

잠재 범주/프로파일 분석

군집 분석뿐만 아니라 잠재 모델링 기법을 활용하여 개인을 범주화하는 보다 발전된 통계 방법 또한 존재한다. 잠재 프로파일 분석 그리고 잠재 범주 분석은 보다 진전된(예: 확률을 이용함으로써 보다 향상된 정확성을 가진다) 통계적 방법이지만 군집 분석과 유사한 기능(자연적인 집단화 또는 사람들의 유형을 확인한다)을 한다. 잠재 범주와 잠재 프로파일 분석은 변인의 유형으로 구분된다. 범주화를 위해 활용되는 변인 또는 지수가 연속적이라면, 잠재 프로파일 분석이 활용된다. 역으로 지수가 범주적이라면, 잠재 범주 분석이 활용된다. 잠재 범주 및 잠재 프로파일 분석이 갖는 한 가지 핵심적인 이점이라면, 각 개인을 단순히 군집 집단으로 범주화하는(예: A 참여자는 적응적 완벽주의자로 분류된다) 대신 각각의 분석방법이 참여자가 각 잠재 범주에 소속될 확률(예: A 참여자는 적응적 완벽주의자 집단에 소속되어 있을 확률이 93%이고, 부적응 집단에 소속되어있을 확률은 6%, 비완벽주의자 집단일 확률은 1%이다)을 계산한다는 것이다. 이런 잠재 접근은 대부분의 사람들이 어떤 유형에 정확히 들어맞지는 않다는 사실을 나타낸다. 그래서 확률 점수를 사용하여 잠재 범주의 보다 정확한 추정치를 제공한다(각 프로파일 집단에 소속될 확률을 바탕으로). 잠재 프로파일/범주 분석은 또한 보다 의미 있는 방식으로[예: 총정보 최대우도법(full information maximum likelihood)을 활용하여] 결측(missing) 자료를 처리한다. 다른 몇 가지 이점이 있지만 범위의 제한 때문에 더 자세한 사항은 다루지 않을 것이다. 이 통계 방법에 대한 보다 자세한 정보를 보려면 Hagenaars와 McCutcheon(2002)을 참고하라. 잠재 프로파일/범주 분석의 예로는 Herman, Trotter, Reinke와 Ialongo(2011), Lopez, Fons-Scheyd, Bush-King과 McDermott(2011), Villodas, Litrownik과 Roesch(2012)가 있다.

성장 혼합 모델링

개인을 범주화하는 것은 횡단 설계에서 종단 설계로 확장될 수 있다. 군집 분석과 잠재 프로파일 분석을 이용한 앞서의 예에서 참여자들은 한 시점에서 측정된 변인들의 점수를 바탕으로 범주화되었다. 그러나 일정한 기간 내 시간의 흐름에 걸쳐 특정 변인의 점수가 어떻게 변해가는지에 따라 참여자들이 범주화될 수도 있다. 성장 혼합 모델링은 변인이 시간의 경과에 따라 어떻게 성장/변화하는지를 바탕으로 잠재 하위집단을 규정하는 통계 분석 방법이다(Ram & Grimm, 2009). 다음은 한 예인데, 유학생들을 대상으로 타 국가에서 생활하는 기간 동안의 심리적 적응 과정을 종단적으로 조사한 것이다.

Wang 등(2012)은 중국인 유학생을 대상으로 미국에서 학기 시작 전 및 첫 세 학기 동안 심리적 고통의 궤도를 조사했다. 이 연구는 모든 유학생들이 동일한 기간 내 적응하지는 못한다는 가정에 바탕을 두고 있었으며, 목표는 서로 다른 적응 궤도 패턴을 확인하는 것이었다. 심리적 고통을 변인으로 활용하는 성장 혼합 모델링을 통해 Wang 등은 특징적인 궤도를 가진 4개의 집단을 확인했다. 이 집단은 (1) 4개의 시점 모두에서 높은 수준의 심리적 고통을 보이는 집단(계속해서 심리적 고통을 경험. 10%), (2) 도착 전부터 첫 학기까지 심리적 고통이 감소하는 집단(완화. 14%), (3) 첫 두 학기 시점에서 심리적 고통이 정점을 이루는 집단(문화 충격. 11%), (4) 일관성 있게 낮은 심리적 고통 점수를 보이는 집단(적응. 65%)을 말한다(그림 13.4). 나아가 어떤 요인이 이런 궤적 집단을 예측하는지를 보기 위해 다양한 도착 전 그리고 도착 후 요인들이 검토되었다. 요약하면, 더 높은 수준의 자아존중감, 문제해결 능력에 대한 긍정적 평가, 미국에서 공부하기 전 더 낮은 부적응적 완벽주의가 적응 궤도를 보다 잘 예측했다. 또한 이들은 미국에서의 첫 학기 동안 여러

그림 13.4 4개 심리적 고통 궤적의 특성

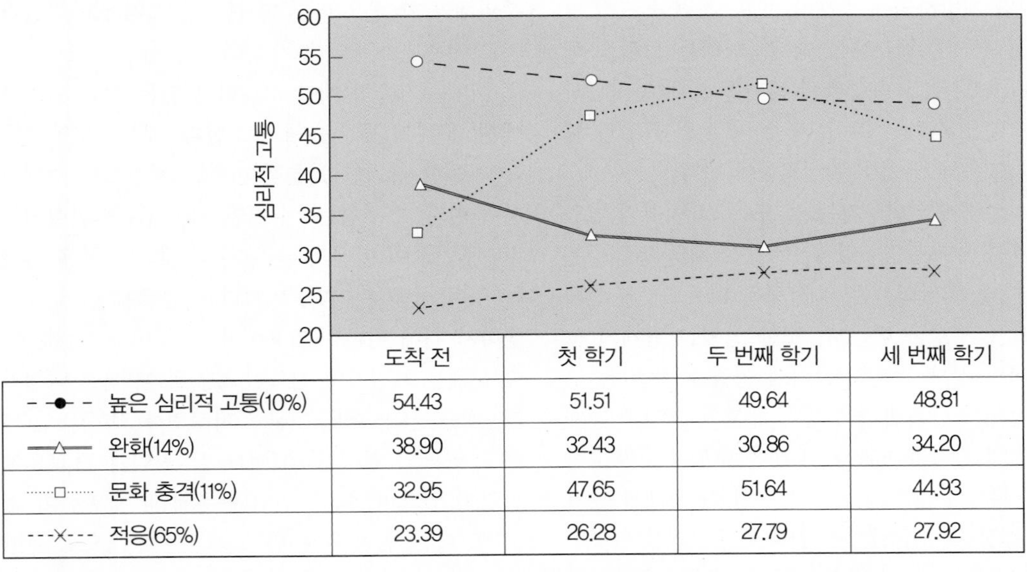

	도착 전	첫 학기	두 번째 학기	세 번째 학기
- -●- - 높은 심리적 고통(10%)	54.43	51.51	49.64	48.81
—△— 완화(14%)	38.90	32.43	30.86	34.20
·····□····· 문화 충격(11%)	32.95	47.65	51.64	44.93
- - -×- - - 적응(65%)	23.39	26.28	27.79	27.92

출처: Wang, K. T., Heppner, P. P., Fu, C., Zhao, R., Li, F., & Chuang, C. (2012). Profiles of acculturative adjustment patterns among Chinese international students. *Journal of Counseling Psychology, 59*(3), 424–436. doi:10.1037/a0028532.

집단들(고국의 친구들, 다른 유학생들, 미국 학생들)을 통해 균형 잡힌 사회적 지지를 받는 것이 또한 더 나은 횡문화적 이동과 관련되어있음을 발견했다. 이 연구는 시간의 경과에 따른 심리적 고통 궤적으로 개인을 범주화하는 예를 보여주고 있다. 성장 혼합 모델링의 통계적 과정에 대한 보다 자세한 정보를 보려면 Ram과 Grimm(2009)을 참고하라.

요약 및 결론

이 장에서 몇 가지 기술 설계가 설명되었다. 이들은 체계적 관찰을 하고, 정보를 요약하거나 범주화하여 그 수를 줄이고, 변인 간 기본 관계에 대해 정보를 제공함으로써 변인을 기술한다. 기술 연구에서는 변인의 신뢰도와 타당도가 극히 중요한 문제이고 연구의 내외적 타당도에 직접적인 영향을 미친다.

조사 설계를 통해 관심변인의 발생과 빈도를 기술할 수 있다. 이 설계에서 연구자는 모집단에서 어떤 변인의 발생(occurrence)을 양적으로 기술하는 데 관심을 가지고 있다. 연구 결과의 유용성은 많은 부분 활용된 측정도구와 표집 방법의 적절성에 달려있다. 연구자는 측정학적으로 좋은 도구를 활용하거나 개발하려 노력해야 하고, 적절한 표집 방법을 선택하며, 회수율을 최대화하려는 노력을 해야 한다. 또한 (1) 응답한 질문지를 보내준 사람과 보내지 않은 사람의 차이 및 (2) 표본의 특성과 모집단의 모수치 간 차이를 검토해야 한다.

기술 설계에서 연구자는 둘 또는 그 이상의 변인 간 관계를 알아볼 수 있다. 이런 설계의 적절성은 관심변인을 조작화하는 데 활용된 측정도구의 신뢰도에 크게 영향을 받는다. 또한 얻어진 관계의 크기는 어느 정도 표본의 크기에 영향을 받는다. 그래서 많은 중다회귀 연구들은 표본의 크기를 통제하기 위해 축소(shrinkage)에 대한 조정값을 보고한다. 우리는 더 많은 연구자가 변인 간 관계를 평가할 때 측정 오차를 줄이기 위해 잠재변인을 활용할 것으로 기대한다. 그 밖의 기술 설계에서와 마찬가지로 표집과 관련한 고려와 방법론적 방략이 회귀분석 연구의 결과를 해석하는 데 매우 중요하다. 기술 설계를 이용할 때 연구자는 무선표집을 활용하고/또는 반복 연구를 통해 결과를 검증하는 것이 좋을 것이다.

기술 설계는 변인 간 복잡한 관계를 검토할 때 활용될 수 있다. 연구자는 회귀 분석을 통해 복수의 예측변인이 하나의 준거변인에 미치는 효과를 검토할 수 있다. 더구나 회귀 분석은 변인 간 조절 및 매개에 관한 더 복잡한 관계를 검토하는 데도 활용될 수 있다. 상담 연구자들이 복잡한 이론 모형을 검증하기 위해 조절 분석과 매개 분석을 활용하는 빈도가 증가하고 있다. 단순 수동 설계에 있어서 주의해야 할 점은 다른 더 복잡한 설계에도 마찬가지로 적용된다.

우리는 기술 설계를 고려하고 있는 상담 연구자에게 세 가지 제안을 하려고 한다. 첫째, 기술 연구는 가능한 강력한 이론적 바탕을 기반으로 수행되어야 한다. 연구자는 '이 변인들은 어떻게 관련되는가? 집단들이 어떻게 다른가?'와 같은 질문은 피하는 것이 좋을 것이다. 이보다는 검토될 변인을 결정하기 위해 이론을 활용해야 할 것이다. 둘째, 기술 설계는 차별적인 예측이 포함될 때 더 강력해진다. 예를 들어, 어떤 이론에 따르면 특정한 변인(홀랜드 코드의 현실형)은 어느 한 변인과 정적으로 관련이 있으며, 다른 변인(몸무게)과는 관련이 없고 또 다른 변인(학교 만족도)과는 부적으로 관련될 것이다. 이런 관계 패턴이 예측되고 평가될 때 그 연구는 강화된다. 우리는 연구자에게 서로 반대되는 방향의 결과를 보여줄 것으로 예측되는 복수의 관계를 검토해볼 것을 권한다. 세 번째, 연구자는 표본의 특성에 대해 세심한 주의를 기울여야 한다. 연구자는 인구학적 또는 심리적 특성이 일정하게 통제되는 표본을 선택하기 원할 것이다. 예를 들어, 상담자 반응의 유형이라는 측면에서 좋은 회기와 나쁜 회기를 비교하고자 하는 연구자들은 시간적으로 가까운 회기들을 선택하기 원할 것이다. 이렇게 해야 결과가 상담의 단계에 의해 영향받을 가능성을 줄일 수 있기 때문이다.

과학과 관련한 노력에서 범주화 또한 중요한 기술적 단계이다. 군집 분석과 잠재 범주/프로파일 분석은 개인을 범주화하는 통계적 방법이다. 잠재 범주/프로파일 분석에서 발견된 프로파일 범주들뿐 아니라 군집 분석에서 도출된 집단들은 사용된 도구와 표본의 특성에 영향을 받는다. 그러므로 도구 선택과 표집 방법이 또한 중요한 고려 사항이 된다. 요인 분석과 군집 분석은 그 타당성을 확인하기 위해 다른 표본을 대상으로 반복 검증해야 한다. 또한 군집들과 프로파일 범주들을 다른 변인들과 연관시켜서 그 타당성을 검토하는 것도 중요하다. 마지막으로, 이러한 절차들이 많은 결정을 요하지만 전문가들은 종종 이런 결정을 위한 준거에 동의하지 않는다는 점에 주목할 필요가 있다. 그래서 특정 방법론 또는 분석 방법이 결과에 종종 영향을 미치는데, 이는 추가적인 타당화가 필요하다는 것을 시사한다.

이 장에 기술된 설계는 과학의 과정에서 중요한 토대가 될 수 있다. 특정 영역의 지적 상태에 대한 조심스러운 분석을 바탕으로 연구자는 점진적으로 다 나은 이해를 가능하게 하는 설계를 선택할 수 있다. 잘 선택되면, 기술 설계는 관심 현상의 기술에 중요한 기여를 할 수 있다.

촉진 질문

양적 기술 설계에 관한 지식을 알아보기 위한 질문

이 연습의 목적은 기술 설계에 대한 핵심 논점을 이해하고 있는지를 알아보기 위한 것이다. 다음 질문에 대한 답을 제시해보라. 그리고 수업에서 수강생들과 논의해보라.

1. 조절변인과 매개변인의 차이는 무엇인가?
2. 이 장에서 두 가지 유형의 회귀 분석 방법을 제시했다. 각각 무엇이며 어떻게 다른가?
3. 군집 분석과 잠재 프로파일/범주 분석은 유사점과 차이점이 있다. 이에 대해 기술해보라.
4. 양적 기술 설계를 통해 답할 수 있는 연구문제에 대해 생각해보라. 표 13.1을 이용하여 어떤 통계 분석 방법이 적절할지 제시해보라.
5. 조사 연구의 세 가지 이점을 열거해보라.
6. 기술 연구는 현상을 기술하게 해준다는 점이 강점이다. 기술 연구를 가이드하기 위해 이론을 활용하는 것은 어떤 경우에 가능할까? 이론을 활용하지 않는 것이 더 도움이 될 때는 언제인가?

14
CHAPTER

모의 연구: 실험 통제 극대화하기

이 장에서는 상담에 관한 모의 연구에 초점을 둘 것이다. 모의 연구(analogue research)란 상담 상황과 닮거나 근접한 조건하에서 수행되는 연구를 말한다. Kerlinger의 MAXMINCON 원리에 따라 연구자들은 실제 상담과 유사하면서 동시에 엄격히 통제된 조건을 만들어 편향이나 외재변인을 줄이려 한다. 모의 연구는 역사적으로 연구에 대한 자연발생적(naturalistic) 접근 대 실험 접근을 두고 벌어진 논쟁의 중심에 있어왔다.

이 장의 첫 절에서는 상담 영역에서 모의 연구방법의 활용에 관한 간략한 역사적 개관을 제시했다. 두 번째 절에서는 모의 연구의 예를 제시했다. 세 번째와 네 번째 절에서는 이 방법의 강점과 약점을 논의했다. 다섯 번째 절에서는 모의 연구의 외적 타당도를 실제 상담을 구성하는, 즉 상담자, 내담자, 상담 과정과 관련된 변인을 검토하여 평가해야 한다고 제안했다. 여섯 번째 절에서는 모의 연구방법의 궁극적 유용성을 현재까지 축적된 지식 및 특정 주제 영역에서 활용되는 연구방법의 맥락 내에서 평가해야 한다고 주장했다. 이러한 점을 설명하기 위해 상담 분야 내 사회 영향(social influence) 연구에서 모의 연구방법이 어떻게 활용되었는지 분석했다.

역사적 개관

실제 상담은 매우 복잡한 과정이다. 내담자가 다르고, 상담자도 다르다. 상담은 상호작용이 활발하고, 정서적인 톤이 강하며, 복잡한 의사소통 과정이 있어서 기술하기도 어렵고 연구하기는 더욱 어렵다. 40여 년 전 Heller(1979)는 이와 같은 복잡성 때문에 상담 면접에 관하여 다음과 같이 결론 내렸다. "비록 연구 가설을 생성해낼 수 있는 좋은 원천이긴 하지만, 행동 변화의 원인이 되는 요인을 분리해내는 데는 좋지 않은 현상 영역이다. 치료적 상호작용의 복잡성과 치료 작용을 구체화하고 통제하는 데 있어서의 어려움 때문에 변화의 정확한 원인에 관한 신뢰할 수 있는 정보를 얻기는 어렵다"(p. 217). 과학적 방법과 실험 통제의 활용에 대한 강력한 믿음을 가지고 있는 Heller는 상담의 복잡성을 이해하고 연구하기 위한 한 가지 해결 방안이 그가 실험실 연구라고 불렀던 것에서 제시했던 실험 통제를 가하는 것이라고 주장했다. "임상 실험실 연구의 목적은 어떤 요인이 변화를 산출하고, 어떤 조건에서 그 요인들이 가장 잘 작동하며, 효과적인 치료 패키지를 구성하기 위해 요인들이 어떻게 조합되어야 하는지를 결정하는 것이다"(Heller, p. 127).

기본적으로 모의 상담은 상담 과정의 어떤 측면에 대한 실험적 시연(simulation)으로 상담자, 내담자, 그리고/또는 상담 과정의 어떤 측면을 조작하는 것과 관련된다. 과거, 모의 상담은 '모형 상담(miniature therapy)'(Goldstein, Heller, & Sechrest, 1966) 또는 '단순화 방략(simplication strategy)'(Bordin, 1965)이라 지칭되었다.

Keet(1948)는 심리치료 연구에서 모의방법론을 처음 활용한 사람 중 하나이다(Bordin, 1965; Heller, 1971; Kushner, 1978을 보라). Keet는 자원자들을 대상으로 단어 연합 과제에서 기억 방해(memory blocks)를 극복하는 데 표현적(반영적) 상담 진술문과 해석적 상담 진술문의 효과성을 비교했다. 해석적 진술문이 더 효과적인 것으로 나타났다. 비록 이후의 연구에서는 이런 결과가 반복해서 나타나지 않았지만(Grummon & Butler, 1953; Merrill, 1952), Bordin의 관찰에 따르면, "연구 방략으로서 통제와 단순화의 매력이 너무나 커서 이 연구 결과를 반복 검증하는 데 대한 실패가 이런 방향으로의 추가적인 노력을 오히려 더욱 자극하는 결과를 나았다"(p. 494). 그러나 상담 영역에서 모의 방법은 비교적 최근에 와서야 활용되고 있다. Heller는 이런 현상의 원인을 임상 분야의 지식이 일반적으로 보다 자연발생적 전통(예: 프로이트의 사례 연구)을 통해 축적되었기 때문에 모의 상담 방법이 낯설 수밖에 없다는 사실로 귀인했다. Munley(1974)는 모의 방법론의 등장이 늦었던 원인이 억지로 꾸민 듯 부자연스럽고 동시에 고도로 통제된, 그래서 너무나 인위적이고 비현실적인 방법론을 상담자들이 수용하기 주저했다는 데 있다고 했다.

Bordin(1965)은 상담 연구에서 '단순화'(모의 방법론)에 대한 가장 초기 이론적 비평을 했다. 그는 이 방법론의 강점과 한계를 매우 잘 인식하고 있었던 것 같다. 모의 방법의 실험적 통제는 즉각 인정을 받았다. 동시에 연구 결과의 외적 타당도 또는 일반화 가능성에 대한 우려 또한 연구자들 사이에 표명되었다(예: Lewin, 1951; Rappaport, 1960). Bordin은 '단순화'에 대한 비판이 일차적으로 현상에 대한 지나친 일반화와 관련된다는 점을 지적했다. 이런 문제를 극복하기 위해 그는 '수용할 만한 단순화'를 성취하기 위해 다음 세 가지 규칙을 제안했다.

1. 연구자의 호기심을 불러일으킨 자연적인 현상에서 출발해서 계속 그 초점을 유지하라.
2. 연구자가 자연 상황에서 안전하게 벗어날 수 있는 정도는 현상에 관해 알려져 있는

정도에 비례한다.

3. 선행지식에 바탕을 두지 않고 있다면, 단순화는 자연적인 현상에 대한 경험적 연구와 함께 해야 한다.

연구자들은 처음에 두 가지 연구 흐름에서 모의 방법론을 활용했다(Heller, 1971). 한 흐름은 치료법들에 대한 분석으로 '각 치료법들의 가장 강력한 치료적 성분이 무엇인지 그리고 각 치료법이 최적화되는 조건이 무엇인지'를 찾아내려는 것이다(Heller, pp. 148–149). 체계적 둔감법, Rogers의 촉진적 조건, 자유연상에 대한 모의 연구가 이에 포함된다.

두 번째 접근은 의사소통 과정을 검토했는데, 특히 사회적 영향 과정이라는 관점에서 이를 검토했다. 이 연구의 흐름은 사회심리학을 상담에 적용함으로써 시작되었다. 특히, Goldstein, Heller와 Sechrest(1966), Strong(1968)의 작업에서부터 시작되었다. 1960년대 말과 1970년대 초에 모의 연구가 꽃피었는데, 이 연구들은 상담자 행동이 상담자의 전문성, 매력, 신뢰성에 대한 내담자의 지각에 미치는 영향을 검토했다. 사회적 영향 연구는 1980년대까지는 감소되지 않고 계속되었으며(Borgen, 1984), 상담 영역 내 모의 연구 대부분의 초점이 되어왔다.

모의 연구에는 5개 유형이 있다. 즉, (1) 상담을 녹화한 연구로 상담자 행동을 종속변인으로 한다, (2) 상담을 녹화한 연구로 내담자 행동을 종속변인으로 한다, (3) 유사 상담 면접 연구로 내담자 행동을 종속변인으로 한다, (4) 유사 상담 면접 연구로 상담자 행동을 종속변인으로 한다, (5) 상담면접을 직접적으로 재현한 것이 아닌 실험적 과제가 제시된다(Munley, 1974). 현재까지 연구자들이 활용해온 모의 연구 유형은, 복수의 회기에 대한 녹음(또는 녹화. 매우 인위적이다)에서 현장 재현(live simulations. 실제와 아주 가깝다)까지 범위가 넓다.

Bordin(1965)이 제안한 '수용할 만한 단순화'에도 불구하고 모의 방법론의 유용성에 대한 논쟁은 지속되어왔다. 모의 방법론의 유용성에 대해서는 수많은 이론적 비평이 가해졌다(Gelso, 1979; Heller, 1971; Kazdin, 2003). 이런 논쟁의 핵심은 모의 연구를 통해 나타난 결과의 일반화 가능성에 대한 의구심이었다. Goldman(1978)은 "존경하는 실험실 실험은 현실의 인간 행동을 이해하는 방법으로 지나치게 높게 평가되고 있다. …… 실험실은 너무나 '깨끗해서' 사람들이 실제 생활에서 어떻게 기능하는지에 대해 아무것도 말해줄 수 없다"(p. 8)고 주장하며 이 방법에 대한 비판을 요약했다.

이 논쟁에 더 깊이 들어가기 전에 먼저 모의 연구의 최근 예를 검토해보자. 이후 모의 방법론의 강점과 약점에 대해 더 자세히 논의해보자.

모의 연구의 예

모의 연구방법론이 최근 어떻게 활용되고 있는지를 더 자세히 살펴보기 위해 세 연구를 제시할 것이다. 첫 번째 연구는 Lee 등(2013)이 수행한 것으로 서로 다른 내담자–상담자 사례를 상담 수련생에게 제시하기 위해 세 개의 시나리오(vignettes, 짤막한 글 – 옮긴이)를 사용했다. 두 번째 연구는 Mohr, Israel과 Sedlacek(2001)이 수행한 것으로 상담 수련생으로부터 임상 반응을 얻기 위해 가상의 접수면접 보고서를 활용했다. 세 번째 연구는 Wang과 Kim(2010)이 수행한 것으로, 다문화 역량이 상담자에 의해 명시적으로 표현된 상담과 그렇지 않은 상담을 나타내는 두 유형의 짧은 비디오 모의 회기를 활용했다.

Lee 등(2013)은 상담 수련생을 대상으로 세 개의 사례 기술에 대한 다문화적 사례 개념화를 조사했다. 구체적으로 세 사례는 다음과 같다.

> (1) 인도 출신의 여성 내담자가 학대가 심한 남편과 이혼하려는 바람이 자신의 문화적 가치와 상충된다고 명확히 진술하는 **명백한 문화** 사례(culture-explicit case), (2) 아프리카계 미국인 남성 내담자가 다른 학생이 그에게 경멸적인 말(자신을 인종주의자라고 명백히 진술하는 것이 아니라 암시하는)을 한다고 진술하는 **암묵적 문화** 사례(culture-implicit case), (3) 아시아계 미국 여성 내담자가 고대하던 직장에서의 승진을 못했기 때문에 가족 앞에서 얼굴을 들지 못하겠다고 진술하는 **문화가 언급되지 않은** 사례(culture-not mentioned case). (Lee et al., p. 2)

Lee 등(2013)은 61명의 상담 훈련생으로부터 자료를 수집했다. 그들은 각각의 사례를 관찰하고(무선 순서로) 사례 개념화를 기술했다. 연구자들은 근거이론 접근(질적 방법)을 활용하여(16장 참고) 사례 개념화에서 내용 주제를 발견하려 했고 이런 내용 주제가 사례에 따라 다른지를 검토했다. 연구자들은 수련생의 사례 개념화 내용에서 일반적인 주제와 다문화에 국한된 주제를 모두 추출할 수 있었다. 또한 연구자들은 수련생들이 사례에 명백하게 또는 암묵적으로라도 문화적 관심이 제시되었을 때 사례 개념화에서 다양성 논점에 초점을 둔다는 것을 발견했다.

Mohr 등(2001)은 양성애에 대한 상담자의 태도가 가상의 접수면접 보고서에 대한 상담자의 임상적 반응에 미치는 영향을 조사했다. 구체적으로 독립변인은 양성애에 대한 상담자의 태도였으며, 종속변인은 내담자에 대한 반응(reactions), 양성애자 내담자에 대한 반응, 심리사회적 기능이었다.

Mohr 등은 어느 양성애자 여성에 관한 가상의 접수면접 보고서를 활용했는데, 이 보고서는 내담자에 대한 각 상담자의 평가와 반응을 위한 자극으로 활용되었다. 이들은 이 시나리오를 다음과 같이 요약했다.

> 20세 백인 양성애자 여성인 앨리스라는 이름의 내담자에 대한 접수면접 회기를 요약한 두 문단짜리 가상의 시나리오. …… 대학 상담 센터가 배경인 이 시나리오에서 호소 문제는 (1) 진로 선택의 어려움, (2) 다른 여성과의 2년에 걸친 연애 관계가 파탄에 이른 데 대한 슬픔, (3) 내담자의 양성애를 수용하는 데 어려움을 겪는 남자 친구 등이었다. 따라서 두드러지는 임상적 논점은 진로 미결정, 부모와 정서적 경계 협상하기, 연애 관계였다. (Mohr et al., 2001, p. 213)

자료는 97명의 석사 및 박사 과정 상담 수련생으로부터 수집되었다. 연구자들은 양성애에 대한 태도가 상담자의 임상적 판단 및 반응과 관련되어있다는 것을 발견했다. 구체적으로 양성애에 부정적인 태도를 가지고 있는 상담자들은 내담자의 기능을 낮게 평가하고 내담자에 대한 편향적이고 판단적인 반응을 기대하며, 내담자에 대해 좀 더 부정적인 반응을 하는 경향이 있다는 것을 발견했다.

Wang과 Kim(2010)은 상담자의 다문화 역량 표현이 아시아계 미국인 대학생들에게 어떻게 지각될 것인지를 조사했다. 이들은 15분 분량의 비디오 시나리오를 구성하여 독립변인으로 활용했다. 비디오 시나리오의 내용은 다음과 같다.

> 유럽계(백인) 미국인 여성 상담자와 아시아계 미국인 여성 내담자. 상담자는 상담, 임상, 및 학교 심리 프로그램의 대학원생 상담자였으며, 내담자는 동아시아계 미국인 학부생 연구 보조원이었다. 상담 회기에서 내담자는 상담자에게 자신과 가족이 식당과 호텔에서 경험했던 부정적 상호작용에 대해 말한다. 두 개의 비디오 클립은 각각 다문화 기술 역량이 나타나 있는 지지 상담과 역량이 포함되지 않은 지지 상담을 실행하는 상담자를 보여준다. 역량 집단을 위해 문화적으로 적절한 개입 방략 7개 기술을 치료자 언어 진술로 조작했다. 이런 기술의 예는 '건강한 편집증'이라는 관점에서 인종주의 경험 또는 편견에 대해 논의하기, 사회정치적 맥락에 관심을 갖고 차별의 경우에 주의를 기울이기, 그리고 심리적 개입 과정에 대해 내담자를 교육하는 책임을 갖기 등이다. (Arredondo et al., 1996, p. 396)

종속변인은 지각된 공감적 이해와 작업동맹이었다. 연구자들은 다문화 역량이 나타난 지지 상담 회기에 할당된 학생들이 작업동맹과 공감을 더 높게 평정했다는 것을 발견했다. 이러한 결과는 회기에 다문화 역량을 포함시키면 추가적 효과가 발생된다는 것을 시사한다. 말하자면, 자신의 상담에 다문화 역량을 스며들게 하는 상담자는 내담자의 지각된 공감을 향상시킬 수 있고 치료적 동맹을 강화할 수 있다.

실제 연구에 적용하기 14.1

이제 몇 개의 모의 연구 예를 읽었다. 이제 모의 연구 설계를 이용하여 검토하려는 상담 과정 내 몇 가지 변인들에 대해 생각할 시간을 가져보자. 상담자가 캐주얼 복장을 하고 있을 때와 보다 공식적인 옷차림을 하고 있을 때 참여자들이 상담에 대한 가치를 어떻게 지각할지와 같은 간단한 것이 될 수도 있을 것이다. 여기서 초점은 상담자 복장과 같이 당신이 조작할 수 있는 독립변인을 선정하는 일임을 기억하라. 또한 당신이 관심을 가지고 있으며, 그 맥락과 연결된 종속변인에 대해 생각해 보라.

모의 연구의 장점

모의 연구의 특징은 일차적으로 외재변인을 제거하고, 혼입변인을 통제하며 독립변인의 수준을 조작함으로써 실험 상황을 통제하는 것이다. 상담 상황에서 많은 변인들이 내담자와 상담자(예: 성격변인, 대처 기술, 정보처리 방식, 기대, 인구학적 변인), 상담 과정(예: 상담자 개입과 내담자 반응 및 노출), 그리고 특정 상황(예: 방의 장식과 가구 배치, 치료비용, 도움을 요청한 이유)과 관련된 것이다. 모의 설계에서 연구문제와 관련이 없는 변인들은 제거되거나 통제된다. 예를 들면, 참여자들은 처치 조건에 무선 할당된다. 이렇게 함으로써 참여자 분산에서 혼입변인으로 인한 분산을 줄인다. 또한 오늘날 많은 온라인 조사 도구는 영상을 게시할 수 있는 옵션을 가지고 있으며 무선화 스케줄도 생성한다. 참여자들은 또한 특정한 변인(우울 수준 또는 통제 소재와 같은)을 바탕으로 선택될 수 있는데, 이런 변인을 모든 처치 조건에 동일하게 하거나, 독립변인의 수준을 생성하기 위해 조건마다 다르게 할 수도 있다. 치료자의 이론적 성향과 면접 행동은 통제되거나 모든 처치 조건에 걸쳐 표준화될 수 있다. 요약하면, 모의 연구에서 연구자는 하나 또는 그 이상의 독립변인을 조작하고, 관련이 없는 변인을 제거하거나 일정하게 하며 무선 할당을 사용할 수 있다. 연구자는 이를 통해 상황적 통제를 할 수 있다.

모의 방법론의 다른 장점은 상담 과정의 어떤 측면을 실험적으로 조사하는 데 있어서 현실적인 그리고 윤리적인 장벽을 낮출 수 있다는 것이다. 모의 설계에서 대리(surrogates) 내담자를 활용하면 재정적 한계와 참여자를 구하기 어렵다는 것과 같은 현실적 제약이 약화될 수 있다. 현실 속 상담이 현실 속 문제, 스트레스, 불안을 가진 내담자를 대상으로 이루어진다고 전제하면, 내담자를 위약(僞藥) 집단이나 대기자 통제집단으로 무선 할당하는 것과 같은 실험 절차는 문제를 야기할 수 있다. 또는 상담자 피드백의 유형을 달리하거나 상담자 자기개방의 유형을 달리하는 것과 같은 실험 조작은 실제 문제를 가진 내담자가 관련될 경우 심각한 윤리적 딜레마를 불러일으킨다. 상담과 유사한 상황을 만들어내거나 상담 상호작용 축어록, 녹음테이프, 또는 비디오테이프의 사용은 조작과 관련한 윤리적 문제를 비켜갈 수 있게 해주는데, 특히 어떤 종류의 어려움에 처한 내담자와 관련해서는 더욱 그렇다.

모의 연구의 약점

모의 연구의 주된 문제는 연구 결과의 일반화 가능성 또는 외적 타당도에 그 핵심이 있다. 외적 타당도는 상담 영역의 구성원들에게 특별히 중요하다. 왜냐하면 우리가 하는 일의 초점이 실제 내담자를 대상으로 한 현실의 상담에 있기 때문이다.

때때로 모의 방법론의 강점(실험적 통제와 내적 타당도)은 인위적인 상황에 이르게 한다. 이런 연구는 매우 높은 정도의 실험적 정확성을 가진다. 그러나 더 이상 실제 상담 상황을 닮지 않은 인위적으로 만들어진 조건하에서 사건을 검토한다. 심지어는 이런 연구가 사실상 상담 과정을 검토하는지 아니면 너무나 추상적이고 실제와 동떨어져서 현실의 상담에는 적절하지 않은 변인을 검토하는지가 불분명하게 될 수도 있다. 그래서 가장 심각한 우려는 연구의 결과가 실제 상담에 일반화될 수 있는지에 관한 것이다. 실험 통제의 강력함이 외적 타당도의 상실 또는 Bordin(1965)의 용어로 표현하자면, "지나친 단순화"에 이르게 할 수 있다.

모의 방법론의 한계는 종종 내적 타당도와 외적 타당도의 상대적 중요성에 관한 논의로 이어진다. 경험이 일천한 학생들은 어느 것이 더 중요한지 또는 한 영역의 초기 연구에서 어떤 것이 주된 초점이어야 하는지 알기 원한다. 잘 발전되지 않은 연구 영역에서 내적 타

연구 응용 14.1

한 연구자가 상담자의 공감이 내담자 반응(예: 방어적 방식으로 상담자를 대하는 정도)에 미치는 영향을 검토하기 원한다. 연구자가 당신에게 도움을 청하러 온다. 이 연구자는 모의 설계를 활용하기 원하지만 상담자 공감이 전달되기 어렵지 않을까 우려한다.

질문

1. 내적 타당도를 유지하면서 외적 타당도를 극대화하기 위해 어떤 방략을 사용할 수 있을까? 당신이 사용할 절차를 기술해보라.
2. 이 접근의 강점과 약점은 무엇인가?
3. 이 질문을 검증하기 위해 활용할 수 있는 다른 연구 설계로는 어떤 것이 있을까?

당도 또는 외적 타당도를 강조하는 이유가 있다고 해도 모든 연구 영역에서 둘 다를 필요로 하며, 어느 주제 영역에서건 축적된 지식은 내적 타당도와 외적 타당도의 균형을 맞춘 연구로부터 나와야 한다고 우리는 주장한다. 어느 주제 영역이건 지식은 시간의 경과에 따라 축적되어간다는 것을 감안하면, 어떤 유형의 타당도를 우선시할 것인지의 문제는 전체적인 균형이라는 더 큰 논점보다 덜 중요하다.

모의 연구의 일반화 가능성을 평가하는 데 고려해야 할 변인들

모의 연구에 관한 기본적 질문은 '실험실 실험이 얼마나 실제 상담 상황과 유사한가?'가 될 것이다. 모의 방법론의 외적 타당도를 평가하는 한 가지 방법은 상황, 즉 현실의 상담을 기술하는 변인들을 고려해보는 것이다. 모의 연구의 외적 타당도는 모의 상황에서의 변인과 실제 상담에서의 변인들이 얼마나 닮았는지를 검토해봄으로써 부분적으로 평가될 수 있다고 우리는 제안한다. 실제 각 연구들마다 이런 모의 변인들이 다르며 실제 상담과 닮은 정도도 다르다.

상담 과정 또는 상호작용에는 모의 설계를 통해 검토될 수 있는 많은 측면이 있다. 또한 상담자와 내담자에게는 쉽게 검증될 수 있는 많은 기본적인 의사결정 과정이 존재한다. 내담자 또는 상담의 특성(예: 성, 인종, 회기에서 미소 짓기), 모의 사례가 제시하는 정보(예: 내담자 증상 프로파일, 상담자의 자기개방 활용), 그리고 상호작용적 또는 과정 측면(예: 더욱 더 빈번한 다문화지향적 진술의 활용)이 있는데, 이 모든 것이 경험적으로 검토될 수 있다. 이러한 변인에 대해 사람들이 어떻게 판단을 내리는지를 보면 현실에서 그들이 상황에 어떻게 접근하는지에 대한 정보를 얻을 수 있다. 표 14.1에는 내담자, 상담자, 그리고 상담 과정과 관련한 몇 가지 변인과 그 변인에 대한 설명이 제시되어있다. 이 변인 각각은 실제 상담과 비교적 높은, 중간, 또는 낮은 정도의 유사성을 갖는 것으로 평가될 수 있다. 이 변인들이 특정 연구에 모두 적절성을 갖는 것은 아니다. 예를 들면, 연구가 상담자 행동에 주된 초점을 두고 있다면, 상담자 변인을 평가하는 것이 내담자 변인을 고려하는 것보다 더 중요할 것이다. 연구 목적상, 각 변인을 평가하기 위해 리커트형 문항을 개발하여 이런 평가의 특정성(specificity)을 증가시키는 것이 유용할 것이다. 여기서 우리는 각 변인에 대한 세 개의 일반적인 범주(낮음, 중간, 높음)를 활용하여 각 차원에서의 다양한 정도의 유사성을 보여줄 것이다. 또한 표에 열거된 변인들은 논리적인 방식(rational means)으로 개발된 것이다. 경험적 연구를 통해 새로운 변인을 찾아내거나 표에 제시된 몇몇 변인들을 제거할 수도 있을 것이다.

표 14.1 실제 상담에 대한 모의 방법의 일반화 가능성 평가하기

변인	비교적 높은 정도의 유사성	중간 정도의 유사성	비교적 낮은 정도의 유사성
내담자			
변화에 대한 기대	내담자가 처치와 변화를 기대함	사람이 실험적 처치를 기대함	참여자가 학점을 기대하거나 심리학을 배우는 것을 기대함
동기와 고통 수준	내담자가 센터에 조력을 요청할 만큼 고통스러워함	사람이 적절한 학업 경험과 심리학적 실험을 찾을 만큼 고통스러워함	참여자는 고통스러워하지도 않고 도움을 찾지도 않음. 참여자는 심리적 도움이나 변화를 추구하는 것과는 다른 배후의 동기를 가지고 있음(예: 학점)
처치의 선택	내담자가 종종 상담자 또는 처치의 종류를 선택함	사람이 처치를 제공하는 적절한 심리학적 실험을 선택함	참여자가 처치와 상담자/면접자에 할당됨
호소 문제	상담에서 전형적으로 볼 수 있는 실제 문제	가설적 문제	없음, 또는 실험 과제
문제에 대한 지식	적절하며 현재의 관심사임, 높은 수준의 정보처리와 지식	적절하지만 시급한 관심은 아님, 중간 정도의 정보처리와 지식	부적절하거나 새로운 논점임, 낮은 수준의 정보처리와 지식
상담자			
상담자 기대	내담자 변화	내담자 변화에 대한 중간 정도의 기대	성공적인 역할연기 또는 면접
역할 신뢰성	높은 지위, 외모가 역할과 일치함	중간 정도 수준의 지위	지위에 대한 단서가 없음, 역할과 불일치함
지식 토대	평가, 성격이론 및 상담이론, 상담 과정에 대한 광범위한 지식	평가, 성격이론 및 상담이론, 상담 과정에 대한 중간 정도의 지식 수준	평가, 성격이론 및 상담이론, 상담 과정에 대한 낮은 지식 수준
상담 기술	높은 수준의 상담 과정 내의 절차적 기술	중간 수준의 상담 과정 내의 절차적 기술	낮은 수준의 상담 과정 내의 절차적 기술
동기 수준	치료적 관계를 제공하고 변화를 촉진하려는 강한 동기화	치료를 제공하려는 중간 정도의 동기화, 실험적 변화에 대한 약간의 동기를 갖고 있을 가능성	치료를 제공하려는 데 대한 동기화가 되어 있지 않음, 일차적인 목적은 면접을 실행하는 것임
경험 수준	10년 이상	3년차 박사과정 학생	1년차 석사과정 학생
상담 과정과 장면			
평가	내담자가 조심스럽게 진단되고 목표가 수립됨	처치목표와 일치하는지를 결정하기 위해 사람이 평가될 수 있음	참여자는 평가되지 않음, 특정 개인에 맞춘 목표가 부재함
개입	구체적으로 내담자의 호소 문제를 표적으로 함	사람의 문제에 적절함	참여자의 관심 또는 문제에 적절하지 않음
지속 기간	시간의 경과에 따른 여러 회기/일반적인 1회기당 시간	2–3회기/일반적인 1회기당 시간	짧은(10여 분) 1회기

표 14.1 실제 상담에 대한 모의 방법의 일반화 가능성 평가하기(계속)

변인	비교적 높은 정도의 유사성	중간 정도의 유사성	비교적 낮은 정도의 유사성
대인관계 상호작용	상담자와 내담자가 상호작용하며 정보를 교환함	상담자와 내담자/참여자가 제한된 주제에 대하여 또는 정해진 방식으로 상호작용함	참여자가 상담 시나리오를 보지만 상담자와 상호작용하지 않음
내담자 반응	내담자는 상담 경험을 처리하고 적절한 정보에 대해 특정 방식으로 반응함	사람은 제한된 주제 또는 반쯤 적절한(semirelevant) 주제에 반응함	참여자가 상담 시나리오를 보고 가설적으로 반응함
내담자 변화 또는 결과	상담 상호작용으로 인해 내담자가 변하거나 어떤 식으로든 달라짐	처치가 성공적이라면 사람은 어떤 식으로든 변화함	상담 시나리오가 사적으로 적절하지 않으므로 참여자는 변화하지 않음
환경	전문적인 치료 센터	정기적인 치료 서비스를 제공하지 않는 시설	실험실 장면 또는 교실

내담자 변인

내담자 또는 참여자와 관련한 수많은 변인들이 연구 결과가 실제 상담으로 일반화될 가능성과 직접적으로 관련되어있다. 이제 우리는 상담을 요청하는 내담자의 중요한 측면을 설명하기 위해 몇 개의 내담자 변인을 논의할 것이다. 이후 이러한 변인을 연구의 일반화 가능성에 대한 평가와 관련시킬 것이다.

내담자의 인구학적 정보를 단순히 변경시키는 경우 모의 연구가 어떻게 활용될 수 있는지를 보여주는 많은 예들이 있다. 예를 들면, 연구자들은 상담자들을 두 개의 조건, 즉 내담자가 여성인 조건과 남성인 조건 중 하나에 무선화시킨다. 이 조건을 제외하면 사례 기술은 동일하다. 상담자들에게 진단명을 결정할 것을 요청한다. 이 연구에서 여성은 전형적으로 남성보다 더 높은 비율로 우울, 성격장애가 진단되었다(Becker & Lamb, 1994; Caplan & Cosgrove, 2004; Potts, Burnam, & Wells, 1991). 이런 모의 연구는 여성에 대한 미시공격성 측정도구를 개발하고 실제 상담 장면에서 그것을 검증한 Owen 등(2010) 연구의 토대가 되었다. 여성이 자신의 치료자가 여성에 대한 미시공격성을 표현한다고 보고할 때 치료결과는 물론이고 치료자와의 동맹도 부정적으로 영향 받는다는 것을 발견했다.

또한 모의 연구를 통해 내담자의 호소문제 또는 고통에 대한 신념을 조사하는 방법도 있다. 대부분의 실제 상담 상황에서 내담자는 사적인 문제를 경험하고 상담자로부터 도움이나 치료를 요청한다(Wampold, 2007). 이런 사적인 문제는 전형적으로 불안을 불러일으키고, 고통을 유발한다. 성공하기를 원하는 곳에서 자신이 실패하고 있음을 발견하기 때문이다. 사람들은 '현재의 문제'에 대처하고 있을 때(Klinger, 1971), 전형적으로 광범위한 인지적, 정서적, 행동적 시행착오 과정에 참여하게 된다(Heppner & Krauskopf, 1987). 이런 내담자들은 전형적으로 자신의 문제에 대해 숙고하고 수많은 해결을 시도해보기 때문에 그 문제에 관한 몇 가지 지식 기반(그것이 정확하든 그렇지 않든)을 서로 엮는다. 더구나 심리적 조력을 요청하는 많은 사람들은 치료를 받을 것이라는 기대를 가지고 있다. 이들은 종종 추천이나 평판을 바탕으로 특정 상담자를 선택하고 어떤 식으로든 변화될 것이라고 동기화되어 있다. 간략히 말하자면, 심리적 조력을 요청하는 내담자는 (1) 변화에 대한 기대, (2) 상담자와 치료에 관한 기대, (3) 심리적 고통을 받고 있으며, 그래서 동기화된 상태, (4) 특정한 문제 상황을 논의할 의도, (5) 자신의 문제에 대한 지식 또는 정보를 가지고 상담에 온다. 도움을 요청하는 내담자의 다른 측면을 기술할 여타 변인들이 존재하는 것이 당연하다 해도, 모의 방법론의 적절성을 평가하는 연구자는 이 다섯 가지 내담자 변인부터 고려해보기를 우리는 권한다.

표 14.1에 5개의 내담자 변인을 열거하고, 각 변인이 실제 상담과 닮은 정도가 높은 경우, 중간 경우, 낮은 경우를 제시했다. 예를 들면, 내담자 기대에서 상담 실제와 유사성이 높은 경우는 내담자가 치료와 변화를 기대하는 것이다. 이는 참여자가 단순히 학점을 기대하는 것(낮은 유사성)과는 반대이다. 처치가 선택되는 방식 또한 내담자의 기대와 관련되어 있다. 내담자는 단순히 특정 치료법이나 상담자/면접자에 할당되는 것(낮은 유사성)이 아니라 자신의 호소 문제 또는 상담자의 평판(높은 유사성)을 토대로 치료 방법이나 상담자를 선택한다. 고통과 동기 수준 또한 양극화된다. 내담자는 치료 센터에 도움을 요청할 만큼 고통을 받고 있지만(높은 유사성), 참여자는 편의 참여자 풀이나 어쩔 수 없이 참여해야 하는 참여자 풀(captive participants pool)의 부분이며 심리적 도움이나 변화를 필요로 하기보다는 학점을 필요로 하고 있다(낮은 유사성). 아마도 가장 중요한 차이는 실제 내담자가 '현재 문제' 또는 진짜 문제를 가지고 있고 문제에 대한 높은 수준의 정보처리 및 지식을 모두 가지고 있는 반면, 참여자는 과제에 대한 비교적 낮은 지식 수준을 가지고 있으며 그래서 실제 상담과 닮은 정도가 낮은 경우를 나타낸다는 점이다.

핵심은 상담 내 모의 방법론의 일반화 가능성을 평가할 때 몇 가지 내담자 변인이 고려될 수 있다는 것이다. Strong과 Matross(1973)는 사회 영향 연구의 전형적인 참여자를 '내담자 대리(surrogates)'라고 지칭했다. 이런 표현은 참여자 대치와 그 함의를 강조하고 있는데, 이 모든 것이 모의 연구에서 일반적으로 발생한다. 만일 실험자가 참여자와 실제 내담자가 밀접하게 닮지 않은 연구를 설계한다면, 그 결과가 실제 내담자에게 일반화될 수 있는지 의문이 제기될 것이다.

상담자 변인

상담자 또는 면접자에 관한 수많은 변인들 또한 모의 연구의 결과가 실제 상담으로 일반화될 수 있는지와 직접적으로 관련되어있다. 이상적인 치료 상담 관계에서 상담자는 경험이 많고 평가, 성격이론과 상담이론에 관한 광범위한 지식을 가지고 있을 것이다. 또한 상담자는 높은 수준의 절차적 기술, 즉 내담자에게 치료적이기 위해 필수적으로 요구되는 대인 기술 및 상담 기술을 가지고 있을 것이다. 상담자는 또한 치료적 관계를 제공하려는 강한 동기를 갖고 있을 것이다. 이는 공감, 무조건적 긍정적 존중과 같은 Rogers학파에서 말하는 조건을 형성하는 데 또는 강력한 작업동맹 형성을 위한 다른 방법들에 반영되어있다. 그래서 상담자는 상담이 성공적일 것이라는 기대, 그리고 내담자가 바람직한 방향으로 변화할 것이라는 기대를 가지고 상담에 접근한다. 마지막으로, 상담자는 믿을 수 있는 전문인으로, 즉 치료적 조력을 제공할 수 있는 전문가이며, 신뢰할 수 있는 사람으로 보이게 된다.

표 14.1에는 6개의 상담자 변인이 실제 상담자와 높은 정도, 중간 정도, 낮은 정도의 유사성을 나타내는 경우가 열거되었다. 예를 들면, 높은 정도의 유사성을 나타내는 경우는 상담에 관한 광범위한 지식 및 높은 수준의 절차적 기술을 가지고 있는 상담자로 특징지어진다. 이런 상담자는 상담 경험이 풍부하다. 반대로, 비교적 낮은 유사성을 나타내는 경우는 상담에 관한 본질적 지식과 실제 상담을 수행하기 위한 기술이 부족한 면접자 또는 경험이 부족한 상담자로 특징지어진다. 그 외의 변인들 또한 양극화될 수 있는데, (1) 치료적 관계를 제공하고자 매우 강하게 동기화될 때, (2) 상담이 성공적이며 내담자가 변할 것으로 기대할 때, (3) 치료적 역할 내에서 신뢰할 수 있고 일관된다고 보일 때 사람들은 실제 상담자와 유사하다. 역으로, 실제 상담자와 유사성이 낮은 사람은 치료적 그리고 돌보는 관계를 제공하려 의도하지 않으며, 단지 면접을 수행하겠다는 동기만 가지고 있다. 더구나 이런 면접자는 지위와 신뢰성(credibility) 단서를 결하고 있다.

역사적으로, 몇몇 연구에서 상담자 변인은 전형적인 상담자 역할 또는 행동과 밀접히 닮지 않았다. 사회적 또는 대인 영향 영역으로 지칭되는 상담 분야의 연구에서 몇 가지 예를 들 수 있다(Corrigan, Dell, Lewis, & Schmidt, 1980; Heppner & Claiborn, 1989; Heppner & Dixon, 1981). 과거에 연구자들은 지각된 상담자 전문성, 매력, 신뢰성과 관련된 넓은 범위의 단서들을 조작해왔다. 이런 연구의 한 가지 목표는 상담자의 신뢰성과 내담자에 대한 영향력을 증진시키는 행동과 단서를 규명하는 것이었다. 흔히 활용되었던 연구 방략은 특정 변인이 상담자에 대한 내담자의 지각에 영향을 미치는지를 확인하기 위해 독립변인의 극단적 수준을 검토하는 것이었다. 그래서 상담자 변인은 전형적인 상담자의 역할과 충분히 밀접하게 닮지 못했다.

예를 들면, 면접자의 지각된 전문성을 낮추려는 시도로 참여자에게 다음과 같이 말했다. "원래 __________ 박사님이 당신과 이야기를 나누려 했습니다만 불행히도 오늘 올 수가 없다고 합니다. 대신 면접 경험이 없는 __________ 씨에게 면접을 부탁했습니다. __________ 씨는 학생입니다. 이분에게는 연구의 목적에 대하여 짧게만 간단히 설명을 했습니다. 그래도 잘 해내리라 생각합니다. 이제 이렇게 시작하면……."(Strong & Schmidt,

1970, p. 82). 어떤 경우에는, 이와 비슷하게, 실제 상담자의 행동과 밀접하게 닮지 않은 면접자 행동을 산출하도록 면접자의 절차적 기술이 조작되었다. 예를 들면, 매력이 낮은 역할을 하는 상담자는 "피면접자가 사무실에 들어올 때 그를 무시했고, 웃지도 않았으며, 잠깐 차갑게 쳐다보는 것 이상을 하지 않았다. 또한 그에게서 멀리 몸을 기대었고, 무관심, 차가움, 지루함을 보였다"(Schmidt & Strong, 1971, p. 349).

Gelso(1979)는 이런 절차를 "실험적인 속임수(deck stacking)"라 하고, 상담자라면 하지 않을 그런 비전형적 행동에 대한 연구가 어떤 유용성이 있는지 의문을 제기했다. 간단히 이야기해서, 상담자의 신뢰성에 대한 내담자 지각에 영향을 미치는 사건에 관하여 수많은 정보가 얻어졌다고 해도 실제 상담에 대한 이런 지식의 일반화 가능성은 여전히 의문이다. 왜냐하면 이런 일과 실제 상담자 행동의 유사성이 낮기 때문이다. 반대로 Wang과 Kim(2010)의 연구에서 상담자 행동은 효과적인 상담에서 기대될 수 있는 상담자 행동과 매우 유사하다.

요약하면, 모의 연구가 실제 상담으로 일반화될 수 있는지 평가하기 위해서는 실제 상담자의 지식, 기술, 기대 그리고 역할 신뢰성과 유사한 변인들을 고려하는 것이 중요하다.

상담 과정과 장면

모의 연구의 외적 타당도를 평가할 때 상담 과정과 관련된 일련의 변인을 고려해보아야 한다. 실제 상담 상황에서 상담자와 내담자는 전형적으로 일주일에 한 번씩 몇 주에 걸쳐서 몇 회기 동안 만난다. 내담자와 호소 문제는 조심스럽게 진단되며, 개입 방략뿐 아니라 치료 목표도 이 특정 내담자에 맞추어진다. 더구나 상담자와 내담자는 자유롭게 상호작용하고 많은 정보를 교환한다. 내담자는 백지 상태가 아니라 새로운 정보를 이미 가지고 있는 개념 틀에 동화시키고 특정한 방식으로 반응을 한다. 실제 내담자의 반응을 나타내는 몇 가지 분류가 있다. 이런 분류는 모의 연구를 하는 연구자가 실제 상담 장면과 밀접히 닮도록 하는 데 도움을 준다(내담자 반응 분류의 예에 대해서는 Hill, Helms, Spiegel, & Tichenor, 1988; McCullough et al., 2003; Watson, Schein, & McMullen, 2010을 참고하라). 긍정적인 상담 상황에서 내담자는 바람직한 방식으로 변화한다. 이런 변화로는 새로운 행동을 학습하기, 신념, 태도, 또는 감정을 변경하기, 환경 요구에 더 효과적으로 적응하기 등이 있다. 치료 상황의 환경적 맥락은 전문적 치료 센터, 대학상담 센터 또는 지역사회 정신건강 센터 등이 될 것이다.

표 14.1은 7개의 상담 과정 변인과 실제 상담과의 유사성이 높은 예, 중간 정도의 예, 낮은 예를 나타낸다. 평가와 개입이라는 점에서 높은 유사성은 내담자가 조심스럽게 진단되고 개입이 내담자 문제에 특정적으로 향하고 있는 상황으로 특징지어진다. 낮은 유사성은 평가의 부재뿐만 아니라 참여자의 관심 또는 문제에 적절하지 않은 개입과 관련된다.

실제 상담 과정과 유사한 모의 상황은 회기당 50분 정도 진행되는 복수의 회기(단면적인 10분간의 상담 시나리오와는 반대로)가 될 것이다. 추가적으로 실제 상담과 유사한 모의 상황은 광범위한 정보가 교환되는 상담자와 내담자 간 상호작용으로 상담자와 내담자 간 현장 상호작용을 포함하지 않은 모의 상황과는 구분된다. 모의 상황은 또는 내담자가 어떤 종류 정보를 얼마나 많이 가지고 있는지의 관점에서 또한 평가될 수 있다. 높은 유사성의 경우 내담자가 상담 경험을 시간의 경과에 따라 반복적으로 처리하지만, 낮은 유사성의 경우 상담 시나리오에 대하여 참여자는 가설적인 방식으로 그리고 종종 부적절하게 반응한다. 모의 상황은 상담 성과, 즉 내담자는 바람직한 방식으로 변했는지의 관점에서 평가될 수도 있다. 높은 유사성은 사적으로 적절한 행동, 생각, 또는 감정의 변화와 관련이 있지만, 낮은 유사성은 참여자에게 변화가 없다. 상담 시나리오가 사적인 적절성을 결여하고 있기 때문이다. 마지막으로 모의 상황은 상담 상황의 맥락 또는 환경이라는 관점에서 평가될 수 있다. 실제 상담과 높은 유사성을 보이는 모의 상황은 치료 센터 또는 상담 센터와 같은 전문적 환경에서 조성된다. 반면 실험실 장면 또는 교실은 비교적 낮은 유사성을 나타낸다.

실제와 더욱 유사하게 모의 연구하기

지금까지 우리는 상담 과정과 관련하여 모의 설계에 대해 논의했다. 그러나 많은 연구들은 개인의 도움 요청을 방해하는 요인들을 검토하고 있다. 이와 같이, 우리는 상담이 아닌 상황에서 수행된 모의 연구의 예를 살펴보려 한다. Hammer와 Vogel(2010)은 우울할 때 도움을 요청하라고 남성들에게 촉구하는 전단지의 효과를 검토했다. 이들이 검토한 전단지는 '진짜 남자, 진짜 우울'이라고 불리는 전국적 캠페인의 한 부분이었다. 이 캠페인은 우울과 씨름하고 있는 남성의 어려움과 도움을 받을 수 있는 방법을 집중 조명했다. 이 연구를 위해 그들은 세 가지 전단지, 즉 (1) 전국 캠페인을 위한 원래의 전단지, (2) 성 중립적 전단지(예: '진짜 사람, 진짜 우울'), (3) 남성성(masculinity) 문헌을 바탕으로 남성에 맞춘 전단지(예: 정신건강 자문가 대 상담자와 같은 용어, 그리고 '문제를 공격하기'와 같은 구를 활용한다)를 활용했다. 연구자들은 우울에도 불구하고 도움을 요청하지 않는 1,397명의 우울한 남성들을 세 개의 조건 중 하나에 무선 할당했다. 종속 측정치는 도움 추구에 대한 태도 그리고 도움 요청과 관련한 자기낙인(self stigma)이었다. 분석 결과 남성에 민감한 전단지는 도움 추구에 관한 보다 긍정적인 태도 그리고 더 낮은 수준의 자기낙인 수준과 관련되어있었다.

이 모의 연구를 특별히 주목할 필요가 있다. 실험 조건들이 수정된 전단지로부터 이점을 누릴 수 있었던 실제 캠페인에 내재해있었기 때문이다. 더구나 우울한 남성이면서 도움을 요청한 적이 없어야 한다는 포함 준거(inclusion criteria)는 이 연구를 실제 세상의 목표 청중(target audience)과 유사하게 만드는 데 중요하다. Hammer와 Vogel(2010)이 경고했듯이, 이 연구가 다른 남성들에게도 일반화가 가능한지는 분명하지 않다. 또한 얼마나 많은 남성이 실제 도움을 요청했는지도 분명하지 않다.

존재하는 지식 기반에서 모의 연구의 유용성 평가

확실히 특정 연구방법의 유용성(여기서는 모의 방법)은 이전의 연구와 축적된 지식 기반에 달려있다. 이 연구방법이 강력하고 유용하다는 사실에는 의문의 여지가 없다. 그러나 이것이 가장 빈번하게 사용되는 방법이 될 때, 그 결과 나타나는 지식은 균형을 유지하지 못한 것이 될 것이고, 한 가지 방법만을 강조하여 다른 방법을 배제하게 될 것이다. 간단히 말하면, 특정 연구 영역에서 모의 방법이 다른 방법을 지나치게 압도하게 되면 모의 방법을 통해 획득된 지식의 유용성은 감소한다. Gelso(1979)는 이런 문제를 한 연구 영역에서 한 가지 설계(예: 모의 설계, 질적 연구, 실험 설계)가 지배적이 되는 현상을 지칭하는 패러다임 고착(paradigm fixation)이라는 점에서 논의했다.

모의 연구에 적용되었을 때 외적인 일반화 가능성이라는 문제는 간과될 수 없다. 특히 특정 주제 영역에서 모의 설계가 지배적으로 활용되어왔다면, 그리고 이를 통해 나타난 결과를 실제 상담 사례를 대상으로 검증하는 경우가 거의 없었다면 더욱 간과될 수 없다. 예를 들면, 과거 연구자들은 내담자의 정서 변화에 영향을 미치는 상담자의 능력과 관련한 요인을 거의 완전히 모의 방법에 의존하여 검토했다. 불행하게도 이런 연구 결과가 실제 상담 상황에서는 거의 지지되지 않았다(Heppner & Claiborn, 1989). 모의 연구를 수행하기 쉽다는 점은 유혹적이 될 수 있다. 실제 모의 연구는 몇몇 다른 설계와 비교해서 수행하기가 덜 까다롭다. 예를 들어, 상담 성과 연구를 성공적으로 수행하는 데는 몇 년이 걸릴 수 있다. 그러나 모의 연구는 좀 더 쉽고 시간 소요가 덜하다는 바로 그 이유로 늘 최선의 방법론적 방략이 되지는 않는다. 즉, 시간이 경과하면서 연구는 모의 설계에서부터 실제 세상에서 유사한 가설을 검증하는 것으로 나아가야 한다. 앞에서도 소개했지만, Owen 등(2010)은 상담에서 성 편견을 검토하는 이미 수행된 모의 연구 및 그 외 다른 정보를 활용하여 실제 상담에서 여성에 대한 미시공격성을 측정하는 새로운 도구를 개발했다. 결국, 실험실 연구를 통해 이론적으로 의미 있는 구성개념을 검증하는 것도 있어야 하고, 이 결과를 실제 세상에서 조정하고 검증하는 것도 있어야 한다.

그렇다면 당신의 연구에 모의 연구가 적절한지를 어떻게 판단할 수 있을 것인가? 다음은 고려해보아야 할 몇 가지 일반적인 지침/질문을 제시한 것이다.

1. 현장에서 수행된 연구 문헌이 많이 존재하는가? 모의 방법을 활용한 추가적인 연구가 우리의 지식 토대를 유의하게 증가시킬 수 있을까? 모의 연구는 이미 잘 정립된 결과를 확장하거나 정교화시키는 데 도움이 될 것이다. 그러나 제안된 모의 연구가 실제 세상에 적용되었다면 주의가 필요할 수도 있을 것이다.
2. 실제 세상에서 연구를 수행하는 것이 비윤리적일 수 있을까? 예를 들어, 상담자가 내담자에게 비판적인 말을 할 조건에 내담자를 무선 할당하는 것은 비윤리적일 것이다. 그러나 모의 연구에서 이런 일은 쉽게 조작될 수 있다.
3. 당신은 어떤 가용한 자원을 가지고 있는가? 일반적으로 모의 연구를 수행하는 것은 자원이라는 관점에서 비용이 적게 든다. 예를 들어, 연구자가 상담 회기에서 성 편견이 존재하는지를 알아보기 위해 상담자의 모든 상담 회기를 조사할 수는 없다. 그러나 가상적 사례에서 상담자가 성 편견을 지각하는지를 알아보기 위해 모의 연구를 수행하는 것은 보다 수월할 것이다.

요약하면, 특정 주제 영역에서 특정 연구방법의 유용성은 이미 존재하는 지식 기반과 이전 연구들이 활용한 방법이라는 맥락에서 평가되어야 한다. 동일한 방법을 계속 활용하면 그 방법의 특정 약점과 관련하여 취약한 지식 토대를 낳을 수 있다. 더구나 한 영역에서 대다수의 연구가 동일한 방법을 통해 수행되었다면, 그 지식 기반의 강점과 유용성은 불분명할 것이다.

요약 및 결론

의심의 여지없이, 모의 방법은 강력하고 유용할 수 있다. Kerlinger의 MAXMINCON 원리에 따르면, 모의 연구에서는 전형적으로 한두 개의 독립변인을 조작하고, 관련 없는 변인을 제거하거나 일정하게 유지하며, 무선 할당을 활용하는 등 많은 실험 통제가 가능하다. 상담 연구에서 모의 방법론을 둘러싸고 제기되는 주 의문은 연구 결과의 외적 타당도에 관련된 것이다. 즉, 모의 방법론은 실제 상담과는 너무 거리가 먼 상황을 조사하여 연구가 지나치게 단순화되고 허구적(artificial)이 된다는 것이다. 모의 연구의 외적 타당도는 실제 상담을 기술하는 변인들, 즉 (1) 내담자, (2) 상담자, (3) 상담 과정과 장면이라는 세 범주의 변인들을 검토함으로써 평가될 수 있다.

모의 연구는 상담 상황과 유사성이 낮은 것부터 높은 것까지 연속선상에 위치한다. 경험 연구가 드물어서 실제 상담과 다양한 정도의 유사성을 가진 모의 연구 간의 관계는 불분명하다. 그럼에도 불구하고, Kerlinger(1986)가 주장했듯이 모의(실험실) 연구의 결과를 실제의 현상에 적용하려는 유혹이 크다. 연구자가 실험실에서 통계적으로 유의한 결과를 얻으면, 이 결과가 실제 상담에도 적용될 수 있는 것으로 가정하고 싶기 마련이다. 일반적으로 연구에서 활용된 조건 또는 모집단을 넘어서 연구 결과를 일반화할 수 없을 것 같다는 것이 일반적인 규칙이다. 그래서 만약 연구자의 일차적 관심이 내담자, 상담자, 그리고/또는 상담 과정에 관해 일반화하는 데 있다면, 모의 방법은 마음에 두고 있는 특정 조건이나 모집단에서 평가되어야 한다. 실제 상담과의 유사성 정도에 따라 연구자는 모의 연구의 결과가 실제 상담에 적용될 수 있다는 결론을 내릴 수 있을 것이다. 다시 말하면, 일반적으로 실험실 조건에서 발견된 관계는 일반화하고자 하는 맥락(전형적으로 실제 상담)에 비추어 다시 검증되어야 한다.

그러나 이와 같은 것이 모든 모의 연구가 실제 상담의 조건과 매우 유사해야 한다는 의미일까? 그렇지 않다. 상담에 관한 많은 정보가 실제 상담과 아주 유사하지 않지만 잘 통제된 모의 연구를 통해 얻어질 수 있다. 어떤 변인에 대해 거의 알려진 것이 없을 때인 초기 연구에서 그렇다. 예를 들면, 연구자들은 잘 통제된 모의 연구에서 상담자의 전문성, 매력, 신뢰성에 대한 내담자의 지각에 영향을 미치는 사건에 관한 많은 지식을 얻어왔다(Corrigan et al., 1980; Heppner & Claiborn, 1989).

상담에서 일어나는 사건을 검토할 때 연구자가 외적 타당도를 강조하는 정도, 그리고 내적 타당도를 희생하는 정도는 특정 분야의 연구 흐름에 존재하는 지식 토대에 달려있다. 한 입장에서는 만약 경험적으로 알려진 바가 거의 없다면 연구자는 내적 타당도를 희생하는 것을 피해야 한다고 주장한다(Kerlinger, 1986 참고). 이 입장은 과학 발전을 이루어내는 데 있어서 내적 타당도의 역할이 중요함을 강조한다. 다른 입장에서는 내적 타당도가 약한 현장 상황에서 얻어진 지식을 정교화하는 데 강력한 모의 방법론이 활용될 수 있다고 주장한다(Gelso, 1979 참고). 이런 방식으로 모의 연구의 강점(정확성과 실험적 통제)이 충분히 활용될 수 있고, 그 결과는 그 분야에서 수집된 지식 토대 내에서 보다 타당하게 해석될 수 있을 것이다. 두 입장 모두 강점이 있고 이 책의 핵심 주제, 즉 어느 연구 영역의 특정 방법의 강점 또는 약점이 존재하는 지식 기반과 선행 연구에서 활용해온 방법들과 관련되어있다는 것과 모순되지 않는다. Bordin(1965)의 제안과 동일하게, 우리는 모의 연구가 현장에서 수행된 경험 연구와 통합되어야 내적 타당도와 외적 타당도 모두를 강조하는 지식 토대를 형성할 수 있다고 주장한다.

촉진 질문

모의 연구 분석하기

이 연습은 모의 방법의 이점과 한계를 고려하여 모의 연구를 분석하는 실습을 제공하기 위해 설계되었다. 다른 수강생과 짝을 지어 다음 질문에 개별적으로 답해보고, 그다음 다른 수강생들과 당신의 답을 비교해보라. 이 장의 두 번째 절에서 제시한 세 모의 연구들 중 하나를 골라서 읽고 다음 질문에 답해보라.

1. 모의 연구의 이점 중 한 가지는 실험 상황에 대한 통제이다. 당신이 선택한 연구에서 연구자가 조작한 독립변인은 무엇인가? 어떤 잡음변인이 제거되었는가? 무선 할당이 실시되었는가?
2. 모의 연구의 다른 하나의 이점은 종속변인에 대한 조작적 정의에 있어서 높은 정도의 구체성(specificity)이다. 이 연구에서 종속변인의 조작적 정의는 무엇이었는가?
3. 이 연구에서 모의 방법론을 활용하여 얻은 주요 이점은 무엇인가?
4. 이 연구에서 연구자가 모의 연구를 실제 상담과 유사하게 만들기 위해 무엇을 했는가?
5. 연구자가 동일한 또는 유사한 연구문제를 실제 상담에서 검토하려 했다면 직면했을 것이 분명한 실제적 그리고 윤리적 장애로는 어떤 것이

있겠는가?

6. 모의 연구의 주된 약점은 연구의 인위적인 상황과 관련한 외적 타당도에 대한 위협이다. 이 연구에서 외적 타당도에 대한 가장 심각한 위협 요인이라면 무엇이겠는지 당신의 견해를 제시해보라.

7. 이 연구의 제한점에 비추어 이 연구의 결론에 대해 논의해보라. 이 연구에서 어떤 결론이 내려질 수 있다고 생각하는가?

단일 피험자 설계: 표본 크기 1의 풍부함으로부터 배우기

일반적으로 인간성에 대해 더 이해하기 위하여 개인을 연구하는 것은 학생들이 상담 및 심리학을 공부하도록 이끄는 주된 관심사이다. 우리 자신과 가까운 사람들을 이해하는 것은 매력적인 시도일 수 있다. 예를 들어, 무엇이 한 개인을 절망에 빠지게 하는 것일까? 비슷한 상황에서 누군가는 잘 견뎌내기도 하는데 말이다. 더욱이 단일 피험자 설계는 상담자들에게 있어 개별 내담자가 각각의 단일 피험자 연구를 구성한다는 점에서 일상의 임상 실습에서 적용 가능성이 높을 것이다.

과거에 응용심리학자들은 단일 사례를 주의 깊게 조사하거나, 희소한 심리적 현상을 연구하거나, 혹은 개별 내담자에 대한 집중 치료의 효과를 검토함으로써 다수의 개인들에게도 적용되는 답을 찾으려고 노력해왔다. 그러나 방법론적 쟁점들은 개인에 대한 과학적 분석의 발달에 부정적인 환경을 불러왔고 단 한 사람을 대상으로 한 연구는 때로 비과학적이라고 간주되는 지점까지 몰고 갔다. 오차 변량, 외재(extraneous)변인, 그리고 수많은 출처로부터의 편향들(Kerlinger의 MAXMINCON 원리에 대한 주요 위협)은 연구자들이 단일 피험자를 사용하는 것을 어렵게 했다.

결과적으로, 학술지를 구성하는 더 많은 연구들이 단일 개인보다는 집단을 대상으로 한다. 상담심리학 분야는 개인행동에 대한 이해를 도모하는 방법으로 집단 평균값을 산출하는 연구를 더욱 많이 수행해왔다. 현재 상담학 연구에서 단일 피험자 설계는 광범위하게 사용되지 않는다. 예를 들어, 1990~2001년에 《상담 및 발달 저널(JCD)》(Bangert & Baumberger, 2005)에 출간된 논문에 대한 내용 분석 결과, 단일 피험자 설계를 사용한 연구는 전체 논문의 1%(2개 연구)에 불과했다. 이에 대해 Balkin(*JCD*의 편집장)은 다음과 같이 언급했다. “내 생각으로는 그 문제는 단일 피험자 설계가 가치 없다는 것이 아니라 단지 사용되지 않는다는 것이다. …… 교육학적 연구에 중점을 두는 패러다임이 상담자들에게 꼭 잘 맞는 것은 아니다. 상담자들은 많은 수의, 원상태 그대로의 집단에 대한 접근성이 높지 않다. 그보다는 개인이나 소수 집단을 자주 만난다.”(개인 교신, 2014년 7월 17

일). 나아가 Kazdin(2003)이 주장하듯이, 인간 행동에 대한 타당한 추론을 도출할 때, "집단을 대상으로 하는 접근법에 고유한 것은 없다. …… 집단을 대상으로 얻은 연구 결과가 개별 사례를 대상으로 한 결과보다 일반화 가능성이 반드시 더 높다고 할 수는 없다" (p. 265). 더욱이 단일 피험자 자료를 분석하는 데 사용할 수 있는 다양한 종류의 고급 통계 프로그램들(예: Dennin & Ellis, 2003; Kratochwill & Levin, 2014; Levin & Wampold, 1999; Shadish, Kyse, & Rindskopf, 2013)이 늘어난 점을 고려하면, 상담에 중요한 주제들에 대한 이해를 증대하는 데 기여할 만한 상담자와 내담자 영역 내의 다양한 사안들을 연구할 기회가 보다 많아졌다.

다양한 학문 연구들이 **'단일 피험자 설계'**라는 용어로 매우 느슨하게 명명되어왔다. 이 연구들은 느슨하게 통제된 일화적 관찰(anecdotal observations)로부터 매우 엄격하고 치밀한 실험 설계에 걸쳐 다양하다. 이 장은 오직 한 개인을 탐구하는 연구 조사들이 상담심리학 분야에 최대한 기여할 수 있도록 이들의 과학적 엄밀함과 타당성을 증대하는 방법에 초점을 둘 것이다. 이 장의 중심 주제는 다른 실험 설계들과 마찬가지로 집중적(intensive) 단일 피험자 설계가 상담 분야의 지식 추구에 중요한 역할을 할 수 있다는 것이다. 그러나 단일 피험자를 사용하는 연구들의 서로 다른 유형에 관해서 그리고 실험 통제가 이루어지는 정도의 차이에 관해서 주요한 구별을 할 필요가 있다. 이 장은 단일 피험자 설계라고 간주될 수 있는 다양한 접근법을 제시할 것이다. 모든 경우에 단일 피험자 연구는 해당 피험자 안에서 시간에 걸쳐 변화하는 변인들에 관한 조사한다. 그러므로 단일 피험자 설계는 해당 변인에 대한 반복적인 관찰이나 측정을 통해 얻어지는 장기적 전망을 수반한다. 관찰의 유형에 관하여 말하자면 연구 자료는 양적 혹은 질적 성격의 것일 수 있다. 양적 자료는 유목형(categorical), 순서형(ordinal), 구간형(interval), 혹은 비율형(ratio)일 수 있다. 이에 반해 질적 자료는 참여자들과의 면접으로부터 도출된 문서 형식을 취한다. 이들 연구 설계를 구분하는 주요한 특징은 독립변인의 운용과 관련된다. 독립변인은 의도적으로 조작될 수도 있고 단지 관찰될 수도 있다. 단일 피험자 설계는 연구의 목적 혹은 초점에서 차이가 있을 수 있다. 연구의 목적은 가설을 검증하거나 혹은 가설을 도출하는 데, 다시 말해 이론을 검증하거나 새로운 정보를 발견하는 데 초점을 둘 수 있다.

이 장에서 우리는 다음 세 개 범주의 단일 피험자 설계에 관해 논의할 것이다. (1) 비(非)통제 사례 연구(uncontrolled case studies), (2) 집중 단일 피험자 양적 설계(intensive single-subject quantitative designs), (3) 단일 피험자 실험 설계(single-subject experimental designs). 간단히 말하면 비통제 사례 연구는 전형적으로 체계적인 관찰을 포함하는 것이 아니라 다수의 비통제변인을 포함한다. 집중 단일 피험자 양적 설계를 정의하는 특징은 변인들 간의 관계를 발견하거나 비교하기 위하여 단일 내담자, 2인 조합, 혹은 집단에 대한 체계적, 반복적, 다중 관찰이다. 비록 단일 피험자 실험 설계와 집중적 단일 피험자 양적 설계가 많은 유사점을 공유하고 둘 다 양적 자료를 사용하지만, 단일 피험자 실험 설계의 전형적이고 차별적 특징은 독립변인의 의도적 조작이다. 반대로 집중적 단일 피험자 양적 설계에서는 독립변인은 관찰된다.

이 장은 네 개의 절로 나누어진다. 1절에서는 심리학 분야, 특히 응용심리학 분야 내에서 단일 피험자 설계 사용에 대한 간략한 역사적 조망을 제공할 것이다. 역사적 맥락을 이해함으로써, 학생들은 이 특정한 설계가 어떻게 생겨났고, 응용심리학 분야의 연구 방법이 보다 진보함에 따라 어떻게 변화해왔는지에 대해 보다 잘 이해할 수 있다. 2절에서 우리는 비통제적 전통적인 '사례 연구'를 집중적 단일 피험자 설계와 구분한다. 불행하게도, 부분적으로는 비통제적 방법론에 근거한, 단일 피험자 설계에 관한 오해가 종종 있고 우리는 단일 피험자 설계가 비과학적이고 상담학 문헌에 중요한 정보를 더할 수 없다는 근거 없는 믿음을 타파하고자 한다. 우리는 이 논의와 실증적 예시가 학생들이 개인을 연구하는 데 있어서 중요한 방법론적 사안을 이해하도록 도울 뿐만 아니라 보다 엄밀한 단일 피험자 설계의 가치와 풍요로움에 대한 이해를 향상시키기를 바란다. 3절에서 우리는 단일 피험자 실험 설계(독립변인이 의도적으로 조작되는)에 초점을 둘 것이다. 우리는 이러한 시계열 설계(time-series designs)를 정의하는 몇몇 특징을 논의하고 두 개의 서로 다른 유형의 설계(AB 시계열과 중다 기저선)를 기술하고 예시할 것이다. 마지막 절에서 우리는 단일 피험자 설계의 이점과 제한점에 대해 논의한다.

단일 피험자 설계에 대한 역사적 조망

개인 피험자에 대한 연구는 심리학에서 오래된 역사를 가지고 있고 나아가 응용 분야의 발달에 중요한 역할을 해왔다. 아마도 단일 피험자 설계의 발달에 영향을 미친 순차적 사건들의 역사에 대한 가장 광범위한 연대기는 Barlow와 Hersen(1984)에서 찾을 수 있다. 관심 있는 독자는 보다 세부적 내용에 관해서 해당 문헌을 참고하기 바란다.

심리학이 처음 과학의 한 영역으로 발전했을 때, 그 첫 실험은 개인 피험자를 대상으로 이루어졌다. 예를 들어, 명료하게 말을 할 수 없었던 사람을 부검하는 동안, Broca는 대뇌피질의 세 번째 전두엽 주름 부분의 손상을 발견했다. 이 영역이 두뇌의 언어중추라는 발견은 다양한 영역의 두뇌 손상 및 손상된 영역과 행동 간의 관련성에 대한 체계적인 연구로 이어졌다(Barlow & Hersen, 1984). 마찬가지로 Wundt는 빛과 소리에 대한 특정한 개인들의 내적 경험을 탐색함으로써 지각과 감각 분야에서 선구적인 진보를 이루었다. Ebbinghaus는 일련의 반복 측정을 사용해서, 특정한 개인들의 기억 유지를 조사함으로써 학습과 기억 분야에서 중요한 진보를 이루었다. Pavlov와 Skinner의 결론은 단일 개체를 대상으로 한 실험들, 즉 다른 개체들에 대해 반복적으로 반복 검증된 실험들로부터 수집되었다. 요약하면, 심리학에서 폭넓은 일반화 가능성을 가진 중요한 결과와 진보는 단일 개인에 대한 체계적인 관측에서부터 이루어져왔다.

20세기 초반에, 피험자 집단에 대한 조사와 비교를 촉진하는 많은 진보가 이루어졌다. 기술통계 및 추론 통계의 발명은 집단 비교를 촉진했을 뿐만 아니라, 개인을 탐구하기보다는 집단의 평균 비교라는 철학을 강조했다. Barlow와 Hersen(1984)은 추론 통계에 관한 Fisher의 선구적인 연구와 철학이 Fisher가 농학자라는 사실에 영향을 받았을 것이라고 했다. 그는 특정한 비료, 재배 환경 등이 주어졌을 때 평균적으로 더 나은 농작물을 생산하는 농장 설계에 관심이 있었다. 요약하면, 심리학이 20세기 중반에 들어섰을 때, 연구 방법은 주로 변량 분석과 같은 통계 기법에 영향을 받았다.

한편, 1900년대 초에, 정신의학, 상담, 임상심리학의 응용 분야에서 감정과 행동 문제를 탐색하기 위한, 주된(유일한 것은 아니지만) 방법론은 개인 사례 연구였다. 따라서 Breuer의 Anna O. 치료나 Freud의 Frau Emmy와 같은 사례들이 '과학적' 관측의 기반을 형성했고, 이는 점차 성격과 심리치료이론으로 성장했다. 이들 치료적으로 성공적인, 그리고 성공적이지 않은 사례들에 대한 연구들은 방법론적인 관점에서 볼 때, 엄격하게 통제된 연구는 아니었다. 또한 전형적인 실무자는 비판적 사고라는 과학적 방법에 있어 잘 훈련된 사람이 아니었고, 그러한 실무자들은 초기 사례 연구들로부터 근본적으로 잘못된 방식으로 추론을 이끌어냈다.

그러나 상담과 임상심리학 분야가 1940년대와 1950년대에 접어들자, 점점 더 많은 임상의들이 비통제적 사례 연구의 부적합성을 인식하게 되었다(Barlow & Hersen, 1984). 방법론적 전문성이 더욱 발전함으로써 응용심리학자들로 하여금 변인들을 조작적으로 정의하고, 집단 비교 모형을 차용하고, 그리고 Fisher의 통계 분석 방법을 사용하도록 이끌었다. 이들 새로운 방법론적 수단으로 무장하고, 연구자들은 다양한 심리치료 기법의 효과성 및 치료 그 자체의 효율성을 기록하고자 했다. 이러한 노력은 필시 치료 분야가 치료의 효과성에 대해 충분히 설득력 있는 증거를 가지고 있지 못하다고 반복적으로 주장한 Hans Eysenck의 작업에 의해 힘입은 바 크다(Eysenck, 1952, 1961, 1965). 사실, Eysenck는 내담자가 실제 치료를 받든 혹은 대기자 명단에 이름을 올렸든, 그가 개선될 가능성은 거의 동일하다고 주장했다. 치료의 효과성에 대한 실증적 증거의 부재에 관한 Eysenck의 비판은 심리치료 직종의 존재 자체에 의문을 제기하는 것이었다.

비록 상당한 시간이 걸렸지만 연구자들은 치료의 효율성에 관한 증거를 찾아내기 시작했다. Paul(1967)은 치료 효과에 대한 총체적 측정은 압도적인 복잡성과 수많은 혼입변인들로 인해 적절하지 않다고 보았다. 그보다는 연구자들이 "그 특정한 문제를 가진 이 개인에게, 어떤 치료가, 누구에 의해, 그리고 어떤 연속된 상황하에서, 가장 효과적인가?" (p. 111)라는 질문을 탐구해야 한다고 했다. 다른 이들도 내담자들이 서로 유사하다고[획일성 미신(the uniformity myth)](Kiesler, 1966) 잘못 이해되고 있으며 이들은 차이를 가진 개인들로 이 차이점들이 상담 결과와 명백하게 상호작용한다고 보았다. 여전히 여타의 연구자들은 집단 비교가 내담자들 간의 중요한 차이를 드러내지 못한다는 것을, 특히 어떤 내담자들은 개선되는 반면 다른 내담자들은 실제 더 악화된다는 것을 지적했다(Truax & Carkhuff, 1967; Truax & Wargo, 1966). 요약하면, 비록 집단 비교 방법과 추론 통계가 심리치료의 효과에 대한 연구를 실질적으로 촉진했지만, 연구자들은 곧 치료 경험의 복잡성을 강조하는 다수의 혼입변인들에 직면했다.

치료 과정에 대한 혼란 및 치료 과정 내의 복잡성에 대한 응답으로, 자연적 연구(naturalistic studies)(Kiesler, 1971), 과정 연구(process research)(Hoch & Zubin, 1964), 더 집중적인 실험적 단일 피험자 설계(Bergin & Strupp, 1970)와 같은 여타의 방법론들이 제안되고 탐색되었다. 표면상으로는 응용심리학 분야가 한 바퀴 돌아 다시 원점으로 돌아와서 개인에 대한 연구로 회귀한 것으로 보일 수도 있을 것이다. 이는 오직 부분적으로만 맞는 말이다. 오늘날 개인 피험자에 대해 과학적으로 연구하는 데 있어서 20세기 초반에 걸쳐 이루어졌던 것보다 훨씬 더 많은 방법론적 성숙이 이루어졌다. 실제 2005년, 미국 심리학회 대위원회는 심리학에서 경험(혹은 실증) 기반 실무(empirical-based practice)를 구성하는 요인에 대한 정책을 채택했다. 이 정책은 단일 피험자 설계(체계적 사례 연구, 단일 사례 실험 설계)를 포함한다.

비통제 사례 연구 대 집중적 단일 피험자 양적 설계

이 절에서 우리는 두 유형의 설계(집중적 단일 피험자 양적 설계의 대조적인 유형으로서 비통제 '사례 연구'라고 기술되는 것이 가장 적합할 법하다)에 대해 논의할 것이다. 먼저 우리는 이 영역에서 수행된 연구들의 몇몇 예를 제공할 것이다. 이들 두 접근법을 사용하여 응용심리학에서 수행된 연구들을 읽음으로써, 우리는 해당 범위의 연구 방법에 대한 이해를 증진하고 보다 더 정교하고 집중적인 설계로부터 도출될 수 있는 자료의 풍요로움을 이해할 수 있기를 기대한다.

과거에 개인 대상 연구의 전형적 설계는 비통제 사례 연구였다. 여기에서 '사례 연구'란 단순히 다음과 같은 특징을 포함하는 연구를 지칭한다. 비체계적, 비통제적 조건하에서, 종종 회고적으로 이루어진 단일 개인 내담자, 2인, 혹은 집단에 대한 관찰. 관찰은 미리 계획하지 않은 것일 수도 있고, 특정한 가설을 지지하는 것으로 보이는 진술이나 행동에 대한 '회상' 혹은 간헐적인 기록을 포함할 수도 있다. 실험 통제의 부재는 내담자의 행동을 설명하는 데 설득력을 가질 수 있는 많은 경쟁 가설들을 배제하기 어렵고, 따라서 이러한 유형의 연구는 명료하게 해석하기 어려운 모호한 정보를 제공한다는 것을 의미한다.

Daniels(1976)는 전통적인 사례 연구에 대한 좋은 역사적인 예를 제공한다. 강박사고를 치료하는 데 있어서 사고 중지(though stopping)의 효과에 대한 그의 연구에서, 그는 여러 개 기법의 순차적 사용이 우울한 생각들, 강박사고, 지속적인 부정적인 반추, 혹은 극심한 불안발작을 통제하려고 하는 내담자들에게 도움이 된다는 것을 발견했다고 보고했다. 그가 사용한 순차적 기법은 사고 중지(Wolpe, 1969), 10부터 1까지 세기(Campbell, 1973), 단서 통제 이완(cue-controlled relaxation)(Russell & Sipich, 1973), 내현적인 조건화의 수정(modification of covert conditioning)으로 구성되었다. 훈련은 내담자에게 이들 다양한 기법을 가르치기 위하여 세 차례의 한 시간 길이 회기로 구성되었다. Daniels는 이들 절차가 성공적이었고 내담자가 "통제감과 즉각적인 성공"(p. 131)에 긍정적으로 반응했다고 보고했다. 비록 이 보고가 후속 연구를 위한 가설을 생산하는 데 아이디어의 유용한 원천이 될 수도 있지만, 실험 통제의 부재는 이 결과를 분명하게 해석하기 어렵게 만든다. 내담자들은 어떤 면으로는 성공을 보고해야만 한다고 느꼈을 수도 있고 혹은 아마도 성공적인 결과가 일시적이고 단기간에 한했거나, 혹은 어쩌면 사고 중지가 아닌 다른 기법들이 내담자의 변화에 영향을 미쳤을지도 모른다.

보다 근래에 들어서 연구자들은 변인들을 훨씬 더 체계적으로, 집중적으로, 그리고 엄격하게 조사함으로써 상담학 연구에서 단일 피험자를 사용해왔다. 이들 연구들은 집중적 단일 피험자 양적 설계에 대한 우리의 정의를 훨씬 더 근접하게 대표하도록 설계되었다. 아래의 예시를 읽을 때, 이들이 (1) 사례 연구 접근법보다 훨씬 더 체계적인 방식으로 수행되고, (2) 인지적, 행동적, 정서적 변인들에 대한 복합평가를 포함한 반복, 다중 관찰로 구성되고, (3) 명료하게 정의된 변인을 관찰함으로써 수행되었고, (4) 자료 수집을 시작하기 전에 미리 계획된 관찰을 사용했고, (5) 과정과 성과 자료 수집을 고려했고, (6) 일종의 비교, 즉 과학적 증거를 수립하는 데 필수적인 요소를 포함하고 있다는 점을 주목하라. 이 장의 후반부에서 우리는 어떻게 이들 구조적인 문제들이 AB 설계와 중다 기저 설계에 다양한 방식으로 포함되었는지 논의할 것이다. 우선 지금은 우리가 집중적 단일 피험자 접근법을 사용한 응용 연구의 몇몇 예시를 제공할 때 이들 구조적 요소들에 주목하라.

Gullestad와 Wilberg(2011)는 집중적 단일 피험자 양적 설계의 예를 제공한다. 그들은 경계선 성격장애, 강박적 성격장애에 관한 진단 기준과 양극성 장애 II, 사회공포증, 비특정적 섭식장애를 포함한 여타 장애들에 대한 진단 기준을 충족하는 한 내담자를 관찰했다. 이 내담자의 치료는 18주에 걸친 치료와 장기 외래환자 치료를 포함했다. 저자들은 내담자 보고뿐만 아니라 내담자와 상담자들에 대한 반구조화 면접을 통해 얻어진 과정 자료 및 결과 자료 모두를 측정했다. 보다 구체적으로, 측정지표들은 애착 유형, 성찰적 기능 혹은 자기 자신의 정신 상태를 숙고할 능력, 심리적 스트레스, 대인관계 기능을 평가하는 데 사용되었다. 또한, 내담자와 상담자 모두 치료 효과에 대한 주관적인 인상을 보고했다. 결과 측정지표들은 증상 체크리스트-90 수정본(Symptom Checklist-90-Revised)(Derogatis, 1983), 대인관계 문제에 관한 원형척도(Circumplex of Interpersonal Problems)(Pedersen, 2002), 종합 기능 평가(Global Assessment of Functioning)로 구성되었는데, 이들은 접수면접 직후 그리고 8, 18, 36, 54개월(종료) 시점에 반복적으로 수집되었다. 반구조화 면접은 치료가 끝나는 시점에 이루어졌다. 연구의 주된 목적은 성찰적 기능에서의 변화와 심리적 스트레스에서의 변화 간의 연관성을 기술하는 것이었다. 연구의 주된 목적에 따라, (1) 성찰적 기능을 조사하는 면접에서 치료 전 진술문과 3년 후 면접에서 내담자의 진술문과의 비교, (2) 치료 과정에 걸쳐 나타난 증상의 변화, (3) 치료가 끝나는 시점에 내담자와 상담자들의 전반적인 성찰 간의 비교가 이루어졌다.

성과 측정 지표들은 치료가 전반적으로 긍정적이었지만, 내담자는 치료 과정 동안 그녀의 증상들이 얼마간은 증가했다고 보고했다. 나아가 내담자는 의심스러운 혹은 낮은 성찰적 기능(예: 자신에 대한 비특정적, 일반적, 혹은 피상적 성찰)에서 출발했지만 정상 범위(예: 내적 경험을 이해하지만 지나치게 정교화하지 않는 능력)에서 치료를 종료했다.

Gullestad와 Wilberg(2011)의 연구는 치료 상황에서 단일 피험자에 대한 집중적 탐색을 잘 보여준다. 많은 양의 자료 다중 출처(내담자, 상담자, 평정자)로부터 그리고 시간대에 걸쳐 체계적인 방식으로 수집되었다. 또한, 다양한 관점으로부터 수집된 객관적 자료와 주관적 자료로 인해 상호 비교가 이루어지고, 이어지는 결론은 단일 자료 점수에서가 아니라 넓은 범위의 정보가 수렴되는 데 기반을 두어 도출될 수 있었다. 이러한 단일 사례로부터 도출된 결론의 일반화 가능성이 불명확하고 따라서 반복 검증 연구가 필요하다는 점을 지적하는 것은 중요하다.

Tasca 등(2011)은 집중적 단일 피험자 양적 설계의 또 하나의 좋은 예가 된다. 그들의 연구는 정신역동-대인관계(psychodynamic-interpersonal: PI) 집단치료와 인지행동(cognitive-behavioral: CB) 집단치료에서의 대인 과정에 관한 것으로, 폭식장애 내담자의 치료에 관하여 두 집단을 연구했다. 저자들은 집중적 단일 피험자 양적 설계를 사용하여 이런 유형의 치료에서 치료자 행동에 관한 과학적 지식을 증대하고자 하는 수단으로서 두 집단을 비교했다. Gullestad와 Wilberg(2011)와 유사하게, 이 연구는 다중 관점(내담자와 평정자)으로부터 과정변인과 결과변인에 대한 다중 측정 지표를 사용했다. 구체적으로, 내담자의 관점으로부터 얻은 정보는 치료가 이루어진 16주간에 걸쳐 그들이 우울 증상과 폭식 삽화(binging episodes)에 대한 인식을 자기보고 방식을 통해 평가함으로써 얻어졌다. 치료 회기는 녹화되었고 상담자들의 대인관계 행동(예: 보다 지시적이었거나 혹은 자율성을 허용했다거나)을 기반으로 코딩되었다. 저자들은 정신역동-대인관계 접근과 인지행동 접근의 이론적 기초에 근거하여 정신역동-대인관계 상담자가 집단 구성원들에게 보다 더 자율성을 허용할 것이고 인지행동 상담자가 보다 더 지시적일 것이라는 가설을 세웠다.

연구 결과는 양쪽 치료 모두 내담자들에게 효과적인 것으로 나타났다. 두 집단에서 세 명의 내담자들이 치료를 중도에 그만두었지만, 남아있던 내담자들의 경우에, 우울 증상과 보고된 폭식 삽화가 감소했다. 더욱이 자료는 상담자들이 실제로 그들의 이론적 모형에 입각하여 서로 다른 대인관계 태도를 취한다는 것을 보여주었다. 정신역동-대인관계 치료자는 집단에 대해 보다 자율성을 허용했고 반면 인지행동 치료자는 보다 더 지시적이었다. 따라서 치료는 둘 다 효과적이었고, 아마도 약간은 다른 방식으로 내담자들을 조력했다.

방법론적으로, 여기에서 중요한 초점은 후속 연구를 이끌 수 있는 결론과 가설이 집중적 단일 피험자 양적 설계로부터 시간대에 걸쳐 여러 출처로부터 얻어진 자료가 수렴되는 지점을 검토함으로써 얻어졌다는 것이다. Webb, Campbell, Schwartz와 Sechrest(1966)는 이와 같은 다중 출처와 다중 관찰로부터의 수렴을 '삼각화(혹은 다각화) 기법(triangulation)'이라고 일컬었다. 그들은 다중 독립 측정치가 일종의 교차검증을 제공할 수 있다고 주장했다.

주요한 경험 연구 학술지에 출판된 연구들 가운데 고도로 엄격한 단일 피험자 양적 설계의 많은 예들을 찾아볼 수 있다. 사실, 몇몇 학술지들은 구체적인 투고 요건과 '증거 기반 사례 연구'에 관한 요구를 규정하고 있다. 예를 들어, 미국 심리학회 학술지인 《심리치료(Psychotherapy)》는 이러한 연구들을 '증거 기반 사례 연구'라고 정의한다. 보다 구체적으로 이야기하면 다음과 같다.

> 이들 **증거 기반 사례 연구**의 목적은 녹취된 임상 사례 자료를 치료 과정에 걸쳐 서로 다른 시점에서 측정된 과정 및 성과의 표준화된 측정지표와 통합하는 것이 될 것이다. 즉, 저자들은 경험적 척도의 맥락에서 치료에 대한 그들의 구체적 접근법에 관하여 주요 개입과 변화 기제를 잘 드러내는 임상적 사례를 기술해야 한다. 최소한 보고서는 적어도 두 개의 표준화된 결과 측정치, 종합적 기능과 표적 증상(우울, 불안 등), 아울러 적어도 세 개의 분리된 시점에서 측정된 한 개의 과정 측정치(치료적 동맹, 회기 깊이, 정서적 체험 등)에 대한 평가(치료자가 아니라 환자나 독립된 평정자의 관점에서의)가 포함되어야 한다. 최적으로, 그러한 보고서가 종합적 기능, 표적 증상(우울, 불안 등), 주관적 행복감, 대인관계 기능, 사회적 · 직업적 기능, 그리고 광범위한 기능을 평가하는 여러 개의 결과 측정지표와 성격에 관한 측정지표, 아울러 치료 과정에 걸쳐 다중 시점에 측정된 적절한 과정 측정지표를 포함하는 것이다. (http://www.apa.org/pubs/journals/pst/evidence-based-case-study.aspx, retrieved on July 14, 2014)

연구자들, 특히 보다 임상적인 분야에 관심을 가진 사람들에게 그 기회는 경험적 사례 연구를 출간할 기회와 더불어 확실히 확장되었다. 연구자들은 더 이상 사례 연구에 대하여 비공식적 방법(예: 개인적 회상)에 의존할 필요가 없다. 그보다는 경험적인 기반을 둔 사례 연구는 상담자들로 하여금 내담자들의 기능(예: 행복감 혹은 불안) 혹은 해당 내담자 혹은 사용한 치료 접근법에 적합한 보다 잘 맞추어진 성과에 대한 측정지표를 사용하도록 해준다(측정지표에 관한 논의에 관하여 Owen & Imel, 2010을 참고하라). 더욱이 경험적 사례 연구 접근법은 학생들이 그들의 내담자에게 미치는 영향력을 보다 잘 이해할 수 있는 훌륭한 방법이다. 예를 들어, 학생들은 그들의 내담자가 상담 과정을 어떻게 보고 있는지, 그리고 궁극적으로 그들의 내담자가 상담의 효과성을 어떻게 인식하고 있는지에 관하여 중요한 정보를 얻을 수 있다. 이러한 피드백 과정은 명백하게 모두에게 유리한(win-win) 상황이고 궁극적으로 과학과 실무가 서로 영향을 미치고 실무가 진실로 과학에 기여하는 핵심에 있다.

요약하면, 이 절은 전통적인 비통제 사례 연구와 집중적 단일 피험자 양적 설계에 대한 개관을 제공했다. 우리는 독자가 단일 참여자에 대한 탐구할 때 사용 가능한 범위의 방법들을 이해할 수 있도록 이 두 설계를 대조적으로 설명했다. 우리는 특히 보다 정교하고 엄격한 단일 피험자 설계의 사용을 촉진하기를 바란다.

단일 피험자 실험 설계

단일 사례 실험 설계 역시 보통 1명 혹은 소수의 피험자들과 관련하여 두 개 혹은 그 이상의 변인들 간의 관련성을 조사한다. 분명히, 이 설계 방법의 발달에 있어서 가장 큰 영향을 미친 것은, 특정한 표적 행동과 명료하게 식별 가능한 단계를 사용하면서 조작적 조건화 패러다임과 관련하여 작업하는 연구자들이었다. 그러나 우리는 사례 예시를 통해서 이 설계가 이 특정한 이론적 접근법에 제한될 필요가 없다는 것을 증명할 것이다. 이 절에서 우리는 먼저 단일사례 실험 설계의 몇 가지 공통적인 특징을 논의하고 이어서 서로 다른 두 유형의 설계(AB 설계와 중다 기저선 설계)를 설명하고 예시할 것이다.

단일 피험자 실험 설계의 공통적 특징

단일 피험자 실험 설계는 여러 가지 공통적 특징이 있다(Kazdin, 2003). 이 특징들은 (1) 처치 목적의 구체화, (2) 시간대에 걸쳐 종속변인에 대한 반복 측정, (3) 처치 단계, (4) 기저선 자료의 안정성을 포함한다.

단일 피험자 실험 설계의 첫 번째 공통 특징은 처치 목적의 구체화를 수반한다. 애초에 단일 피험자 실험 설계가 조작적 조건화 패러다임으로부터 발달되었기 때문에, 대부분의 연구들은 종종, '표적' 혹은 '표적 행동'이라고 일컬어지는 구체적인 행동적 목표를 가지고 있다. 본질적으로, 표적 행동은 연구의 종속변인이다. 처치 목적은 인지, 정서적 반응, 행동, 생리적 반응, 혹은 성격 특질로 구성된다. 만약 체계(집단, 가족, 조직)가 설계의 피험자로 사용된다고 하면, 체계의 특질(의사소통 양식, 응집성, 몰입도)가 처치 목적으로 지정될 수 있다.

단일 피험자 실험 설계의 두 번째 정의적 특징은 시간대에 걸친 종속변인에 대한 반복 측정이다. 예를 들면, 연구자 혹은 상담자가 내담자가 덜 부정적인 자기비난 사고를 하도록 돕고자 하는 연구에서, 일주일 단위 혹은 하루 혹은 하루에 여러 번에 걸쳐 측정이 이루어질 수 있다. 많은 경우 이러한 평가 과정은 처치 개시 이전에 시작되는데 이 경우 이를 기저선 평가라고 부른다. 이 예에서 기저선은 개입 이전에 피험자가 하는 부정적인 자기비난 사고의 횟수가 될 것이다. 이 평가 과정은 연속적(혹은 거의 연속적)이기 때문에 연구자는 시간대에 걸쳐 종속변인에 나타나는 양식을 조사할 수 있다. 독립변인은 보통 처치 개입으로, 종종 개입이라고 일컬어진다. 단일 피험자 양적 설계에 대한 다중 측정이 개입 이전과 이후에 단일 자료 점수를 수집하는 다른 연구 설계와 극명한 대조를 이룬다.

단일 피험자 실험 설계의 세 번째 특징은 서로 다른 처치 단계가 포함되고 각 단계가 서로 다른 실험 조건을 의미한다는 것이다. 단계 구체화의 한 방법은 기저선과 처치 단계를 지정하는 것이다. 기전선 자료는 처치 개시 이전에 수집되고, 현재 상태의 기능을 기술하고 차후의 수행에 관한 예측을 하는 데 사용된다. 시간적 구간을 정의하는 두 번째 방법은 서로 다른 처치를 서로 다른 시간 구간(일별, 회기별)에 무선적으로 부여하는 것이다. 한 단계에서 다른 단계로 바꾸는 기본 목적은 독립변인 혹은 개입의 시작으로 인한 변화를 증명하는 것이다.

기저선 자료의 안정성 또한 대부분의 단일 피험자 양적 설계의 중요한 특징이다. 기저선 자료가 안정적이지 않다면(증가하거나 감소하거나 혹은 일관성이 결여된다면) 변화는 개입의 시작 이후에 발견될 수 없다. 따라서 연구자가 인과관계를 개입의 결과라고 할 수 있으려면, 그는 개입의 도입 이전에 종속변인에 대한 정확하고 안정된 평가를 얻어야만 한다. 이는 기저선과 처치 개입 단계 비교가 수행될 때 특히 그러하다.

이 절에서 우리는 단일 피험자 양적 설계에 사용되는 중요한 두 유형의 설계인 AB 시계열 설계(AB time-series designs)와 중다 기저 설계(multiple-baseline designs)에 관해 논의할 것이다. 먼저 AB 시계열 설계에 관해 논의할 것인데 여기에는 많은 변형들이 포함된다. AB 시계열 설계를 설명하기 위하여 우리는 세 가지 구체적인 설계(AB, ABAB, 무선 AB)에 관해 논의할 것이다.

AB 설계 AB 설계는 기본적으로 두 단계 실험이다. A단계는 기저선 기간이고 B단계는 개입 단계이다. 보통, 각 단계에서 다중 측정 혹은 다중 관찰이 이루어진다. 예를 들어, 각 단계가 6주간 각 주당 두 번의 관찰로 구성된다고 하자. 이들 다중 관찰은 연구자로 하여금 다른 무엇보다 기저선 기간이 안정적인지의 여부를 확인하도록 해준다. 기저선 기간이 안정적이라는 것은 개입 이전에 피험자에 대한 적절한 평가를 가능하게 한다. 만약 기저선 기간이 불안정하다면(측정치가 증가하거나 감소하고 있다면), 종종 개입 효과에 대한 추론을 도출하기 어렵다. 개입 이후의 다중 관찰은 시간대에 걸쳐 나타나는 개입의 효과에 대한 철저한 평가를 가능하게 한다. 만약 단계마다 오직 일회적 관측만 수집된다면, 그 연구는 기본적으로 단일 집단 사전-사후 설계로 보아야 할 것이다(12장 참고). 이 설계는 보통 내적 타당도에 대한 다수의 위협 요인을 포함한다. 시계열 구성 방식이라고 일컬어지는, AB 설계 내에서 다중 측정은 시간대에 걸쳐 더 훌륭한 안정성을 제공한다. 앞서 논의했던 전통적인 피험자 내 설계(within subjects design)와 마찬가지로, AB 설계는 피험자로 하여금 자기 자신의 통제 혹은 비교 요인이 되도록 한다. 따라서 기본적 비교는 동일 피험자 내에서 A단계(기저선)와 B단계(개입) 간에 이루어진다. 만약 연구자가 B단계만 측정했다면, 그는 비교준거가 없고 개입으로 인한 효과를 추론하는 것은 불가능해질 것이다.

연구자는 변화가 개입으로 인해 발생했는지 여부를 어떻게 평가할까? 역사적으로, 단일 피험자 설계에 의해 생산된 자료를 분석하는 데 통계 방법을 사용하는 것은 논란의 여지가 있었다(Wampold & Freund, 1991). 따라서 연구자들은 흔히 원 자료를 그래프에 기입하고 그래프로부터 추론을 했다. 예상하듯이, 그러한 시각적 분석은 부정확하고 신뢰하기 어렵고 체계적으로 편향될 가능성이 있다. 결과적으로 단일 피험자 설계에 대하여 다양한 통계적 검증 방법이 제안되었다(Shadish et al., 2013 참고). 두 개의 표준편차 규칙(Gottman, McFall, & Barnett, 1969), 상대적 빈도 절차(Jayaratne & Levy, 1979), 지연분석(Gottman, 1973, 1979), 마르코프 연쇄 분석(Lichtenberg & Hummel, 1976; Tracey, 1985), 시계열 분석(예: Glass, Willson, & Gottman, 1974), 무선화 검정(randomization tests)(예: Edgington, 1980, 1982, 1987; Wampold & Worsham, 1986), 중앙 분리 기법(split middle technique)(White, 1974), 이항 검정(binominal test)(Kratochwill & Levin, 2014)과 같은 제안된 통계 절차들이 많이 있다. 이들 절차는 이런 종류의 자료로부터 도출될 수 있는 통계 분석과 관측의 타당도를 증가시키려는 목적을 갖는다.

보다 최근의 통계 적용은 다층 모형(multilevel modeling)을 활용하는 것이다. 다층 모형은 이 절차가 점수들이 서로 의존되어있다는 점을 설명한다는 점에서(예: 다중 시점에서 행동에 대해 보고한 동일인)(Shadish et al., 2013 참고), 전통적인 회귀 분석 절차의 제한점을 언급하는 데 도움이 되는 회귀 분석 기반 통계적 절차이다. 단일 피험자 설계의 경우, 이 모형에는 일반적으로 두 '층위(levels)'가 있다. 첫 번째 층위에는 사례에 대한 반복적 관찰이 있을 수 있다. 각 회기에서 내담자의 행동에 대한 다중 평정이 일반적인 접근법이다(예: 각 회기에서 내담자가 '모르겠어요.'라고 말한 횟수). 예를 들어, 연구자는 이러한 발언과 치료자가 따뜻하게 혹은 냉정한 태도로 반응하는 정도(종속변인) 간의 연관성에 관심이 있을 수 있다. 이 경우, 내담자가 어떤 회기에서 '모르겠어요.'라고 말하는 횟수는 치료자의 반응(따뜻한 반응 대 냉정한 반응)에 직접적으로 연관될 수 있다. 또한, 두 번째 층위는 각 회기에서 평균 관측치(내담자가 각각의 회기에서 '모르겠어요.'라고 말하는 평균 횟수)가 될 것이다. 두 번째 층위는 '모르겠어요.'라는 발언의 평균 횟수가 전체 회기에 걸쳐 상담자가 어떻게 반응하는지에 연관되는지 여부를 식별하는 데 도움이 될 것이다. 회기 내 혹은 회기 간의 차이가 중요할 수도 있다. 즉, 회기 내 효과는 보다 즉각적인 상담 과정(내담자 진술과 치료자 반응 간의 연관성)에 관해 다루는 것이고 회기 간 효과는 보다 거시적 과정(내담자 진술의 총합적 효과가 있는가?)에 관해 다루는 것이다. 다층 모형은 다른 방식으로 사례 연구에 적용된 경우도 있다. 중다 사례 연구(예: 두 개 이상의 사례를 비교할 때)가 있을 때, 첫 번째 층위는 내담자들에 대한 관측(예: 내담자가 회기별로 어떻게 기능하는가?)이 될 수 있고 두 번째 층위는 사례들이 될 수 있다.

비록 단일 피험자 설계의 다층 모형이 복잡한 자료를 다루는 데 유연한 근대적 접근법이 될 수 있을지라도 제한점이 있다. 특히, 단일 피험자 설계에서는 통계적 검증력이 보통 제한적이다. 따라서 연구자들은 얼마나 많은 관찰을 수집하고자 의도하는지 고려할 필요가 있다. 또한, 연구자들은 통계 결과를 검증하기 위하여 여타의 기술 접근법(descriptive approaches)을 사용하고자 할 수도 있다.

집단치료 영역에서 이런 유형의 AB 설계의 예를 들여다보는 것이 도움이 될 것이다. 유명한 집단치료자 Irvine Yalom(2005)은 '돌아가며 주제 정하기(agenda-go-round)'(이를 통해 치료자가 집단 회기를 시작할 때 각 구성원들에게 그 회기에서 다루고 싶은 자신을 위한 주제를 정하도록 요청한다)가 집단 응집력과 집단 참여도를 향상시키는 데 사용될 수 있다고 제언한다. 연구자는 이 제언을 AB 설계를 사용하여 조사할 수 있다. 이는 치료 집단을 정하고, 첫 10개 집단 회기 동안, 각 회기별 응집성과 구성원 참여도를 측정함으로써 이루어질 수 있다. 이것이 A단계 혹은 기저선이 될 것이다. 이후 10개 집단 회기 동안 연구자는 집단 지도자로 하여금 Yalom의 '돌아가며 주제 정하기' 기법을 사용하도록 하고,

그림 15.1 회기 순차에 따른 집단 응집성을 고찰하는 AB 설계(5점 리커트 척도, 1 = 낮은 응집성, 5 = 높은 응집성)(돌아가며 주제 정하기 활동은 11차 회기에 시작된다)

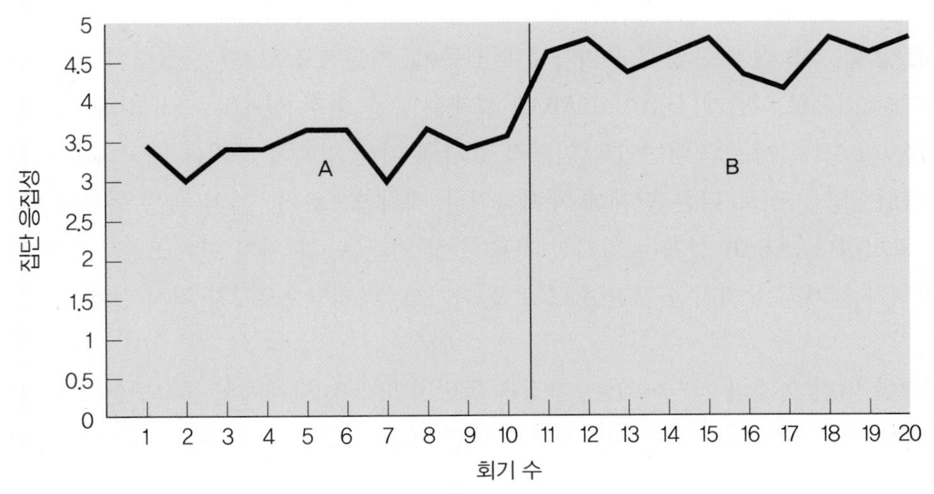

다시 한 번 각 회기별 응집성과 구성원 참여도를 측정할 수 있을 것이다. 이것이 B단계 혹은 개입이 된다. 연구자는 '돌아가며 주제 정하기' 개입이 효과가 있었는지 보기 위해 A단계와 B단계 동안 응집성과 구성원 참여도를 비교할 수 있다. 그림 15.1에 상당히 극적인 변화가 이 설계에 대한 그래프에 묘사된 것처럼, '돌아가며 주제 정하기' 개입은 정말 효과가 있었다. 이런 종류의 명백한 차이가 그래프 분석으로 언제나 그렇게 선명하게 드러나는 것은 아니다. 따라서 개입 단계가 실제로 의도된 효과를 가져왔는지 확신하기는 더욱 어렵다.

이 단순한 AB 설계의 문제는 연구자가 어쩌면 주어진 결과를 가져온 요인으로서 역사(치료 과정)와 성숙(내담자)으로부터 내적 타당도에 대한 위협을 배제할 수 없다는 점이다. 예를 들어, Yalom의 기법에 대한 예로 돌아가서, 대부분의 치료 집단은 돌아가며 말하기 기법이 없더라도 시간이 지날수록 응집성이 향상된다. 따라서 비록 다중 측정이 이 연구를 단일 집단 사전-사후 설계보다 더 견고하게 할지라도, 이 특정한 설계는 어느 정도 내적 타당도에 대한 위협을 포함한다. ABAB 설계를 포함하여, AB 설계에 대한 확장과 개선은 일부 이들 취약점을 피해갈 수 있도록 발전되었다.

실제 연구에 적용하기 15.1

잠시 시간을 갖고 당신 자신의 AB 설계를 만들어보라. 그 AB 설계의 목적은 무엇인가? 즉, 무엇을 배우고자 하는가? 당신이 변화시키고자 하는 목표 행동이 무엇인가? 목표 변인은 행동, 생각 혹은 감정일 수도 있다는 것을 기억하라. 이 목표를 어떻게 측정할 것인가? 얼마는 많은 'A' 관측치를 갖고자 하는가? 무엇은 개입이 될 것인가? 마지막으로 당신의 연구가 어떻게 미래의 상담자들을 도울 수 있는가?

ABAB 설계 AB 설계는 앞서 우리가 논의했듯이, 기본적으로 2단계 실험이다. 이 AB 설계와 대조적으로, 4단계 실험이고 ABAB 설계는 종종 역전 설계(reversal design)라고 불린다. 즉, ABAB 설계는 독립변인의 인과적 효과에 대한 명백한 증거를 제공하려는 목적으로, 독립변인을 서로 다른 단계에 제시하거나 제거함으로써, 처치(혹은 독립변인)의 효과를 조사한다. ABAB 설계는 기저선 자료 수집 기간(A_1)과 처치 단계(B_1)로 시작해서 다시 처치가 제거되는 기저선 기간(A_2)으로 돌아가고, 마지막으로 2차 처치 단계(B_2)로 진행된다.

이러한 역전 설계의 기저에 있는 가정은 독립변인이 B_1 단계에서 종속변인에 변화를 야기하려면, 독립변인의 제거는 피험자로 하여금 기저선 단계와 유사한 수준으로 회귀해야

그림 15.2 회기 순차에 따른 집단 응집성을 고찰하는 ABAB 설계(돌아가며 주제 정하기 활동은 11차 회기에 시작되고, 21차 회기에서 제거되었다가 31차 회기에서 다시 시작된다)

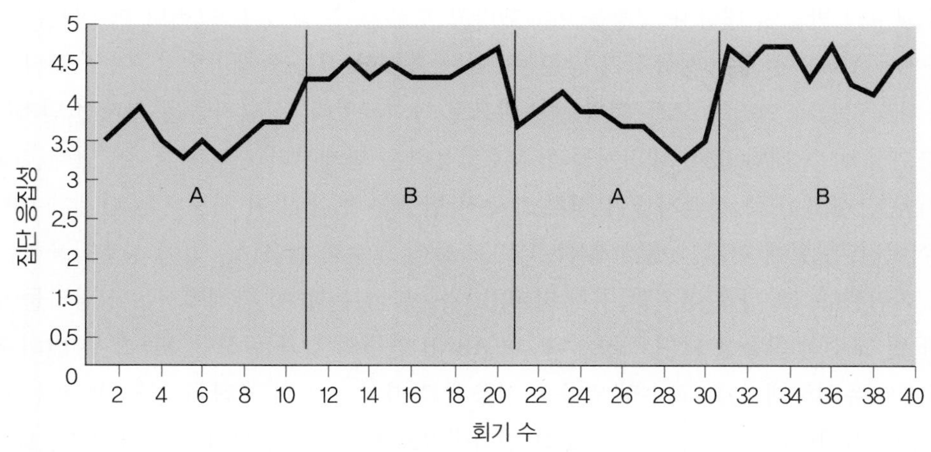

만 한다는 것이다. 나아가, 이러한 역전이 실제로 기저선으로의 회귀를 가져온다면, B_1 단계에서 독립변인을 재투입하는 것은 반복 검증 연구로서의 역할을 하며 나아가 추론된 인과관계를 강화할 것이다. 만약 A_2에서의 행동이 기저선 수준으로 회귀하지 않는다면, 다른 변인(알지 못하는)들이 인과적 효과를 미쳤을 수 있기 때문에 독립변인과 종속변인 간의 인과관계는 추론될 수 없다. 따라서 앞서 AB 설계를 기술할 때 제시한 Yalom의 주제 정하기 예에서, ABAB 설계는 다음과 같은 방식으로 자료 수집이 이루어질 것이다. 10개 집단 회기 동안 연구자는 기저선 응집력과 구성원 참여도 자료를 구하고(A_1), 이어서 다음 10개 집단 회기 동안 집단 지도자는 '돌아가며 주제 정하기' 개입을 한다(자료 수집은 계속 이루어진다)(B_1). 다음으로 또 다른 10개 집단 회기 동안 '돌아가며 주제 정하기' 개입 없이 자료 수집이 수행되고(A_2), 이어서 마지막 10개 회기 동안 '돌아가며 주제 정하기' 개입이 다시 시작된다(B_2). 그림 15.2는 이러한 ABAB 설계로부터 수집된 자료에 대한 그래프를 보여준다. 집단 응집력이 양쪽 B 단계 모두에서 증가되었기 때문에, 우리는 '돌아가며 주제 정하기' 활동이 집단 응집력의 향상을 야기했다고 추론할 수 있다.

치료자 행동과 내담자 저항 간의 관련성을 고찰하는 ABAB 설계의 또 다른 예를 살펴보자. 이 연구 역시 어떤 현상을 탐구하기 위하여 기술 설계(descriptive designs)와 실험 설계를 모두 사용하는 계획적인 연구(programmatic research)에 대한 훌륭한 예시이다. 첫째, 기술적(descriptive) 연구 방략을 사용함으로써, Patterson과 Forgatch(1985)는 다양한 유형의 상담자 행동[예: 지지적 반응 혹은 교수적 반응(teaching response)]에 따라 내담자 저항의 가능성을 연구했다. 연구자들은 치료자의 교수적 반응에 따르는 내담자 저항은 내담자의 기저선 저항보다 유의하게 높다는 것을 발견했다. 이런 결과는 내담자가 일방적으로 말을 듣거나 설교를 듣는다고 느꼈을 테고, 그래서 내담자가 결과적으로 저항감을 느꼈을 것이라고 추정해볼 수 있다. 이 첫 단계 연구는 오로지 기술적 연구였기 때문에 저자들은 치료자의 교수적 반응이 내담자 저항을 야기했다고 추론할 수 없었다. 그러나 이 질문은 연구자들에게 ABAB 설계를 사용하여 답할 수 있는 훌륭한 질문을 제공했다. 여섯 명의 상담자가 내담자들과 만났고 모든 회기는 비디오로 녹화되었다. 상담자들은 기저선 단계(A_1), 즉 교수적 반응 개입 없이 내담자들과 상호작용하는 단계부터 시작했다. 이 단계 다음에는 처치 단계(B_1), 즉 상담자들이 점차 교수적 반응을 보다 많이 사용하는 단계가 이어졌다. 이어진 두 번째 기저선 단계에서는 상담자들이 교수적 반응(A_2) 없이 상호작용하는 것으로 회귀했다. 그 다음 마지막 처치 단계(B_2)가 이어졌는데 이 단계에서는 상담자들이 다시 한 번 교수적 반응을 많이 사용했다. 이 ABAB 연구의 결과는 상담자들이 두 번의 처치 단계에서 유의하게 많은 교수적 반응을 사용했고 따라서 실험 조작이 성공적이라는 것을 보여주었다(이러한 절차적 점검을 조작 점검이라고 일컫는다). 보다 중요한 것은, 내담자들은 처치 단계(B_1, B_2) 동안 보다 높은 저항을 보였다는 것이다. 따라서 이러한 자료는 치료자의 교수적 행동이 내담자 저항을 야기했다는 것을 보다 강력하게 시사한다.

비록 ABAB 설계에 많은 강점이 있지만, 우리는 이 설계가 지닌 세 가지 문제에 주목하고자 한다. 첫 번째 문제는 통계적인 문제이다. 대부분의 저자들과 편집자들은 두 단계(A단계와 B단계. 이들 설계에 관한 통계적 문제들에 관해서는 앞서 제시된 참고문헌을 참고하라) 간의 차이의 크기를 기술하는 통계적 검증을 보고하기를 원한다. 보고되는 경우, 이런 검증은 대개 t 검정이나 F 검정이다. 그러나 t 검정과 F 검정 모두 독립된 관찰을 가정하는데, ABAB 설계는 이에 해당되지 않는다(Wampold & Freund, 1991). ABAB 설계에 관한 두 번째 문제는 이월 효과(carryover effects. B_1 단계 조작의 효과가 A_2 혹은 B_2에 영향을 미친다)의 존재 가능성이다. 어쩌면 B1 개입의 효과는 돌이킬 수 없고 취소할 수 없을 수도 있다. 예를 들면, 종속변인이 학습 혹은 기능 습득(예: 시험 요령과 같은 학업 기술)을 수반하는 것이라면, 이들 처치를 돌이켜서 피험자로 하여금 A_1 단계로 돌아가도록 하는 것은 어려운 일이다. 명백하게 그 처치가 역전 가능하고 이월 효과가 없는 개입들도 많다. 그러나 일부 ABAB 설계에서는 개입이 역전 가능하지 않고 이월 효과로 인해 추론을 도출하거나 인과관계를 따로 떼어내는 데 문제가 있다. 마지막으로 치료 단계를 역전하는 것이 바람직하지 않거나 비윤리적이고 내담자와 상담자 모두 효과적인 처치를 그만두길 주저하는 치료 상황이 있다. 무엇보다 이런 우려로 인해 저자들은(Edgington, 1987 참고) 무선적 단일 피험자 실험 혹은 무선 AB 설계를 사용할 것을 촉구한다.

무선 AB 설계 단일 피험자 설계와 관하여 무선적 추출에 대한 많은 검정 방법이 있다(예: Houle, 2008; Maggin et al., 2011; Parker, Vannest와 Davis, 2011; Shadish et al., 2013). 이들 통계 검정은 이 책의 범위를 넘어서지만 우리는 독자에게 무선 AB 설계와 관련한 설계 가능성을 소개하기 위하여 한 가지 예를 제시한다.

무선 AB 설계는 무작위적 방법으로 반복되는 두 단계를 수반함으로써, 어떤 시점에서든 A 혹은 B 단계의 존재는 무선 할당에 달려있다. 예를 들어, 돌아가며 주제 정하기 활동이 집단 응집력과 구성원 참여도에 미치는 영향을 고찰하는 무선 AB 설계는 아래와 같은 형태를 띨 것이다.

	A	A	B	A	B	A	B	B	B	A	B	A	A	B	B	A	B	A	B	A
회기	1	2	3	4	5	6	7	8	9	10	11	12	13	14	15	16	17	18	19	20

이 예에서, A는 돌아가며 주제 정하기가 사용되지 않은 회기를 나타내고 B는 이 활동이 사용된 회기를 나타낸다. A단계와 B단계의 출현은 무선적이기 때문에, A회기와 B회기에서의 응집력과 참여도를 비교하는 데 무선적 추출 검정 혹은 전통적인 모수적 검정(parametric tests)이 사용될 수 있다(Edgington, 1980). 이 설계는 또 다른 이점이 있다. 즉, 연구자로 하여금 아래와 같은 단순 2×2 요인 설계를 사용함으로써 이월 효과를 분석할 수 있도록 한다.

단계	A단계가 선행됨	B단계가 선행됨
A	(1) 2, 13회기 자료	(2) 4, 6, 10, 12, 16, 18, 20회기 자료
B	(3) 3, 5, 7, 11, 14, 17, 19회기 자료	(4) 8, 9, 15회기 자료

자료는 A단계와 B단계 중 어디에서 추출되었는지에 따라 그리고 문제가 되는 단계를 어떤 단계가 선행했는지에 따라 해당 칸에 배치되었다. 예를 들어, 표의 첫 번째 칸은 모두 A단계 회기(모든 회기가 돌아가며 주제 정하기 활동을 하지 않은 회기)에서 추출되고 하나의 A단계 회기(해당 회기가 돌아가며 주제 정하기 활동을 하지 않은 회기)가 선행된 자료를 포함한다. 마찬가지로 표의 두 번째 칸은 모두 A단계 회기(돌아가며 주제 정하기를 하지 않은 회기)에서 추출되고 하나의 B단계 회기(돌아가며 주제 정하기 활동을 한 회기)가 선행된 자료를 포함한다. 이러한 구조를 가진 요인 변량 분석은 A단계와 B단계에 대한 주 효과, 선행 단계(A를 선행하는가 대 B를 선행하는가)에 대한 주 효과, 그리고 단계와 선행 단계 간의 상호작용 효과를 제공할 것이다. 상호작용 분석은 이월 효과를 직접적으로 검증한다.

AB 시계열 설계에 대해 몇 가지 마무리 논평이 필요할 듯하다. 첫째, 비록 우리가 AB 설계를 오로지 두 단계(A와 B)로 이루어진 것으로 논의하고 예시했지만 반드시 그럴 필요가 있는 것은 아니다. 세 단계(A, B, C) 혹은 그 이상의 단계로 구성될 수 있다. 세 단계 설계는 기저선 단계를 두 개의 서로 다른 처치와 비교하거나 또는 독립변인에 대해 서로 다른 세 단계를 비교할 수 있다. 얼마나 많은 단계를 포함하든지 AB 설계의 기본 논리는 동일하다. 연구자가 각각 다른 층위(혹은 경향성)를 각각 다른 단계에 걸쳐 조사함으로써 독립변인의 효과를 분리하고자 시도하는 것이다.

많은 경우, AB 설계는 윤리 문제에 대한 우려 때문에 특정한 연구 과제로 고려되지 않는다. 예를 들어, 내담자에게 긍정적인 효과를 나타내는 것으로 보이는 처치를 중단하는 것이 적절한지에 대해 질문을 던질 수 있다. 이는 탁월한 질문이지만, 이는 입덧에 대해 탈리도마이드(thalidomide. 진정수면제의 일종)를 처방하는 것에 대해 1960년대 초기, 의학계 구성원들이 직면한 것과 동일한 딜레마이다. 불행하게도 그들은 인지된 약의 효과 때문에 처치를 중단하지 않기로 결정했고 그 결과는 끔직한 선천적 기형으로 나타났다. 간단히 말해서, 우리의 상담 개입의 효과성을 가정하기에 앞서 그 효능을 경험적으로 적절하게 검증하는 것은 중요하다.

AB 설계에 관한 또 다른 우려는 개입의 이월 효과 및 몇몇 이론적 지향에 대한 일부 변인들의 인지된 부적합성과 연관된다. 예를 들어, Gelso(1979)는 내담자의 통찰력을 역전할 수 없고(적절한 해석의 이론적 효과), 따라서 AB 설계는 그러한 내용에는 잘 맞지 않을 것이라고 추론했다. 우리는 AB 설계는 흔히 생각되는 것보다 더 넓은 범위의 주제에 대해 성공적으로 적용될 수 있다고 믿는다. 물론 연구자가 AB 설계를 적용하는 데 있어서 창의적일 필요가 있을 것이다. 그럼으로써 연구자는 한 분야에서 중요한 연구 질문을 생산하는 데 더하여, 실무자에게 매우 유용한 풍부한 자료를 얻을 수 있을 것이다.

중다 기저선 설계

우리가 논의할 단일 피험자 실험 양적 설계의 두 번째 유형은 중다 기저선 설계이다. 이 설계의 본질적 특질은 자료가 하나 이상의 종속변인, 혹은 표적 행동에 동시적으로 기록된다는 것이다. AB 설계와 마찬가지로, 연속적인 자료 수집이 이루어지지만 중다 기저선 설계에서는 각각 다른 종속 측정치에 대하여 두 개 혹은 그 이상의 자료 수집 기저선이 있다. 기본 가정은, 개입이 동시에 종속 측정치들 가운데 하나에 적용되는 한편, 여러 개의 종속 측정치가 있으면, 이들 변인들 중 하나 혹은 그 이상이 통제변인의 역할을 할 수 있다는 것이다. 그러나 개입이 각각 다른 시점에 각각 다른 종속 측정치에 적용되어야 한다는 것이 중요한다. 만약 개입이 확실히 원인 요인이라면, 개입이 목표로 한 종속변인에 변화가 있고 표적으로 하지 않는 종속변인에는 변화가 없어야 한다. 따라서 ABAB 설계가 개입을 중단하고 변화를 역전시킴으로써 인과관계를 확인하고자 하는 반면, 중다 기저선 설계는 종속변인들 모두는 아니지만 일부 경우에 나타나는 변화를 확인함으로써 인과관계를 밝히고자 한다. 중다 기저선 접근법에 관한 문제점들 중 하나는 종속변인들이 독립적이지 않을 가능성이 있다는 것이다. 따라서 개입이 종속변인들 가운데 하나를 목표로 하지만 모든 종속변인에 변화가 나타날 때, 변화의 원인은 불명확하다.

중다 기저선 설계에는 세 가지 다른 버전이 있다. 첫 번째 변형은 동일한 개인에게서 두 개 혹은 그 이상의 종속변인에 대한 자료 수집을 수반한다. 예를 들어, 연구자는 치료적 과제 부여가 가족 내 의사소통의 양에 미치는 효과를 고찰하고자 한다고 하자. 다중 기저선 설계를 사용하기 위하여, 그는 가족 내 의사소통을 측정하기 위하여 최소한 두 개의 행동, 아마도 (1) 저녁 식사 후에 부모가 이야기하는 데 보내는 시간의 양과 (2) 저녁 식사 후에 부모가 자녀들과 이야기하는 데 보내는 시간의 양을 확인해야만 할 것이다. AB 설계와 마찬가지로, 중다 기저선 설계는 먼저 기저선 평가 구간으로 시작한다. 우리가 제시한 예에서, 이는 (1) 부모 간, 그리고 (2) 부모와 자녀 간의 상호작용 시간에 대한 일일 기록을 수반할 것이다. 다음 단계로, 개입은 이들 종속변인들 가운데 하나를 표적으로 한다. 부부 간 의사소통을 증가시키도록 설계된 과제 부여가 먼저 이루어진다. 이 예에서 기본 가정은 두 번째 행동(부모와 자녀 간의 의사소통의 양)은 첫 번째 행동(부부간 의사소통의 양)에 대한 통제변인의 역할을 한다는 것이다. 만약 개입이 부부간 의사소통에 인과관계로 연관되어 있다면, 남편과 아내가 의사소통하는 데 보내는 시간의 양에서 변화가 발생하지만 부모가 자녀들과 의사소통하는 데 보내는 시간의 양은 변함이 없어야 한다. AB 설계와 마찬가지로, 자료는 이 두 종류의 행동에 대하여 특정한 기간 동안, 예를 들어 일주일 동안 수집된다. 마지막으로, 과제 부여는 부모－자녀 간 의사소통이 증가되도록 설계될 수 있다. 부모－자녀 간 의사소통에 보내는 시간의 양에서의 변화는 이 개입의 도입 이후에만 발생한다고 기대될 것이다. 특정한 개입의 효과를 평가하기 위하여 때로 세 개에서 다섯 개의 행동이 연속적인 시간대에 걸쳐 인지되고 표적이 된다. 개입의 표적이 아닌 행동(통제변인)에 있어서의 안정된 기저선이 유지된다는 것은 실험 개입 이외의 다른 우연발생적인 영향의 부재를 나타낸다.

중다 기저선 설계의 두 번째 변형은 각각 다른 피험자에 대해 동일한 반응을 확인하는 것이다. 주제 정하기 상황에 대한 우리의 예로 돌아가서, 연구자는 집단 구성원들의 주제의 질적 수준과 이후 구성원들의 집단 내 참여도 간의 연관성에 대한 Yalom(2005)의 가설을 검증하고자 한다고 하자. 구체적으로 Yalom은 집단에 대한 주제가 현실적이고, 대인관계에 관련되고 현시점지향적이라면, 집단 구성원들이 보다 높은 수준의 상호작용을 시작할 것이라고 했다. 연구자는 첫 다섯 개 집단 회기에 걸쳐 각 집단 구성원의 상호작용에 대한 기저선 평가를 하는 것부터 시작할 수 있다. 연구자는 그다음 개별 구성원들에게 현실적이고 대인관계에 관련되고 현시점지향적인 주제를 정하도록 훈련시키기 시작한다. 한 번에 오직 한 구성원을 훈련시키고 해당 구성원에 대한 훈련의 시작은 시차를 두고 진행될 것이다. 연구자는 매 다섯 번째 회기마다 각각 다른 구성원을 훈련시킬 수 있다. 훈련을 받지 않은 사람들에게서는 변화가 나타나지 않을 것으로 기대되는 반면 구성원의 주제 훈련에 따라 해당 개인의 집단 참여도에 대한 질적 수준에서의 변화가 발생할 것으로 기대된다. 이 예에서 기본 가정은 사람들이 개입의 대상이 되지 않았을 때 그들이 통제집단의 역할을 할 수 있다는 것이다. 자료 수집은 연속적으로 이루어지고 개입의 대상이 된 사람들만이 종속 측정치에 대해 변화를 보일 것이라고 기대된다. 이 예에서 가능성 있는 오염의 출처는 훈련을 받지 않은 피험자들이 훈련을 받은 동료들을 관찰함으로써 효과적인 주제를 설정하는 법을 배울 수도 있다는 것이다.

중다 기저선 설계의 세 번째 변형은 한 사람의 피험자에 대해, 그러나 각각 다른 환경에 걸쳐서 주어진 반응을 확인하는 것이다. 중다 기저선 설계에 대한 모든 예시에서와 같이, 피험자는 단일 개인, 집단, 학급, 혹은 더 큰 단위를 의미할 수 있다. 연구자가 어린이가 동급생들과 상호작용하는 데 대한 토큰 강화(독립변인)의 효과를 조사하고자 한다고 가정하자. 동급생들과의 상호작용의 양이 기저선 기간 동안 방과 전과 후에 운동장에서 관측될 수 있다. 그다음 연구자는 오직 방과 전에만 친사회적 상호작용에 대한 토큰 강화를 시작할 수 있다. 이어서 연구자는 오후에는 아니고 오전에 동급생과의 상호작용의 양에 변화가 나타나길 기대할 것이다. 이후에 토큰 강화는 오후에도 이루어질 수 있고 해당 기저선에서 그에 따른 변화를 기대하게 될 것이다.

기저선 설계의 논리는 연구자가 하나의 평가 행동에서 변화를 확인하는 반면 다른 평가 행동은 변화 없이 유지된다는 것이기 때문에, 이 유형의 설계를 사용하는 데 있어서 주된 관심사 중의 하나는 종속변인들의 독립성이다. 만약 두 개 혹은 그 이상의 행동들 간에 연관성이 있다면, 한 행동에 발생한 변화는 다른 행동에도 당연히 변화를 가져올 것이다. 만약 오직 한 행동에 대해서만 개입이 이루어졌는데 두 행동이 동시적 변화를 보인다면, 역사와 성숙도와 같은, 내적 타당도에 대한 위협을 소거하기는 불가능하다. 그러한 기저선에 대한 비의도적 변화는 중다 기저선 설계의 검증력을 심각하게 위협하고 대개 그 결과를 해석할 수 없는 연구로 귀결된다.

이러한 문제를 예방할 수 있는 한 방법은 행동들의 독립성을 주의 깊게, 아마도 기저선 행동들의 상관관계를 살펴봄으로써 평가하는 것이다. 또 다른 가능한 해결책은 여러 개의 종속변인을 사용하는 것이다. 기저선의 숫자를 늘림으로써, 연구자는 두 개의 기저선이 서로 의존적일 가능성에 대해 대비할 수 있다.

기저선 설계를 사용한 예는 Dennis와 Ellis(2003)의 연구에서 찾아볼 수 있다. 간략하게, 이 연구에서, Dennis와 Ellis는 자기 슈퍼비전, 즉 한 개인이 자신의 전문성 계발을 목적으로 독립적으로 수행하는 체계적인 절차를 사용하는 데 대해 연구했다. 구체적으로 연구자들은 각각 다른 조건들이 수련자들이 상담 회기에서 공감과 은유(metaphor)를 실제 사용하는 데 미치는 영향에 관심이 있었다. 연구자들은 수련 과정에 있는 4명의 초심 여성 상담자들을 세 가지 무선 조건 중 하나에 투입했다. (1) 처음에 은유 사용을 나중에 공감 사용을 목적으로 하는 자기 사례 감독, (2) 먼저 공감 사용을 나중에 은유 사용을 목적으로 하는 자기 사례 감독, 또는 (3) 주의만 기울이는 위약(僞藥) 통제 조건(an attention placebo control condition). 연구자들은 일련의 관찰에 대하여 자료를 수집했고 두 처치, 공감과 은유를 주시했다. 연구자들은 처음 기저선 단계와 이후 각각 다른 행동을 목적으로 했던 처치 단계에 걸쳐 일련의 관찰치를 얻었다. 그들은 17회기에 이르기까지 자료 수집을 계속했고 각각의 처치는 무선적으로 지정된 시점에 시작되었다. 연구 결과는 자기 슈퍼비전이 수련생들로 하여금 은유 사용을 늘리는 데는 도움이 되었지만 공감의 증가를 가져오지는 못했다.

연구 응용 15.1

중다 기저선 단일 피험자 설계 연구를 하고자 하는 교사에 자문을 요청받았다고 가정해보라. 교사는 '동기를 부여하라.'라는 명칭의 새로운 교수접근법의 효과를 연구하고자 한다. 교사는 이 접근법이 학습자의 학습 동기와 읽기 시험에 대한 수행에 영향을 미치는지 조사하고자 한다.

질문

1. 당신은 어떻게 교사가 독립변인과 종속변인을 정의하도록 도울 것인가?
2. 당신은 중다 기저선 설계에서 표적 변인들을 어떻게 관찰할 것인가?
3. 이 설계의 제한점은 무엇이 될 수 있는가?
4. 당신은 이 연구로부터 어떠한 결론을 이끌어낼 수 있는가?

단일 피험자 설계의 장점과 제한점

단일 피험자 설계는 많은 장점과 제한점을 가지고 있다. 이들에 대해 우리는 처음에는 상당히 단순하고 절대적인 느낌으로 논의할 것이다. 이들 장점과 제한점을 저울질해보는데, 한편으로는 비통제적 사례 연구와 다른 한편으로는 집중적 단일 피험자 양적 설계와 단일 피험자 실험 양적 설계의 유용성을 구별하는 것이 반드시 필요하다. 우리 관점에서는, 다수의 경쟁 가설로 인해 비통제적 사례 연구로부터 배울 수 있는 것이 훨씬 적다. 반대로 집중적 단일 피험자 설계와 단일 피험자 실험 설계에서 비교와 통제는 보다 강력한 경험적 지지를 제공하고, 따라서 연구 설계에 더 큰 유용성을 부여한다. 장점과 제한점이 특정한 질문에 관한 기존의 과학 지식 및 그 특정한 질문을 탐색하는 데 사용된 이전의 연구방법론과 관련하여 고려될 필요가 있다는 점에 주목하는 것 역시 중요하다.

단일 피험자 설계의 장점

Lundervold와 Belwood(2000)는 '상담에서 가장 잘 유지된 비밀: 단일 사례($N=1$) 실험 설계'라는 제목의 논문을 집필했다. 그들은 단일 피험자 설계가 "실무를 객관적으로 평가하고 실무 상황에서 임상적으로 타당한 연구를 수행할 과학적으로 신뢰할 만한 수단"(p. 92)을 제공한다고 결론지었다. 이 절에서 우리는 특히 (1) 치료 과정에 관한 정보와 아이디어 수집 및 가설 생성하기, (2) 치료기법 검증하기, (3) 새로운 방법론 검증하기, (4) 개인과 희소 현상 탐구하기, (5) 범례와 반례(返禮) 제공하기의 수단이라는 측면에서 단일 피험자 설계의 몇몇 강점과 이점을 논의한다.

치료 과정에 관한 정보 및 아이디어 수집과 가설 생성의 수단 비록 전통적인 집단 간 설계가 심리치료 분야에서 성과를 검토하는 데 유용했을지라도, 중요한 어려움은 집단 평균치로는 개인 변량이 모호해진다는 것이다. 치료 과정은 복잡하고 고도로 가변적이다. 내담자는 중요한 측면에서 서로 다르다. 그들은 단일하지 않다(Stiles, 2007). 오히려 내담자는 자기 자신에 대한 정보, 자신의 경험 세계, 그리고 상담을 특유적인 방식으로(idiographic) 처리하고, 그리고 때에 따라서도 다르게 처리한다. 상담자들도 마찬가지이다. 치료자들은 중요한 측면에서 서로 다를 뿐 아니라 때에 따라서도 다르다. 따라서 복잡하고 세부적인 과정의 치료라는 맥락에서, 집중적 단일 피험자 연구방법론은 특히 미시적 분석(microscopic analyses)과 과학적 지식을 확장하는 데 이상적으로 적합하다. 사실, 여러 해 전에, Bergin과 Strupp(1970)은 집중적 단일 피험자 설계가 치료 과정 내 변화의 기제를 명료화하기 위한 주요한 방략들 가운데 하나가 될 것이라고 주장했다. Stiles(2007)는 "적절한 이론은 각 사례의 변별적 자질들과 공통 자질들을 포괄해야만 한다. 만약 당신이 자신을 사례들에 걸쳐 공통적인 주제에 제한하면 당신은 가장 흥미로운 부분을 간과하는 것이 될 것이다. 개별 사례는 우리에게 새로운 무엇인지를 말해주고, 새로운 관찰들은, 그들이 이전의 이론을 확증하든 기대치 않은 새로운 정보를 더하든, 언제나 가치 있다."(p. 123)라고 언급했다. 따라서 단일 피험자 설계는 새로운 이론을 세우는 데 기여하고 상담자들이 공통적으로 직면하는 고유하고 때로는 희소한 어려움을 잡아내는 데 이상적으로 적합하다.

집중적 단일 피험자 설계와 단일 피험자 실험 설계 모두 치료 과정의 단면들을 심도 있게 면밀한 검토를 할 수 있는 특별한 기회를 제공한다. 어떤 면에서는, 단일 피험자 설계는 상담의 진행과 변화에 수반된 기제에 대한 보다 더 완결된 기술이 가능하게 한다. 앞서 언급한 연구들은 변화 과정에 수반된 변인들에 대한 미시적 분석에 대한 훌륭한 예를 제공해주었다. 이 연구들은 상담과 사례 지도에 대한 과학적 지식 기반에 기여하는 중요하고 심도 있는 정보를 제공한다. 보다 구체적으로, Hill 등(1983)은 집중적 단일 피험자 설계가 (1) 상담자와 내담자 간에 실제 이루어진 일에 대해 보다 적절한 기술을 허용하고, (2) 과정 자료와 긍정적 혹은 부정적 성과에 대한 보다 긴밀한 통합을 촉진하고, (3) 치료 관계에서 변화 과정에 대한 면밀한 검토를 허용하며, (4) 성과 측정이 개별 내담자의 문제에 맞게 조율될 수 있도록 해준다고 기술했다.

치료기법 검증의 수단 단일 피험자 설계는 특정한 치료기법의 효과를 검증할 유용한 수단을 제공한다. 기법에 대한 검증은 여러 개의 층위에서 이루어질 수 있다. (1) 새로운 기법 발견, (2) 상대적으로 새로운 기법에 대한 의식적인 검토, (3) 확립된 기법을 새로운 모집단 혹은 치료 상황에 적용, (4) 정립된 기법에 대한 심도 있는 검토. 가끔 치료자는 개인 내담자들과의 시행착오 과정을 통해 새로운 기법을 발견한다. Anna O.에 대한 Breuer의 치료 작업은 '대화 치료' 혹은 정화감을 가져왔다. 본질적으로, Breuer는 시행착오를 거쳐서, Anna의 일부 증상이 단지 그 증상에 대해 이야기함으로써 완화되거나 사라진다는 것을 발견했다(Breuer & Freud, 1955). George Kelley는 어느 정도는 Freud적인 해석에 싫증을 느끼고 '통찰'과 '비상식적인 해석'을 허위로 구성하기 시작했고, 내담자가 이러한 "세계에 대한 대안적 구성"(Monte, 1980, p. 434)을 믿는다면 종종 그들의 삶이 중요한 측면에서 변화할 수 있다는 것을 발견했다. 마찬가지로, Rogers는 내담자가 문제가 많은 결혼생활에 대한 논의를 시작함으로써 치료를 다시 시작하고 치료 방향을 바꾸었던 암담한 치료 실패 이후에, 전통적인 지시적이고 진단에 중점을 둔 치료 양식을 버렸다. Rogers는 "무엇이 아픔인지, 어느 방향으로 가야 할지, 어떤 문제가 중요한지, 그리고 어떤 경험이 깊이 감추어져 있었는지 아는 것은 바로 내담자이다"(Rogers, 1961, pp. 11–12)라는 것을 발견했다. 요약하면, 치료자는 종종 개인 내담자들에 대한 그들의 치료 작업을 통해서 우연히 새로운 기법을 마주치거나 창안한다. 비격식적 사례 연구 및 보다 격식을 갖춘 단일 피험자 설계에서 새로운 기법에 대한 의식적이고 일관성 있는 검토는 상담 과정에 대한 유용한 정보를 양산할 수 있다. 따라서 치료자에 의한 새로운 관찰은, 그 기법의 효과성과 일반화 가능성을 더 확증하기 위하여, 비격식적 혹은 격식적으로 추가적인 내담자들에 대해 검증될 수 있다. 단일 피험자 설계 역시 확립된 기법이 새로운 문제 혹은 새로운 모집단에 적용될지를 검증하는 데 효과적으로 사용될 수 있다. Kazdin(2003)은 문헌에서 어떤 한 기법이 새로운 문제에 확장 적용되는 것은 정말 매우 흔한 일이라고 언급했다.

마지막으로, 단일 피험자 설계는 또한 어떤 기법의 효과성을 심도 있게 검토하기에 적합하다. 예를 들어, 게슈탈트 빈 의자 기법, 상담자 접촉, 혹은 상담자의 자기개방과 같은 어떤 기법을 반복적으로 사용하는 데 대해 내담자가 어떻게 이해하는지 혹은 어떻게 반응하는지에 대해 많은 양의 정보가 수집될 수 있다. 이와 같이 심도 있는 정보가 시간에 걸쳐 특정한 기법의 사용에 대해 수집될 수 있다.

새로운 방법론 검증의 수단 단일 피험자 설계는 특히 새로운 연구방법론을 검증하는 데 적합하다. 이 설계는 연구자로 하여금 새로운 방법론 혹은 절차의 측면에서 '실험을 하도록' 허용한다. 연구자는 새로운 방법론이 새롭거나 혹은 보다 유용한 정보를 제공하는지 혹은 상담의 어떤 측면이 어떤 방식으로든 더 잘 이해되는지를 결정할 수 있다.

Jack Martin에 의한 여러 연구들은 단일 피험자 설계를 사용하여 각각 다른 방법론적 접근을 검증한 훌륭한 예를 제공한다. Martin은 인지적 매개 패러다임(cognitive mediational paradigm)(Martin, 1984)을 통해 상담을 개념화했다. 인지적 매개 패러다임에서 그는 내담자의 인지과정을 조사할 필요성을 주장했다. Martin은 내담자의 인지구조에 포함된 정보와 그 정보의 조직이 상담 성과를 연구하는 연구자에게 상당한 관심을 불러일으킬 만할 것이라고 시사했다. 정보처리 관점을 사용하여, Martin은 내담자의 인지 구조를 평가하는 방법론을 검증했다(Martin, 1985). 가명으로 Carla라고 불리는 내담자와의 각 회기를 마칠 때마다, Martin은 그녀에게 긴장을 풀고 다음과 같은 단어들에 연상되는 처음으로 떠오른 단어들[문제, Bill(내담자 남편의 가명), Carla]을 말하도록 요청하곤 했다. 내담자가 특정한 단어 연상을 말하면 Martin은 각각의 단어를 작은 사각 종이에 적었다. Carla가 그 3개의 기억 탐색에 답한 후에 그녀는 그 단어들 간의 관계를 상징적으로 나타내기 위하여 거리를 조정하고 선을 그어서 합판 보드판에 그 어휘들을 배열하도록 요청받았다. Martin은 이 절차가 "믿기 어려울 만한 양의 자료"(p. 558)을 생성한다는 것을 발견했다. 사전에서 사후 상담 다이어그램은 Carla가 구타(문제 제시)와 이 특정한 문제에 관한 그녀의 선택지(예: 여성 센터의 프로그램을 이용하기)에 대한 중요한 지식을 얻게 되었다는 것을 드러냈다. Carla의 결과는 또한 그녀의 정서적 과정에서의 중요한 변화, 즉 죄의식 혹은 수치심 같은 수동적, 반동적 감정들에서 희망 혹은 분노와 같은 보다 적극적인 감정으로의 변화를 반영했다.

따라서 Martin(1985)은 내담자의 인지 구조를 평가하는 이 특정한 방법이 상담에서 변화 과정의 풍성함과 주관적 성격의 일부를 훌륭하게 포착하는 매우 유용한 자료를 제공한다고 결론지었다. 이와 같이, 이 특정한 단일 피험자 연구는 새로운 방법론적 절차에 대해 중요한 정보를 제공했다. 이 새로운 방법으로부터 얻어진 자료의 개별적 성격을 고려할 때, 집단 자료는 처음에 매우 압도적이고 내담자들 간에 '평균내기'에 적합하지 않을 것이다. 중요한 점은 Martin의 초기 연구의 결과가 이 새로운 방법론에 대한 부가적으로 검토하는 데 경험적인 지지를 제공했다는 것이다.

개인과 희소 현상 탐구의 수단 다수의 응용 연구자들과 실무자들이 언급한 주된 어려움은 피험자가 집단으로 고찰되고 그들의 자료가 단순히 '평균화'될 때, 개인의 차이와 결과를 모호하게 만든다는 것이다. 사실, '평균적' 혹은 '전형적' 내담자에 관해 생각하려고 하는 것은 대체로 개입을 개발할 때 그다지 유용하지 않다. 내담자들은 거의 동질하지 않거나 '단일하지' 않다. 반대로, 단일 피험자 설계는 설계가 지닌 집중적이고 종종 미시적 분석으로 인해, 개인 내담자들의 개별성을 기술하는 데 특히 적합하다. 따라서 단일 피험자 설계는 단일 개인 안에서의 변화를 고찰하는 데 유용한 도구로 간주될 수 있다. 단일 피험자 설계는, 특히 어떤 사례가 가용한 이론으로 설명되지 않을 때, 특정한 변화 기제를 분리하고, 변화가 어떻게 발생하는지에 대한 우리의 이해를 발전시키는 주요한 방법론으로써 사용될 수 있다(Stiles, 2007). 사례 연구 접근법도 일부 정보를 제공해줄 수는 있지만, 이 방법은 흔히 실험적 통제가 결여되고 그 결과 잠정적인 결론조차 확증할 수 없다.

또한 단일 피험자 설계는 개인을 연구하는 데 있어서 보다 질적인 접근에 적합하다 (Elliott, 2002; Elliott, Fischer & Rennie, 1999 참고). 이런 방식으로, 단일 피험자 설계는 개인들의 '사고 체계'(Edginton, 1987) 혹은 고등 정신 과정(Wundt, 1916)에 대한 자료를 수집하는 데 사용될 수 있다. 적절하게도 Polkinghorne는 사람의 행동과 의사결정은 치료 및 상담 과정의 중심에 있는 것으로 이들은 "수단-목적 합리성(means-end rationality)" 혹은 정보 처리 방식과 연관되어 있다고 시사했다. Heppner와 Krauskopf(1987)는 상담 장면에서 내담자 문제해결을 기술하기 위해 정보처리 모형을 사용하여 유사한 사고 과정을 기술했다. 단일 피험자 설계는 (1) 내담자가 어떻게 정보를 처리하는지, (2) (논리적 혹은 비논리적으로) 어떤 목표나 목적에 이르는 데 수반된 사고 단계 혹은 사고 수단, (3) 개인의 계획과 의도(Heppner & Krauskopf, 1987; Howard, 1985), (4) 그러한 계획이 정보 처리 및 후행 행동에 어떻게 영향을 미치는지에 대한 정보를 수집하는 데 특히 적합할 수 있다. 적어도 초기에 이러한 정보처리의 복잡성은 단일 피험자 설계를 통해 보다 실질적으로 조사될 수 있다. 요약하면, 단일 피험자 설계는 복잡한 현상을 탐구하는 데, 특히 상담자가 고등 정신 과정을 탐구하는 데 보다 질적인 접근법 중의 일부를 사용할 때 유용하다.

단일 피험자 설계는 특히 다중인격장애와 같은 희소한 현상을 연구하는 데 특히 유용하다. 희소한 현상에 더하여, 단일 피험자 설계는 남성 식욕부진 환자와 고유한 상황적 스트레스에 처한 대학생들(예: 9 · 11 이후 중동 학생들)과 같이 상대적으로 낮은 빈도로 발생하는 현상을 탐구하는 데 사용될 수 있다. 비록 전형적인 대학 상담 센터에는 대개 다양한 내담자들이 있지만, 드문 빈도의 현상을 집단 비교 형식으로 연구하는 것은 종종 어려운 일이다. 내담자들을 집단으로 무선 할당할 수 있도록, 이들 드물게 발생하는 내담자들이 충분히 많은 숫자로 상담을 요청할 때까지 처치를 중단하는 것은 대개 현실적이거나 혹은 윤리적이지 않다.

범례와 반례 제공의 수단 단일 피험자 설계는 특히 결과가 기존의 믿음이나 이론에 배치될 때(사례의 범례는 반례가 된다), 이들 결과를 강조하기 위한 범례를 제공하는 데 사용될 수 있다. 집중적 단일 피험자 설계와 단일 피험자 실험 설계가 일반적으로 보다 강력한 실험 통제를 제공한다는 점에서, 분명히 이들 결과는 그러한 강조가 더욱 적합하다.

보다 구체적으로, 단일 피험자 설계로부터 얻어진 연구 결과는 특정한 관점, 논점, 혹은 이론을 지지해줄 자료를 제공하는 데 사용될 수 있다. 예를 들어, Strupp(1980a, 1980b, 1980c)은 각각 단기 정신역동치료에서 성공적 사례와 성공적이지 못한 사례를 가진 치료자들을 비교하는 일련의 단일 피험자 연구를 수행했다. 매우 다양한 과정과 성과 측정치가 치료 효과성과 관련하여 사건들(events)을 검토하는 데 사용되었다. 부정적 결과는 내담자의 기질적 문제(신경증적 문제와 비교할 때) 혹은 상담의 역전이 문제와 관련이 있었다. 긍정적인 결과는 내담자가 치료적 관계를 활용하고 치료자의 체계 내에서 노력하는 능력과 연관되었다. Strupp은 이러한 결과를 바탕으로, 치료 결과를 평가하는 데 있어서 환자 변인이 치료자의 태도와 기술적 능력을 무색하게 하는 정도로 강력한 사건이라고 제안했다. 이러한 연구들은 그들의 처치 매뉴얼에서 찾아볼 수 있는 공통된 정신역동적 원리의 기초가 되었다.

요약하면, 잘 설계되고 주의 깊게 통제된 단일 피험자 설계에는 많은 이점이 있다. 본질적으로 단일 피험자 설계는 다른 설계들이 심도 있게 탐색하기에 적합하지 않은 중요한 현상을 연구할 수 있다.

단일 피험자 설계의 제한점

비록 전통적인 비통제 사례 연구에는 다수의 제한점이 있지만, 이들 중 많은 것들이 이 장에서 논의한 두 유형의 단일 피험자 양적 설계에서 수정되었다. 그러나 일부 제한점, 특히 연구 결과의 일반화 가능성과 관련한 제한점들이 여전히 남아있다.

전통적으로 인지되고 실행된 대로, 개인 사례 연구는 거의 완벽하게 실험통제가 결여되어있다. 역사, 성숙도, 검정, 선택, 사망(mortality)과 같은 Shadish, Cook과 Campbell (2002)의 내적 타당도에 대한 위협 중 많은 요인들이 실재한다. 또한, 많은 경우, '자료'는 비체계적이고 더욱이 회고적인 방식으로 수집된다. 일정한 기간 동안 특정한 내담자와 함께 작업한 후에, 치료자는 회상하며(때로 몇 달 후에) 사례에 대한 그의 '관찰'을 수집한다. 그러한 회고적 분석은 다양한 출처의 편향과 왜곡(예: 기억 손실, 기억 왜곡, 주관적 인상, 혹은 선택적 주의집중)을 수반하고 인과관계에 관하여 어떤 시간적 연속을 희미하게 만들 개연성이 높다. 또한 때로 그러한 '자료'는 상담자에 의해 수집된 언어적 내담자 자기보고로 구성된다. 내담자가 질문지에 응답함으로써 상담자에게 호의를 베풀고 있다고 믿는다면, 그런 방식으로 수집된 자료는, 필시 그런 상황에 내재된 요구특성(demand characteristics)으로 인해, 당연히 오염되거나 편향될 것이다. 마찬가지로, 신뢰도 혹은 타당도를 알 수 없는 도구를 사용하여 내담자에 대한 자료가 수집될 수 있고, 따라서 자료의 적합성에 의문이 제기된다. 간략히 말해, 비통제적 변인이라는 다수의 편향 가운데 어느 것이라도 조사 대상인 변인들 간의 관련성을 모호하게 만들고 따라서 결과에 대한 해석을 모호하게 만들 수 있다. 비록 어떤 점에서는 x 변인이 y 변인에 영향을 미친 것이 사실일지도 모르지만, 이와 마찬가지로 많은 다른 변인들이 y 변인에 나타난 그 효과를 창출했을지도 모른다. 비통제 사례 연구의 결말은 y 변인에 대해 관찰된 효과에 대해서 여러 가지 그럴듯한 설명이 가능하고 따라서 연구의 과학적 가치를 제한한다는 것이다. 비통제 사례 연구는 취약한 출처를 가진 자료이고 기껏해야 시사점을 던지는 정도이다.

대조적으로, 집중적 단일 피험자 설계와 단일 피험자 실험 설계는 대개 보다 체계적인 관찰과 실험 통제를 수반한다. 따라서 이들은 전통적인 사례 연구보다는 적은 제한점을 가지고 있지만 몇몇 제한점은 여전히 남아있다. 단일 피험자 설계를 사용하는 데 있어서 주된 문제는 연구 결과가 다른 개인들 혹은 다른 상황에 대해 일반화가 가능한지이다. 비록 변인들 간의 특정한 연관성을 분리한다고 해도, 그 결과가 유사한 관심사 혹은 진단명을 가진 다른 내담자들에게 적용 가능하거나(내담자 일반화 가능성) 혹은 특정한 기법이 다른 상황에서도 효과가 있는지(상황 일반화 가능성)는 명백하지 않다(Barlow & Hersen, 1984 참고). 또한 단일 피험자 설계로부터 도출된 연구 결과를 범례나 반례로 사용하는 데는 마땅히 주의가 필요하다. 앞서 언급한 대로, 초기 연구에서는 상대적으로 비통제 사례 연구들이 범례로 과도하게 사용되었을 뿐만 아니라 성격이론의 형성에 주요 데이터베이스로 사용되었다. 비록 단일 피험자 설계로부터 도출된 연구 결과의 일반화 가능성에 대해서 언제나 의문을 제기할 필요가 있지만, 그 결과가 특정한 관점을 강조하거나 이전에 믿어온 신념에 대해 의문을 던질 수 있고 이는 최소한 기존의 규칙에 예외가 있다거나 그 규칙이 어쩌면 타당하지 않다는 것을 시사한다. 그러나 범례가 특정한 현상에 관하여 유일하거나 심지어 주요한 데이터베이스가 되어서는 안 된다. 집중적 단일 피험자 설계의 또 하나의 단점은 실험자가 그들이 찾고자 기대하는 것을 찾고 기대에 배치되는 정보는 간과할 수 있다는 것이다(Stiles, 2007).

요약 및 결론

모든 상담 연구 방법의 공통적인 목적은 인간 행동에 대한 이해를 촉진하는 것이다. 각각 다른 방법론들은 인간 행동에 대한 각각 다른 유형의 자료와 정보를 제공한다. 단일 피험자 설계는 한 개인, 2인 조합, 혹은 집단에 대한 연구를 허용한다. 일반적으로, 특정한 내담자를 상담하는 실무자는 집단 평균치보다는 한 개인의 행동에 더 관심이 있다. 만약 특정한 개입이, 말하자면, 네 명 가운데 세 명에게 효과적이라고 하는 정상규준 자료(normative data)에 의지하는 것, 그래서 단순히 확률에 의지하는 것은 충분하지 않다. 단일 피험자 설계, 특히 집중적이고, 체계적이고 혹은 시계열적 성격을 띠는 단일 피험자 설계는 내담자 반응과 상담자 개입의 개별성에 대한 정보를 제공할 수 있다. 그러나 연구자들은 다양한 출처의 편향과 가외변인에 특히 예민해야 하고 한 개인에서 얻어진 결과를 다른 개인들 혹은 집단들에 적용하는 데 대해 신중해야 한다.

이 장에서, 우리는 단일 피험자 설계의 세 가지 주요 유형, 비통제 사례 연구, 집중적 단일 피험자 양적 설계, 단일 피험자 실험 설계에 대해 논의했다. 사례 연구는 단순히 한 개인, 2인 조합, 혹은 집단에 대한 관측이 비체계적이고 비통제적 조건하에서 이루어지는 연구를 일컫는다. 집중적 단일 피험자 양적 설계는 대체로 보다 많은 실험 통제를 수반하고 변인들 간의 관련성을 확인하고 비교하도록 설계된 실험 조건하에서 한 개인, 2인 조합, 혹은 집단에 대한 체계적이고, 반복적이고 다중적인 관찰을 포함한다. 따라서 집중적 단일 피험자 양적 설계에서의 비교와 통제는 사례 연구보다 보다 강력한 경험적 지지를 제공하고 따라서 보다 많은 유용성을 제공한다.

또한 단일 피험자 실험 설계는 흔히 1명 혹은 소수의 피험자에 대하여 두 개 혹은 그 이상의 변인들 간의 관련성을 탐색하고 상당한 수준의 실험 통제를 수반한다. 이들 설계는 구체적인 처치 목적, 종속변인에 대한 여러 번의 반복 측정, 그리고 각각 다른 단계 혹은 시간 구간(각 시간 구간이 기저선 단계 혹은 개입 단계라는 서로 다른 실험통제를 나타내는)의 포함을 특징으로 한다. 한 단계에서 다른 단계로 바꾸는 기본적인 목적은, 아마도 독립변인 혹은 개입의 시작으로 인해 야기되는 변화를 입증하는 것이다.

단일 피험자 실험 설계의 두 개 주요 유형은 AB 시계열 설계(AB, ABAB, 무선 AB)와 중다 기저선 설계이다. 우리는 시계열 설계가 행동주의적 연구자들에게 적합할 뿐만 아니라 다른 이론적 지향 안에서도 유용하게 적용될 수 있다고 주장한다.

우리는 집약적 단일 피험자 양적 설계와 단일 피험자 실험 설계 모두 상담과 상담 과정에 대한 이해를 증진하는 데 강력한 방법론이 될 수 있다고 굳게 믿는다. 이들 설계는 (1) 정보와 아이디어를 수집하고 치료 과정에 대한 가설을 생성하기, (2) 치료기법을 검증하기, (3) 새로운 방법론을 검증하기, (4) 개인과 희소한 현상을 탐구하기, (5) 범례와 반례를 제공하기라는 목적에 사용될 수 있다. 그러나 내적 및 외적 타당도에 대한 위협이 주는 제한점은 명백하게 검토되고 고려되어야만 한다. Bergin과 Strupp(1970)은 처음에 단일 피험자 설계가 상담 과정을 명료화하는 데 사용되는 주요 방략 가운데 하나가 될 것이라고 예측했다. 이 예측은 여전히 검증이 필요하다. 그럼에도 불구하고, 우리는 이 방법론의 가능성을 굳게 믿기 때문에, 첫째, 우리는 보다 엄격한 단일 피험자 설계를 보다 빈번하게 상담 연구에서 사용할 것을 권장한다. 이들 설계는 내용 및 과정적 성격에 대한 보다 전체적인 자료를 제공하는 데 특히 풍부할 수 있다.

이 장에서 인용된 많은 예들은 의도적으로 집단치료에서 가져왔다. 집단치료 연구에서 주된 장애물 가운데 하나는 표본 크기이다. 많은 경우, 집단치료 연구에서, 관심변인은 응집력과 같은 집단수준변인(group-level variable)이다. 그러나 종종 연구자들은 개별 피험자가 집단에 끌리는 정도와 같은 개인 점수를 사용하고, 그 결과 비교 집단 설계에서 집단의 크기를 증가시킬 수 있다. 연구자들은 보다 많은 단일 피험자 실험 시계열 설계를 더욱 많이 사용함으로써 이러한 표본 크기 문제를 피해갈 수 있다. 따라서 두 번째로 우리는 집단(그리고 가족) 연구에서, 단일 피험자 실험 설계를 보다 많이 사용할 것을 권장한다. 이는 또한 집단 연구에 있어서의 두 번째 문제, 즉 대부분의 집단상담 연구가 매우 단기간의 모의 집단(analogue group)을 사용하는 문제를 다루는 데 도움이 될 수 있다. 시계열 설계는 연구자로 하여금 집단을 독립체로 연구하고, 엄두도 내지 못할 만큼 많은 수의 피험자를 줄 세울 필요 없이, 실제 내담자 집단을 사용하도록 허용한다.

셋째, 우리는 AB 시계열 연구에서 무선 설계를 보다 많이 사용할 것을 권장한다. 무선 설계는 추가적인 복잡성과 유연성을 제공하고, 연구자로 하여금 처치들 간의 이월 효과의 존재에 대해 연구할 수 있도록 한다. 또한, 무선 설계는 강력한 모수적 통계 분석을 사용할 수 있도록 해준다. 편집자들은 종종 통계 비교를 사용하지 않은 연구를 출간하는 것을 주저하고, 독자들은 AB 시계열 설계에 대하여 연구들을 비교하는 방식으로서 이들 통계적 비교를 신뢰한다. 모수적 통계 검증은 오로지 A 단계와 B 단계가 무선적으로 할당될 때 적절하게 사용될 수 있다.

단일 피험자 방법론의 사용에 대해 논의하는 데

있어서 마지막 방법론적 고려 사항은 특정한 연구 질문에 대해 현재 가용한 자료 혹은 지식의 유형이다. 예를 들어, Desmet 등(2013)은 1995년과 2011년 사이에 얼마나 많은 정신분석적 단일 피험자 연구가 출간되었는지를 조사했다. 치료 기간(예: 일 년 이상이 될 수 있다) 및 해당 학문 공동체에서 단일 사례 설계에 부여해온 중요성을 고려할 때, 이 분야에서 단일 사례 연구는 흔하고 중요하다. Desmet과 동료들이 찾아낸 445개의 논문들 가운데 다수(88%)가 어떠한 체계적 질적 혹은 양적 방법을 사용하지 않았다. 그러나 최근에 그렇게 해야 한다는 보다 큰 압력이 있었다. 보다 체계적인 방법을 사용하려는 움직임이 아마도 덜 알려진, 단순 관찰로부터 정신분석적 상담에 수반된 과정에 대한 보다 더 복잡한 이해로의 자연스러운 이동으로 나타난다. 요점은 단순히 단일 피험자 설계의 장점과 제한점을 이해하는 것으로 충분하지 않다는 것이다. 연구자들은 적용 가능한 기존의 과학 지식과 과거 연구에서 사용된 설계 유형과 관련하여 이들 이점과 제한점을 평가해야만 한다.

촉진 질문

단일 피험자 설계

이 활동은 단일 피험자 설계에 대한 성찰을 촉진하고자 설계되었다. 이 장을 읽은 후에, 다음과 같은 질문에 어떻게 답할지 생각해보라.

1. 몇몇 학생들이 우리에게 자신이 속한 교육기관이 석사논문이나 박사논문에 대해 단일 피험자 설계를 '허락하지 않는다.'고 말했다. 왜 이런 경우가 발생한다고 생각하는가? 만약 당신이 자신의 석사논문이나 박사논문을 위해 집중적 단일 피험자 설계를 사용하고자 하는 사람이라면, 단일 피험자 설계의 타당도에 대해 당신이 속한 교육기관을 설득하기 위해 어떠한 논거를 사용하겠는가?
2. 상담 역사에는, 수많은 비통제 사례 연구들이 있었다. 이제 우리 분야의 주요 학술지에서 이들 설계를 사용한 예를 찾기는 보다 어려워졌다. 어떤 요인들이 비통제 사례 연구에 대한 생각의 변화와 사용 감소를 가져왔다고 생각하는가?
3. 당신 자신의 학문 작업과 실무에서 당신이 열정을 느끼는 주제에 대해 생각하라. 일종의 단일 피험자 양적 설계에 적합할 만한 세 가지 연구 질문을 정하라. 집중적 단일 피험자 설계를 사용해서, 이 주제에 관해 어떻게 연구를 설계하겠는가?
4. 단일 피험자 설계에 관한 우려들 가운데 하나는 일반화 가능성에 관한 문제이다. 설계의 외적 타당도와 일반화 가능성을 어떻게 증가시킬 수 있겠는가?
5. 단일 피험자 설계의 유용성에 대한 어떻게 생각하는지 교수진과 동료들과 이야기해보라. 그들은 어떤 장점과 단점을 먼저 떠올리는가?

16 CHAPTER

질적 연구: 심층적 탐구로부터의 복잡성과 풍부함

_ Yu-Wei Wang 공저

이전 장들에서 논의되었던 연구 설계의 중심 개념은 심리학적 구성개념은 개인 수준에서 측정 가능하며 많은 사람들의 측정치들을 평균함으로써 어떤 이해가 얻어질 수 있다는 것이다. 참여자들은 연구자가 다른 사람들에게도 적용 가능한 이해를 얻기 위해 사용하는 숫자들을 생성하는 질문들에 답변을 한다. 참여자들은 다양한 처치나 조작의 대상이 되고, 설문지와 측정도구들을 완성하며 연구자와 상호작용한다. 그러나 이 모든 행위들은 측정하는 구성개념들 간의 관계를 조사하기 위한 것이다. 우리가 양적 측정으로부터 상담에 대한 많은 것을 배울 수 있음에도, 상담자들이 잘 알고 있듯이 사람들이 자신의 행위와 경험에 부여하는 개인적 의미를 이해하는 것이야말로 상담에서 핵심적으로 중요하다.

질적 연구는 맥락 속에서 개인적 관점을 조사함으로써 사람들의 삶의 복잡성을 이해하고자 한다. 양적 방법과 반대로, 질적 연구 방법은 앎과 이해에 접근하는 방식이 근본적으로 다르다. 이 방법은 관심 현상을 이해하는 데 있어 맥락의 중요성을 강조한다. 특히, 질적 연구법은 사람들이 자신의 사회적 경험과 실제의 삶에 의미를 창조하고 부여하는 과정에 강조점을 둔다.

이 장은 질적 연구법과 설계에 대한 논의를 제공할 것이다. 첫째, 질적 연구의 정의와 질적 연구에 대한 미신과 사실을 제시할 것이다. 다음으로, 우리는 상담과 상담심리학 연구에서 질적 연구의 유용성을 보여주는 사례를 다룰 것이다. 이어 Denzin과 Lincoln(2011)이 제안한 5단계 질적 조사를 기술할 것이다. 각 단계를 기술할 때 연구 과정의 핵심 요소들을 살펴볼 것이다.

질적 연구란 무엇인가

질적 연구는 여러 학문들과 철학적 전통들에 영향을 받은 탐구 방법이다. 질적 연구는 사회학과 인류학에 기원을 갖는 복잡하고 오래된 역사를 갖고 있으며, 그것의 정확한 정의는 전통과 학문 체계에 따라 다양하다(Denzin & Lincoln, 2011 참고). 그러나 특정 전통이나 학문과 무관하게, 대다수의 질적 연구자들은 질적 연구법이 관심 현상의 이해를 돕는 데 있어 맥락의 중요성을 강조하고 있다는 점에 동의한다. Denzin과 Lincoln(2011)은 질적 연구를 다음과 같이 정의한다.

> 질적 연구는 관찰자를 세계 내에 위치시키는 상황적 활동(a situated activity)이다. 질적 연구는 세계를 보여주는 자료에 토대를 둔 해석적 작업들로 구성된다. 이러한 작업들은 세계를 변형시킨다. 이러한 작업들은 세계를 일련의 표상들로 변환시키며, 여기에는 현장 노트, 인터뷰, 대화, 사진, 기록물 그리고 자신의 상태에 대한 메모 등이 포함된다. 이 수준에서, 질적 연구는 세계에 대한 해석학적, 자연주의적 접근을 취한다. 이는 질적 연구자들은 사람들이 의미를 부여하는 현상을 해석하고 이해하기 위해, 자연스러운 상태에서 현상들을 연구한다는 것을 의미한다. (p. 3)

다른 말로 하면, 질적 연구자들은 특정 사례의 세세한 내용을 이해하고 연구에서 발견한 것들을 끊임없이 변화하는 세계와 연결하고자 노력한다. 해석학적-구성주의적 전통에 의한 영향으로, 질적 연구자들은 객관적 실재는 결코 완전하게 이해되거나 발견될 수 없으며, 실재를 바라보는 많은 가능한 방식이 있다고 믿는다.

질적 연구자들은 인터뷰나 관찰과 같은 다중 방략을 사용하여 사람들의 관점을 이해하려고 한다. 문화내부적(emic)이고(참여자들의 관점들로부터 나타나는 범주들) 개인 고유의(매우 소규모 집단의 참여자들에 대한 지식) 관점들이 활용된다. 이러한 관점은 보통 양적 연구와 관련 있는 문화일반적(etic)이고(연구자는 특정한 범주나 기대를 주장한다) 법칙정립적인(보다 큰 집단의 사람들로부터 얻어지는 일반화) 관점과는 다르다. 달리 말해, 질적 연구자들은 관찰 현상을 수량화하거나 실험적 방법을 사용하거나 가설의 진위를 통계적으로 검증하는 방법에 의해 보편적 원리를 발견하거나 기술하려고 하지 않는다. 대신, 질적 연구자들은 의도된 가설이 아니라 연구 질문들을 가지고 연구를 시작하며 관심 현상을 더 잘 이해하기 위해 연구 도구들을 활용한다(Nelson, Treichler, & Grossberg, 1992). 그들은 분석을 통해 현상에 대한 풍부한 기술을 하려고 하며 글쓰기와 해석을 통해 개인의 생생한 경험을 보여주는 데 가치를 둔다.

양적 연구와 유사하게, 질적 연구자들이 참여자들에게 묻는 질문들과 어떤 현상을 관찰하기 위해 활용하는 방법들은 연구자의 지식, 언어, 가치 그리고 세계관의 렌즈를 통해 '여과'된다. Denzin과 Lincoln(1998)은 질적 연구를 연구자의 "개인적 역사, 일대기, 성별, 사회적 지위, 인종과 민족성 그리고 놓여있는 상황들"(p. 4)에 의해 조형된 '해석 과정'으로 기술했다. 질적 연구자들은 현장 노트, 반성적 글쓰기, 그리고 독자들에게 자신의 '여과기들'을 알리는 작업을 통해 연구에 관한 자신의 가정들을 인식한다('괄호치기'). 질적 연구자들이 가장 초점을 두는 것은 참여자들의 생생한 경험이며, 이러한 발견 과정의 도구는 바로 연구자 자신이다. 연구자들은 이러한 과정에서 연구 현상에 대한 자신의 기대와 예측을 중지해야 한다(Rennie, 2000).

질적 접근의 발견적 지향은 연구자들이 관심 현상이 놓여있는 맥락에 관심을 갖게 하고 발견한 것들이 다양한 문화 속에 살아가는 사람들의 일상에 더 적용 가능한 것으로 되도록 도와준다. 연구자들은 질적 조사를 통해 상담 상황에서 특정한 상호작용과 그것에 대한 상담자와 내담자의 의미를 연구할 수 있다.

질적 연구에 대한 미신과 사실

질적 연구의 정의와 특성에 대한 불충분한 이해로 인해, 이 방법에 대한 몇 가지 흔한 미신들이 있다. 질적 연구는 양적 연구에 비해 덜 엄격하고 덜 과학적이라는 입증되지 않은 이야기들이 훈련 프로그램들 속에서 회자되고 있다. 이러한 관점은 질적 방법에 관한 미신들에 영향을 미치고 있으며 학생이나 소장 교수들이 질적 연구를 회피하는 내현적 혹은 외현적인 메시지를 전달하고 있다.

첫 번째 흔한 미신은 '질적 자료'를 '질적 연구'와 같은 것으로 생각하는 경향이다. 다른 말로 하면, 질적 연구는 개방형 질문들로만 구성되며 이에 대한 참여자의 대답을 분석하는 것이라는 잘못된 생각이다. 두 번째는, 질적 조사에서 단지 하나의 방법만이 존재하며 모든 질적 연구는 동일한 방법을 사용한다는 생각들이다. 이 장 전체에 걸쳐 논의하겠지만, 20개가 넘는 다양한 질적 조사 방법이 있으며, 질적 연구 과정은(자료 수집 방식을 포함하여) 접근 방법에 따라 다르다. 실제로, 이러한 접근법들 각각의 세세한 내용을 이해하는 것의 복잡성이 사람들이 단지 하나의 방법만이 존재한다고 추정하는 경향에(혹은 아마도, 기대하는) 영향을 미칠 수 있다. 진실로, 하나의 방법은 연구 과정을 매우 단순화시킬 것이다.

세 번째로, 질적 연구는 양적 연구를 수행하기에 충분한 정보를 갖고 있지 않는 영역에 대해서만 사용되어야 한다는 잘못된 신념이다. 이러한 관점은 질적 연구가 6장에서 개략한 현상에 대한 폭넓은 이해를 더하기 위해 사용될 수 있다는 점을 간과한 것이다. 예를 들어, Morrow(2007)는 이론이 아직 존재하지 않을 때 현상을 설명하고, 이론의 개발과 확장에 공헌하며, 개입 공식화에 정보를 주는 지식을 확장하고, 쉽게 확인되지 않거나 아직까지 확인되지 않은 변인들을 탐색하는 데 있어 질적 방법의 가치를 보여준 바 있다.

마지막으로, 학생으로서 당신은 통계를 불편하게 느끼거나 양적 연구보다 질적 연구가 더 쉬울 것이라고 믿기 때문에 질적 접근을 선택하려고 할 수 있다. 실제로, 우리는 학생들이 질적 연구를 '좋은 기사 쓰기' 정도로 말하는 것을 들어왔다. 이러한 관점은 질적 연구가 실제로는 많은 시간과 철저한 노력 그리고 내적 성찰이 필요하다는 사실을 무시하고 있다.

실제로, 질적 연구는 연구자들이 다른 사람들의 이야기를 경청하고 참여자들과 함께 그 이야기를 재진술하고 재구성하는 작업을 필요로 한다. 질적 연구는 믿을 수 없을 만큼 복잡하고 시간과 노동이 들어가는 작업이다. Creswell(1998)은 질적 연구자들에 대한 자신의 기대를 이야기하면서, 질적 연구자들이 감수해야 할 일들을 다음과 같이 언급했다.

1. 현장에서 많은 시간을 보내라.
2. 복잡하고 많은 시간이 필요한 자료 분석 과정에 참여하라. 엄청난 양의 자료를 분류하고 이것을 적은 수의 주제나 범주로 요약하는 야심찬 작업이다.
3. 긴 문장을 써라. 왜냐하면 증거는 주장을 입증해야 하고 연구자는 다양한 관점을 보여줄 필요가 있기 때문이다.
4. 확실한 안내나 특정한 절차를 갖고 있지 않으며, 끊임없이 진화하고 변화하는 사회 및 인간 과학에 참여하라. (pp. 16 – 17)

다른 말로 하면, 비록 어떤 질적 연구 절차는 양적 연구 절차와 같이 분명하게 정해져있지 않지만, 연구자들은 자신의 작업 속에서 매우 특별한 앎을 얻고 이를 엄격하게 기술할 수 있어야 한다. 엄격한 연구를 수행하기에는 질적 방법이나 기술에 대한 제한적인 지식을 가지고 질적 연구를 수행하는 것은 이러한 방법에 가치를 두고 있는 우리와 같은 사람들에게는 깊은 우려를 자아내는 문제이다. 이것은, 부분적으로는, 많은 연구자들이 질적 자료의 수집과 자료의 임의적인 분석을 충분한 것으로 가정하기 때문이다. 이러한 가정은 잘못된 것이다!

질적 연구에 관심 있는 학생들은 연구 방법을 결정하기 전 아래의 요인들을 살펴보기 바란다. (1) 연구 질문과 질적 방법론 간의 적합성, (2) 질적 조사의 기본적 패러다임과 방법에 대한 지식의 정도, 그리고 적절한 수업과 연구 실습에서 얻어진 연구를 수행할 만한 상응하는 수준의 기술, (3) 질적 방법론에 대한 전문적 지식이 있는 연구 멘토나 조언자로부터 적절한 지원을 받을 수 있는지의 여부, (4) 이전에 사용된 연구 설계에 대한 현재의 지식, (5) 엄격한 질적 조사를 수행할 수 있는 준비도. 이러한 요소들은 질적 연구를 수행하는 데 있어 고려할 만한 가치가 있으며 필수적이다.

질적 방법과 상담 연구

상담과 상담심리학 내에서, 질적 연구는 흥미 있는 역사를 갖고 있다. 질적 방법들은 발달심리학(예: Erikson과 Piaget)과 심리치료 연구(예: Horney와 Freud)에서 유명한 역사적 인물들에 의해 자주 사용되었다. 그러나 질적 연구들은 상담과 상담심리학에서 대부분이 폐기되었는데, 이는 과학적 엄격성에 대한 커져가는 압력에 따라, 자연과학으로부터 빌려

온 실험적 설계와 정교한 통계적 분석을 사용하여 수행된 연구들을 고수하려는 경향 때문이다(역사적 리뷰에 대해서는 Morrow, 2007을 참고하라). 실제로, 몇몇 연구자들은 상담 연구 문헌에서 질적 연구가 얼마나 제한되어 사용되었는지를 보여주고 있다. 예를 들어, Berríos와 Lucca(2006), 그리고 Ponterotto 등(2008)은 주요 학술지들의 내용 분석에 기초하여, 1990년대와 2000년대에 출판된 경험적 연구들 중 질적 연구는 20%가 되지 않는다는 것을 발견했다. Ponterotto(2005a)는 상담심리학 훈련 프로그램 중 단지 10%만이 질적 연구 과정을 요구하고 있음을 보여주었다. 위에 기술한 미신들과 결합되어, 훈련의 부족은 질적 연구법을 활용하거나 엄격한 질적 연구 수행이 가능한 연구자들이 줄어드는 이유가 되고 있다. 여기에 더해, 몇몇 연구자들(예: Eisenhard & Jurow, 2011)은 학생들이 질적 연구팀의 일원이 되어 질적 연구의 전 과정을 경험하는 것이 질적 연구를 배울 수 있는 최선의 방법이라고 주장했다.

이러한 역사에도 불구하고, 많은 연구자들(예: Hill et al., 2005; Morrow et al., 2012; Ponterotto, 2005b, 2010)은 상담자와 상담심리학자들이 질적 연구법의 가치를 인식하도록 요청해왔다. 질적 접근에 내재한 발견 지향과 맥락 이해에 대한 강조로 인해 몇몇 연구자들(예: Morrow, 2007; Ponterotto, 2010; Yeh & Inman, 2007)은 질적 연구법이야말로 상담 연구에 특별히 적합한 방법임을 주장했다. 특히, 질적 방법은 다문화적 주제를 탐구하고, 과학-상담 실제 간의 간극에 다리를 놓으며, 현장의 상담자들과 일반 대중들에게 접근할 수 있다는 점에서 유용성이 입증되었다.

Ponterotto(2010)는 특히 다문화적 연구에서 질적 방법의 몇 가지 유용성을 주장했다. 예를 들어, 그는 질적 연구에서 연구자가 참여자의 삶의 경험을 이해하려고 할 때 연구자의 공감 능력이 필요하다는 점을 말했다. 또한, 질적 연구자는 참여자들과 공유하는 개인적이고 은밀한 경험들 속으로 들어갈 때 전형적으로 자신과 참여자의 정서적 반응을 통해 친밀한 연결감을 형성한다. 친밀한 연결감과 공감이 결합되면 연구자와 참여자 간의 권력 격차는 최소화되며, 관심 현상에 대한 보다 정확한 이해가 촉진되고, 연구 결과를 발표할 때 참여자나 그들이 속한 공동체에 대한 제한되거나 선입견적인 이해의 가능성을 줄여준다. 또한, 그는 질적 조사 방법은 다양하고 집단주의적 문화에 속한 참여자들에게 보다 편안함을 준다고 주장했는데, 이는 이러한 참여자들이, 특히 소수 집단에 대한 연구에서 역사적인 오류를 범해왔던, 설문지나 실험 연구에 불편함을 겪을 수도 있기 때문이다(Trimble & Fisher, 2006 참고).

질적 연구법은 또한 상담과 심리치료 연구와 관련하여 특별히 적합한 방법으로 간주되어왔다. 예를 들어, 질적 자료들을 리뷰하면서(예: 회기 기록이나 축어록) 심리치료 동안 일어난 상호작용을 보다 깊이 이해할 수 있다. 인터뷰를 통해 내담자와 치료자로부터 자료를 수집하는 것은 연구자가 내담자와 치료자 간 심리치료의 의미와 경험을 더 잘 이해할 수 있는 다른 유망한 수단을 제공해준다. 이에 더해, Morrow(2007)는 질적 연구의 이야기체 표현 방법은 임상가들과 일반 대중들에게도 보다 접근하다는 점을 들고 있다. 질적 연구는 과학과 실제 간의 간극에 다리를 놓을 수 있는 유용한 수단이 된다는 것이다 (Morrow, 2007).

질적 연구 과정의 단계

이 부분에서, 우리는 질적 조사를 수행하기 위한 5단계를 설명할 것이다. 이러한 단계는 질적 연구자들에게 연구의 완수를 안내하기 위한 것으로 Denzin과 Lincoln(2011)이 제안한 것이다(각 단계의 개요는 표 16.1을 참고하라). 여러 가지 다양한 질적 조사 방략들이 있지만, 이 5단계는 모든 질적 조사 방략에 적용할 수 있다. 각 단계에서 연구자가 반드시 고려해야 할 핵심과제들이 있다. 각 단계들이 선형적이 아니라 반복적이라는 점을 인식할 필요가 있다. 예를 들어, 평가는 5단계 과제로 기술되어 있지만, 연구자는 연구의 개발 전 과정과 모든 연구 단계에 걸쳐 연구의 질과 엄격성에 관한 평가 요소들에 주의를 기울여야 한다. 아래의 세부 항목에서 우리는 각 단계와 관련된 주요 과제들을 기술할 것이다.

1단계: 다문화적 주체로서의 연구자

질적 연구의 핵심 가정 중 하나는 연구자는 한 개인으로서 연구에 영향을 미치며 연구의 각 단계에 불가분하게 관여된다는 것이다. 질적 연구자는 과학이 가치중립적일 수 없으며

표 16.1 질적 연구 단계와 관련 과제

질적 연구의 단계	우선 과제
1단계: 다문화적 주체로서의 연구자	• 연구자(들)의 사회적 위치를 확인하라. • 연구 질문 및 주제와 관련된 자신의 가정과 편견을 반성하라. • 메모 쓰기를 통해 연구 과정의 모든 단계에 걸쳐 편견, 가정 및 가치를 기록하라.
2단계: 이론적(혹은 해석적) 패러다임과 관점	• 선택한 패러다임과 관련된 철학적 가정과 가치를 확인하라. • 조사를 안내할 패러다임을 선정하라.
3단계: 조사 방략과 해석 패러다임	• 특정한 조사 방략과 해석 패러다임을 선택하라. • 각 단계의 연구 과제 설계를 안내할 선택한 패러다임의 특징들을 검토하라.
4단계: 자료 수집과 분석 방법	• 자료 수집 방법을 결정하라(관찰, 인터뷰, 존재하는 자료들). • 선택한 조사 방략 및 해석 패러다임과 관련된 자료 코딩과 분석 방법을 결정하라.
5단계: 해석과 평가의 기술(art), 실제, 정치학	• 선택한 조사 방략 및 해석 패러다임에 의해 안내된 해석적 접근을 결정하라. • 제공된 해석과 관련된 기술적(artistic)이고 정치적인 함의를 고려하라. • 연구 과정을 주의 깊게 평가하라.

오히려 연구의 전 과정에서 연구자의 사회적 위치 혹은 '자기'(Yeh & Inman, 2007)를 확인하고 활용한다는 점을 인식한다. 질적 연구자는 자신의 특정 맥락들이 자신의 개인적 역사와 정체성(예: 계급, 성별, 인종적, 민족적 문화적 관점들, Denzin & Lincoln, 1998; Yeh & Inman, 2007)에 의해 형성되었으며, 연구자의 세계관(혹은 맥락)이 연구의 모든 측면에 영향을 미친다는 것을 인식한다.

연구자의 정체성은 연구 참여자들의 정체성과 상호작용하면서 연구를 형성한다. 자기자각(Creswell, 1998)이나 반성(Morrow, 2005)과 같은 용어들이 이러한 과정을 기술하는데 사용된다. 이러한 과정은 연구자의 맥락과 정체성(예: 인종, 사회적 지위, 성 정체성 및 표현)에 의해, 참여자들의 맥락과 정체성에 의해(예: 종교, 모국, 나이), 그리고 환경적 맥락에 의해 지속적으로 영향을 받는다. 예를 들어, 질적 연구자는 특정 현상을 묻기 위한 연구 질문들과 관찰하기 위한 방법들이 질적 연구자의 지식, 언어, 가치, 세계관을 통해 여과된 것이라는 사실을 명확히 이해한다.

이러한 상호적 과정이 일어나기 위해서, 연구자는 원고 작성을 포함하여 연구의 전 과정에 걸쳐 반성적 태도를 유지해야 하며, 자신의 위치를 솔직하게 인식해야 한다. 엄밀한 의미에서, 주관성(객관성이 아니라)이 가정되고 인정된다. 질적 연구자는 자신의 작업과 분리될 수 없으며 자신의 세계관(자신의 편견과 신념을 포함하여)이 작업에 영향을 미치는 방식을 이해하고 있어야 한다. 이러한 과정은 양적 연구와는 다른 형태의 시간과 에너지를 요구한다. 아래의 사례는 우리 저자 중 한 사람인 Thompson이 Thompson, Cole과 Nitzarim(2012)의 연구를 진행하는 과정에서 자신의 경험을 요약한 것이다.

실제 연구에 적용하기 16.1

내가 기억하기로, 나는 맥락의 중요성과 나와 타인들이 세계를 보는 렌즈를 이해하는 것에 가치를 두어왔다. 이것은 확실히 나를 상담심리학으로 이끈 핵심적인 요인이었다. 임상 작업의 슈퍼비전이나, 동료들과의 토론, 연구 주제에 대한 질문을 평가하는 작업에 정기적으로 참여하는 것 또한 이러한 과정의 하나였다. 그러나 질적 연구 과정에 착수했을 때 일어났던 지적이고 정서적인 반응들에 의해 나는 놀랐다. 예를 들어, 대학원생들이 포함된 내 연구팀에서, 나는 나의 개인적 편견과 가정들을 분명하게 공유하고 팀 구성원들이 나의 반응(다른 말로, 나의 '못마땅함')에 대해 질문하는 것에 대해 나 자신을 개방해야 할 필요를 느꼈다. 심리치료에서 저소득층 내담자의 경험을 탐색하는 우리 연구(Thompson, Cole, & Nitzarim, 2012)의 특성을 고려할 때, 팀으로서 우리의 대화에는 함께 웃고, 때로는 의견이 불일치하고, 참여자와 그들의 이야기에 깊은 정서적 연결감을 함께 공유하는 순간들이 포함되어있었다. 팀 미팅을 통해 자료를 분석하고 해석하기 위해 만났던 오랜 시간에 걸쳐 이러한 과정은 매우 명백하게 강렬했다. 때로는, 정서적으로 소진되고, 때로는 매우 신이 났다. 출판을 위한 원고를 써야 할 시간이 왔을 때, 새로운 형태의 반응들이 나타났다. 우리가 서로를 공유하고 상대의 편견에 도전하는 것에 편해졌을 때, 우리는 이러한 과정과 우리의 편견을 불특정한 청중들에게 설명해야 했다. 우리 각자는 개인적 정보가 외부에 알려지는 것에 대한 편안함과 불편함의 수준이 달랐음에도, 우리는 출판 원고에 이러한 정보가 담겨야 한다는 사실을 인식했다. 이러한 작업은 우리 자신과 참여자들의 경험을 잘못 표현할지 모른다는 두려움을 포함하여 새로운 정서적, 지적 반응들을 불러일으켰다.

2단계: 이론적(해석적) 패러다임과 관점

1장에서 우리는 연구 과정에 내포된 네 가지 패러다임을 기술했다. 과학적 탐구의 철학적 기초들에 익숙해지기 위해 다시 한 번 1장을 검토할 것을 권한다. 가장 근본적인 수준에서 패러다임이란 "행위를 안내하는 기본적인 일련의 신념들"(Guba, 1990, p. 17)이다. Morrow, Castaneda-Sound와 Abrams(2012)는 아래와 같은 패러다임의 정의를 제공했다.

> 연구자의 실제에 대한 관점을 포함하는 우산, 지식을 획득하는 방법, 연구를 안내하는 가치들, 연구를 수행하기 위해 사용되는 방법들, 그리고 연구 과정과 발견을 의사소통하는 언어. (p. 95)

이와 같이 패러다임은 연구자의 다양한 가정과 가치로 구성된다. 따라서 연구자는 다문화적 주체라는 1단계의 가정은 하나의 구성요소이다. 두 번째는 참여자의 가치와 가정에 관련된 패러다임이다. 여기에는 다음과 같은 것들이 포함된다.

- 존재론적(자연과 실제의 본질에 대한 관점)
- 인식론적(실제가 알려지는 과정에 대한 신념 그리고 연구자와 참여자 간의 관련성에 대한 관점)
- 가치론적(연구에서 가치의 역할과 위치에 관한 관점)
- 수사적 구조(연구 결과를 표현하기 위한 언어의 선택)
- 방법론(특정 연구 과정과 절차의 활용)
- 방법론적 가정(지식을 얻는 방법에 대한 신념)

일반적으로, 질적 접근은 **상대주의자적 존재론**(relativist ontology. 사회적, 개인적으로 구성된 다양한 실제가 있다)과 **교류적 인식론**(transactional epistemology. 인식하는 자와 인식 대상은 불가분적으로 서로 연결되어있다)과 함께 발견은 자료에서 나온다는 **해석학적 방법론**(interpretive methodology)을 가지고 있다(Guba & Lincoln, 1998). 따라서 이러한 가정들은 질적 연구자는 실제를 표상하는 각 개인의 생생한 경험(연구자와 참여자들)에 대한 지각을 가치 있게 여기며, 이러한 지각이 각 개인의 지식을 이끈다고 가정한다. 이와 같이,

연구자의 목적은 각 개인의 경험과 직접적으로 관련된 의미를 구성하기 위해 분석적 방법을 사용하는 것이다.

질적 연구자들이 연구에 착수하기 전 다양한 패러다임과 조사 방략을 이해하는 것은 필수적이다. 패러다임과 방법론은 연구자가 선택한 조사 접근 방식에 따라 결정된다. 질적 연구를 안내하기 위해 사용된 각 조사 방략은 다소 다른 철학적 근거를 갖고 있다(연구 패러다임에서 조사 방략의 위치에 대한 훌륭한 토론은 Ponterotto, 2005b를 참고하라).

연구자들은 다양한 조사 방략들 간의 차이를 분명하게 이해하고 있어야 하는데(3단계에서 논의한다) 이러한 이해는 언제, 어떤 질적 접근법을 사용해야 할지 결정하고(Creswell, 1998), 선택한 방략의 안내에 따라 연구를 설계하는 데 도움을 준다.

특정한 패러다임과 조사 방략을 사용하는 정당한 근거가 제시되어야 하며 패러다임/조사 방략과 연구의 목적/질문 간의 관계가 논리적으로 분명해야 한다. 방략 선택과 방법론(다음 부분에서 검토할 것이다)은 선택한 패러다임에 부합해야 한다. 이 단계가 간과되어서는 안 된다. 연구자가 여러 패러다임들을 활용하여 방략과 방법론을 선택하는 것이 가능하기는 하지만 Morrow(2007)는 연구의 시작부터 주의 깊고 의도적으로 방략과 방법론을 선택해야 한다고 경고했다. 이것이 특별히 중요한 이유는 패러다임 선정은 연구 평가의 기준을 결정하기 때문이다.

학생들이 이러한 패러다임과 이와 관련된 자신의 신념 및 훈련의 과정에서 혼란을 경험하는 것은 흔한 일이다. 그러므로 시작 시점부터 자신의 의도된 핵심 신념과 연구 과정을 주의 깊게 고찰하는 것은 견고한 질적 연구를 위해 필수적이다. 어떤 면에서, 우리는 이러한 과정을 상담에서 내담자에 대한 개입을 안내하는 이론적 지향에 비유한다. 이 단계의 연구 과정에서 이루어지는 결정들은 전체 연구의 로드맵을 제공하며 각 단계의 결정을 안내해야 한다. 상담 훈련생들이 자신의 사례 개념화와 치료 계획을 안내하는 일관된 이론적 지향을 기술해야 하는 것처럼, 질적 연구자들은 자신의 연구 과정을 안내할 패러다임과 조사 방략을 분명하게 알고 있어야 한다. 이러한 과정은 연구의 개시 단계에서부터 시간과 의도성을 요구한다. 아래의 사례는 우리 저자 중 한 사람인 Thompson이 Thompson, Nitzarim, Her와 Dahling(2013)의 원고에서 기술했던 프로젝트를 완결하는 과정에서 성찰을 통해 경험한 내용을 요약한 것이다.

실제 연구에 적용하기 16.2

간병인(caregiver)의 간접 실업(vicarious unemployment)에 대한 대학생들의 경험 연구(Thompson, Nitzarim, Her, & Dahling, 2013)에 착수하기 전 내 연구팀과 나는 이 연구를 통해 무엇을 알고자 하는지를 토론하기 위해 만났다. 이 대화에서, 우리는 우리가 이 집단에 대해 알고 싶은 것, 이러한 앎이 중요한 이유, 우리가 갖고 있는 편견과 가정들, 그리고 우리가 실제의 본질을 바라보는 방식과 같은 주제들을 토론했다. 이 대화에서 우리는 참여자들의 눈을 통해 간접 실업의 경험을 이해하고자 하는 것에 동의했다. 우리는 참여자들의 가정, 가치, 신념과 정서를 통해 그들의 살아있는 경험들을 드러낼 수 있는 접근법을 선택하고자 했다. 우리는 구성주의자 렌즈를 사용하는 것이 이러한 과정을 가장 촉진할 것으로 믿었다. 우리 각자는 이 주제와 관련된 사전 경험이 있었기 때문에(가족 내에서의 경험들 그리고/혹은 이전의 학문적 관심들에 기초한), 우리는 연구 과정의 도구로서 우리의 역할을 분명하게 인식하고자 했다. 또한 우리는 참여자들 간의 다양한 경험과 그 경험의 뉘앙스를 이해하기 위해 상호 연결된 스토리라인의 출현을 확인하는 데 관심을 가졌다. 따라서 우리는 연구의 각 단계를 안내하기 위해 구성주의자적 렌즈를 가진 근거이론을 채택했다.

3단계: 조사 방략과 해석 패러다임

질적 연구의 세 번째 단계는 상호간에 정보를 제공하고 뒤따르는 단계들을 형성하는 몇 가지 요소들로 구성되어 있다. Denzin과 Lincoln(2012)은 이 단계를 연구 설계 단계로 기술했다. 그들은 연구의 설계 혹은 목적을 "이론적 패러다임을, 첫째, 조사 방략과, 둘째, 경험적 자료 수집 방법과 연결하는 일련의 유연한 안내"(Denzin & Lincoln, 2012, p. 14)로 설명했다. 다른 말로 하면, 조사 방략은 연구자의 기술, 가정, 실행을 포함하는데 이는 연구자가 패러다임과 자료 수집, 분석 및 해석을 연결하는 과정에 활용된다.

적어도 20여 개의 질적 조사 방략이 여러 학문에 걸쳐 존재하며 각각은 서로 다른 목적과 방법을 가지고 있다. 질적 연구자와 양적 연구자 간의 논쟁점이 존재하는 것처럼, 특정 질적 방략을 옹호하는 질적 연구자들 간에도 긴장이 존재한다(이러한 긴장에 관심 있는 독자는 Erickson, 2011을 참고하라). 이 장의 마지막 부분인 '질적 연구 조사 방략의 네 가지 사례'에서, 우리는 상담과 상담심리학 문헌에서 자주 사용되는 네 가지 질적 조사 방략들인 근거이론, 현상학, 합의적 질적 연구, 참여적 행위 연구/지역사회 기반 참여 연구를 개괄할 것이다.

각각의 조사 방략들은 질적 연구자가 따라야 할 조금씩 다른 일련의 가정, 기술과 실행 방법을 가지고 있다. 우리는 네 가지 방략 각각의 특징들을 기술하기 위해 사례 연구들을 제공할 것이다. 특정 방략의 선택은 질적 연구 과정의 4단계, 5단계에서 중요한 함의를 갖는다. 각각의 특정한 조사 형태는 다소 다른 정보들을 제공하는데, 이러한 정보들은 연구 질문에 답하기 위해 사용된다. 선택한 특정 조사 방략과 무관하게, 질적 연구는 놀라울 만큼 풍부한 정보 수집의 기회를 제공하는데, 이는 상담과 상담심리학 연구의 강력한 과학적 기초를 생성하는 데 매우 중요하다.

4단계: 자료 수집과 분석 방법

질적 자료는 일반적으로 목적적으로 선정된 집단의 제한된 참여자들 혹은 연구 질문과 밀접하게 관련된 자료들에서 수집된다. 선정된 패러다임과 조사 방략들 간에 중요한 차이점들이 있기는 하지만(위에서 검토한 것처럼), 자료 수집, 분석 및 제시와 관련하여 질적 설계 전반에 걸쳐 고려해야 하는 몇 가지 과제들이 있다. 이어지는 부분에서, 우리는 여러 질적 설계들에서 공통적이라고 할 수 있는 자료 수집, 코딩 및 분석과 관련된 절차들을 제시한다.

자료 수집 연구자는 선정한 패러다임 및 조사 방략에 부합하도록 수집될 자료의 형태를 분명하게 인식해야 한다. 질적 연구의 자료를 모으는 많은 방식들이 있지만, 우리는 관찰, 인터뷰, 존재하는 자료들과 같은 세 가지의 주요 원천들을 토론할 것이다. Wolcott(1992)은 이러한 자료의 원천들을 각각 **경험하기**, **탐구하기**, **조사하기**라는 적극적인 표현을 사용하여 묘사했는데, 이는 이 세 가지 활동을 하는 질적 연구자의 마음 상태를 볼 수 있게 한다.

관찰 관찰은 관심 현상에 참여하고 관여하며 자신의 관찰을 기록하는 훈련된 관찰자로부터 얻어진다. 질적 연구에서 관찰이 갖는 몇 가지 유용성이 있다. 첫째, 관찰자는 현장에 있는 사람들 간의 상호작용을 직접 경험할 수 있기 때문에, 참여자들의 상황에 대한 관여로 인해 채색될 위험이 있는 참여자의 회고적 기록에 의지할 필요가 없다. 관찰은 '행위가 있는 곳'에서 일어난다. 둘째, 현상과의 밀접성으로 인해, 관찰자는 상황을 이해할 뿐 아니라 느낄 수 있다. 특정 상황에서 느낀 정서는 시간이 지남에 따라 희석된다. 흔한 표현으로, '(이해하기 위해) 당신은 거기에 있어야 한다.'라는 말은 관찰의 이점을 쉽게 요약한다. 또한, 정보 제공자는 민감한 내용에 대해서는 자발적으로 말하기가 어려울 수 있고, 중요한 사건을 인식하지 못할 수도 있으며, 중요한 상호작용을 상투적인 행위로 간주할 수도 있다. 셋째, 오랜 시간을 두고 과정에 깊이 관여하는 것은 연구자가 앞으로 조사되어야 할 개념화(conceptualizations)를 개발하도록 도움을 줄 수 있다. 양적 연구와 대비하여, 조사자는 질적 접근법에 따라 확인되거나 부인되어야 할 연역적인 예측을 하지 않는다(CQR은 예외로서 연구팀에 의해 연역적으로 확인된 범주들을 허용한다). 질적 연구자는 연구의 전 과정에 걸쳐 참여자들의 관찰에 기초한 주제들을 확인해야 하며 그 주제들을 서로 관련지어야 한다. 그러나 그러한 주제와 관련성은 관찰로부터 생성되어야 한다. 이러한 귀납적 과정은 근거이론과 같은 몇몇 질적 연구 방법들의 기초가 된다.

관찰자의 관여 정도 질적 연구의 관찰자는 전통적으로 불간섭의 금언을 따르는데(Adler & Adler, 1994), 이는 관찰자는 현상에 영향을 주지 않고 다만 사건의 기록자로서 행위한다는 의미이다. 관찰자는 참여자들에게 질문을 하지도 않고, 해결해야 할 문제를 제기하지도 않으며, 난제의 해결책을 제시하지도 않는다. 관찰자는 관찰되는 맥락에 관여하는 정도에 따라 분류될 수 있다. 역사적으로, 관찰자의 관여 수준은 완전한 관찰자로부터, 참여자로서의 관찰자(observer-as-participant), 관찰자로서의 참여자(participant-as-observer), 완전한 참여자까지의 범위를 갖는다(Gold, 1958). 완전한 관찰자는 전적으로 맥락 밖에 위치하며 참여자들에 의해 발견되지 않을 가능성이 높다. 이와 같은 연구자의 역할은 민족지학적 연구 접근에서 흔하며 공공의 영역에서 일어나는 행동들의 관찰을 포함한다. 예를 들어, 정치적 시위를 이해하는 데 관심을 가진 한 민족지학 연구자는 시위가 열리는 공공장소에 정기적으로 참여하겠지만 연구자로서의 특정한 개인은 알려지지 않을 것이다.

참여자로서의 관찰자는 참여자로 알려져 있지만, 명백하게 연구자로 확인되며, 관찰되는 집단에서 멤버십이나 우정의 관계를 갖지는 않는다. 청소년들의 방과 후 프로그램을 이해하기 위해 지역 YWCA에 대한 민족지학적 연구를 수행하는 연구자가 하나의 예가 될 수 있다. 이 경우, 참여자로서의 연구자는 정기적인 참여로 인해 청년으로 알려질 것이다. 그러나 연구자는 다른 청년들이나 프로그램 직원들과 교류하지는 않을 것이다.

참여자로서의 관찰자와 관찰자로서의 참여자 양편 모두, 관찰은 자연주의적 맥락에 대한 더 나은 이해를 얻기 위해 사용된다. 질적 연구의 개념에 대한 현대적 시각에 따르면, 관찰자로서의 참여자의 독특한 공헌은 내부자 관점이다. 관찰자로서의 참여자로서, 그들은 다른 참여자들이 경험하는 것을 경험할 수 있으며, 비참여 관찰자들이 할 수 없는 방식으로 맥락에 대한 이해를 얻을 수 있다. 관찰자로서의 참여자는 "집단의 가치와 목적에 완전히 참여하지 않음에도"(Adler & Adler, 1994, p. 380) 불구하고, 때로 집단 내에서 역할을 수행한다. 많은 학교 연구들이 관찰자로서의 참여자를 포함하는데, 이들은 교사나 코치와 같은 역할 속에서(예: Adler & Adler, 1991 참고), 참여자의 삶에서 중요한 사람들이 된다.

마지막 관찰 역할인 완전한 참여자는 조사자가 연구를 시작하기 전 집단의 완전한 구성원이다. 단행본 형태의 논문(monograph. 단일 주제에 관해 보통 단행본 형태로 쓴 논문을 말한다–옮긴이)은 완전한 참여자들에 의해 만들어진 질적 결과물의 예이다. 심리치료에서의 하나의 사례를 든다면, Freud는 자신의 환자들의 사례들을 기술함으로써 완전한 참여자의 역할을 수행했다. 연구자가 어느 정도의 참여자가 될 것인지는 명백히 연구 현상에 달려있다. Patton(1987)이 지적했듯이, 어떤 연구자가 약물 치료 프로그램에 보조적으로 관여할 수 있다고 해서(예: 프로그램 직원), 그 치료 프로그램의 참여자가 되기 위해 화학적으로 중독될 수는 없다.

관찰자의 역할이 무엇이든, "과제는 외부자의 경험을 기술하는 동안, 내부자로서 경험을 이해할 수 있기 위해 참여와 관찰을 결합해야 한다는 것"(Patton, 1987, p. 75)이다. 참여자와 관찰자 간의 긴장은 계속해서 존재하므로 이러한 긴장을 다룰 수 있고 그것을 유익한 결과물로 만들어낼 수 있는 연구팀이 필요하다는 점을 다시 강조하고 싶다.

관찰 방법 관찰을 통해 얻은 자료는 몇 가지 단계들을 거친다. 첫 번째 단계에서, 관찰자는 관찰할 현상과 그것이 일어나는 환경(setting)을 선정해야 한다. 이러한 선정은 신중하게 이루어져야 한다. 환경은 조사 목적에 적합해야 하며 의미 있는 자료가 확보되도록 방략적으로 선정해야 한다. 예를 들어, 치료자를 연구하는 데 관심이 있는 질적 연구자는 대표적인(평균적인) 심리치료자를 선정하기보다는, 성공적이고, 강력하며, 카리스마를 가졌거나 혹은 반대로 실패한 치료자를 선정할 것이다.

두 번째 단계는 조사자가 능숙하고 주의 깊은 관찰자가 되도록 훈련하는 과정이다. 관찰자는 세밀한 부분에 주의를 기울이고, 중요한 것과 일상적인 것을 구분하고, 매우 상세한 현장 기록을 하고, 맥락을 이해하기 위한 충분한 지식이 있어야 하며, 관찰에 대한 다른 연구팀 구성원들의 의견을 개방적으로 조화시킬 수 있어야 한다.

세 번째 단계는 연구하려는 맥락에 접근하는 것이다. 물론, 접근 방법은 연구 특성에 따라 매우 다양하다. 공공적 행동 관찰은 적절하게 좋은 위치를 발견하는 것 이외의 특별한 준비가 필요하지 않다. 그러나 참여자에게 잠재적인 위험을 줄 가능성이 있는 조사(예: 확인되면 해외 추방될 위험이 있는 미등록 외국인 노동자나 학생)는 참여자들의 동의를 받기 위해 많은 노력이 필요한데, 참여자의 잠재적 위험을 최소화하고, 다른 윤리적 · 법적 문제들을 신중하게 고려해야 한다(3장 참고). 흔히 신뢰는 집단에 들어갈 수 있는 가장 중요한 열쇠가 된다. 연구자는 이러한 조사가 갖는 개인적, 맥락적, 윤리적 함의들을 신중하게 고려해야 한다.

네 번째 단계에서는 조사의 시간과 기간을 결정한다. 시작 시점에서, 관찰은 상대적으로 초점화되지 않으며 연구자는 '상황을 살핀다.' 이에 따라 관찰의 지속 기간은 관찰 시간만큼 중요성을 갖는다. 일반적으로, 관찰은 어떤 시간에 특별히 발생할 수도 있는 사건을 놓치지 않기 위해 다양한 시간에 걸쳐 이루어져야 한다. 예를 들어, 직장 분위기에 관한 연구는 모든 근무시간과 일주일 중 여러 날들에 걸쳐 관찰이 이루어져야 한다. 연구의 초점이 연구자를 이끌어야 하는 것은 분명하다. 예를 들어, 다양한 분야에서 모인 사람들이 여러 분야가 협력하는 작업 장면에서 어떻게 자신의 역할을 협의하는지에 관심이 있는 연구자라면 여러 분야의 사람들이 함께 작업하는 장면(예: 직원 미팅이나 여러 분야의 협력 작업 집단)을 관찰하고자 할 것이다. 연구가 진행되면서, 자료는 연구자가 어디에 초점을 두고 관찰할 것인지를 제시할 것이다. 예를 들어, 직장 분위기 연구에서 나타나기 시작한 한 주제가 사람들이 갈등에 접근하는 다른 방식이라면, 연구자는 갈등이 가장 잘 표출될 수 있는 시간(예: 마감시간에 임박한)에 관찰을 하려고 할 것이다.

마지막 단계인 다섯 번째 단계는 자료를 수집하는 것이다. 매우 빈번하게 관찰 자료는 관찰 동안 혹은 직후 기록한 연구자의 현장 노트(메모)이다. 현장 노트는 이해하려는 현상과 관련된 모든 것들을 기록한다. 시작 단계에서는 언제나 관련성이 분명하지는 않으므로, 처음에 현장 노트는 일어나는 모든 것을 담아내는 경우가 많다. 초보 관찰자는 압도되는 느낌을 가질 수도 있지만, 놓친 거의 모든 것들은 계속해서 반복된다는 점을 인식해야 한다. 관찰이 점점 초점화되면, 필드 노트 또한 그렇게 될 것이다. 작업 분위기 연구 예를 사용한다면, 만약 한 집단이 다(多)학제 작업(multidisciplinary work)에서 우수하다는 것이 관찰되면, 관찰은 새 직원이 그 집단에 들어갈 때 어떻게 이러한 과정이 확립되는지에 초점을 둘 것이다. 현장 노트는 유사하게 권력이 새로 들어온 사람들에게 전이되는 과정에 초점을 두게 될 것이다. 현장 노트는 참여자들 간의 상호작용에 대한 완전한 기술과 함께 환경(시간, 물리적 환경, 참여자, 활동 목적 등)에 대한 기본적 기술도 포함해야 한다. Patton(1987)은 모호하고 일반화된 노트와 상세하고 구체적인 노트를 잘 비교해주고 있다.

연구 응용: 현장 노트 작성하기

모호한 현장 노트	새로운 내담자는 접수면접을 기다리는 동안 불편했다.
상세한 현장 노트	처음에 내담자는 접수자의 책상 옆 의자에 매우 뻣뻣하게 앉았다. 그녀는 잡지를 집어 들더니 보기 어려울 정도로 매우 빨리 페이지를 넘겼다. 잡지를 내려놓은 후 그녀는 시계를 바라보았고 스커트를 아래로 잡아당기고 잡지를 다시 집어 들었다. 이때도 그녀는 잡지를 보지 않았다. 그녀는 잡지를 제자리에 돌려놓고는 담배를 꺼내 피기 시작했다. 그녀는 눈을 흘기며 접수자를 바라보았고 잡지로 눈을 돌렸다가 방에서 대기하고 있던 두세 사람들을 쳐다보았다. 그녀의 눈은 사람들에게서 잡지로 다시 사람과 잡지로 재빠르게 연속해서 움직였다. 그녀는 눈이 마주치는 것을 피했다. 마침내 자신의 이름이 불렸을 때 그녀는 깜짝 놀란 듯이 펄쩍 뛰었다 (p. 93)

출처: Patton, 1987, p. 93.

후자의 기술이 보다 완전하며 관찰자의 추론을 배제하고 있는 반면, 모호한 기술은 내담자가 불편하다는 추론을 포함하고 있을 뿐 아니라 이러한 추론을 확인할 수 있는 자료도 결여되어있다. 사람들의 대화는 가능한 한 말 그대로 기록되어야 한다. 가능하다면 현장 노트를 보완하기 위해 녹음기를 사용할 수 있다. 현장 노트는 사건에 대한 관찰자의 해석을 포함해야 하지만, 이러한 해석은 사건의 기술과는 구분되어 표시될 필요가 있다. 현장 노트는 작업 가설(working hypotheses)이나 면접관들에 대한 주의사항 등을 또한 포함할 수 있다.

두말할 여지없이, 관찰과 현장 노트는 관찰자의 개인적 구성에 의해 영향을 받는다. 관찰 기술 및 해석에 대한 여러 관찰자들의 교차 확인이 관찰의 통합 과정에서 필수적인데, 훈련된 관찰자들은 상황을 매우 다르게 볼 수 있기 때문이다. 이러한 관점들을 인정하고 존중하는 것은 질적 연구의 한 부분이다.

인터뷰 인터뷰는 참여자(혹은 참여자들의 집단)와 연구자 간에 일어나는 사회적 상호작

표 16.2 질적 인터뷰 질문의 유형

유형	예
배경	• 당신의 경력에 대해 말해주세요. • 이 단체에서 당신의 근무 경험에 대해 말해주세요.
행동	• 일상적인 어느 날 내가 당신과 함께 있다면, 나는 당신이 무엇을 하는 것을 보게 될까요? • 당신이 가족과 함께 하는 일상적인 어느 날 어떻게 지내는지 말해주세요.
의견 또는 신념	• 이런 상황이 발생할 때 당신은 보통 어떤 생각을 합니까? • 미숙련 보조원을 채용하기로 한 최근의 결정에 대한 당신의 의견은 무엇입니까? • 이런 내담자들에게 서비스를 제공하기 위한 최선의 방법은 무엇이라고 믿습니까?
느낌 질문	• 단체에서 상담자들을 감원하는 결정에 대해 어떻게 느낍니까?
지식 질문	• 상담 종료에 관해 어떻게 알고 있습니까? • 내담자를 상담자에게 어떻게 배정합니까?
감각 질문	• 당신의 상담실의 대기실을 나에게 기술해주세요. • 지각한 후 교장실에 갔을 때, 무엇을 보았습니까?
경험	• 이 상담소에서 상담자는 어떻게 보였습니까? • 첫 상담에 대한 당신의 경험을 말해주세요.

용(Davies & Dodd, 2002)이다. 상담자와 상담심리학자들이 질문에 훈련되어있다고 해도, "연구 인터뷰는 다른 목적을 갖고 있으며 다른 기술을 필요로 한다."(Polkinghorne, 2005, p. 143)는 점을 기억해야 한다. 질적 인터뷰가 수행되는 질적 연구 형태에 따라 달라질 수 있지만, 일반적인 목표는 참여자의 경험을 이해하고자 하는 것이다. 치료적 행위는 피해야 한다. Patton(1987)은 질적 연구 질문의 유형을 기술했다. 이러한 유형을 사용하여, 몇 가지 질문의 예들을 위의 표에 제공한다(표 16.2).

인터뷰는 상담 및 상담심리학의 질적 연구에서 자료를 얻는 가장 대표적인 방법이지만, 기술을 숙련하는 데 가장 어려운 방법이기도 하다(Fassinger, 2005; Hill et al., 2005; Polkinghorne, 2005). DiCicco-Bloom과 Crabtree(2006) 그리고 Sands, Bourjolly와 Roer-Strier(2007)는 심층적인 질적 인터뷰에 대해 논의했다. 특히, 초점 집단 인터뷰의 수행 절차는 Kamberelis와 Dimitriadis(2011)에서 찾아볼 수 있다.

초보 질적 연구자들은 인터뷰 기술을 향상시키고자 노력해야 한다. 인터뷰 자료를 활용하는 대부분의 조사 방략에서, 연구자는 참여자들과의 관계를 형성해야 한다. Yeh와 Inman(2007)은 개별 설계에서 그 강조점이 다르기는 하지만, 협동은 질적 설계의 핵심 요소라고 주장했다. 연구 참여자들과의 관계 형성은 자료 수집(자료의 풍부함)과 해석(연구자가 자료에 기초하여 해석하는지의 적절성)에 영향을 준다.

질적 인터뷰는 다양한 형태를 취할 수 있으며(3단계에서 논의된 것처럼, 선정된 패러다임과 조사 접근 방략에 의해 대부분 결정되지만), 목적과 방식에 따라 달라질 수 있다.

인터뷰 형식과 무관하게, 인터뷰를 수행하는 데 포함되는 많은 단계들이 있다. 우리는 Fontana와 Frey(2000)의 연구를 인용하여, 질적 인터뷰 수행의 다양한 단계들을 간략히 검토한다. 여기에는 공동체에 진입하기, 인터뷰 대상자의 언어와 문화를 이해하기, 인터뷰 대상자와 라포르를 형성하기, 자료 수집 방법을 결정하기(예: 녹음), 인터뷰 완결하기가 포함된다.

첫 단계는 앞서 기술했던 관찰을 위한 진입과 유사하게 연구 대상에 진입하는 것이다. 두 번째 단계는 인터뷰 대상자의 언어와 문화를 이해하기 위한 준비를 하는 것이다. 질적 조사자는 참여자가 자신의 경험을 자신의 언어로 표현하는 것을 추구한다. 이 목표를 달성하기 위해, 질문은 참여자에게 이해할 만하고 불쾌하지 않아야 한다. 또한, 인터뷰 실시자는 인터뷰 대상자가 사용하는 다양한 어법과 표현의 의미를 즉각적으로 이해함으로써 적절한 후속 질문을 할 수 있어야 한다. 이러한 지식은 이전 경험과 부지런한 준비로부터 얻어지며 인터뷰 과정을 진행하는 동안 개선될 수 있다. 예를 들어, 세대 간 전달되는 가족 내 사회 계층 정보를 이해하고자 하는 연구에서, 연구자는 청소년들이 이러한 정보를 어떻게 해석하는지를 주의 깊게 이해하고 인터뷰 질문을 하면서 그들이 이해할 수 있는 언어를 사용할 필요가 있다. 또한, 연구 현상에 익숙한 전문가로부터 인터뷰 지침서에 대한 자문을 받거나 실제 자료 수집 전 시험 인터뷰를 해보는 것이 도움이 된다(이것은 중요하다).

세 번째 단계는 자기표현(self-presentation)에 대해 결정하는 것이다. 양적 연구자는 자신을 객관적 과학자로 표현하지만, 질적 연구자는 다양한 자기표현을 선택할 수 있다. 예를 들어, 한 연구자는 자신을 연구자로서뿐 아니라 여성주의자로서 가정 폭력을 경험한 여성으로 표현할 수 있다. 기본적으로, 여기에서의 논점은 연구자가 자신의 경험을 어느 정도 공유하려고 하는지와 그것이 참여자가 자신의 이야기나 개인적 설명을 공유하려는 자발성에 어떤 영향을 미치는지이다.

네 번째 단계는 인터뷰 대상자를 확인하는 것이다. 이에 대해 생각해보아야 할 일은 **핵심 정보 제공자**(key informants) 혹은 연구 맥락을 이해하는 데 특별히 중요한 지각을 가진 사람을 어떻게 확인할 것인지이다. 물론, 핵심 정보 제공자는 처음에는 조사자에게 알려지지 않을 수 있지만, 지식이 얻어질수록 그 사람이 누구인지가 떠오르게 될 것이다. 핵심 정보 제공자는 대개 평균적인 사람들과는 다른 경험을 갖고 있으며 민감한 정보를 자발적으로 폭로할 수 있는 사람이다. 어떤 경우에, 핵심 정보 제공자는 연구 현상에 직접 관여되지 않을 수도 있다. 예를 들어, 정신건강 클리닉의 지원 스탭은 치료를 제공하거나 받거나 하지 않음에도 불구하고, 상담소의 상담에 관련된 중요한 정보를 제공할 수도 있다. 양적 연구에서 강조는 대표적 표본에 주어지지만, 질적 연구의 목적은 깊은 이해를 얻는 것이기 때문에 인터뷰 대상자의 선정은 핵심적인 과정이다. 진실로, 이것은 이론적 포화('근거이론' 부분에서 나중 기술된다)를 달성하는 데 있어 핵심 열쇠가 된다.

다섯 번째 단계는 인터뷰 대상자와 라포르(신뢰관계)를 형성하는 것인데, 이는 두 가지 이유에서 도움이 된다. 첫째, 라포르는 신뢰를 이끌어냄으로써 솔직하고 상세한 반응을 얻어낼 수 있다. 두 번째로, 공감적 태도는 인터뷰 실시자가 인터뷰 대상자의 반응을 더 잘 이해할 수 있게 한다. 그러나 인터뷰 실시자는 공감을 통한 자연스러운 친밀감이 상황 평가를 흐리게 하지 않도록 주의해야 한다.

여섯 번째 마지막 단계는 인터뷰 자료 수집 방법을 결정하는 것이다. 크게 문제 되지 않는다면, 인터뷰는 녹음되고 분석을 위해 축어록으로 만들어진다. 어떤 경우에는, 현장 노트를 사용해야 한다(관찰에서 현장노트에 대한 주의 사항이 여기에도 동일하게 적용된다). 여기에는 인터뷰 대상자의 비언어적 반응들, 인터뷰 상황과 환경에 대한 중요한 정보들을 기록한다. 인터뷰가 전화나 이메일로 진행될 경우 중요한 자료를 잡아내지 못할 수 있다.

인터뷰 유형 인터뷰 질문의 형식에는 일반적으로 다음의 세 가지가 있다. 구조화된 인터뷰, 비구조화된 인터뷰, 반구조화된 인터뷰. 구조화된 인터뷰에서, 질문과 질문 순서는 미리 결정된다. 또한, 반응들은 범주로 분류되거나 미리 개발된 지침에 따라 수량화된다. 인터뷰 실시자는 대상자와 라포르를 형성하기는 하지만 중립적 태도를 취한다. 인터뷰 실시자는 대상자의 반응에 대해 동의나 동의하지 않음을 표현하지 않으며, 비일상적이고 흥미롭지만 정보와 관련 없는 반응들은 따라가지 않는다. 구조화된 인터뷰의 장점은 응답자에 걸쳐 인터뷰가 표준화되어 응답의 변동성을 최소화한다는 점이다. 그러나 구조화된 인터뷰는 질적 연구에서 제한점을 갖는데, 구조화된 인터뷰는 (1) 현상에 대한 조사자의 사전 신념으로부터 나온 구조를 확증하는 방식으로 자료를 형성하고, (2) 응답자들에 대해 표준화된 언어를 사용하며(특정 참여자들의 언어에 맞추어진 질문이 아니라), (3) 반응의 정서적 요소들을 제한하기 때문이다(Fontana & Frey, 1994). 기술적으로 인터뷰라고 할 수는 없지만, 질문들은 프린트되어 참여자들에게 실시되는데, 반응이 특정한 방식으로 제한되지 않는다는 점을 제외하면 질문지(questionnaire)와 유사하다.

인터뷰 질문의 연속선상의 다른 쪽 끝에 있는 비구조화된 인터뷰는 참여자의 반응을 탐색하고 응답자에게 질문을 맞추기 위한 여지를 둔다. 질적 연구자는 자료 수집을 위해 비구조화된 인터뷰를 자주 사용하는데 반응들은 수량화되지 않는다. 질적 연구에서 요구되는 질문 유형은 수행되는 연구의 유형에 의해 결정된다. 예를 들어, 민족지학 연구는 근거이론과는 다르다. 질문이 사전에 결정되지 않기 때문에, 인터뷰 실시자는 많은 여지를 가지고 현상을 탐색하고 보다 완전한 기술을 할 수 있는 좋은 질문들을 해야 한다. 응답자들은 자신의 경험을 자신의 언어를 사용하여 표현하도록 격려된다. 그러나 인터뷰 실시자는 암암리에 특정한 형태의 반응을 강화하지 않도록 주의해야 한다(예: 연구자의 가정에 맞는 반응들만을 따라가는 것). Polkinghorne(2005)이 주장했듯이, "생산된 설명은 연구자에 의해 영향을 받음에도 불구하고, 참여자가 기술의 저자가 되는 것이 중요하다"(p. 143). 또한, 1명 이상의 연구자가 인터뷰를 실시할 경우, 인터뷰 실시자는 각자의 스타일이 참여자의 반응과 후속의 분석 결과에 어떤 영향을 미칠지를 토론할 필요가 있다. 여기에 더해서 비구조화된 인터뷰는 자료를 수집하고 정리하는 데 더 오랜 시간이 걸린다는 점을 알고 있어야 한다. 연구자는 인터뷰가 진행될수록 현상에 대한 새로운 통찰이(따라서 추가적인 질문이) 생겨날 수 있기 때문에 추수 인터뷰의 필요성을 인식하고 있어야 한다.

반구조화된 인터뷰(semistructured interview)는 구조화 및 비구조화 인터뷰 간의 균형점을 제공한다. 특히, 연구자는 응답자들에게 보다 풍부하고 더 개인적인 반응을 제공할 충분한 기회를 주면서 동시에 인터뷰들 간의 일관성을 유지하고자 할 때 반구조화 인터뷰를 사용한다. 반구조화 인터뷰는 모든 참여자에게 동일한 인터뷰 지침을 사용한다. 또한 각 참여자 개인에게 맞춘 질문 목록을 포함하고 연구의 전 과정에서 새로운 통찰이 떠올랐을 때 사용할 질문들도 사용하는 발견지향적 접근을 취한다. 반구조화된 형식을 활용할 때의 어려움은 인터뷰 과정에서 어느 정도의 구조화를 사용할 것인지를 결정하는 것이다. 또한 비구조화된 인터뷰와 마찬가지로 인터뷰 실시자는 추수 질문이 연구자의 기대나 선입관에 따라 인터뷰의 방향을 무심코 조종하지 않도록 주의를 기울여야 한다. 표 16.2에 제시한 인터뷰 질문의 예는 반구조화 인터뷰에서 사용될 수 있는 질문 유형들이다. 조사 질문은 '그것에 대해 더 말씀해주실 수 있습니까?'나 '그 경험을 이야기하실 때, ________라는 말을 사용했는데, 그것이 어떤 의미인지 말해주시겠습니까?'와 같은 덧붙이는 질문을 포함한다.

모든 인터뷰가 일대일(1명의 인터뷰 실시자와 1명의 인터뷰 대상자)로 발생하지 않는다는 것을 아는 것이 중요하다. 집단 인터뷰는 또 다른 인터뷰 형식으로서 연구자가 다양한 정보를 수집하는 데 도움을 준다. 집단 인터뷰에서는 때로 초점 집단으로 불리는, 1명 이상의 사람이 동시에 인터뷰를 한다. Madriz(2000)는 초점 집단을 "참여자의 태도, 경험 및 신념의 다중적 의미에 초점을 두는 개인적이 아닌 집단적 연구 방법"(p. 836)으로 정의했다. 특히 초점 집단이 가진 흥미로운 잠재적 가능성은 이 방법이 제품이나 광고 그리고 서비스에 대한 반응을 연구하는 마케팅 연구에서 진화된 양식이라는 점이다(초점 집단 방법의 발달에 관한 간략한 역사는 Morgan, 1988 또는 Madriz, 2000을 참고하라). 원래 마케팅 연구에서 초점 집단의 구성원들은 서로 모르는 사람들이지만, 고용알선기관의 직원들과 같은 동질적인 집단(intact groups)을 사용하는 질적 연구 또한 가능하다. 초점 집단의 목적은 참여자의 의견들을 얻는 것이지, 다른 관점들의 합의나 타협에 도달하는 것은 아니다. 다양한 의견들의 표현은 풍부한 정보를 제공한다. 전형적으로, 초점 집단의 참여자는 상대적으로 동질적이며 특정 주제에 관한 견해를 요청받는다. 집단 인터뷰의 효율성은 자명하다. 집단 형식의 추가적인 이점은 참여자들 간의 상호작용인데, 다양한 집단 구성원들은 보다 상세한 내용들, 불일치하는 지점들, 그리고 다른 견해들을 조정해가면서 더 풍부한 정보를 제공해줄 수 있다. 참여자들이 사회적 맥락 안에서 반응한다는 것은 솔직하고 책임 있는 이야기를 제공할 것으로 기대할 수 있다. 그러나 인터뷰 실시자는 소수 의견이 억제되지 않고 표현될 수 있도록 보장할 필요가 있다(Madriz, 2000). 이 방법에 대한 훌륭한 설명을 Maguire 등(2008)의 연구에서 볼 수 있는데, 그들은 HIV/AIDS 환자들의 직업 경험을 연구하기 위해 초점 집단을 사용했다.

존재하는 자료들 존재하는 자료들이란 관찰이나 인터뷰가 제공할 수 없는 방식으로 질적 연구에 정보를 주는 저작물이나 인공물(artifacts)을 말한다. 이러한 자료들은 관찰이나 인터뷰가 불가능한 역사적 연구에서 필수적이다. 저작물은 두 가지 유형, 즉 공식적 기록물과 개인적 문서가 있다(Lincoln & Guba, 1985). 공식적 문서는 정부 기록물, 면허, 계약서, 뉴스 사설 등이 해당된다. 개인적 문서에는 일기, 편지, 이메일, 문학 작품, 현장 노트 등이 포함된다. 인공물에는 물질적이고 전자적인 흔적들이 포함되는데, 건물, 예술품, 포스터 및 비문자 컴퓨터 파일 등과 같이 본질적으로 사람들에 의해 창조된 자연 환경의 변형물들이 해당된다. 이러한 것들을 사용하는 목적은 조사 현상에 대한 더 풍부한 이해를 제공하기 위해서이다.

활용되어온 존재하는 자료의 두 가지 유형에는 심리치료 회기와 내담자 기록물이 있다. 특히 심리치료 연구자들은 언어적 녹음(테이프 녹음)이나 텍스트(축어록)를 통해 내담자 회기를 검토하거나 내담자 기록 내용을 조사한다. 연구자는 내담자의 진전이나 상담 관계와 같은, 다양한 질문들에 대하여 코딩하고 분석하기 위해 그러한 정보를 활용한다.

지금까지 토론해온 세 가지 질적 연구의 자원들(관찰, 인터뷰 및 존재하는 자료) 중에서 존재하는 자료는 상담이나 상담심리학 연구에서 가장 활용되지 않고 있다(저자들의 의견). 이러한 자료들은 특별히 가치가 있을 수 있으며, 텍스트나 인공물의 해석과 관련하여 연구자에게 어려움을 부과하기도 한다. 예를 들어, 역사적 자료를 검토할 때, 연구자는 즉시 쓸 수 있는 자료에 묶여 추가적인 정보를 수집하는 데 소홀할 수 있다.

자료 코딩과 분석 McCracken(1988)은 모든 질적 분석의 목적을 연구문제와 관련된 참여자의 경험을 알려주는 패턴, 주제, 관계 및 가정을 결정하는 것으로 요약했다. 코딩은 많은 질적 연구 패러다임과 조사 방략에 걸쳐 사용되는 방법이다. 대부분의 질적 조사 접근들은 자료를 분류하고 자료 안에 있는 주제들을 확인하기 위해 자료 코딩을 사용한다. 다른 말로, 코딩은 자료에 내재한 패턴, 주제 혹은 범주를 확인할 목적으로 자료를 "균열(fracture)"(Strauss, 1987, p. 29)시키기 위해 사용된다. 그러나 자료 코딩의 실제 과정(예: 자료 코딩의 시점, 코딩의 단계)은 3단계에서 검토했던 질적 접근에 따라 다르다. 하지만 특정 코딩 과정에 무관하게, 대부분의 접근에서 코딩은 자료로부터 나타나는 주제와 관계들을 파악하기 위해 사용된다. 주제는 자료에서 반복되는 패턴으로서 어떤 개념을 표상하는 반면, 관계는 주제들 간의 상호 연결성을 의미한다.

참여자 자료의 분석은 전형적으로 연구자가 자료의 의미를 이해하기 위해 작업하는 귀납적 과정(inductive process)에서 시작하여 존재하는 자료를 자료 수집의 과정을 통해 나타난 새로운 자료와 비교하는 연역적 과정(deductive process)으로 전환된다. 이러한 주기는 흔히 순환적, 반복적, 귀추적(abductive), 유동적 혹은 순회적으로 불리며, 이는 연구 과정이(어떤 조사 방략에서는 인터뷰 질문 또한) 시간이 지나면서 나타나는 새로운 자료에 맞추어 유연하게 진행되도록 한다. Yeh와 Inman(2007)은 이와 같은 질적 연구의 특성을 순환성(circularity)으로, 혹은 "연구자, 방법, 분석 및 개발 이론 간의 연결성으로부터 나타나는 질적 연구의 복잡성, 깊이 및 포괄성"(p. 384)에 의한 과정으로 정의했다.

질적 연구는 다양한 자료들에 의존하며, 연구자는 한 연구에서 다양한 유형의 자료들을 활용하는 것이 보통이다. 예를 들어, 연구자 편견을 괄호 치기(bracketing), 현장 노트, 메모, 인터뷰 그리고 존재하는 인공물들은 주제에 대한 더 깊은 이해와 현상을 보다 잘 볼 수 있도록 연구자를 돕기 위해 사용될 것이다. 다른 말로, 이러한 자료들은 해석을 위해 사용되는 "분석의 층들"(Creswell, 1998, p. 36)을 제공한다. 이런 이유로 인해, Denzin과 Lincoln(2011)은 질적 연구의 대중적 이미지를 "브리콜라주 예술가, 퀼트 제작자 혹은 이미지들로 몽타주를 만드는 사람"(p. 4)이라고 기술했다. 이는 질적 연구자가 다양한 근원으로부터 얻어진 자료를 사용하여 장면을 구성하고 해석한다는 것을 암시한다. 다양한 관점, 경험, 목소리 그리고 자료의 근원들은 해석을 촉진하기 위해 서로 엮인다.

5단계: 해석과 평가의 기술, 실제, 그리고 정치학

Denzin과 Lincoln(2011)의 제안에 따른 질적 연구의 마지막 다섯 번째 단계는 자료의 해석과 제시이다. 이 단계는 연구자에게 자료의 주의 깊은 해석과 발견물들이 갖는 함의에 대한 주의 깊은 고려 속에서 그것을 표현하는 것을 요구한다. 이 단계는 또한 질적 발견물의 평가에 사용되는 다양한 기준들을 포함한다.

해석 질적 자료의 수집과 분석의 경우와 마찬가지로, 질적 자료의 해석과 제시 또한 활용하는 패러다임과 특정 질적 조사 접근에 따라 달라진다. Wolcott(1994)은 가장 일반적 의미에서, 해석이란 의미를 추출하고 맥락을 확인하는 것이 목적이라고 주장했다. 자료의 해석은 흔히 그것이 자료에 기초해있는지, 그리고 연구자가 '어떻게?' 혹은 '무엇을?'이란 질문에 어느 정도 대답할 수 있는지에 달려있다(Creswell, 1998).

해석은 자료 내의 주제들을 토론하고 관련지음으로써 특정 현상의 이론을 제공하기보다는, '미국 사회에서 인종과 민족성의 역할은 무엇인가?'나 '문화적 요인이 정신건강과 치료의 개념에 어떻게 영향을 미치는가?'와 같은 보다 총체적인 주제를 설명한다. Wolcott

은 이에 대해 "해석의 극단적인 모습은 작가로서의 연구자는 새가 하강해서 먹이를 낚아채듯이 현장을 급습하여 약간의 정보를 얻은 뒤 이론이나 추론의 높은 위치로 돌아가서 칩거하는 것처럼 보일 수 있으며"(p. 11), 해석이란 "연구자가 구체적인 자료와 주의 깊은 분석의 범위를 넘어서서 자료와 분석에서 무엇을 만들 수 있는지를 탐색하기 시작하는, 사고와 글쓰기에서의 어떤 역치(threshold)를 표시하는 데 적절하다."(p. 36)라고 했다. 해석은 독자에게 발견물 혹은 본질적으로 더 큰 그림의 함의를 소통하기 위하여 정보를 합성하는 능력을 요구한다. 분명히, 초보 연구자들은 이러한 형태의 높은 수준의 기술을 익히기 위해 많은 훈련과 경험이 필요하다.

풍부한 기술(thick description)(Geertz, 1973)은 흔히 질적 결과들을 제시하는 가장 기본적인 방법이다. 본질적으로, 풍부한 기술은 손대지 않은 채 전체 자료를 제시하는 것이다(참여자로부터의 직접 인용). 연구자는 어느 정도 도입적이고 이행적인 자료(introductory and transitory material)를 쓸 수도 있지만, 원칙적으로 자료 제시는 인터뷰, 현장 노트 및 존재하는 자료들(텍스트 그리고/혹은 인공물에 대한 기술들)로부터 발췌한 긴 문장으로 구성된다.

풍부한 기술은 조사자에 의해 변형되지 않은 원자료로부터 나온다. 이런 방식으로, '자료가 스스로 말하며' 무슨 일이 일어났는지에 대한 풍부한 설명을 제공한다. 물론, 관찰, 인터뷰, 자료 수집 그리고 무엇을 기술할 것인지를 결정하는 과정에서 독자에게 접근 가능한 것이 여과된다. 풍부한 기술은 질적이든 양적이든 간에, 어떤 다른 방법보다 연구하는 현상 자체에 가깝다.

자료가 최소한으로 여과된다는 것의 일차적 이득에도 불구하고, 완전히 풍부한 기술에 의존하는 것의 단점들이 있다. 진실한 기술은 학회지 논문을 위해서는 너무 길며 따라서 많은 중요한 풍부한 기술들은 긴 학위논문이나 미발간 보고서 형태로 남아있게 된다. 또 다른 단점은 풍부한 기술은 초점이 없거나 지루할 수 있다. Wolcott(1994)은 다음과 같은 방식으로 이러한 비판을 기술한다.

> 독자들은 연구자가 자료를 분류하지 못했거나(혹은 마지못해 자료를 버리지 못했거나) 단순히 해야 할 일을 지나쳐버린 것으로 생각할 수도 있다. …… 자료를 보고하고 수집했던 사람들에게 '말하지' 못하는 자료는 독자들과도 대화를 시작할 수 없을 것이다. (pp. 13–14)

질적 해석의 목적 중 하나는 참여자가 말하고 연구자가 해석한 이야기가 독자를 매료시키는 것이다.

풍부한 기술 안에 모든 자료의 축어록을 제시할 수 있는 질적 연구자들은 거의 없다. 따라서 그들은 압축했지만 여전히 상대적으로 완전한 기술을 표현할 수 있는 다양한 방략들을 사용해야 한다. 이 장의 앞부분에서 논의한 것처럼, 자료를 압축하고 제시하는 방법들은 채택한 조사 방략에 따라 다양하다. 연구자는 어떤 방법을 써야 할지 결정해야 하지만, 이에 대한 지침은 거의 없다. 자료에 대한 중대한 결정은 연구자의 가정을 인식하는 과정을 통해 이루어져야 한다. 또한, 이러한 가정을 조사하고 이러한 가정의 맥락에서 자료를 이해하는 과정은 자료 제시의 매우 중요한 부분으로서 이를 통해 독자는 기술이 합리적인 길이로 농축된 방식을 이해할 수 있다.

자료를 해석할 때, 질적 연구자는 발견물의 잠재적 함의에 주의를 기울여야 한다. Denzin과 Lincoln(2011)은 이 과정을 "예술적이고 정치적인"(p. 15) 것으로 기술했다. 그들은 질적 연구자들이 주의 깊게 자신의 과정을 평가하고 해석이 함의하는 잠재적인 부정적 결과들을 보호하기 위한 행동을 할 것을 권고한다. 3장에서 토론한 것처럼, 우리는 일반적으로 과학적 연구나 학술적 출판, 또는 질적 연구에 대해 익숙지 않은 독자들에 의한 부정적이거나 잘못된 해석으로부터 보호하기 위해 연구의 발견물들이 갖는 법적, 윤리적 함의들을 고려할 필요가 있다. 예를 들어, 연구자들은 조사의 한계를 제시하는 데 주의를 기울여야 한다. 질적 접근을 통해 모아진 풍부한 자료와 연구자에 의해 전달되는 참여자 이야기의 힘을 고려해볼 때, 과학적 연구에 익숙하지 않은 사람들은 실제 표본이 매우 적거나 혹은 사례 연구의 경우 단일 참여자임에도 불구하고 조사의 결과가 다수의 사람들에게 적용되는 것으로 가정하기 쉽다.

평가 연구 과정의 마지막 다섯 번째 단계는 연구의 평가이다. 질적 연구에서 증거나 엄격성에 관한 문제들은 오랫동안 논쟁거리였다(예: Denzin, 2009). 질적 연구의 신뢰성에 대해 야기되는 질문들에 대해, Hill 등(1997)은 탈실증주의적 패러다임으로부터 가져온 평가 절차를 확립하려고 시도했다, 반면에 다른 연구자들(예: Morrow, 2005)은 질적 연구자들이 자신의 연구 패러다임의 방법론과 관련된 증거 확보의 기준을 준수할 것을 강조했다(예: Denzin, 2009). 실제로, Denzin은 질적 연구의 평가에 있어 황금률을 채택하는 것은 위험하다고 보았다. 그는 다음과 같이 진술했다.

> 우리는 우울한 역사적 순간, 폭력적인 공간, 유색 인종에 대한 끝없는 전쟁, 억압, 허위 증거, 비판의 붕괴, 민주적 담론, 억압적인 신자유주의, 공정함을 위장한 객관성이 팽배한 시대를 살고 있다. 사회과학 탐구에 새로운 신조(orthodoxy)를 부과하려는 모든 시도들은 저항되어야 하며, 증거에 관한 패권적인 정치가 허용될 수 없다. 너무 많은 것들이 위태롭다. (p. 155)

그럼에도 불구하고, 연구의 평가 기준과 관련된 문제들은 많은 관심을 불러일으키는 주제였다. 질적 연구의 맥락 내에서 다양한 용어들이 평가를 기술하기 위해 사용되었다. 여기에는 엄격성, 신뢰성, 유효성, 신빙성, 확실성, 공정성, 진실성, 신중성, 관여, 자각, 주의 깊음 등이 포함된다(예: Davies & Dodd, 2002; Morrow, 2005). 이에 따라, 대다수의 질적 연구자들은 연구 수행의 과정과 엄격성의 평가에 윤리성이 내재적으로 연결되어있다고 추정한다(Davies & Dodd, 2002). Davies와 Dodd는 엄격성을 다음과 같이 기술했다.

> 우리는 질적 연구를 신뢰할 수 있기를 바라지만, (양적 연구의) 시간이나 맥락에 따른 신뢰도의 의미와는 다르다. 오히려, 우리는 주의 깊고 일관성 있는 연구 실제의 적용에 기초를 둔 자료의 신뢰성을 목표로 하며 이는 연구 진행 과정의 투명성 및 분석과 결론의 신뢰성과 연구 결과의 제한 및 편향성에 관한 주의 깊고 개방적인 설명들을 통해 반영된다. (p. 280)

확실성, 엄격성 및 신빙성의 기준은 패러다임에 따라 다양하며, 따라서 연구자와 검토자는 거기에 맞추어 질적 연구를 이해하고 평가하는 것이 필수적이다. 그럼에도 불구하고, 몇몇 연구자들은 패러다임과 조사 방략을 가로지르는 공통적인 요소들을 주장했다. 예를 들어, Morrow(2005)는 패러다임 간을 초월하는 확실성의 네 가지 영역이 있다고 제안했다. (1) 사회적 유효성, (2) 주관성과 자기반성, (3) 자료의 적절성, (4) 해석의 적절성. 다음에 이들 영역 각각을 기술할 것이다.

사회적 유효성 사회적 유효성(social validity)이란 질적 연구의 사회적 가치를 말한다(Morrow, 2005). 이는 질적 연구가 다른 연구자, 실천가 그리고 공공의 영역에 어느 정도 가치 있는 함의를 가지는지에 기초하여 평가되어야 함을 의미한다(Tracy, 2010). Tracy(2010, p. 849)는 이를 다음과 같이 언급했다.

> 좋은 질적 연구는 수정과도 같이 참여자, 학문세계, 사회, 일반 대중, 정책 입안자, 그리고 마지막으로 그러나 확실히 마찬가지로 중요하게 연구자를 포함한 다양한 이해 당사자들의 목적, 필요 그리고 욕구를 반영하는 다양한 측면들을 가진다. (Ellingson, 2008).

비판이론 패러다임(a critical theory paradigm)에 기초한 질적 연구는 이와 같은 확실성의 영역뿐 아니라 한 걸음 더 나아가 결과적인 유효성(Lather, 1993), 또는 연구가 사회적 변화에 어느 정도의 자극을 제공하는지에 기초하여 평가되어야 한다고 주장한다.

주관성과 자기반성 주관성(subjectivity)과 자기반성(self-reflexivity)은 질적 연구에서 핵심적으로 고려되어야 하는 요소로서 확실성을 확립하기 위한 두 번째 범주이다(Morrow, 2005). 자기반성은 연구자의 편견과 그러한 편견을 최선으로 표현하는 방법을 탐구하기 위해 사용되는 실천 행위이다(Morrow, 2005; Rennie, 2004).

이 과정의 정확한 구성요소들은 조사 방략에 따라 다르지만 모든 조사 방략은 연구자가 자신의 편견을 인식하고 괄호 치기하는 것을 강조하고 있다. 그러나 괄호 치기의 목적은 조사 방략 간에 다르다. 예를 들어, 전형적으로 CQR은 연구자가 자료에 영향을 미치지 않고 객관성을 유지하도록 하기 위해 감사나 평정자를 통해 자료를 점검하도록 한다. 반면, 현상학은 연구자의 가치, 신념 및 가정을 적절히 통합하고 분석 과정을 설명하기 위해 연구 전 과정에 걸쳐 메모를 매우 강조한다. 구성원 점검(member checks. 참여자에게 자료를 검토하거나 자료에 대한 연구자의 해석을 검토하도록 요청함으로써 피드백을 받는 것)(Guba & Lincoln, 1998)과 삼각 검증법(method triangulation. 예: 연구팀의 편견을 점검하고 균형을 제공하기 위해 한 연구팀은 참여자들의 문화 집단 내 사람들로 구성하고 다른 한 팀은 참여자들의 문화집단 밖의 사람들로 구성하는 방법)(Denzin, 1978)은 자료 분석과 해석의 편견을 방지하기 위해 사용된다.

자료의 적절성 세 번째로, 확실성은 자료의 적절성에 의해 평가될 수 있다(Morrow, 2005). 다른 말로, 풍부하고 복잡한 발견들은 충분한 자료를 요구한다. 10명의 참여자들과의 인터뷰를 완수하여 해석을 위한 적절한 자료를 얻었다고 가정하는 것으로는 충분하지 않다. 대신, 연구자는 자신의 자료가 연구하려는 경험이나 현상의 미묘한 뉘앙스를 잡아낼 수 있을 정도로 충분히 풍부한지를 주의 깊게 보장할 수 있어야 한다.

다양한 요인들이 자료의 적절성에 영향을 미치며 연구자를 위한 표지로 사용될 수 있다. 여기에는 표본 크기, 인터뷰 자료의 질과 깊이, 자료의 중복(redundancy), 이론적 포화가 달성되었는지의 여부와 같은 표본과 인터뷰 자체와 관련된 주제들이 포함된다. 연구자는 자료가 적절히 풍부하며 해석이 미세한 차이를 적절히 반영하고 있는지를 확인하기 위해 기대하지 않은 발견, 불일치하는 증거, 예외적 사례들을 의도적으로 찾기도 한다. 또한, 자료의 적절성은 다양한 자료 근원들로부터의 다중 증거와 삼각 검증을 통해 평가될 수 있다(예: 인터뷰, 현장 노트, 구성원 점검, 자기반성적 글쓰기, 참여자 관찰 및 기타 작품).

해석의 적절성 마지막으로, 질적 연구는 해석의 적절성에 기초하여 평가된다(Morrow, 2005). 앞서 지적한 것처럼, 해석의 적절성이란 해석이 자료에 근거하여 진실하고 일관적인 정도를 말한다. 이는 연구자가 자료 속으로 깊이 몰입하고, 잘 정의되고 정교한 분석 방략을 사용하며, 연구자의 해석과 풍부한 기술(예: 참여자의 말)을 균형 있는 방식으로 사용하여 발견물을 제시할 것을 요구한다. 이 장 전체에 걸쳐 강조한 것처럼, 연구자는 자신의 관점과 편견이 해석에 어느 정도 영향을 미치고 있는지를 자각해야 하며, 참여자의 경험을 적절히 이해하기 위해 참여자의 이야기에 귀를 기울여야 한다.

Tracy(2010)는 질적 연구를 평가하기 위한 8개 기준을 확인했다. 이 기준들은 Morrow (2005)가 제안한 것들과 상당수 겹치며, 가치 있는 주제, 풍부한 엄격성(rich rigor), 성실성, 신빙성, 공명성(resonance), 의미 있는 공헌, 윤리성, 의미 일관성이다. 이러한 기준들과 각각을 평가하는 질문들의 항목들이 표 16.3에 제시되어있다. 이 장을 쓰는 동안, 미국심리학회 5분과는 질적 연구의 출판에 관한 전문 특별위원회를 구성했다. 이 전문 특별

표 16.3 연구 응용: 질적 연구 평가

질적 연구 평가를 위한 기준	안내 질문
가치 있는 주제	이 연구는 상황에 적절하며, 시의적절하며, 중요하며 흥미로운가?
풍부한 엄격성	연구는 충분하고, 풍부하며, 적절하고 복잡한 이론적 구성개념들을 활용하는가? 연구는 현장에서 얻은 자료를 활용하며, 현장에서 얼마나 시간을 보내는가? 표본과 맥락은 연구 목적에 적절한가? 연구는 패러다임과 조사 방략에 맞게 자료 수집과 분석을 적절히 수행하는가?
성실성	연구는 방법, 선발, 윤리, 도전적 과제들에 관해 자기반성과 투명성을 통합하고 있는가?
신빙성	연구는 풍부한 기술, 삼각 검증 혹은 결정화(crystallization) 및 구성원 점검 방법을 사용하는가?
공명성	연구는 현장에 적용 가능한 발견, 일반화 가능성 및 호소력 있는 표현을 통해 독자에게 영향을 미치고 감동시키는가?
의미 있는 공헌	연구는 개념적/이론적으로, 실천적으로, 도덕적으로, 방법론적으로, 그리고/또는 발견적으로 공헌하는가?
윤리성	연구는 인간 주제 연구로서의 절차적 윤리를 고려하고 있는가? 연구는 상황적이며 문화적으로 특수한 윤리, 관계 윤리, 출구 윤리(exiting ethics. 연구자가 부당하거나 의도하지 않은 결과를 피하기 위해 결과를 공유하는 과정)를 고려하는가?
의미 일관성	연구는 목적하는 바를 성취하고 있으며 목적에 맞는 방법과 절차를 사용하는가? 연구는 문헌, 연구 질문, 연구 발견, 해석에 있어 의미 있게 상호 연결되어있는가?

출처: Table adapted from Tracy, 2010, p. 840.

위원회로부터 나오는 권고사항들은 미래의 질적 연구 설계 및 출판에 중요한 함의를 가질 것이다.

질적 연구 조사 방략의 네 가지 예

이 장에서, 우리는 질적 연구 방략에 대한 개관을 제공하기 위해 다양한 질적 연구 유형들을 독자들에게 소개할 것이다. 3단계에서 언급했듯이, 연구자들이 질적 연구를 수행하기 위한 접근 방법에는 20개가 넘는 방략들이 있다. 이 장에서, 우리는 상담과 상담심리학에서 사용되는 4개 유형의 질적 조사 방략만을 소개할 것이다. 우리는 이 4개 탐구 방법들을 소개할 뿐 아니라, 이들 네 가지 방법 각각의 다양한 구성요소들을 최근에 출판된 연구들의 사례를 제공함으로써 설명할 것이다. 이를 통해, 우리는 상담자와 상담심리학자들이 관심을 가지는 현상들에 대한 중요하고 핵심적인 과학적 지식을 제공하는 질적 연구의 다양한 방법들을 독자들이 이해할 수 있기를 기대한다. 또한, 우리는 독자들이 질적 연구자들이 관심 주제를 연구하는 데 활용할 수 있는 많은 다양한 조사 방략들이 있으며, 질적 연구를 정의하는 단 하나의 최고의 방식은 없다는 점 또한 이해하기를 바란다. 탐구 방략의 선택은 연구 질문이 무엇인지에 의해 결정되어야 한다.

특히, 이 장에서, 우리는 상담과 상담심리학 내에서 가장 많이 인용되는 근거이론(grounded theory: GT), 현상학(phenomenology), 합의적 질적 연구(consensual qualitative research: CQR)의 세 가지 질적 조사 방략들을 소개할 것이다. 또한, 우리는 상담과 상담심리학 내에서 관심이 증가하고 있는 조사 방략인 참여적 행위 연구(participatory action research: PAR)/지역사회 기반 참여 연구(community-based participatory research: CBPR)에 대해서도 개요를 살펴볼 것이다. 이들 각각의 접근법들(또는 질적 조사의 다른 많은 접근법들)에 대한 상세한 기술은 이 장의 범위를 넘어서는 것으로서, 우리의 의도는 각 접근을 그와 관련된 패러다임 안에서 소개하고 주요한 특징들을 기술하는 데 있다. 특정 접근법에 관심이 있는 독자는 그 접근법을 상세하게 설명하는 방법론 문헌을 참고해야 한다. 다음에 제시하는 각각의 절에서 우리는 4개 조사 방략들(근거이론, 현상학, 합의적 질적 연구, 참여적 행위 연구/지역사회 기반 참여 연구) 간의 핵심 특징들을 간단히 기술하고 실례를 통해 이러한 특징들을 보여줄 것이다. 인용된 실례들은 질적 연구의 훌륭한 예이기는 하지만, 질적 조사를 수행하는 '유일하게 옳은' 방식이란 없다. 실례로 든 연구들의 상세한 보고가 이 장의 목적은 아니므로, 우리는 연구 논문의 상세한 부분들은 독자들에게 맡기기로 하고 각 접근의 주요 특징들이 출판된 연구물 속에 어떻게 묘사되어있는지를 설명할 것이다.

근거이론

이 장은 근거이론 접근의 정의와 목적을 제공한다. 다음으로, 근거이론의 주요 특징들을 논의할 것이다. (1) 메모 쓰기 또는 메모하기(memo writing or memoing), (2) 지속적인 비교 방법(constant comparative method), (3) 이론적 표집(theoretical sampling), (4) 자료에 근거한 이론 생성(the emerging theory that is grounded in data).

근거이론 방법들은 지난 20여 년에 걸쳐 다양한 학문 분야에서 연구자들로부터 폭넓은 인기를 얻고 있다(Fassinger, 2005; Rennie, Watson & Monteiro, 2002 참고). 실제로, 이러한 접근법들은 "오늘날 사회과학 내의 질적 연구에 관한 가장 영향력 있는 패러다임"(Denzin, 1997, Patton, 2002, p. 487)으로 일컬어지고 있다. 근거이론 접근은 상담 문헌에서 가장 널리 사용되는 연구 설계이기도 하다(Morse et al., 2009).

Glaser와 Strauss(1967)가 개발한 근거이론은 "전형적으로 수량화된 조사와 통계적 접근을 사용하는, 소수의 합산(총합)이론으로부터 도출한 양적 가설 검증에 과도하게 의존하는"(Henwood & Pidgeon, 2003, p. 132) 지배적인 경향에 대한 도전을 시도했다. 근거이론 접근은 사회학과 상징적 상호작용론(symbolic interactionism)의 전통에 기원을 두고 있다. 근거이론은 "사건들이 실제로 일어나는 사회적 맥락과 관련된 현장의 상호작용과 의미"(Pidgeon, 1996, p. 75)를 연구하는 데 적절한 방법이다. 학자들(예: Fassinger, 2005; Morrow, 2007)은 이 방법이 특히 상담 연구자들에게 매력적이라고 주장한다.

근거이론이 개발된 이래, Glaser와 Strauss를 포함한 많은 연구자들이 구성주의 요소들과 실용주의 관점들을 통합함으로써 근거이론을 확장시켜왔다(예: Strauss & Corbin, 1990). 근거이론은 복잡한 역사를 갖고 있는데, 이는 근거이론이 사실주의(realism. 자료의 직접 반영), 해석주의(interpretivism. 다양한 현실들이 존재하며 각각은 타당하다), 구성주의(constructivism. 의미는 상징적 상호작용을 통해 구성되며 가치는 사회적으로 구성된다고 믿는다)(Guba & Lincoln, 1994; Henwood & Pidgeon, 2003)를 포함하여, 외견상 서로 모순되어 보이는 철학적 관점들과 관련되어있기 때문이다. 근거이론이 이러한 역사를 갖는 또 다른 이유는 Glaser와 Strauss가 근거이론에 대한 서로 다른 입장을 가지고 있었기 때문이기도 하다. Strauss(예: Strauss & Corbin, 1990, 1998)는 이론을 발견하고 범주들의 내용과 차원을 구체적으로 명시하기 위해 특별한 코딩 방법(개방 코딩, 축 코딩, 선택적 코딩)의 사용을 강조하기 시작했다. 반면, Glaser(1992)는 지속적인 비교 방법과 이론적 모형 형성을 위한 이론적 메모하기의 중요성을 강조했고 Strauss가 귀납적이고 발견지향적인 접근을 포기했다고 공개적으로 비판했다(Charmaz, 2006). Glaser와 Strauss 모두를 연구한 Charmaz(2006)는 나중에 구성주의 근거이론 접근을 제공했다. 이는 패러다임적인 유연성을 허용하는 구조를 제공하는 연구 방법으로서 두 사람의 관점에 다리를 놓았다.

이러한 서로 다른 관점들은 종종 연구 초심자들을 당황하게 한다. 독자들은 근거이론 연구를 시작하기 전에 특정 근거이론 방법에 대한 충분한 정보를 얻기 위해 주요 문헌들을 참고할 필요가 있다. 그럼에도 불구하고, 다양한 근거이론 접근들 간에 몇 가지 공통점이 있으며 다음에 이를 기술할 것이다. (1) 메모 쓰기 또는 메모하기, (2) 지속적인 비교 방법, (3) 이론적 표집, (4) 자료에 근거한 이론의 발견. 독자들은 이러한 특징들을 분명히 이해하기 위해 실례로 든 연구(Thompson, Cole, & Nitzarim, 2012)를 참고해야 한다. 이 연구는 근거이론을 사용하여 심리치료 장면에서 사회적 지위의 경험을 연구했다. 16명의 참여자들은 저소득자들로 인터뷰 시점 6개월 이내에 적어도 6회기의 심리치료에 참석한 사람들이었다.

메모 쓰기 또는 메모하기 연구의 전 과정에 걸쳐, 근거이론은 자료의 신뢰성(trustworthiness)을 확보하기 위해 자료 수집의 **과정**(process)을 강조한다. 자료의 신뢰성은 이전에 기술한 바 있다. 특별히, 연구자는 개인적 가정과 편견, 인터뷰와 코딩에서의 반응 및 메모 과정에서 나온 아이디어들에 대해 지속적으로 분석하는 기록을 해야 한다. 메모 쓰기는 연구자들에게 "직감으로 느껴지는 것들, 확인될 필요가 있는 새로운 표본에 관한 언급, 범주의 수정에 관한 설명, 떠오른 이론적 사고들, 문헌과의 연결"(Pidgeon & Henwood, 1996, p. 95)을 기록할 수 있는 공간을 제공해준다. 연구자가 연구 시작 전에 연구 질문에 관한 문헌 탐색을 어느 정도 해야 하는지는 근거이론가들 간에 불일치가 존재하지만, 연구자들이 자신의 가정과 편견을 인식한 후 개방적인 마음가짐으로 연구를 진행해야 한다는 점에서는 모든 이론가들이 일치한다.

Charmaz(2000)는 메모 쓰기를 아래와 같이 기술했다.

> 메모 쓰기는 코딩과 자료 분석 초안 간의 중간 단계이다. …… 메모 쓰기는 초기 코딩과 나중의 이론적 표집 모두에서 자료 수집을 위한 과정을 정의하는 데 도움을 준다. 메모 쓰기를 통해, 우리는 우리가 코딩하려고 하는 과정들, 가정들, 행위들을 정교하게 기술할 수 있다. (p. 517)

Pidgeon과 Henwood(1996)는 연구자들이 "기록을 미룬다면 잊어버리기 쉽기 때문에, 어떤 생각이 떠오른 즉시 메모를 작성"(p. 95)해야 함을 경고했다. 요약하면, 메모 쓰기는 지속적인 비교 작업을 위한 도구적 기제(다음에 설명할 것이다)로서 사용되며 뒷부분에서 기술될 이론적 표집과 이론 개발 과정을 촉진한다. Thompson 등(2012)은 논문의 세 부분에서 메모 쓰기의 사용을 기술했다. 첫째, 연구자들로서의 자신들을 기술하는 맥락에서 기술했다(p. 210).

> 연구는 모두 세 명의 연구자들이 연구 프로젝트의 각 요소에 관여하는 협동 형식으로 수행되었다. 연구자들이 연구의 도구라는 근거이론의 기조에 따라(Glaser & Strauss, 1967), 연구자들은 잠재적인 편견으로 작용할 수 있는 생각들을 기록했다. 이러한 편견들의 항목에는 다음과 같은 것들이 포함되었다. (1) 치료 과정에 관한 지식 그리고 치료자-내담자 관계에서 중요한 공통요인들에 관한 가치, (2) 저소득 내담자들에 대한 문화적 가정과 편견, (3) 개인의 사회경제적 지위 정체성(personal SES identity) 및 아래 기술되는 이러한 정체성과 관련된 자각, (4) 독특한 문화적 정체성으로서의 빈곤과 사회적 지위와 관련된 논점을 무시하는 심리치료 문헌에 대한 비판.
>
> 제1저자는 32세로서 중서부에 위치한 종합 대학의 조교수이다. 그녀는 특권적인 지역사회에 속한 중하위 계층 가족에서 성장했다. 그녀는 보다 특권적 배경을 가진 사람들에 둘러싸인 학교와, 하위 계층이었던 친인척 구성원들에 둘러싸인 '집' 사이를 오가며 생활했다. 제2저자는 30세의 백인이며, 3년차 박사 과정 학생이다. 그녀는 청소년기까지 홀어머니와 함께 도심의 저소득층 거주지에서 성장했고 이후 교외의 중산층 거주지로 이사했다. 제3저자는 25세이며, 박사 과정 2년차 학생으로서 중산층 가정에서 성장했다. 어렸을 때, 그녀는 유대인 사립학교를 다녔으며 그녀의 대부분의 친구들은 중상위에서 상위 계층에 속했다. 그녀의 아버지는 자주 무직이나 실직 상태였기 때문에, 그녀는 친구들과 다르고

덜 특별한 느낌을 경험했다. 자료 분석 전 과정 동안, 각 연구자는 이 지역의 저소득층들에게 의료와 정신건강 서비스의 저하를 가져왔던 노동조합과 관련된 지역 정치 운동에 관여했다.

둘째, 그들은 인터뷰 프로토콜의 개발과 관련하여 메모하기를 기술했다(p. 211).

> 연구 착수 시점에서 자료 수집을 안내하기 위한 개방형 핵심 질문들을 개발했다. 질문들은 이전에 리뷰한 문헌을 기초로 하여 만들었다. 근거이론에서(Charmaz, 2006) 인터뷰 질문과 조사는 자료가 수집되면서 진화될 수 있으며, 인터뷰의 코딩이 완료된 이후에도 새로운 주제를 명료화할 필요성이 제기될 수 있다(부록 A 최종 질문 리스트를 보라). 이 연구를 위한 인터뷰 실시자들은 세 연구자들로 구성되었다. 각자는 이전에 질적 연구 참여 경험이 있었으며, 훈련에 참여했고, 질적 방법론 수업을 들었다. 면허가 있는 심리학자인 첫 번째 저자가 모든 인터뷰들을 감독했다. 각 인터뷰의 마지막 결론 시점에, 인터뷰 실시자는 현장 노트를 사용하여 인터뷰 동안의 비언어적 관찰들, 떠오른 잠재적 편견들, 참여자와의 라포르 형성 정도, 및 다른 중요한 인터뷰의 특징적인 점들을 기록했다. 현장 노트 쓰기는 녹음에 더하여 현장의 미묘한 분위기를 기록하기 위한 것이다(Creswell, 2007). 인터뷰는 축어록으로 필사되었다.

셋째, 그들은 메모하기를 자료 분석 과정의 제시와 관련하여 기술했다(p. 210).

> 여러 가지 자료 분석 기법들과 점검 방법들이 분석의 질과 철저성을 유지하기 위해 활용되었다. 첫째, 우리는 개별적으로 각 인터뷰 필사물을 코딩했다. 필사물은 연구팀이 떠오르는 모든 아이디어들을 충족했다고 동의할 때까지, 때로 추가적인 코딩 과정을 포함하여 철저하게 검토되었다. 둘째, 우리는 코딩 과정 동안 감사를 맡아준 질적 연구 전문가와 두 차례 만났다. 감사는 편견을 제한하거나 통제하며, "조사자 삼각 검증"(Denzin, 2008, p. 17)을 제공하고, 자료 분석에서 대안적인 관점을 제안한다. 우리의 감사는 필사물, 인터뷰 질문 그리고 발견된 주제들을 검토하고 자료의 공정한 분석을 위해 우리에게 피드백을 제시했다. 감사는 발견된 주제들이 정확하게 필사된 자료를 반영하고 있음을 확인해주었다. 토론, 필사물 재검토 그리고 떠오른 발견들에 대한 숙고 후에, 감사와 연구자들 간 불일치하는 논점은 없었다. 셋째, 우리는 자료의 신뢰성(reliability)을 확보하기 위해 연구 참여자들의 점검을 시도했다. 모든 참여자들은 연구 결과물의 복사본을 받았고 연구자들에게 피드백이나 제안을 할 기회를 가졌다. 연구 결과와 관련한 피드백을 연구자들에게 제공한 참여자는 없었다. 마지막으로, 연구팀은 분석의 편향과 연구의 함의에 대한 회의 기록과 토론을 포함하는 상세한 감사 과정을 유지했다. 신뢰할 수 있고 정확한 이론적 틀을 창조하기 위해 자료 분석 동안 현장 노트를 참조하였다. (Lincoln & Guba, 1985)

그림 16.1 근거이론 접근

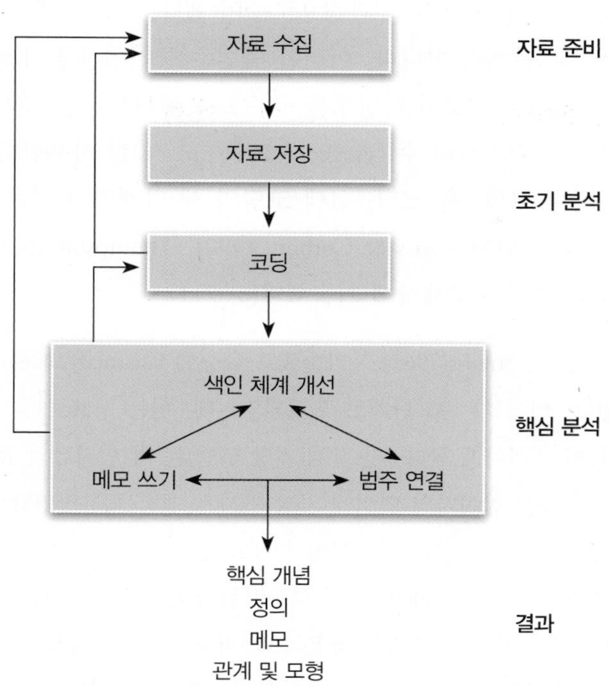

출처: Adapted from Pidgeon & Henwood, 1996.

지속적인 비교 방법 대부분의 근거이론 접근법들은 점점 더 복잡성이 증가하는 자료의 이해를 위해 지속적인 비교 방법을 활용한다. 이론 개발은 연구자가 계속해서 새로운 자료를 이미 모아진 자료와 비교하고, 자료를 코드와, 코드를 범주와, 범주를 다시 자료와 비교하는 과정을 통해 이루어진다. 근거이론 연구의 가장 전형적 특징이라고 할 수 있는 지속적인 비교 방법은 네 단계로 구성된다. (1) 각 범주에 적용될 수 있는 사건들(또는 실례들)을 비교하기, (2) 범주들과 그 특성들을 통합하기, (3) 이론을 다듬기, (4) 이론을 쓰기 (Glaser & Strauss, 1967). 비록 한 단계는 다음 단계를 이끌지만, 어떤 이전 단계들은 자료 분석이 종료될 때까지 계속해서 동시에 작업될 수도 있다는 것을 유념해야 한다.

Glaser와 Strauss(1967)는 "포괄적인 문제들에 대한 많은 범주들, 특성들, 가설들"(p. 104)을 생성하기 위해 그리고 자료에 근거한 이론을 생성하기 위해 지속적인 비교 방법을 개발했다. Pidgeon과 Henwood(1996)는 분석 과정을 완전하게 기록하는 것의 중요성을 강조했는데, 이는 연구 절차들을 추적하는 데 도움을 줄 뿐 아니라 연구자들이 자신의 암묵적인 사전 가정들을 인식할 수 있도록 돕기 때문이다. Pidgeon과 Henwood는 분석 과정을 그림 16.1과 같은 흐름도를 사용하여 기술했다.

그림 16.1에 묘사된 것처럼, Creswell(1998)은 이와 같은 자료 수집과 분석 절차를 "현장

에 나가 정보를 모으고, 자료를 분석하고, 다시 현장에 돌아가 더 많은 정보를 모으고, 자료를 분석하는 등"(p. 57)의 '지그재그' 과정으로 기술했다. 다른 말로, 자료 수집과 자료 분석은 명확히 구분되는 단계가 아니다. 이러한 방법은 근거이론을 내용/주제 분석과 구별한다. 내용/주제 분석은 신뢰도와 타당도를 규준으로 채택하며 "사전에 정의된 상호 배타적이고 완전한 범주들 내의 사례 수"(Pidgeon, 1996, p. 78)를 사용한다.

근거이론 연구는 개방 코딩, 축 코딩, 선택 코딩의 세 단계의 코딩을 포함하는 철저한 자료 분석 절차로 알려져 있다(Strauss & Corbin, 1990). Thompson 등(2012)은 아래와 같이 자신들의 자료 분석 과정을 상세하게 기술했다(p. 211).

> 자료 분석은 Glaser와 Strauss(1967)가 기술했고 나중에 Charmaz(2006)가 확장시킨 방법을 통해 수행되었다. 인터뷰는 세 단계로 코딩되었는데, 이는 상호 연결된 스토리라인을 통해 핵심 주제들이 드러나게 한다. 첫 단계(개방 코딩)는 각 인터뷰의 종결 후 시작되며 모든 연구팀 구성원들은 참여자의 언어에 가장 가까운 개념들을 명명함으로써 낮은 수준의 요약 작업을 실시한다. 인터뷰는 각 문장 단위로 분석되어 코드화되는데 개별 반응들은 보다 압축된 진술문으로 코드화된다. 각 연구자는 독립적으로 개방-코딩 과정을 완수한 다음, 함께 모여 자신의 코딩 결과를 공유하고, 떠오른 진술문들의 암묵적 의미를 검토하며, 의미 단위들이 서로 간에 어느 정도 유사하거나 다른지를 조사한다.
>
> 축 코딩 단계에서, 각 문장 단위의 코드들은 상위의 범주에 배치된다(Glaser & Strauss, 1967). 필사본들에 걸쳐 자료는 유사성과 이론적 연결성에 기초하여 분류되고 배치된다. 우리는 자료를 억지로 더 큰 범주에 집어넣으려 하지 않고(Glaser의 권고에 따라, 1978), 의견일치를 위해 논쟁보다는 모든 의견들을 포함하면서, 모두 16개의 필사본에 걸쳐 새로운 발견들이 나타날 수 있도록 개방적인 상태를 유지했다. 근거이론 방법론에 따라, 처음 두 단계의 코딩은 인터뷰가 필사된 후 완료되었으며 이전 인터뷰로부터의 문장 단위 코딩은 후속 인터뷰의 축 코딩에 집중하기 위해 사용되었다. 이러한 과정을 통해 16개의 필사본에 걸쳐 70개의 코드들을 형성했다.
>
> 세 번째 단계(선택 코딩)은 최상위의 자료 축약 수준을 나타내며 축 코드들을 합성하고 통합함으로써 이론을 형성한다(Glaser & Strauss, 1967). 이 단계에서 우리는 코드들의 전체 리스트를 고려하면서, 코드들 안에 기록된 참여자의 경험을 재검토하고, 자료 안에서 관계와 연결을 가져오는 주요 주제들을 추론하기 시작했다. 이러한 선택 코딩 과정은 자료안의 새롭고 독특한 주제들이 더 이상 나타나지 않는다는 것이 분명해졌을 때 시작되었다(이것은 마지막 세 개의 필사본이 코딩되었을 때와 동시에 일어났다).
>
> 다음으로, 우리는 독립적으로 70개의 코드들을 코드들의 본질을 담고 있는 주제들 속으로 분류한 다음, 함께 새로운 발견들을 공유하고 떠오른 이론 모형을 확인했다. 코딩 과정의 각 단계에 걸쳐, 우리는 보다 높은 수준의 축약을 향해 나아갔고, 축약된 내용 간의

분석을 통해 이론 개발에 더 가까이 다가갔다. 이론적 포화(theoretical saturation)가 충족되었는지를 결정하려고 할 때 유연성은 필수적으로 중요하다(Charmaz, 2006; Strauss & Corbin, 1998).

이론적 표집 이론적 표집(theoretical sampling)이란 현장에서의 지속적 분석 과정을 특징으로 하는 이론 주도의 표집 방법(a theory-driven method of sampling)을 말한다. 이 방법은 연구자들이 자료의 초기 분석 이후 이론의 생성을 촉진할 수 있는 새로운 자료를 표적화하는 데 도움을 준다. 근거이론가들은 이론의 개발에 공헌할 수 있는지에 기초하여 표본을 선정한다. 흔히, 표집은 상대적으로 동질적인 표본들로 시작한다. 동질적 표본이란 유사하고 연구 질문에 대해 경험을 가진 사람들이다. 자료 수집이 진행되고 범주가 생성될 때, 연구자는 나타난 범주들이 진실한지를 설명하기 위해 이질적 표본을 찾는다(Creswell, 1998). 이론적 포화는 "새로운 자료가 이미 생성된 범주들에 적합할 때"(Charmaz, 2000, p. 520) 일어나며, 이것이 자료 수집을 종결하는 표지가 된다.

근거이론 연구의 자료의 근원에는 여러 형태의 자료 유형이 포함된다(예: 기록물/원문 자료, 참여자 관찰, 자서전 및 저널). 자료 분석은 자료 수집과 함께 시작되며 연구 과정은 유연하고 창발적이다(Morrow & Smith, 2000). 예를 들어, 인터뷰 질문은 자료 수집 과정에서 참여자들에 의해 새로운 정보가 발견되었을 때 변경되거나 추가될 수 있으며 이는 연구를 새로운 방향으로 움직이게 한다. 이론적 표집은 연구자가 아직 알려지지 않은 것을 확인하기 위해 존재하는 자료와 새롭게 떠오른 분석을 사용한다는 것을 보여준다. 이런 점에서, 이론적 표집은 양적 연구에서 사용되는 표집 방법과 다르다. 양적 연구자들은 연구 결과의 일반화를 입증하기 위해 모집단을 대표할 수 있는 표본을 얻으려고 한다.

자료에 근거한 이론 생성 Morrow 등(2012)은 근거이론의 맥락에서 이론을 "개념적 모형"(p. 101)으로 기술했으며 Charmaz(2006)는 이론이란 "출현한, 다중적인 실재들, 불확정성, 연결된 사실과 가치들, 잠정적인 믿음, 그리고 과정으로서의 사회적 삶을 추정한다."(p. 126)라고 주장했다. 다시 말하면, 개념과 주제는 자료에서 나타나며 이들은 실재에 대한 통찰을 제공하는 것으로 가정된다. 연구의 전 과정을 통해, 근거이론가들은 추가적인 자료 수집에 집중하기 위해 자료의 분석적 해석을 개발하며, 이는 나중에 출현한 이론을 개선하기 위해 사용된다. 이런 식으로, 연구 과정은 상호적이며 의미의 발견을 이끄는 연구자와 참여자 간의 관계를 필요로 한다.

근거이론가들은 이론이 자료로부터 도출되어야 한다고 주장한다. 양적 연구자들과 다르게, 근거이론가들은 존재하는 이론을 검증하지도 자료를 기성 개념에 부합시키려고도 하지 않는다. 그 대신, 모든 이론적 개념들은 자료 분석으로부터 도출되어야 하고 연구 현상의 다양한 측면들을 설명할 수 있어야 한다. 이론적 틀(theoretical framework)은 앞서 언

그림 16.2 저소득층 내담자들이 심리치료 장면에서 사회적 지위를 경험하는 역동적 과정

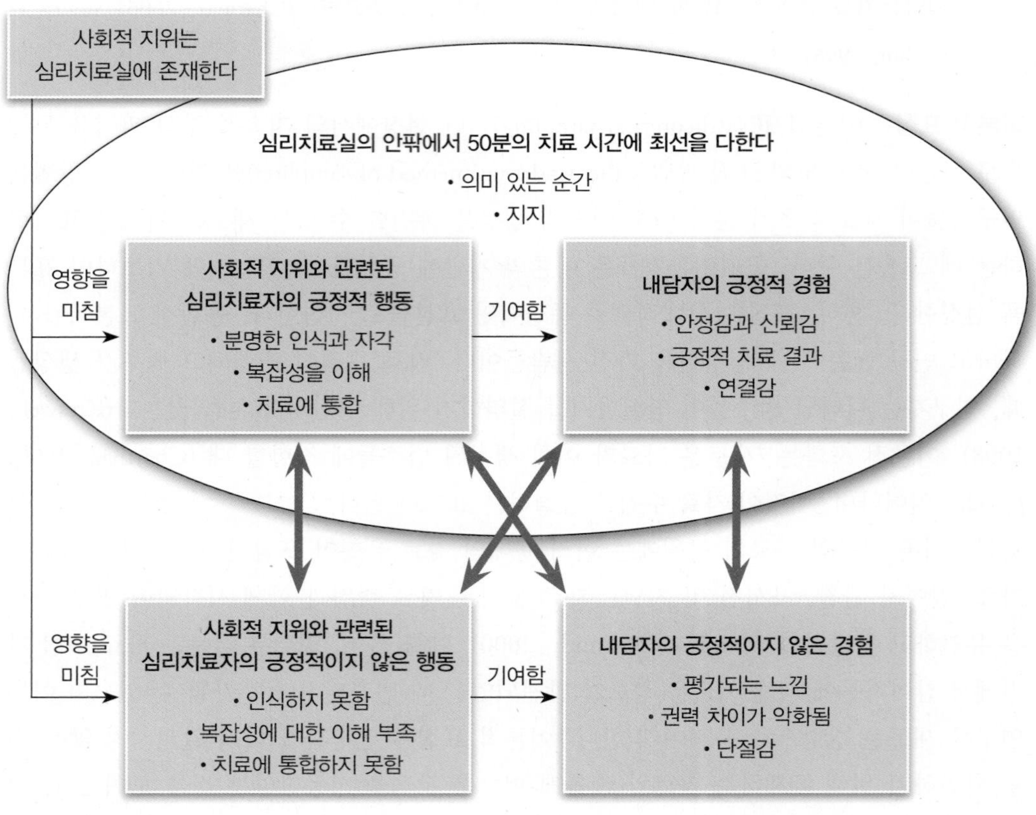

급한 지속적 비교 방법, 메모 쓰기, 이론적 표집 과정을 통해 나타난다(Charmaz, 2000).

Thompson 등(2012)은 이러한 과정을 자신들의 자료 분석 과정에 대한 자세한 묘사로 기술했으며 사회적 지위가 심리치료 장면에서 경험되는 역동적 과정을 드러내기 위해 설계된 그림(p. 212) 속에서 출현한 이론적 틀을 제시했다. 그림 16.2는 참여자의 언어를 사용하여 상세한 전체 과정을 보여주고 있다. 저자들은 이 그림을 다음과 같이 요약했다.

> 모든 참여자들은 치료 장면에서 사회적 지위의 영향이 현저하게 나타났으며, 이는 심리치료 경험에 영향을 주었다고 보고했다. 대다수 참여자들은 심리치료에서 긍정적인 경험을 기술했다(치료관계에서 안전감과 신뢰감, 긍정적 치료 결과, 치료자와의 연결감). 치료자가 사회적 지위가 미치는 복잡한 영향을 분명히 인식하고 치료에서 사회적 지위 관련된 문제들을 다룬 것은 긍정적으로 경험되었다. 대조적으로, 몇몇 참여자들에게 사회적 지위의 차이는 심리치료에서 덜 긍정적인 경험으로 지각되었다(치료자에 의해 평가되는 느낌, 치료자와 참여자 간 악화된 권력 차이의 지각, 치료자와 단절된 느낌). 사회적 지위의 격차에 대한 인식, 저소득과 관련된 복잡한 문제의 의사소통, 그리고 사회적 지위의 문제

를 치료에 통합하는 것에 대한 치료자의 실패와 같은 특정한 치료자 행동들은 이러한 덜 긍정적인 경험에 영향을 주는 것으로 지각되었다. 모든 참여자들은 전통적인 50분의 치료 시간에 최선을 다한 치료자들의 자발성에 감사를 표명했다. 특정한 치료자 행동과 무관하게 치료자들이 의미 있는 순간과 행동에 대한 지지를 제공한 점은 긍정적 경험을 촉진했다. (p. 212)

현상학

현상학의 목적은 "일상에서 경험하는 현상에 대한 철저한 기술(exhaustive description)을 제공함으로써, '그 자체'로서의 현상의 본질적 구조에 대한 이해에 도달하는 것"(McLeod, 2001, p. 38)이다. 현상학은 구성주의와 Edmund Husserl의 현상학적 철학 작업에 뿌리를 두고 있는 발견지향적인 질적 접근이다. 아래에서, 현상학적 접근의 역사적 발달과 주요 원리들을 사례 연구와 함께 소개할 것이다.

현상학은 Edmund Husserl의 현상학적 철학 작업에 뿌리를 두고 있다. 그 이후, 사회과학자들(예: Giorgi, Moustakas, Polkinghorne)이 그 기조를 따라 Husserl의 작업을 철학에서 심리학 또는 사회학적 연구로 옮겨왔다. 지난 수십 년 동안, 현상학에 대한 다양한 접근들이 개발되었다(예: 경험적 · 심리학적 현상학, 발견적 현상학, 실존적 현상학, 사회적 현상학, 반성적 · 초월적 현상학, 대화적 현상학)(Creswell, 1998 참고). 심리학에서 현상학적 운동과 현상학적 연구와 다른 질적 방법들 간의 비교에 관한 검토는 Wertz(2005)의 연구를 참고하면 된다.

다양한 현상학적 접근들이 있지만, 대다수의 현상학적 연구자들은 몇 가지 지침을 따른다. Creswell(1998)은 5개 영역으로 이 지침을 요약하고 있다. (1) 철학적 관점과 판단 중지(epoche), (2) 연구 질문과 생생한 경험, (3) 규준에 기초한 표집, (4) 현상학적 자료 분석, (5) 생생한 경험의 본질적, 불변적 구조(또는 정수). 이 5개 영역을 아래에 기술했다.

철학적 관점과 판단 중지 현상학적 접근을 채택하는 연구자들은 기본 철학에 대해 철저한 이해가 있어야 한다. 왜냐하면 철학적 가정이야말로 연구 질문과 조사 기법의 형성에 가장 큰 영향을 미치기 때문이다(Creswell, 1998; McLeod, 2001). 현상학적 연구를 시작하기 전에, 연구자들은 신선하고 오염되지 않은 관점을 갖기 위해 현상에 대한 느낌, 가정, 기존 과학 지식, 그리고 판단 그 어떤 것이든 모두를 점검하고 치워 놓아야 한다. Wertz(2005)는 현상학을 기술하면서, "과학적 앎은 연구문제에 대한 신선하고 편향되지 않은 기술로부터 시작된다"(p. 167)라고 주장했다. 연구자는 이 과정을 상세히 기록해야 한다. 이러한 방략을 Husserl은 '에포케(epoché)'라고 명명했는데, 그는 현상학적 연구자들은 자신의 모든 가정들에 대해 의문을 갖고 괄호 치기(bracket)를 해야 한다고 제안했다.

이러한 과정은 특정한 현상에 대한 기존의 지식을 넘어 새롭고 의미 있는 이해를 드러내기 위한 것이다(McLeod, 2001). 현상학적 연구에서, 이것은 지속적인 과정으로서 결과를 제시할 때 기술한다.

현상학적 접근을 설명하기 위해 Røseth, Binder와 Malt(2013)가 수행한 연구를 살펴볼 것이다. 이 연구는 "여성 우울증에 대한 포괄적인 현상학적 이해"(p. 155)를 목적으로 하고 있다. 저자들은 우울증의 성차에 초점을 둔 연구들이 있고 몇몇 질적 연구들이 성차에 따른 우울증의 문화적 구성을 기술하기는 했지만, "여성이 경험하는 우울증의 본질적 의미 구조"(p. 155)를 조사한 연구가 수행된 적이 없었음을 지적했다.

Røseth 등(2013)은 자신들의 연구가 Husserl(1962)의 작업에 기초하고 있음을 명확히 밝혔다. 저자들은 논문 155~157페이지에 자신들의 철학적 관점과 판단 중지를 매우 자세히 기술했다. 이들은 또한 자신들이 연구 과정에 관여하면서 문화적 존재로서 자신에 대한 이해에 기초했음을 보여주었다.

연구 질문과 생생한 경험 현상학적 연구의 핵심 연구 문제는 살아있는 인간 세계이다("삶의 세계는 사회적으로 공유되면서도 개인들 각자의 관점에 의해 파악된 구조적 전체로서 스스로를 드러낸다.", Wertz, 2005, p. 169). 현상학적 연구의 연구 질문은 개인의 살아있는 일상 경험을 이해하고 그러한 경험이 개인에게 어떤 의미를 갖는지를 탐구하기 위해 개발된다(Creswell, 1998). 자료는 대개의 경우 개방형 인터뷰나 "지시문에 따른 글쓰기 작업"(Wertz, 2005, p. 171)에서 연구 참여자가 제공한 글이나 언어 반응들을 통해 얻어진다. 인터뷰를 통해 수집된 자료는 일반적으로 관심 현상과 관련된 참여자들의 경험의 본질을 포착하기 위해 포괄적인 질문을 사용한다. 질문의 목적은 단순히 경험의 본질을 기술하기 위한 것이다(의미를 구성하거나, 이론을 개발하거나, 해석하기 위한 것이 아닌).

규준에 기초한 표집 규준에 기초한 표집은 두 가지 규준을 충족하는 참여자를 선발하기 위해 현상학적 연구에서 사용된다. 첫째, 참여자는 연구 현상을 경험해야만 한다. 둘째, 참여자는 자신의 생생한 경험을 명확히 표현할 수 있어야 한다(Creswell, 1998). 연구자가 반드시 해야 할 일은 현상을 충분히 경험한 참여자를 확인하는 것이다. 근거이론 접근과 유사하게, 현상학적 연구에 필요한 절대적인 참여자 인원이란 것은 없다. 그러나 표본 크기의 적절성을 평가하면서 Wertz(2005)는 다음과 같은 규준을 제안했다. "연구문제에 대한 비판적인 성찰과 숙고, 참여자가 위치한 삶의 세계, 자료의 질, 그리고 연구 목적과 관련되어 드러나는 발견들의 가치"(p. 171).

Røseth 등(2013)은 표본을 결정할 때 자신들이 세운 규준을 사용했다. 이 저자들은 참여자 선발에서 사용한 규준을 다음과 같이 사용했다고 기술했다.

> 우리는 노르웨이의 두 지역에서 두 곳의 정신과 외래 병원과 두 곳의 지역 보건의료기관으로부터 체계적이지 않은 방식으로 여성들을 선발했다. 지역 보건의나 치료자를 통해 후보 여성들에게 연구 참여 의사를 물었다. 연구 참여에 동의한 여성들은 추가적인 평가를 받았다. 우리는 DSM-IV-TR(APA, 1994)에 따른 주요 우울장애(major depressive disorder) 진단을 충족하는 여성들만을 포함했다. 이러한 제약하에, 우리는 주요 우울장애에 대한 다양한 경험을 가진 여성들을 선발했다. 이러한 과정을 통해, 우리는 현상에 관한 풍부한 자료 수집을 보증할 수 있는 목적적 선발을 수행했다(Polkinghorne, 2005). (p. 157)

또한 논문에서 참여자들에 대한 '풍부한(상세한)' 기술을 제공했다(예: 가족관계나 정신과 병력).

현상학적 자료 분석 Husserl은 자료 분석을 안내하기 위해 의도적 분석 절차를 개발했다. Wertz(2005)에 따르면, 의도적 분석은 "현상이 경험된 바로 그때의 상황과 그 경험이 가진 모든 다양한 의미들과 함께 시작되며" 연구자는 "생생한 상황을 통해 경험이 일어나는 과정을 명백하게 기술해야 하며", 이렇게 함으로써 "인간이 처한 상황, 그것의 의미, 그리고 그러한 의미가 만들어지는 과정에 대한 지식"을 생산해야 한다(p. 169). 의도적 분석은 판단 중지와 참여자의 생생한 경험에 대한 연구자의 공감적 이해를 통해 이루어진다. 참여자 자료로부터 얻어진 의미 단위들은 참여자 경험의 본질에 대한 기술을 위해 주제별로 분류된다.

분석 과정에서, 연구자는 지속적으로 "각 구성요소들이 전체로서의 구조를 조직하는 방식에 대한 분명한 지식을 얻기 위해 상황의 다양한 측면들과 그에 대한 심리적 과정과의 관계에 초점을 두어야 한다"(Wertz, 2005, p. 172). 그러나 앞서 언급했던 다양한 전통을 따르는 현상학적 연구자들은 다양한 분석 기법들을 제안했다(McLeod, 2001). 연구자들은 연구방법론 부분에서 자신이 어떤 전통에 따라 분석을 수행하는지를 결정해야 하며 그 분석 방법의 절차를 분명하게 기술해야 한다.

Røseth 등(2013)은 이 연구에서 자료 수집 방법으로 인터뷰를 사용했다. 세 명의 참여자들 각각은 두 번에 걸쳐 인터뷰를 했고, 인터뷰는 녹음되었으며, 곧 축어록으로 만들어졌다. 저자들은 Giorgi의 현상학적 기술 방법(1970, 2009)을 따랐으며 연구에서 사용한 현상학적 분석 접근을 상세하게 설명했다.

> 우리는 현상학적 태도를 취함으로써 연구를 시작했다. 우리는 자신의 현상에 대한 선입견을 괄호 치기하고 실존적 주장(the existential claim)을 보류했다(Husserl, 1913/1962). 현상학적 태도를 견지하면서, 우리는 인터뷰 자료를 네 개의 논리적 단계에 따라 분석했다. 첫째, 우리는 각 인터뷰의 전체 축어록을 여러 차례 읽고 전체의 의미를 파악하려고 했다. 둘째, 우리는 각 인터뷰에 대해 축어록을 의미 단위로 나누었다. 의미 단위는 참여자가 말

> 한 내용의 심리적 의미가 바뀌는 지점을 연구자가 민감하게 파악함으로써 구분된다. 셋째, 우리는 각 의미 단위를 심리학적으로 의미 있는 언어로 변환시켰는데, 상상적인 변형 작업을 통해 보다 일반적인 의미들이 확인되었다. 상상적인 변형 과정에서, 우리는 여러 개인들로부터 다양한 수준의 범주화를 시도함으로써 사실들을 아우를 수 있는 불변의 의미들을 추출하기 위해 축어록의 기술문들을 조사했다. 분석을 하는 동안, 우리는 행간을 읽고 기술문의 외현적 의미와 내현적 의미가 일치하는지를 탐색했다. 네 번째 마지막 단계에서, 우리는 세 참여자의 모든 기술문에 대한 변형된 의미 단위들을 하나의 본질적 의미 구조로 통합했다. 그러나 우리는 엄격한 선형적 방식으로 분석을 수행하지 않았다. 우리는 최종의 본질적 의미 구조가 기술될 때까지 앞뒤 단계를 움직이는 역동적 과정을 밟았다. (p. 158)

생생한 경험의 본질 현상학적 연구자들은 연구 현상의 본질을 이해하고 심리학적 환원을 달성하기 위해 본질의 직관(intuition of essence) 혹은 직관적 환원(eidetic reduction)을 사용한다. Husserl은 현상학적 연구자들의 이러한 노력을 안내하기 위해 자유로운 상상적 변형(free imaginative variation)이라는 절차를 개발했다. 자유로운 상상적 변형은 "본질을 파악하고자 하는 현상의 구체적 예를 가지고 시작해서 본질적 특성을 우연적이거나 부수적인 특징들과 분별하기 위해 모든 가능한 방식으로 상상력을 동원하여 그 현상을 변형시킨다" (Wertz, 2005, p. 168). 분석의 전 과정 동안, 연구자는 현상의 본질과 이러한 본질의 예외를 이해하기 위해 모든 가능한 각도에서 현상을 조사해야 한다. 관심 현상의 철저한 기술은 참여자 자료로부터 의미 있는 진술을 추출하여, 의미를 형성하고, 원 자료의 주제들을 분류함으로써 이루어진다(Creswell, 1998). 철저한 기술은 독자들에게 생생한 경험의 본질을 이해시키고 현상의 통합적 구조를 표현하기 위해 사용된다.

Røseth 등(2013)은 자료로부터 나타난 본질 의미구조를 확인하기 위해 분석을 실시했다. 그들은 본질 의미구조를 다음과 같이 기술했다.

> 희망과 감정적 흥분 상태로 시작했던 임무는 역효과를 가져왔고 포기할 수 없다는 느낌은 그녀에게 상당한 고통이 된다. 꽤 오랜 시간 동안 이러한 부정적 상황에 정체된 느낌을 경험하면서, 그녀는 이런 상황을 해결할 수 있는 개인적 자원이 결여되었음을 발견한다. 그녀는 자신의 상황에 대한 다른 사람들의 냉담한 태도에 크게 영향을 받고 불확실한 느낌, 그리고 의심과 과도한 걱정에 빠져든다. 그녀는 다른 사람들의 느낌이나 판단에 매우 민감하여 자신의 느낌이나 판단을 경시하고 인정하지 않는다. 과도한 책임감이 수치심과 죄책감과 함께 동반되었고, 이는 과거의 부정적인 경험을 다시 불러일으킨다. 고통스러운 상황 변화에 대한 절망감에도 불구하고, 그녀는 타인들의 정서적 안녕감에 대한 깊은 책임감을 느낀다. 그녀의 임무는 자신의 목표를 달성하는 것, 다른 사람들의 요구를 만족시키는 것, 자신의 강렬한 수치심과 죄책감을 진정시키는 것이다. 그러나 이 임무는 그녀가

자신의 고통과 부정적인 감정들을 무시함으로써 성취된다. 결과적으로 이렇게 무시한 부정적인 감정들이 제멋대로 커져서 그녀가 생각지도 못했던 위협적인 방식으로 그녀를 압도한다. 메스꺼움, 피로, 슬픔, 공황 발작 또는 초조, 불면. 점점 더 그녀는 자신이 요구하거나 받아들였던 책임들을 수행할 수 없었고, 이에 따라 수치심과 죄책감의 무게는 더 무거워진다. 마음속 깊이 자신의 상황이 공정하지 않다는 느낌은 그녀를 좌절시켰고 다른 사람들과의 관계에 부정적인 영향을 미친다. 이는 다시 더 많은 죄책감을 낳는다. 결국 그녀는 자신의 감정적 고통에 격렬하게 빠져듦으로써 삶의 파탄을 경험한다.

저자들은 다음으로 본질 의미 구조의 전체 모습을 설명하기 위해 여섯 가지 상호 관련된 본질적인 의미 성분들을 기술했다. (1) 임무의 정체, (2) 타인의 고통과 부정적 판단에 대한 민감성, (3) 과거 죄책감과 수치심에 대한 현재의 통제, (4) 체화된 감정의 무시, (5) 불공정한 느낌과 분노, (6) 위협적인 소외된 정서에 빠져듦 – 한계점. 이러한 여섯 가지 성분들의 기술을 통하여, 저자들은 참여자들의 이야기에 담긴 주제들에 관한 풍부한 기술을 제공했다. 이러한 성분들 중의 하나는 다음과 같이 기술되었다.

— 임무의 정체. 여성들은 처음에는 개인적 임무를 착수하기로 선택하지만, 상황은 점차 매우 힘들게 바뀌고 덫에 걸려 정체된 느낌을 경험한다. 스트레스와 부정적인 감정에도 불구하고, 그들은 자신의 임무를 포기할 수 없다고 생각한다. 실패감은 더 많은 죄책감을 불러오고, 이는 여성들이 자신의 '임무'를 성취하도록 더욱 강하게 다그치지만, 그럴 만한 여력은 부족하다.

'Christine'은 아이의 아버지와 재결합했으며 관계에 매우 전념했다. 재결합 후 얼마 지나지 않아, 그녀의 파트너와 그의 가족은 심각한 위기를 겪었다. Christine은 예기치 않게 자신이 과거의 트라우마와 부정적인 삶의 환경의 덫에 걸려있다는 것을 발견하며 파트너와의 '새로운 출발'의 상실을 비통해 한다. "다시 함께 사는 것은 분명 엄청나게 어려운 일이에요. 그래서 우리는 이런 위기를 극복해야만 해요." 그녀의 개인적 임무는 헤어짐을 피하는 것이며, 그녀의 파트너와 그의 부모들과의 트라우마 상황을 극복하고 사는 것이다. "내가 강해져서 가족의 일원이 되고, 그와 그의 가족을 지지하기 위해서는, 우리는 항상 함께 대화를 해야만 해요." "나는 벌어지는 일에 대해 무언가를 해야만 합니다." 그녀는 그들의 정서적 안녕에 대한 책임을 느끼며 그들을 도울 수 있는 유일한 사람은 자신이라고 믿는다. "우리는 그들에게 가장 가까운 사람이고 가장 가까운 친척일 뿐더러, 그들이 가까이 다가올 수 있는 거의 유일한 친척이에요. 당신은 내가 말하는 것을 이해할 수 있나요?" 그녀가 그녀의 파트너와 그의 가족, 그리고 또한 그녀 자신을 돕기 위해서 할 수 있는 일이 없다는 것을 알게 될 때 그녀는 절망감을 느낀다.

지난 5, 6년 동안 'Eve'는 회사를 성공시키기 위해 과도하게 일을 해왔으며, 2년 전 회사는 법인 회사로 확장되었다. 그녀의 임무는 성공하는 것이었으며 그녀와 회사의 공동 소

> 유자들이 추락하지 않도록 하는 것이었다. 사업에 대한 깊은 책임감을 느끼면서, 그녀는 다른 사람이 했어야 할 일까지 떠맡았다. 일에 몰두하는 것은 그녀가 골치 아픈 생각들로부터 잠시나마 벗어날 수 있게 해주는 효과도 있었다. 공동 소유자들은 사업이 성공했다고 믿었지만, 그녀는 회사가 성공에 필요한 재정적 자원이 부족하다고 느꼈다. 그녀는 재정적 불안정성이 자신이 감당하기에는 너무 크다고 생각하여, 공동 소유자들의 의지에 반하여, 사업을 종료하기로 결정했다. 과도한 일의 스트레스에 더하여, 그녀는 또한 자신이 실패했으며 결국 다른 사람들의 부정적인 평가에 직면하게 되었다고 느꼈다.
>
> 'Josephine'은 사회적으로 인정받지 못하는 일, 즉 백화점에서 일하는 것을 위해 사회적으로 인정받는 일, 즉 학업을 중단하기로 결심했다. 하지만 다른 사람들로부터 인정받지 못하는 상황은 자신의 선택에 대한 불안, 의심, 혼란을 불러왔다. 그녀의 임무는 다른 사람들의 인정을 받기 위해 그리고 죄책감을 줄이기 위해 열심히 일해서 직무상의 요구를 충족시키는 것이었다. 열심히 일한 덕분에 그녀는 빠르게 승진해서 그녀의 동료였던 사람들이 그녀의 부하직원이 되었다. 처음에는 진정성 있게 선택했던 백화점에서 일하는 것은 점차 부정적이고 스트레스로 가득 찬 '감옥'으로 변해갔으며, 그녀는 이런 상황을 성공적으로 조절할 수 없다고 느꼈다. (pp. 160 – 161)

논의 부분에서, 저자들은 현상학적인 최신 연구 문헌들을 활용하여 이 연구에서 드러난 본질 의미 구조에 대한 풍부하고 확장된 논의를 전개했다. 우울증을 가진 세 여성의 경험에 대한 풍부한 기술은 연구되지 않았던 현상에 대한 새로운 지식을 제공했다. 저자들은 자신들의 작업을 다음과 같이 요약하며 논의를 마쳤다.

> 이 연구의 공헌점은 우울증의 정서와 심각한 민감성의 역할을 명료화하기 위해 정서적인 몸(emotional body)이 어떤 영향을 주는지를 밝혔다는 점이다. 남성에 비해 여성들이 우울증에 취약한 이유를 여성들의 정서성과 과잉민감성 때문이라고 주장하는 이론들과 가설들을 가진 문헌들은 너무나도 많다. 예를 들어, 우울증에 관한 유행하는 이론들은 우울증에서의 역기능적인 정서조절 능력에 초점을 맞춘다. 우리의 분석은 죄책감과 수치심이 정서적 드라마의 중심 무대를 차지하고 있으며, 정서들은 몸에 기초하고 있음을 보여준다. 우리 연구의 여성들은 과도하게 일하거나 그들이 깊이 헌신하고 있는 개인적 임무에 과도한 관여를 하고 있다. 사회적 무대에서 부정성에 직면했을 때, 그들은 이를 불공정한 것으로 판단하며, 그들의 타인에 대한 자연스럽고, 병들기 이전의 민감성은 고통스러운 감정의 소용돌이에 빠지게 됨으로써 역설적이게도 그들을 타인들과 단절시키고 또한 자신을 집어 삼키는 자신의 몸으로부터도 소외시킨다. 다르게 말하자면, 그들은 자신의 고통스런 정서적 몸을 무시하고 경시하며, 이를 취약함의 원인으로 본다. 점차, 그들의 정서적인 몸은 길을 잃고 장애가 된다. 궁극적으로 여성들은 소외되고 위협적인 정서적 몸속으로 빠져들 수밖에 없다. 우울증에 굴복하는 것이다. (p. 175)

저자들의 방법, 분석 결과, 및 추론에 대한 상세한 설명은 독자들이 자료로부터 해석이 도출되는 방식을 이해하도록 도왔다. 현상학적 연구들의 보다 많은 실례들은 Wertz (2005), McLeod(2001), 그리고 《현상학적 심리학 저널(Journal of Phenomenological Psychology)》에서 찾을 수 있다.

합의적 질적 연구

합의적 질적 연구(Consensual Qualitative Research: CQR)는 여러 명의 연구자들 간의 합의 과정을 통하여 사례들 간의 결과의 대표성을 체계적으로 조사하는 방법이다. 이것은 상담심리학자들에 의해 개발된 상대적으로 최근의 조사 방법이다(Hill, Thompson, & Williams, 1997). 아래 부분에서, 우리는 CQR의 개발과 그 패러다임의 기원을 설명하고 연구 과정에 내재된 중요한 절차들을 요약할 것이다.

CQR을 개발하면서, Hill 등(1997)은 근거이론(Glaser & Strauss, 1967; Strauss & Corbin, 1990), 포괄적 과정 분석(Elliott, 1989), 현상학적 접근(Giorgi, 1970, 1985, Hill et al., 1997), 여성주의이론들(예: Fine, 1992; Harding, 1991, Hill et al., 1997)로부터 원리들을 차용했다. Hoshmand는 CQR의 초기 안내문에서 Hill 등(1997)이 "CQR의 공용 과정(communal processes)이 기초한 철학적 관점을 분명하게 설명하지 않았다."(p. 601)고 지적했다.

이와 같이, CQR은 일종의 "포괄적(generic)" 질적 접근으로 기술되어왔다(McLeod, 2001, p. 147). 2005년, Hill과 동료들은 존재론, 인식론 및 방법론 간의 간극을 연결하기 위해 CQR의 철학적 입장을 자리매김하고자 시도했다. CQR을 개발한 목적은 사용하기 쉬우면서도 엄격한 분석을 보장하는 설계를 개발하는 것이었다(Hill et al., 2005). CQR은 탈실증주의적 패러다임에 기초하여 결과물에 대해 유사통계와 수량화된 분류를 사용하며, 실재에 대한 다양한 관점이 있다는 가정에 근거한 구성주의자-해석학적 패러다임에 따라 연구팀은 자신들의 관점들로부터 의미를 확인하는 결정을 한다.

이러한 조사 방략을 채택한 질적 연구자는 패러다임에 기초하여 자신의 연구를 수행하도록 강력히 고무된다. 예를 들어, Wang과 Heppner(2011)에 의해 수행된 한 연구에서, 연구자들은 아동기 성적 학대를 당한 대만 생존자들의 경험에 대한 CQR 연구의 패러다임을 다음과 같이 기술했다.

> 이 연구는 여성주의 패러다임에 근거하고 있으며, 합의적 질적 연구법(CQR; Hill et al., 2005; Hill, Thompson, & Williams, 1997)을 조사 방략으로 활용했다. 일반적으로, 질적 패러다임은 상대주의자적 존재론(사회적, 개인적으로 구성된 다중의 실재), 교류적 인식론(앎의 주체와 앎의 대상 간 상호 엮인 관계), 대화적 · 해석학적 방법론(지식은 참여자와 연구자 간의 대화와 상호작용을 통해 구성된다)(Guba & Lincoln, 1998)을 가정한다. 이

연구는 성 불평등의 해소, 연구와 사회적 지지를 통한 여성과 주변 집단에 대한 힘 실어주기, 사회적 · 제도적 권력(거시적 체계)과 인간 행동(미시적 체계)을 연결하는 중간 체계(meso-system)에 대한 이해, 그리고 연구 과정에서 사회정치적 맥락의 힘과 연구자가 속한 집단의 영향력에 대한 비판적 반성을 강조하는 여성주의 패러다임(Maguire, 1987; Olesen, 2000)에 기반하고 있다. 여성주의 질적 연구자는 자신을 연구자이자 학습자로 간주하고, 자신의 전문적 기술을 연구에 가져와 참여자의 관점을 이해하려고 노력한다(Renzetti, 1997).

우리는 여성주의 패러다임의 협동적 관점을 실행하기 위해 CQR 방법(Hill et al., 2005, 1997)을 사용했다. CQR과 여성주의이론은 모두 개방적인 대화, 현상의 공유된 이해를 향한 연구자들의 협동, 합의 과정에 영향을 주는 권력 차에 대한 인식, 그리고 참여자를 경험의 전문가로 간주하는 과정을 통해 합의에 도달하는 자유로운 방식을 강조한다(Hill et al., 1997; Hoshmand, 1997). Durham(2002)의 권고에 따라, 아동기 성 학대의 영향을 조사하기 위해 이 연구에서는 민감한 실천가 연구방법론(a sensitive practitioner research methodology. 예: 인터뷰나 억압적이지 않은 연구 실제)을 채택했다. 아동기 성 학대 생존자들은 자신들과 관련된 주제들에 관한 대화에 참여하도록 격려되었으며, 연구자와 참여자는 협력하여 이 프로젝트의 성공에 공헌했다. (Wang & Heppner, 2011, p. 396)

CQR은 상담심리학에서 가장 흔히 사용되는 질적 연구 설계들 중의 하나가 되었지만,

표 16.4 CQR 사용을 위한 권고사항

고려사항	권고사항
합의 과정	1. 연구자들은 자신의 느낌과 불일치를 개방적으로 토론해야 한다. 2. 연구자들 간 인터뷰에 대한 불일치가 발생했을 때, 모든 사람이 인터뷰 녹음을 들어야 한다.
편견	1. 방법 부분에서 인구학적 변인들과 주제에 대한 느낌/반응을 기록하라. 2. 한계점 부분에서 편견의 영향을 토론하라. 3. 전 과정에 걸쳐 연구팀 간의 편견을 자유롭게 토론하라. 4. CQR을 포함하여, 논문 검토자들은 편견은 연구의 자연스러운 일부라는 점을 인식할 필요가 있다.
연구팀	1. 일차 팀을 결성 또는 교체하는 것은 가능하다. 2. 모든 팀의 구성원들은 모든 자료에 깊이 몰입해야 한다. 3. 일차 팀은 적어도 세 사람으로 구성해야 한다. 4. 팀 구성원의 교육 수준은 주제의 추상성을 다룰 정도가 되어야 한다. 5. 더 큰 권위를 가진 팀 구성원은 '전문가 지위'를 주장해서는 안 된다. 6. 권력 문제는 자유롭게 토론되어야 한다. 7. 과도한 영향력을 줄이기 위해 발언 순서를 교대하라.
팀 구성원 훈련	1. 훈련 전에, Hill 등(1997), 발간 논문, 사례 연구들을 읽으라. 2. 방법을 학습하는 데 어려움이 있다면 전문가의 조언을 받으라. 3. 방법 부분에 훈련 절차를 기술하라.

표 16.4 CQR 사용을 위한 권고사항(계속)

고려사항	권고사항
표본	1. 주의 깊게 확인된 동질적인 모집단으로부터 참여자들을 무작위로 선정하라. 2. 연구 현상에 대해 매우 많이 알고 있는 참여자를 선정하라. 3. 1~2회의 인터뷰가 사용된다면 8~15명의 참여자를 선발하라.
인터뷰	1. 문헌을 리뷰하고 인터뷰 프로토콜 개발을 전문가와 상의하라. 2. 시간당 대략 8~10개의 개방형 질문을 포함하라. 3. 참여자의 경험을 더 듣기 위해 추수 인터뷰를 고려하라. 4. 인터뷰 프로토콜을 개선하기 위해 예비 인터뷰를 몇 차례 실시하라. 5. 신참 인터뷰 실시자를 훈련하라. 6. 이상적으로, 각 인터뷰 대상자는 적어도 두 번 인터뷰해야 한다.
자료 수집	1. 자료 수집 방식을 원하는 자료와 연구의 목적에 맞게 합치시키라. 2. 인터뷰에서의 반응을 기록하라. 다음 인터뷰 전 녹음을 검토하라.
영역	1. 축어록 혹은 '시작 목록'으로부터 영역을 개발하라. 2. 일차 팀 전체가 처음 몇 사례들에 대해 자료를 영역에 코딩한다. 나머지 코딩은 한 연구자가 실시하고 팀이 검토한다.
핵심 개념	1. 참여자들의 말을 사용하라. 해석적인 분석을 피하라. 2. 일차 팀 전체가 처음 몇 사례에 대해 핵심 개념을 개발한다. 나머지 핵심 개념들은 한 연구자가 개발하고 팀이 검토한다. 혹은 일차 팀 전체가 함께 영역을 코딩하고 핵심 개념을 생성한다.
교차 분석	1. 자료를 분류하기 위해 빈도 라벨을 사용하라. **일반적**(general)은 모든 사례 혹은 1사례를 제외한 모든 사례, **전형적**(typical)은 과반수 이상에서 일반적 하단까지, **변동적**(variant)은 2사례 이상에서 전형적 하단까지. 15사례 이상이 포함될 경우, **드문**(rare)은 2–3사례에 적용된다. 단일 사례에 적용되는 결과는 기타 범주에 위치시키고 결과와 표에는 포함하지 않는다. 2. 하위표본들을 비교할 경우, 만약 적어도 두 빈도 범주 이상의 차이를 보인다면(예: 일반적 대 변동적) 하위 표본들의 결과는 **다르다**(different). 3. 해석을 하면서 지속적으로 원 자료를 언급하라. 4. 간결하고 깔끔한 상태에 도달할 때까지 교차 분석을 계속하여 수정하라. 5. 대부분이 변동적 혹은 드문 범주들이거나 기타 항목들이 많을 경우, 교차 분석을 수정하라(예: 범주의 결합, 표본의 분할, 혹은 추가적인 자료 수집) 6. 교차 분석에 대해 다른 사람들로부터 피드백을 받아라.
감사	1. 영역과 핵심 개념의 감사는 내부 혹은 외부 감사 모두 적절하지만, 교차 분석에 대해서는 적어도 1명의 외부 감사를 두는 것이 바람직하다. 2. 숙련되지 않은 연구자를 위해, 감사가 자료의 적절한 분류를 확신할 수 있을 때까지 수정 작업을 검토하는 것이 도움이 된다. 3. 감사는 인터뷰 지침 검토에 관여해야 한다.
안정성 점검	안정성 점검[Hill 등(1997)의 제안에 따르면, 교차 분석 시점에 두 사례를 보류해놓음]은 실시되지 않을 수 있지만, 다른 확실성의 증거가 제시되어야 한다.
결과 도표화하기	결과를 도표화하거나 다른 방식으로 시각화하는 것이(예: '망' 혹은 범주들을 조직화한 도해) 도움이 된다.
결과와 토론 작성	1. 교차 분석의 모든 범주들이 표에 포함되어야 하지만, 적어도 일반적, 전형적 범주들은 결과 부분에서 완전하게 기술되어야 한다. 2. 인용이나 핵심 개념이 결과를 설명하기 위해 사용될 수 있다.

표 16.4 CQR 사용을 위한 권고사항(계속)

고려사항	권고사항
결과와 토론 작성	3. 사례 예는 영역에 걸친 결과들을 설명하는 데 유용하다. 4. 토론 부분에서, 의미 있는 방식으로 결과들을 조합하여 이론을 개발한다.
참여자 검토	인터뷰 축어록과 결과 기술을 참여자에게 제공하다.

주: CQR = 합의적 질적 분석
출처: Adapted from Hill et al., 2005.

상대적으로 이외의 학문에서는 사용되지 않는다. 근거이론, 현상학, 포스트모던 접근법들과 달리, CQR은 연구자가 주의 깊게 따라야 하는 네 영역을 제시하고 있다. 이 영역들은 (1) 연구자, 연구자 편견 및 연구팀의 훈련, (2) 참여자 선정, (3) 인터뷰(자료 수집)와 축어록 작성, (4) 자료 분석 절차이다. 이들 각각이 표 16.4에 제시되어 있으며 다음 부분에서 논의될 것이다.

연구자, 연구 편향, 연구팀의 훈련 Hill 등(1997)은 연구자들을 명확히 기술하는 것이 중요하다고 강조했는데, 이는 CQR의 자료 분석이 연구팀 구성원들의 합의적 과정에 의해 이루어지기 때문이다. 연구자들은 팀 구성의 다양한 가능성을 분명히 고려할 필요가 있으며 팀 구성원의 선발에 신중을 기해야 한다. 팀 선발은 구성원들 간의 권력 차이, 전문지식, 및 각 구성원에게 요구되는 관여 수준들을 확인한 후 이루어져야 한다. 자료 수집과 분석 과정이 시작되기 전, 연구자들은 인터뷰 및 자료 분석에 대한 적절한 훈련을 받아야 한다. 모든 연구자들이 자신의 편향에 대해 괄호 치기(옆으로 내려놓기)를 함으로써 신선한 시각으로 자료에 접근해야 하며 자료가 스스로 '말하도록' 해야 한다. 연구자들은 자기반성 작업을 통해 독자들이 "마음속에 이와 같은 지식을 갖고 결과를 평가할"(Hill et al., 2005, p. 197) 기회를 제공할 수 있다.

Wang과 Heppner(2011)가 수행한 연구는 CQR의 좋은 실례를 보여준다. 연구자들은 중국의 사회문화적 맥락에서 대만 아동기 성 학대(childhood sexual abuse: CSA) 생존자들의 대처와 회복 과정을 이해하고자 했다. 연구자들은 논문에서, CQR팀을 구성한 저자들의 배경과 경험을 명확히 보여주었다.

> **연구 도구로서의 연구자** 제1저자는 대만/중국 여성으로서 중국어와 영어 모두 능통하며 연구 보조원 중의 한 사람과 함께 북경어로 모든 인터뷰를 진행했다(예외적으로 참여자 한 사람은 자신의 아동기 성 학대 경험에 대해 '매우 부끄러워'했기 때문에 제1저자와만 인터뷰하기를 원했다). 제2저자는 유럽계 미국 남성으로 30년 이상 미국의 여성의 권리 운동과 남성의 권리 운동 모두를 연구해왔다. 그는 이 연구의 모든 단계에서 자문을 제공했다.

> 제1저자는 여러 해 동안 아동기 성 학대 생존자들과 작업한 경험이 있으며 질적 연구방법론을 사용한 연구 논문들을 출판한 경력이 있다. 그녀는 연구팀에 참여시킬 26명의 상담/임상심리학 전공 학부 혹은 대학원생을 선발했다.
>
> 팀은 다음 네 개의 연구 보조원 집단으로 구성되었다. 자료수집팀(여성 15명, 남성 1명), 인터뷰/축어록팀(여성 8명), 자료분석팀(여성 3명) 및 감사팀(여성 6명). 팀 구성원들 중 일부는 한 집단 이상에 관여했다. 팀 구성원 중 1명(감사 1명)을 제외하고는 모두 연구 기간 중 대만에서 거주했다. 자료수집팀 구성원들은 연구 전단지를 대만 전역과 다양한 웹사이트에 홍보했다. 인터뷰/축어록팀 구성원들은 한 개 또는 두 개의 인터뷰를 관찰하고, 현장 노트에 메모를 하고, 자신들이 관찰한 인터뷰의 축어록을 풀었다. 제1저자와 2명의 다른 대만 여성(1명은 대만의 상담심리학 과정 중인 학부 학생이며, 1명은 미국 대학의 임상심리학 석사 학위를 가진 상담자로서 연구 기간 임상가로서 대만에서 일하고 있었다)은 이 연구의 분석팀을 이루었다. 또한, 성폭력 문제에 전문지식을 가진 2명의 상담심리학자(1명의 남성과 1명의 여성이며 모두 유럽계 미국인)는 자료 분석 과정의 자문 역할을 제공했다.

Wang과 Heppner(2011)는 모든 연구팀 구성원들이 받은 훈련 또한 기술했다. 그들은 자료 분석 결과에 대해 연구자들의 가정이 미치는 영향을 줄이고 집단 역동을 모니터하기 위해 몇 단계의 훈련을 실시했다(예: 현장 노트와 반성 일지에 자신들이 관찰한 것과 성찰한 것들을 기록하기, 실제 자료 수집 이전에 발견할 것으로 예상하는 것들에 대한 가정을 토론하기).

참여자 선발 합의적 질적 연구는 규준 표집법(a criterion-based sampling method)을 사용하며, 참여자 선발 규준을 명확히 기술한다. 이 방법은 관심 현상에 대한 깊은 경험을 가졌고 연구 목적에 부합하는 의미 있는 정보를 제공할 수 있는 참여자를 선발할 수 있게 한다. 일반적으로, CQR에서는 8~15명의 사례가 집중적으로 연구되는데, 이는 (1) 이 정도의 표본 크기가, 비록 적기는 하지만, 일반적으로 연구자가 사례들 간의 변동성과 일관성을 조사할 수 있는 충분한 사례를 제공하며, (2) 대개의 경우 추가 사례들은 최소의 새로운 정보를 제공하기 때문이다(Hill et al., 1997).

예를 들어, Wang과 Heppner(2011)는 참여자들을 선발하고 인터뷰하는 과정을 기술했다. 그들은 연구 전단지를 보고 연구자를 찾아온 10명의 대만 여성들을 인터뷰했다. 어린 시절 성 학대를 당했다고 자신을 소개한 참여자들은 연령(20~39세), 교육 수준(학부에서 석사 학위까지), 전공(심리학, 상담, 간호학, 사회복지 · 사회사업, 재활, 영어 및 철학)에서 다양했다. 성 학대가 시작된 나이도 다양했으며(3~12세) 학대 기간 또한 다양했다(1회에서 9년). 대부분의 가해자는 가족 친척이었으며, 나머지는 아는 사람들이었다.

인터뷰(자료 수집)와 축어록 일반적으로 CQR 연구에서, 자료는 1시간의 인터뷰 동안 8~10개의 질문들로 구성된 개방형의 반구조화된 인터뷰를 통해 얻어진다(Hill et al., 2005). 인터뷰 프로토콜은 문헌 리뷰, 관심 모집단과의 대화 및 연구자의 개인적 판단에 기초하여 작성된다(Hill et al., 2005). 인터뷰 지침이 적절한지를 평가하기 위해 예비 인터뷰가 수행된다(Hill과 동료들은 적어도 두 차례의 예비 인터뷰를 권고한다). 실제 인터뷰는 전화나 대면으로 수행될 수 있다. 덜 일반적이기는 하지만, CQR에서 자료 수집을 위해 설문지나 이메일이 사용되는 경우도 있다(Hill et al., 2005 참고). 인터뷰 직후, 연구자는 나중에 자료 분석에 도움이 될 수 있는 메모(예: 인터뷰 참여자의 인상, 회기의 흐름에 대한 코멘트)를 기록해야 한다. 인터뷰가 완료되면, 누락된 정보와 제거된 불필요한 비언어적 표현('음', '아')이나 삽입어('알다시피')를 확인하면서 축어록을 풀어야 한다.

예를 들어, Wang과 Heppner(2011)는 연구 목적에 맞는 반구조화된 인터뷰 프로토콜을 개발했다. 저자들 중 1명(Wang)이 문헌과 자신의 판단에 기초하여 인터뷰 프로토콜을 개발했다. 연구팀과 대만에서 아동기 성 학대 생존자들과 일하는 상담자/심리학자들이 인터뷰 프로토콜을 검토했다. 1명의 아동기 성 학대 생존자와 예비 인터뷰를 실시하고 그의 피드백을 반영하여 프로토콜을 수정했다. 예비 인터뷰는 참여자의 관점에서 인터뷰 질문의 적절성과 타당성을 조사하고 연구자가 예상하지 못한 중요한 문제를 발견하기 위해 수행되었다. 모든 인터뷰는 면대면으로 실시되었다. 인터뷰는 곧바로 축어록으로 필사되었고, 각각의 축어록은 참여자들에 의해 정확성을 점검받았다. Wang과 Heppner(2011)의 논문에 인터뷰 절차가 매우 자세히 기술되었고 인터뷰 질문의 예가 제시되었다.

자료 분석 절차 Hill 등(1997)은 최근 개정된 단계적 자료 분석 절차를 설명했다(Hill, 2012). 그들은 6개의 연속적인 단계로 구성된 자료 분석 절차를 제안했다. 이 단계들은 (1) 영역 확인, (2) 핵심 개념 요약, (3) 교차 분석을 통한 범주 구성, (4) 분석 결과 감사, (5) 결과 안정성 점검, (6) 결과 도표화이다.

자료 분석은 문헌, 자료 또는 문헌과 인터뷰 자료의 조합으로부터 모아진 영역들을 '출발 리스트'로 하여 시작된다. 영역들은 자료를 코딩하기 위해 사용된다. 다음으로, 참여자들의 말을 표현하는 핵심 개념이 확인된다. 이 지점에서, 연구팀은 교차 분석을 사용하여 사례 간의 핵심 개념들이 범주로 묶일 수 있는지를 조사한다. 범주는 표본의 빈도에 따라 일반적, 전형적 혹은 변동적으로 명명된다.

자료 분석의 전 과정 동안, CQR은 연구팀이 합의를 위한 토론을 하도록 요구한다. 이 과정은 "상호 존중, 평등한 관여, 권력의 공유에 달려있다"(Hill et al., 1997, p. 523). 연구팀 간의 편향에 대한 토론 또한 자료 분석의 전 과정 동안 필요한데, 이는 분석이 부정적으로 영향받지 않는다는 것을 확증하기 위한 것이다. 감사 또는 평정자(연구팀의 내부와 외부 모두)는 상세한 피드백을 제공하며, 외부 감사는 특히 자료에 대한 신선한 관점을 가져다준다는 점에서 필요하다. Hill 등(2005)은 연구자들이 안정성 점검을 위해 분석 전 단계에서 두 개의 사례를 남겨둘 것을 권고했다. 이들 두 개의 사례는 사례로부터 나온 자료가 전 단계의 분석에서 확인된 범주에 적합한지와 자료 포화가 달성되었는지를 점검하기 위해 사용된다. 마지막으로, 결과는 발견한 것들을 시각적으로 표현하기 위해 빈도에 따라 도해화된다. Hill(2012)은 연구자들이 표나 '망'의 형태(조직화된 다이어그램)로 결과를 도해화함으로써 효과적으로 정보를 제시하고 자료들이 연결된 방식에 대한 독자의 가독력을 높이라고 주장했다.

CQR의 지침에 따라, Wang과 Heppner(2011) 연구의 분석팀은 자료를 독립적으로 코딩하고 영역, 핵심 개념 및 교차 분석을 통해 개발한 범주에 관한 합의를 위해 만났다. 6명의 감사들은 자료 분석팀의 작업을 검토했고, 연구팀은 감사의 피드백에 대해 토론하고 그것을 최종 결과에 통합했다. 이 연구에서 발견된 것들은 CQR의 권고에 따라 표 16.5와 그림 16.3에 도해화되고 요약되었다.

전반적으로, Wang과 Heppner(2011)의 연구 참여자들은 자신의 학대 이후 대처와 회복 과정을 기술했다. 특히, 참여자들은 중국의 사회문화적 맥락과 가치가 자신과 외상 사건, 자신들을 향한 타인들의 지각과 태도, 자신들의 대처 방식과 그 결과에 어떻게 영향을 미치는지를 설명했다. 자료로부터 생성된 범주들은 참여자들로부터 직접 인용된 말을 사용하여 묘사되고 논의되었다. 다음은 범주와 인용문이 포함된 영역 중 하나를 기술한 것이다.

자기와 타인 평가 두 개의 일반적 범주가 이 영역에서 나타났다. 첫째, 모든 참여자들은 학대 이후 자신에 대해 부정적인 평가를 해왔다고 보고했다. 성적 학대의 심각도와는 무관하게, 참여자들은 자신의 신체가 물리적으로 손상되었다고 느꼈다고 보고했다. 실제 학대가 일어난 시점에 그들은 어린이었음에도 불구하고, 참여자들은 또한 처녀성의 상실 또는 임신에 대한 공포를 경험했다고 말했다. 많은 참여자들이 학대에 관해 자신을 비난했다. 예를 들어, 한 참여자는 성적 학대를 폭로하지 못한 것에 대해 자신을 '겁쟁이'로 생각했으며, 그렇게 함으로써 자신이 '범죄를 저지르도록' 가해자와 공모했다고 느꼈다. 다른 여성은 학대가 일어난 후 자신에 대한 수치심과 분노를 느꼈다고 보고했으며 아동 성 학대 사건이 스스로에 대한 부정적인 평가, 대처 방식 그리고 적응에 어떻게 영향을 주었는지를 기술했다.

> 아동기 이래 내가 해결해야 했던 모든 문제들은 서로 연결되어있어요. …… (성 학대 때문에) 나는 두렵고, 수치스럽고, 분노로 가득차서 강박적인 성행위를 통해 힘을 얻고 긴장을 풀려고 했어요. …… (이 모든 문제들은) 정말로 나를 괴롭혔고 나는 성장하는 여러 단계에서 이 모든 문제들을 다루느라 너무 많은 시간과 에너지를 낭비했어요. …… 나는 왜 (삼촌이 나를 학대했을까)를 생각했고 나 자신에게 더 화가 나기 시

표 16.5 군집, 영역, 범주 및 빈도

군집 Ⅰ: 아동기 성 학대 스트레스

1. 아동기 성 학대 사건
   a. 성적 노출의 정도(G)
   b. 신뢰가 깨짐(G)
   c. 신체적 · 언어적 강압과 모욕적 메시지(T)
2. 관계적 맥락
   a. 사건 사전–사후의 가족 관계(G)
   b. 사건 사전–사후의 가족 외 대인관계(G)
   c. 사건 후 애정 관계(G)

군집 Ⅱ: 문제 평가

1. 자신과 타인 평가
   a. 부정적 자기평가(G)
   b. 부정적 타인과 관계 평가(G)
2. 사회문화적 맥락과 관련된 평가
   a. 처녀성, 순결 및 성역할 기대와 관련된 한쪽 성에 국한된 스트레스(G)
   b. 부모와 학교로부터의 부적절하고/하거나 부정확한 성교육(G)
   c. 전통적 가족 가치와 관련된 스트레스(G)
   d. 아동기 성 학대와 관련된 사회적 낙인과 문화적 미신(G)
   e. 대중매체에서 아동기 성 학대에 관한 부정적 묘사(T)
   f. 법률 제정에서의 좌절과 지원 부족(T)
   g. 아동기 성 학대에 대한 태도에서 세대차(T)
   h. 아동기 성 학대 생존자들에 대한 부적절한 공적 · 사회적 자원(V)
   i. 부적절한 전문적 자원 및 전문적 도움 추구와 관련된 수치심(V)
   j. 아동기 성 학대 생존자들의 사회경제적 지위(V)
   k. 아동기 성 학대에 대한 태도에서의 지리적 차이(V)

군집 Ⅲ: 대처 방략과 결과

1. 효과적인 장기적 결과를 가져온 건설적인 대처 전략들
   a. 힘을 북돋아주는 타인들(G)
   b. 인지적 처리와 긍정적 자기강화(G)
   c. 긍정적 인지 재구조화와 수용(T)
   d. 긍정적 정서 또는 신체 운동의 촉진(T)
2. 단기적 완화는 되나 비효과적인 회피 · 분산 대처 방략
   a. 단기적 자기은폐(G)
   b. 즉각적인 자기손상 결과는 없는 긴장 감소나 분산 대처 활동들(G)
   c. 부인(G)
   d. 환상 · 소망적 사고(T)
   e. 환경 자극으로부터의 회피 또는 거리 두기(T)
3. 비효과적인 장단기 결과를 가져오는 파괴적 대처 방략
   a. 고통 견디기 그리고 장기적 자기은폐(T)
   b. 의도적인 자기파괴 행동(T)
   c. 즉각적인 자기손상 결과를 가져오는 긴장 감소나 분산 대처 방략(T)
4. 효과적 결과를 가져오는 도움 추구
   a. 정신건강 전문가에게 자기개방 또는 도움 추구(G)
   b. 가족에게 자기개방 또는 도움 추구(V)
   c. 종교적 또는 영적 활동에 참여(V)
   d. 친구에게 자기개방 또는 도움 추구(V)
   e. 로맨틱 파트너에게 자기개방 또는 도움 추구(V)
   f. 비(非)정신건강 전문가에게 자기개방 또는 도움 추구(V)
5. 비효과적인 결과를 가져오는 도움 추구
   a. 가족에게 자기개방 또는 도움 추구(G)
   b. 정신건강 전문가에게 자기개방 또는 도움 추구(T)
   c. 로맨틱 파트너에게 자기개방 또는 도움 추구(T)
   d. 종교적 또는 영적 활동에 참여(V)
   e. 비정신건강 전문가에게 자기개방 또는 도움 추구(V)

군집 Ⅳ: 심리사회적 적응

1. 부정적 적응 결과
   a. 증상 발현(일반적인 외상 후 반응 및 성적 어려움)(G)
   b. 자기비하(G)
   c. 대인관계 어려움(G)
   d. 가해자에 대한 분노와 공포(G)
2. 긍정적 적응 결과
   a. 자기인정과 힘 실어주기(G)
   b. 긍정적 대인관계와 지지(G)
   c. 증상 완화와 해결(T)

주: G = 일반적(9–10 사례), T = 전형적(6–8 사례), V = 변동적(2–5 사례)

출처: Table adapted from Wang and Heppner, 2011, p. 339.

그림 16.3 교류적 · 생태학적 대처 모형

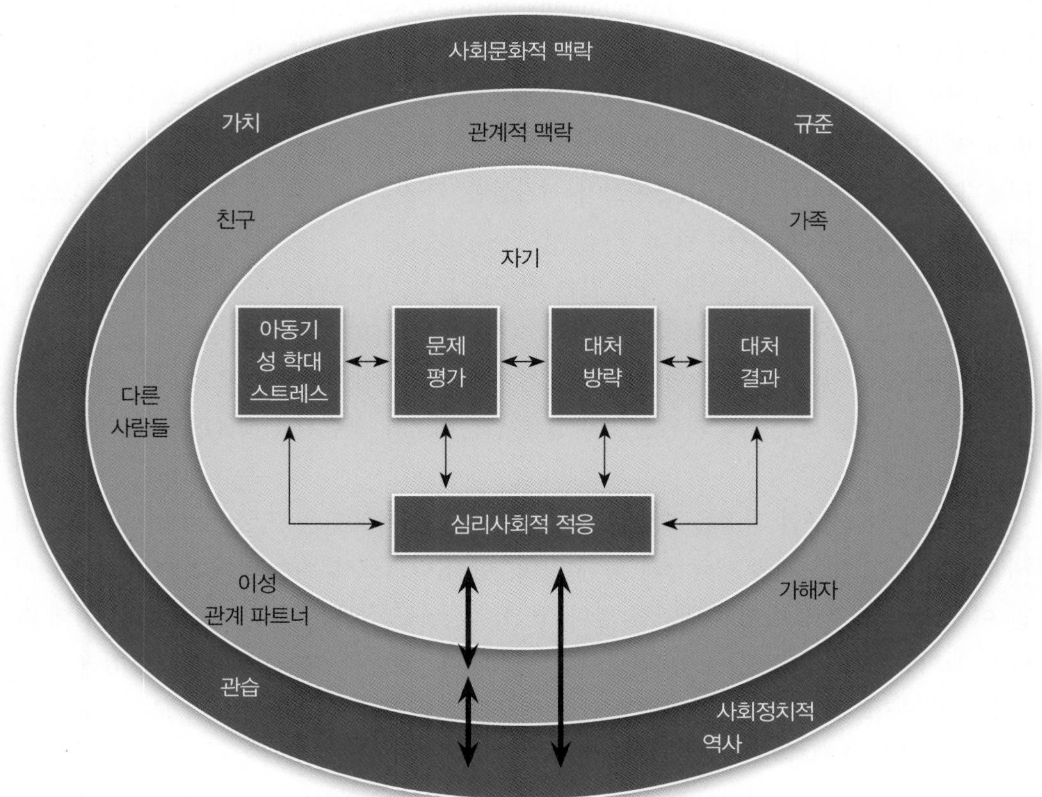

출처: Figure adapted from Wang & Heppner, 2011, p. 404.

> 작했어요. …… (나는 내가 성폭력을 당한 이유를 생각했어요.) 내가 너무 귀여워서 …… 내가 너무 순응적이어서 …… 어리석어서 …… 나는 내가 성 학대에서 완전히 회복됐다고 느낄 날이 올지 어쩔지 모르겠어요. …… 어렸을 때, 나는 스스로를 추하고, 망가진 인형이라고 자주 생각했어요. …… 망가진 기계제품. (Wang & Heppner, 2011, p. 400)

이런 방식으로, Wang과 Heppner(2011)는 각 범주를 설명하기 위해 인터뷰로부터의 인용문이나 핵심 개념을 사용하라는 CQR의 절차를 따랐다(예: Hill et al., 2005). 또한, 그들은 독자들이 범주들 간의 관계를 이해하도록 돕기 위해 표나 그림과 같은 결과물들의 시각적 표현을 사용했다.

참여적 행위 연구/지역사회 기반 참여 연구

상담과 상담심리학 내에서 널리 퍼지고 있는 비판이론 혹은 비판적 · 이념적 패러다임 내에 포함되는 몇 가지 연구 접근들이 있다. 참여적 행위 연구(participatory action research: PAR)와 지역사회 기반 참여 연구(community-based participatory research: CBPR)가 그러한 접근이다. 이 두 가지 접근은 비판이론과 구성주의의 영향을 받고 있다. 이 접근들은 민주적 참여의 가치를 연구 설계에 불어넣으며 개인들 혹은 지역사회를 대상으로서가 아니라 함께 연구를 수행하는 주체로 참여시키는 연구에서 최적의 접근(설계라기보다는)으로 고려된다. 실제로, 이 두 가지 접근에서 참여자들은 연구 과정의 각 단계에서 입력 정보를 제공하는 공동 연구자로 간주된다.

참여적 행위 연구와 지역사회 기반 참여 연구는 모두, 연구 과정은 사회 변화의 한 기제이며(Schwandt, 2001), 연구 목적은 연구 참여자와 지역사회의 역량을 강화하는 작업이라는 신념을 갖고 있다. 강화된 역량을 통해 참여자들은 억압에서 해방으로 나아갈 것으로 기대한다. 이러한 접근들의 기원은 브라질에서 문해력과 관련된 Freire(1970)의 작업으로 거슬러 올라간다.

참여적 행위 연구의 과정을 요약하면서, Kidd와 Kral(2005)은 "당신은 어떤 문제에 의해 영향을 받고 있는지를 사람들과 함께 알며, 한 집단으로서 무슨 일이 일어나고 있는지를 이해하며, 그것에 대해 무언가를 한다"(p. 187). 연구 질문은 연구 프로젝트의 형태 속에서 사회적 행위를 촉발하는 대화로부터 생성된다. 의미는 연구자와 목표 모집단 간에 구성되며, 목표 모집단의 구성원들은 공동 연구자로서 자료 수집과 분석의 모든 단계에서 통합적 역할을 수행한다(Kidd & Kral, 2005).

참여적 행위 연구와 지역사회 기반 참여 연구는 작업의 다양한 단계에서 서로 다른 패러다임을 끌어온다는 점을 이해하는 것이 중요하다. 예를 들어, 프로젝트 확인의 초기 단계에서, 연구자(들)은 상당한 시간을 지역사회 구성원들과의 관계를 형성하는 데 들인다. 시간이 지나면서, 대화를 통해 연구 질문이 나타난다. 이런 식으로, 연구자와 지역사회 파트너들은 연구 질문을 확인하기 위해 **구성주의자** 관점 및 **비판적-이념적** 렌즈를 활용한다. 질문과 연구 수행에 사용되는 방법의 특성에 따라, 실제 자료 수집과 분석 과정은 질적 방법뿐 아니라 양적 방법을 사용할 수도 있다. 그러나 연구의 전 과정을 통해, 연구자와 지역사회 파트너들은 자료의 의미를 구성하고 공동체와 정책 수준의 변화에 영향을 주기 위한 방법을 결정하는 데 있어 **구성주의자** 및 **비판적-이념적** 렌즈를 활용하여 지속적인 대화를 나눈다.

연구자의 자기반성은 절대적으로 중요하다. 연구자는 프로젝트의 전 과정 동안 공동체 내에서 적극적으로 상호작용하며, 연구자의 사회 정의 가치는 분명하고 직접적으로 탐색될 필요가 있다. 연구가 지역사회에 속해있고 연구자가 이해 당사자들이 미래를 향해 나아가도록 자급 능력을 개발하려 한다면, 연구자의 역할은 의도적으로 시간에 대한 민감성을 갖도록 설계된다.

행위지향 연구의 시간 집중적이고 복잡한 특성 때문에, 하나의 연구만을 사례로 사용하는 것은 문제가 될 수 있는데, 이러한 형태의 연구는 종종 여러 해에 걸쳐 확장되며, 어떤 저작물은 연구 또는 그 결과의 일부만을 담고 있기 때문이다. 이런 이유로, 우리는 지역사회 기반 참여 연구와 관련된 다양한 단계들을 설명하기 위한 사례 연구로서, 지구 승무원 연구 (the Earth Crew Study)로 불리는, 지역사회 기반 참여 연구에 대한 Vásquez, Minkler와 Shepard(2006)의 기술을 활용했다. 이 사례 연구는 독자들에게, 시간에 걸쳐, 연구뿐 아니라, 연구 참여자와 지역사회와 직접 관련된 정책에 영향을 미치는 이와 같은 연구 접근의 능력을 이해할 수 있는 기회를 제공한다. Vásquez 등(2006)은 지구 승무원 연구를 WE ACT ["환경 건강 정책, 공공 건강 및 삶의 질 증진"(p. 103)을 목적으로 하는 맨해튼 북부에 있는 비영리 단체]와 환경 건강을 위한 콜롬비아 아동 센터 간의 협동 프로젝트로 기술했다. 지구 승무원 연구는 한 지역사회의 건강과 안녕에 대한 공해의 영향에 의문을 갖고 있던 지역사회 파트너와 가진 대화의 결과로 시작되었다. 연구자와의 파트너십을 통해, 그 지역사회 공동체와 학술 파트너들은 이해 당사자로서 지역사회 청년들을 유급 인턴으로 참여시키는 연구를 기획했다. 연구의 목적은 한 지역사회에서 배기가스로 인한 인도의 디젤 배출 입자 농도를 조사하는 것으로서, 이 지역사회는 다양한 문화적 배경을 가지고 있으며 장애, 천식 및 조기 사망률에서 불균형을 보인 곳이었다(Vásquez et al.). 연구자들은 이 지역사회의 서로 다른 네 장소에서 작업했다. 각 장소의 연구자들은 유급 청년 파트너들에게 멘토링과 연구 관련 훈련을 제공했다. 유급 청년 인턴들은 공기 모니터가 든 배낭을 짊어지고 자료 수집을 지원했다(Vásquez et al.). 지역사회 기반 참여 연구의 방법론에 따라, 연구의 전 과정 동안, 공동 학습이 일어나기를 기대했고 실제로 그렇게 되었다. Vásquez와 동료들은 이러한 공동 학습의 특별한 사례를 아래와 같이 요약했다.

> 한 학술 연구자는 하나의 예로서 지역사회 구성원의 정보를 통해 환경 모니터의 배치를 다시 생각하게 되었다고 기술했다. 지역사회 구성원들은 공기 모니터를 학교 옥상에 설치하려는 학술 연구자들의 결정에 의문을 제기하면서, 아동들이 호흡을 하는 창문 밖에 공기 모니터를 배치할 것을 제안했다. 이 학술 파트너는 이 사례에 대해 다음과 같이 논평했다.
>
> > 우리는 과학자로서 가정들을 세우지만 그것이 자연스런 상황에 적합한지를 재고하지 못하는 경우가 있습니다. 내 생각에 지역사회 주민들은 신선한 관점으로 문제를 바라보기 때문에 가정들에 의문을 가질 수 있으며, 이것은 실제로 더 나은 연구를 위해 도움을 줄 수 있습니다. 지역사회 구성원들은 우리가 생각하지 못했던 방식으로 상황에 들어맞는 제안을 합니다.
>
> 요약하면, 지역사회 파트너들이 연구 질문을 생성하고 연구 설계에 조언을 제공하는 데 참여하고, 청년 인턴들이 연구 수행에 광범위하게 관여한 것은 이 지역사회 기반 참여 프로젝트의 연구에 상당한 공헌을 한 것으로 나타났다. (p. 104)

지역사회 기반 참여 연구 방법에 따라, 연구자들과 지역사회 파트너들은 자료를 분석하고 연구 결과를 출판하는 데서 멈추지 않았다(Vásquez et al., 2006). 그 대신, 그들은 지역사회와 구성원들에게 실제적인 영향을 줄 수 있는 정책 수준의 변화를 이끌어낼 수 있는 방법을 찾았다. Vásquez 등(2006)은 이러한 변화를 위한 노력의 과정에서 발생할 수밖에 없는 "좌절"(p. 105)을 기술했다. 저자들은 논문의 105~107페이지에 이를 상세히 기록했다. Vásquez, Minkler와 Shepard(2006)는 다음과 같이 진술했다. "정책 입안 과정은 비선형적으로 진행되며 변화하는 사회역사적 맥락 속에서 영향을 받는다"(p. 105). 저자들은 프로젝트의 이해 당사자들이 정책 수준의 변화를 추구하면서 밟았던 몇 가지 단계들을 기술했다. 이 중 한 가지는 연방 교통부에 항의를 제기하는 것이었다.

Vásquez 등(2006)은 그들의 논문의 논의에서 지구 승무원 연구로부터 얻은 많은 성공들을 강조했다(예: 연구 결과들이 지속적으로 다른 연구들에서 인용된 점, 지역의 버스가 '친환경 디젤'로 교체된 점, 지속적인 지역사회 기반 공기 모니터링이 그 지역사회에서 시작되었다는 점). 저자들은 또한 이 프로젝트의 성공에 공헌한 것으로 확인된 몇 가지 요인들을 기술했다, 여기에는 다음과 같은 것들이 포함된다.

> WE ACT 프로젝트의 강력한 지역사회 기반, 공동 연구의 과학적 신뢰성, 강력한 정책 연맹들, 그리고 주의 깊은 배경 작업과 방략적 기획. 파트너들 간의 상호 신뢰와 존중 관계 및 지역사회 파트너의 효과적인 대중 매체 활용 또한 WE ACT 파트너십과 정책 변화 노력에 가시적인 공헌을 한 것으로 나타났다. (p. 108)

또한, Vásquez 등(2006)은 지역사회 기반 참여 연구 혹은 다른 행위 기반 연구 접근에 내재된 어려움들을 검토했다. 예를 들어, 저자들은 지역사회 기반 연구 접근을 할 때 지역사회에서 일어나는 신뢰성 있는 과학과 지역사회 행위 간의 긴장에 대해 기술했다. 지구 승무원 연구에서는 이러한 긴장을 관리하기 위해, 연구의 모든 단계에서 공동학습이 강조되었다. 예를 들어, 구조화된 워크숍과 모든 파트너들 간의 비공식적인 대화가 전 과정에서 강조되었다. Vásquez와 동료들은 연구 개시 전 관계를 형성하고 연구에 포함된 다양한 문제들과 논점들에 대한 동의를 얻기 위해 많은 시간을 들였다고 말했다. 그들은 이러한 과정이 이 프로젝트의 성공을 위해 중요한 요인이라고 믿었다. 예를 들어, 학술 파트너 중의 한 사람은 다음과 같이 말했다. "많은 노력과 에너지가 필요했다. 당신이 그것을 하려고 한다면, 제대로 하시오. ……"(p. 108).

지역사회 기반 행위 연구를 수행할 때 요구되는 시간을 고려하면, 프로젝트의 모든 단계에서 모든 이해 당사자들 간에 공정한 자원의 배분을 고려하는 것이 필요하다. 지구 승무원 연구에서, 주의를 기울였던 자원 배분 문제 중 하나는 연방정부 보조금의 신청과 수령 문제였다. WE ACT(지역사회 단체)가 우선 수령자였다(Vásquez et al., 2006). 또한, 어떤 지역사회 기반 행위 연구 접근은 연구자와 모든 프로젝트 이해 관계자들이 모든 이해 관계자들에 대한 발생 가능한 위험을 적극적이고 일상적으로 고려해야 한다. 지구 승무원 연구의 경우, 법원 제소는 결국 많은 긍정적 결과들을 가져왔다(예: 디젤 리더십팀과 지역사회 거주자와의 분기 회의). Vásquez와 동료들은 모든 프로젝트 이해 당사자들은 그와 같은 행동을 개시하기 전 모든 관여된 당사자들에게(예: 지역사회, WE ACT 단체, 학술 파트너 및 청년들) 그 행동이 가져올 수 있는 잠재적인 위험들을 신중하게 고려할 책임이 있음을 지적했다.

요약 및 결론

이 장에서, 우리는 질적 연구의 정의와 기초 패러다임을 토론했다. 질적 방법론과 관련된 미신과 사실 또한 탐색했다. 때로, 우리는 질적 연구가 양적 연구에 비해 더 쉽거나 덜 전문적이라는 잘못된 생각으로 질적 연구를 수행하는 학생들을 만나곤 한다. 엄격한 질적 연구는 분명 양적 연구와는 다르다. 그러나 연구의 수고나 숫자를 회피하기 위해 질적 접근을 선택한다면 실망할 것이다. 질적 연구는 많은 시간이 필요하고 진지한 사고를 요구하는 작업이다. 현장 노트나 필사본의 의미를 생각하면서, 본질적으로 모호한 자료를 이해하려고 하면서, 그리고 쓰고, 쓰고, 또 쓰면서 밤을 새울 각오를 해야 한다.

이 장은 질적 연구의 표면만을 훑었을 뿐이다. 이 주제에 관해 많은 책이 저술되었고, 질적 연구의 단지 하나의 특정 방략에 대한 학습을 위해 전체 교재가 쓰일 수도 있다. 이 장에서, 우리는 독자에게 질적 연구의 특징, 네 가지 조사 방략의 개요, 일반적 방법, 질적 연구 설계의 엄격성을 평가하는 기준, 그리고 더 깊이 질적 연구를 공부하려는 사람들을 위한 참고 문헌을 제공하고자 했다.

마지막으로, 우리는 학생들이 진행 중인 질적 연구팀을 찾아 자원봉사자로 참여해볼 것을 추천한다. McLeod(2001)의 주장과 같이, 우리는 **방법론** 자체보다는 질적 연구자들의 **개인적 자질들**(예: 진실성, 인내력, 그리고 모호함과 싸울 수 있는 자발성과 능력)이 연구에 더 큰 공헌을 할 것으로 믿는다. 숙련된 질적 연구자들과 도제식으로 질적 연구 수행 경험을 해보는 것은 방법론적 기술을 연마하는 것뿐 아니라, 이러한 중요한 개인적 자질들을 개발하는 데 도움이 될 수 있다.

촉진 질문

네 가지 질적 연구들을 분석하기

아래의 연습들은 독자들이 질적 방법론과 다양한 조사 방략들에 익숙해지는 데 도움을 주기 위한 것이다.

1. 근거이론, 현상학, 합의적 질적 연구, 혹은 참여적 행위 연구/지역사회 기반 참여 연구 접근을 활용한 네 편의 출판된 논문을 아래 학술지에서 찾아라. 《근거이론 리뷰(Grounded Theory Review)》, 《현상학적 심리학 저널》, 《상담심리학 저널》, 《질적 심리학(Qualitative Psychology)》. 이 논문들을 읽고 네 논문들 각각에 대해 아래 질문들에 답하라.
   a. 저자들은 자신의 연구에 어떠한 특정 패러다임(철학적 전통)을 적용했는가?
   b. 저자들이 채택한 패러다임은 문헌 리뷰의 결론, 연구 질문(들), 의도한 목적(들) 및 조사 방략에 부합하는가?
   c. 어떤 조사 방략이 채택되었는가? 저자들이 활용한 조사 방략에 상응하는 자료 수집 방법과 분석 절차를 써보라.
   d. 저자들은 참여자들, 사건의 맥락, 조사 현상에 대한 자신들의 관점에 관해 '풍부한 기술'을 어떻게 제공했는가?
   e. 저자들은 자신들이 발견한 것과 결과의 해석을 어떻게 제시했는가?
   f. 연구의 신뢰성을 확보하기 위해 저자들은 어떤 방법을 활용했는가?
2. 네 가지 논문들에 관한 앞의 질문들에 답하고 난 후, 당신의 답들을 비교하고 대조하라. 그다음, 당신의 연구 질문을 답하는 데 도움을 줄 수 있는 흥미 있는 주제와 조사 방략을 선택하라. 이 방략을 활용하여 연구를 설계하라. 이러한 유형의 질적 접근에 대해 더 많은 지식을 제공해줄 수 있는 많은 출판물들을 찾아서 읽어라. 적절한 패러다임, 연구 방법과 설계, 분석 절차, 기대되는 결과를 기록하라.

17 CHAPTER 혼합 방법 설계: 질적 설계와 양적 설계의 만남

혼합 방법 연구는 명칭에서 알 수 있듯이, 단일 연구에 질적 방략과 양적 방략 모두를 사용한다(예: Creswell, 2011; Greene, Caracelli, & Graham, 1989; Teddlie & Tashakkori, 2011). 혼합 방법 설계는 질적 설계와 양적 설계의 강점을 활용하고 각 접근과 관련된 약점을 최소화한다. 혼합 방법 설계는 연구자가 질적 혹은 양적 접근에서만 전통적으로 사용했던 자료 수집, 분석, 및 해석 방략을 함께 활용할 기회를 준다.

혼합 방법 설계가 엄격한 질적 또는 양적 설계와 비교하여 상대적으로 새로운 설계이기는 하지만, 이 설계는 특히 상담이나 상담심리학 연구에서 사용하기에 상당히 적합할 수 있다. 과학자와 전문가로서의 지향과 훈련을 받은 우리는 정기적으로 양적 자료와 질적 자료 모두를 활용하려는 경향을 가지고 있다. 이 책 전반을 통해 우리가 논의해왔던 것처럼, 정신건강 전문가들은 내담자의 개인적이고 고유한 경험에 깊게 조율하는 방식으로 내담자와 만나도록 기대된다. 동시에, 우리는 또한 우리의 치료적 개입이 과학적 문헌에 의해 지지됨을 보증할 수 있어야 한다. 여러 면에서, 혼합 방법 설계는 깊고 미묘한 수준에서뿐 아니라 보다 '객관적' 수준에서도 현상과 개인을 이해하려는 과학자와 전문가로서의 우리의 지향에 부응할 수 있을 것이다.

이 장은 혼합 방법 설계에 대한 논의를 제공한다. 첫째, 혼합 방법 연구의 정의와 핵심 특징들이 제시될 것이다. 다음으로 우리는 혼합 방법 설계를 활용하는 데 있어 이점과 난점들을 기술한다. 다음으로 우리는 상담과 상담심리학 연구에서 혼합 방법 설계를 선택하려는 몇 가지 이유들을 확인해볼 것이다. 마지막으로, 우리는 혼합 연구 설계의 다섯 가지 단계를 설명할 것이다. 여기에서는 연구 과정의 핵심 요소들을 기술한다. 우리는 상담과 상담심리학 문헌에서 나온 두 개의 최근 혼합 방법 연구 사례의 개요를 제공함으로써 이 장을 마칠 것이다.

혼합 방법 연구의 정의

혼합 방법 연구는 양적 방법과 질적 방법의 뒤를 이어 "세 번째 방법론 운동"(Tashakkori & Teddlie, 2003, p. 5)으로 불린다. 혼합 방법에 대한 논의는 1950년대 말에 시작되었지만, 1980년대 후반이 되어서야 연구자들은 공식적으로 혼합 방법 연구를 기술하기 시작했다(Creswell, 2011 참고). 이 시기에, 다양한 학문 분야(예: 사회학, 경영학, 간호학, 교육학)의 학자들은 질적 방법과 양적 방법을 결합하는 방식을 놓고 씨름을 했다(Creswell & Plano Clark, 2011). 이러한 논의를 통해, 학자들은 양적 및 질적 방법을 결합하는 방법 그리고 혼합 방법의 이점과 난점들을 다루는 실제적인 제안들을 기술하기 시작했다.

지난 40여 년 동안, 혼합 방법 연구에 대한 많은 정의들이 제안되었다. 이러한 정의들은 방법, 철학 및 설계의 강조점들이 서로 다르다(예: Greene, Caracelli, & Graham, 1989; Johnson, Onwuegbuzie, & Turner, 2007; Greene, 2007; Patton, 1990; Tashakkori & Creswell, 2007). Patton(1990)은 혼합 방법을 "양적 결과라는 뼈에 살을 붙이고, 심층적인 사례 정교화를 통해 양적 결과에 생명을 불어넣는"(Patton, 1990, p. 132) 작업으로 기술했다. 또 다른 정의로서, Hammersley(1996)는 연구자들이 "……각 방법의 약점을 상쇄시킬 수 있는 토대 위에서"(p. 167) 양적 및 질적 방법 모두를 통합하는 방법론적 절충주의의 역할을 강조했다.

Teddlie와 Tashakkori(2011)는 나중에 방법론적 절충주의를 확장하여 혼합 방법 설계의 사용을 고려할 때 연구자의 자질과 신중한 연구 질문의 중요성을 강조했다. 그들은 이와 같은 정의를 제공했다.

> 우리에게, **방법론적 절충주의**(Methodological eclecticism)는 관심 주제에 대한 보다 완전한 조사를 위해 **질적, 양적 및 혼합 방법으로부터 가장 적절한 기법들을 선택하고 이를 상승적으로 통합하는 것이다.** 방법론적 절충주의를 채택한 연구자는 **방법들의 감정사로서** 조사 기간 동안 빈번하게 진화하는 연구 질문에 답하는 데 활용할 수 있는 최고의 기법들을 지식(그리고 종종 직관)을 통해 선정하는 사람이다. (p. 286, 고딕체는 원본에서 유지)

이와 같이, Teddlie와 Tashakkori는 자료 원천에 대한 깊고 넓은 이해와 확증 모두를 제공하기 위한 혼합 방법 연구의 유용성과 연구자의 특성을 강조했다.

Creswell과 Plano Clark(2011)은 혼합 방법 연구자의 핵심 특성을 다음과 같이 기술했다. 혼합 방법 연구자는 다음과 같다.

- 양적 및 질적 자료(연구 질문에 기초한) 모두를 설득력 있고 엄격하게 수집하고 분석한다.
- 두 가지 형태의 자료에 대해서 한 자료가 다른 자료의 토대를 제공하거나 또는 한 자

료 안에 다른 자료를 끼워 넣음으로써 두 가지 자료를 순차적으로 결합(혹은 합병)해서 동시에 두 자료를 혼합(혹은 통합 혹은 연결)한다.

- 하나 혹은 두 가지 형태 모두의 자료에 우선권을 준다(연구의 강조점이 무엇인가에 따라).
- 하나의 단일 연구 혹은 한 연구 프로그램의 여러 단계에서 이러한 절차들을 사용한다.
- 철학적 세계관과 이론적 렌즈에 맞게 이러한 절차들을 사용한다.
- 이런 절차들을 특정 연구 설계의 연구 수행 계획에 결합한다. (p. 5)

따라서 연구자가 혼합 방법 설계를 활용하기 위해서는 질적 및 양적 설계, 분석, 해석 기법에 관해 다양한 기술과 지식을 가지고 있어야 한다.

혼합 방법 설계의 이점과 난점

혼합 방법 연구는 연구자에게 복잡한 연구를 설계하고 다양한 철학들을 활용할 것을 요구한다. 이처럼, 이 설계는 연구자에게 많은 이점들을 제공하지만 독특한 어려움들도 부과한다. 아래 장에서 우리는 상담과 상담심리학 연구에서 혼합 방법 설계를 활용하는 데 있어 몇 가지 이점과 난점들을 개략할 것이다.

혼합 방법 연구 수행의 이점

혼합 방법 설계의 몇 가지 이점이 있다. 앞서 기술했듯이, 혼합 방법은 연구를 여러 가지 면에서 강화시켜준다. 질적 및 양적 접근 모두를 사용하는 것은 연구자들이 두 방법 중 하나만을 사용하는 연구와 비교하여 관심 연구 질문을 설명하는 데 있어 더 나은 증거를 가질 수 있도록 해준다. 예를 들어, 연구자들은 질적 및 양적 자료 모두를 수집함으로써 자료의 삼각 검증을 할 수 있다. 16장에서 기술했듯이, 삼각 검증은 하나의 출처에서 나온 자료가 다른 출처의 자료를 통해 검증되고 결합되는 과정을 말한다. 연구 질문을 설명하기 위해 한 가지 이상의 방법을 사용하는 것은 조사 현상에 대한 이해 능력을 강화하고, 보다 폭넓고 깊이 있는 연구 질문을 생성할 수 있게 한다. 혼합 방법 연구는 양적 또는 질적 방법 단독으로는 접근하기 어려운 사람들을 포함하여, 폭넓은 청중들에게 호소할 수 있는 이점을 가진다.

또한, 혼합 방법 연구 설계의 활용은 한 가지 설계에만 의존했을 때 내재된 편향이나 결함을 피할 수 있도록 도와준다. 특별히, 양적 설계는 내적 타당도가 높고 일반화 가능성이 높은 연구를 제공한다. 질적 설계는 연구 질문에 대한 깊이 있고 미묘한 의미를 탐색하도록 해준다. 혼합 방법 설계는 이 두 가지 모두를 제공한다. 이와 같이, 연구자는 혼합 방법 연구를 통해 엄격한 질적 또는 양적 설계를 단독으로 사용했을 때 나타날 수 있는 약점들을 상쇄할 수 있다. 예를 들어, 단일 방법 편향(mono-method bias)과 단일 조작 편향(mono-operational bias)을 줄일 수 있으며 다양한 형태의 타당도를 증대시킬 수 있다(7장 참고).

나아가, 혼합 방법 설계의 사용은 우리 연구의 문화적 적합성(cultural appropriateness) 증대를 위해 사용될 때 특히 가치 있었다. 예를 들어, 우리는 질적 인터뷰를 통하여 어떤 질문이나 개념들은 특정한 문화 집단 구성원들에게는 적용되지 않는다는 것을 알게 되었다. 또한, 16장에서 기술했듯이, 질적 방법은 특정 문화적 집단의 특정한 현상의 본질을 이해하는 데 있어 출발점으로 활용될 수 있다. 혼합 방법 설계를 활용하는 것은 연구자가 이러한 초기의 발견을 확장하여 특정 가설을 생성함으로써 양적 자료 수집과 분석을 통해 이를 검증할 수 있도록 해준다.

어떤 저자들(예: Creswell & Plano Clark, 2011)은 혼합 방법 연구는 엄격한 질적 또는 양적 설계의 단독 사용에 비해 보다 실제적인 면에서 연구자들에게 유익하다고 주장했다. 다른 말로 하면, 혼합 방법 설계는 연구자들이 다양한 연구 방법들(예: 설계, 자료 수집 기법, 자료 분석)을 사용할 수 있도록 허용한다. 연구자들은 다양한 형태의 자료들을 수집하고 분석하는 데 있어 더 큰 유연성을 가질 수 있으며, 이러한 자료들을 결합함으로써, 연구 질문에 대해 가장 적절한 대답을 할 수 있다.

혼합 방법 연구는 또한 개별 연구자들 간의 연결과 협동을 촉진하는 다리를 제공할 수 있다. 특정한 설계 또는 자료 분석에 전문성을 가진 연구자들은 서로 협동함으로써 보다 넓은 렌즈를 갖고 연구에 임할 수 있다. 어떤 연구자들(예: Hanson et al., 2005)은 혼합 방법 연구를 수행하기 위해 팀 접근이 사용될 수 있으며, 이는 다양한 전문 지식을 가진 연구자들이 연구에 공헌할 수 있게 해준다고 주장했다. 이와 같이, 연구자들의 협동은 연구 문제에 대한 전문성을 강화하고, 보다 심층적인 연구 수행과 폭넓은 청중들에게 호소력 있는 연구 결과를 가능하게 한다.

혼합 방법 연구 수행의 난점

혼합 방법 연구 설계는 연구자가 고려해야 할 고유한 난점들 또한 갖고 있다. 이러한 난점들은 우선적으로 연구자들에게 요구되는 지식의 정도, 혼합 방법 연구를 어렵게 만드는 자원 조달 요인들, 출판 또는 전파 관련 문제, 그리고 혼합 방법 설계 사용 시 요구되는 비용과 시간 투자 등과 관련된다. 우리는 이러한 난점들 각각을 간단히 검토할 것이다.

이 책 전반에 걸쳐 논의했듯이, 양적 연구와 질적 연구는 서로 다른 기술을 요구한다. 예를 들어, 질적 연구자들은 적은 범위의 자료로부터 연구 질문에 대한 심층적이고 미묘한 이해를 도출하는 데 숙련되어야 하고, 이러한 자료들을 통합하는 기술이 필요하다. 반면, 양적 연구자들은 수집된 자료의 분석에 기초한 추론을 이끌어낼 수 있도록 강력한 내적 타당도를 갖는 대규모 연구 설계에 숙련될 필요가 있다. 따라서 혼합 방법 연구자는 양쪽 접근 모두에 능숙해야 한다(특히 개별 연구자가 연구팀의 일원으로 작업하는 상황이 아니라면). 양적 및 질적 연구 설계 모두에 대한 전문성을 개발하는 것은 많은 시간이 요구되며, 이는 초심 연구자들에게 난점이 될 수 있다.

혼합 방법 연구의 수행은 또한 몇 가지 자원 조달(logistical) 문제들을 가져다준다. 첫째, 혼합 방법 설계는 엄격한 질적 또는 양적 연구에 비해 더 많은 시간 투자를 요구한다(연구자는 질적 및 양적 설계 모두와 관련된 단계들을 완수해야 한다). 집중적인 시간 투자가 필요한 혼합 설계는 연구자에게 연구 프로젝트를 완수하기 위해 필요한 재정적 요구 또한 부과한다. 예를 들어, 학위나 종신 재직권을 얻기 위해 특정 기간 내에 프로젝트를 완료해야 하는 압력을 받는 대학원생들이나 젊은 학자들은 혼합 방법 연구를 시작하는 것을 망설이게 될 것이다. 또한, 혼합 방법 설계는 더 많은 재정적 자원을 요구하는 경우가 많다.

혼합 방법 조사의 설계와 수행에 내재된 복잡성을 고려했을 때, 연구자들은 혼합 방법 설계가 특정 연구문제에 적합한 방법인지를 신중하게 고려해야 한다. 실무적 측면에서, 연구자들은 혼합 방법 연구를 시작하기 전 여러 가지 질문들을 스스로에게 던져볼 필요가 있다. 완전하지는 않지만, 몇 가지 질문들을 표 17.1에 제시했다.

마지막으로, 연구자는 혼합 방법 연구의 전파와 관련된 자원조달 문제를 고려할 필요가 있다. 대부분의 저널에서 요구하는 페이지 제한은 혼합 방법 연구의 출판을 어렵게 한다. 이 장의 후반부에 논의하겠지만, 연구자들은 연구의 질적 및 양적 부분 모두를 상세하게 기술해야 한다. 비록 혼합 방법 연구에 보다 허용적인 기준을 가지고 있는 저널들이 늘어나고 있고 혼합 방법 연구의 출판만을 하는 몇몇 저널들[예: 《혼합 방법 연구 저널(Journal of Mixed Methods Research)》]이 있기는 하지만, 혼합 방법 연구의 출판 과정은 연구자들

표 17.1 연구 응용: 혼합 방법 연구 시작 전 고려할 실무적 질문

질문	(✓)
참여자 선발을 위해 필요한 재정적 자원을 가지고 있는가?	
양 연구에 필요한 (질적 및 양적) 자료 수집을 할 수 있는 시간이 있는가?	
양 연구에 필요한 자료 수집에 요구되는 기술을 가지고 있는가?	
양 연구에서 요구되는 자료 분석과 해석 기술을 가지고 있는가?	
질적 자료를 수집하고 필사하고 코딩하는 데 필요한 시간이나 자원을 가지고 있는가?	
양 연구의 자료 분석에 필요한 소프트웨어 프로그램을 가지고 있으며 사용 가능한가?	
연구 과정을 지원할 협조자 또는 다른 연구 인원을 가지고 있는가?	

이 고려해야 할 고유한 어려움들을 가지고 있다.

요약하면, 우리는 혼합 방법 설계의 사용을 고려하고 있는 연구자들이 이 설계의 이점과 난점을 고려하기를 제안한다. 우리는 연구자들이 이 설계의 이점들을 현실적으로 주의 깊게 평가해볼 것을 권한다. 6장에서 논의했듯이, 혼합 방법의 사용은 연구 질문과 분명하게 연결되어야 하며 이러한 방법을 사용하는 근거를 신중하게 생각해야 한다.

언제 혼합 방법 연구 설계를 사용할 것인가

혼합 방법 연구 수행과 관련된 이점과 문제점들을 고려할 경우, 연구자들이 혼합 방법 설계가 특정 연구문제를 다루는 데 가장 적절한 방법인지를 주의 깊게 결정하는 것이 매우 중요하다. 여러 저자들이 연구자가 혼합 방법 설계의 사용을 고려하는 다양한 이유들을 기술했다(예: Creswell & Plano Clark, 2011; Greene, Caracelli, & Graham, 1989; Teddlie & Tashakkori, 2011). 뒷부분에서 기술하겠지만, 혼합 방법은 관심 현상에 대한 이해를 깊게 할 뿐 아니라, 새롭게 떠오르는 연구 분야를 다룰 수 있는 능력을 시도하고, 개발하며, 개선하기 위해 사용된다.

새로운 연구문제들을 다룰 수 있는 능력을 시도하고, 개발하며, 개선하기 위하여

16장에서 우리는 새로운 연구 질문들을 탐색하거나 이해가 미흡한 연구 분야의 초기 이해를 개발하고자 했을 때 질적 방법이 가진 유용성을 기술했다. 따라서 연구자들은 관심 현상의 탐색을 위해 질적 방법의 사용을 선택할 수 있다. 이러한 초기 지식을 얻은 후, 연구자는 양적 방법을 활용하여 질적 조사로부터 얻어진 가설이나 관계들을 검증해볼 수 있을 것이다. 이와 같이, 연구자는 질적 자료에서 얻은 지식을 일반화 가능성을 높이는 더 큰 표본을 사용하여 변인들을 선정하고 검증하는 데 적용할 수 있다. 이러한 방식으로, 연구자들은 혼합 방법 설계를 사용함으로써 하나의 자료 원천을 두 번째 자료 원천을 개발하는 정보로 활용할 기회를 얻을 수 있다. 다른 말로하면, 혼합 방법 설계를 활용할 때, 연구자들은 보다 심층적으로 특정 연구 질문을 다루기 위해 필요한 다양한 자료의 원천들을 사용할 수 있다.

혼합 방법 설계는 두 번째 연구를 첫 번째 연구(a primary study) 속에 포함함으로써 연구를 강화시킬 목적으로 사용되기도 한다. 이를 통해 연구자는 연구 과정의 특정 요소를 더 잘 이해할 수 있게 된다. 예를 들어, 연구자들은 관심 있는 모집단을 둘러싼 문화적 맥락에 대한 지식이 부족하다는 것을 인식할 수 있다. 이럴 경우, 연구자들은 관심 있는 문화 집단 구성원들을 대상으로 한 예비적인 질적 설계를 보다 큰 개입 연구 설계(larger intervention research design)에 포함시킬 수 있다. 설계의 질적 부분에서, 연구자들은 잠재적인 연구 참여자들을 위한 가장 적합하고 문화적으로 적절한 방식들을 배우기 위해, 연구 모집 자료나 인센티브를 포함하여, 여러 가지 연구와 관련된 문제들에 관해 장래의 연구 참여자들을 대상으로 세심한 인터뷰를 수행할 수 있다. 연구자들은 참여자들로부터 정보를 얻은 후, 연구의 개입 단계에서 참여자의 관여를 최대한 이끌어낼 수 있고 문화적 적절한 모집, 인센티브 및 개입 지침을 개발할 수 있을 것이다.

지식을 보완하고, 확충하고, 확장하기 위하여

이 장의 도입부에서, 우리는 질적 및 양적 설계의 독특한 강점과 제한점들을 설명했다. 혼합 방법 설계는 **한 설계의 약점을 다른 설계의 강점으로 상쇄**할 수 있는 기제를 제공하며, 그렇게 함으로써, 연구 질문에 보다 의미 있는 관점을 제공한다. 혼합 방법 연구 설계는 더 넓고 깊은 관점을 제공함으로써 연구 질문에 대한 보다 완전한 증거를 제공한다.

혼합 방법 연구 설계는 **초기의 자료로부터 얻은 결과를 심화할** 필요가 있을 때 유용하다. 발견물에 관한 설명을 제공하기 위해 추가적인 자료가 요구될 때 이 연구 설계가 사용될 수 있다. 예를 들어, 실직자들의 재정적 압박 수준에 대한 이해에 관심이 있는 연구자들은 다양한 표준화된 측정도구들을 사용하여 재정 압박 수준을 평가하기 위한 대규모의 양적 연구를 설계하고, 재정적 압박 수준과 개인 및 환경 요인들(예: 이웃 빈곤, 이웃 폭력)의 관계에 관한 특정 연구 가설을 검증할 수 있다. 이러한 연구로부터의 발견들이 재정적 압박 수준에 대한 실직과 환경적 특징들의 관계에 관한 추론을 가능하게 할 수는 있지만, 이러한 관계에 영향을 미치는 특정한 요인들에 대한 충분한 이해를 제공하지 못할 수도 있다. 원 표본의 하위 표본과의 질적 인터뷰를 통해 연구자는 실직자의 재정 압박 경험에 대한 더 나은 이해를 위해 보다 상세한 질문들을 할 수 있으며 양적 자료로부터 얻어진 결과들을 더 상세히 설명할 수 있다.

혼합 방법 설계는 또한 종단적 연구 설계(12장)나 프로그램 평가 연구(22장)의 일부로 포함될 경우 **지식의 확장**을 위해 특히 유용할 수 있다. 이들 두 설계는 연구나 프로젝트의 기간에 걸쳐 혼합 방법을 활용할 수 있다. 정보가 동시에 수집될 수도(예: 다른 형태의 자료가 연구 또는 평가 과정 동안의 같은 시간에 수집되는 경우) 순차적으로(예: 다른 형태의 자료가 연구나 평가 과정 동안의 다른 시점에서 수집되는 경우) 수집될 수도 있다. 이와 같은 설계는 관심 연구 질문과 연구 목적(들)은 시간에 걸쳐 다양한 자료 수집 방법을 통하여 가장 잘 설명될 수 있다는 가정을 가지고 있다. 예를 들어, 특정한 이웃들과 살고 있는 아동들의 사회적 기술 향상을 위해 개발된 지역사회 기반 프로그램의 상대적 영향을 이해하기 위해 설계된 20년간의 조사는 양적 및 질적 모두의 자료 수집이 도움이 될 것이다. 구체적으로, 연구자들은 개입의 의도했던 결과들과 관련된 특정 연구 가설을 우선 검증하기 위해 양적인 자료 수집(예: 설문 자료, 학교 출석, 수행 지표들)을 활용하려고 할 것이다. 연구자들은 또한 참여자들에 의해 지속적인 영향력이 있다고 지각된 특정한 개입 요소들, 또는 참여자들에게 중요한 다른 생활 경험들을 이해하기 위해 질적 자료(예: 다양한 시점에서 프로그램 참여자들과의 면대면 인터뷰)를 활용하려고도 할 것이다.

요약하면, 연구자들이 연구 질문을 다루기 위해 혼합 방법 연구를 활용하는 다양한 사례들이 있다. 연구자들은 혼합 방법을 활용함으로써 새롭게 나타난 연구 주제들에 대한 연구를 시작하고 개선할 수 있으며, 특히 관심 현상에 대한 이해를 심화시킬 수 있다.

혼합 방법 연구 수행 단계

이 장에서 우리는 혼합 방법 조사 수행의 5단계를 간략히 소개할 것이다(Creswell & Plano Clark, 2011; Hanson et al., 2005; Morrow et al., 2012 참고). 우리는 이 단계들이 혼합 방법의 사용을 고려하고 있는 연구자들에게 안내자가 될 수 있기를 희망한다(각 단계의 개요는 표 17.2를 참고하라). 각 단계에서 연구자가 고려해야 할 핵심 과업들이 있다. 단계들이 선형적으로 진행되는 것이 아니라 반복적일 수 있음을 인식하는 것이 중요하다. 다른 말로, 평가 활동이 5단계에 적혀있지만, 연구자는 연구의 질과 철저함을 확보하기 위

표 17.2 혼합 방법 연구 수행의 단계

혼합 방법 연구 수행 단계	주요 과업
1단계: 연구문제, 질문 및 목적을 확인하라.	• 관심 연구 주제를 확인하라. • 연구 질문(들)을 확인하라.
2단계: 혼합 방법을 사용하는 근거를 분명히 밝히라.	• 혼합 방법 사용의 적절성을 결정하라.
3단계: 연구를 안내할 패러다임을 결정하라.	• 혼합 방법 연구에서 활용되는 다양한 패러다임의 적절성을 조사하라. • 연구를 뒷받침할 패러다임을 분명히 밝히라.
4단계: 혼합 방법 설계를 결정하라.	• 질적 및 양적 연구 기준에 관한 설계의 요소들을 확인하라. – 시기 – 우선 순위 – 상호작용 정도 – 자료 혼합 계획
5단계: 연구를 평가하고 전파를 준비하라.	• 연구 과정을 주의 깊게 평가하라. • 모든 주요 설계 요소들과 연구 절차들이 주의깊게 서술되었는지를 확인하라.

해 연구의 모든 단계들에 걸쳐 평가 요소들에 대해 주의를 기울여야 한다. 이 장의 뒷부분에서 우리는 각 단계와 연관된 주요 과업들을 기술할 것이다.

1단계: 연구문제, 질문 및 목적 확인하기

연구자들이 혼합 방법 조사를 시작하기 전 연구 프로젝트의 연구문제, 연구 질문(들), 연구 목적(들)을 주의 깊게 숙고하는 것은 필수적이다. 연구자들은 질적 및 양적 설계 모두가 연구에 필요한지를 질문해보아야 한다(예: 두 종류의 분석을 실시하는 것이 결과에 대한 새로운 지식을 더해줄 수 있는가?). 혼합 방법 조사 수행을 위해 요구되는 복잡성, 자원, 기술을 고려한다면, 연구자들이 혼합 방법 조사 수행의 이익과 비용을 주의 깊게 평가해보는 것이 특히 중요하다.

2단계: 혼합 방법을 사용하는 근거 분명히 밝히기

연구 질문과 연구 목적을 확인한 후, 연구자는 혼합 방법 설계를 선택하는 근거를 분명히 밝히고 결정하는 것이 필요하다. 혼합 방법 접근의 많은 이점들에도 불구하고, 연구자들은 혼합 방법이 적절한지를 주의 깊게 생각해보아야 하며 "혼합 방법의 사용을 정당화하지 못하는 상황들도 있다."(Creswell & Plano Clark, p. 7)는 점을 기억해야 한다.

매우 흔히, 혼합 방법 설계는 고정 설계(fixed designs), 즉 연구 시작 시점에서 혼합 방법의 사용 계획이 정해진 설계이다. 이러한 설계에서, 연구자들은 조사를 개시하기 전 혼합 방법의 필요성을 분명하게 확인해야 한다. 또 다른 형태의 혼합 방법 설계는 긴급 설계

표 17.3 연구 응용: 연구 질문의 예와 혼합 방법 설계 선택의 근거

연구 질문	혼합 방법 설계의 선택 근거
미국에 거주하는 불법 체류 이민자들이 개별 인터뷰를 통해서 정신건강 관련 질문들에 답변을 하는 것과 유사하게 표준화된 정신건강 평가를 통해서도 대답할 것인가?	질적 및 양적 자료는 이 모집단들 내에서 표준화된 정신건강 평가 사용의 적절성에 관해 더 풍부하고 더 미묘한 의미들을 제공해줄 것이다.
무슬림으로 미국에 거주하는 여성들의 욕구를 충족시킬 수 있는 최선의 심리치료 처치를 어떻게 개발할 것인가?	여성들의 욕구를 더 잘 이해하기 위해 처치 전 목표 모집단에 속한 사람들과의 질적 인터뷰가 필요하며, 이어서 질적 연구의 초점을 보다 정확히 정할 수 있다.
초등학교 소녀들의 컴퓨터 기술에 대한 자기효능감을 증진시키기 위해 설계된 경력 개발 개입 프로그램에서 개입 후 자기효능감의 증가에 영향을 미치는 요인들은 무엇인가?	개입 이후 컴퓨터 기술에 대한 자기효능감의 변화에 영향을 미치는 요인들을 이해하기 위해 참여자들을 대상으로 개입 후 질적 인터뷰가 수행될 수 있다.

(emergent design)로서 두 번째 방법의 사용 필요성이 연구 시작 시점에 알려져 있지 않고 연구 과정 동안 나타나는 경우이다. 이런 경우 연구자들은 첫 번째 방법을 통해 얻어진 초기 자료(그리고 관련 설계)가 연구 질문을 설명하는 데 불충분하며 추가적인 자료의 필요성이 있다는 점을 인식한다(Morse & Niehaus, 2009).

상담과 상담심리학 분야는, 혼합 방법 설계의 사용을 정당화할 수 있는 많은 연구 질문들을 가지고 있다(양적 또는 질적 단독 설계만을 사용하는 경우와 대조하여). 표 17.3에 우리는 몇 가지 연구 질문들의 예와 혼합 방법 설계 선택을 위한 근거를 제시했다.

3단계: 연구를 안내할 패러다임 결정하기

이전 장들(1장, 16장)에서 기술한 것처럼, 연구자들은 자신의 연구를 뒷받침하는 세계관이나 패러다임을 고려해야 한다. 혼합 방법 연구를 수행할 때도, 이러한 과정은 동일하게 중요하다. 질적 및 양적 설계가(그다음 관련 세계관들이) 통합되는 방식을 설명할 필요성이 있을 때 이 단계가 더 요구될 수 있다.

혼합 방법 사용의 적절성을 둘러싼 연구 문헌 내에서 학자들 간 불일치가 존재한다는 점을 또한 인식해야 한다. 혼합 방법 연구와 관련된 세계관의 통합에 관한 역사적인 논쟁에 관해 완전한 리뷰를 하는 것은 이 책의 범위를 넘어서는 것이지만, 우리는 질적 및 양적 연구가 어느 정도 혼합될 수 있거나 혼합되어야만 하는지에 관한 질문들을 보여주고 싶다. 간단히 말해, 한 관점은 질적 접근과 양적 접근은 두 개의 명백히 다른 패러다임(구성주의자 또는 포스트모던과 후기실증주의자 각각) 내에 거주하고 있기 때문에 근본적으로 공존할 수 없다고 말한다. 다른 관점을 가진 학자들은 그와 같은 분리는 과장되었으며 그러한 비판은 근거가 없다고 주장한다. 질적 및 양적 연구 방법의 혼합과 관련된 역사적 및 현대적 논쟁들을 깊이 검토하는 데 관심 있는 독자는 Creswell(2011), Creswell과 Plano Clark(2011), Tashakkori와 Teddlie(2003)를 참고하라.

우리는 한 관점이 다른 관점보다 이점이 더 많다는 것을 독자에게 설득하고 싶지는 않다. 대신에, 우리는 혼합 방법 설계를 사용하고자 하는 어떤 연구자라도 이러한 문헌들에 정통해야 하며 사용하고자 하는 혼합 방법 설계를 뒷받침하는 철학적 기초와 패러다임을 주의 깊게 살펴보기를 원한다. 혼합 방법 연구를 시작할 때, 패러다임을 어떻게 통합할 것인지에 관한 자신의 입장을 분명하게 하는 것이 중요하다. 모든 혼합 방법 연구를 안내하는 하나의 '올바른' 패러다임 틀이란 없지만, 많은 연구자들은 혼합 방법 설계의 사용을 안내하기 위해 실용주의자 패러다임을 채택해왔다. 실용주의는 Creswell과 Plano Clark(2011)이 상세히 설명한 아래의 가정들을 따르는 세계관이다.

혼합 방법 연구자들의 가정들

- 단일한 현실과 세계관뿐 아니라 다양한 현실들과 세계관들이 존재한다는 믿음(존재론)
- 연구자와 참여자는 다루고 있는 연구 질문(들)을 가장 잘 설명하기 위해 함께 '일하는' 관계라는 믿음(인식론)
- 연구 과정에서 가치들이 다중적인 역할을 갖는다는 믿음(가치론)
- 연구자들은 편향되거나 편향되지 않은 관점들 모두를 갖고 있으며 이는 다양한 연구 과정의 단계에서 상호작용하고 교차된다는 믿음(가치론)
- 방법들을 결합하거나 혼합하는 것은 연구자들이 특정 연구문제를 최상으로 설명할 수 있도록 해주며, 그러한 통합을 통해 자료의 삼각 검증이 가능해진다는 믿음(방법론) (Creswell & Plano Clark, 2011, p. 42)

실용주의자들은 연구 질문이 연구 방법의 선택을 이끌어야 하며, 방법(질적 및 양적)의 선정은 연구 질문에 근거해야 한다고 믿는다(Tashakkori & Teddlie, 2003). 이와 같이, 실용주의자들은 "……후기실증주의와 구성주의 간의 이분법적인 강제－선택은 지양되어야 한다."(Creswell & Plano Clark, 2011, p. 44)라고 주장한다.

4단계: 혼합 방법 설계 결정하기

4단계는 연구 설계에 부합하는 여러 가지 의사결정들을 해야 하는 복잡한 단계이다. 이 단계에서 연구자는 시기, 우선권, 상호작용 정도 그리고 질적 및 양적 방법의 혼합 계획과 같은 문제들을 고려한다. 혼합 방법 연구자가 설계와 관련하여 결정해야 할 몇 가지 사안들을 아래에 개략한다.

첫째, 연구자들은 연구의 질적 및 양적 초점 간의 상호작용 정도를 고려해야 한다. 혼합 방법 연구에서, 두 개의 초점은 서로 상호작용할 수도 있고, 독립적일수도 있다. 두 개의 초점이 상호작용할 때, 연구의 질적 및 양적 초점을 위한 자료 수집 또는 자료 분석은 동시에 일어난다. 두 개의 초점이 서로 간에 독립적일 때, 자료 수집과 분석은 별개로 일어난다.

둘째, 연구자들은 각 연구 초점의 우선권이나 강조 정도를 고려해야 한다. 두 개의 초점(질적 및 양적)은 동등한 우선권을 가질 수도 동등하지 않은 우선권을 가질 수도 있다. 예를 들어, 연구가 양적 부분에 일차적인 초점과 노력을 기울여 설계되었다면, 이 연구는 양적 초점에 우선권을 두었다고 말할 수 있을 것이다. 이와 같은 경우, 질적 자료는 양적 연구의 결과를 확인하거나 더 잘 설명하기 위해 수집되고 분석될 것이지만, 일차적인 강조점은 양적 자료와 그 해석에 두어질 것이다.

셋째, 연구자들은 양적 및 질적 초점의 시점을 정해야 한다. 어떤 설계들의 경우, 질적 및 양적 초점의 자료 수집은 동시에 일어난다. 병행 설계(a concurrent design)에서는, 질적 및 양적 자료가 동시에 수집된다. 예를 들어, 어떤 연구자는 참여자들이 양적인 개입 연구에 참여하기 위해 연구실을 방문할 때 개별 인터뷰를 통해 질적 자료를 수집할 것이다.

순차 설계(a sequential design)의 경우, 하나의 초점에 뒤이어 두 번째 초점이 진행되며 두 개의 초점은 상대적으로 서로 간에 독립적이다. 예를 들어, 어떤 연구자는 질적 자료에서 얻은 결론의 타당성을 확보하기 위해 각 표본에 대한 양적 자료를 수집할 수 있다. 다단계 순차 설계(a multiphase sequential design)의 경우, 연구의 전 기간에 걸쳐 병행 및 순차 설계의 요소들을 모두 활용한다. 이러한 설계는 일반적으로 상당한 기간에 걸쳐 다중 단계의 자료 수집이 필요한 대규모 프로젝트(종단 연구 설계 혹은 프로그램 평가와 같은)에 해당된다. 각 단계에서, 자료는 동시에 혹은 순차적으로 수집될 수 있다.

넷째, 연구자들은 질적 및 양적 초점의 결합 지점을 정해야 한다. 다른 말로, 이 단계는 질적 및 양적 초점 간의 통합이 일어나는 단계로서 두 초점이 혼합되고 통합되며 결합되는 과정을 말한다(Morse & Niehaus, 2009). 어떤 설계들의 경우, 양적 및 질적 자료는 개별적인 구성요소로서 수집되고, 분석되며 해석된다. 다른 설계들에서는, 질적 및 양적 자료는 자료 수집, 분석, 그리고 해석의 전 과정 동안 혼합된다. 이러한 결합 지점은 자료 해석, 자료 분석, 자료 수집, 설계 수준에서 일어날 수 있다.

자료 해석 결합 수준의 경우, 질적 및 양적 초점은 해석 과정에서만 결합되거나 연구 과정의 최종 단계에서 결합된다. 예를 들어, 연구자가 질적 및 양적 자료를 분석하여 결론을 이끌어낸 후, 연구자는 두 가지의 결과들을 통합하여 해석을 제공할 수 있을 것이다. 이러한 통합된 해석은 대개 연구 논문이나 보고서의 논의 부분에서 요약되고 기술된다.

자료 분석 결합 수준의 경우, 두 초점으로부터 자료가 개별적으로 수집되고 분석되지만, 연구자는 두 초점을 결합하는 하나의 방략을 사용하여 자료를 혼합 혹은 합병하고 이를 분석한다. 예를 들어, 연구자는 두 개의 독립된 결과 분석을 서로 관련시키고 정보를 합성할 수 있다. 다른 방법으로는, 자료를 변형하고(예: 질적 자료는 양적 분석을 위해 입력될 수 있는 형태의 주제들로 변형될 수 있다) 이후 분석할 수 있다. 역사적으로, 대부분의 혼합 방법 연구들은 질적 및 양적 자료를 독립적으로 분석하고 해석해왔다. 그러나 최근 들어, 질적 및 양적 자료를 통합하여 분석하는 자료 분석 방식이 새로운 경향으로 등장하고 있다(Teddlie & Tashakkori, 2011). Bazeley(2003)는 이런 과정을 다음과 같이 설명했다.

> 소프트웨어 프로그램들은 …… 양적 자료를 질적 분석에 통합하고, 질적 코딩과 질적 코딩으로부터 개발된 매트릭스를 통계 분석이 가능한 형식으로 변환하는 질적 자료 분석(qualitative data analysis: QDA) 소프트웨어를 …… 제공한다. 연구자들은 '융합' 분석을 통해 다양한 자료들을 섞는 수준을 넘어 동일한 자료들을 다양하지만 상호 의존적인 방식으로 사용함으로써 연구 주제에 대한 보다 완전한 이해를 도모할 수 있다. (p. 385)

표 17.4 2개년 다단계 혼합 방법 설계를 위한 연구 활동 시각표의 예

활동 시각표	1년차			2년차		
	가을	봄	여름	가을	봄	여름
개발						
심리측정적으로 지지되는 양적 측정치들의 확인	X					
인터뷰 질문의 개발	X					
개입방식 개발(교육 과정, 절차, 선발 과정)		X	X			
기저선						
기저선 평가 (양적 자료 수집 및 분석)			X			
인터뷰 1 (질적 자료 수집 및 분석)			X			
질적 자료 분석 및 양적 자료를 통한 삼각 검증				X		
개입						
개입 실행				X		
개입 후						
추후 양적 자료 수집 및 분석					X	
인터뷰 2 및 분석					X	
양적 및 질적 자료의 삼각 검증						X
출판 및 전파						X

다른 말로, 양적 및 질적 초점으로부터 수집된 자료들이 융합되어 분석됨으로써, 분석 수준에서 자료들이 결합될 수 있다.

자료 수집 결합 수준의 경우, 한 종류의 자료로부터 나온 결론이 두 번째 연구와의 연결을 만들어낸다. 특히, 첫 번째 자료의 결과들은 두 번째 연구의 연구 질문, 자료 수집 절차 및 설계의 개발을 위한 지침으로 활용된다. 예를 들어, 일련의 인터뷰를 통해 수집된 질적 결과들이 분석되고 해석된 후, 이러한 결과들은 두 번째 양적 연구의 연구 질문이나 가설의 형성 및 자료 수집을 위해 사용될 수 있다.

마지막으로, 두 개의 연구 초점은 설계 수준에서 결합될 수 있다. 이러한 경우, 질적 및

그림 17.1 순차 혼합 방법 설계를 위한 연구 활동 흐름도의 예

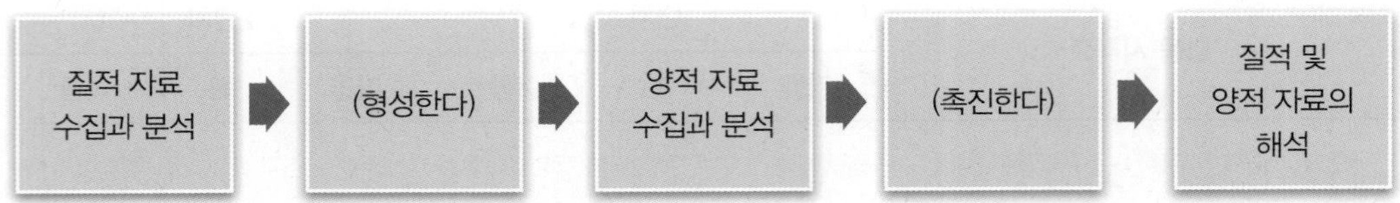

양적 초점은 연구 설계 시점에서 결합된다. 이 장의 전반부에 기술했듯이, 설계들을 혼합할 수 있는 여러 가지 가능한 방식들이 있다. 예를 들어, 보충적인 질적 자료는 대규모 양적 설계 안에 끼워 넣어질 수 있다. 또한, 질적 자료는 설문 자료와 함께 수집될 수 있다.

혼합 방법 설계에 내재된 복잡성과 설계들을 혼합할 수 있는 다양한 방식들을 고려한다면, 혼합 방법 설계를 시각적으로 묘사해보는 것이 도움이 될 것이다. 특별히, Creswell과 Plano Clark(2011)은 연구 저자들이 논문에서 연구에 포함되는 다양한 단계들과 다양한 요소들의 시점을 시각적으로 묘사하는 도해, 흐름도 혹은 표를 사용할 것을 권고했다. 표 17.4와 그림 17.1에 예를 제시했다.

5단계: 연구를 평가하고 출판 준비하기

혼합 방법 연구자들은 연구 과정의 각 단계를 면밀하게 평가해야 한다. 실제로, 단계들은 선형적으로 진행되지 않으므로 연구자들은 연구 과정의 각 단계에서 평가와 전파 관련 문제들에 주의를 기울여야 한다. 혼합 방법 설계의 엄격한 평가를 위해서, 연구자들은 양적 및 질적 설계 모두에서 연구의 엄격성의 평가 요소들을 인식해야 한다. 따라서 혼합 방법 설계에 관심 있는 연구자들은 우선 양적 설계와 질적 설계 모두에서 전문성을 개발하기 위해 노력해야 한다. 대안적인 방법으로, 연구자들은 연구팀을 만들어 연구의 질적 및 양적 초점을 주의 깊게 평가할 수 있는 능력과 전문성을 가진 다른 사람들과의 협동 작업을 할 수도 있다.

Creswell과 Plano Clark(2011)은 표 17.5의 혼합 방법 연구의 평가를 위한 검사 목록을 제시했는데, 우리는 이 장에서 설명한 내용들을 몇 가지 다른 말로 추가했다. 우리는 독자들이 혼합 방법 연구를 개발하고 실행하는 과정에서 이 검사 목록을 활용하기를 바란다.

상담과 상담심리학에서 혼합 방법 연구의 사례

이 장에서 우리는 독자들에게 상담 및 상담심리학 문헌에서 혼합 방법 연구의 두 가지 예를 소개할 것이다. 우리는 혼합 방법 연구의 다양한 구성요소들을 보여주기 위해 두 가

표 17.5 연구 응용: 혼합 방법 연구 검토를 위한 체크리스트

질문	(✓)
저자들은 연구의 주제를 제시(확인)하고 있는가?	
저자들은 연구의 철학적 그리고/또는 이론적 근거를 인식하고 있는가?	
저자들은 연구의 목적(들) 또는 목표(들)을 밝히고 있는가?	
저자들은 질적 초점의 각 구성요소를 기술하고 있는가? • 자료 수집 절차 • 표본 및 표집 절차 • 자료 분석 절차	
저자들은 연구의 양적 초점의 각 구성요소를 기술하고 있는가? • 자료 수집 절차 • 표본 및 표집 절차 • 자료 분석 절차	
저자들은 질적 및 양적 자료 모두의 수집에 관한 분명한 근거를 제공하고 있는가?	
저자들은 질적 및 양적 자료의 우선순위를 분명히 밝히고 있는가? • 동등 • 비동등 • 질적 자료가 우선 • 양적 자료가 우선	
저자들은 질적 및 양적 자료의 시점을 설명하고 있는가? • 병행 • 순차 • 다단계 조합	
저자들은 질적 및 양적 자료의 결합 지점을 결정했는가? • 설계 수준 • 자료 수집 수준 • 자료 분석 수준 • 자료 해석 수준	
저자들은 질적 및 양적 초점이 혼합되고 해석되는 방식을 기술하고 있는가?	
저자들은 연구의 전체 설계를 설명했는가?	
저자들은 전체 연구 설계를 보여주는 도해나 연구 활동 흐름도를 제시했는가?	

출처: Adapted from Creswell & Plano Clark, 2011, p. 114.

지 최근 출판물을 사용할 것이다(Green, Barkham, Kellett, & Saxon, 2014; Wöhrmann, Deller, & Wang, 2014). 우리는 혼합 방법 연구 설계가 상담자와 상담심리학자들이 관심 있는 현상에 대한 매우 중요한 과학적 지식을 제공해줄 수 있는 다양한 방식들을 독자들이 이해하기를 바란다. 또한, 우리는 관심 주제를 조사하는 데 있어 혼합 방법 연구자들이 활용할 수 있는 매우 다양한 방략들이 있으며, 따라서 혼합 방법 연구를 정의하거나 설계

하는 데 있어 하나의 최고의 방법은 없다는 점을 독자들이 이해하기를 희망한다. 오히려, 설계의 선택은 관심 현상에 관한 연구 질문에 의해 결정되어야 한다. 독자들은 연구 과정의 각 단계 및 각 단계에서 진행되는 보다 상세한 내용을 이해하기 위해 다음의 사례 연구들을 검토할 필요가 있다.

Green 등(2014)은 인지행동치료에 기초한 자조개입치료(the treatment of self-help interventions)에서 치료자 효과를 조사하기 위해 혼합 방법 설계를 활용했다. 특히, 이 연구자들은 북잉글랜드에 거주하는 21명의 심리적 안녕감 전문가들(psychological well-being practitioners)과 1,122명의 환자 표본들의 치료 전 심각도를 통제한 후 치료자 효과를 조사했다. 저자들은 횡단 설계를 사용하여 환자들로부터 결과 자료(우울 및 불안 증상)를 조사하고 동시에 치료자에게 자기보고식 자아 강도, 직관, 탄력성 검사를 실시했다. 이어 환자의 결과에 관해 치료자 및 슈퍼바이저들과 인터뷰를 실시했다.

연구의 양적 초점에서는, 환자 결과에서 치료자 효과와 관련된 변량 비율을 분석하기 위해 다층 모형(multilevel modeling)이 사용되었다. 환자 결과의 변량 중 9%가 치료자 효과와 관련된다는 분석 결과가 나타났다(Green et al., 2014). 이 자료는 이후 가장 효과적인 치료자와 가장 덜 효과적인 치료자들 확인하기 위해 사용되었다. 치료자들은 효과성 수준에 기초하여 상위 및 하위 사분위로 구분되었다. 또한, 치료자와 슈퍼바이저들로부터 탄력성, 조직 기술, 지식 및 자아 강도 등이 표준화된 도구의 검사를 통해 수집되었다. 연구자들은 이들 자료를 활용하여 탄력성, 자아 강도 및 직관과 관련하여 더 혹은 덜 효과적인 치료자들이 군집화되는 정도를 조사했다.

연구의 질적 초점에서는, Green 등(2014)은 더 나은 환자 결과와 치료자 효과성에 기여하는 요인들을 보다 분명히 이해하기 위해 치료자와 슈퍼바이저들로부터 인터뷰 자료를 수집했다. 질적 분석은 (부호화) 템플릿 분석(template analysis: TA) 절차(King, 1998)를 따랐다. 이 절차에 따르면 자료에서 나타날 것으로 기대되는 우선 코드들(prior codes)이 연역적으로(a priori) 확인된다. 저자들은 16장에서 기술한 단계와 일치하게, 분석 과정을 상세히 기술했다. 특히, 저자들은 더 혹은 덜 효과적인 치료자들을 구별하는 주제들을 확인하기 위해 치료자와 슈퍼바이저들로부터 치료자 효과성 사분위에 있는 높은 순위와 낮은 순위의 주제들을 개발했다.

슈퍼바이저로부터 수집된 질적 자료는 치료자 탄력성, 조직화 및 지식이 더 큰 효과성에 기여한다는 양적 결과를 보강하는 증거를 제공했다. 우리가 여기서 이 연구의 모든 결과들을 검토할 수는 없지만, 우리는 이 사례를 통해 질적 및 양적 자료가 삼각 검증되는 방식을 설명하고 싶다. 특히, 슈퍼바이저들은 보다 효과적인 치료자들은 치료에서의 어려움들을 토론하고 학습하는 데 개방적인 사람들이라고 기술했는데, 이는 치료자 탄력성이 효과성 수준과 관련된다는 양적 자료의 발견을 지지하는 증거를 제공했다.

이 연구는 양적 초점에 우선권을 둔 혼합 방법 설계를 활용했다. 슈퍼바이저와 치료자로부터의 질적 자료는 양적 자료 분석의 결과들을 더 잘 기술하고 삼각 검증하기 위해 사용되었다. 나아가, 이 저자들은 순차 설계를 사용했는데 연구자들은 양적 결과를 활용하고 나서 질적 인터뷰를 뒤이어 실시했다. 질적 및 양적 자료는 자료 분석 수준에서 혼합되었다. 특히, 연구자들은 질적 및 양적 자료를 함께 분석했고 이를 연구 결과의 해석에 사용했다.

다른 연구에서, Wöhrmann, Deller와 Wang(2014)은 성인들의 은퇴 후 직업 계획 과정과 관련된 촉진 요인들 및 은퇴 후 직업이 가지는 유익한 점들을 탐색하기 위해 혼합 방법 설계를 사용했다. 특히, 저자들은 은퇴 후 경력 의도(postretirement career intention), 은퇴 후 경력 결과 기대(postretirement career outcome expectations) 및 환경적 요인들 간의 관계를 이해하는 데 관심이 있었다. 성인 근로자들의 긍정적 기대와 관련된 상대적인 자료 부족, 또는 성인 근로자들 간에 이러한 기대에 기여하는 요인들에 관한 정보의 부족을 고려하여, 이 연구는 질적 연구를 우선 실시했다.

저자들은 독일의 항공 회사에 근무하는 22명의 성인 표본으로부터 질적 자료를 수집했다. 14명의 성인 노동자와 8명의 관리 전문가들(같은 회사에서 관리 역할로 채용된 사람들)이 은퇴 후 직업 계획 기대 및 과정에 관한 45분 인터뷰에 참여했다. 인터뷰는 녹음되고 필사되었다. 저자들은 16장에서 기술한 절차에 따라, 내용 분석을 사용하여 인터뷰 자료를 분석했다. 질적 자료로부터 나온 결과들은 은퇴 후 직업이 가지는 다음의 다섯 가지 범주의 유익한 점들을 보여주었다. 재정적 측면, 생산성, 의미 있는 직업, 정신 및 신체 건강, 사회적 통합(생산성은 관리 전문가들에게서는 언급되지 않았다). 또한, 연구 결과는 은퇴 후 직업에 관한 세 가지 촉진 요인들을 보여주었다. 이 세 가지 요인은 일을 지속할 수 있는 개인적 능력, 구직 기회, 사회적 승인이다.

Wöhrmann 등(2014)은 질적 인터뷰의 내용 분석 결과들을 양적 연구 초점의 이론적 토대인 사회인지진로이론(social cognitive career theory: SCCT)(Lent, Brown, & Hackett, 1994)과 결합했다. 특히, 그들은 은퇴 후 직업에 관한 기대된 유익한 점들 및 긍정적 결과 기대와 더불어 은퇴 후 직업 의도를 촉진하는 세 가지 범주의 요인들을 양적으로 검증했다. 동일한 항공 회사의 성인 근로자 222명이 관심 구성개념들을 측정하는 조사에 참여했다. 이들 모든 측정치들은 질적 인터뷰 결과에 기초하여 설계되어 결과 기대(은퇴 후 직업에 관한 긍정적 기대), 구직 기회 및 사회적 승인과 같은 구성개념을 평가했다. 위계적 다중 회귀 분석 결과는 질적 인터뷰에서 나타난 구성개념(예: 결과 기대와 촉진 요인)이 은퇴 후 경력 의도와 긍정적으로 유의하게 관련된다는 점을 보여주었다.

이 연구는 순차 설계를 활용했는데 질적 초점이 양적 초점에 우선하여 실시되었다. 질적 및 양적 초점은 설계 수준에서 결합되었고 양적 초점은 질적 자료의 결과로부터 직접적으로 도출되었다. 특히, 연구자들은 질적 인터뷰의 결과를 양적 초점에서 관심 있는 구성개념을 측정하기 위한 측정 문항을 개발하기 위해 사용했다.

요약 및 결론

이 장에서 우리는 혼합 방법 연구의 정의와 주요 특징들을 토론했다. 혼합 방법의 정의에서 핵심적인 것은 혼합 방법 연구는 질적 및 양적 자료 모두에서 자료를 끌어온다는 점이다. 이로 인해, 혼합 방법 연구자는 질적 및 양적 연구 방법 모두에 대해 전문적인 지식을 가지고 있어야 한다. 대안적인 방법으로는, 연구자는 대규모 협동적 팀의 한 구성원으로서 일할 수 있는데, 연구팀은 연구 설계에 대한 다양한 기술과 지식을 가진 연구자들로 이루어진다.

연구자들은 혼합 방법 연구 설계를 활용해 보다 폭넓고 깊이 있게 연구 질문에 접근할 수 있다. 이 설계는 폭넓은 청중들에게 호소력 있는 연구문제와 관련하여 더 깊은 수준의 지식을 얻어낼 수 있는 방법을 연구자에게 제공한다. 동시에, 이 설계는 복잡하며 시간 소모적인 경우가 대부분이다. 혼합 방법 연구 설계를 고려하는 학생이라면 이 설계를 사용했을 경우 프로젝트의 실행 가능성을 주의 깊게 생각해야 한다. 협동적 팀 접근을 통해 이 설계를 시도해보는 것이 여러 가지 이점이 있을 것이다.

촉진 질문

혼합 방법 연구들을 분석하고 혼합 방법 연구를 설계하기

1. 혼합 방법 접근을 활용한 두 개의 출판 논문을 찾아라. 이 두 논문을 검토하고 표 17.5에 기술한 질문들에 답하라.
2. 혼합 방법의 사용이 필요한 연구를 설계하라.
   a. 혼합 방법 연구가 필요한 이유에 대한 근거를 명확히 기술하라.
   b. 설계의 양적 요소에 관해, 연구의 이론적 배경, 제안 가설(들), 연구 설계(절차와 분석에 대한 개요를 포함하여)를 분명히 진술하라.
   c. 설계의 질적 요소에 관해, 연구 질문과 절차를 확실히 기술하라. 당신이 선택한 방법을 안내할 질적 접근을 기술하고 그 접근을 사용한 타당한 이유를 설명하라.

PART 4

방법론적 문제

CHAPTER 18_ 독립변인 : 연구의 추동자

CHAPTER 19_ 종속변인 : 의도한 성과를 능숙하게 측정하기

CHAPTER 20_ 상담 성과 연구 : 상담은 효과가 있는가

CHAPTER 21_ 과정 연구 : 상담은 어떻게, 왜 효과가 있는가

CHAPTER 22_ 프로그램 평가 : 과학과 상담 실제를 실제 삶에 적용하기

CHAPTER 23_ 편향 : 조사자, 실험자, 참여자에서 비롯되는 오차 변량

18 CHAPTER 독립변인: 연구의 추동자

연구의 일차 목표들 중의 하나는 독립변인과 종속변인 간의 인과관계를 확립하는 것이다. 연구자는 연구 질문을 형성한 후, 필수적인 단계로서 독립변인과 종속변인을 선정하거나 설계한다. 이 장은 독립변인 혹은 연구의 결과에 영향을 미칠 것으로 간주되는 변인에 관한 주제들을 다룰 것이다. 19장에서는 종속변인 혹은 연구의 결과들에 관해 논의할 것이다.

독립변인의 선정, 설계, 평가는 연구의 인과관계를 확립하고 해석하는 데 있어서 필수적이다. 독립변인이 형편없이 설계된다면, 연구자의 노력은 기대했던 효과가 나타나지 않거나 결과가 모호하거나 의미 없는 것과 같이 아무런 보상도 얻지 못할 것이다. 형편없이 설계된 독립변인은 Kerlinger의 MAXMINCON 원리에 명백한 위협을 주는 원하지 않는 편향과 외재변인들을 만들어낸다.

이 장에서는 독립변인의 개발 및 선정과 관련된 네 가지 주제를 논의하고자 한다. 첫 번째 부분은 독립변인의 조작화(operationalizing)와 관련된 문제를 다룬다. 그러나 연구자가 주의 깊게 독립변인을 설계했을 때조차, 실험 조작이 원했던 목적을 성취하리라는 것을 확신할 수 없다. 따라서 두 번째 부분에서는 흔히 조작 점검(manipulation checks)이라고 불리는, 독립변인의 조작을 점검하고 확인하는 방법들을 기술한다. 세 번째 부분은 독립변인 조작이 성공했든 실패했든 간에, 연구 결과의 해석을 다룬다.

따라서 첫 번째 부분은 실험이 시작되기 전, 두 번째 부분은 실험이 진행되는 동안, 그리고 세 번째 부분은 실험 종료 후 독립변인과 관련된 주제를 다룬다고 할 수 있다. 이 장의 마지막 부분에서 우리는 상태변인(status variables)으로 정의하는 조작이 불가능한 변인에 관해 토론할 것이다.

독립변인의 조작화 전에, 독립변인이 조작변인과 상태변인 모두를 포함할 수 있다는 점을 인식하는 것이 중요하다. 간단히 말해, 연구자가 참여자들을 할당할 수 있는 경우 독립변인은 조작변인이다. 예를 들어, 연구자가 내담자들을 A 처치와 B 처치로 무선 할당하여 이 처치들의 심리적 안녕감에 대한 효과를 검증하고자 한다. 이 경우, 독립변인은 처치(A와 B의 두 조건을 갖는)이며 연구자에 의해 직접적으로 조작된다. 이와 달리, 연구자가 조작할 수 없는 연구에서 독립변인은 상태변인이다. 예를 들어, 연구자가 어떤 우울증 처치가 성 정체성(남성, 여성, 트랜스젠더 남성, 트랜스젠더 여성, 젠더퀴어)에 따라 다른 효과를 가질 것인지 연구한다고 하자. 성별(5개 수준)이 독립변인이지만 연구자는 내담자들을 성 정체성에 따라 '할당'할 수는 없다.

독립변인의 조작화

실험 시작 전, 독립변인의 조작화와 관련된 네 가지 고려사항들이 연구자에게 특별히 중요하다. (1) 독립변인의 조건 또는 수준을 결정하기, (2) 연구 질문에서 원인으로 지정된 구성개념을 적절히 반영하기, (3) 조건들 간의 차이를 제한하기, (4) 조건들의 현저한 차이를 확립하기.

조건 결정하기

상담 연구에서, 전형적인 독립변인은 여러 개의 조건들로 구성된다. 11장에서 토론한 집단 간 설계에서는 처치와 비(非)처치(통제집단) 조건의 독립변인에 강조점을 두었다. 그러나 하나의 독립변인은 많은 수의 조건들을 가질 수 있다. 예를 들어, 어떤 처치 연구는 비처치 조건을 포함한 세 개의 처치들을 조사할 수 있다(총 4개의 조건). 혹은 한 처치집단이 위약 통제집단 및 비처치 통제집단과 비교될 수 있다(총 3개의 조건). 물론, 독립변인이 심리적 처치에만 국한되지는 않는다. 예를 들어, Lee 등(2013)은 세 가지 조건(혹은 세 가지 다른 임상 사례 시나리오)에 기초하여 상담자의 다문화 사례 개념화 능력을 조사했다. 각 조건들은 문화적 요인들이 내현적으로 언급된, 외현적으로 언급된, 혹은 언급되지 않은 정도에 있어서 달랐다. 연구자들은 내담자들이 자신의 문화적 정체성을 언급하는 정도의 차이에 따라 이러한 사례들에 대한 상담 실습생들의 반응(그들은 사례를 개념화하면서 다문화적 측면들을 어떤 방식으로 포함하는지)이 다를 것인지를 알고 싶었다. 사례들이 문화적 요인들을 포함하는 정도를 조작할 수 있는지가 인과적 추론을 만들어낼 수 있는 가능성을 결정한다. 이 장에서 독립변인은 개괄적으로 토론된다. 20장은 독립변인이 처치의 효과를 확립하기 위해 사용되는(적어도 조건들의 하나는 처치인) 처치 결과 설계(treatment outcome designs)를 보여준다.

조건에 관한 토론을 위해 두 가지의 주의할 사항이 있다. 첫째, 우리는 **조건**(conditions)이라는 용어를 독립변인을 구성하는 집단을 지칭하기 위해 사용할 것이다. 다른 연구자들은 흔히 독립변인의 수준, 집단, 범주, 처치와 같은 서로 다른 용어들을 바꿔가며 사용한다. 두 번째, 우리는 독립변인을 범주변인으로 개념화해왔다. 즉, 각 조건은 불연속적이다(예: 참여자 1명은 A 처치 혹은 B 처치에 할당된다). 예를 들어, 참여자들은 우울증에 대한 인지행동치료 혹은 정신역동치료를 받기 위해 할당될 것이다. 대안적으로, 심리치료 처치 연구에서, 독립변인은 할당된 과제의 양이 될 수도 있다.

아래의 연구 기술문을 읽고 독립변인과 그것을 구성하는 조건이 무엇인지 결정해보기 바란다(또한 이 연구가 윤리적인지도 생각해보자. 3장 참고).

실제 연구에 적용하기 18.1

Shawna는 자신의 교수법이 다문화 상담 수업에서 좋은 결과를 가져오는지를 알고 싶었다. 그녀는 두 종류의 강의 슬라이드를 개발했다. 하나는 다문화 상담을 가르치는 자신의 교수법을 포함한 것으로서 '치료자들은 자신의 문화적 정체성을 탐색하고' '회기 중에 문화적 표지들을 확인해야' 한다는 주제가 담겨있었다. 다른 슬라이드는 이러한 주제들 대신 다문화 상담의 역사를 담고 있었다. 그녀는 자신의 교수법이 성공적이었는지를 결정하기 위해 학생들의 기말 고사 점수와 자기보고식 다문화 유능성(예: 지식, 기술, 및 자각)을 조사했다.

실험 설계에서 가장 중요한 점은, 연구자에 의해 독립변인의 조건이 결정되어야 한다는 것이다. 이러한 결정은 종종 실험 조작(experimental manipulation)으로 언급되는데, 연구자는 독립변인이 종속변인에 어떤 영향을 주는지를 결정하기 위해 필수적으로 독립변인을 조작하기 때문이다.

관심 있는 구성개념 적절히 반영하기

연구 질문에서 원인으로 지정된 구성개념을 반영하도록 독립변인을 설계하는 것이 중요하다. 다시 말해, 독립변인은 적절하게 정의되거나 조작화되어야 한다(5장 참고). 예를 들어, 연구자가 사회 불안 진단을 받은 참여자들에게 인지행동치료가 비처치 조건에 비해 더 효과적인지를 알고 싶다면, 실제로 비처치란 무엇인지와 인지행동치료란 무엇인지를 모두 적절하게 정의하는 것이 중요하다. 이러한 질문에 대한 답이 명백하게 보일 수도 있지만, 이론적으로 이러한 구성개념을 정의하는 것은 실제 세계에서 그것이 보이는 것과는 다르다(Baardseth et al., 2012 참고). 이 예를 확장하여, 만약 비처치 조건에 있는 어떤 참여자들이 사회 불안 약물치료를 받았지만, 인지행동치료를 받지 않았다면, 그들은 진실로 비처치를 받았다고 할 수 있을까? 단순하게, 원인으로 지정된 구성개념이 부적절하게 정의될 경우, 연구 결과에 대한 대안적 설명들이 제시될 수 있다. 이러한 대안들은 잠재적인 혼입 요인이다. 이 장에서 우리는 잠재적인 혼입 요인들과 관련된 문제들을 최소화하고 제거할 수 있는 방법들을 논의할 것이다.

원인으로 지정된 구성개념을 적절하게 반영하는 것의 중요성을 설명하기 위해, Peeters 등(2013)에 의해 수행된 한 연구를 고찰해보자. 그들은 우울증 치료를 원하는 참여자들을 대상으로 인지행동치료(CBT), 대인관계치료(IPT), 인지행동치료와 항우울 약물치료, 대인관계치료와 항우울 약물치료의 효과를 연구했다. 내담자들은 자신이 원하는 치료 방식을 선택할 수 있었는데 이는 일상적인 임상 환경을 일반화하기 위해 의도된 것이었다. 연구자들은 치료자들이 매뉴얼화된 치료법을(예: 대인관계치료 또는 인지행동치료) 준수하도록 장려했지만, 치료 과정이 모니터링되지는 않았다. 연구 결과 모든 치료들이 우울 증상의 감소에 효과적이었고 유사한 정도의 효과를 보였다. 독립변인(대인관계치료, 인지행동치료, 인지행동치료와 항우울 약물치료, 대인관계치료와 항우울 약물치료)의 더 나은 검증을 위해서는, 상담자가 인지행동치료나 대인관계치료를 실제로 제공했는지를 측정하기 위해 상담 회기를 모니터하고 또한 내담자들이 약물치료 프로토콜을 어느 정도 준수했는지를 모니터하는 것 모두 유용했을 것이다. 무작위 임상 실험에서 규칙 준수는 중요한 개념이다. 즉, 이러한 연구에서 독립변인은 처치이다. 따라서 그 처치가 처치 매뉴얼과 일관된 방식으로 수행되었는지를 아는 것이 중요하다. 결과적으로, 만약 처치가 처치 매뉴얼에 따라 전달되었다면, 치료자들이 매뉴얼을 무시하고 처치를 전달했거나 처치 과정이 모니터되지 않았을 때와는 달리, 우리는 독립변인이 계획된 대로 실제로 실행되었다고 확신할 수 있을 것이다.

대개 독립변인에 의해 표상되는 구성개념은 그 구성개념의 다양한 실례들을 선정함으로써 혹은 다양한 자극들(때때로 자극 표집으로 불린다)을 사용함으로써 조작화된다. 일반적으로, 실례나 자극들을 선정할 때 두 가지 고려사항이 있다. 첫째, 자극들 간의 변산성(variability)은 결과의 일반화 가능성을 증가시킨다. 이 원리는 단지 하나의 자극이나 실례가 사용된 경우를 살펴보면 이해될 수 있다. 상담 과정에서 자기개방의 효과에 관심이 있는 어떤 연구자가 독립변인을 표준화하기 위해 모든 상담자가 정확하게 동일한 자기개방을 사용하도록 했다고 가정해보자. 그 연구자가 자기개방이 상담 과정에 영향을 미친다는 결론을 내릴 때, 이 연구의 결과는 연구에서 사용된 특정한 자기개방의 고유한 특성에 제한된다는 비판을 받을 수 있다. 이 연구자에게는 이 장의 후반부에 논의될 자기개방 연구(Kim et al., 2003)의 경우와 같이 상담자가 다양한 자기개방을 사용하도록 권장할 만하다. 자극 표집의 문제와 관련된 또 다른 실패 사례로는 상담자의 인종 편견 없는 태도(color-blind attitudes, 인종적 · 민족적 차이가 존재하지 않는다고 믿는 태도)가 공감에 미치는 효과를 조사한 Burkard와 Knox(2004)의 연구를 들 수 있다. 각 참여자는 두 가지 차원에서 차이가 있는 하나의 시나리오를 받았다. 그 두 가지 차원이란, 내담자 인종(유럽계 미국인 혹은 아프리카계 미국인)과, 상담자가 내담자가 경험하는 고통이 차별 때문이라고 믿는 상황 혹은 우울증 때문이라고 믿는 상황(인과적 귀인)을 말한다. 그러나 모든 응답자들은 하나의 시나리오만을 받았다(예: 상담자로부터 차별이라는 인과적 귀인을 들은 유럽계 미국인 내담자 사례를 받은 모든 참여자들은 동일한 시나리오를 받았다). 따라서 치료자의 인종 편견 없는 태도 수준이 공감 능력과 부적으로 관련된다는 결과는 이 연구에서 사용된 특정한 시나리오에 한정될 것이다. 이 연구는 각 시나리오의 여러 가지 변형들을 사용함으로써 개선될 수 있을 것이다.

두 번째 문제는 사례들과 자극들이 실제 세계에서 그것들이 존재하는 방식대로 보편성을 대표할 수 있어야 한다는 점이다. 이러한 생각은 Egon Brunswick의 작업으로부터 나온 것으로서 때로 생태학적 타당성(ecological validity)으로 언급된다(Dhami, Hertwig, & Hoffrage, 2004 참고). 다시 말하지만, 실험적 통제와 생태학적 사고 간에는 늘 긴장이 존재한다. 실험에서 훈련한 자기개방이 상담에서 전형적으로 사용되고 치료 맥락에서 전달되는 자기개방(단회기의 모의 상담이 아닌 실제 회기에서)과 어느 정도 유사한지에 따라, 연구 결과가 실제 상담 상황에 일반화될 수 있는 가능성이 달라질 것이다. 그러나 일반화 가능성의 증가는 내적 타당도의 위협을 가져오는데, 이는 이러한 결과가 독립변인에서의 차이로 인해서만 발생할 것으로 믿기 어렵기 때문이다. 이러한 긴장을 묘사하면서, Dhami 등(2004)은 실험실 연구에서 얻어지는 인지적 결정 과제에 대한 많은 결론들이 현실의 결정 과제들에 대한 대표성 문제를 연구에서 담아내지 못하고 있다고 설명했다. 이러한 긴장들은 14장에서 다룬 모의 연구에서 더 깊이 논의되었다.

조건들 간의 차이를 제한하기

독립변인에 대해 선정된 조건들은 오로지 연구자가 관심을 가지고 있는 차원에서만 차이가 있어야 한다. 조건들이 다른 차원들에서도 차이가 허용된다면, 이 추가된 차원들은 결과를 오염시킬 것이다. 이 원리를 설명하기 위해, 백인 미국인과 라틴계 미국인의 상담자로서 지각된 신뢰성에 관한 중요한 연구를 살펴보자. 이 연구에서는 이에 더하여 상담 방식과 문화 적응의 기능에 관해서도 다루고 있다(Ponce & Atkinson, 1989). 이 연구는 요인설계를 통해 몇 가지 독립변인들을 고려했지만, 우리는 여기에서 상담자의 민족성과 관련된 독립변인에 초점을 맞출 것이다. 상담자의 민족성을 조작화할 수 있는 많은 가능한 방법들이 있음에도, 이 연구에서 민족성은 참여자들에게 상담자의 사진을 보여주고 소개글을 사용하여 조작되었다. 한 조건에서, 참여자들은 한 멕시코계 미국인 상담자의 사진과 함께 성(姓)과 출생지가 기재되어 이 상담자가 멕시코계라는 것을 보여주는 소개글을 보았다(예: *Chavez*, *Mexico*, 각각). 다른 조건에서, 참여자들은 유럽계 미국인 상담자의 사진과 함께 이 상담자가 유럽계라는 것을 알려주는 성과 출생지가 기록된 소개글을 보았다

(예: *Sanders*, *Canada*, 각각). 분명히, 이와 같은 방식은 상담자의 민족성을 조작화한다. 질문은 이 두 가지 조건들이 어떤 다른 차원에서도 다른가 하는 점이다. Ponce와 Atkinson은 사진의 사용을 선택했기 때문에, 사진에서 보이는 멕시코계와 유럽계 상담자는 개인적 매력도에 있어서도 차이가 있을 가능성이 있으며, 이것은 이 독립변인과 관련되는 결과들에 관한 대안적인 설명을 제공할 것이다. 즉, 멕시코계 미국인 참여자들이 멕시코계 미국인 상담자들에게 높은 점수를 주었다면, 이는 상담자의 민족성뿐 아니라 상담자의 개인적 매력 때문일 수도 있다는 것이다. 다행히도, Ponce와 Atkinson은 이러한 혼입 가능성을 인식하여 사진 속의 상담자들이 개인적 매력도에 있어 비슷하도록(나이나 다른 가능한 혼입 요인에 관해서도) 조정함으로써 이를 통제했다.

앞서 기술한 자극 표집 방법과 같이, 연구가 시작되기 전, 잠재적인 혼입 요인들이 반드시 고려되어야 한다. 혼입 요인들을 제거하는 것이 항상 가능하지는 않지만, 연구 개시 전 이를 확인하는 것은 연구자가 그러한 혼입 요인들을 최소화할 수 있는 기회를 제공한다(예: 이 장의 후반부에 논의할 조작 점검을 통해). 자료가 수집되고 초기의 연구 계획을 수정한 후 제거되어야 할 중요한 혼입 요인을 발견하는 것은 괴로운 일이다.

아래의 예를 생각해보자.

연구 응용 18.1

Sam은 커플들을 대상으로 정서중심치료(emotion-focused therapy: EFT)가 인지행동치료(cognitive-behavioral therapy: CBT)보다 더 나은지를 검증해보고 싶었다. Sam은 정서중심치료와 인지행동치료 전문가 각 20명을 선발했다. 또한 Sam은 200쌍의 커플을 선발하여 그들을 두 처치에 무선 할당했다. 그녀는 각 커플의 처치 전 관계 만족도를 평가하고 5회기, 10회기, 마지막 20회기에도 관계 만족도를 평가했다. 그녀는 또한 모든 회기를 기록했으며 기록자들(훈련된 졸업생)이 각 회기에서 상담자들이 실제로 정서중심치료 또는 인지행동치료를 실시했는지를 평정하게 했다. 연구 과정의 중간 이후, 그녀는 15명의 상담자들(정서중심치료 상담자 5명과 인지행동치료 상담자 10명)이 각자의 처치를 준수하지 않고 있음을 알게 되었다(예: 해당 상담자들은 정서중심치료나 인지행동치료가 아닌 다른 처치를 했다). 또한, 다른 상담자들보다 매우 훌륭한 결과를 낸 4명의 상담자들이 있었고, 불행하게도 3명의 상담자들은 매우 나쁜 성과를 보였다.

질문

1. 이 연구의 혼입 가능성은 무엇인가?
2. 이 혼입 가능성에 대해 Sam은 무엇을 할 수 있었는가? 상담자들의 훈련이나 자격심사(screening)가 도움이 될 수 있는가?

처치 연구를 할 때 나타나는 고질적인 몇 가지 혼입 요인들이 있다. 예를 들어, 연구의 초점이 특정 치료에 관한 것일 때 처치를 제공하는 상담자들이 혼입 요인이 될 수 있다. 상담자들이 혼입 요인일 수 있다는 것이 이상하게 보일 수 있지만, 상담자들이 효과성에 있어 차이가 있다는 것을 지지하는 상당한 증거가 있다(어떤 상담자들은 다른 상담자들보다 더 낫다)(Baldwin & Imel, 2013). 따라서 연구자가 A 처치가 B 처치보다 효과적인지를 검증하기 원할 때, 한 치료 조건의 상담자들이 다른 치료 조건의 상담자들보다 효과적이라면 이는 연구의 잠재적인 혼입 요인이 될 수 있다. 상담자 혼입 문제는 상담자들을 처치들에 걸쳐 일정하게 유지시킴으로써 통제할 수 있다. 즉, 동일한 상담자들이 모든 처치들을 운영하게 한다. 그러나 어떤 상담자들은 다른 처치에 비해 한 처치에 더 숙련될 수 있으며, 혹은 상담자들이 특정 처치에 대해 더 강한 헌신성을 가질 수도 있다. 이런 이유로, 어떤 처치의 우월성은 처치 자체에 기인한 것이 아니라 상담자의 기술이나 헌신성 때문일 수 있다.

한 가지 대안은 특정 처치의 전문가들이 그 처치를 시행하게 하는 것이지만, 이러한 방략은 경험이나 훈련과 관련된 혼입 가능성을 가져오며 일반화 가능성을 제한한다. 또 다른 대안은 상대적으로 미숙련된 상담자들을 선발하여(예: 상담 전공 졸업생) 그들을 처치에 무선 할당하고 각각의 처치에 대해 동등한 훈련을 시키는 것이다. 물론 이러한 방법은 연구의 외적 타당도를 떨어뜨리는데, 왜냐하면 연구의 결과들은 단지 미숙련 치료자들에게만 일반화가 가능하기 때문이다. 상담자 또는 치료 효과는 앞으로 20장에서 더 논의될 것이다.

조건들의 현저한 차이 확립하기

연구자가 기대하는 차원에서의 조건들 간의 차이는 현저해야 한다. 즉, 참여자들에게 분명하게 인식될 수 있어야 한다. 예를 들어, Ponce와 Atkinson(1989)은 민족성을 조작화하기 위해 상담자들의 성별과 출생지만을 사용할 수도 있었다. 그랬다면 개인적 매력이라는 혼입을 방지하고 연구를 보다 간명하게 만들 수도 있었을 것이다. 그러나 그들은 민족성의 현저한 차이를 증가시키기 위해 사진을 포함했다. 사진이 없었다면, 참여자들은 상담자의 성이나 출생지에 별 관심을 두지 않은 채 반 페이지의 소개글(소개글은 내담자에 대해 더 초점을 두고 있었다)을 읽기 쉬웠을 것이다.

독립변인의 중요 차원에서의 현저성은 연구 타당성의 확보에 있어 필수적으로 보이지만, 현저성이 지나치게 클 경우 이에 따르는 위험들이 있다. 만약, 참여자들이 연구절차로부터 연구 가설을 추론할 수 있다면, 반응이 편향될 가능성이 있다. 지나치게 투명한 현저성은 참여자가 실험상황에 반응하는 결과를(연구자가 의도한 조작과 대조적으로) 가져옴으로써 7장에서 언급한 구성 타당도를 위협할 수 있다. 연구 가설에 대한 추론은 흔히 연구자가 (참여자에게) 연구의 목적이나 다양한 절차를 진술함으로써 일어나지만, 실험 조작의 현저성 또한 이유가 될 수 있다. 아마도, 연구 가설을 추측한 참여자들은 연구자를 기쁘게 하고 연구 가설을 확증하는 방식으로 반응할 것이다.

독립변인의 현저성은 어떤 참여자들에게는 실험에 대한 **반응성**(reactivity)을 가져올 수도 있다. 예를 들어, 다음의 사례를 살펴보자.

실제 연구에 적용하기 18.2

Pendum은 박사 과정에서 슈퍼바이저들과 지도교수들 간의 대화의 질에 관한 논문을 쓰고 있다. 그는 참여자들을 두 조건 중 하나에 무선 할당할 것이다. 즉, 한 조건은 지도교수가 학생에게 호통을 치는 상황이며, 다른 조건은 학생과 지도교수가 학생의 장점과 미래에 관해 부드럽고 지지적인 대화를 하는 상황이다. 그는 지도교수와 어려운 관계를 가졌던 자신이 알고 있는 학생들에게 연구 참여를 요청했다.

분명히, Pendum은 양극단의 조건들을 강조하고, 또한 목적적 참여자 선발 방략(purposeful recruitment strategy)을 사용하여 연구의 효과를 증폭시키려고 했다. Pendum이 선발한 참여자들은 연구 조건들에 더 강하게 반응했을 것이다.

요약하면, 독립변인의 조건들은 연구자에 의해 의도된 차원에서 달라야 하지만 다른 차원들에서 차이가 있어서는 안 되며, 의도된 차원은 연구 관심 질문을 반영해야 한다. 또한, 의도된 차원의 실험 조건들 간의 차이는 현저해야 하지만, 지나치게 투명해서는 안 된다. 한 조건에 할당된 참여자들이 조건의 핵심 요소를 인식해야 하지만 연구 가설을 추론할 수 있어서는 안 된다. 물론, 현저성과 투명성 간의 의사 결정은 어려운 문제이며 훈련된 연구자들이 숙달해야 할 기술들 중의 하나이다.

조작 점검

독립변인을 정의하고 조작화하는 데 많은 주의를 기울였을 때조차, 실험조작이 그 목적을 달성할 수 있을 것이라는 장담을 할 수는 없다. 연구자가 독립변인의 현저성을 잘못 판단할 가능성이 있다. 조작이 적절하게 설계되었는지를 입증하기 위해, 조작의 특성들을 점검하는 것이 흔히 권장된다. 조작 점검의 목적은 아래 기술한 것들 중 하나 혹은 그 이상을 보여주는 것이다. (1) 조건들은 의도된 차원에서 다르며, (2) 조건들은 다른 차원들에서는 다르지 않으며, (3) 조건들은 의도된 방식으로 실행된다.

조건들이 의도된 차원에서 다른지를 결정하기 위해, 차원과 관련된 특징들의 평가가 조건들에 따라 달라야 한다. 이러한 결정은 여러 가지 방식으로 이루어질 수 있다. 첫째, 의도된 차원에서의 차이에 관한 점검은 참여자들에 의해 이루어질 수 있다. 예를 들어, Wang과 Kim(2010)은 상담자 다문화 역량의 효과 연구에서 참여자들이 15분 분량의 상담 회기 비디오를 시청하도록 함으로써 조작을 시도했다. 한 조건에서, 상담자는 내담자의 부정적인 가족들과의 상호작용에 대해 주로 지지적인 언급을 했다. 다른 조건에서, 상담자는 지지적인 언급과 함께 다문화적 기술들을 사용했다. 조작 점검은 참여자들에게 상담자의 코멘트가 다문화적 기술을 표현했는지(혹은 그렇지 않았는지)에 관해 6점 척도를 가진 7문항에 평정하도록 함으로써 이루어졌다. 예를 들어, 그들은 참여자들에게 다음과 같이 물었다. "회기에서 상담자는 내담자가 '문제'가 인종주의나 사람들의 편견에 기인한 것인지를 결정하도록 도움으로써 내담자가 자신을 지나치게 비난하지 않게 하고 내담자의 이익에 부합하는 개입을 제공했다고 생각한다"(p. 396). 예측했던 것처럼, 조작 점검을 위한 척도 상에서 조건들 간에 유의한 차이가 있었으며, 이는 조작이 참여자들에게 실제로 현저했음을 보여주는 증거를 제공했다.

의도된 차원에서의 차이를 평가하는 또 다른 방법은 독립적인 평정자들(연구 참여자나 실험자 이외의 사람들)이 실험 자료들을 평가하게 하는 것이다. 이러한 독립적인 평정자들은 순수한 개인들(상담 훈련을 받지 않은 사람들)일 수도 전문가들일 수도 있다. 앞서 논의된 상담자 민족성 연구에서, Ponce와 Atkinson(1989)은 상담 방식(지시적 대 비지시적) 또한 차이를 두었다. 상담심리학 졸업생들이 회기의 대화를 평정했고, 지시성에서의 의도했던 차이가 발견되었으며, 이는 독립변인의 적절성에 대한 지지를 제공했다.

독립적인 평정자들과 연구 참여자들은 독립변인의 조건들이 의도된 차원이 아닌 다른 차원들에서는 다르지 않은지를 확증하기 위해 또한 활용될 수 있다. 상담자의 사진을 사용함으로써 상담자의 개인적 매력과 관련된 혼입 가능성을 가져왔던 Ponce와 Atkinson(1989)의 연구를 다시 살펴보자. 이러한 위험을 통제하기 위해, 재학생들이 사진 속의 유럽계 및 멕시코계 상담자들의 매력도를 평정했고, 연구에 사용된 사진들은 개인적 매력의 차원에서 짝을 맞추어 대응시켰다.

Kim 등(2003)은 앞서 논의한 독립변인에 관한 다양한 고려 사항들을 보여준 감탄할 만한 연구를 수행했다. 저자들은 상담자의 자기개방과 아시아계 미국인 내담자의 문화적 가치가 상담 과정에 미치는 영향을 조사했다. 이 연구에서, 상담자 자기개방은 두 가지 조건을 형성함으로써 조작되었다. 한 가지는 상담자들이 자기개방을 하지 않는 조건이었고, 다른 조건은 상담자들이 자기개방을 하는 것이었다. 상담자들이 자기개방 훈련을 받은 후, 내담자들이 상담자들에게 무선 할당되었으며 상담자-내담자 쌍들은 두 조건에 할당되었다. 즉, 상담자들은 어떤 내담자들에게는 자기개방을 하고 다른 내담자들에게는 자기개방이 금지되었다.

분명히, 이것은 독립변인의 조작이지만 다음의 문제들을 결정하기 위한 점검이 필요하다. (1) 상담자들은 자기개방 및 자기개방 금지의 지시를 따랐는가? (2) 자기개방의 예외에 해당될 만한 회기들이 있었는가? (3) 내담자들에게 상담자의 자기개방은 현저했는가? 개방과 관련하여, 관찰자들이 자기개방이 일어날 때 기록을 했고, 자기개방 조건의 회기들이 많은 자기개방을 포함한 반면(회기당 M=6.39), 자기개방 금지 조건에서는 자기개방이 거의 나타나지 않았다(M=.13). 또한, 두 조건의 회기들은 회기의 질, 치료 관계, 상담자 신뢰도, 및 상담자 공감에 관한 내담자의 평정에서 차이를 보이지 않았다. 마지막으로, 현저성의 점검에서, 내담자들은 상담자가 자기개방을 한 정도를 평정하도록 요청되었다. 자기개방 조건의 내담자들이 통제 조건의 내담자들이 보고한 것에 비해 더 많은 상담자 자기개방을 기록했다. Kim 등(2003)은 상담자들이 여러 가지 형태의 개방을 할 수 있도록 허용했고 다양한 형태의 효과를 검증했는데, 이는 연구의 결론들이 한 가지 형태의 개방에 제한되지 않음을 보증했다. Kim 등은 독립변인을 주의 깊게 설계했고 조작의 핵심적인 측면들을 평가하는 방법들을 구축했으며, 다행히도 조작 점검은 조작이 성공적이었음을 입증해주었다.

처치 연구에서는 처치가 의도된 방식으로 참여자들에게 전달되는 것이 중요하다. Jacobson 등(1996)은 한 중요한 연구에서 우울증에 대한 인지행동치료의 구성요소들을 검증했다. 한 조건은 행동적 활성화만을 활용하는 상담자들로 구성되었다. 두 번째 조건은 행동적 활성화에 더하여 자동적 사고에 대한 도전이 추가되었으며, 마지막 조건은 완전한 인지행동치료로서 핵심 스키마의 변화를 위한 개입이 추가되었다. 연구자들은 관찰자들을 활용하여 초기, 중기 및 후기 단계에서 회기를 평정했다. 관찰자들은 특정 치료 구성요소들(행동적 활성화, 자동적 사고에 대한 도전, 핵심 스키마에 대한 초점)을 평정했다. 예측한 대로 다른 조건들은 이러한 구성요소들에서 차이를 보였으며, 이는 연구자들이 내담자 결과에 관한 치료의 인과관계를 더 잘 이해할 수 있게 했다. 흥미롭게도, 연구자들은 내담자 결과에 있어 처치들 간에 어떠한 유의한 차이도 발견하지 못했다. 조작의 현저성에 대한 의심이 들 때, 조작 점검은 조건들이 의도된 차원에서만 차이가 있었는지에 대한 연구자의 의문을 검증할 수단을 제공한다. 조작 점검이 가치가 있건 아니건 간에, 조작 점검을 수행하기 위해 추가적인 시간과 노력을 들일지의 여부는 오로지 특정 연구의 맥락에서 결정될 수 있을 뿐이다. 성과 연구(outcome studies)의 맥락에서 조작 점검과 관련된 또 다른 문제들은 20장에서 논의된다.

결과 해석

실험 설계의 목적은 독립변인과 종속변인 간의 인과관계를 확립하는 것이다. 지금까지 우리는 독립변인의 설계 및 조작 점검과 관련된 주제들을 논의해왔다. 실험 결과의 해석은 이에 못지않게 중요하며, 이는 추론들의 기초가 되는 많은 정보를 제공한다. 이 장에서 우리는 독립변인과 관련하여 통계적으로 유의하거나 통계적으로 유의하지 않은 결과들의 해석에 있어 다양한 문제들을 토론할 것이다.

통계적으로 유의한 결과

통계적 유의성은 각 조건들의 결과들이 충분히 다르다는 것을 나타내며, 따라서 어떤 차이도 없다는 영가설은 기각된다. 즉, 조건들 간에 진실로 차이가 있다는 것을 보여준다. 예를 들어, 비교 처치 연구에서, 통계적으로 유의미한 결과는 어떤 처치가 다른 처치보다 더 효과적이라는 것을 나타내며, 따라서 처치들 간에 어떠한 차이도 없다는 영가설은 기각된다.

통계적으로 유의한 결과들은 해석이 쉬운 것으로 보일 수 있지만, 혼란(confusion)의 여지가 많이 남아있다. 앞서 논의했듯이, 결과들은 혼입으로 인한 것일 수 있다. 즉, 의도했던 설명이 아닌 결과에 대한 다른 설명이 존재할 가능성이 있다. 처치 연구에서, 치료자의 효과성은 혼입의 원인이 될 수 있다. 연구자가 혼입 가능성이 거의 없는 방식으로 독립변인을 설계하고자 노력했음에도 불구하고, 완벽한 실험이란 불가능하며, 여러 가지 혼입요인들이 남아있을 수 있다. 조작 점검이 남아있는 대안적 설명들을 제거하기 위해 사용될 수 있지만, 조작 점검 또한 혼란을 초래할 수 있다.

실제 연구에 적용하기 18.3

Hammon은 내담자 결과(내담자 증상 고통의 변화)에 관한 상담자들의 해석의 역할을 검증하고 싶었다. 그녀는 한 조건의 상담자들에게는 어떠한 해석도 제공하지 말 것을 지시했고 다른 조건의 상담자들에게는 임상적으로 적절할 때 해석을 제공하도록 했다. 독립적인 평정자들이 각 회기를 코딩했다. 그들은 해석을 금지한 조건의 상담자들이 회기당 대략 한 번의 해석을 제공한 반면, 해석 조건의 경우 다섯 번을 제공했다는 것을 발견했다. Hammon은 조건들 간에 어떠한 통계적 차이도 발견하지 못했으며 해석은 상담에서 효과적인 개입 방법이 아니라고 결론지었다. 회기당 최소 한 번의 해석을 제공하는 것으로도 충분하다는 또 다른 가능한 결론이 있을 수 있다.

가장 혼란을 일으킬 수 있는 경우들 중의 하나는 독립변인의 조건들이 의도된 차원에서 다르다는 것을 보여주기 위한 조작 점검은 실패했지만, 종속변인에서 통계적으로 유의한 차이가 나타났을 때이다. 이러한 결과(outcome)는 연구 결과에 관한 적어도 세 가지 설명이 가능하기 때문에 모호하다. 첫째, 조작 점검의 결과들이 잘못될 수 있다. 독립변인의 조건들의 차이를 발견하는 데 있어 실패는 2종 오류, 부적절한 측정, 혹은 부실한 절차에 기인할 수 있다. 조작 점검은 실패했지만 종속변인의 차이가 관찰되는 상황에 대한 두 번째 설명은 혼입 요인의 존재와 관련될 수 있다. 조작 점검은 정확했지만(조건들은 의도된 차원에서 차이가 없었다), 의도되지 않은 차원에서 조건들의 차이가 있었다. 연구자가 다른 차원들을 점검하고 어떤 차이도 발견하지 못했다 해도, 모든 혼입 요인들을 점검하는 것은 불가능하다. 세 번째 가능성은 통계적으로 유의한 결과들이 오류일 수 있다는 것이다(1종 오류). 분명히, 조작 점검이 실패한 상황에서 통계적으로 유의한 결과는 해석하기 어렵다.

최선의 상황은 결과들이 통계적으로 유의하고 의도했던 차원에서 조건들이 차이가 있다는 것을 조작 점검이 보여줄 때일 것이다. 그러나 이럴 때조차도 모호성이 존재할 수 있다. 어떤 조작 점검은 반응적일 수 있으며, 따라서 의미 있는 결과들이 독립변인 때문이 아니라 조작 점검의 요구특성들에 기인한 것일 수 있다. 특히, 참여자들에게 실험 조작에 대해 요구하는 것은 그들을 연구의 여러 측면들에 대해 민감하게 만들 수 있으며, 이에 따라 그들의 종속 측정치에 대한 반응은 이러한 민감성에 영향을 받을 수 있다. 예를 들어, Davis 등(심사 중)은 인종적 · 민족적 소수 내담자들을 두 가지 조건의 치료 회기에 할당한 후 힘들었던 시간을 회상하게 했다. (1) 일반적 위협 조건: 치료 관계에서 긴장이나 결렬(strains or ruptures), 또는 (2) 미시공격 위협 조건: 성이나 인종에 관한 미시공격(또는 미묘한 차별적 진술)에 기인한 치료 관계에서의 긴장이나 결렬. 조작 점검은 두 조건의 참여자들이 치료 관계에서의 긴장이나 결렬이 성이나 인종과 관련되었는지를 믿는 정도를 평가하는 두 개의 문항을 통해 이루어졌다. 그러나 일반적 위협 조건에 있는 참여자들에게 이러한 질문을 한 것은 그들이 성이나 인종과 관련된 주제들을 생각하도록 자극함으로써 반응에 영향을 미칠 수 있다.

반응성을 최소화하기 위해, 연구자는 종속변인의 측정 후 조작 점검을 실시하고(물론, 조작 점검이 종속 측정치에 의해 영향받을 수 있다), 지나치게 투명하지 않고 간접적인 점검을 하거나, 비간섭적 측정치들(unobtrusive measures)(19장 참고)을 사용하는 것을 고려해야 한다. 의도한 차원에서 조건들이 다른지를 결정하기 위한 성공적인 조작 점검이라 해도 혼입 요인들을 제거하지 못한다는 점을 잊지 않는 것이 중요하다. 왜냐하면 다른 차원들에서 조건들이 다를 수 있는 가능성이 여전히 남아있기 때문이다. 그럼에도 불구하고, 점검이 성공적이고 조건들 간에 기대했던 차이가 발견되었을 때 해석의 모호성은 최소화될 수 있다.

통계적으로 유의하지 않은 결과

과학 철학의 관점에서, 유의하지 않은 결과들은 매우 가치가 있는 정보이다. 그럼에도 불구하고, 유의하지 않은 결과들은 진정한 효과의 결여 이외의 많은 요인들에 기인할 수 있다. 여기에는 부적절한 통계적 검증력(예: 실제로는 효과가 있을 수 있는데도, 의미 있는 효과 발견에 필요한 충분한 사례수를 갖지 못한 경우), 민감하지 못한 측정도구들, 통계적 검증에 필요한 가정들의 위반, 부주의한 절차, 편향들이 포함된다. 여기에는 형편없이 설계된 독립변인 또한 포함시킬 수 있다. 실험 조작이 조건들을 성공적으로 차별화시켰는지를 보여주는 것은 유의하지 않은 발견들의 중요성을 증가시킨다. 즉, 조건들이 기대했던 대로 차이가 있었지만 결과들이 기대했던 형태로 나오지 않았다면, 가설로 설정했던 인과관계가 존재하지 않는다는 증거가 축적될 수 있다. Jacobson 등의 인지행동 상담 연구에서 처치 간에 기대했던 차이가 나타나지 않았다. 조작 점검이 없다면 유의하지 않은 결과들은 조건들에서의 현저한 차이의 부족에 기인한 것으로 간주되기 쉬울 것이다(모든 처치들은 동일했다).

유의하지 않은 결과들은 또한 성공적이지 않은 조작 점검과 동반될 수 있는데, 이는 점검을 통해 조건들이 의도된 차원에서 차이가 없다는 것이 발견되고, 종속변인에서 기대했던 차이가 나타나지 않을 경우 발생한다. 이러한 상황은 유의하지 않은 결과가 독립변인의 형편없는 설계 때문일 가능성을 명백하게 암시한다. 결과적으로, 상담 분야에서 유의하지 않은 결과의 중요성은 경감된다.

상태변인

이 장에서 우리는 독립변인의 성격이 연구자에 의해 결정된다는 사실을 강조해왔다. 특정한 방식으로 독립변인을 설계하면서, 연구자는 종속변인에 대한 독립변인의 효과를 조사하고자 한다. 우리는 이러한 의도적 과정을 표현하기 위해 **조작**이라는 용어를 사용해왔다. 앞서 언급한 것처럼, 하나의 연구에서 하나 이상의 독립변인을 포함할 수 있으며, 이러한 경우 독립변인의 효과는 전형적으로 요인 설계를 사용해 조사된다. 예를 들어, Ponce와 Atkinson(1989)은 상담자 민족성(유럽계 미국인 또는 멕시코계 미국인)과 상담자의 상담 방식(지시적 및 비지시적) 모두를 2×2 요인 설계를 사용하여 조작했다.

상담 연구자들은 조작하기 쉽지 않은 변인들에 대해 관심을 갖는 경우가 많은데, 이는 윤리적 제약 또는 논리적 불가능성에 기인한다. 참여자들을 배우자 폭력 조건에 할당하는 것은 윤리적으로 허용되지 않으며, 참여자들을 성별 조건에 할당하는 것 또한 불가능하다. 우리는 할당할 수 없는 모든 참여자 관련 변인들을 **상태변인**으로 정의한다. 이러한 예로는 성격변인(예: 통제의 소재), 사회경제적 변인(교육 수준과 같은), 성별, 민족성 등이 포함된다. 많은 연구자들이 이러한 변인들을 독립변인으로 명명하지만, 상태변인과 독립변인 간의 차이는 이들 두 형태의 변인들로부터 도출할 수 있는 결론의 형태를 이해하는 데 있어 매우 중요하다.

독립변인은 조작되며 이어서 종속변인에 대한 효과가 평가된다. 모든 일들이 잘 진행된다면, **인과관계**가 확립된다. 이에 비해, 상태변인은 조작될 수 없으며, 상태변인을 포함한 통계 검증은 **관련성**을 조사한다. 예를 들어, Owen, Fincham과 Moore(2011)는 대학생들이 학기 과정 동안 캐주얼 섹스를 하는지를 조사하면서 우울 증상의 변화와 관련하여 캐주얼 섹스를 하는 사람들과 하지 않은 사람들 간에 차이가 있는지를 연구했다. Owen 등은 참여자들은 캐주얼 섹스를 하는 조건과 하지 않는 조건으로 무선 할당할 수 없었기 때문에(독립변인을 조작할 수 없었기 때문에), 캐주얼 섹스가 우울 증상 변화의 원인이었다고 주장하는 것은 적절하지 않을 것이다. 인과관계는 반대 방향일 수도 있다. 예를 들어, 우울 증상들이 대학생들의 캐주얼 섹스 행동의 원인일 수도 있다. 혹은 제3의 변인(예: 외로움)이 우울 증상과 캐주얼 섹스 행동 모두의 원인일 수도 있다.

상태변인의 통계 분석에 대해 유의해야 할 중요한 관점이 있다. 상태변인의 분석은 흔히 독립변인의 분석과 동일하기는 하지만, 상태변인이 조작되지 않기 때문에 인과적 추론을 하는 것은 더 어렵다(Shadish et al., 2002). 연구의 추론을 결정하는 것은, 분석이 아니라 설계이다(Cohen, 1968; Wampold & Freund, 1987 참고). 예를 들어, Owen 등(2011)은 캐주얼 섹스 행동을 독립변인으로서(캐주얼 섹스를 했는가, 혹은 하지 않았는가?) 선형 회귀 분석을 실시했다. 캐주얼 섹스 행동이 조작되지 않았기 때문에 캐주얼 섹스가 종속변인의 차이의 원인이라고 말할 수는 없다.

조작되는 독립변인과 상태변인(조작되지 않는다) 모두가 한 연구에 포함되는 경우는 드물지 않다. 예를 들어, Kim 등(2003)은 상태변인으로서 아시아 문화적 가치에 대한 신념과 함께 독립변인으로서 자기개방의 조작을 포함했다. 흔히, 연구 가설들은 상태변인과 독립변인 간의 상호작용을 가정한다. 어떤 처치가 어떤 내담자들에게 가장 효과적인지를 증명하려는 연구들이 이러한 형태의 가설을 갖는다.

우리는 한 형태가 다른 형태보다 더 우월하다는 식으로 독립변인과 상태변인 간의 차이를 구분하지는 않는다. 중요한 점은 독립변인은 조작되기 때문에 인과적 추론이 직접적으로 가능할 수 있다는 점이다. 이것은 인과성이 상태변인들에게는 결코 주어질 수 없다는 것을 말하는 것은 아니다. 그러나 이런 경우 추론은 여러 가지 다른(그리고 보다 어려운) 방식으로 이루어진다. 흡연과 건강에 관한 연구를 생각해보자. 흡연 행동은 윤리적으로 조작될 수 없다. 예를 들어, 참여자들은 흡연 조건과 비흡연 조건에 할당될 수 없다. 비록 흡연이 많은 질병들의 원인이라는 사실에 대한 의문은 거의 없지만(Holland, 1986 참고), 이러한 인과관계는 동물 연구, 역학조사, 다문화 연구, 회고적 비교와 같은 방법에 의해 확립된 것이었다. 흡연이 독립변인이 될 수 없기 때문에, 흡연이 어떤 질병의 원인이 된다는 것을 과학적으로 입증해온 단 하나의 연구도 존재하지 않는다는 미국 담배 협회의 주장은 정확한 것이다. 그러나 흡연과 질병의 인과관계는 많은 연구들을 통해 확고하게 입증되어왔다. 이 과정의 첫 단계는 흡연과 질병 간에 존재하는 관련성을 입증하는 것이었다. 다음으로, 대안적인 설명들이 제거되었다. 우리는 8장의 표집의 맥락에서 상태변인을 논의했다.

독립변인과 상태변인을 구분하지 못할 경우 연구 결과를 해석하는 데 혼란이 발생할 수 있다. 상담 연구 논문들을 읽다 보면 상태변인들이 흔히 독립변인으로 명명된다. 명명법이 문제는 아니다. 독립변인이라는 용어가 포괄적으로 사용되는 것은 거의 문제가 되지 않는다. 그러나 정당성 없이 인과성을 부여하는 것은 피해야 할 오류이다. 인과성은 구성개념들 간의 관계에 대해 만들어질 수 있는 가장 강력한 진술이므로, 인과적 귀인에 대한 근거는 언제나 주의 깊게 조사될 필요가 있다.

요약 및 결론

상담 연구에서 구성개념들 간의 관계에 대한 인과적 귀인이 올바르게 이루어지기 위해서는, 독립변인이 적절히 설계되어야 한다. 5장과 6장에서 논의한 것과 같이, 이 과정의 첫 단계는 연구 질문을 분명하게 진술하여 독립변인의 조작(manipulation)이 효과의 원인을 적절하게 조작화(operationalize)할 수 있도록 하는 것이다. 핵심적인 차원이 확인되었을 때, 연구자는 의도한 차원에서 조건들이 차이가 나도록, 그러나 다른 차원들에서는 차이가 없도록 독립변인을 설계해야 한다. 조건들이 의도한 차원이 아닌 다른 차원에서 차이가 날 경우, 혼입이 존재한다고 말할 수 있으며, 관심 구성개념과 혼입 요인 중 무엇이 효과의 원인이 되었는지를 확신할 수 없다. 또한, 독립변인의 조건들 간의 의도된 차이는 현저해야 하며, 참여자들에게 영향을 미칠 수 있어야 하지만, 참여자들이 그 의도를 추론하여 반응할 수 있을 정도로 지나치게 투명하고 강렬해서는 안 된다. 독립변인이 의도된 차원에서 실제로 차이가 있고 참여자들에게 현저하다면, 집단 간 변량은 최대화된다. 또한, 혼입 요인을 회피하는 노력을 통해 연구자는 더 많은 통제를 할 수 있게 된다. 분명히, 독립변인은 Kerlinger의 MAXMINCON 원리에서 핵심적인 요소이다.

실험 조작이 연구자의 의도대로 성취되었는지를 확인하기 위해 조작을 점검하는 것이 필요하다. 조작 점검의 목적은 의도된 차원에서 조건들이 다른지, 조건들이 다른 차원에서는 다르지 않는지, 그리고/또는 처치가 의도한 방식대로 이루어졌는지를 보여주는 것이다. 전형적으로 조작 점검은 실험 참여자들이나 독립적인 평정자들이 독립변인의 조건들의 다양한 측면을 판단하게 함으로써 이루어진다. 그러나 조작 점검을 사용할 때조차, 실험 결과의 해석은 혼란스러울 수 있다. 예를 들어, 종속변인에 있어 집단 간에 통계적으로 유의한 차이가 발견되었지만 조작 점검 결과 조건들이 의도한 차원에서 다르지 않았다는 것이 밝혀질 경우 결과는 모호하다. 조작 점검이 성공적이고 종속변인에서 통계적으로 유의한 차이가 있을 때, 연구자가 조작 점검이 반응성을 일으키지 않았다는 점을 입증할 필요가 있기는 하지만, 인과적 귀인은 가장 타당하다.

많은 상담 연구들에서, 상태변인이 설계와 분석에 포함된다. 상태변인은 연구자가 조작할 수 없는 변인으로서 성격변인, 사회경제적 변인, 성별 및 민족성과 같은 변인들이 포함된다. 상태변인의 분석은 진정한 독립변인의 분석과 동일할 수는 있지만, 결과의 추론에 있어서는 매우 다르다. 상태변인이 사용될 때, 통계적 검증은 인과관계가 아니라 관련성을 확인하는 것이다.

분명히, 독립변인의 설계는 연구에서 매우 중요한 단계이다. 연구자들이 독립변인의 조작에 대해 확신을 갖고 자료를 수집한 후에야 비로소 위협적인 혼입 요인의 존재를 발견하는 경우가 드물지 않다. 연구자는 항상 스스로가 자신의 연구에 대한 최고의 비평가가 되어야 하며, 연구의 시작 전 독립변인과 관련된 가능한 모든 문제들을 고려해보는 것이 최선이다.

촉진 질문

독립변인

1. 당신의 관심 분야에서 세 개의 연구를 찾아보라. 각 연구에서 독립변인을 확인하라. 각 독립변인에서, 독립변인의 다양한 수준들을 진술하고 그들이 실험적으로 조작되었는지 혹은 상태변인인지를 확인하라.
2. 한 연구자가 반항적인 아동들에 대한 논문들의 편집 반응에 관심이 있다고 가정하자. 여기에서 연구 논문들은 아동들의 민족성(유럽계 미국인 대 아프리카계 미국인)과 아동들의 문제의 원인에 대한 귀인(좋지 않은 가족 조건과 같은 외부적 귀인 대 좋지 않은 충동 조절과 같은 내부적 귀인)에서 차이가 있다. 당신은 어떻게 독립변인을 조작화하여 연구를 설계할 것인지를 기술하라.
3. 조작 점검이 성공적으로 사용된 연구와 조작 점검의 실패가 결론의 타당성에 심각한 위협을 준 연구를 찾아보라. 첫 번째 연구에서 조작 점검의 사용이 어떻게 결과의 타당성을 증진시켰는지를 기술하라. 두 번째 연구에서, 사용될 수 있는 조작 점검을 설계하라.
4. 한 연구자가 우울증에 대한 두 가지 처치의 효과성을 비교했고 한 처치가 다른 처치보다 우수하다는 것을 발견했다고 가정하자. 독립변인이 설계된 방식으로부터 기인될 수 있는 이러한 결론이 가진 가능한 위협 요소들을 토론하라.

19
CHAPTER

종속변인: 의도한 성과를 능숙하게 측정하기

종속측정치라고도 불리는 종속변인은 그 목적이 결과(effect)(7장 참고)라고 가정되는 구성개념을 측정하는 것이다. 따라서 연구자로서는 종속변인과 자료 수집 방법을 선택 또는 고안하는 것이 중요하다. 대부분의 학술지 논문에서는 '방법' 부분에 '측정도구'라는 제목 아래에 종속변인과 독립변인에 대한 심리측정적 정보를 간략히 기술하고 있는데, 최적의 종속변인을 선택하는 것은 매우 중요한 일이다. 그렇다면 어떤 방식으로 이 과정을 시작하는 것이 좋을까? 이 과정을 시작하면서 고려해야 할 몇 가지 질문이 있다. (1) 만일 독립변인이 연구 참여자들에게 효과가 있다고 예상이 된다면, 어떤 결과가 뚜렷이 나타나야 하는가? (2) 어떤 결과가 주요한 결과인가?(이론을 바탕으로 했을 때 발생 가능성이 가장 큰 결과는 무엇인가?) 어떤 결과가 부차적인가?(이론을 바탕으로 했을 때 발생 가능성이 크지 않지만 여전히 관련이 있는 결과는 무엇인가?) (3) 왜 특정 변인들은 종속변인으로 포함하고 다른 변인들은 제외했는가? 물론, 연구자가 한 연구에서 가능한 모든 결과를 측정할 수 없고 어떤 결과들은 제외시켜야 한다. 그러나 어떤 변인들을 제외할 경우 연구를 통해 유추할 수 있는 결론이 달라질 수 있다는 점을 인식해야 한다. 결국, 어떤 종속변인을 선택하는지에 따라 연구의 장점이 달라질 수 있기 때문에, 종속변인을 선정하는 과정에 많은 주의를 기울여야 한다. 다음 사례를 살펴보자.

연구 응용 19.1

Tim이라는 상담 연구자는 대인공포증을 치료하는 데 있어서 대인관계 상담과 춤 치료의 효과를 비교하고자 한다. 이때 처치가 독립변인이고, 두 가지 조건(대인관계 상담과 춤 치료)이 존재한다. Tim은 몇 개의 종속변인을 선정했는데, 일반적인 심리적 고통을 측정하는 검사 도구, 언어적 의사소통 기술, 춤 실력 등을 측정하는 것이 종속변인을 균형 있게 고려하는 것이라고 생각했다. 자료 분석 결과, 두 치료는 일반적인 심리적 고통에서는 차이가 나타나지 않았지만, 춤 치료를 받은 연구 참여자들이 대인관계 상담을 받은 참여자들에 비해 춤 실력이 더 뛰어난 것으로 나타났다. 그러나 대인관계 상담을 받은 참여자들은 연구 직후에 춤 치료를 받은 사람들에 비해 언어적 의사소통 기술이 더 좋은 것으로 나타났다.

질문

1. Tim은 타당한 종속변인을 선정했는가? 타당한 결정이라고 생각한다면 그 이유는 무엇인가? 타당한 결정이 아니었다면 그 이유는 무엇인가?
2. Tim에게 추천할 만한 다른 종속변인 측정치가 있다면 무엇인가?

만일 Tim이 종속변인을 하나만 선택했다면 연구 결과는 확연히 달라졌을 것이다. 예를 들어, 심리적 고통 척도만을 사용했다면 두 처치의 효과가 동일하다고 결론 내렸을 것이다. 그러나 조건에 따라 처치 특화적인 결과들이 나타났고, 이러한 결과들은 처치의 이론적 틀을 고려했을 때 충분히 예상 가능한 것이기 때문에, 이러한 결과들을 고려하는 것은 중요한 일이었을 것이다.

종속변인을 측정하는 방법 또한 중요하게 고려해야 할 사항이다. 예를 들어, 아동의 행동을 측정하기 위해 아동의 어머니가 보고한 내용을 활용할 수가 있는데, 이때 어머니가 보고하는 내용은 아동의 실제 행동보다는 어머니 자신이 가지고 있는 병리적인 측면에 의해 영향을 받을 수 있다(Webster-Stratton, 1988). 마찬가지로, 심리치료나 상담이 지닌 성과는 그 성과를 내담자, 상담자, 또는 독립적인 평정자가 평가하는지에 따라 달라질 수가 있다(McDonagh et al., 2005; Orlinsky, Grawe, & Parks, 1994). 조악한 방식으로 종속변인을 선택하거나 아니면 조악하게 만들어진 종속변인을 사용할 경우 정보로서의 가치가 부족하거나 해석이 불가능하고, 최악의 경우 틀리거나 내용을 오도할 가능성이 있다. 반대로, 일련의 종속변인들을 창의적으로 고안할 경우 새로운 정보를 밝혀냄으로써 기존의 지식 기반을 확장할 수 있다.

이 장의 전반부에서는 종속변인을 선택하거나 고안하는 것을 다루고자 한다. 본질적인 문제는, 연구문제에 포함된 '결과 구성개념(effect construct)'을 적절한 방식으로 정의한 종속변인을 선정하는 것이다. 이 장의 후반부에서는 종속변인을 위한 자료 수집 방법을 논하고자 하는데, 상담 연구에서 유용한 일곱 가지 자료 수집 방법을 구분하여 설명하고자 한다. 요점은, 각각의 자료 수집 방법은 상이한 이점과 단점을 지니고 있기 때문에, 연구자는 연구문제와 가장 밀접하게 관련된 정보를 제공해줄 수 있는 방식으로 자료를 수집해야 한다.

종속변인을 조작적으로 정의하기

연구문제에 포함된 결과 구성개념을 적절히 정의하고 있는 종속변인을 선정하는 것은 매우 중요하다. 연구자는 구성개념을 반영하는 종속변인을 고안하거나 선택해야 한다. 이 절에서는 종속변인을 고안하거나 선발하는 것과 관련된 세 가지 논점에 초점을 맞추고자 한다. 첫째, 변인의 심리측정적 특성을 검토하려고 하는데, 특정 구성개념이 얼마나 적절히 조작적으로 정의되었는지를 이해하기 위해 신뢰도와 타당도를 논하고자 한다. 둘째, 연구자는 종속변인이 어떤 식으로든 처치에 반응하지 않도록 주의를 기울일 필요가 있는데, 실험 맥락에서 종속변인의 반응성(reactivity)에 대해 간단히 이야기할 것이다. 셋째, 종속변인에 대한 참여자의 반응에 잠재적으로 영향을 미칠 수 있는 몇 가지 절차상의 문제를 논하고자 한다. 예를 들어, 종속변인을 실시하는 데 소요되는 총 시간, 종속변인의 제시 순서, 검사 도구를 이해하는 데 필요한 읽기 수준 등이 이에 해당된다.

5장에서 강조했던 것처럼, 적절한 종속변인을 선택하거나 고안하기 위해서는 연구문제가 명료해야만 한다. 중요한 것은, 독립변인의 효과 또는 성과라고 말할 수 있는 구성개념이 반영되도록 종속변인을 고안하는 것이다. 예를 들어, 불안에 대한 처치를 연구할 때, 그 처치가 상태 불안(시간 또는 상황특수적인 불안)에 영향을 미칠 것으로 기대하는지, 아니면 특성 불안(시간과 상황에 관계없이 안정적으로 나타나는 불안)에 영향을 미칠 것으로 예상하는지, 아니면 모두에 영향을 미칠 것으로 기대하는지를 언급할 필요가 있다. 만약 연구자가 관심을 두고 있는 구성개념이 다른 관련 구성개념과 잘 구분되지 않을 수 있다면, 연구자는 연구문제 또는 관련된 논의에서 그 구성개념이 다른 관련 개념들과 어떻게 다른지에 대해 구체적으로 기술할 필요가 있다. 일단 구성개념 간 관계가 가설로 표현되고 각각의 구성개념이 서로 구분된다면, 연구자가 해야 할 일은 독립변인에 따라 변화할 것으로 기대되는 구성개념을 적절히 정의한 종속변인을 선정하거나 설계하는 것이다.

심리측정적인 문제

어떤 구성개념을 조작적으로 정의할 때에는 종속변인의 심리측정적 특성을 고려해야 한다. 연구자들은 특정 개념을 조작적으로 정의하기 위해 선택한 종속변인들이 얼마나 신뢰할 수 있고 타당한지를 알고 있어야 한다. 만일 신뢰도와 타당도에 대한 추정치가 좋지 않다면 구성개념의 조작적 정의는 부적절할 가능성이 높다. 지금까지 심리측정적 특성에 대해 많은 이야기를 했지만, 여기서는 기본적인 내용을 검토하고자 한다. 이렇게 하는 이유는 어떤 구성개념이 어느 정도로 적절하게 조작적으로 정의가 되었는지, 그리고 이것이 어떻게 연구의 타당도에 영향을 미치는지를 이해하는 데 중요하기 때문이다. 숙련된 연구자라면 심리측정학에 대해 풍부한 배경지식과 경험을 지니고 있어야 할 뿐 아니라 연구에서 사용하고 있는 변인들의 심리측정적 특성을 폭넓게 알고 있어야 한다.

신뢰도

종속변인을 측정하는 검사 도구에서 나온 점수들이 정보로서 가치가 있으려면, 연구 참여자들의 점수가 서로 같지 않고 달라야 한다. 모든 사람들이 특정 검사에서 같은 점수를 얻는다면, 우리는 그 사람들에 대해 아무것도 알지 못할 것이다. 그러나 참여자들의 점수가 서로 다르다면 우리는 그 참여자들이 어떻게 다른지에 대해 알려고 할 것이다. 예를 들어, 어떤 연구자가 강의만으로 다문화 수업을 진행하는 것과 체험적인 활동을 하면서 수업을 진행하는 것 중 어느 것의 학습 효과가 더 큰지를 알고 싶어 한다고 가정하자. 이 연구자는 학생들을 두 집단, 즉 강의만으로 수업을 진행하는 집단과 체험 활동을 하는 집단에 각각 할당할 것이다. 만일 모든 학생들이 학기 말에 A를 받았다면, 그 이유는 두 가지 수업 방식이 같은 정도로 효과적이거나, 아니면 채점 방식에 심각한 문제가 있어서일 가능성이 높다. 연구자가 원하는 것은, 두 점수 간 차이가 해당 특성의 실제 수준 차이로 인해 발생하는 것이다. 즉, 점수 내 변산이 참여자들 사이에 존재하는 변량을 반영해야 한다. 불행하게도, 점수들 사이에 존재하는 변량은 다양한 종류의 오차 때문에 발생할 수 있다. 신뢰도를 이해하기 위해서는 점수에 포함된 변량이 몇 가지 요인 때문에 발생한다는 사실을 이해해야 한다.

점수 내 변량을 설명하는 첫 번째 주요 요인은 측정하는 중심 구성개념과 관련이 있다. 측정이론에서의 **주요 가정**은, 각 개인에게 진점수(true score)가 존재하고, 진점수는 해당 구성개념에 대한 각 개인의 실제 수준을 반영한다는 것이다. 점수의 신뢰도는 얻은 점수가 사람들의 진점수를 반영하는 정도이다. 따라서 **이론적인 진점수**가 있고, **관찰된 점수**가 있다. 예를 들어, 지능이라고 불리는 구성개념이 이론적으로 존재하는데, 지능검사를 실시하면 관찰 점수를 얻게 된다(지능검사에서의 점수). 좀 더 기술적으로 이야기하면, 신뢰도는 사람들 사이에 존재하는 실제 차이로 인해 발생하는 점수 변산이다. 만일 검사 도구가 일반적으로 신뢰할 수 있는 점수를 산출한다면 해당 구성개념을 더 많이 소유하고 있는 참여자들은 그 변인에서 더 높은 점수를 얻게 된다. 예를 들어, 우울증을 측정하기 위해 개발된 척도에서 높은 점수를 얻은 사람들은 실제로 우울하다고 가정된다(그리고 점수가 낮은 사람에 비해 더 많이 우울하다고 간주된다). 그러나 이후에 논의되겠지만 검사 도구에서 얻은 점수들의 변산은 진점수의 차이 때문이 아니라 다른 요인 때문에 발생한다.

보통 변인 X에 대한 점수들의 신뢰도 계수는 r_{xx}로 표시한다. 이 계수가 .80이라는 것은, 점수 변량의 80%가 실제 차이로 인해 발생했고 나머지 20%는 다른 요인에 의해 발생했음을 의미한다[주목할 것은, 이 계수는 피어슨(Pearson) 상관계수처럼 변량을 계산하기 위해 제곱하지 않았다는 것이다].

아래에서는 신뢰도와 관련해서 측정치의 오차를 유발하는 요인들을 살펴보려고 한다(무선 반응 오차, 특정 오차, 일시적 오차, 평정자 간 불일치, 채점 및 기록 오차, 혼입 오차). 각각의 오차를 설명한 다음, 신뢰도 계수를 어떻게 해석하고 신뢰도를 어떻게 추정하는지를 이야기할 것이다. 마지막으로, 측정한 변인들의 관계에 신뢰도가 어떤 영향을 미치는지를 다룰 것이다.

무선 반응 오차

참여자가 하는 모든 반응에는 오차가 포함되어있다. 이러한 오차는 지필고사 또는 온라인 설문을 할 때 가장 많이 발생하지만, 무선 반응 오차(random response error)는 모든 종류의 검사에서 발생한다. 어떤 참여자는 'ever'를 'never'로 잘못 읽고 반응할 수 있고, 다른 참여자는 시험 도중에 발생한 소음 때문에 집중력이 흩어져서 틀린 항목에 표시할 수도 있다. 또 다른 참여자는 '반대한다'와 '찬성한다'가 각각 몇 점에 해당되는지 잊은 채 반응할 수도 있고, 어떤 참여자는 설문에 있는 질문들을 전혀 읽지 않고 설문을 마치려는 요령으로 아무렇게나 반응할 수도 있다.

무선 반응으로 인해 발생하는 오차를 계산하는 방법에 대해서는 나중에 설명하고, 여기서는 몇 가지 주요 사항을 다루고자 한다. 첫째, 사람이나 상황과 관련된 대부분의 특성을 측정할 때에는 무선 반응 오차가 발생한다. '당신의 성별은 무엇입니까?'라는 간단한 질문에도 5%의 무선 반응 오차가 발생한다(.95의 신뢰도). 성별이나 나이보다 약간 더 모호한 특성, 예를 들어 지능검사 등의 수행검사는 일반적으로 가장 낮은 수준의 무선 반응 오차율(.90 내외의 신뢰도)을 나타낸다. 성격 특성이나 상담자 기술 수준과 같은 특성을 측정할 경우에는 일반적으로 더 큰 무선 반응 오차율을 보인다.

둘째, 검사 도구에는 동일한 특성의 다양한 측면들을 측정하는 문항들이 포함되어있기 때문에, 한 문항에 대한 단일 무선 반응은 전체 점수에 과도하게 영향을 미치지 않는다. 많은 문항으로 척도를 구성하는 이유는 측정하고자 하는 구성개념의 다양한 속성들을 더 잘 포착하기 위함이다. 예를 들어, 우울에는 많은 측면들이 존재하는데(예: 슬픈 감정, 에너지 감소), 이러한 측면들을 포착하기 위해서는 척도에 많은 문항들이 포함되어야 한다. 같은 특성을 측정하는 문항들로 구성되어있다면, 많은 문항을 포함하고 있는 검사 도구가 문항이 적은 검사보다 신뢰도가 더 높은 경향이 있다. 예를 들어, 15개의 문항으로 구성된 척도의 신뢰도가 .84라고 가정해보자. 스피어맨-브라운 공식(Spearman-Brown formula)을 사용하면 7개 문항을 무선적으로 선발해서 척도를 구성할 경우 신뢰도가 .70임을 알 수가 있다. 따라서 해당 특성을 신뢰할 수 있도록 측정하기 위해 얼마나 많은 문항들이 필요할지를 고려하는 것이 중요하다. 더 포괄적인 특성들은 진점수를 포착하기 위해 더 많은 문항을 필요로 할 것이고, 좀 더 구체적인 특성은 더 적은 수의 문항을 필요로 할 것이다(Clark & Watson, 1995; Owen, Rhoades, Stanley, & Markman, 2011). 예를 들어, 사랑하는 사람과의 관계에서 얼마나 행복한지를 측정하기 위해 얼마나 많은 문항들이 필요할까? 이것은 로맨틱한 관계에서 경험할 수 있는 매우 포괄적인 태도를 측정하는 것이다. 따라서 검사 도구에는 당사자들 간에 의사소통이 얼마나 잘 이루어지는지, 관계에 대해 얼마나 헌신적인지, 서로를 얼마나 신뢰하고 있는지 등과 관련된 문항들을 포함해야 할 것이다. 그러나 의사소통의 질(전반적인 관계 만족의 한 측면)을 측정하고 싶다면, 더 적은 수의 문항으로 척도를 구성할 수 있을 것이다.

연구자들이 이러한 문제를 잘 숙지하고는 있지만, 종종 어떤 현상이 너무나 명백한 나머지 한 개 문항만으로도 충분하다고 믿는 경향이 있다. 예를 들어, '이 경험이 얼마나 만족스러운지를 1점에서 100점 사이의 점수를 매긴다면?'과 같은 질문처럼 만족도에 대한 포괄적인 평가를 종종 접하게 된다. 이때 연구자들은 낮은 신뢰도라는 큰 대가를 치룰 수 있다.

특정 오차

특정 오차(specific error)는 연구자가 의도한 것은 아니지만 검사와 관련된 무언가로 인해 발생하는 오차를 의미한다. 예를 들어, 우울을 측정하기 위해 만든 검사에서, 참여자가 문항에 어떻게 반응하는지에 따라 참여자의 사회적 바람직성(social desirability) 정도가 다르게 비쳐질 수 있도록 문항이 제작되어있을 수 있다. 이런 경우, 사람들은 자신이 우울한 정도에 따라 각 문항에 반응하기도 하지만, 어느 정도는 다른 사람들에게 바람직한 사람으로 비쳐지고 싶은 방식으로 문항에 반응하게 된다. 이렇듯 특정 오차는 당황스러운 현상인데, 위 예의 경우 척도에서 도출된 점수에는 우울뿐 아니라 사회적 바람직성이 반영되어있다.

일시적 오차

일시적 오차(transient error)는 어떤 특성을 특정 시점에서 한 번 측정할 때 발생하는데, 측정 당시의 상황이나 조건들이 측정에 영향을 미치는 것을 의미한다. 우울을 측정하되, 일시적인 기분이 우울에 영향을 미치는 상황을 고려해보자. 한 시간 전에 특정 과목에서 낙제 점수를 받아 울적해 하는 대학생에게 우울 검사를 실시한다면, 학생의 울적한 기분이 우울 점수에 영향을 미쳤을 가능성이 높다. 다른 참여자들의 응답 또한 최근 발생한 사건 때문에 경험한 감정 상태가 영향을 미쳤을 가능성이 있다.

일시적 오차는 일정한 순서로 검사들을 실시할 때에도 발생한다. 이러한 연구 설계로 인해 반응이 달라질 수 있다. 예를 들어, 불안을 측정하는 검사 도구가 참여자들에게 불안한 기분을 조장할 수 있는데, 이는 그 다음 검사 도구 점수에 영향을 미쳐 가공의 점수를 산출하게 된다. 이렇듯 일시적 오차는 진점수와는 무관한 오차를 야기한다.

아래의 예를 살펴보고 어떤 종류의 오차를 묘사하고 있는지 답해보자.

연구 응용 19.2

연구자는 초심 상담자들의 다문화 역량을 측정하기 위해, 각각의 상담자에 대해 실제로 이들이 상담한 1명의 내담자를 조사했다. 각각의 내담자에게는 자신을 상담한 상담자가 어느 정도의 다문화 역량을 지니고 있는지를 10개 문항으로 구성된 척도 상에 평가하도록 요청했다. 문항의 예로는 '내 상담자는 나를 효과적으로 도와주었는데, 그 이유는 상담자가 지닌 다문화적 역량 때문이었다.'가 있다. 내담자들은 두 번째 상담 회기가 끝나고 이 척도를 작성했다.

질문

1. 이 경우 무선 반응 오차가 발생할 가능성이 있는가? 그렇다면, 어떤 자료가 당신의 의견을 뒷받침하는가?
2. 특정 오차가 발생할 여지가 있는가? 그렇다면, 어떤 자료가 당신의 견해를 뒷받침하는가?
3. 일시적 오차가 포함될 가능성은 있는가? 그렇다면, 어떤 자료가 당신의 생각을 뒷받침하는가?

평정자 간 불일치

종종 상담 연구에서는 측정치를 얻기 위해 평정자들(raters)이 필요하다. 학생들의 반사회적 행동을 조사하기 위해 학교 장면에서 학생들의 행동을 관찰하는 경우를 생각해보자. 연구자는 평정자들이 특정한 코딩 체계를 지키도록 훈련시키겠지만, 관찰자 평정의 변량 중 어느 정도는 학생들의 행동 때문이라기보다는 평정자 때문에 발생한다(예: 평정자들은 부정적인 행동에 더 민감하게 반응한다). 만일 평정치가 실제 행동을 반영하고 관찰자의 특성을 나타내지 않는다면, 관찰자가 다르더라도 평정치는 동일할 것으로 기대하게 된다. 관찰 연구에서는 적당한 정도의 평정자 간 일치도를 요구한다. 예를 들어, Melby, Hoyt와 Bryant(2003)는 평정자의 인종이 평정자 간 점수 차이의 많은 부분을 설명한다는 것을 보여주었다. 더욱이, 인종과 관련된 편향은 훈련을 받는다고 해서 감소되지 않는다. 이러한 연구 결과는 어떤 행동을 특정한 방식으로 해석하는 데에는 평정자의 문화적인 요인이 영향을 미칠 수 있음을 시사한다.

신뢰할 수 있는 측정을 위해서는 평정자 간 일치가 요구되지만 그 자체로 충분한 것은 아니다. 관찰자가 특정 개인의 행동을 한 시점에서만 평정할 경우 일시적 오차가 발생할 가능성은 여전히 존재한다. Schmidt와 Hunter(1996)는 한 연구를 소개했는데(McDaniel, Whetzel, Schmidt, & Maurer, 1994), 이 연구에서는 함께 직장 인터뷰를 했을 때 전체 평정에 대한 평정자 간 상관은 .81이었지만, 같은 지원자를 각각 따로 인터뷰했을 때 평정자 간 상관은 .52에 불과했다. 이는 일시적 오차의 크기를 나타내는 것이다. 평정 체계가 표적 개념이 아닌 다른 개념에 민감할 경우 특정 오차 또한 발생할 수가 있다. 예를 들어, 학생들의 반사회적 행동을 평가하는 연구에서 학생들의 용모에 민감한 평정자들은 학생들의 행동에 상관없이 용모가 단정치 않은 참여자들을 좀 더 반사회적이라고 평가할 가능성이 있다. 이 경우 반사회적 평정치에 오차 변량이 추가된다. 더욱이, 관찰자들의 의견이 서로 일치하지만 그 의견이 틀릴 수도 있다. 동일한 예에서 몇몇 관찰자들이 처음에는 모든 반사회적 행동에 민감하지만(한 학생이 고의적으로 다른 학생을 부딪쳤을 때), 나중에 평정자들이 좀 더 공격적인 행동에 노출이 되면(다른 학생들을 때리거나 흉기로 위협하는 행동을 보게 되면) 평정자들은 덜 불쾌한 행동에 대해서는 둔감해지고 결국 무시하게 되는데, 이 과정에서도 평정자 간 일치도는 유지된다. 이때 **관찰자 표류**(observer drift)가 발생한다.

채점 및 기록 오차

채점하고 기록할 때에도 측정의 오차가 발생할 수 있는데, 이러한 오차들은 특정 지침을 채점하는 것뿐 아니라 통계 분석을 위해 자료를 준비하는 과정에서 어떤 방식으로든 발생하는 오차들이다. 예를 들어, 연구자가 우울척도에 표기된 참여자들의 점수를 엑셀 파일에 입력할 때, 점수들은 1~7점 사이에 분포하는데, 7점을 입력하지 하지 않고 77점이라고 입력한다고 하자. 이러한 오차는 기술적으로는 무선 반응 오차로 분류될 수 있는데, 진점수 변량을 모호하게 만든다. 이러한 오차로 인해 자료에 이탈자(outlier)가 발생할 수 있다. 일반적으로 채점 및 기록과 관련된 오차는 이전에 논의했던 다른 종류의 오차들에 비해 사소한 것이긴 하지만, 연구자들은 이러한 오차를 최소화하기 위해 주의를 기울여서 자료를 다룰 필요가 있다.

혼입 오차

지금까지 언급한 오차들은 서로 혼입(compounding)되어 끔찍한 수준의 신뢰도를 보이는 측정을 초래할 수 있다. 최악의 경우를 생각해보자. 관찰자들이 각각 1명씩 서로 다른 참여자를 평정하는데, 참여자들이 가지고 있는 공통된 특성을 단 한 개의 문항으로 측정하고, 그 반응을 컴퓨터에 입력한다. 이것은 상담 실습 강사에게 특정 회기에 특정 내담자를 상담한 상담 실습생의 기술 수준을 1~100점 사이의 점수로 평정하도록 요청하는 것과 동일하다. 이런 방식으로 상담 기술을 조작적으로 정의하면 많은 종류의 오차들이 발생하게 된다. 우선, 상담 실습 강사들 사이에 미지의 변산이 존재한다. 강사들은 상담 기술을 평가하는 것과 관련해서 서로 다른 암묵적 기준을 가지고 있다. 평정자 간 일치도는 알려져 있지 않고 알 수도 없는데, 그 이유는 동일 참여자에 대해 다수의 평정자를 활용하지 않았기 때문이다. 둘째, 특정 구성개념을 평가하기 위해 단 하나의 모호한 문항을 사용했다. 셋째, 한 회기에 보여준 상담 기술 수준은 내담자의 특성, 회기를 성공적으로 이끄는 데 영향을 미친 특정 요인(예: 상담자와 내담자의 기분 등) 때문에, 그리고 다른 요인으로 인해 일시적 오차에 취약하다. 마지막으로, 채점 및 기록 오차가 발생할 확률이 최소화되지 않았다. 이처럼 극단적인 상황에 처할 가능성은 크지 않지만, 다양한 유형의 오차를 인식함으로써 지금까지 논의한 문제들을 피할 수 있을 것이다. 직전의 예에서는, 1명 이상의 평정자가 몇 명 이상의 내담자들을 몇 회기 이상 상담한 수 명의 실습생들을 여러 문항으로 구성된 척도를 사용해서 실습생의 기술을 컴퓨터로 채점하는 것이 훨씬 더 좋았을 것이다.

신뢰도 추정치 해석하기

특정 검사 도구의 신뢰도를 결정하기 위해서는 많은 것들을 함께 고려해야 한다. 우선, 특정 표본의 평균이 모집단 평균의 추정치인 것처럼, 신뢰도 계수 역시 진짜 신뢰도의 추정치다. 특정 검사 도구의 신뢰도를 기술할 때 범하기 쉬운 실수 중 하나는, 그 도구를 신뢰할 수 있다고 말하는 것이다(예: ABC 척도는 신뢰성 있는 도구이다). 또는 '어떤 참여자들에 대해 특정 도구가 신뢰할 수 있다.'라고 표현하는 것이다(예: 대학생, 여성, 축구선수). 좀 더 정확한 표현은 '신뢰도 특성이 특정 연구에서의 관찰치와 관련이 있다.'고 말하는 것이다(예: 이 연구에서 ABC 척도는 .80의 신뢰도 추정치를 지닌 것으로 나타났다). 즉, 특정 연구 맥락을 고려할 필요가 있다. 예를 들어, 고등학교 이상의 학력을 가진 사람들을 위해 영어로 제작된 검사 도구를 최근 미국에 이민 온 비영어권 중학생들에게 사용할 경우 신뢰도 추정치가 양호하지 않을 수 있다. 이 절의 후반부에서 신뢰도 계수를 계산하는 방법들을 소개하겠지만, 이러한 계수들은 표본이 달라지면 변할 수 있는 추정치라는 것을 명심할 필요가 있다.

둘째, 신뢰도는 진점수로 인해 발생하는 변산을 의미하지만, 그 진점수가 무엇을 측정하고 있는지를 가리키지는 않는다. 신뢰할 수 있는 점수들은 정작 원래 측정하고자 했던 것과는 사뭇 다른 무언가를 측정할 수도 있다. 예를 들어, 성격 검사가 실제로는 성격이 아니라 사회적 정향성을 측정하고 있을 수 있다. 척도 개발자들은 척도에 어떤 구성개념을 지칭하는 이름을 부여한다(예: ABC 사회 기술 척도). 그러나 신뢰도가 적절하다고 해서 그 척도가 해당 구성개념을 실제로 측정한다고 이야기할 수는 없다(이 경우 사회 기술). 이것이 바로 **타당도**인데, 이 장 후반부에서 다시 논의하겠지만, 타당도는 측정하고 있는 구성개념이 원래 연구자가 관심을 갖고 있는 구성개념인지 여부와 관련이 있다.

셋째, 신뢰도는 점수에 기반을 두는 것이지 점수가 도출된 검사 도구에 기반을 두는 것이 아니다. 점수에는 측정도구의 특성으로부터 도출된 어떤 특성들을 포함하고 있다. 이 두 가지를 구분할 수 있으면 매우 중요한 결론에 이르게 되는데, 신뢰도 추정치는 심리측정적 연구가 수행되었던 조건과 그 연구에 참여했던 참여자들의 유형에 한정된다는 것을 의미한다. 검사 도구가 어떤 유형의 참여자들에게는 잘 기능하지만 다른 유형의 참여자들에게는 제대로 기능하지 않고, 또 어떤 조건에서는 신뢰도가 높지만 다른 조건에서는 그렇지 않을 수 있다. 예를 들어, 어떤 불안 척도를 강의실 상황에서 대학생에게 실시할 경우에는 신뢰도 계수가 적절하지만, 임상 장면에서 광장공포증 환자들의 불안을 측정할 때는 전혀 유용하지 않을 수 있다. 즉, 이 척도는 중간 정도의 불안을 측정할 때에는 개인차를 잘 감지하지만 높은 수준의 불안을 보이는 사람들의 개인차에는 민감하지 않을 수 있다. 이것을 **천장 효과**(ceiling effect)라고 한다. 광장공포증 환자들의 경우에는 대부분 척도의 최상위 점수들을 보고할 가능성이 높은데, 이들이 보고한 점수는 실제 개인차를 반영하지 못할 가능성이 높다. 비슷한 문제가 낮은 점수대에서도 나타날 수 있는데, 이는 **바닥 효과**(floor effect)라 부른다. 또한 신뢰도는 참여자의 특성, 예를 들어 읽기 수준과 나이에 영향을 받는다. 어떤 도구를 대학생들에게 실시했을 때에는 신뢰도가 적절하지만 고등학교 중퇴자를 대상으로는 적절하지 않을 수 있는데, 이는 읽기 능력의 차이로 인해 무선 오차가 발생하기 때문이다. 또한 척도에는 문화에 따라 의미가 달라지는 문항들이 포함되어 있을 수 있다. 결국, 신뢰도 추정치는 전이 가능하다(transferable)고 가정할 수 없다. 이상의 논의가 연구자들에게 시사하는 바는, 예상되는 점수 범위와 연구 참여자 유형에 민감한 척도를 선택하라는 것이다. 이를 위해 연구자는 다양한 도구들을 대상으로 실시한 심리측정적 연구들을 주의 깊게 검토할 필요가 있다. 또는 연구에서 실제로 수집한 점수들을 가지고 신뢰도를 추정할 수가 있다. 이를 위해서는 많은 수(보통 300명 이상)의 참여자가 필요하고(Nunnally, 1978), 또한 신뢰도 추정치가 독립변인의 여러 수준에 대해 수집한 평균의 차이에 영향을 받기 때문에, 특정 연구에서 얻은 점수로 신뢰도를 추정하는 것은 현실적이지가 않다.

신뢰도를 평가하는 기준

결국 연구자들은 알고 싶어 한다. 신뢰도는 얼마나 높아야 할까? 어떤 사람들은 신뢰도 추정치가 .70을 넘으면 충분하다고 말한다(예: Clark & Watson, 1995; Nunnally, 1978). 분명 모든 것이 동일하다면 신뢰도가 가장 높은 척도를 선택해야 한다. 그러나 고려해야 할 것이 있다. 예를 들어, 포괄적인 개념을 측정하는 도구들은 좀 더 구체적인 개념에 초점을 둔 척도들에 비해 신뢰도 추정치가 낮다(Clark & Watson, 1995). 또한 신뢰도의 유형을 고려하는 것이 중요하다(예: 검사-재검사 신뢰도, 크론바흐 알파 계수). 다른 요인들도 고려해야 하는데, 타당도, 검사 소요시간, 비용 등을 고려해야 한다. 따라서 어떤 개념이 잘 포착하기가 어려운 개념이라면 .70의 신뢰도는 적절한 것이라고 볼 수 있다. 그러나 신뢰도가 .70이라는 것이 종속변인 점수 변량의 30%가 오차 때문에 발생했다는 사실을 기억해야 한다. .50 미만의 신뢰도 수치는 심리측정적으로 심각한 문제가 있기 때문에 분명 척도 사용에 제약이 따른다. 그러나 신뢰도 추정치가 낮은 것이 연구 결과를 엉터리로 보이게 하지는 않는다. 오히려 의미 있는 결과가 존재한다면, 낮은 신뢰도는 그 결과를 발견할 가능성에 영향을 미친다. 따라서 실제로 존재하는 효과를 발견할 가능성을 극대화시키기 위해서는 연구에 참여한 표본에 대해 신뢰할 수 있는 방식으로 측정할 수 있는 검사 도구를 선택하는 것이 중요하다.

연구 응용 19.3

어떤 연구자가 청소년의 불안 감소에 대한 반신경치료(anti-nerves treatment: ANT)의 효과를 확인하기 위해, ANT와 일반적인 상담을 비교했다. ANT는 주로 성인들에게 적용되었는데, 이 연구자는 성인을 대상으로 ANT를 적용한 연구를 수행한 경험이 있다. 이 연구에서도 성인 대상 연구에서 사용했던 검사 도구를 사용하기로 결정했다. 연구가 종료되었을 때, ANT와 일반적인 상담은 청소년의 불안을 감소시키는 데 유의한 차이가 없는 것으로 나타났다. 한편 불안을 측정하기 위해 사용한 척도의 신뢰도 계수는 .60이었다. 연구자는 ANT가 청소년의 불안을 감소시키기 위한 효과적인 치료기법이 아니라고 결론지었다.

질문

1. 연구자가 내린 결론은 적절한가?
2. 종속변인에는 얼마나 많은 오차 변량이 존재하는가?
3. 반대로, 만일 ANT와 일반 상담 간에 의미 있는 차이가 발생했고, 이를 토대로 연구자가 'ANT는 청소년의 불안을 감소시키는 데 효과가 있다.'라고 결론을 내렸다면, 불안을 측정한 검사 도구의 신뢰도가 이러한 결론에 영향을 미쳤다고 생각하는가?

신뢰도 추정치 계산하기

점수의 신뢰도를 추정하는 방법은 많은데, 각각의 방법은 위에서 논의한 한 가지 이상의 오차에 민감하다. 다양한 신뢰도 계수들을 간략히 기술하겠지만, 더 자세한 내용은 측정 관련 교재를 참고하기 바란다. 여기서는 주로 내적 일치도, 검사-재검사 상관, 평정자 간 일치도를 살펴볼 것이다.

내적 일치도(internal consistency)란 문항의 동질성을 말한다. 어떤 검사 도구에 포함된 문항들이 동일한 구성개념을 측정한다면, 그 문항들에서 나온 점수들은 함께 변하는 경향이 있을 것이다. 즉, 어떤 사람이 그 구성개념에 대해 높은 수준이라면(예: 불안하다면) 모든 문항에 대해 한 가지 방향으로 답할 것이다(문항들이 모두 같은 방향으로 향하고 있다고 가정했을 때). 반면, 어떤 사람이 그 구성개념에 대해 낮은 수준이라면(예: 불안하지 않다면) 모든 문항에 대해 다른 방향으로 답할 것이다. 문항들에 대한 점수가 서로 상관이 높으면 내적 일치도는 높다. 내적 일치도를 계산하는 몇 가지 방법이 있는데, 가장 많이 사용하는 것이 알파 계수이다(1951년에 이 통계치를 계발한 Lee Cronbach의 이름을 따서 '크론바흐 알파 계수'로도 불린다). 간단히 말해서 알파 계수는 문항 간 상관의 평균과 측정 도구에 포함된 문항의 수에 기초한다. 따라서 문항의 수 또는 문항 간 상관의 평균이 커질수록 알파 계수 또한 커진다. 문항의 수가 갖는 영향은 한계가 있는데, 어느 지점에서는 참여자가 많은 시간을 들여 문항에 응답할 만큼 알파 계수를 증가시키는 것이 가치가 없어지게 된다. 쿠더-리처드슨 20 공식(Kuder-Richardson 20 formula)으로 추정되는 신뢰도 또한 종종 볼 수 있는데, 이 추정치는 알파 계수의 특별한 예로서, 이분법적으로 평정하는 문항, 예를 들어 각 문항을 '예' 또는 '아니요' 두 개 답지 중 하나를 선택하는 경우에 사용한다. 또한, 반분 신뢰도는 내적 일치도의 또 다른 평정치지만 자주 사용되지는 않는다. 간단히 말하면, 이 점수는 전체 문항의 절반과 다른 절반의 문항의 점수 간 상관을 구해서 얻을 수 있다. 이 상관은 반분 신뢰 계수라 불린다. 이 계수는 어떻게 문항들을 반분하는지에 따라 값이 달라지기 때문에, 알파 계수 공식을 사용해서 더 나은 추정치를 얻을 수 있다. 사실, 알파 계수는 모든 가능한 반분 계수의 평균과 동일하다.

비록 내적 일치도 측정치들이 광범위하게 사용되고 있지만, 이들은 특정 오차와 일시적 오차에 민감하지 않다. 예를 들어, 외향성(extroversion)을 측정하는 척도가 어느 정도는 일시적인 기분 상태를 반영할 수 있고, 또는 상담 기술을 측정하는 척도가 특정 내담자에게 특이하게 반응할 수 있다. 외향성 점수 또는 상담 기술 점수들은 내적으로는 일치할 수 있지만, 가외의 특정 오차 또는 일시적 오차로 인한 변량을 지닐 수 있다.

서로 다른 시점에 측정하거나 서로 다른 자극에 반응하는 것을 고려하는 지수들은 일시적 효과에 민감하다. 그런 지수로 가장 일반적인 것은 **검사-재검사 상관**(test-retest correlation)이다. 어떤 구성개념이 일정 기간에 걸쳐 안정적일 것으로 기대된다면, 그리고 특정 도구가 일시적 오차와 무선 반응 오차에 취약하지 않다면, 검사-재검사 상관은 높아야만 한다. 만일 내적 일치도가 높지만 검사-재검사 계수가 상대적으로 낮고 구성개념이 안정적일 것으로 기대된다면, 점수들은 일시적 효과를 반영한다. 유사한 지표를 사용해서 서로 다른 자극으로 인한 일시적 효과를 측정할 수는 있을 것이다. 만일 어떤 상담 기술을 측정하는 척도가 한 내담자에 대해서는 내적으로 일관되지만 서로 다른 두 내담자를 대상으로 상관이 낮다면, 그 측정도구는 일반적인 상담 역량을 측정하기에는 적합하지 않은 것으로 결론내릴 수 있다. 그 이유는 그 척도가 특정 내담자와 관련된 무언가를 측정하고 있기 때문이다(예: Imel et al., 2011; Owen & Hilsenroth, 2014). 물론, 측정하려는 구성개념이 일정하게 유지된다고 기대할 수 없다면 검사-재검사 계수는 적절하지 않을 것이다.

검사-재검사 계수의 문제점 중 하나는, 특정 오차에 민감하지 않기 때문에 신뢰도를 과대 추정한다는 것이다. 어떤 독특한 무엇인가가 특정 검사 도구에 의해 측정이 된다면, 이 독특한 특성은 다음번에 같은 도구를 사용할 때 역시 측정이 될 것이다. 이 문제에 대한 한 가지 해결책은 두 시점에서 동형 검사(parallel forms)를 사용하는 것이다. 유사한 형태로 제작된 척도를 각각 다른 시점에서 실시한 후 이로부터 얻어진 점수 간 상관을 얻는다면 무선 반응 오차, 특정 오차 및 일시적 오차를 확인할 수 가 있다.

마지막으로, 만일 평정치를 사용한다면 **평정자 간 일치도**를 나타내는 지수가 필요하다. 기본적으로 다수의 평정자가 필요한데, 평정자 간에 서로 일치하는 정도를 계산할 수가 있다. 평정자 간 일치도를 측정하는 방법이 다수 존재하지만, 대부분은 평정자 간에 서로 일치하는 정도를 나타낼 뿐 무선 반응 오차나 특정 오차, 일시적 오차를 고려하지 않는다. 비록 평정자들이 무작위로 반응하더라도 가끔은 서로 우연히 일치할 경우가 있기 때문에, 어떤 종류의 일치도이건 우연히 발생하는 일치성을 교정해주어야 한다.

낮은 신뢰도가 변인 간 상관에 미치는 영향

위에서는 검사 도구들이 신뢰할 수 있는 측정치를 가지고 있어야만 상담 연구에서 유용하게 활용될 수 있다는 점에 대해 장황하게 설명했다. 지금부터는 몇 가지 예를 들어 신뢰도가 낮을 경우 어떤 현상이 발생하는지를 보여주려고 한다. 일단 A와 B라는 두 가지 구성개념과 이 구성개념을 측정하는 *X*와 *Y*라는 측정도구가 있다고 가정하자. 두 가지 구성개념에 대한 모든 형태의 오차(일시적 오차 등)는 약 30%라고 가정한다. 즉, $r_{xx}=.70$이고 $r_{yy}=.70$이다. *X*와 *Y*가 서로 높은 상관을 보이지만($r_{xy}=.70$) 완벽하게 상관이 있는 것은 아니기 때문에, 연구자는 두 가지 구성개념이 서로 구분되는 독립적인 개념으로 가정하고 있다. 이 사례에서, 연구자는 두 가지 구성개념이 존재하고, *X*와 *Y* 두 변인으로부터 그러한 개념들에 대한 해석을 할 수 있다고 주장하고 있다. 따라서 *X*는 A의 측정도구이고, *Y*는 B에 대한 측정도구이다. 그러나 .70이라는 상관은 측정도구인 *X*와 *Y* 간 상관일 뿐, 구성개념인 A와 B의 상관이 아니라는 점을 기억해야 한다. 각각의 측정도구에 내재되어있는 오차는 체계적으로 관련될 수 없기 때문에(무선 오차), 관찰된 측정도구 간 상관은 구성개념 간 상관보다 작을 수밖에 없고, 우리는 구성개념의 상관이 측정도구의 비(非)신뢰성으로 인해 축소되었다고 이야기해야 한다.

고전적 검사이론에서는 이러한 축소를 교정하기 위한 공식을 제공하고 있다.

$$r_{AB} = r_{xy}/\sqrt{r_{xx}\ r_{yy}}$$

이 공식을 말로 표현하면, 구성개념 간 상관은 측정도구 간 관찰 상관을 두 측정도구의 신뢰도를 곱한 것에 루트를 씌운 것으로 나눈 값이다. 직전의 예에서 두 구성개념 간 상관은 다음과 같다.

$$r_{AB} = 0.70/\sqrt{(0.70)(0.70)} = 1.00$$

즉, 두 구성개념 간 상관은 완벽하고, X와 Y 점수 간 차이는 무선 오차에 의해서만 발생한다. 따라서 실제로는 같은 개념인데 두 개로 구분해서 해석하는 것은 오류일 것이다.

위 사례에서 이야기하고 싶은 것은, 두 구성개념이 서로 완벽하게 상관이 있다고 하더라도 실제로 얻은 상관은 비(非)신뢰성으로 인해 극적으로 축소된다는 것이다(아직까지 우리가 상관에 많은 영향을 미치는 표집 오차에 대해서는 논의하지 않았다는 점에 주목할 필요가 있다). 이것은 일부러 만들어낸 인공적인 사례가 아니다. 많은 척도 하위척도들은 .70 정도의 상관을 보이고, .70 정도의 신뢰도를 지니고 있다. 따라서 상관이 이 정도로 높을 경우에 하위척도들이 서로 다른 구성개념이 아닌 동일한 구성개념을 측정하고 있음을 시사한다고 말할 수 있다. 측정도구들이 어떤 식으로 고유하고 독특한지를 이해하기 위해서는 더 많은 연구가 필요하다(Drinane, Owen, Adelson, & Rolodfa, 2014). 그것이 아니라면 두 개의 구성개념은 본질적으로 동일하다고 말할 정도로 공변하는(covary) 것이다. 다음 사례는 척도의 비(非)신뢰성으로 인해 기대했던 연구 결과를 얻지 못하는 것을 보여주고 있다.

실제 연구에 적용하기 19.1

어떤 연구자가 상담 실습생의 상담 기술과 상담 성과 간 관련성에 관심을 가지고 있다. 초심 상담자의 일반적인 상담 기술 수준을 상담 실습 강사가 한 문장으로 된 척도를 사용하여 '매우 능숙한, 전체 상담 실습생 중 상위 5%'와 '전혀 능숙하지 않은, 전체 상담 실습생 중 하위 5%'에서 평정한다. 상담 성과는 하나의 도구(우울 척도)를 사용했다. 상담 실습 강사는 30명으로 구성된 상담 실습생들을 표집했다. 이때 연구자가 상담 기술과 성과 간에 존재하는 실재 관계를 탐지할 확률은 어느 정도일까? 아래에서 확인할 수 있듯이 그 확률은 낮다. 앞서 논의했던 것처럼, 상담 기술 평정에 대한 신뢰도, 특히 단일 문항으로 이루어진 척도를 사용했을 경우에는 신뢰도가 극단적으로 낮다. 이 사례에서 상담 기술 평정치의 신뢰도가 .50이라고 가정해보자. 또한 우울 척도의 신뢰도가 .80이라고 가정해보자. 마지막으로, 상담 성과, 즉 우울 변량의 약 20%가 상담자의 기술로 설명된다고 가정해보자(이러한 추정치는 합리적이라고 볼 수 있는데, 그 이유는 결과변인에서의 변량은 연구 참여 시 우울한 정도, 실시한 처치의 종류, 상담에 대한 동기 수준, 내담자에 대한 사회적 지지 등을 고려하면 합리적인 추정치라고 볼 수 있다). 우울 변량의 20%가 상담자 기술에 의해 설명이 된다면 상담자 기술 구성개념과 성과 구성개념 간 모집단 상관은 .45가 된다(설명되는 변량은 상관 계수를 제곱한 것이다. .45×.45=.2025 또는 20%). 그러나 이 상관은 구성개념을 측정하는 도구들의 비(非)신뢰성으로 인해 축소된다. 앞에서 보여준 공식을 사용하면 상관은 .28로 줄어들게 된다. 30명으로 .28이라는 모집단 상관을 탐지하기 위해 필요한 통계적 검증력(power)은 약 .35이다. 즉, 상관이 .28일 때 상담 기술과 성과 간에 아무런 상관이 없다는 영가설을 기각할 확률은 .35가 된다. 달리 표현하면, 실제로 상담 기술과 성과 간에 강한 관계가 존재함에도 불구하고, 이 연구가 100회 정도 수행되었을 경우 약 65%(1−.35=.65), 즉 65회 정도는 상담 기술과 성과 간에 아무런 관계가 없다고 결론내릴 것이라는 것을 의미한다. 이것은 분명 수용하기 어려운 결론인데, 실제로 관계가 있음에도 불구하고 상담 실습생의 상담 기술이 상담 성과와 아무런 관련이 없다고 결론내릴 가능성이 높기 때문에, 이것은 분명 충격적인 결과로 볼 수 있다.

7장에서 우리는 측정도구의 비신뢰성과 낮은 통계적 검증력 때문에 연구의 통계적 결론 타당도가 위협받는 것을 살펴본 적이 있다. 방금 전 사례는 이러한 결과를 생생하게 보여주고 있다. 여기서 강조하고 싶은 것은, 측정도구의 비신뢰성으로 인해 구성개념을 측정하는 도구들 간의 관찰된 상관값이 실제 구성개념 간 관계와 매우 다를 수 있다는 것이다. 따라서 연구자들은 높은 신뢰도 추정치를 보고한 측정도구들을 선택할 필요가 있다.

방금 전 사례는 상관을 포함하고 있지만, 같은 원리가 실험 연구에도 적용된다. 종속변인의 신뢰도, 그리고 독립변인이 실험 조건들 사이의 의도된 차이를 얼마나 충실하고 명백하게 반영하고 있는지에 따라 효과 크기가 줄어들 뿐 아니라 집단 간 차이에 대한 통계적 검증력 또한 감소된다. 어떤 처치가 성과에 아무런 영향을 미치지 않았다고 결론을 내렸지만, 실제로는 처치 자체보다는 척도의 비신뢰성 때문에 통계적 검증력이 낮아져 발생한 결과일 가능성이 높다. 따라서 통계적인 관련성을 이야기할 때에는 연구자가 변인(구성개념의 측정도구)을 언급하고 있는 것인지 아니면 구성개념을 이야기하고 있는지를 명확히 할 필요가 있다.

지금까지 다루지 않은 문제들 중에는, 척도의 심리측정적 특성과 관련된 복잡한 문제들이 있다. 척도에 포함된 문항들의 생존 가능성(viability)을 조사하는 문항반응이론에 관심이 있는 독자들은 Embretson과 Reise(2000) 또는 DeMars(2010)를 참고하기 바란다. 또한 이 분야에서는 신뢰도가 어떻게 다른 유사 개념들과 관련이 있는지를 이해하기 위한 방법(예: 일반화 가능성 이론)(Brennan, 2001 참고)을 발전시켜왔다. 심리측정의 기본원리들을 섭렵한 후 이러한 개념들을 탐색해볼 것을 추천한다.

연구 응용 19.4

신뢰도 요약 점검

지금까지 신뢰도와 관련해서 많은 정보를 다루었는데, 잠시 주요 용어 및 개념들에 대해 생각해 보자.

1. (1) 무선 반응 오차, (2) 특정 오차, (3) 일시적 오차, (4) 보고 오차, (5) 평정자 간 불일치 오차, (6) 혼입 오차는 각각 무엇을 말하는가?
2. (1) 알파 계수, (2) 평정자 간 일치도, (3) 검사–재검사 상관은 각각 무엇을 말하는가?
3. 천장 효과와 바닥 효과는 각각 무엇인가? 이러한 효과는 어떻게 발생하는가?
4. 알파 계수가 .80일 때 측정도구에는 어느 정도의 오차 변량이 존재하는가?
5. 척도의 비신뢰성은 연구 결과에 어떤 영향을 미치는가?

타당도

여러 종류의 타당도 가운데 연구 목적을 위해 가장 중요한 타당도는 **구성개념 타당도**(construct validity)이다. 구성개념 타당도는 점수들이 다른 구성개념이 아니라 원래 측정하려고 하는 구성개념을 반영하는 정도를 의미한다. 신뢰할 수 없는 점수들이 구성개념 타당도를 가질 수 없는 것은 분명한데, 그런 점수들은 대부분 무선 오차로 인해 발생한다. 그럼에도 불구하고, 앞서 언급했던 것처럼 신뢰할 수 있는 점수들 또한 원래 측정하려는 구성개념 이외에 다른 구성개념(들)을 반영할 수 있다. 즉, 점수들을 매우 신뢰할 수 있기는 하지만 구성개념 타당도가 낮을 수가 있다. 비록 구성개념 타당도를 결정하는 일이 복잡하고 간접적이긴 하지만 연구가 온전하기 위해서는 필수적이다.

몇 가지 방법으로 구성개념 타당도를 결정한다. 아래에서는 측정도구 개발 단계를 소개하려고 하는데, 개발과정에 대한 이해가 증진되면 측정도구를 더 잘 평가할 수 있을 것이다. 첫째, 연구자는 몇몇 정보(이론적 토대, 특정 분야에 대한 연구자의 지식, 목표 집단에 포함된 사람들과의 대화, 전문가의 제언 등)를 바탕으로 많은 문항들을 제작해야 한다. 이 문항들은 연구자가 포착하고 싶어 하는 특성의 다양한 측면들을 반영해야 한다. 그런 다음 그 분야의 전문가들로부터 문항에 대한 평가를 받는데, 이를 통해 문항들이 연구자가 관심을 가지고 있는 특성을 포착하고 있는지를 확인한다. 이 과정은 보통 **내용 타당도**(content validity)를 검증한다고 말한다. 즉, 특정 주제(예: 다문화 역량)에 전문성을 지니고 있는 사람들로부터 문항의 내용을 승인받거나 인가받는 것이다. 보통 이 과정에서 몇몇 문항들이 제외되거나 단어 또는 용어의 표현을 수정한다.

전문가들로부터 문항을 검토받은 다음에는, 목표 모집단의 한 표본에게 문항들을 실시한다. 이때 요인 분석을 실시하여 구성개념 타당도를 확립할 수 있는데(Tinsley & Tinsley, 1987), 요인 분석은 문항들 기저에 있는 요인(예: 다문화 역량)을 조사하는 자료 축소 절차이다. 변인들이 다양한 검사에서 도출된 점수들일 경우, 요인 분석을 통해 점수의 변량을 설명하는 요인의 수를 포착할 수가 있다. 예를 들어, 한 연구자가 성인 남성용 우울 척도를 개발하기 위해 성인 남성을 대상으로 초점 집단을 운영한 다음 100개의 문항을 도출했다. 그런 다음, 전문가들에게 문항 검토를 의뢰했고 피드백을 바탕으로 50개 문항을 선별했다. 그런 다음, 연구자는 50개 문항을 특정 지역에 있는 500명의 성인 남성들에게 실시하고 탐색적 요인 분석을 실시했다. 동일한 구성개념을 측정하는 문항들이라면 동일한 요인과 상관이 높을 것이기 때문에 함께 집단을 이룰 것이다. 이때 요인은 구성개념으로 해석한다. 이 과정에서 특정 요인과 잘 부합하지 않은 문항들을 제외시킨다. 두 개 요인이 추출되었다. 한 요인은 시무룩하거나 기운이 없음을 나타내고('시무룩하고 기운이 없는'으로 요인을 명명한다), 다른 요인은 동요나 짜증을 나타내는데('불안하고 짜증난'으로 명명한다), 우울의 두 가지 측면을 반영하고 있다. 그런 다음, 이상적으로는 동일한 모집단에서 표집된 다른 표본에게 문항들을 실시하고 확인적 요인 분석을 시행한다(Kline, 2010). 확인적 요인 분석에서는 탐색적 요인 분석을 통해 나타난 요인의 구조가 다른 표본에서도 확인되거나 유지되는지를 조사한다. 동일한 요인구조가 반복되면, 연구자는 요인구조가 안정적이라고 확신하게 된다(Kline, 2010 참고).

척도의 요인구조가 확립되면 연구자는 해당 척도의 점수와 다른 척도의 점수 간 상관을 조사하는데, 이때 다른 척도들은 같은 구성개념을 측정하는 척도뿐 아니라 다른 구성개념을 측정하는 척도를 모두 포함한다. 이때 같은 구성개념을 측정하는 도구들끼리의 상관은 커야 하는데, 이 경우 **수렴 타당도**(convergent validity)가 존재한다고 말한다. 다른 구성개념을 측정하는 도구들끼리의 상관은 크지 않아야 하는데, 어느 정도의 상관은 수용될 수 있고 예상되기도 한다. 그럼에도 불구하고, 다른 구성개념을 측정하는 도구들끼리의 상관은 동일한 구성개념을 측정하는 도구들끼리의 상관보다 작아야 한다. 이러한 패턴이 발견되면 **변별 타당도**(discriminant validity)가 존재한다고 말한다.

이 과정에서 주의해야 할 점이 있다. 어떤 측정도구를 개발할 때 가장 중요하게 고려해야 할 것은 이론적인 기초이다. 이론은 문항을 개발함에 있어서 많은 유용한 정보들을 제공해줄 뿐 아니라 요인을 선정할 때에도, 어떤 문항을 포함시키고 또 삭제할지를 결정할 때에도 매우 유용하다. 그러나 때로는 요인 분석을 실시해서 척도를 개발하는 경우가 있다. 즉, 일련의 문항들을 가지고 요인 분석을 실시한 다음, 요인 부하량을 토대로 문항들을 요인에 배치하고, 이를 통해 하위척도 점수를 계산한다(요인 1에 해당되는 하위척도 점수는 요인 1에 부하된 문항들의 점수를 합산함으로써 얻어진다). 이 과정이 유용할 수는 있지만, 그렇다고 이것이 이론적인 기초를 토대로 한 의사결정을 대신한다는 것을 의미하는 것은 아니다. 요인 분석에 과도하게 의존하면 다음과 같은 문제가 발생한다. (1) 요인 분석은 반(反)이론적인데, 요인이 자료를 바탕으로 도출되지만 심리적인 기초가 매우 취약할 수 있다. (2) 요인 분석에서는 독립적인 요인들을 산출하는 방법을 사용하지만, 하위척도 점수들 간에는 상관이 클 가능성이 매우 높다. 왜냐하면, 문항들은 어느 정도 모든 요인에 부하되기 때문이다. (3) 적은 수의 문항으로 구성된 요인들의 신뢰도는 낮기 때문에 요인 분석 결과는 종종 불안정한 경우가 있다.

요인 분석과 관련된 이상의 논의를 통해, 척도의 총점을 사용해야 할지 아니면 하위척도 점수를 사용해야 할지에 대한 의문점에 이르게 된다. 선택은 서로 배타적이다. 즉, 자료 분석 시 총점과 하위척도 점수를 동시에 사용해서는 안 된다. 왜냐하면, 총점과 하위척도 점수는 서로 상호의존적이고, 존재하지 않는 또는 의미 없는 통계 분석 결과를 초래하기 때문이다. 하위척도 점수를 사용할지 아니면 총점을 사용할지는 주로 연구 가설에 달려있지만, 부분적으로는 심리측정적 특성과 관련이 있다. 연구가 주로 포괄적인 구성개념(예: 상담자에 대한 포괄적인 평가)에 관한 것이라면, 연구자는 각각의 하위척도에 대해 자료 분석을 실시하기보다는 총점, 즉 하위척도 점수의 합을 사용해야 한다. 그러나 연구 가설이 하위척도로 대변되는 구성개념들의 관계를 나타낸다면, 하위척도를 사용해서 자료를 분석해야 한다(Huberty & Morris, 1989). 예를 들어, Rhoades 등(2010)은 연인관계에 대한 헌신의 네 가지 측면이 이별의 가능성과 어떻게 관련이 있는지를 조사했다. 구체적으로, 연구자들은 헌신(예: 관계를 오래 지속시키고 싶은 욕구, 연인으로서의 강한 정체감), 구속감(예: 열중하고 있는), 물질적 구속(예: 동거, 같은 은행계좌), 지각된 구속(예: 파트너의 안녕에 대한 염려)가 이별을 예측하는지 8개월에 걸쳐 조사했다. 연구자들은 하위척도 각각이 이별 상태와 개별적으로 독특하게 관련이 있다고 가정했기 때문에, 하위척도들을 합쳐서 자료 분석을 실시하지 않았다. 흥미로운 것은, 각각의 하위척도들은 다른 하위척도를 통제한 이후에도 이별 상태를 유의하게 예측했다. 마지막으로, 하위척도 점수들이 서로 다른 구성개념을 측정하고 있다는 설득력 있는 증거가 존재하지 않는다면 하위척도 점수를 사용해서는 안 된다. 이 점에 대해서는 바로 이어서 자세히 다룰 것이다.

구성개념 타당도를 향상시키기 위해 다수의 척도 사용하기

학자들은 다수의 종속변인을 사용할 것을 추천한다(Kazdin, 2003; Shadish, Cook, & Campbell, 2002). 어떤 변인도 한 구성개념을 온전하게 정의할 수 없는데, 위에서 논의한 것처럼 특정 변인의 변량의 어느 정도는 다른 구성개념 때문에 발생하고(특정 오차), 또 어느 정도는 무선 오차 때문에 발생한다. 다수의 변인을 사용하면 해당 구성개념을 더 잘

그림 19.1 다수의 변인을 사용해서 구성개념 정의하기

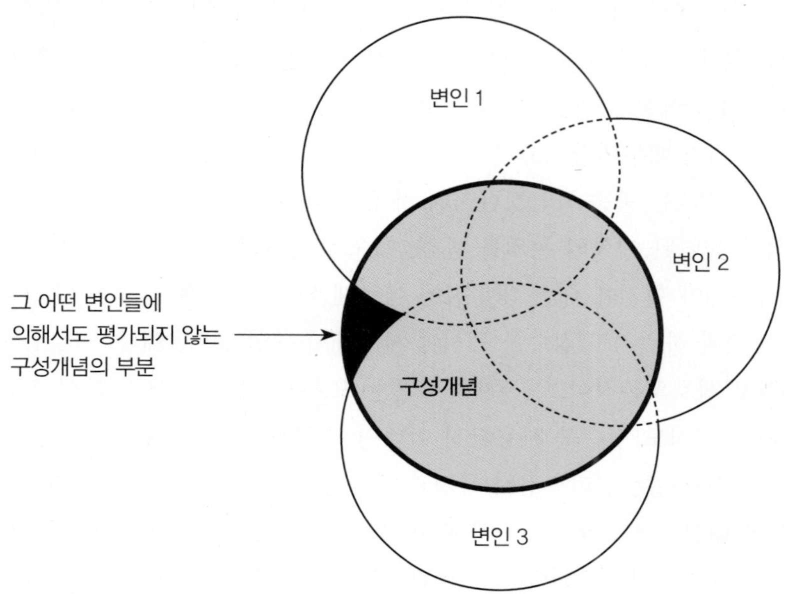

반영할 수가 있는데, 한 변인이 다른 변인에 존재하지 않는 구성개념의 측면에 더 민감하기 때문이다. 그림 19.1에서 볼 수 있듯이, 변인들이 서로 겹치는 부분이 구성개념의 정수를 반영한다.

다수의 변인을 포함시키는 또 다른 이유는, 구성개념들이 서로 다른 결과를 만들어낼 것이라는 기대 때문이다. McNamara와 Horan(1986)은 역사적으로 매우 중요한 연구를 수행했는데, 행동적, 인지적 치료가 우울증의 행동적, 인지적 증상에 어떤 영향을 미치는지를 조사했다. 인지적 검사 배터리에는 자동적 사고 검사, 인지 척도, 회상된 인지 활동이 포함되었다. 행동 검사 배터리에는 즐거운 사건 목록, 행동 척도, 관찰자 평정 사회성 기술 척도가 포함되었다. 연구를 통해 인지적 치료들이 우울의 인지적 증상들을 감소시켰을 뿐 아니라 이러한 효과가 행동 측정치에도 어느 정도 일반화된 것이 분명했지만, 행동치료들은 인지적인 검사 도구나 행동 척도 어디에도 거의 효과를 나타내지 않은 것으로 나타났다. 이 사례가 주목할 만한 것이긴 하지만, 일반적으로 상담 연구에서는 치료들이 증상을 측정하는 척도들에 비슷한 방식으로 영향을 미치는 것으로 나타난다.

다수의 척도를 사용해서 구성개념을 측정하게 되면 구성개념 간 상관이 축소되는 것을 피할 수 있고, 또한 방법 변량(method variance)을 설명할 수가 있다. 아래 두 절에서는 다수의 척도를 사용해서 잠재변인을 구성하는 것과 관련된 복잡한 문제를 다루려고 하는데, 다수의 변인을 사용할 경우 하나의 변인으로 나타낼 수 있는 것보다 구성개념을 더 잘 반영할 수가 있다.

앞에서 척도의 비신뢰성이 어떻게 상관과 같은 관계측정치를 감소시키는지를 설명했다. 특정 구성개념을 측정하기 위해 여러 척도를 사용할 경우 비신뢰성에 의해 영향을 받지 않는 구성개념 간 관계를 확인할 수가 있다. 지금부터 구조방정식 모형을 사용해서 측정 오차를 통제한 다음, 구성개념 간 관계를 확인할 수 있는지를 보여주려고 한다. 구조방정식 모형은 구성개념(잠재변인 또는 특성) 간의 관계를 조사하는 통계 방법으로서 몇 개의 관찰된 측정치를 사용해서 해당 구성개념을 조작적으로 정의한다(Brown, 2015; Enders, 2001; Kline, 2010 참고).

실제 연구에 적용하기 19.2

이 통계 방법은 복잡하기 때문에, 여기에서는 개념적인 수준에서만 설명하고자 한다. Cole(1987)이 제시한 사례를 살펴보자. Cole은 두 개의 주요 구성개념인 우울과 불안을 조사했는데, Tanaka-Matsumi와 Kameoka(1986)의 연구에서 사용한 변인이다.

Tanaka-Matsumi와 Kameoka(1986)는 많이 사용하는 3개의 우울 관련 척도와 6개의 불안 관련 척도를 실시했다. 측정치 간 상관이 표 19.1에 제시되어있다. 표에서 몇 가지 사항을 관찰할 수 있다. 우선, 동일 구성개념을 측정하는 척도 간 상관은 중간 정도의 크기를 나타내는데, 이는 수렴 타당도가 어느 정도 확보되었음을 나타낸다(우울 척도 간 상관은 .54에서 .68까지 분포하고, 불안을 측정하는 척도 간 상관은 .32에서 .79 사이에 분포한다). 불안과 우울은 서로 관련이 있는 것처럼 보이는데, 우울과 불안을 측정하는 점수 간 상관은 .33에서 .74까지 분포한다. 그러나 이 표에 제시된 모든 상관값은 비신뢰성으로 인해 축소된 것임을 인지해야 한다. 구조방정식 모형은 이러한 비신뢰성을 감안해서 우울과 불안이라는 구성개념 간 상관을 추정하는 방법을 제공한다.

표 19.1 우울 및 불안 척도 간 상관*

	우울				불안				
	ZungD	BDI	DACL	ZungA	SAI	TAI	MAS	EHE	EHS
ZungD	1.00								
BDI	0.68	1.00							
DACL	0.54	0.60	1.00						
ZungA	0.71	0.67	0.48	1.00					
SAI	0.61	0.60	0.66	0.60	1.00				
TAI	0.74	0.73	0.61	0.69	0.66	1.00			
MAS	0.67	0.71	0.50	0.72	0.53	0.79	1.00		
EHE	0.39	0.42	0.33	0.47	0.37	0.48	0.49	1.00	
EHS	0.40	0.40	0.36	0.41	0.32	0.53	0.52	0.60	1.00

*ZungD = Zung의 자기평정 우울 척도; BDI = 벡 우울 질문지; DACL = 우울 형용사 체크리스트; ZungA = Zung의 상태 불안 질문지; SAI = 상태 불안 질문지; TAI = 특질 불안 질문지; MAS = 외현 불안 척도; EHE = Endler–Hunt의 시험 불안; EHS = Endler–Hunt의 발표 불안.

출처: Tanaka-Matsumi, J., & Kameoka, V. A. (1986). Reliabilities and concurrent validities of popular self-report measures of depression, anxiety, and social desirability. *Journal of Consulting and Clinical Psychology, 54*, 328–333.

그림 19.2에 구조방정식 모형의 결과가 제시되어있다. 그림을 살펴보면 타원으로 표시된 '우울'에서 세 개의 직사각형으로 표시된 관찰변인인 ZungD, BDI, DACL로 가는 화살표를 확인할 수가 있다. 이는 우울이라는 구성개념(또는 잠재변인)이 세 개의 측정치에 부하된 것을 의미한다. 이것은 탐색적 요인 분석에서의 요인 부하량과 동종의 것이다. 여기에서 척도의 요인 부하량은 각각 .83, .83, .68이다. 잠재변인인 '우울'은 세 개의 우울 척도를 사용하여 조작적으로 정의한 개념을 나타내는 통계적 실체이다. 이 잠재변인은 오차 없이 측정한 우울을 의미하는데, 어떤 의미에서는 세 척도가 공통적으로 가지고 있는 변량, 즉 특정 변량이나 오차 분량을 포함하지 않는 변량이다. 그림 19.1에 제시된 절차를 통해 이것을 수행하는데, 척도 간 공통 변량을 사용해서 구성개념을 나타내는 변인을 만들어낸다. 마찬가지로, 불안이라는 구성개념('불안'이라고 타원으로 표시된 것)은 여섯 개의 관찰치, 즉 .55부터 .90까지 분포하는 요인 부하량을 갖는 척도들로부터 통계적으로 도출된 불안의 측정치이다.

그림 19.2 우울과 불안에 대한 다수의 측정도구

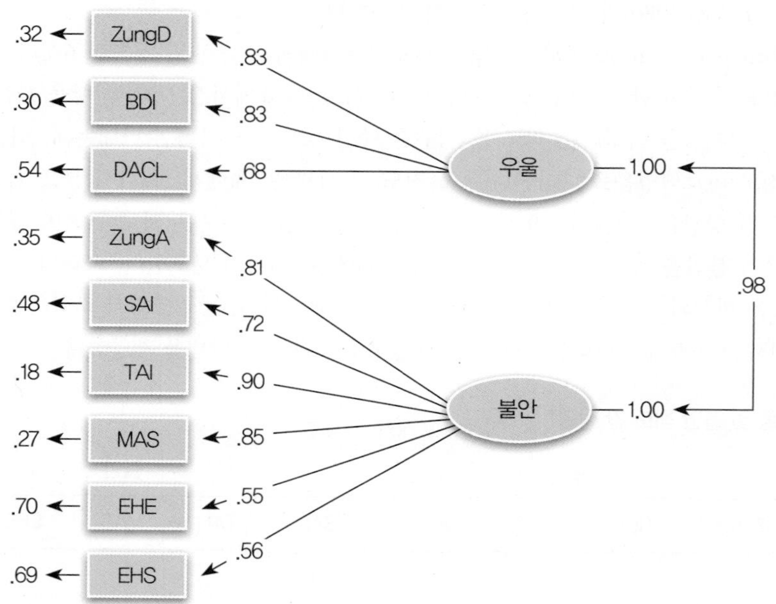

따라서 우울과 불안의 구성개념 간 상관은 우울과 불안 각각의 잠재변인으로부터 추정된다. '우울'과 '불안' 간에 설정된 양방향 화살표는 두 변인 간 상관을 나타내는데, .98이다. 이 수치는 세 개의 우울 척도와 6개의 불안 척도로부터 측정된 우울과 불안이라는 구성개념 간 상관에 대한 추정치를 의미한다. 이 상관은 비신뢰성에 의해 축소되지 않는다.

여기서 내릴 수 있는 결론은, 일반적으로 사용되는 우울과 불안 척도들을 사용했을 경우 우울과 불안이라는 구성개념이 서로 잘 구분이 안 되고 중첩되는 부분이 많다는 것이다. 만일 이 9개의 척도를 성과 연구에서 사용했다면, 치료가 9개 척도의 집합체에 영향을 미친다고 이야기하는 것이 합리적일 것이다. 왜냐하면 9개의 척도로 우울과 불안이라는 구성개념을 정의했을 때 우울과 불안이 서로 구분되지 않기 때문이다. 따라서 처치가 어떤 구성개념에는 영향을 미치지만 다른 구성개념

에는 상대적으로 영향을 미치지 않는다고 말하는 것이 잘못된 해석이 될 수가 있다(예: A라는 처치가 우울을 치료하는 데 더 적절하다). 또한 9개의 척도 각각에 대해 개별적인 검증을 실시하여 결론을 도출하는 것은 더 문제가 될 수 있는데, 자료에서 나타났듯이 9개의 척도는 동일한 구성개념을 측정하고 있기 때문이다. 더욱이, 9회의 통계 검증을 실시하면 운에 의해 통계적으로 유의한 결과를 얻을 확률이 극적으로 증가한다. 9개의 변인일 경우, 적어도 한 번 유의한 결과를 운에 의해 얻을 수 있는 확률은 .40에 가까운데, 이는 타당한 결론을 내리기 위해 바람직한 확률보다 훨씬 더 높은 것이다(Hays, 1988).

위 사례에서 마지막으로 고려해야 할 문제가 있다. 잠재변인을 사용함으로써 비신뢰성으로 인해 축소되지 않는 상관을 계산해낼 수가 있었지만, 이 상관은 척도들이 동일한 자료 수집 방법을 사용할 경우 확대될 수 있다. 다음 절에서는 이러한 방법 변량을 어떻게 제거할 수 있는지를 설명하고자 한다.

방법 변량 제거하기

위 사례에서 우울과 불안 척도들은 모두 지필 검사였다. 7장에서 다룬 것처럼, 서로 다른 방식으로 측정함으로써 구성개념 타당도를 향상시킬 수 있다. 측정도구들의 무언가가 참여자들의 반응에 영향을 미치지만 그것이 우울이나 불안과는 관련이 없는 것일 가능성이 매우 높다. 한 가지 가능성은 부정적인 특성인데, 모든 측면에서 스스로를 부정적으로 평가하는 일반적인 특성이 그것이다. 이러한 응답자들은 실제보다 더 우울하고 불안해 보일 수 있다. 또 다른 가능성은, 일시적인 기분이 측정도구에 대한 반응에 영향을 미칠 수가 있다. 중간고사 성적을 돌려받은 직후 학생들에게 우울이나 불안 검사를 실시할 경우 긍정적이든 부정적이든 중간고사 성적 때문에 일시적인 감정 상태를 경험하게 된다. 오직 한 가지 측정 방식만을 사용했기 때문에, 이러한 가능성들은 모든 측정도구에 비슷하게 영향을 미칠 것이고, 척도 간 상관을 높이게 된다. 동일한 측정방식을 사용했을 때 모든 척도에 공통되는 변산을 방법 변량(method variance)이라고 부른다. 방법 변량은 변인 간 관계를 팽창시킨다. 즉, 두 측정도구 간 상관은 해당 구성개념 간에 존재하는 개념적인 관계로 인해 발생할 뿐 아니라, 그 구성개념들이 어떻게 측정되었는지에 의해서도 발생한다. 비신뢰성은 상관을 축소시키는 반면, 방법 변량은 상관을 부풀리는데, 다음 사례를 통해 구체적으로 살펴보자.

가상의 사례를 통해 수렴 타당도와 변별 타당도를 이해하는 데 있어서 다특성-다방법(multitrait-multimethod) 접근이 어떻게 활용될 수 있는지 살펴보도록 하자. 표 19.2는 다

표 19.2 세 가지 방식으로 측정한 두 개 특성 간 상관

	A 특성			B 특성		
	방법 1	방법 2	방법 3	방법 1	방법 2	방법 3
	A1	A2	A3	B1	B2	B3
A1	1.00					
A2	0.64	1.00				
A3	0.57	0.60	1.00			
B1	0.72	0.54	0.46	1.00		
B2	0.39	0.78	0.46	0.56	1.00	
B3	0.35	0.43	0.75	0.54	0.55	1.00

특성–다방법 상관행렬을 보여주고 있는데, A와 B라는 두 가지 특성이 세 개의 서로 다른 방식으로 측정되었고, 여섯 개의 변인으로 구성되어있다(A1, A2, A3는 세 가지 방식을 사용해서 A 특성을 측정했고, B1, B2, B3는 같은 세 가지 방식을 사용해서 B 특성을 측정했다). 이 가상의 사례에서 상관계수는 수렴 타당도와 변별 타당도를 나타낸다. 서로 다른 방식을 사용해서 동일한 특성을 측정한 점수들 간의 상관은 상대적으로 높다(A 특성은 .57에서 .64까지 분포하고, B 특성은 .54에서 .56까지 분포한다). 서로 다른 방식을 사용한 다른 특성 간 상관은 상대적으로 낮다(.35에서 .54까지 분포). 그러나 앞서 설명한 것처럼, 동일한 방법을 사용한 다른 특성 간 상관은 방법 변량으로 인해 팽창되었고 상대적으로 높다(.72부터 .78까지 분포). 더욱이, 모든 상관이 비신뢰성으로 인해 축소되었다고 가정해보자. 위의 상관 행렬표를 통해 A 특성과 B 특성의 상관을 추정함으로써, 두 가지

그림 19.3 A 특성과 B 특성에 대한 다수의 척도

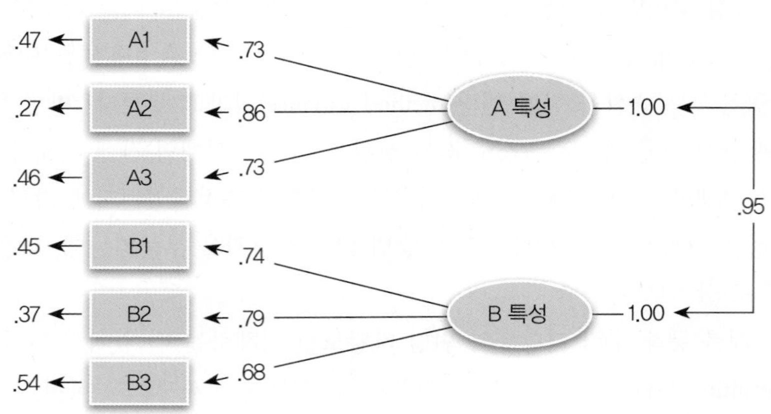

그림 19.4 방법 변량(오차 상관)을 설명하고 있는 A 특성과 B 특성의 척도

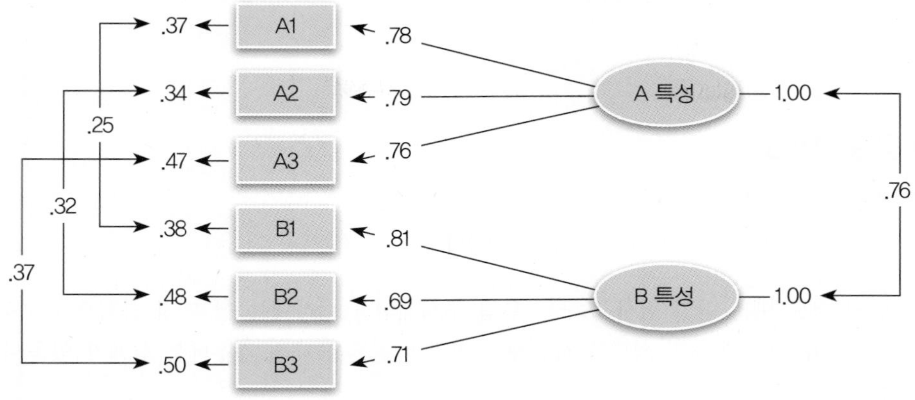

특성이 서로 독립적인지, 관련은 있지만 구분이 되는지, 아니면 본질적으로 동일한 개념인지를 알고 싶어 한다고 가정해보자. 이러한 목적을 달성하기 위해 다시 한 번 구조방정식 모형을 사용할 수 있다.

그림 19.3에 제시된 구조방정식 모형은 앞서 우울과 불안의 관계를 살폈던 것과 동일한 방식으로 잠재변인 간 관계를 확인한다(구조방정식 모형은 모형 적합도 지수를 제공하는데, 측정의 적합성을 평가한다. 여기에서는 다루지 않겠지만 이러한 적합도 지수는 구성개념이 잘 측정되고 있는지를 결정하기 위해 검토해야 한다). 그림을 살펴보면, A 특성과 B 특성은 잘 측정된 것으로 볼 수 있는데, 그 이유는 관찰변인에 대한 부하량이 높고 이는 수렴 타당도를 의미하기 때문이다. 더욱이, 두 개의 특성은 서로 상관이 높은데(.95), 이는 A 특성과 B 특성이 서로 구분되지 않는다는 것을 의미한다.

그러나 같은 방식으로 서로 다른 특성을 측정한 것 간의 상관 추정치는 방법 변량에 의해 부풀려졌음을 기억해야 한다. 구조방정식 모형을 통해 이 방법 변량을 반영할 수 있는데, 그림 19.4에서 양방향의 화살표가 나타내는 것처럼 특성 간 동일 방법의 상관을 계산해냄으로써 방법 변량을 반영할 수가 있다(기본적으로, 방법 변량을 반영하기 위해 모형에 경로를 추가한 것이다). 그림에서 상관계수 .25, .32, .37은 방법 1, 2, 3의 방법 변량을 각각 나타낸다. 예상했던 것처럼, 방법 변량이 분석(또는 모형)에 포함되었을 때 특성 간 상관은 .95에서 .76으로 감소되었는데, 이는 두 개 특성이 서로 독립적이지는 않지만 구분됨을 의미한다.

상담 연구에서도 방법 변량이 나타날 수 있는데, 상담의 다양한 측면을 동일한 관점에서 평정할 때 나타난다. 예를 들어, 슈퍼바이저가 상담 실습생의 문화적 역량과 내담자의 상담 진척 상황을 함께 평가한다면, 문화적 역량과 상담 성과는 부분적으로 동일인(슈퍼바이저)의 평가 관점에 의해 부분적으로 영향을 받게 된다. 만일 슈퍼바이저가 상담 실습

생에 대해 호의적인 태도를 가지고 있다면, 그 슈퍼바이저는 상담자와 내담자의 모든 측면을 긍정적으로 평가할 가능성이 높다.

연구 응용 19.5

복수의 측정도구: 최종 요약

이 절에서 다룬 내용을 다음과 같이 요약할 수 있다.

1. 단일 척도 또는 단일 검사 도구는 특정 구성개념을 나타내는 한 가지 방식으로 이해해야 한다. 따라서 한 개의 척도를 사용해서 연구의 결론을 내릴 경우에는 한계가 있을 수밖에 없다.
2. 두 구성개념 간 상관은 비신뢰성으로 인해 축소된다.
3. 비신뢰성은 통계적 검증력을 감소시키기 때문에, 실제 효과를 탐지하는 것을 더욱 어렵게 만든다. 그러나 허위의 결과가 나타나게 하지는 않는다.
4. 동일한 방식을 사용해서 두 척도 간 상관을 산출하면 방법 변량으로 인해 상관이 부풀려진다.
5. 보다 더 좋은 방식은, 복수의 방법을 사용해서 복수의 척도를 가지고 특정 구성개념을 정의하는 것이다.
6. 일반적으로, 관계는 구성개념 수준에서 해석해야 하는데, 그 이유는 측정도구 자체에는 관심이 별로 없기 때문이다. 즉, 연구자들은 '기분이 저하됨' 또는 '흥미를 상실함'과 같이 문항 수준에 관심을 기울이는 것이 아니라 우울이라는 구성개념에 더 많은 관심을 갖는 경향이 있다. 연구자들은 비신뢰성과 방법 변량의 영향을 인식하고 있어야 하고, 척도의 비신뢰성과 방법 변량이 연구에 대한 결론에 많은 영향을 미친다는 점을 인식해야 한다.

반응성

종속변인은 연구 참여자의 특성에 민감해야 하지만, 측정 과정 그 자체는 특성에 직접적으로 영향을 미쳐서는 안 된다. 즉, 종속변인 측정치는 참여자가 어떻게 정상적으로 기능하는지를 나타내야 한다. 가끔 종속변인에 대한 점수를 얻는 것과 관련된 무언가가 상황을 변경시키는데, '허위' 값을 얻게 된다. 이 경우 참여자들의 특성에 영향을 미치는 변인들이 **반응적**(reactive)이라고 말한다. 예를 들어, 시험 불안이 있는 참여자는 자기보고식 설문지를 작성할 때 더 큰 불안을 보고할 수 있는데, 설문지를 작성하면서 마치 시험을 보는 것처럼 느낄 수 있기 때문이다. 평소에 공격적인 성향이 있는 아동이 성인이 지켜보고 있을 때 평소보다 덜 공격적으로 행동할 수 있다. 평소 흡연을 하는 사람은 자신이 피운 담배 개비 개수를 기록하도록 요청받았을 때 담배를 덜 피울 수도 있다. 상담 실습생은 누군가가 자신을 관찰하고 있다는 것을 알게 되면 평소보다 더 문화적으로 민감하게 행동할 수 있다. 종속변인의 반응적 속성은 연구를 설계할 때 분명 고려해야 할 사안이다. 이 경우에도 해당 영역에 대한 지식을 구비하는 것이 중요하다. 예를 들어, 심리치료는 보통 비반응적인 측정도구보다는 반응적인 측정도구들에 대해 더 큰 효과를 나타낸다(Minami et al., 2009). 우리는 이 장 후반부에서 비반응적으로 설계되어 참여자들이 의식하지 못하는(unobtrusive) 측정도구들에 관해 살펴볼 것이다.

절차상 고려해야 할 것들

종속변인을 선정하고 설계할 때에는 절차상 많은 문제들을 고려해야 한다. 종종 측정에 소요되는 시간이 연구의 성공 여부를 결정하기도 한다. 참여자들은 설문지나 검사를 작성하는 데 많은 시간이 소요되는 연구에 자발적으로 참여하기를 꺼려하는데, 비록 자발적으로 참여하더라도 소요되는 시간이 길면 문항에 부주의하게 반응해서 오차를 증가시킨다. 앞서 언급한 것처럼, 도구의 가독성 또한 측정도구의 심리측정적 특성에 결정적인 영향을 미친다. 출판된 검사 도구의 지침서에는 검사에 필요한 독해 능력이 제시되어있다. 또는 연구자가 가독성을 정하기 위해 비교적 쉬운 방법을 사용할 수가 있는데, 많은 경우 컴퓨터에 내장된 문서처리 기능(예: Microsoft)에 포함되어있다.

한편, 검사 실시 순서가 반응에 영향을 미칠 수 있다. 한 측정도구가 다른 측정도구에 대한 반응을 민감하게 하거나 또는 영향을 미칠 수가 있다. 참여자 자신의 병리적인 측면에 주의를 끌게 하는 척도(예: MMPI)는 당연히 다른 측정도구들을 평정할 때 영향을 미치게 된다(예: 내담자가 지각한 상담자의 실재관계척도)(Gelso, 2011). 동일한 검사가 반복적으로 실시될 때에도 순서는 중요하다. 특정 시점에서의 수행은 측정되는 특성보다는 이전의 반응 때문에 영향을 받을 수 있다(검사 효과). 예를 들어, 지능검사에서 참여자들은 구체적인 질문이나 과제(예: 그림 완성하기)에 대한 정보를 습득할 수가 있다. 이럴 경우, 측정하고자 하는 본래의 지능은 그대로이지만 지능검사에서의 수행은 향상된다. 연구에서 반복 측정으로 인해 검사 효과가 예상될 때에는 대안적인 형태의 척도를 사용하는 것이 바람직하다. 대안적인 형태의 검사 도구를 사용하면 같은 척도를 사용하지 않으면서 사전 검사와 사후 검사를 실시할 수 있게 된다.

연구 응용 19.6

Juanita는 여성들의 수학 및 과학 능력에 미치는 차별의 영향을 조사하고자 한다. 이 연구에서 Juanita는 두 가지 조건 중 한 조건에 여성들을 할당한다. 첫 번째 집단에서 참여자들은 우선 차별 척도를 작성하는데, 지난 1년 동안 경험했던 차별 행동의 유형 및 빈도, 강도에 대한 질문에 응답한다. 그런 다음 Juanita는 참여자들에게 일반적인 수학 문제, 과학 문제들을 풀게 한다. 두 번째 집단에서는 정반대로 자극을 제시한다. 연구 결과, 첫 번째 집단에 속한 여성들이 두 번째 집단에 참여한 여성들에 비해 수학 및 과학 점수가 낮은 것으로 나타났다.

질문

1. 이러한 절차적 접근의 강점은 무엇인가?

2. 제한점은 무엇인가?

3. 위 연구에서 순서 효과를 제거하기 위해 연구자가 더 할 수 있는 것이 있다면 무엇인가?

주: 고정관념 효과(stereotype effects)에 대해 더 알고 싶다면 Nguyen과 Ryan(2008)을 참고하라.

학생들은 학위논문이나 학술지 논문의 '방법' 부분에서 척도의 심리측정적 특성을 기술할 때 어떤 내용을 포함시켜야 하는지 질문한다. 지금까지 논의한 개념적인 논점들이 모두 연구를 설계할 때 기본적으로 고려해야 할 사안이지만, 사용한 측정도구의 심리측정적 특성을 기술할 때에는 다음과 같은 순서로 내용을 기술한다.

1. 도구 자체를 기술
   a. 도구 명칭
   b. 도구 약자
   c. 도구 개발자
   d. 주요 참고문헌
   e. 도구가 측정하고 있는 구성개념에 대한 간략한 설명
   f. 자기보고식, 행동관찰, 면접, 또는 다른 방식
   g. 문항의 수와 예시 문항
   h. 문항의 종류(예: 리커트 형식의 문항)
   i. 요인 또는 하위척도, 그것의 정의
   j. 채점 방향과 높은 점수의 의미
2. 타당도 추정치
   a. 수렴 타당도 및 변별 타당도
   b. 척도가 어떤 표본을 대상으로 타당화되었는지를 기술

3. 신뢰도 추정치
   a. 크론바흐 알파 계수
   b. 검사-재검사
   c. 관련 선행 연구 및 이 연구에서의 신뢰도 추정치

측정도구 기술과 관련해서 구체적인 사례를 확인하고 싶으면 Heppner와 Heppner(2004)를 참고하기 바란다.

자료 수집 방법

종속변인의 기본 목적이 독립변인의 효과 또는 성과를 측정하는 것이기 때문에, 종속변인 관련 논의에는 반드시 종속변인과 관련된 자료를 수집하는 것을 포함한다. 지금까지 우리는 자료를 수집함에 있어서 측정도구를 사용하는 것에 초점을 맞추었다. 하지만 종속변인과 관련된 자료를 수집하는 방법들은 매우 많다. 다음에서는 상담과 관련해서 일곱 가지 자료 수집 방법에 관해 살펴보고자 한다. (1) 자기보고, (2) 다른 사람의 평정, 사건에 대한 평정, (3) 행동 관찰, (4) 생리적 지표, (5) 인터뷰, (6) 투사적 기법, (7) 눈치채지 않은 상황에서 하는 측정.

자료 수집 방법을 다른 방식으로 분류하기도 한다. 예를 들어, 객관적 방식과 주관적인 방식으로 도구를 구분하기도 한다. 적절하다고 판단할 경우에는 이런 방식의 분류에 대해서도 논하고자 한다. 일곱 가지 자료 수집 방법이 가끔은 서로 중첩될 수 있다는 점에 주목할 필요가 있다. 인터뷰는 일종의 자기보고이고, 다른 사람들을 평정하는 것은 가끔 행동 측정이기도 하다. 요지는 자료를 수집하는 방식은 매우 많고, 각각의 방식은 장점과 단점을 지니고 있다는 것이다. 마지막으로, 각각의 자료 수집 방법은 연구문제, 심리측정적 특성, 연구에 사용된 다른 도구와의 관계, 반응성 등과 상응하는지에 따라 평가되어야 한다.

자기보고

자기보고식 척도에서는 참여자가 어떤 특성이 어느 정도로 존재하는지 또는 어떤 행동이 얼마나 일어났는지를 평가한다. 척도에 있는 문항에 반응하거나 일지를 작성함으로써 자기보고를 할 수 있다. 일반적으로는 자기보고가 실제 상태를 정확히 반영한다고 가정하는데, 참여자가 솔직하고 정확히 반응한다고 가정한다. 이 절에서는 자기보고식 척도의 장단점, 척도 유형 및 채점 형태에 관해 논하고자 한다.

자기보고의 장점 자기보고에는 다양한 형태가 있지만, 자기보고가 지닌 일반적인 장점으로 인해 상담 연구에서는 가장 인기 있는 도구이다. 첫째, 실시하기가 상대적으로 용이하다. 상담 연구에서 사용되는 대부분의 자기보고 검사 및 설문지는 집단을 대상으로 실시할 수 있는데, 시간을 절약할 수 있다는 장점이 있다. 개인에게 실시할 때에도 보통은 실시하는 사람이 특별한 전문성을 갖추지 않아도 된다. 예를 들어, 매 회기 직전에 내담자들에게 컴퓨터로 검사를 실시할 수가 있다(Lambert, 2012 참고). 마찬가지로, 대부분의 자기보고식 검사는 참여자 또한 사용하기가 상대적으로 쉽고 많은 훈련이 필요하지도 않다.

자기보고식 검사의 또 다른 장점은 다른 방식으로는 측정하기가 불가능하거나 매우 힘든 현상에 접근할 수 있다는 것이다. 자기보고 검사는 은밀한 사고와 감정, 개인적인 장소에서 하는 행동(예: 성적 행동), 미래 계획 등에 접근할 수 있다. 또한 참여자들에게 가설적인 상황에서 그들이 가질 수 있는 인지, 정서, 행동을 보고하도록 요청할 수가 있다. 다음 사례를 생각해보자. 만일 내담자가 성적으로 접근할 경우 상담자가 어떻게 반응할지 물어볼 수 있고, 상담 실습생에게는 만일 슈퍼바이저가 문화적으로 덜 민감한 발언을 했을 때 어떤 식으로 반응할지 물어볼 수가 있다. 두 가지 상황 모두 실험으로 진행한다면 비윤리적일 것이다.

자기보고는 상담 및 심리치료의 현상학적 관점과 부합된다는 점에서 이점이 있다. 현상학적 관점에 따르면, 특정 내담자의 사고와 감정은 매우 중요한데, 행복, 결혼 만족, 불안과 같은 구성개념을 내담자가 보고하는 것은 다른 어떤 지표(내담자 변화에 대한 상담자의 평정, 행동 관찰, 생리적인 측정, 자기 자신 이외의 다른 것에 초점을 두는 기타 측정치)보다도 중요하다. 예를 들어, 불안을 생리적으로 측정할 수는 있지만, 불안한 상태 때문에 발생하는 심리적 고통은 내담자에게는 소진시키는 요인이기 때문에, 불안에 대한 내담자의 자기보고는 이 현상을 이해하는 데 필수적이다.

자기보고의 단점 가장 분명하면서도 가장 문제가 되는 자기보고식 척도의 단점은, 그것이 의도적이든 그렇지 않든 참여자에 의해 왜곡이 발생한다는 것이다. 다양한 이유로 인해 참여자는 의식적이든 무의식적이든 측정하는 구성개념보다는 반응 편향(response bias)을 반영하는 점수를 산출하는 방식으로 반응한다. 예를 들어, 참여자들은 연구 가설을 추측해서 연구자의 가설을 지지하는 방식으로 반응할 수가 있다. 또는 그들이 생각하기에 좋게 보이거나 사회적으로 바람직해 보이는 방식으로 질문에 답할 수도 있다. 예를 들어, 상담자들은 다문화 역량을 측정하는 설문지를 작성함에 있어서 문화적으로 편견을 가지고 있지 않은 것처럼 반응할 수 있다(Worthington et al., 2007 참고). 또한 상담 연구에서 어떤 참여자들은 실제보다도 더 힘든 것처럼 반응할 수도 있다(예: 원하는 서비스를 받기 위해).

어떤 도구들은 이러한 왜곡을 최소화할 수 있도록 제작되었다. 예를 들어, MMPI-2에는 참여자의 태도를 측정하는 네 개의 척도가 포함되어있다. L 척도와 K 척도는 참여자가 실제보다 더 좋게 보이려고 노력하는지를 측정하고, F 척도는 벗어난 반응을 측정한다. '?' 척도는 응답하지 않은 문항의 수를 나타내는데, 검사에 대한 참여자의 저항이나 혼란 또는 검사를 마치는 데 시간이 부족했는지를 나타낸다(Graham, 1990). 참여자 편향을 피하기 위해 에드워즈 성격 선호 스케줄(Edwards Personality Preference Schedule)은 각 문항에 대한 두 개의 선택지가 사회적 바람직성(social desirability) 측면에서 동질적이도록 제작되었다(Sax, 1989).

자기보고식 검사의 또 다른 단점은, 참여자가 측정하는 특성을 알지 못할 수도 있다는 것이다. 예를 들어, 시험 불안이 있는 참여자는 자신이 불안하다는 것을 부인하고, 성적이 좋지 않은 것을 준비가 부족해서라고 생각할 수가 있다. 자기보고식 척도는 참여자들이 그들의 경험에 대해 충분한 통찰을 가지고 있어서 그러한 경험에 대한 정보를 의식적으로 다른 사람들에게 전달할 수 있어야 한다는 가정을 전제로 하고 있다.

자기보고식 척도의 마지막 단점은 앞서 언급한 장점과 관련이 있는데, 자기보고가 현상학적 관점과 일치된다는 점이 오히려 단점이 될 수 있다. 특정 이론적 관점에서는 자기보고를 덜 가치 있게 여긴다. 예를 들어, 급진적인 행동주의자들에게 자기보고는 최소한의 중요성만 지닌다. 자기보고의 여러 단점에도 불구하고, 상담 연구에서 활용되는 종속변인들의 목록을 살펴보면 자기보고가 가장 빈번하게 사용되는 도구임을 알 수가 있다.

인터넷 사용이 증가함에 따라 인터넷이 유망한 연구 도구로 자리를 잡아가고 있다. 자기보고식 척도를 수정해서 온라인으로 자료를 수집할 경우, 이전까지는 실행하기 어려웠거나 실용적이지 않았던 연구문제를 조사하는 것이 활성화될 수 있는데(예: 다양한 지역에 거주하고 있는 상담 실습생들로부터 자기보고 자료를 수집하는 것), 실제적인 측면에서 다른 많은 이점을 가질 수 있다(예: 결측치가 줄어들고, 자료 입력에서 범하는 실수가 줄어듦). 인터넷 기술을 활용하면 참여자 역시 설문을 완성하기가 용이하다. 또 다른 실제적인 이점은 자료를 직접 통계 프로그램으로 불러들일 수 있다는 것이다(Strickland et al., 2003).

자기보고의 단점은 인터넷으로 자료를 수집할 경우 오히려 악화될 수 있다. 가장 분명한 한계는, 컴퓨터를 사용하는 사람들에게만 연구가 한정된다는 것이다. 이 한계는 연구문제에 따라 중요한 문제가 될 수 있고 그렇지 않을 수도 있는데(예: 대부분의 상담 실습생들은 인터넷을 사용할 가능성이 높다), 어떤 경우이든 주의를 기울일 필요가 있다(예: 사회경제적 지위가 낮고 컴퓨터를 사용할 수 없는 사람들은 잠재적으로 선발되지 않을 것이고, 그럴 경우 편향된 표본을 얻게 될 것이다). 또한 참여자들을 전혀 만나보지 않은 상태에서 인터넷으로 자료를 수집할 경우, 연구자는 척도를 작성하는 사람이 실제로 그 사람이라고 믿을 수밖에 없을 뿐만 아니라 한 참여자가 한 번만 설문지를 작성하고 연구목적에 적합한 상태에서 설문지를 작성한 것으로 가정할 수밖에 없다. 연구자들은 연구한 표본 이상의 대상에게 연구 결과를 일반화할 수 없다는 점을 기억해야 한다. 이 경우, 인터넷을 기반으로 실시한 연구 결과를 해석할 때에는 컴퓨터를 가지고 있어서 온라인으로 연구를 수행할 수 있는 사람들에게 제한해야 한다(Crowston et al., 2012; Strickland et al., 2003).

타당도와 신뢰도의 관점에서, 연구자는 과연 인터넷을 통해 자료를 수집하는 것이 적절한지에 대해 고민할 필요가 있다. 앞서 언급한 것처럼, 신뢰도 계수는 척도가 사용되는 상황과 방식의 산물이다(도구 그 자체가 아니라). 따라서 지필식 자기보고 척도의 심리측정적 특성이 적절하다고 해서 그 척도를 인터넷으로 실시했을 때에도 심리측정적 특성이 유지된다고 가정할 수는 없다. 인터넷으로 실시했을 경우 다른 종류의 변산이 나타나기 때문에, 연구자는 전통적인 지필식 검사를 인터넷 형태로 사용할 경우 인터넷으로 실시했을 때의 심리측정적 특성을 보고해야 한다(Crowston et al., 2012; Strickland et al., 2003).

타인의 평정, 사건에 대한 평정

상담 연구는 종종 타인의 평정 또는 사건에 대한 평정에 의존한다. 이때 보고자가 참여자나 사건의 특성을 평정한다는 점을 제외하면, 절차는 자기보고식 절차와 유사하다. 종종 보고자들은 전문가들인데, 그들의 판단이 참여자 또는 사건의 특성을 정확히 반영한다고 가정한다. 예를 들어, 처치 연구에서 상담자 또는 주요 타인이 내담자의 부적응 정도 또는 개선 정도를 평가할 수 있다. 상담 문헌을 검토해보면 참여자를 직접 평정하는 방식은 자주 사용되지 않음을 알 수 있는데, 사용하더라도 상담자가 평정하거나 아니면 상담 회기를 코딩하는 외부 평정자가 실시한다.

타인 및 사건에 대한 평정은 자기보고식 검사가 가지고 있는 장점들을 많이 공유하고 있는데, 특히 실시가 용이하고 융통성이 있다. 평정자가 전문가일 경우 풍부한 경험과 높은 이해도를 기반으로 판단을 내리기 때문에 전문가의 평정은 매우 가치 있을 수 있다. 일례로, 경험이 많은 상담자의 판단은 수많은 내담자들과의 상담 경험을 반영한다. 또 다른 이점은, 많은 평정 척도들의 심리측정적 특성이 다양한 조건에서 입증되었거나, 또는 다양한 사람들(상담자, 내담자, 외부 관찰자)이 평정한다는 것이다.

다른 사람과 사건을 평정할 때는 평정이 체계적으로 편향될 가능성을 고려해야 한다. 평정자가 연구 가설을 알고 있거나 참여자들이 어떤 조건에 있는지를 알게 되면 특히 문제가 된다. 상담자가 평정자로서 실험처치에 개입될 경우 연구 결과에 대해 이해관계를 가지게 되는데, 이때 상담자는 내담자가 실제보다 더 많이 향상된 것으로 평가할 수 있다. 가급적 평정자는 실험과 관련된 요인들을 몰라야 한다. 사건이나 타인에 대한 평정을 해석할 때, 연구자는 사건에서의 차이로 인해 발생하는 변산과 평정자로 인해 초래되는 변산을 구분해야 한다. 그렇게 함으로써 연구자는 이전에 언급했던 평정자 간 일치도를 평가할 수가 있다. 궁극적으로는, 종속변인에 대한 정보를 수집함에 있어서 복수의 방법(자기보고, 타인보고)을 활용하는 것이 가장 도움이 된다.

행동 관찰

행동측정은 외부로 드러나는 행동을 관찰해서 얻는데, 대부분의 경우 훈련된 관찰자가 보고한다. 행동심리학에서는 밖으로 드러나는 행동을 중시하는 반면, 심리내적인 현상은 덜 강조하는 경향이 있다. 따라서 행동을 관찰하고 기록하는 것은 응용 행동 분석에서는 주요 요소이다[이러한 종류의 연구에 대해서는 《응용행동 분석 저널(Journal of Applied Behavior Analysis)》을 참고하라]. 본질적으로, 행동 관찰은 외부로 드러나는 관찰 가능한 행동에 초점을 두고 평정자의 추론에 의지하지 않는다는 점을 제외하면, 타인 또는 사건을 평정하는 것과 동일하다. 예를 들어, 훈련받은 관찰자가 심리교육 집단에서 내담자가 얼마나 자주 손을 들었는지를 기록한다.

다른 형태의 측정에서처럼, 다양한 방식으로 행동 분석을 실시한다(Barlow, 1981; Mash & Terdal, 1988 참고). 일반적으로, 행동 측정은 해당 행동에 대한 조작적 정의와 참여자 행동의 직접적 관찰, 표적행동 발생 기록, 자료 제시 및 요약을 요구한다.

행동 관찰의 일반적인 장점은 직접적이고 객관적인 측정에 있다. 밖으로 드러나는 행동을 관찰하고 기록할 때에도 체계적인 편향이 발생할 수는 있지만, 행동 측정은 보통 자기보고에 내재된 개인적인 편향에 취약하지 않다. 행동 측정의 또 다른 이점은 다양한 환경에서 참여자를 측정할 수 있다는 것이다. 행동이 상황에 의존한다는 것은 많은 연구를 통해 반복적으로 밝혀졌다. 행동을 측정해서 다양한 환경에서의 기능을 평가할 수가 있다. 마지막으로, 많은 장애는 행동 자체에 문제가 있기 때문에(예: 말더듬기, 사회성 기술 결여, 성기능장애, 신체적 회피, 물질남용), 행동에 특별한 관심을 기울여야 한다.

종종 내담자의 문제나 고민거리는 즉각적으로 관찰할 수 있는 행동과는 거리가 있다는 사실이 행동 관찰의 단점으로 지적할 수 있다. 결혼 만족은 행동으로 정의하기가 어려운 구성개념이다(비록 결혼 만족과 관련된 행동변인들이 많을 수는 있지만). 선택한 행동이 해당 구성개념을 반영하는지는 다른 조작적 정의에서처럼 주요한 문제이다. 행동 관찰의 또 다른 단점은 대표성(representativeness)과 관련이 있다.

행동 측정의 한 가지 가정은, 표집된 행동이 다른 경우의 행동을 대표한다는 것이다. 그러나 많은 이유에서 그렇지 않을 수 있다. 예를 들어, 행동을 고정된, 그러나 일상적이지 않은 시간에 기록할 경우 비대표성(nonrepresentativeness)이 발생할 수 있다(예: 금요일 오후 시간에 발생하는 교실 행동). 또한 참여자가 자신이 관찰되고 있다는 것을 인지할 경우 이로 인해 초래되는 반응성(reactivity) 때문에 대표적이지 않은 행동이 관찰될 수 있다.

신뢰도와 관련된 논점들은 행동 측정에서 문제가 된다. 관찰자가 어떤 행동이 발생했다고 결정하더라도 그 결정은 관찰자에게만 고유한 것일 수 있다. 행동 측정의 맥락에서는 일치도를 계산함으로써 신뢰도와 관련된 문제를 판단할 수가 있다. 즉, 관심 있는 행동이 발생했는지에 대해 다수의 관찰자가 얼마나 일치하는지를 확인한다.

외부로 드러나는 행동이 중요하지만, 그러한 행동을 관찰하는 것이 불가능하거나 실용적이지 않을 수 있다. 예를 들어, 성적인 행동을 관찰하는 것은 일반적으로 허용되지 않는다. 다른 행동 역시 관찰하기가 어렵고, 어떤 경우에는 꾸며낸 상황에서 관찰된다. 종종 상담 연구에서는 어떤 유형의 문제를 나타내는 것처럼 보이는 공모 내담자(연구자와 협력하는)를 활용해서 상담자의 행동을 측정한다. 물론 꾸며낸 상황에서 나타나는 행동의 대표성을 고려해야 하고, 이러한 연구 설계에 포함된 윤리적인 문제를 함께 고려해야 한다(3장 참고).

상담 과정 연구와 슈퍼비전 과정 연구에서는 행동 관찰을 성공적으로 활용해왔다. 일반적으로 상담자와 내담자(또는 슈퍼바이저와 상담 실습생) 간의 상호작용을 기록하고 일련의 행동으로 코딩한다. 많은 코딩시스템이 이러한 목적을 위해 개발되었다(Friedlander et al., 2006; Hill et al., 1983; Hilsenroth, 2007 참고). 행동의 순서 및 연계를 사용해서 상담 또는 슈퍼비전 상호작용의 특성을 나타내는 측정치들을 도출한다. 가장 간단한 측정은 행동의 빈도이다. 예를 들어, Leubcke 등(발간 예정)은 Hill 등의 상담자 개입 코딩시스템을 사용해서 커플 상담이 진행되는 동안 커플이 경험하는 다양한 수준의 관계 몰입도를 측정했다. 그러나 단순한 빈도는 행동 간 확률적인 관계에 민감하지 못하다. 좀 더 복잡하고 세련된 방법을 사용해서 특정 참여자(예: 내담자)의 행동 빈도가 다른 참여자(예: 상담자)의 특정 행동이 일어날 가능성을 증진시키는지를 확인할 수가 있다.

생리적 지표

심리적 상태를 추론하기 위해 참여자의 생물학적 반응(예: FMRI, 심장박동, 코르티솔 수준)을 사용하는 경우가 종종 있다. 많은 심리적 현상들은 종속변인으로 사용할 수 있는 생리적 변인과 관련이 있다. 사실 생리적 반응은 특정 구성개념을 직접적으로 측정하는 것으로 간주될 수 있다. 예를 들어, 자기보고식으로 불안을 측정할 경우에는 다양한 요인으로 인해 편향이 발생할 수 있지만, 생리적 각성 측정치는 직접적으로 측정할 수 있고 편향에서 자유롭다고 가정할 수 있다. 비록 불안을 이론적으로 개념화하면서 생리적 각성에 초점을 맞출 수는 있지만, 생리적 상태와 심리적 현상 간 관계는 이와 관련된 초기 연구들이 예상했던 것만큼 분명하지는 않다. 더욱이, 생리적인 측정은 비용이 많이 들고 특별한 전문성을 요구하며 반응적일 수 있고, 기계적이고 전자적인 요인(예: 전자적인 간섭)으로 인해 오차에 취약할 수가 있다. 결국, 상담 연구에서는 생리적 측정치를 자주 사용하지 않는다. 그러나 세련된 생리적 측정 기법들이 점차적으로 확산되고 있기 때문에 이 분야가 미래의 상담 연구자들에게 주목받을 가능성이 크다. 예를 들어, 많은 연구자들이 심리치료 반응에 대한 신경생물학적 변인을 연구하기 시작했다(예: Goldapple, Segal, & Garson, 2004). 상담 연구자들은 지금까지 이런 방식으로 연구되지 않았던 상담 과정 및 성과들을 측정함에 있어서 이 분야에서 전문성을 발휘할 위치에 있다.

면접

면접은 참여자로부터 직접 정보를 얻을 수 있는 방법이다. 16장에서 우리는 질적 연구에서 면접을 활용하는 것을 논했다. 본질적으로, 종속변인에 대한 자료를 수집하기 위해 면접을 사용하는 과정은 다른 방식과 유사하다. 면접은 일상생활에서 자주 목격하는 활동이다. 우리는 사람들에게 정보를 제공하라고 요청한다. 면접은 면접자와 피면접자 또는 참여자 간 대인 상호작용을 포함한다. Kerlinger(1986)는 개인적인 면접을 수행하는 것을 지지했는데, 통제가 더 잘 이루어지고 깊이 있는 정보를 얻을 수 있기 때문이다. 주의 깊게 면접 일정을 계획하고 진행함으로써 깊이 있는 정보를 수집할 수 있다.

개인적인 면접을 진행할 경우 보다 유연하게 설문지를 제작할 수 있다. 또한 면접자가 설명을 해줄 수 있어서 참여자의 혼란을 줄일 수 있고, 면접을 진행하면서 참여자의 반응이 적절한지 살펴서 필요할 경우 추가 질문을 던질 수 있으며, 참여자의 동기를 파악할 수 있다. 개인 면접의 유연함은 면접의 주제가 복잡하고 참여자가 자신의 심리적인 과정을 인지하지 못할 때 더 빛을 발한다. 면접자가 추가로 질문을 던질 수 있기 때문에 매우 깊이 있는 정보를 수집할 수 있다. Babbie(2001)는 개인 면접을 적절히 수행할 경우 약 80~85%의 참여자들이 끝까지 면접에 참여한다고 보고했다. 비록 면접 또한 참여자의 자기보고에 의존하지만, 면접자와의 인간적인 상호작용을 통해 다른 단면을 엿볼 수 있다.

하지만 면접은 시간이 많이 소요되고 비용이 많이 든다. 주제가 민감할 경우(예: 성적인 행동) 참여자들은 익명의 설문지에 반응할 때보다는 정보를 개방하는 것을 꺼릴 수 있다. 양적 연구의 경우 면접 과정을 표준화함으로써 면접자 행동이나 편향으로 인해 발생할 수 있는 혼입변인의 영향을 최소화할 수 있다. 면접 과정을 표준화하기 위해서는 상당한 정도의 훈련이 요구된다(인사법, 면접 일정 소개하기, 정확한 반응을 기록하는 방법, 질문하는 태도, 참여자의 질문에 반응하는 법, 뜻밖의 참여자 반응을 다루는 법, 면접 마치기 등).

전화 면접은 훈련된 면접자가 전화로 참여자에게 일련의 질문을 던지는 면접 방식이다. 일반적으로 이 방법은 신속하고 비용이 적게 든다. 또한 전화 면접에서는 면접자가 참여자에 대해 관찰할 수 있는 평가 정보의 양이 줄어든다. 다른 종류의 개인 면접에서처럼 전화 면접에서도 면접 일정을 짜야 하는데, 전화 면접에 응하는 참여자들이 덜 반응적이라는 점을 고려할 필요가 있다. 또한 전화 면접에서 사용하는 척도의 심리측정적 특성을 평가해야 하는데, 전화로 설문을 실시할 때에도 심리측정적 특성(예: 신뢰도)이 유사할 것으로 가정해서는 안 된다.

투사기법

투사기법은 상담 연구에서는 자주 활용되지 않지만 자료를 수집하는 또 다른 방식이다. 애매한 자극에 대한 참여자들의 반응을 통해 참여자의 성격을 엿볼 수 있다는 것이 투사기법의 이론적 근거다. 모호한 그림을 사용하는 주제 통각 검사(Thematic Apperception Test)와 잉크 얼룩을 사용하는 로샤(Rorschach)는 아마도 가장 많이 알려진 투사 검사일 것이다. 이외에도 매우 다양한 방식이 가능한데, 그림을 그리거나, 수필을 작성하거나, 문장을 완성하거나, 인형을 가지고 놀거나, 단어를 연상하는 것 등이 있다. 이러한 방법들은 간접적이기 때문에 참여자들이 스스로를 검열하지 않을 것이라는 가정을 전제로 하고 있다. 결국, 참여자의 반응은 간접적인 측정치이고 어떤 식으로든 해석해야 한다. 로샤 검사 반응을 위한 엑스너(Exner) 시스템과 같이 투사 검사를 객관적으로 채점하는 시스템이 존재하지만(Exner, 1974), 보통 투사 검사는 주관적으로 채점한다.

역사적으로 투사기법은 인간의 행동을 이해하기 위한 정신역동적 접근과 관련이 있다. 이 기법의 가장 큰 문제 중 하나는, 사람들에 대한 기존의 부정확한 관점을 재확인하는 방식으로 채점하는 경향이 있다는 것이다(역사적인 사례에 대해서는 Chapman & Chapman, 1969를 참고하라). 더욱이, 기저의 성격 특성과 외현적 행동 간 연계는 매우 미약하다. 또한 각각의 투사 검사를 실시하고 채점하는 데 엄청나게 많은 시간이 소요된다(예: 2~5 시간).

눈치채지 않게 실시하는 측정

종종 참여자가 자료 수집 사실을 인지하지 못한 상태에서 연구자가 자료를 수집하는 경우가 있는데, 이 경우 참여자의 반응성은 감소된다. 이런 방식을 '눈치채지 않게 실시하는 측정(unobtrusive measures)'이라고 하는데, 더 자세한 내용은 Webb, Campbell, Schwartz와 Sechrest(1966)를 참고하기 바란다. 자연스런 일상 장면에서 참여자가 인식하지 않은 채 참여자를 관찰하고, 꾸며진 상황에서 협력자와 함께 참여자를 관찰하며, 또는 물리적인 흔적(쓰레기 또는 낙서 등)을 조사할 수 있다. 대부분의 심리학자들은 눈치채지 않은 상태에서 자료를 얻을 수 있는 방식에 대해 많은 관심을 가지고 있다. 일상생활에서도 사람들은 공공장소에서 다른 사람들을 관찰하고 그들의 행동을 해석하곤 한다.

이런 방식의 측정이 지니고 있는 이점 중 하나는 정의상 비반응적이라는 것이다. 참여자들은 자료가 수집되고 있다는 사실을 인지하지 못하기 때문에 인상 관리 등의 이유로 자신의 반응을 바꾸지 않는다. 예를 들어, 대학 당국으로부터 수집한 참여자들의 학점은 참여자들이 보고한 학점보다 더 정확할 것이다. 그러나 이런 측정치에도 많은 제한점이 존재한다. 어떤 것은 비윤리적이다. 예를 들어, 공공기관이 참여자의 허락 없이 개인정보를 공개하는 것은 금지하고 있다. 또 다른 한계는, 이러한 종류의 자료를 수집하기가 어렵고 비용이 많이 든다는 것이다. 또한 일단 자료를 수집하면 자료를 해석하고 분류하는 작업이 필요하다. 낙서를 연구할 경우, 낙서가 성적인지, 약물과 관련이 있는지, 폭력적인지 등으로 분류하는 작업이 병행되어야 할 것이다.

상담 관련 연구에서 이 방식을 광범위하게 활용하는 것은 아니지만, 많은 연구에서 이 방식을 사용한 것을 알 수 있다. Heesacker, Elliott과 Howe(1988)는 홀랜드(Holland) 코드와 일 만족 및 생산성 간 관계를 조사했는데, 참여자들이 인식하지 않은 상태에서 많은 변인들을 측정했다. 생산성과 관련된 자료는 인사과를 통해 얻었는데, 생산된 단위를 단위의 가치로 곱했다. 결근율 또한 인사과에서 얻었다. 직무상 상해와 관련된 자료는 건강보험을 신청한 건수로 확인했다. 인구통계학적 정보는 입사원서를 확보하여 확인했다. Stice 등(2004)은 참여자들이 보고한 음식제한 정도(또는 칼로리 섭취량에 대한 자기보고)와 눈치채지 않게 측정한 값 간의 관련성을 조사했다. 이를 위해 연구 전후에 음식(예: 쿠키)이 담긴 접시의 무게를 측정했다. 연구자들은 참여자의 자기보고가 눈치채지 않게 수집한 측정치와 큰 상관을 나타내지 않는다는 것을 발견했다.

연구 응용 19.7

만일 당신이 커플의 관계 만족도와 시댁 또는 처가와의 상호작용 간 관계를 연구한다고 가정해보자. 지금까지 설명한 자료 수집 방법들을 토대로, 연구의 주요 구성개념(시댁 또는 처가와의 상호작용, 관계 만족)에 대한 자료를 구할 수 있는 네 가지 방법을 설명하라. 각각의 자료 수집 방법을 사용할 경우 신뢰도 및 타당도와 관련해서 중요하게 고려해야 할 문제는 무엇인가?

요약 및 결론

종속변인의 기본적인 목적은 독립변인을 조작했을 때의 효과 또는 성과를 측정하는 것이다. 지금까지 우리는 구성개념을 조작적으로 정의하는 것과 관련된 몇 가지 논점에 대해 논의했다.

일단 연구자가 구성개념을 정의하면, 그 구성개념을 반영하는 종속변인의 심리측정적 특성을 확립해야 한다. 신뢰도와 타당도는 중요하게 고려해야 할 심리측정적 특성들이다. 신뢰도는 참여자 간에 실제로 존재하는 차이 때문에 발생하는 종속변인의 변량을 지칭한다.

나머지 변량은 오차다. 종속변인이 유용하기 위해서는 신뢰도가 적절해야 한다. 몇 가지 종류의 타당도가 존재하지만, 연구 설계와 가장 밀접한 관련이 있는 것은 **구성개념 타당도**(construct validity)다. 구성개념 타당도는 어떤 다른 구성개념이 아니라 연구자가 관심을 두고 있는 구성개념을 점수가 반영하고 있는 정도를 의미한다. 구성개념 타당도를 확립하는 것은 복잡하고 간접적인데, 그럼에도 불구하고 연구의 양호도를 위해 반드시 필요하다. 최근에 많이 활용되고 있는 구조방정식 모형 등 매우 다양한 방식으로 구성개념 타당도를 확인할 수가 있다. 보통, 한 개의 종속변인만 가지고는 특정 구성개념을 적절하게 정의할 수가 없다. 복수의 종속변인을 사용할 것을 추천한다. 이상적으로는, 각각의 변인이 해당 구성개념의 단면을 반영하고, 변인들이 함께 그 구성개념의 정수(essence)를 측정하는 것이다. 연구자는 비신뢰성으로 인해 초래되는 실재 관계의 감소와 방법 변량 때문에 발생하는 실재 관계의 팽창을 인지하고 있어야 한다. 종속변인이 처치에 반응적이지 않도록 제작되거나 그런 종속변인을 선택해야 한다.

종속변인과 관련된 자료를 수집하는 방법은 매우 많고, 각각의 방법은 장점과 단점을 지니고 있다. 상담 연구에서 가장 많이 활용되는 방식은 자기보고이다. 자기보고의 필수조건은 각 참여자가 스스로를 관찰하고 보고하는 것이다. 자기보고의 이점은 상대적으로 실시하기가 용이하고, 다른 방식으로는 측정하기가 불가능하거나 어려운 영역(예: 성적 행동)을 측정할 수 있으며, 상담의 현상학적 관점과 부합된다는 것이다. 자기보고의 가장 큰 문제점은 참여자의 왜곡에 취약하다는 것이다. 측정하고 있는 구성개념을 참여자가 모를 수 있고, 상담에서의 몇 가지 이론적 접근(예: 행동적 접근)과도 부합되지 않는다. 자기보고식 척도는 출판사나 문헌에 출간되었거나 또는 특정 연구를 위해 제작되는데, 다양한 방식으로 기술할 수 있다.

덜 자주 사용되는 방법 중에는 타인이나 사건에 대한 평정, 행동 측정치, 생리적 지표, 면접, 투사기법, 눈치채지 않게 하는 측정 등이 있다. 타인 및 사건을 평정하는 것은 상담 면접과 같이 상담의 주요 측면을 파악하기 위해 전문가나 참여자를 활용할 수 있다는 점에서 유용하다. 행동 측정은 외현적인 행동을 반영하기 때문에 자기보고나 타인 및 사건 평정에서 문제가 되는 왜곡에 취약하지 않다. 더욱이, 상담에 대한 행동적 접근과 부합된다. 심리적인 상태를 유추하기 위해 생리적 반응을 활용할 수 있는데, 많은 심리적 현상들(예: 불안)은 생리적으로 관련이 있는 변인이 존재한다. 그러나 신뢰도가 미흡하고 비용이 많이 들며, 다른 문제 때문에 상담 연구에서는 생리적 지표를 자주 사용하지 않는다. 면접은 많은 양의 정보를 빨리 얻을 수 있고 면접자가 추가 질문을 할 수 있기 때문에 유용하지만, 상대적으로 비용이 많이 들고, 면접자의 기술에 많이 의존하고, 편향을 가져올 수 있다. 투사기법은 성격의 단면을 드러내기 위해 모호한 자극을 사용하는데 성격의 무의식적인 측면을 밝히는데 유용하다. 눈치채지 않게 측정하는 방법은 참여자가 어떤 측정이 이루어지고 있다는 것을 인식하지 못하기 때문에 반응성을 최소화할 수 있다는 장점이 있다.

다양한 자료 수집 방법이 존재하는 상황에서 연구자가 해야 할 일은, 연구문제에 가장 적절하게 답할 수 있는 정보를 수집할 수 있는 방법을 찾는 것이다. 물론, 종속변인을 선정하고 자료 수집 방법을 정하기 위해서는 많은 생각과 문헌 연구가 필수적이다. 가끔은 해당 구성개념을 가장 잘 측정할 수 있는 도구를 발견하기 위해 창의적인 사고가 요구되기도 한다. 간혹 연구자들은 종속변인을 선정하는 데 많은 시간을 들이지 않는데, 이럴 경우 빈약하고 실망스러운 결과를 얻게 된다. 동료들과 진지하게 토의하고 자문을 구한다면, 종속변인 선정이 촉진되고 결국 상담 연구의 질이 전반적으로 향상될 것이다.

촉진 질문

종속변인

1. 최근 출간된 네 개의 상담 논문을 무작위로 선택하라. 종속변인을 자료 수집 방법에 따라 분류하라(자기보고, 타인 또는 사건 평정, 행동관찰, 생리적 지표, 면접, 투사기법 또는 눈치채지 않게 실시하는 측정). 해당 구성개념의 특성을 포착하는 데 있어서 자료 수집 방법이 적절한지 논하라.
2. 당신이 관심을 가지고 있는 영역에서 보통 사용되는 측정도구를 선택하라. 측정도구의 개발과 타당화 과정을 살펴보고 척도가 목표로 했던 것에 부합하는지 논하라.
3. 이 장에서 이야기한 것처럼, 측정도구가 규준으로 삼는 표본의 특성은 매우 중요하다. 성과 연구에서 자주 사용되는 척도들을 살펴보고[예: 벡 우울 질문지, 단기 증상 질문지(Brief Symptom Inventory), 결과 질문지-45], 각각의 검사가 규준으로 삼고 표준화를 실시한 표본의 특징을 검토하라.
4. 어떤 연구자가 문화적 역량이라는 구성개념에 관심을 가지고 있고, 자기보고식 척도를 사용해서 문화적 역량을 측정하려 한다고 가정하자. 이러한 목적을 달성하기 위해 어떻게 평정자를 활용할 수 있을지 설명하라. 이때 어떤 문제를 고려해야 하는가?

20
CHAPTER

상담 성과 연구: 상담은 효과가 있는가

상담 및 심리치료는 정말 효과가 있는가? 커플을 평가하고 피드백을 제공하면 관계가 향상되는가? 청소년의 분노 표현을 감소시키는 데 있어서 인지적 이완 대처 기술 훈련은 사회성 기술 훈련보다 더 효과적인가? 학력 증진 프로그램에 단기 집단치료를 추가하면 저성취 초등생들의 학업 및 사회적 기능은 향상되는가? 집단상담 구성원들로 하여금 현실적이고 대인관계적인 '지금-여기'에서의 의제를 설정하게 하면 집단 참여와 내담자 성과는 향상되는가? 이러한 질문뿐 아니라 이와 유사한 질문들이 상담 성과와 관련이 있다.

일반적으로, 성과 연구에서는 처치집단과 통제집단을 비교하거나 또는 서로 다른 처치를 비교함으로써 상담 효과에 관한 질문에 답하려고 한다. 성과 연구가 연구 설계의 한 범주는 아니지만 상담 연구자들이 특별히 관심을 기울이는 분야다. 성과 연구는 주로 진실험 설계나 준실험 설계를 사용하는데, 이 책에서 다루는 모든 설계가 상담 성과 연구에 적용될 수 있고 또 적용되었다. 상담 연구자는 많은 방법상의 문제들을 해결해야 하는데, 이 장에서는 이 점에 초점을 맞출 생각이다.

우선, 상담이라는 전문 분야가 시작된 이래 상담 성과와 관련된 질문은 상담 연구자들 사이에서 초미의 관심사였음을 논하고자 한다. 또한 상담 평가와 관련된 연구자들의 관점을 형성하는 데 있어서 성과 연구에 대한 방법론적 비판들이 어떤 역할을 했는지를 검토하고자 한다. 그다음, 성과 연구를 수행하는 데 사용되는 몇 가지 방략을 설명하고 각각의 방략을 사용한 최근 사례들을 살펴보고자 한다. 이어지는 절에서는 성과 연구에서의 네 가지 방법론적 논점에 초점을 맞출 것이다. (1) 적절한 비교 집단 선택하기(선발과 제외 기준), (2) 처치의 적절성 평가하기, (3) 성과와 변화 측정하기, (4) 치료자 효과. 또한 이 장 전체에 걸쳐서 상담 성과 연구 기저에 있는 몇몇 근본적인 가정들에 질문을 던지는 문헌을 요약해서 제시하고자 한다.

상담에서의 초기 성과 연구

상담 연구가 태동될 시기에 성과 연구가 유망하고 가치 있게 여겨진 것은 분명하다. 《상담심리학 학술지》 1호의 첫 번째 논문(Forgy & Black, 1954)에서는 100명의 스탠퍼드 대학생들을 3년에 걸쳐 연구했는데, "내담자 중심의 허용적인 상담 절차와 자료"로 상담을 받은 학생들과 "구조화된 상담자 중심의 상담 절차"로 상담 받은 학생들을 비교했다(p. 1). 원래 이 연구에서는 100명의 학생들이 세 명의 상담자 중 1명에게 상담을 받았는데, 상담자들은 각각의 상담 방법을 모두 사용했다(치료가 상담자들에 교차되었는데, 상담자 효과와 관련해서는 방법상의 문제를 다루는 부분을 참고하기 바란다). 치료가 종결된 후 실시한 만족도 관련 자료들을 살펴보면, 학생들은 내담자 중심적인 상담 절차에 더 만족해하는 것을 알 수가 있다. 그러나 추후 검사에서는 상담 만족도가 상담 종류나 상담자에 따라 차이가 없는 것으로 나타났다. 한편, 상담자와 치료 유형 간 상호작용은 통계적으로 유의한 것으로 나타났다. 즉, 세 명의 상담자 중 1명이 상담자 중심적인 방법들을 사용했을 때 내담자의 상담 만족도가 더 큰 반면, 나머지 2명의 상담자들의 경우에는 내담자 중심적인 상담 접근을 사용했을 때가 내담자의 상담 만족도가 더 큰 것으로 나타났다.

또 다른 초기 상담 연구에서 Rogers(1954)는 두 가지 상담 기법, 즉 검사 해석 방법 중 '검사 중심' 기법과 '자기평가' 기법을 비교했다. 두 방식의 주요 차이점은, 내담자가 인터뷰에 얼마나 많이 참여하는지와 검사 이외의 자료에 얼마나 많은 관심을 두는지에 있다. Rogers는 검사 해석 인터뷰를 모두 실시했는데, 두 가지 검사 해석 방법을 번갈아가며 실시했다. 이 연구에서의 성과 측정치는 '자기이해 점수'였는데, 학생의 자기평가와 학생에 대한 상담자의 평가가 일치하는 정도를 의미한다. Rogers는 두 가지 종류의 인터뷰 진행 방식이 적절하게 수행되었는지 여부를 확인하기 위해 적절성 검사를 활용했다. 특히, 그와 또 다른 상담자가 각각의 해석 방식이 10개씩 담긴 총 20회기의 상담이 녹음된 테이프를 듣고 각각의 대화 단위(특정 주제에 대한 상담자와 내담자의 교환)를 분류했다. 이러한 테이프 평정을 토대로, Rogers는 '검사 중심' 방식과 '자기평가' 방식이 예상했던 대로 회기 내용 및 절차에 있어서 차이를 보였다고 결론을 내렸다. 자기이해의 변화를 분석한 결과, 두 가지 방식 모두 자기이해가 증가한 것으로 나타났고, 전반적인 상담 효과에 대해서는 차이가 없는 것으로 나타났다. 한편, Rogers는 학생의 지능 수준과 검사해석 방식 간에 상호작용 효과가 유의함을 확인했다. 즉, 지능이 높은 학생들은 어떤 방식으로 검사 해석을 실시해도 자기이해가 증진되지만, 상대적으로 지능이 낮은 학생들은 '자기평가' 방식을 사용했을 경우에만 자기이해가 증진되는 것으로 나타났다.

오늘날의 기준으로 보면, Forgy와 Black(1954), Rogers(1954)가 사용했던 성과 측정치와 통계 분석은 다소 원시적이다. 그러나 연구문제 및 연구 설계 측면에서는 1954년과 현재 사이에 일관성이 존재한다. 여전히 연구자들은 처치의 효과를 검증하는 데 관심이 있다.

이러한 연구들뿐만 아니라 다른 초기 연구에서 확인된 결과들이 이후에 수행된 연구들에서 나타났는데, 서로 다른 치료 유형 간에는 차이가 미미하거나 존재하지 않고(Wampold & Imel, 2015) 상담자 사이에는 차이가 존재하는 것으로 나타났다(Baldwin & Imel, 2013). 초기 성과 연구자들은 많은 방법적인 문제들에 관심을 가졌는데, 해당 치료기법이 얼마나 충실하게 제공되었는지, 상담자 효과는 어떤지, 상담자 효과가 성과에 어떤 영향을 미치는지를 평가했다. 또한 상담 성과에 대한 검사 해석의 영향이 내담자의 지능 수준에 따라 다르다는 연구 결과는, 상담의 효과가 모든 사람들에게 보편적이지 않음을 상기시킨다(Kiesler가 1966년에 보편성 미신으로 불렀다).

지난 40년간 상담 효과는 큰 관심을 받았다(Bergin & Garfield, 1971, 1994; Garfield, 1993; Garfield & Bergin, 1978, 1986; Hollon, 1996; Howard, Moras, Brill, Martinovich, & Lutz, 1996; Jacobson & Christensen, 1996, 2013; Lambert & Bergin, 1993; Lambert, Christensen, & Dejulio, 1983; Rachman & Wilson, 1980; Strupp & Howard, 1993; Vandenbos, 1996; Wampold & Imel, 2015). 상담자가 적용하는 처치가 과연 효과가 있는지를 확인하는 것은 분명 이 분야에서 매우 중요한 일인데, 왜냐하면 상담은 결국 사람들에게 서비스를 제공하는 일에 깊이 관여하고 있기 때문이다. 그러한 서비스가 실제로 사람들을 이롭게 하는지를 확인할 책임이 상담 연구자들에게 있다.

상담 및 심리치료가 효과적이라는 점이 늘 수용된 것은 아니다. 가장 중요한 도전 중 하나는 Hans Eysenck(1952, 1960, 1969)가 제기했는데, 그는 심리치료가 효과적이라는 것을 지지할 만한 실증적 근거가 매우 미약하다고 주장했다. Eysenck의 비판은 많은 연구자들에게 영향을 미쳤고, 결국 성과와 관련된 연구들을 촉발했다. 많은 세월에 걸쳐 점점 더 세련되고 복잡한 연구 방법들이 사용되었고 새로운 지식 또한 축적되었다. 기념비적인 연구에서 Smith와 Glass(1977)는 상담 및 심리치료 분야에서 수행된 모든 통제 연구들을 메타 분석했는데, 비록 그 당시에는 많은 논란이 있었지만 상담 및 심리치료가 매우 효과적이라는 점을 확인했다(Smith, Glass, & Miller, 1980; Wampold, 2013; Wampold & Imel, 2015 참고).

처치가 효과적이라는 사실을 아는 것도 중요하지만, Gordon Paul(1967)이 던진 질문에 답하는 것 또한 중요하다. "특정 문제를 지닌 내담자에게는 누가 어떤 치료를 어떤 상황에서 했을 때 가장 효과적인가? 그리고 그것은 어떻게 발생하는가?"(p. 111; Kiesler, 1966 참고). 어떤 연구자들은 사전 검사-사후 검사 변화만 검증할 경우 가치 있는 정보들을 많이 잃게 되기 때문에 회기와 회기 사이에 그리고 회기 중 발생하는 주요 사건들을 조사할 필요가 있다고 주장한다(상담 과정 연구와 관련된 내용은 21장을 참고하라).

성과 연구 수행 방략

이 장에서는 일곱 가지 유형의 성과 연구 방략을 논하고자 한다. (1) 일괄 처치 방략, (2) 해체 방략, (3) 추가 방략, (4) 파라미터 방략, (5) 공통요인 통제집단 설계, (6) 비교 성과 방략, (7) 조절 설계. 아래에서는 각각의 방략을 설명하고 상담 문헌 중 예시가 되는 사례를 제공할 것이다.

일괄 처치 방략

성과 연구를 통해 답할 수 있는 가장 근본적인 질문은 '과연 치료나 개입이 효과가 있는가?'이다. 예를 들어, '변증법적 행동치료(dialectical behavior therapy: DBT, 이하 DBT)(Salsman & Linehan, 2006)는 경계선 성격장애로 진단받은 사람들의 자해 행동을 감소시키는가?' 이 주제와 관련된 한 연구에서 연구자들은 경계선 성격장애로 진단받은 50명의 여성을 DBT 치료 집단과 대기자 통제집단에 무선 할당했다. 결과는, 대기자 통제집단과 비교했을 때 DBT 집단에서 자해 행동을 포함한 대부분의 임상적 증상들이 유의하게 감소한 것으로 나타났다(Bohus et al., 2004).

이런 유형의 성과 질문은 **일괄 처치 방략**(treatment package strategy)을 통해 해결할 수 있는데, 특정 처치 전체를 통제집단과 비교하고, 통제 조건에서는 참여자들이 아무런 처치도 받지 않는다(예: 무처치 집단 또는 대기자 집단). 이런 방식으로 다음 질문에 답할 수 있다. 처치는 하나의 패키지로서 무처치보다 더 효과적인가? 연구 설계상 두 조건 사이에 존재하는 유일한 차이는 처치의 유무이다(한 집단에 속한 참여자들은 처치를 받고 다른 집단에 속한 참여자들은 처치를 받지 않는다. 따라서 연구가 종료되었을 때 발견한 차이는 처치로 귀인할 수가 있다).

무처치 통제의 논리와 통제집단 설계에 관해 더 자세히 다루어보자. 이 설계의 기본은 이미 6장에서 소개했다. 내담자를 두 집단(처치집단, 통제집단)에 무선 할당하면 두 집단은 모든 측면에서 동일하다고 가정한다. 즉, 측정했건 측정하지 않았건 처치 전에 어떤 변인(장애의 초기 심각도, 연령, 인종, 자아 강도 등)에 대해 두 집단 간 차이가 존재한다면, 그것은 우연에 기인한 것이지 어떤 체계적인 요인 때문에 발생한 것은 아니다. 목표는 처치를 받은 사람들과 받지 않은 사람들 사이에 존재하는 정신건강 상태(종속변인)를 비교하는 것이다. 따라서 일괄 처치 연구에서의 일반적인 방략은 처치를 한 집단에 실시하고 다른 집단에는 아무런 처치도 제공하지 않는 것이다. 이때 가정은, 연구 후에 두 집단 간에 차이가 존재한다면 그것은 처치로 인해 발생했다는 것이다.

연구 응용 20.1

이런 종류의 연구를 적절히 수행하기 위해 필요한 요소 중 하나는 **무선추출**(임의추출)이다. 하지만 무선추출을 실시하더라도 모든 변인들에 대해 집단 간 동질성을 보장할 수는 없다. 연습 삼아 무선추출을 해보자. 예를 들어, 동전을 10회 던져서 그 결과(앞면 혹은 뒷면)를 기록해보자. 무선추출 원리에 따르면 앞면과 뒷면은 각각 5회씩 나와야 한다. 이제는 동전을 50회 더 던져서 그 결과를 기록해보자. 동전을 던지는 횟수가 많아짐에 따라 확률이 50 대 50이 될 가능성은 증가할 것이다. 중요한 것은, 무선추출을 실시할 경우 집단 간에 어떤 차이가 발생하더라도 그것이 체계적인 편향으로 인해 발생한 것이 아니라 우연에 의해 일어난 것임을 보장한다는 것이다.

일괄 처치 설계에 포함된 몇 가지 논점이 있다. 우선, 처치 후에 존재하는 집단 간 차이는(발견된다면) 처치 효과 때문에 발생한다고 가정하는 것이다. 그러나 이 책에서 종종 언급한 것처럼, 그러한 차이는 우연히 발생했을 수도 있다. 물론 이것은 모든 실험 설계에 해당되는데, 통계 검증을 통해 해결되는 문제이다. 즉, 연구자는 수용 가능한 유의(alpha) 수준(1종 오류)을 설정한다. 예를 들어, 1종 오류를 .05로 정했다면 처치가 효과적이라고 잘못 주장할 확률(영가설을 기각할 확률)은 100회 중 5회 이내가 될 것이다.

두 번째 논점은 무처치 통제집단의 경우, 연구 종료 시점에서의 정신건강 상태가 내담자들이 치료를 받지 않았을 때의 상태를 정확히 반영한다고 가정하는 것과 관련이 있다. 처치가 정신장애(예: 우울)를 위한 것이라면, 무처치 집단은 그 장애의 자연스런 역사를 반영하도록 의도되었을 것이다(어떤 개입도 이루어지지 않은 상태에서 진행되는 장애의 경과). 이때 문제는 실험 상황이 이런 가정의 타당도를 약화시킨다는 것이다. 다음과 같이 가정해보자. 어떤 연구에서 우울증 치료를 조사하고 있는데 연구에 등록된 사람들은 가장 최근에 개발된 치료를 받고 싶어 한다. 따라서 어떤 내담자들은 자신이 무처치 집단에 배정되었다는 소식을 들으면 실망할 것이다. '내 인생에서는 행운이라는 건 전혀 없어. 연구에서도 안 좋은 쪽을 선택받으니 말이야.' 어떤 내담자들은 다른 곳에 가서 상담을 받을 수도 있다. 이러한 방식으로 통제집단에 속한 내담자들의 상태는 '실험에 대해 전혀 듣지도 등록하지도 않았을 경우 자연스럽게 나타날 수 있는' 상태를 반영하지 않을 수 있다.

세 번째 논점은 윤리적인 문제와 관련이 있다. 특정 장애에 적용할 수 있는 처치가 있음에도 불구하고 통제집단에 속한 내담자들에게 처치를 보류하는 것은 윤리적으로 문제가 될 수 있다. 한 가지 해결책은, 현재 연구가 진행되고 있는 처치가 효과적으로 나타나면 연구가 종료된 후에 그들 또한 처치를 받을 수 있다고 약속하는 것이다. 일반적으로, 새로 개발되어 연구되고 있는 처치의 경우 일반 사람들은 이용이 가능하지 않다. 따라서 통제집단에 속한 내담자들에게는 그 처치를 위한 대기자 집단에 속해있다고 전한다(이 경우 통제집단은 '대기자 통제집단'이 된다). 그러나 대기자 집단에 속한 사람들의 정신건강 상태를 지켜보아야 하는데, 만일 장애로 인해 심각한 후유증(예: 우울증 내담자의 자살 행동)이 나타날 경우 적절한 조치를 취해야 하기 때문이다. 처치집단과 무처치 통제집단을 비교함으로써 사회에 기여할 수 있는 것과 처치를 보류함으로써 감당해야 할 위험에 대해서는 늘 서로 비교해야 한다. 그러나 어떤 처치가 특정 장애에 대해 효과적임을 입증하기 전까지는, 그 처치를 제공하지 않는 것이 내담자에게 손해를 끼치는 것은 아님을 인식할 필요가 있다.

해체 방략

만일 몇몇 연구를 통해 특정 처치 패키지가 효과적인 것으로 나타났다면, 복수의 요소로 구성된 개입에서 어떤 요소가 필요하고 어떤 요소는 불필요한지에 대해 궁금해할 수 있다. 이때 성과 관련 질문은 '무엇이 그 처치의 활동적인/효과적인 요소인가?'다. 이 설계에서는 처치를 분해해서 결정적인 요소가 무엇인지를 확인하려고 한다. 그래서 '해체' 연구라는 명칭이 부여되었다. 해체 방략을 사용하는 연구에서 연구자는 일괄 처치에서 1개 이상의 주요 요소를 제외한 다음 그것을 일괄 처치와 비교한다.

아마도 해체 연구의 가장 좋은 예는 인지치료(Beck, Rush, Shaw, & Emery, 1979)를 연구한 Jacobson 등의 연구(1996)일 것이다. Beck 등은 핵심적인 인지 도식을 변경하는 것이 인지치료의 핵심이라고 주장했지만, 인지치료에는 효과를 가져오는 것으로 볼 수 있는 수많은 요소들이 포함되어있다. 만일 핵심 도식을 변경하는 것이 인지치료의 효과를 가져오는 데 결정적인 역할을 한다면, 인지치료의 전체 패키지는 주요 요소들이 제외된 치료보다 더 효과적이어야 한다. Jacobson 등은 인지치료의 효과를 가져오는 기제를 확인하기 위해 세 집단 사전-사후 실험 설계를 활용했다. 첫 번째 처치에는 인지치료의 전체 패키지가 포함되었다(모든 구성요소 포함). 두 번째 처치는 행동 활성화와 자동적 사고 요소를 포함하고 있지만, 핵심 도식을 변경하는 치료적 행위는 포함되지 않았다. 세 번째 처치에는 행동 활성화만 포함되었다(자동적 사고를 감소시키기 위한 치료적 행위나 핵심 도식을 변화시키기 위한 행위가 포함되어있지 않았다). 모든 상담자들은 잘 훈련받은 전문가들이었고 충실하게 치료 계획을 따랐다(성과 연구에서 절차를 잘 따르는 것과 관련해서는 이 장에서 논하고 있는 방법론적 논점들을 참고하라). 연구 결과, 연구 종료 시점뿐 아니라 6개월 이후에 진행된 추수 연구에서도 세 집단 간에는 효과 측면에서 아무런 차이가 없는 것으로 나타났다. 이는 우울증에 대한 인지치료의 성공여부를 결정하는 데 있어서 인지적인 요소들이 결정적이지 않다는 것을 의미한다(Wampold & Imel, 2015).

추가 방략

추가 방략(additive strategy)은 이미 효과가 있다고 입증된 처치에 어떤 요소를 첨가하면 그 처치의 효과가 향상되는지를 확인하는 것이다. 이미 효과가 입증된 처치에 특정 요소를 추가했을 경우 처치의 효과가 향상되는지를 조사하는 연구는 '추가 방략'이라고 볼 수 있다(Bell et al., 2013). 일반적으로 추가 설계에서 한 집단의 참여자들은 기존의 처치에 노출되고, 다른 집단에 속한 참여자들은 기존 처치에 특정 요소가 추가된 처치에 노출된다.

예를 들어, Foa와 Rauch(2004)는 만성 외상 후 스트레스 장애를 가지고 있는 여성 폭력 피해자들을 대상으로 노출치료(exposure therapy)와 인지적 재구조화가 포함된 노출치료를 비교했다. 이 연구에서의 가설은, 인지적인 요소를 추가하면 노출치료의 효과가 향상된다는 것이다. 연구자들은 외상 관련 사고를 측정했는데(외상 후 인지 검사)(Foa, Ehlers, Clark, Tolin, & Orsillo, 1999), 인지 재구성을 포함한 노출치료가 노출치료만 적용했을 때보다 이 검사에 더 현저한 영향을 미칠 것으로 가정했다. 외상과 관련된 생각들이 감소할 경우 증상이 개선되었지만, 이 측정도구에 대해서 처치 간 차이는 발견되지 않았다.

파라미터 방략

파라미터 방략을 사용하는 연구자들은 처치 효과와 관련이 있는 **처치 파라미터**의 변화를 확인하려고 한다. 이때 **파라미터**(parameter)는 치료에 포함된 요소 또는 측면의 양을 의미하고, 치료의 요소가 있는지 또는 없는지를 지칭하지 않는다. 예를 들어, 과제 관련 파라미터 연구에서는 최적의 과제 수를 확인하려고 할 것이다. 그러나 요소 설계(해체 설계)에서는 숙제가 필요한지 또는 그렇지 않은지를 확인하려고 한다. 따라서 파라미터 방략을 사용하는 연구에서는 요소(예: 과제)의 양이 서로 다른 두 개 이상의 치료를 비교한다.

Turner, Valtierra, Talken, Miller와 DeAnda(1996)는 흥미로운 파라미터 방략을 사용했는데, 50분 길이의 상담 회기가 30분 상담 회기보다 더 효과적일 것이라고 가설을 세웠다. 연구자들은 가설 검증을 위해 두 집단 사전-사후 설계를 사용했다. 94명의 대학생들이 상담 센터를 방문해서 참여자로 지원했고, 두 가지 상담 회기 중 하나에 무선 할당되었다. 2(회기 길이; 30분 대 50분)×2(시간; 사전 대 사후) 반복 측정 변량 분석을 사용해서 대학 적응 척도(College Adjustment Scales)(Anton & Reed, 1991)상의 차이를 분석했다. 그 결과 시간의 주 효과는 유의했지만, 처치의 주 효과나 상호작용 효과는 유의하지 않은 것으로 나타났다. 내담자 만족도 질문지(Client Satisfaction Questionnaire)(Attkisson & Zwick, 1982)에 대한 자료 분석 또한 처치의 주 효과가 유의하지 않은 것으로 나타났다. Turner 등(1996)은 다음과 같은 결론을 내렸다. 이러한 결과는 "단기치료 모형을 적용해서 초기 성인, 대학생을 상담할 경우 한 회기가 30분으로 진행되는 상담이 50분으로 진행되는 상담만큼이나 효과적임을 시사한다"(p. 231).

'공통요인' 통제집단

일괄 처치 설계에 내재된 한 가지 문제는, 처치가 효과적인 것으로 확인되었다 하더라도 어떤 요소가 효과를 야기했는지를 결정하는 것이 불가능하다는 것이다. 해체 방략, 추가 방략, 파라미터 방략은 이 문제에 대한 해결책을 제시할 수 있도록 고안되었다. 그러나 이러한 방략들은 내담자가 경험한 긍정적인 성과와 관련이 있는 하나 또는 소수의 주요 요소들을 분리시키도록 고안된 것이다. 심리치료에서의 쟁점 사항 중 하나는, 처치로 인해 얻은 이로움이 처치의 특정 요소 때문에 발생한 것인지, 아니면 모든 처치에 공통되는 요소 때문에 발생한 것인지와 관련이 있다. 예를 들어, 우울증에 대한 인지행동치료의 효과가 비합리적인 사고를 줄이고 핵심 도식을 변화시키기 위한 상담자의 구체적인 방략에 기인한 것(특정 요소)인가, 아니면 공감적인 치유자와의 관계, 치료에 대한 근거 제시, 상담 목표 및 방략에 대한 동의, 또는 치료적일 것이라고 가정되는 모든 또는 대부분의 치료에 공통되는 다른 요인들 때문에 발생하는가? 현대 의학 또한 유사한 문제에 직면하고 있는데, 특정 약물의 유효 성분이 효과에 책임이 있는 것인지, 아니면 희망이나 기대 또는 다른 심리적인 요인으로 인해 치료 효과가 나타나는지를 밝히려 하고 있다. 의학에서는 심리적 요인 때문에 발생하는 효과를 플라시보 효과(위약 효과)라고 부른다.

약물의 효과를 입증하기 위한 '황금 기준'은, 무선 이중 맹목(double blind) 설계에서 유효 성분을 가지고 있는 약과 위약(설탕)을 비교하는 것이다. 맹목은 약을 받는 사람과 약을 주는 사람 모두 그 약이 유효 성분을 포함한 약인지 또는 비활성화된 성분(위약)을 포함한 약인지를 모르게 하는 것을 말한다(사실 최고의 설계는 삼중 맹목인데, 평가자 또한 어떤 처치를 했는지를 모르게 한다). 실험 조건을 알지 못하게 하기 위해서는 유효 성분이 든 약과 위약이 서로 구분되지 않게 해야 하는데, 그 약이 유효한 것인지 아니면 위약인지 환자나 투여자에게 아무런 단서도 제공해서는 안 된다. 만일 성공적으로 연구 설계가 되었고 약물이 위약에 비해 더 우수한 것으로 나타났다면, 그것은 유효 성분의 효과로 인해 발생한 것이지 희망이나 기대 또는 설명을 들은 것에 기인한 것이 아니게 된다. 이 경우, 약의 '특수성'이 확립되는데, 그 이유는 약의 효능이 부분적으로는 구체적인 성분으로 인해 초래되었기 때문이다. 의학 연구자들은 아무런 치료도 받지 않은 것과 비교해서 위약이 더 우월한지에 대해서는 관심이 없다(위약 효과가 존재하는지에 대해서 관심이 없다) (Wampold, Minami, Tierney, Baskin, & Bhati, 2005).

1956년에 Rosenthal과 Frank는 모든 심리치료에 공통적으로 존재하는 요인(예: 관계)을 통제하기 위해 무선 위약 통제집단 설계(randomized placebo control group design)를 차용할 것을 제안했다. 심리치료 연구에 위약 통제집단을 적용하자는 논리는, 위약 통제집단에는 모든 공통요인들이 존재하지만 처치의 특수 요인은 포함되어있지 않다는 것이다. 예를 들어, 만일 어떤 연구자가 특정 장애를 대상으로 인지행동치료의 효과를 검증하고 있다면, 위약 통제집단에는 인지행동치료와 관련 있는 어떤 요소도 포함되어있어서는 안 되고(예: 행동 활성화, 현실 검증, 핵심 도식 변경 등), 내담자에게 공감적으로 반응하는 자비로운 상담자만 포함하고 있을 것이다(Wampold & Imel, 2015; Wampold et al., 2005). 보통 이런 통제집단을 '대안 처치', '지지적 상담' 또는 '공통요인 통제집단' 등으로 부르는데, '공통요인 통제집단'은 공통요인을 통제하고 있음을 의미한다. 위약 통제라는 용어는 심리치료 연구에서 더 이상 사용되지 않는다. Wampold와 Imel(2015)은 이러한 유형의 통제집단을 유사 위약 통제라고 불렀는데, 이러한 연구 설계의 문제점이 논의되는 시점에서 그 이유가 분명해질 것이다.

우선, 심리치료 연구는 명백히 이중 맹목이 될 수 없다. 치료를 제공하고 있는 상담자는 그들이 제공하고 있는 것이 '실제' 상담인지 또는 '가짜' 상담인지를 늘 알고 있다('가짜'라는 용어는 '위약'이라는 용어를 의미하기 위해 의학 연구에서 종종 사용된다). 더욱이 주요 공통요인들은 그러한 통제집단에 존재하지 않는다. 예를 들어, 이유나 근거를 설득력 있게 제공하는 것은 모든 치료에서 공통적으로 발생하는데, 일반적으로 공통요인 통제집단에서는 제공되지 않는다(Wampold & Imel, 2015 참고). 그럼에도 불구하고 공통요인 통제집단 설계는 심리치료 연구에서 종종 활용되고 있다.

Markowitz, Kocsis, Bleiberg, Christos와 Sacks(2005)는 기분부전증(dysthymia)으로 진단받은 사람들을 대상으로, 대인관계 심리치료, 항우울제(sertraline), 단기지지치료의 효과를 비교했다. 연구에서는 비특이(nonspecific) 통제집단 설계를 사용했음에도 불구하고 연구자들은 단기지지치료가 결코 비치료(nontreatment)가 아니라고 했는데, 그 이유는 심리치료사들이 잘 훈련되고 동기부여가 많이 되어있었기 때문이다. 연구 결과 우울 증상을 감소시키는 데 있어서 대인관계치료가 단기지지치료에 비해 뛰어나지 않은 것으로 나타났다. 연구자들은 통제집단, 즉 단기지지치료를 실시한 치료자들이 '지나치게 적극적'이었을 수 있고, 의욕이 넘친 슈퍼바이저를 둔 잘 훈련된 심리치료자들이 이 치료를 실시했기 때문에 결국 처치 간 효과의 차이를 흐리게 했을 것이라고 주장했다. Markowitz와 동료들은 단기지지치료를 활성화된 치료로 간주할 수 있다고 주장했다. 이 사례는 공통요인 통제집단 설계를 토대로 도출된 결과를 해석하는 것과 관련된 수많은 어려움들을 잘 보여주고 있다(Baskin, Tierney, Minami, & Wampold, 2003 참고).

연구 응용 20.2

도전: 비특이 통제집단 설계를 고안해보라. 어떤 요소를 처치집단에 포함시킬까? 어떤 요소를 제외시킬 생각인가? 예를 들어, 과제를 부여할까? 내담자의 감정을 반영하도록 상담자에게 지시하는 것은 어떨까? 간단히 말해서, 내담자의 변화를 초래하는 기제는 무엇인가? 비특이 통제집단 설계를 고안하는 것이 실제로 가능하다고 생각하는가? 그렇다면 이유는 무엇인가? 가능하지 않다고 생각한다면 그 이유는 무엇인가?

비교 성과 방략

연구자들은 서로 다른 처치들의 상대적인 효과를 확인하기 위해 비교 성과 방략(comparative outcome strategy)을 사용한다. 가끔 이 방략은 이미 그 효과가 입증된 두 개의 처치 중 어떤 것이 더 효과적인지를 결정하기 위해 사용된다. 또는 새로 개발된 처치(비용이 덜 들고 덜 복잡한 처치)가 이미 자리를 잡은 처치만큼 효과적인지를 확인하기 위해 사용되기도 한다. 본질적으로, 이 설계에서는 특정 문제에 효과가 있다고 가정되는 두 개 이상의 치료를 비교한다. 물론 연구자는 두 개 이상의 처치뿐 아니라 또 다른 유형의 통제집단(예: 무처치 통제집단)을 포함시킬 수 있다. 이 경우 두 개의 연구문제를 설정할 것이다. (1) 어떤 처치가 우수한가? (2) 이 처치들은 무(無)처치에 비해 우수한가? 그러나 첫 번째 질문에 답하기 위해 무처치 통제집단이 필요하지는 않다는 것을 강조할 필요가 있다. 성과 연구에서의 주요 원칙은, 연구문제에 따라 독립변인을 구성하는 집단이 결정된다는 것이다.

비교 성과 연구에서는 처치 간 비교가 공정한지에 주의를 기울여야 한다. 예를 들어, 한 처치가 12회기를 진행한 반면 다른 처치는 6회기만 진행했다면, 처치의 양이 혼입 요인이 된다. 잠재적인 오염 요인들이 수없이 많지만, 가장 중요한 오염 요인은 상담자의 기술과 충성도(allegiance)다. 특정 처치에 대한 연구자의 충성도가 연구 성과에 영향을 미치는 것으로 보고되었다(예: Luborsky et al., 1999; Munder et al., 2011, 2012, 2013; Wampold & Imel, 2015).

연구자의 충성도 효과가 발생했는지를 식별하는 것은 쉽지 않은 일이다. 그러나 상담자들은 연구자가 옹호하는 처치에 대해서는 충성도가 더 크고 더 열정적이라는 증거는 존재한다(Wampold & Imel, 2015). 또한 중요한 것은, 다양한 처치를 제공하는 상담자는 각각의 처치에 대해 동일한 정도로 숙련이 되어있어야 한다(이 문제는 상담자 논점과 관련해서 방법론적인 논점들을 다룰 때 좀 더 자세히 설명할 것이다). 어떤 경우이든, 비교가 공정해야 한다는 것에 유념할 필요가 있다. 연구자의 충성도가 처치 효과를 강력하게 예측한다는 사실은, 비교 성과 연구 설계에 편향이 존재한다는 중요한 증거다.

Clarkin 등(2007)은 경계선 성격장애로 진단받은 내담자들을 대상으로 전이에 초점을 두는 정신역동치료와 변증법적 행동치료, 지지적 심리치료의 효과를 비교했다. 모든 상담자들은 훈련이 잘 되어있었고, 각각의 치료기법을 적절히 적용할 수 있었다. 연구자들의 경우 정신역동치료에 대한 충성도가 강했는데, 연구자 중 1명은 연구에서 사용한 특정 형태의 처치를 개발하기도 했다. 연구 결과, 모든 처치가 우울 증상, 불안, 전반적 기능 및 사회적 적응 측면에서 동일하게 효과적인 것으로 나타났다. 그러나 자살 경향성을 감소시키는 데 있어서는 변증법적 행동치료와 정신역동치료가 지지적 치료보다 우수한 것으로 나타났다. 또한 정신역동치료에서만 분노와 짜증이 감소된 것으로 나타났다. 연구자들은 세 가지 심리치료가 경계선 성격장애 내담자를 치료하는 데 유용하다고 결론지었다. 또한 연구자들은 내담자의 변화를 조력할 수 있는 다른 방법 또한 있을 수 있다고 제안했다. 그러나 주요 결과에서 나타난 차이를 살펴보면 변증법적 치료와 정신역동치료가 더 우세한 것처럼 보인다고 주장했다.

처치 간에 큰 차이가 없는 이유는 많겠지만, 이런 상황에서는 '왜' 상담이 효과적인지에 대해 의문을 제기하게 된다. 예를 들어, 상담은 효과적이고, 효과적인 치료는 많다. 따라서 서로 다른 상담 접근들이 서로 다른 기제를 통해 성과를 달성한다고 말할 수도 있고, 또는 모든 상담 접근의 기저에 있는 공통요인 때문에 성과를 달성한다고 말할 수도 있다. 상담이 왜 효과적인지에 대한 질문은 21장(상담 과정)에서 더 자세히 다룰 것이다. 그러나 상담이 '누구에게' 가장 효과적인지 역시 중요하게 고려해야 할 사항이다.

조절 설계

지금까지는 독립변인이 처치집단과 통제집단으로 구성된 설계들을 다루었다. 따라서 결론은 처치와 관련된 진술로 국한된다. 그러나 이러한 설계들은 Paul(1967)이 제기한 질문, 즉 어떤 처치가 어떤 유형의 내담자에게 효과적인지에 대해서는 답을 제공하지 못한다. 조절 설계에서는 다양한 유형의 내담자, 환경 또는 맥락에 대한 처치의 상대적 효과를 조사함으로써 이 질문에 답하려고 한다(Kazdin, 2007, 2009). 예를 들어, Beutler 등(2011)은 저항적인 내담자들에게는 비구조화된 처치가 더 효과적인 반면, 저항적이지 않은 내담자들에게는 구조화된 처치가 더 효과적이라고 주장했다. 이러한 주장은 요인 설계(factorial design)와 상호작용 효과를 암시한다(11장, 12장 참고). 연구자들은 1,102명의 내담자가 포함된 12개 연구를 대상으로 메타 분석을 실시했는데, 정확히 이 문제를 조사했다. 연구 결과는 연구 가설을 지지하는 것으로 나타났는데, 저항 수준이 낮은 내담자들은 좀 더 지시적인(directive) 유형의 처치에 잘 반응한 것으로 나타났다. 또한, 저항 수준이 높은 내담자들은 비지시적인 처치에 더 잘 반응한 것으로 나타났다.

Hembree, Street, Riggs와 Foa(2004) 또한 조절 설계를 사용한 연구를 수행했다. Hembree와 동료들은 만성 외상 후 스트레스 장애로 진단받은 73명의 여성 폭력 희생자들의 반응을 예측하는 변인들을 조사했다. 연구자들은 외상 관련 변인(예: 아동기 외상, 외상의 심각도, 폭력 유형)이 인지행동치료에 대한 참여자들의 반응을 예측할 것으로 가설을 세웠다. 연구 결과, 아동기 외상 이력이 있을 경우 치료 이후에 오히려 외상 후 스트레스 장애 증상이 더 심각해지는 것으로 나타났다. 연구자들은 이전의 외상 경험이 이후에 외상 경험을 처리하고 다루는 능력을 간섭한다고 결론지었다.

연구 응용 20.3

지금까지 상담 성과 연구의 주요 설계들을 검토했는데, 잠시 차이점과 유사점에 대해 생각해보자. 이때 최소 두 개의 설계를 활용해서 연구를 고안해보라. 예를 들어, 내담자에게 과제를 부여하는 것이 효과적인지를 검증하고 싶다면, 어떤 설계를 사용할 수 있을까? 당신의 연구에서 독립변인과 종속변인은 각각 무엇인가? 실질적으로 내담자는 어떻게 모집할 수 있을까? 내담자를 모집하려는 당신의 노력이 연구 결과에 편향을 유발하지는 않을까? 상담자는 누구로 하면 좋을까? 현실적으로 내담자는 몇 명 정도면 좋을까?

성과 연구 수행에서의 방법론적 논점

이 절에서는 성과 연구를 수행할 때 다루어야 하는 네 가지 방법론적인 논점에 관해 논하고자 한다. (1) 포함 및 배제 기준, (2) 처치의 적절성 평가하기, (3) 변화 측정, (4) 상담자 효과.

포함 및 배제 기준

성과 연구에서 내려야 할 결정 중 하나는 연구 참여자들에 대한 포함 및 배제 기준과 관련이 있다. 물론 포함 및 배제 기준은 가능한 한 연구문제에 따라 결정되어야 한다. 그러나 실제적이고 윤리적이면서 설계상의 논점들을 고려해야 한다. 이미 3장에서 많은 문제들을 다루었지만, 여기에서는 성과 연구와 관련된 문제를 간략히 다루고자 한다.

우울증을 호소하는 성인들을 대상으로 새로운 처치를 개발한 연구자를 떠올리면서 이 문제를 다루어보도록 하자. 논리적으로, 연구 참여자는 우울증을 가지고 있는 성인이어야 한다. 연구자는 이것을 다양한 방식으로 정의할 수 있다. 가령, 주요 우울장애에 대한 정신장애 진단 및 통계 편람(DSM)의 진단 또는 특정 우울 척도에서의 절단점 이상의 점수로 정의할 수 있을 것이다. 특정 유형의 환자들을 제외시킴으로써 다른 장애를 가진 환자들이 아니라 우울한 환자들에 대해서만 결론을 내릴 수 있을 것이다(공병장애의 가능성을 배제시킨다). 일반적으로 정신증, 약물남용, 자살 경향성 또는 시도, 특정 성격장애를 가지고 있는 내담자를 배제시킨다(Shadish, Matt, Navarro, & Phillips, 2000 참고). 더욱이, 현재 향정신성 약물을 복용하고 있는 내담자들 또한 제외시키는데, 이는 심리치료 효과와 약물의 효과를 혼동하지 않기 위해서다. 윤리적, 임상적, 연구 목적을 위해 자살 경향성이 있는 내담자는 제외시킨다. 이러한 배제 기준을 적용할 경우 연구의 타당도가 위협받을 가능성은 극히 적지만, 연구 결과의 일반화 가능성을 희생시키는 결과를 초래한다. 즉, 매우 엄격한 포함 및 배제 기준을 적용해서 내담자를 모집하게 되면 우울한 내담자의 모집단과는 유사하지 않은 표본을 표집하게 된다(임상 연구에서 내담자의 대표성과 관련된 논의는 Norcross, Beutler, & Levant, 2006; Westen, Novotny, & Thompson–Brenner, 2004를 참고하라).

연구자는 집단 간 차이가 처치 때문에 발생했다고 결론내리는 것과 관련된 타당도(내적 타당도)와 연구 참여자들이 실제 상담에서 만나는 내담자들을 대표하는 정도(외적 타당도) 간에 균형을 잡고 싶어 할 것이 분명하다. 이 문제는 다양한 종류의 타당도 간에 존재하는 긴장을 단적으로 보여준다. 이러한 긴장은 이 책 다른 곳에서 논의한 것처럼 응용심리학 분야의 연구 설계에 내재되어있다.

처치의 적절성 평가하기: 충실도, 역량, 구분

7장에서 이야기한 것처럼, 구성개념 타당도의 한 가지 구성요소는 독립변인이 적절하게 정의되고 구체적으로 서술되어야 한다는 것이다. 처치 연구에서 독립변인은 다양한 처치 조건과 통제집단으로 구성된다. 앞서 설명한 다양한 설계들에서는 통제집단의 타당성과 관련된 문제들을 다루었다. 그러나 내담자에게 제공되는 처치가 연구 목적에 부합하는 타당한 처치인지 확신해야 한다. 만일 실행된 처치가 원래 연구에서 의도한 처치를 대변하고 있지 않다면 연구의 타당도는 감소된다(효과가 미흡한 것이 처치 그 자체 때문일 수도 있고, 적절하게 처치를 실행하지 못해서일 수도 있다).

일례로, Doss 등(2005)은 전통적인 행동 커플치료와 통합적인 행동 커플치료를 비교했다. 연구자들은 이러한 유형의 치료에서 변화의 기제가 무엇인지에 대해 관심이 있었는데, 연구자들은 상담이 진행되는 동안 네 번에 걸쳐 관계 만족, 의사소통, 행동 변화, 정서적 수용 등을 평가했다. 연구 결과, 두 처치 모두 관계 만족에 긍정적인 영향을 미친 것으로 나타났다. 그러나 전통적인 행동 커플치료에 노출된 참여자들의 경우 표적 행동의 **변화**가 보다 일찍 나타난 반면, 통합적인 행동 커플치료에 노출된 참여자들은 치료 과정 내내 표적 행동을 많이 **수용**한 것으로 나타났다. 연구자들이 두 치료의 미묘한 측면에 충분히 관심을 기울이면서 상담을 진행할 수 있도록 상담자들을 훈련시켰기 때문에 이러한 결과를 발견할 수 있었다.

Bhar와 Beck(2009)은 정신역동치료와 인지행동치료를 비교한 연구들이 상담자의 충실도와 역량 측면에서 적절히 수행되었는지를 조사했다. 즉, 연구자들은 상담자가 정신역동적 또는 인지행동적 치료의 기본 원칙을 지킬 뿐 아니라 유능하게 해당 처치를 진행했는지에 관해 조사했다. 그 결과, 67%의 연구에서 상담자가 처치의 원칙을 따르는지를 확인하지 않았고(실제로 상담자가 해당 처치를 수행한 정도를 확인하지 않았고), 67%의 연구에서 상담자가 유능하게 해당 처치를 수행했는지를 점검하지 않은 것으로 나타났다. 결국

이 문제는 독립변인이 적절히 조작되었는지에 대해 의문을 제기한다(Perepletchikova, 2009 참고).

타당한 처치를 개발하고 수행하는 데에는 몇 가지 단계가 있다. (1) 처치를 상세히 기술하기, (2) 해당 처치를 적절히 수행할 수 있도록 상담자를 훈련시키기, (3) 처치가 의도한 대로 시행되었는지 점검하기. 이 단계들이 성공적으로 진행된 정도를 **처치의 적절성**(treatment integrity) 또는 **처치 충실도**(treatment fidelity)라고 부른다.

처치 매뉴얼이 개발된 것은 처치를 상세히 기술하는 것과 관련해서 나타난 발전 중 하나이다. Luborsky와 Barber(1993)에 의하면, 처치 매뉴얼은 세 가지 요소를 지니고 있다. (1) 처치의 특징을 나타내는 원칙과 기법에 대한 기술, (2) 이러한 원칙과 기법을 어떻게 그리고 언제 적용시키는지를 보여주는 자세한 사례, (3) 특정 회기나 처치가 매뉴얼에 기술된 원칙과 기법을 얼마나 가깝게 따르고 있는지를 결정할 수 있는 척도(충실도 측정치). Luborsky와 Barber는 Kelerman과 Neu(1976)가 우울증 치료를 위해 대인관계 접근 매뉴얼을 제작한 것을 매뉴얼의 시초로 간주했다. 가장 잘 알려진 매뉴얼은 《우울증에 대한 인지행동적 치료(Cognitive Behavioral Treatment of Depression)》다(Beck, Rush, Shaw, & Emery, 1979). 지금까지 개발된 매뉴얼에는 훨씬 더 정확하게 실험 처치를 기술한 것들도 포함되어있다. 그러나 처치 매뉴얼 그 자체는 연구자가 의도했던 대로 처치가 제공되었음을 보장하지는 않는다. **충실도 측정도구**를 사용해서 원래 의도(매뉴얼에 기술된)와 실제 제공된 처치가 얼마나 일치하는지를 평가한다. 초보적인 수준의 처치 매뉴얼들이 지난 30년 동안 존재했지만, 1980년대 후반에 들어 연구자들은 특정 처치 매뉴얼과 관련된 충실도 측정도구들을 개발하기 시작했다(Waltz et al., 1993). 몇몇 상담 연구에서 사용된 충실도 측정도구 중 하나는 Butler, Henry와 Strupp(1992)이 개발한 밴더빌트 치료 방략 척도(Vanderbilt Therapeutic Strategies Scale)다. 이 척도는 Strupp과 Binder(1984)가 개발한 처치 매뉴얼인 《새로운 스타일의 심리치료(Psychotherapy in a New Key)》를 충실히 지키고 있는지를 평가하기 위해 개발되었는데, 12개 문항으로 구성된 '정신역동적 인터뷰 유형(Psychodynamic Interviewing Style)'과 9개 문항으로 구성된 '시간 제한 역동적 심리치료 구체화 방략(Time-Limited Dynamic Psychotherapy Specific Strategies)' 등 두 개의 척도로 구성되어있다. 보통, 훈련받은 관찰자가 상담 회기를 담은 비디오테이프를 시청하거나 오디오테이프를 듣고 밴더빌트 치료 방략 척도를 사용해서 상담자가 처치 매뉴얼을 지킨 정도를 21개 문항으로 평정한다.

밴더빌트 치료 방략 척도 등을 사용하면 특정 연구에서 실시한 처치가 매뉴얼에 기술된 처치와 얼마나 일치하는지를 평가할 수 있다. 그러나 충실도를 측정하는 것이 그렇게 단순명료한 것은 아니다. 한 가지 해결되지 않은 문제는 충실도를 누가 평정해야 하는지와 관련이 있다. 몇몇 학자들은 평정 대상인 처치 모형에 대해 '전문가'인 경험 많은 임상가가 평정하는 것이 최선이라고 제안한다(Luborsky & Barber, 1993 참고). 다른 학자들은 내담자가 처치의 충실도를 측정하는 척도를 사용해서 상담자의 회기 내 행동을 보고할 수 있다고 주장한다(Owen, Hilsenroth, & Rodolfa, 2013). 또 다른 학자들은 상담자의 슈퍼바이저가 충실도 평정에 최적이라고 주장한다(DeRubeis, Hollon, Evans, & Bemis, 1982; Hilsenroth, 2007 참고). 마지막으로 몇몇 학자들은 훈련받은 일반인(예: 학부생)이 평정을 수행할 수 있다고 주장한다(Baucom et al., 2012). 어느 경우이든 연구자는 처치를 제공하는 상담자가 매뉴얼에서 의도하고 있는 처치를 제공하고 있는지를 확인할 수 있는 절차를 고안할 필요가 있다.

수행한 처치의 질을 조사하지 않은 채 충실도만 평가하는 것은 충분하지 않을 수 있다. 상담자가 매뉴얼에서 강조하고 있는 모든 원칙에 따라 관련 기술들을 수행할 수는 있겠지만, 그러한 원칙과 기술을 능숙하게 적용하지 못할 수도 있다. Waltz 등(1993; Barber & Crits－Christoph, 1996 참고)은 **'역량**(competence)'이라는 용어를 사용해서 능숙하게 원칙과 기법을 적용하는 것을 언급했는데, 해석이 정확하고 타이밍이 적절하다거나, 인지 왜곡을 정확히 인식하는 것 등이 이에 해당된다. 충실도와 마찬가지로 상담자의 역량을 누가 판단해야 하는지는 분명치 않다. 관례적으로는, 특정 처치에 전문가인 경험 많은 임상가만이 처치가 얼마나 유능하게 제공되었는지를 정확히 평가할 수가 있다(Waltz et al., 1993). 그러나 충실도와 역량을 평가하는 것이 과연 타당한 것인지에 대한 의문이 제기되어왔는데, 그 이유는 둘 다 처치 성과와 거의 관련이 없거나 전혀 관련이 없는 것으로 나타났기 때문이다(Webb et al., 2010). 오히려 연구자들은 치료 관계와 같은 요인 때문에 충실도와 성과 간 관계가 좀 더 복잡할 수 있다고 주장한다(예: Barber et al., 2006; Owen & Hilsenroth, 2011, 2014). 또한 Stiles(2009)는 상담자들이 처치 매뉴얼과 상관없이 내담자의 욕구에 반응할 가능성이 높기 때문에, 충실도라는 개념 자체가 잘못된 명칭이라고 주장한다.

비교 성과 연구를 수행할 때, 연구자는 상담자가 매뉴얼을 충실히 따르고 유능하게 처치를 제공했다는 것을 확신할 수 있어야 할 뿐 아니라, 제공된 처치들이 눈에 띄게 서로 다르다는 것을 확인해야 한다(Wampold & Imel, 2015). Kazdin(1996)은 **구분**(differentiation)을 "두 개 또는 그 이상의 처치가 주요 차원에서 서로 다른 것"(p. 416)이라고 정의했다. 예를 들어, 어떤 연구자가 우울증 치료에 있어서 Strupp과 Binder(1984)의 단기역동치료와 Beck 등(1979)의 인지행동치료를 비교한다면, 연구자는 두 치료가 두 이론을 구분하는 주요 차원에서 서로 다르다는 것을 보여주어야 한다. 특히, 단기역동치료 매뉴얼과 이와 관련된 밴더빌트 치료 방략 척도에서는 상담자가 내담자의 부적응적인 대인관계 궤도(interpersonal circle)를 파악하는 것이 치료의 주요 요소라고 설명하고 있다. 따라서 연구자는 단기역동치료를 사용하는 상담자가 밴더빌트 치료 방략 척도에 포함되어 있는 이 요소에서 점수가 높고, 인지행동치료를 사용하는 상담자의 경우에는 이 요소에서 점수가 낮을 것으로 예상해야 한다.

이 사례는 두 가지 다른 접근에서 사용되는 충실도 척도를 사용해서 두 가지 치료 접근이 서로 구분되는지를 평가할 수 있음을 시사한다. 두 가지 처치가 서로 구분된다는 것을 보여주기 위해서는, 한 처치 회기가 해당 상담 접근의 충실도를 측정하는 척도 상에서는 점수가 높은 반면, 다른 상담 접근의 충실도를 측정하기 위해 제작된 척도에서는 점수가 낮아야 할 것이다(Hilsenroth, 2007; Waltz et al., 1993).

Trepka 등(2004)은 우울증 치료를 위한 인지치료 관련 연구에서 상담자의 역량을 측정했다. 연구 결과, 인지치료를 제공하는 상담자의 역량은 상담 성과와 유의한 관련이 없는 것으로 나타났다. 그러나 효과는 긍정적인 방향이었는데, 이는 인지치료에 대한 상담자의 역량이 상담 성과에 대한 긍정적인 지표가 될 수 있음을 시사한다.

요약하면, 치료의 적절성(integrity)을 평가하는 일은 복잡하고 다차원적인 과정을 포함한다. 첫째, 처치가 매뉴얼에 구체적으로 자세히 기술되어있어서 상담자가 처치를 어떻게 제공하는지를 알 수 있어야 하고, 미래의 연구자들 역시 해당 처치를 재현할 수 있어야 한다. 다음으로, 연구자는 매뉴얼에서 제공하고 있는 것처럼 처치가 제공되었다는 것뿐만 아니라 능숙하게 제공되었음을 보여주어야 한다. 마지막으로, 비교성과 연구, 해체 연구 또는 파라미터 연구에서는 연구자가 비교되는 처치들이 주요 차원에서 서로 다르다는 것을 보여주어야 한다.

변화 측정하기

Francis 등(1991)이 강조한 것처럼, 변화를 측정하고 분석하는 것은 다양한 연구 분야에서 매우 중요한데, 특히 상담 성과를 확인할 때에는 더욱 그렇다. 변화를 측정하는 것과 관련된 문제를 다루고 있는 문헌은 매우 많다(상담 성과와 관련된 사례는 Baldwin et al., 2009; Stulz et al., 2010을 참고하라). 여기서 모든 문헌을 검토할 수는 없지만, 특히 세 영역이 상담 연구자들과 관련이 있다. (1) 임상적 유의성 대 통계적 유의도, (2) 가설 검증, (3) 성장곡선 분석. 이어지는 절에서는 각각의 논점이 상담성과 연구를 수행하는 것과 어떻게 관련이 있는지를 설명하고자 한다.

임상적 유의성 대 통계적 유의도 많은 저자들은 통계적 유의도가 치료 효과에 대한 좋은 지표가 아니라고 주장한다. Lambert와 Hill(1994)은 잘 설계된 성과 연구가 실제 생활에서는 기능상의 차이를 유발하지 않으면서 통계적으로는 집단 간 유의한 차이를 만들어낼 수 있다고 주장했다. 예를 들어, 아무런 처치를 받지 않은 통제집단과 비교해서 데이트 성폭력 예방 프로그램을 실시한 집단에서 성폭력 미신 수용도가 작지만 통계적으로 의미 있게 감소했다면, 이러한 작은 변화로 인해 프로그램에 참여했던 사람들이 이후에 데이트 성폭력을 범할 가능성이 감소될지는 분명하지 않다. 이런 종류의 실질적인 문제들을 다루기 위해, Jacobson, Follette와 Revenstorf(1984), Jacobson과 Truax(1991)는 임상적 유의성(clinical significance)을 계산하는 방법을 도입했다.

Jacobson과 Truax(1991)가 처음 정의했던 것처럼, **임상적 유의성**은 개별 내담자가 처치 이후에 향상된 정도를 의미한다. 두 가지 기준을 적용해서 특정 내담자가 향상되었는지 또는 회복되었는지를 정의한다. 첫째, 회복되었다고 말하기 위해서는, 특정 검사(예: 대인관계문제 척도)에서의 사전 점수가 역기능적인 점수 분포 내에 위치했던 참여자가 사후 검사에서는 기능적인(역기능적인 것에 반대되는 개념으로서) 점수 분포 내에 위치해야 한다. 향상되었는지를 결정하는 두 번째 기준은 **신뢰할 만한 변화 지표**(reliable change index)라고 불리는데, 특정 내담자에게서 관찰된 사전-사후 검사 점수 차이가 우연히 발생할 것으로 예상되는 변화보다는 커야 한다. 신뢰할 만한 변화 지표를 계산하는 공식은 다음과 같다.

(사전 검사 점수 - 사후 검사 점수)/ 측정의 표준 오차

계산된 값이 1보다 클 경우, 변화가 측정도구에 포함된 측정 오차보다 더 크다는 것을 의미한다. 사후 검사 점수가 기능적인 분포 내에 위치하고 신뢰할 만한 변화가 1보다 클 때, 특정 처치 연구에 참여한 개별 참여자가 향상되었다고 간주한다. 처치집단과 통제집단의 비교를 통해 처치의 임상적 유의성을 계산할 때, 처치집단 참여자 중 향상된 비율과 통제집단 참여자 중 향상된 비율을 비교하기도 한다.

Reese 등(2009)은 Jacobson과 Truax(1991)가 제안한 변화 기준을 적용해서 내담자가 피드백을 제공하는 연구에서의 성과를 평가했다. 연구자들은 두 개의 연구를 수행했는데, 각각의 연구에 74명의 내담자가 참여했다. 내담자들은 피드백 조건 또는 일반적인 처치 조건에 무선 할당되었다. 피드백 조건에서는 내담자와 상담자가 상담 과정 전체에 걸쳐 상담 과정과 작업동맹을 체계적으로 감찰하고 논의했다. 성과 측정도구로는 성과평정척도(Miller & Duncan, 2000)가 사용되었다. 첫 번째 연구에서는 피드백 조건에 속한 내담자의 80%가 신뢰할 만한 변화를 보고했는데, 이는 일반적인 처치집단에 속한 내담자의 54.2%가 변화를 보고한 것과 비교된다. 두 번째 연구에서는 피드백 조건에 속한 내담자의 66.7%가 신뢰할 만한 변화를 나타냈는데, 이는 일반적인 조건의 처치집단에 포함된 내담자의 41.4%가 변화를 보고한 것과 비교된다. 또한 연구 결과, 피드백 조건에 속한 내담자들이 일반적인 상담 조건에 속한 내담자들에 비해 변화를 더 빨리 경험하는 것으로 나타났다. 이는 일반적인 상담 조건에 속한 내담자들에 비해 피드백 조건에 속한 내담자들이 신뢰할 만한 변화를 더 많이 경험할 뿐 아니라 더 빨리 경험한다는 것을 의미한다.

Tingey, Lambert, Burlingame과 Hansen(1996)은 Jacobson과 동료들이 제안한 임상적 의미 변화 지표를 확장시켰다. 이 방법의 주요 요지는 확장된 정의에 있다. Tingey 등은 임

상적으로 의미 있는 변화를 "Jacobson과 Revenstorf(1988)가 제안한 것처럼 '역기능적인' 분포에서 '기능적인' 분포로 이동하는 것이 아니라, 사회적으로 적절한 한 표본에서 또 다른 표본으로 이동하는 것"(p. 111)으로 정의했다. Tingey 등은 다수의 표본을 사용해서 연속선(continuum)을 구성할 것과 이러한 연속선 상에서의 내담자의 사전-사후 검사 변화(또는 변화하지 않음)을 토대로 임상적으로 의미 있는 변화를 확인할 것을 제안했다.

Tingey 등(1996)에 따르면, 그러한 연속선을 확립하는 데에는 다섯 단계가 있다.

> (1) 신뢰할 만한 성과 검사로 정의되는 상세 요인 선택하기, (2) 영향 요인(상세 요인의 수준에 따라 변하면서 내담자가 속한 사회에 적절한 행동) 확인하기, (3) 사회적으로 적절한 표본의 통계적 특이성 결정하기, (4) 모든 가능한 표본의 짝(pairs)에 대해 신뢰할 만한 변화 지표 계산하기, (5) 연속선상에서 인접한 표본 짝 간에 절단점 계산하기. (Tingey et al., 1996, p. 114).

예를 들어, Tingey 등은 1단계에서 증상 체크리스트-90 수정본(이하 SCL-90-R)(Derogatis, 1983)을 상세 요인으로 선발했다. 연구자들에 따르면, SCL-90-R과 관련된 주요 요인 중 하나는 개인이 받는 심리치료의 유형이다. 왜냐하면 증상이 더 많은 내담자들은 좀 더 강력한 치료를 받기 때문이다(예: 입원 환자 대 외래 환자). 결국, 연구자들은 2단계에서 강도가 다른 심리치료를 받고 있는 4개의 표본을 확인했다. (1) 증상이 없는 집단(특별히 건강한 표본), (2) 증상이 경미한 집단(치료를 받고 있지 않은 지역사회 성인들), (3) 중간 정도의 증상을 보이는 표본(외래 상담을 받고 있는 사람들), (4) 증상이 심각한 사람들(입원해서 상담을 받고 있는 사람들). 세 번째 단계에서 Tingey 등은 *t* 검증과 *d* 검증을 사용해서 4개의 표본이 실제로 구분되는지를 확인했는데, 네 개 표본이 서로 차이가 있는 것으로 나타났다. 그런 다음, 10개의 표본 짝에 대해 신뢰할 만한 변화 지표를 계산했다(네 번째 단계). 마지막으로, 연구자들은 인접한 표본의 쌍 각각에 대해 절단점과 신뢰 구간을 설정했다. 절단점은 특정 점수가 인접한 표본이 아니라 특정 표본에 위치할 가능성이 더 높음을 의미한다.

Tingey 등(1996)의 접근이 지닌 특징 중 하나는, 어떤 연구자든 SCL-90-R을 사용해서 사전 검사-사후 검사 점수를 측정할 경우 Tingey 등의 논문에서 제공하고 있는 정보를 활용해서 각 내담자에 대해 임상적으로 의미 있는 변화를 계산할 수 있다는 것이다. Lambert 등(Condon & Lambert, 1994; Grundy & Lambert, 1994b; Lambert et al., 2004; Seggar & Lambert, 1994)은 이 방법을 사용해서 몇몇 타당화된 측정도구들의 임상적인 의미를 정의했다[상태-특성 불안 척도(State-Trait Anxiety Inventory), Auchenbach의 아동 행동 체크리스트, 결과 질문지-45, 벡 우울 질문지]. 임상가들 또한 이 정보를 활용해서 자신의 내담자가 임상적으로 의미 있는 변화를 보이는지를 확인할 수 있다.

연구 응용 20.4

이 정보가 어떤 측면에서 유용할 수 있는지 심리적 안녕을 측정하는 도구를 예로 들어 설명해보자. Blais 등(1999)은 Auchenbach의 성과 척도(Schwartz Outcome Scale: SOS−10)를 제작했다. 이 척도는 심리적 안녕을 측정하는 10개의 문항으로 구성되어있다. 연구자들은 임상 집단과 비임상 집단을 구분하는 절단점을 결정하기 위해 몇 개의 연구를 수행했다. 구체적으로, 척도상의 점수들은 0점에서 60점까지 분포하고, 점수가 높을수록 심리적 안녕 수준이 높은 것을 의미한다. 임상적 절단점은 41점이고, 신뢰할 만한 변화 지표는 8점이다. 따라서 21점으로 상담을 시작한 내담자가 상담 후 점수가 51점이라면, 내담자에게 신뢰할 만한 변화(30점이라는 변화는 8점 이상이다)가 나타났을 뿐 아니라, 임상적으로도 의미 있는 변화 또는 심리적으로 고통스러운 상태에서 고통이 없는 상태로 이동했음을 의미한다(최종 점수가 41점 이상이다). 이 척도를 사용한 사례들에 관해 더 알고 싶다면, 이 척도뿐 아니라 다른 임상 척도를 개관한 Owen과 Imel(2010)의 논문을 살펴보기 바란다.

'임상적으로 의미 있는 변화'를 계산하는 것은 호소력이 크다. 분명, 상담 연구자들은 자신들이 한 개입이 실제로 차이를 만들어내는지를 알고 싶어 한다. 특정 연구 결과가 임상적으로 의미 있는지를 결정할 수 있는 상세한 기준이 이 직업 분야에 있다면 매우 유용하겠지만, 그런 임상적 유의성을 측정하는 것은 상담 연구자들 사이에 널리 퍼져있지 않다. 상담 관련 학술지에 출판된 논문들 중에서 임상적으로 의미 있는 변화를 계산한 논문은 거의 없다. 아마도 그 이유는 이런 계산 방법에 심리측정적인 문제가 내포되어있기 때문일 것이다. 어떤 점수가 기능적인 분포 또는 역기능적인 분포에 위치하는지를 결정하기 위해서는 연구자가 특정 검사에 대한 심리측정적 정보를 가지고 있어야 한다. 최소한 해당 검사는 임상적으로 역기능적이라고 정의할 수 있는 모집단과 정상적이라고 정의할 수 있는 또 다른 모집단에 실시되었어야 한다. 좀 더 세련되고 복잡한 임상적 변화를 분석하기 위해서는 몇 가지 다른 모집단들이 확보되어야 한다. 예를 들어, Tingey 등(1996)은 임상적으로 의미 있는 변화를 분석하기 위해 네 개의 서로 다른 표본을 확보했다(SCL−90−R상에서 증상이 없는, 증상이 경미한, 중간 정도의 증상을 보이는, 마지막으로 심각한 수준의 증상을 보이는). 불행하게도, 심리치료 성과 연구에서 사용되고 있는 많은 도구들에 대해 이런 종류의 규준 관련 자료는 존재하지 않는다. 비록 어떤 척도가 다른 종류의 표본에 사용된 적이 있다고 하더라도, 표집 절차가 적절했는지는 의문스럽다.

따라서 임상적 유의성을 평가하는 것이 상담 성과 연구 분야에서 표준적인 행위가 되기 전까지는, 상당한 정도의 심리측정적 연구가 수행될 필요가 있다. 그럼에도 불구하고, 임상적으로 의미 있는 변화인지를 확인하는 작업은 지금보다는 더 광범위하게 적용되어야 할 것이다. 예를 들어, 진로상담 센터에 도움을 구하러 오는 학생들의 모집단은 일반적인 학생 모집단에 비해서는 진로를 결정하지 않았을 가능성이 크다. 비록 이들에게 역기능적이라는 명칭을 부여할 수는 없겠지만, 진로상담 센터에 오는 모집단의 경우 진로탐색 개입의 임상적 의미를 조사하는 연구에서 활용할 수 있는 규준 집단이라고 볼 수 있다.

성과와 변화 측정하기 성과를 측정하고 상담이 진행되면서 발생한 변화를 추정하는 작업에는 통계학자들과 방법론자들이 해결해야 할 까다로운 문제들이 포함되어있다. 방략적인 선택이 결과에 영향을 미치는 경우는 거의 없지만, 어떤 통계 모형을 사용하는지에 따라 심리치료에 대한 결론이 달라지는 경우가 있다(예: 선택한 통계 모형과 그로 인한 결론에 대한 논쟁에 대해서는 Elkin, Falconnier, Martinovich, & Mahoney, 2006; Kim, Wampold, & Bolt, 2006; Wampold & Bolt, 2006을 참고하라). 따라서 통계 분석을 선택할 때에는 많은 주의가 필요하다. 연구자는 통계 분석을 통해 도출된 결과가 실제 자료를 반영하는지, 아니면 부적절한 통계 모형을 선택해서 우연히 나타난 부산물이 아닌지를 판단할 수 있을 만큼 수집한 자료를 잘 알고 있어야만 한다.

이 장에서 논의한 모든 연구 설계의 성과를 측정하기 위해 가장 간단하면서도 논리적으로 방어할 수 있는 방법은, 사후 측정 점수만 사용해서 사후 검사에서 집단 간 차이가 존재한다는 총괄 가설(omnibus hypothesis)을 검증하는 것이다. 내담자들이 처치집단과 통제집단에 무선 할당되었고 실험이 잘 설계되었다면, 사후 점수에서 나타난 집단 간 차이는 처치 또는 무선 오차(오차 변량) 때문에 발생한 것이다. 집단 간에 차이가 없는 것으로 가정하는 영가설(null hypothesis)이 변량 분석 등을 통해 기각되면(A라는 처치가 B라는 처치보다 우수하고, 유의도가 .05로 설정되었다면), 이 정도의 차이가 우연에 의해 관찰될 수 있는 경우는 100회 중에 5회보다 적다고 결론내리는 것이 타당하다. 만일 무처치 집단(예: 대기자 집단)과 비교하는 연구에서 처치집단에 속한 내담자들의 사후 점수가 무처치 집단에 속한 내담자들의 성과를 .05 수준에서 앞선다면, 아무런 처치를 받지 않고 일상적인 생활을 하는 내담자들과 비교했을 때 A 처치가 내담자들에게 이익을 제공한 것으로 결론내릴 수 있다.

사후 점수를 사용하게 되면 심리치료를 통해 내담자가 향상되었는지 절대 알 수 없다는 (무지한) 주장에 직면하는 경우가 종종 있다. 무처치 집단에 비해 A라는 처치를 받은 집단이 사후에 더 우수하게 나온 것은, 처치집단에 속한 내담자들은 아무런 변화를 보이지 않았는데(만일 처치집단에게 사전 검사를 실시하고 이를 사후 점수와 비교했다면 두 점수 간에 차이가 없을 것이라고 주장하는 것이다), 다만 상담이 진행되면서 무처치 집단에 속한 내담자들의 상태가 더 나빠졌기 때문이라고 주장하는 것이다. 어떤 연구자들은 사후집단 설계를 통해서는 이러한 유형의 결과를 포착할 수 없기 때문에, 실제로 처치가 내담자에게 도움이 되었는지 결정할 수 없다고 주장한다. 더욱이, 사후 검사만 실시한 연구에서는 임상적으로 의미 있는 변화가 발생했는지를 확인할 수가 없다.

논리적으로 사전 검사 점수가 필요하지 않다는 논의들이 있음에도 불구하고, 사전 검사 점수를 수집하는 이유가 몇 가지 있다(11장 참고). 첫째, 선발과 관련된 결정을 내리기 위해 사전 검사 점수를 활용하는 경우가 종종 있다(이 점수가 특정 장애를 결정짓는 절단점보다 큰가?). 둘째, 일반적으로 사전 검사 점수는 사후 검사 점수와 상관이 있다(어느 참여자건 최종 점수의 많은 변량이 사전 검사 점수로 설명된다). 따라서 사전 검사 점수는 설명되지 않는 변량(오차 변량)을 감소시킴으로써 통계적 검증력을 향상시킨다. 즉, 통계분석 시 사전 검사 점수를 공변인으로 사용할 수 있다. 셋째, 내담자의 진전에 대한 지표를 갖고 있는 것이 도움이 될 수가 있다. 예를 들어, 임상적으로 의미 있는 변화가 있었는지를 확인하기 위해서는 사전 검사 점수가 필요하다. 또한 잔차(residualized) 변화 점수를 계산하기 위해 사전 검사 점수를 사용할 수 있다. 이러한 세 가지 방법과 관련된 통계이론 및 각각의 방법이 지닌 상대적 이점과 단점을 설명하는 것은 이 교재의 범위를 벗어나는 것이다(Keller, 2004; Willett, 1997; Willett & Sayer, 1994 참고). 이런 이유로 인해 보통 성과 연구에서는 사전 검사 점수를 수집한다.

내담자의 진전을 측정하는 가장 엄격한 방법은 오랜 시간에 걸쳐 자료를 수집하는 것이다. 사전 검사와 사후 검사에서만 내담자의 기능을 측정할 경우, 우리는 두 시점(상담 시작과 종료)에서의 내담자 기능만 알 수 있을 뿐이다. 성장곡선 모형(growth curve modeling)이라고 불리는 좀 더 세련되고 복잡한 방법을 사용하면, 심리치료가 진행되면서 여러 번 측정을 하기 때문에 심리치료의 효과를 조사할 수가 있다. 선형 성장곡선 모형에서는 두 가지 사항에 관심을 갖는데, 상담을 시작하는 시점에서 내담자들의 평균 점수인 **절편**(intercept)과 시간에 따른 변화율을 의미하는 **기울기**(slope)가 그것이다. 변화율은 직선일 수도 있고 곡선(예: 가속화되는 변화)일 수도 있다.

그림 20.1 상담에서 변화 측정하기

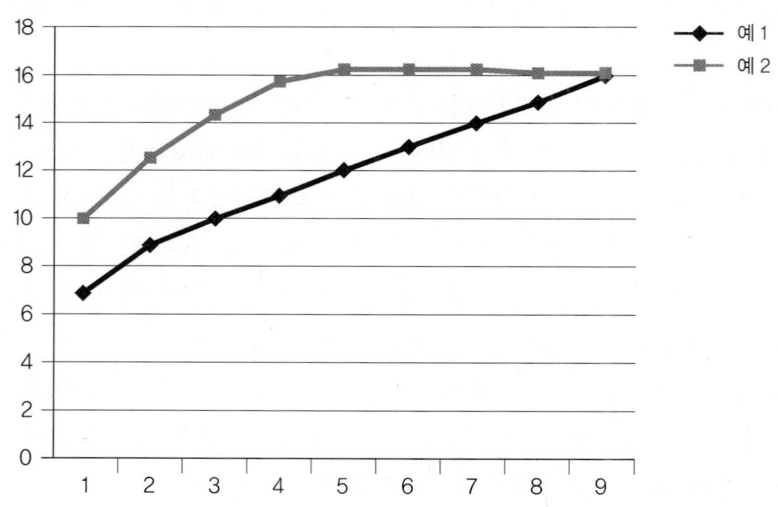

주: 예 1 = 연구 1 참여자들의 변화 경로. 예 2 = 연구 2 참여자들의 변화 경로.

그림 20.1은 이러한 패턴을 가시적으로 보여주고 있다. 그림에는 두 개의 연구에서 측정한 심리적 안녕 척도 점수(0점에서 20점까지 분포)가 제시되어있다. 이때 두 연구를 위해 50명의 내담자들이 우울증 치료를 받았다고 가정해보자. 1회기에서는 연구 1에 속한 내담자들이 평균적으로 7점을 얻은 반면, 연구 2에 속한 내담자들은 평균 10점을 얻었다. 연구 1에 속한 내담자들의 기울기 또는 성장은 직선을 나타내고 있는데, 이는 매 회기마다 심리적 안녕이 1점씩 향상되고 있음을 의미한다. 반면, 연구 2에 속한 내담자들의 성장은 이차방정식의 곡선(log-linear)의 모양을 띠고 있다. 즉, 상담 초기에는 내담자들의 심리적 안녕이 증가하지만 5회기경부터는 성장이 둔화된다.

여러 번 측정해서 통계 분석을 실시할 경우 단순히 변화량을 추정하는 것이 아니라 변화율과 변화의 속성을 추정할 수 있고, 통계적 검증력이 커지며, 결측 자료(missing data)를 다룰 수 있고, 상담의 다른 주요 측면을 모델링할 수가 있다(예: 다음 절 '상담자 효과'를 참고하라). 예를 들어, Owen 등(출간 예정)은 내담자들이 상담 과정에서 어떻게 변화하는지를 조사했다. 연구자들은 10,854명의 내담자 표본을 분석했는데, 상담이 진행되는 과정에서 서로 다른 변화 패턴을 보이는 세 종류의 집단을 발견했다. 한 집단(전체 내담자의 5%)은 상담 초기에는 증상이 눈에 띄게 증가하다가 상담이 계속되면서 다시 제자리로 돌아왔다. 두 번째 집단(19%)은 증상이 느리지만 꾸준히 증가했다. 마지막 집단(75%)은 상담 초기에는 기능이 향상되었다가 향상이 둔화되고 다시 한 번 기능이 눈에 띄게 향상되었다. 다층 모형과 시간에 따른 변화를 모델링하는 것에 관심이 있는 독자들은 Raudenbush와 Bryk(2002), Hox(2010), Snijders와 Bosker(2012)를 참고하기 바란다.

상담자 효과

Wampold와 Bhati(2004)는 심리치료 및 임상 실험의 역사를 검토했는데, 심리치료의 중요한 측면들이 최근 이론 및 연구에서 누락되었다고 주장했다. 한 가지 중요한 누락 사항은 상담자다. 무선 통제집단 설계(randomized control group design)는 원래 교육학, 농학, 의학 분야에서 사용되었는데, 서비스를 제공하는 사람은 중요하지 않다고 간주했다. 교육학에서는 어떤 프로그램이 효과적인지에 관심이 있었고, 주로 여성이었던 교사들은 교체할 수 있다고 생각했기 때문에 상대적으로 중요하게 고려하지 않았다. 농학에서는 비료, 신품종 씨앗, 관개에 초점을 두었고 농부들에게는 초점을 두지 않았다. 마지막으로, 의학에서는 Mesmer와 같은 카리스마 있는 치유자들과 거리를 두려고 시도했는데, 약물의 효능을 강조하고 의사의 효과는 의도적으로 무시했다. 무선 설계를 차용한 심리치료 분야에서도 서비스를 제공하는 사람(상담자)을 무시했다. 실제로, 주요 자료 분석에서 상담자 효과를 고려한 심리치료 연구는 없었다(Wampold & Bhati, 2004). 불행하게도, 상담자(또는 집단 기반 치료에서는 집단)(Baldwin, Murray, & Shadish, 2005 참고)를 간과할 경우 성과 연구에서 내리는 결론에 해로운 영향을 미치게 된다(Wampold & Imel, 2015 참고).

상담자 효과와 관련된 본질적인 논점은, 성과가 상담자마다 다르다고 믿는 것이 합리적인 것처럼 보인다는 것이다. 즉, 어떤 상담자는 다른 상담자와 비교했을 때 내담자와의 상담에서 더 나은 성과를 일관되게 도출해낼 수도 있을 것이다. 실제로 이것은 사실처럼 보인다. 수집한 자료들을 재분석하고 실제 상담 현장에서 도출된 성과들을 분석해보면, 약 3~8% 성과 변량이 상담자로 인해 발생하는 것처럼 보인다(Baldwin & Imel, 2013; Wampold & Imel, 2015; Wampold & Brown, 2005). 이것은 성과 변량을 설명하는 다른 요인(예: 처치의 종류)과 비교했을 때 엄청나게 큰 것이다(예: 실시된 처치는 1% 미만의 성과 변량을 설명한다)(Wampold, 2001). 이러한 변량은 약물요법을 사용하는 정신과의사에게도 적용되는 것처럼 보인다(McKay, Imel, & Wampold, 2006). 상담자로 인한 변량이 존재한다는 것은, 상담자의 역량을 새롭게 정의할 필요가 있음을 시사하는 것이다. 유능한 상담자는 평균보다 더 나은 성과를 도출하는 상담자를 의미한다. 이 정의는 앞서 논의한 정의, 즉 관찰자에 의해 역량을 평가하는 것과는 정반대에 위치하는 것이다.

상담 개입 연구에서는 두 가지 이유로 상담자 효과를 조사해야 한다. 첫 번째 이유는 다소 명확하다. 상담자 효과는 흥미롭고 그 자체로 제공하는 정보가 있다. 특정 연구에서 성과 변량의 많은 부분이 상담자 차이로 설명된다면 상담자가 중요한 요인이라고 결론내릴 수 있는데, 특히 상담자 효과가 처치 효과보다 훨씬 더 크고 작업동맹 같은 요인만큼이나 효과가 있다면 이것은 흥미로운 결과다(Laska, Gurman, & Wampold, 2014; Norcross, Beutler, & Levant, 2006 참고). 상담자 효과를 확인해야 하는 두 번째 이유는, 상담자 효과를 간과할 경우 치료 효과의 추정치가 과장된다는 것이다(Owen, Drinane, Idigo, & Valentine, 출간 예정; Wampold & Imel, 2015; Wampold & Serlin, 2000). 기본적으로, 변량 분석에서 집단 간 변량 추정치는 부분적으로는 처치 효과뿐 아니라 상담자 효과 때문에 발생한다(Wampold & Serlin, 2000 참고). 개념적으로도 이것은 이해가 된다. 만일 상담자가 성과를 결정하는 주요 요인이라면, 연구를 위해 어떤 상담자를 선발하는지에 따라 상담 성과가 어느 정도 결정될 것이다. 가령 A 처치와 B 처치를 실시하기 위해 상담자들을 무선적으로 선발했는데, 우연히도 A 처치를 실시하도록 선발된 상담자들이 B 처치를 실시하도록 선발된 상담자들보다 우수하다고 가정해보자. 그렇다면 실제로는 두 처치가 똑같이 효과적이라 하더라도 A 처치가 B 처치보다 더 뛰어난 것처럼 보인다. 이것은 이해하기 쉽지 않은 현상이지만 매우 중요한 문제다. 상담자 효과가 존재하는데 무시한다면 특정 처치가 다른 처치보다 더 효과적이라고 잘못 결정할 가능성이 매우 크고, 처치 차이에 대한 추정치는 커지게 된다. 이러한 오차의 크기에 대해서는 Wampold와 Serlin(2000)의 논문에서 잘 설명하고 있다.

비교처치 연구에서는 교차(crossed) 설계와 둥지(nested) 설계의 두 가지 설계가 가능하다. 교차 설계에서 상담자는 모든 처치를 제공한다. 예를 들어, Reese 등(2009)의 연구에서 상담자는 보통 때처럼 처치했을 뿐 아니라 내담자의 피드백을 활용하면서도 상담을 했다. 교차 설계는 상담자의 일반적인 기술이 균형을 이룬다는 장점이 있다. 그러나 만일 상담자가 특정 처치에 충실하거나 특정 처치와 관련된 기술을 많이 가지고 있을 때는 문제가 발생한다. 둥지 설계에서는 한 가지 처치만 제공한다(상담자가 처치에 포함). 이상적으로는, 특정 처치를 제공하는 상담자들은 해당 처치에 대한 충성도와 기술을 가지고 있고, 충성도와 기술 수준은 균형을 이루어야 한다. Watson 등(2003)은 우울증에 대해 인지행동치료와 과정 체험 처치를 비교했는데, 충성도와 기술을 균형 잡으려고 상당한 노력을 기울였다. 각 처치에 배당된 상담자들은 해당 처치를 주로 사용하는 상담자들이었고 이 처치에 있어서 국제적으로 유명한 전문가들로부터 훈련을 받았다.

연구를 설계할 때나 성과를 분석할 때 상담자를 적절히 포함시키는 것은, 단순히 무시하는 것보다 더 복잡하다. 하지만 처치 효과를 정확히 추정하기 위해서는 가외의 노력이 필요하고, 만일 상담자 효과가 존재한다면 그것을 발견할 가능성이 있다. 일반적으로는, 상담자를 연구 모형에서 무선 요인으로 간주할 것을 추천하다. 즉, 상담자는 상담자 모집단에서 무선적으로 선발한 것으로 가정한다. 물론 이렇게 하는 경우는 거의 없지만, 이 문제는 우리가 참여자의 모집단으로부터 연구 참여자들을 무선적으로 선발하지 않았을 때 발생하는 문제와 유사하다(8장과 Serlin, Wampold, & Levin, 2003 참고). 둥지 설계에서 자료 분석은 혼합 모형인데, 이 경우 처치는 고정되어있다고 가정하고(처치의 모집단에서 도출한 것이 아님을 의미한다), 상담자는 무선 요인이라고 가정한다(Wampold & Serlin, 2000). 균형 설계에서 자료 분석은 비교적 간단한 혼합 모형 변량 분석일 것이다. 상담자에게 속한 내담자 수와 처치에 속한 상담자의 수가 다르면, 다층 모형(위계적 선형 모형, hierarchical linear model) 분석을 추천한다(Raudenbush & Bryk, 2002; Hox, 2010; Snijders & Bosker, 2012).

요약 및 결론

상담 연구자는 종종 상담 성과와 관련된 문제를 다룬다. 이 장에서는 성과와 관련된 문제를 다루기 위한 몇 가지 방략을 설명하고 각각에 대해 사례를 제시했다. 각 방략은 상이한 연구문제에 대한 해답을 제공한다. 연구자는 연구 목적에 맞는 방략을 선택해야 한다. 또한 이 장에서는 상담 성과 연구와 관련해서 중요한 방법론적인 논점들을 논의했다. 선발과 배제 기준, 처치의 적절성, 성과와 변화 측정하기, 상담자 효과 등을 포함한 문제들을 고려해서 성과 연구에서 타당한 결론을 내릴 필요가 있다.

성과 연구에 대한 장을 별도로 마련한 이유는, 성과 연구가 상담 분야에서 중심이 되는 질문들에 답을 제공하기 때문이다. 특정 개입이 무처치와 비교해서 더 효과가 있는가? 어떤 처치는 다른 처치에 비해 더 효과적인가? 어떤 처치는 어떤 조건에서 어떤 내담자들에게 더 효과적인가? 처치의 효과는 특정 처치 요소 때문에 발생한 것인가? 성과 연구에 내재된 복잡한 문제들이 존재하지만, 이러한 질문에 답을 제공할 수 있는 연구들이 수행되어야 하고 또 잘 수행되어야 한다.

촉진 질문

성과 연구에 대한 학습자의 이해를 증진시키기 위한 세 가지 연습

1. 특정 장애 또는 문제를 위한 새로운 처치를 당신이 개발했다고 가정해보자. 일련의 성과 연구를 설계해서 이 처치가 추후에 상담자들이 선택해야 할 처치임을 입증하고자 한다. 첫 번째 연구를 수행하기 전에 어떤 단계를 거쳐야 하는가? 타당도를 위협하는 요인들을 예방하기 위해서는 어떤 조치들이 취해져야 하는가?
2. 세 개의 성과 연구를 찾아보라. 각 연구의 설계를 설명하고 이 장에서 설명한 것 중 어떤 유형의 성과 연구에 해당되는지 분류하라. 각각의 연구가 이 장에서 다룬 문제들을 얼마나 적절히 다루었는지를 설명하라.
3. 몇 개의 성과 연구를 찾아서 각각의 연구에서 어떻게 충성도(allegiance)를 다루었는지 설명하라.

21
CHAPTER

과정 연구: 상담은 어떻게, 왜 효과가 있는가

모든 상담자는 상담 과정에서 어떤 일이 발생하는지 곰곰이 성찰해본다. 초보 상담자는 작업동맹을 어떻게 형성해야 하는지, 내담자를 어떻게 직면해야 할지, 또는 게슈탈트 치료의 빈 의자 기법 등 다양한 상담 기법을 어떻게 활용해야 할지 슈퍼바이저에게 질문한다. 더욱이, 상담자는 모든 내담자가 똑같지 않다는 것을 알고 있으며, 따라서 서로 다른 내담자들과 어떻게 작업동맹을 형성해야 할지 고민하는 것이 매우 중요하다는 사실을 잘 알고 있다. 이런 주제들은 어떤 식으로든 상담 과정과 관련되고 많은 연구에서도 관심을 기울여왔다. '상담이 어떻게 해서 효과가 있는지'를 발견하려고 시도하는 것은 분명 흥분되는 일이다.

이 장에서는 상담 과정 연구에서 일반적으로 활용되는 연구 방법들을 개괄적으로 소개하고, 몇몇 본보기가 되는 연구들을 소개하고자 한다. 또한 상담 과정 연구를 설계할 때 두드러지게 나타나는 문제들을 논할 것이다. 과정 연구 그 자체는 연구 설계의 한 범주는 아니다. 오히려 과정 연구는 상담 연구에서 관심을 받는 분야이다. 즉, 과정 연구를 수행하기 위해 사용되는 다양한 연구 설계가 존재하는데, 기술 설계, 단일 참여자 설계, 질적 연구, 준실험 설계, 시계열 설계, 실험 설계 등이 해당된다.

이 장은 크게 4개의 절로 구성된다. 첫 번째 절에서는 일반적인 용어로 과정 연구를 정의하고, 초기에는 과정 연구가 어떠했는지를 짧게 소개할 것이다. 두 번째 절에서는 과정 연구를 설계할 때 고려해야 할 방법론적인 문제에 초점을 두고자 한다. 세 번째 절에서는 상담 과정 연구에서 일반적으로 활용되는 주요 연구 설계에 초점을 두면서 동시에 최근의 몇몇 본보기가 되는 연구들을 소개할 것이다. 마지막 절에서는 연구를 설계할 때 고려해야 할 분석상의 문제들에 초점을 둘 것이다.

상담 과정 연구란 무엇인가

상담 과정 연구는 상담 장면에서 발생하는 사건들을 탐색하는데, 상담자나 내담자의 외현적 사고 또는 은밀한 사고, 감정, 행동뿐 아니라 상담 회기에서 발생하는 상담자–내담자의 상호작용과 같은 변인들을 조사한다(Crits-Christoph, Connolly Gibbons, & Mukbergee, 2013; Hill & Williams, 2000). 또한, 상담 과정 연구에서는 내담자 기능의 즉각적인 변화뿐 아니라 장기간에 걸친 변화에도 관심을 기울인다(Lambert, 2013). 상담 과정 연구에 대한 정의가 명백한 것처럼 보이지만, 상담 과정과 상담 성과는 개념적으로 겹치는 부분이 있다. 예를 들어, 어떤 연구자들은 회기 성과를 '작은 성과(outcome)'로, 상담 종료 시점에서의 상담 성과는 '큰 성과(Outcome)'로 표현했다(Greenberg, 1986; Lambert, 2013). 그러나 회기 성과는 전반적인 상담 성과로 이끄는 상담 과정이라고 묘사할 수 있다.

구체적으로 세 가지 종류의 상담 과정 연구가 존재한다. (1) 구체적인 과정만을 조사하는 연구(예: 상담자의 공감적 반응을 대표적으로 나타내는 것은 무엇인가?), (2) 상담 과정과 다른 상담 과정 간 관계를 조사하는 연구(예: 상담자의 인지행동적 기법 사용은 내담자가 평가한 작업동맹과 어떤 관계가 있는가?), (3) 상담 과정과 상담 성과의 관계를 조사한 연구(예: 상담자의 인지행동적 기법 사용은 상담 성과와 관련이 있는가?). 우리는 이 장에서 각각의 문제를 다룬 연구들을 접하게 될 것이다.

지난 60년 동안의 연구를 통해 상담 과정에서 중요한 변인들을 확인할 수 있었다(Crits-Christoph et al., 2013; Orlinsky & Howard, 1978; Orlinsky et al., 1994, 2004). 많은 변인들이 확인되었고, 많은 연구자들이 특정 분류 체계를 사용해서 이러한 변인들을 구조화했다. 이런 분류 시스템을 사용하는 것에는 장점도 있고 단점도 있지만, 여기서는 한 가지 분류 시스템을 소개하고자 한다. Clara Hill(1991)이 개발한 시스템에는 과정 분야에서 조사된 일곱 가지 유형의 행동들이 목록화되어있다(점수가 클수록 복잡한 정도가 크다). 첫 번째 유형의 행동은 좀 더 관찰 가능하고 구분이 가능하지만, 이후 행동들은 오랜 기간에 걸쳐 일어나는 좀 더 추상적인 행동이다.

1. 말(speech)의 질과 같은 부수적 행동 또는 상담자의 몸자세와 같은 비언어적 행동
2. 상담자의 자기개방, 해석, 직면과 같은 언어적 행동
3. '지지'할지 아니면 '도전'할지에 대한 내담자의 의도와 같은 숨겨진 행동
4. 내용(이야기의 주제를 검토하고 내담자의 행동에 초점을 둔다)
5. 방략(역기능적 사고를 파악하거나 내담자의 방어에 도전하는 등 상담자 기법에 초점을 둔다)
6. 상담자의 관여, 공감, 진솔성과 같은 대인관계 태도
7. 작업동맹이나 이야기의 주제를 통제하는 것과 같은 상담 관계

이처럼 각 과정 변인의 초점과 내용은 서로 다른데, 내담자, 상담자 또는 제3의 평정자가 평가할 수 있다. 마찬가지로, **과정**(process)이라는 용어는 다양한 측정 단위를 표현하기 위해 사용되는데, 아주 작은 단위의 과정변인(예: 시선 이동)에서부터 한 시간 또는 몇 달에 걸쳐 발생한 회기 과정(예: 작업동맹 회복)을 표현하는 데 사용된다(Elliott, 1991; Muran et al., 2009; Imel et al., 2011; Owen, Tao, Imel, Wampold, & Rodolfa, 2014; Safran & Muran, 2000). 아래에서는 이러한 분야가 다양한 연구 설계를 통해 어떻게 검토될 수 있는지 기술할 것이다. 우선, 초기의 과정 연구에 대해 살펴보자.

초기 과정 연구

《상담심리학 저널》(JCP) 1권을 살펴보면 상담 과정 연구의 초기 기원을 확인할 수 있다. 과정 연구 그 자체가 상담 연구 분야 안에서 중요한 주제였을 뿐 아니라, 오늘날 연구되는 많은 주제와 연구문제들이 1954년도 《상담심리학 저널》 1권에 출판된 연구에 그 뿌리를 두고 있다. 그러나 현재 진행되고 있는 연구들은 방법적으로나 개념적인 측면에서 예전보다 세련되어졌는데, 그 이유는 이 두 분야에서 기술적인 진보가 있었기 때문이다. 이절에서는 초기 연구자들의 관심과 현재 과정 연구자들의 관심을 비교하고자 한다.

우선 《상담심리학 저널》 1권에 실린 세 개의 연구를 살펴보자. Dipboye(1954)는 상담자 스타일에 따라 상담에서 이야기하는 내용이 다른지를 조사했다. 이 연구자는 다음 9개의 서로 배타적인 범주를 사용해서 상담자 유형을 조사했다. 내용에 대한 질문, 감정에 대한 질문, 내용에 대한 반응, 감정에 대한 반응, 내용에 대한 해석, 감정에 대한 해석, 내용에 대한 제언, 감정에 대한 제언, 정보 전달. 이 범주들은 Elliott 등(1987)이 다양한 반응 시스템의 기저에 있다고 파악한 6개의 반응 범주와 매우 유사하다(질문, 충고, 정보, 반성, 해석, 자기개방). Dipboye의 내용 범주에는 검사에 대한 논의, 대인관계, 가족 관계, 교육적·직업적 문제 및 계획, 자기준거, 학습 기술이 포함되어있다. Dipboye는 6명 중 4명의 상담자가 다른 내용 영역을 다룰 때 상호작용 스타일을 바꾼다는 것을 발견했다. 불행하게도, 그는 어떤 유형이 어떤 내용 영역과 관련이 있는지는 조사하지 않았다.

《상담심리학 저널》 1권에 출판된 두 번째 과정 연구는 상담자의 지시성(directiveness)을 다루고 있다. Danskin과 Robinson(1954)은 상담자의 진술문 중 '주도하는' 빈도를 평가해서 상담자의 지시성을 조사했다. 연구자들은 '주도'를 (1) "상담자가 한 말의 내용이 내담자가 마지막으로 한 말의 내용 이전에 위치하는 정도," (2) "상담자가 표현한 생각을 내담자가 수용하도록 힘을 주어 확신 있게 말한 정도"로 정의했다(p. 79). 연구자들은 상담자의 주도가 이야기한 문제의 유형과 관련이 있음을 발견했다. 또한 연구자들은 상담자가 적응상의 문제를 호소하는 내담자보다는 기술적인 문제를 호소하는 내담자를 대상으로 주도적인 진술을 더 많이 사용한다는 것을 발견했다.

세 번째 연구(Berg, 1954)에서는 상담 면접 과정에서 나타난 내담자의 비언어적 행동을 조사했는데, 두 개의 내담자 집단(성과 관련된 문제를 호소하는 집단과 성적으로 관련이 없는 문제를 호소하는 집단)에 차이가 있는지를 조사했다. Berg는 정신분석이론을 토대로 성적인 상징을 나타낸다고 가정되는 제스처(교대하기와 미끄러지기, 꽉 쥐기 또는 감싸기, 삽입, 누르기, 핥기와 깨물기)를 표로 제시했다. 오늘날에는 비언어적 행동을 코딩하기 위해 매우 다른 범주들을 사용하고 있지만, 이런 유형의 연구는 여전히 수행되고 있다(예: Hill & Stephany, 1990 참고). 예상과는 달리, 두 집단에 속한 내담자들이 모두 성적으로 암시하는 제스처를 많이 나타냈다. 즉, 상담 내용 또는 호소 문제는 비언어적 행동의 유형 또는 빈도와 아무런 관련이 없었다.

초기 연구와 좀 더 최근에 이루어진 연구들 사이에는 중요한 차이점이 있다. 가장 현저한 두 가지 차이점은 상담 면접에서 내용을 강조하는 것, 과정과 성과를 연계하는 것이다. 《상담심리학 저널》 1권에 실린 두 편의 논문에서는 상담 면접 내용이 주요한 초점이었다. 앞서 기술한 것처럼, Dipboye(1954)는 상담 면접 내용을 6개 내용 범주 중 하나로 분류했다. 마찬가지로 Danskin과 Robinson(1954)은 4개 범주를 사용해서 상담 면접 내용을 분류했다. 이렇듯 내용을 강조하는 것은 많은 초기 연구들에서 내용에 초점을 둔 것을 대변하고 있는데, 현재는 주로 질적 과정에 초점을 두는 연구들에서 찾아볼 수 있다. 더욱이, 최근 과정 연구에서는 과정에 대한 내담자의 지각뿐 아니라(예: 작업동맹)(Horvath et al., 2011) 회기의 질 또는 기법에 대한 전반적인 평가에 초점을 둔다(예: Hilsenroth, 2007).

두 번째 차이점은 과정－성과 간 연계와 관련이 있다. 초기 상담 연구에서는 내담자 성과 또는 상담 과정 중 하나에만 초점을 두는 경향이 있었다. 초기 연구들은 과정 변인과 성과 측정치를 연계하려고 시도하지 않았다. 예를 들어, Danskin과 Robinson(1954)은 상담자가 이끄는 질문을 더 많이 사용할수록 기술적인 문제를 해결하는 데 더 효과적이라는 것은 알지 못했다. 그러나 지난 30년 동안 과정과 성과를 연계하는 연구들이 많이 수행되었다(Crits-Christoph et al., 2013). 예를 들어, Owen, Tao와 Rodolfa(2010)의 연구에서는 여성 내담자가 상담 회기 중에 성별과 관련된 미세 공격(microaggression)을 더 많이 지각할수록 상담자와의 작업동맹을 더 낮게 평가할 뿐 아니라(과정 변인) 상담 성과 또한 적게 지각하는 것으로 나타났다. 하지만 여전히 상담 과정에만 초점을 둔 연구들이 진행되고 있다.

과정 연구에서의 방법론적 논점

상담 과정 연구가 흥미롭지만 매우 지루할 수 있는데, 연구자가 방법적으로 고려해야 할 세세한 사항이 매우 많고 다루어야 할 자료에 압도될 수 있다. 챙겨야 할 세세한 사항이 많고 복잡하다는 것은 그만큼 문제가 발생할 가능성이 많음을 의미한다. 다음 절에서는 과정 연구자들이 직면하는 주요 방법론적 논점들을 다루고자 한다. 어디서부터 시작해야 하는가? 무엇을 측정할 것인가? 누구의 관점에 초점을 맞출 것인가? 얼마나 많이 측정할 것인가?

어디서부터 시작해야 하는가

첫 번째로 고려해야 할 사항은 과정 연구의 일반적인 주제 또는 초점을 정하는 것이다(5장 참고). Hill은 좋은 연구문제와 연구 가설을 발전시키는 것이 중요하다고 강조했다.

> 이 문제는 특히 과정 연구에서 어려운 문제였는데, 그 이유는 아마도 상담에서 조사할 수 있는 변인들이 너무 많기 때문일 것이다. 과거에 일어났을 법한 일은, 연구자들이 세부적인 내용에 빠져 결국 연구자 스스로에게나 독자들에게 끔찍한 일이 초래되었을 것이다. 연구자들은 고통스러울 정도로 기술하고, 범주화하고, 측정도구를 개발하는 경향이 있지만, 이런 것들이 상담이나 이론과 관련해서 무엇을 의미하는지 맥락을 고려해서 설명하는 일은 매우 드물다. 더욱이, 연구자들은 좀 더 임상적으로 의미가 있을 법한 변인들보다는 명료하고 조작적으로 정의할 수 있는 변인들을 연구하는 경향이 있다. (Hill, 1982, p. 10)

연구자가 실제 상담에 관여하면서 연구 주제를 발전시키는 일은 일상적으로 일어나는데, 상담 회기를 녹음한 것을 검토하거나 슈퍼바이저나 슈퍼바이지와 이야기하면서 아이디어를 발전시킨다. 처음에 아이디어를 떠올리는 것 이상으로 나아가는 것이 중요한데, 상당한 시간을 투자해서 관련 문헌을 검토하는 것이 중요하다. 이때 글로 작성하면 주제를 잡고 연구변인을 조작적으로 정의하고, 절차적인 세부 사항을 생각하는 과정이 촉진된다.

또 다른 주요 논점은 연구가 수행되는 맥락 또는 환경과 관련이 있다. 보통 연구자들은 실제 상담 장면에서 연구를 수행할지 아니면 모의 상담 연구를 수행할지를 결정한다(14장 참고). 기본적으로 이 문제는 해당 연구문제에 답하기 위해 연구자가 가장 중요하다고 생각하는 내적 타당도 및 외적 타당도와 관련이 있다. 만일 연구자가 상당한 정도의 내적 타당도를 원한다면(그리고 보통 한 가지 이상의 독립변인을 조작할 수 있다면), 모의 환경을 사용하는 것이 추천된다(14장 참고). 그러나 외적 타당도(일반화 가능성)가 매우 중요하다면, 실제 상담 상황에서 연구를 수행하는 것이 좋다. 모의 상담 환경이든 아니면 실제 상담 환경이든 어떤 맥락에서 연구를 수행할지를 결정하는 문제는 이분법적인 것이 아니라 오히려 연속선상에서 결정해야 할 문제다. 어떤 모의 상담 연구는 다른 모의 상담 연구보다 내적 타당도를 더 강조하고, 어떤 실제 상담 연구는 모의 상담 연구의 방법을 도입해서 모의 실제 환경을 조성하기도 한다(12장 참고). 결국, 어떤 환경 또는 맥락에서 연구를 수행할지를 결정하는 문제는, 내적 타당도를 최대화할지 아니면 외적 타당도를 최대화하면서 연구를 수행할지를 결정하는 문제라 할 수 있다.

또 다른 설계 관련 논점은 양적인 접근을 취할 것인지 아니면 질적인 접근을 취할 것인지와 관련이 있다(16장 참고). 이때 두 가지를 동시에 고려해야 하는데, 하나는 연구문제 유형이고, 또 다른 하나는 연구문제에 답할 수 있는 최적의 자료다. 예를 들어, 내담자의 저항을 감소시키는 것과 관련해서 수많은 문헌들이 존재함에도 불구하고, 가족 치료에서 대인관계상의 어려움을 해결하려는 의향이나 가족 수준의 관여/비관여를 해결하려는 의향에 대해서는 연구가 많지 않다. 경험적인 자료들이 부족하기 때문에, Friedlander 등(1994)은 질적인 발견지향적 접근을 사용해서 가족 치료에서 성공적이고 지속되는 관여(engagement)와 관련된 사건들을 조사했다. 연구자들은 질적 자료 분석을 통해 성공적이고 지속되는 관여에 대한 개념적인 모형을 발전시킬 수 있었다. 이 연구는 이후에 커플과 가족 치료에서 체계적 동맹을 관찰자의 입장에서 측정하는 것에 영향을 미쳤다(Friedlander et al., 2006).

무엇을 측정할 것인가

대략 연구 주제가 정해졌으면 그다음은 어떤 측면의 상담 과정을 조사할지 고민해야 한다. 연구자는 가장 기본적인 수준에서 개별 참여자의 행동을 조사할지, 아니면 발전하는 관계 또는 체계의 측면을 조사할지를 결정해야 한다. 과정 연구는 개별 참여자(상담자 또는 내담자), 관계, 또는 이들의 조합에 초점을 둔다. **궁극적으로, 무엇을 연구하고 무엇을 측정할지 결정할 때 가장 중요하는 것은 이론이다.**

집단상담과 가족상담에서 내담자는 분명 다수의 개인이고, 상담자의 경우 종종 동료 상담자의 활동을 측정하는 것을 포함한다. 개인상담에서 관계는 내담자와 상담자가 어떻게 함께 일하는지를 포함하고 있다. 집단과 가족 과정 연구에서는 이 관계 차원을 집단 과정(응집, 규범) 또는 가족 과정(친밀도, 관여)이라는 말로 부른다. 여기서는 개인 내담자와 내담자-상담자 관계와 관련해서 무엇을 측정해야 할지를 논하고자 한다.

어떤 연구자가 상담자의 행동을 조사하는 과정 연구를 수행하기로 마음먹었다고 가정해보자. 그런데 상담자의 행동은 매우 여러 가지다. 즉, 상담자가 한 말, 그 말을 어떻게 했는지(예: 공감적으로 또는 화를 내면서), 상담자가 얼마나 자주 그런 말을 하는지, 언제 그런 말을 하는지 등. 통찰력이 뛰어난 이 연구자는 구체적으로 어떤 종류의 상담자 행동을 조사해야 할지 생각해보는 것이 필요하다는 것을 잘 알고 있다. 예를 들어, 연구자는 Elliott(1991)이 제안한 의사소통 과정의 네 가지 초점, 즉 내용(무엇을 이야기했는지), 행위(무엇을 했는지), 스타일(어떻게 말하고 행동했는지), 질(얼마나 잘 말하고 행동했는지)을 적용해서 연구의 초점을 명료하게 만들 수 있을 것이다. 마찬가지로, Hill(1991)의 분류 체계(이 장의 초반에 언급한)를 사용해서 어떤 유형의 행동을 측정할지 생각해볼 수도 있을 것이다.

한편, 이 연구자가 특별히 상담자의 의도에 많은 관심이 있다고 가정해보자. 이것을 어떻게 측정할 수 있을까? 한 가지 방법은 상담자가 매번 진술할 때마다 측정하는 것인데, 그러면 한 회기 동안 수많은 '미시적' 측정을 실시해야 할 것이다. 또 다른 방법은 상담자에게 상담 회기 중에 가졌던 전반적인 의도를 반성적으로 생각해보도록 요청하는 것인데, 이 경우 좀 더 포괄적인 유형의 평가가 될 것이다.

과정 연구자들은 어떤 수준에서 과정을 측정할지 결정해야 한다. Greenberg(1986a)는 발언 행위, 일화, 관계의 세 가지 수준의 분석을 제안했다. 상담 과정 연구에서 **발언 행위**(speech acts)는 말과 말을 서로 주고받는 것을 미세하게 분석하는 것을 일컫는다. **일화**(episodes)는 상담에서 일관된 주제를 가지고 있는 부분을 의미하고, **관계**(relationship)는 여러 상담 회기를 거치면서 지속되는 상담자－내담자 관계를 의미한다. Greenberg는 과정 연구에서 미세한 수준(말과 말의 교환)에서부터 좀 더 전체적인 수준까지 측정할 필요성을 설득력 있게 주장했다. 또한 그는 과정을 측정할 때 맥락에 민감해야 한다고 주장했는데, 예를 들어 관계 내에서 측정해야 한다고 제안했다.

마지막으로, 지난 60년간 수없이 많은 과정 변인들이 연구되었음을 기억할 필요가 있다. 따라서 연구자는 과정 변인을 명료하게 정의해야 하고, 해당 과정 변인을 조사할 수 있는 도구나 측정 방법이 존재하는지 확인해야 한다. 그러나 기존에 개발된 방법이나 도구를 사용해서 과정 변인을 측정하는 문제에 대해서는 좀 더 심사숙고할 필요가 있다. 아래에서 설명하겠지만, 상담자－내담자 발언 패턴과 같은 상담 과정 변인을 조사할 수 있는 새로운 방식이 개발되었다(예: 목소리의 동시성)(Imel et al., 2014). 다시 한 번 강조하자면, 연구자는 이론을 토대로 어떤 측정도구를 사용할지 결정해야 한다.

누구의 관점에 초점을 맞출 것인가

과정 연구자들이 고민해야 할 또 다른 문제는 '누구의 관점에서 상담 과정을 평가해야 하는가?'이다. 많은 관련 증거들을 고려하면, 상담 과정에 대한 내담자, 상담자, 관찰자의 관점은 상담에서 무엇이 발생하는지에 대해 매우 다양한 견해를 제공한다. 예를 들어, Fuertes 등(2006)은 상담자의 다문화 역량에 대한 내담자의 관점과 상담자의 관점 사이의 상관을 조사했다. 그 결과 상관계수(r)는 $-.30$으로 나타났는데, 이는 내담자와 상담자 간에 일치하는 정도가 매우 적다는 것을 의미한다(Eugster & Wampold, 1996 참고). 이렇게 불일치하는 이유는 아마도 연구마다 다른 평가 방법을 사용했기 때문일 수 있다. 예를 들어, 내담자의 평가는 외부 관찰자의 평가와 다를 수 있다.

세 가지 관점 사이에 불일치가 존재한다는 사실은, 작업동맹 관련 연구에서 자주 발견된다. 역사적으로 주목할 만한 연구에서 Tichenor와 Hill(1989)은 내담자와 상담자, 관찰자는 작업동맹에 대해 서로 다른 관점을 가지고 있다고 주장했다(세 관점 간 상관계수의 평균은 −.02였다). 그러나 다른 연구에서는 내담자의 작업동맹 평가뿐 아니라 상담자의 작업동맹 평가 또한 내담자 성과와 관련이 있는 것으로 나타났는데, 이는 작업동맹에 대한 서로 다른 관점들이 서로 다른 구성개념을 측정할 수는 있지만, 둘 다 중요하다는 것을 의미한다(Horvath et al., 2011 참고).

구체적이고 측정 가능한 행동을 평가할 경우에는 서로 다른 관점에서 측정해도 불일치하는 정도가 작을 수 있다. 그러나 과정 변인이 주관적일수록(특히 평정이 측정 조건에 대한 평정자의 지각과 관련이 있을 때) 평정자 간 불일치가 발생할 가능성은 커진다. 연구자들이 주관적인 과정 변인을 조사하고 싶을 때에는 복수의 관점에서 평정할 필요가 있다. 이런 방식을 통해 연구자들은 해당 과정 변인에 대한 서로 다른 관점 사이에 어느 정도의 관련성이 있는지, 그러한 관점들이 유용한 정보들을 추가하는지 확인할 수 있을 것이다. 즉, 내담자, 상담자, 관찰자를 조합할 경우 한 가지 관점만을 사용할 때보다 상담 성과를 더 잘 예측할 수가 있다. 따라서 연구자가 연구문제를 발전시킬 때 복수의 서로 다른 관점을 고려해볼 것을 제안한다.

마지막으로, 어떤 유형의 정보를 관점에 기초해서 측정할지 생각해보는 것이 중요하다. 예를 들어, Hook 등(2013)은 내담자가 평가하는 상담자의 문화적 겸양(cultural humility) 척도를 개발했다. 즉, 상담자의 문화적 겸양에 대한 내담자의 관점을 측정했고 다음과 같이 정의했다.

> **문화적 겸양**은 내담자에게 가장 중요한 문화 정체성과 관련해서 타인지향적인 대인관계 태도를 유지하는 능력을 포함하고 있다. 문화적 겸양은 문화 차이로 인해 치료적 동맹이 약화되는 경우라 하더라도 상담자가 존경을 표하고 우월하지 않음을 표현할 수 있을 때 분명 드러난다. 문화적으로 겸손한 상담자는 이전에 특정 집단과 상담해본 경험만을 토대로 이 내담자와 상담할 수 있다고 가정하지 않는다. 대신, 문화적으로 겸손한 상담자는 내담자를 존경하면서도 개방적으로 내담자에게 다가가고, 내담자와 협력적으로 상담하면서 내담자가 지니고 있는 다양한 측면의 정체성을 이해하고 이것이 어떤 방식으로 치료적 동맹에 영향을 미치는지를 알고 있다. (p. 354)

이런 정의를 바탕으로, Hook 등은 상담자가 자신의 문화적 겸양을 평가할 위치에 있지 않다고 주장했다. 즉, 진정으로 겸손한 상담자라면 자신을 매우 겸손하다고 평가할 수 있을까? 따라서 문화적 겸양이든 다문화적 역량이든 과정 변인은 내담자나 전문적인 관찰자가 측정하는 것이 최선이다.

얼마나 많이 측정할 것인가

과정 연구를 수행한다면, 한 회기에서 자료를 수집하는 것만으로 충분할까? 아니면 여러 회기에서 자료를 수집해야 할까? 만일 당신이 진술문과 관련된 변인(예: 상담자의 의도)을 측정하는 도구를 사용하고 있다면, 전체 상담 회기에서 자료를 수집해야 할까, 아니면 상담 첫(또는 마지막) 15분 동안 자료를 수집해야 할까? 여러 회기에서 많은 자료를 수집하면 연구 결과의 외적 타당도 또는 일반화 가능성이 향상되기 때문에 바람직해 보이지만, 이 방식을 취하면 엄청난 양의 자료를 산출하게 된다. 과정 연구자들은 자료 분석 시 한 회기 중 어느 정도의 분량 또는 몇 회기의 자료를 사용할지 정해야 한다. 이 문제와 관련해서 다양한 생각들이 존재하는데, 결국 연구문제에 기초해서 필요한 것이 무엇인지 결정해야 한다.

회기의 일부를 사용할지는 연구문제 유형과 연구 설계 특성에 좌우된다. 연구자는 내담자 사이에 존재하는 개인차에 유의해야 하는데, 특히 매우 다른 진단명을 가진 사람들 간에 존재하는 개인차에 유의해야 한다. 더욱이, 상담자 행동에 존재하는 어떤 개인차는 시간이 지나면서 나타나는 것 같다. 따라서 연구자가 연구문제에 개인차와 시간 간격을 모두 포함할 수도 있을 것이다. 이런 변인들을 연구문제에 포함시키는 것이 적합하지 않다고 생각되면, 이 변인들을 통제해서 잠재적인 오염 요인을 줄이는 것이 필요하다.

상담자 기법이나 가족 동맹과 같은 회기 수준의 변인을 코딩해야 하는 경우가 있는데, 몇몇 코딩시스템에서는 코딩하는 사람이 전체 회기를 검토할 것을 요구한다(예: Friedlander et al., 2006; Hilsenroth, 2007). 또한 단일 피험자 설계 연구에서는 여러 회기의 자료를 사용하되 각 회기의 전체 평정 점수를 코딩하는 것이 도움이 된다(Friedlander et al., 1988 참고). 아래에서 단일 사례 질적 연구를 예로 들면서 이 점을 강조하고자 한다. 만일 한 회기 또는 상호작용을 거시적으로 측정하는 것이 바람직하다면, 더 적은 자료가 유용할 것이다(예: 한 회기의 10%). 예를 들어, 커플과 가족 상담 문헌에서 '얇은 조각(thin slices)'(예: 3분 동안의 상호작용을 코딩하기)을 사용하는 것이 배우자 부정과 같은 행동을 잘 예측하는 것으로 보고되었다(Lambert, Mulder, & Fincham, 2014). 연구자 스스로에게 던져야 할 질문은, 어떤 회기 또는 어떤 상호작용에서 자료를 관찰하건 그것이 실제 행동 또는 실제 상호작용을 대표하는가다. 예를 들어, 만일 연구자가 회기 중 2분 동안의 상담 분량을 검토한 후 내담자-상담자가 서로 연계되지 않은 것처럼 보인다고 결론 내렸는데, 회기 나머지 부분에서는 내담자와 상담자가 지지적으로 상호작용을 했다면, 이러한 코딩은 실제로 그 회기에서 발생한 내담자-상담자 간 상호작용을 대표하지 않는 것이다.

관찰의 대표성 또는 일반화 가능성의 문제는 작업동맹과 같은 거시적 과정을 측정할 때에도 고려해야 한다. 예를 들어, 일반적으로 내담자는 회기 후반부에 작업동맹을 평정하는데, 전체적인 수준의 협력, 관여, 치료 목표에 대한 일치, 목표 달성을 위한 과정뿐 아니라 상담자와 내담자 간 관계적 유대 등을 반영한다(Bordin, 1979; Horvath et al., 2011 참고). 역사적으로, 작업동맹과 성과 간 관계를 조사한 연구들은 한 회기를 평정했다(보통 세 번째 회기 등 상담 초기). 그러나 Crits-Christoph 등(2011)은 일반화 가능성 이론을 적용해서 한 회기의 작업동맹 평정이 실제로 다른 회기를 반영하는지 조사했다(일반화 가능성 이론에 대해서는 Wasserman, Levy와 Loken, 2009를 참고하라). 특히 Crits－Christoph 등(2011)은 다음과 같이 주장했다. "따라서 내담자 간 작업동맹 개인차를 측정함에 있어서 일반화 가능도 계수는 한 회기에서 얻은 점수가 안정적인지를 말해준다"(p. 269). 이 연구자들은 내담자를 위해 믿을 만한 작업동맹이 형성되기 위해서는 최소 네 회기가 필요하다고 주장했다. 시계열 상담 과정 설계를 논의할 때 이 문제에 대해 다시 다룰 것이다.

지금까지 상담 과정 연구를 시작하기 위한 기본적인 질문들을 다루었는데, 이제부터는 상담 과정 연구에서 자주 활용되는 연구 설계와 실제로 수행된 과정 연구들을 살펴보자. 이 과정에서 상담자 효과 등 상담 과정 연구에서 시급한 문제들 또한 논할 것이다.

연구 응용 21.1

연구를 설계할 때 생각해볼 몇 가지 질문들을 살펴보자.

1. 연구문제가 무엇인가? 이 상담 과정을 이해하는 것이 왜 중요한가?
2. 내가 연구하고자 하는 상담 과정 변인의 정의는 무엇인가? 다른 연구자들은 이 과정 변인을 어떻게 정의했는가?
3. 나는 이 과정 변인을 어떻게 측정할 것인가? 연구문제에 대한 답을 이끌어내기 위해 누구의 관점이 중요한가?(예: 내담자, 상담자, 외부 관찰자) 이 사람들에게 과정 변인을 평정하게 하면 어떤 장단점이 있는가?
4. 상담 과정 변인을 얼마나 자주 측정할 것인가?(예: 매 회기, 한 번) 이런 빈도로 과정 변인을 측정하는 것의 장단점은 무엇인가?
5. 내 연구에서 결과변인은 무엇인가? 이 결과변인을 과정 변인과 연계시킬 수 있다는 근거는 무엇인가?

지금까지 학습한 것을 토대로 위에 제시된 질문에 따라 상담 과정 연구의 윤곽을 그려보라.

과정 연구에서의 연구 설계

과정 연구가 연구 설계의 한 범주가 아니라는 점을 다시 한 번 이야기할 필요가 있다. 많은 방법론적인 논점들이 상담 과정 연구에도 적용되는데, 연구 주제 선택(5장), 독립변인 또는 예측변인의 문제(18장), 종속변인 또는 준거변인(19장), 양적 기술 연구(13장), 질적 설계(16장), 모집단 문제(8장), 다문화 관련 문제(9장), 실험자/참여자 편향(23장) 등이 해당된다. 이 절에서는 상담 과정 연구에서 일반적으로 활용되는 방법론적인 접근에 초점을 맞출 것이다. 우선 양적 접근에 초점을 맞춘 다음(주로 실험 설계, 상관 설계, 시계열 설계), 질적인 접근을 기술할 것이다. 우선 정확한 연구 설계를 선택하는 일은 연구문제에서부터 시작된다.

양적 상담 과정 설계

실험 상담 과정 설계 상담 과정 연구와 관련해서 인기 있는 양적 설계가 몇 개 있다. 우선 실험 설계를 살펴볼 것인데(11장 참고), 실험 설계는 독립변인을 적극적으로 조작하고 내담자를 독립변인의 각 수준에 무선 할당하는 특징을 지니고 있다. 너무 많이 이야기하기 전에, 대부분의 과정 변인들이 실험 설계를 위한 좋은 후보자가 아님에 주목할 필요가 있다. 예를 들어, 상담자가 공감적이거나 또는 공감적이지 않은 실험 연구를 수행하는 것은 현실적이지 않다. 이러한 연구는 매우 현실적이지 못한데, 왜냐하면 상담자는 자연스럽게 다양한 방식으로 공감을 전달하기 때문이다. 간단히 말해서, 어떤 과정 요소(예: 공감, 동맹, 개방 질문 등)를 덜 포함시키는 것이 그렇게 간단한 일이 아닌데, 그 이유는 이러한 과정 변인들이 상담의 일부분이기 때문이다. 또한 치료의 한 부분을 보류 또는 추가하는 실험 설계를 수행하는 것이 어떤 윤리적 함의를 지니고 있는지를 고려하는 것이 중요하다. 이런 상황에서는 다른 연구 설계가 더 나은 대안일 수 있다. 그럼에도 불구하고 몇몇 과정 변인들은 실험 연구를 수행하는 것이 가능하다.

다음 사례를 살펴보자. 어떤 연구자가 Hill이 제안한 분류체계를 사용해서 상담자의 언어적 행동을 조사하고자 한다. 이때 연구자는 상담자의 자기개방과 상담 성과 간 관계를 확인하고 싶어 한다. 따라서 연구자는 연구 개시 이전에 독립변인과 종속변인을 정의해야 한다. 연구자는 상담자의 자기개방을 '상담자가 내담자 또는 내담자–상담자 간 상호작용에 대해 상담자 개인의 반응을 공유하는 것'으로 정의했다(Hill & Knox, 2002 참고). 또한 많은 상담 성과 연구에서처럼, 연구자는 내담자의 심리적 기능에 대한 내담자의 자기보고를 종속변인으로 사용하기로 결정했다. 연구자는 일반적으로 많이 사용하는 심리적 기능 척도(예: Behavioral Health Measure; Kopta & Lowry, 2002 참고)를 사용해서 종속변인을 조작적으로 정의했다. 이 도구는 연구자가 본인의 연구에서 활용하고자 하는 표본과 유사한 표본들에서 심리측정적 특성이 매우 좋은 것으로 확인되었다.

다음으로, 연구자는 석사 학위를 취득하고 면허를 소유한 4명의 전문 상담자를 선발했다. 연구자는 상담자들을 대상으로 짧은 훈련 회기를 진행하면서 연구에 대해 설명했고, 상담자의 자기개방을 활용하도록 훈련시켰다. 이때 연구자는 역할놀이를 통해 상담자들이 능숙하게 자기개방을 하는지를 확인했다. 연구자는 훈련받은 2명의 평정자로 하여금 상담자의 역할놀이를 검토하고 상담자 자기개방 역량 척도를 사용해서 상담자의 자기개방을 평가하게 했다(연구자는 코딩을 실시하는 2명의 평정자의 도움을 받아 이 척도를 직접 개발했다). 이 척도는 5문항으로 구성되어있고, 5점 척도(0점 = 전혀 능숙하지 않음, 3점 = 능숙함, 5점 = 매우 능숙함)로 평정한다. 상담자들이 이 연구에 참여할 수 있으려면 각 문항에 대해 3점 이상의 점수를 받아야 한다. 다행히도, 상담자들이 원래 가지고 있던 능력과 훈련이 어우러져 각 문항에 대해 4점 또는 5점을 획득하는 등 점수가 높은 것으로 나타났다.

그런 다음, 연구자는 40명의 내담자(상담자당 10명씩)를 두 조건 중 한 가지 조건에 무선으로 할당했다. 두 가지 조건 중 한 조건에서는 상담자가 회기당 5회씩 자기개방을 하도록 지시 받았다. 또 다른 조건에서는 상담자가 자기개방을 전혀 사용하지 않도록 지시 받았다. 따라서 독립변인인 상담자의 자기개방은 두 개 수준(회기당 5회의 자기개방, 비개방)을 가지고 있다. 내담자들은 상담자의 사례 수 안에 무선 할당되었다. 즉, 각 상담자는 두 개의 조건을 모두 수행했는데, 각각의 상담자 안에서 5명의 내담자는 자기개방 조건에 노출되고, 다른 5명의 내담자들은 비개방 조건에 노출되었다. 연구자는 무선 번호를 산출하는 프로그램을 활용해서 각 상담자마다 무선 할당이 적절히 수행되었는지를 확인했다(온라인에서 무선 번호를 산출하는 것에 대해서는 www.randomizer.org를 참고하라).

연구자는 상담자들에게 자기개방을 제외한 나머지 부분에 대해서는 평소처럼 상담하도록 요청했다. 연구자는 매 회기를 비디오로 녹화했고, 훈련 시 상담자를 평정했던 평정자로 하여금 상담자가 매 회기 지시받은 대로 상담 조건을 수행했는지를 확인하게 했다(예: 자기개방 조건에서는 회기당 5회의 자기개방을 하고, 다른 조건에서는 자기개방을 하지 않는지). 연구자는 운이 매우 좋았는데, 비개방 조건에 속한 1명의 내담자가 회기당 평균 3회의 상담자 자기개방에 노출된 것을 제외하고는, 연구자의 의도대로 연구가 진행된 것으로 나타났다. 연구자는 최종 자료 분석에서 이 1명의 내담자를 제외했다.

연구를 종료하는 시점에서 연구자는 조건에 따라 내담자의 심리적인 기능이 다른지를 조사했다. 이때 공변량 분석(ANCOVA)을 실시했는데, 치료 종료 시점에서의 내담자의 심리적 기능 점수가 종속변인이고, 상담자의 자기개방 조건은 독립변인, 치료 초기 내담자의 심리적 기능 점수가 공변인이다.

이런 연구 설계에는 몇 가지 복잡한 문제가 포함되어있다. 첫째, 위 사례에서 내담자들은 두 조건 중 하나에 무선 할당되었는데, 상담자는 그렇지가 않다. 대신 상담자들은 두 조건 내에서 상담을 수행했고, 내담자가 상담자의 상담건수 내에서 무선 할당되었다. 한편으로는 상담자가 스스로를 통제했는데, 두 가지 상담 조건이 상담자의 능력에 동일한 정도로 영향을 받았다. 다른 한편으로는, 상담자가 두 조건 모두에 노출되는 상황에서 자기개방 조건을 선호하는 연구자의 영향을 받았을 가능성이 있다(연구자는 상담자의 자기개방 조건이 통제 조건에 비해 우수하다고 가정하고 있다). 이것은 일종의 연구자 충실도 편향이다(23장 참고). 둘째, 외적 타당도와 관련해서 몇 가지 우려할 만한 사안이 있다. 즉, 상담자가 회기당 5회 자기개방을 한다거나 자기개방을 전혀 하지 말라고 지시하는 것이 인위적일 수 있다는 것이다. 상담자의 자기개방은 통제하지 않고 자연스럽게 발생하는 것이 최선이다. 셋째, 모든 상담자의 자기개방이 영향 또는 깊이 측면에서 동일하다고 볼 수 없다. 예를 들어, 자녀가 있다고 개방하는 상담자와 성장하면서 성적인 학대를 경험했다고 개방한 상담자는 내담자에게 매우 다른 영향을 미칠 수 있다. 따라서 어떤 과정 연구에서는 독립변인을 실제로 '통제하거나' '조작하는 것'이 힘들 수 있다.

이제부터는 실제로 행해진 실험 과정 연구인 Høglend 등(2006, 2011)의 연구, 즉 심리역동치료에서의 전이 해석에 대한 연구를 살펴보자. 독립변인인 전이 해석(transference interpretation)은 다음과 같이 정의되었다.

> (1) 상담자는 내담자–상담자 관계에서 발생하는 대인 상호작용을 다루어야 한다, (2) 상담자는 상담과 상담자에 대한 내담자의 사고와 감정을 탐색하도록 격려해야 한다), (3) 내담자가 생각하기에 상담자가 내담자에 대해 어떤 생각을 하고 또 어떤 느낌을 가지고 있는지를 내담자가 이야기하도록 격려한다, (4) 상담자는 역동적인 요소들(갈등)을 해석적으로 연계하고, 직접적으로 전이를 드러내거나, 전이를 암시하는 일에 본인 스스로를 분명히 포함시켜야 한다, (5) 상담자는 반복되는 대인관계 패턴을 해석하고, 이러한 패턴을 내담자와 상담자 사이에 존재하는 대인상호 작용과 연계시켜야 한다. 앞의 세 가지 기법은 그 자체로는 해석이 아니지만 준비하는 개입이다. 반면, 비교 집단에서 상담자는 상담실 밖에서 일어나는 대인관계에 일관되게 초점을 둘 뿐, 이러한 패턴과 내담자와 상담자 사이에서 발생하는 대인 상호작용과 연계시키지 않는다. (Høglend et al., 2011, p. 699)

독립변인은 두 개의 조건으로 구성되었다. 첫 번째 조건은 52명의 내담자로 구성되었는데 정신역동치료 도중에 낮은 수준부터 중간 수준까지 치료자의 전이 해석에 노출되었고, 두 번째 조건은 48명의 내담자로 구성되었는데 정신역동치료를 받았지만 전이 해석은 포함되지 않았다. 내담자들은 두 조건 중 하나에 무선 할당되었고, 7명의 상담자 중 1명으로부터 상담을 받았는데 상담자의 사례 수를 고려해서 상담자에게 배정되었다(상담자가 새로운 내담자를 상담할 수 있는 빈 시간이 생겼을 때). 이런 방식으로 내담자들은 상담자가 아니라 조건에 무선 할당되었다. 또한 상담자가 각 조건에서 동일한 수의 내담자를 상담했는지 확실치 않다(어떤 상담자들은 적게는 10명의 내담자를 상담했지만, 다른 상담자들은 많게는 17명의 내담자를 상담했다).

또한 연구자들은 조작 점검(manipulation check, 11장)을 실시했는데, 어떤 조건을 관찰하고 있는지 모르는 평정자들에게 각각의 내담자에 대해 4개 또는 5개의 비디오테이프를 코딩하게 했다(평정자가 관찰한 평균 회기 수는 34개). 평정자는 5점 척도(0 = 전혀 사용하지 않음, 2점=중간 정도로 사용함, 4점=매우 많이 사용함)를 사용해서 회기 중 상담자가 얼마나 자주 전이 해석을 사용했는지를 평가했다. 전이 해석 조건에서는 중간 정도의 전이 해석(평균=1.70, 표준편차=.70)을 사용한 것으로 나타났다. 비교 집단에서는 아주 작은 수준(거의 사용하지 않음)에서 전이 해석을 활용한 것으로 나타났다(평균=.10, 표준편차=.20). 전이 해석을 많이 또는 적게 사용했는지를 검토했기 때문에, 만일 두 조건 간에 뚜렷한 차이가 발생할 경우 독립변인이 변화의 주된 기제라는 점을 신뢰할 수 있게 된다.

이 연구에서 종속변인은 네 개의 심리 기능 척도를 포함하고 있는데, 대인관계 기능과 증상의 변화가 포함되어있다. 연구 결과, 어느 종속변인에서도 의미 있는 차이가 발견되지 않았다. 그러나 연구자들은 치료 개시 이전의 점수를 토대로 상담 성과에 흥미로운 차이를 발견했는데, 연구자들은 이 사전 점수가 어떤 역할을 했다고 믿었다. 구체적으로, 연구자들은 대상관계의 질을 측정하는 척도를 실시했는데, 이 척도는 성숙한 대인관계의 역사를 평가한다. 대상관계의 질이 낮다고 보고한 내담자들이 전이 해석 조건에 속했을 때, 대상관계의 질이 낮다고 보고했지만 비교집단에 속한 내담자들보다 더 좋은 성과를 보이는 경향이 있었다. 이는 상담 과정을 조사함에 있어서 과정에 노출된 사람들을 고려하는 것이 중요함을 시사한다. 즉, 어떤 상담 과정은 모든 내담자들에게 동일한 방식으로 영향을 미치지 않는다. 만일 Høglend 등(2006)이 내담자 변인을 고려하지 않았다면, 전이 해석이 치료 성과에 거의 영향을 미치지 않는다고 결론을 내렸을 것이다.

연구 응용 21.2

당신이 검증하고 싶은 상담 과정 변인이 있다고 가정해보자. 관심 가는 과정 변인들이 많겠지만, 한 가지만 선택하라. 여기서의 목표는 실험 연구를 설계하는 것이다. (1) 과정 변인을 정의하라, (2) 과정 변인을 어떻게 측정할지 설명하라(예: 누구의 관점에서 측정할지, 얼마나 자주 측정할지), (3) 필요한 실험 조건을 기술하라(예: 처치 유형), (4) 내담자(또는 상담자)를 어떻게 처치 조건에 무선 할당할지 기술하라, (5) 결과변인을 정의하고, 이 변인이 왜 과정 변인과 관련이 있어야 하는지 설명하라, (6) 이때 윤리적으로 염려되는 점이 있는지 기술하라.

앞서 언급한 것처럼, 실험 상담 과정 연구는 흔하지가 않다. 그 이유는 독립변인(예: 공감, 작업동맹)을 실제로 조작하는 것이 어렵기 때문이다. 따라서 상관 설계가 상담 과정 연구에서는 가장 일반적으로 활용되는 설계 중 하나이다.

상관 상담 과정 설계

고전적인 상담 과정 – 성과 상관 설계는 (1) 상담 개시 전과 상담 종료 후에 내담자의 심리적 기능을 측정하고(치료 전후의 변화가 상담 성과이다), (2) 상담 과정 중에 상담 과정을 측정하고(예: 3회기), (3) 상담 과정과 상담 성과 간 상관을 계산하는 것으로 구성된다(상담 전 내담자의 심리적 기능 점수를 통제한 후, 상담 과정과 상담 종료 시점에서의 내담자의 심리 기능 점수 간 상관). 예를 들어, Lo Coco 등(2011)은 내담자와 상담자가 평가한 실재 관계와 상담 성과 간 관계를 조사했다. 실재 관계는 상담 관계의 한 단면으로서 "사람 사이에 존재하는 개인적인 관계로서, 상대방에게 진솔한 정도, 상대방에게 알맞은 방식으로 상대방을 지각하고 경험하는 정도로 표현된다"(Gelso, 2009, pp. 254 – 255). 50명의 내담자들이 3회기에 실재 관계에 대한 본인들의 지각을 평정했고, 또한 사전과 사후에 심리기능 척도를 평정했다. 상담자들 또한 실재 관계 측정도구를 작성했다. 연구 결과, 내담자가 평정한 실재 관계는 상담 성과를 유의하게 예측했지만, 상담자의 경우에는 유의미한 결과가 나타나지 않았다. 즉, 실재 관계에 대한 내담자의 평가(상담자의 평가가 아니다)가 상담 종료 시점에서의 상담 성과를 예측했다. 이는 복수의 평가자를 활용해서 상담 과정을 평가할 경우 서로 다른 결론에 이를 수 있음을 보여주는 좋은 예다.

앞서 언급한 것처럼, 모든 상담 과정 연구에서 과정 측정치와 상담 성과 간 관련성을 확인하는 것은 아니다. 예를 들어, Mallinckrodt, Porter와 Kivilighan(2005)은 몇 개의 내담자 요인과 상담 과정 변인 간의 관계를 조사했다. 특히, 연구자들은 상담자에 대한 내담자의 애착이 작업동맹과 유의한 관계가 있는지를 확인하고자 했다. 내담자의 애착 유형은 일반적인 성인애착이론에 기초를 두고 있었고, 연구자들은 애착 유형을 다음과 같이 정의했다.

> (1) 안전(secure): 내담자는 자신의 상담자를 반응적이고 민감하며 정서적으로 가까이에 있는 위안을 주는 존재로 인식한다, (2) 회피–두려움(avoidant-fearful): 내담자는 개인적인 개방을 꺼리고, 회기 중에 위협을 느끼거나 창피스러워하고, 상담자가 자신을 받아들이지 않으며 기분 나쁘게 할 경우 자신을 거절할 것이라 생각한다, (3) 집착–합병(preoccupied-merger): 내담자는 상담자와 더 많은 접촉을 갈망하고, 상담자 옆에 있는 '누군가'가 되고 싶어 하고, 상담의 경계를 넘어 관계를 확장하고 싶어 하며, 상담자가 가장 총애하는 내담자가 되기를 원한다. (p. 87)

연구자들은 자료를 수집한 두 개 표본($n=38$, $n=44$)에 속한 대부분의 내담자들로부터 4회기와 9회기 사이에 상담 과정 변인들을 측정했다. 연구 결과, 상담자에 대한 안전 애착과 작업동맹 간에는 매우 높은 상관이 있는 것으로 나타났다(표본 1, $r=.69$, 표본 2, $r=.84$). 상담자에 대한 회피 – 두려움 애착과 작업동맹 간 상관은 안전애착만큼 크지는 않았지만 여전히 효과 크기가 크고, 안전애착과 작업동맹 간 관계와는 달리 부적인 상관을 나타냈다(표본 1, $r = -.62$, 표본 2, $r = -.56$). 마지막 하위척도인 집착–합병 애착은 작업동맹과 가장 낮고 유의하지 않은 상관을 나타냈다(표본 1, $r = -.13$, 표본 2, $r = .12$). 이러한 관련성은 상담자에 대한 내담자의 안전애착과 작업동맹이 거의 중복될 정도로 매우 유사하다는 것을 시사한다(축소 공식에 대해서는 18장을 참고하라). 그러나 다른 애착 하위척도들은 작업동맹과의 관계가 상대적으로 약했는데, 집착/합병 하위척도는 특히 그러했다. 집착/합병–작업동맹 간 관계가 유의하지 않았다는 것은, 내담자가 자신의 상담자와 강하게 연계되고 싶어 하지만 그렇게 할 수 없음을 시사한다(또는 적어도 그렇지 않다고 인식하는 것을 의미한다). 상담자에 대한 회피–두려움 애착과 작업동맹 간 상관이 의미하는 것은, 자신의 상담자와 덜 연계하고 싶어 하는 내담자들은 상담자와의 작업동맹(예: 상담 과정에 협력적으로 관여하기) 정도 역시 적다고 지각함을 의미한다.

상관 상담 과정 설계가 간단해 보이지만, 상담 과정에 존재하는 상담자의 영향을 고려하게 되면 더 복잡해질 수 있다. 특히, 대부분의 연구에서 상담자는(실제 상담에서도 그런 것처럼) 1명 이상의 내담자를 상담한다. 이것은 상담 과정을 연구하는 연구자들에게는 좋은 기회를 제공한다. 특히, 연구자는 동일한 상담자에게 속한 내담자들이 유사한 경험을 하는지 확인해볼 수 있다(예: 작업동맹 척도와 같은 과정 척도에서 유사한 점수를 받는가?). 이와 같은 방식을 통해 우리는 동일한 상담자에 속한 내담자들이 비슷하지만 다른 경험을 할 것으로 기대하게 된다. 하지만 같은 상담자에게 속한 내담자들이 아주 똑같은 회기를 평정하는 외부 관찰자들만큼 일관될 것으로 기대하지는 않는다(아래 제시된 다층 모형에 대한 논의를 참고하라).

더욱이, 대부분의 통계 분석에서의 기본 가정 중 하나는, 한 참여자에 대한 관찰치는 다른 참여자들의 관찰치와 서로 독립적이라는 것이다. 동일한 상담자에 속한 내담자들이 다른 상담자에 속한 내담자들과 비교했을 때 유사한 경험을 할 가능성이 있기 때문에, 연구자는 이러한 딜레마를 해결하기 위한 방법을 찾을 필요가 있다. 그림 21.1은 세 명의 상담자가 각각 10명의 내담자를 상담하고 있는 것을 보여주고 있다. 상담자 1은 10명의 내담자 중 8명과 좋은 성과를 나타냈다(상담 마지막 시점에서 임상적으로 의미 있는 변화를 보고했다). 상담자 2는 10명 중 5명과 좋은 성과를 나타냈다. 상담자 3은 덜 효과적이었는데, 2명의 내담자만이 임상적으로 의미 있는 변화를 보고했다. 이 사례가 보여주고 있는 것은, 상담자가 내담자의 경험에 많은 영향을 미치기 때문에 연구를 설계할 때 상담자가 누구인지를 고려하는 것이 중요하다는 것이다. 일부러 이 사례를 극단적으로 만든 것도 있지만, 상담자 효과에 대한 연구들을 살펴보면 어떤 상담자는 다른 상담자에 비해 긍정적인 상담 성과를 더 잘 촉진시킬 뿐 아니라 다양한 상담 과정 변인들을 더 잘 실행한다는 것을 알 수 있다(Baldwin & Imel, 2013; Owen, 2013).

Baldwin, Wampold와 Imel(2007)의 연구는 상담자가 연구에 어떤 영향을 미칠 수 있는지를 좀 더 구체적으로 보여준다. 이 연구에서 연구자들은 내담자가 평가한 작업동맹과

그림 21.1 내담자와 상담자 간 상호의존

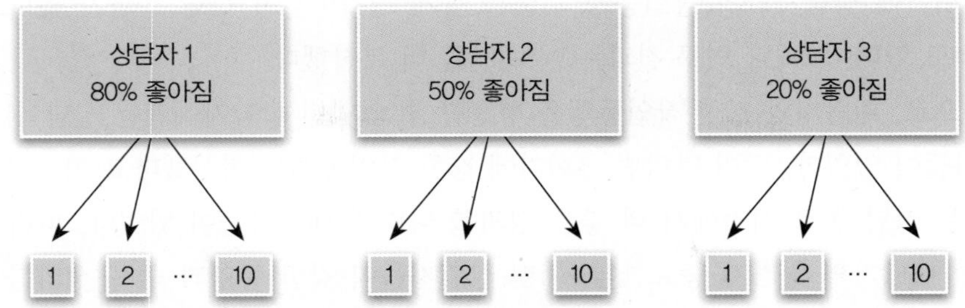

주: 각 상담자는 내담자 10명을 상담했다. 상담자 1은 10명 중 8명의 내담자가 좋아진 반면, 상담자 2는 10명 중 5명의 내담자만이 좋아졌고, 상담자 3의 경우에는 10명 중 2명이 좋아졌다.

상담 성과 간 관계에서 상담자가 기여한 부분과 내담자가 기여한 부분을 분리해냈다. 즉, 작업동맹–성과 간 상관은 복수의 기여를 포함하고 있다. 예를 들어, 어떤 내담자들은 다른 내담자들에 비해 상담자와 협력적인 유대관계를 더 잘 또는 더 흔쾌히 맺을 수 있다. 또한 어떤 상담자들은 다른 상담자들에 비해 다양한 내담자와 양질의 작업동맹을 형성할 수가 있다. 물론, 내담자와 상담자 사이에 상호작용이 존재할 수도 있는데, 어떤 상담자들은 작업동맹을 더 잘 형성하는 내담자들과 동맹 관계를 더 잘 형성할 수 있다(DeRubeis et al., 2005 참고).

331명의 내담자와 80명의 상담자로 구성된 표본을 대상으로, Baldwin 등(2007)은 내담자와 작업동맹을 잘 형성한 상담자가 상담 성과 또한 좋은지를 확인하기 위해, 상담자의 작업동맹 총점과 내담자가 지각한 상담 성과 간 관계를 확인했다. 이 총점은 기본적으로 상담자에게 속한 내담자들이 해당 상담자에게 부여한 평균 작업동맹 점수이다. 즉, 이 총점은 상담자가 내담자와 작업동맹을 형성하는 능력을 나타낸다. 평균 작업동맹 점수가 클수록 다양한 내담자들과 작업동맹을 더 잘 형성할 수 있음을 의미한다. 또한 연구자들은 같은 상담자에게 속한 내담자들을 서로 비교했다(상담자에게 특화된 비교). 즉, 이 연구에는 두 수준의 자료가 존재한다(상담자 수준, 내담자 수준). 상담자가 상담 성과에 영향을 미치는 것처럼 내담자 또한 영향을 미칠 수 있기 때문에, 이렇게 수준을 분리하는 것이 직관적으로도 이치에 맞다.

Lo Coco 등(2011)의 연구와 유사하게 Baldwin 등(2007)은 상담 전후에 내담자의 심리적 고통을 측정했고, 3회기 또는 4회기에 내담자가 지각한 작업동맹을 평정했다. 만일 Baldwin 등이 이 두 개의 추정치를 분리하지 않았다면, 연구 결과는 이전 연구와 동일했을 것이다. 즉, 연구자들은 상담 전 심리적 고통 점수를 통제했는데, 내담자가 평가한 작업동맹과 상담 성과 간 상관이 $r=-.21$로 나타났다. 변인 간 부적 상관이 나타난 이유는 종속변인이 심리적 고통이었기 때문일 것이다(점수가 작을수록 심리적 고통이 적은 것을 의미한다). 이는 190개의 연구에서 도출된 평균 추정치($r=.28$)(Horvath et al., 2011)보다는 다소 작지만 크게 벗어나는 수치는 아니다. 이런 연구 결과를 토대로 한다면 연구자들은 내담자가 3회기에 상담자와의 작업동맹 수준을 높게 평가할수록 상담 성과가 좋다고 결론 내렸을 수도 있다. 그러나 연구 결과는 이보다 좀 더 복잡했다.

구체적으로, 내담자와 강한 작업동맹을 형성할 수 있었던 상담자에게는 상담 성과가 좋은 내담자들이 있었다. 달리 말하면, 3회기에 강한 작업동맹을 형성했다고 평가받은 상담자들에게는 상담 종료 시점에서 더 좋은 성과를 나타낸 내담자들이 있었다. 따라서 상담자에 대한 내담자의 평가가 중요한데, 어떤 상담자들이 강한 동맹과 좋은 성과를 촉진하는지를 구분해주기 때문이다. 그러나 그림 21.2에서 볼 수 있는 것처럼, 좋은 성과를 나타낸 내담자들의 작업동맹 평가는 동일 상담자에게 속한 다른 내담자들과 비교했을 때 더 좋은 상담 성과와 관련이 없는 것으로 나타났다. 이러한 관계는 그림에서 각 상담자에게 속한 수평 회귀선으로 나타난다. 즉, 특정 상담자에게 속한 내담자들 사이에 존재하는 작업동맹의 개인차는 상담 성과와 관련이 없다. 따라서 상담 성과와 관련이 있는 것은, 작업동맹에 대한 내담자의 기여라기보다는 작업동맹에 대한 상담자의 기여라고 할 수 있다. 결국, 이 연구를 통해 작업동맹과 성과 간 관계에 대해 중요한 사실을 알 수가 있는데, 양질의 작업동맹을 형성하고 유지하는 데 있어서 상담자가 매우 큰 역할을 하고, 이것이 결국 상담 성과에 영향을 미친다는 것이다. 좀 더 일반적인 요점은, 그것이 작업동맹이든, 공감이든, 또는 기술 수준이든, 과정 변인은 내담자와 상담자 모두의 기여로 인해 발생한

그림 21.2 상담자 효과: 작업동맹과 상담 성과 간 관계

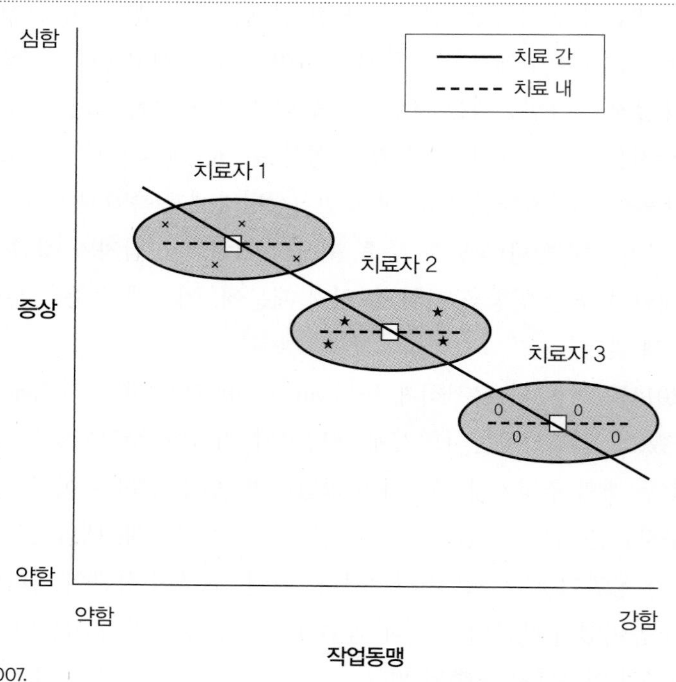

출처: Baldwin et al., 2007.

다는 것이다. 과정 변인과 성과 간 전체 상관은 상담자의 기여 또는 내담자의 기여로 발생할 수 있다.

과정 변인으로서 연구자들이 많은 관심을 기울여온 것 중 하나는 처치 방법에 대한 상담자의 충실도다. 충실도(adherence)는 상담자와 내담자 쌍이 특정 접근에 참여하는 정도를 의미한다(Sharpless & Barber, 2009; Waltz et al., 1993; Webb, DeRubeis, & Barber, 2010). 충실도는 Imel과 Wampold(2008)가 주장했던 것처럼 중요한 상담 과정이다. "어떤 처치에서 제공하고 있는 특정 요소가 성공적인 처치를 위해 매우 중요하다면, 상담자가 처치 절차를 얼마나 잘 따랐는지는 성과와 관련이 있을 수밖에 없다"(p. 253). 무선 임상 연구에서 독립변인은 제공되는 처치다. 따라서 처치 매뉴얼을 따르는 것은 독립변인이 실제로 상담자의 통제 내에 있다는 것을 보장하는 결정적인 요인이다. 일정 양이 구체적으로 어느 정도인지를 말할 수 있는 의약 분야와는 달리, 상담은 좀 더 가변적이다. 따라서 충실도는 특정 처치가 일관된 방식으로 제공되는지(예: 각 내담자는 동일한 처치를 받는다), 이미 기술된 방식으로 수행되는지(예: 처치는 특정 처치 프로토콜에서 이야기하고 있는 방식으로 수행된다)를 의미한다. 따라서 충실도가 일관적이지 않다면, 독립변인이 과연 원래 의도했던 바로 그것인지에 대해 의문을 불러일으키게 된다. 역사적으로, 연구자들은 조작 점검 척도들을 사용해서 상담자가 원래 의도했던 것과 일치되는 방식으로 처치를 수행했는지 평가했다(예: 인지치료는 처치 매뉴얼에 따라 수행되고 있는가?). 현재는 이런 유형의 측정도구들을 사용해서 특정 기법이 처치 원안대로 실행되고 있는지 평가한다.

Høglend 등(2006)의 연구에서처럼, 높은 수준의 충실도를 달성할 수가 있다. 그러나 독립변인이 한 가지 기법만이 아닐 경우에는 좀 더 어려워진다. 예를 들어, Imel 등(2011)은 상담자가 동기강화치료(motivational enhancement therapy: MET) 기법을 충실히 사용했는지 조사했다. 연구자들은 12명의 상담자가 79명의 내담자를 상담한 표본에서 상담자들이 동기강화치료 매뉴얼을 잘 따랐는지 확인했다. 내담자들은 약물 사용의 문제로 인해 3회기에 걸쳐 진행된 동기강화치료를 받았다. 별도의 평정자들이 상담 회기를 코딩했는데, 이들은 상담자가 동기강화치료를 잘 따랐는지를 평가했다. 동기강화치료에 대한 충실도가 높으려면, 같은 상담자에 속한 내담자들 사이에 일관성이 있어야 할 뿐 아니라, 상담자들 사이에서도 동기강화치료를 사용하는 것에 일관성이 있어야 한다. 연구 결과, 상담자들은 자신에게 속한 내담자들을 상담함에 있어서 동일한 처치를 제공하지 않은 것으로 나타났다. 특히 몇몇 상담자들은 다른 상담자와 비교했을 때 동기강화치료의 적용이 매우 일관되지 않은 것으로 나타났다.

이 연구는 많은 상담 성과 실험 설계에서 독립변인이 생각만큼 잘 통제되지 않는다는 점을 상기시켜준다. 상담자가 일관된 방식으로 상담을 진행하지 않았다면 상담자는 도대체 무엇을 한 것일까? 이러한 정도의 차이가 발생한 것은, 상담자의 융통성을 의미할 수도 있고 아니면 내담자의 욕구에 대한 상담자의 반응성을 나타내는 것으로도 이해할 수 있다(Owen & Hilsenroth, 2014 참고). 그러나 독립변인을 통제해야 하는 무선 임상 실험에서 이런 차이가 발생한다면, 실험 자체의 타당성을 의심하게 된다.

앞서 기술한 것처럼, 기술의 발달로 인해 미세한 상담 과정을 조사할 수 있게 되었다. 역사적으로, 연구자들은 안전부절하지 못함(불안)과 잠재적인 역전이를 나타내는 지표로서 내담자와 상담자가 자신의 의자에서 움직이는 정도를 조사했다. 그러나 생물학적이고 인지적인 심리학 모형이 발달하면서 미세한 상담 과정을 조사할 수 있는 방법 또한 발전해왔다. 예를 들어, Imel 등(2014)은 상담자와 내담자 사이에 존재하는 목소리 동시성(vocal synchrony. 기본 주파수의 일치성을 토대로 한다)을 조사했다. 이를 통해, 연구자들은 외부 평정자들이 상담자의 공감 수준이 높거나 낮다고 평가한 상담 회기를 목소리 동시성을 통해 구분할 수 있는지 조사했다. 연구자들은 목소리 측면을 '평균 기본 주파수(mean fundamental frequency)'로 정의했는데, 평균 주파수는 "목에 있는 성대가 만들어내는 진동 수치로서, 말할 때 생성되는 가장 낮은 고조파(harmonics)와 일치한다"(Kappas, Hess, & Scherer, 1991, p. 147). 분명, 이러한 수준의 음질을 측정하는 것은 전문성을 요하는 일이다. 그러나 이러한 평정값은 좀 더 정확하고 기초 과학에 토대를 두고 있다. 실제로, Imel 등(2014)은 높은 수준의 상담자 공감이 상담자 – 내담자 목소리 동시성과 관련이 있음을 발견했는데, 이는 상담 회기 중에 건네는 말의 내용과는 다른, 상담자와 내담자가 서로 의사소통하는 방식에 미묘하면서도 중요한 차이가 있음을 시사하는 것이다.

종단 상담 과정 설계

상담자는 해석을 제공하기 전에 탐색적인 질문을 해야 하는가? 상담 초기 작업동맹의 변화는 이후의 상담 성과와 관련이 있는가? 상담자는 특정 기법을 사용할 타이밍을 마음에 두고 있어야 하는가? 이런 종류의 질문은 시계열 상담 과정 연구에서 다룰 수 있다. 실제로 상담 과정은 시간이 흘러가면서 전개된다. 그 속에서 상담자와 내담자는 변화를 촉진하기 위한 탐색적이고, 지지적이고, 도전적인 개입이 언제 가장 적합한지 발견한다. 따라서 개입의 타이밍은 매우 중요하게 고려해야 할 변인이다(Crits-Christoph & Connelley, 2003). 그러나 개입은 상담 관계 내에 자리 잡고 있다(Barber et al., 2008; Owen & Hilsenroth, 2011 참고). 따라서 시간에 따라 전개되는 상담 관계 맥락 안에서 상담 과정을 조사하는 것이 중요하다. 분명, 이렇게 움직이고 있는 부분들 때문에 시계열 설계가 더 복잡해진다(예: 치료적 관계가 발달하면서 이것이 어떻게 상담자의 기법 사용에 영향을 미치는가?). 결과적으로, 과정 연구자들은 긍정적인 상담 성과를 달성하기 위해 필요하고도 충분한, 상담 과정 전체에 걸쳐 존재하는 상담 과정 변인들을 염두에 두고 있어야 한다.

상담에서의 변화가 모두 직선적으로 발생하는 것은 아니다. 예를 들어, 작업동맹은 한 회기 만에 포착되지 않을 수도 있고, 4회기에 걸친 평균 점수로도 포착되지 않을 수 있다. 대신, 어떤 상담자-내담자 짝의 경우에는 작업동맹의 부침이 있을 수 있는데(작업동맹이 훼손되고 다시 회복되는), 그 과정에서 몇몇 회기에는 상담자와 내담자가 같은 것을 지향하지만, 다른 회기에는 다른 것을 지향하고 서로 잘 맞지 않을 수 있다(Safran & Muran, 2000; Stiles et al., 2004 참고). 이렇듯 상담 과정 내에 수많은 변화와 차이가 존재하는데, 과연 상담자는 어떻게 해야 하는가?

시계열 설계는 상담 과정 연구에서 매우 다양한 형식으로 존재한다. 일반적으로, 시계열 설계에서는 과정 변인이 시간이 흐름에 따라 변하는지 조사한다(그리고 그러한 변화가 상담 성과와 관련이 있는지 검토한다. 직선적 변화와 곡선적 변화에 대해서는 20장을 참고하라). 예를 들어, 연구자들은 내담자의 작업동맹 평가가 상담이 진행되면서 변하는지, 이러한 변화가 긍정적인 성과의 신호인지 아닌지를 조사한다. 앞서 언급한 사례에서 Baldwin 등(2007)은 내담자가 지각한 작업동맹을 3회기에만 측정했다. 그러나 다른 회기에도 측정했다면 작업동맹이 어떤 방식으로 변하는지에 대한 추가적인 정보를 얻을 수 있었을 것이다(또는 작업동맹이 안정적이라는 증거를 제공했을 수도 있을 것이다).

예를 들어, Owen 등(출간 예정)은 약물 사용 등의 문제를 호소하는 2,990명의 군인과 이들을 상담한 98명의 상담자를 대상으로 연구를 수행했다. 연구자들은 첫 7회기 동안 작업동맹이 어떻게 변했는지, 이런 변화가 상담 성과와 관련이 있는지 조사했다. Baldwin 등(2007)의 연구에서와 유사한 방식으로, 연구자들은 작업동맹의 변화와 상담성과 간 관계에 미친 내담자의 기여와 상담자의 기여를 분리해냈다. 연구 결과, 작업동맹이 좋아졌다고 보고한 내담자들이 더 좋은 상담 성과를 나타냈다. 작업동맹이 향상된 내담자들을 상담한 상담자의 경우 내담자가 더 좋은 성과를 보인 것으로 나타났다. 이는 상담자가 긍정적인 상담 성과를 확보하기 위해서는 상담 초기에 발달하는 내담자의 작업동맹을 검토할 필요가 있음을 시사한다. 한편, Owen 등은 작업동맹을 한 번만 측정해도(예: 작업동맹을 5회기에 측정한다) 7회기에 걸쳐 작업동맹의 변화를 측정했을 때만큼 상담 성과와 관련이 있는지를 검증했다. 작업동맹의 변화는 상담 성과 변량의 약 10%를 설명한 반면, 작업동맹을 한 회기에서만 측정했을 경우 상담 성과 변량의 약 4%를 설명하는 것으로 나타났다.

실제 연구에 적용하기 21.1

12장에서 논의했던 것처럼, 새로운 과정을 도입할 경우 상담 성과에 영향을 미칠 수 있는지를 알아보기 위해 시계열 설계를 활용할 수 있다. 다음 사례를 살펴보자. 어떤 연구자가 과제를 부여하면(예: 일주일에 영화 한 편 보기) 상담이 진행되면서 커플이 지각하는 행복감이 변하는지 확인하고 싶어 한다. 이 연구자는 상담 전체에 걸쳐 지속적으로 커플의 관계 행복을 모니터할 것을 제안하고 있다. 연구자는 5회기부터 이 과제를 부여하기로 결정한다.

질문

1. 이것은 어떤 유형의 시계열 설계인가?
2. 독립변인은 무엇인가?
3. 종속변인은 무엇인가?
4. 이 설계의 제한점은 무엇인가?
5. 인과관계에 대한 주장을 강화하기 이 설계에 어떤 수정을 가할 수 있는가?

질적 상담 과정 설계

질적 설계는 종종 상담 과정을 더 잘 이해하기 위해 활용된다. 16장에서 논의한 것처럼, 질적 연구에는 매우 다른 접근들이 존재한다(예: CQR, 근거이론). 질적인 방법을 사용하면 내담자 또는 상담자의 경험을 좀 더 구체적으로 조명할 수 있다. 예를 들어, Hill 등(2008)은 즉시성 과정을 조사했는데, 즉시성은 상담자가 내담자에 대해 어떻게 느끼고 있는지, 바로 이 순간에 상담자와 내담자 간에는 어떤 일이 발생하고 있는지를 언급하는 것이다. Hill 등의 연구에서는 혼합 방법(mixed methods)을 사용했지만, 여기서는 질적인 부분에 초점을 두고 설명하고자 한다.

구체적으로, Hill 등(2008)은 합의적 질적 연구(CQR)를 활용해서 1명의 내담자를 분석했다. 연구팀은 이성애자인 55세의 백인 남성 상담자와 동성애자인 29세의 흑인 여성 내담자 간에 이루어진 17회기 상담을 전사했고 또한 시청했다. 연구팀은 비디오테이프를 멈추고 다음 네 가지 질문에 대한 연구팀원 각자의 반응에 대한 합의를 이끌어냈다. “(1) 누가 즉시성을 시작했는가? (2) 어떤 유형의 즉시성이었는가? (3) 즉시성의 효과는 무엇이었는가? (4) 왜 즉시성을 사용했는가?”(p. 302) 연구팀은 이런 방법을 사용해서 가장 많이 사용된 7개의 즉시성 반응이 “상담자와 내담자로 하여금 관계에 대해 협상할 수 있게 했고, 내담자는 자신의 즉각적인 감정을 상담자에게 표현하고 호소 문제를 더 깊이 탐색할 수 있었으며, 내담자에게 교정적인 관계 경험을 제공했다.”(p. 298)라고 결론지었다.

이 연구는 상담 과정에 대한 이해를 깊게 하는 데 질적 연구가 어떻게 활용될 수 있는지를 보여주는 훌륭한 사례다. 비록 이 연구에서는 1명의 내담자만 참여했지만, 대부분의 질적 연구에서는 양적 연구보다 참여자가 적기는 하지만 복수의 내담자를 대상으로 심층 면접을 진행하고 자료를 분석한다.

연구 설계가 자료 분석과 만나다

지금까지 상담 과정 연구에서의 네 가지 연구 설계에 대해 검토했는데, 지금부터는 이런 설계에서 공통적으로 관찰되는 핵심적인 방법론적 논점들에 관심을 기울여보자. 우선, 당신이 과정 연구를 설계하면서 흥미로운 연구문제와 구체적인 변인을 발견했다고 가정해 보자. 그리고 무엇을 측정할지, 누구의 관점을 조사할지, 그리고 얼마나 많이 측정할지 고민하고 결정했다고 가정하자. 고려해야 할 중요한 논점이 하나 더 있다. 과정 자료를 어떻게 분석할 것인가? 자료가 수집될 때까지 기다리고 싶겠지만, 자료를 수집하기 전에 자료를 어떻게 분석할지 주의 깊게 생각해보아야 한다. 연구자는 자료 분석과 관련된 다양한 논점들을 생각해보면서 더 많은 참여자가 필요하다거나 자료를 더 자주 수집할 필요가 있음을 깨닫게 된다. 따라서 과정 연구를 설계할 경우 자료 분석과 관련된 문제를 미리 생각해보는 것이 중요하다. 그리고 자료를 추가로 수집하는 것이 불가능할 경우에는 어떤 식으로 연구를 강화할 수 있을지 생각해보아야 한다.

자료의 특성에 따라 자료 분석은 매우 광범위한 활동을 포함할 수 있다(Hill & Lambert, 2004 참고). 질적인 자료임에도 비모수 통계가 필요할 수 있고, 별도의 평정자가 사건 형태로 자료를 범주화할 수도 있다(16장 참고). 양적 자료는 일련의 통계적인 절차가 필요할 수 있는데, 변량 분석이나 상관 분석, 또는 좀 더 복잡한 연계 분석이나 다층 모형 등이 해당될 것이다. 과정 연구에는 보통 자료가 많기 때문에(11,000개의 자료가 있을 수 있다), 자료를 요약하거나 적절한 분석이 가능하도록 줄일 필요가 있다. 비록 이 책이 자료 분석에 관한 교재가 아니지만, 상담 과정 연구에서 양적 자료를 분석하는 통계 방략에 대해 간략히 논하고자 한다.

다양한 방식으로 과정 연구 자료를 분석할 수 있다. 그러나 여기서는 연구 설계와 관련 있는 다양한 방법에 대해서만 논하고자 한다. 가장 기초적인 수준에서 연구자들은 상관 분석을 통해 과정 변인과 상담 성과(또는 다른 결과변인) 간 관련성을 평가할 수 있다. 이미 언급한 것처럼, Mallinckrodt 등(2005)은 상담자에 대한 내담자의 안전애착과 내담자가 지각한 작업동맹이 .84의 상관을 보인다는 것을 발견했다. 모두 다 알고 있는 사실이지만, 상관은 인과관계와 같은 의미가 아니다. 따라서 이 연구 결과는 자신의 상담자와 더 안전한 애착을 보고한 내담자들이 양질의 작업동맹을 더 잘 형성할 수 있음을 의미한다. 동시에, 양질의 작업동맹을 보고하는 내담자들이 자신의 상담자와 안전한 애착을 형성할 가능성이 높음을 의미하기도 한다.

단순상관과 유사한 방식으로, t 검증(두 집단) 또는 ANOVA(세 개 이상의 집단)를 사용하면 특정 변인에 대해 차이가 존재하는지를 검증할 수 있다. 이 장 서두에서 언급했던 상담자의 자기개방에 관한 연구로 돌아가서, 독립변인은 두 개의 조건(5회의 자기개방 대 비개방)으로 구성되어있었다. 따라서 연구자가 상담 종료 시점에서 내담자의 심리적 기능을 조사하고 싶다면, t 검증을 실시해서 두 조건에 해당되는 점수가 서로 다른지를 확인하면 된다. 만일 연구자가 다른 변인들의 변량을 통제하고 싶다면, 공변량 분석을 실시할 수 있을 것이다. 예를 들어, 상담자의 자기개방을 제외한 다른 상담 부분에 대해서는 상담자들이 평소에 하던 것처럼 상담을 진행하게 하는 것이다. 따라서 회기 수를 통제하고 싶다면, 공변량 분석을 사용해서 이 혼입 요인을 배제할 수 있을 것이다.

상담자의 행동과 내담자의 반응 간 관계를 조사하는 방법으로 시계열 분석[연계 분석(sequential analysis) 또는 자동회귀 분석(autoregressive analysis)이라고도 부른다]이 있는데(Wampold & Kim, 1989 참고), 상담자와 내담자의 행동이 서로에게 영향을 미치는 것을 분석하는 통계 기법이다. 예를 들어, 순차 분석을 사용해서 상담자의 사전 반응(예: 해석)이 주어졌을 때 특정 내담자 반응(예: 자기개방)이 나타날 가능성을 조사할 수 있다. 좀 더 복잡한 수준에서는, 연계 분석을 사용해서 통제와 파워의 문제(내담자의 직전 반응을 알면 그다음 상담자의 반응을 더 잘 예측할 수 있는가? 또는 상담자의 직전 반응을 알면 그다음 내담자의 반응을 더 잘 예측할 수 있는가?)를 조사할 수가 있다.

Zilcha-Mano 등(2014)의 연구는 시계열 분석을 사용해서 작업동맹과 상담 성과 간 관계를 분석했다. 연구자들은 심리적 기능이 향상되었기 때문에 작업동맹이 증가한 것인지(기분이 좋아졌기 때문에 상담에 더 관여하게 된 것인지), 아니면 작업동맹 때문에 심리적 기능이 향상된 것인지(상담에 더 많이 관여해서 기분이 좋아진 것인지)를 조사했다. 이것은 닭이 먼저인지 또는 계란이 먼저인지와 같은 고전적인 질문이다.

Zilcha-Mano 등(2014)은 내담자가 지각한 작업동맹과 내담자의 심리적 기능을 매 회기 측정했다. 그림 21.3에서 볼 수 있듯이, 연구자들은 매 회기 작업동맹과 심리적 기능 간 관계를 조사하는 방식을 취했다. 구체적으로, I에서는 직전 회기의 내담자 우울증 점수와 작업동맹 점수를 가지고 현재 회기의 우울증 점수를 예측했다. 예를 들어, 두 번째 회기에서의 작업동맹 점수와 우울증 점수를 가지고 세 번째 회기의 **우울증** 점수를 예측하는 것이다. 그런 다음, 3회기 작업동맹 점수와 우울증 점수로 4회기 **우울증** 점수를 예측한다. II에서는 내담자의 직전 회기 작업동맹 점수와 우울증 점수를 가지고 내담자의 현재 회기 작업동맹 점수를 예측한다. 예를 들어, 내담자의 2회기 작업동맹 점수와 우울증 점수로 3회기 **우울증** 점수를 예측한다. 그런 다음, 내담자의 3회기 작업동맹 점수와 우울증 점수로 4회기 **작업동맹** 점수를 예측한다. 이후 회기에서도 동일한 방식으로 진행한다. 연구 결

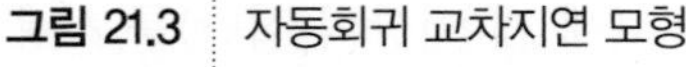
그림 21.3 자동회귀 교차지연 모형

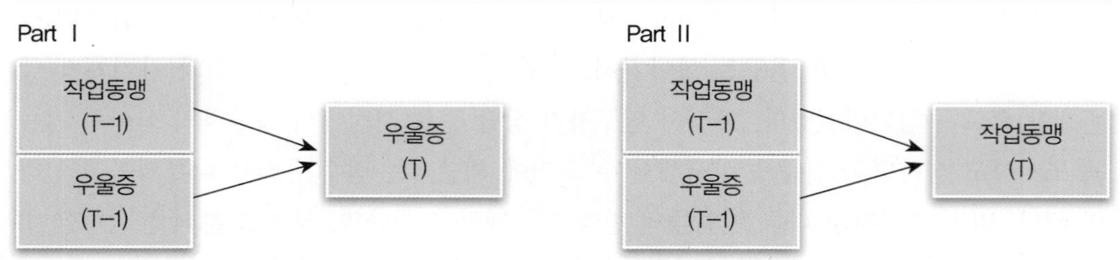

주: T = 시간, T—1 = 시간—1회기. 예를 들어, 내담자의 2회기 작업동맹과 우울증 점수가 내담자의 3회기 작업동맹 점수를 예측한다. 그런 다음, 내담자의 3회기 작업동맹과 우울증 점수가 4회기 작업동맹 점수를 예측한다.

과, 직전 회기 작업동맹 점수와 우울증 점수는 다음 번 회기 우울증 점수를 유의하게 예측했다(II). 그러나 직전 회기 작업동맹 점수만이 다음 번 회기 작업동맹 점수를 유의하게 예측했다(I). 다시 말하면, 내담자가 지각한 작업동맹은 자신의 심리적 기능을 예측하는 데 도움이 되지만, 내담자의 심리적 기능은 작업동맹의 질을 예측하는 데에는 별 도움이 되지 않는다. 요약하면, 복수의 과정 변인이 상담 성과에 미치는 영향을 확인하고자 할 때에는 시계열 분석이 유용하다.

상담 과정 연구자들이 많이 직면하는 또 다른 문제는, 일정 기간에 걸쳐 수집한 과정 변인을 분석하는 일이다. 성장곡선 분석으로도 알려진 성장 모형(growth modeling)은 반복적으로 측정한 상담 과정 자료를 분석할 수 있는 매우 강력한 방법이다(20장에 성장곡선 모형의 사례를 제시하였다). 예를 들어, 선형 성장 모형을 사용해서 집단상담 연구를 진행한다면, 각 집단은 (1) 특정 시점에서 집단의 과정 점수(예: 응집 수준)를 나타내는 절편과 (2) 집단의 과정 점수의 선형적인 변화를 나타내는 기울기를 가지고 있을 것이다.

연구 설계 관점에서는 얼마나 많은 시점에서 성장을 추정해야 할지 미리 이해하는 것이 중요하다. 예를 들어, 연구자가 작업동맹이 곡선 모양으로 변하는지를 확인하고 싶다면(예: 첫 3회기 동안에는 정적으로 성장하다가, 다음 3회기 동안에는 감소하고, 그다음 3회기 동안에는 다시 상승한다), 연구자는 최소 9개 시점에서 자료를 수집해야 한다. 성장 모형을 최적화시킬 때 몇 가지 염려되는 사항이 있다. 8회기에 걸쳐 작업동맹 점수를 보고한 내담자가 있다고 가정해보자(그림 21.4). 그림에서 볼 수 있듯이, 이 내담자의 작업동

그림 21.4 시간에 따른 작업동맹의 변화

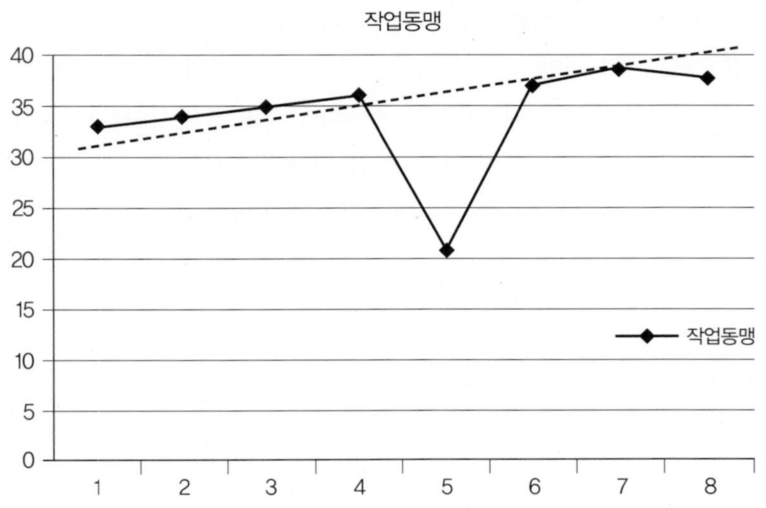

주: 이 도표는 8회기에 걸쳐 나타난 한 내담자의 작업동맹 점수를 보여주고 있다. 작업동맹 점수의 가능 범위는 0점에서 40점까지 분포한다. 점선이 의미하는 것은, 작업동맹을 선형 성장 모형으로 추정했을 때의 추정된 성장을 나타낸다. 실선은 실제 작업동맹 점수를 나타낸다.

맹 점수는 일반적으로 긍정적이고 직선의 모습을 띠면서 성장하고 있다. 성장 모형은 점선으로 표시되어있다. 달리 말하면, 연구자가 이 자료를 선형 성장 모형에 부합하도록 시도했다면 이것이 지지될 가능성은 매우 높다(예: 모형이 통계적으로 유의하거나, 예측된 모형은 관찰된 자료와 부합할 것이다). 그러나 이 내담자는 5회기에 작업동맹이 급격히 감소했고 그다음 회기에 반등했다. 이는 작업동맹이 훼손되었다가 다시 회복되었음을 나타내는 것일 수 있다(작업동맹 훼손-복구 순환에 대해서는 Safran & Muran, 2000을 참고하라). 만일 연구자가 선형 성장만을 조사했다면 이러한 일탈은 발견되지 않았을 것이다. 그러나 이러한 일탈은 임상적인 관점에서뿐 아니라 연구 관점에서도 매우 의미가 있다. 예를 들어, 완만하게 선형의 성장을 나타내는 작업동맹과 비교했을 때 훼손-복구 순환을 나타내는 작업동맹의 변화가 오히려 성공적인 상담 성과를 나타내는 지표가 될 수 있다. 따라서 연구자는 성장 모형을 분석하기에 앞서 우선 자료를 살펴볼 필요가 있다. 가장 중요한 것은, 상담이 진행되면서 발생한 **변화**가 성과와 어떻게 관련이 있는지를 확인하고 싶을 때 시계열 설계가 매우 유용하다는 것이다.

상담 연구에서 많이 접하게 되는 또 다른 논점은 둥지 혹은 내포 자료(nested data)와 관련이 있다. 예를 들어, 앞서 이야기했던 Baldwin 등(2007)의 연구에서는 두 가지 수준의 자료가 있었다(상담자에게 속한 내담자). 연구 설계의 관점에서는 둘 다 통계적 검증력 측면에서 고려되어야 한다. 예를 들어, 연구자가 상담자의 전체 작업동맹 질에 관심이 있다면 충분한 수의 상담자를 확보해야만 한다. 비록 상담자의 수가 고려해야 할 사안이긴 하지만, 상담자당 얼마나 많은 내담자를 확보해야 할지 또한 고려해야 한다. 예를 들어, 상담자의 전체 작업동맹 능력은 자신에게 속한 내담자들이 평가한 작업동맹 점수의 평균일 것이다. 따라서 만일 상담자들이 각자 2명의 내담자만 상담한다면 상담자의 전체 작업동맹 능력은 25명의 내담자를 상담하는 경우만큼 대표성을 띠지는 않을 것이다. 모든 연구에서 통계적 검증력은 중요하게 고려할 사안인데, 적은 크기의 표본으로는 실제 존재하는 차이를 발견하는 것이 어렵게 된다. 따라서 표본의 크기를 증가시킴으로써 실제 존재하는 차이를 발견할 가능성을 높일 필요가 있다. 상담 및 심리치료에서 다층 모형(및 통계적 검증력)에 대한 논의는 Adelson과 Owen(2012)을 참고하기 바란다.

요약 및 결론

이 장에서는 상담 과정 연구, 즉 상담 장면에서 발생하는 사건을 조사하는 연구에 대해 개괄적으로 소개했다. 지금까지 연구자들은 상담자 자기개방, 내담자 반응, 작업동맹, 지각된 상담자 공감, 내담자 개방성, 다양한 개입(예: 해석) 등 광범위한 활동을 조사했다. 이 장 전반부에서 Hill(1991)이 제안한 '과정 연구 내에서 다양한 활동을 분류하는 체계'를 설명했는데, 7개 유형의 행동으로 구성되어 있다. (1) 부수적 행동, (2) 언어적 행동, (3) 숨은 행동, (4) 내용, (5) 방략, (6) 대인관계 태도, (7) 상담 관계. 이런 범주들과 관련된 지식을 새롭게 발견하는 것은 매우 흥분되는 일이다.

과거에는 대부분의 상담 과정 연구에서 유럽계 미국인을 대상으로 한 개인 상담에 관심을 가졌다. 그러나 소수 민족 내담자를 대상으로 한 연구들이 꾸준히 증가하고 있다. 지난 50년간 상담 과정에 대해 많은 것들이 발견되었지만, 소수 민족 집단 및 소수자와 관련된 기초적인 연구문제들은 여전히 남아있다.

또한 우리는 이 장에서 상담 과정 연구와 관련된 방법론적 논점과 측정 관련 논점들을 조명했다. (1) 무엇을 연구할 것인지, (2) 무엇을 측정할 것인지, (3) 누구의 관점을 조사할 것인지, (4) 얼마나 많이 측정할 것인지, (5) 코딩 및 분석 관련 고려 사항. 우리는 연구자가 과정 연구에서 조사할 행동을 선택하는 데 매우 조심스러워야 한다고 주장했다. 다양한 분류 체계(예: Elliott, 1991; Hill, 1991)를 검토하는 것이 연구자에게 도움이 될 것이다. 또한 연구자가 어떤 수준에서 행동을 조사할지 고민해야 하는데, 진술문 단위부터 좀 더 포괄적인 수준의 행동까지 고려할 수 있다. 많은 연구에서 보고하고 있는 것처럼, 상담 과정은 관점에 따라 다를 수 있는데, 내담자의 관점, 상담자의 관점 또는 제3의 관찰자의 관점에 따라 다를 수 있다. 우리는 연구자들이 연구문제를 발전시키면서 서로 다른 관점을 주의 깊게 생각해볼 것을 권하는데, 적절하다면 다양한 과점에서 상담 과정을 조사하기를 권한다.

얼마나 많이 측정할지는 연구문제를 주의 깊게 살펴서 결정해야 한다. 연구문제에 개인차 또는 시간 간격을 포함하는 것이 유용할 수 있다. 집단 설계에서는 몇몇 회기의 일부분을 표집하는 것만으로도 수용 가능한 결과를 얻을 가능성이 높지만, 단일 피험자 설계에서는 표집을 하지 않고 전체 회기를 검토하는 것이 필요할 수 있다. 마지막으로, 자료 분석과 관련해서는 자료 분석에 대한 일반적인 설계 관련 논점에 초점을 두고 설명했다. 지난 60년 동안 상담 과정에 대해 많은 것들을 알게 되었다는 것이 매우 다행스러운 일이지만, 앞으로 배워야 할 것들이 훨씬 더 많다.

촉진 질문

두 개의 상담 과정 연구 분석하기

다음 활동은 상담 과정 연구의 복잡성을 인식하고 서로 다른 유형의 상담 과정 방법을 이해할 수 있도록 제작되었다.

우선, 상담 과정을 조사한 두 개의 출판된 논문을 찾아보라. 이 중 한 논문은 양적 연구 방법을 활용해야 하고, 나머지 한 논문은 질적인 방법을 사용해야 한다. 두 개의 논문을 읽은 다음, 아래 질문에 답하라. 원할 경우, 동료에게도 이 작업에 함께 참여하라고 요청하라. 같은 논문을 읽고 각자 아래 질문에 답한 다음 답을 비교해보라.

1. 각각의 논문에서는 어떤 구성개념 또는 변인을 조사했는가?
2. 각각의 논문에서는 구성개념 또는 변인을 어떻게 측정 또는 평가했는가?
3. 구성개념과 변인은 얼마나 적절히 측정 또는

평가되었는가?

4. 누구의 관점에서 상담 과정을 조사했는가?
5. 이런 관점으로 상담 과정을 조사할 때 장단점은 각각 무엇인가?
6. 논문에서 사용한 양적 연구 방법과 질적 연구 방법의 장단점은 각각 무엇인가?
7. 논문에서는 조사한 상담 과정에 대해 어떤 결론을 내리고 있는가?
8. 각각의 연구에서 내린 결론에 어떤 제한점과 한계가 있다고 생각하는가?
9. 추후 연구를 진행한다면 어떤 연구가 흥미롭고 의미 있는 연구라고 생각하는가?
10. 그런 연구를 수행하기 위해 어떤 방법을 사용할 생각인가? 이유는 무엇인가?

22 CHAPTER

프로그램 평가: 과학과 상담 실제를 실제 삶에 적용하기

_ Matrese Benkofske, Clyde C. Heppner 공저

이 책의 초점은 연구 설계, 상담 분야에서 연구 설계의 적용, 좋은 연구를 수행하는 데 필요한 조건이다. 이 장에서는 약간 다른 주제로 방향을 바꿔서 프로그램 평가를 다룬다. 프로그램 평가가 무엇이고, 프로그램 평가가 상담 연구와 어떻게 유사하고 어떻게 다르며, 상담 장면에서 프로그램 평가가 어떻게 사용되는지에 대해 설명한다. 이 장은 프로그램 평가의 단계에 대해 상당히 자세하게 기술하며, 첫 번째 단계는 프로그램 평가를 정의하는 것이다.

프로그램 평가

프로그램 평가와 연구는 많은 면에서 유사하지만 동시에 중요한 차이점도 존재한다. 연구자들은 일반적으로 두 가지 특정한 처치의 효과성을 비교하는 것과 같이 해당 분야의 지식 기반을 증진시키는 데 가장 관심이 있다. 반면, 프로그램 평가자들은 특정 집단의 사람들에 대한 특정한 프로그램의 효과성에 가장 관심이 있다. 프로그램 평가의 몇 가지 중요한 특징과 프로그램 평가가 연구와 어떻게 다른지를 보여주기 위해 우리는 한 가지 예시에서 시작한다. 어떤 평가자가 심리교육과 집단상담을 통해서 가족 관계를 다지도록 설계된 프로그램에 대한 평가를 한다고 하자.

이상적인 상황에서 프로그램 평가자는 프로그램이 설계되는 단계에서 관여하고자 한다. 예를 들면, 평가자가 특정한 지역사회에서 시행될 예정인 프로그램을 평가하게 되었다면, 그 평가자는 계획 모임에 참여하기를 원할 것이다. 이러한 참여를 통해서 평가자는 지역사회와 이웃의 시민들이 프로그램을 진행하는 상담자가 해당 지역사회 출신이기를 원하며 그래서 상담자가 가족들의 문화적 차이와 필요성에 대해 민감하기를 바란다는 것을 알게 될 수 있다. 그러나 이는 프로그램의 결과의 측면에서 긍정적인 효과와 부정적인 효과를 모두 가질 수 있다. 만일 상담자가 문화적으로 민감하다면 프로그램 참여자들은 상담자에게 더 많이 자신을 드러낼 가능성이 높고 따라서 실질적인 진전이 일어날 수 있다. 하지만 가족들이 상담자와 너무 익숙해서 '친구(상담자)'에게 자신의 양육 방식에 대해 이야기하는 것을 불편하게 여길 수도 있다. 계획 모임에 참석하고 지역사회에서 오직 지역사회 출신의 상담자를 선택하기를 요구한다는 것을 앎으로써, 평가자는 '상담자와 내담자 간의 친밀감 수준'을 프로젝트 변인 중 하나로 선택하는 것을 확신할 수 있다.

계획 단계에서 관여함으로써 평가자는 또한 특정한 상담 처치가 어떻게 선택되었는지에 대해 더 배울 수 있다. 해당 상담 처치만이 고려되었을 수도 있고 여러 가지 상담 처치들이 파악되었을 수도 있다. 그중에서 지역사회 상담 전문가들은 이 특정한 지역 사회의 특징에서 볼 때(예: 높은 빈곤 비율, 고등학교 졸업생 비율에서 인종 간 격차) 이 특정한 상담 처치가 이 지역사회에 살고 있는 가족에게 가장 효과적일 가능성이 높다고 판단했다. 요약하면, 프로그램 평가자에게는 특정한 상담 처치가 어떻게 선택되었는지에 대해 알고 어떤 결과가 산출될 것으로 기대될 수 있는지에 대해 아는 것이 결과 측정치의 선택에 직접적인 영향을 미친다. 그러면 처치, 예상되는 결과, 결과 측정치 간의 적합도를 결정하는 것은 평가자의 책임이 된다.

프로그램이 시작한 뒤에 일반적으로 평가자는 평가 측정치(예: 평가자에게 결과 정보를 제공하는 도구/측정치)가 첫 번째 상담 회기 이전에 실시되는지를 확인하기 위해 자료 수집 과정을 주의 깊게 관찰한다. 또한 평가자는 가족이 상담에 참여할 때마다 매번 이것이 기록되고 가족이 매달 평가 측정치를 작성하는지 확인하기 위해 가족 기록 파일을 정기적으로 확인한다. 이를 위한 방문을 할 때 평가자는 또한 다음을 포함한 다양한 관찰을 한다. 가족이 상담을 위해 센터에 왔을 때 어떤 대접을 받는가? 행정 직원은 친절하고 환영하는 분위기인가, 아니면 관심이 없고 무례한가? 프로그램이 마무리될 때 평가자가 아주 높은 중도 탈락률이나 아주 낮은 중도 탈락률을 발견하면 이러한 정보가 필요할 수 있다.

센터를 방문하는 동안 평가자는 또한 내담자가 누구이고 이들이 목표 모집단을 나타내는지에 주목한다. 예를 들면, 만일 프로그램이 가족 기능의 필요성을 다루기 위해 설계되었다면, 가족 구성원 모두가 상담에 오는가? 아마도 프로그램 평가자는 초점 집단 토론에서 모든 가족 구성원들이 상담에 참여하는 것이 얼마나 중요하며, 가족 구성원들 중 일부가 상담에 참여하지 않을 때 가족과 상담의 궁극적인 성공이 어떻게 영향을 받는지의 문제를 제기해야 한다. 평가자는 또한 상담자들에게도 같은 문제를 제기해야 할 수도 있다.

상담 기관에 정기적으로 방문을 하는 것에 더해서 평가자는 상담 회기 이전, 상담 회기가 진행되는 동안, 그리고 상담 회기가 끝난 후에 가족들을 방문해서 관찰할 수도 있다. 이런 가족 방문을 하기 전에 평가자는 상담자 및 프로그램 실시자와의 작업을 통해서 가족이 양육 기술에 대한 상담을 필요로 하고 상담이 가족의 상호작용을 향상시켰다는 것을 나타내는 일련의 행동 목록을 만든다. 이 목록에 대해 사전 검사를 실시하고 다듬은 뒤에 각 가족 내에서 변화에 대한 추가적인 측정치의 역할을 한다.

프로그램의 시작부터 시행까지의 과정에 적극적으로 참여함으로써 평가자는 (1) 자료 수집 과정에서 문제를 파악하고 귀중한 자료를 손실할 위험성을 최소화하고, (2) 프로그램 효과성을 평가하기 위해 자료를 수집하고, (3) 프로그램이 진행되면서 발생하는 가설을 만든 후 검증하고, (4) 시간이 경과하면서 프로그램 실행에서의 변화를 기록하고, (5) 예상하지 못한 결과에 대한 가능한 설명을 제시하고, (6) 예상하지 못한 긍정적 결과를 기록할 수 있는 위치에 있게 된다. 여기에서 제시한 가족관계 프로그램의 예를 본다면, 프로그램이 종료한 뒤 수집된 모든 자료를 검토한 결과, 가족 기능에서 유의한 차이가 드러나지 않았다고 가정해보자. 프로그램 평가자는 프로그램에 적극적으로 관여함으로써 자신의 현장 노트에 대한 검토를 통해, 가족 기능에서 유의한 변화가 나타나지 않은 것에 대한 이유를 파악하고 같은 센터나 또는 다른 센터에서 프로그램을 다시 시행하기 전에 이를 수정하는 작업을 도울 수 있다.

또는 평가자가 시간이 지나면서 가족 기능에 있어서 유의한 차이를 확인했다고 하자. 그러나 프로그램을 받은 사람들과의 논의와 치료 센터에서 관찰을 통해서 평가자는 프로그램이 지역사회 센터에서 실시되었기 때문에 가족들이 상담 서비스 이외에 다른 서비스를 이용하는 것이 가능했다는 것을 확인했다. 이 경우 가족 기능에서의 향상이 온전히 상담 프로그램으로 인한 것이라고 하는 것은 잘못된 것일 수 있다. 프로그램의 여러 측면에 관여하지 않았다면 프로그램 평가자는 상담 처치만의 효과로 잘못 귀인했을 수 있다.

이 프로젝트를 프로그램 평가자의 관점에서 바라본다면 연구와 프로그램 평가 간의 여러 가지 차이가 분명해진다. 연구의 목표는 해당 분야의 지식 기반을 증진하는 것인 반면, 프로그램 평가자의 목표는 정해진 집단의 참여자들을 대상으로 특정 집단의 효과성을 평가하는 것이다. 연구자는 특정한 가설을 만들고 내적 타당도와 외적 타당도를 강조한다. 프로그램 평가자는 일반적으로 어떤 치료적 개입이 효과적이었는지를 결정하기 위해 광범위한 자료를 수집하고 치료적 개입의 결과를 설명하는 원인과 효과에 대한 다른 가설들을 생성한다. 연구자와 평가자 모두 사전에 평가 측정치를 주의 깊게 선택하지만, 프로그램 평가자는 또한 프로그램이 진행되면서 광범위한 자료를 추가적으로 수집한다. 프로그램 평가자는 (이 책에서 검토한) 연구 방법에 대한 지식뿐만 아니라 인류학자들이 개발하고 다듬은 관찰 방법이나 기업 분야에서 사용하는 비용/이익 분석을 모두 사용하도록 기대된다. 실제로 여러 학자들(예: 정신 장애 예방 위원회, 1994; Hage et al., 2007)은 연구자들이 프로그램 평가를 포함해서 모든 연구를 시작하기에 앞서 연구 과정의 모든 측면에서 유능할 필요가 있음을 경고했다. 프로그램 평가가 시간과 자원의 측면에서 상당한 투자를 요구하고 대규모 집단의 사람들에게 영향을 미칠 가능성이 있기 때문에, 프로그램 평가자들이 연구 설계, 측정, 분석에 대해 잘 알고 있는 것이 필수적이다.

프로그램 평가는 여러 분야에 걸쳐서 사용된다. 평가자는 광범위한 전문적 경험, 내용 관련 전문성, 선호하는 자료 수집 방법론, 공식적인 훈련, 전문적 관점을 가지고 있다. 프로그램 평가는 때로 정당화할 수 있고 이전에 정의된 기준에 기초해서, 다른 대안과 비교했을 때 하나의 프로그램의 가치를 판단하는 과정으로 기술된다(Scriven, 1980). 달리 설명하면, 프로그램의 결정권자, 수혜자, 투자자, 관리자들이 프로그램이 어느 정도로, 어떤 조건하에서, 어느 정도의 재정적 또는 사회적 비용을 투자해서, 어떤 의도적 또는 비의도적 결과로 효과적인지를 결정하고자 할 때 프로그램 평가가 수행된다.

아마도 프로그램 평가의 뿌리가 교육과 검사에 있기 때문에 초기 프로그램 평가는 거의 전적으로 프로그램을 받은 사람들이 프로그램에 노출된 뒤에 얼마나 진전을 보였는지에 대한 측정치에 초점을 두었다. 예를 들면, 삶의 기술을 증진하도록 설계된 프로그램에 참여한 뒤에 삶의 기술의 숙달 정도를 평가하기 위해, 또는 특정 방과 후 학교 프로그램에 참석한 뒤에 아동들의 자존감이 향상되었는지 알아보기 위해 프로그램이 개발되었다. 그러나 우리가 앞서 예시에서 보았듯이 프로그램을 평가하는 동안 프로그램이 의도하는 결과보다 훨씬 더 많은 것이 측정되어야 한다. 프로그램이 실행되는 지역사회의 환경, 사람들, 정치적인 분위기, 지역사회가 필요로 하는 것, 목표 모집단의 필요성에 대한 프로그램 관리자의 신념, 그리고 많은 다른 요인들(예전에 예상하지 못했던 요인들을 포함한)이 프로그램을 정의하는 데 핵심적 역할을 하며 프로그램의 평가에 포함되어야 한다.

프로그램 평가는 또한 상담과 상담 심리 분야에서 예방을 증진하는 기제로 개념화되었다(예: Albee, 2000; Hage et al., 2007; Romano, Koch, & Wong, 2012). 연구자들은(예: Albee, 2000; Hage et al., 2007; Kiselica, 2001) 위험 감소, 복지, 사회 정의에 대한 강조를 포함하는 것으로 예방을 폭넓게 정의했다. 따라서 프로그램 평가는 사회 정의, 다문화주의, 전반적인 발달에 대한 상담 분야의 강조와 방향을 같이 한다.

상담자들과 학자들은 상담 분야와 관련된 중요한 사회 정의 문제를 다루기 위해 프로그램 개발과 프로그램 평가를 모두 사용해왔다. 예를 들면, 다인종 청소년을 대상으로 한 개인적 · 학업적 효율성(예: Cohen, Garcia, Apfel, & Master, 2006; Cohen, Garcia, Purdie-Vaughns, Apfel, & Brzustoski, 2009; Rivera-Mosquera, Phillips, Castelino, Martin, & Dobran, 2007; Vera et al., 2007), 괴롭힘(Espelage & Swearer, 2003; Newman-Carlson & Horne, 2004), 자살 예방(예: May, Serna, Hurt, & DeBruyn, 2005)과 같은 주제를 다루기 위해 프로그램들이 개발되었고 평가되었다. 그러나 많은 상담 전공 학생들은 종종 프로그램 평가의 실제에 대한 훈련을 받지 못한다(예: Blustein, Goodyear, Perry, & Cypers, 2005; Hage et al., 2007; Matthews & Skowron, 2004). 이 장에서 우리는 프로그램 평가의 중요성을 강조하기 위한 노력으로 프로그램 평가의 단계를 설명하고 이 기술에 대한 훈련의 출발점을 제공한다.

프로그램 평가의 단계

프로그램 평가의 단계는 항상 일정한 절차를 따르지 않는다. 본질적으로 프로그램 평가는 어떤 모습을 띠는지, 프로그램의 어떤 측면을 검토하는지, 어떤 자료를 수집하는지, 평가 결과가 어떻게 사용되는지는 프로그램의 어느 단계에서 평가가 일어나는지에 달려있다. 일반적으로 사람들은 프로그램이 끝나는 시점에서 평가를 하는 것으로 생각하고, 때로 실제로 이 시기에 프로그램 평가가 이루어지지만, 앞서 설명했듯이 평가는 프로그램의 네 가지 단계인 개념화, 설계, 실행, 종결의 어느 한 단계 또는 이 단계들의 조합에서 일어날 수 있고 또 그래야 한다(Rossi & Freeman, 1999).

Herman, Morris와 Fitz-Gibbon(1987)이 제안한 틀에서 시작하면, 평가자는 프로그램 평가의 네 가지 단계를 수행하며 이는 프로그램의 어떤 단계에서든지 적용할 수 있다. 프로그램 평가의 네 가지 단계는 (1) 경계 세우기, (2) 적절한 평가 방법 선택하기, (3) 정보를 수집하고 분석하기, (4) 결과 보고로 이루어진다. 각 단계에는 구체적인 방법이 있으며, 이에 대해서 다음에 논의한다.

1단계: 평가의 경계 세우기

첫 번째 단계는 다음의 요소로 구성된다. (1) 평가의 목적을 결정, (2) 평가의 배경 정보를 수집, (3) 프로그램에 대한 설명을 작성하고 평가자가 이해한 것이 평가와 관련된 다른 사람들이 이해한 바와 부합하는지를 확인, (4) 평가에 무엇이 포함되어야 하는지에 대한 예비 합의서를 작성, (5) 프로그램 평가자의 역할, 구체적인 서비스, 평가자가 제공하는 최종 산출물에 대한 최종 합의에 도달. 최종 합의서는 또한 평가자가 사용할 수 있는 자원과 평가와 관련된 비용에 대한 예비 추정치를 기술한다.

이 초기 단계에서는 평가자가 프로그램, 프로그램의 미션, 범위, 크기를 이해하는 것이 매우 중요하다. 프로그램이 무엇을 하기 위해 설계되었는지를 평가자가 명확하게 이해할수록, 평가자의 예산, 시간 일정, 방법론이 결정된 후에 예상하지 못했던 일들이 벌어질 가능성이 낮다. 프로그램에 대한 대부분의 정보는 프로그램 관리자와의 모임을 통해 얻을 수 있지만, 프로그램의 과제와 범위에 대한 광범위한 관점을 가지기 위해서는 프로그램의 투자자, 프로그램에 찬성하는 사람들과 심지어 반대하는 사람들과 같이 프로그램과 관련되는 다른 사람들도 만나는 것이 현명하다. 평가자는 이러한 모임을 가지기 전에 프로그램에 대한 전반적인 이해를 할 수 있는 요약본을 요구할 수 있다.

프로그램 평가의 첫 단계에서 평가자는 관심의 대상이 되는 모집단을 정의해야 한다. 때로 요구 평가(needs assessment)를 하는 것이 평가자가 다양한 이해 관계자들(예: 투자자, 조직 간부, 지역사회)의 요구를 분명하게 이해하는 데 유용하다. 이 단계에서는 또한 프로그램의 명확한 목표를 파악하고 개발하게 된다. 프로그램의 목표는 측정 가능하고, 이상적으로 이론에 기초하고, 연구 근거에 의해 지지되어야 한다(Vera & Reese, 2000). 이론은 평가자가 문제의 원인, 예상되는 변화의 기제, 문화적 요소, 특정 문제를 다루는 가장 좋은 방법을 이해하는 것을 이끄는 데 사용된다(Nation et al., 2003). 프로그램과 선행 연구에 기초를 두는 것은 의도하지 않은 부정적 결과가 발생할 가능성에 대비할 수 있다(Hage et al., 2007).

프로그램을 구성하는 것은 목표 모집단에 대해 문화적으로 민감해야 한다. 지역 사회, 문화적 신념, 실행에 대한 규준에 초점을 둘 필요가 있을 수 있다. 어떤 프로그램이 잠재적 참여자와 관련이 없는 것으로 지각된다면, 참여자들은 참여하거나 또는 시간이 지나면서 참여를 유지하지 않을 가능성이 높다. 관련성을 높이는 한 가지 기제는 계획과 실행 과정에 참여자들이 관여함으로써 참여자의 필요성이 인식되고 다루어질 수 있도록 하는 것이다(Nation et al., 2003).

앞서 설명한 고려 사항들(예: 문화적 민감성)을 사용해서 우리는 다음의 질문들을 제안한다. 이 질문들은 평가자가 프로그램의 목적, 프로그램의 예상되는 결과, 프로그램의 예상되는 성과를 이해하는 데 도움이 될 것이다.

연구 응용: 프로그램을 이끌어나가기 위한 핵심 질문들과 연관되는 논리적 이유

핵심 질문	논리적 이유
프로그램의 목적은 무엇이며, 이러한 목적을 다루기 위해 프로그램이 어떻게 실행될 것인가?	프로그램 목적을 아는 것은 프로그램이 무엇을 이루고자 설계되었는지와 평가에서 관찰되는 측정 가능한 행동을 서로 연결하는 데 필수적이다.
이 프로그램은 어떤 내용인가? 프로그램은 얼마나 오래 지속되는가? 참여자는 몇 회기에 참여하는가? 어떤 종류의 기술(예: 개입 방법, 평가 방법)이 사용될 것인가?	이 정보는 평가자가 평가, 시간 스케줄, 분석에 사용되는 통계치(비모수적 또는 모수적 통계치)를 만드는 데 도움이 된다.
프로그램을 계획하는 사람들은 어떤 유형의 효과를 기대할 수 있는가? 이러한 효과들이 언제 측정되어야 하는가? 프로그램 관리자는 프로그램의 장기적 효과를 예상하는가? 프로그램 관리자가 프로그램의 목표가 달성되었다는 주장을 하기 위해서 어떤 유형의 근거가 필요한가?	이 질문들에 대한 정보는 평가자가 이해 관계자들과 프로그램을 계획하는 사람들의 정보에 대한 필요성에 맞게 평가 방법을 조정할 수 있도록 한다.
재정 지원을 위한 계획서를 작성한 사람이 있는가? 프로그램 재정 지원과 연결된 프로그램 요구사항이 있는가?(예: 특수 모집단의 일부를 프로그램 수혜자로 포함시킨다든지 또는 몇몇 특정 처치를 프로그램에서 사용, 예를 들어 대학 여성 센터가 프로그램 재원의 일부를 제공했다면, 이 센터가 여학생들을 위한 문제, 이를테면 학생이 전일 보육비를 지불하는 대신 수업을 수강하는 몇 시간 동안 보육 서비스가 가능하도록 하는 문제를 프로그램에서 다루도록 요구할 수 있다.	이러한 종류의 요구 사항은 평가 설계에 큰 의미를 가질 수 있으며, 평가가 돌아가기 전에 이러한 사항에 대해 알고 있는 것이 더 좋다.

연구 응용: 프로그램을 이끌어나가기 위한 핵심 질문들과 연관되는 논리적 이유[계속]

핵심 질문	논리적 이유
프로그램의 재정 수준은 어느 정도이며, 평가 과정을 위해 어느 정도가 배정되었는가?	자주 사용되는 지침은 평가를 위한 비용은 프로그램 비용의 약 10%를 차지해야 한다는 것이다. 이는 아주 작은 프로젝트에서 평가의 비중을 지나치게 크게 책정하는 것을 예방하며, 그 반대의 경우(큰 프로젝트에서 평가의 비중을 지나치게 작게 책정하는 것) 역시 예방한다. 프로그램 설계자들은 때로 프로그램 평가의 수행에 대한 비용을 지나치게 과소평가한다.
프로그램 관리자가 평가에 대해 가지는 기대는 어떠한가? 프로그램 관리자가 선호하는 자료 수집 방략이 있는가? 평가자는 어떤 역할을 하는가?	몇몇 기관에서는 자료 수집을 도울 수 있는 직원들이 있으며, 이는 평가에 대한 비용을 절감한다. 어떤 경우에는 프로그램 관리자가 평가자가 프로그램의 방향 전체에서 상당히 전면에 있기를 기대한다. 프로그램 관리자가 평가자의 노출에 대해 편안하게 느끼는 정도를 아는 것이 평가를 계획하는 데 도움이 된다.
프로그램에 대한 평가가 왜 수행되는가? 투자자들이 평가를 요구하는가? 결과 측정치와 표집 과정이 미리 결정되었는가?	평가를 하는 이유를 아는 것은 평가자로 하여금 프로그램 관리자와 이해 관계자들의 요구에 맞추어 평가를 조정할 수 있도록 한다. 예를 들면, 평가의 투자자들이 자신들의 목적을 분명하게 했다면, 이들은 일반적으로 계속적인 재정 지원이 고려되도록 하기 위해서 측정 가능하고 과학적으로 엄정한 자료가 수집될 것을 예상한다. 이러한 요인으로 이루어지는 평가는, 프로그램 실행자들이 내담자들에게 더 잘 적용되고 내담자들을 더 잘 이해하는 것을 돕도록 설계되는 평가와는 차이가 있을 것이다.
평가자가 사용할 수 있는 자원은 무엇인가? 직원들이 자료 수집을 도울 것인가? 인턴이나 사무직의 도움을 받는 것이 가능한가? 평가자는 어떤 종류의 기록(예: 의료 기록, 재정 기록, 학업 성적)을 사용할 수 있는가?	어떤 자원을 사용할 수 있는지 아는 것은 평가자로 하여금 신뢰할 수 있고 접근이 용이하며 이해할 수 있는 자료를 제공하는 자료의 원천을 선택할 수 있도록 한다.

이러한 질문들의 여러 가지 목적 중에서, 가장 먼저 평가자는 프로그램이 무엇을 하고자 설계되었고, 프로그램과 관련된 사람들이 무엇을 성취하고자 기대하며, 어떤 성과나 결과가 예상되는지 이해하고자 해야 한다. 평가자는 이와 같은 질문에 대한 답을 사용해서 평가를 수행하기 위한 방략을 만들기 시작한다. 또한, 평가자는 평가의 어떤 측면이 이미 준비되거나 합의되었고 어떤 측면이 아직 결정되지 않았는지 이해하고자 한다.

그 뒤에 평가자는 프로그램 직원들과 긴밀하게 협조해서 프로그램과 평가에서 의도하는 전달 방법을 선택한다. 이러한 결정은 또한 선행 연구와 이론을 참고해서 이루어져야 한다. 달리 말하면, 우리는 '어떤 상황에서 무엇이 누구를 대상으로 효과가 있는지'를 알아야 한다. 의도하는 전달 방법을 선택할 때에는 의도하는 모집단의 가치, 선택된 개입의 내용이나 과정에 내재한 가정들, 현재 개입의 문화적 적용과 같은 문화적 요소를 고려해야 한다(Hage et al., 2007).

Nation 등(2003)은 기술과 관련된 요소를 포함하고 다양한 교수 방법을 시행하는 프로그램이 가장 효과적이라고 보았다. 예를 들면, 대학생의 폭음을 줄이는 것에 대한 프로그램을 개발하는 과정에서, 자기주장 훈련, 효과적인 의사소통, 음주 거절과 같은 개입에 목표를 두는 기술들을 고려해야 한다. 이러한 기술은 의미 있고, 개인적이고, 적용 가능한 것으로 인식되는 다양한 방법들(예: 경험적 학습, 언어 학습)을 사용해서 가르쳐야 한다.

숙련된 평가자는 또한 평가에 대한 요구가 진실한 것인지, 아니면 프로그램이 좋다는 것을 단순히 '인증'하려는 시도인지를 확인하고자 노력해야 한다. 초심 평가자, 특히 열의가 높은 평가자는 종종 그런 상황에 빠지게 된 것을 알게 된다. 이런 경우에 대한 우리의 충고는 얽히지 말라는 것이다. 이는 평가자가 이득에 관계없이 어떤 일이든지 맡을 것이라는 평판으로 이어질 수 있다. 모든 평가자들은 자신이 생각했던 유형으로 평가를 수행하지 않았기 때문에 해당 프로젝트를 맡지 않았더라면 좋았을 것이라는 생각을 한다. 평가자들은 자신이 평가를 하는 것에 동의하는지 결정하기 위해 다음의 질문들을 사용할 수 있다. 평가를 수행하기에 충분한 시간과 자원이 있는가? 평가에 몰입하는 데 필요한 자원, 배경 지식, 시간을 가지고 있는가? 일반적으로 평가자가 평가를 수행하기 위해 내용 전문가일 필요는 없다. 즉, 평가자가 괴롭힘 방지나 폭음에 대한 전문가일 필요는 없다. 그러나 몇몇 프로그램 관리자들은 처치의 가치를 평가하기 위해 평가자에 의존하기도 한다. 이런 경우에 평가자가 주제 영역의 전문가가 아니라면, 내용 전문가를 고용하는 데 충분한 예산이 있는가? 또는 프로그램 평가자가 내용 전문가의 역할도 맡아야 하는가?

평가자는 이 모든 질문들에 대한 충분한 답이 있을 것으로 기대할 수는 없다. 모든 프로그램이 정확하게 정의되는 것은 아니며, 이 질문들 중 많은 질문들이 답하기 어려운 경우가 많으며, 특히 초기 계획 단계에서는 더욱 그렇다. 이는 평가자와 프로그램 설계자 간에 계속적인 협상을 위한 많은 회색 영역을 남기지만, 우리는 평가자가 프로그램의 계획 단계부터 관여할 것을 제안한다. 왜냐하면, 이렇게 하면 평가자가 프로그램이 시작한 이후에 관여하기보다 매일 이루어지는 프로그램의 작동에 평가의 자료 수집 과정을 통합할 수 있다. 프로그램이 시작한 뒤에 평가가 이루어지게 되면 평가의 자료 수집 과정은 '부가물(add-ons)'이 되며, 이는 이미 과도한 업무량의 직원들에게 선택 사양, 시간 때우기, 또는 더 안 좋은 경우 의미 없는 사무 처리로 보일 수 있다. 그러나 협상 과정에서 이러한 질문을 함으로써, 프로그램 평가자는 평가 수행에 동의할 것인지에 대해서 정보에 근거한 결정을 내릴 수 있는 위치에 있게 된다.

초기 회의와 평가 과정을 통해서 평가자는 자신의 직관, '직감', '내면의 목소리'에 귀 기울이는 능력을 개발해야 한다. 프로그램 평가는 아마도 3/4의 과학과 1/4의 예술로 구성된다. 프로그램 평가의 예술적 측면은 자신의 직관에 귀를 기울이고 이를 신뢰하게 되는 것을 말한다. 유능한 연구자이고 평균 이상의 구술과 작문 능력을 가지고 있으며 뛰어난 조직화 기술을 보인다면 평균 이상의 프로그램 평가자가 될 수 있다. 그러나 전문가의 영역에 들어서기 위해서는 직관을 듣고 신뢰하는 능력이 요구된다. 좋은 프로그램 평가자는 때로 노트북을 소지하면서 회의, 상호작용, 관찰에 대한 기록을 하고 자신이 받은 인상과 통찰 역시 기록한다. 이러한 메모와 통찰 중 많은 것들이 실제로 실행되지 않지만, 이들 중 몇 가지, 특히 계속해서 다시 등장하는 것들은 더 많은 조사와 연구의 대상이 되는 가설이 된다. 이러한 인상, 통찰, 느낌을 계속 기록하고 때때로 이를 검토함으로써 평가가 사실을 계속 반추하는 것이 아니라 프로그램의 이득과 한계점을 포함해서 프로그램을 보다 완전하게 이해하는 모습을 띠게 된다.

첫 번째 단계가 마무리되는 단계가 되면, 평가자는 프로그램의 목적, 프로그램이 어떻게 시행될 것인지, 프로그램이 이루고자 하는 성과, 평가의 진행에 대해 프로그램 설계자가 예상하는 것에 대한 기초적인 이해를 하게 될 것이다. 이러한 이해를 명확하게 하기 위해 평가자는 프로그램에 대해 기술하게 되는데, 여기에는 세 가지 목적이 있다. 첫째, 평가자가 프로그램에 대해 이해하는 것을 문서화함으로써 평가자는 분명하지 않게 정의된 개념이나 답하지 못한 질문을 확인할 수 있다. 둘째, 평가자는 현실 검증으로 이 문서를 프로그램과 관련된 다른 사람들과 공유해야 한다. 동의하지 않는 사항들을 논의하는 것은 때로 프로그램 설계자가 프로그램의 모호한 측면을 확인하고 분명하게 하도록 돕는다. 셋째, 이 문서는 프로그램 보고서의 첫 번째 부분인 프로그램 기술로 사용될 수 있다. 평가자는 자신이 평가를 진행하기로 동의했음을 진술하는 짤막한 메모를 프로그램 기술에 포함해야 하며, 이는 평가의 비용과 방법에 대한 최종 합의가 도달할 수 있음을 가정하는 것이다. 이 메모는 보다 자세한 문서가 기술될 때까지 비공식적 합의문의 역할을 한다.

2단계: 적절한 평가 방법 선택하기

평가 과정의 두 번째 단계에서는, 프로그램에 대한 기술에서 평가의 목적으로 초점이 이동한다. 프로그램의 효과를 어떻게 측정하고 이에 대한 정보를 어떻게 제공할 것인가? 평가의 수행에서 가장 어려운 부분 중 하나는 프로그램 평가의 목표에 대한 초점을 계속 유지하는 것이다. 중요도가 높은 평가의 주요 목적에 집중하고, 흥미롭지만 중요하지 않은 프로그램의 문제로 새어나가지 않는 것이다. 프로그램의 목적에 대한 초점을 유지하는 구체적인 단계를 밟는 것은 매우 중요하지만 때로 잊기 쉬운 과제이다. 이를 기억하지 못하게 되면 소중한 시간과 자원을 프로그램의 중요하지 않은 측면에 대한 자료를 수집하는데 허비한다든지, 평가자와 이해 관계자들이 평가에 포함되어야 하는 것들을 따지면서 불안, 좌절, 긴장을 초래한다든지, 중요한 자료를 수집할 기회를 놓친다든지, 때로는 평가의 목적을 모두 놓치게 되면서 이후 획득된 결과가 쓸모없게 될 수도 있다. 모든 평가자들은 적어도 한 번 또는 그 이상, 평가에 대한 적절한 계획을 세우지 못하고 최종 보고서의 기한이 도래하면서 평가의 빈 공간을 허겁지겁 채워나가면서 좌절감, 전문가로서 부끄러움, 공황 상태에 빠지기 쉽다. 프로그램과 평가에 때로 엄청난 혼란을 초래할 수 있는 영향력과 요인들은 여러 가지가 있을 수 있다. 정치적 입장, 능력이 부족한 프로그램 직원, 공격적인 프로그램 참여자, 예산 삭감 등. 이러한 요인들은 몇몇 평가에 숨어들어가서 프로그램과 평가를 틀어지게 할 가능성도 있다. 초점이 흐트러진 평가로 인해서 이러한 혼란이 더 가중될 필요는 없다. 다음에 제시된 7단계가 초점이 분명한 평가를 만드는 데 있어서 핵심 과제이다.

연구 응용: 초점을 유지하는 평가로 이끄는 7단계

단계	해당 단계에 도달했음을 지지하는 증거
1. 이해 관계자들로부터 정보를 구하고 프로그램의 목표를 확인한다.	
2. 프로그램 목표를 달성하기 위해 프로그램 실행을 검토하는 계획을 설계한다.	
3. 프로그램 목표에 도달하는 프로그램 과정을 평가하는 계획을 설계한다.	
4. 프로그램 목표에 대한 진행 상황을 평가하기 위해 구체적인 자료 수집 계획을 세운다.	
5. 프로그램 목표를 검토하는 자료 분석을 계획한다.	
6. 프로그램 목표 달성에 필요한 평가 비용과 시간을 추산한다.	
7. 관련되는 이해 관계자들과 함께 프로그램 목표 달성에 필요한 서비스, 비용, 책임에 대한 최종 합의에 도달한다.	

다음에 각 단계에 대한 설명을 프로그램 평가자가 고려해야 할 관련 질문 및 예시와 함께 자세하게 기술하고자 한다.

1단계: 이해 관계자들로부터 정보를 구하고 프로그램의 목표를 확인한다 평가의 초점/목적을 형성하는 과정은 프로그램 관리자, 투자자, 프로그램에 특별한 관심이 있다는 다른 사람들과의 대면 만남에서 시작한다. 만나야 하는 사람들이 프로그램을 수행할 책임이 있는 사람들만을 포함하는 것이 아님을 주의한다.

이 단계는 이해 관계자들의 더 큰 투자와 헌신뿐만 아니라 프로그램을 더 명확하게 하는 것을 돕는 첫 단계다. 평가 과정을 신뢰하고 시간을 들여서 목표를 명확하게 하고 이해하며 평가를 설계하고 평가 과정을 주기적으로 검토하고 어느 정도 자료를 수집함으로써, 이해 관계자들은 때로 프로그램에 대한 자신들의 걱정을 더 분명하게 볼 수 있다. 이해 관계자들이 프로그램의 평가에 더 많이 관여할 때, 그들은 평가를 위한 비용이 도움을 주는 피드백의 결과를 낳을 것이고 자료가 충실하게 수집될 필요가 있고 평가의 결과가 다음 회기의 프로그램에 성공적으로 통합될 것이라고 느낄 가능성이 더 높다.

평가 과정에 이해 관계자들을 적극적으로 개입시키는 것은 평가의 가장 반(反)직관적인 단계 중 하나다. 초심 평가자들은 때로 평가를 연구를 할 때와 동일하게 접근하며, 자료를 수집하고 평가를 시행하고 결과를 분석하는 프로토콜을 미리 만든다. 다른 사람들이 프로토콜을 만드는 것을 돕고 자료 수집 방법을 제안하고 결과를 해석하는 것을 돕도록 허용하는 것은 과학적 객관성에 반대되는 것으로 보인다. 관련된 이해 관계자들과의 경험을 통해 대부분의 평가자들은 다음의 관찰을 하게 된다. 첫째, 이해 관계자들은 프로그램에 깊이 헌신하고 있을 때에도 때로 매우 객관적인 관점을 가진다. 이들은 의심스러운 평가 방법을 사용하는 것이 평가와 평가 결과의 실행을 위험하게 만들 수 있다는 것을 빨리 이해하는 편이다. 이해 관계자들은 이를 느슨하게 넘어가기보다는 가용한 방법 중에서 가장 객관적이고 엄격한 방법을 선호한다. 둘째, 평가자가 아주 약간의 지침을 제공하면 이해 관계자들은 평가자가 원래 구상했던 평가의 유형을 만든다. 셋째, 평가자들은 자신이 이해 관계자들로부터 정보를 구하는 것이지 평가를 전적으로 이해 관계자들에게 넘기는 것이 아님을 기억해야 한다. 넷째, 이해 관계자들을 관여시키는 것을 선택하는 것은 단순히 '입에 발린 말(lip service)'이 되어서는 안 되며, 이해 관계자들의 의견을 판단하는 것이 되어야 한다. 평가의 유용성에 대한 최종적인 결정을 내리는 것은 궁극적으로 이해 관계자들이기 때문에 조금이라도 부족한 부분이 있다면 이는 평가를 위험하게 만들 수 있다.

초기 계획 회의에 이해 관계자들이 참여함으로써 평가자는 프로그램의 가치를 결정할 때 이해 관계자들이 필요로 하는 정보를 만족시키는 자료 수집 방략을 포함시킬 수 있다. 이러한 방략을 포함함으로써 특히 최종 보고서에서 프로그램이 그다지 효과적인 것이 아닌 것으로 나타났을 경우 몇몇 이해 관계자들이 평가에 문제가 있다고 주장하는 것을 줄일 수 있다.

그러나 이해 관계자들이 프로그램 평가 계획 단계에 관여하는 것에 관심이 별로 없는 것으로 보일 때 실망하지 않는 것이 중요하다. 이 경우 이해 관계자들의 의견과 제안을 적극적으로 구하는 것이 도움이 된다. 여기에서 중요한 단어는 '적극적'이라는 단어다. 이해 관계자들을 공식적으로 한 번 이상 초대하는 것에 더해서, 평가자가 이해 관계자의 참여의 중요성을 강조하는 전화를 할 필요가 있다. 이해 관계자의 의견을 모으는 또 다른 방략은 프로그램의 초기 계획과 평가 계획에 동일한 사람들이 관여하는 것이다. 이때 이 집단에 프로그램을 사용할 사람들이 포함되는 것으로 가정한다.

평가 계획이 초본으로 준비되었다면, 프로그램 관리자나 직원, 프로그램 수혜자, 일반 대중이 참석하는 기존 회의에서 공개적으로 평가 계획이 발표되어야 한다. 예를 들면, 어떤 사람이 스트레스 감소를 위한 상담 프로그램을 평가한다면, 대학 상담 센터에 예산을 지급하는 대학 본부를 대상으로 평가 계획을 발표할 수 있다. 다른 프로그램에 대해서 이런 공적 주체는 학교 프로그램의 사친회(PTA), 시(市)가 후원하는 프로그램의 경우 시의

회, 대학 프로그램의 경우 운영위원회가 될 수 있다. 이러한 회의에서 나온 자료들이 평가 계획에 통합되는 것이 매우 중요하다. 이 시기는 적절한 논의 없이 계획을 강행하거나 의견을 구하고 이를 일축하는 시간이 아니다. 평가자들이 이해 관계자들로부터 의견을 구한다면, 이들의 제안과 의견을 진지하게 고려하는 것은 평가자의 책임이다. 평가자는 적절한 평가 과정을 결정할 때 프로그램의 목적을 다시 생각해야 한다. 평가를 만드는 과정에서 다음의 몇 가지 질문이 평가자에게 도움이 될 수 있다.

1. 프로그램의 어떤 측면들이 평가되어야 하는가?
2. 프로그램 전체를 평가할 것인가, 아니면 새롭게 추가된 요소만을 평가할 것인가?
3. 프로그램의 어떤 시점에서 평가를 시작하고 언제 평가를 끝낼 것인가?
4. 프로그램의 개념화 단계, 설계 단계, 실행 단계 중 어느 단계에 초점을 맞출 것인가?
5. 평가자가 측정 가능한 효과성을 기대할 만큼 프로그램이 충분히 성숙한가?

평가 계획을 만드는 과정에서 이러한 질문에 대해 생각해 봄으로써, 평가자는 프로그램 평가의 목표와 일관성 있는 방향으로 평가를 유지할 가능성이 높다. 또한, 평가를 설계하는 과정에서 프로그램의 시간과 성숙도를 고려함으로써, 프로그램에 대한 평가가 적절하게 이루어질 가능성이 높다.

이 시기는 또한 평가자가 평가 과정에서 답을 구하게 될 구체적인 질문에 주의를 기울이는 시기다. '이 프로그램이 가치가 있습니까?' 또는 '이 프로그램이 성공적이었습니까?'와 같이 매우 일반적인 질문으로 평가를 수행하는 것은 충분하지 않으며, 프로그램 평가의 첫 번째 기준을 어기는 것이다. 프로그램 평가의 첫 번째 기준인 유용성에 대한 요구(Joint Committee on Standards for Educational Evaluation, 1994)에서는 평가를 통해 이해 관계자들이 관심을 가지는(이해 관계자들의 목표를 다루는) 질문에 대한 답을 구해야 한다.

1. 다양한 집단들 안에 분파가 있는가? 그렇다면 이러한 분파가 프로그램 평가의 목표에 어떤 영향을 미치는가?
2. 이러한 분파가 얼마나 깊으며, 무엇에 근거한 분파인가?
3. 이러한 분파가 평가 과정과 평가 결과의 수용에 미치는 효과가 얼마나 클 것인가?
4. 이 집단 내에서 서로 다른 관점이 어떻게 다루어지고 있는가?
5. 핵심 이해 관계자들의 관점과 반대되는 관점들이 제기되거나 충분히 고려되는 것이 허용되는가, 아니면 빨리 무시되는가? (후자의 상황이 발생한다면 평가자는 '방금 제기된 사안을 다시 짚어보고 싶습니다. 여기에 대해서 더 자세히 말씀해주실 수 있나요?'와 같이 말하면서 간과된 관점 쪽으로 대화의 방향을 돌려야 한다.)

회의에서 제기되는 우려 사항이 단지 목소리가 높은 사람들의 의견만을 나타내는 것이 아니라 힘이 약하거나 소수, 또는 간과된 이해 관계자들의 목소리 또한 반영하는 것이 평가자의 책임이다.

이러한 초기 회의에서 평가자는 일반적으로 프로그램 관리자들이나 다른 이해 관계자들로부터 '전문가'(그리고 때로는 말하는 것이 사실이 되는 사람)로 간주된다. 따라서 평가자가 다른 사람들이 의견을 말하도록 하고 논의 과정을 촉진하는 것이 중요하다. 만약 평가자의 목소리가 너무 크다면 평가는 이해 관계자들이 예상한 그림이 아니라 평가자에 의해 나눠지는 것이 될 수 있다.

2단계: 프로그램 목표를 달성하기 위해 프로그램 실행을 검토하는 계획을 설계한다 이해 관계자들이 평가에서 다루기를 바라는 목적을 평가자가 이해한 뒤, 평가자는 종종 자료 수집을 위한 두 가지 계획을 약간 초점을 다르게 해서 세운다. 첫 번째 계획은 이 절에서 논의하며, 프로그램이 실제로 한 것 또는 프로그램이 어떻게 실행되었는지에 대한 근거를 수집하는 것이다. 다음 절에서 논의되는 두 번째 계획은 프로그램의 효과성을 측정하는 자료 수집 방략을 제시한다. 이 두 가지 계획은 모두 평가자가 이해 관계자들이 제안한 일련의 평가 목적과 질문, 예산 및 시간과 같은 제한된 자원, 일반적으로 수용되는 자료 수집 방법들을 모두 고려해서 작업할 것을 요구한다. 이 과정을 시작하는 가장 손쉬운 방법은 표 22.1에 제시된 표를 만드는 것이다. 각각의 평가 질문에 대해서 다음의 5개 분야가 검토된다. (1) 정보의 출처, (2) 필요한 자원, (3) 정보 수집 방법론, (4) 시간, (5) 자료 분석.

요약하면, 프로그램의 실행을 평가할 때 프로그램 평가자는 프로그램이 실제로 수행한 것과 프로그램이 어떻게 실행되었는지를 주의 깊게 고려할 필요가 있다. 이는 지극히 당

표 22.1 워크숍을 위한 평가 계획표의 예

평가 질문	정보의 출처	필요한 자원	정보 수집 방법론	시간	자료 분석
워크숍에서 정보가 어떻게 제시되는가?	워크숍: 워크숍 발표자	계획서	구조화된 관찰: 워크숍 계획 자료	워크숍이 진행되는 동안	기술 통계
워크숍이 참석자의 요구를 만족시켰는가?	워크숍 참석자들의 기록: 참석자를 대상으로 한 설문지	일부 참석자들을 위한 기록: 기록의 대가로 지불되는 수당, 설문지	기록지: 설문지	마지막 워크숍에서 돌려받은 기록지: 워크숍이 끝난 뒤에 실시된 설문지	질적 자료

연한 것으로 보이지만, 다음에 제시된 예에서 보여주는 것처럼 그 중요성을 간과해서는 안 된다.

실제 연구에 적용하기 22.1

다음의 예를 생각해보자. 어떤 프로그램 평가자가 한 대학의 성소수자(LGBTQ) 센터를 통해서 진행되는 또래 멘토링 프로그램의 실행을 평가하는 계약을 맺는다. 프로그램 평가자가 프로그램이 성공적이었는지를 결정하기 위해서 평가자는 또래 멘토링 프로그램이 실행되었는지, 프로그램은 무엇에 대한 것이었는지, 누가 참여했는지, 프로그램이 참여자의 요구를 얼마나 잘 만족시켰는지를 알아야 한다. 이것들이 프로그램 실행의 측정치다.

평가자가 멘토링 프로그램이 시행되었다는 것을 알고 난 뒤에만이 프로그램의 효용성을 평가하는 것이 합당하다는 것은 당연한 것으로 보인다. 그러나 일어나야 할 일들이 실제로 일어났다고 가정하지 않는 것, 그리고 예상치 않은 일들이 전혀 일어나지 않았다고 가정하지 않는 것이 중요하다.

모든 프로그램 평가자는 프로그램이 의도했던 것과 실제로 프로그램이 시행된 것 간에 차이가 있음을 보여주는 수많은 예를 알고 있다. 프로그램의 몇몇 요소들이 없었기 때문에 프로그램이 실패한 것에 대한 예는 수없이 많지만, 다음에 제시된 예에서 보여주는 것처럼 의도하지 않은 방식으로 성공한 프로그램도 있다.

실제 연구에 적용하기 22.2

미국 중서부에 위치한 대규모 대학교에 재학 중인 신체장애를 가진 학생들을 돕기 위해 설계된 프로그램의 예를 생각해보자. 학생 서비스 센터의 목적은 이 학생들의 공부 방법을 향상하는 것이었다. 이를 위해 공부 방법에 대한 워크숍(예: 시험을 치르는 방략, 기억 향상 방법)과 정보 접근을 촉진하는 최신 과학 기술(예: 시력이 좋지 않은 학생들에게 대형 활자 컴퓨터 모니터를 제공, 사지 마비나 하반신 마비 학생들에게 목소리로 작동되는 문서 작성기를 제공)을 제공하는 두 가지 방식을 사용했다. 이러한 서비스가 학생들에게 제공되었고, 훈련을 통해서 일부 학생들은 상당히 성공적인 것으로 나타났다. 그러나 학생들과의 대화를 통해서 프로그램의 두 가지 가장 중요하고 도움이 된 측면이 나타났다. 한 가지는 공강 시간에 이 학생들이 신체장애를 가진 다른 학생들과 교류할 수 있는 장소가 생긴 것이고, 또 한 가지는 코트 단추를 잠근다든지, 안경을 똑바로 한다든지, 휠체어가 고장 났을 때 누군가 이들을 데리러 온다든지 하는 보다 일상적인 활동에 있어서 이 학생들을 도울 수 있는 사람들이었다. 이러한 서비스로 인해 이들이 대규모 대학교에서 전일제 학생이 될 수 있었다.

관찰 방법론은 프로그램이 실행되었는지 그리고 실행 동안 어떤 형태였는지를 알 수 있는 가장 일반적인 방법이다. 관찰의 한 가지 형태에서 관찰자는 활동에서 떨어져 있어야 하고 일반적으로 관찰은 프로그램 활동을 구조화된 방식으로 표집한다.

실제 연구에 적용하기 22.3

다음의 예를 생각해보자. 어떤 지역사회 센터에서 감옥에서 퇴소한 후 지역사회로 가는 과도기에 있는 사람들에게 준비 작업을 해주는 프로그램을 제공하고자 한다. 프로그램은 각 60분으로 구성된 6개의 워크숍으로 구성되며 직업 구하기, 직장에 지원하기, 과도기 동안 지지 체계를 세우기와 관련된 정보를 제공한다.

이 프로그램에 대한 구조화된 관찰을 하기 위해서 평가자는 정해진 시간 동안 워크숍을 관찰해야 한다. 예를 들면, 6시간짜리 워크숍을 하는 동안 5분씩 25회 관찰하는 형식이다. 5분 관찰하는 동안 평가자는 표준화된 코딩 양식에 워크숍에서 이루어지고 있는 것을 표시하게 된다. 프로그램의 목표 중 하나가 이론적이고 강의 형식의 발표에 의존하기보다는 생활에서 일어나는 실제 예를 정보를 제시하는 도구로 사용하는 것이라면, 구조화된 관찰에서는 무엇보다도 발표자가 1분 동안 정보를 어떻게 제공하는지를 관찰하게 된다. 정보 제공에 대해 가능한 분류는 (1) 사실에 대한 진술, (2) 예시의 제시, (3) 질문과 대답, (4) 기타, (5) 정보를 제시하지 않음이 있을 수 있다. 1명 이상의 관찰자들이 서로 구별된 분류에 있어서 인간 행동을 신뢰할 수 있게 코딩하는 것이 때로 어려울 수 있으므로, 공식적으로 자료를 수집하기 전에 코딩 양식을 미리 시험해보는 것이 좋다. Fitzpatrick, Sanders와 Worthen(2004)은 관찰 양식을 어떻게 구성하고 예비검사를 하며 구조화된 관찰 자료를 어떻게 분석하는지에 대한 좋은 참고문헌이다.

일반적으로 사용되는 또 하나의 관찰 방법은 참여자 관찰로, 관찰자가 프로그램 참여자로 과정에 적극적으로 관여해야 한다(Patton, 2002). 참여자 관찰은 구조화된 정도가 더 적으며 질적 방법에 가깝다(16장 참고). 참여자 관찰에서는 관찰자가 활동이 진행되는 동안 또는 활동이 끝나자마자 메모를 적어야 한다. 참여자 관찰 방법론에 대해 더 많은 정보를 원하는 독자는 Patton(2002)을 참고한다. 구조화된 관찰은 발생하는 활동의 양을 측정하도록 설계된 반면, 활동 이전, 활동이 이루어지는 동안, 활동 이후의 분위기도 같이 기록하는 것이 바람직할 때 참여자 관찰이 특히 유용하다.

구조화된 관찰과 참여자 관찰이 두 개의 서로 다른 자료를 제공하고 일반적으로 서로 다른 질문에 대한 답을 제공하지만, 평가에서 두 가지 관찰 방법을 모두 사용하는(동시에 사용하지 않지만) 일은 드물지 않게 일어난다. 구조화된 관찰 기간과 참여자 관찰 기간을 통해 프로그램 활동을 평가하는 것은 풍부한 자료를 제공한다. 프로그램 평가자가 스트레스 감소 프로그램에 대한 평가를 참여자 관찰로부터 시작하도록 했다고 하자. 평가자는 처음 몇 번의 워크숍에 참석해서 워크숍의 구조, 참여자들이 실제로 스트레스 감소 기법을 연습하는 정도, 이 워크숍에서 평가자가 어떻게 느꼈는지를 기술한다. 이런 관찰을 하는 동안 평가자는 프로그램에 대한 몇 가지 잠정적인 가설을 만들 수 있다. 예를 들면, '참여자들이 때로 스트레스 원인에 대한 논의를 제기했지만 상담자는 이를 제기하지 않았다.' 또는 '이러한 스트레스 감소 기법은 수업 상황에서는 쉬운 것으로 들리지만, 내가 워크숍 밖에서 이를 연습할 것이라고 생각하지 않는다. 내 삶은 이런 시간을 내기에는 너무 정신없다.' 이러한 가설, 인상, 관찰, 그리고 다른 가설들은 참여자 설문지의 질문을 만드는 데 사용되거나 구조화된 관찰을 통해서 추후에 계속 관찰할 수 있다.

프로그램 실행을 평가하는 데 있어서 관찰 방법이 아주 유용하지만, 다른 방법들 역시 유용할 수 있다. 활동 로그, 출석 체크지, (내담자의 허락을 받은) 개인 내담자 기록과 같은 프로그램 기록은 프로그램 동안 어떤 활동이 있었는지에 대한 유용한 기록을 제공한다.

실제 연구에 적용하기 22.4

다음의 예를 생각해보자. 프로그램 참여자들과 지역사회 지지 프로그램(의료 검진, 음식 제공, 아이 양육 수업)을 연결하고자 기획된 프로그램이 효과적이었는지를 알아보기 위해 프로그램 평가가 시행되었다.

이 프로그램의 목적의 효과성을 평가하기 위해 프로그램 평가자는 몇 개의 가족 기록을 무선적으로 뽑아서 검토할 수 있다. 이러한 가족 기록에는 참여자가 이러한 지역사회의 도움과 지지를 구했는지, 그리고 이러한 서비스가 참여자에게 제공된 정도가 나타날 수 있다. 다른 경우에는 참여자에게 어떤 서비스에 대한 의뢰를 받았고 실제로 어떤 서비스를 경험했는지를 직접 물어봐야 할 것이다. 물론, 지역사회 서비스에 의뢰된 참여자의 수와 실제로 서비스를 받은 참여자의 수에는 차이가 있을 수 있다.

앞서 설명했듯이, 평가 과정이 진행되면서 평가자는 평가의 목적에서 쉽게 벗어날 수 있다. 예를 들면, 어떤 평가자는 서비스에 의뢰된 참여자들이 왜 계속 서비스를 찾지 않았는지에 대해 알아보는 것에 흥미가 있을 수 있다. 참여자들이 잘못된 서비스 기관에 의뢰되었기 때문인지, 참여자들이 특정 서비스를 받을 자격이 되지 않았는지, 교통수단이나 아이를 맡길 곳이 마땅하지 않아서 첫 약속 시간에 가지 못했는지, 사회 복지 서비스 기관을 신뢰하지 않아서 가는 것을 거부했는지? 이를 알아보는 것이 훌륭한 기능을 하겠지만, 프로그램 평가자는 먼저 평가의 목적에 초점을 두어야 하고, 그런 다음에 새로운 질문이 프로그램의 목적의 범위에 들어가는지를 결정해야 한다.

3단계: 프로그램 목표에 도달하는 프로그램 과정을 평가하는 계획을 설계한다 평가는 프로그램이 어떻게 실행되었는지를 살펴보아야 할 뿐만 아니라, 프로그램이 기대 효과가 분명하게 나왔는지, 그리고 프로그램이 종료되지 않았다면 프로그램이 목표를 이루는 방향으로 나아가고 있는지를 확인해야 한다. 프로그램 실행을 점검하는 데 있어서 프로그램 자료와 관찰을 사용해서 프로그램의 목표 및 기대되는 결과와 관련된 진행 상황을 측정할 수 있다. 또한 만족도 설문지, 초점 집단, 자기보고 일지나 기록, 내용 검증이 유용할 수 있다. 다음에 이 방법들을 하나씩 설명한다.

설문지는 프로그램이 참여자에 미친 효과에 대한 정보를 수집하는 상대적으로 쉽고 저렴한 방법이다. 전통적인 설문지는 프로그램 참여자로부터 정보를 구할 때 이 방법을 선택하도록 만드는 여러 가지 장점이 있다. 설문지는 시간에 따른 참여자 특징의 변화를 추적하거나(예: 프로그램의 매 회기가 끝난 뒤에 증상 질문지를 실시), 프로그램을 시작하기 전 또는 프로그램이 끝난 뒤에 전반적인 기능을 점검하거나(예: 사전-사후 검사 설계), 참여자의 자기보고 행동을 기록하는 것(예: 참여자가 의뢰에 응했는지)에 사용될 수 있다.

설문지 사용의 한계점을 고려하고 특정 참여자에게 설문지를 사용하는 것의 문화적 적절성을 확인하는 것 역시 중요하다. 예를 들면, 프로그램 평가자는 설문지를 실시하고자 하는 모집단을 평가할 필요가 있다. 예를 들어, 해당 모집단의 읽고 쓰는 능력이 문제라면, 평가자는 개인 또는 집단을 대상으로 구술 면접을 실시할 수 있다. 만일 사전-사후 검사 설계를 사용한다면, 프로그램 참여자를 쉽게 구할 수 있는지 또는 사전 검사에 이어서 사후 검사 정보를 구하기 위해 참여자를 따라가는 것이 어려울 것인지를 고려할 수 있다. 정보가 단일 반응으로 쉽게 전달되는지, 아니면 전체적인 이해를 위해 더 많은 설명이 필요한지 역시 고려의 대상이다.

서면으로 작성된 자세한 반응이 필요할 때에는 설문지가 자료 수집 방법이 되어서는 안 된다. 사람들은 일반적으로 여러 개의 개방형 질문에 응답하지 않으며, 반응은 한두 문장 이상으로 길어지지 않는다. 사회 프로그램에서는 설문지 방법의 유용성이 제한되는 상황이 종종 존재한다.

실제 연구에 적용하기 22.5

다음의 예를 생각해보자. 세 가지 개별 프로그램을 평가하기 위해 어떤 기관이 고용되었는데, 세 프로그램 모두 참여자들의 설문지에서 어려움을 겪고 있었다. 첫 번째 프로그램에서는 공공 주택 가족들에 대한 자료가 손실되었는데, 이는 사후 프로그램 자료 수집의 어려움으로 인한 것이었다. 프로그램이 1년 동안 진행되고 있던 도중에 공공 주택 단지가 개조되었다. 이로 인해 프로그램에 참여했던 가족들이 도시 곳곳으로 흩어졌으며, 이사를 나갔던 가족들 중에서 다시 공공 주택으로 돌아오거나 이사간 곳의 주소를 남긴 가족이 거의 없었다. 두 번째 프로그램 평가 역시 공공 주택 단지에서 이루어졌는데, 공공 주택 주민들에게 지역 사회의 측면에서 자신들이 바꾸고 싶은 것에 대해서 설문 문항에 답하도록 했다. 자료 분석이 끝난 뒤에 평가자는 반응 양상이 일관적이지 않다는 것을 발견했고, 그때에서야 많은 주민들의 글을 읽을 수 없어서 설문지에 무선적으로 표시했다는 것을 깨달았다. 세 번째 프로그램에 대한 평가에서는, 프로그램 참여자들이 4주간의 수업을 마치고 나서 프로그램 서비스를 받기 전에 프로그램 직원들이 참여자들이 설문지를 작성하도록 도와야 했다. 평가자는 평가가 이런 방식으로 진행되고 있다고 생각했지만, 프로그램이 시작하기 전에 직원들이 참여자들에게 설문지를 작성하도록 한 경우가 거의 없다는 것을 프로그램이 끝난 뒤에야 알게 되었다. 즉, 사전 프로그램 설문지와 사후 프로그램 설문지를 모두 작성한 사람이 거의 없었다.

초점 집단이나 면접과 같은 다른 방법들을 사용해서 프로그램이 의도하는 결과에 대해 참여자들로부터 깊이 있는 자료를 수집할 수 있다. 초점 집단 방법은 사람들이 일상적인 경험이나 관점을 논의할 때 사람들 간의 상호작용에 의존한다. 초점 집단의 자료는 질적 자료이고 사람들의 경험, 생각, 아이디어, 인상을 반영하므로, 이 방법은 기본적으로 프로그램이 참여자들에게 어떻게 영향을 미치는지에 대한 자기보고 방법이다. 16장에서 논의한 것과 같이, 초점 집단이나 면접에서 수집된 질적 자료는 사람들의 경험에 대한 풍부한 설명을 제공한다. 프로그램에 대한 사람들의 경험, 생각, 아이디어, 인상을 보다 세밀하게 이해하는 것에 평가자가 관심이 있을 때 이러한 자료를 수집하는 것이 적절할 수 있다. 프로그램에 대한 우려, 장점, 가치에 대한 다양한 관점을 수집하기 위해 프로그램 직원을 대상으로 초점 집단이 사용될 수 있다. 성공적인 초점 집단을 진행하기 위해서는 몇 가지 구체적인 기술이 필요하다. Kamberelis와 Dimitriadis(2011) 그리고 Krueger와 Casey(2000)는 초점 집단 방법을 사회과학에 적용하는 것에 대한 훌륭한 논의를 제시한다.

자기보고 기록이나 일지는 프로그램에 대한 참여자와 직원의 반응을 평가하거나 구체적인 행동의 빈도를 기록하기 위해 사용되는 또 다른 방법이다. 자기보고 기록은 일반적으로 체크리스트 형식을 취하며, 연구의 대상이 되는 행동의 빈도를 응답자가 주기적으로 기록한다. 반면 일지에서는 행동을 이야기 식으로 기술한다. 자기보고 기록과 일지 방법을 사용하는 것은 행동이 발생하는 대로 행동에 대한 구체적인 자료를 얻을 수 있다는 장점이 있다. 이는 설문지 방법에서 행동과 감정에 대한 일반적 진술을 분리된 시점에서 얻게 되는 것, 또는 설문지 방법에서 과거에 대한 참여자의 회상에 의존하는 것과 대비되는 장점이다.

실제 연구에 적용하기 22.6

다음의 예를 생각해보자. 당신은 평가자로서 스트레스 감소 프로그램이 실제로 스트레스를 감소시키는지 평가하며, 이를 위해 프로그램 참여자들에게 작은 노트북을 소지하도록 부탁한다. 참여자들은 스트레스를 느낄 때마다 스트레스 원인, 스트레스 초기 반응 행동, 그리고 이러한 스트레스 반응 행동으로 인해 자신의 스트레스 감정이 증가했는지 감소했는지 또는 스트레스 감정에 영향을 미치지 않는지를 기록하게 된다. 프로그램 평가자인 당신이 질적 자료 역시 수집하고자 한다면, 스트레스 원인, 행동, 행동의 결과 유목에 대한 상호 배타적 목록을 만들고, 참여자들에게 각각의 유목에서 하나의 항목에 표시하게 할 수 있다. 보다 복합적인 일지를 작성하고자 한다면, 스트레스를 일으키는 사건의 주변 환경, 스트레스 감정의 지속 시간, 스트레스 원인이 발생하는 시간에 대한 정보를 수집할 수 있다.

한편, 내용 검증(content testing)은 주제에 대한 프로그램 참여자의 지식을 평가하는 것이다. 내용 검증의 한 형태로 시험을 생각해볼 수 있다. 프로그램을 통해서 명확한 자료나 정보가 전달될 때 이러한 유형의 자료가 유용하다. 예를 들면, 스트레스 감소 프로그램의 참여자들에게 프로그램에서 교습한 내용에 대한 지식(예: 스트레스 감소 기법, 스트레스와 관련된 생리적 증상)을 평가하는 질문에 답하도록 할 수 있다. 프로그램 이전과 이후의 지식 습득 정도를 평가하기 위해 사전 검사와 사후 검사 형식으로 내용 검증이 이루어질 수 있다. 또한 내용 검증을 사용해서 응답자들이 특정한 주제에 얼마나 익숙한지를 결정하고 이를 통해서 프로그램의 내용을 조정하거나 또는 응답자들을 다양한 집단(예: 상, 중, 하)로 분류해서 이후 분석에서 사용할 수 있다.

4단계: 프로그램 목표에 대한 진행 상황을 평가하기 위해 구체적인 자료 수집 계획을 세운다

프로그램 평가자는 때로 자료의 '숲'에 쉽게 빠지게 되고, 그 결과 어떤 영역에 너무 많은 자료를 가지게 되거나 또는 어떤 영역에 자료가 전혀 없게 되기도 한다. 프로그램 평가자가 자료 수집에 대한 모든 방법을 고려한 뒤에, 우리는 표를 사용해서 평가 질문 및 각 질문에 대한 답을 구할 수 있는 다양한 방법을 정리해볼 것을 권한다. 성폭행 방관자에 대한 개입 프로그램을 평가하는 예를 사용해서 아래에 이러한 표의 첫 번째 열에 들어갈 내용을 기술해보았다.

연구 응용: 프로그램 평가 질문과 방법을 파악하기 위한 표의 예시

	평가 질문의 예: 프로그램이 방관자 개입 기술을 가르치는가?	평가 질문 1	평가 질문 2	평가 질문 3
방법 1	관찰 훈련을 받은 2명의 관찰자가 프로그램 회기에서 논의되는 내용을 기록한다.			
방법 2	2명의 평가자가 워크숍 커리큘럼과 내용에 대한 유인물을 검토한다.			
방법 3	워크숍 이전과 이후에 프로그램 참여자들이 방관자 개입 기법에 대한 지식을 평가한다.			

이러한 방식으로 평가자는 16장에서 제시된 바와 같이 자료 삼각측정법(data triangulation)을 사용한다. 여러 가지 방법, 여러 가지 형태의 자료원, 2명 이상의 자료 수집자나 관찰자가 있어야 프로그램의 효과성에 대한 가장 엄정한 평가를 할 수 있다. 또한 이러한 방략은 어떤 특정한 원천에 의존할 가능성을 감소시킨다. 여러 명의 의사가 진단을 내릴 때 의학 진단이 좀 더 신뢰할 만한 것처럼, 프로그램의 가치에 대한 평가 역시 여러 유형의 자료에 기초를 둘 때 보다 타당하다.

5단계: 프로그램 목표를 검토하는 자료 분석을 계획한다 평가 질문과 자료 수집 방법에 대한 표 22.1의 마지막 행에 '자료 수집'이 제시되어있다. 이전 장에서 논의된 것처럼, 자료 분석 방법은 매우 다양하며 평가자는 수집된 자료에 기초해서 자료 분석 방법의 적절성에 대해 명확하게 인식해야 한다. 예를 들면, 아래에 이러한 과정에 사용할 수 있는 몇 가지 질문이 제시되어있다.

1. 하위 점수를 계산할 것인가, 또는 각 문항의 빈도를 계산할 것인가?
2. 응답자의 설문지 자료와 워크숍 참석의 상관 계수를 구할 것인가? 그렇다면 이름이나 번호를 사용해서 두 가지 자료를 짝지을 수 있는 방법이 있는가?
3. 어떤 통계 방법으로 자료를 분석할 것이며, 자료를 크게 조작하지 않아도 분석이 가능한 방식으로 자료가 구성되는가?
4. 질적 자료라면 어떻게 분석할 것인가?
5. 사례 연구나 자료 요약을 할 것인가?

자료가 양적 자료인지 질적 자료인지 또는 문헌 자료인지에 관계없이 자료 분석의 계획에 시간을 투자하면 자료를 실제로 분석할 때 상당한 시간이 절약된다. 또한 철저한 계획을 통해서 자료 수집에서 치명적인 오차가 발생하는 것을 예방할 수 있다. 예를 들면, 사전 자료와 사후 자료를 모두 수집한 뒤에, 설문지에 이름이나 번호를 넣지 않아서 이 두 자료를 연결할 방법이 없는 것 같은 오차를 예방할 수 있다.

6단계: 프로그램 목표 달성에 필요한 평가 비용과 시간을 추산한다 이 단계는 때로 어렵고 평가자가 프로그램 평가의 모든 요소를 주의 깊게 고려해야 한다. 이 단계에 주의를 기울이는 것이 반드시 필요하다. 이 책 전체에서 논의한 것과 같이, 연구를 설계하고 실행하는 데 요구되는 시간과 자원에 영향을 미치는 많은 요인들이 있다. 마찬가지로 프로그램을 평가할 때 고려해야 하는 요인들 또한 매우 다양하다.

평가를 위한 예산을 세우는 것은 연구 제안서에서 예산의 적절성을 세우는 것과 유사하다. 이것에 대한 절대적이고 명확한 규칙은 없지만, 몇 가지 일반적인 방략을 제안할 수 있다. 첫째, 고정 비용을 결정한다. 이는 평가자가 통제할 여지가 거의 없는 비용을 말한다. 여기에 포함될 수 있는 것은 배송비, 자문비, 간접비(난방, 전기, 전화), 프린트 비용, 검사 도구 구입 및 프로젝트를 수행하는 데 필요한 물품이나 자재 비용이 있다. 이러한 고정 비용을 결정할 때에는 각 항목에 대해서 '단위당' 비용을 계산하는 것이 도움이 될 수 있다. 구체적으로 프린트 비용의 경우 '페이지당', 간접비의 경우 '한 달'에 대한 비용을 계산하는 것이다. 이와 유사하게 '사람–시간당' 비용 역시 주별 또는 월별 기준으로 계산된다. 사람당 비용에는 임금 외 수당 및 세금과 같이 채용에 정기적으로 부과되는 모든 비용이 포함되어야 한다.

둘째, 평가자는 실제 예산을 세우기 시작한다. 예산을 얼마나 세부적으로 또 얼마나 폭넓게 세울 것인지는 투자자의 요구, 평가자가 속한 기관이 요구하는 양식, 평가자의 경험 수준에 따라서 달라진다. 이 과정은 상당히 복잡할 수 있으며, 특히 규모가 큰 평가일 경우 더욱 그러하다. 이때 프로그램 평가의 각 요소를 완성하기 위해 필요한 구체적인 과제의 목록을 자세하게 만들면 이 과정을 조금 수월하게 진행할 수 있다. 예를 들면, 설문지의 경우 평가자는 설문지 제작부터 자료 해석까지 설문지 작업을 진행하는 데 필요한 각 단계의 비용을 추정한다. 경험이 있다면 이 과정이 수월해진다. 문제가 일어날 수 있는 부분에 대한 지식이 있으면 평가자는 예산 내에서 충분한 자원을 배치할 수 있다. 평가자가 '프로젝트에 소요되는 시간을 너무 넉넉하게 잡았다.' 또는 '내가 처리할 수 있는 것보다 자원이 더 많다.'라고 말하지는 않는다.

이 과정이 지루하게 보일 수도 있지만, 과제의 목록이 상세할수록 평가자가 각각의 과제와 연관되는 시간을 과소평가하거나 필요한 자원을 과소평가할 가능성은 적어진다. 평가자가 과제 목록에 더 많은 정보를 추가할수록 시간과 자원에 대한 추정은 더 정확해진다. 어떤 세부 사항은 설문지를 몇 부 배포할 것이고 어떻게 배포하고 수거할 것인지와 같은 구체적인 결정에서 정해진다. 어떤 세부 사항은 다른 사람들과의 자문을 통해서 나타나기도 한다. 예를 들어, 평가자가 참여자 교통비 비용을 예상할 때 사람당 비용으로 할지 시간당 비용으로 할지를 알고 싶어 한다고 하자. 이 경우 평가되는 프로그램에서 일하는 직원이 참여자 교통비 비용과 같이 참여자와 관계되는 정보에 대한 좋은 자원이 될 수 있다.

셋째, 각각의 요소에 대한 일정을 세운다. 각각의 요소들을 개별 과제로 세분하고 각각의 과제를 마치는 데 필요한 시간과 비용을 추정한다. 이 과정을 통해서 평가자는 일정이 이미 내장된 예산을 세우게 될 것이다. 이 일정을 다양한 소프트웨어 앱과 프로그램으로 변환해서 이해 관계자, 투자자, 직원들과 공유할 수 있다.

연구 응용: 프로그램 평가 질문과 방법을 파악하기 위한 표의 예시

예산 항목	설명	예상 비용	예상 일정
고정 비용 1			
고정 비용 2			
고정 비용 3...			
프로젝트 과제 1			
프로젝트 과제 2			
프로젝트 과제 3...			
총비용			

7단계: 관련되는 이해 관계자들과 함께 프로그램 목표 달성에 필요한 서비스, 비용, 책임에 대한 최종 합의에 도달한다. 자료 수집 과정을 세우고 자료 수집 활동에 필요한 일정과 예산을 세운 뒤, 프로그램 평가자는 프로그램 평가를 의뢰한 기관의 최종 승인을 받기 위한 자료를 제출한다. 제출 자료는 투자자(들)과 기관(들)이 정하는 절차에 기초해서 다를 수 있지만 일반적으로 아래의 자료를 포함한다.

1. 평가 과정에서 무엇을 다루고 무엇을 다루지 않을 것인지, 자료가 어떻게 그리고 누구에게 보고될 것인지, 평가 비용, 지불 약정에 대한 개요 문서. 합의서 또는 계약서로 알려진 이 문서는 간략해야 한다. 이는 전체 평가 과정에 대한 개요의 역할을 하며, 프로그램 평가자와 프로그램 평가를 의뢰한 기관의 대표가 모두 서명해야 한다.
2. 프로그램의 각 요소에 대해서, 간략한 필요성, 수집되는 자료, 자료 수집 과정, 과제 책임자(들), 보조원들의 역할과 책임, 일정, 비용과 같은 사항들을 확인하는 문서.
3. 프로그램 평가자의 현재 이력서.

평가 과정을 통해서 이러한 문서들을 수정하는 것은 일반적이며, 특히 장기 프로젝트일 경우 그렇다. 예를 들면, 문서에 명시된 세부 사항들에 대한 최종 합의에 도달해서 문서에 사인하기까지 여러 번 문서가 교환될 것이다. 이 문서들은 또한 평가가 시작된 후에도 수정될 수 있다. 모든 수정 사항들은 서면으로 기록되어야 하고 프로그램 평가자와 프로그램 평가를 의뢰한 기관의 대표가 서명해야 한다. 평가 요소에 대한 논쟁이 일어날 경우 이러한 문서는 매우 중요할 수 있다.

3단계: 정보를 수집하고 분석하기

우리가 지금까지 설명한 모든 단계들은 하나의 자료라도 수집되기 이전의 과정에 대한 것이다. 주의 깊은 계획, 프로그램의 효과적인 홍보, 분명한 문서가 있으면, 정보의 수집과 분석 및 결과 보고는 상대적으로 복잡하지 않다. 적절한 계획과 기록을 통해서 평가자는 정확하게 어떤 자료가 수집될 필요가 있고, 언제 그리고 누가 자료를 수집할 것이고, 자료가 어떻게 분석되고 해석될 것인지를 알 수 있다. 이는 또한 평가자로 하여금 자료를 추가로 수집하는 것이 도움이 되는지, 새로운 자료를 수집할 기회가 생겼을 때 예산이 이를 뒷받침할 수 있는지, 추가되는 자료가 전체 평가에 어떻게 통합될 것인지를 평가할 수 있도록 한다. 요약하면, 지금까지 논의된 단계들은 자료 수집이 시작되고 나서 평가를 순조롭게 진행하기 위해 사용될 지도를 만드는 것이었다. 또한 평가가 끝난 뒤에 이 지도는 평가 보고서의 형식, 내용, 스타일에 대한 결정의 방향을 안내할 것이다.

2단계에서 평가자가 구체화하고 협의한 평가자의 역할은 자료 수집 과정에서 평가자가 얼마나 적극적으로 관여할 것인지를 결정한다. 평가의 규모가 크고 여러 장소에서 반복해서 시행되거나 또는 평가 비용을 절감하기 위해 현장 관계자가 대부분의 자료를 수집한다면 평가자는 자료 관리자 역할을 하게 된다. 또는 평가자가 주요 자료 수집자로 일할 수도 있다. 평가자가 자료를 관리하든지 직접 자료를 수집하든지 여부에 관계없이, **궁극적으로 자료의 질, 자료의 타당성, 자료의 시의적절한 수집의 책임은 평가자에 있다.** 따라서 자료가 명확하고 가능한 한 오차가 없고 치우치지 않고 제시간에 주어진 예산 내에서 수집되기 위해 여러 단계를 밟아야 한다.

첫째, 모든 자료 수집 과정에서는 예비검사(조사)를 거쳐야 한다. 이를 위해서 자료가 어떻게 수집되는지에 대해 자료 수집자 또는 현장 관계자에 대한 철저한 훈련이 요구된다. 여러 번 역할 연습과 질문을 포함한 실제 면대면 훈련을 시행하는 것이 혼란의 많은 부분을 줄여준다. 예를 들면, 설문지를 실시한다면 자료 수집자는 설문지 실시를 연습해야 한다. 관찰을 통해 자료를 수집한다면, 모든 자료 수집자들이 동일한 상황을 관찰하고 90~95% 수준으로 정확하게 동일한 자료를 수집할 때까지 연습 시행을 해야 한다. 어느 정도 시간을 들여서 연습을 했음에도 이 정도의 평정 신뢰도가 나오지 않는다면, 평가자는 관찰자를 더 단순하게 하거나 일부 관찰자들을 다른 사람들로 대체하는 것을 고려해야 한다.

평가자가 주요 자료 수집자가 아닌 경우, 두 번째 단계는 수집되는 자료를 평가하기 위한 일종의 확인 체계를 구축하고 시행하는 것이다. 예를 들면, 평가자는 아래와 같은 다양한 질문에 어떻게 답할 것인지를 알고자 한다.

1. 설문지가 정확하고 완전하게 기입되었는가?
2. 첫 번째 상담 회기 이전에 내담자가 사전 검사를 작성했는가?
3. 내담자들이 6개월 뒤에 추수 면접을 하는 것이 가능할 정도로 내담자 정보 파일이 완성되었는가?

평가자는 절대로 지시하는 대로 자료가 수집되고 있다고 가정해서는 안 된다. 아래의 예에 제시된 것과 같이 자료 수집 과정에 대한 정기적인 점검이 필수적이다.

실제 연구에 적용하기 22.7

다음의 예를 생각해보자. 경험이 많지 않은 평가자가 어떤 자료 수집자의 활동을 확인하는 것을 빼먹었다. 왜냐하면 이 자료 수집자는 평가자와 일하기 전에 몇 년 동안 평가 집단에서 일했기 때문에 활동을 잘하고 있으리라 믿었던 것이다. 막상 평가자가 프로그램 현장을 방문했을 때 평가자는 자료 수집자가 언제 프로그램을 관찰할 것인지에 대한 질문을 받았고, 평가자는 놀라움과 실망감, 당황스러움을 감출 수 없었다. 이 경험과 유사한 경험을 몇 번 겪은 뒤에 이 평가자는 책상 위에 자료 수집에 대한 자신의 철학을 요약한 다음과 같은 문구를 걸어두었다. '내가 보지 않고, 듣지 않고, 만지지 않고, 냄새 맡지 않고, 입어보지 않고, 느껴보지 않고, 맛을 보지 않았다면, 나는 그것을 모르는 것이다.'

미리 공지를 하거나 또는 공지하지 않고 정기적으로 프로그램 현장을 확인하는 것은 프로그램을 점검하고 자료를 제대로 모으는 것에 필수적이다.

앞서 언급한 것과 같이, 프로그램의 모든 이해 관계자들(직원, 투자자, 참여자)이 프로그램에 적극적으로 관여하는 것이 매우 중요하다. 프로그램 직원들은 훈련이 잘 되어야 하며 평가자는 긍정적인 팀 분위기를 조성하고 팀의 응집성을 높이기 위해 노력해야 한다. 프로그램 평가 과정을 통해서 약식 피드백과 공식 피드백을 제공하는 것은 팀의 효과성과 효율성을 높이는 데 도움이 된다(Nation et al., 2003).

자료가 평가자의 책상에 도착했다고 해서 자료를 확인하는 작업이 끝나는 것은 아니다. 예를 들면, 자료 입력의 정확성을 확인해야 하고 자료 입력과 정리 작업(예: 범위 밖의 점수를 제거)이 구체적인 절차에 따라서 이루어졌는지 확인해야 한다. 모든 자료가 수집되고 분석을 위한 준비가 되었다면(예: 양적 자료의 경우 엑셀 파일이나 통계 분석 프로그램에 입력됨, 현장 문서의 경우 사례 문서로 정리됨, 초점 집단의 녹음테이프의 경우 녹취가 완료됨), 이제 평가자는 자료를 분석할 준비가 되었다. 여기에서는 자료 수집은 일차 분석과 이차 분석이라는 두 가지 단계로 구별한다.

일차 자료 분석 일차 자료 분석(primary data analyses)이라고 하는 첫 번째 분석은, 4장에서 설명된 경험 연구 학술지 논문의 결과 부분에 제시된 것과 유사하다. 프로그램 평가를 위해서는 평가의 각 요소에 대한 자료를 다른 자료와 분리해서 분석하는 것이 유용할 수 있다. 예를 들면, 프로젝트 참여자들이 질문지에 우울 증상을 평정한 결과와 참여자-관찰자가 준비한 개입에 대한 설명은 서로 분리해서 제시하는 것이다. 즉, 각각의 요소는 자체의 방법, 결과, 요약 부분이 있다.

각각의 자료 요소를 다른 요소들과 분리해서 분석하고 해석하는 것은 여러 가지 장점이 있다. 첫째, 이러한 일차 자료 보고는 이해 관계자들에게 주기적으로 자료를 제시하는 매우 좋은 방법이다. 일차 자료 보고는 이해 관계자들에게 일부 결과에 대한 예비 정보를 제공할 수 있고, 최종 보고서에 대한 준비가 된다. 둘째, 일차 자료 보고는 자료가 처리되지 않고 밀리는 것을 방지한다. 셋째, 일차 자료 보고는 평가자가 자료의 미비한 점이나 추가 검토가 필요한 영역을 발견할 수 있게 한다. 프로그램은 유동적이다. 가장 좋은 계획을 세운다고 하더라도 프로그램의 변화, 자료 수집 절차에서의 실패, 모호한 결과로 인해 평가자는 때로 계획했던 자료를 더 늘려야 한다. 자료가 수집 되는 대로 분석함으로써, 평가자는 프로그램이 끝나기 전에 추가 자료를 수집할 계획을 세울 수 있다. 끝으로 일차 자료 분석을 실시하는 것은 다음에 논의할 이차 자료 분석을 진척시킨다.

이차 자료 분석 이차 자료 분석(secondary data analyses)은 프로그램의 요소를 설명하기 위해 일차 분석들을 서로 연결한다. 여러 가지 종류의 자료가 사용되기 때문에, 프로그램 평가자는 각각의 일차 분석 결과를 다시 검토해서 어떤 결과들이 서로 지지하고 어떤 결과들에서 불일치가 있는지를 결정해야 한다. 다음의 예를 살펴보자.

실제 연구에 적용하기 22.8

프로그램 평가자가 마음챙김(mindfulness)을 가르치도록 설계된 프로그램의 효과성을 평가하는 예를 생각해보자. 평가자는 '마음챙김 프로그램이 프로그램 참여자들에게 이들이 사용할 수 있는 방략을 제공했는가?'라는 질문에 답하기 위해 여러 가지 종류의 자료를 고려할 것이다. 예를 들면, 평가자는 참여자들에게 특정한 마음챙김 기법을 얼마나 자주 사용하는지를 물어본 설문지 문항에 대한 참여자들의 반응을 검토할 것이다. 이때 설문지 문항에 대한 반응은 이미 일차 자료 분석을 통해서 빈도와 백분율로 요약된 것이다. 이뿐만 아니라 평가자는 프로그램 참여자들이 작성한 일지와 참여자들을 관찰하면서 작성된 현장 기록도 검토할 것이다. 만약 프로그램 참여자들이 특정한 명상 기법을 자주 사용했다고 보고한다면, 이것이 프로그램 워크숍에서 강조된 기법인가? 같은 방식으로 만약 '깊은 호흡법'이 훈련에서 강조된 기법이지만 참여자 일지에서 나오지 않았다면, 이는 참여자가 호흡 자각의 중요성을 이해하지 못했기 때문인가, 아니면 프로그램에서 이 호흡법의 유용함이 분명하게 제시되지 않았기 때문인가?

이 예시에서 평가자는 마음챙김 프로그램의 효과성을 보다 완전하게 평가하기 위해서 여러 가지 자료를 사용한다. 다시 말하면, 참여자 설문, 참여자 일지, 관찰에서 나온 자료들을 통합해서 살펴봄으로써 평가자는 프로그램이 의도하는 목표를 달성했는지를 보다 완전하게 이해할 수 있다.

여러 가지 자료를 사용하면 이들을 통합하기 위한 몇 가지 방법이 요구된다. 예를 들면, 평가자는 프로그램의 목적과 구체적인 목표에서 시작해서, 일차 자료 보고를 살펴보면서 각각의 자료 수집 요소들의 결과가 프로그램이 목적을 달성했다는 가정을 지지하는지 또는 지지하지 않는지를 파악한다. 그러고 나서 평가자는 각각의 요소로부터 나온 자료들을 통합된 전체로 연결한다. 앞서 명상 프로그램의 예를 사용하면, 평가자는 다음과 같은 질문들에 따라서 이 과정을 진행할 수 있다.

1. 마음챙김 프로그램에 참가한 참여자들이 여러 가지 새로운 기술을 배웠다는 근거로 어떤 것이 있는가?
2. 워크숍 중에 배포된 질문지 문항들이 이 질문을 다루는가?
3. 초점 집단에서 새로운 기술을 배웠는지에 대한 질문을 받았을 때 참여자들은 어떤 대답을 했는가?
4. 참여자들은 관찰한 현장 기록에 따르면, '여러 가지' 기법들이 참여자들에게 소개되었는가?
5. 마음챙김 프로그램의 또 다른 목적이 참여자들이 스트레스를 주는 상황을 더 잘 다루는 느낌을 가지도록 하는 것이라면, 이를 지지하는 근거로는 어떤 것이 있으며 이를 반박하는 근거로는 어떤 것이 있는가?
6. 프로그램 참여자들이 일지를 작성했다면, 참여자들이 어느 정도 기간 동안 마음챙김을 실행했다는 근거가 일지에 있는가?

이러한 방식으로 이차 자료 분석에서는 프로그램의 목적 및 구체적인 목표와 자료를 번갈아가면서 검토한다. 1단계에서 일차 자료 분석을 통해서 자료를 줄이게 되면, 평가자는 이차 분석을 빨리 진행시키기 위해 일차 분석 결과를 사용할 수 있게 된다. 프로그램의 목표와 근거를 번갈아가면서 검토하고 개별 자료를 전체 그림으로 연결해서 통합하는 이차 분석이 프로그램 평가다. 비슷한 프로그램과의 비교 및 권고 사항을 통합해서 이차 분석은 프로그램의 평가를 만들어낸다. 프로그램 평가자는 평가의 해석을 이해 관계자에게 맡겨서는 절대로 안 된다. 여러 가지 정보와 자료의 조각들을 모아서 프로그램의 시행, 예상 결과, 해당 프로그램 또는 향후 프로그램의 성공적인 수행에 대한 함의, 한계점에 대해서 자신이 의미하는 바를 명확하게 기술하는 것이 프로그램 평가자의 역할이다.

프로그램을 평가할 때 평가자는 또한 프로그램에서 수정되거나 반복 시행될 수 있는 요소들에 주의를 기울여야 한다. 따라서 평가자는 시간이 지남에 따라 참여자를 찾아갈 수 있고, 프로그램 결과에 영향을 미치는 요인이나 특징을 파악할 수 있고, 프로그램 성공에 영향을 미치는 프로그램 실행과 관련되는 문제들을 평가할 수 있도록 하는 가능한 기제를 고려해야 한다(Catalano et al., 2002). 이와 같이, 단지 프로그램이 효과적이었는지를 평가하는 것뿐만 아니라 프로그램의 어떤 특정 요소들이 효과에 기여했는지를 평가하는 것 역시 중요하다. 그뿐만 아니라, 미래의 프로그램의 발전의 방향을 제시하고 프로그램의 가치를 증명하기 위해서 프로그램이 개인이나 지역 사회에 가질 수 있는 부정적 함의를 평가하는 것도 중요하다(Caplan & Caplan, 1994).

4단계: 프로그램 결과를 보고하고 보고서 배부하기

프로그램 평가의 네 번째 단계는 최종 보고서를 작성하고 배포하는 것이다. Fitzpatrick, Sanders와 Worthen(2004)에 의하면, 좋은 평가 보고서는 다음의 9개 절로 구성된다.

1. 사업 개요
2. 보고서 서론: 평가의 목적, 보고서의 대상이 되는 주체, 보고서의 한계에 대한 유의사항, 보고서 내용에 대한 개요를 기술
3. 평가의 초점과 평가되는 프로그램을 설명하는 절
4. 평가 절차의 개요
5. 평가 결과 제시(일차 분석과 이차 분석)
6. 결론
7. 권고 사항
8. 보고서에 대한 반응
9. 부록: 상세한 평가 계획, 평가 도구, 상세한 분석 결과(일차 분석) 포함

여러 가지 참고문헌에서 각 절에 대한 상세한 정보를 제공한다(예: Fitzpatrick, Sanders, & Worthen, 2004; Patton, 1997). 이 9개 절의 많은 부분들은 23장에 기술된 연구 보고서의 요소들과 유사하다. 그러나 연구 보고서와 프로그램 평가 최종 보고서는 중요하게 다른 점이 있다. 학술계에서 출판을 목적으로 하는 연구 보고서와 달리, 프로그램 평가 최종 보고서는 이해 관계자, 투자자, 기관 직원, 지역 사회 구성원들이 볼 것으로 간주하고 작성된다. 따라서 보고서는 간략하고 연구 설계나 심리학 또는 상담 문헌을 잘 모르는 사람들이 이해할 수 있는 수준에서 작성되어야 한다. 또한, 사업 개요(executive summary)와 권고 사항의 두 개 절은 연구자에게는 새로운 부분일 수 있다. 이 두 개 절은 매우 중요하며 보고서를 접하게 되는 사람들이 읽을 가능성이 가장 높은 부분이다. 이 절들에 대한 설명과 함께 보고서 배포와 관련된 고려 사항에 대해 기술한다.

사업 개요 작성하기 평가자는 이 절의 양식에 대해 특별히 주의를 기울일 필요가 있다. 이 점을 보여주기 위해서 Fitzpatrick, Sanders와 Worthen(2004)은 주(州) 전체에 시행된 '논란이 되는 프로그램'을 평가하는 경험에 대해 기술했다. 이해 관계자들의 검토를 위해서 다음의 세 가지 개별 보고서가 준비되었다. (1) 평가가 어떻게 수행되었는지에 대한 모든 기술적 세부 사항을 담은 전체 보고서, (2) 자료에서 나온 주요 해석을 정리한 중간 요약, (3) 간략한 사업 개요. 저자들이 말하기를, 신문 공고를 통해서 보고서에 대해 널리 홍보했는데 오로지 한 사람만이 전체 보고서를 요청했고 40명이 중간 요약을 요청했으며 400명이 사업 개요를 요청했다고 했다.

사업 개요가 많은 사람들에게 알려질 가능성이 높다는 점을 고려하면, 평가자는 주의 깊게 이를 준비해야 한다. 초보 평가자가 사업 개요를 준비하는 것을 돕기 위해 우리는 다음의 지침을 제안한다. 사업 개요는 (1) 3장 이상을 넘으면 안 되고, (2) 프로그램의 목적에 대한 개요를 제시하고, (3) 제공된 서비스, 예상했던 결과, 목표들이 달성된 정도를 정리한다. 사업 개요는 그 자체로 하나의 보고서 역할을 해야 한다. 사업 개요에는 충분한 세부 사항이 제시되어서 독자가 프로그램, 목적, 프로그램이 끼친 영향을 이해할 수 있어야 한다.

권고 사항 작성하기 프로그램 향상을 위한 권고 사항을 작성하는 것은 아마도 평가 과정에서 가장 중요한 부분이지만, 이는 부담스러운 작업이며 프로그램 평가를 처음 하는 사람들에게 더욱 그러하다. 숙련된 평가자라도 의구심이 든다. 좋은 방법은 권고 사항을 평가자가 단독으로 작성하지 않는 것이다. 평가자는 프로그램 평가의 모든 단계에서 이해 관계자들과 밀접하게 협력하는데, 여기에는 보고서 작성과 권고 사항 작성도 포함된다.

한 가지 방법은 권고 사항을 제시하기 전에 권고 사항을 제외한 최종 보고서를 이해 관계자들에게 제시하는 것이다. 이해 관계자들이 최종 보고서의 내용을 이해하는 기회를 가진 뒤(이해 관계자들은 서로 다른 수준에서 이 작업을 할 것이다), 평가자는 최종 보고서에 기초해서 협력적으로 권고 사항을 만들도록 고안된 집단 토론을 진행하는 회의를 잡는다. 이해 관계자들이 권고 사항을 작성할 때 평가자는 자신이 미리 작성한 권고 사항과의 차이점을 눈여겨본다. 평가자는 또한 집단 토론에 제안되지 않은 점들에 대해서 집단의 주의를 환기할 필요가 있다. 이와 같이 권고 사항을 작성하는 과정에 이해 관계자들을 포함시키는 방법을 사용함으로써 두 가지 중요한 목표를 달성할 수 있다. 첫째, 프로그램 평가가 이해 관계자들과 프로그램에 그냥 일어나는 일이 아니라, 여러 가지 관점에서 최종 권고 사항을 만들어나가는 상호 협력적 논의라는 것을 이해 관계자들이 알도록 할 수 있다. 둘째, 평가 보고서 및 권고 사항을 평가자의 독자적 영역이 아니라, 프로그램과 밀접하게 관계되는 여러 명의 전문가들의 생각을 반영하는 것으로 볼 수 있다.

권고 사항을 작성하는 데 이해 관계자들의 경험을 사용하는 것이 매우 도움이 되지만, 적절한 계획 없이는 성공적인 회의를 할 수 없다. 첫째, 회의에 참석한 많은 이해 관계자들이 회의 전에 보고서를 읽지 않았을 가능성이 많기 때문에, 평가자는 평가 결과에 대한 간략한 개요를 제공해야 한다. 또한 평가자는 자신이 반드시 포함시켜야 한다고 생각하는 권고 사항 목록을 가지고 이 권고 사항들을 반드시 토론하도록 해야 한다. 이런 회의에서는 발언을 끊지 않는 시간이 어느 정도 확보되어야 한다. 정해진 시간 내내 회의를 했다고 해서 불평하는 사람은 아무도 없지만, 토론을 통해서 급하게 진행하는 것은 이해 관계자들로 하여금 아이디어를 억지로 이끌어내는 느낌을 가지게 할 수 있다. 평가자는 회의 안건을 진행하면서 적절한 속도로 회의를 이끌고, 토론을 촉진하면서 토론이 목적에서 벗어나지 않도록 한다. 끝으로 반대하는 관점을 가진 사람들을 포함해서 모든 범위의 이해 관계자들을 초청하는 것이 매우 중요하며, 누가 참석하는지에 대해서 모든 사람들에게 알려야 한다. 평가자는 촉진자의 역할을 해야 하며, 프로그램의 한계 내에서 사람들이 자신의 의견을 표현하도록 격려한다. 이러한 회의는 오랫동안 이어진 이견을 좁히는 곳이 아니다.

권고 사항에는 프로그램이 시행되고 결과가 도출되는 과정에서 프로그램의 긍정적인 측면과 부정적인 측면이 모두 포함된다. 일반적으로 프로그램의 장점을 프로그램의 단점(또는 한계점)과 분리해서 먼저 기술한다. 보고서의 권고 사항에서 주의 깊은 단어 선택은 매우 중요하다. 권고 사항 작성에서 목표는 지나치게 비판적이거나 세부 사항으로 빠지지 않으면서 프로그램의 장점과 단점을 적절하게 기술하는 것이다. 이 목표를 이루는 한 가지 방략은 미래에 초점을 맞추는 것이다. 예를 들면, 프로그램에 대해서 다음과 같은 질문을 할 수 있다.

1. 다음에 프로그램이 성공하기 위해서는 프로그램의 어떤 측면이 매우 중요한가?
2. 다음 번 프로그램에서 통합될 필요가 있는 프로그램의 핵심적이고 유용한 특징은 무엇인가?

3. 프로그램의 어떤 부분이 예상대로 시행되지 않았으며, 이는 이후 프로그램을 다시 시행할 때 어떤 의미를 가지는가?
4. 현재 프로그램에서 빠진 부분 중에서 프로그램이 다시 시행될 때 포함되면 프로그램을 더 좋게 만들 부분은 무엇인가?
5. 프로그램을 다시 시행할 때 강화시킬 수 있는 점은 무엇인가?

어떤 평가자들은 단순히 권고 사항을 나열한다. 또 다른 평가자들은 보고서에서 도출된 결론에 대한 근거를 짧게 포함한다.

보고서 배포 합의서에 서명하기 전에 누가 자료를 보관하고 작성된 결과를 누구에게 배포할 것인지에 대한 결정이 협의된다. 평가자와 프로그램 관리자들은 최종 보고서가 몇 부 필요한지, 평가자가 해야 하는 발표는 몇 번일지, 평가 결과가 어떻게 배포되어야 하는지에 대해서 협의해야 한다. 공공 정보법(Public Information Act. 복사본을 요구하는 사람에게 자동적으로 보고서를 제공)을 지켜야 하는 기관과 일하는 경우에도, 평가 자료의 사용과 보고에 대한 한계를 명확하게 하고 평가와 평가 결과의 홍보에 대한 일종의 대변인을 정하는 것이 중요하다.

보고서 배포는 《프로그램 평가 기준(Program Evaluation Standards)》(Joint Committee on Standards for Educational Evaluation, 1994)에 제시된 중요한 단계다. 다음의 예를 생각해 보자. 어떤 지역 신문에서 논쟁이 되는 프로그램의 단점에 대한 부분만을 싣기로 했다든지, 또는 프로그램 관계자가 평가자에게 최신 요약본을 요구하고는 연방 투자 기관에 평가자의 보고서에서 프로그램에 호의적인 부분만을 보내는 경우가 있다. 두 가지 경우 모두, 평가자와 프로그램 관계자는 이런 조치가 일어나지 않도록 하거나 여파를 최소화하기 위한 단계를 밟았을 수 있다. 《프로그램 평가 기준》을 보면, "공식 관계자(이 경우 평가자와 프로그램 관계자)는 평가의 영향을 받는 모든 사람들, 그리고 결과를 받을 법적 권리를 표현한 사람들 모두에게 평가 결과 전체 및 이와 관련되는 한계점에 대한 정보에 접근할 수 있도록 해야 한다"(소유에 대한 기준 6). 평가자와 프로그램 관계자는 모두 평가 결과의 배포와 사용을 점검할 책임이 있다. 앞서 제시한 두 개의 상황 중 두 번째 상황에서는 평가자가 프로그램 관계자가 투자 기관에 요약본을 보내기 전에 이를 평가자에게 먼저 보낼 것을 요구할 책임이 있다. 평가자는 절대로 편집의 책임을 다른 사람에게 주어서는 안 된다. 평가의 어떤 부분이든 편집, 요약, 배포하는 것은 온전하게 평가자가 직접 통제해야 한다.

평가의 종결

프로그램 평가자는 평가가 이루어진 일련의 기록을 만들고 메타 평가(metaevaluation)를 시행한다. 평가 기록(evaluation trail)은 평가의 단계의 개요를 그린 파일로, 합의서의 복사본에서 시작한다. 작성된 설문지, 현장 기록, 녹음테이프의 녹취본, 자료 파일을 포함한 모든 원(原)자료들이 포함되고 정리되고 명명된다. 또한 내부 검토 위원회 자료, 서명된 동의서, 평가 예산이 어떻게 사용되었는지를 보여주는 예산 기록이 필요하다. 마지막으로 최종 보고서의 복사본이 부록과 함께 파일에 포함되어야 한다. 이 평가 기록은 평가가 언제 그리고 어떻게 종결되었는지에 대한 기록 자료이며 평가와 관련된 모든 원자료들을 담고 있어야 한다.

평가 과정에서 마지막 단계는 평가자의 성장과 고찰이다. 평가가 끝난 뒤에 프로그램 평가자는 시간을 두고 평가 과정에 대해 숙고해야 한다. 이 과정에서 어떤 점이 잘 진행되었고 평가의 어떤 측면에서 평가자가 보다 효율적이고 전문적이고 엄정하게 실행할 수 있었는지를 기록한다. 어떤 평가자들은 전문 일지를 기록해서 각 평가에 대해서 자신들이 잘한 점과 잘하지 못한 점을 기록한다. 이런 일지를 정직하게 작성하고 주기적으로 검토한다면 평가자가 다루어야 하는 반복적인 주제를 확인하는 데 도움이 될 수 있다. 이는 또한 평가자의 성장과 경험의 축적에 대한 개인적인 기록이 될 수 있다.

요약 및 결론

이 장에서는 프로그램 평가를 소개하고, 프로그램 평가가 이 책의 다른 장에서 다룬 연구와 어떻게 다르고 어떻게 유사한지를 기술했다. 또한 프로그램 평가의 4단계를 논의했다. 경험 연구에서 사용되는 많은 자료 수집 방법을 프로그램 평가에서도 동일하게 사용하지만, 프로그램 평가의 범위는 종종 경험 연구의 범위보다 훨씬 넓다.

사회적 프로그램의 평가는 프로그램의 효과(결과)뿐만 아니라 프로그램의 시행(과정) 역시 검토한다. 프로그램이 어떻게 시행되었는지에 대한 검토를 통해 때로 프로그램이 구체적인 결과를 달성한 이유나 또는 달성하지 못한 이유를 알 수 있다. 프로그램이 시행되었을 때 프로그램을 제한하거나 또는 도움이 된 요인들을 기록하는 것은 이후 해당 프로그램이나 유사한 프로그램을 강화하는 데 도움이 될 수 있다. 프로그램 평가의 결정적인 특징은 삼각화된(triangulated) 자료의 사용과 해석이다. 삼각화된 자료란, 여러 가지(하나 이상) 자료원으로부터 여러 가지 장면(setting)에서 여러 가지 자료 수집 방법론을 사용해서 수집된 자료를 말한다. 자료 삼각화를 사용해서 프로그램 평가자는 평가 결과의 타당도를 높인다.

이 장에서는 프로그램 평가의 4단계를 기술했다. 평가자는 평가의 경계를 세우는 것에서부터 평가 과정을 시작한다. 이 단계에서 중요한 것은 평가 결과가 공정하고 치우치지 않는다는 것을 확실하게 하기 위해서 모든 이해 관계자들이 평가의 범위에 대한 의견을 제시하도록 하는 것이다. 프로그램의 목적 및 목표를 특정한 평가 질문과 연결하는 것 역시 프로그램의 유용성을 높인다.

평가의 경계를 세운 뒤, 두 번째 단계에서는 적절한 평가 방법을 선택한다. 방법론의 선택은 평가 관계자들이 필요로 하는 정보, 평가자가 가용할 수 있는 시간, 인력 및 예산, 프로그램의 한계에 따라 결정된다. 이 단계에서 프로그램 평가자는 또한 자료가 어떻게 수집될 것이고 분석을 위해 어떻게 정리될 것인지를 계획하고, 프로그램 직원들이 신뢰할 만한 자료를 수집할 수 있도록 훈련시킨다.

세 번째 단계는 실제로 자료를 수집하고 분석하는 단계다. 평가자는 새로 제작되거나 수정된 모든 도구들 그리고 관찰지에 대해 예비검사를 실시하고, 프로그램 직원이나 평가 관련 직원의 자료 수집을 점검하고, 익명성과 비밀 보장에 대한 동의가 지켜지는지를 확인한다. 경험 연구에서 수행되는 것과 비슷한 방식으로 일차 자료 분석이 수행되고 보고된다. 이차 분석에서는 구체적인 평가 질문에 대한 결과에 초점을 두고 다양한 일차 자료 분석을 검토한다.

프로그램 평가의 네 번째 단계에서는 평가자가 평가 결과를 보고해야 한다. 평가자와 의뢰자는 평가 결과 배포 방법, 보고 일자, 작성해야 하는 보고서의 유형에 대해 합의해야 한다. 모든 평가 보고서는 (1) 프로그램, (2) 평가 과정, (3) 자료 수집 절차, (4) 평가 결과를 설명하는 절을 포함해야 한다. 또한 모든 보고서는 사업 개요 그리고 프로그램의 긍정적 측면뿐만 아니라 향상이 필요한 영역을 포함한 권고 사항 목록을 포함해야 한다.

촉진 질문

프로그램 평가 연습

당신은 7~14세 여아들을 대상으로 1주일 동안 진행되는 캠핑 경험을 평가해달라는 부탁을 받았다. 이 예를 사용해서 다음의 질문에 답해보자.

1. 프로그램을 기술하고 프로그램이 해야 할 일과 목표를 이해하기 위해 어떤 정보를 사용할 것인가?
2. 프로그램 시행 단계에서 당신이 던질 수 있는 평가 질문을 몇 가지 작성해보자.
3. 프로그램의 개념화 단계에서 평가가 진행된다면 평가 질문이 어떻게 바뀔 것인가?
4. 프로그램의 이해 관계자가 될 만한 사람들은 누구인가? 목소리를 내지 않는 이해 관계자가 있는가? 권리를 제대로 행사하지 않는 이해 관계자가 있는가?
5. 프로그램 평가의 두 번째 단계에서는 자료 수집 단계와 일정의 개요를 세운다. 이 절차의 타당성은 무엇인가?
6. 당신은 어떤 자료 수집 절차를 사용할 것인가?
7. 평가에서 참여자 관찰 방법을 사용하는 장점과 단점은 어떤 것들이 있을까?
8. '자료원(原)을 삼각화한다.'는 것은 무엇을 의미하는가?
9. 일차 자료 분석은 언제 이루어지며, 프로그램의 평가에서 이것이 왜 중요한가?
10. 이차 자료 분석이란 무엇이며, 이는 일차 자료 분석과 어떻게 다른가?
11. 평가 권고 사항을 작성할 때 이해 관계자들을 포함시키는 것의 이점은 무엇인가?
12. '평가 기록(evaluation trail)'이란 무엇이며 어떤 것들이 포함되는가?
13. 연구와 프로그램 평가는 어떻게 다른가?

23
CHAPTER

편향: 조사자, 실험자, 참여자에서 비롯되는 오차 변량

연구를 설계할 때, 연구자는 특정한 변인들 간의 관계를 연구하려고 한다. 연구자가 직면하게 되는 가장 중요한 과업 중의 하나는 관심 대상인 실험변인들 간의 관계에 영향을 미칠지도 모르는 외재변인을 통제하거나 오차 변량을 줄이는 일이다(외재변인과 오차 변량은 Kerlinger의 MAXMINCON 원리에 중대한 위협이다). 흔히, 외재변인 또는 측정 오차의 원천이 알려져 있는 경우에는 비교적 쉽게 통제가 가능하다. 문제는, 대부분의 연구 설계에서 가능성 있는 모든 외재변인과 오차 변량을 규명하는 일이 불가능하지는 않다고 해도 어렵다는 점이다.

이 장의 목적은 상담에서 연구자와 특별한 관계에 있는 참여자, 조사자, 실험자에게 존재하는 편향의 잠재적 원천을 규명하는 것이다. **편향**(bias)이라는 용어는, 실험변인 간의 관계를 왜곡하거나 가릴 수 있는 외재변인의 체계적인 유입을 말한다. **오차 변량**(잡음. 'noise', 'static')이라는 것은 무선적인 사건에 기인한 변량을 지칭하며, 편향은 일종의 체계적인 오차에 기인한, 참여자 집단 또는 하위 집단 간의 차별적 영향을 생성해내는 것을 가리킨다. 이러한 편향은 암묵적 혹은 명시적인 태도와 행동 형태를 띨 수 있다(Dovidio, Kawakami, & Gaertner, 2002).

이 장에서, **조사자**는 연구를 설계한 사람을, 그리고 **실험자**는 조사를 실행하는 사람을 의미한다. 첫 절에서는 특히 (1) 실험자 속성, (2) 조사자와 실험자의 기대, (3) 실험 절차와 관련된 조사자 및 실험자 편향을 살펴볼 것이다. 두 번째 절에서는 (1) 요구특성(demand characteristics), (2) 참여자 특성, (3) 내성 능력(內性 能力)과 관련된 참여자 편향을 살필 것이다. 이 두 절 모두에서 우리는 편향의 여러 유형을 명료화하기 위해 선행 연구의 연구 예시는 물론, '연구 응용 23.1'(7장의 연구 연구 응용 7.1과 동일)을 사용할 것이다. 또한, 편향의 여러 원천을 논의하면서 이 변인들을 통제하거나 최소화하기 위한 방략도 논의할 것이다.

연구 응용 23.1

사회 불안에 대한 인지치료에서 치료적 개입이 모든 행동 상황에 일반화되지 않기 때문에 치료의 효과(성공)가 제한적이라고 생각하는 어떤 연구자가 있다고 가정하자. 그 연구자는 인지치료에 내담자 스스로 수행하는 행동연습(in vivo behavioral exercises)이 더해지면 치료 효과가 향상될 것이라는 가설을 세운다. 행동연습에는, 내담자가 처음에는 낯선 사람을 보고 미소를 짓는 것과, 나중에는 초면인 사람과 간단한 대화를 하는 것, 그리고 마지막으로는 사교적인 만남을 약속하는 것에 이르기까지 일련의 발전적인 상황을 포함하는 과제를 설계하고 각각에 대한 조작적 정의가 포함된다. 사회 불안에 대한 조작적 정의는 연구자가 만나도록 주선해 놓은 낯선 사람, 소위 공모자와 이야기를 나누고 난 후에 실험 참여자가 느끼는 불안 정도를 가상의 ABC 불안 검사에 보고한 것이다. 독립변인은 인지치료만 받는 경우와 인지치료와 함께 행동연습을 하는 경우의 두 조건 중의 하나에 참여자를 무선 할당하는 것으로 조작된다. 참여자 선정은 (1) 사회 불안 치료 프로그램 참여 모집 광고에 응답한 사람 중에서, (2) 사회적으로 불안한 임상 면접 상황에서 불안 정도를 측정한 사람들 중에서 연구자가 임의로 40명을 선정함으로써 이루어졌다고 가정하자. 10주간의 프로그램 시행 후, 불안 정도를 ABC 검사로 측정한다. 통계 분석 결과, 연구자가 가정한 대로 두 집단 간에 유의한 차이가 있었다. 즉, ABC 불안 검사 점수가 시사하듯이, 행동연습을 추가로 수행한 집단의 불안 점수 평균이 인지치료만 실시한 집단보다 더 낮았고, 이러한 차이가 우연에 의해 발생했을 가능성은 낮다.

연구자는 이러한 결과를 반기며 다음의 네 가지 결론을 내린다. (1) 독립변인과 종속변인 간에 실질적인 관련성이 존재한다(인지치료와 함께 행동연습 수행을 한 참여자는 인지치료만 받은 참여자보다 ABC 불안 검사에서 낮은 점수를 보인다), (2) 독립변인에 대한 조작이 집단 간 불안 점수상의 차이를 유발한 진짜 원인이다(행동연습을 추가한 것이 상대적으로 낮은 불안 점수의 원인이라고 할 수 있다), (3) 행동연습은 사회 불안의 인지치료 효과를 증대시킨다, (4) 이상의 연구 결과는 사회 불안이 있는 참여자들(이 연구의 참여자뿐만 아니라)에게 일반화가 가능하다. 이상의 결론, 보다 엄밀히 말하자면 이상의 추론들은 합리적인 것으로 보인다. 그러나 어느 연구에도 미비한 점은 있게 마련이므로 이러한 추론 중의 하나 혹은 그 이상이 옳지 않을 가능성은 여전히 존재한다.

질문

위 연구에서 결론의 타당성에 의문을 제기할 만한 가능한 편향에는 어떤 것이 있을까?

조사자 및 실험자 편향

이상적인 세계에서, 조사자는 객관적, 체계적, 과학적으로 연구를 기획하고 수행함으로써 진리를 추구함에 있어 편향되지 않으며, 연구 내내 치우침이 없고 수동적인 관찰자 관점을 유지할 수 있다. 마찬가지로, 연구자는 결코 연구를 오염시키지 않으며, 어떤 현상에 대해서도 왜곡하지 않는 관찰자이며, 진리를 보고하는 사람이다. 그런데 우리는 조사자가 이처럼 편향이 없는 자세로 연구를 수행하지는 않는다는 것을 알고 있다. 또한, 조사를 수행하는 실험자가 의식적 혹은 무의식적으로 연구 결과에 영향을 미칠 수도 있음을 알고 있다. 무의식적으로(어쩌면 의식적으로조차도) 연구자는 종종 미묘한 방식으로 자신의 객관성을 훼손할 가능성이 있는 의견, 신념, 가치관을 지니고 있다.

연구자의 가치관과 문화적 편향은 참여자에 대한 가정, 연구 가설, 자료 분석 방략, 결론에 관여한다. 그래서 특정한 문화적 시각으로 무장한 연구자는 연구에서 수없이 많은 체계적인 왜곡을 불러올 수도 있는 수많은 결정을 부지불식간에 내릴 수 있다. 즉, 연구자에게 덜 친숙한 특정 문화 집단에 대해 조사자와 실험자가 자신들이 가지고 있는 고정관념과 선입견을 인식하는 것이 중요하다. 예를 들면, 아랍계 미국인들은 미국에서 가장 오해를 많이 받는 인종 집단 중의 하나로 차별을 자주 당하기 때문에(Ahmed, 2010), 기존 연구에서 일종의 편향이 발생된다고 Erickson과 Al-Timini(2001)는 말한다. 또한 이러한 편향은 명시적일 때도 있고(의도적이고 표면적으로 드러난 차별처럼), 또는 암묵적일(보다 복잡하고, 모호하고, 무의식적인 편향에 가까워서) 수도 있다(Dovidio, Gaertner, Kawakami, & Hodson, 2002). 요약하면, 다양한 형태의 편향이 연구 결과에 영향을 미칠 수 있다.

이 장이 연구 조사의 설계와 보다 직접적으로 관련된 편향에 중점을 두고 있기는 하지만, 암묵적 편향 역시 간과할 수는 없다. 연구자는 성차별자, 인종주의자, 동성애 혐오주의, 외국인 혐오주의가 있는 환경에서 자라고 훈련받으므로, 자신의 인종, 성(性) 등과 무관하게 수행되어야 할 연구에 영향을 미칠지도 모르는 암묵적 편향을 지니고 있다. 우리의 세계관은 편향의 거대한 원천일 될 수 있다. 생물학적 성, 인종, 민족 특성, 성적 지향, 나이, 신체장애에 대해 조사자와 실험자가 가지고 있는 암묵적인 편향과 명시적인 편향은, 의도하지 않아도 참여자의 반응에 긍정적 혹은 부정적 영향을 미칠 수 있다. 예를 들어, 사회 계층 문제에 둔감하여 편향된 말을 하는 조사자는 참여자 모집의 객관성을 체계적으로 훼손시킬 수 있다. 또 다른 예로, 인종적 편향은 실험자와 참여자 간의 상호작용과 의사소통에 영향을 미칠 수 있다(Dovidio et al., 2002 참고). 그리고 암묵적 편향은 인종 차이나 성(性) 차이를 조사한 연구들 간의 비교를 불가능하게 한다. 더 곤란한 일은, 이러한 암묵적 편향이 특정 집단의 사람들에 대한 연구를 회피하게 하거나 연구가 부족하게 되는 원인이 될 수 있다는 점이다. 즉, 암묵적 태도 또한 연구 조사에 영향을 미쳐서, 사람들로 하여금 어떤 행동을 하게 만들 수도 혹은 하지 않게 만들 수도 있다는 것이다. 다른 예로는 특정 종교집단에 대한 암묵적 편향을 들 수 있다. 이런 종류의 편향을 가진 연구자는 특정 종교를 가진 사람들을 불신하게 만드는 그런 연구를 하지는 않겠지만 이들에 대해 연구하는 것 자체를 망설임 없이 회피할 수 있다. 보다 중요한 점은, 어떤 분야의 전문가가 전반적으로 특정 집단을 무시하게 되면, 그 집단에 대한 중요한 지식이 문헌에서 결여되는 결과를 낳게 될 것이다. 요약하면, 암묵적 편향은 특정 연구의 발견 사실들 자체를 왜곡하는 결과를 낳을 뿐만 아니라 특정 주제에 대한 조사가 결여됨으로써 해당 분야 전반에 심대한 영향을 미칠 수 있다.

Clever Hans의 이야기는 연구 수행과 관련된 미묘한 실험자 편향의 영향을 잘 보여준다. Hans는 21세기로 접어드는 무렵 다양한 수학 문제를 풀고, 음정을 맞추며, 독일어에 대한 (작업) 지식이 있다고 알려진 말이다. Hans의 주인, Herr Wilhelm von Ostern은 Hans에게 온갖 질문을 하곤 했다. Hans는 숫자를 말발굽으로 두드려 알리거나, 머릿짓으로 사물을 가리키곤 했다. 모든 사람이 놀랍게도, Hans는 지역 주민과 전문가들 여럿과 함께 한 많은 시험을 통과했다. 단, 젊은 심리학자 Oskar Pfungst가 시험할 차례가 될 때까지는 말이다. Pfungst는 질문하는 사람이 정답을 알고 있을 때에만 Hans가 답변을 잘할 수 있다(10회 중 9회를 맞출 정도로)는 것을 발견했다. 질문자가 답을 알지 못하는 상태에서는 10회 중에 1회만 맞는 정도로 Hans의 정답률도 떨어졌다. 증명된 바에 따르면, Hans는 결국 수학이나 음악, 독일어를 학습했던 것이 아니라, 질문자의 자세, 호흡, 표정에서 미묘한 단서들을 읽어내는 법을 배웠던 것이다(Pfungst, 1911). 1980년대의 연구들을 통해 실험실 동물들이 아주 다양하게 훈련자의 미세한 행동 단서들을 읽는 법을 학습하여 훈련자가 의도한 답변을 할 수 있다는 것이 밝혀졌다.

요약하면, 조사자 및 실험자 자신이 암묵적 편향의 원천이 될 수 있을 뿐 아니라 외재변

표 23.1 조사자/실험자 편향과 편향 최소화 방략

편향 유형	편향에 대한 설명	편향 최소화 방략
실험자 속성	생물학적 특성(예: 나이, 성별, 인종)과 대인 특성(예: 친근성, 사전 접촉)	• 1명 이상의 실험자를 고용한다. • 수집된 자료에서 실험자 간 차이가 있는지를 분석한다. • 실험자 특성을 명세화한다. • 연구 결과를 과잉일반화하지 않도록 주의한다.
조사자/실험자 기대	기대 때문에 생기는 의도치 않은 효과(예: 고개 끄덕임, 미소 지음, 흘낏 봄, 넌지시 말하기, 열정 표시)	• 실험자에게 실험 방식(혹은 일부)을 비밀로 한다. • 실험자의 기대의 정확성 정도를 측정한다. • 실험자의 관여 정도를 감찰한다.
실험 설계와 절차	연구 설계상의 특성과 참여자와의 다양한 상호작용(예: 참여자 모집하기, 맞이하는 인사하기, 참여 동의서 받기, 실험 실시하기, 설문지 제출 상기시키기)	• 통제집단이나 신뢰성이 떨어지는 처치가 아니라 최상의 치료 접근을 비교한다. • 실험 절차를 명시적으로 기술한다. • 실험 절차를 표준화한다. • 기본적인 절차를 반복한다. • 실험자 훈련을 실시한다. • 실험 담당자와 긴밀한 접촉을 유지한다. • 실험자의 실행 상황을 점검하고 실험에서 오는 피로를 예방하기 위한 조치를 취한다. • 실험 담당자를 위해 다양성 (수용) 훈련을 실시한다.

인과 오차 변량과 같은 다른 요인들이 연구의 결과를 상당히 왜곡할 수도 있다. 다음에서는 주요한 편향 유형 세 가지인 실험자 속성, 조사자 및 실험자의 기대, 실험 설계와 절차를 논의할 것이다(표 23.1 참고). 아울러 이러한 편향들을 줄이는 몇 가지 방략도 제시할 것이다.

실험자 속성

실험자 속성은 주로 참여자에게서 차별적인 반응을 불러올 수 있는 실험자의 생물학적인 특성과 대인관계적인 특성을 말한다. 실험자의 나이, 성별, 인종/민족, 신체 외양, 대인관계 방식이 그 예가 될 수 있다. 어떤 참여자는 성희롱 경험을 조사할 때 남성 연구자보다는 여성 연구자에게 더 솔직하게 응답할 가능성이 있다. 마찬가지로, 50세인 실험자는 연하의 참여자들로부터 솔직한 이야기를 이끌어내기 힘든 반면에, 연상의 참여자들에게서는 더 많은 이야기를 도출할지도 모른다. 또 어떤 경우에는, 실험자의 대인관계 방식(다정하지 않거나 군림하는)이 독립변인[예: 전문성의 단서(expertness cues)]과 상호작용하여 참여자들 중 일부는 실험하는 동안 불편해하거나 심한 경우 위협을 느낄 수도 있다. 참여자가 실험자의 인종이나 민족에 대해 선입견이나 고정관념을 가지고 있다면, 인종과 민족 변인도 연구 결과를 왜곡시킬 수 있다. 편향을 유발할 수 있는 또 다른 특성은 실험자와 참여자 간의 사전 접촉 경험이다. 어떤 참여자는 실험자에 대한 사전지식이 있기 때문에 응답하기 쉬운 반면, 그렇지 않은 참여자는 사적인 내용을 이야기하기를 꺼릴 수 있다.

요약하면, 다양한 실험자 특성이 실험에서 참여자들의 응답에 차별적인 영향을 미쳐서 연구 결과와 혼입될 수 있다. 실제로, 어떤 저서(Kazdin, 2003 참고)에서는 자기보고 질문지, 투사법 검사, 실험실 과제, 지능 측정과 같은 다양한 과업들에서 실험자 특성이 참여자의 응답에 영향을 미친다고 기록한 임상 조사 결과를 보고했다(Strickland & Suben, 2012). 구체적인 실례로, 아프리카계 미국인들의 인종에 관한 태도는 그들이 동일 인종의 상담자를 만나는 것을 선호하는지의 여부와 관련이 있으며(Ferguson, Leach, Levy, Nicholson, & Johnson, 2008), 어떤 아프리카계 미국인들은 백인 상담자가 덜 능숙하거나 신뢰도가 더 낮다고 평가하는 경향이 있다(Watkins & Terrell, 1988)는 결과들이 보고되었다. 이처럼 실험자 특성(예: 상담자의 인종)이 연구 조사에서 상담 효과에 대해 참여자가 어떻게 인지하는지에 영향을 미칠 수 있다.

요약하면, 실험자 속성이 타당도에 위협을 초래할 수 있다. 이 장의 초반에 일례로 제시한 '연구 응용 23.1'로 되돌아가 보자. 조사자는 교수로, 치료적 개입에 행동연습 요소를 포함시키는 것이 사회 불안을 치료하는 데 보다 효과적일 것이라고 믿는다고 가정하자. 교수는 2명의 똑똑하고 숙련된 대학원생으로 하여금 각자 실험자로서 10주간의 개입 활동을 수행하도록 하는 연구를 설계한다. 각 실험자는 치료 집단을 하나씩 맡아 진행한다. 일련의 수많은 참여자 외재변인(예: 나이, 성별, 성격 특질)은 통제되고, 두 치료 집단은 신중하게 짝지어서 진행되고, 내담자는 각 집단에 무선 할당되었다고 가정하자. 그리고 연구 결과가 분명하게 행동연습이 포함된 치료를 선호한다고 가정하자. 그러나 치료 집단에 대한 위 결과는 상이한 실험자 속성과 그 잠재적 편향으로부터 완전히 자유로울 수는 없다. 다시 말해, 서로 다른 실험자가 각기 다른 치료를 실시하도록 채용되었기 때문에, 연구 결과가 치료가 다르기 때문에 나타난 것인지, 실험자가 다르기 때문에 나타난 것인지, 아니면 이 두 요인 간의 상호작용 때문인지를 결정하기가 어렵다. 실제로 두 실험자 속성이 내담자에게 차별적으로 영향을 미치지 않았을 수도 있지만, 그것이 사실인지 아닌지를 판가름할 방법이 없는 것이다.

실험자 속성은 또한 경우에 따라서는 독립변인과 상호작용하여 연구의 외적 타당도와 일반화 가능성을 위협할 수 있다. 예를 들면, 어떤 연구 결과는, 중성적인 사람들(androgynous men), 여권신장운동을 지지하는 치료자, 혹은 아프리카계 미국인 치료자와 같이 특정 집단에게만 일반화될 수 있는 경우가 있다. 방금 위에서 연습한 가상의 예를 다음과 같이 수정한 경우를 가정해보자. 위의 조사가 대인관계 기술이 탁월한 2명의 30대 여성 치료자들로 하여금 인지치료와 함께 행동연습을 시행한 집단과 인지치료만을 시행한 집단을 진행하도록 했다고 가정하자. 인지치료 시행 중에, 주요한 치료적 개입 활동에는 내담자와의 협력 관계 구축하기가 포함되어있다. 위에서 언급한 연구 결과를 대인관계 기술이 탁월하지 않은 다른 여성 치료자에게 혹은 남성 치료자에게 일반화할 수 있을까? 이 문제가 일반화 가능성에 대한 논쟁처럼 보일 수 있지만(외적 타당도에 대한 상세한 논의는 7장을 참고하라), 연구 의도가 연구 결과를 모든 여성 치료자에게 일반화하는 것이라면, 이것은 편향에 관한 논쟁에 해당한다. 이 사안이 실증/경험적인 문제라는 점은 분명하지만, 실험자 속성이 특정한 방식으로 독립변인과 상호작용할 수도 있으며, 발견한 특정 사실이 어떻게 연구 결과의 일반화 가능성을 제한할 수 있는지를 잘 보여주었다는 점에서 유익하다.

조사자가 실험자의 잠재적 영향을 줄일 수 있는 많은 방략들 중에는 다음과 같은 것들이 있다.

- 독립변인의 여러 수준들에 대해 **1명의 실험자를 고용하는 일은**, 분명히 실험자 속성으로 연구의 구성 타당도를 훼손하므로 **삼가야 한다**. 가능하면 독립변인의 각 수준별로 반드시 2명 이상의 실험자를 고용하라.
- 독립변인의 각 수준별로 2명 이상의 실험자를 고용할 때, **수집한 연구 자료를 실험자 간 차이에 대해 통계 분석하여**, 자료상의 어떤 차이가 성별과 같은 실험자 속성과 관련 있는지를 살펴보아야 한다. 이러한 과정은 실험자 속성과 관련이 있는 잠재적 혼입변인을 배제하기 위한 예비 자료 분석으로서 자주 수행된다. 예를 들어, 주요 통계 분석을

하기 전에 상담자의 속성이 종속변인에 차별적으로 영향을 미쳤는지를 우선적으로 검토해야 한다.

- 실험자 속성의 영향에 대해 현재 많은 것들이 밝혀지지 않았으므로, **조사자가 치료 개입 활동에 고용된 치료자의 특성을 상세히 밝히는** 것이 유용할 것이다. 아마도 대인관계 방식과 같이, 치료자 특성과 관련된 유형이 시간이 지나면서 그 존재를 드러낼지도 모른다. Kazdin(2003)은 결과물들이 시간이 갈수록 유용한 지식 기반을 제공할 것이므로, 조사자가 실험자 특성(성별)을 구별하여 자료를 분석해야 한다고 제안했다.
- 저자들은 **실험자 속성이라는 측면에서 수집된 자료의 일반화 가능성을 분명하게 검토하고,** 그 결과에 기초하여 논의를 할 때 결론에 단서조항을 달아야 한다. 예를 들어, 연구자가 남성 치료자들만 고용했다면, 결과 논의에서도, 일반 치료자들이 아니라 남성 치료자들에 중점을 두고 논의해야 한다. 상담 연구 분야에서 특히 성별은 중요한 변인이다.

조사자 및 실험자의 기대

조사자 및 실험자의 기대는 연구 참여자가 어떻게 행동할 것인지 또는 연구가 어떻게 결론날 것인지에 대한 신념이나 바람을 의미한다. Kazdin(2003)은 비록 조사자와 실험자가 참여자에게 영향을 미치려고 의도적으로 애쓰지는 않는다 해도, 실제로 광범위한 언어적, 비언어적 행동(예: 고개 끄덕임, 미소 지음, 흘낏 봄, 넌지시 말하기)을 통해 무의식적으로 참여자들에게 영향을 미치기 때문에, 조사자와 실험자의 기대가 소위 의도치 않은 기대 효과로 지칭되었다는 점에 주목했다. 그러한 편향은 분명히 Clever Hans의 일화에서 보았듯이 혼입변인을 유입시킨다.

1960년대 초에 이러한 주제를 조사한 최초의 연구자 중의 한 사람인 Robert Rosenthal은, 연구 실시 과정 중의 면대면 상호작용에서 조사자 및 실험자의 기대가 참여자의 수행 방식에 직접적으로 영향을 미친다는 사실을 발견했다(Rosenthal, 1966). 최근에는, 실험자가 자신들이 선호하는 결과를 도출하기 위해 연구를 설계하기 때문에 편향이 어떤 방식으로 발생하는지에 관해 여러 학자들이 더 많이 주목하고 있다(Munder, Brütsch, Leonhart, Gerger, & Barth, 2013; Munder, Flückiger, Gerger, Wampold, & Barth, 2012; Strickland & Suben, 2012). 이 절에서는, 연구 실시 과정에서 어떻게 편향이 발생하는지에 대해 논의하고, 그 다음 절에서 설계 양상과 관련된 편향을 소개할 것이다.

긍정적 기대와 부정적 기대 모두 여러 가지 방식으로 생길 수 있다. 조사자의 실험자 편향은 참여자 모집 중, 자료 수집 중, 또는 치료 개입 활동 후와 같이 조사의 모든 단계에서 참여자나 내담자에게 영향을 미칠 수 있다. 일례로, '연구 응용 23.1'의 경우에, 실험자는 넌지시 혹은 그렇지 않은 방식으로 특정한 개입 활동의 효과를 다른 개입 활동 효과보다 더 촉진할 수 있다. 이를테면, 인지치료와 함께 행동연습을 수행한 참여자에게 실험자가 해당 치료가 아주 효과적이라는 점을 의도치 않게 그리고 비언어적으로 전달할 가능성이 있다. 즉, 위 실험자가 두 참여자 집단에 연구를 실시할 때 쏟는 열정의 정도가 다를 수 있다. 그리하여 인지치료와 함께 행동연습을 수행한 참여자는 자기보고식 ABC 불안 검사에서, 자신이 다소 향상되었음을 보고할 필요성을 느꼈을 수 있다. 따라서 행동연습의 이점을 보여준 유의한 결과를 얻을 수 있었던 이유의 일부는 실험자 기대에 기인한 편향 때문이었을 수 있다.

종종 개입이 효과적이기를 바라는 바람이 실험자로 하여금 정해진 지침을 어기고 통상적인 치료 절차나 실험 절차를 벗어난 활동을 하게까지 만든다. 예를 들어, 상담 과정을 조사하는 연구에서, 능숙하지 못한 치료자가 상담 회기가 끝난 후, 다정한 대화에 몰입하는 경우를 보게 된다. 그런데 문제는 그때가 내담자가 상담 시간과 상담자에 대한 평가 설문지를 작성하는 시점이라는 것이다. 치료자의 이러한 상호작용은 참여자로 하여금 설문상에서 분명히 보다 호의적인 응답을 하게끔 영향을 미칠 수 있다.

조사자 및 실험자 편향은 내담자에게 부정적인 방식으로 영향을 미칠 수도 있다. 예를 들어, 실험자가 연구에 그다지 동기부여되지 않았거나 흥미가 없다면, 이러한 부족한 열정이 내담자 모집과 내담자의 참여 의지에 많은 영향을 미칠 수 있다. 실험자, 특히 연구조교의 열의 없는 태도는 내담자의 열의 없는 응답으로 귀결될 수 있다. 실험자의 동기 부족에서 비롯된 편향은 박사학위 논문의 경우, 저자가 연구의 어떤 측면(참여자 모집, 자료 수집, 혹은 자료 오류 검색)에 대해 자신의 친구에게 총체적 책임을 맡기는 경우에 특별히 문제가 될 수 있다. 특히 문제가 발생하고 혼란이 가중될 때에는 최고로 '좋은 친구들'조차도 연구자 본인만큼 연구에 대한 동기 수준이 높지는 않을 것이다. 종종 능숙하지 않은 조사자의 경우에는 내담자에게 연구 참여를 요청하는 것에 대해 수줍어하거나 죄책감을 느끼기도 하며, 연구에 참여하지 않아도 된다고 내담자에게 미안해하는 어조로 서너 번에 걸쳐 말하는 상황은 설득력이 없다. 편향의 또 다른 원천은 참여자 혹은 내담자에게 목록에 적힌 활동 일체를 실시하는 중에 생길 수 있다. 예를 들면, 바쁘게 움직이는 상담소 안내자는 근무를 끝마칠 무렵이면 지쳐서, 마지막 내담자에게 말로 혹은 다른 방식으로 자신의 인내심이 바닥났다는 표시를 할지 모른다.

요약하면, 조사자 및 실험자의 편향이 연구 결과를 오염시킬 수 있는 기회는 많다. 실험자와 조사자의 기대가 연구에 참여하고 있는 참여자와 상호작용할 때마다 참여자의 반응을 왜곡시켜, 연구 결과에서 다른 것보다 특정 치료가 선호되거나, 발견 사실들의 일반화 가능성에 영향을 미칠 수 있다. 그래서 실험자 속성에 대해 논의했던 것과 동일한 방식으로 실험자와 조사자의 기대도 구성 타당도와 외적 타당도 모두에 영향을 미칠 수 있다.

조사자 및 실험자의 기대 효과를 줄일 수 있는 몇 가지 방략을 소개하면 다음과 같다.

- 실험자 편향을 상쇄하는 가장 흔한 방략은 아마도 **실험자에게 연구의 목적에 대해서 '숨기는'** 방식일 것이다. 예를 들면, 두 가지 치료 방식의 효과성을 비교하려는 조사자라면, 치료자로 일하게 될 실험자(들)에게 연구의 상세한 목적과 가설들을 이야기하지 않을 것이다. 이렇게 함으로써, 치료자들이 참여자에게 가설과 일치하는 방식으로 반응하도록, 의도치 않았더라도, 영향을 미칠 가능성을 줄이는 것이다. 실제로, 조사자는 참여자와 접촉하는 연구 관계자(예: 안내자, 치료자 또는 참여자로부터 자료를 수집하는 조교) 어느 누구에게도 연구의 상세한 목적에 대해서는 알리고 싶어 하지 않는다.
- 다양한 팀원들에게 숨기는 일이 어떤 연구는 다른 연구보다 어려운 경우가 있기 때문에, 조사자가 **부분적 비밀유지 방략에 의존**해야 할 경우도 있을 수 있다. 예를 들면, 폭식증 환자들을 위한 인지행동 집단치료를 실시하면서, 치료자들에게 폭식증 환자들 집단과 위약 효과를 통제하기 위해 구성한 단순한 토의집단에서의 결과를 비교할 것이라는 점을 숨기기는 매우 어렵다. 그런 경우에, 조사자는 가능한 만큼만, 그리고 특히 연구와 관련된 특정 가설 및 변인에 대해서만 치료자들에게 숨기려고 시도할 수 있다. 또 다른 방략은 실험과 관련된 일부 중요 내용을 모르도록 조치한 치료자가 참여자와 접촉할 수 있는 양을 통제하는 것이다. 예를 들어, 치료자는 치료만 실시하고 참여자 선정, 자료 수집, 사후설명(debriefing)에는 관여하지 않도록 할 수 있다. 요약하면, 부분적인 비밀 유지 상황만 가능한 경우에조차도, 목표는 실험자팀에 연구의 목적을 최대한 알리지 않는 것이다.
- 또 다른 방략은, 실험자의 기대가 참여자 반응에 영향을 미칠 수 있기 때문에, 조사자가 **실험자 기대의 정확도**를 평가하는 것이다. 예를 들면, 실험자가 연구의 목적이나 일반적인 가설(들)을 바르게 추측하는지를 조사자가 평가할 수 있다. 실험자가 조사의 목적을 정확하게 맞추면, 실험자의 기대로부터 초래되는 잠재적 편향은 연구의 특성을 충분히 알아차리지 못한 실험자의 경우보다 그 영향력이 훨씬 강력할 것이다. 실험자가 어쩌면 연구의 목적을 모르는 상태에서조차도 은연중에 참여자를 왜곡시킬지도 모른다고 해도, 이러한 평가 작업을 할 때에는 참여자가 가설에 가깝게 편향을 갖게 될 가능성은 줄어든다. 요약하면, 실험자의 기대를 평가하는 것은 실험자가 비밀을 모르는 정도에 대한 평가와 그들의 기대의 정확도를 평가하는 것 둘 다를 가능하게 해준다.
- **열의 없는 태도 때문에 생기는 부정적 실험자 편향을 줄이기 위한 방략을 사용하라.** 어떤 조사자도 연구자가 직접적으로 영향을 미치는 만큼 동일한 수준의 작업을 하지 않을 것이라는 그 간의 경험으로 볼 때, 조사자는 연구자 부재 시에 연구를 수행하지 않도록 해야 한다. 불가피할 때에는, 연구자는 동료 연구자와 정기적으로 대화를 하여 현장 방문을 반복하도록 해야 한다.

연구 설계 및 절차

이 절에서는 연구 설계 및 절차 실행과 관련된 쟁점들을 논의할 것이다. 앞 절에서 살펴본 것과 같이, 연구 실험을 실시하는 동안에, 연구는 조사자와 실험자의 기대에 의해 왜곡될 수 있다. 또한, 연구 설계 과정 동안에도 기대가 설계 면면에 개입되어 연구 결과를 왜곡시킬 수 있다. 영향력을 갖는 중요한 요소 중의 하나가 특정 접근에 대한 연구자의 선호도(allegiance)인데, 이는 연구자가 특정 치료가 효과가 있다고 선호하는 상태를 지칭한다(Luborsky et al., 1999).

일반적으로, 연구자의 선호도는, 연구자가 해당 치료 모형을 개발하거나 옹호하거나 그 공헌을 인정하는지, 해당 치료를 지지하는 저술을 얼마나 많이 했는지, 기존의 증거를 검토하고 해당 치료를 선호하는 가설을 설정했는지와 같은 지표를 통해 조작적으로 정의할 수 있다(Munder, Gereger, Trelle, & Barth, 2011). 여러 메타 분석 연구에서 연구자 선호도가 연구 성과와 실질적인 관련이 있는 것으로 나타났다(예: Miller, Wampold, & Varherly, 2008; Spielmans, Gatlin, & McFall, 2010). 즉, 연구자 선호도가 강했던 연구의 경우에 선호된 치료의 연구 결과에 대한 효과가 그렇지 않은 연구보다 더 컸다. 그리고 중간 정도의 효과 크기를 보인 성과 비교 연구들의 타당도를 위협하는 중요한 인과적인 요인이 연구자 선호도라는 사실이 발견되었다(Munder, Brütsch, Leonhart, Gerger, & Barth, 2013; Munder, Flückiger, Gerger, Wampold, & Barth, 2012). 더욱이, 연구자 선호도는 연구가 어떻게 설계되는지에도 영향을 미친다. 예를 들어, 연구자가 선호되는 치료와 미약한 혹은 의도적으로 효과 없는 치료와 비교하는 식으로, “의도적으로 실패를 염두에 둔 조건(intent-to-fail condition)”(Western & Bradler, 2005, p. 267)이라 불렀던 상황을 만들 수도 있다.

Munder 등(2011)은 메타 분석 연구를 통해, 연구자 선호도와 성과 간의 관련성을 완화하는 방법론적 특질(methodological quality)을 발견했다. 즉, 연구가 보다 강력한 방법론적 특질을 갖추어 설계되면, 연구자 선호도와 성과 간의 관련성은 더 약화되는 것이다. 그리고 비교 대상이었던 치료들의 개념적 특질들(일종의 방법론적 특질들)이 연구자 선호도가 연구 성과에 미치는 효과를 매개한다는 것도 발견했다. 즉, 견고한 방법론적 설계를 갖추는 것이 핵심이다. 연구자는 연구를 수행하는 데 있어 자신의 선호와 동기 정도를 의식하고, 자신이 선호하는 결과 쪽으로 왜곡하는 방식으로 연구를 설계하지 않도록 경계하는 것이 중요하다.

성과비교 연구에서 통제집단이나 덜 신뢰하는 대안치료를 사용하는 것을 둘러싼 우려와 아울러, 연구자와 참여자 간에 전혀 면대면 상호작용이 없을 때에도 실험 자극이 설계되는 방식에서 왜곡이 발생할 수 있다. 예를 들어, Strickland와 Suben(2012)은 이러한 잠재적 왜곡을 조사하는 연구를 수행했다. 학부 실험자를 무선 할당하여 의식에 대한 일반인들의 직관에 관해 서로 다른 가설을 제공했다. 한 집단(감정 조건)에게는 사람들이 '감정을 수반하는 정신 상태를 나타내는 말'(예: 느끼다, 사랑하다, 고통스럽다, 경험하다 등)에 대해 보다 수용적인 태도를 취할 것이라는 가설을 준 반면에, 다른 집단(비감정 조건)에게는 '감정이 수반되지 않는 정신 상태를 나타내는 말'(예: 믿다, 의도하다, 원하다, 알다 등)에 대해 사람들이 더 수용적인 태도를 취할 것이라는 가설을 주었다. 그러고 나서 학부 실험자들에게 Amazon의 Mechanical Turk(온라인 자료 수집)를 이용하여 가설에 기반을 둔 실험 자극을 설계하는 일을 돕도록 했는데, 이 과정에서 실험자와 참여자 간의 면대면 상호작용은 전혀 없었다. 연구 결과, '비감정 가설'을 받은 10명의 실험자 중 10명 모두 자신이 받은 가설, 즉 '비감정 가설'을 지지하는 결과를 산출한 반면에, '감정 가설'을 제공받은 집단에서는 9명의 실험자 중 5명만이 '비감정 가설'을 지지하는 결과를 나타냈다. 위 발견 내용은 실험자 편향이 연구 설계 과정에서도 발생한다는 것을 분명하게 보여준 것이다.

일단 조사자가 연구를 설계, 개발하고, 구성개념을 조작적으로 정의하고, 변인을 확정하고, 외재변인을 최대한 통제하면, 일반적으로 일관되고 지속적인 방식으로 실험 절차를 실행하게 된다. 전형적인 연구는 다음과 같은 다양한 실험 절차를 포함한다. 참여자 모집하기, 참여자와 인사하기, 동의서 받기, 지시 사항 전달하기, 연구의 필요성 제시하기, 개입 실시하기, 관찰 내용 기록하기, 설문지 제출 상기시키기, 참여자 면담하기, 설문지 시행하기, 사후 보고하기. 실험 절차가 수행되는 방식이 분명치 않고 일관성이 결여되면 자료에 왜곡과 오염이 일어나는 주요 원인이 된다. 절차상의 부정확성은 실험 활동, 과업, 지시문이 상세하게 정의되지 않을 때 발생한다. 결과적으로 실험자가 특정 상황에서 어떻게 실험을 수행해야 하는지가 분명치 않기 때문에 참여자에게 다르게 응대할 수 있다. 그래서 실험 절차로 인해 실험에 편향(또는 무선적으로 발생한다면, 오차 변량)이 유입되는 것이다.

다시, '연구 응용 23.1'을 예로 돌아가면, 실험자에게 제공되는 훈련은 분명히 명세화되어야 하며, 실험자가 참여자와 상호작용하는 방식도 분명하게 기술되어야 한다. 실험자가 실험을 시작할 때 참여자에게 어떻게 인사하는가? 실험 전과 후에 한담(閑談)을 나누어야 하는가? 연구의 목적에 대한 정보를 실제로 제공하는가? 제공한다면, 어떤 종류의 정보를 제공하는가? 참여자가 보다 자세한 정보를 캐물으면 어떻게 응대해야 하는가? 이상의 예는, 실험자가 해야 하는 것과 하지 말아야 하는 것을 조사자가 상세하게 기술하지 않으면 실험을 실시하는 실험자에 따라 활동상에서 광범위한 변산성이 나타날 수 있음을 시사한다. 나아가, 실험자의 책임 내역을 상술하지 않으면, 상대적으로 수다스러운 참여자에게, 동성이나 이성 참여자에게, 또는 실험 시점에 사회 불안이 높아 보이는 참여자에게 실험자가 선호하는 치료를 하는 등의 체계적인 편향이 작용할 가능성이 커진다.

조사자가 어떤 연구 절차를 주의 깊게 명세화했다고 해도, 여러 이유로 인해 실험자에 따라 변산성이 생길 수 있는데, 여기서는 피로, 실험자 표류, 비협조에 대해서만 논의를 할 것이다. 실험자가 두세 명의 참여자 혹은 내담자를 짧은 시간 안에 면담을 하는 것과 같이 집중을 요하는 활동에 몰입하면, 시간이 지나면서 피로해져서 결과적으로 참여자마다 다른 수행을 보이게 되어 특히 문제가 된다. 또한 실험자가 시간이 지나면서 자신의 수행을 점차적으로 무의식적으로 바꿀 수도 있다(실험자 표류). 이런 일은 어떤 실험이 오랜 시간 반복적인 과제를 포함할 때 특히 우려된다. 혹은 실험자가 어떤 절차의 중요성을 의식하지 못해서, 시간의 지나면서 정확한 실험 절차대로 행하지 못하는 경우도 있다. 예를 들어, 어떤 연구에서 자료 수집 과정의 끝 무렵에 가면서, 실험자가 과제 수행에 걸리는 시간을 '거의 최대한 정확하게' 추정하기 시작했다면, 이는 분명히 절차를 부정확하게 시행하는 것이다. 두 치료자의 효과를 비교하기 위해 설계된 또 어떤 연구에서는, 어떤 상담자가 보통 50분 회기를 따랐음에 반해, 다른 연구자는 잘하려고 애쓰다 보니, 70분씩 길게 치료 회기를 수행했다는 것을 연구자가 알고는 분개했다. 요약하면, 절차가 주의 깊게 명세화되어도, 실험자 변산성은 여전히 일어날 수 있다.

최소한 세 가지 문제가 절차적 부정확성과 관련이 있다. 첫째, 앞의 예들에서 보여준 것과 같이, 실험자들은 시간이 지나면서 체계적인 편향을 유입시킬 뿐만 아니라 그들 간에 아주 쉽게 다양성을 보인다. 그래서 실험자 개개인이 자신들의 역할에서 매우 상이한 활동을 수행할 가능성이 아주 많을 뿐 아니라, 참여 학생마다 다르게 행동하여 연구에 복잡한 변인을 추가할 가능성도 있다.

둘째, 절차가 불분명하면, 조사자가 실제로 무슨 일이 일어날지를 전혀 모른다. 독립변인이 일관되게 실시되었는지, 또는 다른 변인들이 개입했는지가 불분명할 수 있다(7장의 구성 타당도와 18장의 독립변인에 관한 논의를 참고하라). 유의한 결과들이 발견되어도, 그것들이 독립변인 때문인지, 다른 변인 때문인지가 분명하지 않다. 또는 설문조사에서 참여자가 부정적인 응답을 보여도, 그것이 참여자의 진짜 반응인지 아니면 소란한 환경에서 설문지를 끝내는 것처럼 혼란스러운 상황에서 나오는 부정적 반응일 뿐인지를 알 수가 없다. 요약하면, 조사자가 실험에서 무엇이 수행되어야 하는지를 모르면 연구의 결론도 혼란스러워지고, 상당히 세밀하게 결과를 논의하는 것이 불가능하지는 않다 해도 어렵게 된다.

절차적 부정확성의 세 번째 문제는 실험자 변산성 때문에 오차 변량 또는 '잡음(noise)'이 자료에 유입되는 데 대한 통계적인 쟁점과 관련된다. 통계학적으로 말하자면, 실험자에 기인한 변산성은 집단 내 변산성을 증대시켜 독립변인에 의한 효과(그러한 효과가 있다고 가정할 때)를 발견하기 어렵게 만든다. 그래서 실험자가 연구를 어떻게 수행하는지를 둘러싼 부정확성 때문에 커지는 집단 내 변산성을 상쇄시키기 위해서는 독립변인이 더 강력해야 하는 상황이 된다.

다음의 방략들은 실험 설계와 절차에 기인하는 편향을 줄이는 데 유용할 것이다.

- 연구자는 결과가 어떠하기를 바라는지에 대한 자신의 선호를 인지하는 것이 중요하다. 연구가 어떻게 설계되는지가 연구자 선호도에 의해 명시적 또는 비명시적으로 영향을 받는 일이 종종 있다. 통제집단 또는 실패하기로 예정된 대안치료와 비교한다는 문제를 해결하려면, 가능하면 임상적으로 최상의 처치(practices)라고 규명된 치료법과 비교하기를 적극 추천한다(Westen & Bradley, 2005).
- 아마도 가장 기본적인 방략은 **개별 연구에서 사용하는 실험 절차를 주의 깊게 기술하고 명시적으로 만드는** 일일 것이다. 절차를 문자로 적는 일은 조사자의 생각을 조직하는 동시에 연구 수행에 종사하는 팀에게 세밀한 절차를 이야기하는 과정이기도 하다. 실험자들이 특정한 진술을 해야 하면, 말 그대로(verbatim) 원활하게 전달받는 것이 중요하다. 특히 복잡하거나 증대된 치료 개입 활동의 경우에는, 치료의 상세 개입 활동을 규명하고 기록한 훈련 매뉴얼을 자세히 적는 것이 자주 유용하다(Lorencatto, West, Seymour, & Michie, 2013). 이러한 매뉴얼은 실험자를 훈련하거나 특정 개입 활동 내용에 대해 다른 조사자에게 이야기하는 두 경우 모두에 도움이 된다.
- 또 다른 흔히 사용하는 방략에서는, 조사자가 **어떤 유형의 구조 혹은 자동화를 통해 실험 절차를 표준화하는 시도를 한다.** 예를 들면, 상담자 자기개방의 효과를 연구하는 데 관심이 있는 어떤 조사자는 다양한 내담자를 대상으로 다양한 치료자들이 실시한 유사한 자기개방에 대해 조사하는 데 어려움을 겪을 수 있다. 그런데 상담자 자기개방을 담은 비디오나 오디오 기록물이 개발되어 참여자들에게 제공된다면, 각각의 참여자는 동일한 유형의 상담자 자기개방을 보거나 들을 수 있게 되는 것이다(예: Yeh & Hayes, 2011). 표준화의 또 하나 흔한 예는 실험자가 동일한 질문을, 동일한 순서로, 정확히 동일한 어휘를 사용하도록 구조화된 면담을 개발하는 것이다. 이외에도 실험자와 안내자를 위해 할 말 그대로를 진술문로 작성하기, 참여자를 위해 검사를 완수하기까지의 구체적인 과제의 순서를 정하기, 관찰과 자료 기록을 촉진하는 구조화된 양식을 사용하기 등이 표준화의 다른 예에 속한다. 이상의 예들은 다양한 절차를 표준화하거나 다양한 절차에 구조를 제공하여 연구의 다양한 양상 전반에 걸쳐 일관성을 증대시키는 것을 도모한다.
- 오해와 상이한 가정이 실험자 절차에서 중대한 차이(예: 상담 시간의 지속 기간)를 가져올 수 있으므로, 연구를 시작하기 전에 그리고 연구가 진행되는 과정의 여러 시점에 **팀 전체와 함께 기본적인 실험 절차를 반복하여 이야기하는** 것은 유용한 일일 것이다.
- 조사자는 종종 **실험자를 훈련하면서** 표준화를 증진시킬 수 있다. 실험자에게 행하는 그런 훈련에는 역할 놀이하기, 피드백, 기술 습득 훈련뿐 아니라 실험 과업과 개입 활동에 대해 실험자들에게 제공하는 세부 지시도 포함된다. 실험자 행동을 표준화하는 한 가지 방법은, 바라는 방식으로 정확하게 행동하도록 실험자들을 주의 깊게 훈련시키는 것이다. 가능하다면, 모든 실험자가 동일한 정보를 제공받도록 하기 위해 동시에

훈련받아야 한다. 훈련은 전형적으로 예상되는 절차상의 문제나 참여자의 반응에 대한 주의를 모으고 그에 대한 지침을 제공한다. 이상적으로는, 실험자가 어려운 질문(예: 어떻게 제 이름을 아셨어요?)에 대해 일관된 응대를 하거나, (운다거나 부가적인 도움을 탄원하는 등의 강한 부정적 감정 반응처럼) 빈번하지 않지만 어려운 상황에 대해 응대하는 여러 방법을 알게 될 것이다.

- 실험자의 진행과 관련된 문제를 줄이는 또 다른 방략은 **연구에 종사하고 있는 팀원 모두와 긴밀한 접촉을 유지하는** 것이다. 특히, 연구가 막 시작될 때, 실험자들이 주어진 과업을 하면서 겪는 경험을 면밀히 감찰하다 보면 종종 예상치 못한 문제가 드러나서 지침이나 절차상의 자잘한 변경이 필요할 수 있다. 실험자들에게 문제점을 보고하게 하고, 질문을 하고, 오류를 확인토록 적극적으로 장려함으로써 유용한 피드백과 열린 소통이 가능해진다. 초보 조사자는 실험이 시작되면 자신은 의자에 앉아 쉴 수 있다고 믿는 잘못을 범하는 반면에, 능숙한 연구자는 연구가 계획대로 진행되고 있는지를 살피고 문제해결을 하느라 많은 시간을 보낸다.
- 조사자들은 **실험자들의 수행을 점검하고 실험에서 오는 피로를 방지하기 위해** 다양한 방략을 개발했다. 이러한 방략의 대부분은 본질적으로 조작 점검들(manipulation checks)이다. 예를 들면, Kazdin(2003)은 참여자가 연구자의 일종의 공모자가 되어 실험자가 잘 하고 있는지를 점검하도록 하는 방식을 보고하였다. 이러한 공모자이자 참여자들은 무선적으로 다양한 실험 조건에 할당되어 실험자의 수행이 적절했는지에 대한 피드백을 제공했다. 때로는 공모자인 참여자들이 채용될 것이라는 사실을 실험자들에게 알려주는 것만으로도 수행 표준을 유지하는 데 충분한 동기부여가 된다. 마찬가지로, 연구자가 실험자의 수행을 평가하기 위해 구조화된 면담이나 상담 회기를 오디오로 녹음하거나 직접 관찰할 수도 있다. 예를 들어, Hogg와 Deffenbacher(1988)는 우울증 치료에 인지 집단치료와 대인과정 집단치료를 비교했는데, 이때 실험 조작이 적절한지에 대한 점검으로 학부생을 훈련시켜서 인지치료와 행동치료의 요소를 찾아내라고 했다. 이 학부생들은 치료 시간 녹화물을 귀 기울여 들은 후에 치료 유형을 정확하게 맞춘 비율이 아주 높았다(96%). Hogg와 Deffenbacher(1988)는 실험의 세부 사항을 모르는 평가자가 정확하고 분명하게 서로 다른 치료 유형의 오디오테이프를 구별할 수 있었기 때문에, 오디오테이프에 녹음된 치료자들이 치료 지침을 신뢰할 만하게 잘 따랐다고 결론 내렸다. 또 다른 방략은, 실험자 피로의 잠재적 문제점에 대해 실험자와 논의를 하여 이 문제를 해결하는 데 도움이 되는 방법의 목록을 작성하는 것이다.
- 일반적인 방략으로서, **연구자를 아주 광범위한 범위의 다양한 훈련 활동에 참여시켜** 인종주의, 성(性)차별주의, 동성애 혐오증 등의 다양한 문제와 관련된 인식, 민감성, 기술을 향상시키는 것은 좋은 생각이다(Pedersen, Draguns, Lonner, & Trimble, 2008; Ponterotto, Casas, Suzuki, & Alexander, 2001; Sue, 2003).

실제 연구에 적용하기 23.1

당신의 가치관과 신념이 비교적 쉽게 문화적 편향으로 귀결될 특정한 연구 주제가 있는가?

참여자 편향

이상적인 세계로 다시 돌아가 이야기하면, 완벽한 참여자는 선입견이 전혀 없이 실험에 찾아와, 기꺼이 지시사항을 수용하고, 가능한 한 진실하고 도움이 되는 방식으로 반응을 하는 정직하고 순진한 사람이다(Christensen, 1980). 이러한 참여자들은 부정적인 측면을 보이는 것을 두려워하지 않으며, 그들의 가장 내면의 비밀에 관한 사적인 정보를 기꺼이 공개한다. 마찬가지로, 이상적인 내담자는 상담에서도 자신들의 경험, 스스로 해결할 수 없었던 문제들, 상담을 시작하기로 한 이유들, 자신들이 변화해온 방법들을 터놓고 논의한다. 나아가, 이상적인 참여자는 자신의 주관거인 경험과 자신들을 둘러싼 세상 둘 다에 대해 인식하고 있으며, 그들의 내면세계와 외부 세계를 신뢰성 있게 설명할 수 있다.

그런데 불행하게도, 참여자들은 자주 선입견을 가지고, 때로는 연구 참여에 대해 분개까지 한 상태로 심리 실험실에 온다. 예를 들면, 한 메타 분석 연구는 내담자들이 대체로 자신과 동일한 인종의 치료자를 선호한다는 점을 시사한다(Cabral & Smith, 2011). Christensen(1980)이 관찰했다시피, 실험실에 들어오는 참여자들은 독립변인에 대해 반응

표 23.2 참여자 편향과 편견 최소화 방략

편향 유형	편향에 대한 설명	편향 최소화 방략
요구특성	참여자가 어떻게 반응하는지에 영향을 미칠 수 있는 실험 내의 은근한 단서들(예: 설문지 지시문, 안내자의 비언어적 행동)	• 잠재적 문제점을 파악하기 위해 예비 시행을 한다. • 원치 않은 영향을 파악하기 위해 실험 사후 조사를 행한다.
참여자 특성	자기제시 유형, 동기 수준, 지적 기술, 심리적 방어, 세계관	• 참여자에게 연구 목적을 비밀로 한다. • 사회적 바람직성을 평가하고 조정한다. • 비밀보장에 대한 염려를 최소화한다. • 연구의 중요성을 강조한다. • 참여자에게 적합한 읽기 수준으로 연구를 제시한다. • '현장 검증(spot check)' 문항을 활용한다.
자신의 경험을 보고할 수 있는 참여자의 능력	모호한 상황에서 사고 과정을 정확하게 묘사하기 어려움	• 참여자의 인지 과정과 정서적 처리 과정을 보고하는 능력에 주의를 기울인다. • 다른 평가 방법(예: 생리학적 징후)을 포함시킨다.

하기를 기다리기만 하는 수동적 유기체가 아니다. 그들은 여러 실험에서 어떻게 반응하는지에 영향을 미치거나 영향을 미치지 않을 많은 의견, 선호, 두려움, 동기, 능력, 심리적 방어를 지닌 채 온다.

이 절에서는 참여자 편향의 세 가지 주요 원천인 요구특성, 참여자 특성, 참여자의 경험을 보고하는 능력에 대해 논의하고 이러한 혼입변인을 막을 보호 방략 몇 가지를 제안할 것이다(표 23.2).

요구특성

참여자 편향의 주요 원천 중의 하나는 요구특성이라 불리는 것인데, 요구특성은 독립변인으로부터 동떨어진, 어떤 특정한 방식으로 반응하도록 참여자에게 영향을 미치는 실험 내에 존재하는 단서들이다. 요구특성은 실험자의 기대에 부응하거나 부응하지 않을 수 있다. 흔히 실험자의 기대 외의 다른 일을 포함하기도 한다. 요구특성의 예에는 다음과 같은 것들이 포함된다. 대부분의 대학생은 개인적인 문제가 없다는 인상을 주는 개인 문제 설문지의 지시문, 설문지를 완전히 작성하지 않으면 잠재적 참여자가 죄책감을 느끼게끔 하려는 안내자의 비언어적 행동, 또는 통제집단에 있는 참여자에 대해 실험자가 취하는 미안해하는 비언어적 단서들.

요구특성은 어떤 경우에는 그렇게 은근한 방식이 아니지만, 전형적으로는 은근한 영향이거나 압박이다. '연구 응용 23.1'로 다시 돌아가면, 행동연습 집단에 속한 연구 참여자가 '행동연습이 저의 불안을 줄이는 데 도움이 되었다고 생각하시나요?'라는 식으로 구체적으로 질문을 받는다고 가정해보자. 이는, 참여자들로 하여금 행동연습이 얼마나 도움이 되는지가 자신들의 불안 수준이 낮아졌어야만 한다는 추가 기대와 맥을 같이 하는 이야기라는 추론을 하도록 질문하는 행동이 되기 쉽다. '개입 활동의 어떤 특면이 도움이 되었나요? 그리고 어떤 개입 활동은 도움이 되지 않았나요?'라는 식의 질문이 이루어졌다면, 연구자는 보다 편향 없는 정보를 얻기 쉬웠을 것이다. 요구특성은 참여자를 모집할 때, 실험에 관여하는 팀과 상호작용하는 동안, 개입 활동을 완수하는 동안, 그리고 보고하는 동안과 같이 실험 중 어느 때라도 발생할 수 있다.

특정 연구 내에서 작용하는 요구특성을 찾아내는 일은 종종 어렵다. 조사자가 객관적이고 엄정한 연구를 수행하려고 해도, 검사 항목의 특정 지시문이 어떤 참여자에게 사적 정보를 이야기하는 데 주저하게 만든다는 것을 알아차리지 못할 수 있다. 마찬가지로, 참여자를 모집하는 데 있어 아주 사소한 말이 독립변인의 효과를 가려버릴 수 있다. 예를 들면, 비밀유지 위반이 참여자의 상담자 신뢰성 인식에 미치는 영향에 관심을 가진 일군의 연구자들의 경우를 생각해보자. 예비연구에서, 유사 상담 상황에서 비밀유지를 노골적으로 위반해도 참여자가 상담자의 신뢰성을 평가하는 데 영향을 미치지 않는 것 같다는 결과를 보고 연구자는 충격을 받았다. 예를 들면, 상담자가 면담에서 '방금 나간 사람 보셨어요? 세상에나, 그분 심각한 문제가 있네요!'와 같은 것들을 말하면서, 이전 참여자(내담자)에 대한 이야기를 시작해도, 이 두 번째 참여자는 해당 상담자를 상당히 신뢰할 만하다고 평가했던 것이다. 실험 절차 전체에 대한 면밀한 조사를 해보니, 참여자가 처음에 연락을 받았을 때, 대학생들이 좋아하고 아주 긍정적인 평판이 있는 '매우 유능한 전문 상담자'와 이야기하는 상담 연구에 참여할 의사가 있는지를 질문 받았다는 사실이 드러났다. 참여자를 모아 추가로 행한 예비 연구에서는 서두에 이러한 상담자의 좋은 평판에 대한 강조 부분을 생략했더니 추후 상담자의 행동에 대한 보다 정확한 인식이 결과에 반영되었다. 요약하면, 참여자에게 작용하는 요구특성은 은근하고 의도치 않은 현상이라는 것이다.

참여자 특성

모든 참여자가 서로 다른 실험 과업과 절차에 대해 또는 이 장의 초반에 언급한 요구특성에 대해서 동일한 방식으로 반응하는 것은 아니다. 어떤 참여자가 다른 참여자보다 은근한 단서와 압박에 대해 더 많이 반응하기도 한다. 광범위한 참여자 특성은 참여자가 요구특성뿐만 아니라, 보다 광범위한 실험 상황에 대해서 어떻게 반응하는지에도 영향을 미칠 수 있다. 이제 참여자 반응을 왜곡하는 다섯 가지 참여자 특성인 자기제시 유형, 동기 수준, 지적 기술, 심리적 방어, 세계관에 대해 간단히 논의해보자.

자기제시 유형 심리학 실험에서 참여자 동기에 관한 한 주제는 긍정적인 자기제시, 즉 자신을 긍정적으로 보여주려는 바람이다(Krumpal, 2013). 어떤 참여자는 자신의 수행이 부적절하다거나 자신의 응답이 '그르다'라고 믿으면 위협을 느끼기 시작할 수 있다. 또 어떤 참여자들은 특히 조사자가 자신들이 한 응답을 어떤 식으로든 자신들의 이름과 연결 지을 수 있다고 느끼면, 자신이나 타인에 대한 부정적인 정보를 공개하는 것에 대해 주저할 수 있다. 예를 들면, 누가 자신들의 응답을 볼지 모르기 때문에 참여자들이 자신의 진짜 생각을 공유하는 데 불안함을 느낄 수 있는 것이다.

마찬가지로, 상담으로부터의 긍정적인 결과를 보고하기(예: 연구 응용 23.1에서 사회불안 측면에서의 개선)나 치료자를 좋아하기와 같이, 사회적으로 바람직한 방식으로 응답하라고 강요받는다고 느낄 수 있다. 상담의 조기 종결처럼, 사회적으로 바람직하지 않은 응답을 필요로 하는 주제를 조사할 때, 사회적 바람직성은 때때로 어려운 문제이다. 특히 자신의 말이 해당 상담자에게 공개되거나 문제가 될 수 있다고 믿으면, 이전에 상담을 경험한 내담자들은 자신의 상담자에 대해 부정적인 인식을 보고하기를 꺼릴 수 있다.

자신을 긍정적인 모습으로 보여주려는 바람이 강한 참여자들은 요구특성에 영향을 받는 데 있어 더 민감할 수 있다. 이들은 자신들의 모습이 가장 긍정적으로 보이도록 만드는 응답 유형을 알아내기 위해 요구특성을 활용할 수 있다. 말하자면, 자신을 타인에게 잘 보이고 싶은 참여자는, 의식적이든 무의식적이든 간에 '착한 참여자'가 되려고 노력하여 실험자의 욕구나 바람과 일관된다고 믿는 방식으로 응답할 수 있다. 관심 있는 독자는 상담에서의 자기제시에 관한 이론에 대해 Friedlander와 Schwartz(1985)를 살펴보기 바란다.

동기 수준 참여자의 동기 수준도 편향의 원천이 될 수 있다. 심리학 실험에서 어떤 참여자는 연구에 어떤 수준에서 그다지 많은 에너지를 쏟고 싶어 하지 않는다. 참여자는 다양한 이유로 실험 조건에 대해 두려움을 느끼거나, 실험 과업에 대해 무심하거나, 통제집단에 속한 것에 대해 화를 내거나, 단순히 피곤할 수 있다. 그 결과, 참여자는 예정된 약속 시간에 나타나지 않거나, 열의 없는 응답을 하거나, 더 나쁘게는, 무선적인 응답을 할 수도 있다.

상담 연구에서 내담자들은 상담자를 '돕는 방향'으로 동기부여될 수도 있다. 그래서 상담자의 어떤 면을 평가하는 연구에서, 정말 고맙다고 느끼거나 치료자에게 신세를 졌다고까지 느끼는 내담자는 상담자를 '돕는 방향'으로 동기화되어 상담자 혹은 치료에 대해 극찬하는 응답을 할 수도 있다.

지적 기술 참여자가 읽기나 쓰기 능력과 같은 지적 기술이 충분치 않기 때문에, 때때로 편향이 연구에 유입되는 경우가 있다. 미국 중서부 대학에서 어떤 조사자는, 참여자 일부가 평가 목록을 읽고 이해하는 데 어려움을 겪었다는 사실을 면담에서 듣고 놀랐다. 이 일은 이미 세 가지 자기보고 질문지에 대한 자료를 모두 모은 후에 알게 된 사실이었다. 다른 조사자는 대학생들에게 흔하게 사용되는 자기보고 질문지 네 가지를 중서부 시골의 농부들에게 배포했는데, 그런 지적 활동은 이 농부 집단들에게 아주 어려운 과업이 되어, 질문지 응답을 끝마치는 데 훨씬 더 많은 시간이 소요되었다. 또 어떤 조사자는 인내심이 적은 알코올 중독자 집단이 대학교에서 흔히 사용되는 (검사)도구에 대한 응답을 마치는 데 상당한 어려움을 경험했음을 알게 되었다. 검사지 항목의 여러 어휘들을 정의해본 후에, 조사자는 이 알코올 중독자 집단에게 맞는 평균적인 읽기 수준이 6학년 이하라는 것을 알았다. 나아가, '연구 응용 23.1'을 예로 들면 낮은 지적 능력을 지닌 어떤 내담자들은 왜 자신들의 신념이 비합리적인지와 같은 인지치료의 양상을 이해하기 어려워할 수 있다. 간단히 말해서, 참여자의 지적 기술은 연구 결과를 왜곡할 수 있으므로 여러 가지 고려가 필요하다.

심리적 방어 어떤 참여자의 경우에는 심리적 방어 때문에 연구에 편향이 유입되는 일이 때때로 생긴다. 예를 들면, 어떤 남성이 폭력적인 강간 영화를 볼 때 성적 흥분을 느낀다고 해도, 그들 대부분은 남들에게는 물론이고 자신에게조차도 그런 성적 흥분을 인정하기 어렵다. 그래서 어떤 참여자는 특정 자료에 대한 자신의 응답에 의해 위협감을 느끼게 되어서 자신의 진짜 감정을 부정하거나 억압할 수 있다.

또 다른 경우에, 어떤 참여자는 민감한 주제(예: 성적 지향, 인종 관계, 부적절감이나 당황스런 감정)에 대해 자신의 느낌이나 생각을 드러내는 데 방어적이거나 편집증적인 기분을 느낄 수도 있다. 다시 '연구 응용 23.1'을 예로 들면, 남성 동성애자인 내담자는 연구자가 자신의 성적 지향을 알아낼까봐 두려워서, 여성보다 남성 주변에서 사회 불안을 더 많이 느낀다고 표현하는 데 대해 걱정을 할 수도 있다. 마찬가지로, 수감자와 같은 참여자는 위험을 감지했기 때문에 실험자를 의심하여 자신의 응답을 보류하거나 완화시킬지 모른다. 즉, 참여자가 어떤 실제 혹은 가상의 위협을 인지하고, 그러한 위협은 참여자의 응답을 의식적 또는 무의식적으로 완화시키기 때문에, 편향이 연구에 유입될 수 있다.

세계관 참여자의 세계관 때문에 연구에 편향이 유입되는 일이 종종 있다. 세계관은 이 세상의 사람들, 관계, 자연, 시간, 활동에 대한 신념, 가치관, 가정들의 복잡한 집합체이다(Ibrahim & Owen, 1994). 본질적으로, 세계관은 우리가 세상을 바라보는 렌즈다(Ivey, Ivey, & Simek-Morgan, 1997). 따라서 참여자의 신념, 가치관, 가정은 사건을 인지하는 특정한 방식, 편향을 구성하는 것이다(Ibrahim, Roysircar-Sodowsky, & Ohnishi, 2001 참고). 때때로 참여자의 세계관은 연구 결과에 영향을 미친다. '연구 응용 23.1'을 예로 들면, 표현적이고 외향적인 것을 가치 있게 생각하는 서구 문화에서 온 참여자는 사회 불안을 인정하는 데 있어서, 자기주장이 덜 강조되고 겸손함과 순응을 높이 평가하는 아시아 문화에서 온 참여자보다 더 어려울 수 있다. 다른 예로는 어떤 동아시아인들은 척도의 중간이나 중앙 점에 표기하는 경향이 빈번하다(Chen, Lee, & Stevenson, 1995; Chia, Allred, & Jerzak, 1997; Gibbons, Hamby, & Dennis, 1997). 이러한 경향은 유교의 가치관, 즉 개인이 두드러져 보이지 않기를 장려하는 중용과 연관이 있다. 이러한 문화적 가치는 자신들의 응답에서 극한치를 회피하려는 아시아 사람들의 태도를 반영한 것이며, 이는 아시아 집단과 다른 집단 간의 문화 간 비교를 할 때에 결과에 영향을 미칠 수 있다.

자신의 경험을 보고하는 참여자의 능력

상담자에게 많은 관련성이 있는 주제로 내담자가 자신의 내적 경험을 정확하게 보고하는 능력이 있다(여기에서의 논의는 19장의 자기보고 질문지에 대한 논의를 확장한 것이다). 자기보고는 참여자의 감정 상태에 관한 정보를 수집하는 가장 흔하고 쉬운 방법 중의 하나이다(Diener, 2000). 그렇지만 개인이 자신의 감정을 동일한 방식으로 항상 일관되고 정확하게 보고하는 것은 아니다. Robinson과 Clore(2002)는 사람들이 자신의 감정에 접근하는 네 가지 방법을 제안했다. (1) 자신의 감정을 직접 통해서(경험적 지식), (2) 과거에 있었던 사건의 특정한 양상을 검색함으로써(일화 기억), (3) 어떤 상황에서 자신이 어떻게 느낄지에 대한 신념에 의해서(상황 특정적인 신념), (4) 자신들이 대개 어떤 기분인지에 대한 신념에 의해서(정체감 관련 신념). 각각의 상이한 지식 접근법을 통해 개인은 자신의 감정에 대해 잠재적으로 상이한 답변을 할 수 있다. 그리고 시간이 지나면서 정보 중 일부는 점차 망각된다. 그래서 사람들이 경험적 지식(예: 차별받은 기분을 실제로 다시 경험하기)을 자주 활용할 수 없을 때에는 일화 기억(예: 차별받은 최근의 사건에 대한 맥락적 지식 조각들을 모으기)에 의존한다. 일화 기억이 사용될 때, 그 사건에 관해 검색된 특정 양상에 의존하여 왜곡이 발생한다(예: 경멸하는 말로 불리었을 때 두려움을 느끼거나, 그 사건이 있은 직후에 회상하면서 모욕감을 느끼거나, 내재화된 인종주의 때문에 후에 수치스러움을 느끼게 될 수 있다). 경험의 특정 부분만을 기억하고 나머지 부분을 망각할 수 있다. 또한 기억이 희미할 때, 개인은 특정한 상황에 대해 혹은 일반적으로 어떻게 느낄 것이라고 믿는 것(예: 분노)을 그대로 표현할 수 있다. 나아가 참여자는 자신이 인지 반응을 촉발하는 자극을 알아차리지 못한 때와 같이 상황이 모호할 때, 자신의 사고 과정을 설명하는 데 더 많이 어려워한다. 다시 '연구 응용 23.1'을 예로 들면, 사회 불안이 있는 어떤 참여자는 자신의 사회 불안 수준을 확인하는 데 어려움을 겪을 수 있는데, 왜냐하면 그 기분이 바로 그들이 일정기간 동안 사회생활 장면에서 느끼는 기분이었기 때문이다. 따라서 생리학적 반응을 측정하는 것과 같은 다른 징후를 포함시킬 때 보다 객관적인 정보를 제공할 수 있을 것이다.

Maier(1931)가 수행한 초기 연구는 모호한 상황에서 참여자가 인과적인 요소를 연결할 수 없음을 잘 보여 준다. Maier는 '줄 문제(string problem)'를 사용했는데, 이 문제에서 참여자는 두 개의 선을 붙잡는 것을 목표로 부여받았다. 두 개의 줄은 여러 물건이 있는 방의 천장에서 늘어뜨려져 있었는데, 서로 3미터 간격을 두고 떨어져 있었다. 어떤 참여자는 몇 번의 시행착오 후에 어떤 사물을 한쪽 줄에 매달아 추(錘)처럼 흔들고 나서, 건너편으로 걸어가서 한 손으로 다른 쪽 줄을 붙잡은 다음, 다른 손으로 흔들리는 줄을 잡는다. 짠, 해결! 만약에 참여자가 해결책을 찾는 일을 성공하지 못하면, Maier가 방을 배회하고 있다가, 줄 옆으로 걸어가 줄 하나를 움직이도록 흔든다. 그러면 어떤 참여자는 사물을 집어 흔들리는 줄 끝에 묶고, 추처럼 흔들고, 얼마 지나지 않아 문제를 해결한다. 그런데 Maier가 이러한 참여자에게 어떻게 해결책에 도달했는지를 물으면, 참여자는 "그냥 깨닫게 되었어요."라거나 "줄에 무게가 나가는 것을 달면, 줄이 흔들릴 것이라는 걸 그냥 깨달았어요."와 같이 대답했다. 즉, Maier의 참여자 대부분이 자신들의 인지 과정과 정서 처리 과정에 관여한 인과적인 사건을 정확하게 보고할 수 없었다. 실험적 정보 처리에 관한 다른 연구들도 특히 시간이 지나면서 참여자들이 인지 과정에서 있었던 사건의 인과적인 고리를 설명하는 데 어려움을 겪는다는 것을 시사한다(Ericsson & Simon, 1984).

상담 연구자는 특히 상담이라고 부르는 모호한 상황 내에서 내담자의 인지 과정을 조사하려고 할 때, 자신의 경험을 정확하게 보고하는 능력을 주의 깊게 검토해야 한다. 예를 들면, '내담자가 왜 상담 중에 변화했는가?', 혹은 '무엇이 내담자를 변화시켰는가?'라는 질문은 내담자들이 정확하게 그리고 신뢰성 있게 대답하기에 아주 어려운 질문일 수 있다. 마찬가지로, 어떤 연구자가 알아냈듯이, 내담자에게 어떻게 자신이 상담소에서 도움을 구하기로 결심을 했는지를 물으면, 그 대답들은 아주 다양하게 나타났다. 어떤 대답들은 이해하기 어렵다! 요약하면, 상담 연구자는 특히 내담자의 사고 과정, 특히 회상하여 이야기하는 사고 과정에 관해 정확하게 신뢰성 있게 얻어질 수 있는 정보의 유형을 주의 깊게 검토해야 한다. 내담자에게 자신이 알 수 있는 것 이상을 연구자에게 이야기해달라고 연구자가 요청하는 것일 수 있어서, 내담자가 잘못된 결론으로 이끄는 자기보고를 할지도 모른다.

참여자 편향을 줄이는 방략

조사자는 참여자 편향을 줄이기 위해 다음의 몇 가지 방략을 사용할 수 있다.

- 아마도 '착한 참여자' 역할에 기인하는 참여자 편향을 줄이기 위해서 가장 흔히 사용되는 방략은, **연구의 진짜 목적을 모르게 또는 다른 것으로 믿도록 두는 것이다**. 이는 참여자가 의식적 또는 무의식적으로 예상된 가설과 비슷한 방식으로 맞추는 것을 좀 더 어렵게 만든다. 참여자는 연구의 가설에 대해서뿐 아니라 때로는 연구의 진짜 목적에 대해서까지 정보를 제공받지 못함으로써 무지 상태에 놓이는 것이다. 앞 절에서 논의했다시피, 참여자와 실험자 모두 모르는 상태로 이루어지는 연구를 **이중 맹목**(double blind)이라고 한다. 이중 맹목 절차는 실험자 편향과 참여자 편향 모두를 줄이는 경향이 있어서 상담 연구에서 자주 추천된다.
- 자신의 모습을 긍정적인 모습으로 제시하려는 참여자의 바람에 기인한 편향을 줄이기 위해 사용되는 일반적인 방략은 **실험과 관련된 위협을 줄이**는 것이다. 따라서 설문지의 지시문에 '맞고 틀린 답은 없습니다.'와 '이 질문지는 시험이 아닙니다.'라고 명시적으로 기술해줄 수 있다. 질문지의 제목이 불안을 야기하거나 요구특성을 유입시키는 것을 알게 된 경우에는 제목을 바꿀 수도 있다. 아울러, 어떤 연구자는 전형적인 참여 공포에 대해 명시적으로 흔히 있을 수 있는 일이라고 말함으로써 위협을 줄이려고 노력하기도 한다. 일례로, 대처과정에 대한 연구에서, 참여자는 미해결된 사적인 문제를 가지고 있는 것은 지극히 정상적인 일이고 실제로 '대부분의 사람들이 그렇다.'라는 말을 듣게 될 수 있다.
- **참여자가 사회적으로 바람직한 방식으로 연구에 응답하는 정도** 또한 사회적 바람직성 측정치를 사용하면, **측정 가능**하다. 예를 들면, Marlowe-Crowne 사회적 바람직성 척도

(Marlowe-Crowne Social Desirability Scale, 1982)는 어떤 연구에서 사회적 바람직성 점수 정도를 평가하고, 통계 분석을 통해 그 효과를 통제하기 위해 흔하게 사용되는 척도이다. 그렇지만 사회적 바람직성을 교정하는 일이 연구의 타당도를 증대시키는지에 대해서는 논쟁은 계속 되고 있다. 사회적 바람직성 편향이 항상 지양되어야 하는 것은 아니며, 사회적 바람직성 편향을 통제할 것인지 여부는 신중한 판단을 요한다(Fisher & Katz, 2000). 이때 고려해야 할 요인은 해당 변인이 사회적 바람직성과 얼마나 강한 관련성을 가지고 있는지와 인상 관리가 연구자가 연구문제를 소개할 때 다른 변인과 함께 포함시키고 싶은 것의 일부인지이다. 요약하면, 중요한 문제는 '연구의 타당도가 사회적 바람직성을 제거함으로써 증대되거나 감소하는가?'이다. 보다 자세한 논의는 Fisher와 Katz(2000)를 참고하라.

- **참여자의 정직성을 높이고 비밀 유지에 대한 참여자의 두려움을 줄이기** 위해서는 다음의 두세 가지 절차가 가능하다. 맨 먼저, 어떤 현상에 대해 해당 분야의 이해를 증대시키기 위해 정직한 응답을 얻고 싶으면, 연구자가 자신의 바람이나 필요에 대해 정직하고 직접적으로 진술을 하는 일이 자주 있다. 또한, 참여자의 응답이 철저히 비밀이 유지된다는 것을 연구자가 이야기하고 나서, 안전을 담보하는 비밀 유지 기제(예: 암호화)를 설명하는 것이 전형적이다. 나아가, 참여자 집단을 사용하는 연구에서는, 연구자가 참여자 개개인이 아니라, 참여자 전체 집단이 검사 항목에 대해 어떻게 응답하는지에 관심이 있다는 사실을 참여자가 알게 하는 것이 도움이 될 때가 자주 있다. 때때로 참여자가 설문지에서 자신의 이름을 삭제해주기를 요청할 때가 있는데 이는 익명성을 유지하기 위함이다. 연구자가 두세 차례에 걸쳐 자료를 수집하고, 주어진 참여자의 응답이 시간에 따라 변한 것을 비교할 때 비밀유지를 보장하기 위해, 참여자에게 실제 이름 대신 암호명을 말해 달라거나, 가명을 만들거나, 참여자의 생일, 나이, 사회보장번호 등과 관련 있는 숫자를 조합하여 암호를 만들도록 요청할 수도 있다. 오늘날은 기술의 발달로, 참여자의 신원확인 정보를 드러내지 않아도 참여자를 추적할 수 있는 기능을 가진 프로그램도 있다. 그렇지만 온라인 조사의 경우에는 정보 일부가 추적될 수 있기 때문에(Couper, 2000) 비밀유지와 익명성 문제가 보다 복잡하다. 예를 들면, Buchanan과 Hvizdak(2009)는 온라인 조사를 하면서 비밀 유지와 익명성을 보호하기 위해 (1) 조사 도구 회사에서 자료를 어디에 저장할 것인지와 연구가 완료된 이후에 자료는 어떻게 되는지에 대해 분명한 생각을 갖고, (2) 조사 회사가 제3자에게 자료를 팔지 않도록 보장하며, (3) 보안을 보장하기 위해 지역 기관의 IT 부서와 공조하며, (4) 참여자를 모집할 때 자료 수집 사이트에 대한 정보를 참여자에게 제공하며, (5) 온라인상으로 완벽하게 안전한 상호작용은 없다는 점을 참여자에게 안내하고, (6) 자료와 참여자 식별 정보는 별도의 서버에 보관된다는 점을 보장하는 등의 방략을 제공했다. 보다 상세한 정보와 방략은 Buchanan과 Hvizdak의 논문을

참고하라.

- 연구자들이 **참여자에게 동기를 높이도록 호소하는** 일이 자주 있다. 예를 들면, 참여자는 연구의 중요성과 가능한 성과물(예: 설문조사에 대한 정직한 답변이 슈퍼비전 내에서의 변화와 발전에 대한 이해를 돕는다거나, 아시아계 미국인으로서 자신의 경험에 대해 알게 되는 것이 민족성과 연관된 잠재적 스트레스 요인에 대해 정보를 제공할 것이다)에 대해 간단히 듣게 될 수 있다. 연구자는 종종 답례로, 특히 연구가 설문조사의 성격을 띨 때, 참여자에게 연구의 결과를 제공하겠다는 약속을 하기도 한다.
- 잠재적 요구특성을 규명하기 위해, **연구를 실시하기 전에 예비검사를 시행하는** 방략도 사용될 수 있다. 예비검사가 이 연구를 최대한 근접하게 모사하고, 검사 절차를 모두 끝마친 참여자로부터 피드백을 요청하는 것이 도움이 될 것이다. 피드백을 얻을 영역에는 예비검사 경험이 어떠했는지, 연구 중에 어떤 요인이 이런 저런 느낌, 생각, 응답하기에 영향을 미쳤는지, 연구 목적에 대한 그들의 인식, 그리고 그러한 목적 인식이 응답에 어떻게 영향을 미쳤는지뿐만 아니라, 참여자들이 과정 중에 마주친 다른 문제들까지 포함된다. 이러한 예비검사는 요구특성을 확인하여 최소화하는 데 필요한 정보를 제공할 수 있다. 그런데 이외에도 이 연구 전에 확인되지 않은 다른 요구특성이 분명히 존재할 수 있으므로 이 연구 후에도 평가할 필요가 있을 것이다.
- 요구특성과 참여자 편향에 대해 염려하는 연구자들은 때때로 **실험 사후 조사를 실시한**다. 실험 후에 실험자가 참여자에게 실험 목적에 대한 이해, 실험자가 그들이 어떻게 응답하기를 원한다고 믿는지, 그들이 마주친 문제에 대한 질문을 함으로써 잠재적 참여자 편향을 평가하는 것이다. 이러한 실험 사후 조사는 (아마도 연구의 진짜 목적을 맞추었거나 어떤 방식으로든 압박을 느꼈다고 하는 참여자에게는 후속 조사가 뒤 따르는) 간단한 설문으로 이루어지거나 직접 면담을 통해 이루어질 수 있다. 직접 면담은 본질적으로 그리고 저절로 요구특성을 유입시킬 수 있기 때문에 사전에 참여자와 상호작용하지 않았던 사람이 수행하는 것이 최선일 것이다. 실험 사후 조사에 상당한 가치가 있다고 해도 동시에 한계점도 있다. 즉, 일부 요구특성에 의해 참여자가 편향을 가지게 되었지만 스스로가 그런 영향에 대해 전혀 의식하지 못했다면 실험 사후조사도 참여자 편향을 보여주지 못할 것이다.
- 연구자가 참여자에게 연구 목적에 대한 정보를 주지 않을 뿐만 아니라, **위장 또는 속임수를 통해 참여자 편향을 줄일** 수 있다. 연구 목적은, 다른 주제를 연구하고 있다고 믿도록 유도하는 정보를 참여자에게 제공함으로써 위장할 수 있다. 그렇지만 이러한 책략은 중요한 윤리적 고려(3장 참고)를 수반하며, 연구가 끝난 후에는 사후 보고를 후속 작업으로 진행해야 한다. 예를 들면, 참여자가 태도 변화 연구에 참여하려고 하는 시점에, 대학이 기말 구술 시험을 모든 학부생에게 도입해야 하는지를 평가하기 위한 연구에 참여하고 있는 것이라는 정보를 듣게 되는 것이다. 마찬가지로, 상담자에 대

한 내담자 인식을 포함하는 연구를, 상담소의 서비스 제공 관련 만족도 평가라는 식으로 위장할 수 있다.

- 수업 의무사항을 충족시키기 위해 연구에 참여하게 된 학부 학생들을 이용하는 상담 연구에서는, 학생의 동기 결여나 무관심이 심각한 편향의 원천이 될 수 있다. 이러한 편향을 상쇄하는 방략은 **참여자의 수행에 대한 '현장 검증'을 시행하는 것이다.** 예를 들어, 해당 문항이 타당도 점검 문항이라고 학생들에게 알려주고, 간단히 '다음 문항은 공란으로 남겨두시오.'라거나 "매우 동의함'에 표시하시오.'라고 지시하는 문항을 설문지 중간에 삽입할 수 있다. 그러고 나서 이런 간단한 지시를 따르지 않은 참여자(의 응답 자료)는 연구에서 배제하는 것이다.
- 지적 능력과 관련하여서는, 연구자가 **연구에 사용된 모든 읽기 자료(예: 검사 도구, 참여 동의서)의 읽기 수준을 평가하고** 연구대상 표본에 맞추는 것이다. 자료의 읽기 수준은 마이크로소프트 워드프로그램(MS Word)에서 읽기 용이도 통계 기능을 사용하면 쉽게 평가할 수 있다. 표본에 대한 정보는 해당 참여자를 잘 알고 있는 기관이나 동료 전문가로부터 얻을 수 있다.
- 상담에서 연구자는 **자신의 인지 과정과 정서적 처리 과정을 보고할 수 있는 참여자의 능력에 주의를 기울여야만** 한다. 참여자에게 있어 언제든지 접근 가능한 인지 과정에 기반을 둔 설문지를 개발하는 것이 하나의 방략이다. 또 하나의 방략은, 비디오나 오디오 녹화물을 반복 재생할 수 있도록 하거나 대인 정보 처리 회상(interpersonal process recall)을 사용하는 식으로, 참여자가 상대적으로 모호해하는 인지 과정과 정서적 처리 과정을 정확하게 보고할 수 있도록 도와주는 추가 정보를 제공하는 것이다(Kagan, 1975).

요약 및 결론

이 장에서는 실험에서 관심 있는 변인들 간의 관계를 위장하거나 보이지 않게 가릴 수 있는 참여자, 실험자, 조사자에게 존재하는 잠재적 편향의 근원을 규명했다. 이들 편향은 Kerlinger의 MAXMINCON에 중대한 위협이 될 수 있다. 실험 조건에 대한 통제가 적을수록, 더 많은 편향들이 오차 변량이나 외재변인을 만들어내기 쉽다. 오차 변량이 많아지면 탐구 대상인 종속변인에 기인한 체계적 변량을 확인하는 일이 더 많아 어려워진다. 외재변인이 유입되면 변화를 가져온 변인을 분리하기가 어려워진다. 그래서 참여자, 실험자, 조사자 편향은 실험변인들 간의 관계를 왜곡하거나 위장하는 외재변인을 유입시키게 되는 것이다.

이 장에서는 연구 결과에 영향을 잘 미치는 조사자 및 실험자 편향에 대해 논의했다. 실험자 편향에 대해서는 실험자 속성, 조사자와 실험자의 기대, 실험 설계와 절차의 세 가지에 대해 논의했다. 그리고 참여자 편향의 세 가지 주요 원천인 요구특성, 참여자 특성, 자신의 경험을 보고하는 참여자의 능력에 대해 논의하고 이들 편향을 통제하거나 최소화하는 방략 몇 가지를 설명했다.

참여자, 조사자, 실험자 편향은 상담 연구자에게 있어 중대한 문제이다. 이러한 편향의 원천은 여러 시간을 들여 개발하고 수행한 연구를 순식간에 의미 없는 정보 더미로 축소시켜버릴 수 있다. 능숙한 연구자는 다양한 편향의 원천에 대해 경계를 유지하고 스며들 수 있는 어떤 편향도 막아내기 위해 연구를 끊임없이 감찰할 것이다. 실험 통제가 상대적으로 덜 가능하고, 따라서 더 많은 편향의 원천이 잠재적으로 작용하는 응용된 환경에서 대부분의 상담 연구가 이루어지기 때문에, 편향은 상담 연구자에게 특히 중요한 문제이다.

편향을 최소화하고 없애는 것은 정도의 문제이고, 편향의 다양한 원천이 작동하고 있는지에 대해 연구자는 확신하지 못하는 경우가 자주 있기 때문에, 연구 결과를 작용하고 있을지 모를 편향의 가능한 원천을 염두에 두고 검증하는(일반적으로 논문의 논의 부분에서 이루어진다) 일은 유용하다. 사용이 늘어나고 있는 흔한 연구 방략은 조사자가 다양한 편향과 혼입(변인)이 존재하는지를 일련의 예비 분석을 통해서 통계적으로 검증하는 것이다. Cheng, Tsui 및 Lam의 연구(2014)는 그러한 예비 분석 사용의 예를 보여주고 있다. 이들은 실험집단과 통제집단의 차이를 검증하기 위해 기준점에 있는 인구학적 변인과 성과변인을 조사했다. 그러한 통계적 절차는, 검증을 거치지 않은 다른 가능한 편향의 원천에 대한 솔직한 논의만큼이나 추천할 만하다.

끝으로, 이 장이 대부분 연구 조사 설계와 관리 측면과 관련된 편향에 집중해서 논의했지만, 암묵적 편향도 간과되어서는 안 된다. 연구자로서의 세계관이 우리가 행하는 연구 결과에 실질적인 영향을 미칠 수 있다. 전문가로서의 우리의 암묵적 태도 또한 우리가 하거나 하지 않기로 한 연구에 영향을 미칠 수 있고, 이것은 해당 학문 분야 전체에도 실질적 영향을 미칠 수 있다.

촉진 질문

편향에 대한 숙고

연구의 타당도를 위협하는 무수히 많은 편향을 분명하게 규명하는 일은 아주 어려운 경우가 자주 있다. 다음 연습의 목적은 광범위한 편향을 숙고해보는 것이며, 나아가 연구의 타당도를 위협하는 편향에 대해 더 많이 의식하고 예민하게 알아차릴 수 있게 되는 것을 목표로 한다.

1. 연구 조사를 수행할 때 당신의 가치관과 신념이 어떻게 문화적 편향이 될 수 있는지에 대해 간단히 논의하라.
2. 당신의 연구 흥미를 고려할 때, 당신의 어떤 성격 속성이 참여자들에게 차별적 반응을 초래할 수 있을까?
3. 당신이 현재 생각하고 있는 연구 주제 유형에서 실험 절차와 관련 있는 왜곡을 가장 유의하게 줄일 수 있는 방법을 네 가지 써보라.
4. 당신이 현재 생각하고 있는 연구 주제에서 잠재적 요구특성을 찾아보라.
5. 당신이 지금 생각하고 있는 연구 주제 유형에서 참여자의 세계관이 어떻게 편향을 유발할 수 있는지를 논의하라.
6. 자기제시나 체면 유지에 대한 참여자 자신의 욕구가 어떻게 당신의 연구 결과에 영향을 미칠 수 있는가?
7. 학문 연구에서의 조사자, 실험자, 참여자 편향에 대해 당신이 배운 가장 중요한 것들에 대해 논의하라.

한글

가

가독성 499
가설 476
가설 검증 103
가정 위반 156
간성 210
감사 427
개방 코딩 416
거품 가설 127, 143
검사 166, 220, 293
검사-재검사 상관 485
검사-재검사 신뢰도 255, 484
검증력 155, 192, 193
결과 474
경험(혹은 실증) 기반 실무 362
고유치 254
고전적 검사이론 259
공변인 532
공존 타당도 242
공통요인 519
공통요인 분석 253
과정 연구 537
과학자-실무자 모형 16, 20, 21
관계 질문 122
관찰자로서의 참여자 397
관찰자 표류 481
괄호치기 387
교류적 인식론 393
교차 분석 427
교차 설계 281, 534, 535
교차타당화 254
구두 사후설명 86
구성개념 169, 170, 176, 234, 240, 474
구성개념 과소대표성 169
구성개념 교란 169, 170
구성개념의 조작화 153
구성개념 타당도 489
구성원 점검 409
구성주의 9, 412
구성 타당도 153, 167, 235, 241
구성 타당도에 대한 위협 167
구조방정식 모형 321, 493
국지적 역사 219
군집 분석 121, 333
규준 관련 척도 239
규준에 기초한 표집 420
규준 표집법 429
근거 기반 실무 22
근거이론 411
근거이론 접근 343
긍정오류 257
기만 75
기술 설계 312, 537
기술 연구 314
기술적 실험실 연구 135

기술적 연구 213
기술적 현장 연구 137
기술 접근법 369
기술 질문 121
기저선 370

나

내담자 대리 350
내용 분석 249
내용 타당도 249, 489
내적 신뢰도 317
내적 일관성 255
내적 일치도 485
내적 타당도 153, 159, 166, 227, 376, 524
내적 타당도에 대한 위협 162, 218
눈치채지 않게 실시하는 측정 508
뉘른베르크 강령 66

다

다단계 순차 설계 450
다문화변인 206
다문화변인 조작화하기 206
다문화 심리학 203, 204
다문화 연구 205, 213
다문화 인식 196
다문화적 관점 204
다문화주의 203, 205
다양성 연구 213
다중 관찰 367
다층 모형 368, 535
다특성-다방법 접근 495
단순 단절 시계열 306
단순 상관 321
단순화 방략 341
단일 방법 편향 170
단일 사례 377
단일 사례 질적 연구 545
단일 조작 편향 169
단일 집단 사전-사후 검사 설계 295
단일집단 사전사후 설계 160
단일 참여자 설계 537
단일 피험자 설계 358, 377, 382, 545
단일 피험자 실험 설계 359, 366
단절 시계열 설계 305
대기자 집단 515
대기자 통제집단 275, 515
대리 사전 검사 도구를 활용한 비동등 집단 설계 297
대안 가설 153
대인 정보 처리 회상 620
대표성 505
도구화 166
독립변인 125, 152, 170, 190, 360, 459, 474
돌아가며 주제 정하기 369
동년배 설계 289, 290, 302
동시적 회기 분석 324
동질성 미신 332
동질적 표본 417
동형 검사 486
둥지 설계 535

라

리커트 척도 244

마

마르코프 연쇄 분석 368
매개변인 217, 218, 326, 329
매개 효과 321
메모 쓰기 412
메모하기 412

메타 분석 514, 606
면접 507
면접 자료 100
면접 지침 100
모수적 검정 157, 373
모수치 182
모의 상담 341
모의 상담 연구 541
모의 연구 340
모의 집단 384
모집단 174, 179, 183, 185, 196, 246, 316
모집단 문제 179, 195
모집단에 대한 일반화 174
모집단의 관찰치 183
모형 상담 341
목표 모집단 185, 186, 187, 226
목표 모집단 정의하기 185
목표 집단 230
무선 AB 설계 372
무선 반응 오차 478
무선 오차 531
무선 위약 통제집단 설계 519
무선 통제집단 설계 533
무선 표집 318
무선 할당 159, 161, 266, 548, 606
무선 할당 사후 검사 설계 160
무선 할당 조건 289
무선화 검정 368
무작위 표본 181
무작위 표본 추출 184, 189
무처치 집단 515
무해성 52
문항반응이론 257
문항 생성 247
문항의 가독성 248
문항의 난이도 257
문헌 고찰 245
문화 208
문화적 결핍 모형 214
문화적 고려사항 222
문화적 동등성 243
문화적 맥락 222, 235
문화적 변인 213
문화적 차이 216
미국 심리학회 204
미국 심리학회 출판 지침 61
민족 207
민족지학적 연구 397

바

바닥 효과 483
반례 381
반응성 476, 498
반응 편향 502
방법론적 특질 606
방법 변량 492
방해 효과 172
배제 기준 523
밴더빌트 치료 방략 척도 525
번역 및 역번역 240
범례 381
벡 우울 질문지 181
변별 타당도 490
변산성 158, 608
변인 중심 상관 연구 설계 321
변인 중심 연구 313
병행 설계 450
보상 경쟁 173
복수의 처치를 비교하는 사후 검사만 있는 비동등 설계 295
본질의 직관 422
부트스트래핑 329
분류체계 332
분할 처치를 가진 사후 검사만 있는 동년배 집단 설계 303
비교문화 242
비교 성과 방략 521

비교 연구 방략 223
비동등 종속변인을 활용하는 단절 시계열 설계 307
비동등 집단 사후 검사 설계 160
비동등 집단 설계 289
비밀보장 251
비통제 사례 연구 359
비판이론 10
비편향 추정치 331

사

사각회전 254
사건에 대한 평정 504
사고 중지 362
사람 중심 연구 313
사례 연구 360
사실주의 412
사전 검사의 민감화 효과 298
사전 동의 71
사전-사후 검사 설계 297
사전-사후 검사 통제집단 설계 270
사회경제적 지위 211
사회구성주의 211
사회 영향 연구 340
사회적 계급 211
사회적 바람직성 256, 479
사회적 유효성 408
사회적 지위 212
사후 검사만 있는 단일 집단 설계 295
사후 검사만 있는 동년배 설계 302
사후 검사 통제집단 설계 268
사후설명 605
사후 통제집단 설계 182, 183
삼각 검증법 409
상관 설계 547
상담 과정-성과 상관 설계 551
상담 과정 연구 514, 537
상담자 변인 350
상담자 효과 533
상대주의자적 존재론 393
상징적 상호작용론 412
상충관계 152
상태변인 458, 470
상호작용 효과 199, 518
생리적 지표 506
생리적 측정치 506
생태학적 타당성 462
서면 사후설명 88
선발 219, 290
선발과 위협의 상호작용 292
선발-성숙 상호작용 293
선택 요인 290
선택 코딩 416
설명적 연구 314
성 209
성과 연구 512
성별 209
성별 정체성 210
성별 표현 210
성숙 221
성장곡선 모형 532
성장 모형 562
성장 혼합 모델링 337
성적 지향성 209, 210
성적 지향 정체성 210
성 정체성 210
섹슈얼리티 209
수렴 타당도 242, 490
수용할 만한 단순화 342
순서 균형 교차 설계 282
순서 효과 284
순차 설계 450
시계열 분석 368
시계열 설계 289, 305, 360, 537, 547, 556
시계열에서의 공존 분석 309
신기성 172
신뢰도 233, 476, 477

신뢰도 계수 482
신뢰도 추정치 482
신뢰할 수 없는 측정치 157
실제적인 정의 124
실제 행동연습 150
실증주의 6
실험 상담 과정 설계 547
실험 설계 537
실험자 172, 597, 603
실험자 기대 600
실험자 속성 601
실험자 표류 608
실험적 시연 341
실험적 실험실 연구 138
실험적인 속임수 352
실험적 현장 연구 139
실험 접근 340
실험 조작 460
실험 통제 133
심리적 구성개념 224
심리측정적 속성 245
심리측정적인 문제 476

아

안면 타당도 317
안정성 점검 427, 431
알파 계수 255
알파 수준 192, 194
암묵적 편향 599
양적 기술 설계 312
양적 연구 설계 227
에포케 419
역사 293
역사적 사건 290
역산 문항 248
역전 설계 370
역처치 사전-사후 검사 비동등 집단 설계 297
연계 분석 560
연구 가설 120
연구문제 120, 475
연구변인 125
연구 설계 101, 131, 182, 212, 226, 227
연구 설계 미신 130
연구 자기효능감 39, 40
연구자의 충성도 521
영가설 153, 184, 192
예비검사 240
예비 인터뷰 430
예언 타당도 242
예측변인 125, 325
오류 192
오류율 157
오차 변량 154, 186, 597
외재변인 358
외재 변량 158
외적 타당도 153, 174, 195, 200, 227, 241, 524
외적 타당도에 대한 위협 174
외현변인 331
요구특성 612
요구 평가 569
요인구조 252
요인 분석 121, 240, 490
요인 설계 102, 195, 276, 522
요인 설계 접근법 200
원격변인 205, 216
원격 설명 216
원래 상태 집단 293
위계적 선형 모형 535
위계적 회귀 분석 256, 325
위약 통제 520
위약 통제 조건 376
위약 통제집단 275
위약 효과 519
위협요인 150
유병률 318
유의 수준 516

윤리 강령 59
윤리 원칙 51
윤리적 딜레마 82
윤리적 쟁점 66
의도적 분석 421
이론에 기반을 둔 연구 213
이론적 포화 417
이론적 표집 417
이월 효과 373
이중 맹목 519, 617
이중 부정 문항 248
이질적 표본 417
이차 자료 분석 589
이항 검정 368
인과관계 371
인접변인 216
인접 설명 216
인접성 333
인종 206
인지적 매개 패러다임 380
인터뷰 399
일괄 처치 방략 515
일반화 133, 134, 188
일반화 가능성 196, 241, 313, 488
일시적 오차 479
일차 자료 분석 589
일화적 관찰 359
읽기 수준 476
임상적 유의성 527

자

자기반성 408
자기보고 502
자기보고식 척도 501
자기상관 306
자기 슈퍼비전 377
자기제시 613
자동회귀 분석 560
자료 수집 228, 251
자료 수집 방법 501
자료에 근거한 이론 생성 417
자료의 적절성 409
자료 축소 절차 490
자연발생적 접근 340
자유로운 상상적 변형 422
잔차 532
잠재 모델링 기법 336
잠재 범주 분석 336
잠재변인 331, 494
잠재 프로파일 분석 336
잡음 608
장이론 213
적절성 525
전화 면접 507
정보 등록 320
정상규준 자료 383
정의 476
조건 125
조사 또는 역학 연구 313
조사 연구 314, 315
조사자 597, 603
조작변인 458
조작적 476
조작적 정의 124, 246
조작 점검 465, 549, 610
조절변인 217, 218, 327
조절 설계 522
조절 효과 321
종단 상담 과정 설계 556
종속변인 125, 152, 367, 474
종속변인을 위한 자료 수집 방법 475
종속변인을 조작적으로 정의하기 476
종속 표본 설계 278
주관성 408
주성분 분석 253
주 효과 199, 518
준거 관련 척도 239
준거변인 125, 325

준실험 설계 289, 512, 537
중다 기저선 설계 366, 374
중다상관계수 R 324
중다회귀 323
중다회귀 분석 321
중복 출판 59
중앙 분리 기법 368
증거 기반 사례 연구 365
증분 타당도 256
지나친 단순화 346
지속적인 비교 방법 415
지역사회 기반 참여 연구 434
지연 분석 368
직관적 환원 422
진실험 설계 264, 289, 512
진점수 477
질적 상담 과정 설계 558
질적 연구 102, 507, 537
질적 연구 설계 227
집단 간 설계 264, 265, 267
집단 간 차이 198
집단수준변인 384
집단 응집력 371
집중 단일 피험자 양적 설계 359
짝지어진 통제집단 276

차

차별적 탈락 165
차이 질문 122
참 관계 154
참여자 99, 184, 597
참여자 내 설계 264, 265, 281
참여자로서의 관찰자 397
참여자 모집 228
참여자 선발 291
참여자 선택하기 188
참여자 수 결정하기 191
참여자 특성 613
참여자 편향 611
참여자 풀 185, 186, 187, 291
참여자 풀 만들기 186
참여적 행위 연구 434
참여해야 하는 참여자 풀 350
처치 525
처치 매뉴얼 525
처치 변화 175
처치 억제 81
처치에 민감한 요인구조 171
처치의 보상적 동등화 172
처치 전후 동년배 설계 304
처치집단 163, 173, 512
처치 충실도 525
처치 효과 534
척도 239
척도개발 239
천장 효과 483
체계적 반복검증 200
초록 96
초점 집단 403
초점 집단 면접 121
총정보 최대우도법 336
최대우도법 253
추가 방략 518
추가적인 사전 검사를 활용한 사전-사후 검사 비동등 집단 설계 297
축 코딩 416
충성도 521
충실도 측정도구 525
측정도구 166, 233
측정 문제 233
측정 오차 251
층화 무선 표집 318
치료의 적절성 527

카

코딩 404

쿠더-리처드슨 20 공식 485
크라우드소싱 319
크론바흐 알파 계수 255, 484

타

타당도 149, 150, 151, 476
타당도의 유형 152
타당도 추정치 233
타당도 확립하기 188
타인의 평정 504
탈락 165, 220, 293
탈실증주의 8
탐색적 요인 분석 242, 490
토큰 강화 376
통계 검정 156
통계적 검증 157, 192, 234
통계적 검증력 155, 369, 488
통계적 검증방법 193
통계적 결론 타당도 152, 153, 157, 488
통계적 분석 방법 235
통계적 유의도 527
통계적으로 유의한 결과 468
통제집단 163, 173, 193, 275, 512, 600
투망질식 검증 157
투사기법 508
트랜스젠더 210
특정 오차 479
특정 요소 519

파

파라미터 518
패러다임 고착 354
편의 참여자 풀 350
편의 표본 241
편향 181, 358, 480, 597
편향 최소화 방략 600
평정자 간 일치도 480, 486
평행 분석 253
포함 523
포함 준거 354
표본 189, 190, 250
표본 추출 228
표본 추출 과정 228
표본추출이론 180, 181, 182
표본 편향 181
표절 64
표준화 609
표집 250
표집 절차 318
풍부한 기술 406
프로그램 평가 연습 596

하

하위척도 점수 491
합의적 질적 연구 425, 558
해석 405
해석 가능한 비동등 집단 설계 297
해석의 적절성 409
해석주의 412
해석학적-구성주의적 전통 387
해석학적 방법론 393
해체 방략 517
핵심 개념 427
행동 관찰 505
행동연습 598
행동측정 505
현상학 419, 502
현장 검증 620
현장 노트 398
혼입변인 345, 603
혼입 오차 481
혼입 요인 463, 464
혼합 방법 228, 558
혼합 방법론 227

혼합 방법 설계 441
혼합 방법 연구 439, 440
확인적 요인 분석 252, 490
환경 176
회귀 164, 293
회귀 분석 368
획일성 미신 130, 361
효과 크기 488

기타

ABAB 설계 370
AB 설계 366
MAXMINCON 원리 186, 264, 265, 294, 313, 358
Mechanical Turk 607
1종 오류 154, 155, 157, 184, 516
2종 오류 154, 155